和漢古典植物名精解

木下武司

和泉書院

本書に登場する植物（すべて筆者撮影）

すぐろのすすき（3章）

ヨシ（2章）

ゼンマイ（1章）

ザクロ（4章）

オギ（2章）

ゼンマイ（1章）

ツバキ（4章）

ハダススキ（3章）

ワラビ（1章）

シキミ（5章）

ススキ（3章）

ワラビ（1章）

ヨモギ(8章)

クララ(7章)

サカキ(5章)

モモ(8章)

スイバ(7章)

センダン(6章)

ヤマモモ(8章)

ギシギシ(7章)

ニガキ(6章)

オケラ(8章)

ショウブ(8章)

リンドウ(7章)

カワミドリ（11章）

アサガオ（10章）

カナムグラ（9章）

ウメ（11章）

ヒルガオ（10章）

ヤブガラシ（9章）

ヘンルーダ（11章）

キキョウ（10章）

ヤエムグラ（9章）

ユスラウメ（12章）

タチバナ（11章）

ムクゲ（10章）

キササゲ（15章）

アカメガシワ（雌）（14章）

ヤマザクラ（12章）

ケヤキ（15章）

アカメガシワ（雄）（14章）

ミザクラ（12章）

ノイバラ（16章）

スミレ（14章）

コノテガシワ（13章）

サルトリイバラ（16章）

マユミ（15章）

カシワ（13章）

アセビ(20章)

アオツヅラフジ(19章)

アマチャ(17章)

ヤマツツジ(20章)

スイカヅラ(19章)

エビヅル(17章)

サンショウ(21章)

クズ(19章)

ホンダワラ(18章)

イヌザンショウ(21章)

モチツツジ(20章)

フジ(19章)

セリ(22章)

ノアザミ(22章)

ショウガ(21章)

ボタン(23章)

ホトケノザ(22章)

ハッカ(21章)

ノギク(ユウガギク)(23章)

ナズナ(22章)

コブシ(21章)

シャクヤク(23章)

ハコベ(22章)

ハハコグサ(22章)

フジバカマ（28章）

シュロ（26章）

クチナシ（24章）

カワラナデシコ（28章）

ビロウ（26章）

クチナシ（24章）

ハギ（28章）

トクサ（27章）

ウキクサ（25章）

もとあらのこはぎ（28章）

スギナ・ツクシ（27章）

バイカモ（25章）

カラマツソウ（31章）

ガガイモ（31章）

オミナエシ（28章）

ユキノシタ（31章）

カタバミ（31章）

カキ（29章）

チドメグサ（ノチドメ）（31章）

シラン（31章）

ビワ（29章）

アマガサユリ（32章）

イチヤクソウ（31章）

ソバ（30章）

目次

口絵

凡例……xix

序章　和漢植物古名の解明戦略概論……1

本論　古典に登場する植物名の基原・字義と由来

第1章　古典の「わらび」はゼンマイであってワラビではない！……13

第1節　ワラビでは矛盾のある『源氏物語』『枕草子』の「わらび」……14

第2節　ワラビでは意味が通じない平安・鎌倉期の和歌の「わらび」……17

2-1　ゼンマイとすれば簡単に解ける「わらび」の語源……19

2-2　ワラビでは理解できない「わらびのほどろ」の意味……21

2-3　ゼンマイを模した蕨手紋《わらびてもん》と蕨手《わらびて》……23

2-4　「わらび」の花を暗示させる和歌：花をつけると考えられたゼンマイ……24

第3節　ほかにもある「わらび」の名をもつ植物……27

第4節　混とんとするワラビ・ゼンマイの漢名……29

第5節　ゼンマイであったはずの「わらび」がワラビに転じた経緯……33

5-1　江戸時代になって救荒植物として登場したワラビ……35

5-2　「わらび」の名前のすり替えは貝原益軒の勘違いから始まった……37

第6節　意外に新しい「ぜんまい」という名……39

第7節　志貴皇子の教養の深さをアピールする万葉の「さわらび」……43

第2章　古代人には難しかったアシとオギの区別……47
第1節　豊葦原瑞穂国：日本文化の基層をなすアシ……48
1-1　一つだけではない「あし」の漢名……49
1-2　「葦《あし》の根のねもころ」：アシの根はつながっている……50
1-3　「葦が散る」の葦はアシではない！……52
1-4　『萬葉集』にみるアシの民族植物学的背景……54
①古くから生活必需品であったアシ……55
②アシは大陸由来の辟邪植物であった……55
1-5　アシの名の由来は？……59
第2節　自然界では共存するオギとアシに古代人は気づいていた……61
2-1　古典では区別があいまいなオギとアシ……61
2-2　オギといえば秋風と音……64
2-3　オギでもアシでもない伊勢の浜荻……66

第3章　同物異名：ススキとオバナの名の由来……71
第1節　「すすき」と「をばな」の二系統がある万葉のススキ……72
第2節　「はだすすき」と「はなすすき」は同じか？……74
第3節　「すすき」と「をばな」が同物異名である証拠はあるか……76
第4節　「をばな」と「をぎ」の語源は同根である……79

第5節　「すすき」の名は野焼きに由来する！……83
第6節　焼け野を象徴する「すぐろのすすき」……85
第7節　古典から読み解く〝はてなきカヤ原〟であった武蔵野……88

第4章　日本固有種ツバキに二つの漢名がつけられた背景……91

第1節　『萬葉集』に二系統ある「つばき」の漢名：椿と海石榴……92
1-1　「つばき」と訓ずる椿・海石榴……92
1-2　本草にいう椿《ちん》はツバキではない！……94
1-3　「玉つばき」……95
第2節　時代とともに揺らぎ始めた「海石榴＝ツバキ」の認識……97
2-1　唐皇帝に贈呈され、渤海の使節が所望した海石榴油はツバキ油である……97
2-2　わが国でも平安以降に揺らぎ始めた海石榴の基原認識……100
2-3　中国の定説では海石榴はザクロ（石榴）の異名である……103
第3節　石榴《ざくろ》では矛盾する六朝詩・唐詩の海石榴（海榴）……104
3-1　六朝・江総「山庭春日詩」（『陳詩』巻八）……104
3-2　随・楊広「宴東堂詩」（『初學記』巻二十四）……106
3-3　唐・皇甫曽「韋使君宅海榴詠」（『全唐詩』巻二一〇）……107
3-4　中国では石榴が春に咲くと認識されていた？……108
3-5　唐・李白「詠鄰女東窗海石榴」（『全唐詩』巻一八三）……111
第4節　トウツバキ（山茶）の登場で微妙となった海石榴の地位……115

第5節 中国で海石榴の基原があいまいとなった背景……118
第6節 ツバキは道教的ユートピアのシンボルか！……123
第7節 「つばき」の語源について……126
7-1 朝鮮語の동백《tsunbaick》の語源は日本語のツバキである……126
7-2 これまでのツバキ語源説……129
7-3 「つばき」の語源は神具とする枝葉に由来する……130

第5章 一種だけではなかった神木「さかき」……133
第1節 なぜ「さかき」と呼ぶのか……134
第2節 サカキの自生しない地域で代用とされるヒサカキ……136
第3節 「さかき」から分化独立した神木各種……139
3-1 「しきみ」（シキミ科シキミ）（附）葉に文字を書く多羅葉……139
3-2 「をがたまのき」（モクレン科オガタマノキ）……142
3-3 「ゆづるは」（ユズリハ科ユズリハ）：ぞんざいな考定で充てられた漢名交譲木……143

第6章 古典に登場する口に苦き薬木……145
第1節 強い苦味をもつ薬木「あふち」（センダン科センダン）……146
1-1 辟邪植物であった「あふち」……146
1-2 平安末期に激変した「あふち」の植物文化的地位……149
第2節 薬木「あふち」の代用に選抜された「にがき」（ニガキ科ニガキ）……150

第3節　漢方薬にも染色剤にもなる「きはだ」(ミカン科キハダ)……157

第7章　古典に登場する口に苦き薬草……165

第1節　目が眩むほど苦い「くらら」(マメ科クララ)……166

第2節　強烈な苦味のあるリンドウ科植物：センブリとリンドウ……168

2-1　センブリの漢名は二つある?：胡黄連《コオウレン》と当薬《トウヤク》……168

2-2　もともとはスイバであった当薬《トウヤク》……171

2-3　リンドウの介在で当薬の名がスイバからセンブリに転じた……174

2-4　センブリおよびリンドウの古名と語源考……178

2-5　元祖当薬のスイバおよびその近縁種ギシギシの語源考……180

第8章　僻邪に利用された植物各種……183

第1節　「あやめぐさ」(ショウブ科ショウブ)……184

第2節　「うけら」(キク科オケラ)……189

2-1　鎮魂祭に献上された神仙の霊薬 白朮《ビャクジュツ》……189

2-2　わが国民間の習俗に深く関わる白朮：うけらの神事と屠蘇酒……191

2-3　古代日本人のこまやかな感性を詠んだ万葉の「うけら」の歌……196

第3節　「もも」……199

3-1　中国のモモの木信仰：桃符と桃板……200

3-2　モモが関わるわが国の習俗……204

3-3　『萬葉集』ほか古典文学におけるモモ……207

3-4 わが国在来の「もも」：「やまもも」について（ヤマモモ科ヤマモモ）……209
3-5 「もも」の語源について……212
第4節 「よもぎ」（キク科ヨモギ）……214

第9章 荒れた家屋を象徴する「むぐら」……219
第1節 古典の「やへむぐら」はヤエムグラではない……220
第2節 貧乏葛の異名がありながら「むぐら」とは呼ばれなかったヤブガラシ……226
第3節 「むぐら」の語源について……228

第10章 「かほばな」と呼ばれる植物……231
第1節 必ずしも特定の植物を意味しない万葉の「かほばな」……232
1-1 草原に生える「かほばな」（キキョウ科キキョウ）……233
1-2 水辺に生える「かほばな」（アヤメ科カキツバタ）……234
1-3 砂地あるいは砂州に生える「かほばな」（ヒルガオ科ヒルガオ）……239
1-4 ヒルガオの漢名・古名とその釈解……241
第2節 時代によって変わる「あさがほ」の認識……243
2-1 秋の七草の「あさがほ」はキキョウ科キキョウである……244
2-2 「あさがほ」がキキョウからアサガオに転じたのはいつか？……248
2-3 キキョウの漢名および和名の釈解……252
2-4 「あさがほ」の最有力候補であったムクゲ（木槿）……256
2-5 万葉の「あさがほ」論争の総括……264

第3節　「ゆふがほ」とその類縁植物ヒョウタン・フクベ：複雑な漢名の相関……266

第11章　古典の香り……275

第1節　『萬葉集』で詠まれた香りの歌：ウメ・タチバナ・マツタケ……276

第2節　「くさのかう」とはどんな香草か？……283

2-1　平安文学に登場する「くさのかう」と芸香《ウンコウ》……283

2-2　芸香とヘンルーダの複雑な相関……285

2-3　「くさのかう」はミカン科マツカゼソウではない……293

第3節　絢爛たる平安文化を象徴するお香……300

3-1　甲香《コウコウ》……302　3-2　丁子香《チョウジコウ》……302　3-3　蘇《ソ》合香《ゴウコウ》・藿香《カッコウ》……306

3-4　白膠香《ビャクキョウコウ》……307　3-5　甘松香《カンショウコウ》……308　3-6　沉香《ジンコウ》……308

3-7　白檀香《ビャクダンコウ》……309

第4節　『萬葉集』に登場しない香木：クスノキ科クスノキ……311

第12章　意外と知られていない古典のサクラの素顔……317

第1節　サクラの古名に三つある……318

1-1　占卜材たるサクラを表す古名：「ははか」……319

1-2　サクラとカバノキの意外な相関関係を象徴する古名：「かには」……321

1-3　サクラの花に特化した古名：「さくら」……329

第2節　上代人もこよなく愛していたサクラ……335

2-1　サクラは穀霊の宿る木か？……336

2-2　意外にも万葉人にとって身近ではなかったサクラ……340
2-3　万葉時代の貴族の屋敷に植栽されたサクラの意外な意義……346
2-4　散る花の美学：サクラとウメの違い……351
①中国の落梅の詩と万葉歌との相関……351
②サクラ散る（落花）歌と落梅歌の違い……359

第13章　飯を盛るのに利用された「かしは」……363
第1節　松柏の柏は常緑裸子植物であってカシワではない……364
第2節　柏につけられた二つの和訓：「かしは」と「かへ」……367
2-1　「かへ」の基原植物とその語源考……368
2-2　わが国の古典に現れる柏はカシワである……373
第3節　常緑樹のはずの柏に落葉樹カシワが充てられた経緯……375

第14章　万葉の「ひさぎ」はもっとも身近な「かしは」の一種……383
第1節　万葉の「赤らがしは」はアカメガシワか？……384
第2節　『萬葉集』における「ひさぎ」の表記について……385
2-1　なぜ歴木を「ひさぎ」と訓ずるのか……385
2-2　「ひさぎ」と読まない『萬葉集』のもう一つの歴木……388
2-3　「ひさぎ」と読まない『日本書紀』にある歴木……389
第3節　科学的観点から万葉の「ひさぎ」の基原を解明する……391
3-1　植物学的知見から「ひさぎ」を絞り込む：形態から……392

3-2　植物学的知見から「ひさぎ」を絞り込む：生態から……393
3-3　古名「ひさぎ」が遺存するアカメガシワの方言名……396
第4節　『和名抄』が「ひさぎ」に充てた漢名「楸《シュウ》」の基原……397
第5節　『和名抄』が「ひさぎ」に楸を充てたわけ……401
第6節　山部赤人の歌にみる「ひさぎ」考……414
6-1　山部赤人の「ひさぎ」の歌の背景……414
6-2　山部赤人の「すみれ」の歌の背景……417
6-3　「すみれ」の語源……421
（附）　古代の健康対策法：夏負けにウナギ……422
第15章　弓材に利用する樹種……429
第1節　万葉の梓弓：弓材「あづさ」の基原……430
第2節　弓材に利用されたそのほかの植物……438
2-1　「つきのき」（ニレ科ケヤキ）（附）「とねりこ」……438
2-2　「つみのき」（クワ科ヤマグワ・ハリグワ）……447
2-3　「まゆみ」……451
①万葉の「まゆみ」の用字について……451
②中国でいう檀《ダン》は秦皮・白檀（旃檀）・紫檀も含む　（附）わが国で「あふち」が旃檀と誤認されたわけ……453
③ほかにもある「まゆみ」の名をもつ植物……458
第3節　ハゼノキ製ではなかった「はじ弓」……461

第16章 刺のあるおどろおどろしき植物 467
第1節 『萬葉集』の二つのイバラ：「うまら」と蕀原 468
1-1 漢名（營實《エイジツ》）からわかる万葉の「うまら」の基原 468
1-2 万葉の蕀原の訓は「うばら」でよいか 470
①蕀原を『新撰字鏡』に基づいて「うばら」と訓ずる 474
②蕀原を正訓と考えて「いばら」と訓ずる 475
第2節 ほかにもある「うばら」の名をもつ植物 477
第3節 ノイバラの漢名「營實」の語源解釈 482
3-1 「熒惑（火星）」説（恩田経介・牧野富太郎） 482
3-2 營室星の可能性について 486
3-3 わが国の本草家は李時珍の如營星を誤訳した：營星は実在せず 489
3-4 營實は必ずしも星に喩えてつけた名ではない 491
第17章 古代から近世までの「あまもの」事情 495
第1節 清少納言も嗜んだ平安の「あまづら」はブドウ科ナツヅタの甘汁 496
第2節 ツタだけではない万葉の「つた」 503
第3節 「あまづら」に誤認された「あまちゃ」と「つるあまちゃ」 507
第4節 近世の「あまもの」：甘蔗と砂糖の登場 510
第5節 「あめ」という古代のもう一つの「あまもの」 514
第6節 蜂蜜は最古かつ最高級の「あまもの」 514

第18章　意外にぞんざいにつけられた海藻の漢名……517
第1節　意外に知られていないトコロテン（こころぶと）の歴史……518
第2節　古典に登場する海藻名の釈解……525
2－1　古代でもっとも普通な海藻：「わかめ」「にぎめ」「め」……525
2－2　食用に薬用に重用された「みる」……530
2－3　「あまのり」……533
2－4　「あをのり」……536
2－5　「あをさ」と「こも」……539
2－6　中国にないはずなのに漢名を借用したコンブ……541
2－7　「あらめ」と「かちめ」……546
2－8　「いぎす」……549
2－9　今日とは種が異なる古代の「もづく」……551
2－10　「ひじき」……553
2－11　「おごのり」……554
2－12　「とさかのり」……556
2－13　「つのまた」……557
2－14　「ふのり」……561
2－15　「なはのり」……564
第19章　つるを表す二つの和名：「かづら」と「つづら」……567
第1節　「かづら」と呼ばれる植物……570

1-1　万葉の木妨己の正しい訓……570
1-2　語源が異なる万葉の「くず」と『和名抄』の「くすかづら」……576
1-3　大神神社の鎮花祭で花鬘にするスイカズラ科スイカズラ……577
1-4　「ねなしぐさ」（ヒルガオ科ネナシカズラ）……579
第2節　「つづら」または「づ（つ）ら」と呼ばれたつる類……581
2-1　複数のつる性植物を指す「あをつづら」……581
2-2　つるでないのに「つづら」と呼ばれるクマツヅラ……582
2-3　「まさきづら」はつる性の「さかき」の意……585
第3節　古くはクズとフジは区別されなかった……588
第20章　花は美しいが毒のある「つつじ」と「あしび」……601
第1節　躑躅《テキチョク》は「つつじ」の毒性を表す漢名である……602
第2節　馬酔木は「あしび」の毒性を表す名である……615
第21章　在来の香辛料と渡来の香辛料……623
第1節　古来の香辛料「はじかみ」は三系統ある……624
第2節　わが国に原生する「はじかみ」：椒について……626
2-1　蔓椒：「ほそき」（ミカン科イヌザンショウ）……626
2-2　蜀椒：「ふさはじかみ」（ミカン科サンショウ）……630
2-3　秦椒：「かははじかみ」（ミカン科フユザンショウ）……632
第3節　古代に渡来した「椒」：コショウについて……634

第4節　近世に渡来した「椒」：トウガラシについて……634
第5節　椒ではない外来の「はじかみ」(一)：薑について……637
第6節　椒ではない外来の「はじかみ」(二)：茱萸について……640
6-1　呉茱萸：「からはじかみ」……641
6-2　山茱萸：「いたちはじかみ」……644
第7節　今日では用いない古代の香辛料：「こぶしはじかみ」……650
第8節　わが国固有の香辛料：「わさび」……654
第9節　意外に新しい香辛料「はか」(薄荷)……656

第22章　春の七草と七草がゆの起源……659
第1節　『萬葉集』に登場する春の七草(一)：セリ……660
第2節　『萬葉集』に登場する春の七草(二)：スズナ(アオナ)……667
第3節　『萬葉集』にない春の七草(一)：ナズナ……673
第4節　『萬葉集』にない春の七草(二)：ハコベ……683
第5節　『萬葉集』にない春の七草(三)：ハハコグサ……691
第6節　『萬葉集』にない春の七草(四)：ホトケノザ(古名)……701
第7節　『萬葉集』にない春の七草(五)：スズシロ……708
第8節　春の七草の起源は秋の七草より新しい……710
8-1　七草がゆの風習の祖型は大陸の七種菜である……711

8-2　七種菜のほかにあった十二種若菜とその構成について……715
①菌……718　②薊……718　③苣……719　④芹……719
⑤薺……720　⑥水雲……720　⑦蕨……720　⑧葵……720
⑨蓬……720　⑩水蓼……720　⑪芝……721　⑫松……721
8-3　七草菜をまったく含まない正月十五日の七種粥……726
8-4　七種菜の羹と七種粥の融合で七草がゆが発生した……730

第23章　海を渡って来た優雅な花卉……731

第1節　「きく」……732
1-1　重陽《ちょうよう》の節句の菊花酒……732
1-2　重陽の節句の菊の綿拭いは日本固有の習俗……739
1-3　重陽の節句と五月の薬玉の関係……743
1-4　菊と霜、残り菊……745
1-5　黄花の菊と白花の菊……749
1-6　キクの和名と漢名の釈解……761
1-7　万葉の「ももよ草」はキクか？……764

第2節　シャクヤク……768
2-1　『詩經』の勺薬がシャクヤクではない可能性はあるか……769
2-2　芍藥が花卉として評価されたのは六朝以降である……778

第3節　ボタンに「やまたちばな」の和名をつけた背景……784

第24章　花よりも実が珍重された「くちなし」……795

第25章　古典に登場する淡水の水草：イツモとウキクサ……803
第1節　「いつものはな」は清流に生える稀少植物であった……804
第2節　単なる浮萍《ふへい》の訳名ではない「うきくさ」……807
第3節　本草にいうもう一種の浮草「デンジソウ」……815
第26章　古典に登場するヤシ科植物……821
第1節　誤って充てた「あぢまさ」の漢名：檳榔《ビンロウ》はわが国に自生しない……822
第2節　『枕草子』に初見するヤシ科植物「すろのき」……829
第27章　古典に登場する地味なシダ植物……835
第1節　基原は同じ「つくづくし」と「すぎな」……836
第2節　研磨に利用された「とくさ」（附）「むくのは」……840
第28章　秋の七草と日本文化……847
第1節　『萬葉集』に原点のある秋の七草……84[illegible]
第2節　植物名の配列に意味のある憶良の七草の歌……850
第3節　質量ともサクラ・ウメを凌駕する万葉のハギの歌……858
第4節　わが国におけるハギの植物文化的位置……862
4-1　ハギは死のシンボルではない……862
4-2　古代の「めど」はメドハギではない……866

第5節 平安以降のハギの文学的位置：「もとあらのこはぎ」……871
第6節 漢籍古典に見当たらないハギ……876
第7節 まったく類縁のない植物なのに「はぎ」と語源が共通する「うはぎ」……882
第29章 『萬葉集』にない果実：カキとビワ……889
第1節 縄文・弥生遺跡から遺物の出土がない「びは」……891
第2節 弥生時代に大陸から渡来した「かき」……896
第30章 ソバは外来の植物：その栽培は意外に新しい……903
第31章 「かがみ（草）」と呼ばれる多様な植物……909
第1節 「かがみぐさ」と呼ばれる植物各種（一）……910
1-1 イチヤクソウ（イチヤクソウ科）……910
1-2 カラマツソウ（キンポウゲ科）……910
1-3 チドメグサ（ウコギ科）……911
1-4 ユキノシタ（ユキノシタ科）……912
第2節 「かがみぐさ」と呼ばれる植物各種（二）……912
2-1 蘿摩《ラマ》（ガガイモ科ガガイモ）……913
2-2 徐長卿《ジョチョウケイ》（ガガイモ科スズサイコ）……916
2-3 白前《ビャクゼン》（ガガイモ科イヨカズラ）……917

2-4 白芨《ビャッキュウ》（ラン科シラン）…… 918
2-5 螺《ラ》靨草《エンソウ》（ウラボシ科マメヅタ）…… 919
第3節 古典に登場する「かがみぐさ」…… 919
3-1 面影草の異名がある山吹（バラ科ヤマブキ）…… 920
3-2 浮草（ウキクサ科ウキクサ）…… 921
3-3 鏡を磨くのに用いられた「かがみくさ」（カタバミ科カタバミ）…… 922
3-4 昔は鏡もちの上に供えた大根（アブラナ科ダイコン）：歯固めの儀について…… 924
第4節 「かがみ」の語源解釈について…… 927
第32章 万葉植物考補遺：「はなかつみ」と「ははは」…… 929
第1節 アヤメ科ではなかった「はなかつみ」…… 930
第2節 「ははくり」は漢方薬バイモの和産同属植物である…… 937
引用および参考文献…… 939
索引（植物名ほか）…… 977
あとがき…… 993

凡　例

一　本書で頻用する基原《きげん》という用語は生薬学分野に特有であり、専門分野外の研究者には理解しづらいかもしれない。植物種を間接的に、具体的には進化・分化の過程の基となる場合などを指す場合は起源、それとは無関係に植物種そのものを直接指す場合は基原と使い分ける。

二　引用する『萬葉集』の各和歌は原則として新日本古典文学大系『萬葉集』（岩波書店）によった。

三　引用する『萬葉集』以外の各歌集の和歌は『新編国歌大観』（角川書店、CD-ROM版）によった。

四　『源氏物語』などわが国の主たる古典文学からの引用文は原則として日本古典文學大系（岩波書店）によった。

五　一部国書は出典より直接引用するが、その解読は筆者自身による。未熟なる故に不適当な解読あらんことを恐れる。

六　出典引用文の反復記号はすべて適当する文字で表し、「〻」は「々」に改めた。

七　引用する漢文は和漢を問わず可能な限り旧仮名遣いの仮名混じりで読み下した。訓点の付いた国書漢文ではその通りに訓読しなかったものもある。

八　漢字はなるべく出典の表記にしたがったが、特殊な古体、略体、異体の場合、同義の正字体に置き換えたものがある。

九　□は出典引用文中で判読不能あるいは欠字を表すが、それ以外の記号は出典のままである。

一〇　植物和名で古名と現在名が同音の場合、古名を「ひらがな」、現在名をカタカナで表記して区別した。

（例）「わらび」…古名。現在のゼンマイ。ワラビ…コバノイシカグマ科ワラビ。

「さかき」…古名。神木一般の総称名。サカキ…特定の一種。

「よもぎ」…古名。ヨモギ…現在名。同種。

一一　植物の現在名は植物分類学で正名とするものを用い、和名なき場合に限り、学名で表記した。

（例）*Picrorhiza kurroa*（一七〇頁）などの日本に産しない植物。

一二　植物漢名は原則として古本草に記載されるものを挙げ、わが国古典への影響のほとんどない近世の漢名（『本草綱目』よりのちに成立した本草書にある名）は原則としてすべて排除した。

一三　研究論文の引用は掲載雑誌名、巻号、ページとともに本文中に記した。

一四　引用および参考文献は巻末に一括して掲載し、簡単な書誌情報を付した。

一五　章扉に収録した図版は、すべて『重修政和經史證類備用本草』（北京圖書館出版社）による。

序章

和漢植物古名の解明戦略概論

わが国最古の古典文学である『萬葉集』に収録される約四五〇〇首の歌のうち、植物名を詠み込む歌は三分の一強に当たる約一六〇〇首もある。植物名の総数は一六〇以上あるが、現在では一部を除いて一応植物種が同定されている。ここで一応といったのは、これまでの研究における植物種の同定のプロセスが筆者の視点からして必ずしも客観的手法に基づいて行われたわけではなく、直感や主観を交えて議論されたものが多く見受けられるからである。また、上代の典籍になく、平安時代以降の典籍で初めて登場する植物名も多い。一般に、古典の植物名を解明するのに手掛かりとなる情報は限られるが、客観的解明の糸口は必ずしも皆無ではない。たとえば、万葉植物名の場合、万葉仮名で表記された和名と中国の文献から借用した漢名とがあって、両方が混在する場合が少なからずある。それは古代のわが国に漢字が伝わると同時に、和産植物に対して漢名を充てる作業が始まり、万葉時代はまだその中途の段階であったことを示す。この作業の結果は平安中期の『和名抄《わみょうしょう》』（源順）・『本草和名《ほんぞうわみょう》』（深根輔仁）・『新撰字鏡《しんせんじきょう》』・『醫心方《いしんぼう》』（丹波康頼）などに集大成され、万葉植物の漢名に対応する和名を知るには、以上の典籍を参照すればよい。植物漢名の大半は漢字の導入先である中国の本草書や古字書などを主たるソースとする。本草書に収載する品目の多くは植物由来であるから、万葉植物の漢名の大半は本草書にも記載されている。本草書は、通例、植物を草本・木本に分類して各条に配置し、関連する古典文献の記述を累積的に引用し、編者が注釈を加えて解説する形式をとる。この注釈の中に植物の特徴や民族植物学的意義などの情報が含まれる。古字書も植物について概略を記載するが、本草書に比べると簡略化されていることが多い。上代・中古代の先人は、出典文献を吟味した上で漢名を充てたと考えられるから、各本草書や古字書の記載は植物種を推定する上で有力な情報源となり得る。本書は漢籍の本草書・古字書を頻繁に引用するので、ここで当代の中国本草書および古字書事情について概要を説明しておく。

まず、本草書については、わが国に伝来したもっとも古い典籍は六朝時代の五〇〇年ごろに成立した『本草經集《ほんぞうきょうしっ》注《ちゅう》』（陶弘景）と考えられる。紀元一世紀ごろに成立した中国最古の本草書『神農本草經《しんのうほんぞうきょう》』と後漢後期に成立した『名醫別録《めいいべつろく》』を集録して薬物数を七三〇種とし、編者の陶弘景（四五六年―五三六年）が注釈を加えたものである。小国分立の六朝時代が終息し、隋を経て強大な統一王朝唐が成立すると、『本草經集注』の後継本草書として唐政府国定の『新修本草《しんしゅうほんぞう》』（蘇敬）が六五九年に成立した。『本草經集注』より一〇〇種以上の収載品を増録し、『本草經集注』の記述（陶弘景注）に加えて新たに蘇敬（生没年不詳、七世紀）が注釈（『新修本草』では「謹案」以降の記述が蘇敬注に当たる）し、いっそう充実した体裁を整えた。真柳誠によると、長らく宮廷内に秘蔵され、公開されたのは七二三年ごろという（『中国本草図録』巻九　二一八頁―二一九頁　中央公論社　一九九三年）。武田科学振興財団杏雨書屋所蔵の国宝「零本新修本草巻第十五」（鎌倉時代前期の古写本）の奥書に「天平三年歳次辛未七月十七日書生田邊史」とあり、天平三（七三一）年という明確な年紀の記載があるので、唐で公開されてまもなくわが国に伝わったことになる。しかし、万葉植物名に『新修本草』の知見が反映された可能性は低いだろう。というのは、『續日本紀』の延暦六（七八七）年五月戊戌（巻第三十九）に、典薬寮（律令制において医療・医薬調達を掌る宮内省の一部署）が『本草經集注』に代えて『新修本草』を標準薬物書とする上申書を提出し認められたという記述があり、八世紀末まで『本草經集注』がわが国の標準薬物書であったことは確定的事実だからである。すなわち、『新修本草』の記述内容が本格的にわが国の典籍に反映されるようになったのは平安時代以降で、『本草和名』でいう「本草云」とは『新修本草』を指す。七三九年に成立した『本草拾遺《ほんぞうしゅうい》』（陳蔵器）も、私撰ながら『新修本草』を補遺する性格をもつ重要な本草書であり、本書でよく引用する。九〇七年、唐が滅亡し、中国大陸は諸国が割拠する五代の時代を迎えるが、後蜀の韓保昇（生没年不詳）撰の『重廣英公本草《じゅうこうえいこうほんぞう》』（『蜀本草』ともいう）のほか、李珣（生没年不詳）の『海薬本草《かいやくほんぞう》』が成立したが、これらも『新修本草』の補遺を目的とした傍流本草である。『新修本草』の後継書が登場したのは九六〇年に統一王朝として宋が成立してからであり、九七三年に『開寶新詳定本草《かいほうしんしょうていほんぞう》』が、その翌年に改訂版である『開寶重定本草《かいほうじゅうていほんぞう》』が成立し、一般には合わせて『開寶本草《かいほうほんぞう》』（馬志撰）と称する。しかし、その成立から一〇〇年も経たない一〇六一年に改訂されて『嘉祐補注本草《かゆうほちゅうほんぞう》』（掌禹錫）が成立し、略称して『嘉祐《かゆう》本草《ほんぞう》』と称する。翌年、蘇頌（一〇一九年―一一〇一年）によって薬図と注が加えられた『嘉祐本草圖經《かゆうほんぞうずけい》』が勅撰書として刊行され、これを『圖經本草《ずけいほんぞう》』と通称する。すなわち、当時は二種の本格的な本草書があったわけで、内容的に相互補完の関係にあったから、医家にとって使い勝手はよくなかった。唐慎微（生没年不詳）は元祐年間（一〇八六年―一〇九三年）に両本草を合本して『經史證類備用本草《けいししょうるいびようほんぞう》』を完成させたが、新たに六〇〇品目以上を増補・追加して収録数は『新修本草』の二倍以上の一七〇〇品目以上となった。『證類本草』と通称するが、今日、『經史《けいし》證類大觀本草《しょうるいたいかんほんぞう》』（大觀本草）と『重修政和經史證類備用本草《じゅうしゅうせいわけいししょうるいびようほんぞう》』（政和本草）の二系統が完本として残る。そのほか、『嘉祐本草』と『圖經本草』の誤りを正すことを目的とした傍流本草に寇宗奭（生没年不詳）撰の『本草衍義《ほんぞうえんぎ》』（一一一六年）があり、『重修政和經史證類備用本草』はその記述をすべて各条に引用記載する。本書で『證類本草《しょうるいほんぞう》』として引用するのは政和本草の晦明軒刊本である。『證類本草』の最大の特徴は、今日に伝存しない本草書の記述を累積的に記載する点にあり、その資料的価値は中国本草の最高峰とされる『本草綱目《ほんぞうこうもく》』（李時珍）より高い。同書で陶隠居云とあるのは『本草經集注』を、唐本注云・唐附は『新修本草』を、今附・今注・今按は『開寶本草』を、臣掌禹錫云・新定・新補は『嘉祐本草』を、日華子云・續注は『日華子諸家本草《にっかししょかほんぞう》』（大明、成立年代不詳）を指す。また、陳藏器本草云・海藥云はそれぞれ『本草拾遺』『海藥本草』を指し、また各巻末にそれぞれ陳藏器餘・海藥餘として条文を引用する。そのほか、『千金要方《せんきんようほう》』『外臺祕要《げだいひよう》』など唐代の医書を初め、多くの典籍を引用し、『圖經本草』から継承した薬図も附属する。因みに、『神農本草經』に由来する記述は白抜き文字、『名醫別錄』は黒字の大文字で、そのほか各書の記述は黒字の小文字で表す。中国では『新修本草』全二十巻は散佚したが、わが国にそのうちの十一巻が写本として伝存し、『新修本草殘卷』と称する。本書ではなるべく『新修本草殘卷』の記述を優先して引用し、時に『證類本草』の唐本注から補録する。中国本草の集大成といわれるのが一五九〇年ごろに成立した李時珍（一五一八年—一五九三年）撰の『本草綱目』であり、一九〇〇種近い品目を収載し、収載数および豊富な注釈では他書を凌駕する。江戸期に三系統十四種の和刻本が刊行され、訓点が施されて読みやすいこともあり、漢薬の経典としてわが国でもっともよく利用された。昭和初期にその和訳本『頭注國譯本草綱目』（以下、『國譯本草綱目』と略す）が刊行され、白井光太郎・牧野富太郎らによって各品の基原（語義は凡例を参照）が考定され、一九七九年には北村四郎・木村康一らが補注をつけた『新註校定國譯本草綱目』（以下、『国訳本草綱目』と略す）も刊行された。しかしながら、『本草綱目』は、旧文献の記載を李時珍の個人的見解でもって改変した部分がかなりあり、信頼性の点で問題のあることが日中を代表する考証学者森立之（一八〇七年—一八八五年）・孫星衍（一七五三年—一八一八年）から指摘されていることを看過すべきではない。孫星衍は「明の李時珍、本草綱目を作る。其の名已に愚にして、僅かに大觀本（『大觀本草』）を取り、舊文を割裂し、妄りに增駁を加へ、後學をして迷誤せしむ。」（孫星衍『本草經』序）、また森立之も「毎歎、近世本草を以て家と爲す者は、大抵李氏綱目を奉り、以て圭臬《けいげつ》と爲す。古本草の何物爲るかを知らざれば、則《すなは》ち其の弊によりて勝道たるべからざる者有らん。余、嘗竊古本草の舊を復せんと欲せば、仍《すなは》ち證類本草を取り之を讀めり。而して始めて綱目の杜撰妄改なること據るに足らざるを知れり。」（『重輯神農本草經』序）と述べ、いずれも李時珍を酷評している。本書では起源の古い植物漢名の考証ではなるべく『本草綱目』を排除し、もっぱら『新修本草』ならびに『證類本草』に累積引用された古本草の記述に基づいて解析した。本草書以外では、紀元前に成立した『爾雅《じが》』や紀元一〇〇年ごろに成立した『説文解字《せつもんかいじ》』があるほか、『詩經《しきょう》』や『藝文類聚《げいもんるいじゅう》』ほか経典文献も多くの植物名を載せるが、それが何であるかを知るには古注の解析が必須である。以上の各文献の記載を詳細に検討すれば、各植物に関してかなり客観的な情報を得ることができる。

本書では原則として漢籍古典の原典を直接参照して解析、第三者の手の加わった記述は原則として引用していない。

古代のわが国で、和産植物に対して漢名を充てる作業が行われたのは、中国本草学の体系を導入することによって和産資源を有効活用できるというメリットがあったからと考えられる。当時の中国本草は世界的にみても類例のないほど優れた分類体系であったから、当時にあって漢名は現在の分類学の学名に相当する機能をもっていたのである。広大な大陸に分布する植物種は多く、また大陸の各地域は必ずしも文化的に均質ではないから、多くの地方名とともに異名も多かった。現在でも学名はしばしば変更されて多くの異名があることを考えれば、決しておかしなことではない。また、大陸とわが国とでは植物相（フローラ：植物種の総数）が異なるから、必ずしも該当する漢名があるとは限らないが、それは当時の人々の知る所ではなく、大陸にあるものはすべて日本列島にもあると信じていた。日本列島は狭いながらも津々浦々鬱蒼とした森林に恵まれ、一方、大陸は広大ではあるが緑が少ないので、遣隋使・遣唐使はそれを肌で感じ取っていたと考えられるからだ。かくしてわが国の先人は、既に和名があろうがなかろうが、とにかく和産植物に漢名を充てるのに奔走し、その結果、当時知られていた日本列島の植物名の相当数が漢名で表されることになった。当然の帰結として、漢名を充てる作業においてとんでもない見当違いも発生した。「あぢさゐ」に充てた紫《シ》陽花《ヨウカ》は白居易の詩文から抽出し（『和名抄』）、「やまぶき」に充てた款冬《カントウ》は本草に由来する（『本草和名』、以上詳細は拙著『万葉植物文化誌』の当該条を参照）が、もともと中国にないわが国の特産種であるから、当時、漢名があるはずはなかった。一方、第18章で述べるように、海藻類の漢名の大半は半ば自暴自棄的に充てたものである。「すすき」「はぎ」は漢籍に該当するものが見当たらないため、それぞれの生態を表すものとして古字書から薄・萩を選定したから、実質的には国字であった。今日、漢名の音写に由来する植物名は少なくないが、ボタン・シャクヤクなどの外来種に集中する。ただし、少数ながら在来種にも漢名の音写あるいは音訳に置き換えられたものがあり、「あさがほ」→「きちかう」（桔梗）、「にこぐさ」→「おきなぐさ」（白頭翁）などがそれに当たる。いずれも共通した理由があり、中国古医学の要薬という背景があって〝本草学名〟との整合性を優先した結果である。今日、多くの植物がラテン語学名のカタカナ読みで呼ばれるのと本質的に変わらないのであるが、斎藤正二は、それをもって日本人の植物観は中国文化の陰画に焼き直したものにすぎないと解釈した（『植物と日本文化』）。確かに菖蒲《あやめぐさ》や萱草《わすれぐさ》など一部の草花に関しては概ね正鵠を射たといってよいが、秋の七草や桜《さくら》、藤《ふじ》などまでも巻き込んでしまったのはとんでもない勇み足であった。斎藤正二は客観的な根拠や論拠の乏しさを補うためであろうか、判で押したように〝宗教文化的シンボル〟あるいは〝桃源郷《ユートピア》のシンボル〟という概念をもちだして抽象化し、最後は江戸時代になって中国文化の束縛から解放され、名実ともに独自の植物文化が成立した云々と締めくくっている。この植物文化論の上流と下流のいずれも正しくないことは、本書の各論を精読していただければ自ずから理解できると思われるので、これ以上の言及は控えたい。

これまでの万葉植物研究で利用された中国本草はほぼ『本草綱目』に限られる。この背景には、前述したように、『國譯本草綱目』が刊行され、難解な漢文で記された本草の記載を簡便に参照できるようになったことがある。また、植物学の専門家が注釈し植物種の同定を行っているが、『本草綱目』は旧文献の記載を李時珍の個人的見解でもって改変した部分がかなりあるので、信頼性の点で問題があるのは前述の通りである。それを克復するにはそれ以前の古文献の記述を包括的に再検討しなければならないが、理系をバックグラウンドとする注釈者に難解な漢文を読みこなすのは荷が重かったようである。かくしてわが国最高の漢和辞典である『大漢和辞典』も植物漢名の記載を『本草綱目』に準拠しているため、多くの誤りがあることに留意する必要がある。

万葉植物や古典の植物名の中にはまったく漢名のないものも少なからずある。漢籍に該当する植物が見当たらなければ、国訓や国字を作成して充てることもある。かかる場合、文献解析に基づく客観的な考証がきわめて困難となるので、まったく別の視点から解析を進める必要があり、それこそ類書にはない本書の特徴とするところである。植物は土と水分さえあればどこにでも生えると考えられがちであるが、この地球上に存在するいかなる植物種も自由気ままに生えているわけではなく、必ず一定の生態系に属し、生物社会の一員として、ほかの動植物種との競争的共存の中で生存を余儀なくされている普遍的事実がある。植物の生態ならびに生育条件は、同じ植物種である限り、今日でも古い時代でも基本的に変わらない。したがって、植物が生えている生態環境が明らかになれば、植物種を絞り込むことができ、植物の同定はいっそう容易となる。古典の記述に植物の生態を示唆する情景が含まれてさえいれば、この手法はあらゆる古典の植物に適用可能であり、植物生態学ほか自然科学的知見を基盤にするから、客観的な解析が可能である。万葉歌に植物の生態情報を示唆するような情景が詠われていなくても、平安の歌集に集積された膨大な和歌や『源氏物語』『枕草子』ほか古典文学の当該の記述を解析すればよい。平安の文人と万葉人との間の時代差は高々三〇〇年であり、植物に対する種認識はさほど変わらず、ごく一部の特殊なケースを除けば、この手法を適用するに問題はないと考える。

ただし、今日と上代・中古代では人と植物との関係にかなりの温度差があることも考慮しなくてはならない。高度文明社会の下では、食材を始めとして植物由来のものが多いにもかかわらず、日常生活の中で植物の生品を意識することは少ない。現在では外部委託して生産した製品を利用するのがほとんどであるから、原料たる植物の存在を意識する必要がないのである。一方、古い時代の生活は植物依存度が極めて高く、必要な素材は自らの手で調達しなければならないから、人と植物の関係は現代人よりはるかに緊密かつ濃厚であったことは論を俟たない。神事や習俗を詠った和歌の中で植物が関わるものは少なくない。そのうち現代まで継承されているものもあり、その源流をたどると、多くは大陸に類例が求められるが、考古学的証拠から太古の時代までさかのぼることもある。神事・習俗において植物は何らかの民俗学的意義をもつはずで、飛鳥時代以前のわが国では文字による記録資料はなかったから、やはり漢籍古典が唯一無二の有力情報源であり、その詳細な解析は必要不可欠である。植物のもつ民族植物学的・民俗学的意義に関しては渡来文化の影響は無視できないが、それを中国文化の影響という一言で済ますのも正鵠を射たとはいい難い。中国大陸は文化的に均質ではなく、多くの場合、わが国が影響を受けてきたのはその一部の地域にすぎないからである。また、わが国に渡来してから変質することも珍しいことではなく、その多くがわが国独自の習俗との融和によるものであることも認識しておく必要がある。また、たとえ同じ種の植物とはいえ、大陸と日本列島では気候・風土が大きく異なる結果として、各植物の文化的背景も同じではあり得ないことに留意する必要がある。斎藤正二の論考はその視点すなわち民族植物学的視点をまったく欠き、中国文化のわが国に対する影響を論じているにもかかわらず、中国における当該植物の文化的意義についてあまり議論していないのは画竜点睛を欠くといわざるを得ない。これでは上代古典に登場するわが国の植物はすなわち中国原産といってかまわないという奇妙な論考に至るのも無理はない。古典の植物の背景を調べてみると、人々は生活上の必要性があったからこそ、植物を識別してそれぞれに名前をつけたのであって、利用しないものはその存在すら意識していなかったといって過言ではない。古典文学によく登場する植物の民族植物学的背景を探ると、意外な用途に遭遇することがある。古典の植物の解析に際し、現代人の目線ではなく、当時の人の目線で植物を見る必要があることを示唆し、それはこれまでの類例研究では見落とされてきたところである。それを解明するには植物古名の国語学的解釈も必要となる。本書の随所で古い和名の語源解釈に言及するのは単なる興味本位からではないのである。

以上、古典の植物名をどう解明すべきか、基本的戦略の概略を述べてきたが、それらの相関を図示すると次頁上段のようになる。今日、各植物種は、分類学という専門分野があり、科学的視点で客観的かつ整然と識別されている。科学という概念のない時代にあって、当時の人々は各植物種をどのような基準で区別していたのか、種認識に混同はなかったのか、いずれも各植物を含む古典の記述の解釈にも関わることであり、興味のもたれるところである。本書の目的はまさに客観的視点に基づいて先入観を排し中立的視点をもって解析することにあるが、そのためにはあらゆる学際的知識を積極的に導入し多次元的に解析する必要がある。筆者は純粋な理系の学徒であるが、理

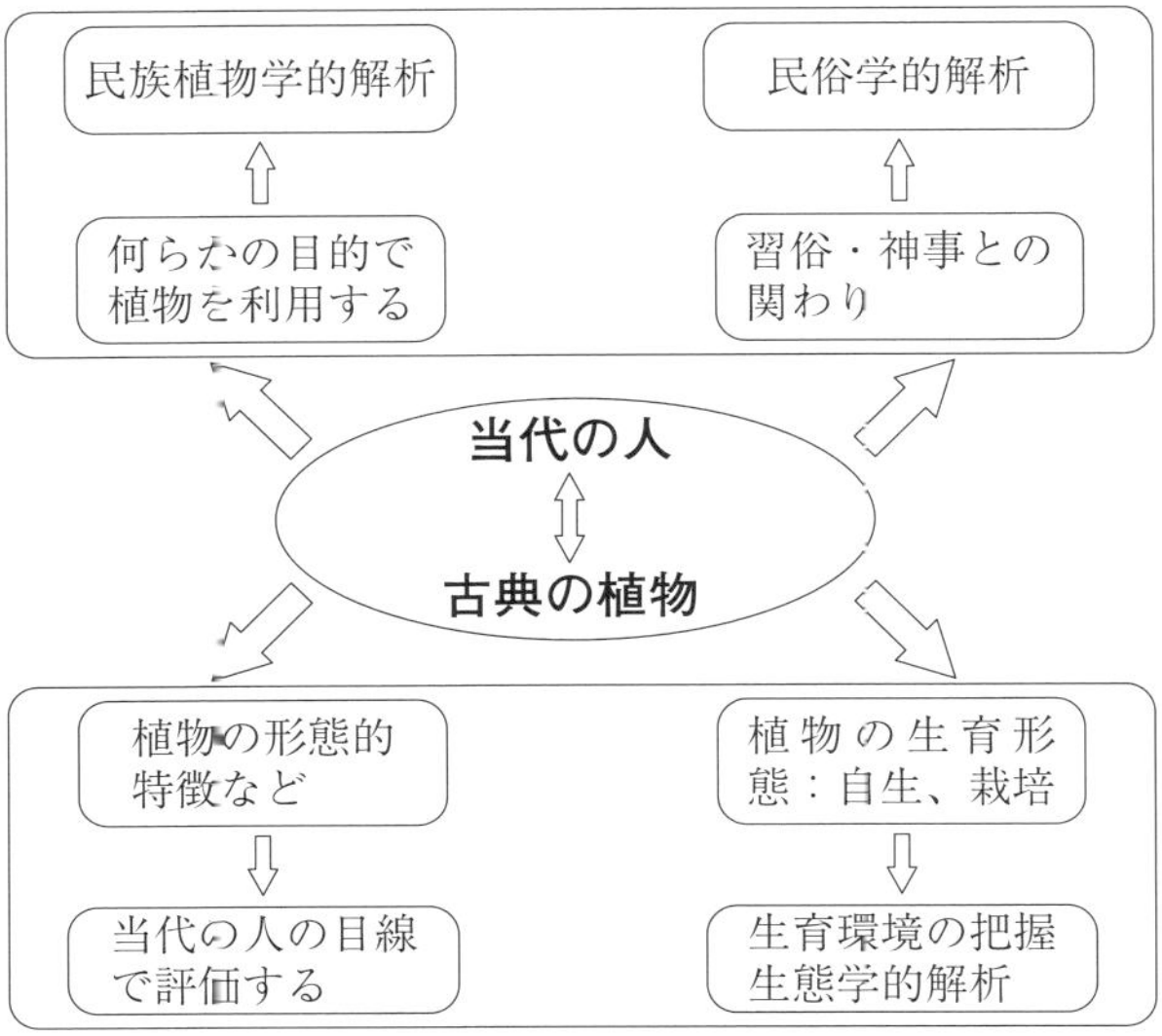

系的知識だけを重視しているわけではない。それは本書を通読すればお分かりいただけるかと思う。最後に文系研究者にとっては耳が痛いかもしれないが、理系の筆者からの辛口の提言と是非受け止めて戴きたいことがある。古典文学の注釈書は数十年単位で出版されるが、理系の筆者の目からすればほとんど進歩がないように見える。一方、理系の世界は三十年も経つと第一線の知識であったものが義務教育の教科書に載るほど変化が激しい。とりわけ生命科学領域の進歩はめざましく、遺伝子を構成する基本単位であるＤＮＡの構造が明らかになったのは六十年ほど前のことであるが、今日では遺伝子の全構造が明らかにされ、それを人工的に制御する技術が開発され、様々な分野で応用されている。その背景には新しい知識の積極的な導入によって新分野が形成され、研究が活性化されてきた事実がある。国文学研究を活性化させるためにはあらゆる分野の知識の導入が必須ではないだろうか。本書では先人の見解を容赦なく批判するが、逆に批判を享受する姿勢もここで明確にしておきたい。引用する文献の巻数のみならず項目名まで明記しているのはかかる読者への至便を図るためである。

本論

古典に登場する植物名の基原・字義と由来

第1章

古典の「わらび」はゼンマイであってワラビではない！

「わらび」という名の植物を知らない人はまずいないだろう。現代人がイメージする「わらび」は、若芽を山菜として利用し、根から採れるデンプンから高級和菓子を作るコバノイシカグマ科ワラビというシダ植物の一種である。結論を先に述べておくと、「わらび」という名は、『萬葉集』までさかのぼるもっとも古い植物和名の一つであるが、もともとはゼンマイ科ゼンマイを指していたのが、江戸時代の著名な本草家の勘違いによって、今日いうワラビにすり替わってしまったのである。といっても、国文学ではまだ認知されていないから、ほとんどの人は珍説だと思うに違いない。第7節で詳述するように、古典にいう「わらび」がゼンマイであったという指摘はこれまでもあったが、説得力ある説明を欠いていたため、保守的な国文学者を納得させるには至らなかった。本書では古典の「わらび」がことごとくゼンマイであったことを証明するために、これでもかというほどの国文学上の用例を挙げて説明している。あまりのしつこさに偏執狂的といわれるかもしれないが、もっとも頑迷な国文学者の説得を想定したものであることをご理解願いたい。ただし、その内容を理解するにはワラビ・ゼンマイという植物の形態および生態に関する知識が必須であり、たとえ国文学領域で卓越した知識を持ち合わせていたとしても、植物学的知識がなければ、ここで記述することは正しく理解できないであろう。すなわち旧来の国文学の垣根を打ち破って異分野の知識・知見を大胆に導入して学際的視点に立たなければ本書を正しく理解することは難しいのである。

第1節　ワラビでは矛盾のある『源氏物語』『枕草子』の「わらび」

平安期になると、わが国の先人は平仮名という表音文字を発明し、これによって自らの思考・情感を国語でもって自由自在に綴ることができるようになった。その結果、『源氏物語』という心理小説の世界的な傑作を生み出したことはつとに知られるが、同書の随所に「わらび（蕨）」が登場する。まずは椎本《しひがもと》にある当該部分を紹介しよう。

年かはりぬれば、空《そら》の氣色《けしき》、うらゝかなるに、汀《みぎは》の氷解《と》けわたるを、「ありがたくも」と、ながめ給ふ。聖《ひじり》の坊《ばう》より、「雪消《ぎ》えに、摘《つ》みて侍《はべ》るなり」とて、澤《さは》の芹《せり》、蕨《わらび》など、たてまつりたり。いもひの御臺《だい》にまゐれる、「所につけては、かゝる、草木《くさき》のけしきに從《したが》ひて」「行《ゆ》きかふ月日のしるしも見《み》ゆるこそ、をかしけれ」など、人々いふを、「なにのをかしきならむ」と、聞《き》き給ふ。

君がをる　峯《みね》の蕨《わらび》と　見ましかば　知《し》られやせまし　春のしるしも（大君）

雪ふかき　汀《みぎは》の小芹《こぜり》　たがために　摘《つ》みかはやさむ　親《おや》なしにして（中君）

など、はかなきことゞもを、（以下略）

この文節を素直に解釈すれば、聖の僧坊から献上したという芹《せり》と蕨《わらび》は、年が改まって野沢の氷が溶け始める時期すなわち旧暦の早春に、雪の消えた沢で摘み取ったと考えるのが順当である。新暦では二月から三月に当たり、芹《せり》はセリ科セリとしてまったく矛盾はないが、蕨《わらび》をワラビとして解釈しようとするとまず季節が合わない。当時、セリは重要な食菜（『和名抄』では水菜に分類）として認識されていたから、それと取り合わせた蕨《わらび》も同様に扱われたことは言を俟たない。一方、今日いうワラビは若芽を食用とし、その旬の季節は盛春すなわち新暦の四～五月以降であるから、時期的にみてかなりの隔たりがある。蕨《わらび》に関する矛盾は季節だけに限らない。「澤の芹《せり》、蕨《わらび》」という取り合わせを素直に解釈すれば、水辺など湿り気のあるところでセリと蕨《わらび》を採取したことを示す。かかる点でもセリに問題はないが、第2節で述べるように、ワラビは乾燥した日当たりのよい草原を好むから、生育環境について矛盾が生じる。これに関しては日本古典文學大系『源氏物語』は「君が折る　峯の蕨《わらび》と見ましかば云々」という宇治の大君の歌に合わせて「澤の芹《せり》、（峯の）蕨《わらび》」、すなわちそれぞれの摘み取った場所が異なるとして矛盾を解消しようとした。しかし、この歌は「（父宮が存命の御時に）摘んでくださった峰の蕨《わらび》でしたらこれを春が来たしるしだと（私たちも）知ることができるでしょうに」という意であって、そもそも聖の僧坊から献上した蕨《わらび》とはまったく無関係であるから、前後関係を無視した強引な解釈といわざるを得ない。この解釈では季節をずらすことは可能であるが、セリは保存が効かないから、献上した時期も採集した場所も別ということになり、奇妙な情景描写となってしまう。蕨《わらび》は『源氏物語』の早蕨《さわらび》にも登場する。

「年改《としあらた》まりては、何《なに》事かおはしますらむ。御祈《いの》りは、たゆみなく仕《つか》うまつり侍り。今は、ひと、ころの御事をなん、安《やす》からず、念《ねん》じ聞《きこ》えさする」など、きこえて、蕨《わらび》、つくづくし、をかしき籠《こ》に入（れ）て、「これは、わらはべの供養《くやう》じて侍る初穂《はつほ》なり」とて、たてまつれり。手《て》は、いと悪《あ》しくて、歌は、わざとがましく、ひき放《はな》ちてぞ、書《か》きたる。「君にとて　あまたの春を　つみしかば　常《つね》を忘れぬ　初《はつ》わらびなり
御前に、よみ申さしめ給《たま》へ」とあり。

蕨《わらび》とツクシ（文中のつくづくしは古名、第27章第1節参照）を童部が仏前に奉納したとあるが、ツクシの生える季節は新暦では三月中ごろであるから、やはりワラビでは季節的に早すぎる。ツクシ・蕨《わらび》を初穂《はつほ》として奉納しているので、ついでながら初穂について補足しておく。初穂とは、本来は各年で初めて収穫したイネをいうが、古くはこれを珍重してまず神社仏閣や朝廷に奉納した。後にイネ以外の産物の初物を意味するようになった。一方、「君にとてあまたの春を～初わらびなり」とある「初わらび」は、芽を出したばかりすなわち「さわらび」のことである。蕨《わらび》をワラビとするとやはり季節的な矛盾から逃れられない。国文学ではワラビと解釈することもあるが、それでは初穂とはいえない。

平安文学の傑作として『源氏物語』と並び称せられる『枕草子』にも蕨《わらび》は登場する。「五月の御精進《さうじ》のほど」で始まる段で、戒を守って精進する斎月の五月について記しているが、ここに「この下蕨《したわらび》は、手《て》づから摘みつる」とあるので、これをもって現今の注釈書は「わらび」を五月すなわち新暦の六月に採取したと解釈し、季節上の矛盾を解消しようとした。実は、この段の別のところにも下蕨《したわらび》の名が登場する。

「〜むげに、かくては、その人ならず」などいひて、とりはやし、「この下蕨《したわらび》は、手《て》づから摘みつる」などいへど、「いかでか、さ女官《にょうくわん》などのやうに、着《つ》き並《な》みてはあらん」などわらへば、云々

（中略）

二日ばかりありて、その日のことなどいひづるに、宰《さい》相の君、「いかにぞ、手《て》づから折《を》りたりといひし下蕨《したわらび》は」とのたまふを聞《き》かせ給ひて、「思ひ出づる事のさまよ」と笑《わら》はせ給ひて、紙《かみ》の散《ち》りたるに、「下蕨《したわらび》こそこひしかりけれ」と書《か》かせ給ひて、「本《もと》いへ」とおほせらるるも、いとをかし。「ほととぎすたづねて聞《き》きし聲《こゑ》よりも」と書《か》きてまゐらせたれば、云々

つまり、下蕨を手折ったことを思い出したことだといい、ホトトギスを求めて聞いた声よりそのことの方が恋しかったことよというのであるから、旧暦の五月（ホトトギスの鳴き始める季節）に下蕨《したわらび》を採取したとするのは正しい解釈とはいい難い。

第2節　ワラビでは意味が通じない平安・鎌倉期の和歌の「わらび」

以上、平安期を代表する古典文学に登場する「わらび」は季節的にコバノイシカグマ科ワラビに合わないと述べたが、シダ植物は顕花植物ほど季節性が明瞭ではないことに留意する必要がある。すなわち、開花期がほぼ一定のサクラなどと同じ感覚で「わらび」の季節の矛盾だけを取り上げて結論づけることは危険であることを意味する。序章でも説明したように、植物はどこにでも生えると考えられがちであるが、実際は種ごとに一定の環境に住み分けており、それによって生態系が維持されている。その点はシダ植物も変わらないから、生育環境に関する情報が明らかになれば植物種を特定するのに役立つ。「わらび（蕨）」は平安・鎌倉時代の歌集に多く詠まれ、『新編国歌

大観』によれば、二〇〇首近くある。その中で生育環境を示唆する内容を含む歌がいくつかあり、その情景分析から「わらび」の生態の解析を試みたいと思う。

一、　沢　正治二年百首

風わたる　春の野ざはの　さわらびは　波にまかせて　をるにぞ有りける　（『夫木和歌抄』巻第廿六）

二、　弘安元年百首

をる人の　袖ふる山は　雪きえて　わらびにそそく　春の水がき　（『夫木和歌抄』巻第三）

三、　早蕨

あさみどり　苔のうへなる　さわらびの　もゆる春日を　野べに暮しつ　（『土御門院百首』）

第一の歌にある「春の野沢《ざは》」は草原の所々に谷地《やち》があって水分条件に恵まれた地をいう。風が吹き渡る春野の湿り気のある沢に生えているさわらびは波のような風にまかせて折り取ったという意である。第二の歌の「春の水がき」は、瑞垣とすれば神社の周囲にめぐらす垣のことであるが、これではさっぱり意味が通じない。「わらびにそそく」とあるから水路の垣の意であって、雪解け水で水量を増した渓流沿いにわらびが生えていると推定される。歌の意は、わらびを採取する人が袖を振っている山では雪が消え、水路の脇に生えるわらびに雪解け水のしぶきが勢いよくかかっていることになる。第三の歌は、淡緑色の苔の上に生えているさわらびが芽生え始める春になった、その春の日を一杯浴びて野辺に暮らしているという意である。苔は湿り気がある環境にしか生えないから、同様な環境に「わらび」が生育していることを示唆する。

以上のいずれの歌も「わらび」が湿った環境に生えていることを示唆し、乾燥した草原を好むワラビとは生態学的に相容れないことは明らかである。『源氏物語』の椎本《しひがもと》の蕨《わらび》も、雪消《ゆきげ》の沢からセリとともに摘み取ったと解釈した場合、ワラビに合わないことは既に指摘した通りである。これだけ共通した矛盾が出てくれば、現在名と同じとはいえ、「わらび（蕨）」をワラビ以外の別の植物と考えざるを得ないが、国文学においてかかる視点からのアプローチはなかった。椎本《しひがもと》では聖の僧坊からセリとともに献上しており、早蕨《さわらび》でもツクシとともに「わらび」に言及しているから、食用の山菜であることはまちがいない。今日、山菜として利用するシダ植物にワラビとゼンマイがあるが、いずれも今日のわが国の人里でごく普通に見られる種である。以上の古典に登場する「わらび（蕨）」をゼンマイと考えた場合、旧暦の正月明けから芽を出し始め、また水気のある環境を好んで生えるから、季節的および生態環境の矛盾が一気に雲散霧消する。問題は植物名が同じままでまったく異なる植物にすり替わったことになるから、旧来の国文学はそれに抵抗があったと思われる。しかし、植物古名がまったく別の植物名に転じた例はいくつか知られている。例えば、万葉の「あやめぐさ」はサトイモ科ショウブであったが、のちにアヤメ科アヤメに転じたことは拙著『万葉植物文化誌』で詳述した通りである。したがって古名の「わらび」がゼンマイであったとしても決して不思議ではない。名前が転じた経緯は第5節に詳述するとして、取りあえず「いにしえのわらびはゼンマイであった」として矛盾はないか、さらに考証を進めていくことにしよう。

2-1　ゼンマイとすれば簡単に解ける「わらび」の語源

植物名には必ず何らかのいわれがあるので、語源解明を試みた類書は多いが、ワラビに関してはこれといった説得力ある説は見当たらない。本書では一貫して古典の「わらび」は、今日いうワラビではなく、むしろゼンマイの可能性が高いことを指摘している。とすれば、古名の「わらび」をゼンマイとした場合、その語源を説明できればいっそうの説得力をもつことになる。実は、「わらび」の語源を考える上で鍵となる歌がいくつかあり、まず次の二つの歌について考えてみる。

一、　わらび

煙たち　もゆとも見えぬ　草のはを　たれかわらびと　なづけそめけむ
（『古今和歌集』第十）

二、みよしのの　山の霞を　今朝みれば　わらびのもゆる　けぶりなりけり
（『夫木和歌抄』巻第三）

第一の歌を字義通りに解釈すると、煙を立てて燃えるとは見えない草の葉を誰が「わらび」と名づけ始めたのであろうかとなるが、「わらび」をワラビとしてこの歌の意味を理解できる人はいるだろうか。第二の歌も然り、吉野の山の霞を今朝見ると「わらび」が燃えている煙であったことよとなって、やはり何を詠んでいるのかさっぱりわからないのではなかろうか。優れた歌学者として知られる順徳天皇（一一九七年―一二四二年）は「物の名をかくしてよむ歌也。（中略）蕨を藁火とかくしたるなどは、聲こそかはりたれども同物名也。これなどはかくしたるといふべきにあらず。」（『八雲御抄』巻第一「正義部　物名」）と述べている。すなわち、以上の二歌は物名を隠して詠んだというのであるが、「わらび」と藁火《わらび》は同物名であるから隠したことにはならないと順徳天皇が酷評していることに注目しなければならない。しかし、この順徳天皇の注釈をどれほどの人が理解できるだろうか。「わらび」をワラビと考える限り意味はさっぱりわからないが、ゼンマイとすればごく自然に理解できるのである。ただし、その前提としてゼンマイという植物に関する形態および生態を熟知しておく必要がある。

ワラビほどではないが、今日でもゼンマイは山菜として利用される。食用部位は渦巻き形に巻いた若芽で、ほとんどの人にとって、ゼンマイといえばその形状しか眼中にないだろう。渦巻き形の若芽といっても、胞子葉・栄養葉という、外形は似るが内部形態がまったく異なる二つの形態がある。前者は胞子嚢を房なりにつけ、熟すると赤褐色に変色する。一方、後者は小さな若葉が巻いてたたまったもので、成長して展開すると大型の羽状複葉になる。新暦の五月ごろになれば、数本の栄養葉の展開した葉と一、二本の赤褐色の房なりの胞子嚢をつけた茎が高く伸張する。食用に供するのは栄養葉の若芽であって、胞子葉はほとんど採取されることはない。したがって、一定の時期になるとゼンマイの群生地では胞子葉の展開したものだけが目立つ。注目すべきはそれが火炎光背状の形態を為

し、藁火《わらび》すなわち藁を束ねて火をつけたたいまつのように見えることである。すなわち、「わらび」の語源は藁火に由来するのである。拍子抜けするほど単純な語源解釈であるが、これまで植物名を取り違えたまま解釈しようとしていたから気付かなかったにすぎない。また、順徳天皇が指摘しているように、古い時代では当たり前すぎてわざわざ語源解釈する必要がなかったのである。第一の歌の「燃ゆとも見えぬ草の葉」とは、栄養葉・胞子葉がともに生長したゼンマイの全形をみて、青々とした大型の複葉の間から赤茶色の胞子葉が炎のように立ち上がっている様を詠んだとすればごく自然に解釈できる。今日、藁火はまったくなじみの薄い存在となってしまったが、神奈川県厚木市出身の俳人川島彷徨子（一九一〇年—一九九四年）の一句に「毛虫焼く　ちいさき藁火　つくりけり」とあるように、ごく最近までは藁火をつくり、ウメの木などにつく毛虫を焼き落とすのに使っていた。

『萬葉集』における「わらび」の表記は和良妣であり、妣は上代特殊仮名遣では甲種の音韻であるから、乙種の火とは合わないという指摘もあるかもしれない。「わらび」は、『正倉院文書』にもあるように、古くから食用とされ、一方、藁火も生活の必需品であったと考えられるから、とりわけ文字のない時代にあってはまったくの同音同名では都合が悪かったことは想像に難くない。したがって、両者を区別するため、乙種から甲種に音韻転訛したと考えることができ、軽微な音韻の違いはこの類の語源説にとってほとんど障害とはならないと考える。

2-2　ワラビでは理解できない「わらびのほどろ」の意味

平安・鎌倉時代の和歌に「わらびのほどろ」を詠んだ歌がいくつかあり、ここでは著名歌人による次の二歌を挙げる。

一、　百首歌中に蕨をよめる

春くれど　をる人もなき　さわらびは　いつかほどろと　ならんとすらん

（『散木奇歌集』第一）

二、　さわらび

なほざりに　やきすてしのの　さわらびは　をる人なくて　ほどろとやなる　（『山家集』上）

第一の歌は源俊頼（一〇五七年―一一二九年）の歌で、春が来たけれど折り取る人がいない「さわらび」はいつか「ほどろ」になろうとするのだろうなという意である。第二の歌は西行法師（一一一八年―一一九〇年）の歌で、心くばりせずに焼き棄てた野原の「さわらび」は折る人もなく「ほどろ」になるのだろうかという意である。いずれも一定の時を経て「さわらび」が「ほどろ」となることを詠んだのであるが、「ほどろ」とはいかなるものであろうか。一般の古語辞典は「ほどろ」をワラビの伸びすぎたものとする。延び広がるという意味の「ほどこる」や「解《ほど》く」とも通じるので、ワラビのこぶし状の若芽が展開して大きな茎葉となったものと解釈しているらしい。一方、『言海』（大槻文彦）はワラビが延びて荊棘《おどろ》になったもの、すなわち「おどろ」の転訛と解釈する。荊棘《おどろ》はおどろおどろしい、おぞましいという意味であるが、トゲがなく人の害悪とはならないワラビにこの解釈は当たらない。いずれの解釈でもワラビの伸張したものという点で共通するが、あまりに平凡すぎて源俊頼や西行ほどの歌人の歌にしてはインパクトが弱すぎると感じるのは筆者だけであろうか。では、「わらび」をゼンマイに置き換えた場合、この二つの歌の解釈はどう変わるのか考えてみよう。「2-1」で述べたように、ゼンマイには胞子葉と栄養葉の二つの異なる地上茎があって、それぞれが延びきるとまったく異なる形となる。まず、栄養葉は一般人の視点からワラビと大差ないが、胞子葉は火炎光背状となり、群生したところでは独特の景観をなす。食用に供されるゼンマイの栄養葉の若芽が摘み取られると、後に残るのは胞子葉のみとなる。したがって、「ほどろ」と化したゼンマイの群生はまさに火炎光背に似たものの集合体になる。興味深いことに、『角川古語大辞典』は「ほどろ」を火處と表記してかがり火・庭燎《にわび》の意味があるとしている。火處をそのまま読めば「ほどころ」であるから、「ほどろ」をその訛りとするに言語学的にそれほど無理はない。したがって、源俊頼・西行の歌にある「ほどろ」はゼンマイの胞子葉が伸びきって完熟したもので、それが一定の区域を埋め尽くした群落をかがり火に見立てて詠んだとする方がよりインパクトのある解釈が可能となる。火はいつまでも燃え続けるものではないが、梅雨入りで雨が多い時期になると、ゼンマイの胞子は滑落し「ほどろ」の火が消えたように見えるから不思議だ。一方、栄養葉は成長し続け、普通のシダ植物と変わらない。『西行物語』の東下りに「武蔵野の草のゆかりをたづねけむもなつかしく、宿をば月に忘れて、明日《あす》の道行きなむと口誦《くちずさ》みて行くほどに、（中略）わづかなる庵《いほり》の上をば、葛《くず》、刈萱《かや》にて葺《ふ》き、萩《はぎ》、女郎花《をみなへし》色々の秋の草にて囲《めぐ》りをかこひ、夜臥《ふ》す所とおぼえて、東に寄りて蕨《わらび》のほどろを折り敷き、西の壁に絵像《ゑざう》の普賢《ふげん》を掛《か》け奉《たてまつ》り、御前《おんまへ》には法華《ほつけ》八軸《はちぢく》を置かれたり」とある「わらびのほどろ云々」は、秋の野でゼンマイの成長しきった栄養葉を敷いて野宿したことをいう。しかし、葉が展開しきってしまえば、ワラビ・ゼンマイのみならず、そのほかのシダ植物も含めて区別は難しくなる。古くはシダ植物で名をつけられたものが少なかったから、「わらび」でもってシダ類を代表したと考えられよう。

2-3　ゼンマイを模した蕨手紋《わらびてもん》と蕨手《わらびて》

古典文学から離れてしまうが、蕨手紋《わらびてもん》という古式紋様がある。渦巻き様の簡単な紋様で、二対を対称形に配置したものが多い。蕨手文は九州の王塚古墳ほか装飾古墳と称する古墳の壁画や石棺に描かれ、一般にはワラビの若芽の先端部を模した紋様と解されている。しかし、どう見てもワラビの若芽と装飾古墳にある紋様は似ているとはいい難い。むしろゼンマイの渦巻き部分の方がはるかに似ており、蕨手文がワラビの初生を模したというのは思い込みによる錯覚にすぎないのではなかろうか。王塚古墳は六世紀中ごろに作られたとされ、当時、蕨手文という名があったかどうか定かではないが、ゼンマイをモチーフとして作った紋様であることはまちがいないだろう。

さて、平安後期から鎌倉初期に活躍した歌人慈円（一一五五年—一二二五年）は次のような歌を残している。

かねてより　みるも物うき　わらびかな　をられじとてや　手をにぎるらん　　（『拾玉集』第一）

この歌は、かねてから見るもおっくうな「わらび」であることよ、折られまいとして手を握っているのだろうかという意である。特別な技法を施しているわけではなく、単に「わらび」を手を握っている形に見立てただけである。『本草綱目』（李時珍）の蕨《ケツ》の条に「二三月に芽を生じ、拳曲して狀は小兒の如し」（巻第二十七「菜之二　柔滑類」）という記述がある。これはコバノイシカグマ科ワラビの初生の形態について記述したもので、その若芽が幼児のこぶしのようだという。幼児とりわけ赤ん坊のこぶしは、親指を中に入れ人差し指ほか四本の指で包み込むように、手を軽く握ることが多い。この形のこぶしは、手の甲の反対側からみると、李時珍が記述しているように、確かにワラビの初生によく似ている。横井也有の句に「われとむる　手もなき夏の　蕨かな」（『鶉衣拾遺』中）とあるのは、大きく展開したワラビの葉を詠んだものだが、初生を手に見立てるのを前提としている。こう考えると、慈円の歌にある「わらび」はワラビとして寸分の問題もないようにみえる。ただし、慈円はそれを見るのもおっくうだとネガティブなイメージをもって詠んでいるのが気になる。華奢な幼児のこぶしを見るのがなぜおっくうなのか理解し難いからだ。例によって「わらび」をゼンマイに置き換え、そして幼児ではなく大人が握っているとして解釈すると、この歌の内容が見事に理解できるのだ。四本の指を親指で包み込むようにこぶしをつくり、手の甲を垂直に立てるとその上面は渦巻き状を為し、それがゼンマイの若芽にそっくりであることがわかるはずだ。すなわち、慈円は山菜たる「わらび」の茎を握りしめ、折り取る直前の自らの握りこぶしと「わらび」すなわちゼンマイの渦巻き状の芽を対比させて詠んだのである。一四六三年ごろに成立したとされる『心敬私語』にある連歌の一つに「春雨に　もゆるわらびの　手を折りて」とあるが、これもゼンマイたる「わらび」でまちがいない。

2-4 「わらび」の花を暗示させる和歌：花をつけると考えられたゼンマイ

ワラビ・ゼンマイのいずれもシダ植物であって、顕花植物のようにいわゆる花をつけないことは、今日では小学生でも知っている。しかし、平安・鎌倉時代の和歌集に「わらび」が花をつけるかのように詠む歌が散見される。

芳野山　ちりしく花の　下蕨　さくらにかへて　をるも物うし
（『壬二集』）

吉野山は古くからヤマザクラの群生で知られ、花見の名所であった。ヤマザクラの花期はソメイヨシノより一～二週間ほど遅く、吉野では四月の中ごろが見頃であろうか。この歌の意は、花がしきりに散って見頃を過ぎてしまったが、ヤマザクラの木の下に「わらび」が生えている、それをサクラの代わりに折り取ろうと思うが、どうも気乗りしないとなる。「わらび」をワラビとした場合、なぜそれをサクラの代わりと考えたのか、誰もが理解に苦しむだろう。江戸時代であれば、マツバランやイワヒバのような地味な植物を園芸用に栽培するのが流行したように、シダ植物にも美意識を見出す感性があった。平安時代にその感性があったとすれば、この歌はそのさきがけとして大いに注目すべきであろうが、このほかに類例がまったく見当たらないから、その可能性はないようである。ゼンマイとしても、同じシダ植物であるから、花をつけることはないが、展開すれば火炎状となる胞子葉を花と見立てる可能性はあり得る。ヤマザクラの花が散るころ、ゼンマイの胞子葉はまさに色づき始めているから、山菜としてではなく〝花（房なりの胞子囊）茎〟を折るとすれば、より自然な解釈が可能となる。胞子囊を花に見立てるどころか、本物の花と認識していた証拠が実際にある。『大和本草』（貝原益軒）に「ゼンマヒニ花アリ」（巻之五　草之一）、『本草綱目啓蒙』（小野蘭山）に「（ゼンマイは）花穂ヲ出ス」（巻之二十三「菜之二　柔滑類」）と記述されており、江戸時代を代表する本草学の泰斗はゼンマイの胞子囊を花と認識していたのだ。顕花植物・シダ植物なる分類は近代植物学の所産であって、伝統的な本草学ではそのような区別はなく、ゼンマイの房なりの胞子囊を花と考えていた。無論、今日の科学の視点からすれば誤りであるが、近世までのわが国ではゼンマイは花を咲かせ、詩歌ではサクラに代えて折って持ち帰るほどの存在であったと考えてもちっとも不思議ではない。一方、ワラビは花に見えるような器官はないから、この歌もゼンマイを「わらび」と称した証左といってよい。

長久二（一〇四一）年の弘徽殿女御歌合の第五番「さわらび」で、右方の歌として詠まれた歌に「花をだにをりてかへらん　さわらびは　をぎのやけのに　いまぞおひいづる」がある。花でも折り取って帰ろうか、「わらび」はオギの焼け原でちょうど今芽を出し始めたという意味の歌であるが、これに対して歌合の判者は「はなをだにをりてかへらんとは、げにいとをかしくおもひよりてはべるを、もえいづるを見るばかりならば、ほかほかもなどかもとめて、などかかへらざりけむ」と述べている。すなわち、花でも折り取って帰ろうかというのは非常におもしろいことであるのに、「わらび」が芽を出し始めただけというなら、なぜほかの草花を求めて取って帰らなかったのかというのであるが、旧来の国文学の視点からは何を言おうとしているのか理解に苦しむだろう。花はヤマザクラで、その見頃の時期に「わらび」が生え出ているというのは、ゼンマイとしては遅いが、いったん野焼きで焼けた後に出てくるというから、ゼンマイで矛盾しない。因みに、本節冒頭で述べたように、土壌水分の多い地に生えるオギの焼け野に生えるというから、乾燥した地を好むワラビでは合わない。この歌はゼンマイが胞子葉を展開しては〝花をつける〟ことを想定したものであったが、判者はそれに対して厳しい判定を下したのである。

『多識編』（林羅山）に、蕨の異名として紫萁《シキ》を挙げ、註に「今案波那和良比」とあって「はなわらび」という興味深い名が出ている。『本草綱目』の蕨の条の集解に「李時珍曰く、（中略）一種紫萁、蕨に似て花有り、味は苦し。之を迷蕨と謂ふ云々」（巻第二十七「菜之二　柔滑類」）とあり、林羅山はこれをもって「はなわらび」の名をつけたのである。実は、コバノハシカグマ科ワラビとはまったく別科種のハナヤスリ科ハナワラビというのがあって、ゼンマイと同じように胞子葉と栄養葉を別々につけ、展開した胞子葉を花に見立ててその名がある。栄養葉は二回〜四回羽状複葉となり、ゼンマイよりワラビに似ているので、色づいた胞子嚢をつけた状態はまさに「はなわらび」という名にふさわしい。小野蘭山はハナワラビに対して陰地《インチ》厥《ケツ》（『圖經本草』に初見する）の漢名を充てるが（『本草綱目啓蒙』巻之十一「草之四　濕草類」)、今日ではそれがハナワラビに対する正しい漢名とされている。林羅山のいう「はなわらび」は、蕨あるいは紫萁に充てた和名であるから、必ずしも今日いうハナワラビだけを指すのではないが、ワラビの仲間で花をつけるものとしてこの名をつけて区別した。第5節で述べるように、江戸時代になると今日と同じように「わらび」をワラビと認識するようになっていた。いずれにせよ、いわゆるワラビあっての「はなわらび」であり、本種には食用・薬用などの有用植物情報がないので、上中古代の「わらび」がハナワラビである可能性はない。

第3節　ほかにもある「わらび」の名をもつ植物

古名で「わらび」の名をもつ植物はいくつかある。『本草和名』(深根輔仁)に「貫衆　仁諝音古乱反　一名貫節一名貫渠一名百頭一名帍巻一名扁苻　仁諝音捕典反　一名伯蓱　楊音薄形反　一名濼藻　仁諝音薬　一名草鵄頭　陶景注云ふ、形は老鵄頭に似たる故に以て之と名づくと　貫来一名貫中一名渠母一名貫鐘一名樂一名黄鐘　已上六名釈薬性に出づ　一名頭實　兼名苑（ママ）に出づ　一名貫草　雑要決に出づ　和名於尓和良比」とある「おにわらび」もその一つである。一方、『新撰字鏡』では「母泉　二八月採根陰干山和良比又鬼和良比」「殷薜子　於尓和良比」とあり、母泉《ボセン》・殷薜子《インヘイシ》という見慣れない漢名に対して「おにわらび」あるいは「やまわらび」の名を充てている。『本草和名』が和名として「おにわらび」に充てる貫衆《カンジュウ》は、『神農本草經』の下品に収載されるが、古くから異名が多く、その基原を特定するのは容易ではない。『爾雅』に「濼は貫衆なり」とあり、これに対して郭璞は「葉は圓《まる》く鋭にして莖毛は黒く、地を布《し》き、冬も死なず」と注釈し、オシダ科ヤブソテツ類の特徴と矛盾しない。『本草綱目』(李時珍)は『呉普本草』を引用して「葉は青黄色にして兩兩相對す。莖に黒毛有り、叢生し、冬夏死なず。四月、花白く、七月實黒し云々」(巻第十二

「草之一　山草類」）と記載し、ヤブソテツ類の形態特徴とはよく合うが、シダ植物にないはずの花に言及する。ヤブソテツの葉は、ゼンマイのように胞子葉・栄養葉に分化していないが、『本草綱目啓蒙』（小野蘭山）でも「夏月別ニ葉ノ形ノ如キモノ兩三莖ヲ生ス。鐵蕉《ソテツ》葉ニ似テ纖細柔軟卽ソノ花ナリ。」（巻之八「草之一　山草類」）とあり、やはり花に言及している。ゼンマイに似た渦巻き状の新芽に白く大きな胞子嚢がつき、やや展開したものは青々とした成葉と見た目が大きく異なるので、本草学ではそれを花と認識しているのである。近縁種のヤマヤブソテツは、林内の湿気のあるところに生えるので、ゼンマイの生育地と共通し、またゼンマイの羽状の小葉とヤマヤブソテツの葉の形はよく似る。したがって、わが国の先人は、ゼンマイより大型の葉をもつヤマヤブソテツほか同属種を、「わらび」すなわち今日いうゼンマイよりおどろおどろしいとして、「おにわらび」の名をつけたのであって、コバノイシカグマ科ワラビをイメージしてつけたのではない。『温故知新書』（一四八四年）に貫衆《センマイ》とあるから、「ぜんまい」の名はヤブソテツから発祥したのかもしれない。ただし、「ぜんまい」という名の文献上の初見はさらに十年成立の古い『文明本節用集』であるが、前麻伊《ゼムマイ》とあるだけで漢名の併記はない。

もう一種の「わらび」は、『本草和名』に「狗脊　蘇敬注云ふ、状は狗の脊の如しと　一名百枝一名強膂一名快盖一名快筋　已上本條　一名狗青一名萆薢一名赤節　已上三名釈薬性に出づ　和名於介和良比一名以奴和良比」とある「おにわらび」と「いぬわらび」であるが、前述したように、貫衆の和名と同じ「おにわらび」のほかに、新名「いぬわらび」があって余計にややこしい。『醫心方』（丹波康頼）は狗脊《クセキ》の和名を久末和良比《くまわらび》とするが、「おにわらび」と同系統の名であることは明らかである。一方、『和名抄』に狗脊の条はなく、『本草綱目啓蒙』は「和産詳ナラズ」（巻之八「草之一　山草類」）として和名を挙げていない。『新撰字鏡』では「狗脊　二八月採根曝干犬和良比又云山和良比」とあって、「いぬわらび」のほか「やまわらび」もあって、前述の母泉につけた和名ときわめて紛らわしい。狗脊も貫衆と同じく『神農本草經』の中品に収載され、『本草經集注』（陶弘景）では「菝葜と相似して小異なり」とあるように、シダ植物ではないサルトリイバラ科（またはユリ科）サルトリイバラ（菝葜《バッカツ》）としばしば混同されてきた。それは薬用部位である根茎の形態が類似するのであって、葉・茎など地上部の形態を比較した結果ではない。『新修本草』（蘇敬）は「此の薬、苗は貫衆に似て根は長くして岐多く、狀は狗の脊骨の如し云々」とあり、『圖經本草』（蘇頌）でも同様な記述がある（以上『證類本草』巻八「草部中品之上」所引）。この記述ではその基原を特定するのは困難であるが、おそらくこれをもってわが国では狗脊《クセキ》に対して貫衆の和名である「おにわらび」が重複して充てられ、また似て非なるものとして別に「いぬわらび」と名づけたと思われる。いずれにしても中国本草のあいまいな記述に翻弄された結果であることはまちがいない。

第4節 混とんとするワラビ・ゼンマイの漢名

今日、ワラビ・ゼンマイの漢名をそれぞれ蕨《ケツ》・薇《ビ》としてまったく疑問の余地がないかのように通用している。実はそれこそ「いにしえのわらび」がゼンマイであったことを理解する上で最大の障害となっているのである。ここで、蕨・薇の字解を徹底的に考証してみよう。

蕨の名は上代の『正倉院文書』や『出雲國風土記』に散見されるが、それに「わらび」の訓をつけたのは平安時代になってからである。『本草和名』に「蕨菜 黒なる者なり 一名虌 白なる者なり 一名藄 紫なる者なり、崔禹に出づ 和名和良比」とあるが、虌・藄なる見なれない漢字の異名を併記している。『玉篇』に「虌 卑列切 蕨なり。紫藄なり。初めて生ずるに葉は無く食ふべし。」とあるをもって、『本草和名』はこの二字を異名としたが、『爾雅』に「蕨は鼈なり」とあって、虌は鼈の意符書換字にもかかわらず、鼈を含めなかった。一方、藄については、『爾雅』に「藄は月爾なり」とあり、郭璞は「即ち紫藄なり。蕨に似て食ふべし。」と注釈する。したがって、藄は別種のはずであるが、深根輔仁は蕨の異名とした。これをもってしても平安の本草家が「わらび」の漢名に苦慮したことがうかがえる。『本草和名』より古い『新撰字鏡』（天治本）は、草部第七十では「蕨　二形上同居目反入和良比」とする一方で、小學篇字及本草異名第七十一では「蘩蓶蕨薇蕣　皆和良比」とあって、「わらび」の漢名が非常に混とんとしていることが一目瞭然である。このうち、蘩・蓶・蕣は国字で、ほかに用例を見ないから無視してよいとして、蕨と薇のいずれも「わらび」と訓ずるのに驚かされる。『和名抄』でも「介雅注云　薇蕨　微厥二音　和良比」とあるので、どうやら薇・蕨のどちらも「わらび」と読んでいたらしい。『出雲國風土記』では「意宇郡羽嶋有蕨」「秋鹿郡所在草木　薇蕨薺頭蒿藤」「神門郡所在草木　薇蕨藤李」の三カ所に蕨、薇蕨と出てくるが、後者は薇と蕨の意ではなく、「わらび」一種と解するべきである。実は、薇蕨の二文字で一つの植物名とせざるを得ない事情は漢籍に由来する。『史記』巻六十一「伯夷列傳」は伯夷・叔斉の有名な故事の出典として知られるが、ここに薇が登場する。

（伯夷・叔斉は）首陽山に隠れ、薇を采りて之を食ふ。及《とも》に餓し且《まさ》に死なんとし、歌を作れり。其の辭に曰ふ、

彼の西山に登り　其の薇を采る
暴を以て暴に易ふ　其の非を知らず
神農虞夏　忽焉《こつえん》として沒す
我安《いづく》にか適歸せん　于嗟《ああ》徂《ゆ》かん
命の衰へたるかな

遂に首陽山に餓死す云々

詩の第二連の暴はむさぼる、強欲の意で「恋しく思う」の意ではない。伝本によっては暴とするが、意味に大差はない。この話の背景は、周の武王が殷の紂王を討伐しようとしたとき、伯夷・叔斉は不忠・不孝として王を諫めたが、聞き入れられず、周は殷を下して天下を統一し、伯夷・叔斉はこれを恥じて周の穀物を食べることを拒否し、

首陽山に隠遁したという。この歌（采薇歌という）を通釈すると、かの西山（首陽山）に登って薇を採って食べた、武王と紂王のどちらも暴であり、武王が紂王を強欲だからといって討伐するのは、結局、自らの強欲で世の中を置き換えることにすぎず、その本質が誤りであることを知らないのだ、建国の三聖人神農・舜・禹はずっと前に世を去っており、今日のどこに安住の地があるのだろうか、ああ、我々の生命も衰えてしまった、もう世を去ろうとしているとなる。この薇に関して、晋・裴駰は諸注を引用して「索隠曰ふ、薇は蕨なりと。爾雅云ふ、蕨は鼈なりと。正義曰ふ、陸機毛詩草木疏云ふ、薇は山菜なり。莖葉は小豆に似て蔓生す。其の味は亦た小荳藿の如く、羹に作るべし。亦た生食すべしと。」と述べ、薇と蕨を同品と解釈した。正義すなわち『毛詩正義』も引用するが、『詩經』國風・召南・草蟲の第二・三スタンザにそれぞれ蕨と薇が出てくるのを指す。

彼の南山に陟《のぼ》りて　言《ここ》に其の蕨を采る
未だ君子を見ざれば　憂心掇掇《てつてつ》たり
亦た既に見　亦た既に覯《あ》へば　我が心則ち說《よろこ》ばん

彼の南山に陟りて　言に其の薇を采る
未だ君子を見ざれば　我が心傷悲す
亦た既に見　亦た既に覯へば　我が心則ち夷《たひ》らかならん

簡単に通釈しておくと、第二スタンザは、あの南山に登ってその蕨を採る、あなたにまだ遭わないうちは心の憂いが止むことはない、お目にかかることができ、会うことができれば、私の心のうちも喜びで溢れるだろう、第三スタンザは、あの南山に登ってその薇を採る、あなたにまだ遭わないうちは私の心は悲しみで傷つくことだろう、お目にかかることができ、会うことができれば、私の心のうちも安らぐことだろうとなる。さて、毛詩傳は「蕨は鼈なり。薇は菜なり。」とするだけで、蕨と薇を明確に区別しなかったため、後世に両名を同品とする索隠らの見解を引き出してしまった。では、本草の分野ではどうだろうか。蕨・薇ともに紀元前の漢籍に登場しているが、本草における初見はずっと遅く、七三九年成立の『本草拾遺』（陳蔵器）は次のように記載している。

蕨《ケツ》　葉は老蕨に似て根は紫草の如し。按ずるに、味は甘く寒、滑。暴熱を去り水道を利し、人をして睡り、陽を弱らしむ。小兒、之を食せば脚弱く行かず。山間に生じ、人、茹と作《な》して之を食ふ。四晧之を食ひて壽ぐとも、夷齊（伯夷・叔斉）蕨を食ひて夭《わかじに》す。固《もと》より良き物に非ず。捜神記曰ふ、郗鑑、丹徒に鎮して、二月に出獵す。甲士有り、（蕨）一枝を折りて之を食らひ、心中の淡淡たるを覺へ疾と成す。後に一小蛇を吐き、屋前に懸け漸く乾けば蕨と成す。遂に此の物生食すべからざること明らかとなりにけりと。

（『證類本草』巻第二十七「菜部上品　陳藏器餘」所引）

薇《ビ》　味は甘く寒、無毒。久しく食すれば飢ゑず。中を調へ、大小腸を利す。水の傍に生じ、葉は萍に似たり。爾雅曰ふ、薇は垂（水）なりと。三秦記曰ふ、夷齊（伯夷・叔斉）之を食して三年顔色異ならず。武王、之を誡めて食せずして死すと。廣志曰ふ、薇の葉は萍に似て食ふべし。人を利すなりと。

（『證類本草』巻第六「草部上品之上　陳藏器餘」所引）

括弧内は筆者の補録である。薇の記述について補足すると、薇の葉が似ているという萍は、本来はウキクサの類（第25章第2節参照）をいう。『詩經』小雅・鹿鳴之什の第一スタンザに「呦呦《いういう》として鹿鳴き　野の苹を食ふ」とある苹（萍の基本字）について鄭玄は「苹は藾蕭なり」と注釈した。『爾雅』も同様に記載し、郭璞は「今の藾蒿なり。初生亦た食ふべし。」と注釈する。『詩經』では野に生えている苹を鹿が食うというから、蕭あるいは蒿とする注釈により苹はヨモギの類である。陳蔵器が蕨と薇を別品に区別したことに異論はあるまいが、以上の記述ではどんな植物か特定は難しい。索隠らが蕨と薇を同じと注釈したから、上中古代のわが国で蕨・薇をともに「わらび」と訓じたのも無理からぬといえよう。ここで重要なことは、二字に対して和名が「わらび」の一つしかなかったという事実である。この「わらび」は今日いうゼンマイであるが、今日いうワラビは上中古代では利用されず、名前すら用意されていなかった。これに関しては次節で詳述する。

第5節　ゼンマイであったはずの「わらび」がワラビに転じた経緯

和訓をつけていないが、蕨の名は『正倉院文書』に散見され、商品として取引されていたから、食用にされたことに疑問の余地はない。漬料とあるのは相当量が保存食に供されたことを示唆する。平安時代になっても、『延喜式』巻第三十九「内膳司」の漬年料雑菜に「蕨二石料鹽一斗」とあり、漬けものとして食された。

「蕨五千二百九十六把」（大日本古文書　巻一　五五五頁、天平六年五月一日）
「□□□文蕨二斛□□直　斗別十文」（大日本古文書　巻六　一三六頁、宝龜二年三月卅日）
「一百卌一文蕨一石四斗直」（大日本古文書　巻六　一七七頁、天平勝寶二年五月廿九日）
「一升六合蕨四斗漬料」（大日本古文書　巻六　一八一頁、天平勝寶二年五月廿九日）
「蕨一石四斗　當李買」（大日本古文書　巻六　一九二頁、天平勝寶二年五月廿九日）
「用物　芹漬一埦　蕨漬一埦」（大日本古文書　巻十一　三五二頁、天平勝寶二年五月廿九日）
「九文買蕨卅六把價　一文四把」（大日本古文書　巻十五　四四四頁、天平寶字六年三月卅日）
「百廿八文買蕨二百廿八把直　廿八文一把云々」（大日本古文書　巻十六　二九七頁、天平寶字六年）
「用九百卌五文　蕨一斗　廿五文」（大日本古文書　巻十六　四七八頁、天平寶字八年三月二日）

念を押しておくが、以上の蕨はすべてゼンマイであってワラビではない。これを理解するにはワラビとゼンマイの民族植物学的背景を明らかにしておかねばならない。シダ植物由来の山菜として、ワラビとゼンマイは双璧であるが、今日ではゼンマイよりワラビを食する機会の方がはるかに多い。ワラビの惣菜はスーパーでよく見かけるし、また国内産だけで賄えず、わざわざ中国や極東ロシアから輸入するほどであるのに対して、ゼンマイは山野で採集でもしないかぎり、食する機会はまずない。それ故、ほとんどの人は『正倉院文書』にある蕨がすべてゼンマイであったとは信じられないにちがいない。しかし、いざワラビを食用とする場合、木灰で念入りにあく抜きしないと中毒を起こすという事実をどれほどの人が知っているだろうか。塩漬けにする場合でも、あく抜きのプロセスは欠かせない。また、プテロシンという天然発がん成分も含まれ、かつては日本人に多い胃がんの発生の原因の一つと疑われたこともあった。現在では、十分にあく抜きさえすれば、プテロシンは完全に分解することがわかっているので、生食さえしなければ発がんの心配はまったくない。実は、ワラビの危険性は、陳蔵器によって故事を引用して「此の物生食すべからざること明らか云々」「固《もと》より良き物に非ず」というように、一二〇〇年以上も前に指摘されていた。したがって、中国本草にいう蕨はワラビとしてまったく問題ないことになる。一方、陳蔵器は、薇については、無毒で久しく食すれば飢えずというから、茹でるだけで簡単に食べられるゼンマイとしてまったく矛盾がないことがわかる。以上から、和歌にある「わらび」が、情景分析による生態情報の解析から、ゼンマイであったことと同様、『正倉院文書』や『延喜式』にある蕨は、いわゆるワラビではなく、ゼンマイと考えねばならない。つまり、先人が古名の「わらび」すなわちゼンマイに蕨の字を充てたのがまちがいであった。『和名抄』や『新撰字鏡』のように、薇蕨でもって「わらび」と表記したのは、あいまいとはいえ、試験の採点に譬えれば部分点を与えられるレベルの認識といえる。ここでもう一つ、以降の論考で読者を混乱させせないために、前もって結論をいっておかねばならない。江戸時代以降の典籍にいう蕨はワラビでよいということである。すなわち、古名の「わらび」がゼンマイからワラビに転じたことになるが、その経緯は甚だ複雑であるので、順次説明する。

5-1　江戸時代になって救荒植物として登場したワラビ

ワラビは手間をかけないと食べられないというのであれば、今日、ゼンマイよりワラビの方がずっと人気が高いのは奇妙にみえる。ワラビは若芽を山菜とするのみならず、もう一つの有益な利用法があることを知れば、その謎が解ける。ワラビの根茎に良質のデンプンが多く含まれ、今日でもクズ粉とともに和菓子などに利用される。『大和本草』（貝原益軒）が「日本ニハ饑年ニハ冬ヨリ春ニ至リ貧民山ニ入テ廬舎ヲ作リ妻子ヲ携行テ日々ワラヒト葛根ヲホリタ、キ水飛シテ粉ヲトリテ餅ニ作リ粮トシ食ス」（巻之五　草之一）と記載するように、凶作の年にワラビとクズの根を救荒食として利用した。ところが、『正倉院文書』のみならず、平安時代の『延喜式』にも蕨粉《ケップン》はおろか蕨根《ケッコン》の名すら見当たらない。それは中国でも同様で、ワラビデンプンの文献上の初見は明代後期に成立した『本草綱目』（李時珍）にあり、「其の根は紫色にして、皮の内に白粉有り、擣き爛らかして再三洗澄して粉を取る。粔籹に作り皮を盪ひ、線と作《な》して之を食ふ。色、淡紫にして甚だ滑美なり。」（巻第二十七「菜之二　柔滑類　蕨」）とあるように、蕨根からデンプンを取って食用としたことを明確に記述している。ついでながら、ワラビデンプンとともに高級和菓子の原料とされるクズデンプンの歴史についてもここで説明しておこう。

葛根《カッコン》は『神農本草經』の中品に収載され、わが国の漢方医学でも繁用される要薬であるが、そのデンプンすなわち葛粉《カップン》が文献上で初見するのは宋代に成立した『開寶本草』（馬志）である。同書では「葛根を以て浸し汁に搗きて之を食す」（『證類本草』巻第八「草部中品之上」）とあるだけで、これでは葛粉とは名ばかりとしかいいようがない。名実ともにクズデンプンについて記載したのは『本草衍義』（寇宗奭）で、「冬月、生葛を取り、以て水中に粉を揉出せば、澄みて垜《だ》と成る。煎ずるに先んじて、湯をして沸かせしめ、後に塊と成すを擘《さ》きて湯中に下し、良久《しばらく》すれば、色膠の如く、其の體甚だ韌《しなや》かにして、蜜を以て湯中に拌《ま》ぜ之を食す。」（巻第九「葛根」）という記述は、今日のクズデンプンの製法と変わらない。『頓醫抄』（梶原性全）に「痢病ノ治方　ナモミツキシホリテ汁ヲ日ニ三四度服スヘシ（中略）又葛ノ粉ヲカタク煉テ多服スヘシ」（巻第七「積聚上　附癥瘕痃癖諸腹病赤白痢病」）とあり、近世から今日の民間療法でこれに似た処方が残っているので、わが国でも鎌倉時代には葛粉が製造・利用されていたことはまちがいない。これに比べると、蕨根のデンプン原料としての利用はずっと遅く始まったもので、わが国ではそれを初めて記述した『本草綱目』が伝わった一六〇四年ごろ以降と考えられる。

一方、ワラビの山菜としての利用はどういう経緯で始まったのだろうか。『本朝食鑑』（人見必大）に「生蕨を食せんと欲する者は先づ灰湯を用ひて滑涎を煮去して取り出し、水に投じて洗浄すること數次にして蔬と作す。然らざれば則ち必ず毒に中《あ》てらる。」（巻之三「菜部　柔滑類」）と記載され、ワラビの若芽を食べるにはあく抜きが必須であるとしている。それは『本草綱目』の記述をより具体的なプロセスとして記述したにすぎないが、人見必大（一六四二年ごろ—一七〇一年）はそれとは別に「予が壮年の時、生蕨、葛餅を食へば、必ず気絶して人事を識らず、久しくして元の如し」とも述べており、あく抜きをせずに食べた場合、何が起きるか自身の体験談を語っている。人見必大は江戸時代を代表する食物本草の研究家であり、主として国産食物について健康への良否について記した集大成が『本朝食鑑』（一六九七年）である。したがって、専門家である人見必大がわざわざ生ワラビを食して気絶したというのは、古くからわが国にワラビの食習慣がなかったため、本当に食べられるかどうか試行錯誤を繰り返した結果と考えられる。すなわち、一般庶民が口にする食物について、それが有益であるかどうか、実際にモニターした結果を記したのであって、『本草綱目』の記述をそのまま鵜呑みにせず、まず生ワラビが本当に食べられないのか試食したのである。因みに、『本草綱目』ではワラビのあく抜き法を「其の茎、嫩《わか》き時に采取し、灰湯を以て煮て涎滑を去り、曬乾し蔬を作る。味は甘滑なり。亦た醋《す》にて食ふべし。」（巻第二十七「菜之二　柔滑類」）のように簡潔に記述されていたことも、人見必大が我が身を呈して実験せざるを得なかった理由である。また、古く

「わらび」がどのように調理されて食されたか、非常に興味あるところであるが、『和名抄』に「爾雅云ふ、薇蕨 微厥二音和名和良比 初生は葉無くして之を食ふべし。崔禹錫食經云ふ、白なるは虌 音鱉 と曰ひ、黒なるは藄 音期 と曰ふ。熱湯の中に置き熟せしめ、然る後に之を噉ふべし。」とあって、単に熱湯処理して食べると明確に記している。これはまさにゼンマイに対する調理法であって、この方法ではワラビのあく抜きはとうてい不可能である。これも古典の「わらび」がワラビではない決定的証拠といえる。おそらく人見必大も気づいていたはずで、試行錯誤の結果、ワラビのあくの抜き方を会得したことはまちがいない。『本朝食鑑』ではかかる実証主義的視点が随所にみられ、食物本草書としての価値はきわめて高い。それはさておき、これ以前の和漢のいずれの典籍にもワラビのあく抜きプロセスに関する記述は見当たらないから、わが国における食習慣は中国伝来であって、始まったのは江戸時代になってからと考えて差し支えない。すなわち、根茎利用のついでに若芽を採集して食べるようになったのであり、一石二鳥であったために、古くから食されてきたゼンマイを圧倒したのである。

5-2　「わらび」の名前のすり替えは貝原益軒の勘違いから始まった

ワラビの根茎を採集する旬の時期はデンプンがたっぷり貯め込まれた冬季である。地上部が枯れるこの時期にワラビを見つけ出すことは容易ではないので、特徴的な形態の若芽を出す時期に採取するのが最適である。したがって、ワラビの根と新芽を同時期に採集するようになり、これがゼンマイよりワラビを多く利用するようになった主たる理由である。ただし、ワラビという植物について十分な知識をもってこそ、初めてワラビデンプンを利用できるのであって、上代以来、ワラビを利用してこなかった当時の日本人はそれをどこに求めるのか知る由もなかった。『本草綱目』にある蕨《ケツ》がどんな植物であるか、それがわが国に野生するのかも含めて明らかにする必要性が生じ、当時の本草家は『本草綱目』の記載「（蕨は）二三月に芽を生じ、拳曲して狀は小兒の如し」（巻第二十七「菜之二

柔滑類　蕨」）に合致する植物を探し回ったはずだ。李時珍の記述はワラビの特徴的な形態を見事に表現しているから、今日いうワラビに到達するのはそれほど難しくはなかった。問題は、李時珍の記述と実物のワラビの若芽とを比べて、「わらはべのこぶし（小児の拳）」と『萬葉集』ほか古歌にある「わらび」の音がたまたま似ていたため、同じものと勘違いしてしまったことにある。「わらび」の本来の語源が理解できないほど、当時の日本人の生活の中でゼンマイ（古名「わらび」）の影が薄くなっていたことを示唆する。かくしてゼンマイの古名「わらび」はワラビに転じてしまったのであり、けっしてごり押しの珍説ではないことがわかるだろう。すなわち、実質的な意味で、『本草綱目』の蕨に「わらび」の新訓をつけたに等しく、それまで蕨《ケツ》・薇《ビ》のいずれの和訓も定まっていなかったことは、『和名抄』『新撰字鏡』を始めとする歴代の古字書をみれば一目瞭然である。

『下學集』（一四四四年）　薇ワラビ　蕨二字ノ義同
『撮壌集』（一四五四年）　蕨ワラビ　薇同
『文明本節用集』（一四七四年）　蕨ワラビ　薇同
『温故知新書』（一四八四年）　蕨ワラビ　薇同
『明応五年本節用集』（室町末期）　薇ワラビ　蕨同
『饅頭屋本節用集』（室町末期）　薇ワラビ
『黒本本節用集』（室町末期）　薇ワラビ　蕨同
『慶長十六年本節用集』（一六一一年）　薇ワラビ　蕨同
『本草綱目品目』（一六八〇年ごろ？）　蕨わらび　迷蕨ぜんまい　薇（和訓無し）
『和爾雅』（一六九四年）　蕨一名虌ワラビ　薇イノデ
『書言字考節用集』（一七一七年）　蕨ワラビ　虌同　紫萁同　薇同

ここでは室町中期から江戸初期の字書が「わらび」に充てた漢名を列挙した。『本草綱目品目』『和爾雅』を除いて、いずれも蕨・薇の二字を「わらび」と読んでいたことがわかる。それまでは『本草和名』が蕨を和良比《わらび》と訓じたが、それはゼンマイであって、深根輔仁の考定は誤りであることはすでに述べた。『和名抄』は薇蕨の二文字を「わらび」と訓じたが、半分は正しく、半分は誤りであったが、『本草拾遺』を除く漢籍の記述のあいまいさに翻弄された結果であった。結局、室町時代までの字書は基本的に『和名抄』の見解を継承したことになる。ところが貝原益軒は、古名の「わらび」（実際はゼンマイである！）を「わらはべのこぶし（小児の拳）」と勘違いし、『本草綱目』の蕨にコバノイシカグマ科ワラビを充ててしまった（『大和本草』巻之五「草之一」）。『大和本草』（一七〇九年）よりやや遅く一七一七年に成立した『書言字考節用集』（槙島昭武）は、中古代から室町時代までの古字書に則って、蕨・薇ともに「わらび」と訓をつける。一方、ほぼ同時期の一七一二年に成立した『和漢三才圖會』（寺島良安）は蕨を和良比《わらび》、薇を以奴《いぬ》恵牟《けん》止宇《とう》（どんな植物か不明）と訓ずる（巻第一〇二「柔滑菜」）。本草学の分野ではいち早く益軒の見解を支持したのに対し、国学では旧来の認識を踏襲していたことがうかがえる。一方、薇に関しては各家の見解が林立し、正しく認識されるようになったのは、江戸時代の後期になってからである。これについては次節で詳述する。

第6節　意外に新しい「ぜんまい」という名

以上から、山菜ワラビの食習慣は四〇〇年足らずでそれほど古いものではないことがわかった。では、古名「わらび」の原植物のはずであったゼンマイの名はいつ発生したのであろうか。「ぜん（む）まい」の名を収録する古字書は次の通りである。

『文明本節用集』（一四七四年）　前麻伊ゼムマイ
『温故知新書』（一四八四年）　貫衆ゼンマイ
『饅頭屋本節用集』（室町末期）　前麻伊ゼンマイ
『本草綱目品目』（一六八〇年ごろ？）　迷蕨ぜんまい
『和爾雅』（一六九四年）　紫蕨ゼンマイ
『書言字考節用集』（一七一七年）　紫蕨ゼンマイ　狗脊同

すなわち、もっとも古くてもせいぜい十五世紀までしかさかのぼることができない。しかも文明本と饅頭屋本の『節用集』は漢名を充てず、一方、『温故知新書』は貫衆《カンジュウ》、『本草綱目品目』は迷蕨《メイケツ》、『和爾雅』および『書言字考節用集』は紫蕨《シケツ》あるいは狗脊《クセキ》というように、各書各様で混とんとしていることに驚かされる。一方、本草では『大和本草』（貝原益軒）が紫萁《シキ》に「ゼンマヒ」なる訓をつけている。正しい漢名は、後述するように、薇である。

ここで「ぜんまい（ひ）」の語源について考えてみよう。通説では、芽が銭ほどの大きさで巻いているから「銭巻き」が、あるいは銭の形に回転しているように見えるから「銭舞い」が転訛したとする。わが国で本格的な貨幣経済が始まったのは室町時代以降であり、その時期（十五世紀）にこの名が発生しているから、渦巻き状の芽を銭に見立てたことは大いにあり得る。ただし、渦巻き型に芽を巻くシダ類はゼンマイのほかにいくつかあるから、別の植物の土名であった可能性も否定できない。その第一候補はオシダ科ヤブソテツを基原とする貫衆《カンジュウ》であって、実際、『温故知新書』は「ぜんまい」の和訓をつける。今日、ゼンマイに充てる漢名は薇である。しかし、漢籍でも薇の基原は混とんとしているのにびっくりさせられる。『爾雅』に「薇は垂水なり」とあり、郭璞は「水邊に生ず」とごく簡潔に注釈する。孫炎は「薇草は水旁の面に生じ、枝葉水に垂《た》る。故に垂水と名づくなり。」（『本草綱目』巻第二十七「菜之二　柔滑類　薇」所引）というように、異名の垂水《すいすい》の語源を説明した。この記述はゼンマイ科ゼンマイ・ヤシャゼンマイなどゼンマイ属植物によく合致するが、『本草拾遺』（陳蔵器）は「謹みて按ずるに、廣州記云ふ、海、池、澤の中に生ず」（『證類本草』巻第六「草部上品之上」陳藏器餘）とあるように、他書を引用して水草であるかのように注釈し、『海藥本草』（李珣）では完全に水菜と解釈されてしまった（『本草綱目』巻第二十七「菜之二　柔滑類　薇」所引）。一方、李時珍は「薇は麥田の中に生じ、原澤に亦た有り。故に詩に云ふ、山に蕨薇有りと。水草に非らざるなり。」と述べ、薇が水菜であることを明確に否定したが、一方で「即ち今の野豌豆にして、蜀人之を巣菜と謂ふ。蔓生して、莖葉の氣味は皆豌豆に似て、其の藿を蔬に作り、羹に入るに皆宜し。」（『本草綱目』同）と述べ、マメ科ノエンドウ類（スズメノエンドウあるいはカラスノエンドウ）を充てた。李時珍は唐突に薇をノエンドウとしたのではなく、『説文解字』に「薇は菜なり。藿に似たり。从艸微聲。」とあって、藿に似ていることを重く見たのである。第4節で述べたように、『史記』巻六十一「伯夷列傳」にある采薇歌の一節「采其薇矣」に対する晋・裴駰注および『詩經』國風・召南・草蟲の第三スタンザの「言采其薇」に対する『毛詩草木鳥獸蟲魚疏』（陸璣）の注釈で、薇がマメ科植物であることを示唆する記述があるからだ。『説文解字』および陸璣註にいう藿とは、『爾雅』に「蔨は鹿藿なり」とあるのに対して郭璞は「今の鹿豆なり」と注釈し、また『儀禮』巻之九の公食大夫禮にある「鉶芼、牛藿、羊苦、豕薇、皆滑有り」に対して「藿は豆葉なり」と注釈されているから、一般の漢和辞典はマメ類の枝葉の意とする。しかし、陸璣の見解は水辺に生えるとする『爾雅』の郭璞註や孫炎註と相容れない。マメ類はそのような環境に生えることはないからである。また、『史記』巻六十一「伯夷列傳」の采薇歌に対する索隠註の「薇は蕨なり」もそれなりに考慮する必要がある。というのは、蕨はシダ植物のワラビであることがはっきりしているから、蕨と薇が同じというのは、少なくとも薇はシダ植物のいずれかの種と考えざるを得ないからである。ところが国文学界ではゼンマイを薇に充てるのは誤りで、ノエンドウの類とする意見が根強いようである。『本草綱目』の記述をろくに検証もせずに盲目的に受け入れたもので正しい認識とは言いがたい。しかしながら、なぜシダ植物であるはずの薇がマメ科のノエンドウとされたのか、有効に説明できなければ画竜点睛を欠くことになるので、ここで徹底的に検証してみたい。

ゼンマイとワラビは典型的なシダ植物であり、一方、ノエンドウは顕花植物である。一般人には身近にあるシダ類は皆同じに見えても、さすがにマメ科植物とシダ類を似ているという人はいないだろう。今日では小学生すらシダ類と顕花植物を混同することはないのに、なぜ古典籍が初歩的な誤認をするのであろうか。今日では腊葉《さくよう》標本（種の記載の基準となるものをタイプ標本という）を基準にして形態の特徴を記述するが、昔はそんなものはないから、本草家にとってはとにかく伝承された古典の記述だけを頼りに種を区別しなければならない。それは意外と厄介であって、ここに誤認同定が発生する温床がある。それは『本草綱目』にある附図を見ればもっともよく理解できる。まず、金陵本にある蕨と薇の図を比べると、いずれもよく似る（『國譯本草綱目附図』上巻を参照）。図が稚雑であるのは、これを描いた本草家が現物を写生したのではなく、古典籍や李時珍注の記述からそれぞれに対して思い浮かべたイメージを表したからである。李時珍は索隠注の「薇は蕨なり」を誤りと一蹴した形跡はないから、当然、附図にも反映され、その結果として薇と蕨の図はよく似たものとなった。とりわけ、金陵本の蕨と薇の図の葉の描写がよく似ているのは、ノエンドウとゼンマイの葉を観念的に解釈したからであり、『證類本草』などに継承された中国本草の附図に共通した特徴でもある。『埤雅』（陸佃）の「藿（マメ類の若葉）に似て葉の微なる者なり」という記述および陸璣註を支持して、李時珍は薇をノエンドウと考定したが、ノエンドウには茎の先端に巻きひげがあり、それをワラビ（蕨）の「二三月芽を生じ、拳曲して状は小児の如し。長ずれば則ち展開して鳳尾の如く云々」という記述にある拳曲に相当すると考えたのである。つまり、李時珍はノエンドウの巻きひげとワラビ（蕨）の初生芽の形が似ていると認識した上で、索隠のいう「薇は蕨なり」を一部受け入れた結果、薇をノエンドウと考定したのである。ここに客観的事実を基盤に系統的に構築された西洋の博物学とは根本的に異なる中国本草の限界がある。中国本草は必ずしも実証主義的に記述されているわけではなく、むしろ観念的記述の方が多いという事実を知らないと、以上のことを理解するのは難しいだろう。薇をゼンマイ科ゼンマイとする『國譯本草綱目』の考定は妥当であり、本草研究者の間では動かしがたい定説として広く受け入れられている。因みに、薇をゼンマイとしたのは『本草綱目啓蒙』（小野蘭山）である。平安から室町時代の古字書は、薇を蕨と区別せず、どちらも「わらび」の訓をつけてきたが、ただ一つ例外がある。それは『新撰字鏡』に「薇　无非反菜垂水也白薇万加古」とある「まかこ」という和訓である。無論、この和名も、漢籍古注にある「蕨は薇なり」に和して、ゼンマイに対してつけられたもので、当時は今日いうワラビは認識されていなかった。「まか」は、わが国特有の装身具の勾玉《まがたま》に通じ、渦巻き状の若芽から勾芽《まがこ》あるいは勾鉤《まがこ》に由来すると考えられる。しかし、この名はほかのいかなる文献にも見当たらず、「わらび」のような通用名とはならなかった。

第7節　志貴皇子の教養の深さをアピールする万葉の「さわらび」

「わらび」を詠んだもっとも有名かつ古い歌は『萬葉集』巻八の冒頭をかざる次の歌であろう。題詞に「志貴皇子の懽《よろこび》の御歌」とあり、春（旧暦）の雑歌に分類されている。

　石走《いはばし》る　垂水《たるみ》の上の　さわらびの　萌え出づる春に　なりにけるかも　（巻八　一四一八）

この歌は『萬葉集』でも有数の名歌とされ、春の訪れを詠む叙情歌として一般にも広く知られているが、本章では敢えて冒頭に置かなかったのには、それなりの理由がある。この歌の「さわらび」もコバノイシカグマ科ワラビとして解釈しようとすると、季節・生育環境の両方で矛盾し、その季節の矛盾を指摘した民間人がいたことを『萬葉集注釋』（澤瀉久孝）が紹介しているからである。同書に掲載された当該の記述は次の通りである。

長岡市の小林安治氏よりの私信に、このわらびはぜんまいでないかといふ説を申越された。ぜんまいであればわらびより季節が早く次に述べる早春、正月などにも合すると云はれるが、今もぜんまいの食用は冬季に野菜の乏しい東北地方が主であって、関西方面ではやはりわらびである事昔もかはらなかったのではないかと思ふ。

万葉学の泰斗として一世を風靡した澤瀉であるが、この記述からゼンマイについて精密に考証しようという姿勢は感じられず、国文学界の保守性を象徴するといえよう。また、最新の注釈書である新日本古典文学大系『萬葉集二』の註でも、『正倉院文書』に食品として出てくる蕨の時期がいずれも三月～四月（旧暦）であるとして、ゼンマイ説を頑なに否定している。確かに吉祥悔過所銭用帳に天平寶字八年三月十六日の日付で「卌六文和良比卌六巳別一文直」（大日本古文書　巻十六　四八七頁）とあるほか、前述したように（第5節参照）、蕨の名で出てくるものを含めて、三月ないし五月の日付となっている。しかし、当時、蕨は漬料とされていたから、採集したばかりの生品ではなく、加工品の形で納入した可能性の方が高いと見なければならない。そのことは大豆などほかの食品の時期を見てもわかる。そのほか、『能因歌枕』が「さわらび」を正月の歌語としていること、第1節で紹介したように、『源氏物語』では正月早々に蕨が摘まれたことを挙げて、それぞれの古典において季節の食い違いがあることを認めているにもかかわらず、平安の文人が志貴皇子の歌を早春の作と誤解した結果と結論づけ、ゼンマイである可能性すら考慮することはなかった。これについては既に詳述した通りで再び蒸し返すつもりは毛頭ないが、志貴皇子の歌で「さわらび」が生えているという生育環境については、これまで述べたことと若干事情が異なるので補足しておく。志貴皇子の歌を本章の冒頭で説明しなかったのもそれと関係がある。

まず、この歌を詳細に解釈してみよう。「石走《いはばし》る垂水《たるみ》」とは流れの速い川に小さな滝のあることを示す。とすれば、「垂水の上のさわらび」といえば、滝の上に渓流があり、その傍らに「わらび」が芽を出している情景が思い浮かぶ。渓流というと岩がごつごつした環境に水がほとばしるような情景を想像するが、志貴皇子は、小さいとはいえ、本当に滝の上にのぼって渓流沿いに生える「わらび」を見たのであろうか。『袖中抄』（顕昭）もかかる点に疑問をもったと見え、「たるみのうへのさわらびとは、攝津國と播磨とのさかひにたるみと云所有。垂水《タルミ》と書り。きしよりえもいはぬ水出る故にたるみと云也。垂水の明神と申神おはす。此水のいはの上におちかゝれば、いはそゝぐたるみとは云也。其たるみのうへをばたるみ野といへば、其野にさわらびもえいづる也。又野までならずとも岸にもえいづとも、たるみの上のさわらびとは申てん。」というように、垂水を地名と考えた。『萬葉代匠記』（契沖）、『萬葉集古義』（鹿持雅澄）もこの解釈を支持したが、実際、垂水という地名は全国各地にある。しかし、渓流があって小さな滝を形成するような地形がなければそのような地名は発生しない。拙著『万葉植物文化誌』では渓流沿いに生えていることを重く見て、志貴皇子の「わらび」をゼンマイ科ヤシャゼンマイと考えた。渓流沿いは水量が増える時期には冠水するから、植物にとっては過酷な環境であって、生える植物はごく限られる。シダ植物で植物学上の渓流植物（rheophyte）はゼンマイ科ヤシャゼンマイぐらいしか思い当たるものがないからである。

一方、志貴皇子ほどの高貴な人物が小さな滝をのぼって「わらび」の芽生えを見るとはおよそ信じがたいことであろう。ここで思い起こされるのは江戸期の俳人松尾芭蕉の一句「荒海や　佐渡に横たふ　天の川」である。目の前に広がる日本海の荒れた海のかなたに流人の島として知られる佐渡島があり、七夕の秋の夜空を仰ぎみると壮大な天の川が佐渡島の上に横たわっているという意味であるが、実際はそうではなかったといわれる。この句は、元禄二年七月七日、直江津の佐藤元仙宅での句会で詠まれたとされているが、門人の河合曾良の記録によると、当日はあいにくの雨で天の川は見られなかったという。そもそも直江津からみた佐渡の上に天の川があるはずはなく、夏の晴れた日の日本海は比較的波が静かである。すなわち、芭蕉の代表作は実際の情景とは遠くかけ離れたものであったが、文学作品であるから、絵画と同じように空想を凝らして詠むこと自体、否定されるべきではない。志貴皇子の歌を本章の最後に置いたのは、芭蕉と同じく、志貴皇子は実際に垂水《たるみ》の上の「わらび」を見て詠ったものではないと考えるに至ったからにほかならない。かかる想定は自然科学的エビデンスを基盤に文学作品を解析しようと試みる筆者にとってもっとも嫌悪すべきものである。これまで「わらび」の季節的矛盾、生育地の矛盾のいずれも詠み手の観念論的産物といわれれば正直いって返す言葉に窮する。しかし、芭蕉とてあのような情景の捏造は悪天候などよほどの事情があったわけで、おびただしい句のうちのごくわずかで例外にすぎない。

『萬葉集』で「わらび」を詠った歌は志貴皇子の歌一首のみで、左和良妣という万葉仮名で表記され、漢名ではない。しかし、万葉時代の文書で「わらび」の漢名がなかったわけではない。すでに述べたように、『正倉院文書』では蕨、『出雲國風土記』では薇と蕨の両方が出てくるが、当時の和訓は明らかではない。ただし、『爾雅』に「薇は垂水なり」、同孫炎註に「薇草は水旁の面に生じ、枝葉水に垂る。故に垂水と名づくなり。」（『本草綱目』巻第二十七「菜之二　柔滑類　薇」所引）とあるから、志貴皇子は漢籍にいう薇を水辺に生えるゼンマイ（ヤシャゼンマイではなく）と直感し、またその別名が垂水《すいすい》であることを知っていたと考えても不思議はない。早春の平凡な情景で芽を出したゼンマイに飽き足らず、それを埋め合わせる恰好の情景として、その別名とたまたま同名である垂水《たるみ》を詠み込み、枕詞の「石走る」を加えてより躍動感のある歌に仕上げるのに成功したのである。天智系皇族の志貴皇子は皇位継承とは無縁であったため、政治より和歌など文化の道を選んだと伝えられるが、「さわらび」の歌こそ自らの教養の深さをアピールするものではなかったか。しかし、薇と蕨の区別は中国でもあいまいであり、またわが国では二つの漢名に対して一つの和名「わらび」しか用意されていなかったため、「わらび」と垂水《たるみ》を掛けた高度な技法が解き明かされることはなかった。志貴皇子にとって痛恨の計算違いであったにちがいない。

第2章

古代人には難しかったアシとオギの区別

今日、各植物種は、分類学という専門分野があり、科学的視点から客観的かつ整然と識別されている。科学という概念のない時代にあって、当時の人々は各植物種をどのような基準で区別していたのか、種認識に混同はなかったのか、興味のもたれるところである。ごく身近な植物であるアシ（現在の植物学的正名はヨシであるが、古名のアシで通し、漢名も複数あるが、葦で統一しておく）・オギ・ススキは『萬葉集』ほか多くの歌集に詠まれ、また物語文学の中でも頻繁に登場する。この三種の外形はいずれも長く真っ直ぐな茎幹の頂端に箒状の大型の花穂をつけ、稈から葉を多数出し、葉の形は細長く、葉鞘が茎を包み込むという共通の特徴をもつ。また、群生して草原の主たる構成種をなすという生態も共通する。とりわけオギとススキの形態はよく似ており、分類学の専門知識がなければ、的確に区別することは難しい。しかし、『萬葉集』を含む古典文学において、本章および第3章で後述するように、少なくとも名前の上では明確に区別され、混同された形跡はない。古典文学ではオバナという名も頻出し、過去にはススキの別名とする見解とオギの別名とする見解があった。現在の国文学ではススキ別名オバナを定説とするが、客観的視点から考証した結果に基づくのか甚だあやしい。オバナとオギは、ともに名前が「オ」を冠するから、語源的関連があるかどうかも含めて包括的に解析する必要性があるが、これまでの研究はかかる視点を欠く。本書では、以上を念頭に置いて、昔の人が概略的に形態の共通するアシ・オギ・ススキをどう区別してきたかを包括的に検証するが、本章ではアシとオギに続いて解説し、ススキ（オバナ）とオギの関係に関しては語源解釈も含めて第3章で詳述する。本章の内容の一部は「美夫君志」第八十八号（平成二十六年三月）に発表している。

第1節　豊葦原瑞穂国：日本文化の基層をなすアシ

1-1　一つだけではない「あし」の漢名

「あし」は五十一首の万葉歌に詠まれ、万葉植物ランキングの上位五指に入る。「あし」が和語であるのはいうまでもないが、万葉仮名で表記されたものは安芝が十四首、阿芝が二首の併せて十六首で、全体の三分の一に満たない。残りはすべて漢名で表記され、半数以上の二十七首は葦《あし》、そのほか蘆《あし》が七首、葭《あし》が一首ある。アシの根を蘆根《ロコン》と称し、『名醫別録』の下品に初見する薬用植物であり、本草ではアシの用字にもっぱら蘆を用いる。『本草和名』（深根輔仁）に「蘆根　花名蓬蕽　仁諝音而容反　蘇敬注に出づ　一名葭一名葦　已上兼名苑《ママ》に出づ　和名阿之乃祢」とあり、本草の正名である蘆のほかに葦・葭の異名を挙げるが、いずれも漢籍からの借用である。『和名抄』（源順）にも「蘆葦　菼等附　兼名苑云ふ、葭一名葦　家煒二音和名阿之」とあるので、『萬葉集』に出てくる蘆・葦・葭を「あし」と訓ずることにまったく問題はないが、葦・蘆・葭は植物としては同種であるにしても、この三名をどう使い分けたのであろうか。まず、導入元の中国の古字書を見ると、『爾雅』に「葦の醜は芀なり」とあり、郭璞は「其の類は皆芀秀有り」、葭華に対して「即ち今の蘆なり」と注釈している。すなわち、葦はその秀でるものすなわち花穂をつけたもの、蘆は葭の花（華）を指す名という。一方、『説文解字』では「葦は大葭なり。葭は葦の未だ秀でざる者なり。」とあり、葭の大きいものを葦、葦の穂が出ていないものを葭としている。蘆と葦の分別について、『説文解字』は葦を葭の大きなものといい、『爾雅』は葭の花の咲いたものを蘆とし、また「葭は蘆なり」といい、郭璞は「葦なり」と注釈しているから、結局、郭璞によれば、葦・葭・蘆のいずれも同種異名ということになる。広大な中国大陸には多くのアシの類似種があるから、それらを区別しようとすれば、必然的に多くの名が発生するのはやむを得ないとしても、その分別は系統的ではない。蘆と葦は間接的に同品異名として、葭は、『説文解字』『爾雅』によれば、葦の小さなものあるいは蘆の花が咲く前のものということになるから、アシを成長度により区別した名称とも考えられる。『萬葉集』で葭を詠む歌は次の長歌のみである（当該部分だけを示す）。

～夕なぎに　梶《かぢ》の音《おと》聞こゆ　暁《あかとき》の　寝覚《ねざめ》に聞けば　いくりの　潮干《しほかれ》のむた　浦渚《うらす》には　千鳥妻呼び　葦辺《あしへ》には
鶴《たづ》が音とよむ～　（巻六　一〇六二）

「葦辺には」に相当する原文は葭部尓波であり、葦（アシ）に対して葭の字を用いている。この歌の後半部の意は、浦洲で千鳥が妻を呼んで鳴き、葦辺を見ると鶴が泣き叫んでいるとなる。浦洲の千鳥と葦辺の鶴を対比させているから、千鳥よりずっと大型の鶴には成長途上のアシ（葭）を、小型の千鳥に対しては、直接詠み込まれていないが、成長しきったアシ（葦あるいは蘆）を暗示させてバランスを取っているように見える。『萬葉集』に葦垣《あしがき》すなわちアシで作った垣根を詠った歌が十首ほどあるが、葦垣・蘆垣の表記はあっても葭垣とあるものはない。葦と蘆は葭より成長したものと考えられるから、アシを材料として作る垣根にあっては、葦・蘆と葭とを区別しているようにも見える。現在では三字ともアシを表し、代表的な用例を次に挙げておくが、系統的に区別されているとは言い難い。また、この例のように訓読みするものはむしろ少なく、大半は音読みする。因みに、葦・蘆・葭の音はそれぞれイ・ロ・カと異なる。

あしかび　葦牙
あしぶえ　蘆笛（葦笛とも表記する）
よしず　葭簀（まれに葦簀とも表記する）

1-2 「葦《あし》の根のねもころ」：アシの根はつながっている

萬葉集でアシを詠む歌のうち、ただ一首だけアシの根に言及した歌がある。

葦《あし》の根の　ねもころ思《おも》ひて　結びてし　玉の緒といはば　人解かめやも　（巻七　一三二四）

歌の意は、アシの根がつながっているように、ねんごろに思って結んだ玉の緒といえば、解いてくれる人がいるだろうかとなるが、一般の注釈書は「根のねもころ～」の部分をこのように解釈していない。アシでは一首だけだが、「すげ」では十二首、「やますげ」でも三首に「根のねもころ～」が詠まれている。これに関しては拙著『万葉植物文化誌』で詳述してあるので、ここでは簡単に説明するにとどめる。「すげ」とはカヤツリグサ科カサスゲを中心とするスゲ属の総称、「やますげ」はキジカクシ（ユリ）科ジャノヒゲ属ほか近縁種を指し、いずれの種も地下茎が横走し随所に芽を出して地上に新株を生じ、次々に増殖して大群落を形成する。かくして根を「ねもころ」に掛けて、根が地下でつながっているようにねんごろに云々と詠んでいるのである。アシも水底の砂泥の下で各株が横出茎で網の目のようにつながっているので同じような意味で詠まれてもおかしくはない。しかし、多くの注釈書は根と「ねもころ」が「ね」の音で共通することだけを指摘し、根がつながっていることにまったく言及しない。鎌倉時代の万葉学者仙覚は「奥山の　岩陰に生ふる　菅の根の　ねもころ我も　相思《あひ》はざれや」（巻四　〇七九一）については「菅はもとの草むらのねのはるかにとをくはひてころころにむらがりしげるなり。されば、それによそへてねもころころとよめるなり。」（『萬葉集仙覺抄』巻第十二）と解釈しながら、「葦の根」については「あしのねはしばしゆきわかるゝ事あれども、そのむすぼゝれたる契り絶せずして後、つゐにはつねにゆきあふかと《(ママ)》くねんごろにおもひて、むすびてしたまのをといはんぞは、人なさけあればをしてとかめやもといへる也」（『萬葉集仙覺抄』巻第七）と注釈し、同じ「根のねもころ」でありながら、菅の根とはまったく異なる視点から解釈する。アシの歌は『萬葉集』に五十一首もあるのに、そのうちアシの根に言及したのはわずか一首にとどまるのは相応の理由がある。というのは、スゲ類・ジャノヒゲ類の根がつながっていることを古代人および仙覚は知っていたが（拙著『万葉植物文化誌』の当該条を参照）、アシもつながっていることは知らなかったからである。アシの根は地中深く、よほどの役に立たない限り、昔の人は掘り取ることはしなかったはずである。中国古医学ではアシの根を蘆根《ロコン》（別名葦《イ》茎《ケイ》）と称し、本草では『名醫別錄』の下品に初見する薬物である。しかし、蘆根を薬用とするのはまれで、わずかに唐代の医書『千金要方』（孫思邈）に「欬、微熱有り、煩滿胷心、甲錯して是れ肺癰と爲すを治す黄芪湯方」（巻十七「肺癰第七」）の別方として、しかも無名方として収載するほかは見当たらない。一方、『外臺祕要』（王燾）巻十「肺癰方九首」に蒂莖湯とあるのは葦茎湯のことである（蒂莖は葦茎の異名）。『外臺祕要』は、七五二年の自序から見て、万葉時代のわが国では知られていなかった。また、わが国の伝統医学が古くから経典としてきた『傷寒論』『金匱要略』にも蘆根を配合する処方はないから、古代人が薬用にアシの根を掘っていたとは考えにくい。では、なぜ「葦の根の　ねもころ～」と詠んだのであろうか。実はアシの同属近縁種にツルヨシという植物があり、アシとは対照的に流れの早い河川の上流域を中心に生え、時に渓流域にまで進出することがある。アシとツルヨシのもっとも大きな違いは匍匐茎（アシでは横出茎に相当）が地下ではなく地上に裸出して横走することである。古代人の生活域にツルヨシはほとんど分布せず、目に止まることはまれであったから、わずか一首に詠まれるにとどまったといえる。『本草綱目紀聞』（水谷豊文）はツルヨシの別名に「かはらよし」「ふなつなぎ」「ふねつなぎよし」「ふなづな」「ぢしばり」を挙げるが（「穂　禾本　五十五」）、いずれも美濃地方の古名という。後世でもアシとツルヨシの違いは特定の地域に限られて認識されていたにすぎない。

1-3　「葦が散る」の葦はアシではない！

『萬葉集』で「葦が散る」とある歌は短歌・長歌各一首ずつある。次にそのうちの短歌一首を示す。

海原《うなばら》の　ゆたけき見つつ　葦《あし》が散る　難波《なには》に年は　経《へ》ぬべく思ほゆ　（巻二十　四三六二）

歌の意は、海原の豊かさを見ながら、これなら難波で何年も過ごしてもよいように思ったことだとなる。古代の難波一帯とりわけ淀川河口域に広大な葦原があったから、「葦が散る」は難波に掛かる枕詞として詠まれた。「葦が散る」について賀茂真淵は次のように説明している（『冠辞考』）。

万葉巻二十に、家持　安之我知流《アシガチル》、難波能美津爾《ナニハノミツニ》云云、同巻に又あり　こは古事記に、安康の條　興《オコシテ》レ軍待戰《ヲマチタヽカフ》、射出之矢《イダセルヤ》、如二葦華散一《ナセリアシバナノチル》と有によるに、難波の浦風に、葦の穂花のふる雪のごと散をもて、此ところには冠らせしなるべし、隋宮の柳絮の散けんもおもひやるべし、云々

すなわち、「葦が散る」とは、類例に漢籍の柳絮《りゅうじょ》を挙げて、アシの花が雪の降るように散ると解釈する。柳絮とはヤナギの花ではなくその綿毛をもつ種子であって、結実性のよい種類では風に吹かれて激しく飛び散る。唐詩ではよく詠まれ、ここでは中唐の女流詩人薛濤《せっとう》の詩を紹介しておく。

『全唐詩』巻八〇三「柳絮」

二月、楊花輕く復た微《わづ》か
春風、揺蕩として人の衣を惹《ひ》く
他家、本《もと》是れ無情の物
一任、南に飛び又北に飛ぶ

通釈すると、二月ではまだヤナギの花はわずかであるが、春の風が人の服を引き寄せ揺り動かすほどになると（柳絮が大発生するのだ）、ほかの地域でももともとやっかいなものだが、一旦、風に任せると南に北に飛んでいき、人々を煩わせるのだという意味であるが、この詩から雪が降るように飛び散る様子がうかがえる。中国産のヤナギ類の熟果は風が吹くと吹雪のように舞い散り、現地では迷惑な存在と認識されているが、薛濤はそれを詩に賦したのである。わが国では中国原産のシダレヤナギでも柳絮が発生することはまれであり、また在来種にもそのような性質をもつヤナギ類はないので、真淵は漢詩に詠まれた柳絮に言及したと思われる。枕詞に使われるほどだから、広大な葦原では柳絮が散るに似た光景をつい期待してしまうが、わが国では実際に発生することはごくまれで、大

半の人は気づかないであろう。ところが『埤雅』（陸佃）は「其（葦）の華は皆芳秀有り。今、風輙《すなは》ち吹揚すれば雪の如く、其の地に聚《あつ》まること絮の如きを言ふなり。」と記載し、これを葦絮《いじょ》と呼ぶとある。日本産アシとは異なる中国産アシについて記載したのか、あるいは陸佃の誇張なのか定かではないが、わが国では「あしのほわた」の和訓をつけ、昔は綿の代わりに着物や布団に利用することがあったという。後述するように、「葦が散る」の葦はアシではなく、別種の植物を指す。前述の「葦の根のねもころ」がツルヨシであったように、アシの類似種で雪が舞うように熟果が散るものが実際に存在する。西日本の一部地域で「あし」（和歌山）・「よし」（徳島）、「よしたけ」（京都・防州）と呼ぶイネ科ダンチクがそれに当たる。ダンチクは関東地方南部以西南に分布し、西日本の海岸や川岸・河原に多く見られ、ときに大群生する。高さ五メートルほどになる湿性の大型常緑多年草で、概略的な形態はアシと共通するが、ずっと大型であることをもってヨシタケと呼ばれた。ダンチクの花穂は、アシよりはるかに大型で小穂も大きく、アシよりも散りやすい性質をもつ。したがって「葦が散る」という枕詞はダンチクから発生したと考える方が自然である。現在でも淀川の河川敷にダンチクの群落が残っているので、かつては大群落も存在したに違いない。ダンチクというとあたかもタケの一種のようであるが、この名は一七〇九年の『大和本草』（貝原益軒）に初見し（諸品圖上）、葭竹《よしたけ》を葮竹と誤って音読したものである。ただし、葭竹・葮竹のいずれも中国にはない和製の漢名である。葭竹の訓読み「よしたけ」が古名であり、一部地域に方言名として残る。ダンチクと前項のツルヨシも含めたアシは基本的な形態の特徴が似るほか、抽水植物という共通の生態的特徴をもつ故に、同類と認識された。古典の植物は現代の感覚で解釈すると本質を見誤ることがあり、前項「1-2」の「葦の根のねもころ」、そして本項の「葦が散る」はまさにその好例といってよい。

1-4 『萬葉集』にみるアシの民族植物学的背景

①古くから生活必需品であったアシ

アシがわが国で古くから用いられたことは『萬葉集』における用例から容易に推察できる。前述したように、葦垣はアシを詠む歌の約五分の一を占め、そのうちの三首に出てくる「葦垣の」は枕詞である。葦垣はアシの茎を結い合わせて作るが、古くなると劣化して散《ばら》けてしまうので「古《ふ》る」あるいは「乱る」に、また垣根として外部と隔てるから「外《ほか》」に掛かる枕詞とされた。アシは茅葺き材料としても広く用いられ、そのことはアシ刈りを題材に詠った歌があることで示唆される。

一、大舟《おほぶね》に　葦荷《あしに》刈り積み　しみみにも　妹《いも》は心に　乗りにけるかも　（巻十一　二七四八）

二、葦刈《あしか》りに　堀江《ほりえ》漕《こ》ぐなる　梶《かぢ》の音《おと》は　大宮人《おほみやびと》の　皆聞くまでに　（巻二十　四四五九）

古代では稲刈りが終わった後にアシを刈るのが風物詩であった。古代日本の中心地であった奈良周辺では難波の湾岸湿地帯や琵琶湖岸に生えるアシは量的に確保できるので、刈り取ったアシを舟にぎっしりと積み込み、後は陸路で内陸地域に運び、茅葺きなどの資材に供した。第一の歌はその情景を序詞に利用して詠んだのであり、一方、第二の歌は、当時、難波一帯でアシを刈り取る舟が多く見られたことを示唆する。茅葺き原料植物は、アシのほかススキ・オギなども利用されるが、広大なアシ原が分布する難波や琵琶湖周辺では、主としてアシを利用し、刈り取ったアシを都市部まで運んで商品として販売したと思われる。

②アシは大陸由来の辟邪植物であった

わが国のように台風などの災害の多い地域では軟弱な葦垣が垣根として有効とはおよそ思えず、何らかの民俗学的意義が背景にあったと考えざるを得ない。それを象徴するような歌が、わずか一首にすぎないが、『萬葉集』に収載されている。次の二首にある「葦火焚く」は大陸伝来の習俗を反映したものである。

一、難波人《なにはひと》　葦火《あしひ》焚《た》く屋の　すしてあれど　己《おの》が妻こそ　常《とこ》めづらしき　（巻十一　二六五一）

二、家《いは》ろには　葦火《あしふ》焚《た》けども　住み良《よ》けを　筑紫に至りて　恋《こふ》しけもはも　（巻二十　四四一九）

第一の歌は、難波の人の家がアシを焚いて煤けているように、自分の妻もみすぼらしいが、それでも自分にとってはいつまでも愛らしいものだという意味である。多くの注釈書は刈り取って乾燥したアシを燃料として焚くというごく平凡な意味に解釈するが、そうとは言い切れないいくつかの疑問点が浮上する。第一に、着火しやすい利点はあるが、アシは燃やしても火力が弱く燃料として劣等であること、第二に、古代でも柴木ほか燃料となるものはいくらでもあったはずなのに、なぜアシを焚く必要があったかということである。揚子江中流の荊楚地方の年中行事記で六世紀に成立した『荊楚歳時記』（宗懍）に「正月末日の夜、蘆苣の火、井厠の中を照さば、則ち百鬼走る」という興味深い記述がある。守屋美都雄は「中國人は火を照らすことによって邪神や疫神をはらふことが出来ると考へてゐたようである」と注釈している（『校註荊楚歳時記』）。同書に記載された習俗の中に、今日のわが国に残るものとして菖蒲湯（端午の節句）、七草がゆの風習ほか少なくないので、蘆苣の火を葦火に同じと考えれば、「葦火焚く」は大陸伝来の習俗の一環として実践されたと解釈できる。ただし、この解釈に問題点がないわけではない。守屋美都雄が言及を避けた蘆苣の火を葦火とすることである。苣は野菜のチシャの意味があり、一方、蘆はアシの意のほかに、『説文解字』に「蘆は蘆菔なり。一に曰ふ薺根なりと。从艸盧聲。」とあり、蘆菔《ロフク》すなわちダイコンの類を指すことがある。蘆苣を根菜の一種と解釈すると、「蘆苣の火」とは具体的に何を意味するのかさっぱりわからなくなってしまう。強いて挙げれば、ダイコンはアブラナ科であるから、油料を取ることも可能で、その灯火と解釈できなくはない。一般に、アブラナの油料は貧しい農民にとっては高価であるが、『荊楚歳時記』によれば、年にわずか一日のみの風習であるから、それほどの経済負担はないと考えられる。しかし、守屋美都雄が指摘しているように、「蘆苣の火」は僻邪の性格が濃厚であり、民俗学的にアブラナはその片鱗すらないのが難点である。

本書ではアシが長い歴史のある僻邪植物であるという事実（後述）を重くみて、苣を同音の炬の誤記と考え、「蘆炬の火」すなわちアシを束ねて作ったともしびなら意味が通じると考えた。アシを燃やすと煤が多く発生するため、その分明るくなって井厠の中を照らすには都合がよい。また、発生する煤は害虫や有害動物を防ぐ効果も期待できるという利点もある。しかし、『萬葉集』の二首は内容的に微妙に異なることに留意する必要がある。第一の歌では、「葦火を焚く家のように煤けている〜」とあり、日常的に葦火を炊いているように見受けられるが、一方、『荊楚歳時記』では「正月末日の夜、蘆苣の火〜」すなわち正月末日に限った習俗としている。しかし、大陸伝来の習俗のほとんどがわが国で変質していることを考慮すれば、資源的に豊富なアシを燃料として焚くように常態化したとしてもおかしくはない。第二の歌は、家では葦火を焚くけれど、そこでの生活が住みよかったことを、筑紫に到着したら恋しく思うだろうなという意味で、「葦火焚く」ことがやや否定的なイメージをもって詠まれてさえいる。訛の強いこの歌は武蔵国橘樹郡の防人の歌で、東国へ伝来した習俗がさらに大きく変質したことを示唆する。あるいはこの風習が大陸からわが国に伝わって間もないとすれば、煤が多く発生する葦火が歓迎されなかったこともあり得るだろう。

今日、アシの茎で作った破魔矢を神棚に飾る風習が残っているように、アシには何らかの霊力があると古くから信じられていた。実は大陸でも古くから似た風習があり、密接な関連があると思われるので、ここで詳しく考証しておく。『春秋左氏傳』に「楚人、公をして親《みづか》ら襚（死者の装束）せしめ、公、之を患ふ。穆叔曰く、殯《かりもがり》（棺の移動）に祓ひして襚せば則ち幣を布《し》かんとするなり。乃ち巫をして桃茢を以て先づ殯を祓はしむ。」（巻十九「襄公二十九年」）という記述があり、葬儀の前の棺に安置された遺体を巫女が桃茢《とうれつ》を用いて祓い清めたという。桃茢とは中国で鬼を祓う力をもつと信じられた桃の棒に茢をつけた神具をいう。茢の異体字「茢」が『説文解字』にあって、「茢は芀なり。从艸㓹聲。」と記されているように、芀と同義である。同書別条に「芀は葦の華なり。从艸刀聲。」

とあるから、茢はアシの花穂を指す。西晋・杜預注に「茢は黍穰なり」（左氏傳古注）とあり、茢をキビ幹《がら》とするが、キビ・アシのいずれもイネ科植物であり、長い茎の先端に花穂（あるいは果穂）をつける共通の特徴があるから、大陸では時代によってはキビを用いたこともあり得る。ただし、キビは五穀の一つであるから、別の意義をもっていたとも考えられる。『周禮』巻二十八の夏官司馬に「〔戎右〕戎車を掌《つかさど》るの兵革使、詔贊王鼓、王に傳へ陳中より命ず。會同に革車を充て、盟《ちか》へば則ち玉の敦を以て辟盟とし、之を遂役す。贊牛耳、桃茢。」とあり、ここにも桃茢が出てくる。鄭玄はこれに対して「盟を尸《つかさど》る者は牛耳を割《さ》き、血を取り助けて之と爲す。及び血は敦の中に在り、桃茢を以て之を沸ひ、又之を助くるなり。耳なる者は盛るに珠盤を以てし、盟を尸る者は之を執る。桃、鬼の畏る所なり。茢は、苕の箒にして、以て不祥を掃ふ所なり。」と注釈している。後述するように、『圖經本草』に「其（荻＝葦）の華は皆苕と名づく」（『證類本草』巻第十一「草部下品之下」所引）とあり、苕は芀すなわちアシのことである。したがって、鄭玄も桃茢をアシの花穂で作ったと考えていた。『枕草子』（能因本）の「草の花は」に「あしの花、さらに見どころなけれど、みてぐらなどいはれたる、心ばへあらんと思ふにたゞならず。もえしもすゝきにはをとらねど、水のつらにて、おかしうこそあらめと覺ゆ。」とある「みてぐら」は、『和名抄』（源順）に「禮記注に云ふ、幣 音獘和名美天久良 今注東云ふ、幣帛」とあるように、幣帛《へいはく》すなわち「おおぬさ」のことをいう。ここに破魔矢にアシの茎を用いる理由が理解でき、かつては花穂を「おおぬさ」として利用することもあった。『春秋左氏傳』は春秋時代の紀元前七〇〇年ごろから約二五〇年間の歴史を記し、『周禮』はその後の戦国時代すなわち紀元前四〇〇年ごろから紀元前二二一年に秦が大陸を統一するまでの周王朝の制度について記した書といわれる。春秋・戦国時代に大陸では多くの難民が発生し、その一部は日本列島に稲作などの文化を携えて渡来したと考えられている。アシの僻邪植物としての民俗学的意義が大陸に由来するとすれば、周壁として利用するにはあまりに軟弱な葦垣を古代日本人が敢えて用いる理由をよく理解できるだろう。

1-5　アシの名の由来は？

アシは古くからわが国でもっとも生活に密着した植物の一つであり、稲作とも由縁の深い存在であったことは万葉歌にある「葦原の瑞穂の国」という句で象徴される。「葦原の瑞穂の国」を詠う歌は五首あるが、この句がアシと稲穂の両方を含むのは偶然ではない。柿本人麻呂歌集の例歌をここに挙げて説明しよう。

葦原の　瑞穂の国は　神ながら　言《こと》挙げせぬ国　然れども　言挙げぞ我《わ》がする　言幸《さき》く　ま幸くませと　つつみなく　幸くいまさば　荒磯波　ありても見むと　百重《ももへ》波《なみ》　千《ち》重《へ》波《なみ》しきに　言挙げす我は（巻十三　三二五三）

この歌は、葦原　瑞穂国《あしはらのみずほのくに》は神様でも言葉に出して言い立てることはしない、しかし私は敢えて言葉に出して言おう云々という意で、わが国に固有の信仰である神道の言挙げをよしとしない性格を冒頭の数句でもって言い表す。本書の趣旨と離れるので、言挙げについては言及しないが、ここに出てくる葦原瑞穂国とは、『古事記』に出てくる豊葦原　瑞穂国《とよあしはらのみずほのくに》と同じく日本国の美称であって、もともとは神の意志によって稲が豊かに実り繁栄した国という意である。わが国各地の河川の下流域に広大な葦原が存在し、河川の氾濫で上流からもたらされた栄養分の豊富な土壌が堆積した葦原とその近傍の低地は稲作の適地でもあった。稲作文化は揚子江流域に起源があるといわれ、中国浙江省余姚県で発見された巨大な稲作遺構河姆渡《かぼと》遺跡は沼沢に面した地帯であった。すなわち、葦原が発達する環境であったはずで、稲作を携えて大陸から日本列島に渡来した人々は真っ先に葦原の近傍に定住したにちがいない。前項「1-4」②で述べたように、アシは大陸でも古くから辟邪植物と認識され、わが国ではアシを刈り取って茅葺きや葦垣などに広く利用した。すなわち葦原瑞穂国という名は大陸から移住した人々にとってアシと稲作が生活の根幹をなすが故につけられた呼称であり、葦原瑞穂国を詠う歌のいずれもが古くからの言い伝えの形式であるのは、日本人の祖先が大陸から直接渡来したことを示唆するのではないか。これまでわが国の稲作の起源は、まず中国から朝鮮半島に伝わり、そこで稲作が熟成されその周辺技術とともに複合文化の形で伝わったとされてきた。しかし、イネの遺物の遺伝子解析結果ほか最新の科学的知見からイネは朝鮮半島経由よりむしろ直接渡来した可能性の高いことが明らかにされている。わが国の文化は、鵜飼などに代表されるように、南方的要素を色濃く残しており、それらは朝鮮半島には見当たらないものである。また、『魏志倭人傳』に描写された倭人の文化は圧倒的に南方的であることからも支持されている。これまでの通説は全面的に見直さなければならない。

以上、前書きが長くなってしまったが、要約すれば、アシはイネとともに日本文化の基層をなす植物ということになる。とすれば、アシという名も相当に歴史的起源の古い名であることはまちがいなく、現代語はおろか上代語をもってしてもその語源解釈は困難であろう。しかし、同音の基礎語に足《あし》があり、脚の意のほかに様々な意味をもつ。例えば、山の下の方すなわち麓も「あし」、雨足といえば降り注ぐ雨そのもののほかに雨の通り過ぎる様子も意味するし、予算がオーバーするという「足が出る」の足は銭の意味である。アシも大きな川の河口にいけば必ずあり、屋根を葺き、垣根を作り、また燃料にもなって人々の生活の底辺を支える足のような存在であったから、アシと呼ばれたのではないかと考える。すなわち、アシは足に通ずるきわめて基本的な語彙ということになる。本章の冒頭でも述べたが、植物学上の正名はヨシであるが、アシが「悪し」に通ずるとして忌み嫌われ、逆の意味の「良し」に言い換えたといわれる。『住吉社歌合』（嘉應二年十月九日）に「そもそも和歌のうらのみちに、（中略）なにはわたりにはあしとのみいひ、あづまのかたには、よしといふなるがごとくに、おなじきうたなれども云々」とあるように、難波では「あし」、東国では「よし」というとある。ヨシという名は平安時代に発生したようであるが、奇妙なことに今日で「よし」と呼ぶのは関西地方であって関東ではない。

第2節　自然界では共存するオギとアシに古代人は気づいていた

2−1　古典では区別があいまいなオギとアシ

まず、『萬葉集』における「をぎ」の用字について考える。漢名の荻が二首、万葉仮名の乎疑が一首で、『萬葉集』にある「をぎ」はこれがすべてである。『和名抄』では「野王案云ふ、荻　音狄、字亦た藡に作る、和名乎木　薍と相似して一種に非ず」とあり、荻の訓を「をぎ」とする。『新撰字鏡』（天治本）では「藋荻　上古官反、葦なり。牟志井、下徒歴反、薕荻に入るなり。」、また「藡　荻字同」とあって、荻の字とともに同義の漢名として藋・藡を挙げ、そのいずれにも訓をつけないが、一方で葭・菼・萑を乎支《をぎ》と訓ずる。萑の訓を「乎支、又井」とし、藋荻に「葦なり。牟志井……薕荻に入るなり。」という注記があるから、荻をアシやイグサ（藺）の同類と認識していることになる。また葭・菼・藡はいずれも中国ではアシを表す漢名であるが、「をぎ」と訓じているのは中国におけるアシ・オギほか近縁植物の用字の混乱の影響を受けたものである。『萬葉集』における植物漢名の多くは中国本草に由来するが、荻は本草では独立した項目名として扱われず、葦の一類型とされてきた。宋代前期に成立した『圖經本草』（蘇頌）ではさらに多くの異名が出てくる（『證類本草』巻第十一「草部下品之下」所引）。

謹みて按ずるに、爾雅は蘆根を謂ひて葭華と爲す。郭璞は云ふ、蘆は葦なりと。葦は即ち蘆の成したる者、蒹を謂ひて薕　廉と同じなり　と爲す。薕は萑　音桓　に似て細く長く、高さ數尺なり。江東人呼びて薕藡　荻と同じなり　と爲す者は菼　他敢切　と謂ひて薍　五患切　と爲す。薍は葦に似て小さく、中は實にして、江東呼びて烏蓲　音丘　と爲す者は、或は之を荻と謂ふ。荻は秋に至りて堅く成せば即ち之を萑と謂ひ、其の華は皆苕　従彫切　と名づく。

蘇頌の見解をまとめると次のようになる。『爾雅』および同郭璞註を引用して葦・蘆を同じものと解釈し、葦（蘆）の成長したものを薕（＝蒹）とし、薕に似たものに萑がある。江東で薕藡と称するものは荻・菼・薍と同品で、葦に似ているが小型で、別名を烏蓲ともいう。荻（＝薕藡＝菼＝薍）が秋になって成長したものを萑といい、その花を苕と称する。薍は小型で葦に似ている。以上から地方名あり、成長度の違いだけで区別した名もあり、およそ系統的とはいい難く、混とんとしていることがわかる。『毛詩草木鳥獸蟲魚疏』巻上も『詩經』秦風・蒹葭の一節「蒹葭蒼蒼」について注釈しているが、薍と荻を同物異名とするところは『圖經本草』と共通するが、葭も同品に含めている点で異なる。

蒹は水草なり。堅實にして牛之を食らひ、牛をして肥強せしむ。青（州）、徐州の人、之を蒹と謂ひ、兗州、遼東の通語なり。以上詩蒹葭疏引　葭一名蘆菼一名薍。薍或は之を荻と謂ひ、秋に至りて堅成すれば則ち之を萑と謂ふ。其の初生は三月中に其の心を挺出し、其の下本大なること箸の如く、上は鋭くして細し。揚州の人、之を馬尾と謂ふ。今の語を以て驗せば則ち蘆薍は別草なり。詩硯人疏引爾雅釋草疏引同（括弧内は筆者補注）

その他の典籍では、『埤雅』（陸佃）が葦と菼をそれぞれ別条に収載して詳細に記述している。まず、葦については「爾雅に曰ふ、葦の醜に芀なりと。其の華は皆芀秀有り。今、風輙《すなは》ち吹揚すれば雪の如く、其の地に聚《あつ》まること絮の如きを言ふなり。淮南子に曰ふ、蔐の苗、絮に類すれども以て絮と爲すべからずと。即ち葦は今の蘆にして一名葭なり。葭は葦の未だ秀でざる者なり。萑は即ち今の荻にして一名蒹なり。蒹は萑の未だ秀でざる者なり。葭は一名華、蒹は一名薕なり云々」とあり、萑と荻は同じで別名を蒹とし葭を含めていないので『圖經本草』と一致する。一方、菼については『字説』を引用して「荻、之を蒹と謂ひ、其の小なるを葦と曰ひ、其の始生なるを菼と曰ふ。又、之を薍と謂ふ。荻は強くして葭は弱し。荻は高くして葦は下《ひく》し。故に之を荻と謂ふ。」と記述しているが、荻

(＝蒹)の小さいものを葦、始生を薍としていて、荻と薍を同物とはしているが、『圖經本草』とは微妙に見解が異なる。中国本草では、アシを初めて収載した『名醫別錄』以降、薬物としては蘆根《ロコン》のみを収載し、その他の用字をすべて異名と扱い、荻もその中に含まれる。ただし、古字書の『爾雅』『説文解字』に荻はないので、中国では後世になって荻を区別したことがわかる。ただし、中国でいう荻がオギであるかは慎重に判断する必要がある。万葉時代以前の典籍で荻の名が出てくるのはあまり多くないが、『藝文類聚』には十数件に出てくる。ここではその一つとして次の詩を紹介する。

『藝文類聚』巻八「水部上　江水」泛江詩

春江、白帝に下り　畫舸《ぐぁか》、黄牛に向かふ
錦纜《きんらん》、沙磧《させき》を廻《めぐ》り　蘭橈《らんぜう》、荻洲《てきしう》を避く
濕花、水に隨ひて泛《う》かび　空巣、樹を逐ひて流る
岸社、喬木多く　山城、迴樓《けいろう》足る

この詩を通釈すると、春の長江は白帝に向かって流れ、美しく飾り立てた船は黄牛に向かっている、錦のとも綱は砂の河原で廻り、船は荻洲を避けて航行している、水草の花は河水に委ねるように浮かび、鳥のいない空の巣は樹を逐うようにして流れている、川岸の社には高木が多く、山城には任にたえる迴樓があるとなる。荻洲とは川の土砂の堆積したところに荻が群生したものをいう。錦のとも綱は砂の河原で廻り、船は荻洲を避けて航行しているというから、荻は川の中の砂州に生えているので、植物学的にオギではなくアシと考えてまちがいない。すなわち、オギは大陸に自生はあっても正しく認識されていなかった。『説文解字』に「茨　茅葦を以て屋を蓋《おほ》ふ。从艸次聲。葺は茨なり。从艸咠聲。」とあり、『萬葉集』ではこの茨を荻と誤認してオギに充てた可能性もあり得る。オギもカヤ(茅)の一種とされ、茅葺き原料となるからである。

2-2 オギといえば秋風と音

オギは『萬葉集』ではわずか三首だけに登場し、ススキ（オバナ）やアシに比べると格段に少ない。しかし、後世の詩歌に多く登場し、古典文学における文化的インパクトはアシ・ススキに劣らない。オギとススキ（オバナ）は形態的に酷似するにもかかわらず、『萬葉集』を含めた古典文学において、まったく異なる内容をもって詠まれる。オバナは花を表す名称であるから当然のこととして、後述するように、ススキでも「はたすすき」「はなすすき」とあるように、やはり花を意識して詠むものがある。一方、オギは、ススキとは対照的に、葉を秋風あるいは葉が擦れて出す音と取り合わせているのが特徴で、花に言及する詩文はない。オギの別名にカゼキキソウ（風聞草、『和歌藻しほ草』）、ネザメグサ（ね覚草、『蔵玉和歌集』）とあるのはいずれも風を連想させる。『新編国歌大観』によれば、「をぎのは」とあるのは一〇三三首、そのうち「あきかぜ」と取り合わせた歌は二一九首もあるが、オギの花そのものを詠った歌は見当たらない。因みに、「をぎのはそよぐ」とある歌は三十七首あり、葉が風で擦れて音を出すことを表すが、ススキの葉も風に当たれば同様の音が期待できるにもかかわらず、ススキをかくの如く詠んだ歌は見当たらない。オギの葉と風そして音とを取り合わせ、後世に多くのオギの詩歌を生み出す祖歌となったのは『萬葉集』にある次の二つの歌である。

一、妹《いも》なろが　つかふ川津《かはづ》の　ささら荻《をぎ》　あしと人言《ひとごと》　語りよらしも　（巻十四　三四四六）

二、葦辺《あしへ》なる　荻《をぎ》の葉さやぎ　秋風の　吹き来るなへに　雁鳴き渡る　（巻十　二一三四）

第一の歌は難解な東歌で、第二句の「つかふ」の義もさることながら、第三句の「ささら荻」と第四句冒頭の「あし」が意味の上でどうつながるのか、その解釈をめぐって諸説がある。『萬葉集注釋』（澤瀉久孝）にかなり詳細に解説されているので、ここではその一部と筆者の見解を述べるにとどめておく。澤瀉久孝は「ささら」を「さざれ」の同義として細小《ささ》の意にとり、小さなオギと解釈する。前述したように、『字説』に「荻、之を葦と謂ひ、其の小なるを葦と曰ひ云々」とあるから、アシと解釈したのかもしれないが、漢籍の記述は系統的ではないのでそのまま受け入れるのは危険である。いずれにせよ、後世の詩歌を含めてもわざわざ「小さなオギ」として詠んだ用例は見当たらず、歌の中でそれがいかなる意味をもつのか明瞭でない。「ささら」を別の言葉「さざれ」の訛としなくても、同音の語彙が実在するから、まずはそれを検討すべきである。「ささら（簓）」という竹や細い木などを束ねて作った小道具があり、溝を彫りつけた木の棒（簓木といい、定形はない）に擦りつけて音を出すのに使う。わが国各地の祭礼で用いる原始的な楽器であり、古典文学にも出てくる。『榮花物語』の「御裳ぎ」に「又田樂《でんがく》といひて、怪《あや》しきやうなる鼓《つゝみ》、腰《こし》に結《ゆ》ひつけて笛《ふえ》吹《ふ》き、佐々良《さゝら》といふ物つき、種々《さまざま》の舞《まひ》して、賤《あや》しの男《をのこ》ども歌《うた》うたひ、心《こゝ》地《ち》よげに誇《ほこ》りて、十人ばかりゆく」とある佐々良は、まさに「ささら」を楽器として用いた例であり、田楽の伴奏にも使ったとあるので、その起源はかなり古いと推定される。『名語記』が「サ、ラ」について「ナ（鳴）ルヲト（音）ノ　サラサラリヤト　キ（聞）コユルカ反リテ　サ、ラトナル也」（巻第八）と説明しているように、「ささら」の名の由来を、擦れ出る音を表す擬声語すなわち「さらさら」の略形と考えるのはごく自然である。また、「ささ」は小さいという意味だけではなく、『徒然草』第一一四段に「今出川《(いまでがは)》のおほい殿、嵯峨《(さが)》へおはしけるに、有栖川《(ありすがは)》のわたりに、水の流《なが》れたる所にて、賽《さい》王丸《(わうまる)》、御牛を追（ひ）たりければ、あがきの水、前板《(まへいた)》までささとかゝりけるを云々」とあるように、「と」を伴って音を表す副詞形の用例がある。すなわち、東歌の「ささら荻」は、十—二一三四の歌にある「荻の葉さやぎ秋風の〜」や後世のオギの歌と同じく、オギとその葉が擦れて出す音とを取り合わせたものであり、こう解釈しても内容の上で不自然さはないし、また他歌との整合性も申し分ない。因みに、第二の歌を通釈すると、アシ辺に生えているオギの葉が、吹いて来た秋風にそよいでいるとともに、空では雁が鳴きながら飛んでいくことだとなる。

2-3 オギでもアシでもない伊勢の浜荻

オギとススキの形態は酷似するので、的確に両種を区別するのは専門家でなければ難しい。しかし、形態の違いよりも簡単に区別する方法がある。オギとススキの生態はまったく相異するので、生育する環境から判断すれば区別できる。オギは、河原のように地表は乾いているが地中に十分な水分がある環境を好んで生える。地中で根茎を横に伸ばし、随所に芽を出して新株を生ずるところはアシとよく似る。万葉歌の「川津のさらら荻」「葦辺なる荻」はまさにそれを表す。とりわけ後者は植物生態学でいうオギ―ヨシ群集に相当する。アシは抽水植物であるから水辺の水中に、一方、オギは陸地側の水をかぶらないところに生える。すなわち、水際を挟んで陸地側にオギ、水側にアシが群生して群落を形成し、それを植物生態学ではオギ―ヨシ群集と称する。河川の下流域の川岸に普通に見られる植生で、その存在は古典文学でもしばしば登場する。『更級日記』に「〔竹芝寺〕今は武蔵《むさし》の國《くに》になりぬ。ことにおかしき所も見えず。濱《はま》も砂子《すなご》白《しろ》くなどもなく、こひぢのやうにて、むらさき生《お》ふと聞《き》く野も、蘆《あし》おぎのみ高《たか》く生《お》いて、馬《むま》に乗《の》りて弓《ゆみ》もたる末《すゑ》見えぬまで、高《たか》く生《お》い茂《しげ》りて、中をわけ行《ゆ》くに、竹芝《たけしば》という寺あり云々」とある蘆荻《あしおぎ》は、東国から京へ上る途中、今日では埋め立てられて消失した東京湾岸のとある河口、あるいは下流域で見た広大なオギとアシからなる群落を指し、古くに「あしおぎ」の一語で総称されていたように見受けられる。

俗にいう「河原の枯ススキ」は、晩秋から初冬の河原に大群生するススキと一般には信じられているが、大半はオギをススキと誤認したものである。ススキ原とオギ原は遠目でも区別できる。オギとススキのもっとも大きな違いは、オギは地中で地下茎を伸ばして次々に新株を生じて増え、また一根に一つの花穂・花茎を出すので、花茎がやや間隔を置いて並び、遠目ではまばらに見える。一方、ススキの地下茎はほとんど伸びることはなく、一根から多くの花茎を出すので、いわゆる株立ち状になる。したがってススキ野では花茎は部分的に密集し、遠目では不均一に見える。現代人はオギとススキを誤認することはあっても、アシとオギ・ススキを誤認することはまずないが、古代人にとってはむしろオギとアシとの区別を苦手としていた。すなわち、現代人とは異なる種認識をもっていたのであり、以下に例を挙げて説明する。『萬葉集』に浜荻を詠んだ歌が一首あり、昔の人はそれを単なるオギとは考えていなかった。

碁檀越《ごのだんをち》の伊勢国に往きし時に留まれる妻の作りし歌
神風《かむかぜ》の　伊勢の浜荻《はまをぎ》　折り伏せて　旅寝やすらむ　荒き浜辺《はまへ》に　（巻四　〇五〇〇）

歌の内容は、伊勢のハマオギを折り伏せて旅寝をしているのだろうか、荒々しい浜辺でと、妻が旅に出た夫を思いやる歌である。『住吉社歌合』（嘉應二年十月九日）に「そもそも和歌のうらのみちは、（中略）この神風いせしまには、はまをぎとなづくれど、なにはわたりにはあしとのみいひ、あづまのかたには、よしといふなるがごとくに、おなじきうたなれども、人の心よりよりになむあるうへに、たまのことばにきしをましへ。」とあるように、オギの名をもつにもかかわらず、伊勢の浜荻をアシとしている。仙覚も「伊勢國には葦をはまをぎと云也。攝津國にはあしといひ、あづまにはよしといふ也といへり。」（『萬葉集仙覺抄』巻第四）と述べているように、浜荻は伊勢国におけるアシの別名と考えられた。『俊頼髄腦』（源俊頼）も「伊勢の濱荻とよめるは荻にあらず、葦をかの國にはいひならはせるなり」、また『袖中抄』（顕昭）も「又濱荻とはあしをば彼國の風俗にて申とぞ承し。只濱におひたる荻を云かとも思侍るべき歟。あしをいせのはまをぎと讀たればこそ、此異名も有レ興事なれ。」と注釈し、仙覚と同じ見解をとる。いずれも現地に生える実物を見たとは考えにくく、おそらく当時の伝聞に基づく解釈・注釈と思われるが、あたかも仙覚・俊頼・顕昭が口裏を合わせたかのように述べているから、「伊勢の濱荻」がただならぬ存在であったことはまちがいない。

しかしながら、原歌の内容を忠実に解釈すると、浜荻を折り伏せて野宿するというのは、抽水域に生えるアシをいくら折り伏せたところで常識的な寝起きができるとは思えず、非現実的な情景といわねばならない。一方、浜荻を普通のオギとすれば、その生育域は地下に水分があっても表面はかなり乾いているから、オギを折り伏せれば十分に野宿は可能である。現代の注釈書はいずれも浜荻を浜辺に生えるオギと解釈するが、通例、浜辺はオギの生育適地ではないから、この解釈も同意しかねる。もっとも当該の歌は、旅に出た本人ではなく、妻が心配して詠んでいるから、現実の情景ではないとの意見もあるだろう。もしそうならどんな環境で野宿しようが一向にかまわないが、やはり昔の人が旅寝するのに標準モデルというべきものがあったはずで、安全性から考えて浜辺の野宿は選択肢の一つであったと思われる。とすれば、現代人の視点ではなく、昔の人の目線で考えれば、浜荻を折り伏せて云々は現実的と考えるのが自然であろう。

　伊勢の浜荻が、通常のオギでもアシでない特別な存在であったことは、場所によって物名や風俗・習慣が異なることの譬えとして「難波の葦は伊勢の浜荻」という諺が発生していることから示唆される。この諺は南北朝時代に成立した連歌集『菟玖波集』にある「草の名も所によりて変はるなりなにはのあしはいせのはまをぎ」を出典とするが、後世の『大和本草』（貝原益軒）や『勢陽雑記』（山中為綱）でも紹介されている。まず、『大和本草』によると、「伊勢ノ濱荻ハ三津村ノ南ノ後ロニアリ。片葉ノ蘆ニシテ常ノ蘆ニハカハレリ。」（附録巻之一）とあり、伊勢の浜荻は普通のアシとは異なる「片葉のアシ」だという。江戸本草学有数の泰斗貝原益軒だけに実際の形態的特徴に言及しているのは注目に値する。一方、伊勢地方の地理志である『勢陽雑記』は浜荻の生育場所とともに形態上の特徴も併せて次のように記述している（七　度會郡下）。

濱荻　二見口三津村南の入江に有、五十鈴川の末　昔ハ鷺の森を中嶋になしたる入江に濱荻有しと也。近來鷺の森兩方より堤を築、其中を田地とし、三津村より耕作しけり。其田の中にわづか半段計荻を殘し侍る。いと名高き致景の所もかく淺撓くなり侍るなり。此後ハ跡かたもなく、風の音さへなくならんと心あらん人いかでかかなしまざらんや。爰成芦ハ異様にて左巻に皮を見せて有と云々。此所より詠じて伊勢の浦にてハいづこも濱荻をよむとみへたり。

著者の山中為綱が伊勢津藩の出身であるだけに、現地で実地調査したと見え、伊勢の浜荻は旧三津村の五十鈴川の河口の入江に群生していたが、後に干拓して田地としたために大半の個体は失われたという。明暦二年の序がある『勢陽雑記』は十七世紀中ごろの成立であるから、当時、既に「伊勢の浜荻」なるものはごくわずかが残存するだけで、事実上過去の存在となっていた。益軒も伊勢の浜荻の所在に言及し、三津村の南の後ろ云々といっているから、同地に大群落があったことはまちがいないだろう。山中為綱は「風の音さへなくならんと心あらん人いかでかなしまざらんや」と記しているところは、普通のオギと大差ないように感じるが、三津村の特産のような存在であったというから、オギではなくまたアシでもない形態的に類似する別種ということになろう。山中為綱の「左巻に皮を見せて有」という表現はわかりにくいが、皮を葉鞘（茎を包む葉柄に相当するもの）とすれば、益軒のいう「片葉のアシ」を別の言葉で表現したと考えられる。アシは、通例、葉が茎に対して交互につく（互生）が、幹茎の中ほどから上部の葉が茎の片側だけにつく個体がしばしば混じる。単なる形態変異にすぎないが、伊勢の浜荻はそれが顕著であったため、昔の人は伊勢地方の特産と考えて区別したらしい。したがって浜荻をオギとごり押しするのは昔の人の意に反することになる。抽水植物のアシ原で旅寝するのは不可能であり、アシでは片葉の個体だけが群生することはまずないから、片葉が発生しうる類似種であれば、アシとは同属別種の関係にあるセイコノヨシが第一候補に挙げられる。河川の下流部や海辺に生える湿性多年草で、アシより大形、葉は堅く垂れず（アシは葉が垂れる）、茎の片側に葉がつく片葉の性質がアシより顕著であり、植物学の世界でも「片葉のアシ」とまれに呼ぶことがある（林弥栄監修『山溪ハンディ図鑑1　野に咲く花』）。アシより乾燥した地でも生えるから、「折り伏せて旅寝やすらむ」には申し分ないから、伊勢の浜荻をセイコノヨシと考えるのがよい。

オギの名をつけながら浜荻をアシの一種としたことでわかるように、ススキ（オバナ）をオギ・アシの類似種とする認識は古代人の脳裡にまったくなく、現代人とは異なる種認識・基準でもって、これら三種を識別していることがわかる。現代人はオギとススキの区別を苦手とするが、古代人は水辺のやや湿った環境に生える植物として、まずオギを区別した。その代わり、オギはアシとともに群落（オギ―ヨシ群集）を形成するので、アシとの区別を苦手とした。一方、後述するように、ススキは水辺から遠く離れた乾燥した台地などに群生するから、古代人にとってオギとの区別は困難ではなかった。すなわち、オギとススキを生態の違いをもって区別したのである。古代人にとって水辺と台地はまったく別の生活域であり、現代人との生活域に関する認識の相異が植物を見る目線の違いを生み出しているといってよい。

第3章

同物異名：ススキとオバナの名の由来

一般によく知られた諺に「幽霊の　正体見たり　枯れ尾花」がある。この末句の「枯れ尾花」がススキの穂であることは今は誰でも知っている。すなわち、ススキとオバナは同物異名の関係にあるのだが、その名前の由来は意外と知られていない。ここではススキとオバナが一物と認識されていたのか、ほかの形態の類似する植物との混同はなかったのか、考えてみたいと思う。本章の内容の一部は「美夫君志」第八十九号（平成二十六年十一月）に発表している。

第1節　「すすき」と「をばな」の二系統がある万葉のススキ

『萬葉集』に登場する植物学上のススキの名は「すすき」と「をばな」の二系統があり、それぞれ十七首、十九首とほぼ二分される。「すすき」はさらに細分され、単に「すすき」とあるもののほか、「はだすすき」「はたすすき」「はなすすき」がある。一方、「をばな」は「をばな」と「はつをばな」だけである。

一、すすき

爲酢寸（七―一一二一・十―二二二一・十―二二七七・十―二二八五）・須々伎（十五―三六八一）・須々吉（十七―四〇一六）

二、はだすすき

皮爲酢寸（三―〇三〇七・十―二二八三・十―二三一一）・波太須珠寸（八―一六三七）・者田爲々寸（十六―三八〇〇）・波太須酒伎（十四―三五〇六・十四―三五六五）・波太須酒吉（十七―三九五七）

三、はたすすき

旗芒（十―二〇八九）・旗須爲寸（一―〇〇四五）

四、はなすすき

波奈須爲寸（八—一六〇一）

五、をばな

尾花（八—一五三三・八—一五六四・八—一六三七・九—一七五七・十—二二六九・十—二二四二・十—二二九二）・草花（八—一五七二・八—一五七七・十—二二六七・十六—三八一九）・乎花（八—一五三八・十—二二一〇・十—二二七〇）・麻花（十—二二七二）・乎婆奈（二十—四二九五）

六、はつをばな

初尾花（十—二二七七）・波都乎花（十五—三六九一）・波都乎婆奈（二十—四三〇八）

ほとんどは万葉仮名で表記され、漢名は十—二〇八九に旗芒《はたすすき》とある一首に限られる。一六〇種以上登場する万葉植物の中で、これほど万葉仮名表記の名前の割合が高い植物は珍しい。その理由として中国本草および漢籍古典でススキに相当するものがなく、当時、対応する漢名が見出し得なかったことが挙げられる。芒は『本草拾遺』（陳蔵器）の石芒《セキボウ》の条に「高山に生じて芒の如く、節は短し。江西の人呼びて折草と爲す。六月七月、穂を生じて荻の如きなり。」（『證類本草』巻第九「草部中品之下　陳藏器餘」）とあり、石芒が穂をつけて荻《オギ》に似るという記述から、ススキの漢名に芒を充ててもほとんど違和感はない。しかし、同書は七三九年に成立した私撰の傍流本草であるから、万葉の旗芒の出典とは考えにくい。『説文解字』では芒の本字に相当する𦬒があるが、「𦬒は艸耑なり。从艸𦬒聲。」というあまりに簡潔な記述から、𦬒を一義的にススキと帰結するのは困難である。一方、『爾雅』では「莣は杜榮なり」とごく簡単な記述であるが、郭璞の「今の莣草は茅に似たり。皮は以て縄索、履屩と爲すべきなり。」という注釈、すなわち茅《かや》に似て皮（葉鞘・茎も含むか）から縄や履物を作るというのはススキの類として矛盾しないので、万葉の芒は莣を略体化したものと推定される。『和爾雅』（貝原好古）にも「芒と莣は同じなり」とある。これを除いて、漢籍古典にススキに相当する植物名が見当たらない状況はずっと後世まで続いたから、わが国では平安期になると、『新撰萬葉集』に「花薄《ハナススキ》　曾《ソ》與《ヨ》鞆《トモス》爲《レ》禮《バ》者　秋風之《アキカゼノ》　吹《フク》歟《カ》砥《ト》曾《ゾ》聞《キク》　無 衣身《コロモナキミ》者《ハ》」（巻上「秋部」）とあるように、ススキに薄を充てて事実上の国字とした。『和名抄』（源順）にも「薄　爾雅云ふ、草の藂生するを薄と曰ふ　新撰万葉集和歌云ふ、花薄　波奈須須岐　今案ずるに即ち厚薄の薄の字なり　玉篇に見ゆ　辨色立成云ふ　芉　和名同上　今案ずるに芉の音は千　草の盛なるなり　玉篇に見ゆ」とあり、『爾雅』を引用して薄をススキに充てた背景を記述する。すなわち、薄は本来「くさむら」を意味し、特定の植物種を指す名ではないが、旺盛に叢生するススキにふさわしいとして充てたのである。ただし、「厚い薄いの薄いの字」と注記しているから、編者にとってこの用字に違和感があったことがうかがえる。中国本草で芒が初見するのは一五九〇年ごろに成立した『本草綱目』（李時珍）であり、次のように記述されている（巻第十三「草之二　山草類下」）。

芒は二種有り。皆叢生し、葉は皆茅の如くして大、長さ四五尺、甚だ快利にて、人を傷ること鋒刃の如し。七月、長茎を抽き白花を開く。穂と成し蘆葦花の如きは芒なり。五月、短茎を抽き開花して芒の如きは、石芒なり。並びに花将に放たんとする時に於いて、其の籜皮を剝ぎ、繩箔、草履の諸物を爲《つく》るべし。其の莖穂は掃帚と爲すべきなり。

この記述にかなり精緻であって、芒をススキとしてしまった、矛盾はない。李時珍は古代のわが国で用いた芒をススキに充てたのであるが、皮肉なことにわが国でも芒の字が復活し、薄とともにススキの漢名として併用することになった。

第2節　「はだすすき」と「はなすすき」は同じか？

『萬葉集』にただ一首出現する波奈須爲寸《はなすすき》に関しては、広瀬本で皮須爲寸となっていることを重視して「はだすすき」と訓ずる見解がある。西本願寺本など諸本にある波奈須爲寸を、太→奈の誤写として、波太須爲寸を本来の表記と考え、広瀬本は皮須爲寸に訂正したという（以上、新日本古典文学大系『萬葉集二』巻八　一六〇一）。集中にある類歌を詳細に検討し、歌の解釈においてどちらが合理的であるのか考えてみよう。

一、めづらしき　君が家なる　花すすき　穂に出《い》づる秋の　過ぐらく惜しも　（巻八　一六〇一）
二、帰り来て　見むと思ひし　わがやどの　秋萩すすき　散りにけむかも　（巻十五　三六八一）
三、はだすすき　穂にはな出《い》でと　思ひたる　心は知らゆ　我《われ》も寄りなむ　（巻十六　三八〇〇）

後述するように、「をばな」というススキの花に特化した別名があるが、『新撰萬葉集』が花薄に「はなすすき」の和訓をつけ、『古今和歌集』以降にこの名は多出する。第二の歌は、都に帰ってきて見ようと思っていた私の庭の秋ハギやススキは散ってしまっただろうかという意味で、「散りにけむかも」が示唆するように、単に「すすき」だけでその花を意味する集中唯一の用例である。第一の歌の「花すすき穂に出づる」という詠われ方は、第三の歌の「はだすすき」とも共通するので、波太須爲寸《はだすすき》の誤写とする見解は一理あるように見える。しかし、『類聚古集』は波奈須爲寸とし、また太と奈は誤写とするには違いが大きすぎ、類例があったことを聞かない。また、後に「穂に出づる」が続いて「はだすすき」と同様に詠まれるから、広瀬本が意識的に皮須爲寸に書き換えた可能性も否定できない。第一の歌を、慕わしいあなたの家にあるススキは、花が咲いて（ハナススキとして）穂に出る秋が過ぎ去ってしまうのは惜しいことだと解釈してもごく自然であるから、波奈須爲寸でよいと考える。

一方、「はだすすき」とある歌は萬葉集に八首ある。賀茂真淵は一又皮の字を書たるによれば、はたのたを濁りて膚のこゝろとし、さて穂を皮にふくみもて漸に開出るなれば、はだすゝきといふらんとも覺ゆ。」（『冠辞考』）と説明するが、冗長ながら正鵠を射たものと考える。すなわち、葉鞘に包まれた細長いつぼみがわずかに裂開して穂

3

が露出した状態を、古代人は「はだすすき」と表現したと思われる。まさに穂がはだける少し前の状態を指し、この後に「穂に出づる」「穂に出し」となって箒型の花穂が開出すると考えれば、植物学的にも合理的な解釈が可能となる。因みに、第三の歌の意は、ハダススキよ、穂に出るなというわけではないが、表面に出すなと思う心はわかった、私も妥協してすり寄ろうとなる。

第3節　「すすき」と「をばな」が同物異名である証拠はあるか

これまで「をばな」をススキの花として当然の事実であるかのように説明してきた。現代の注釈書は定説と扱っているが、過去に異論がなかったわけではない。『古今要覧稿』（屋代弘賢）に「をばな一名をぎのはなを古は尾花或は麻花或は草花或は乎花などさまざまに書しを延喜の頃よりはたゞ尾花の字のみを用ゆる事とはなりにたり」（巻第四三二）とあるように、江戸後期を代表する国学者屋代弘賢（一七五八年―一八四一年）は「をばな」をオギの花と主張した。また、顕昭も「あしのほをもおばなといふ。按ニ白茅芒《チガヤススキ》ノ穂、倶ニ同名也。」（『袖中抄』）と述べている。古今を通じてほとんど支持されない少数派の見解であるが、顕昭は、アシ・ススキ・オギを細かく観察した結果、形態的によく似ていることを肌で感じ取って正直に記述したのであろう。後述するように、この三名は生態の違いによって区別された名であって、庶民とは生活感覚の異なる貴族の目線を反映したものと考えられるから、それ以上言及する必要はないだろう。一方、屋代説については、これまで国文学界が有効なエビデンスを呈示して否定したことを聞かないので、徹底検証をしておく。幸いなことに『萬葉集』には「すすき」と「をばな」が両出する歌が二首あるので、まずこれを出発点として考えていきたい。

一、　太上天皇の御製の歌

はだすすき　尾花逆葺《さかふ》き　黒木《くろき》もち　造れる室《むろ》は　万代《よろづよ》までに　（巻八　一六三七）

二、さ雄《を》鹿《しか》の　入野《いりの》のすすき　初《はつ》尾《を》花《ばな》　いつしか妹《いも》が　手を枕《まくら》かむ　（巻十　二二七七）

複数の植物名を一つの歌の中に詠む場合、よほどのことがない限り、それぞれ別種の植物と考えるのが普通である。しかし、この場合はいずれも「すすき　をばな」と句を別にしながらも連続して詠まれ、意味の上で両名に密接な関連があることを示唆する。したがって、「すすき」「をばな」が同じところに生えているか、異なる環境であるにしてもごく近いところとしなければ、このような歌は成立し難い。すなわち、屋代弘賢がいうように、「をばな」を別種のオギとした場合、前述したように、オギは水辺に生えるのに対して、ススキは乾燥した台地に生え、それぞれの生態環境は雲泥の差がある。したがってオギ・ススキが同じ場所あるいはごく近接して生えることはあり得ない。ただし、皆無とはいえないので、この二つの歌においてオギ・ススキが共存するようなごく例外的な情景を詠っているか否かということになる。現実的にそのような情景を想定したとしても、この二つの歌でススキ・オギについて整合性ある解釈は難しく、屋代弘賢すらその解答を出していない。オギ・ススキはそれほど生態環境に大きな相違があり、古代人はそれを前提としてそれぞれを種認識していたから、両方を一つの歌に詠むことはおよそあり得ないことである。一方、「すすき」「をばな」がともにススキとした場合、第一の歌は、ハダススキがはだけて穂が開出したオバナを逆さに葺いて、黒木で作ったこの室はいつまでも栄えて残るでしょうと解釈できるから、意味の上で連続し矛盾はない。黒木については第29章第2節を参照。第二の歌も、牡鹿がたむろする入野のススキが開いて、穂を出して初オバナとなったわがいとしい妹であるが、いつになったら手枕して寝ることができるのだろうかという意味に解すれば矛盾はない。この歌では初尾花を妙齢の女性に喩えているから、別種のオギでは意味がちぐはぐとなってしまう。「おばな」を詠んだ歌の中に、明確な生態環境を示唆する内容が含まれていれば、オギ・ススキのいずれであるかを判定する有力情報となり得るが、その一例として次の歌を挙げる。

三、~世の中の　人の嘆きは　相思《あひおも》はぬ　君にあれやも　秋萩の　散らへる野辺《のへ》の　初尾花《はつをばな》　仮廬《かりほ》に葺《ふ》きて　雲《くも》
離《ばな》れ　遠き国辺《くにへ》の　露霜の　寒き山辺《やまへ》に　宿りせるらむ　（巻十五　三六九一）

この歌にある「秋萩の散らへる野辺の初尾花」とは、ハギの花が散る草原で、「をばな」の花が開き始めたことを意味する。ハギという名の植物は、植物学上では存在しないが、一般にマメ科ハギ属種を総称していう。どの種であってもそれぞれの生態的特徴、生育環境は共通するから、ここでは単にハギとしておく（第28章第3節参照）。ハギは自然度の高い森林で見ることはなく、人里近くの草原などに生える。しかし、草原はわが国の自然環境では安定的に存在し得る生態系ではなく、森林を火入れなどで破壊した後に成立する代償植生であり、植生学的に遷移途上の生態系である。前にオギとススキの生態環境の違いを説明したが、オギは河原や川岸などにアシとともにオギ―ヨシ群集を形成する（第2章第2節「2-3」参照）。ハギが生えるような草原は乾燥しているから、まずオギを見ることはないが、ススキであれば好んで生える。火入れによって森林を破壊した後に成立するのはススキほかイネ科植物を中心とした草原植生で、「秋萩の散らへる野辺」は植生遷移の進行とともにハギが侵入した生態を示し、この後に高木が侵入して最後に鬱蒼たる森林植生が成立して安定する。そのほか、『萬葉集』には、「春日野の尾花」（十六―三八一九）・「高円の尾花」（二十―四二九五）など、古代奈良周辺の春日野や高円野などの草原に生える「をばな」を詠んだ歌が散見される。春日野・高円野は飛鳥奈良時代の度重なる遷都に伴う宮殿などの造営で、材を調達するために破壊された森林の跡に成立した草原植生で、放置すればいずれは森林植生に移行する。「秋萩の散らへる野辺の初尾花」から、本草でアシの類とされた湿草オギのイメージはまったく見えてこないので、「をばな」を「をぎ」とする屋代弘賢の見解は誤りである。以上から、ススキ・オバナは同物異名と考えるべきで、オバナはススキの花に特化した名としてまったく矛盾はない。

3

第4節　「をばな」と「をぎ」の語源は同根である

国学者屋代弘賢の「おばな＝オギの花」説は植物生態学を基盤とした自然科学的エビデンスでもって完膚無きまで否定されたが、弘賢をして「をばな」をオギの花と信ずるに至らしめたのは、オギとオバナがともに「を（オ）」で始まる類名だからであろう。オギ・オバナ（ススキ）は形態的に酷似するが、生態的にはまったく異なり、別種の植物として区別すべきことに疑問の余地はない。前述したように、古代人は生態の違いを肌で感じ取ってススキとオギを区別し、両種を混同したという明確な証拠はない。にもかかわらず、なぜオギとオバナの名が類似しているのか、有効な説明をしなければ、屋代説を完全に否定する上で画竜点睛を欠くことになる。それにはオギ・オバナの語源解明が必須と思われるので、ここで考えてみたい。

オギ・オバナは、「を—ぎ」「を—ばな」のように、音節で区切ることができる。「ぎ」「ばな」はそれぞれ茎・花としてよいから、「を」が言語学的にいかなる意味をもつかということに帰結する。「を」を接頭辞とすれば、「小さい、細かい」などの意味があるが、オギ・オバナの語源に結びつかない。したがって名詞以外は考えにくく、思い当たるものを挙げてみると、雄・牡、夫、緒、尾、麻・苧、峯・丘の六つがある。『萬葉集』では八首に尾花の名が登場し、正訓の可能性もあるので、まず尾について考えてみる。『大言海』（大槻文彦）に「を（名）尾（一）略（二）略（三）凡テ、動物ノ尻尾ノ如ク引延ヘタルモノノ稱。（四）ヲハリ。スヱ。シリ。（五）略」（一・二・五に本件に無関係と考え省略）とあるように終末・末端の意味がある。峯・尾を「を」と訓ずるのも、それぞれ山・動物の末端を示すからであり、丘・岡の「を」も関連があると推定される。『日本語源』（賀茂百樹）にも「尾《ヲ》身の大なるに対して尾の小なればヲと云ひ、それより尾の後部にあるを以て終尾をヲと云ふ」とあるから、「を」の意を終末・末端と考えるのは言語学的に妥当と考えられ、まずこの観点からオギ・オバナの語源に当てはまるか考えてみよう。これによれば、「をばな」は茎の末端についた花となり、その意味は明解である。しかし、オギ（をぎ）は、ススキと酷似するにもかかわらず、この語源解釈では単に茎の末端の意となってしまう。古典文学でオギの花を意識しないからといえば、そこそこの説明は可能であるが、今一つ明解さに欠け、「を」に別の意味があると考えざるを得ない。俗説では尾を動物の尻尾に限定して考えるが、ススキ・オギの花穂に似た尾をもつ動物は見当たらない。緒はひも・いとなどの総名で、ススキ・オギの花穂をひもの房と見ることもできる。しかし、ひもは物を結びつけるものであるから、ススキ・オギの花穂からそれを連想するのは難しい。雄・牡、夫は陰陽説に基づくものだが、ススキ・オギにその対立要素である雌・牝、女に対応するものが見当たらない。

　最後に麻・苧についても考える。『萬葉集』にも麻花を「をばな」と読む用例が一つ（十一―二七二）ある。麻を「を」と読む上代仮名遣いの用例は、アサを意味する場合を除いて、ほかに見当たらない。麻はアサ科アサに対する漢名であるから、植物たるアサと「を」との間に何らかの関連があるはずである。アサについて民俗学的あるいは民族植物学的側面から考証すると、「をばな」および「をぎ」の語源解明の手掛かりとして、オオヌサ（大幣）という神道で古くから用いる神具が浮上する。しばしば大麻《オオヌサ》と表記する（ただし、伊勢神宮ではタイマと音読みする）が、麻の字を使うのはアサのひもを束ねてオオヌサを作ることと関係がある。オオヌサは、通例、神道で神木と崇める木の棒の末端に紙垂《しで》と麻苧《あさを》をつけて作る。各神社によってオオヌサの形態にかなりの相異があり、例えば、春日大社（奈良市）では、参拝者が自らを祓い清めるために使うオオヌサ（当社では串祓《くしばらい》という）は、棒に麻苧の房だけをつけたもので紙垂はない。一方、率川《いさがわ》神社（奈良市）では、宮司が神事に用いるオオヌサは、サカキの枝（葉付き）の端に麻苧の紐と紙垂をつけたものである。そのほか、神木の棒に紙垂と麻苧をつけたもの、あるいは紙垂だけをつけたものが各地の神社で用いられる。現在、紙垂は和紙で作るが、かつて木綿《ゆう》すなわちクワ科コウゾの樹皮から製した白色の繊維でつくっていた。麻苧は木綿《ゆう》より古い時代に用いられたアサ科アサやイラクサ科カラムシの繊維である。つまり、オオヌサは古い時代に用いられていた繊維のひもを束ねてつくり、太古の神道が原始宗教であった時代では麻苧だけであったと推定される。後に木綿が伝わって白い繊維が神道の教理に合致したため、木綿の紙垂だけで作られたオオヌサも登場した。したがって、オオヌサの原型は神木の棒に麻苧の房だけを付けたもので、春日大社のオオヌサはその原型を保ちつつ、時代とともに洗練され今日に至ったといえる。

繊維として利用される植物はごく限られる。日本列島に原産する繊維原料植物はイラクサ科イラクサ・アカソ（カラムシの近縁種）ぐらいで、アサ・コウゾ・カラムシはすべて大陸あるいは南島経由で伝わった。アサは中央アジア原産でわが国へは大陸を経由して伝わった。わが国で出土したもっとも古いアサ繊維製品は鳥浜貝塚から出土した麻縄で、その年代は縄文草創期と鑑定されている（『鳥浜貝塚—縄文前期を主とする低湿地遺跡の調査1—』一九七九年）。近年、館山市沖ノ島遺跡から縄文時代早期のアサ種子が出土したという報告があり、縄文人は繊維原料としてアサを栽培、利用していたことが明らかとなった（小林真生子・百原新・柳澤清一・岡本東三「植生史研究」巻十六　十一頁—十八頁　二〇〇八年）。これほど古いものであれば、大陸から伝えられたというより、日本列島へ移住した縄文人の祖先に随伴したと考えるべきである。わが国に原生するイラクサ科植物を含むカラムシ類も非常に古くから繊維原料とされたことはまちがいない。『和名抄』に「麻苧　説文云ふ、麻　音磨　乎　一云阿佐　枲属なり。尒雅注云ふ、枲　司里反　介无之　麻の子有るものの名なり。周禮注云ふ、苧　直呂反　上聲之重　加良无之　麻属は白くして細き者なり。」とあり、麻に対して「を」の訓をつける。一云阿佐とあるように、「あさ」はその別訓であり、そのほか「そ」の訓もある。「そ」とは、常に身に添うものとして衣一般を意味し、その原料となるアサ・カラムシ類の名に転じたと考えられる。カラムシ属の一種アカソは赤麻《アカソ》すなわち赤色の粗皮に由来する。「あさ」の訓は、アサの粗皮が緑色をしているので、青麻《アヲソ》が訛ったといわれる。『本草和名』に「苧根　山苧　相似不入用　和名乎乃根」、また『醫心方』に「苧根　和名乎乃祢又加良牟之乃祢」とある「を」は、カラムシを表す漢名「苧」に対する訓でもある。すなわち、古い時代では麻と苧を区別せずに単に「を」と呼び、後に「あさ」「からむし」の別名が発生し、区別されるようになった。したがって、はるか縄文時代草創期の時代からアサ・カラムシは繊維として特に区別せずに利用され、麻苧あるいは苧麻は両方をまとめて指す名すなわち繊維を表す。

　ではなぜ古くアサ・カラムシを「を」と称したのであろうか。縄文時代ではアサ・カラムシの繊維は衣類原料としてのみならず、縄・紐などにも加工された。麻苧の紐を束ねて棒の末端につければオオヌサの原型ができる。それを神具として原始宗教で不浄を祓うのに使われたため、麻苧は末端を意味する「を」と称されるようになったという推測が成り立つ。興味深いことに、オオヌサと形態的に似たものは国外にもあり、類似の宗教的意義が認められる。『春秋左氏傳』巻十九の襄公二十九年に、葬儀の前に棺に安置された遺体を、巫女が桃茢《とうれつ》を用いて祓い清めたという記述がある。桃茢とは中国で鬼を祓う力をもつと信じられた桃の棒にアシの花穂をつけた神具をいう。『周禮』の夏官司馬にも桃茢に関する記述がある（以上、第2章第1節「1-4」②）。アシは、第2章で「葦火焚く」に関連して説明したように、大陸の一部地方（荊楚地方）では僻邪植物と考えられた。中国で伝統的に特別な霊力をもつと信じられてきたモモにアシの穂をつけた桃茢は、不浄を祓い、邪を避けるにこれ以上のものはないとされた。わが国でも『枕草子』（能因本）に「あしの花」を「みてぐら（幣帛）」といふとあるから、古くはアシやススキ・オギの茎をつけたままの花穂を神事に用いた可能性は否定できない。モモの木を用いて作ったオオヌサの例はわが国に見当たらないが、モモの木はわが国の神事で随所に使われる（第8章第3節「3-2」）。節分に行われる追《つい》儺《な》では、モモの木製の弓で葦矢《あしや》を放ち、鬼退治の儀式を行う。追儺は奈良時代から平安初期に大陸から伝来した習俗であるから、モモの木とアシの組み合わせは当たり前だが、サカキなどの神木と麻苧のひもの房でつくるオオヌサは中国から伝わったものではない。フィリピンパラワン州の少数民族タグバヌア族に世界的にみて珍しい習俗が伝承されている。伝統的な装束を身につけた巫女（パグディワタという）が、麻苧に似たひも（原料は未確認）を束ね、両手にもって患者の回りを踊って病邪を追い払うという呪術的療法である。オオヌサ、桃茢そしてパグディワタが手にもつ神具はいずれもハタキ・箒に似た形態的特徴をもつ。おそらく、これらの神具は清掃具から発生し、目に見えない不浄を祓い去るために、柄に神木を用い、僻邪植物の穂を用いて作ったのがオオヌサであって、清掃具と同じ形態の特徴をもつのは必然であったと思われる。その起源はいずこにあるというわけではなく、太古以来、各地で自然発生的に用いるようになったのであり、その類例はアジア全域に分布すると推定される。以上から、オギ・オバナの「を」は、もっとも古い繊維原料である麻・苧に由来し、その背景には太古以来の習俗がある。

以上の知見に基づけば、オバナ・オギの語源は次のように説明できる。まず、「をばな」「をぎ」の「を」は、単なる末端を意味する基礎語ではなく、花穂が古くからの神具オオヌサの末端につける麻苧の房に似ているから、「を」（麻《を》・苧《を》）を冠して呼ぶようになった。オギはアシの近傍に生えるため、古い時代ではアシと同名であったが、後に区別されて新しい名前が必要となり、麻茎《をぎ》（苧茎《をぎ》）と名づけられた。一方、ススキの別名オバナは、次節で述べるように、古代人が野焼きによって古くから維持してきた草原の主要植物種であり、花がオギと区別できないほどよく似ていることをもって、麻花《をばな》（苧花《をばな》）と名づけて区別した。オバナの名はススキより新しく、オギと区別する必要性に迫られて発生したと思われる。

第5節　「すすき」の名は野焼きに由来する！

ススキは、オギと語源が関連する異名のオバナとは、まったく別系統の名であることは言を俟たない。ススキの語源解釈は難解とされ、あまり手掛かりがないが、先人の語源説がいくつかありここに紹介する。新井白石は、ススキとはオギに対する名前であって、「すす」は「ささ」に通じて細く小さいことをいい、一方、「き」はその葉が鋒刃のように鋭く、人を傷つけるからだという（『東雅』）。谷川士清も「すゝハ小の義、きハ芒刺をいふ也」と述べ、白石に同調する（『倭訓栞』後編）。オギはススキより若干大きいとはいえ、絶対的な大小の差があるわけではない。『萬葉集』にある「ささら荻」（十四—三四四六）が小さな荻と解釈されたのは白石の語源説の影響かもしれない（第2章第2節「2-2」）。『大言海』（大槻文彦）は「すすハ、すくすくト生立ツ意、きハ、木ト同じく、草ノ體ヲ云フ」といい、まったく異なる語源論を展開する。鎌倉時代に成立した『名語記』巻第八に同様の記述があり、かなり歴史のある語源説である。しかし、すくすく育つのはススキに限らないので、ススキである必然性を説明する必要があるが、有効な説明を聞かない。結局、いずれの見解も、アシ・オギなど形態の類似する植物が多い中で、なぜススキだけがこの名をもつのか説得力を欠く。

ススキの語源を考える上で注目すべき和歌があるので、ここに紹介する。

はるごまをよめる

あはづのの　すぐろのすすき　つのぐめば　ふゆたちなづむ　こまぞいばゆる

（『後拾遺和歌集』第一）

歌の内容は、粟津野のすぐろのススキが、春になって角のような芽を出すと、冬の間長く馬屋で過ごすのに慣れきっていた馬がいなないていることだという意である。「すぐろのすすき」について『綺語抄』（藤原仲実）は「やきなどしたるすゝきのもとなどのくろき也」と説明し、さらに『袖中抄』（顕昭）は「すぐろのすゝきとは春のやけの、薄の末の黒也。ゑ文字を略てすぐろと云る也。」（第十三）と語源解釈する。すなわち、野焼きの後のススキの茎の先が黒いのを末黒《すゑぐろ》といい、「ゑ」が抜けて「すぐろ」となったという。ススキは根から多くの幹茎を叢生して株立ちとなるから、枯れススキとなっても、根元は密集して火が通りにくく、焼け残る茎がほかの枯れ草と比べて格段に多い。そして焼け残りの株の茎の末端部だけが焦げるので、まさに典型的な「すゑぐろ」となる。顕昭の見解は非常に明解で、この説が広く支持されてきた。ところが『角川古語大辞典』は『萬葉集』の「春山之《ハルヤマノ》　開乃《サキノ》乎爲里尓《ヲヲリニ》　春菜採《ハルナツミ》　妹之白紐《イモガシラヒモ》　見九四与四門《ミラクシヨシモ》」（巻八　一四二一）の開と里を、それぞれ関・黒と勘違いし、「春山の関のをすぐろに」と誤読したことによって、「すぐろ」なる語が発生したと説明し、「す」は単なる黒の接頭辞ではないかという。『萬葉集』の諸本の多くが第二句を開乃乎爲黒尓としている中で、広瀬本は黒を里に作り、それだと意味が通じるので、現代の注釈書はそれにしたがう。顕昭もこの歌を「はる山の　さきのをすぐろに　わかなつむ　いもがしらひも　見しくともしも」と読み、「すぐろ」を『萬葉集』に由来すると考えたらしいが、上代の典籍に用例は見当たらない。『角川古語大辞典』のいうように、「す」を接頭辞とすれば素以外になく素黒の義となるが、ありのままの黒の意であるから、ススキの先端部だけが焦げた状態とは相容れず、やはり「すゐぐろ」の略と考える見解に分がある。いずれにせよ、「すぐろ」は草木の末端が焦げたもの一般を指す意とすることでは一致し、その現象がもっとも明確なのはススキだから、ここにススキの語源のヒントが見えてくる。ススキ原の野焼きの跡に点在する焦げた株の義すなわち煤《すす》—茎《き》をもってススキの語源とする。オギ・オバナの語源は太古の習俗に由来するが、ススキも万葉時代をはるかにさかのぼる時代から繰り返された野焼きから発生した名である。ただ異なるのは、ススキは昔の人々の生活と密接に関連する民族植物学的背景があり、ススキという植物の形態に基づくものではないことである。それ故にオギ・オバナとの間に語源的関連はまったく見えなかったのである。

第６節　焼け野を象徴する「すぐろのすすき」

ススキという名は野焼きと密接に関係することを述べたが、古代の人々の生活にとって野焼きが身近な存在でなければ、そのような名は発生し得ない。その結果として起きる現象である「すぐろ」は、平安以降の多くの詩歌に詠われており、当時、それがごく普通の存在であったことを示唆する。ここにそのいくつかを挙げておく。

一、したもえの　すぐろをあらふ　春雨に　やけ野のすすき　草たちにけり　（『新撰和歌六帖』第二帖）

二、しもむすぶ　すぐろにかるる　冬草の　なにをたのみと　なき世なりけり　（『新撰和歌六帖』第六帖）

三、小《を》笠原《がさわら》　すぐろにやくる　下草に　なづまずあるる　鶴ぶちの駒　（『堀川百首』）

四、むさし野の　すぐろが中の　下わらび　まだうらわかし　むらさきのちり　（『夫木和歌抄』巻第三）

第一、第三の歌はそれぞれ「やけ野のすすき」「小《を》笠原《がさわら》すぐろにやくる」とあるから、焼け野をモチーフとして詠んだことはいうまでもなく、その結果として起きる「すぐろ」の印象がそれだけ深いことを示唆する。第二の歌の「すぐろにかるる冬草の」は枯れ草の野原が想起され、やはり野焼きの結果として起きる「すぐろ」を詠む。第四の歌に焼け野を示唆する句はないが、「むさし野のすぐろ」によって草原の中に「すぐろ」が点在したことが想起されるから、これも焼け野をモチーフとした歌である。

「すぐろ」は草木の末端が野焼きで焦げたものの総称であるが、「すぐろのすすき」という季語が発生しているように、ススキがもっとも目につく存在であったことは論を俟たない。草原の植物種はススキのほか多くある中で、なぜススキだけが目立つのであろうか。それを理解するには日本列島の植生の特徴を理解する必要がある。わが国の自然環境においては、列島のどこでも優先する植生は森林であり、それは冷涼な北海道、温暖な四国・九州南部でも変わらない。森林はヒトが生きていくには決して快適な環境ではなく、太古以来、日本列島では頻繁に森林植生の破壊が繰り返されてきた。たとえ裸地まで破壊し尽くしたとしても、日本列島は一定の期間をおけば必ず森林が再生する気候環境におかれている。万葉の歌枕として著名な武蔵野・春日野・入野・高円野などは草原植生で被われたいわゆる野原である。そのほかにも「〜野」とある歌は多いから、草原植生はわが国の自然環境で古くからごく普通に存在したかのような印象を受ける。しかし、実のところ、わが国で安定的に存在し得る植生は森林だけである。したがって、草原植生は一時的な存在であって、放置すれば木本植物が徐々に侵入し、植生遷移の進行とともに草原は消失する運命にある。わが国の環境では草原から森林に遷移するのに要する期間は五〇年～一〇〇年といわれる。武蔵野の名は万葉歌に散見されるが、後述するように、数百年以上経た平安時代や鎌倉時代の古典でもその名を見るから、草原植生が存続していたことを示す。自然状態で草原植生の存続は無理であるから、それを維持するには人為によって侵入する木本植物を除去する必要がある。通例、定期的に刈り払いすれば十分であるが、機械のない昔は重労働であったから、生活上の必要性がなければ敢えてすることはない。刈り取った草は家畜の飼料に利用できるから、牧畜の盛んなところは相当数の家畜を放牧するだけで広大な草原を持続的に維持できる。しかし、わが国では牧畜はごく一部地域を除いて盛んではないので別の手段が必要となる。人手がかからず草原を維持する上でもっとも効率の良い方法は火入れであり、わが国ではそれによって各地に草原が維持されてきた。わが国の草原植生の特徴はイネ科植物とりわけススキを始めとするいわゆるカヤ類が優先することであり、それをカヤ原と称した。冬になればカヤ原は枯れ野となるから、通例、春になる少し前に火入れする。「あはづののすすき　つのぐめば～」とは、火入れ後、春を迎え、芽生えたススキを表す。カヤ原でススキの個体数は全体の半分にも満たないが、ススキは根茎が伸びずに新芽を出すから株立ちで叢生する。ススキ野といっても、通例、草原のあちこちに大きな株が点在するだけであるが、あたかもススキだけで占有されているかのような印象を受ける。ススキの根元は密集して火が通りにくいから、野焼きが行われた後は茎の末端だけが焼け焦げた「すぐろのススキ」が目立つことになる。

第7節　古典から読み解く〝はてなきカヤ原〟であった武蔵野

わが国でかなり古くからカヤ原が随所に存在したことは古典の記述から示唆される。例えば、武蔵野は明らかに草原に対してつけた名であるが、現在ではそれを実感できるような情景は残っていない。前述したように、わが国の環境では草原は放置すればいつかは森林に移行する。わが国の人里の植生は、土地利用に対するニーズの違いで時代ごとに異なり、古い時代にあった植生が後世まで維持されるとは限らない。ここで武蔵野の植生が時代によってどう変わっていったか、古典の記述を通して考証する。

国木田独歩の『武蔵野』（一八九八年）に「昔の武蔵野は萱原のはてなき光景をもって絶類の美を鳴らしていたように言い伝えてあるが、今の武蔵野は林である。」という興味深い一節がある。独歩はこの後に「林は実に今の武蔵野の特色といってもよい」と述べており、もっぱら武蔵野の林の魅力を季節ごとに滔々と描写している。武蔵野といえば雑木林といわれるほど、雑木林が武蔵野を代表する風物詩となったのは、江戸幕府が開闢してから江戸の町が発展し、当時の主要なエネルギー源であった木炭の供給先が武蔵野の雑木林であったからにほかならない。炭焼きに伐採した雑木林は放置しても、ひこばえからまた再生するので、以降、数百年にわたって持続的利用され、比較的近年までその面影を見ることができたのである。

雑木林が優先する情景は、武蔵野という地名に合わないので、独歩のいうように、萱原のはてなき光景をもって絶類の美を鳴らしていた情景は実在したのであろうか。鎌倉時代後期に成立した『問はず語り』に当時の武蔵野の植生を示唆する興味深い記述がある（巻四「九〇　武蔵野の秋」）。

武蔵野の秋の氣色ゆかしさに（中略）野の中をはるばるとわけゆくに、はぎ、をみなえし、をぎ、すすきよりほかは、またまじる物もなく、これが高さは馬にのりたる男の見えぬほどなれば、おしはかるべし。三日にや、わけゆけども、盡きもせず。（中略）観音堂は、ちとひきあがりて、それも木などはなき原の中におはしますに、まめやかに、草の原よりいづる月かげと思ひいづれば、こよひは十五夜なりけり。（中略）草の原より出でし月かげ、ふけ行くままにすみのぼり、云々

本節の序に「正應三年秋八月、武蔵野の秋を探る。八月十五日夜、淺草観音堂に参籠。隅田川、掘兼の井を訪ね、鎌倉に歸る。」とあるから、ここで記述されている「草の原よりいづる月かげ」とは仲秋の名月のことで、見渡す限りの草原があって、地平線から満月が出るような情景が存在していたことを示唆し、雑木林が優先した江戸時代の武蔵野ではおよそあり得ない光景であった。「はぎ、をみなえし、をぎ、すすき云々」は典型的な草原植生の構成種であり、またオギがあってもアシはないので、河原も含めていたと思われる。「三日にや、わけゆけども、尽きもせず」というのは誇張にしても、現在では考えられないほどの大面積のカヤ原が武蔵野にあったのはまちがいないだろう。独歩が萱原のはてなき光景といったのはいかなる論拠か不詳であるが、『更級日記』にも似た記述があるので、中世の古典文学の記述を意識してそう書きしるしたのかもしれない。そのほか鎌倉時代初期の勅撰和歌集『新古今和歌集』にも当時の武蔵野に広大な草原があったことを示唆する歌がある。

ゆくすゑは　空もひとつの　武蔵野に　草の原より　いづる月かげ　（『新古今和歌集』秋上）

さらに古く、上代の典籍にも野焼きのあったことを示唆する記述がある。景行天皇から東方十二国の平定を命じられた倭建命（日本武尊）が、相模の国でその地の国造に騙されて野に入り、火をつけられたが、草薙の剣で刈払って向かい火をつけて難を凌いだというのは、『古事記』にあるよく知られた物語である。この後、走水の海に入水した倭建命の妃の弟橘比売命の辞世の歌「さねさし　相模の小野に　燃ゆる火の　火中に立ちて　問ひし君はも」が続く。この物語は野焼きそのものに言及しているわけではないが、この草原もススキ原と推定され、野焼きが普

通にあったからこそ、このような物語が存在し得たと考えられる。

これまで野焼きについて述べたが、草原を毎年火入れし長期間続ければ、その痕跡が残るはずである。わが国各地に黒ボク土という厚い地層があり、野焼きの痕跡と考えられている。黒ボク土とは、火山灰地に見られるわが国特有の土壌であり、中に多量の微粒炭を含み、武蔵野一帯にも黒ボク土の分布が知られている。黒ボク土の微粒炭は、火災によって草原が形成・維持された可能性が高いことを示し、主として人間活動によるものと見られている（山野井徹「地質学雑誌」一〇二巻　五二六頁―五四四頁　一九九六年）。炭化したススキから抽出した腐植と、黒ボク土から分離した腐植がきわめてよく似るという報告もそれを支持する。すなわち、ススキなどの火入れにより燃焼してできた腐植が長い歴史時代にわたって堆積したのが黒ボク土であり、その存在は、日本列島に人が住み着いて以来、各地で野焼きが繰り返されてきた証左である。

第4章 日本固有種ツバキに二つの漢名がつけられた背景

ツバキは日本列島の暖帯植生を代表する植物で、日本人にとってもっとも身近な植物の一つである。ツバキの材の利用は数千年前の縄文前期までさかのぼり、古代のわが国では染色の媒染剤にツバキ灰が用いられ、また神木として古い歴史がある。また、世界でも広く愛好され、日本産植物では国際的知名度がもっとも高い植物の一つである。にもかかわらず、サクラなどに比べると、国内での関心は今一つ盛り上がりに欠けるのは、長い歴史の中でツバキという植物が正しく理解されてこなかった事実と無縁ではあるまい。過去においてはツバキに充てられた二つの漢名のいずれも〝本草学名〟として適切ではなかったこと、今日においては「つばき」の語源を朝鮮語に由来するという説が支持されていることなどに象徴されよう。ここでは日本文化におけるツバキの位置づけも含めて、和漢古典の詳細な解析を通して、徹底的な検証を試みる。

第1節　『萬葉集』に二系統ある「つばき」の漢名：椿と海石榴

『萬葉集』で椿・海石榴・都婆伎・都婆吉とある歌は、それぞれ四首・三首・一首・一首あり、いずれも「つばき」と訓じ、ツバキ科ツバキをいう。椿・海石榴の二系統の漢名があり、その一つ椿は今日でもツバキを表す漢字として広く用いる。

1-1　「つばき」と訓ずる椿・海石榴

国文学で椿と海石榴を「つばき」と訓ずる根拠は、『和名抄』（源順）に「唐韻云ふ　椿　勅倫反　豆波岐　木の名なり。楊氏漢語抄云ふ　海石榴　和名は上に同じ、式文之を用ふ。」とあるに基づく。この注記によれば、海石榴は式文に用いるとあり、実際、『日本書紀』『出雲國風土記』『延喜式』は海石榴の名を記録している。ここでは前二書の実例を以下に挙げる。

『日本書紀』巻第七「景行天皇」

（十二年）冬十月《ふゆかむなづき》に、（中略）則ち海石榴樹を採りて、椎《つち》に作り兵《つはもの》にしたまふ。因《よ》りて猛《たけ》き卒《いくさ》を簡《えら》びて、兵《つはもの》の椎《つち》を授《さづ》けて、山《やま》を穿《うが》ち草《くさ》を排《はら》ひて、石室《いはむろ》の土蜘蛛《つちぐも》を襲《おそ》ひて、稲葉《いなば》の川上《かはかみ》に破《やぶ》りて、悉《ふつくそ》に其の黨《ともがら》を殺《ころ》す。

『出雲國風土記』

意宇郡　凡そ諸の山野に在るところの草木は麥門冬、獨活（中略）椎、海榴　字を或は椿に作る　楊梅（以下略）

嶋根郡　凡そ諸の山に在る所の草木は、白朮、麥門冬、（中略）海柘榴、楠、楊梅、松、栢なり。

『出雲國風土記』にある海榴は、注記で椿に同じというから、海石榴の略形である。また、海柘榴は、石榴の異名が柘榴であるから、海石榴に同じである。実は海石榴・椿を「つばき」と読むヒントは『萬葉集』の中にも隠されている。次に示す第一、二の歌はともに大伴家持が詠んだ歌であるが、それぞれの第一・二句において、前者の奥《オク》山之《ヤマノ》 八峯乃海石榴《ヤツヲノツバキ》と後者の安之比奇能《アシヒキノ》 夜都乎乃都婆吉《ヤツヲノツバキ》は内容的に同じ意で、しかも「つ」で始まる第三句を導く序詞として機能する。第一の歌の海石榴に相当する部分は、第二の歌では万葉仮名の都婆吉で表記されているので、その比較によって海石榴を一義的につばきと訓ずることができる。第二の歌の左注に椿の字が使われ、本歌に万葉仮名の都婆吉があるから、これによって椿もつばきと訓ずることが明確となる。

一、（天平勝宝二年三月）三日、守大伴宿祢家持の館《むろつみ》に宴せし歌

奥山の　八峯《やつを》の海石榴《つばき》　つばらかに　今日は暮らさね　ますらをの伴《とも》　（巻十九　四一五二）

二、（天平勝宝九歳）三月四日、兵部大丞大原真人今城の宅に於いて宴せし歌

あしひきの　八峯《やつを》の都婆吉《つばき》　つらつらに　見とも飽《あ》かめや　植ゑてける君

右は、兵部少輔大伴家持の、植ゑたる椿に属《つ》けて作りしものなり　（巻二十　四四八一）

1-2 本草にいう椿《ちん》はツバキではない！

椿はしばしば国字といわれる。春に花を咲かせるツバキのために作られたとまことしやかに説明されることがあるが、中国に椿という字があることを無視した曲解である。俗間でこの類の話が流布するのは国字と国訓を取り違えているからであろう。国訓とは漢字本来の意味とは一致しない、わが国独自の読み方をいい、椿はまさにその一例である。椿にツバキを充てるに何らかの経緯があったはずで、それを明らかにするにはまず中国で椿が何を意味するのかを知る必要がある。『爾雅』『説文解字』のいずれにも椿の字は見当たらず、本草では『新修本草』（蘇敬）の木部下品に収載される椿木葉《チンボクヨウ》として初見する。『新修本草』に準拠する『本草和名』（深根輔仁）にこの名があって「椿木葉樗木　蘇敬注云ふ、二樹相似し、樗木は疏にして椿は實なりと　和名都波岐」というように、「つばき」の和訓をつける。『萬葉集』では四首が椿の表記を用いるが（一―〇〇五四・一―〇〇五六・一―〇〇七三・十三―三二二二）、序章で述べたように、『新修本草』が伝わったのは七二三年から七三一年ごろまでの間とかなり遅く、また同書の貧弱な椿木の記述ではツバキに帰結するのはとうてい困難であるから、本草から椿の字を借用した可能性はほとんどない。椿の字が出てくる漢籍でもっとも古いのは紀元前戦国時代の思想家荘子が著した『荘子逍遙遊篇』である。

朝菌は晦朔《かいさく》（朝と晩）を知らず、恵蛄《けいこ》（セミ）は春秋を知らず。此れ小年（短命）なり。楚の南に冥靈《めいれい》なる者あり、五百歳を以て春と爲し、五百歳を秋と爲す。上古に大椿《だいちん》なる者あり、八千歳を以て春と爲し、八千歳を秋と爲す。而るに彭祖《ほうそ》は乃今《いま》久を以て特《ひと》り聞こゑ、衆人之に匹《くら》ぶ、亦《ま》た悲しからずや。

簡単に説明すると、朝に生え夕に枯れるキノコ、一年のうち夏だけ生きるセミを、寿命の短い例に喩え、一方、それぞれ何百年、何千年の寿命を長らえる冥霊と大椿《だいちん》を長寿の象徴として挙げ、世の中は彭祖を引き合いに出して長寿を称えるが、もっと上があるぞと荘子が叱責する話である。ここにある大椿は、実在の樹木ではなく、一季が八千年にあたるという伝説上の長寿の霊木である。古代のわが国はこの大椿を借用してツバキに充てた可能性もあり得る。というのは、『延喜式』巻第四十七「左右兵衛府」に「正月上卯日御杖仕奉（中略）其御杖　榠樝《カリン》三束　一株爲束　木瓜《ボケ》三束　比比良木三束　牟保己三束　黒木三束　桃木三束　梅木二束　已上二株爲束　椿木六束　一株爲束」とあり、当時の宮中の風習に用いる卯杖《うづえ》（卯日杖ともいう）の材料として、椿木を献上したとあるからである。卯杖とは、長さ五尺三寸ほどに切った木の棒で、正月に入って最初の卯の日に、魔除けの目的で室内の壁などに面して置くものをいう。もともとは中国に起源のある風習であり、モモ・ウメなど中国伝来の霊木から卯杖に作ったが、『延喜式』にあるように、わが国古来の神木であるツバキやモクセイ科ヒイラギも卯杖の材料とされた。天平勝宝四（七五二）年、孝謙天皇が大仏開眼供養の際に使用したと伝えられる卯日杖《うじつのつえ》（椿杖《ちんじょう》）が正倉院に保存されており、わが国においてツバキは神木として特別の存在であった。したがって、ツバキを大椿の名に値する神木とわが国の先人が考えたとしても不思議ではない。因みに、中国本草で椿木樗木《チンボクチョボク》と称するものは、宋代の『圖經本草』（蘇頌）でも「二木の形幹、大抵相類す。但し、椿木は實（材が充実）して葉は香ばしく噉ふべし。樗木は踈《そ》（材が空虚）にして氣は臭し。」（『證類本草』巻第十四「木部下品　椿木葉」）とあるのみで、『新修本草』の記述を踏襲し、中国本草の最高峰とされる『本草綱目』でも記載内容にほとんど進歩はない。清代末期の『植物名實圖考』（呉其濬）に香《コウ》椿《チン》の比較的精緻な図が掲載され（巻之三十五「木類」）、センダン科チャンチンの形態的特徴をよく表しているので、今日では消極的ながら椿《チン》の基原をチャンチンと考定している。因みに、チャンチンの名は香椿の中国語音に由来する。

1-3　「玉つばき」

『萬葉集』では九首の歌がツバキを詠むが、平安以降の文学では沈滞し、わずかに『源氏物語』の若菜《わかな》上に少々出現する程度にすぎない。この傾向はツバキが花卉園芸で注目されるようになった室町時代以降でも変わらず、江戸時代の俳句でわずかに詠まれるにすぎない。ただし、平安から鎌倉時代の撰集で突如として「玉つばき」（玉椿《たまつばき》）を詠む歌が比較的多く出現する。

一、　屏風歌、后宮献卯杖

ひさにふる　たまつばきをぞ　つゑにきる　我がすべらぎの　御代のためしに　（『能因法師集』下）

二、　大和守輔伊《やまとのかみすけただ》の朝臣《あそん》卯杖《つゑ》を

ときは山《やま》　おひつらなれる　たま椿《つばき》　君《きみ》がさかゆく　杖《つゑ》にとぞきる　（『栄花物語』ゆふしで）

三、　寛治二年、大嘗会屏風に、たかのをの山をよめる

とやかへる　たかのを山の　玉つばき　しもをばふとも　色はかはらじ　（『新古今和歌集』巻第七）

四、　正治二年後鳥羽院に百首歌たてまつりける時、祝の心を

玉つばき　はつねの松を　とりそへて　君をぞいはふ　しづのこやまで　（『玉葉和歌集』巻第七）

第一の歌は、「玉つばき」を詠ったもっとも古い歌で卯日杖を題材とする。長い年月を経た玉ツバキを、卯日の杖を作るために伐るのだ、わが天皇《すめらぎ》の御代が永久に続く手本となるようにという意である。ツバキが長寿の象徴とされるのは、前述したように、『荘子逍遙遊篇』に出てくる伝説の長寿の樹木大椿《だいちん》の影響によると考えて間違いない。『古事記』にある「五百箇《ゆつ》眞椿《まつばき》」（下つ巻「雄略天皇」）も「玉つばき」の類型と見ることができる。第二の歌も卯日杖に関連する歌で、『栄花物語』の「ゆふしで」に出てくる。「ときは山」は常盤山すなわち常緑樹の生い茂る山の意であるが、丹波国のどこかの山ともいう。ここでは後者の意にとっておく。あなた様（摂政藤原頼通）がいよいよ栄えますようにと、卯日杖を作るために「ときは山」に群生するツバキを伐りますという意である。第三の歌の「たかのを山」は近江国甲賀郡にある鷹尾山という。南北朝時代に頓宮弥九郎が山城を構えたが、比高約六十メー

トルの低山。「とやかへる」は鷹尾山の枕詞で、「鳥屋返る」の義。「しもをばふとも」は「霜をば経《ふ》とも」の意。通釈すると、鷹尾山のツバキはいくたび霜に逢っても色は変わるまいとなる。第四の歌は藤原俊成が西暦一二〇〇年に詠んだ歌であるが、『夫木和歌抄』の「春部一　子日　正治二年百首」に「玉ばはき　初子の松に　とりそへて　君をぞいはふ　しづのこやまで」とあり、玉つばきを玉箒《たまばはき》に置き換えただけで、歌の内容はほとんど変わらない。顕昭は「玉はゝきとは蓍といふ草也。ゐなかにはその草を小松にとりくはえて、正月はつね（初子）の日こかひ（養蚕）する屋をはけばほめて玉はゝきとはいふ也云々」（『袖中抄』）と述べているが、この指摘は正しく、「玉つばき」と「初子の日の松」との取り合わせはほかに例がないから、「玉ばはき」を「玉つばき」と誤解されて詠まれたのはまちがいない。玉箒の詳細は第28章第4節「4-2」参照。

第2節　時代とともに揺らぎ始めた「海石榴＝ツバキ」の認識

今日、ツバキに対してもっぱら椿の字を充てるが、『萬葉集』にあるもう一つの漢名「海石榴」はほとんど注目されることはない。わが国に原生しないザクロ（石榴）の名をもつからであろうが、それ故に後世になってザクロの一種あるいはその異名と考えられるようになった。本節ではわが国において海石榴の認識がどう変わっていったかについて述べる。

2-1　唐皇帝に贈呈され、渤海の使節が所望した海石榴油はツバキ油である

『延喜式』巻第三十「大藏省」の賜蕃客例に「大唐皇　銀文五百兩　水織絁美濃絁各二百疋　細絁黄絁各三百疋　黄絲五百絇　細屯綿一千屯　別送　綿帛二百疋　畳綿二百帖　長綿二百屯　紵布三十端　望陁布一百端　木綿一百帖　出次　水精十果　瑪瑙十果

出欠　鐵十具　海石榴油六斗　甘葛汁六斗　金漆四斗」という記述がある。遣唐使が唐皇帝に贈呈した品目のリストであり、中国側の文献でも『冊府元龜』に「開元二十二（七三四）年四月、日本國遣使來朝、美囊絁二百匹、水織絁二百匹を獻ず」（巻九七一）という記録があり、『延喜式』記載の贈呈品の一部と一致する。『續日本紀』の天平四（七三二）年八月丁亥の条に、「從四位上多治比眞人廣成を以て遣唐大使と爲す」（巻第十一）という記述があるので、『延喜式』の賜蕃客例にある品物リストは、第九次遣唐使（七三三年—七三五年）大使の多治比広成が持参した唐皇帝への贈呈品である。この中でとりわけ注目されるのは海石榴油という得体の知れない品目の存在であろう。ただし、『冊府元龜』はわが国からの贈呈品の一部を記録し残りは省略したため、同書に海石榴油の記録はない。『續日本紀』巻第三十四の宝龜八（七七七）年五月癸酉の条に次のような記述があり、ここにも海石榴油の名が出てくる。

渤海使史都豪ら歸蕃す。大學少允正六位上高麗朝臣殿繼を以って送使と爲す。渤海王に賜はる書に曰く、天皇、渤海國王に敬問す。（中略）又、都蒙が請ふに縁りて、黄金小一百兩、水銀大一百兩、金漆一缶、漆一缶、海石榴油一缶、水精念珠四貫、檳榔扇十枝云々を加附す

すなわち、渤海の使節都蒙《クメン》が黄金などとともに海石榴油を所望したという。渤海は高句麗の末裔が興した国でわが国に三十数回も使節を派遣した親日国家として知られる。遣唐使が唐皇帝に海石榴油を贈呈してから約四十年経ているが、渤海は何らかの経緯でそれを知り得てわが国に所望したのであろう。すなわち、海石榴油はわが国古代の特産品であったことを示唆する。海石榴油とは海石榴という植物から得た油をいうが、植物から採れる油には精油《せいゆ》と脂肪油《しぼうゆ》の二種類がある。同じ油の名で呼ばれてもまったく性質は異なる。精油とは分子量が小さく水に溶けにくい揮発性の油性物質の集合体をいい、匂いのエッセンスでもあって香料成分として利用された。精油は水と共沸する性質があり、水蒸気蒸留によって植物から分離できるが、東洋にはその製造技術はなく、近世になって西洋から伝えられたから、古代で油と称するものは精油ではあり得ない。もう一種の油とは植物の種仁を搾り取ったもので、

グリセライドを主体とする非揮発性油分である。西洋・東洋とも古くから利用されたが、油料原料となる植物種は比較的限られる。『延喜式』巻第二十四「主計上」に出雲国・周防国・筑前国・筑後国・肥後国・豊前国・豊後国・壱岐の各国が中男作物として海石榴油を貢納していたことが記録され、当時、海石榴油がわが国の重要な産物であったことを示唆する。

以上から海石榴油は唐皇帝に贈呈し、渤海の使節が所望するほどの産物であるから、渤海・中国に産出しないか、あっても産出量が少なく、しかもわが国に豊産するものと考えるのが自然である。油脂はどんな植物にも含まれるが、含量の低い植物では溶剤を用いて抽出するなど近代的な技術を必要とする。それを考慮すれば古くから油料原料とする植物はごく限られる。草本性の油料植物にはアブラナ・ゴマ・アマなどがあるが、この中にわが国特産品といえるものはない。木本性油料植物でかつわが国で生育可能な植物となるとツバキぐらいに限られる。実際、ツバキの種仁から採れる脂肪油は現行の局方にもツバキ油の名で収載されている。ツバキは照葉樹林帯を代表する樹種で、東北北部の海岸地帯まで分布する。植物生態学でいうヤブツバキクラスの標徴種でもあり、わが国の暖地に普通に分布し、また栽培も容易である。結実性はよく種子も大きいので、原料の採取は容易である。ツバキ油を得るには、種子を蒸して磨り潰し、丈夫な布に包んで搾るだけでよく、特殊な技術を必要としない。ツバキの種子は重量ベースで果実の約六割を占め、脂肪油の含量は約十重量パーセントであるから、手作業による回収率を五十パーセントと低く見積もっても、三十五キログラムの果実から一キログラムのツバキ油が得られ、そのほかの油料植物と比べてかなりの高収率である。一方、中国では、後述するように、海石榴をザクロの一種と考えるが、ザクロから脂肪油の収量はずっと低く、一キログラムの脂肪油を得るのに五〇〇キログラムほどの果実を必要とし、小さな種子を分取し、しかも強力な圧搾機を用いて搾り取らねばならない。ザクロは小アジア地方原産の外来種であり、古代のわが国に伝わって栽培されていたか疑問であり、これも海石榴がザクロではない有力な傍証となり得る。

『延喜式』巻第二十四に記載された海石榴油の貢進地は必ずしもツバキの豊産地ではないが、いずれも朝鮮半島・大陸に近い地域であるから、輸出用のツバキ油の生産地であったのかもしれない。

2-2　わが国でも平安以降に揺らぎ始めた海石榴の基原認識

以上、上代の古典に出てくる海石榴はツバキとしてまったく矛盾がないことを述べたが、『和名抄』にある注記から、平安時代になると、この名は歴史書や格式などの式文を除いて用いなかったことがうかがえる。すなわち、平安の知識人は一部を除いて海石榴について正しい知識を持ち合わせていなかったともいえる。その好例を『本草和名』の不死藥廿一種に見ることができる。

黄王芝　黄蓋三重　海中紫菜　欵ふらくは石上に生ず　人威芝　人の如く赤色　天精芝　青莖玉葉　茯苓芝　狀、牛角の如し　牛精芝　青莖青□　不死芝　青蓋四支　銅芝　蓋は甑の如く色は黄赤　海石榴油　海嶋中に在り安石榴に似たり　赤松芝　狀、人の如く色は赤　金神芝　白蓋黒莖　夏精芝　方蓋三子　石決明　石に附き海中に生ず　黒土芝　黒玉蓋五十莖　木精芝　赤光青蓋　白玉芝　白蓋白莖　科玄丹芝　赤玉文黄蓋　火蓋芝　赤蓋黒莖　鳥父芝　赤蓋玉莖　銀末　太陰の英を生ず　土神芝　黄蓋黒裏薊尾。是等は日月の光處無き所に生ぜず。但し、人の審らかならざる所なり。已上二十一名は崔禹に出づ。

不死藥とは永遠の命をもたらす藥の意であるが、いずれも『崔禹錫食經』より引用したものである。二十一種中十七品は芝の名をもち、その大半は基原不詳であるが、茯苓芝《ブクリョウシ》のような紛らわしい名はしばしばキノコ類と勘違いされる。二十一品目の一構成種である石決明《セキケツメイ》（アワビのこと）は不死藥廿一種の前項に収載され、『崔禹錫食經』より引用した注記として「秦（始）皇覔《もと》むる所の不所（死の誤り）藥は蓋し斯《こ》れを謂ふか」（括弧内は筆者補注）とある。それは秦・始皇帝が、徐福を東方に派遣して不老不死の薬を探させた伝説のことで、『史記』巻一一八「淮南衡山列傳」の元朔五年の条にある。

又、徐福をして海に入りて神異の物を求めしむ。還りて僞辭を爲《つく》りて曰く、臣海中に大神に見《まみ》ゆ、（大神）言ひて曰く、汝は西皇の使なるやと。臣答へて曰く、然りと。（大神）汝、何を求むや。（臣）曰く、願はくは延年益壽の藥を請はむと。神曰く、汝が秦王の禮薄きに、觀るを得るとも取るを得ずと。即ち臣を從へ、東南より蓬萊山に至れば、芝成の宮闕見ゆ。使者有り、銅色にして龍形、光上天を照らす。是に於いて臣再拜し問ひて曰く、宜しく何れの資以て獻ずるべきやと。海神曰く、令名の男子、若き振女、百工の事ともに以てすれば、即ち之を得るなりと。秦皇帝大いに説《よろこ》びて、振男女三千人を遣はし、之に五穀の種種、百工を資して行かしむ。徐福、平原廣澤を得て、王に止まりて來らず。（括弧内は筆者補注）

徐福の作り話とはいえ、海中大神に会って蓬萊山に案内され、「芝成の宮闕」を見たとある部分によって、古代中国における芝の認識を理解できる。「芝成の宮闕」とは、芝で作られたあるいは芝で埋め尽くされた宮殿・楼閣の意であり、不死藥廿一種に列挙された多くの芝類と関係があると見なければならない。そして作り話とはいえ、中国の東方に当たる地の海中での話であるから、海産物と考えるのが自然である。後世になってこの伝説を基にして選定されたのが不死藥廿一種であり、そのうちの石決明・海中紫菜《カイチュウシサイ》は当時の中国で利用されていた数少ない海産物であった。廿一種の品目の注記はいずれも珊瑚類・スポンジ類などの海の生物を想起せしめ、キノコ類と解釈すべきではない。茯苓芝は、局方に収載される茯苓《ブクリョウ》すなわちサルノコシカケ科マツホドとはまったく無関係で、また各芝類を『神農本草經』に収載される赤芝・青芝などのマンネンタケ（霊芝）と考えてはならない。不死藥廿一種が徐福伝説に基づいて選定されたのであるから、その構成品は何らかの海産物を基原とするもので、それ故に『本草和名』では第十六巻の虫魚類に分類したのである。前置きが長くなってしまったが、問題はこの中で唯一「海石榴油」だけが中国で珍重される高等植物（石榴）の名をもち、「海嶋中に在り安石榴に似たり」という具体的な内容をもつ注記がつけられたことである。その字義通りに解釈すれば、中国東方の海中すなわち日本に産してザクロに似たものという意であるが、そのような海産物で思い当たるものはなく、また油というのも奇妙である。『和名抄』が海石榴に「つばき」の訓をつけているのに、ツバキより得た油という注記を欠くことは、海石榴に対する知識が失われ海産物と認識してしまったからと考えられる。ただ、不死薬廿一種は漢籍を出典とするから、中国でも海石榴を海産物と認識していたことになる。これに関しては第4・5節で詳述する。

さらに時代を下って江戸時代になると、さすがに海産物と誤認することはないが、やはり海石榴に対する認識はあいまいになる。『大和本草』（貝原益軒）に「日本紀天武天皇十三年三月吉野人宇閉直《ヘノアタヒ》弓白海石榴《ツバキ》ヲ貢ズ。延喜式ニモツバキヲ海石榴トカケリ。順和名抄モ同。（中略）日本ノ古書ニツバキヲ海石榴トカケルモ由アル事ナリ。酉陽雑俎續集ニ曰山茶ハ海石榴ニ似ル。然ラバ山茶ト海石榴ハ別ナリ。」（巻之十二「木之下　花木　山茶」）とあるように、わが国の古典にある海石榴をツバキとする一方で、中国本草でツバキの正名とする山茶《サンサ》（後述）と海石榴は別種とした。『古今要覧稿』（屋代弘賢）は「岡村尚謙曰風土記に海榴字或作椿と見えたれば海榴は卽海石榴の省呼なるはしるし（マヽ）。然れば和訓栞に格物叢談を引て榴花有従海外新羅國來者故名曰海榴といへるはこれと同物異名にして卽安石榴をさしていひ、又本草綱目安石榴條に海石榴高一二尺卽結實是異種也といひし海石榴もまた安石榴の海外より傳はりしものなれども、秘傳花鏡に海榴花跗萼皆大紅心内鬚黄如粟密といへるはすなはち本條の海榴なり」（巻第三〇七　海榴）と記述する一方で、別項では「ツバキ　海石榴」（巻第三〇六）としているから、弘賢は海（石）榴を同名二物すなわちツバキ・ザクロの両方を指すと考えた。すなわち益軒と弘賢はわが国古典にある海石榴がツバキであることを認めるが、漢籍にある海石榴を別種と解釈する。『本草綱目啓蒙』（小野蘭山）に至っては、わが国の古典に出てくる海石榴をまったく無視し、「一種チャウセンザクロアリ一名ナンキンザクロ、木ノ高サ尺ニ盈《み》タズシテ花實アリ。肥地ニ栽ユレバ丈許《バカリ》ニ至ル。花色殊ニ赤キ故、火石榴ト云。海石榴モ同物ナリ。ココニ分テ二ツトスルハ非ナリ。」（巻第三十二「木之三　灌木類　山茶」）と記述して暗に益軒を批判し、ザクロの一品種チョウセンザクロ（ナンキンザクロ）に充てた。それは『本草綱目』（李時珍）の見解を支持した結果である。チョウセンザクロとは矮性のザクロ品種で、わが国では盆栽に重用される。名とは裏腹に朝鮮原産ではないから、この名を用いるのは正しくなく、近年ではヒメザクロと呼ぶ。『大和本草』（貝原益軒）にも「朝鮮石榴ツネノ石榴ノ葉花實ノ如クニシテ小ナリ。夏ヨリ花サキ冬マデ月ヲ逐テ花サキミノル。」（巻之十二「木之下　花木　石榴」）とあって朝鮮石榴の名が出てくるが、蘭山のいうチョウセンザクロ（＝ヒメザクロ）ではなく、四季榴《シキリュウ》（『本草綱目』巻第三十「果之二　山果類　安石榴」）と称する四季咲き品種のことで、花期は六月から十一月（新暦）まで長いのが特徴である。これも朝鮮の名を冠するが朝鮮原産ではない。蘭山は江戸期本草学の頂点に立つ本草家だけにその見解は後世にも影響を与え、今村与志雄も『酉陽雑俎』にある海石榴（第4節参照）をチョウセンザクロと注釈している（今村与志雄訳注『酉陽雑俎5』［平凡社　一九八一年］「山茶」の注二　一四三頁）。一方、『大漢和辭典』（諸橋轍次）は海石榴をツバキとしているので、漢文学界では二つの見解が両立する。

2-3　中国の定説では海石榴はザクロ（石榴）の異名である

海石榴・海榴という名は、次節で述べるように、中国の詩文にも登場する。むしろ、文献上の初見は、六朝末期から隋代の詩であって、わが国よりも古い。因みに、海榴は、李白詩「詠鄰女東窗海石榴」（『全唐詩』巻一八三）にあるように、詩の本文で五言詩の字数調整のため海榴と短略されたもので、海石榴に同じである（第3節「3-5」を参照）。「2-1」では海石榴をザクロではないと断言したが、中国では、罗竹风主编『汉语大词典』（汉语大词典编辑委员会・汉语大词典编纂处编纂、汉语大词典出版社）に「海榴　即石榴。又名海石榴。」とあるように、石榴《セキリュウ》の異名とされている。したがって、わが国と中国とでは海石榴・海榴に対する認識は大きく異なるが、前述したように、わが国でも必ずしも一貫して海石榴をツバキと解釈してきたわけではない。

第3節　石榴《ざくろ》では矛盾する六朝詩・唐詩の海石榴（海榴）

海石榴の基原に関して『和名抄』は明確に「つばき」の和訓をつける。また『萬葉集』でも詠まれ、『出雲國風土記』で嶋根郡・意宇郡から所在の記録があるので、わが国に野生しないザクロの可能性はまったくなく、ツバキ以外は考えにくい。一方で、現在の中国ではザクロに充てている現実がある。海石榴・海榴はわが国より古く中国詩にも登場するので、序章で述べた古典植物名の解明戦略にしたがって、詩の内容について詳細に情景分析を行い、ザクロ・ツバキのいずれが妥当であるのか明らかにする。

3-1　六朝・江総「山庭春日詩」（『陳詩』巻八）

海（石）榴が登場するもっとも古い典籍は『陳詩』にある江総（五一九年—五九四年）の次の詩である。

洗沐、惟《ただ》五日　棲遅、一丘に在り
古槎、近澗に横《よこ》たひ　危石、前洲に聳ゆ
岸、緑に河柳開き　池、紅《くれなゐ》に海榴照らす
野花、寧《なん》ぞ晦を待ち　山蟲、詎《なん》ぞ秋を識るや
人生、復た能く幾《いくばく》ぞ　夜燭、長游に非ず

この詩では海榴のほかに別の植物が対比して詠まれ、注目すべきことに、その開花を示唆する内容を含む。したがって開花時期によっては海榴の基原を絞り込める可能性がある。「岸、緑に河柳開き　池、紅に海榴照らす」とあるのは、河柳《カリュウ》が開花して河岸が緑一色となり、池辺に海榴が赤い花を咲かせて水に照り映えていることをいい、色

彩感を強調する。ツバキ・ザクロのいずれの花も真紅であり、池が真紅に染まるという情景に合うが、同じ時期に河柳が開花しているというから、その時期次第でツバキ・ザクロのいずれかに絞り込むことが期待できる。なぜならツバキは前年の十二月ごろから二・三月ごろまで、ザクロは六～七月と開花期がまったく異なる（いずれも新暦による）からである。そのためには河柳がいかなる植物種であるか正確に把握する必要がある。『爾雅』釋木に「檉は河柳なり」とあるので、檉柳《ティリュウ》すなわちギョリュウの類がまず候補に挙げられる。ギョリュウは柳の名をもつが、別科のギョリュウ科の植物である。この類の植物の開花時期はザクロとほぼ同時期の六～九月で、粉紅色の花をつけるギョリュウでは開花して岸辺を緑一色にすることはあり得ない。また、葉は地味な灰緑色で、花のない時期であっても、海榴の真紅の花色に対比するには力不足である。結局、河柳は川辺に生えているヤナギの類と考えるしかない。中国ではヤナギ科ヤナギ属種を楊柳《ヨウリュウ》と総称し、『連文釋義』に「揚起するは楊と爲し、下垂するは柳と爲す」とあり、また『本草綱目』も「楊の枝は硬くして揚起す、故に之を楊と謂ふ。柳枝は弱にして垂流する、故に之を柳と謂ふ。蓋《けだ》し、一類の二種なり」（巻第三十五「木之二　喬木類　柳」）と記述するように、柳は枝が垂れるシダレヤナギをいい、枝が垂れないヤナギ類を中国では楊と区別する。したがって、河柳とはその字義の通りに解釈して川辺に生えるシダレヤナギと考えるべきで、これなら花が咲いていても黄緑色であるから、萌え出る新葉とともに全体として緑色が鮮やかに目立ち、「岸、緑に河柳開く」という情景に合う。シダレヤナギの開花時期は新暦では三月ごろであり、そのころのザクロはようやく若芽を出すにすぎない。一方、ツバキであればまだ花は残っているから、江総のいう海榴はツバキでなければならない。因みに、この詩の通釈は次のようである。休暇はただ五日、休日を過ごすための一軒家は丘の上にある。古い筏が近くの谷川に横たわり、高く切り立った岩がその前の中州に聳え立っている。岸辺には緑一杯に河柳の花が咲き、池はツバキの花で紅色に照り映えている。野の花はどういう風に晦を待ち、山の虫はどうして秋の来るのを識っているのだろうか。人の一生とはどれほどだろうか、だから夜に灯火をつけるのは（限られた時間を有効に利用するためであって）長く遊びほうけるためではない。

3-2　随・楊広「宴東堂詩」（『初學記』巻二十四）

楊広（五六九年—六一八年）は隋の第二代皇帝で、通称を煬帝という。煬帝の名は自ら名乗ったものではなく、唐王朝による追諡である。歴史上では暴君のイメージが強いが、隋代を代表する詩人でもあった。

雨罷《や》みて春光潤ひ　日落ちて暝霞《ゆふやけ》暉《かがや》く
海榴舒《ち》りて盡きんと欲し　山櫻開きて未だ飛ばず
清音、歌扇に出でて　浮香、舞衣を颺《あ》ぐ
翠帳、全て戸に臨み　金屏、半ば扉を隠す
風花、極《きはみ》无きを意《おも》ひ　芳樹、禽の歸るを曉《さと》る

第二連に海榴が登場するが、この部分の解釈について補足しておく。舒は、通例、「のべる」の意であるが、「のばす」「のびる」そして「散る」という意味もあるので、花が咲き散ってと解釈する。「未だ飛ばず」とは、花が咲いてもまだ花芯が飛び散るまでには至らない、すなわち満開ではないことをいう。中国では満開になると花芯が飛び散って香りをばらまくと考えられた。楊広の詩のこの句は江総の詩にある当該句より一層季節感が鮮明で、海榴の花は咲き散って尽きようとしているが、山櫻の花は咲いたがまだ満開ではないという意味になる。『文選』に収録される沈休文の詩に「野棠開きて未だ落ちず　山櫻發《ひら》きて然《も》えんと欲す」なる二句があり（第12章第2節「2-2」）、楊広はその影響を受けてこの詩を創ったと思われる。海榴は花期の末期、山櫻《サンオウ》は花期の初期に当たるが、海榴をツバキとザクロのいずれであるのか結論するには、山櫻なる植物の基原を特定あるいは縛り込まなければならない。山櫻なる名は古字書や本草に見当たらないが、櫻の字をもつものであれば『名醫別録』の上品に初見する櫻桃《オウトウ》があ

る。その基原については第12章第1節「1-2」に詳述するので、ここでは結論だけを述べておく。櫻桃はいわゆるサクランボすなわちバラ科カラミザクラ（シナミザクラ）である。一方、『名醫別錄』に名前の紛らわしい嬰桃《エイトウ》があり、『新修本草』（蘇敬）では巻第二十「有名無用」に置かれ、モモの類で果実のきわめて小さな一型をいう。古詩にある山櫻は嬰桃・櫻桃のいずれかの野生品を指すと思われるが、どちらであるかは決めがたい。幸いなことに、モモ・ミザクラのいずれであっても、その開花時期はわが国のサクラとほぼ同じ三月～四月（新暦）の始めで海榴の考証にまったく影響しない。そのころのツバキの花は盛りを過ぎているので楊広の詩の情景とよく合う。一方、ザクロはようやく若芽をつけ始めるにすぎず、楊広の詩にある海榴はザクロではあり得ない。通釈は次の通りである。雨が止んで春光に温かみが増し、日が落ちると夕焼けが鮮やかに輝いている。ツバキの花は咲き散って尽きようとし、山櫻の花は咲いたがまだ満開ではない。歌扇から清らかな音が奏でて、舞衣から芳香が漂う。緑色のとばりはすべて戸に面し、金地の屛風が半分扉を隠している。風に散る花は思えば限りがなく、芳しい樹木は鳥が帰るのを暁っている。

3-3　唐・皇甫曽「韋使君宅海榴詠」（『全唐詩』巻二一〇）

もう一つ季節の明確な詩として皇甫《こうほ》曽《そう》の「韋使君宅海榴詠」を紹介する。皇甫曽の生没年は不詳であるが、『全唐詩』巻二一〇の小伝に「天寶十二載登進士第」すなわち七五三年に進士の登用試験に合格したというから、中唐の詩人である。

淮陽《わいやう》の臥理清風有り
臘月の榴花雪を帯びて紅《あか》し
閉閣寂寥として常に此に對《む》く

　江湖の心數枝の中に在り

榴花は、通例、ザクロの花をいうが、詩題に海榴とあるから、海石榴の花である。臘月《ろうげつ》とは陰暦十二月すなわち新暦では一月に相当し、時期としては真冬に当たる。この詩を通釈すると、淮陽（河南省淮陽縣）の臥理に清らかな風が吹いている、臘月のツバキの花に雪が積もり、その花の色で紅く染まっている、高殿は閉じてひっそりと物寂しく常にこちらを向いている、江湖の中心部はこのツバキ数本の枝を通して見えるとなる。すなわち、真冬の寒い時期に咲いた花は積もった雪を真紅に染めているというから、この時期に葉すらつけていない落葉樹のザクロではあり得ない。

3-4　中国では石榴が春に咲くと認識されていた？

以上、江総・楊広（煬帝）・皇甫曽の詩の情景分析から、季節的矛盾を指摘することによって、海石榴がザクロではないことを証明したつもりであったが、文系諸氏から以下に示すような反論を受けた。判断の基準を現在のツバキ・ザクロの開花時期に置くことに問題があるといい、唐以前の中国詩文において、石榴は夏に花咲くものと詠むのが主流だが、一方で、春に花咲くものと詠む例がいくつかあるというのだ。しかしながら、実際に呈示された四例のうち、三例は内容を十分に把握していないための誤解であった。残りの一例「晉庾儵石榴賦」（『藝文類聚』巻八十六所収）の冒頭の二句は確かに石榴が春に花をつけるかのようである。

　時に仲春澤《うるほ》ふに垂《なんなん》とし、華葉甚だ茂る。炎夏に既《ことごと》く戒め、忽ちに零落す。是を以て君子居して安《いづく》んぞ危きを思はん。盛に在りてこそ衰を慮《おもんぱか》り、愼まざるべきや。乃《すなは》ち斯《こ》の賦を作れり。緑葉と翠條、葱青に紛《まが》ひ、丹華照爛して曄曄熒熒たり。遠くに之を望むに、粲《あざ》やかなること摛《り》績《かい》の山阿を被《おほ》ふが若《ごと》し、迫りて之を察《み》るに、赫なること龍燭の若く、輝耀として緑波となす。

この賦を筆者の補足を加えて意訳すると、冒頭部分は、仲春（陰暦二月）になって（雪氷がとけ）野沢はまさに潤い始めると、（多くの草木の）花や葉が茂り始める、炎夏になると（何かに備えるのであろうか）一斉に引き締め、忽ちに枯れ落ちてしまう、このようなわけで君子居ながらにしてどうして非常時を考慮しないことがあろうか、勢力の盛んな時期だからこそ衰退したときのことを考えて慎まねばならないのだとなり、ここまでは石榴について詠んだわけではなく、自然界のあり方を教訓にして詠んだにすぎない。おそらく題詞に石榴賦とあり、冒頭の二句に仲春と「華葉甚だ茂る」とあるのを、石榴が春に花をつけると勘違いしたらしい。実は、「乃《すなは》ち斯《こ》の賦を作れり」以下が石榴を詠んだ部分であり、緑葉と緑枝は葱の青さに紛うほど青々とし、紅い花が照り映えている、遠くに隔てて見ると鮮やかなること摛績の山のくまを被ってしまうかのようだが、近くで見ると赤いこと龍燭のようで、葉は緑波のように輝いているという意味である。何のことはない、全文の意をろくに把握せずに難癖をつけたのであった。

また、『酉陽雜俎續集』に「衡山祝融峰下の法華寺に石榴花有り、槿の如く、花紅にして春秋に皆發《ひら》く」（巻第九「支植上」）とある石榴は四季咲き（春～秋）のザクロというから、春に咲くものはツバキと断言することはできないとも指摘された。当該の記述の冒頭に「又言ふ」とあり、その前に「韋絢云ふ、湖南に靈壽花有り、數帶簇《むら》がりて日を視て開き、槿の如く、紅色にして春秋に皆發く。杖を作る者に非ず。」という記載があり、槿《ムクゲ》に似た紅色の花をつけ、「春秋に皆發く」という、石榴花に対するのと同じ表現が使われている。この木の名は霊寿花《レイジュカ》といい、杖を作るものとは違うというのは少々説明を要する。ここでいう杖は「霊寿の杖」のことで、『漢書』に「書に曰く、耆老を遺《わす》る無《なか》れと。國の將《まさ》に興らんとするに、師を尊びて傳を重んず。其れ太師をして朝（参内）毋《な》からしめ、十日に一餐を賜ふ。太師に靈壽の杖を賜ひ、黄門（中納言のこと）太師と爲りて省中に置几に坐らしめ、太師省中に入るに杖を用ひ、餐十七物を賜ひ、然る後、弟（後任）に歸老し、官屬職を按ずること故《もと》の如し。」（巻八十一「孔光傳」）と記述されている。これに対して孟康は「杖は老杖なり」、服虔は「靈壽は木の名なり」、顔師古は「木、竹に似て枝節有り。長さ八九尺、圍《まは》り三四寸を過ぎず。自然に杖制に合ふもの有り、削治するを須《もち》ひず。」と注釈する。すなわち、「霊寿の杖」とは老齢者の長寿を祝うもので、わが国古代では鳩の飾りが付けられ、鳩杖《はとのつえ》とも呼ばれたものに相当する。服虔注によれば、生えているそのままで杖にする木があるというが、これまで具体的な植物種を挙げた典籍は見当たらない。『全唐詩』巻三五三に「靈壽木を植う」（柳宗元）という、「霊寿の杖」の原料となる木を詠んだ詩があるので、参考のためここに紹介する。

白華は寒水に鑒《うつ》り　我を怡《よろこ》ばしめ野情に適《かな》ふ
前に趨《はし》りて長老に問へば　重ねて復た嘉《よ》き名を欣《よろこ》ぶ
蹇《あしなえ》連《しきり》に衰へ朽ち易く　方《まさ》に剛《かた》ければ經營を謝《しゃ》す
敢《あ》へて齒杖の賜《たま》はるを期し　聊且《しばら》く孤莖を移す
蓊《あつ》叢まりて中に秀づるを競ひ　房分かちて外に英《はな》を舒《の》ぶ
柔き条は乍《たちま》ちに反植し　勁《つよ》き節は常に對生す
循玩すれば足は疲るるを忘れ　稍《やや》歩武の輕きを覺ゆ
安《いづく》んぞ能く剪伐を事とし　持し用《もっ》て徒行を資《たす》けん

この詩を通釈すると次のようになる。白い花が冷たい水に映り、野生の趣は私を喜ばせてくれる。前に走り寄って長老に問いかけると、縁起のよい名に何度も喜ぶのだ。足が萎えて衰えると腐りやすくなり、堅ければ家を作るのにありがたい。敢えて歯杖を賜るのを期待して、しばらくは一本の茎を取って移植する。花が集まって中に秀《ひい》でるのを競っているようで、また花房を分かち外へと花を延べ広げる。柔らかい枝はすぐに植えても根がつかず、強い節は常に対生している。枝を愛用すれば足は疲れるのを忘れ、やや足取りが軽くなったような気がする。どうして枝を切って杖を作るのを仕事とし、それでもって徒行の補助としないことがあろうか。この詩では白い花をつけるとあり、『酉陽雑俎續集』にある霊寿花とは花色が異なり、それ故に「杖を作る者に非ず」と記述されたらしい。本草では『本草拾遺』（陳蔵器）が靈壽木根皮《レイジュボクコンピ》の名で収載するが、顔師古注をそのまま引用して薬効を付加するにとどまり（『證類本草』巻第十二「木部上品　陳藏器餘」）、また『本草綱目』（李時珍）も基原について進展はなかった（巻第三十六「木之三　灌木類」）。そのほかに有力な情報はなく、結局、霊寿木なる植物の基原は不詳である。以上から、杖を作る材料とはならないが、霊寿花という名の故に神聖な性格を付与され、その結果が「春秋に皆發く」という現実離れした表現となったと推定される。これを承けて石榴も槿《ムクゲ》に似た花をつけ色が真紅であるから、霊寿花と同じく「春秋に皆發く」と表現されたのであって、実際に年中開花するザクロがあるわけではない。いわゆる四季咲きのザクロとは、ハナザクロ（『本草綱目』にいう四季榴、貝原益軒のいう朝鮮石榴のことで、詳細は第2節「2-2」参照）のことで、六月から十一月まで花期の長い園芸品種をいう。ただし、落葉樹としての生態は変わらず、古典でいう春期（旧暦）には葉を完全に落とす。したがって、春に花を咲かせるというザクロはあり得ず、もしあったとするなら、同じ石榴の名をもつ海石榴（この場合はわが国より渡来したツバキの意）と混同したのではないかと思われる。ツバキの花期はまさに春期だからだ。結局、この件も当該の記述の背景を考証することを怠ったため、とんでもない勘違いをしたことになる。

3-5　唐・李白「詠鄰女東窗海石榴」（『全唐詩』巻一八三）

盛唐〜中唐を代表する詩人李白（七〇一年—七六二年）も、季節の描写は明確ではないが、海石榴を詠んだ詩を残している。これまでの詩と比べると、内容的に海石榴をツバキと断定するには少々エビデンスが不足気味なのは否めないが、民俗学的観点から興味深いところがあるので敢えてここに紹介する。

魯女、東窗の下　海榴、世に稀なる所

珊瑚、緑水に映ずるも　未だ光輝を比するに足らず
清香、風に随ひて發し　落日、好鳥歸る
願はくは東南枝と爲り　低擧して羅衣を拂はん
由《わけ》無く共に攀ぢ折りて　領《くび》を引きて金扉を望まん

張健によれば、この詩は開元二十九（七四一）年、李白が四十一歳の時、思いを寄せる女性の家に植えられた海（石）榴を詠んだものという（張健編『大唐詩仙李白詩選』［臺北・五南圖書出版公司　一九九八年］一三〇頁―一三一頁）。この詩を通釈すると次のようになる。魯の女性が住む家の東側の窓の下に、この世にまれなツバキが生えている。緑水に映えるサンゴも、ツバキの美しさに比するには及ばない。（ツバキの）清らかな香が風とともに漂ってくると、日が落ちるとともに鳥が帰ってくる。願わくはツバキの東南の方向の枝となって、低く垂れ込めて魯女の裳裾を払ってみたいものだ。また、これといった理由はないが、いっしょにツバキの枝を攀じ折って、首を長くして金扉の家に住めるのを待ち望みたいものだ。「世に稀なる所」とあるのは当時の中国で海（石）榴は滅多に見られない存在であったことを示唆する。石榴（安石榴）は『名醫別錄』に初めて収載され、梁・陶弘景は「石榴は花の赤きなるを以て愛すべし。故に人多く之を植う。」（『新修本草』巻第十七「菓部下品　安石榴」所引）と述べているので、六朝（梁）時代の中国でもかなり普及していた。これに対して文系の諸氏からまたも理不尽な指摘を受けたのでここで紹介する。潘岳の河陽庭前安石榴賦序に「潘尼安石榴賦曰ふ、安石榴なるは天下の奇樹にして九州の名菓なり。是を以て文を屬する士或は敍《の》べて之を賦す。」（『太平御覽』巻九七〇「石榴」所収）とあるから六朝時代でもザクロはまれな存在であり、李白詩の海石榴を石榴ではないと断じることはできないという。潘岳は西晉の人で二四七年生まれ三〇〇年の没、梁・陶弘景（四五六年―五三六年）より二〇〇年以上も前の時代に活躍した詩人であるから、その時代ではザクロは稀であったかもしれない。陶弘景はそれより二〇〇年ほど後の梁でザクロは市

中に多く植えられていたというから、歴史の時間の座標軸を考慮すれば、八世紀の盛唐～中唐でザクロがまれであったとは考えにくい。そもそも奇樹を滅多にない樹木と解したのはとんでもない曲解である。『藝文類聚』巻八十六にも「晉張載安石榴賦曰、有若榴之奇樹」とあり、それをどう解釈するのだろうか。漢和辞典をみると、「奇」の意味を「1. めずらしい、ことなる、かわっている、2. あやしい、3. すぐれる、ぬきでる、以下略」（諸橋轍次・渡辺末吉・鎌田正・米山寅太郎『新漢和辞典』）とかならずしも「まれ」の意とはしていない。すなわち、石榴という植物種が、ほかの樹種と異なる際立った特徴をもつが故に、奇樹というのである。「九州の名菓なり」の後にある「遥かに之を望めば、煥なること隨珠の重淵に耀やくが若《ごと》く、詳らかに之を察《み》れば、灼なること列宿の雲間に出づるが若し。千房同模にして、十子一なるが如し。飢を御《つかさど》りて渇を療じ、酲を解して酔を止む。」という注釈はまさにザクロの〝際立った特徴〟を記述する。石榴は薬用にされ、七五二年の自序がある医書『外臺祕要』（王燾）やそれより一〇〇年ほど前に成立した『千金要方』（孫思邈）は石榴皮《セキリュウヒ》を配合した処方を多く収載する。したがって唐代に薬用として石榴を広く栽培していたにちがいなく、盛唐～中唐の時代にザクロがまれであったという歴史的証拠はない。

李白は珊瑚が緑水に照り映えたとしても、海石榴の花の光輝とは比較にならないとも詠んでいる。これに対しても、李白が海榴を珊瑚と対比するのは晋・潘岳などの詩を意識した結果であり、石榴を詠んだ作品の流れを承けているから、海石榴を石榴ではないと言いきることはできないとの指摘があった。潘岳の河陽庭前安石榴賦に「長離の鄧林に栖《す》むが似《ごと》く　珊瑚の緑水に映ずるが若《ごと》し」、ほかにも梁元帝の詠石榴詩に「還りて河陽縣を憶《おも》ひ　水に映じて珊瑚開く。」（いずれも『藝文類聚』巻八十六「果実上　石榴」）とあり、石榴の赤い花を珊瑚に擬えてその美しさを強調した先例は確かにある。当時の詩人は、赤いサンゴが南海の海に生える珍品であることは知っていたが、その生態を知らなかったから、「珊瑚緑水に映ず」とか「珊瑚開く」という不正確な表現となった。一方、李白詩は海石榴の美しさはサンゴでも及ばないと詠んだのであって単に先例をコピーしたわけではない。すなわち、間接的に海石榴を石榴より美しくそしてまれなものという意味を込めているのであり、もし石榴と海石榴を区別していないというなら、李白ほどの大詩人が何をもって「未だ光輝を比するに足らず」というのであろうか。それに李白がなぜわざわざ海（石）榴という名を用いたのか、ザクロと同じものと考えたのであれば、海は美称とでもいうのであろうか。

「願はくは東南枝と爲り　低擧して羅衣を拂はん」という句はややわかりにくいが、自ら海石榴の枝となって東南の方向に伸ばし、思いを寄せる女性の羅衣《もすそ》を祓い清めてあげたい（卑近な表現ではボディータッチしたい）という意味で、李白の心情を表した本詩の核心をなす部分である。「東南枝となり〜」というのは、中国独特の風水論で、特定の方向を重視することと関係がある。ザクロの根皮を石榴皮《セキリュウヒ》と称して薬用とするが、中国では同じ根であっても風水論に基づいて東方に伸びた根のみを珍重することがしばしばある。実際、『外臺祕要』や『千金要方』において、石榴皮を配合する処方でわざわざ東方根の使用を指示するものが少なからず存在する。しかし、枝葉に関しては、薬用は無論、賞美の対象とする例を聞かない。わずかに『全唐詩』巻七八五の無名詩「石榴」に「蟬は秋雲に嘯《うそぶ》きて槐葉齊《ととの》ひ　石榴は老庭に香りて枝低《た》る」とあるが、特定の方向に伸びる枝とはいっていない。ザクロの枝は樹皮が粗くてざらつき、思いを寄せる女性の羅衣を祓うにはおよそふさわしいとは思えず、李白がそんな無粋なことをわざわざ詩に詠むだろうか。一方、ツバキの枝であれば白く滑らかであるだけでなく、神木としてわが国古代の卯日杖《うづつのつえ》を連想させるところが興味深い。『日本書紀』の持統三（六八九）年春正月乙卯（二日）に「大學寮《ふむやつかさ》、杖《みつゑ》八十《やそ》枚《ひら》獻《たてまつ》る」（巻第三十）と記録され、これがわが国における卯日杖の初見である。天平勝宝四（七五二）年、孝謙天皇が大仏開眼供養の際に使用したと伝えられる椿杖《ちんじょう》（卯日杖）が正倉院に保存され、わが国でツバキは神木として特別の存在であった。通説では卯日杖は漢代の剛卯杖《ごううじょう》に由来するという。剛卯杖とは、漢代の王莽が始めた

4

風習といい、卯の日に邪を祓う目的で腰に差すモモなどの木の棒をいう。ショウブの葉を太刀のように帯びる端午の節句の菖蒲太刀《あやめだち》も関連があると思われる。通例、神木で作るが、中国で杖あるいは棒に作り辟邪の具とするのはモモの木であって（第８章第３節「３-１」）、ザクロを用いた例はない。「東南枝と爲り云々」とあるのだから、何らかの信仰に基づいてこの句を詠むに至ったと考えねばならないが、中国ではザクロにそのような民俗学的用例が見当たらない。李白は親しい友人に阿倍仲麻呂（中国名晁卿衡）がいたことは広く知られる。仲麻呂が帰国途上で遭難したのを死亡したと勘違いし、「晁卿衡を哭す」という詩「日本の晁衡帝都を辭し　征帆一片蓬壺を遶る　明月歸らず碧海に沈み　白雲愁色、蒼梧に滿つ」（『全唐詩』巻一八四）を残すほど親しい関係にあった。したがって李白はわが国古代の情報を仲麻呂から知り得たはずで、当時の中国で珍しかった海石榴について幾ばくかの知識をもっていたことは想像に難くない。以上から、海石榴をわが国からもたらされたツバキとすれば、李白の詩についてより整合性のある解釈が可能であり、古代日本と中国との民俗学的交流も視野に入ってくる点で興味深い。

第４節　トウツバキ（山茶）の登場で微妙となった海石榴の地位

前節で紹介した中国詩にあるいずれの海（石）榴も、情景分析からザクロではあり得ず、ツバキであることが明らかとなった。したがって、わが国上代の典籍が海（石）榴をツバキと訓ずるのはまったく問題ない。ツバキはわが国原産の植物であって、北海道を除く各地に分布し、植物生態学ではヤブツバキクラスと称するいわゆる照葉樹林の標徴種である。中国には分布せず、江総・楊広（煬帝）などの詩に詠まれる海（石）榴は、わが国から伝わったツバキにつけられた中国名であって、わが国の上代古典はそれを逆輸入してツバキの表記に用いたのである。石榴の名をもつのは、深紅の大きな花がよく似て、また堅い殻に包まれたコブ状の果実もサイズを除けばよく似るので、同類と認識された。海の名を冠するのは、『海棠譜』（宋・陳思）に「凡そ今の草木、海を以て名と爲すは、酉陽雜俎に云ふ、唐贊皇李德裕嘗て言ふ、花名の中の海を帯ぶ者は悉く海外より來ると。故に海樱、海柳、海石榴、海木瓜の類を知れり。」（巻上「敍事」）とあるように、中国国外に産するからである（『太平廣記』にも同じ内容の記述が引用されている）。

現在の中国で海（石）榴をザクロとするのは、案外、江戸期のわが国の本草家の見解を受け入れたのかもしれない。小野蘭山は『本草綱目』の見解を支持して海石榴をザクロの品種と解し、貝原益軒や屋代弘賢も漢籍にある海石榴がザクロであることを否定しなかったからである。とすれば、後世になって海石榴の基原認識がツバキからザクロに転じたとも考えられる。ツバキは中国に分布しないが、同属別種のトウツバキが中国西南部に分布し、現在の中国ではツバキとともに栽培するという事実がある。ツバキとトウツバキは耐寒性に差があることを除けばよく似るので、中国で両種が区別されなかった可能性もある。以降、かかる視点から考証を進める。

トウツバキはツバキより花が大きくよく目立つ花卉であるが、西南地方という辺境の地に分布し、古代中国では知られていなかった。八六〇年ごろの成立といわれる『酉陽雑俎續集』（段成式）に「山茶は海石榴に似て桂州（広西省桂林市一帯）に出づ。蜀地（四川省）に亦た有り。」（巻第九　支植上）、「山茶花、山茶葉は茶樹に似て高き者は丈餘に、花の大さ寸に盈《み》ち、色は緋の如く、十二月に開く。」（巻第十　支植下）とあり、その特徴の記載からトウツバキとして矛盾のない山茶《サンサ》（花）という、それまでの中国にはない新しい名が登場する。晩唐になると山茶花を詠んだ詩が出現し、そのうちもっとも古いのは貫休（八三二年—九一二年）の次の詩である。

『全唐詩』巻八二七「山茶花」　貫休

風裁日に染まり仙圃に開く
百花の色死して猩血に謬《たが》ふ

今朝、一朵階前に墮つ
　應に人を看て孫秀を怨む有るべし

風裁は様子・品格のことで、山茶花に対していう。仙囿は宮廷内の庭園のこと。孫秀は晋の人で諂媚をもって趙王倫の寵愛を得、多くの忠良を殺したので、この詩では山茶花の紅い花をその酸鼻に譬えた。詩の背景がよくわからないが、一応、通釈すると、山茶の花が仙園で陽光に染まるように鮮やかに咲いている、園に植えられたそのほかの花は形無しといったところで、その紅色の鮮やかなことといったらサルの血の色かと見紛うほどだ、今朝、（山茶花の）一枝が階前に落ちていた、（その毒々しい色は）人を見れば孫秀を怨むというようなこともあるだろうとなる。拙著『生薬大事典』ではこの詩の訓読が一部不適当であったのでここに訂正しておく。貫休は晩唐の詩人であるから、この詩が詠まれたのは早くても九世紀半ば以前にさかのぼることはない。これより古く、山茶の名は李徳裕（七八七年―八四九年）の『平泉山居草木記』に「又、番禺の山茶、宛陵の紫丁香、會稽の百葉木芙蓉、百葉薔薇、永嘉の紫桂簇蝶、天台の海石桂云々」と出てくる。おそらく各地の庭園などに植栽された植物を列挙したもので、九世紀始めになると山茶すなわちトウツバキが植栽されたことを示唆する。わが国のツバキに似ているにもかかわらず、トウツバキに山茶というまったく別系統の名をつけたのは相応の理由がある。唐の中心地漢中から遠く離れた西南地方を原産地とし、チャノキの類として当地で山茶なる地方名で呼ばれていたからである。植物学的にツバキとチャノキは同じツバキ属であるから、山茶という名はむしろ合理的といえる。したがって、中国でトウツバキが身近な存在になるにつれて、わが国から伝わったツバキにつけられた海石榴の名が微妙となったことは想像に難くない。ツバキはザクロより山茶によく似ており、ツバキに充てられた海石榴の名に疑問をもち、誤りではないかと考えられても不思議ではないからだ。六朝後期から隋代では、ツバキの類品がなかったため、同じく派手な赤い花をつけるザクロに見立てて、その類名をつけてもまったく違和感はなかったが、非常によく似た山茶が発見された晩唐では事情が一変してしまったのである。それは文献上の記載にも大きな変化をもたらすことになった。

第5節　中国で海石榴の基原があいまいとなった背景

宋代の『太平廣記』（九七八年）は、『酉陽雑俎續集』を引用して山茶を記載する（巻四〇六「草木一　山茶」、巻四〇九「草木四　山茶花」）ほか、別条に「新羅に海紅幷びに海石榴多し。唐贊皇李徳裕は言ふ、花中に海を帶ぶ者は悉く海東より來ると。章川花差《やや》海石榴に類す。五朶簇生し、葉は狭く長く、重ね沓《あ》ひて承《う》く。」（巻四〇九「草木四　海石榴」）とあるように、海石榴花の特徴を比較的詳細に記述するが、意外にも同書に石榴の条が見当たらない。ザクロは後漢のころに西域から中国に伝わり、薬用・園芸用に賞用され栽培されたから、その背景にただならぬ事情があると考えざるを得ない。本書では、トウツバキが普及して山茶の名が浸透するとともに、名前がよく似る海石榴と石榴とが同品と混同されるに至ったという仮説を立て、以降、それにしたがって論考を進める。

『太平廣記』とほぼ同時代に成立した本草書に『開寶本草』（馬志）があるが、同書は散佚して伝存しない。しかし、その内容は一一一六年に成立した『證類本草』（唐慎微）に継承され、大観本草と政和本草の二系統が完本として今日に伝わっている（『序章』参照）。ところが『證類本草』に山茶の条はなく、また安石榴《アンセキリュウ》（本草におけるザクロの正名）の条中にも類名たる海石榴に関する言及はまったく見当たらない。すなわち、当時の本草学は海石榴を（安）石榴の一類と見なしていなかったことを暗示し、『太平廣記』との間で海石榴に関して認識のねじれがあったことを示唆する。

本草で初めて山茶を記載したのは『滇南本草《てんなんほんぞう》』（蘭茂、一四四三年成立）であるが、気味・薬性や薬効に言及するのみで、山茶の具体的な形態の特徴を記述しなかった。山茶の基原を詳細に記載したのはそれから約一五〇年後に成立した『本草綱目』（李時珍）であった。李時珍は「山茶は南方に産す。樹生し、高きは丈許《ばか》り、枝幹は交加す。葉は頗る茶葉に似て厚く硬く棱有り、中は闊《ひろ》く頭は尖り、面は緑、背は淡し。深冬に開花し、辨は紅く蕊は黄なり。」（巻第三十六「木之三　灌木類」）と記述し、トウツバキの形態の特徴をよく表す。一方、海石榴は山茶の条では言及されず、安石榴の条で「海石榴は高さ一二尺にして即ち實を結ぶ。皆、異種なり。」（巻第三十「果之二　山果類」）と記載され、李時珍は海石榴を安石榴の矮性品種と考定した。明代後期の園芸書『花史左編』（王路）は「其れ（石榴）本《もと》は安石榴と名づけ、亦た海榴と名づく」（巻之三「石榴」）と記載するように、園芸分野では完全に海（石）榴が石榴の異名とされたことがわかる。結局、中国では『證類本草』が海石榴と石榴を区別した形跡があるにもかかわらず、山茶の収載を見送ったため、『本草綱目』が上梓されるまで、実に五〇〇年以上にわたって植物の専門書たる本草書に山茶に関する情報の空白が生じたことになる。それが後世に海（石）榴を石榴の異名として固定化させる要因となったのである。

小野蘭山は李時珍の説を支持して海石榴をチョウセンザクロと命名した。ザクロはもともと西アジアの原産であり、中国へはシルクロードを経て伝えられた。したがって朝鮮には中国経由で伝わったはずなのに、なぜ朝鮮の名がつけられたのか不思議に思える。朝鮮原産ではないにもかかわらず朝鮮という名前を冠する植物名はいくつかある。わが国の本草学者は異国産植物にわけもなく唐（トウ・カラ）・韓《カラ》（朝鮮）・高麗《コウライ》の名をつける傾向が顕著である。チョウセンアサガオ・チョウセンアザミなどその例は多く、貝原益軒は新大陸から伝わったトウガラシをコウライゴショウと命名している（第21章第4節）。ただし、小野蘭山がつけたチョウセンザクロの名は一応それなりの理由がある。前述したように、『太平廣記』の海石榴花の条に、李徳裕の説を引用して海石榴が新羅に多いこと、および海の名を冠する植物はすべて海東から来たという記述があるからだ。朝鮮半島では南端部を除いてツバキの自生はないので、中国ではこの記述をもって海石榴はザクロという認識が定着するに至ったと思われる。中国本草界の頂点に立つ李時珍も例外ではなく、「李白詩註に云ふ、海紅は乃《すなは》ち花の名にして新羅の國に甚だ多しと」（巻第三十「果之二　山果類　海紅」）と述べているが、新羅國というのは李時珍の勝手な解釈である。引用元の『分類補註李太白詩』（南宋・楊斉賢）では「新羅に海紅并びに海石榴多し」（『太平廣記』より引用したもの）とあって、新羅國ではなく単に新羅とある。一般に、新羅を新羅《しらぎ》國すなわち朝鮮と解釈することにほとんど疑問をもたれることはないが、必ずしも古代朝鮮の国名に限った名ではないことは意外に知られていない。『新唐書』に「汀州臨汀郡、下。開元二十四（七三六）年開福、撫二州山洞、置治新羅。」（巻四十一「志巻三十一・地理五」）とあるように、今の福建省龍岩付近に新羅《しんら》と称する地名があり、これによって『圖經本草』（蘇頌）の人參の条にある記述の矛盾が解消する。すなわち、「人參、上黨の山谷及び遼東に生じ、今は河東（山西省）の諸州及び泰山（山東省泰安県）に皆有り。又、河北（河北省一帯）の権場（官立の指定市場）に有り。及び閩中（福建省）より來るは新羅人參と名づく。然《しか》れども倶《とも》に上黨の者に及ばず。」（『證類本草』巻第六「草部上品之上」所引、拙著『生薬大事典』の「ニンジン」の条の当該の訓読を一部訂正する）とある閩中《びんちゅう》（福建省）産という新羅人參《シンラニンジン》なる奇妙な名は、福建省の新羅《しんら》であれば、同属別種の三七人参《サンシチニンジン》の類が分布するので、その類品を称したと考えられるからである。福建省は気候が温暖でツバキの生育に適し、福建省の地方誌『漳浦縣志』（康熙三十九年本）に「日本茶　近歳、日本より來る者は今、浦中に盛んに之有り。其の花に方有り、圓有り、六角有り、八角有り。其の色は紅有り、白有り、淡紅有り、紅白の相間有り。初め時價値十金に到る。」（巻之四「風土志下」）、『漳州府志』（光緒三年本）に「洋茶　日本に出づ。狀は牡丹の如く、大なるは尺一二可《ばか》り、圍高三四寸。亦た白色なる者有り、又牡丹紅有り、牡丹紫有り、吐絲牡丹有り。獨《ただ》惜しむらくは香無きのみ。」（巻之三十九「物産」）とあるように、明代から清代にわが国から輸入されたツバキの品種が集積したところでもあった（漳州・漳浦はいずれも福建省にある県名）。古い時代にわが国から中国へツバキが伝わったのも温暖な福建省経由であったと推察される。しかし、今村与志雄は、「新羅に海石榴多し」を『西陽雜俎』

の逸文とし、そのソースを『白孔六帖』（唐・白居易、宋・孔伝撰）としている（今村与志雄訳注『酉陽雑俎5』［平凡社　一九八一年］一九一頁「逸文」注三十一）。『白氏六帖』にこの一文があれば、白居易は七七二年生まれ、八四六年の没であるから、同書の成立は八世紀末期から九世紀始めごろとなり、『酉陽雑俎』に引用されることはあり得る。しかし、当該の記述は『白氏六帖』ではなく『孔氏六帖』（一一六六年成立という）にあって、宋の孔伝が書き加えたものであるから、『酉陽雑俎』に引用されることはあり得ない。この記述は伝存する『白孔六帖』（白居易撰）では巻九十九「石榴」にあり、孔伝も海石榴をザクロの一種と認識していた。

『太平廣記』や『分類補註李太白詩』に、新羅に海石榴とともに海紅《カイコウ》も多いとあるが、ついでながら海紅の原植物について考察しておく。『本・草綱目』に「時珍曰く、飲膳正要の果類に海紅有るも出處を知らず。此れ即ち海棠梨の實なり。狀は木瓜の如くして小さく、二月に紅花を開き、實は八月に至りて乃《すなは》ち熟す。」（巻第三十「果之二山果類」）とある記載から、記述の一部を除けば、海紅をバラ科ミカイドウ（海棠）として矛盾はなく、『中薬大辞典』『國譯本草綱目』ともに同じ見解をとる。李時珍の記述で唯一合わないのは、バラ科ミカイドウの花色が白色でわずかに紅色を帯びることである。ただし、つぼみの外片は真紅であり、李時珍はそれをもって紅花と記述したとも考えられる。李時珍が引用する『飲膳正要』（忽思慧）は海紅の気味・薬性を「味は酸く甘くして平、無毒」とし、これも食用になるミカイドウの実として矛盾はない。また、『通志略』（南宋・鄭樵）にも「海棠の子、海紅と名づく」とある。とすれば、ミカイドウは温暖より冷涼な気候を好むから、「新羅に海紅幷びに海石榴多し」にいう新羅は、福建省の古地名より古代朝鮮とする方がふさわしいようにみえる。実は、海紅の基原をミカイドウ以外の植物種とする見解もあり、むしろ古くはミカイドウではなかった可能性が高いのである。『橘録』の海紅柑《カイコウカン》の条に「海紅柑の顆極めて大にして、（一）尺以上の圍に及ぶ者有り。皮は厚くして色は紅、之を藏すること久しくすれば味は愈《いよいよ》甘し。木の高さ二三尺にして數十顆を生ずる者有り、枝重く地に委《ま》がる。亦た是の柑を愛すべし。

4

可《よ》けれども以て遠《うと》きと致《な》し、今の都下、道旁に堆積する者多し。此の種、初めて近海に因む故に海紅を以て名を得るなり。」（括弧内は筆者補注）とあるように、巨大な果実をつけるシトロンかザボンの系統を海紅柑（前者の一般名を枸櫞《クエン》、後者を佛手柑《ブッシュカン》という）と称していた。中国国外の南方の温暖な地から伝わった紅柑の一種として海紅柑と名づけたようであるが、『雲麓漫鈔』（宋・趙彦衛）に「永嘉人、柑の大にして留むに可《た》へて歳を過ぐ者を呼びて海紅と曰ふ」（巻二）とあるように、簡略化して単に海紅と称するようになった。驚くことに、『枛林伐山』（明・楊慎）に「菊荘の劉士亭、詠山茶詩に云ふ、小院猶ほ寒く未だ暖かならざる時、海紅花發《ひら》きて景遅遅たり。半深半淺、東風の裏《うち》、好是徐《おもむろ》に帯雪の枝を熙《お》こすと。蓋《けだ》し、海紅は即ち山茶なり。而して古詩に亦た淺きなるは玉茗と爲し、深きなるは都勝なりと有り。大なるを山茶と曰ひ、小なるを海紅と曰ふ。」（巻六「海紅花」）とあるように、海紅を山茶すなわちツバキの類とする見解もあった。ツバキ・ザクロは真紅の大きな花をつけ、果実はコブ状で堅いという共通性がある。一方、ミカイドウは実の大きさを除けば堅いコブ状でツバキ・ザクロと似てなくもない。ただし、ミカイドウの花は白を基調に淡いピンクを帯びるにすぎず、ツバキ・ザクロと似ているとはいい難い。既に述べたように、李時珍は紅い花をつけると記述しているが、おそらく海紅の基原をミカイドウとせんがために、真紅の外片に包まれたつぼみを花と解釈する無理な記述を強いられたとも推定される。いずれにせよ、文献上の記載だけに基づいて観念的な解釈をすれば、ミカイドウとツバキが混同されることはあり得るわけで、その極端な例が「大なるを山茶と曰ひ、小なるを海紅と曰ふ」であろう。楊慎は詠山茶詩にある海紅花を山茶と解釈するが、ミカイドウとしてもまったく違和感はない。ただし、同じ楊慎の著作である『丹鉛總録』では「劉長卿集に夏中の崔中丞宅に海紅を見て揺落一花獨開詩有り。海紅未だ何の花爲るか詳らかならず。後に李白詩註に見《あら》はれて云く、新羅國に海紅多しと。唐人多く之を尚《たふと》ぶ。亦た戎王子の類なり。又、柑に海紅と名づく者有り、橘譜に見ゆ。」（巻二十一「海紅」）とあって、海紅の基原を不明とし、同じ著者ながら『枛林伐山』の記述と矛盾する。海紅を柑橘の一種とする『橘録』（『丹鉛總録』では『橘譜』とする）を引用しているから、その結果、海紅と称するものにバラ科ミカイドウ・ツバキ科ツバキ・ミカン科柑橘の三種があり、いずれとも判断しがたいと考えたらしい。「新羅に海紅幷びに海石榴多し」という認識は、海紅の基原にまったく類縁のない三種類の植物を充てる見解があったことを考慮すれば、宋代に発生したのではなく、かなり古くからあったとも考えられる。すなわち、当初、海石榴はツバキ、海紅は海紅柑すなわち柑橘の一種であり、いずれも暖地を好むから、中国国外からまず福建省の新羅に集積された。しかし、晩唐になってトウツバキが知られると、中国における海石榴の基原の認識に変化が起き始め、ザクロの類と誤認されるようになった。それに伴い、新羅の地名も福建省新羅《しんら》から新羅《しらぎ》に変わり、海紅も当時の新羅《しらぎ》に多かったミカイドウと解釈されたと考えられる。因みにミカイドウの野生品は知られず、今日では中国北部で発生した交雑種とする説が有力である。古い時代に海外よりもたらされたと勘違いされ、海紅の名で呼ばれた。

第6節　ツバキは道教的ユートピアのシンボルか！

『萬葉集』に詠まれた九首の歌のうち、漢名表記の椿が四首、海石榴が三首あるが、それらがいかなる経緯で充てられたのか興味がもたれるが、これまでに述べたことも含めてまとめると次のようになる。徳島県観音寺遺跡から「椿ツ婆木」と書かれた木簡が出土し（藤原智之・和田萃「木簡研究」第二十一号　二〇四頁―二一〇頁　一九九九年）、「つばき」の和訓をつけている。この木簡は七世紀末ごろと推定される遺跡から出土しているが、もしこれが木簡の作成された時期とすれば、わが国における最古の椿の字の用例である。古墳時代に大陸から漢字文化を取り入れたわが国では、当然の帰結として邦産植物に漢字を充てる作業が始まり、この木簡の記述はツバキに関するその作業結果とも考えられる。ツバキに相当する植物は、大陸に存在しなかったから、漢籍の古字書や本草書に該当する名はなかった。そこで神木としてのツバキの重要性から、わが国の先人は漢籍（『荘子』）にある想像上の樹木名「大椿《だいちん》」から椿を抽出してツバキに充てた。一方、もう一つの漢名である海石榴は邦人の考定ではなく、大陸に伝わったツバキに対して古代中国人がつけた名であり、漢字の母国でつけられた名前であるが故に、それを逆輸入し、『日本書紀』『出雲國風土記』などの式文ではもっぱら海石榴の表記が用いられた。ところが斎藤正二は、椿・海石榴の名がつけられた背景をまったく考慮せず、一方的に大陸の道教的ユートピア思想を取り入れた結果として、『荘子逍遙遊篇』にある大椿をたまたま身近にあったツバキに充てたと考えてしまった。古代日本人が植物漢名を造語した例はほとんど見当たらないから、以上の結果を見る限りでは、大陸から植物名とともに付随する植物文化をそっくり移入したかのように錯覚してしまう。しかし、次節で述べるように、わが国でツバキの材の利用が縄文時代までさかのぼり、またその種仁から採った油料（海石榴油）を唐皇帝に贈呈する（本章第2節「2-1」）ほどの民族植物学的意義の存在を理解していれば、かかる本末転倒の誤謬に陥ることはなかったにちがいない。筆者の偏見かもしれないが、文系の諸氏に共通する欠点として、まず大きく仮説を設定して論考を進めるため、エビデンスが見つからないところではしばしば観念的解釈で済ましてしまうことが挙げられる。とりわけ、植物を主題とする場合においては、植物に対する種認識、生態などの基本的知識や民族植物学的・民俗学的意義に関する知識、時に中国伝統医学ほか古典医学に対する解析能力も必須と思われるのに、異分野の事項として無視される傾向が顕著のように思われる。いくら流暢な言葉で綴ったとしても、以上の基本的知識を欠いたまま、観念論でもって構築した論考は創作に等しく、客観性を欠いた学術的価値の乏しいものであることを自覚しておかなければならない。ここでは斎藤正二のツバキに対する植物文化論の問題点を指摘するが、まず万葉歌の詳細な解析を通して論考する。

一、　大宝元年辛丑の秋九月、太上天皇の紀伊国に幸《みゆき》したまひし時の歌

巨勢山《こせやま》の　つらつら椿《つばき》　つらつらに　見つつ偲《しの》はな　巨勢《こせ》の春野を　（巻一　〇〇五四）

二、三諸《みもろ》は　人の守《も》る山　本辺《もとへ》には　馬酔木《あしび》花咲き　末辺《すゑへ》には　椿《つばき》花咲く　うらぐわし　山そ泣く　子守《も》る山
（巻十三　三二二二）

第一の歌は、奈良県吉野地方にある巨勢山のツバキを詠んだのであるが、今日、巨勢周辺の山にツバキはほとんど見当たらない。スギが植林されて本来の植生が失われたことがその主たる理由であるが、巨勢山のツバキとあるからには、遠目に見ても目立つ故に歌にしたと考えざるを得ない。自然植生が残っていると仮定して、遠目からその存在を確認できるには相当規模のまとまった群落でなければならない。斎藤正二は、この歌で椿の表記が用いられていること、また柿本人麻呂の長歌「藤原宮之役民作歌」に「～日の御門《みかど》に　知らぬ国　よし巨勢道《こせぢ》より　わが国は　常世《とこよ》にならむ　図負《あやお》へる～」（巻一　〇〇五〇）とあることをもって、巨勢山を神仙境に擬定し、『荘子逍遙遊篇』にある大椿を詠んだのではと、道教的ユートピア思想を反映した歌と解釈している（『植物と日本文化』）。すなわち、巨勢山にツバキがあろうがなかろうが大した問題ではなく、あったとしても大椿の代用にすぎないという。無論、国文学の通説では実物のツバキとして解釈するが、巨勢山周辺の情景でツバキが存在し得ないとなれば、思想家の勝手な妄想とはいえず、斎藤正二の見解が一定の説得力をもつことになる。その疑問を解く鍵は伊勢神宮にあった。神宮の神域の一部に少なくとも八十年以上は存続しているというツバキの純林がある。また、伊勢神宮の内宮から五ヶ所湾に通じる通称五ヶ所街道の剣峠の南側の斜面にツバキが純林状態で生育しているところがある。いずれもある程度は人為が加わっていると思われるが、明らかに植栽品ではない。紀伊半島では何らかの経緯でツバキの純林が成立しやすく、また最小限の人の手を加えることで、それを長期にわたって維持できることが明らかになったわけで、万葉歌人が巨勢で見たツバキもこれとよく似たものであったと推定される。したがって、巨勢山が道教的ユートピア思想を反映した神仙境とする斎藤正二の見解はやはり臆説にすぎないようだ。

第二の歌で、三諸は神の居場所、神座を意味する言葉で御室《みむろ》ともいう。したがって、「三諸の山」は固有名詞で

はないが、武田祐吉は奈良県高市郡神丘（雷岡《いかづちのおか》）とし（『萬葉集』下巻　角川文庫　一九五四年）、一方、犬養孝は大和盆地南部ＪＲ桜井線三輪駅の近傍にある標高四六七メートルの三輪山《みわやま》とする（『万葉の旅　上』）。この歌の通釈「人が大切に守っている三諸山の麓には、一面にアセビの花が咲き、頂上近くでは一面にツバキの花が咲く。このように心にしみるほど美しい山は泣く子も守ってくれるだろう。」によれば、「三諸の山」は神社の神域と想像される。この観点から犬養説の三輪山（全山が大神神社の神域）説が有力であるが、寒いはずの末辺（頂）に暖地性のツバキが生えるというところが理系の筆者には気になった。アセビは標高一〇〇〇メートル以上の山地にも生えるから、「三諸の山」におけるアセビとツバキの生態はあべこべではないかと考えられるからだ。しかし、それはまったくの杞憂であり、三輪山では標高四〇〇メートル付近から上でもツバキが生育していることが確認できた。放射冷却の顕著な奈良盆地では、冷たい大気は下に、暖かい大気は上に移動するから、小さな山塊である三輪山の上部は予想されるより暖かくツバキが生育できるようだ。実地検分による動かしがたいエビデンスを得たことで、もっぱら美辞麗句で煙に巻くことに長けた観念論者も反論の余地はあるまい。一方で、筆者も誤っていたわけで、客観的エビデンスを求める恒常的な努力の必要性を痛感した次第である。

以上の考察において、伊勢神宮神域および周辺の調査でご尽力いただいた伊勢神宮司廳村瀬昌之氏、三輪山の植生の資料をご供与いただいた大神神社宮司鈴木寛治氏に深謝する。

第7節「つばき」の語源について

7-1　朝鮮語の동백《tsunbaick》の語源は日本語のツバキである

ツバキはわが国の暖地に原生し、植物生態学でいう照葉樹林帯の植生ヤブツバキクラスの標徴種でもある。すなわち東北以南の日本列島の温暖な地域では普通に分布する樹種である。ツバキの材は堅く丈夫なので古くから利用されてきた。考古学資料としてもっとも古いのは福井県三方五湖の縄文遺跡鳥浜貝塚で発見された漆塗りの櫛《くし》で約五〇〇〇年前のものと推定されている（『鳥浜貝塚―縄文前期を主とする低湿地遺跡の調査1―』一九七九年）。『日本書紀』の景行天皇十二年十月にツバキの槌で土蜘蛛族を討伐したという記述がある（本章第1節「1-1」）。天平勝宝四（七五二）年、孝謙天皇が大仏開眼供養の際に使用したと伝えられる椿杖《ちんじょう》（卯日杖《うじつのつえ》）が正倉院に保存されている（本章第3節「3-5」）。また、わが国各地の神社でツバキを神木として植栽するところは数多い。興味深いことに、鳥浜貝塚からツバキ製の石斧の柄も出土し、ツバキの材を杖・槌などに利用するのは縄文時代までさかのぼる（『鳥浜貝塚―縄文前期を主とする低湿地遺跡の調査1―』一九七九年）。このように、縄文以来の深い民族植物学的背景がありながら、ツバキの語源を朝鮮半島に求める見解があるのは驚くほかはない。朝鮮半島は地理的にわが国と大陸との間にあって、古くから大陸文化の中継地としての役割を果たしてきたことに疑問の余地はない。これまで和漢典籍における海石榴《ツバキ》について考証してきたが、朝鮮半島を対象に含めていなかったので、ここで語源のみならず、朝鮮半島のツバキ事情も併せて検証してみたいと思う。

ツバキの名を朝鮮語由来とする見解は、深津正の『植物和名の語源探求』によると、一八九五年に与謝野鉄幹が京城《ソウル》にわたったとき、その語源が朝鮮語にあるのではないかともらしたのが最初という。朝鮮語でツバキを意味する동백をアルファベットで表記するとtsun-baickとなって確かに日本語の音に似ており、与謝野鉄幹がそう考えたのも無理はない。ただし、学術的に論考した結果に基づくわけではなく、与謝野鉄幹の個人的な感想にすぎないのだが、深津は、言語学者の中島利一郎が「植物語源考」と題する雑誌論文の中で、「つばきの語源が朝鮮語冬柏《トンバイク》に繋がることはほとんど疑いないと思われる」と強い語調でもって朝鮮語説を肯定したとも述べている。これを

もって深津は「この〝tsun-baick〟が日本語のツバキに転じたという確信はいまや揺るぎないものとなった」と締めくくり、ツバキの語源はこれで決定的であるかのように結論づけた。中島利一郎という言語学者は実在し、「比較言語上より見たる動物名の語源研究」と題して「動物文学」という雑誌に論文を発表している（一九五一年～五二年）から、植物名語源について研究していても不思議はないが、当該の論文を見つけることはできなかった。その内容を見ずして批判するのは気が引けるが、この見解の致命的な欠陥を指摘するのはかまわないだろう。朝鮮でも長らく漢字のみを国語としていたから、동백（tsun-baick）をもともと冬柏と表記していたことはまちがいない。すなわち、冬柏を後世の諺文で表記したのが동백であり、その音をアルファベットで表記するとtsun-baickがもっとも近いということである。しかし、わずかこれだけでツバキの語源を朝鮮語とするのは学術的見地からあまりにお粗末といわねばならない。なぜなら考証の過程で歴史という時間軸がまったく無視されているからである。わが国では一三〇〇年前の上代古典に、ツバキの名とともにその音をさかのぼることができるが、もし冬柏がその語源であるなら、朝鮮ではさらに古い時代までさかのぼる言語学的エビデンスがあってしかるべきである。もしこの説が正しいとするなら、わが国にも冬柏という漢名が伝わっているはずであるが、この名の文献上の初見は十五世紀始めに成立したといわれる『養花小録』（姜景愚）であって、『古事記』『萬葉集』より七〇〇年も後のことである。『本草綱目啓蒙』も「冬花ヲ開ク者ヲ冬柏ト云、春花ヲ開ク者ヲ春柏ト云フコト養花小録ニ出ヅ」と『養花小録』を引用する（巻第三十二「木之三　灌木類　山茶」）。一方、一六一四年成立の『芝峰類説』（李睟光）に「冬栢樹、南方の海邊に生ず。葉は冬にても青し。十月以後開花す。色深紅にして耐久あり凋まず。蓋《けだ》し古《いにしへ》の所謂《いはゆる》山茶花なり。」（巻二十「卉部」）という記載があり、冬柏が朝鮮半島南部の海岸地帯に生え、冬に赤い花をつける常緑樹としているから、これがツバキであることは論を俟たない。同時に、冬柏の古名を山茶花《サンサカ》と称すると明記しているので、晩唐以降に登場した中国名の山茶に対応する朝鮮名として、後世に成立した名であることは一目瞭然である。

個人的な感想を述べたにすぎない与謝野鉄幹はともかく、中島利一郎・深津正は冬柏の音訳にのみ注視するあまり、この名の歴史的経緯の考証を怠ってしまったのは語源研究としては致命的といわざるを得ない。

では、なぜ冬柏の朝鮮語音読みが日本語のツバキによく似ているのか、これを明らかにしなければ朝鮮語源説を完全に否定したことにならない。結論からいえば実に単純明快であって、tsun-baick の音は日本語からの借用である。ツバキは朝鮮半島南端部の海岸地帯および島嶼に自然分布が限られるから、半島内陸に都を設立した三韓・百済・新羅などの古政権はその存在を長らく知らなかった。中国から山茶という名が伝わったとき、それがわが国で「つばき」という音名の植物であることを知り、それを音訳して冬柏という朝鮮の固有名をつくったのである。ムクゲの漢名「木槿」を音訳して朝鮮固有名の無窮花を創製した類例もある（第10章第2節「2-4」）。『養花小録』の成立した時代は中国では明代の初期に当たるが、わが国からツバキの園芸品種が伝わり、日本茶あるいは洋茶と称され珍重されていた（本章第5節）。気候が寒冷でツバキの開花が困難な朝鮮半島の中北部ではツバキの栽培は普及しなかった。かかる事実を考慮するだけで、わが国がわざわざ他言語を借用する必要があったのか、中島や深津は気づくべきであった。とりわけ深津は朝鮮語由来とする植物名を自らの著作に数多く収載し解説するが、ほとんどは学術的根拠がなく、いわゆる語呂合わせで語源に仕立てたものである。正しい語源の究明には言語学的解析とともに、植物のもつ生態学的・植物学的・民族植物学的知識のほか、その文化的背景を考慮する必要があり、語呂合わせのような安易な方法で真の語源解明ができると考えるべきではない。

7-2　これまでのツバキ語源説

ツバキは『萬葉集』や『古事記』に万葉仮名で表音表記され、その語感から固有の和語であることはまちがいない。縄文時代以来、数千年にわたって日本列島で利用され、古くからの習俗に深く関わっていることを考えれば、

「つばき」という名は相当に古いと考えられる。一般に、語彙は時代を経るとともに訛るので、起源が古ければ古いほど、語源解明は難しくなる。まずは先人の語源説を取り上げてみよう。『東雅』（新井白石）は「ツバといふに、毛なども生ぜずして、ツルメキたる詞《ことば》也。ツバイモモといひ、ツバキなどといふは、この義也。」とあるように、ツバキの葉の光沢が著しいことに着目し、「つるめきたる木」が「つばき」の原義だという。艶葉木《つやばき》が訛ったという説もこれと基本的に変わらない。一方、『大和本草』（貝原益軒）は葉が厚いことに注目して厚葉木《あつばき》の意であるという（巻之十二　木之下）。『語源辞典・植物編』（吉田金彦）は伊勢神宮のある南伊勢の方言にツニハキがあり、それがツンバキ→ツバキと変化したといい、ツ（所）ニハ（庭）キ（木）もしくはツニハ（津庭）キ（杵＝棒）の義で、聖なる木、神木の意という。ツバキは神社によく植えられるが、単純にツニワキを常用漢字で置き換えると津庭木となるから、ツバキに対する当て字「津庭木《つばき》」をツニワキと読むようになったと考えるべきである。『植物名の由来』（中村浩）は以上の説とはまったく異なり、鍔木《つばき》に由来するという。補足すると、ツバキの花が落ちたもの、すなわち花の中央が筒抜けしたものの形が、刀の鍔《つば》のように見えるからという。平安時代の古刀の鍔によく似るというが、上代の刀はかなり形態が異なっているから、この説は甚だ疑問である。以上の説に共通するのはツバキの「き」をすべて木と考えることであり、上代特殊仮名遣からあり得ないとする見解もある。万葉仮名表記の都婆吉・都婆伎の吉と伎はいずれも甲種の仮名遣であり、一方、木は乙種の「き」だから、音韻学的に区別されるという。甲乙の音韻の区別は平安時代以降になくなったといわれ、また音韻は時を経るにつれて訛るのは避けられないから、語源解釈に上代特殊仮名遣の違いが決定的な意味をもつとはいい難い。

7-3　「つばき」の語源は神具とする枝葉に由来する

ここでは既存の見解とはまったく別の視点からツバキの語源について考えてみたい。ツバキの「き」はしばしば木とされるが、茎《き》であってもおかしくはない。とすれば、枝という認識から名前が発生することもあり得る。すなわちツバキの枝に何らかの民俗学的意義があれば語源解明の突破口となることが期待される。改めてわが国におけるツバキの民俗学的位置を考えてみると、次章で詳述するように、ツバキは照葉樹の一種で古くから神木とされ、また「さかき」と古くから認識されてきた。今日、サカキの枝を神事に用いるように、ツバキの枝も古くは用いたにちがいない。ツバキは卯日の杖にも用いるが、杖に加工されることなく、枝そのものを用いることがあっても不思議ではない。こう考えると、ツバキのキは茎《き》すなわち枝に由来すると考えても不自然さはない。次にツバの意であるが、「つーば」と音節分解すると、その語源が見えてくる。すなわち、「つ」は「集《つど》う」を意味する。難波津《なにわづ》の津《つ》が舟の集まる港・船着き場の意であるのと同じである。また、「着《つ》く」の意と考えてもよい。すなわち、「つーば」とは、「集《つど》う葉」あるいは「着く葉」であり、枝にびっしり葉が集まったあるいは着いた状態を意味する。それはツバキやサカキなどの神木の枝を供え物として今日でも利用することと符合する。今日ではもっぱらツバキの花を愛でるが、古代人は花よりむしろ葉を重要視した形跡がある。そのことは『古事記』に「倭《やまと》の　この高市《たけち》に　小高《こだか》る　市《いち》の高處《つかさ》　新嘗屋《にひなへや》に　生《お》ひ立てる　葉廣《はびろ》　五百箇眞椿《ゆつまつばき》　其が葉の　廣《ひろ》り坐《いま》し　其が花の　照り坐《いま》す　高光る　日の御子の　豊御酒《とよみき》　獻らせ　事の　語言《かたりごと》も　是をば」（下つ巻「雄略天皇」）とある歌謡でも示唆されている。ここでは「其が花の　照り坐す」とあるように花にも言及するが、「葉廣齋《ゆ》つ眞椿」という修飾語がつけられ、そして「其が葉の　廣《ひろ》り坐《いま》し」という部分から、葉の方が重要視されたことがうかがえる。今日でもツバキの葉をおせち料理に取り合わせるが、ツバキの葉が神聖視された証左といえるだろう。

第5章

一種だけではなかった神木「さかき」

第1節　なぜ「さかき」と呼ぶのか

前章でツバキが神木であることを前提としてその語源を論考した。わが国で神木とされた植物はツバキに限らず、そのほかにツバキ科サカキ・シキミ科シキミ・ユズリハ科ユズリハなどがあり、いずれも照葉樹林帯に生える樹種という共通性がある。今日、この中でもっとも広く神事に用いるのはサカキである。奈良県大神《おおみわ》神社の摂社率川《いさがわ》神社では、サカキの枝を採って麻ひも・木綿《ゆう》を付けて神具とするが（第3章第4節）、それこそオオヌサの原型であって、神木サカキをもっとも身近に感じるところである。実は、「さかき」という名は、現在でこそツバキ科サカキに継承されているが、古典の記述を精密に考証すると、必ずしも特定の植物種を指すとは限らないことがわかる。古典における「さかき」という名の出現頻度は、「つばき」よりずっと少ないが、『古事記』上つ巻の天の石屋戸神話に「天の香山の五百箇《いほつ》眞賢木《まさかき》を根こじにこじて、上枝《ほつえ》に八尺《やた》の勾璁《まがたま》の五百箇《いほつ》の御統《みすまる》の玉を取り著《つ》け、中枝《なかつえ》に八尺鏡を取り懸け、下枝《しづえ》に白和幣《しらにぎて》、青和幣《あをにぎて》を取り垂《し》でて云々」とあるように、わが国最古の古典に登場し、古くから神事に用いられた意義は決して小さくない。ここで注目すべきは賢木という表記で、『萬葉集』の大伴坂上郎女の歌に「久堅之《ヒサカタノ》　天原従《アマノハラユ》　生來《アレキタル》　神之命《カミノミコト》　奥山乃《オクヤマノ》　賢木之枝尓《サカキノエダニ》　白香付《シラカツケ》　木綿取付而《ユフトリツケテ》云々」（巻三　〇三七九）とあるように、ここでも原文で賢木の表記を用いる。賢木の和訓については、『和名抄』（源順）に「坂樹　日本紀私記云ふ　天香山の眞坂樹　佐加木　漢語抄榊字　本朝式は賢木の二字を用ふ　本草云ふ、龍眼一名益智　佐賀岐乃美」とあるに基づく。ここで見落としてならないのは、龍眼一名益智を「さかきのみ」と訓ずることである。これは『本草和名』（深根輔仁）に「龍眼　一名益智　蘇敬曰ふ、此れ龍眼に非ざるなりと　一名龍目一名比目　疏文に出づ　和名佐加岐乃美」とあるのを引用したものである。また、『和名抄』の調度部祭祀具に「楊氏漢語鈔に龍眼木　佐加岐　今按ずるに龍眼なるは其の子の名なり。本草に見たり。日本紀私記云ふ、坂樹を刺立て、祭神の木と爲す。今按ずるに本朝式に賢木の二字を用ふ。漢語鈔にいふ榊の字並に未だ詳らかならず。」とあり、龍眼《リュウガン》というわが国に自生しないムクロジ科植物に「さかき」の名を充てる（詳細は拙著『生薬大事典』のリュウガンニクの条を参照）が、この背景の詳細は次節で述べる。『夫木和歌抄』に、「ちはやぶる　かもの社の　神あそび　さか木の風も　ことにかぐはし」なる歌があり、「さか木」の香りが詠まれている。ツバキ科サカキの芳香はごく微弱であるから、この歌の「さかき」は同じ常緑広葉樹で「お香の木」の方言名をもつシキミである（『万葉植物文化誌』）。シキミの香りはすでに平安文学でも知られ、『枕草子』の「正月に寺にこもりたるは」に「帯《おび》うちして拝《をが》み奉るに、ここに、つかうさぶらふとて、樒《しきみ》の枝を折りてもて來《き》たるに、香《か》などのいとたふときもをかし」とあるほか、『源氏物語』の總角《あげまき》にも「御かたはらなる、短《みじか》き几帳を、佛の御方《かた》にさし隔《へだ》てゝ、かりそめに添《そ》ひ臥《ふ》し給へり。名香《みやうがう》の、いと、かうばしく匂《にほ》ひて、樒《しきみ》の、いと、はなやかに薫《かを》れるけはひも、人よりは、けに、佛をも思ひ聞《きこ》え給へる御心にて、云々」とある。以上のことから、「さかき」という名は特定の植物を指すのではなく、神木として崇める植物の総称名であったと推定される。聖賢が「かしこく、すぐれた聖に次ぐもの」という意味をもつように、賢木は正訓であって、「聖木に次ぐ植物一般」を指す名とすれば、いわゆる「さかき」が神事に利用するため、いとも簡単に枝を切り取られる理由を理解できる。『和名抄』にある坂樹も単に音を充てたのではない。坂といえばまずスロープを連想するが、坡に通じて土手や堤の意味がある。足柄の坂は、急斜面の意ではなく、峠であり、境にも通じるといえばわかりやすい。したがって「さかき」は神の坐す場所すなわち鎮守の森の周縁にある樹種一般を指すと考えられる。鎮守の森は照葉樹林からなり、高木層・小高木層・低木層など複層の植生構造をもつ。高木層はブナ科シイ・カシの類を主とし、そのほかにクスノキ科タブノキ・クスノキ・カゴノキ、ホルトノキ科ホルトノキなどがあり、これらは常緑樹ではあるが、枝を採って神事に用いることはない。鎮守の森の中心部に生え、まさに神の坐す木と考えられたからで、枝一本切ることも憚られたのである。一方、小高木～低木層に属するのがツバキ科ツバキ・サカキ、ユズリハ科ユズリハ、シキミ科シキミなどで、照葉樹林の周縁部でよく見かける樹種である。鎮守の森を構成する樹種でありながら、タブノキなど高木とは違って神聖な森の屋台骨を支える存在ではないから比較的気軽に切られた。したがって、「さかき」とは小高木～低木層に属する樹種を指し、神の鎮座する森を囲むように生えているので、境木と呼ばれた。どれも常緑樹《ときわぎ》であるから、栄樹《さかき》という俗解が発生した。その出典は『萬葉集仙覺抄』の「さかきといへるはか（彼）の木、ときは（常葉）にして枝葉しけゝ（茂け）れば、さかきと云。さかきとはさかへたる木と云也。木はときはなれとも枝葉茂らぬもあり、又枝葉しけゝれともいたくこまやかにくたくたしきも侍るへし。此木は中をとりてよのつねなり。さればわきてさかきとして神祇をかさりたてまつる也。」（巻第三）という記述で、鎌倉時代の万葉学泰斗の見解だけに、現在では真の語源であるかのように勘違いされる。

第2節　サカキの自生しない地域で代用とされるヒサカキ

「さかき」という名をもつ植物はサカキのほかにヒサカキがある。『古事記』中つ巻の歌謡「宇陀《うだ》の　高城《たかき》に　鴫《しぎ》罠《わな》張る（中略）後妻《うはなり》が　肴乞《なこ》はさば　伊知佐加紀《いちさかき》　身の多《おほ》けくを　こきだひゑね　ええ　しやごしや　こにいのごふぞ云々」にある「いちさかき」は、通例、ヒサカキと解釈される。眞賢木《まさかき》を「本物のサカキ」と解し、「いちさかき」はそれに似た別種ということでヒサカキとしたようである。「さかき」は特定の樹種を指す名ではないことはすでに指摘したが、「さかき」に冠せられた眞は本物という意味ではなく、美称の意の可能性も含めて考えるべきである。一方、「いち」は逸《いつ》（稜威《いつ》）が転じたもので、逸品・秀逸などと同じ意味である。すなわち、「いちさかき　身の多けくを」とは、「身の多けくを」は「実の多けくを」も掛けるから、各種の「さかき」の中でも実が多く優れたものと解釈しなければならない。ヒサカキは確かにたくさん実をつけるが、小さすぎてこの歌謡にふさわしいとは思えない。前節で述べたように、『和名抄』では龍眼《リュウガン》に「さかきのみ」という和訓をつけたが、おそらく『古事記』の「いちさかき　身の多けくを」を意識した結果と推察される。『名醫別録』が龍眼を「其の大なるは檳榔に似たり」と記述するように、本草では龍眼を檳榔《ビンロウ》と同じくらいの果実をつけるとする。古代のわが国では檳榔をヤシ科ビロウと誤認していたが（第26章第1節）、ビロウもビンロウも果実の大きさはほとんど差がない。いくら多くつけるとしても米粒のような小さな実をつけるヒサカキを龍眼に充てるだろうか。また、同様にサカキの実をもってしても龍眼にふさわしいものではない。わが国に産しない龍眼に「さかき」の和訓をつけたのは、「さかき」が複数の樹種を指す総名であったからである。敢えて想像を逞しくすれば、広く「さかき」と呼ばれた樹種の中にユズリハやモチノキ科ソヨゴなど比較的大きな実を叢生するものがあり、『名醫別録』の記述に合致すると考えられたからであろうか。『證類本草』巻第十三「木部中品」に掲載された龍眼の附図は、平安の本草家の知るところではなかったが、少なくともそれを暗示させるに十分なレベルにある。無論、上代の先人に漢籍の龍眼が「さかき」という認識はまったくなかったのはいうまでもない。

　サカキ・ヒサカキともにツバキ科の植物であるが、実物を見ればわかるように、ツバキ・シキミ・ユズリハ・オガタマノキなど神の依り代とされたほかの「さかき」類と比べて、これといった特徴に乏しい。サカキは鳥浜貝塚から石斧の柄として出土しているから（『鳥浜貝塚—縄文前期を主とする低湿地遺跡の調査1—』一九七九年）、古くから一定の用途があり、今日でも建材や器具、加工品に使われる。しかし、特徴に乏しい樹種であるから、恒常的に使われることはなかった。今日では、一般にサカキを「ほんさかき」と呼び、ヒサカキはその代用品と考えられているが、かかる認識はおそらく近世になってからであり、古い時代ではこの二種のうちもっぱらヒサカキを「さかき」として用いる方が多かったと思われる。サカキの自生しない地域ではヒサカキを「さかき」の名で呼び神事に利用してきたし、より耐寒性のあるヒサカキの方が分布域も広いからである。分類学的にまったく類縁のないモチノキ科ソヨゴも「さかき」の方言名（富山・岐阜・長野・山梨）があり（『日本植物方言集成』）、神事に利用されている。以上の三種すなわちサカキ・ヒサカキ・ソヨゴは外形がよく似ていて、一般人が一見で区別するのは難しい。これといった著しい特徴をもたないサカキ・ヒサカキが人々にきちんと認識されるようになったのは、古来、「さかき」と総称して神木として崇めた樹種のうちでは最後であったにちがいない。ただし、『和名抄』に「玉篇云ふ　柃　音令　一音伶　漢語抄云ふ　比佐加岐　荊に似て染灰と作《な》すべき者なり」とあり、ヒサカキに柃という漢名を充てる。『説文解字』には単に「木なり」とあり、わずかに宋本『玉篇』に「木の名にして染むべし」とあるように、柃はその灰汁を染色の媒染剤として用いる樹種の名であった。しかし、この名は古本草に見当たらず、本当に今日いうヒサカキであったか不詳である。因みに、上代のわが国で染色の媒染剤とされたのは、『萬葉集』の「紫は　灰さすものぞ　海石榴市《つばいち》の　八十《やそ》の街《ちまた》に　逢へる子や誰れ」（巻十二　三一〇一）という歌にあるように、同じツバキ科ながら別属種のツバキであった。ただし、『散木奇歌集』に「むらさきに　いくしほそめて　藤の花　ゆふひさかきの　はひをさすらん」（第一）というヒサカキの灰を紫色の染色に用いたことを示唆する歌があり、古くはツバキなどの神木を含めて「さかき」と総称していた名残とも考えられる。ここでサカキ・ヒサカキについてまとめてみると、この二種は形態的な特徴が乏しく、古代人は広く「さかき」に含めてにいたが、明確な種認識をもっていなかった。今日のサカキ・ヒサカキがきちんと認識されるようになったのはわが国自前の本草学が発達した江戸期以降である。

俗間では「ひさかき」の名の語源を、サカキより実・花が小型であるから非賢木とする説、全体として小型であるから姫賢木とする説が支持されている。いずれも賢木の基原をサカキとする前提で成り立つ。

第3節　「さかき」から分化独立した神木各種

複数の樹種を表す「さかき」から利用価値の高い植物は次々に固有の名を付けられるようになった。それは文明の進展とともに起きる歴史上の必然であり、それ自体は決して驚くに当たらない。ツバキはその材の強さから工芸材料に利用され、また卯日の杖のような神具にも用いられ、また種仁から脂肪油（海石榴《ツバキ》油、第4章第2節「2-1」参照）が得られるなど有用であったため、早くから固有名が発生したと考えられる。ここでは古くは「さかき」と総称され、のちに固有の名を得たと考えられる神木各種について解説する。

3-1　「しきみ」（シキミ科シキミ）（附）葉に文字を書く多羅葉

「しきみ」は『萬葉集』にある次の第一の歌をもって文献上の初見とし、そのほかの古典文学に少ないながら出てくる。

一、（天平勝宝八歳冬十一月）二十三日、式部少丞大伴宿祢池主の宅に集ひて飲宴せし歌

奥山の　しきみが花の　名のごとや　しくしく君に　恋ひわたりなむ　（巻二十　四四七六）

二、はなまゐらせけるをりしも、をしきにあられのちりけるを

しきみおく　あかのをしきの　ふちなくは　何にあられの　玉とちらまし　（『山家集』下）

三、しきみ

あはれなる　しきみのはなの　ちぎりかな　ほとけのためと　たねやまきけん　（『新撰和歌六帖』）

四、むらさきしきぶ、きよみづにこもりたりしにまゐりあひて、院の御れうにもろともに御あかしたてまつ

りしを見て、しきみのはにかきておこせたりし

かへし

心ざし　君にかかぐる　ともし火の　おなじひかりに　あふがうれしさ

いにしへの　ちぎりもうれし　君がため　おなじひかりに　かげをならべて　（『伊勢大輔集』）

第二の歌の「あか」とは、閼伽《あか》水を入れた容器を指し、「しきみおく」とは閼伽にシキミの枝を置くこと、「をしき」は折敷すなわち閼伽を置く盆のことで、これによってシキミが仏教と深く由縁のあることがわかる。通釈すると、シキミの枝を置いた閼伽の盆に縁がなかったなら、どうあれの玉が散らばったのだろうかとなる。第三の歌も、シキミが仏教と深く結びついていたことを示唆し興味深い。第四の歌は、京都の清水寺にこもった紫式部が伊勢大輔に会って「しきみ」の葉に書き付けて送った歌とあり、「しきみ」は題詞に出てくるのみで歌には詠まれていない。『頭綱集』にも「二月ばかりに寺にかうききにまかりたりけるに、ある宮ばらの女房、また車をならべてききければ、たれともなくてしきみのはにかきてつかはしける」とあるほか、『和泉式部續集』などにも「しきみ」の葉に歌を書き付けるとある。ただし、この「しきみの葉」はシキミではあり得ず、「えかきしば」「じかきしば」の方言名のあるモチノキ科タラヨウを指すと思われる。なぜタラヨウが「しきみ」と呼ばれたのか不詳であるが、シキミがタラヨウも含めて広く「さかき」に含められていたための混乱によるのかもしれない。『塵添壒嚢鈔』巻第十五の「經典《キャウデン》ヲ唄葉《ハイヨウ》ノ文《モン》ト云フ事」に「西域《サイイキ》ノ經典《テン》ヲ唄葉《ハイヨウ》ノ文ト云ハ何事ソ○唄葉トハ、多羅葉《タラヨウ》ノ名也。其樹《キ》ノ本名ハ唄多羅樹也。其ノ葉ヲ取テ、爲二料紙一故ニ、或ハ名二多羅葉共一。或ハ初ノ字ヲ取テ、只唄葉共云也。此葉ニ書ク經ナルカ故ニ、多羅葉ノ文トモ名ケ、又畧シテ唄葉ノ文共云也。」とある多羅葉とは、ヤシ科パルミラヤシのことで、昔、インドでその葉を短冊形に切りそろえたものに経典を書いたことで知られる。多羅がヤシ科植物であることは『本草拾遺』（陳藏器）の栟櫚《ヘイロ》木皮《ボクヒ》の条に「此の木の類、嶺南に虎散、桄榔、冬葉、蒲葵（ビロウ）、椰子

（ココヤシ）、檳榔（ビンロウ）、多羅等有り、皆相似す。」（『證類本草』巻第十四「木部下品　陳藏器餘」所引）とある記述でわかる。タラヨウの名はその多羅葉を誤用したのであるが、その発端は『大和本草』（貝原益軒）であり（巻之十一　木之中）、以降、わが国の民間では定着してしまった。一方、『本草綱目啓蒙』（小野蘭山）は、『本草綱目』巻第三十二「果之四　味類」にある皐盧《コウロ》の和名をトウチャ・ニガチャ、別名を『通雅』の苦丁《クテイ》としている。タラヨウの若葉を中国では苦丁茶《クテイチャ》と称し飲用するので、タラヨウの正しい本草漢名は皐盧一名苦丁である。本草における初見は『本草拾遺』（陳藏器）で皐盧葉《コウロヨウ》の名で収載する（『證類本草』巻第十二「木部上品　陳藏器餘」）。因みに、いわゆるチャノキは『新修本草』で初めて収載された茗苦梌《ミョウクダ》に相当し（巻第十三「草木部中品」）、李時珍は茗の名で収載するが（巻第三十二「果之四　味類」）、茶の字ではないから注意を要する。

中国本草でシキミに該当するのは八角茴香《ハッカクウイキョウ》（真の基原は同属種のトウシキミ）であり、明代の『本草綱目』に初見するが、意外なことに茴香《ウイキョウ》（ハーブのフェンネルのこと）の一品と認識された。したがって古代の漢籍に該当する名前がないから、わが国ではとんでもない漢名を充てることになった。『和名抄』に「唐韵云ふ　櫁　音蜜　漢語抄云ふ、之岐美　香木なり」とある櫁は、本来、中国で香木として珍重される沈香《ジンコウ》の異名である。『玉篇』に櫁とあり、一方、『廣韻』では榓となっていて紛らわしいが、本来は櫁が正しく、榓は蜜と密が同音によって作られた俗字である。沈香の別名を蜜香と称したから、木偏に作って櫁とした。蜜香は蜜のような香気があるという意味だが、この名は『名醫別錄』では木香《モッコウ》の別名でもあるので、沈香と混同してしまったのである。もっと不可解なのは、『和名抄』『本草和名』ともに莽草《モウソウ》に「しきみ」の和訓をつけていることである。莽草は『神農本草經』の下品に収載される古い歴史をもつ薬物であるが、歴代本草の記述から基原を絞り込むことは困難であり、少なくともシキミの類ではないことははっきりしている（『万葉植物文化誌』）。いずれにせよ、「しきみ」という音名が上代古典に登場し、語感から和語であることはまちがいない。この語源説はいくつかあり、『大和本草』は「悪《あ》しき実」の訛（巻之十二木之下)、『大言海』は「重実《しげみ》」すなわち実を重《しげ》くつける義だという。比較的新しい語源説として『植物の名前の話』(前川文夫)は敷実《しきみ》すなわちシキミの果実(袋果)が一重にぐるりと敷きまわした形に見えるからという。莽草および前述のモチノキ科タラヨウに対して「しきみ」の和訓をつけたことも考慮しなければならないが、現時点ではその語源に心当たりとなるものはまったく思い浮かばない。

3-2 「をがたまのき」(モクレン科オガタマノキ)

オガタマノキは上代の古典に登場しないが、『古今和歌集』の「物名　をがたまの木」に「みよしのの　よしののたきに　うかびいづる　あわをかたまの　きゆと見つらむ」(巻第十)とあるように、「をがたまのき」を物名として詠んだ歌がある。南北朝時代に成立したといわれる『古今和歌集』の注釈書『古今秘注抄』は、「たまがしはをがたまのき　かがみばに　かみのひもろぎ　そなへつるかな」なる歌を挙げている。この歌の出処はよくわからず、大槻文彦は『日本紀竟宴和歌』(藤原国経)としているが(『言海』)、伝本にそのような歌は見当たらない。それはさておいて、古くからオガタマノキが神事に関わっていたかが問題であるが、『茅窻漫錄』(茅原虚斎)中巻にもこの歌が引用され、茅原虚斎は、「をがたまの木ハ榊なりといふ」とも述べる一方で、神前に供えて神霊を招《を》くのに用いるから、その語源を招霊《をきたま》と解釈している。一方、『和歌藻しほ草』(月村斎宗碩)に「をかだまの木、木の名とはみゆ、され共ちかき世にさる木ありと云人なし」(巻第九「木部　木一」)とあるように、室町時代では正体不明の木であったらしい。また十五世紀末に成立した『和歌深秘抄』(堯憲)では「をり(か)玉の木は大晦日に門松をたてけるに、そのうは(そば)にわり木をたててそへたるに、來年の月の墨をひいてたてける、それをお(を)か玉の木といふなり」(括弧内は筆者補注)とあって、習俗に用いる木であったことは確かのようであるが、それがモクレン科オガタマノキであるという確証はない。花実がなければサカキとよく似るから、「さかき」として用いられたことは確かであるが、もともとは「をかだまのき」と称していたのを後世の語源俗解によって招霊《をきたま》の木とされたらしい。本書では、一応、古くは「さかき」と称され、種として明確に認識されることなく、神事ほか各種の習俗に用いられた可能性が高いと考える。

3-3 「ゆづるは」（ユズリハ科ユズリハ）：ぞんざいな考定で充てられた漢名交譲木

ユズリハ科ユズリハの柄で作った石斧が鳥浜貝塚から大量に出土し（『鳥浜貝塚—縄文前期を主とする低湿地遺跡の調査1—』一九七九年）、日本列島における利用は縄文早期あるいは前期までさかのぼる。ユズリハの材は軟質であるから、強い衝撃を受ける石斧の柄には適さず、もっぱら石斧の刃の保護に用いられたらしい（『鳥浜貝塚—縄文前期を主とする低湿地遺跡の調査6—』一九八七年）。古名を「ゆづるは」といい、『萬葉集』に二首登場する。その一首は弓削皇子の歌で、「古《いにしへ》に　恋ふる鳥かも　ゆづるはの　御井《みゐ》の上《うへ》より　鳴き渡り行く」（巻二　〇一一一）とあり、ここでは万葉仮名で弓絃葉と表記される。これを正訓と考えて語源とする見解がある。すなわち、弧を描く葉の形を弓の弦に譬えたという。古名の「ゆづるは」がユズリハであることをもっともよく記したのは平安の才女清少納言である。『枕草子』の「花の木ならぬは」に「ゆづり葉の、いみじうふさやかにつやめき、茎はいちあかくきらきらしく見えたるこそ、あやしけれどもをかしけれ」とあり、葉柄が赤いこと、葉につやのあることはユズリハに固有の特徴とぴたりと合う。中国本草にユズリハに相当する名前はないが、『塵添壒嚢鈔』に「杠《コウ》ヲユヅリハトヨム。杠ハ古尨及漢朝ニハ旗飾《ハタノカサリト》スル也。」（巻第九「齒朶《シダ》ノ事」）とあって、杠《コウ》をユズリハの漢名とする。確かに『廣韻』に「杠は旌旗の飾り」とあり、わが国でもユズリハを縁起物として飾り付けに用いたから、杠の字を充てたらしい。楪もしばしばユズリハの漢名とされるが、禅家でよく使われる漆器を楪子（唐音でチャツと読む）といい、ユズリハの材で作ったからと思われる。以上の二字は国訓であって中国にはない用字である。『大和本草』に

「春新葉生ト、ノヒテ後舊葉ヲツ故ニユツリハト名ツク」（巻之十一　木之中）とあるように、貝原益軒はユズリハの語源を「譲る葉」と考えた。春に出た若葉が大きくなる初夏に古い葉が落ちるのを古い葉が新しい葉に世代を譲ると見立てたといわれるが、実際はそれほど顕著に新葉と古葉が交代するわけではない。また、古名は「ゆづるは」であって、「譲《ゆず》る葉」とは音韻が合わないが、『和漢三才圖會』（寺島良安）にも譲葉木とあり（巻第八十四「灌木類」）、江戸時代から今日に至るまでこの説がもっとも支持されてきた。『本草綱目啓蒙』（小野蘭山）は『事物異名』（明・余庭璧）・『正字通』（明・張自烈）にある交譲木《コウジョウボク》・譲木をユズリハとしている（巻之三十「木之一　香木類楠」）。益軒は引用していないが、「譲る葉」の語源のヒントとなったのかもしれない。交譲木という名の初見はもっと古く、『續酉陽雜俎』（段成式）に「交譲木　武陵郡記にいふ、白雉山に木有り交譲と名づく。衆木數榮の後、方《まさ》に萌芽す。亦た歳を更めて迭《かはるが》はる榮ふなりと。」（巻第十「支植下」）とあり、唐代までさかのぼる。ただし、同書は交譲木の形態について一切記載はないので、それが今日いうユズリハに相当するか確証はまったくない。すなわち、植物和名の語義に近い漢名がたまたま漢籍にあったため充てたにすぎないのであり、きわめてぞんざいな考定であったが、驚くことに現在の中国では小野蘭山の見解を受け入れて交譲木の基原をユズリハとする。

5

第6章

古典に登場する口に苦き薬木

俗に「良薬は口に苦し」というが、この諺の出典は『孔子家語』にある。一六三八年に京都の風月堂から刊行された刊本に「良藥は口に苦くして病に利あり。忠言は耳に逆らひて行に利あり。湯武は諤諤を以て昌んに、桀紂は唯唯を以て亡びたり云々」（巻第四「六本第十五」）とあり、この冒頭の句がわが国では諺となった。中国伝統医学では各薬物に辛《しん》・酸《さん》・甘《かん》・苦《く》・鹹《かん》の五種の薬味（五味という）を充てるが、苦を良薬とする認識はなく、わが国の俗間が作り上げた妄想に等しい。また、一二五五年に清原教隆が訓点校正した写本（宮内庁書陵部本）では「藥酒は口に苦くして云々」とあって微妙に異なる。四部叢刊初編本・四庫全書本・家語疏證はいずれも良藥としているので、江戸時代の刊本はそのいずれかを底本とした。一方、『新式標點孔子家語』は宮内庁書陵部本と同じく藥酒とあるので、もともとは藥酒であったと考えられる。苦味の強い植物は珍しくないが、その多くが古くから薬用に供せられた事実があり、本章ではとくに強い苦味のある木本植物として「あふち」「にがき」「きはだ」を取り上げ、草本植物は次章で解説する。

第1節　強い苦味をもつ薬木「あふち」（センダン科センダン）

1-1　辟邪植物であった「あふち」

『萬葉集』に「あふち」という奇妙な名前が四首に登場するが、それがセンダン科センダンであることは今日では広く知られる。しかし、その果実や樹皮に強い苦味成分を含み、古くから薬用とされたことはあまり知られていない。実際、果実を苦楝子《クレンシ》と称し、『神農本草經』の下品に収載される歴史的薬物であり、また樹皮を苦楝皮《クレンピ》と称し、第二改正国民医薬品集（一九五五年）や第七改正日本薬局方（一九六一年、同追補では削除）に収載され駆虫薬とされたが、今日では薬剤師ですらそれを知る人はごくわずかしかいない。『萬葉集』で「あふち」を詠む歌に次の四首がある。

一、妹が見し　あふちの花は　散りぬべし　我《わ》が泣く涙　いまだ干《ひ》なくに　（巻五　〇七九八）

二、我妹子《わぎもこ》に　あふちの花は　散り過ぎず　今咲けるごと　ありこせぬかも　（巻十　一九七三）

三、玉に貫《ぬ》く　あふちを家に　植ゑたらば　山ほととぎす　離《か》れず来《こ》むかも

右は、四月二日に大伴宿祢書持《おおとものすくねふみもち》の、奈良の宅《いへ》より兄家持《やかもち》に贈りしものなり　（巻十七　三九一〇）

四、ほととぎす　あふちの枝に　行きて居《ゐ》ば　花は散らむな　玉と見るまで

右は、四月三日に内舎人《うちどねり》大伴宿祢家持《おおとものすくねやかもち》の、久迩京《くにのみやこ》より弟書持《ふみもち》に報《こた》へ送りしものなり　（巻十七　三九一三）

いずれも阿布知（巻五　〇七九八）・相市（巻十　一九七三）・安布知（巻十七　三九一〇）・安不知（巻十七　三九一三）と万葉仮名で表記され、漢名表記は一つもない。平安時代になると、『本草和名』（深根輔仁）に「練實　仁諝音義作楝音練　和名阿布知乃美」、『新撰字鏡』に「練實　九月、實を採り陰干す　阿不知乃木也」とあるように、ようやく楝《レン》（練）を充てるようになった。いずれも練實《レンジツ》とあるのは『新修本草』に準拠したためである。中国でも古くはセンダンに対する漢名はなかった。『爾雅』に楝はなく、わずかに『説文解字』に「木なり」とあるだけで、必ずしも特定の樹種を指す字ではなかった。楝をセンダンに充てたのは『日華子諸家本草』（大明）以降である。六世紀に成立した『荊楚歳時記』（梁・宗懍）に「（夏至節）人、並びに新しき竹を以て筒粽を爲《つく》り、楝葉を五綵に挿して臂に繫け、謂ひて長命縷となす」とあり、ここに楝（もともとは練）の字が見えるが、これからセンダンを想起するのは困難である。『本草經集注』（陶弘景）の練實に「俗人、五月五日に、皆花葉を取り、之を佩帯し、悪を去辟す」（『新修本草』巻第十四「草木部下品」所引）とあるように、『荊楚歳時記』に関連する記述がある。ただし、『本

草經集注』は端午節とし、『荊楚歳時記』は夏至節とするところが異なるが、守屋美都雄によれば、夏至と五月五日の行事はしばしば混同されたという（『校註荊楚歳時記』）。いずれにせよほぼ同じ記述内容であるから、わが国の先人は『本草經集注』の練と『荊楚歳時記』の楝が音通の同義であり、また僻邪植物であることも知ったにちがいない。それは第三の歌の「玉に貫くあふち」によって示唆される。この歌の左注にいう四月二日は新暦では五月の初めで、センダンが花をつけているか微妙な時期に当たる。因みに、第四の歌は、大伴家持の歌で、左注から弟の書持が歌を送った翌日に早くも返歌を詠んでいる。両歌にある玉とは薬玉《くすだま》をいい、『荊楚歳時記』にある楝葉すなわちセンダンの枝葉を薬玉につけたと推定される。端午の節句（五月五日）まで一カ月あるが、第23章第1節—1—3」でも述べるように、まだ菊花節の茱萸《しゅゆ》や菊が飾られていたはずで、端午の節句の薬玉を用意し始める時期だったと考えられる。平安時代になると、『枕草子』の「木の花は」に「木のさまにくげなれど、あふちの花いとをかし。かれがれにさまことに咲《さ》きて、かならず五月五日にあふもをかし。」、同「節は五月にしく月はなし」に「むらさきの紙《かみ》に、あふちの花、あをき紙に、菖蒲《さうぶ》の葉、ほそくまきてゆひ、また、しろき紙を根《ね》してひきゆひたるもをかし。」と記されているように、花を僻邪植物のショウブと取り合わせるようになった。大伴兄弟の歌を除いて、『萬葉集』にある残り二首のセンダンの歌のいずれも僻邪の臭いが感じられないのは、当時、「あふち＝楝（練）」と広く認識されていなかったからである。『荊楚歳時記』に記載された習俗の多くはもっぱら上級貴族階級の間で実践され、中には上意下達で貴族から伝えられたものもあったと思われるが、多くの庶民には無関係であった。ただし、第三の歌は「霍公鳥《ほととぎす》を詠みし歌」、第四はその返歌でいずれも「あふち」を主題として詠んだわけではない。因みに、第二の歌のみが「花を詠みし」歌で、第一の歌は内容的には挽歌である。したがって、万葉時代のセンダンの花卉としての注目度はそこそこのレベルであったといえる。

1-2　平安末期に激変した「あふち」の植物文化的地位

万葉時代および平安時代のセンダンに対する評価は概ね高く、貞観時代になると仏像の材料にも利用された。京都太秦の広隆寺の毘沙門天や、金戒光明寺の十一面千手観音、常念寺の薬師如来などはセンダン製であるという（小原次郎『日本人と木の文化』）。仏像は、上中古代ではクスノキ製であったが、センダンも加わったのである。しかし、平安末期から鎌倉時代以降になるとセンダンに対する評価は激変する。『平家物語』に「大臣殿《おほいとの》（平宗盛）父子《ふし》のかうべ都《みやこ》へいる。検非違使《けんびいし》ども、三条河《でうか》原《はら》にいで向《むかひ》て、是《これ》をうけとり、大路《おほち》をわたして左《ひだり》の獄門《ごくもん》の樗《あふち》の木にぞかけたりける。」（巻第十一）とあり、そのほか、『源平盛衰記』などにも似た記述がある。十六世紀中ごろに成立した『塵添壒嚢鈔』に「三ニハ梟首、是ハ頸ヲ切テ、木ニ懸ク。今モ獄門ノアフチノ木ニカクナント云メリ。」（巻第三「屠刑事」）と記述され、これによってセンダンは獄門に罪人の首を懸けるために植えられる梟首《きょうしゅ》の木という通念が広く定着し、縁起の悪い木と考えられるようになった。センダンすなわち「あふち」の評価が善木から悪木に百八十度激変したのは「あふち」の語源解釈と関係があると思われる。「あふち」は「逢ふ血」に通ずるので、武士が首を懸ける木としてふさわしいと選んだとしてもおかしくはない。すなわち、平安後期の混乱した世相がセンダンを縁起の悪い植物に仕立てたといえる。無論、この語源解釈は俗解にすぎないが、さほど教養があるとは思えない当時の武士階級に支持されたのではないかと思われる。センダンの異名に樗を充てることがある。『正韻』に「樗　抽居切並音攄　悪木なり」、また『集韻』にも「樗　通都切音瑹　悪木なり」とあり（いずれも『康熙字典』による）、中国では悪むべき樹木とされた。わが国ではセンダンを梟首の木としたことで、縁起の悪い木すなわち悪木という認識が定着し、この用字を生み出した。本草での樗の初見は『新修本草』であり、椿木葉《チンボクヨウ》と同条に樗木根葉《チョボクコンヨウ》の名で記載し、蘇敬は「二樹（椿と樗）の形、相似す。樗木は疏にして椿木は實なり。」（『新修本草』巻第十四「草木部下品」）と注釈する。この記述では基原を特定し難いが、今日では椿をセンダン科チャンチン、樗をニガキ科ニワウルシに充てる。ニワウルシは明治になって渡来し、一方、チャンチンは寛永年間に宇治の黄檗山萬福寺の禅僧が中国から種子をとり寄せ植えたのに始まるという。拙著『生薬大事典』ではニワウルシをセンダン科としたが、誤りであるのでここに訂正する。ただし、『和名抄』（源順）には「樗　勅居反和名本草云沼天　惡木なり　辨色立成云ふ　白膠木　和名上に同じ」とあり、なぜかウルシ科ヌルデに充てる。今日ではヌルデの漢名に白膠木《ビャクキョウボク》（第11章第3節「3-4」）を用いるが、樗とともにわが国独自の用字であり、ともに「ぬるで」と訓読みする。すなわち、樗はわが国ではヌルデとセンダンの両方を指し、またミカン科カラスザンショウやミツバウツギ科ゴンズイに充てることもあるが、無論、いずれも誤用である。因みに、中国ではヌルデの類を鹽膚木《エンフボク》と称する。その果実を鹽《エン》麩子《フシ》と称し薬用とするが、『開寶本草』（馬志）に初めて収載され、鹽膚子《エンフシ》・鹽梅子《エンバイシ》・鹽梂子《エンキュウシ》（いずれも『本草綱目』）の異名がある。

最後になってしまったが、古名の「あふち」の語源については、『日本語原學』（林甕臣）にあるように、花の色をフジに見立てて「淡藤の義」とするのがもっとも正鵠を射ているように思う。そのほかに、やはり花をフジに見立てて「仰ぐ藤」が詰まったという説（俗説）、『枕草子』に花が五月五日に間に合うように咲くという一節に基づいて逢時の訛りとする説（『倭訓栞』）、花の咲く時期に吹き煽るように強い風が吹くから扇風《あふち》が花の名に転用されたとする説がある。現在名のセンダンの語源については第15章第2節「2-3」②で詳述する。

第2節　薬木「あふち」の代用に選抜された「にがき」（ニガキ科ニガキ）

薬学を専攻した人を除いて、ニガキ科ニガキの名を知っている人は少ないだろう。本節の主題は苦木《にがき》すなわち苦味をもつ木の話であり、理解するには生薬学の専門知識を要するから、文系の人には敷居が高すぎるかもしれない。そもそもニガキは古典文学にその名を見ないので、無縁の植物と考えられているにちがいない。しかし、『萬葉集』に登場する「あふち」と遠いながら由縁がないわけではない。それは後述するとして、「にがき」という名は『大和本草』（貝原益軒）にあり、「苦木《ニガキ》　槐ニ似タリ。皮淡黒、白斑多シ。黄栢、秦皮、苦木此ノ三物ハ葉相似テ辨へ難シ。」（巻之十二　木之下）と記載し、槐（マメ科エンジュ）に似ているが、黄柏（ミカン科キハダ）・秦皮（モクセイ科トネリコ）とは区別が難しいと益軒はいう。このうち、エンジュに似るというのはまさにニガキ科ニガキの特徴が見当たらず今一つ理解しがたいが、樹皮が薄い黒色で白斑が多いというのは羽状複葉以外に共通の特徴に合致する。ニガキは大陸にも分布し、『中薬大辞典』は苦木《クボク》・苦樹《クジュ》・苦檀《クダン》・山苦楝《サンクレン》・黄楝樹《オウレンジュ》などの漢名を充てる。このうち、もっとも古い名は黄楝樹で、『救荒本草』（周定王）に初見する。原典の記述は「山野の中に生じ、葉は初生の椿樹の葉に似て、極小なり。又、楝の葉に似て色微《わづ》かに黄を帯て花を開き、紫赤色にして子を結び、豌豆の大いさの如し。生は青く、熟すれば亦た紫赤色となれり。葉の味は苦し。」（巻之六）とあって、椿樹《チンジュ》すなわち香椿《コウチュン》（チャンチン）、楝《レン》すなわち苦楝樹《クレンジュ》（トウセンダン）といういずれもセンダン科の樹種に似るという。葉はトウセンダンのようで、少し黄色を帯びるとして黄楝樹の名をつけたらしいが、問題はこれがニガキであるか否かである。花の色を紫赤色とするのは、雄株・雌株のいずれも淡い黄緑色の花をつけるニガキと合わないが、これを除けば葉が同じセンダン科のチャンチンに似ていることから、奇数羽状複葉をもつと推定され、果実の大きさがエンドウ豆ほどというから、長さ六〜七ミリの倒卵球形のニガキと同程度、またその色も熟した後は濃赤紫色であるから、周定王の記載との整合性は申し分ない。おそらく、黄楝樹の花の色の記載は周定王の勘違いであり、また黄色であるのは葉ではなく集散花序の花の色であって、それをもって黄楝樹と名づけたとすればつじつまが合う。出典元の『救荒本草』では黄楝樹を薬用としておらず、「嫩葉を採り、煠《や》き熟して水に淘《よな》ぎ浄《きよ》めて、油鹽に調《ととの》へ食ふ」とあるように、若葉をあく抜きすれば食べられるという。『救荒本草』は一四〇六年の成立であるから、『大和本草』より三〇〇年ほど古い文献上の出現となる。しかし、貝原益軒は『救荒本草』の黄楝樹にはまったく言及せず、おそらく「黄楝樹＝ニガキ」という認識はなかったと思われる。わが国の文献で初めて黄楝樹に言及したのは、『大和本草』とほぼ同時代に成立した『和漢三才圖會』（寺島良安）であるが、周定王の記載をそのまま転載するのみで、和名をつけていない（巻第八十三「喬木類」）。享保元（一七一六）年十月に、松岡玄達が訓点を施し、自注を加えた和刻本の『救荒本草』が京都の柳枝軒・白松堂・含翠亭から刊行されたが、やはり黄楝樹にニガキの和訓はつけていない。したがって当時のわが国では黄楝樹の基原は知られていなかったことを示唆する。ではいかなる経緯で益軒はニガキの存在を知ったのであろうか。これまでわが国におけるニガキの文献上の初見は『大和本草』と考えられていたが、実は益軒よりは四〇〇年、『救荒本草』より一〇〇年ほど古く、その名を記録した国書がある。『頓醫抄』という鎌倉時代の僧梶原性全が著した医書で、巻第三十四に「にがき」を配合する処方がいくつか収載されている。『頓醫抄』は稀本で、内閣文庫本と富士川文庫本の二系統が伝存するが、ここでは京都大学附属図書館所蔵の富士川文庫本より抄出する（括弧内およびひらがなのルビは筆者補注）。

次消毒捻藥合時煎物方

苦木《ニガキ》　苦桃木《ニガモヽ》　土樒《ツチシキミ》　苦参　沆見　枝葉

已上廻一尺長サ一尺束各三束入之

右是等ヲ入テ清水三斗　本斗定　一斗ニ煎ジテ滓ヲ去テ釜ニ蓋ヲセズ、而モ灰ヲ入ルベカラズ。釜ノ口ニ絹若《もしく》ハ布ヲ覆ベシ。此煎物ヲ別ノ壺ニ汲ウツシテ前ノ廿種ノ藥ヲ入合テ能クニギ（握）リ合スベシ。松脂堅テトケズ。如此（此《かく》ノ如ク）シテ後盖ヲ覆テ置ベシ。夏ハ四五日、冬ハ六七日ノ間酒ノ沸ガ如（ク）沸合也。冬ハ火邉ニ置ベシ。

已上二百日療治分、若《も》（シ）療治不足者分量可増。

次沐薬湯叓

土檰　椿　苦参　苦木　汗見《アセミ》若ハ松葉用之

右、是等汁入合八分ニ煎取テ浴也

仙寳薬

汁青　松脂粉　苦木細末　陶砂細末　焙煤《スヽ》以哂各一合　苦参　檷仙薬各三分　赤龍灰　大犬頭灰、各少々

此等和合シテ付之

次薬湯薬種

苦参　椿　苦木　土檰　汗見

已上療治ヨリ沐浴吃ニ至マデノ禁物

（以下略）

疥癩治方

ヱンス（槐：マメ科エンジュ）　桒（桑：クワ科クワ）　車前草（オオバコ科オオバコ）　ニガ木　モ、（桃）　イノコヅチ（牛膝：ヒユ科イノコズチ）　クラ、（苦参）　ユノ木（楡木：ニレ科ニレ類）

右八種ヲ合煎シテ能《よ》キ程ニサマシテ桶ニ入テ床ニ尻ヲカケテ足ヲ、ロシテユツル也。次第ニ足ニイタリ法ノ如クハレテウタフクロ（袋）ニナリタル吃針ヲスレバ水多ク出（ヅ）。其後菁《ナノハ》ヲ付、カヘカヘスケスル也。芋ハズノ湯ニテユデ、後青葉ヲ付レバ則（チ）平愈スル也。

いずれの処方も浴用外用薬であって、内服するものではない。この中にクラ、（苦参：マメ科クララ）や汗見《アセミ》（ツツジ科アセビ）は強い苦味成分を含む。椿は、本草ではセンダン科チャンチン（香椿）であるが、これも苦味成分を

含む。当時、チャンチンの生木は知られていなかったが、薬物としては輸入されていたか、あるいは国産のツバキを椿木《チンボク》として用いていたのかもしれない。苦桃木・モ、（桃）は桃仁《トウニン》すなわちモモの種仁のことで、青酸配糖体というやはり苦味成分を含む。ニガ木（苦木）もその字義から強い苦味を期待し、苦参《クジン》・汗見と同じ目的で配合したことはまちがいない。結局、以上のいずれの処方も苦味の強い薬物を主体に配合していることで共通する。伝統医学では苦味成分に殺菌・駆虫作用があるとされていたから、ニガ木（苦木）は今日のニガキ科ニガキでまちがいないように見える。ただし、ここで注意しなければならないのは、ニガ木の名は当時の本草にないことである。わが国が古代から一貫して中国古医学の強い影響下にあったことを考えると、苦楝子《クレンシ》・苦楝皮《クレンピ》というそれぞれセンダン科センダンの果実・樹皮を基原とする薬物があって、しかもわが国に自生するにもかかわらず、用いていないのはよほどの事情があったと見なければならない。第1節で述べたように、苦楝子は『神農本草經』の下品に練實《レンジツ》の名で収載される歴史的薬物であり、主治を「温疾、傷寒の大熱、煩狂を治し、三蟲、疥瘍を殺し、小便水道を利す」とし、駆虫・皮膚病の妙薬とされた。一方、苦楝皮の名は『日華子諸家本草』（大明）で初めて言及されたが、基原は苦楝子とまったく同じで、薬用部位の違い（果実と樹皮）だけである。主治も「遊風熱毒、風瘮、悪瘡、疥癩、小兒の壯熱を治す。並《とも》に湯に煎じ浸して洗ふ。服食するに是れ子を生ずる者雌樹を須《もっ》てす。皮一兩に五十粒の糯米を入れ煎じ煮て毒を殺すべし。瀉多きに冷粥を以て止め、瀉せざる者は熱葱粥を以て發す。子無き雄樹は能《よ》く吐瀉して人を殺す。服すべからず。」（以上、『證類本草』巻第十四「木部下品　棟實」所引）とあって、やはり駆虫・皮膚病の妙薬とされた。したがって、『頓醫抄』の処方にあるニガ木はセンダンの可能性すら考えられ、ニガキ科ニガキとするのは早計ということになる。いずれにせよ、ニガ木は苦味のある木という意味の純然たる和語であり、おそらく方言名に由来すると考えられる。『日本植物方言集成』によれば、「にがき」の方言名をもつ植物は次の通りであるが、この中にセンダンはないから、『頓醫抄』にいうニガ木は次のいずれかの植物である。

アオダモ（モクセイ科）・アオハダ（モチノキ科）・アセビ（ツツジ科）・ウツギ（ユキノシタ科）・ウワミズザクラ（バラ科）・エゴノキ（エゴノキ科）・エンジュ（マメ科）・キハダ・コクサギ（ミカン科）・トベラ（トベラ科）・ニガキ（ニガキ科）・ハナヒリノキ（ツツジ科）・ハマクサギ（クマツヅラ科）・ハマセンダン（ミカン科）・ハルニレ（ニレ科）

この中にアセビ（次沐薬湯叓・次薬湯薬種）とエンジュ（疥癩治方）が前述の処方に含まれ、梶原性全は一定の目的をもって苦味生薬を配合したことがわかる。エンジュ（槐）の薬用部位を記載していないが、槐実《カイジツ》であれば『神農本草經』はその性味を「味は苦く寒」と記載するからよく合う。ハルニレがここにあるのも別の意味で興味深い。ニレ属の樹皮は楡皮《ユヒ》と称し、『神農本草經』の上品に収載され、また粉にして楡麺をつくり食用にもする。性味は「味は甘く平云々」とあるから、「にがき」の名に合わないが、ハルニレは楡皮の正品ではなく、真品（トウニレなど）に比して甘味が弱いから「にがき」の方言名がついたと思われる。かくして疥癩治方に配合される「ユノ木」はハルニレと推定される。しかし、本品を配合した目的はほかにもある。『神農本草經』が楡皮の性味を滑とするように、タンニンと粘液質を含むので、収斂・緩和の効を期待して配合したと考えられる。キハダは純然たる漢方の要薬「黄柏《オウバク》（黄蘗）」として一定の用途があるから、ニガ木の名で配合された可能性はないだろう。クマツヅラ科ハマクサギはニガキと花・樹皮がよく似るが、強い悪臭があり、和漢ともに薬用記録がない。以下省略するが、このようにして一つ一つ丹念に吟味していくと、結局、『頓醫抄』のニガ木はニガキ科ニガキ以外はあり得ない結果となる。

次に、性全は、中国でさえ薬用記録がない植物を、いかなる経緯で選抜したのか、センダンという選択肢がありながら、なぜニガキを選抜する必要性があったのか考えてみたい。まず、ニガキは、『救荒本草』にあるように、楝すなわちセンダンによく似ていることが挙げられる。前述したように、苦楝皮《クレンピ》・苦楝子《クレンシ》はともに皮膚病治療に外用される薬剤として知られるが、和産のセンダンは中国産のトウセンダンに比べて苦味が弱く、品質は劣るといわれる。このことから昔はわが国にも良品の苦楝皮・苦楝子すなわちトウセンダンを基原とするものが存在すると信じられ、各地で探索した結果が丘陵や山地の陽地に普通に分布する別種のニガキであったという仮説が成り立つ。前述の処方は、中国で用例のないアセビやシキミを配合することで明らかなように、梶原性全が独自に創製した経験方であるが、ニガキの苦味成分は葉・樹皮・実に含まれるので、このいずれの部位も用いられた可能性がある。ニガキは性全が薬用に発掘した薬剤という点で特筆に値するが、そのほかの医療書ではわずかに江戸期の民間療法書『此君堂薬方』の「ニカ虫ノ方」に「又苦木《ニガキ》ノ葉　皮スコシ　コク煎シ、アツキ内ニ一日二三度洗、二日計ニテ治ス、水虫ニテモヨシ」とあるにすぎない。全国的に広まった形跡がないのは中国で薬用実績がないからである。ただし、ニガキがセンダンに比べて駆虫作用、皮膚病に対する効果が優れていることを指摘した文献は見当たらない。実際、薬効の中心が苦味であるにしても、和産のセンダンがトウセンダンと比べて品質に大差があるというほどでもない。とすれば、性全がニガキを選抜した理由は別にあることも考えられる。中国古典医学に精通していれば、性全の経験方を見て、中国で実績のあるセンダン基原の苦楝子・苦楝皮が意識的に忌避されていると感じるはずだ。第1節で述べたように、センダンは平安後期から縁起の悪い植物とされたから、それ故に薬物として忌避されたと考えられる。すなわち、その代替としてわが国の山野から選別されたのがニガキであった。わが国でニガキの利用が広がったのは、中国本草・中国医学の影響から脱した明治以降であり、西洋薬のカシア木の類品として苦味《み》健胃《けんい》薬《やく》に抜擢され、日本薬局方にも収載された。それまでは中国医学の強い影響を受け、一貫して外用薬として使われてきたが、知識の取得先を漢才から洋才に転じた明治以降は内服薬に転身した。『中薬大辞典』に苦樹皮とあるのはニガキのことで、出典を『中国药植志』とするが、わが国の知見を取り入れたものである。漢才を排し和魂洋才でもって創り上げた薬物であるから、苦木をクボクと読むのは誤りで、やはり「にがき」と読まなければならない。

梶原性全の疥癩治方にヱンスの名でエンジュ（槐）を配合しているのでついでながら考証してみよう。『和名抄』（源順）に「介雅集注云ふ、葉小にして青きを槐と曰ふ 音迴 惠邇須」とあるように、ヱンスはヱニスの訛である。日本語でンという表記が発生したのは室町時代以降といわれるが詳細は不詳である。『頓醫抄』のヱンスにンの表記があるのは、後世の書写によるものであって、成立時の表記を反映したものではない。上代の古典は無論、平安の詩歌にもなく、『和名抄』ではニの韻で代用する。『源氏物語』で蘭（フジバカマのこと）を「らに」と表記したのと同じであり、表記を省略することもある。ヱニスの由来は槐子の呉音読み「ヱンス」に由来するといわれるが、『頓醫抄』の一方痔腹ノ秘藥に「ヱンスノミヲコクセンジテ服ベシ」（巻第七「積聚上　附癥瘕痃癖諸腹病赤白痢病」）とあり、ヱンスの後に実が続くから、「槐の実」すなわち槐子ではない。したがって、ヱニ（ン）スは槐樹の呉音読みが訛ったと考えるべきである。当時、「じゅ」の表記はなく「す」あるいは「し」とした。槐は中国原産で生品の植物がわが国に渡来したのは江戸期になってからといわれる。したがって、平安時代のわが国には存在せず、『和名抄』のヱニスの名は、漢名を同時代の音をもって訓じたにすぎない。しかしながら、今日の通用名であるエンジュの語源は、槐樹の呉音読みに由来し、一方、そのつぼみで第八改正日本薬局方まで収載された槐花は「かいか」と漢音読みするからややこしい。

第３節　漢方薬にも染色剤にもなる「きはだ」（ミカン科キハダ）

「きはだ」は『本草和名』（深根輔仁）をもって文献上の初見とし（後述）、ミカン科の高木キハダのことである。和名は樹皮の内層が鮮やかな黄色であることをもって黄膚に由来する。その樹皮は『神農本草經』の上品に蘗木《バクボク》の名で収載され、今日ではオウバク（黄柏）と称して現行局方に収載される。『證類本草』や『本草綱目』などの主要本草でも蘗木としていたが、唐代の『薬性論』（唐・甄權）が採用した黄蘗《オウバク》を経て、現在は黄柏の漢名を用いる。強烈な苦味があり、苦味質の本体はベルベリンというアルカロイドである。黄色の色素成分でもあり、薬用のほか染色用にも繁用する。『延喜式』の巻第一、巻第五、巻第七、巻第十二～巻第十五、巻第二十四の各巻に頻出する黄蘗はいずれも黄色染料である。現在でも漢方薬としてまた製薬原料としても有用であるが、『延喜式』の巻第三十七「典薬寮」で、中宮臘月御薬、雑給料、遣諸蕃使（唐使・渤使）に頻出し、そして諸國進年料雑薬では大和国・摂津国・遠江国・近江国・越後国・丹波国・丹後国・石見国・美作国・備前国・備中国・備後国・安芸国から貢進の記録があるように、古代でも薬用として重要であった。オウバクを原料とする民間の売薬に陀羅尼助《だらにすけ》があり、伝承では一三〇〇年ほど前に疫病が大流行した際に多くの人がこの薬で助けられたという。大峰山の修験者が創製したといわれるが、たしかに同山中にキハダを多産したから、その起源が古いことはまちがいない。ただし、現在では陀羅尼助を苦味健胃薬とするが、その用法は西洋の影響を受けた近世のものであって、古くは駆虫や皮膚病治療の外用薬であった。『用薬須知』（松岡恕庵）に「黄栢　此ノ實ヲシコノヘイト名ク。勞瘵ノ熱ヲ除クニ妙ナリト云。」（巻之三「木部」）とあるように、キハダの実もシコノヘイと称して薬用とした。シコノヘイとは日本語らしからぬ語音であるが、キハダの実を指すアイヌ名シケレべの訛といわれる。東北地方の方言名シコ・シコー・シコノキも同じ語源と考えられる。『錦窠植物圖説』（伊藤圭介）第十四冊「芸香《うんこう》科（ミカン科）」の黄栢に「木曽ニテシコロト唱フ」とあるが、これも同系統の方言名である。恕庵は言及していないが、キハダの実は民間で駆虫薬として用いられた。『本草綱目紀聞』（水谷豊文）に「俗ニ四《シ》国米《コノヘイ》ト云。殺虫薬トス。」（喬木　上　三十五）とあり、駆虫薬のほか殺虫薬ともされた。この用法はセンダン（「あふち」）の実を基原とする苦《ク》楝子《レンシ》に似るが、キハダの実の薬用記録は中国になく、キハダが冷涼地帯に多産する樹種であることを考えると、かなり古い時代にアイヌ人が伝えた薬方の名残と考えられる。松岡恕庵は「又、小栢アリ。眼科ノ用ニ入ル。」とも述べ、小栢《ショウバク》という別品にも言及する。小栢とは小蘗《ショウバク》のことで、『本草和名』では蘗木（黄柏）の異名とするが、今日ではメギ科メギに充てる。本草では『新修本草』（蘇敬）で下品として初見し、蘇敬は「其の樹の枝葉は石榴と別无し。但し花は異なり、子は細かく黒、圓《まる》く牛李子の如し。」（巻第十四「木部下品」）と注釈し、この記述はメギとまったく合わない。蘇敬は蘗木《バクボク》（黄蘗）の条でも「子蘗一名山石榴、子は女貞に似て、皮は白く黄ならず、小蘗と名づけ所在に皆有り。今、皮黄なりと云ふは恐らく謬りなり。案ずるに、今俗に用ふる子蘗は皆刺多く小樹にして、刺蘗と名づけ、小蘗に非ざるなり。」（巻第十二「草木部上品」）と注釈し、真品たる小蘗の樹皮は黄色ではなく、果実が女貞《ジョテイ》（モクセイ科ネズミモチ）に似ると繰り返す一方で、トゲが多く小樹の刺蘗《シバク》と称する類品の存在を暗示している。小蘗の樹皮が黄色ではないと強調していることは刺蘗の樹皮が黄色であることの裏返しともいえるわけで、蘇敬のいう刺蘗こそ今日のメギに相当する。一方、『開寶本草』（馬志）によれば、「小蘗は石榴の如く皮は黄、子は赤く枸杞子の如く、両頭尖り、人枝を剉み以て黄に染む。若《も》しくは云ふ、子黒くして圓《まる》きは恐らく是れ別物にして小蘗に非ざるなり。」（『證類本草』巻第十四「木部下品」所引）とあり、以降、小蘗と刺蘗を区別する蘇敬の見解は支持されず、小蘗の基原はメギと認知されるようになった。メギは、ヘビノボラズの異名があるほどトゲの多い低木で、ベルベリンを含み、材が鮮黄色で苦味が強い。これをもって黄蘗と同類と認識され、低木であるから小黄蘗と名づけられ、略して小蘗となった。すなわち、蘇敬の見解はきわめて分が悪いのであるが、わが国では以上の小蘗の基原に関する議論に翻弄され、『本草和名』（深根輔仁）では「蘗木　楊玄操音補麦反　一名檀桓　根の名なり　子蘗　陶景注云ふ、是れ又一種なりと　子蘗一名山石榴一名小蘗刺蘗　蘇敬注云ふ、此小蘗に非ずと　檀桓一名蘗根一名棹楨一名檀無根一名檗木　釈藥性に出づ　一名黄木　兼名苑に出づ　和名岐波多」とあるように、小蘗を子蘗《シバク》・刺蘗とともに蘗木（黄蘗）の異名としてしまった。小蘗が『新修本草』の下品に収載されるれっきとした正品であったから、深根輔仁は別条に和訓をつけずに

「小蘗　一名山石榴」と記載した（『本草和名』第十四巻木下四十五種）。

俗間ではメギの語源を「目薬になる木」すなわち目木に由来するという説が広く支持されている。「めぎ」の名は十三世紀後半に成立した問答形式の辞書『名語記』（経尊）に初見し、「問　目ノクスリニモチヰルメキ如何。答目ノ薬ナレハ目木歟。」（巻第六）とある。一三〇二年あるいは一三〇四年に成立し、邦人医家梶原性全の著した『頓醫抄』に「膜目ヲ治ス」一方として九龍膏なる薬方が収載され（巻第十九「眼諸病」）、菊・目木・枸杞・卜子《ネ》リコ・黄蘗《キワタ》・黄連・古文銭・龍脳・麝香の九種の薬物を配合、この中に目木《めぎ》の名がある。鎌倉時代に「めぎ」が目の薬と認識されていたことは明らかになったが、問題はそれが小蘗であるか否かである。九龍膏なる薬方は法隆寺に伝承された薬方集にその名があり（『法隆寺所蔵医薬調剤古抄』廣川書店　一九九七年）、性全の処方の記載はそれより簡略化されているから、法隆寺の処方集は一三〇四年よりも古いと考えられる。この部分は拙著『生薬大事典』では言及していないので追加しておく。さて、『本草和名』が小蘗に和訓をつけず、蘗木（黄柏）の異名とした事実を考慮すると、黄柏の薬能を転用したことも考えられる。因みに小蘗を初めて収載した『新修本草』はその主治を「口瘡、甘䘌を主り、諸虫を煞し、心腹中の□（熱）氣を去る」（括弧内は『證類本草』より補録）とし、眼科の薬とはしていないが、黄柏に関しては『名醫別録』で「驚氣皮間に在り、肌膚熱して赤く、目熱赤痛を起こし、口瘡あるを療ず」の薬能が追記され、目熱赤痛によって眼の薬と認識されたことがうかがえる。『證類本草』の序列下は薬物を病症別に分類するが、やはり目熱赤痛に効果のある薬物として蘗木（黄柏）を挙げる。黄柏の原料植物キハダの方言名に「めぐさりのき」（青森・下北）、「へぎ（めぎの訛）」（秋田・仙北）があり（『日本植物方言集成』）、目の薬とされたことを示唆する。したがって黄柏の類品である小蘗を目の病に用いてもおかしくはないが、わが国の古典医書に小蘗の名は見当たらず、「めぎ」の名だけが出てくる。松岡恕庵は小蘗の和名に言及しなかったし、『本草辨疑』（遠藤元理）、『大和本草』（貝原益軒）は小蘗の名すら言及することはなかった。室町中期の『本草類編』はかろうじて「小蘗　加波宇須支々波多」と記載するが、「皮薄《かはうす》きはた」の訓をつける。室町時代から江戸時代に刊行された各種の辞書の中で、小蘗は一七一七年刊の『書言字考節用集』（槙島昭武）だけに収録され、「いぬきわた」の訓をつける。和刻本『本草綱目』は李時珍による原著に訓点を施したものであるが、薬物名に和訓をつけたものもある。『重刻本草綱目』（野田彌次右衛門刊、寛永十四年）では「いぬきはだ」、稲生若水校正『新校正本草綱目』（唐本屋八郎兵衛等刊、正徳四年）は「こがねえんじゅ」の和訓をつけるが、松下見林訓点『重訂本草綱目』（風月荘左衛門刊、寛文九年）はつけていない。以上の結果を勘案し、改めて『名語記』『頓醫抄』にある目木という名の義を考えると、奇妙な名であることに気づく。直接、小蘗を目の薬にするとした薬物書・医書はないので、目木とは目の薬になる木の意ではなく、単なる音名にすぎないとも考えられる。小蘗とは明らかに黄蘗に対比された名（小黄蘗）であるから、黄蘗を雄（男）、小蘗を雌（女）と考え、小蘗を「雌（女）蘗木」と呼び、それを簡略したものがメギの語源と考えられる。『本草和名』では黄蘗と小蘗を区別しなかったため、わが国ではもっぱら和名の「めぎ」の名が用いられた。黄蘗が目熱赤痛の薬であったから、小蘗も同様の薬効をもつとされ、語源の俗解によって目木と表記されたのである。メギはキハダより人里の近いところに自生するから家庭の医薬として用いられたと思われる。『延喜式』巻第三十七「典薬寮」の諸國進年料雑薬では山城国からの小蘗の貢進が記録されるのみで、黄蘗と比べるとずっと少ない。

「きはだ」の名は国文学ではごく少なく、わずかに『古今著聞集』（巻第十八「藤原季經泰覚法印の許へ瓜を遣して寫經を請ふ事幷びに法印詠歌の事」）に登場するにすぎない。

季經泰覚法印がもとへ、瓜をつかはして、「このうりくひて、これがかはりには、この大般若かきて」とて、料紙を一兩巻をくりたりける返事に、

なめみつる　五《いつつ》の色の　あぢわひも　きはだのかみに　にがく成《なり》ぬる

同《おなじ》法印が家の例飯を、米の飯にしたりければ、

　人はみな　こめをぞいゐに　かしくめる　このみかしきは　飯をこめにす

ゐの子餅をよめりける、

　なによりも　心にぞつく　ゐのこ餅　ひんくうすなる　物とをもへば

木ねりの柹をよみ侍《はべり》ける、

　霜をける　こねりの柹は　おのづから　ふくめばきゆる　物にぞ有《あり》ける

「きはだのかみににがく云々」は奇妙な表現に見えるが、昔は植物染料で染色したから、舐めて味わうことで染色の出来具合をチェックした。この話ではキハダ染めした紙に写経するので、染色の乗り工合を見るために、味わってみたのである。色素のベルベリンがよく染みこんでいれば苦味が強くなるからである。キハダの樹皮で染めると、やや緑がかった黄色になり、それを黄蘗《おうばく》色あるいは黄膚《きはだ》色と称した。紅染めの下染めにもよく使われた。ここでは紙をキハダ染めしているが、防虫のためと思われる。

　黄蘗の名は、医薬専門書では『藥性論』に初見するが、中国の民間で広く呼ばれていたことは次の子夜歌で示唆される。

　高山に芙蓉を種《う》ゑしも
　復た黄蘗の塢《を》を經たり
　果して一蓮を得る時
　流離して辛苦を嬰《お》ぶ

子夜歌とは男女の愛情を題材とした六朝時代南朝の民歌であり、今日、四十二首が現存する。右の一首は宋・郭茂倩（一〇四一年―一〇九九年）の『樂府詩集』巻四十四に収録された子夜歌四十二首のうちの一首である。簡単にこ

の詩を解説しておく。芙蓉とは、アオイ科フヨウ（木芙蓉《モクフヨウ》）ではなく、ハス（蓮）の異名の一つ水芙蓉《スイフヨウ》のことである。蓮から同音の戀に通じ、第三句の「一蓮を得る」とは恋をするという意である。「高山にハスを植える」とは奇異に感じられるかもしれないが、『華山記』に「華山の頂に池有り、千葉の蓮花を生ず。之を服すれば羽化（仙人となって空を飛ぶこと）す。」（括弧内は筆者補注、『證類本草』巻第二十三「果部上品　藕實莖」所引）という記述が示すように、中国ではハスは神仙の霊草であり、また仏教とも密接な関係があり、高山とは天上の極楽を暗示したものと思われる。塢は土手などの意があるが、この詩では黄蘗すなわちキハダに言及しているから、それが生育する山の隈《くま》（入り組んだすみ）をいう。流離は流浪の意で、音で瑠璃《るり》にも通じるから、宝石（この詩では玉のような美しい女子の意か）を求めてさすらうことを暗示する。この詩はハスとキハダを対比させ、天上に生える神仙の霊草ハスでもって極楽や桃源郷を、また山のすみに生えるキハダでもって現実のきびしい世界を表している。キハダのもつ強い苦味は現実の世界で辛酸をなめることを暗示し、恋愛の理想を求めて流浪しても思い通りにはいかない、理想と現実の食い違いを強調しているのである。因みに、中国の詩文にキハダが登場するのは子夜歌（全部で二首あり）のほかには不思議に見当たらない。『神農本草經』以来の長い歴史的薬物であるが、その強い苦味は広く民間でも知るところであったのは興味深い。

第7章 古典に登場する口に苦き薬草

本章で出てくる苦い薬センブリとリンドウ（龍膽）は、苦味があるなかでも、とびきり強い苦味をもつ。センブリ・リンドウはともにリンドウ科に属し、この分類群の植物はいずれもセコイリドイドという強い苦味《くみ》成分《せいぶん》を含む。したがって苦味といっても、前章の薬草・薬木とは味の質が異なるとともに、薬効も異なる。前章の薬物は外用の駆虫・皮膚病薬であったが、センブリは観念的な疳の虫と腹痛を起こす回虫症に対して用いるところが異なる。ただし、時にセンブリを前章の苦味薬物群と同様に洗浄薬として用いることもあった。『和方一萬方』（村井琴山）巻之三十三に爪の間のザクロ虫に対してセンブリとトチノキの実の二味からなる煎液を用いるのはその数少ない一例である。センブリは古くから用いられたわが国固有の民間薬としばしば称されるが、中国伝統医学の薬物から派生したもので、少なくとも古代までさかのぼる古いものでない（拙著『生薬大事典』）。本章ではもう一つクララも取り上げるが、これも強い苦味があり、古くは駆虫・皮膚病薬として用い、内用薬とすることはまれであった。

第1節　目が眩むほど苦い「くらら」（マメ科クララ）

第6章第2節で述べたように、『頓醫抄』（梶原性全）の次消毒捻薬合時煎物方・次沫薬湯支・仙寳薬・次薬湯薬種に苦参《クジン》、同・疥癩治方にクラヽの名が出てくる。苦参に『神農本草經』の中品に収載され、『本草和名』（深根輔仁）に「苦參　一名水槐一名苦蘵　仁諝音識　一名地槐一名菟槐一名驕槐　陶景注云ふ、葉は槐樹に似たる故に槐の名有りと　一名白莖一名虎麻一名芩莖一名禄白一名陵郎　已上本條　一名禄光一名勢公一名阮一名虜麻一名委提莖一名顚槐一名使　已上七名、釈薬性に出づ　和名久良々一名末比利久佐」、『新撰字鏡』でも久良々《くらら》とあり、この和訓は今日のマメ科クララ（苦参の基原）に継承されている。『本草和名』に多くの漢名の異名を見るが、その中で目立つのは水槐《スイカイ》ほか槐の字のつく名である。『本草經集注』（陶弘景）に「葉は極めて槐樹に似たり。故に槐の名有り。」（『證類本草』

7

巻第八「草部中品之上」所引）とあるように、葉だけでなく花もマメ科エンジュ（槐）に似るからである。陶弘景は「根の味は至って苦く悪し」とも述べ、強い不快な苦味のあることを指摘している。梶原性全がさほど苦味の強くないヱンス（エンジュ）を処方に配合したのも、陶弘景の記述から、エンジュを苦参の類と解釈した結果かもしれない。「くらら」の名は上代の古典にないが、平安の古歌にわずかながら詠まれている。

一、あれにける　さはだのあぜに　くららおひて　秋まつべくも　なきわたりかな　（『山家集』中）

二、　百和香にくららの花をくはふとてよめる
まどはずな　くららの花の　くらき世に　われもたなびけ　もえんけぶりに　（『顕綱集』）

第一の歌は西行の歌で、荒れ果てた沢田の畔にクララが生えて、秋を待つほどでもない何とさびしいところかという意である。本来は乾燥した草原に生えるはずのクララが生えているのは、水が張っておらず、それほど荒れ果てた田であることを示す。第二の歌では、クララを「暗い」を導く序詞とするが、題詞に百和香《はくわごう》にクララの花を加えるというから、クララの花に何らかの意味を込めているのはまちがいない。百和香とは、陰暦五月五日に百草を合わせて作る煉り香の一種で、『荊楚歳時記』に「五月五日、四民竝《なら》びに百草を蹋む、また百草を鬭《たたか》はすの戯あり、云々」とあるので、僻邪の目的をもつ薫香と考えられる。『和名抄』の香薬部にも「百和香　神仙傳に云ふ、淮南王錦繡の帳を張りて百和の香を燔く。燔は焼　音繁　なり。」とある。「暗き世」は「暗き夜」も掛け、死後の世界を匂わせる。藤原顕綱（一〇二九年―一一〇三年）の晩年は末法思想が流行した平安末期であるから、乱れに乱れた暗い世相の中で、百和香を焚いた煙とともに、死後の自分を迷わずに成仏させてくれという意を込めた歌と思われる。クララの根である苦参のみを配合した処方「苦参湯」が『金匱要略』の百合狐惑陰陽毒病門に収載され、たむし・ただれ・あせも・かゆみなどの皮膚疾患の要薬であったから、僻邪の効を強める目的でクララを加えたのであろう。『延喜式』巻第三十七の諸國進年料雜藥に山城国・伊賀国・伊勢国・近江国・越中国・丹後国・出雲国・播

磨国・安芸国・周防国・紀伊国・伊予国・土佐国から貢進の記録があり、そのほか臘月御薬、遣諸蕃使（唐使・渤使）にも苦参の名が見え、古くから要薬として用いられたことがうかがえる。

植物名としては奇妙なクララの語源は「くらくら」の短縮で、苦味が強くめまいを催すほどだからといわれる。『金匱要略』の苦参湯《クジントウ》、『外科正宗』の蛇床子湯《ジャショウシトウ》ほか苦参を主薬として配合する処方はいずれも外用薬であって患部の洗浄に用いるので、その苦味を体験する機会はほとんどない。しかし中国伝統医学では各薬物に五味という薬味を割り当てるから、必ず各薬物を味見する機会がある。「くらくら」とはその時の卒倒するほど苦いという体験に基づくのであろう。植物ではないが、鉱物性の生薬に雲母《ウンモ》があって、『本草和名』はその和訓を岐良々《きらら》とする。雲母を堅い木棒でたたくと、細かい鱗片状となり、その表面に強い光沢があり「きらきら」と光る。「きらら」の和名はその短縮形で、クララの場合と語源の由来はよく似る。『萬葉集』の東歌「妹なろが　つかふ川津の　ささら荻　あしと人言　語りよらしも」（巻十四　三四四六）にある「ささら荻」も、「ささら」という原始的な楽器と同じく、葉が擦れて出る音「さらさら」の短縮形である（第2章第2節「2-2」）。以上の類例から、クララの語源を、そのエキスを味見して起きる身体上の現象「くらくら」の短縮とするのは妥当である。

第2節　強烈な苦味のあるリンドウ科植物：センブリとリンドウ

センブリは中国・朝鮮で薬用記録のないわが国独自の薬物で、その発生経緯で重要な役割を担うのがリンドウ科リンドウである。その詳細は拙著『生薬大事典』に記載してあるので、ここではその概略を述べるに留める。

2-1　センブリの漢名は二つある？：胡黄連《コオウレン》と当薬《トウヤク》

センブリはリンドウ科の二年草で、日当たりが良く、やや湿り気のある草原に生える。かつてわが国各地に普通に分布する植物であったが、開発などによる生育適地の減少に伴って減少傾向にあり、必ずしも身近な植物とはいえなくなった。センブリの名が初めて登場する文献は、くすりの専門書である本草書に限定すると、一六八一年に成立した『本草辨疑』（遠藤元理）である。巻五「和薬　當藥」の条に一名センフリとあるが、センブリがどんな植物であるか具体的な記述を欠く。一七〇九年に刊行された『大和本草』（貝原益軒）に比較的まとまった記述があるが、奇妙なことにセンブリ（巻之九　草之五）と胡黄連（巻之六　草之二）の両条に重出して記載している。センブリという植物の出自を正しく理解する上で必要であるから、両条ともここに紹介しておく。

センフリ　タウヤクトモ云。白花サク。又、淡紫花アリ。白花ノ者尤苦シ。山ニ生ス。小草也。高サ五六寸ニ過ギズ。葉ハ龍膽ニ似テ小也。葉モ花モキハメテ苦シ。虫ヲコロス。倭俗是ヲ胡黄連ト云非也。胡黄連中華ヨリ來ル別物ナリ。或曰倭方ニ胡黄連ト云ハセンフリヲ用フベシト云。是ヲ用テ糊トシ表褙ヲシ屛風ヲ張リ紙ヲ續ケハ虫クハス。

胡黄連　黄連ニ似テ大也。黄ナラズ。味苦シ。蘆頭モ黄連ニ似タリ。中華ヨリ來ル此草日本ニアリヤ未ダ詳ナラズ。千振《センブリ》トテ秋白花ヲ開キテ葉細ク味甚苦キ小草山野ニアリ。又、タウヤクト云國俗是ヲ好ンデ用之。蟲ヲ殺シ積ヲ消ス。コレヲ胡黄連ト云非ナリ。或曰倭方ニ胡黄連トカケルハ皆センブリヲ用ユベシト云。

センブリの条でタウヤクの別名を挙げるが、『本艸辨疑』のいう當薬の音読みに相当する。簡潔な記述ではあるが、形態がリンドウ（龍膽）に似ていること、小型の草本であること、きわめて苦い味のあることから、今日のセンブリとして疑問の余地はない。ただし、白花をつけるのが真のセンブリで、淡紫花をつけるものは今日いうムラサキセンブリという同属近縁種で、益軒は両種を区別しなかった。一方、胡黄連の条でも、センブリ別名タウヤクについてわざわざ記述し、わが国ではセンブリを胡黄連と呼ぶことがあると述べている。

センブリがなぜ胡黄連と称されたのか考証する前に、まず、胡黄連の基原について説明する。『開寶本草』（馬志）の中品として初見し、「胡國に生じ、乾けば楊柳に似て心黒く外は黄なり。一名割孤露澤」（『證類本草』巻第九「草部中品之下」）という記述から、中国で夷狄と称された北方異民族の国から伝わった薬物であることがわかる。『證類本草』（唐慎微）では「唐本云ふ、（中略）波斯《はし》國の海畔、陸地に出づ云々」（『證類本草』同所引）とあり、波斯國（ササン朝ペルシア、二二六年―六五一年）という具体的な産地名が出てくる。すなわち、胡黄連はシルクロードを経て中国に伝えられた薬物である。『開寶本草』に初見するから、『本草和名』『和名抄』『醫心方』などの平安時代の典籍にその名はないが、意外なことに古代のわが国に伝わっていた。七五六年に光明皇后が夫である聖武天皇の四十九日忌に天皇遺愛の品とともに東大寺の盧舎那仏に奉献した正倉院薬物の中に黒黄連《コクオウレン》なるものがある。黒黄連はインドからヒマラヤ地方に分布するゴマノハグサ科（オオバコ科）*Picrorhiza kurroa* Royle ex Bentham の根茎と同定され、今日、胡黄連として市場に流通するものと同じ基原であることが明らかにされている（朝比奈泰彦編『正倉院薬物』）。すなわち、黄連と性味が似て「心黒く外は黄なり」（ただし古くなれば黄色は褪せる）という特徴をもつ故に、黒黄連と名づけられ、おそらく当時の中国でもそう呼ばれていたと思われる。胡黄連のサンスクリット名をKatuka、Katurohiniといい、『開寶本草』にいう一名割孤露澤はその音訳と考えられている。

では、なぜ胡黄連の条にセンブリについてわざわざ説明する必要があるのだろうか。実は胡黄連とセンブリの関係はきわめて複雑で、生薬学ならびに本草学に相当精通していないと正しい理解は難しい。まず、江戸時代のわが国では子供の疳の虫の要薬とされた胡黄連の入手が困難であったこと、そしてセンブリをその代用として用いていたことを念頭におく必要がある。益軒はその事実をごく簡潔に記したのであるが、両種を均等に扱っていないことに留意しなければならない。胡黄連を『大和本草』巻之六「薬類」に収載する一方で、センブリを巻之九「雑草類」に分類したのは、センブリを単なる野草、漢薬である胡黄連を本来使用すべき薬草と認識していたことを示唆するからである。すなわち、江戸初期を代表する本草学の大家である益軒は胡黄連が入手できないときの非常用に限ってセンブリの使用を推奨したのである。このことは、今日、センブリが日本薬局方の収載品である事実とはあまりにかけ離れ、ほとんどの人は意外に思うだろう。わが国におけるセンブリの歴史を詳しく考証すると、意外にその歴史は新しく、以下に述べるように、ある漢薬（胡黄連ではない！）から派生したことが明らかになるが、その歴史的経緯はかなり複雑である。

2-2　もともとはスイバであった当薬《トウヤク》

前述したように、センブリの別名に当薬《トウヤク》という漢名がある。『大和本草』は漢字で表記せず、タウヤクという音名だけを記した。『和漢三才圖會』は當薬に「とうやく」とルビを付けるが、注で正字不詳とし、真の漢名かどうか理解しかねている様子がうかがえる（巻第九十二「山草類下巻」）。当薬という名は、以上の二書より前に成立した『本草辨疑』の巻二「草部　胡黄連」と巻五「和薬　當薬」の条に重出するが、やはり名の由来については一切言及していない。すなわち、いずれの文献も当薬の漢名の由来すなわち文献上の出典を不詳とする。わが国で当薬の名が初見するのは、本草書でも医書でもなく、『玉吟抄』という狂歌合書である。それまでは理系の研究者が国文学の資料まで目を通すことはなく、生薬学の専門家の知るところではなかった。ただし、同書では当薬《たう》とあっても、センブリの訓をつけていない。『玉吟抄』は室町中期の堀河百首題による狂歌合書であり、『新編国歌大観』にも収録されていない稀本である。後述するように、高橋喜一が『玉吟抄』の全注釈を著しており、その解題によれば、一五二八年から一五三七年の間のいずれかの年に成立したという（「梅花女子大学文化表現学部紀要」四　A三三―A四四　二〇〇七年）。とすれば、本草書でもっとも早く當薬の名が初見する『本草辨疑』より一五〇年ほどさかのぼることになる。百番の狂歌合を収録する『玉吟抄』において、五十二番の歌合に当薬《たう》を詠む狂歌があり、ここに判詞も含めて全文を掲載する。

五十二番　左勝　虫　三

小笠原　馬場の辺《あたり》の　轡《くつは》虫　食《はみ》物も無《な》き　宿の体《てい》かな

右　山

当薬《たう》の　生《お》ふる辺《あたり》や　分《わ》けぬらん　野原の中に　起《をこ》る虫の音

「判詞」

右、当薬《たうやく》を得たる虫、尤工には侍れ共、歌合は歌の病をこそ難じ侍る事なれば、回虫の病、いかにも負《ま》け侍べし。

左方の三とあるのは潤甫周玉で、右方の山は三条西公条、判者は公条の父親である三条西実隆が務めた。右方の公条の歌の中に当薬《たう》という名がみえるが、この後に「生《お》ふる」および野原と続くから、当薬という薬物ではなく、その基原植物を指す。左方が小笠原の馬場のクツワムシがろくに食べるものもなく住みついている様子を詠んだのに対して、右方は当薬の生えているあたりに分け入ったのであろう、野原の中で虫が大きな声を出して鳴いていることよと詠んだ。判詞が指摘している「回虫の病」を考慮して右方の歌を解釈すれば、虫が当薬の生えているあたりに分け入ったのは、腹の中に回虫がいて腹痛に耐えかねたのであろうか、野原の中で大きな声を出して鳴き始めたのは当薬をうまく手に入れることができたにちがいないとなる。狂歌であるから、卑俗滑稽な内容を含めることが求められるが、判者は当薬を得た虫を詠んだ技巧は認めたものの、歌合は歌の病の非をこそ詰めるものであるから、回虫の病はなるほど負けであろうといい、なぜか当薬を詠い込んだこの歌を退けてしまった。左方の歌がどれほど洒落の風情を詠んでいるのかはさておいて、当時（室町中期）、既に蛔虫症に当薬なる薬物を用いていたことを示唆する点で右方の歌は特筆に値する。当薬を諸虫・腹痛の薬として初めて記載した文献は『本草辨疑』で、「諸虫ヲ治シ腹痛ヲ止。（中略）腹痛ノ和方ニ合スルニハ此ノ當薬ヲ用ユベキナリ。」（巻五）と記載している。後に江戸中期成立の『妙薬博物筌』も「諸蟲腹痛の薬」とし、江戸末期の『草木圖説』（飯沼慾斎）に「邦人採テ腹痛ヲ治シ、又ヨク虫ヲ殺ス」（前篇巻四）とあって、同目的でセンブリを用いたことを記している。当薬の用法が室町中期までさかのぼることが示唆されたわけで、同時代の医書・本草書にかかる記述は見当たらないから、おそらく民間療法と思われ、民族薬学的見地から興味深い。

高橋はこの歌の注釈で当薬をセンブリとすることにまったく躊躇しなかった。生薬学分野において、当薬はわが国固有の名とされ、「よく病に当たる意」と解され、それがセンブリであることはほとんど定説とされているから、無理からぬことであろう。わが国の典籍に関する限り、当薬の初見が『玉吟抄』であることは間違いないが、それより古い漢籍に当薬の名があることは一部の成書に指摘されているが、その名はセンブリとは無関係とされ、詳しく考証されることはなかった。中国における当薬という名の初見は、わが国より約八〇〇年も古い七三九年に成立した『本草拾遺』（陳蔵器）であり、次のように記されている（『證類本草』巻第十一「草部下品之下　羊蹄」所引）。

酸模の葉は酸《す》く美なり。小兒、折りて其の英根を食ふ。暴熱腹脹を主《つかさど》り、生にて擣《つ》き絞り汁を服せば當《まさ》に痢を下すべし。皮膚の小蟲を殺す。葉は羊蹄に似て、是れ山大黄一名當薬なり。爾雅に云ふ、湏は蕵蕪《ソンブ》なりと、注に云ふ、羊蹄に似て細く味は酸く食ふべしと。

ここに酸模《サンモ》の異名として當薬の名が出てくる。酸模は羊蹄《ヨウテイ》すなわちタデ科ギシギシに似て葉の味が酸っぱいというから、苦味だけが強く酸味がまったくないセンブリの可能性は皆無であるが、一応、どういう植物であるのか考証しておく。この名は『新修本草』（蘇敬）になく、『證類本草』（唐慎微）の陳藏器餘にも見当たらないので、『本草拾遺』は正品としなかった。すなわち、羊蹄の条中で、酸模をその類品として記述したにすぎない。酸模の名はもっと古く五〇〇年ごろの成立とされる『本草經集注』（陶弘景）に「又、一種あり、極めて相似して味醋《す》く呼びて酸模と爲す。根は亦た疥を療ずるなり。」(『證類本草』同所引)とあり、ここでも羊蹄の類品としている。酸模を正品として初めて収載したのは、明代後期成立の『本草綱目』(李時珍)であり、羊蹄の条の直後に置いた(巻第十九「草之八　水草類」)。李時珍は酸模について「根、葉、花の形は羊蹄に同じなり。但し、葉は小、味は酸にして異と爲す。其の根は赤黄色なり。」と述べ、旧注に加えて根の色が赤黄色であることを指摘している。これは色素成分のアントラキノン類に基づくもので、酸模に根の色が橙赤色のタデ科スイバを充てるのはまったく矛盾はない。

2-3 リンドウの介在で当薬の名がスイバからセンブリに転じた

酸模およびセンブリは、それぞれまったく類縁のない植物を基原とするが、当薬という共通の別名をもつ。しかし、両者の間に何らかの由縁がなければ、別名とはいえ、名を共有することはあり得ない。酸模の性味は酸涼であり(『日華子諸家本草』)、大苦寒のセンブリとは大きく異なるから、薬性・気味で共通点はない。一方、酸模の薬効については、陶弘景が「疥(癬)を療ずる」、陳蔵器も「皮膚の小蟲を殺す」とし(以上、『證類本草』巻第十一「草部下品之下　羊蹄」所引)、いずれも皮膚病の原因となる虫に言及する。今日でも木酢や竹木酢を防虫・駆虫に用い、寿司でサバを酢でしめるのも寄生虫予防の目的と考えられている。酢による実際の防虫・駆虫効果は顕著とはいい難いが、今日のような有効な農薬・医薬のない時代ではかけがえのないものだった。酸模すなわちスイバは酢の成分である酢酸よりさらに酸度の強いシュウ酸を含むから、古い時代にこれを防虫・駆虫に使ったことは大いにあり得る。同じタデ科の同属植物を基原とする羊蹄について、『名醫別錄』は殺蟲の効があると記載しているので、これをもって酸模に「諸蟲に効あり」と拡大解釈されたとしても不思議はない。以上、中国本草の知見を取り入れると、『玉吟抄』にいう当薬を一義的にセンブリとするのは適当ではなく、スイバの可能性も含めて考証しなければ画竜点睛を欠くことになる。

一方、センブリはリンドウ科の一種であり、同科別属種を原料とする薬物に龍膽《リュウタン》がある。センブリは大苦寒、龍膽は苦寒で、それぞれの性味は似ており、基本的に同じ薬性の薬物である。龍膽は『神農本草經』の上品に収載され、主治は「骨間の寒熱、驚癇、邪氣を治し、絶傷を續ぎ、五藏を定め、蠱毒を殺す」とあり、ここに殺蠱毒という紛らわしい語句がある。中国医学ではツツガムシ病など目に見えない虫による疾病を蠱毒《こどく》と称するが、重症の急性感染性疾患であり、殺蠱毒と酸模・羊蹄の殺蟲とは若干ニュアンスが異なる。しかし、観念的に解釈する限り、どちらも虫の媒介によっておきる疾病である。したがって、民間で龍膽を殺蟲の妙薬と勘違いされる可能性は十分にあり、『玉吟抄』にいう当薬を定説のセンブリとすることはこの観点から矛盾しない。

ここで当薬の語源について考えてみたい。『本草綱目』は薬物の名（正名・異名）の由来を解説するが、「くすりの文化史」という観点から、興味深い見解が少なくない。しかし、当薬の意味について李時珍は一切言及しなかった。「薬に当たる」あるいは「薬に当てる」とも読めるので、薬にも使える程度というのが真意であって、それが『證類本草』までの本草書が酸模を収載しなかった理由と考えられる。李時珍がまったく言及しなかったのは当薬という別名が中国では当たり前すぎて説明の必要がなかったからである。一方、わが国では、当薬を「当《まさ》に薬とすべし」と読み、薬効が確かで「くすりの中のくすり」と解釈する。なぜ日中間でこのような顕著な解釈の違いがあるのか、それに対する解答のヒントは『本草色葉抄』（惟宗具俊）にある。同書は『證類本草』に収載する薬物をイロハ順に配列し、巻数をつけて当該の薬物を簡単に記述する。当薬については、太《タ》部第十六に「當薬　同十一（證類本草巻十一に収載されているという意）羊蹄の条に云ふ、酸模は羊蹄と極めて似て味は酸し。一名なり。」とあって、形式上は独立した条として記載する。一方、酸模は佐《サ》部第卅七に「酸模根　同十一羊蹄の一種なり。其の味は酸く（中略）一名山大黄なり。」とあり、これに続いて「山大黄　羊蹄の一種なり。上を見よ　三因方（医書の名）云ふ、羊蹄の一名なり。」とある。一応、正名の薬物に●印（羊蹄）、別名あるいは類品名に○印（酸模・山大黄・当薬）をつけて区別するが、それを除けばどれもイロハ順に配列されているため、見出し名としては同格に見える。羊蹄の類に酸模《サンモ》・山大黄《サンダイオウ》・当薬《トウヤク》の三名がある中で、「当《まさ》に薬とすべし」と解釈できる当薬はひときわ立派な名前にみえる。したがって、スイバの漢名として酸模・山大黄より当薬が繁用されても不思議ではない。

以上述べたように、当薬の基原植物の候補として、定説のセンブリのほかに、タデ科スイバの可能性もかなり高いと見なければならない。一五九〇年ごろに『本草綱目』が刊行されるまで、中国において約五〇〇年にわたり第一線の本草書であり続けた『證類本草』に酸模の別名として当薬の名が出ている以上、それを無視して当薬の名がわが国で独自に発生し、リンドウ科センブリに充てたと考えるのは適当ではない。とりわけ、江戸期以前のわが国では、中国本草の体系は絶対的な存在であり、邦人が中国本草に異を唱えるほど自己主張するようになったのは貝原益軒の『大和本草』の成立以降である。結論を先にいえば、当薬はもともとスイバを指し、中国本草に則って諸蟲の妙薬として回虫などに民間で用いられた結果、わが国では以下に述べるような経緯でセンブリに名が転じたのである。まず、酸模の基原がスイバでよいのかはっきりさせておく必要がある。葉に酸味がある植物種はごく限られ、スイバおよび同属近縁種のほかに、強いてあげれば、タデ科イタドリしかない。イタドリは同じタデ科植物であり、根を虎杖根《コジョウコン》と称して薬用とするが、羊蹄すなわちギシギシと似ているようには見えず、やはり酸模はスイバ以外に考えにくい。次の問題は当薬の名がスイバからセンブリにどのようにして転じたかである。スイバとセンブリは形態・性味のいずれもまったく異なり、共通の接点がないようにみえるが、間に龍膽《リュウタン》が介在したと考えると、整合性ある説明が可能となる。前述したように、龍膽は殺蟲毒の妙薬であり、概念的には虫を殺すと考えられていたからである。実際、『頓醫抄』（梶原性全）に「一方寸白治ノ方　リンダウノ根ヲ細ニ切テ三兩ヲ水二升入テ半分ニ煎ジテ空腹ニ服スベシ」（巻第七「積聚上　附癥瘕痃癖諸腹病赤白痢病」）とあるように、寄生虫病（寸白）に用いられた。しかし、龍膽は『神農本草經』中品に収載される由緒ある薬物であり、既に立派な漢名があるので、同系統の性味をもち、漢名がつけられていないセンブリに当薬の名が転ずることは十分にあり得ることがわかる。

もともとタデ科基原であった当薬の名が、類縁のないリンドウ科薬物に定着するのに、薬効のほかに相応の理由がなければならない。当薬をセンブリとしたのは『本草辨疑』が最初であり、続いて『大和本草』『和漢三才圖會』という有力な古典籍が記載した。ここでこれらの書が成立した時代の前後の背景を考えてみよう。それより約一〇〇年前の一五九九年、徳川家康はある注目すべき書籍の刊行を命じている。それは、第6章の冒頭でも述べた『孔子家語』であり、ここに「良薬は口に苦し」という諺の出典となった一節「良藥は口に苦くして病に利あり」がある。翌一六〇〇年に関ヶ原の戦いで勝利をおさめ、家康の覇権は決定的になったから、『孔子家語』も全国に急速に普及したと思われる。「良薬は口に苦し」は中国伝統医学の本質とは無関係であるが、少なくともわが国の俗間では説得力をもって信じられた。薬用にされる生薬の多くは苦味があって良薬に合致するが、苦味がなく酸味の強いスイバでは薬効をアピールするのが困難であったにちがいない。かかる状況の下で苦味の強さでは右に出るものがなく、また中国で薬用実績のないセンブリに白羽の矢が当てられ、俗間の「良薬は口に苦し」という諺と結びついて「当《まさ》に薬とすべし」という解釈を後押しするところとなり、当薬という別名はセンブリをくすりとして認知させるのに役立ったと考えられる。徳川家康による江戸幕府の開闢後、わが国の政治経済は安定し、周辺諸国との交易は盛んになり、中国から多くの薬物が輸入されるようになった。小児の驚癇・霍乱・五痔の妙薬とされる胡黄連は国内に産しない貴重品だったから、性味が同系統のセンブリで代用され、薬用実績を積み上げるとともに、ついに胡黄連の代用品から脱して独自の民間薬に成長したのである。

江戸時代を通してセンブリは駆虫薬として多くは外用され、酸模（スイバ）から奪い取った当薬の名で通用した。今日、センブリはもっぱら苦味健胃薬とするが、江戸時代とは大きく用法を異にする。幕末から明治にかけて漢方医学になかった苦味健胃の概念が西洋から導入され、強い苦味を有するセンブリが抜擢され、健胃薬として民間に広まったのである。一八八六年に公布された初版日本薬局方は龍膽を収載するが、別名に健質亜那《ゲンチアナ》根とあることからわかるように、漢薬の龍膽ではなく、実質的には西洋の苦味生薬ゲンチアナの代用であった。一八九一年の第二改正版の龍膽の条では、ゲンチアナとともにセンブリで代替し得ることが明記され、第三改正版でゲンチアナ、第四改正版でセンブリがそれぞれ正品として独立するに至った。第三改正版は、西洋で苦味健胃薬とするカシアボクの基原に、中国・朝鮮でまったく薬用記録のないニガキを加え、第四改正版以降にニガキ単独で正品として収載したことも同様の趣旨であった。一八七四年、明治新政府は医制を定めて漢方医学を廃止し、西洋医学を正規の医学としたが、中国伝統医学の影響を大きく受けた漢方医学からの脱却を意図した明治政府の強い意向は、薬局方収載生薬の選定にも色濃く反映されているのである。

2-4　センブリおよびリンドウの古名と語源考

センブリの名は江戸期の文献までしかさかのぼることはできないので、古典文学にこの名を見ることはない。その語源は、『大和本草』の胡黄連の条にある千振《センブリ》が最も正鵠を射ている。その意味を益軒が解説しているわけではないが、『言海』（大槻文彦）に「千度振出シテモ苦味アレバイフトゾ」とあるように、センブリの語源を表した名と一般には解釈されている。センブリの名は『本草辨疑』に初見するが、その意味についてまったく言及していない。また、『大和本草』より数年遅れて成立した『和漢三才圖會』（寺島守良）でも「世牟不利　せんぶり」とあるだけで、センブリに千振を充てて意味づけしたのは益軒個人の見解のようである。センブリはとりわけ強い苦味があり、益軒もそれを強調しているので、この語源解釈は妥当である。

古方にリンドウの根すなわち龍膽《リュウタン》を配合する処方は少ないが、『延喜式』巻第三十七「典薬寮」には臘月御薬、遺諸蕃使（渤使）に龍膽の名を見るほか、諸國年料雜薬では山城国・大和国・伊勢国・尾張国・常陸国・近江国・

美濃国・若狭国・丹波国・丹後国・出雲国・播磨国・美作国・備前国から貢進の記録があり、当時のわが国では相当の需要があったことを示唆する。『本草和名』（深根輔仁）に「龍膽　陶景注云ふ、味は甚だ苦き故に膽を以て名と爲すと　一名淩淤　和名衣也美久佐一名尒加奈」とあり、「えやみぐさ」（疫病草）の和訓をつける。龍膽は『神農本草經』の上品に収載され、「久しく服すれば智を益して忘れず、身を輕くして老に耐ふ」と記載しているから、わが国では万能薬と認識され、「えやみぐさ」はそれを反映した名前と思われる。その強烈な苦味がどんな病気にも効くと解釈されたとすれば、欧州伝統医学のビッタートニックとも相通ずるので興味深い。一方、「にがな」は特定の植物に対する固有名ではなく、苦味のある植物一般に対する総称名にすぎない。しかし、いずれの和名も定着せず、現在の通用名リンドウは龍膽の音読みの訛である。平安中期の『和泉式部集』に「りうたんの　はなとも人を　見てしかな　かれやはつると　しもがくれつつ」（三八五）とあるように、龍膽の音読み例が出現し、平安後期になると、『源氏物語』の葵《あふひ》に「枯《か》れたる下草の中に、龍膽《りんだう》、撫子《なでしこ》などの咲《さ》き出《い》でたるを、折《を》らせ給ひて云々」とあるように、今日と同じ音名がでてくる。この時代は撥音「ん」の表記が成立する前で「む」「い」「う」で表したから、音訳は「りうたむ」または「りうたう」となるので、訛って「りむだう」すなわち「りんどう」となった。リンドウは美しく目立つ花をつけるが、『萬葉集』に一首も詠まれていない。その理由としては、花期が旧暦では冬に相当し、ほかに咲く草花はないから詩文に詠むのを憚られたのであろう。平安文学では、ここに挙げた例文のほか、『枕草子』の「草の花は」に「龍膽《りんだう》は、枝《えだ》ざしなどもむつかしけれど、こと花《はな》どものみな霜枯《が》れたるに、いとはなやかなる色あひにてさし出でたる、いとをかし」とあるように、枯れ野の中のリンドウの美意識を描写したが、万葉時代ではそのような美意識がまだ生まれていなかったことを示す。もっとも、中国でも別名の陵游《リョウユウ》（『神農本草經』）で唐詩にごくわずか詠まれ、『藝文類聚』にはまったく登場しないので、万葉歌人は興味を示さなかったのかもしれない。したがって「枯れ野のリンドウ」は清少納言が独自に到達した純国風文化的美学といえよう。

2-5　元祖当薬のスイバおよびその近縁種ギシギシの語源考

本章は口に苦き植物を挙げたのであるが、本節で生薬センブリの発生過程でギシギシとスイバが登場するので、その漢名および和名について解釈しておく。

今日ではギシギシは荒れ地の雑草であるが、古代ではそうではなかった。漢名を羊蹄菜《ヨウテイサイ》と称し、『和名抄』（源順）の菜類に「唐韻云ふ　堇　丑六反　字亦作　蓫　之布久佐　一云ふ之　羊蹄菜」とあり、和名は「しぶくさ」あるいは単に「し」と称した。『延喜式』巻第三十九「内膳司」の新嘗祭供御料に「干羊蹄一籠」、供奉雑菜に「羊蹄四把」とあるように、りっぱな野菜であった。奈良時代でも『正倉院文書』の奉寫一切經所解（宝龜二年）に「卅文羊蹄六斗直〈斗別五文〉」と記録され（大日本古文書　巻六　一三六頁）、一斗当たり五文の値をつけているから、商品として取引された。一方、『本草和名』では「羊蹄　一名東方宿　楊玄操音繡　一名連虫陸一名鬼目一名蓄　楊玄操音勅六反　一名蓄葍　稽疑に出づ　一名姜根　范注《（ママ）》方に出づ　和名之乃祢」とあり、「しのね」の和名から根を薬用とした。古和名の「しぶくさ」はその名の通りの渋草であり、同属種のスイバより酸味が弱く、渋味があるとしてつけられた名である。一方、「し」というのはきわめて奇妙な名である。一文字からなる名の植物は少ないが、「い」（イグサ科イグサ）、「え」（エノキ科エノキ）、「き」（ヒガンバナ科ネギ）、「ち」（イネ科チガヤ）、「ひ」（ヒノキ科ヒノキ）など、いずれも有用植物あるいは習俗上の重要な植物である。したがって、古く「し」と称した植物はただならぬ存在であったと想像される。漢方の要薬に大黄《ダイオウ》という生薬がある。今日でも瀉下剤として繁用されるが、ギシギシと同じタデ科に属し、『本草和名』に「大黄　一名黄良一名火参一名庸如　已上二名釋藥性に出づ　和名於保之」とあり、「おほし」の和訓がつけられ、「し」の大なるものの意である。すなわち、羊蹄は薬用として中国伝統医学でも有数の要薬とされる大黄の同類と考えられていた。「し」の名をもつ薬物は、青芝・赤芝など六色の芝類（霊芝：マンネンタケ）

が『神農本草經』の上品に収載され、いずれも主治に「久しく食へば身を軽くして老いず、延年して神仙となる」とあるように、古代中国では神仙の霊薬とされた。一方、大黄は『神農本草經』では下品に収載され、主治を「瘀血、血閉、寒熱を下し、癥瘕積聚、留飲、宿食を破り、腸胃を蕩滌し、陳《ふる》きを推して新と致《な》し、水穀を通利し、中を調へ、食を化し、五藏を安んじ和す。」として芝類とはまったく対照的に本格的な病気の治療を目的とする薬物とされた。すなわち、病邪に犯されていない時は芝類で生を養い、犯されれば大黄の瀉下の方で病邪を去り、上品と下品の違いはあるもののいずれも神草と認識されていたにちがいない。したがって、ギシギシの古名シは芝すなわち神草に通ずるものであった。『萬葉集』に「道の辺の　いちしの花の　いちしろく　人皆知りぬ　我が恋妻は」（巻十一　二四八〇）とある「いちし」もギシギシのことである。詳しくは拙著『万葉植物文化誌』を参照。

現在名のギシギシは、鎌倉時代の『名語記』に初見する古い名前で、その語源は「草ノ名ニきしきし如何　コレハフタツヲスリアワスレハキシキシトナル故ニキシキシトハナツケタル也。」と説明されている。現在の通説とほぼ同じで、茎をすり合わせて出る音に由来するという。七五〇年近くも前に提唱された古い語源説であるが、実際にはそんな音は出ない。果実が熟して半枯れになったギシギシを子供が揺らして遊ぶのを見かけるが、確かに音が出るけれども、「ぎしぎし」とは聞こえない。そもそも「ぎしぎし」という擬音は軋みに由来する音である。ギシギシの茎は粗い筋が通っており、摺り合わせると「ぎしぎし」という音がすると想像されたのかもしれない。すなわち、擬音を捏造したといったらよいだろう。方言名に「ぎちぎち」「きちきち」があることをもって、味がきついという義の「きつきつ」が転じたという説もあるようだが、鎌倉時代までさかのぼる古い名前のギシギシの訛りと考えるべきである。後述するように、スイバの古名が「すし」であるから、「ぎし」を古名としてその繰り返しとする説もある。しかし、「ぎし」の「し」が古名の「し」とするのは問題ないが、「ぎ」が何を意味するのかさっぱりわからない。ギシギシの名は古代以前までさかのぼる名前ではないから、やはり上代以降の古語で語源解釈できるはずである。そう考えると、鎌倉時代までさかのぼる擬音説は捨てがたい。

スイバの漢名は酸模であるが、『圖經本草』（蘇頌）ほか諸本草はその異名を薞蕪《ソンブ》とする。『和名抄』に「爾雅注云ふ、薞蕪　殯無二音和名須之　羊蹄に似て葉は細く味酢き者なり」とあり、和名を「すし」とするが、「す」は「酸い」、「し」は羊蹄菜（タデ科ギシギシ）の古名（『本草和名』『和名抄』）を意味し、ギシギシに似て酸っぱい植物すなわちスイバのことをいう。『爾雅』に「須は薞蕪なり」とあり、郭璞が「殯蕪は羊蹄に似て葉は細くして味は酸く食ふべし」と注釈したのを受けて、後世の諸本草は酸模の異名とした。酸模は古くから酸味料とされ、酢を「す」と読むのは『爾雅』の須の音を借用した。『本草綱目』は酸模の異名に蓨を挙げ、これが酸味成分シュウ酸の漢名「蓚酸」の由来となった。因みに、ギシギシはスイバより酸味はかなり弱く、酸の字を冠することはなかった。「すし」という名は現在残っていないが、「すいば」は貝原益軒撰『本草綱目品目』（磯野直秀は一六八〇年ごろの成立という）のほか、一七一二年ごろの『和漢三才圖繪』（寺島良安）にも出てくる（巻第九十七「水草」）。一般には「酸《す》い葉」と解釈されるが、通例、子供が野原で摘んだものを味見して遊ぶのは葉ではなく茎である。酸模を訓読みすると「すいも（ぼ）」となるので、さらに訛って「すいば」に転じた可能性の方が高い。もともとはタデ科イタドリの方言名である「すかんぽ」もスイバを指すことがあり、『和漢三才圖繪』はスイバの別名とする。『書言字考節用集』（一七一七年）に酸模《スカンボ》とあり、方言名に「すっかぽー」（常州）がある（『日本植物方言集成』）。おそらく酸模が「すきぼ」と読まれ、「すっかぽ」→「すかぽ」→「すかんぽ」と訛って発生し、「すいば」とは同系統の名である。俗説に茎が中空であるから「酸《す》空っぽ」が訛ったというが、単なる語呂合わせにすぎない。

第8章

辟邪に利用された植物各種

中国ではある種の植物に邪を避ける（魔除け）効果があると信じられ、それを用いる風習がいくつか存在する。現在のわが国でも類似の風習がいくつか伝承され、しばしば〝中国から伝わった〟といわれるが、正鵠を射た認識とはいい難い。というのは、わが国で実践された中国起源の風習は、いずれも漢籍の当該の記述を古代の邦人が解釈して導入したから、原型とは大きく異なっているからである。本章ではこれを前提として各種古典に登場する僻邪植物について解説する。

『萬葉集』に出てくる僻邪植物は「あやめぐさ」「あふち」「たちばな」および「よもぎ」であり、このうち「あふち」は平安末期以降になると縁起の悪い植物に転ずるが（第6章第1節「1-2」）、万葉時代では大伴書持《ふみもち》が「玉に貫く　あふちを家に　植ゑたらば　山ほととぎす　離《か》れず来《こ》むかも」（巻十七　三九一〇）と詠むように、僻邪の植物であった（第6章第1節「1-1」）。一方、オケラは朮《ジュツ》という漢名で『日本書紀』に登場し、貴族のごく一部が僻邪植物として受け入れた。『萬葉集』では「うけら」とあるが、その歌に僻邪という認識は感じられない。「たちばな」は拙著『万葉植物文化誌』に詳述したので割愛する。

第1節　「あやめぐさ」（ショウブ科ショウブ）

『萬葉集』に「あやめぐさ」を詠む歌は十二首ある。そのうち、十一首は大伴家持ほか奈良時代の貴族の歌であるから、「あやめぐさ」は当時の庶民にとって縁遠い存在であったといってよい。集中の「あやめぐさ」はすべて「かづらにする」あるいは「玉に貫《ぬ》く」と詠まれ、いずれも大陸伝来の習俗を反映し、後述するように、揚子江流域の荊楚地方に源流がある。具体的には僻邪植物を緒に貫いて環状に結び、手や頸に巻くか頭に載せて鬘につくった。この風習を、大伴家持を中心とした一部の貴族の間で風流を楽しむ趣向と考える説もあるが、『續日本紀』の天平十九（七四七）年五月庚辰（五日）に「是日、太上天皇詔して曰ふ、昔、五月の節には、常に菖蒲を用ひて縵《かつら》を爲《つく》れり。比來《このごろ》、此の事已に停む。今より後、菖蒲縵に非ざる者は宮中に入ること勿れ。」（巻第十七）という記述があるように、決して単なる風流とは考えられていなかった。当時は天候不順で災害も多かったから、厄払いなら何でも受容するような社会的状況があったのである。平安時代になると、『延喜式』巻第四十五の左近衛府に「五月五日薬玉料　昌蒲艾」とあるように、菖蒲《ショウブ》・艾《ヨモギ》などを五色の糸で結び垂らした薬玉《くすだま》に形を変え、続命縷《しょくめいる》・長命縷《ちょうめいる》といって長寿を祈願する風習に変質し、貴族社会に広く流行した。

万葉の「あやめぐさ」は大伴家持御用達の植物の感が強いが、次の歌は田辺福麻呂《たなべのさきまろ》による。福麻呂は、天平二十（七四八）年に橘諸兄の使者として越中国司の大伴家持を訪れているので、ごく親しい関係にあり、家持の影響を受けて詠んだと思われる。

ほととぎす　厭《いと》ふ時なし　菖蒲《あやめぐさ》　縵にせむ日　此《こ》ゆ鳴き渡れ　（巻十八　四〇三五）

この歌では「あやめぐさ」を万葉仮名で安夜賣具左と表記する。その漢名は昌蒲《ショウブ》であるが、菖蒲とも表記され、『萬葉集』ではもっぱら後者の漢名を用いる。次に示すように、『本草和名』（深根輔仁）は多くの漢名の異名を列挙している。

昌蒲　一名昌陽一名溪蓀一名蘭蓀　已上二名は陶景注に出づ　一名臭蒲　香蒲の條に出づ、蘇敬注　一名尭時韮　雑要訣に出づ　一名靈身一名昌陽之草　大清經（ママ）に出づ　一名水中泉　錄驗方に出づ　一名白昌一名水昌一名水宿一名莖蒲　已上、拾遺に出づ　昌蒲なるは水精なり　范注方（ママ）　菖蒲一名菖陽　注は云ふ、石上なる者は之を蓀と名づくと　兼名苑に出づ　一名荃　文選に出づ　和名阿也女久佐

古い国文学の論文・成書では「あやめぐさ」を必ずしもショウブとはしていない。牧野富太郎は「然ルニ邦人ハ菖蒲ヲ今日云フしゃうぶ（白菖）ト誤リ云々」（『國譯本草綱目』註）と述べ、菖蒲を同属別種のセキショウと考定した

からである。今日の『中薬大辞典』でも菖蒲《ショウブ》をショウブ科（サトイモ科）セキショウ、白菖《ハクショウ》を同ショウブとするが、古本草の記述の解析結果によると、この認識は大変な誤謬であり、訂正されなければならない。菖蒲の形態特徴を記述したのは『本草經集注』（陶弘景）が最初で、陶弘景は「眞の菖蒲は葉に脊一つ有り劔刃の如し。四月五月に亦た小釐の華を作《な》すなり。」（『證類本草』巻第六「草部上品之上」）と注釈し、ショウブとセキショウの形態の決定的な違いを記している点で注目に値する。ショウブは葉に脊があること、すなわち中肋（中脈）が鮮明で剣のようだというのである。一方、セキショウの葉は中肋が不鮮明で全体的に滑らかで見た目にも明瞭にショウブと区別ができる。これを初めて明確に指摘したのは生薬学者の難波恒雄であった（『和漢薬百科図鑑』）。セキショウの漢名は白菖（白昌）のほかに、水菖蒲《スイショウブ》の別名があり、ショウブの別名石菖蒲《セキショウブ》に相対する名前である。因みに、石菖蒲は『本草經集注』の石上菖蒲《セキジョウショウブ》に相当する。しかしながら、後世になって中国で両名の混同が起き、その結果、基原植物がそっくり入れ替わってしまった。そのさきがけは、『圖經本草』（蘇頌）に「今、藥肆に貨《う》る所、多くは兩種（菖蒲・白菖）を以て相雜ふ」（『證類本草』同）とあるように、宋代から始まったと思われ、『證類本草』以降は菖蒲・白菖の記述が不明瞭となり、わが国の本草界にも影響を及ぼすことになった。『大和本草』（貝原益軒）は菖蒲をショウブ、白菖をセキショウとしたが（巻之七　草之三）、『本草綱目啓蒙』（小野蘭山）は菖蒲をセキショウ、白菖をショウブとし（巻之十五「草之八　水草類」）、牧野富太郎は小野蘭山の見解を支持した。現代の『中薬大辞典』も蘭山の誤った考定を受け入れたのである。詳細は拙著『万葉植物文化誌』あるいは『生薬大事典』を参照。

ふたたび福麻呂の歌にもどるが、「菖蒲《あやめぐさ》　蘰にせむ日」とは五月五日の端午の節句をいう。新暦の現在では、五月はもっとも過ごしやすい時期であるが、旧暦では入梅に相当し、その後、気温が上昇して蒸し暑く、一年でもっとも不快な時期が約一カ月続く。農作物を荒らす害虫が発生し、高温多湿により衛生状態は悪く伝染病がはやるのもこの時期である。梅雨《つゆ》は梅雨前線がもたらす気象現象であるが、もっとも活動が著しいのは揚子江流域の華中から東北南部以南の日本列島であり、朝鮮半島では南端の一部地域が影響を受けるにすぎない。古代中国の術数理論は五を悪とするが、気候の悪い五月を悪月《あくづき》と呼んで忌み嫌った。とりわけ、五月五日は両悪相逢、すなわち二つの悪が重なるのでもっとも悪い日とされた。『荊楚歳時記』（宗懍）は「五月五日、四民並《なら》びに百草を蹋《ふ》む、また百草を鬬はすの戯あり、艾《よもぎ》を採りて以て人に爲り、門戸の上に懸け、以て毒氣を禳《はら》ひ、菖蒲を以て或ひは鏤《ちりば》め、或ひは屑とし、以て酒に泛《うか》ぶ」と記述し、菖蒲鬘とは異なる様式ながら、この日にショウブやヨモギでもって邪気を祓い清める儀式があった。その風習がわが国に伝わったのは、荊楚地方と気候が似て類似の文化的風土があったからである。今日のわが国では菖蒲鬘の風習は残っていないが、その変形と考えられるショウブ湯の風習は広く行われている。この風習は二つの大陸由来の風習がわが国で結びついて発生した。前漢の『大戴禮記』に「（五月五日）蘭（キク科フジバカマ）を蓄へて沐浴と爲す」（夏小正第四十七）とあって、香草の蘭を湯に沸かして入浴する浴蘭節と称する風習があった。この蘭が何らかの経緯で菖蒲に置き換わったのがわが国のショウブ湯の風習である。ショウブは精油に富み、とりわけ根は約三パーセントと含量が高く、本来は根を浴用とする。今日ではショウブの葉を用いるが、精油含量は低く芳香は弱い。因みに、セキショウはショウブより精油含量はずっと低い。

さて、万葉集を始め、古代の文献にある菖蒲は和名で「あやめぐさ」と称したが、それはショウブ科（サトイモ科）ショウブであって、アヤメ科アヤメではない。まず、「あやめぐさ」の語源について考えてみよう。『言海』（大槻文彦）に「文目ノ義ニテ、理《スヂ》ニツキテイヘルカ」とあるように、ショウブの並立した葉の際立った脊を表した名と解釈する。『古今和歌集』にある「ほととぎす　鳴くや五月の　あやめぐさ　文目《あやめ》も知らぬ　恋をするかな」は、「あやめぐさ」と文目との同音を技巧として利用した歌で、この場合の文目は物事の筋や分別の意であって、木目などのスジではない。ただし、繊維や木目の模様を意味することもあるから、文目説は概ね妥当といってよい。深津正は上代特殊仮名遣上の音韻の違いを指摘して文目草説を否定し、漢女草説を支持する（『植物和名語源新考』）。

この説は『和訓栞』（谷川士清）に「菖蒲は貞観儀式に漢女草と見へたり。本字なるべし。」とあるのに由来し、谷川士清はそれが本来の名であるとすら断言している。『延喜式』巻第十三の大舎人式でも「凡五月五日、典薬寮進二菖蒲草一舎人叩レ門、其詞曰、漢女草 進《たてまつら》良牟《む》止《と》宮内省輔姓名門候止《と》申」とあるように、菖蒲草と漢女草の両名が混在する。漢女は『萬葉集』では人麻呂歌集非略体旋頭歌の一首に「住吉《すみのえ》の 波豆麻《はづま》の君が 馬乗衣《うまのりころも》 さひづらふ 漢女《あやめ》をすゑて 縫へる衣そ」（巻七 一二七三）と出てくる。漢女とは、古代に機織り・裁縫などに従事した女性を指し、この歌はそれを示唆する。谷川士清は漢女と菖蒲の関係について弁明していないが、深津は平安時代の「菖蒲の蔵人」に漢女が登用され、菖蒲の薬玉を取り次いだことで、菖蒲の名に漢女を冠したと考えた。「菖蒲の蔵人」とは、後述するように、『枕草子』の「なまめかしきもの」に「五月の節の、あやめの藏人《くら》、菖蒲《さうぶ》の鬘《かづら》、赤紐《あかひも》の色にはあらぬを、領布《ひれ》、裙帯《くたい》などして、藥玉《くすだま》、親王《みこ》たち、上達部《かんだちめ》の立ち並《たな》み給へるに奉《たてまつ》れる、いみじうなまめかし云々」と出てくる官職である。宮中で薬玉の風習が始まったのは平安時代以降であり、薬玉はかなり遊びの要素が濃く、『續日本紀』巻第十七に記載された奈良時代の菖蒲鬘に見られるような切実さは感じられない（前述）。天候の不順な年が多く、災害が頻発したといわれる奈良時代とは違って、平安時代のわが国は平穏で伝統習俗も大きく変質したのである。深津の説明は以上の時代背景を一切考慮せず、論考に重大な欠陥がある。

では、いつごろから「あやめぐさ」の名はショウブに転じたのであろうか。『源氏物語』の乙女《をとめ》に「ひんがし面《おもて》は、わけて、馬場《むまば》の殿《おとゞ》つくり、埒《らち》ゆひて、五月の御遊《あそ》び所にて、水のほとりに、菖蒲《さうぶ》植《う》ゑしげらせて、むかひに御《み》廐《まや》して、世《よ》になき上馬《め》どもを、とゝのへ立《た》てさせ給へり云々」、また『枕草子』の「なまめかしきもの」ほか「卯月のつごもりがたに」「繪にかきおとりするもの」などにも「さうぶ」の名が出てくる。このように植物漢名を音読みするのは、平安後期のトレンドであったらしく、そのほかに牡丹《ぼうたん》・龍膽《りんだう》などの例がある。ショウブの場合は、サトイモの花の付属体に似た肉穂花序しかつけず、華やかさに欠けるから、語感に重みがある漢名の音読名で呼ぶ

8

ようになったのかもしれない。一方、「あやめぐさ」という和名は、漢女草という表記が発生したように、渡来系婦女を連想するなど優雅な名前であることもあって、葉がショウブに似て美しい花を咲かせるアヤメ科アヤメの名に転じた。かくして新しく生まれた「あやめ」の名は室町中期の『お湯殿の上の日記』に初見する（磯野直秀「慶應義塾大学日吉紀要・自然科学」第四十五号　六十九頁―九十四頁　二〇〇九年）。

第２節　「うけら」（キク科オケラ）

２―１　鎮魂祭に献上された神仙の霊薬　白朮《ビャクジュツ》

『出雲國風土記』の意宇郡の条に「凡そ諸の山野の草木在る所に白朮あり」とあり、そのほか、嶋根郡・秋鹿郡・楯縫郡・飯石郡の条でも白朮《ビャクジュツ》という名が出てくる。『和名抄』に「尒雅注云ふ、朮 儲律反 乎介良 薊に似て山中に生ず。故に亦た山薊と名づくなり。」とあるように、朮に「をけら」の和訓をつける。『爾雅』の郭璞註を引用して薊《カイ》すなわちキク科アザミに似るとあるから、白朮（朮）はキク科オケラでまちがいない。一方、『日本書紀』に「天武十四（六九五）年冬十月の癸酉の朔《ついたち》丙子に、百濟の僧常輝に三十戸を封《よさ》したまふ。是の僧、壽百歳。庚辰に百濟の僧法藏・優婆塞《うばそく》益田直《ますだのあたい》金鐘《こんしょう》を美濃に遣して、白朮を煎しむ。因りて絁、綿、布を賜ふ。」（巻第二十九）とあり、ここでも白朮の名が出てくる。これがわが国におけるオケラという植物の文献上の初見であって、和名ではなく漢名で登場する。

ここで本草では白朮の基原をどう記載しているのか説明しておく。『神農本草經』の上品に朮の名で収載され、中国伝統医学の要薬である。『本草經集注』（陶弘景）は「白朮、葉は大きく毛有り、椏《また》を作《な》し、根甜《あま》く膏《あぶら》少なく、丸散と作《な》し用ふべし。赤朮、葉は細く椏無し。根は小苦にして膏多く、煎と作《な》し用ふべし。」（『證類本草』巻第六「草部上品之上」所引）と記載するように、白朮と赤朮《セキジュツ》の二種に分別した。わが国の先人は陶弘景注に基づいて国産の朮を白朮と考えたのである。『本草和名』に「朮　一名山精　仁諝音計　一名山薑一名山連白朮赤朮　陶景注云ふ、此の物に二種有りと　一名山精　抱朴子に出づ　一名山蒙一名蘇　已上の二名、釋藥性に出づ　一名地膸　兼名苑に出づ　成練紫芝練伏の朮の名なり、神仙服餌方に出づ　和名乎介良」とあり、多くの典籍を引用して異名を挙げる。そのうち、『抱朴子』『神仙服餌方』は道教方書であり、『抱朴子内篇』巻十一「仙藥」に『本草和名』が引用した山精《サンセイ》の名があり、次のように記述する。

　南陽の文氏說ふ、其先祖、漢末の大亂に、山中に逃げ去り、飢困して死せんと欲す。一人有りて、之をして朮を食はしめしに、遂に能く飢ゑざること數十年にして、乃ち郷里に還りしが、顔色更に少く、氣力も故《もと》より勝れり。（中略）必ず長生せんと欲せば、當に山精を服すべしと。

これは朮（山精）の仙薬としての効を説いたもので、これを服用すれば神仙の域に達し、不老長寿を得るという。山精の別名は、さらに古い漢代の方仙道書『奇方異術』にある「朮は山精なり。之を服すれば人をして長生、穀を辟け、神仙に到らしむ。」（『本草綱目』巻第十二「草之一　山草類　朮」所引）という記述に基づいてつけた名で、中国では朮を神仙の霊薬として賞用した。道教の神仙思想が古代のわが国にも影響を及ぼしたことは、『日本書紀』に「（天武天皇）十四（六九五）年十一月の癸卯の丙寅に、法藏法師、金鐘、白朮の煎たるを獻れり。是の日に、天皇の爲に招魂《みたまふり》しき。」（巻第二十九）とあり、同年の前月に百済の僧法蔵と優婆塞の金鐘が美濃で白朮を採集し、煎じたものを天皇に献上したことで示唆される（前述）。同じ年の二カ月前、すなわち九月の条に「丁卯（二十四日）に、天皇の體不豫《みやまひ》したまふが爲に云々」とあり天武天皇は病床にあったという記載があるので、治療のために朮を採集したと一般には注釈されている。病気の治療薬は朮以外に多い中で、なぜ朮の採集だけが『日本書紀』に記載されたか、朮を薬用と考える限り（それも朮を単味で用いることはまずあり得ない）では納得できる説明は難しい。朮は中国伝統医学の要薬であり、わが国の漢方でも繁用するが、唐代以前の古方では『金匱要略』にやや多いものの『傷寒論』では配合する処方はごく限られ、古い時代に限れば、朮は繁用薬物とはいい難い。法蔵・金鐘が天皇に白朮を献上した十一月の癸卯の丙寅という日付に注目すると、ちょうど仲冬の寅の日であって、『養老令』の神祇令第六に「仲冬《なかのふゆ》　上卯相嘗祭、下卯大嘗祭、寅日鎮魂祭」とあるように、鎮魂《おおんたまふりのまつり》祭の日に当たる。鎮魂とは、魂が遊離しないように身体に鎮め、長寿を祈願するものである。すなわち、天皇に献上された白朮は不老長寿を求めるための仙薬であったことになる。ただし、その実態は、道教が説くような霊力が朮にあるかどうか、健康を損なっていた天武天皇は藁にも縋る思いで半信半疑ながら用いたにちがいない。『江家次第』では朮の使用に言及していないので、以降、鎮魂祭で常用されることがなく、ごく一時的なものであったことがそれを示唆している。

2-2　わが国民間の習俗に深く関わる白朮：うけらの神事と屠蘇酒《とそしゅ》

中国で神仙の霊薬とされたオケラの影響はわが国の民間の習俗にも大きく変質しながらも残されている。著名な女流俳人杉田久女は「蒼朮《さうじゆつ》の　煙賑《けむりにぎ》はし　梅雨《つゆ》の宿」と蒼朮を詠った一句を残し、日本画家の鏑木清方は「つゆどきになると、土蔵や納戸、または戸棚の中に蒼朮を焚きくゆらすのが、昔はどこのうちでも欠かさぬ主婦のつとめであった」（『鏑木清方随筆集』）と書き記しているのはまさに大陸由来の習俗の名残である。ここに出てくる蒼朮について、薬学系の人であれば、ある程度はわかっていると思うが、白朮と蒼朮との間に歴史的に複雑な相関があることをまず説明しておかねばならない。現行の日本薬局方（第十七改正版）ではオケラの根茎を和白朮《ワビャクジュツ》、その同属近縁種である中国産のオオバナオケラを唐白朮《カラビャクジュツ》とし、併せて生薬白朮の基原としている。別条に蒼朮《ソウジュツ》と称するものがあってその基原をホソバオケラの根茎と規定する。いずれもキク科オケラ属の植物で、わが国に産するのはオケラの一種のみである。蒼朮という名は、陶弘景のいう赤朮の異名で、宋代の『本草衍義』（寇宗奭）に初見する比較的新しい名である。中国伝統医学とりわけ金元時代以降の医学書で白朮と蒼朮を使い分けるようになったが、わが国では、『本草辨疑』（遠藤元理）に「薬家、醫家共ニ古ヨリ蒼朮、白朮取違ヘテ用ユ誤ナリ。和白朮ハ嫩根、蒼朮ハ舊根ナリ、柔ニシテ色白ク、芋ヲ截様ノ者ハ白朮ナリ、骨アリテ強ク、色蒼キハ蒼朮ナリ」（巻二）とあるように、白朮・蒼朮を同じ基原すなわちオケラに由来し、根茎の新旧あるいは老若で区別するものと勘違いされた。蒼朮の基原植物がわが国に自生せず、また白朮の性味は「甘・苦　温」、蒼朮は「甘・辛　温」とよく似ているため（同属近縁種であるから似ていて当たり前だが）、わが国ではこのような混乱が起きるのもやむを得ないことであった。蒼朮の基原植物ホソバオケラがわが国に渡来したのは江戸時代中ごろであるが、白朮・蒼朮の誤った基原認識は容易には改まらなかった。あろうことか、わが国の公定書たる日本薬局方ですら、第六改正版（一九五一年）および七改正版（一九六一年）はオケラの名で収載し、漢名（通名）に蒼朮を充てていたのである。江戸期以来の白朮・蒼朮に対する認識の混乱の影響がごく最近まで残っていたことを示し、第八改正版（一九七一年）でようやく「オケラ又はオオバナオケラ」を白朮、ホソバオケラを蒼朮とし、今日に至っている。わが国の漢方医学は江戸時代に成立したが、蒼朮と白朮を区別しなかった。もっとも中国の医書でも単に朮と記載している例が多かったから、白朮・蒼朮どちらでもよいとする処方がかなりあり、また両方を配合する処方すらある。俳句・和歌の季語の「蒼朮焚く」は、「そうじゅつたく」と「おけらたく」と両方の読みがある。蒼朮を「おけら」と読むのは江戸期からごく最近までの朮に対する基原認識の混乱の影響を受けたものである。それを文学上の誤用とはいえないのは生薬学の専門家すら誤っていたからである（以上、拙著『生薬大事典』参照）。

さて、「おけら焚く」とはいったい何を指すのであろうか。杉田久女のほかに阿波野青畝の句にも「蒼朮《そうじゅつ》は　けむりと灰に　なりにけり」とあるように、オケラの根を焼き尽くすことぐらいは直感できるだろう。一方、鏑木清方は梅雨時に主婦が行う年中行事というが、最近はそのような風習を聞いたことがない。過去の文献では『雍州府志』（黒川道祐）に次のような記述がある。

五條天神　五條松原通西洞院に在り、大己貴命（大国主命のこと）を祭る所なり。命、少彦名命と天下を經營し、復た蒼生（人民）及び畜産を爲《をさ》めて其の療病の方を定め、又鳥獸、昆蟲の災異を攘《はら》はんが爲に、其の禁厭の法を定め、百姓は咸《みな》恩頼《かうむ》を蒙り、毎年、節分に諸人斯の社を詣で、白朮及び白餅を買來し、之を用ふれば則《すなは》ち疾病を除くと云ふ。

今日、全国各地の五條天神社では、毎年、二月三日に、節分祭・蟇目式《ひきめしき》とともにオケラを焚く「うけらの神事」が行われている。参拝者に「うけら餅」が配られ、翌日の立春の日に「うけら」を焚きながら餅を焼いて食べると、一年間無病健康に過ごすことができるという。『雍州府志』では白朮と白餅でもって具体的に何をするのか記述していないが、この行事は江戸時代に流行したといわれ、それほど起源は古くないらしい。神社から授けられたお札・葦矢などは新年を迎えると不要になり焼いて処理するが、案外、白朮もその一環として燃やされていたのがいつしか風習として定着したのかもしれない。唐代の医書『外臺祕要』（王燾）に生薬を燃やしその煙で治療する薫煙法がある。『勿誤薬室方函』（浅田宗伯）も薫香を利用する処方をいくつか収載しているので、わが国でも細々と実践されてきたようである。その実効性はともかくとして、正月や節分の日などにオケラの根を焚いて病の鬼を祓う「おけら焚き」（うけら焚きともいう）は中国伝統医学の傍流の薬方から派生したものかもしれない。しかし、この風習はいつの間にか一般家庭から消え去り、わずかに神社の神事として残るにすぎない。

そのほかの習俗でオケラの存在感が大きいのは屠蘇酒《とそしゅ》であろう。正月になると一年の無病息災を祈願してお屠蘇《とそ》を飲む習慣は今日でも広く行われる。ただし、これにオケラが深く関わっていることを知る人はごく少ないのではあるまいか。一七一二年ごろに成立した『和漢三才圖繪』（寺島良安）の造釀類にお屠蘇の由来に関する記述があ

8

る。それによると、嵯峨天皇の御代弘仁二（八一一）年の元旦、唐の和唐使《からのつかい》蘇明が献上した霊薬屠《と》蘇白散《そびゃくさん》を御神酒に浸し、それでもって四方拝の儀式を行ったという。現存する史書にこれに相当する記事は見当たらないので、その記述の真偽はわからないが、『延喜式』（九〇五年ごろ）の元日御薬に「白散一剤　度嶂散一剤　屠蘇一剤　千瘡萬病膏一剤　供薬漆案三脚云々」とあり、また合薬剤に「神明白散五十二剤。度嶂散二剤。屠蘇二剤」とともに「正月供屠蘇命婦以下嘗薬小児以上服料」と記載され、いずれにも屠蘇の名がある。屠蘇・白散《びゃくさん》・度嶂散《としょうさん》は、白散を神明白散《しんみょうびゃくさん》に同じとすれば、平安時代の『醫心方』（丹波康頼）巻第十四「避傷寒病方第廿五」に処方として収載され、次のように記載する。

玉箱方云ふ、屠蘇酒　悪氣溫疫を治す方

白朮　桔梗　蜀桝（蜀椒）　桂心　大黄　烏頭　抜楔　防風各二分

葛氏方云ふ、老君神明白散　溫疫を避くる方

白朮二兩　桔梗二兩半　烏頭一兩　附子一兩　細辛一兩

度嶂散　嶂山の悪氣差ゑ《い》、黒霧欝勃及び西南溫風有るが若《ごと》く疫癘の隹と爲りたるを辟くる方

麻黄五分　蜀桝（蜀椒）五分　烏頭二分　細辛一分　防風一分　桔梗一分　干薑一分　桂心一分　白朮一分

神明白散・度嶂散は病邪を避けるすなわち病気予防の処方というから、僻邪に近い内容といえる。一方、屠蘇酒は悪気《あくき》温疫《うんえき》を治すとあるから病気治療を目的とした処方である。しかし、この三処方が収載されるのは「傷寒病を避ける方」を集めた部分であるから、やはり僻邪を目的としたものである。以上の薬方は、薬剤構成に若干の違いがあるものの、唐代の著名な医学書『外臺秘要』『千金要方』にも収載される。以上の処方はもともとの起源が僻邪を目的とするものであったらしく、本格的な病気の治療薬として定着することはなく、習俗に名を残すにとどまった。注目すべきはいずれの薬方も白朮を配合していること、もっとも重要な薬物と目されたと考えられる。という

のは中国伝統医学では、白朮の薬効を水毒《すいどく》を去って気を発散させるとし、悪気温疫を去るには必須とされているからである。水毒とは、漢方医学でしばしば言及される病因の一つで、体内に過剰に滞留した水のことで、様々な病気の原因とされた。『延喜式』にあるように、宮中では元日からの三日間、三つの薬方を天皇に献じて、一年の無病健康を祈願し、四方拝《しほうはい》といわれる儀式を行った。この風習は揚子江流域荊楚地方の風習が源流と考えられる。というのは、『荊楚歳時記』（宗懍）の元旦の条に「長幼悉《ことごと》く衣冠を正し、次を以て拝賀す。椒栢の酒を進め、桃の湯を飲み、屠蘇酒と膠牙の餳《あめ》を進め、五辛盤（ニンニクなど五種の辛い菜類）を下し、數于散を進め、却鬼丸を服し、各々一つの鷄子（鶏卵）を進む。」という記述があり、ここに屠蘇酒の名があるからである。ただし、同書には白散・度嶂散の名はなく、その代わりに数于散・却鬼丸という未詳の薬方らしきものを服すと記載している。おそらく、荊楚地方の屠蘇酒の風習がわが国に伝わり、後に唐代の医書にある病邪の予防薬方である白散・度嶂散を付加して、四方拝の儀式が宮中に定着したと思われる。

　現在のわが国の民間に伝承される屠蘇酒は、『本草綱目』にある次の記載に基づくもので、宮中の四方拝とは無関係である（巻第二十五「穀之四　造釀類　酒」）。

　陳延之の小品方が云ふ、此れ、華佗《かだ》の方なり。元旦、之を飲み、疫癘、一切の不正の氣を辟く。造法は、赤朮、桂心七錢五分、防風一兩、菝葜五錢、蜀椒、桔梗、大黄五錢七分、烏頭二錢五分、赤小豆十四枚、三角絳の嚢に之を盛り、除夜に井底に懸け、元旦に取り出し、酒中に置く。煎じて數沸し、擧家して東に向ひ、少《わか》きより長《をさ》に至り次第に之を飲み、藥滓は井中に投げ還《かへ》す。歳《としごと》に此の水を飲めば一世無病なり。

李時珍は散佚した『小品方』（陳延之）を引用して後漢末の伝説の名医華陀《かだ》（一〇九年？―二〇七年？）の創製とし、『玉箱方』の引用とする『醫心方』とは配合処方も含めて微妙な違いがあり、李時珍のいう屠蘇酒は白朮ではなく赤朮すなわち蒼朮を配合する点でも異なる。今日、わが国の民間で実践される屠蘇酒は桔梗《キキョウ》・防風《ボウフウ》・山椒《サンショウ》・肉桂《ニッケイ》・

8

白朮の五品であり、『本草綱目』にある屠蘇酒と比べて、烏頭《ウズ》・大黄《ダイオウ》・菝葜《バッカツ》・赤小豆《セキショウズ》の四剤を除外する。烏頭は猛毒成分を含むキンポウゲ科トリカブトの根であり、大黄は瀉下の妙薬で、いずれも本格的な病気治療に用いる薬物であるから、単なる習俗に用いるにはふさしくないとして除かれた。いづれにせよ、屠蘇酒の構成は固定したものではなく、時代によってかなりの変動がある。因みに、屠蘇は、邪気を屠《ほふ》り、魂を蘇生する意味があるといわれる。

2-3　古代日本人のこまやかな感性を詠んだ万葉の「うけら」の歌

『日本書紀』『出雲國風土記』のいわゆる式文に登場する白朮という漢名を、『和名抄』は「をけら」と訓ずる。一方、同じ上代の『萬葉集』には漢名の（白）朮はなく、万葉仮名表記の宇家良《うけら》を詠んだ歌が三首ある。万葉の「うけら」が「う」→「を」の音韻転訛で『和名抄』の「をけら」となったことはいうまでもなく、ともに今日いうオケラのことである。キク科の多年草で、野山の日当たりの良いところに生えるが、今日では少なくなり、もはや身近な野草とはいえなくなった。

一、恋しけば　袖も振らむを　武蔵野《むざしの》の　うけらが花の　色に出《づ》なゆめ　（巻十四　三三七六）
二、わが背子《せこ》を　あどかも言はむ　武蔵野《むざしの》の　うけらが花の　時なきものを　（巻十四　三三七九）
三、安斉可潟《あぜかがた》　潮干《しほひ》のゆたに　思へらば　うけらが花の　色に出《で》めやも　（巻十四　三五〇三）

いずれの歌も巻十四の東歌にあって詠み人知らずの相聞歌、すなわち恋歌であり、恋心を「うけらが花」に比喩して詠い込む。野山に花は多いのに、わざわざオケラの花を選んで詠んでいるのは、目立ちすぎるほど派手ではなく、かといって地味でもなく、やや白味がかってしかもいつ満開になるのかさっぱり要領を得ない花が微妙な風情を醸し出すからであろう。万葉歌から読み取れる「うけら」の花の独特の細やかな特徴は、古代人とは思えないほど洗練された認識であって、またそれが詠人不詳というのも驚かされる。第一、二の歌の「武蔵野のうけら」のイメージは後世の日本文学に高く評価され、武蔵野を代表する風物として多くの歌で詠まれた。藤原清輔朝臣の「武蔵野の　うけらが花の　自から　開くる時も　なき心かな」（『清輔朝臣集』）のように、万葉歌の本歌取りも多い。近世では、『萬葉集新考』の著作で知られる幕末の国学者・歌人安藤野雁《ぬかり》（一八一〇年—一八六七年）が「武蔵野の　ウケラが花は　春駒に　踏まれながらも　咲きにけるかも」という歌を残している。江戸時代末期を代表する格調高い座敷長唄「秋《あき》の色種《いろくさ》」の中にも「秋草の　東の野辺の忍草（中略）春告鳥の　あとわけて　なまめく萩が花摺りの　衣も雁がね　声を帆に　あげておろして玉簾　端居の軒の庭まがき　うけら紫葛尾花　共寝の夜半に萩の葉の云々」とあるように「うけら」を詠い込む。以上は『萬葉集』の東歌に詠まれた「うけら」のイメージをモチーフにしたもので、中国の影響をまったく受けずにわが国独自の感性を反映したものである。そもそも中国では朮を詠む詩文が少なく、とりわけ花に言及するのは中唐の次の一首にとどまる。

『全唐詩』巻八一六「晩秋宿李軍道所居」　皎然

清溪の路遙かならず　都尉、毎《つね》に相招す
落日、戎馬を休め　秋風、射雕《せきてう》を罷《や》む
朮花、野徑に生じ　柏實、寒條に滿つ
永夜、山に依りて府せば　禪心、寂寥共にせん

清溪は浙江省にあった縣名。簡潔に通釈すると、清溪への道は遠くないから、都尉（官職名）を常に呼び寄せている、日が落ちたので軍馬の行軍を止め、秋風が強く吹くとともに射雕（ワシを射ること）をやめた、朮の花は野原の小道に生え、また冬枝の柏（ヒノキ科、第13章第1節参照）には実がびっしりついている、秋の夜長で山の方に向いてうつむき、悟りを開いた心には寂寥が伴うのだろうとなる。たまたま朮の花を詠んだにすぎず、この詩の中での位置づけは今一つわからない。無論、万葉のオケラの歌とはまったく異なる感性でもって詠まれている。

よくよく考えると、わが国の植物文化におけるオケラの位置づけはきわめてユニークである。前述したように、「うけら焚き」や屠蘇酒にしっかりと根付いて中国文化の影響の大きさが否定しがたい一方で、後世の文学ではもっぱら万葉の「うけら」のイメージだけを継承している。オケラの表記も、『日本書紀』『出雲國風土記』では漢名の白朮のみが用いられ、同じ上代の典籍ながら、『萬葉集』では和名だけが出てくるという風にきわめて対照的である。前述の三首の万葉歌は相聞歌で、その内容から仙薬や病気の治療薬となる有用植物としてのオケラを想像することすら難しい。第一、二の歌では「武蔵野のうけら」として地名を伴うから、オケラが武蔵野に多かったことを想像せしめる。『延喜式』巻第三十七「典薬寮」の諸國進年料雜藥に各地から貢納された薬物を列挙するが、白朮を貢納した地域は山城国・大和国・摂津国・尾張国・三河国・駿河国・安房国・下総国・常陸国・近江国・美濃国・飛騨国・信濃国・越前国・越中国・丹波国・丹後国・但馬国・因幡国・伯耆国・出雲国・石見国・播磨国・美作国・備前国・備中国・備後国・安芸国・周防国・長門国・紀伊国・讃岐国・伊予国の三十三カ国で、九州を除く全国で白朮を産出したことを示し、古代のわが国ではオケラは少なくなかった。第三の歌にある安斉可潟は『常陸國風土記』に「香島の郡　東は大海、南は下總と常陸との堺なる安是《あぜ》の湖《みなと》、西は流海、北は那賀香島の堺なる阿多可奈の湖」とある「安是の湖」で、下総と常陸の国境付近の利根川河口辺りの水域を指す。『延喜式』で下総・常陸両国の貢進リストに白朮はあるが、奇妙なことに武蔵国からの貢進はない。この事実に東歌で朮という漢名を用いず、「うけら」という古い和名を用いたことと無関係ではない。通例、何らかの用途がなければ、あるいはよほどの特徴がない限り、植物に名前をつけることはない。古代のわが国でしかも東国という辺境に当たる地で「うけら」という名があったことは、また朮という名ではないから、薬用・仙薬以外の用途があったと考えねばならない。俗に「山でうまいはオケラにトトキ」というが、今日、オケラの若芽・若葉を山菜として利用する。おそらく、古代の東国では「うけら」は食用に供され、それを前提とすれば、「うけら」の語源解釈が可能となる。まず、「け」という「食べ物」を意味する古語がある。御食《みけ》、朝餉《あさけ》（朝食）、夕餉《ゆうげ》（夕食）の用例があり、「け」は「うけ」の短縮形である。「うけ」は「受け」に通じ、口に入れるから、「食べ物」の意が派生した。すなわち、「うけら」とは、山菜として食用にするという意味と解釈され、「うけ」に特に意味のない接尾辞の「ら」をつけたと語源解釈できる。奈良時代の式文にもっぱら朮の名を用いるが、『正倉院文書』ほか奈良時代の古記録でも朮の名は見当たらない。おそらく当時の近畿地方ではオケラを薬用とするのみで食習慣はなく、「うけら」という和訓すらなかったと思われる。上代の古典文学に朮が登場しないのは、仙薬としての利用が天皇ほかごく一部の上流階級に限られ、万葉歌人にまでその影響が及ばなかったからである。逆に東国には食習慣はあったが、オケラの根を薬用・仙薬とする習慣はなかった。平安時代になって東国の開発が進むとともにオケラが白朮であることが知られるようになり、東国の方言名である「うけら」は「をけら」に転じて全国区の植物名となった。すなわち、『日本書紀』『出雲國風土記』の白朮《ビャクジュツ》は「う（を）けら」ではなく、逆に『萬葉集』の「うけら」は白朮ではないと解釈しなければならない。

第3節　「もも」

モモはわが国の原産ではないが、縄文前期の長崎県伊木力遺跡からモモ核が出土し、弥生時代の吉野ヶ里遺跡からも大量の遺物が発掘されているので、かなり古い時代にわが国に伝わった（国立歴史民俗博物館編『海を渡った華花』二〇〇四年）。したがってわが国のもっとも古い文献にもこの名は登場する。伊邪那岐命《いざなぎのみこと》が伊邪那美命《いざなみのみこと》を追って黄泉《よみ》の国に往き、やがて雷神に追われて逃げ帰るというお話は、『古事記』『日本書紀』の神話としてよく知られる。『古事記』上つ巻ではそれを次のように記述する。

　黄泉比良坂《よもつひらさか》の坂本に到りし時、其の坂本に在る桃子《もものみ》三箇を取りて、待ち撃てば、悉《ことごと》に逃げ返りき。爾《ここ》に伊邪那

8

岐の命、其の桃子に告《の》りたまひしく、「汝《なれ》、吾《あれ》を助けしが如く、葦原中國《あしはらのなかつくに》に有らゆる現《うつ》しき青人草《あをひとぐさ》の、苦しき瀬に落ちて患《うれ》ひ惚《なや》む時、助くべし」と告りて、名を賜ひて意富加牟豆美命《おほかむつみのみこと》と號《い》ひき。

わずか三個のモモの実で黄泉の軍勢を撃退したというから、モモの実は相当の霊力や僻邪の力を備えていることになる。中国では古くからモモを僻邪植物と認識してきたが、モモの果実の霊力に関する記述は見当たらない。わずかに不老不死を願っていた前漢の武帝に、不老不死の仙桃を管理する伝説の女傑西王母（道教でいう九靈太妙龜山金母）が天上から漢の宮殿に降り、三千年に一度だけ実を結ぶ蟠桃《ばんとう》の実を与えたという程度にとどまる。因みに、西王母は後世の物語でも桃とともによく出現し、『西遊記』でも登場する。中国ではモモの実は不老不死を与えてくれる神仙の果実であって、鬼や邪気を追い払うような霊力・僻邪と結びつく習俗は見当たらない。『古事記』の神話は、中国の強い影響を受けながら、かなり形を変えてわが国の習俗として成立したと考えられる。まず中国におけるモモの木の文化的背景について各典籍の記述を引用しつつ概説する。

3-1　中国のモモの木信仰：桃符と桃板

今日に残るわが国の習俗の多くは古代に大陸から伝わったが、とりわけ密接な関係が認められるのは揚子江中流域の荊楚地方の習俗である。本書で頻繁に引用する『荊楚歳時記』（宗懍）は民俗資料としてきわめて重要であり、わが国の習俗の源流を示唆する記述が随所に見られる。前節でも同書の元旦の条を引用し、屠蘇酒について説明したが、その引用文の続きに「桃板を造り、戶に著《つ》け、これを仙木と謂ふ」とある。門戸に桃板《とうばん》をつけ、モモを明確に仙木とするところが注目される。また、同書「正月」の別の記述に「畫雞を戶上に貼り、葦索を其の上に懸け、桃符《とうふ》を其の傍らに挿む、百鬼、之を畏る」という部分があり、鬼除けを目的とする桃符なるものの存在を示している。一方、六世紀前半に成立した実用的農学書である『齊民要術』（賈思勰）に「因りて桃梗を門戶の上に立て、茶《じょ》と鬱壘《うつりつ》とを畫き、葦索を持ちて兇鬼を禦《ふせ》ぐ、虎を門に畫くは、當に鬼を食ふべきなり」（五馨果蓏菜茹非中國者「桃」）とあり、ここでは鬼を防ぐため桃梗《とうきょう》を門戸に立てるとある。そのほか、かなり古い時代に成立したと考えられる道教の方術書『典術』に「桃は乃ち西方の木、五木の精なる仙木なり。味辛く氣惡し、故に能く邪氣を厭伏し、百鬼を制す。今の人、門上に桃符を用ひるは此を以てす。」（『本草綱目』巻第二十九「果之一　五果類」所引）とあり、やはりモモを仙木とし、桃符でもって百鬼を制すると記述する。

仙木たるモモが百鬼を制するというのは、北斉～隋代の歳時記『玉燭寶典』（杜台卿）も記述するが、「戶上に桃板を着け、邪を辟すは、山海經の神茶鬱壘は東海蟠桃樹下に居り、衆鬼を主領するの義なり」とあるように、門戸につけるのは桃板《とうばん》とし、微妙な違いがあるほか、春秋時代から秦・漢代にかけて成立した古地理書『山海經』を引用し、モモの一連の風習が古代中国固有の思想に由来することを示唆する。ただし、現存本の『山海經』に当該の記述は見当たらず、『論衡』（後漢・王充）の訂鬼篇に同書を引用した逸文があって、次のように記述している。

滄海の中に度朔の山有り。上に大桃木有り、其の屈盤すること三千里、其の枝間の東北を鬼門と曰ひ、萬鬼の出入する所なり。上に二神人有り、一は神茶と曰ひ、一は鬱壘と曰ひ、萬鬼を閲領するを主る。悪害の鬼を執ふるに葦索を以てし、以て虎に食はしむ。是に於いて、黃帝乃ち禮を作り、時を以て之を驅るに、大桃人を立て、門戸に神茶、鬱壘と虎を畫き、葦索を懸け以て凶を禦《ふせ》ぐと。

蟠屈して三千里の広がりをもつという大桃木は前述した蟠桃樹のことで、度朔山の山頂に生えるという。その枝の間に鬼が出入りする鬼門があって、陰陽道では北東（丑と寅の間）の方位とし、万事に忌むべき方角であることは周知の事実である。また、度朔山のモモの木の下に神茶《しんじょ》・鬱壘《うつりつ》という二人の神がいて、鬼門から入った悪鬼をアシで作った縄（葦索《いさく》）で縛り上げ、虎に食わせたという。この伝説が元となって神茶・鬱壘の肖像と虎を描いた桃板を魔除けの目的で各戸の門前につけるようになった。もともとは桃梗《とうきょう》すなわち桃の枝であったのが、中国独特の神仙思想の方術の一つである符籙《ふろく》（お札のこと）に導入されて桃符に衣替えし、さらに意匠化された絵図を描くために桃板に発展した。わが国の一部の神社がオオヌサとして用いる「さかき」の枝とも相通ずるところがあり、モモは中国の原始信仰に由来するきわめて起源の古い神木と考えられる。また、ここでアシも同様の効力をもつとされるのも、わが国の葦矢（破魔矢）に通じ、日中間の比較民俗学的観点から興味深い。前漢の哲学書で道家思想を中心に記述された『淮南子《えなんじ》』に「羿は桃棓に死す」（巻十四「詮言訓」）とあり、これに対して後漢の許慎は「棓は大杖なり。桃を以て之を爲《つく》り、以て羿を撃殺す、是より以來、鬼、桃を畏る。今の人、桃梗を以て杙橜を作り歳旦に門に植ゑて以て鬼を辟くるは此れに由るなり。」と注釈する。羿《げい》とは中国神話に登場する太陽を打ち落としたという伝説の弓の名手であるが、彼ほどの名手が桃棓《とうぼう》で撃殺されてから、鬼はモモを畏れるようになったという話である。『山海經』とは別系統の伝説であるが、モモが鬼除けの霊力をもつとするところは共通し、モモからつくった大杖・杙橜《よくけつ》（杭のこと）も門戸に立てられることになった。モモの木が霊力をもつと信じられていたことを示唆する記述は『春秋左氏傳』にも散見される。昭公十二年の条に「今、吾人をして周に鼎を求めしめ、以て分と爲さんとす。王、其れ我に與へんと。對《こた》へて曰ふ、君王に與へん。昔、我が熊繹、荊山に辟在し、華路藍縷、以て草奔に處す。山林を跋渉して以て天子に事《つか》へ、唯だ是れ桃弧棘矢、以て王事を共禦す。」とあり、桃弧なるものが出てくる。桃弧とは桃の木で作った弓すなわち桃弓であり、西晋・杜預注に「桃弧棘矢は以て不祥を禦ぐなり。言は楚山林に在り、有を出す所少し。」とあることから、棘矢を桃弓で射ることで邪気を祓った。

モモは一方で有用な薬用植物でもある。中国最古の薬物治療書『神農本草經』の下品に収載される歴史ある薬物であるが、次の記述が示すように、複数の部位を薬用にする。

桃核　味は苦く平。川谷に生ず。瘀血、血閉、瘕、邪氣を治し、小蟲を殺す。**桃華**　注悪鬼を殺し、人をして色を好《よ》からしむ。**桃梟**　百の鬼精物を殺す。**桃毛**　血瘕を下す。寒熱積聚、子無きもの（を主る）。**桃蠹**　鬼を殺し、不祥を辟く。

桃核《トウカク》はモモ核の中にある種仁のこと、桃梟《トウキョウ》は、『名醫別録』に「是れ實の樹に著《つ》きて落ちざるなり。中の實したる者、正月に之を採る。」とあるように、実質的にモモ果実の乾燥品に相当し、桃蠹《トウト》とは、『名醫別録』に「桃樹を食ふ蟲なり」とあるように、モモの木の害虫をいう。以上のうち、桃核は現在では桃仁《トウニン》と称し、漢方では桃核承気《トウカクジョウキ》湯《トウ》・大黄牡《ダイオウボ》丹皮《タンピ》湯《トウ》・桂枝茯苓丸《ケイシブクリョウガン》など多くの古方に配合される要薬である。桃仁の主効は、『神農本草經』も記述しているように瘀血《おけつ》であり、現代科学的解釈で換言すれば、血液の循環障害に相当する。漢方では頭痛・不眠・肩こり・腹部膨満感・便秘・鬱血または出血など幅広い症状を伴い、高血圧、痔疾や婦人の月経不順、更年期障害などの疾患が瘀血に基づく病症と解釈されている。ウサギを用いた実験モデルで、桃仁のエキスに血液凝固阻害作用が認められ、実際、左下腹部に圧痛抵抗（漢方でいう小腹硬満《しょうふくこうまん》の腹証）のある婦人心身症患者にも有効であることが確認されている。このように桃仁（桃核）は近代科学でもその有効性が解明されつつあるれっきとした薬物であるが、モモのほかの部位の薬効を見ると、『神農本草經』でも殺鬼・殺百鬼と記述するように、古代の辟邪思想の影響を色濃く受けている。『頓醫抄』巻第四十五「交接等治」の歓喜薬は白玉露・肉蓯蓉・秋石・山薬とともに桃毛《トウモウ》を配合する。ただし、この中の一種白玉露が「男女交會ノ汁也」とあるように、かなり怪しげな薬方であって、桃毛がいかなる性格の薬物であるかがこれでわかる。また、桃符を薬物の一種として収載する本草書すらあるのに驚かされる。初唐に成立した『食療本草』（孟詵）は「桃符及び（桃）奴は精魅の邪氣を主り、符を汁に煮て之を飲む。奴なるは丸散となし之を服す。」（『證類本草』巻第二十三「果部下品　桃核人」所収）と記載し、「精魅《せいみ》（妖怪）の邪氣」とあることでわかるように、僻邪を目的とする偽医学的薬方である。前述の『荊楚歳時記』の元旦に「～椒栢の酒を進め、桃の湯を飲み、屠蘇酒云々」とある「桃の湯」とは桃符を湯に煎じたものであったのかもしれない。因みに、孟詵のいう奴とは『名醫別録』の桃奴《トウド》すなわち『神農本草經』の桃梟のことである。中国本草の最高峰と称さ

8

れる『本草綱目』（李時珍）ですら、モモの木からつくったお札にすぎない桃符について桃符煎湯で服するとあるように、かなり真摯に記載する。無論、禁厭《まじない》・僻邪の目的をもつ偽医学的薬方であるが、それだけ中国ではモモの木信仰が根強いことを示唆する。

3-2 モモが関わるわが国の習俗

名目にすぎないが、わが国にも桃符は存在する。伊勢志摩地方の蘇《そ》民森松下社《みんもりまつしたしゃ》が頒布する蘇民桃符は蘇民将来子孫家門と書いた木札を、サカキ・ユズリハ・ウラジロ・ヒイラギおよび紙垂《しで》で飾りつけた注連縄《しめなわ》とともに、門戸に懸けて家中安全を祈願する。注連縄との取り合わせは中国にはないわが国独自の様式であるが、この風習の由来は須佐之男命（武塔神《むとうのかみ》）と蘇民将来《そみんしょうらい》の伝説に基づくといわれる。すなわち、武塔神が伊勢国松下に来た時、暴風雨に遭遇し、そこで当地の富者巨旦将来《こたんしょうらい》に宿泊を頼んだが断られてしまった。巨旦将来の兄の蘇民将来に頼んだところ、貧しいにもかかわらず、武塔神を歓待した。武塔神は感激して、そのお礼に「悪病が村を襲うから、家の周りを茅垣で囲うように」と教えたという。翌朝、茅垣の囲いのない巨旦将来の一族はみな死に絶え、武塔神は自分が須佐之男命であると正体を明らかにした上で、「悪疫が流行したら蘇民将来子孫家門と書いて門戸に懸けよ」と言い残して立ち去り、以降、桃符をつけるようになったという。地域によってこの伝説は微妙に異なる。「茅垣で囲う」とあるところを、巨旦の妻となっていた蘇民の娘に「茅《ち》の輪《わ》」をつけさせ、巨旦一族だけを区別して滅ぼし、桃符ではなく「茅の輪」を身につけることで疫病を避けることができる、といった工合である。蘇民桃符を門戸に懸けるといっても、鬼を除ける発想はまったくなく、神荼・鬱壘信仰とは無関係である。かつてはモモの木で作られたといわれるが、現存品はヒノキ製であり、モモの木信仰は完全に形骸化されている。おそらく蘇民桃符の風習は、中国から移入された辟邪思想を基盤として、わが国在来の民間伝説が結びついて発生したもので、時代とともに在来信仰が強まってモモの木信仰が形骸化したと思われる。

『延喜式』巻第十三「大舎人寮」に「凡年終追儺（中略）陰陽寮儺祭、畢《ことごと》く親王已下桃弓、葦箭、桃杖を執り、儺《おにやらひ》し宮城四門に出づ」とあり、桃弓とともに桃杖の名がある。桃杖は『淮南子』にいう桃棓、桃弓は『春秋左氏傳』にいう桃弧に相当し、いずれも中国由来である。追儺《ついな》は平安時代の初期から大晦日に行われる宮中の儀式である。親王以下の公卿がアシを矢に仕立てて桃弓で大舎人の扮する鬼を追い払う風習である。中国の周代に、方相氏という官職の者が四つ目の面をかぶり、赤い着物をつけ、矛と盾を持って、悪魔を祓う儀式があり、漢代に桃弓と葦矢が加わった。中国では大儺《だいな》と称するが、『續日本紀』の慶雲三（七〇六）年に「（十二月）己卯、勅有り、天下をして脛裳を脱ぎ一に白袴を著せしむ。是の年、天下の諸國疫疾し、百姓多く死す。始めて土牛を作り大儺す。」（巻第三）という記述がありわが国にも伝わった。『歌林四季物語』（鴨長明）に「桃の弓、よもぎあしの矢をたばさみて云々」とあるように、アシのほかヨモギを矢に仕立てることもあった。今日のアシの茎でつくった魔除けの破魔矢はその名残である。平安時代のわが国でモモの霊力が広く信じられていた証拠としてもう一つ挙げておく。十一世紀後半と推定される滋賀県大津市東光寺遺跡の建物跡の北東隅の柱穴から、木簡が直立して出土し、隣の溝からモモ核が出土している。木簡に「鬼急々如律令」の墨書があり、これらが出土した柱穴が北東の方角すなわち陰陽道でいう鬼門に当たるから、建物を建立する際に木簡に書き付けた呪符とともにモモの実を納めたと考えられる。奈良時代の長屋王邸宅跡から大量のモモ核が出土している（以上、国立歴史民俗博物館編『海を渡った華花』二〇〇四年）が、薬用であれば種仁を用いるはずで、核殻ではなく核が出土したことは、やはり僻邪の目的で用いたと思われる。伊《い》邪《ざ》那《な》岐命《ぎのみこと》が三個のモモの実で黄泉の軍勢を撃退したという『古事記』『日本書紀』の神話で、黄泉の軍勢を邪鬼と置き換えたようなモモの実に対する根強い信仰が奈良時代でもあったことを示唆し興味深い。平安時代までのわが国ではモモに対する魔除け信仰はかなり強固であったが、その風習は宮中あるいは貴族社会にとどまって

8

いた。追儺の儀式は鎌倉時代まで行われたといわれ、後に立春の前日に日替えし、弓を射る代わりに豆をまいて悪鬼を祓う節分の行事に転じた。豆まきの最古の記録は、十五世紀前半の『看聞御記』にあり、応永三十二（一四二五）年一月八日に「今夜節分也（中略）抑鬼大豆打事」という記述があり、女官などが豆まきを行ったという。豆まきでおなじみの「鬼は外、福は内」の唱詞も同時代に始まり、『臥雲日件録』（瑞渓周鳳）の文安四（一四四七）年十二月の条に「廿二日、明日は立春なり。故に昏に及び、景富、室毎に熬豆を散《わら》き、因りて鬼外福内の四字を唱ふ。蓋《けだ》し此の方は驅儺の様なり。」とある。江戸時代になると節分の豆まきは年中行事として庶民層に定着した。

モモに所縁《ゆかり》のある習俗として旧暦三月三日の桃の節句があり、この時期はちょうどモモの開花時期に当たる。わが国と習俗上の関係が深い荊楚地方の歳時記『荊楚歳時記』では「三月三日、士民並びに江渚池沼の間に出で、流杯曲水の飲をなす」とあるだけで、モモは見当たらない。「流杯曲水の飲」とは、曲水に杯を浮かべて、それが所定のところまで流れていく間に詩を詠むという風流の儀式である。したがって僻邪の意は希薄のように見えるが、八世紀後半に成立した『通典』（唐・杜佑）は「齊、三月三日を以て曲水の會あり、古への禊祭なり。百戯の具を相承せしめ、雕《きざ》みて巧飾を弄し、無情を増損す。云々」（巻五十五禮十五　沿革十五　吉禮十四　禊祓）と記述し、やはりもともとは禊祓を目的とする風習であった。『太平御覽』は『太清諸卉木方』を引用して「酒に桃花を漬け、之を飲めば、百病を除き、容色を好くす」（巻九六七「果部四　桃」）と記述している。また『神農本草經』に「桃花　注悪鬼を殺し、人をして顔色好からしむ」とあり、桃花酒に病邪の鬼を祓い、健康を維持する霊力があるとし、『名醫別錄』は「（桃花）三月三日に採り陰乾す」とあるように、桃花の採取期日を指定している。以上から『荊楚歳時記』のいう曲水の宴は桃花酒を飲む宴であり、桃の節句に深い関係があると考えてまちがいない。同書「三月」の別の部分に、韓詩注を引用して「今、三月、桃花水の下、招魂續魄するを以て歳穢を祓す」、また『禮儀志』を引用して「三月上巳の日、官民幷びに東流の水の上に禊飲すと、彌々此の日を驗あらしむるなり」と記述しているから、中国では古くから三月上巳の日に川で身を清めて不浄を祓う習慣があり、晋代に風流の行事として発展していったようである。すなわち、わが国の桃の節句は、三月上巳の日に行われる禊祓と、三月三日の「曲水の宴」が結びついた風習である。わが国の各地に、紙製の小さな人の形を作ってそれに穢れを移し、川や海に流して災厄を祓う「流し雛」の風習があるが、わが国で独自に発生した禊祓の変形と考えられる。『榮花物語』の「後悔《くい》の大將」に「三日になりぬれば、所々の御節供どもまゐり、今《いま》めかしき事ども多《おほ》く、西王母が桃花もをり知りわたるさまをかしく（て）云々」とあるように、平安時代から桃の節句は定着し、独自の発展をとげていったのである。因みに、この一節にある「西王母」とは、本節冒頭で言及した神仙の女仙のことである。桃の節句でモモの存在感が風化していないのはその花の美しさの故であろうか。

3-3　『萬葉集』ほか古典文学におけるモモ

モモの習俗は中国から伝わったが、時代を経るとともにモモの霊力信仰は一部を除いてほとんど消え去り、ほぼ完全に形骸化したといってよい。古い時代ほどモモの木信仰は根強いということになるが、『萬葉集』にある七首の歌ではどう詠まれているのであろうか。『萬葉集』では毛桃が三首、桃花が三首、そして桃樹が一首で、万葉仮名で表記された名はない。ここではそれぞれ一首ずつ紹介し解説する。

一、向つ峰《を》に　立てる桃樹《もものき》　成《な》らめやと　人ぞささやく　汝《な》が心ゆめ　（巻七　一三五六）

二、はしきやし　我家《わぎへ》の毛桃《けもも》　本繁《もとしげ》み　花のみ咲きて　成《な》らざらめやも　（巻七　一三五八）

三、春の園《その》　紅《くれなゐ》にほふ　桃花《もものはな》　下照《したで》る道に　出《い》で立つ少女《をとめ》　（巻十九　四一三九）

毛桃《けもも》とは、その名の通り、果実表面の軟毛が顕著なものをいう。『本草綱目』に「惟《ただ》山中の毛桃は即ち爾雅に謂ふ所の榹桃なる者小にして多毛、核は黏《ねば》り、味悪しきものなり。其の仁は充滿して脂《あぶら》多く、薬用に入るべし。蓋《けだ》し、外に不足する者は内に餘有るなり。」（巻第二十九「果之一　五果類」）とある毛桃《モウトウ》に相当し、原生種に近い形質をもつモモをいう。長野県下伊那地方に残る日本在来品種の一つオハツモモは、わずか五十グラムほどの小さな果実の表面に軟毛が密生し、まさに『萬葉集』にいう毛桃に合致する。一方、外果皮に毛がほとんどない品種もあり、油《ゆ》桃《もも》あるいは椿桃《つばいもも》と称し、現在のネクタリンに近い。

『埤雅』（陸佃）に「許慎曰ふ、鸎の含《ほほ》み食ふ所、故に含桃と曰ふなりと。之を鸎桃と謂ふは、則ち亦た鸎の含み食ふ所を以てし、故に之を鸎桃と謂ふなり。」とあり、陸佃は『爾雅』（許慎）を引用して櫻桃《オウトウ》の語源を鸎桃に由来するという。『名醫別錄』に初見する嬰桃《エイトウ》なる一品があり、本来は毛桃《モウトウ》に似たモモの一種を指すが、バラ科ミザクラに鸎桃（櫻桃）の名がつけられたため、『新修本草』では両品を的確に識別できず、嬰櫻を巻第二十「有名無用」に置いてしまった（詳細は第12章第1節「1-2」参照）。『説文解字新附』に「櫻　果名、櫻桃なり。一名含桃。」（『大漢和辞典』所引）とあるように、中国では櫻をモモの類と扱い、わが国とは違ってサクラの類とすることはない。モモとミザクラの果実の違いは、前者は果皮に短毛が密生し、後者は無毛であることである。『名醫別錄』が嬰桃を多毛と記述するのはモモの類であることを強く示唆し、いわゆるサクランボではない。

さて、話をモモを詠む万葉歌に戻す。第一、二の歌ともにモモの実のなる、ならないことに言及し、いずれも男女が結ばれることを喩えるが、モモの実の霊力は感じられない。第三の歌に大伴家持の歌で、題詞に「天平勝宝二（七五〇）年三月一日の暮に、春苑の桃李を眺矚《てうしよく》して作れる」とあって、もっぱらモモの花の美しさを強調し、『荊楚歳時記』のいう桃花酒を飲む曲水の宴が背後にあるようには感じられない。結局、『萬葉集』にあるすべてのモモの歌から、仙木あるいは霊力ある樹木というイメージは希薄である。わが国のモモの木信仰は、奈良時代後期から平安時代までをピークとし、それ以前も以降もほとんど実態はなかったといってよい。奈良時代中期は天候不順で災害が頻発したことは「あやめ」の条で述べたが、この時期にモモの習俗が中国から導入され、平穏な時代が続いた平安時代になると惰性的に継続し、より遊興の性格を濃くしながら形骸化したと思われる。

『本草和名』（深根輔仁）に「桃核桃梟 仁諝音古尭反 一名桃奴 實は樹に着き落ちず、中の實する者なり 桃蠹 桃樹を食ふ虫なり 山竜桃 陶景注に出づ 一名細核一名勾鼻一名金城一名綺葉 已上四名兼名苑に出づ 一名金桃 漢武内傳に出づ 一名僻側膠 桃膠なり 一名木椽葩 花なり、已上墨子五行記に出づ 桃膠一名桃脂一名桃膏一名桃魄一名桃霊一名桃精一名桃父母 已上神仙服餌方に出づ 和名毛々」とあり、現在の通用名と同音の「もも」を桃に充てる。『延喜式』巻第三十三「大膳下」に「七寺盂蘭盆供養料～桃子四升～」「仁王經齋會供養料 ～桃子各二顆～ 已上菓餅料」、七月廿五日節料・九月九日節料に「桃子 參議已上五顆、五位已上四顆」「同節文人料 ～桃子四顆～」とあり、以上はモモの実（桃子）を諸行事の供え料に用いた。同巻第三十九「内膳司」では「漬年料雑菜 桃子二石、料鹽一斗二升云々」とあるので、生食よりむしろ漬け物にされた。一方、同巻第三十七「典薬寮」では中宮臘月御薬・雑給料・諸司年料雑薬・遣書蕃使（唐使）などに桃仁の名があり、諸國進年料雜藥では山城国・大和国・摂津国・伊賀国・尾張国・三河国・遠江国・駿河国・伊豆国・相模国・武蔵国・安房国・上総国・下総国・常陸国・近江国・美濃国・下野国・若狭国・越前国・能登国・丹波国・丹後国・但馬国・因幡国・伯耆国・出雲国・播磨国・美作国・備前国・備中国・備後国・安芸国・周防国・長門国・紀伊国・阿波国・讃岐国・伊予国・土佐国から桃仁の貢進の記録があり、北日本や九州を除くほぼ全国でモモが栽培されていた。無論、以上の桃仁は薬用である。摂津国から貢進された桃花も同じで、また尾張国から貢進された桃子《トウシ》はおそらく桃梟と思われる。『出雲國風土記』に所在の記録がないのはすべて栽培品で野生化したモモがなかったからであろう。

3-4　わが国在来の「もも」：「やまもも」について（ヤマモモ科ヤマモモ）

モモは古い時代に大陸から伝わった果実で、わが国に産しないが、「もも」の名をもつ植物にヤマモモ科ヤマモモモがあり、関東地方以南の各地の低地や山地に生える。『和名抄』に「爾雅注云ふ、楊梅 和名夜末毛々 狀は苺子の如し。赤色にして味は甜酸之を食ふべし。七巻食經云ふ、山櫻桃に二種有り。黒櫻子 和名上に同じ 味は甜美にして食ふべし。」（菓蓏部菓類）とあるように、楊梅《ヨウバイ》に「やまもも」の和訓をつける。『延喜式』巻第三十三「大膳下」の諸國貢進菓子に山城国・大和国・河内国・摂津国・摂津国・和泉国から楊梅子の貢進の記録がある。楊梅なる名は、本草では『開寶本草』（馬志）の果部下品に初めて収載され、「其の樹は荔枝の樹の若くして葉は細く陰青なり。其の形は水楊子に似て、生は青、熟すれば紅、肉は核上に在り、皮殼無し。江南嶺南の山谷に生ず。四月五月に採る。」（『證類本草』巻第二十三「果部　楊梅」所引）という記述はヤマモモの特徴を的確に表す。同書は十世紀後半に成立したから『本草和名』に楊梅の条はない。ところが七三三年に成立した『出雲國風土記』は意宇郡・嶋根郡・飯石郡・大原郡から楊梅の所在を記録している。一方、同じ上代の記録である『正倉院文書』に楊梅の名はないが、造金堂所解案（天平寶字六年）に「四十文買山桃子十五把直 十把別三文五把別二文」（大日本古文書　巻十六二九八頁）とあって、「やまもも」と読める山桃が出てくる。『萬葉集』の「向つ峰《を》に　立てる桃の木　成《な》らめやと　人そささやく　汝《な》が心ゆめ」（巻七　一三五六）に詠まれる桃の木は情景から野生品と考えざるを得ない。拙著『万葉植物文化誌』では野生化したモモと考えたが、この一首に関してはヤマモモの可能性を否定するのは難しく、ここに訂正する。

さて、『出雲國風土記』にある楊梅はどの典籍から引用したのであろうか。『和名抄』は爾雅注を引用したが、郭璞註ほか上代以前の爾雅注にその記述は見当たらない。『爾雅』に「朹は繫梅なり」とあり、これに対する郭璞註は「狀は梅の如く、子は赤色にして小柰に似て、食ふべし」とあり、その果実はヤマモモに近いが、楊梅の名はない。一方、当時の知識人が愛読していたといわれる『藝文類聚』に楊梅が散見され、とりわけ巻八十七「楊梅」に『臨海異物志』を引用して「楊梅　其の子大にして彈丸の如し。正に赤く、五月中に熟し、熟する時梅に似たり。

其の味は甜く酸なり。」という記載がある。この記述であればヤマモモに帰結することはあり得るから、これをもって律令政府が発行する式文である『出雲國風土記』が楊梅の名を用いたことがよく理解できる。一方、「やまもも」の名は、渡来の「もも」とよく似た風味を持つとして、わが国に産する果実に対してつけられ、一般にはこちらの方が普及していたと考えられる。『正倉院文書』にある山桃はその典型である。平安の和歌にわずかながら「やまもも」は詠まれている。

一、人しれず　おもひするがの　ふじのねは　わがごとかくや　やまももゆらん　（『伊勢集』）

二、　やまももの枝にうぐひすのふるすのあるをみて
　奥山も　もる人やある　うぐひすの　ふるすながらの　えだののこれる　（『大弐高遠集』）

第一の歌は「やまもも」を物名として詠んだ歌であって、植物そのものを詠み込んだものではない。人に知られずに思いを寄せている駿河の国にある富士の高嶺は自分の事のように山も燃えていることだという意である。第五句は「やまもも」と「山も燃ゆらん」を掛け、当時の富士山が噴火していたことを示唆する。『伊勢集』を著した伊勢は、八七二年（貞観十四年）ごろの生まれ、九三八年（天慶元年）ごろの没とされる。『日本紀畧』の朱雀天皇の条に「（承平七年）十一月某日、甲斐國言ふ、駿河國の富士山の神火、水海を埋むと」（後篇二）とあるように、承平七（九三七）年に富士山の大噴火があり、河口湖と富士吉田の間にあった旧御舟湖を溶岩流で埋めたといわれる。伊勢が実際に見たのか、あるいは伝え聞いて歌に詠んだのか不詳であるが、大噴火の時期が伊勢の最晩年に当たるから、歌に詠んだのはそれ以前の富士山の小噴火ではないかと思われる。第二の歌は、実際のヤマモモを詠んだのであるが、主役はかつて巣をつくって棲息していたというウグイスである。歌の意は、奥深い山だが、こんなところにも守る人がいたのだろうか、ウグイスの古巣にすぎないが、ヤマモモの枝に残っていたよとなる。ヤマモモは常緑高木であり、枝葉を密につけるから、鳥にとって巣をつくるに適しているが、実は食べられるから、人がくれ

ば見つかってしまうだろう、だから誰かに守られてきたのだろうと詠み人は考えたのである。

唐詩にも少ないながら楊梅は詠まれている。ここに杜甫の詩を紹介するが、詩題に松樹子（マツの若木）を求めるとあるように、主役はマツであってヤマモモではない。落落はまばらなこと、欅柳《キョリュウ》はケヤキのこと。この詩の概略は、群叢を抽んでているのは欅柳ではなくまばらな松である、青々として朽ちないのはヤヤモモ（楊梅）ではあるまい、老いに蓋をして千年も生きている松のような精神を保ちたいと思う、そのために霜が降りても生きの良い数寸の松の苗木を求めて植えようとしているのだとなる。ヤマモモは材が堅く器具材として利用するというが、照葉樹に共通する特徴としてまっすぐに伸びず、あまり利用されない。また、マツに比べると短命で、杜甫はマツの長寿を際立たせるために、ヤマモモを取り合わせて詠んだ。

『全唐詩』巻二二六「韋少府班に憑《よ》りて松樹子を覓《もと》めて栽《う》う」

落落として群を出づるは欅柳に非ず
青青として朽ちざるは豈に楊梅ならんや
存《そん》ぜんと欲す老蓋千年の意
爲《ため》に霜根數寸を覓《もと》めて栽《う》ゑん

3-5 「もも」の語源について

中国でモモ（桃）という植物の異名はほとんどない。桃の名で呼ばれるものはいくつかあるが、いずれもモモとは別種に区別される。たとえば、荊桃《ケイトウ》・含桃《ガントウ》とは櫻桃《オウトウ》すなわちミザクラであるし、山桃《サントウ》は『名醫別錄』にいう嬰桃《エイトウ》の可能性が高く、モモの野生種でやはり別品種である。モモは中国原産であるが、縄文時代晩期の伊木力遺跡（長崎）から種子が出土し、かなり古い時代に大陸から人の移動とともに日本列島にもたらされた（同志社大学考古学研究室編『伊木力遺跡』「伊木力遺跡の大型植物化石群集」一九九〇年）。したがって、モモという和名はかなりふるい時代から存在し、その語源を追跡することはきわめて難しいと考えられる。いくつかの通説が流布しているが、説得力あるものは少ない。特に「真実《まみ》」あるいは「燃実《もえみ》」の転訛というのはいわゆる語呂合わせにすぎない。『本草和名』と『和名抄』が桃の和訓を毛々と表記しているのを重くみて、原生種の果実に毛が多いことに由来するという考えもある。果実に毛が密生するものはごく少ないから魅力ある説であるが、毛を「も」と読むのは漢字の導入後であり、「もも」の名はそれほど古くないことが前提となる。実を多くつけるから、百実《ももみ》、実々《みみ》が訛ったというのも、実をたくさんつける植物はモモに限らないから考えにくい。ただし、百を「もも」と読むのは、たくさん実をつけるモモ（ヤマモモ）から発生したことは大いにあり得る。わが国の神話のほか桃太郎伝説にも出てくるほど、古代の人々にとって日常生活に身近かつ密接な存在だったからである。ただし、『本草綱目』に「桃の性は花早く、植ゑ易くして子繁し。故に木と兆に従ふ。十億を兆と曰ひ、其の多きを言ふなり。」（巻第二十九「果之一　五果類」）とあり、李時珍の桃の語源解釈の影響を受けた可能性もある。

　モモは意外に短命で、寿命は二十年前後、三十年を越えることはまずない。ほかの果木と比べても短命で、『齊民要術』（賈思勰）に「桃、性皮急なり。四年以上は、宜しく刀を以て其の皮を豎劚すべし。七八年にして便ち老い、十年にして則ち死す。」（種桃第三十四）とあるように、古くから指摘されてきた。なぜ中国人は短命のモモの木に霊力を信じてきたのだろうか。またスモモ・アンズ・ウメなどモモに似た樹木がある中で、なぜモモだけが霊力があると選定されたのだろうか。『校註荊楚歳時記』（守屋美都雄）にモモがなぜ辟邪に使われるようになったか、興味深い説明が紹介されている。後漢の服虔は「桃とは凶を逃れしむる所以なり」と述べ、桃と逃が同音で追い祓う意に通ずるから、凶気を祓う呪術に用いられるようになったという。僻邪は中国独特の神仙思想の方術に基づくもので、桃符は符籙の一種であるから、この説は大いに傾聴に値する。周代官職六官の一つ冬官桃氏に「桃氏剣を爲《つく》る」とあり、桃・刀の音通から魔よけに有効な刀と同じように、桃にその力が備わっていると考えられたという説もある。以上から中国では植物のもつ霊力や僻邪は、その植物のもつ特有の性質に基づくのではなく、観念的な創造物によって発生したことがわかる。わが国に普通にある巨木信仰や鎮守の森信仰が中国に見当たらないことや、モモの習俗がわが国で形骸化したのも、これによってその一部を説明できる。

第4節　「よもぎ」（キク科ヨモギ）

『荊楚歳時記』が五月五日の条で挙げている僻邪植物は菖蒲《ショウブ》のほか艾《ヨモギ》がある。『萬葉集』では次の大伴家持の長歌に「あやめぐさ」と「よもぎ」の両名が登場する。

大君の　任《ま》きのまにまに　取り持ちて　仕ふる国の　年の内の　事かたね持ち　玉桙《たまほこ》の　道に出で立ち　岩根踏み　山越え野行き　都辺に　参ゐし我が背を　あらたまの　年行き返り　月重ね　見ぬ日さまねみ　恋ふるそら　安くしあらねば　霍公鳥《ほととぎす》　来鳴く五月の　あやめぐさ　艾《よもぎ》かづらき　酒みづき　遊びなぐれど　射水《いみづ》川　雪消《げ》溢《はふ》りて　奈呉《なご》江の　菅の　行く水の　いや増しにのみ　鶴《たづ》が鳴く　ねもころに　思ひ結ぼれ　嘆きつつ　我《あ》が待つ君が　事終り　帰り罷《まか》りて　夏の野の　さ百合の花の　花咲《ゑ》みに　にふぶに笑みて　逢はしたる　今日を始めて　鏡なす　かくし常見む　面変りせず

（巻十八　四一一六）

「あやめぐさ」と花橘を取り合わせた場合、「〜ほととぎす　鳴く五月《さつき》には　あやめぐさ　花橘を　玉に貫《ぬ》き〜」（巻三　〇四二三）とあるように、「たまにぬく」と詠むのが通例であるが、この歌では「あやめぐさ」と「よもぎ」を取り合わせて「かづらく」と詠む。両種の取り合わせは、『延喜式』巻第四十五の左近衛府に「五月五日薬玉料昌蒲艾」とあり、平安時代では薬玉に用いた。菖蒲と艾からどのようにして鬘に作るのか今日に伝わらず不詳である。この歌の題詞によれば、久米朝臣廣縄《ひろのり》が、天平二十（七四八）年、都へ朝集使（越中国の年次報告を行う使節）として赴き、翌年の天平感宝元（七四九）年五月二十七日に帰国することを祝って、当時の越中国司大伴家持の館で酒宴を行ったときの歌とあり、端午の節句の日（五月五日）とはかなり離れている。古代中国の術数論によれば、五月五日が両悪相逢のもっとも忌むべき日のはずであるが、わが国の暦上（旧暦）ではまだ梅雨の走りの時期であり、それほど不快な時節ではない。この歌が詠われたのは旧暦五月下旬すなわち梅雨の最盛期に当たるから、その時期に宴を催して「菖蒲の鬘」の儀を行ったのである。「ほととぎす鳴く五月」に「あやめぐさ」を取り合わせ、五月五日としなかったのは、もっとも気候の悪い時期に合わせ現実的に対応したことを示す。すなわち、万葉時代では、第一節「あやめぐさ」の条でも述べたように、それほど真摯な態度で「菖蒲の鬘」の儀に望んだ。

『萬葉集』に「よもぎ」を詠んだ歌はこの一首のみで、原文では万葉仮名で余母疑と表記している。『本草和名』に「艾葉　一名氷臺一名醫草　已上本條　白艾一名朝艾　正旦に得たる者なり。已上疏文に出づ。一名薙　音吐計反　兼名苑に出づ　和名与毛岐」とあり、漢名は艾葉《ガイヨウ》である。ヨモギは灸などに用いられるので、もっとも薬草らしい薬草と一般には思われているが、意外なことに中国最古の本草書『神農本草經』に相当する名はなく、『名醫別録』で中品として初見する。

上代の古典ではヨモギは『萬葉集』の一首にのみ登場するが、平安時代以降になると『伊勢物語』『枕草子』『源氏物語』などの物語文学に登場するほか、多くの詩歌に詠まれるようになる。

一、我がやどの　にはのよもぎを　かりあげて　いづくにひける　あやめふくらん　（『教長集』「あやめのうた」二五九）

二、よもぎわけて　あれたる庭の　月みれば　むかしすみけん　人ぞ恋しき　（『山家集』上　三四一）

三、かくとだに　えやはいぶきの　さしもぐさ　さしもしらじな　もゆるおもひを　（『実方集』）

第一の歌は庭に生い茂る「よもぎ」を刈り、どこからか抜き取ってきた「あやめ（ぐさ）」を取り合わせて軒に葺くことを歌にしたもので、古代の風習の変形と見ることができるが、まだ「あやめ」と「よもぎ」の取り合わせは健在であった。ところが『栄花物語』の「かゞやく藤壺」には、「果敢《はか》なく五月五日に成りぬれば、人々菖蒲《さうぶ》樗《あふち》などの唐衣《きぬ》、上着《うはぎ》などもをかしう折知《をりし》りたるやうに見ゆるに、菖蒲《さうぶ》の三重《ミエガサネ》の御几帳共薄《うす》物にて、立て渡《わた》されたるに、上《かみ》を見れば、御簾の縁《へり》もいと青《あを》やかなるに、軒の菖蒲《あやめ》も隙《ひま》なく葺《ふ》かれて、心殊《こと》に目出度くをかしきに、御薬《くす》玉菖蒲《さうぶ》の御輿《こし》などもて参りたるも珍《めづら》しうて、若き人々見興《きよう》ず」とあるように、「よもぎ」は省かれ、期日も五月五日に固定し、単なる遊興になって形骸化したことがわかる。この風習は「軒の菖蒲《あやめ》」として今日でもまれながら残っている。むしろ、万葉時代の「菖蒲の蔓」よりもこの方が『荊楚歳時記』に記述される風習に近いのは皮肉とさえ思える。一方、「よもぎ」は、今日でも路傍や荒れ地の雑草であるように、荒れ果てた家・屋敷を象徴する存在となり（第9章第1節参照）、第二の歌にそれがよく表されている。

薬用植物としての「よもぎ」はきわめてユニークな存在である。中国古医方は大きく二つに大別され、一つは薬草を煎じて服用して内部に巣食う病邪を掃う湯液療法、もう一つは薬草を乾燥したものに火をつけて燃やしその熱や煙で病邪を祓う薫臍《くんさい》療法である。「よもぎ」を湯液として用いるのは、古方・後世方《ごせいほう》のいずれの漢方流派でもまれで、『金匱要略』にある芎帰膠艾湯《キュウキコウガイトウ》などごく限られた処方に配合されるにすぎない。それでも今日、「よもぎ」が薬用植物として広く認知されているのは、『名醫別録』に「主に百病に灸す」とあるように、針灸療法で「もぐさ」の名で用いるからである。本草で艾葉の異名に冰臺《ヒョウダイ》（『本草和名』は氷臺に作る）があるが、『埤雅』（陸佃）に、「冰（氷に同じ）を削りて圓ならしめ、挙げて以て日に向け、艾を以て其の影を承くれば則ち火を得る」と、その名前の由来を説明する。氷をレンズに作って「よもぎ」に火を付ける方法を記したのであるが、火のないところでも灸を可能にしようとした古代中国人の知恵であり、それだけ灸が賞用されていたことを示唆する。艾葉はヨモギの葉ないし枝葉をいうが、針灸で用いる「もぐさ」とは、乾燥葉を揉んで葉体を除き、葉裏にある綿状の白毛のみを集めたもので、湯液・針灸では同じ植物の素材を薬用にするとはいっても、調製法がまったく異なる。『延喜式』巻第三十七「典薬寮」の中宮臘月御薬および同雑給料に熟艾《ジュクガイ》とあるのは「もぐさ」のことをいい、また「やいくさ」と称することもある。第三の歌は藤原実方によるきわめて技巧的な一首であるが、小倉百人一首にも収載される有名な歌であるから、説明するまでもないだろう。平安時代になると、「よもぎ」のもう一つの和名「もぐさ」が登場し、今日ではこの名の方がよく通用する。ただし、この名は『本草和名』『和名抄』などにはない。

今日のわが国ではヨモギに蓬の字を充てることがある。わが国の典籍で蓬が初見するのは『新撰萬葉集』巻之下の次の詩である。

蓬生《よもぎふ》の荒屋の前に友無し
郭公鳴き佗びて古棲《ふるす》に還《かへ》る
應に鳥を相送りて旧館に往くべし
去り留まる秋に誰か來る夏を待たん

『和名抄』に「兼名苑云ふ、蓬一名華　艾なり　蓬華二音逢畢　和名與毛木　艾音五盖反　本草云ふ、一名醫草」とあり、蓬にも艾と同じ「よもぎ」の訓をつける。中国では杜甫の詩に蓬の名があり、次のように詠まれている。

『全唐詩』巻二二八「蓬生」

蓬生、根無きに非ず　漂蕩、高風に隨ふ
天寒く萬里に落ち　復た本叢に歸らず
客子、故宅を念ひ　三年門巷空し
悵望すれば但《ただ》烽火　戎車、關東に滿つ

生涯能く幾何《いくばく》ぞ　常に羈旅の中に在り

この詩を通釈しておく。蓬は根がないのではないが、空高く吹く風にしたがって漂い動く。冬の空に（吹き飛ばされて）万里の地に落ち、再びもとの草むらに戻ることはないのだ。旅人は故郷の自宅に思いを寄せるが、三年の間、留守であった。恨みつつ（故郷の方を）望むとただ烽火のみが見え、兵車が関東（函谷関の東方で洛陽・河北方面）に満ちている。自分の生涯はあと幾ばくも残っていないのに、（戦乱に翻弄されて）いつも旅の中に暮らしているのだ。この詩の内容から蓬をヨモギと連想するのは難しいが、今日のわが国では植物としてのヨモギを蓬、「もぐさ」を艾と使い分けているようである。蓬はくさむら（叢）、むらがるという意味があり、蓬蓬は『詩經』の小雅に「維《こ》れ柞の枝　其の葉蓬蓬たり」とあるように、盛んなさまの意すなわち葉が生い茂るなどの表現に用いる。杜甫の詩では、風に吹き飛ばされて荒野をさまよっている様子を詠んでいるから、蓬はヨモギではなく、おそらくヒユ科ホウキギの類と思われる。したがって、ヨモギの漢名を蓬とするのは国訓と考えねばならない。「よもぎ」の語源は「よく茂《も》く草《き》」といわれるが、蓬の字義にぴったりと合うから、案外、蓬は古名の「よもぎ」の語義をそのまま漢訳したのかもしれない。一方、「もぐさ」も基本的に同じ「茂《も》く草」に由来する。「燃え草」「もむ草」の転訛とする説（『言海』ほか）もあるが、針灸に広く用いられるようになって発生した俗解であろう。因みに熟艾の和名「やいくさ」は「焼き草」の転で、「焼き葉草」転じて「やいにぐさ」ともいう。

第9章

荒れた家屋を象徴する「むぐら」

第1節　古典の「やへむぐら」はヤエムグラではない

一般にわが国は温暖多湿の気候環境のため植物の生長は非常に旺盛である。家・屋敷をそのまま放置すると、たいていの場合は数カ月ほど、長くても一〜二年すれば確実にやぶに被われてしまう。古典文学で「むぐらふ」「むぐらおふ」などの「むぐら」とは、手入れの行き届かない家屋や庭などに生い茂る植物を指し、『源氏物語』の蓬《よも》生《ぎふ》にその典型をみる。ここでは同帖にある次の二文節を挙げる。

一、かゝるまゝに、浅茅《あさぢ》は庭の面《おも》も見えず、しげき蓬《よもぎ》は、軒を、争《あらそ》ひて生《お》ひのぼる。葎《むぐら》は、西東《にしひむがし》の御門《みかど》を閉《と》ぢこめたるぞ、たのもしけれど、崩《くづ》れがちなる垣《かき》を馬牛《うし》などの踏《ふ》みならしたる、道にて、春夏《なつ》になれば、放《はな》ち飼《か》ふ総角《あげまき》の心さへぞ、めざましき。

二、霜月ばかりになれば、雪霰《ゆきあられ》がちにて、ほかには消《き》ゆる間《ま》もあるを、朝日ゆふ日を防《ふせ》ぐ、蓬葎《よもぎむぐら》のかげにふかう積《つも》りて、越《こし》の白《しら》山思《おも》ひやらるゝ雪の中《うち》に、出《い》で入《い》る下《しも》人だになくて、つれづれとながめ給ふ。はかなき事を聞《きこ》えなぐさめ、泣《な》きみ笑《わら》ひみ、まぎらはしつる人さへなくて、夜も、塵《ちり》がましき御帳のうちも、かたはらさびしく、物がなしく思《おぼ》さる。

この二節はチガヤ（浅茅）・ヨモギ（蓬）とともに「むぐら」（葎）が生い茂って寂れ果てた常陸宮邸の様子を描写したものである。チガヤ・ヨモギは荒れ地を好んで生える植物種であり、『源氏物語』の第十五帖につけられた蓬《よも》生《ぎふ》は常陸宮邸の荒廃ぶりを象徴する名称となっている。本文の記述ではむしろ「むぐら」の方が目立ち、葎生《むぐらふ》という語彙が存在するにもかかわらず、帖名に蓬生が採用されているのは、「よもぎ」の方が「むぐら」より語感が優れるからであろう。「よもぎ」は有用な薬用植物でありかつ針灸療法で不可欠の薬剤でもあるから、知らない人はほとんどいないだろう。では「むぐら」とはいったいどんな植物であり、どれほどの人が知っているだろうか。『本草和名』（深根輔仁）に「葎草　仁諝音　一名葛律葛　蘇敬注に出づ　一名葛勒蔓　稽疑に出づ　和名毛久良」とあり、本草では『新修本草』に初見する葎草《リッソウ》に「もくら」の和訓をつける。一方、『醫心方』では「葎草　和名牟久良」としているから、音韻的に「も」と「む」は互いに通ずるので、『源氏物語』にある「むぐら」は本草にいう葎草としてまちがいない。葎草とは、蘇敬が「葉は萆麻（蓖麻、トウダイグサ科トウゴマ）に似て小さく薄く、蔓生す。細刺有り、俗に葛葎蔓と名づく。古方、亦た時に之を用ふ。」（『證類本草』巻第十一「草部下品之下　葎草」所引）と注釈するように、小さなトゲのあるつる性植物である。漢籍字書類では、『爾雅』や『説文解字』にはなく、『玉篇』に「葎は葛に似て刺有り」とあるにすぎない。『枕草子』（能因本）の「あはれなるもの」の一節に「荒れたる家に葎這《むぐらは》ひかゝり、蓬《よもぎ》など高く生《お》ひたる庭《には》に、月の隈《くま》なく明《あか》き、いと荒《あら》うはあらぬ風の吹きたる。云々」とあり、荒れ果てた家屋に〝伸びかかる〟といっているから、「むぐら」はかなり大型のつる性植物で、よじ登る性質をもつ。『源氏物語』の第一の例では「しげき蓬は軒を争ひて生ひのぼる」という興味深い表現がある。「軒をあらそふ」は『源氏物語』を出典とする表現で、草などが軒まで高く生い茂ることと解釈されている。一方、『方丈記』（鴨長明）では「軒《のき》を争《あらそ》ひし人のすまひ、日を經《へ》つゝ荒《あ》れゆく。家はこぼたれて淀河《（よどがは）》に浮《うか》び、地は目《め》のまへに畠となる。云々」とあり、一般には軒と軒とが重なり合うほど密集した人家を表すとされ、別の意味でもって解されている。「荒れゆく」とあるから、「よもぎ」や「むぐら」など「やぶをつくる草木」で被われていく様子を表したと考えるべきで、『源氏物語』と『方丈記』との間で「軒をあらそふ」の意味は基本的に変わらないと考えるのが自然である。ただし、「生ひのぼる」とは「つる」のように伸長する意と考えられ、「よもぎ」はそのように成長する植物ではない。したがって紫式部が「むぐら」を「よもぎ」と勘違い、あるいは正しく区別できていなかった可能性もあり得る。『源氏物語』の各巻の名前は後世の人がつけたとする見解もあるが、第十五帖を葎生ではなく蓬生とあるのは、紫式部が両種の植物について十分な知識をもたずに命名したとすれば納得でき、各巻名の由来を考える上でも興味深い。「葎は西東の御門を閉ぢこめたるぞ頼もしけれど」は、門を覆いつくすほど旺盛に成長する大型のつる性植物たる「むぐら」の所為を表現しているが、『西行物語』にも「庭も外面も一つにて、葎《むぐら》の門、草の戸鎖《とざし》のみ深くして、鶉《うづら》の寝屋《ねや》と荒れはてたる所々、百六十余なり」とあり、「むぐら」と門を取り合わせた「葎《むぐら》の門《かど》」は「葎《むぐら》の屋戸《やど》（宿）」とともに、荒れはてた家を表す定番の成句となった。

『宇津保物語』の「初秋」の春宮の歌「松むしに　宿《やど》とふ秋の　葎《むぐら》には　やどれる露や　ものを思はむ」ほか平安の和歌の中に、荒れ果てたという悲壮感がさほど感じられない歌が散見され、本来の意味が形骸化したように感じられるが、葎草がそこそこの用途をもつ薬用植物であることも影響しているのかもしれない。「むぐら」が何の役にも立たない厄介者であったなら、いささかのポジティブなイメージをもって詠まれることはないはずだからである。「むぐら」すなわち葎草が薬用であることは、『頓醫抄』（梶原性全）の山病治方に「又大葎草《ムグラ》一荷、水二石ヲ入テ、一石ニ煎テ、瘡ヲ浸シテ度々アラウベシ」（巻第三十四「癩病」奥書）とあり、癩病の薬とされた例がある。『新修本草』では「五淋を主る。小便を利し、水痢を止め、虐を除く。虚熱ありて渇するには煮汁及び生汁之を服す。」とあって利尿薬と認識しているが、『圖經本草』（蘇頌）には「癩を主る。躰に遍《あまね》く皆瘡あるは葎草を用ふ。」（『證類本草』巻第十一「草部下品之下」所引）とあるので、性全は『圖經本草』を参考に当該の処方を創生したようである。紀貫之の詠った一首「八重むぐら　こころのうちに　しげければ　花みにゆかん　いでたちもせず」（『古今和歌集』）ではもっと大胆に「（心の）内」に茂る「むぐら」を詠む。この歌は、「やへむぐら」が心の中に茂っていたのなら、花見に行って荒廃した心を癒やそう、特に支度などしなくていいからという意味である。ここでは「むぐら」は心理的な荒廃を表す象徴として詠まれているところが興味深い。「むぐら」が実生活においてどのようなイメージを持たれているか、やはり薬用で有益な側面からポジティブなイメージで見られているのはあまり多くない。因みに、「やえむぐら」の漢名である葎草は六朝詩・唐詩ともに詠まれた例が見当たらない。したがって、「むぐらおふ」は日本人独特の感性を反映した詩句といってよい。

これまで古典に登場する「むぐら」が現今のどの植物種に相当するかまったく言及しなかったが、結論から言えば、現在でもごく身近にあるつる性植物アサ科カナムグラをいう。同属種にカラハナソウがあるが、カナムグラと比べると、ずっと少なく、必ずしも身近な植物ではない。しかし、古典の「むぐら」の基原に関しては古くから異論もあった。江戸後期を代表する本草家小野蘭山は「古ヨリ葎ノ字ヲムグラト訓ズルハ非ナリ。ムグラハ小葉ニシテ廢地ニ多ク繁延ス。故ニヤヱムグラト歌ニヨメリ。」（『本草綱目啓蒙』巻之十四下「草之七　蔓草類」）と述べ、アカネ科ヤエムグラであると主張した。蘭山が「ヤヱムグラト歌ニヨメリ」というのは次の万葉歌および平安の古歌にある「八重むぐら」を指す。

一、いかならむ　時にか妹《いも》を　むぐらふの　汚《きたな》きやどに　入れいませてむ　（巻四　〇七五九）

右は、田村の大嬢と坂上大嬢とは、並びにこれ右大弁大伴宿奈麻呂卿の女《むすめ》なり。卿の田村の里に居れば、号して田村の大嬢と曰ひき。但し妹坂上大嬢は、母、坂上の里に居りき。仍りて坂上大嬢と曰ひき。時に姉妹諮問するに歌を以て贈答しき。

二、思ふ人　来《こ》むと知りせば　八重むぐら　おほへる庭に　珠《たま》敷かましを　（巻十一　二八二四）

三、玉敷ける　家も何せむ　八重むぐら　おほへる小屋《をや》も　妹《いも》と居《を》りてば　（巻十一　二八二五）

四、（天平六年）十一月八日、左大臣橘朝臣の宅《いへ》に在りて肆宴《しえん》したまひし歌
むぐら延《は》ふ　賤《いや》しきやども　大君《おほきみ》の　座《ま》さむと知らば　玉敷かましを
右の一首は、左大臣橘卿　（巻十九　四二七〇）

五、立よりて　となりとふべき　かきにそひて　ひまなくはへる　やへむぐら哉　（『山家集』）

9

『萬葉集』にある「むぐら」の歌は、第一～第四の歌の四首のみで、いずれも借音・借訓の万葉仮名（牟具良・六倉）で表記され、漢名は一つもない。漢名の葎草は、前述したように、『新修本草』に初見し、同書がわが国に伝わったのは、序章で述べたように、七二〇年代以降である。また、主要な漢籍字書類に葎草の条はない。したがって、『萬葉集』に本草の漢名が見当たらなくても決して不思議ではない。第一の歌では単に「むぐら」とあって、いかなる時にあなたをむぐらの生い茂る汚い我が家にお入れ申しましょうか、恐縮する次第ですの意である。自分の家を卑下して詠んでいるのであって、実際につる草で被われているわけではない。第二、三および第五の歌では、小野蘭山が指摘するように、「やへむぐら」とあり、今日いうアカネ科ヤエムグラと音の上では同じである。しかし、『萬葉集』だけを見ると、第一と四の歌では単に「むぐら」とあり、同じようにこの植物を読み込むことで家屋・屋敷の粗末さを卑下する詠まれ方から、異なる植物を指すとは考えにくい。すなわち、「むぐら」が盛んに繁っているのを形容するために八重を冠したにすぎない。しかしながら、「やへむぐら」なる名は、後述するように、その特徴的な形態を表した固有名の可能性もあり得る。磯野直秀によれば、現在と同じヤエムグラという名は享保二十（一七三五）年～元文三（一七三八）年に行われた全国産物調査の各藩報告書である『諸國産物帳』で初めてその名を見るという（「慶應義塾大学日吉紀要・自然科学」第四十五号　六十九頁―九十四頁　二〇〇九年）。『源氏物語』では「むぐら」を実在する寂れた屋敷と取り合わせたが、第一～第四のいずれの万葉歌においても荒廃した家屋・屋敷の印象は希薄で、屋敷・家屋を卑下する意味をもって「むぐら」を象徴的に用いているように見受けられる。それが特に顕著なのは第四の左大臣橘諸兄の歌である。この歌の前は、左注に「右の一首は太上天皇（聖武天皇）の御歌」とあるように、橘諸兄が聖武天皇を自分の屋敷に迎えたときの歌であって、「むぐら延ふ賤しき屋戸」は自分の屋敷を天皇の御所と比べて相対的に卑下する意図を表したもので、実際に「むぐら」が茫々と生えているということを意味しない。すなわち、陛下がお出であそばすことを知っておりましたならば、この粗末な屋敷にも玉を敷き詰めてお待ちしましたものを、という意味で諸兄は詠んだのである。第二、三の歌は問答の歌で、内容的にはまったく同様に詠まれている。かかる観点に立てば、少なくとも『萬葉集』に関するかぎりでは、小野蘭山のヤエムグラ説が成立する可能性は皆無ではない。ヤエムグラは路傍や荒れ地に普通に生えて群生する傾向が強く、茎葉に逆向きの小さなトゲがあるところはカナムグラによく似る。しかし、長さは六十〜九十センチ程度で茎が軟弱なため地に這うことが多く、つる性植物ではないので、カナムグラとはまったく生態が異なる。江戸中期の国学者海北若沖や荒木田嗣興らもヤエムグラ説を支持するが（『万葉植物文化誌』の「むぐら」参照）、ごく身近な雑草であるヤエムグラの生態が一部を除いて万葉歌のイメージとよく合うからである。ヤエムグラは荒れ地を好んで叢生し、手入れの良くない庭に侵入すれば、地を被うように生い茂るが、第三の歌の「八重むぐら　おほへる小屋」は、数メートル以上に伸張するつる性のカナムグラでなければ、およそ想像できない情景である。『源氏物語』にいう「御門を閉ぢこめたるぞ頼もしけれど云々」もヤエムグラでは役不足であり、いずれの万葉歌でも、「むぐら」をカナムグラとイメージしてもまったく不自然さはない。一方、第五の西行の歌は、寄り添って隣というべき垣根に添って隙間なく「やえむぐら」が生えていることだという意で、明らかに『萬葉集』とは詠まれ方が異なる。『源氏物語』ほか平安以降の古典と共通の感性といってよいが、やはりこの「やえむぐら」もカナムグラ以外には考えられない。そのほか、古典の「むぐら」「やへむぐら」をカナムグラとしなければならない理由を、次の歌に見出すことができる。

六、人こそあれ　庭のむぐらも　色付きて　風のみかよふ　故郷《ふるさと》の秋　（『夫木和歌抄』巻第十三）

この歌では「むぐら」を秋に色づくと詠う。いわゆる葎黄葉《くさもみじ》を詠んだ歌だが、一年草のカナムグラであれば、早春に発芽して急速に繁り、真夏から秋にかけて開花し、秋に実をつけて晩秋に枯れ果てる。この歌にいう秋は旧暦の秋すなわち新暦の真夏から秋に相当するが、カナムグラの葉は初秋（新暦）に黄変し始めるから、それを詠んだの

9

である。人こそ居ても庭には「むぐら」が生い茂って色づき始めた、風だけが吹き寄せる何とも寂しい故郷の秋だという意で、色づくと詠むことで寂しさを強調した。一方、ヤエムグラは越年草であって前年の秋に芽を出し、翌春に生い茂って初夏に花をつけ、秋口には枯れ果てるし、また草黄葉の印象をもち得るには葉が小さすぎる。

第2節　貧乏葛の異名がありながら「むぐら」とは呼ばれなかったヤブガラシ

カナムグラによく似たつる性多年草にブドウ科ヤブガラシがある。一年草のカナムグラと異なる点は、深く大きな根をもつ宿根草であることで、地上部は冬に枯れるが、春になると長大な根が伸びてあちこちから芽を出しよく繁茂する。茎葉に刺はなく、茎も繊維質に乏しいので、繁茂した地上茎葉を除去するのはカナムグラより楽である。繁殖力はカナムグラよりむしろ旺盛で、手入れを怠るとたちまちにしてはびこって庭や庭木を覆いつくす。やぶを枯らすほど繁殖力が旺盛なことから、藪枯らしの名の由来があり、前節で述べた『諸國産物帳』にその名が初見する。ヤブガラシは巻きひげをもち、自ら他のものに絡みついて伸長するので、茎に密集した小さなトゲでほかの植物などに引っかかるようにして伸びるカナムグラよりさらに「おほふ」力は強力である。また、別名の貧乏蔓《びんぼうかずら》は貧乏で手入れの行き届かない屋敷にはびこることに由来し、万葉歌の「八重むぐら」はヤブガラシであってもおかしくはなさそうに見える。万葉の「むぐら」はいずれも家屋敷を卑下するのに比喩的に詠まれているから、かかる視点では、ヤブガラシはカナムグラにとって強敵といえる。

ヤブガラシもカナムグラも数メートル以上に伸長するつる性植物で、鳥足状複葉（ヤブガラシ）と掌状に深裂した葉（カナムグラ）は大きさも含めて同じように見えるから、誤認される可能性はあり得る。今日ではヤブガラシの漢名を烏《ウ》斂苺《レンボ》に充てるが、本草では『新修本草』（蘇敬）の下品として初見する。因みに、烏斂苺の本来の読みは「うれんばい」であるが、江戸期以来、烏斂苺に誤ったため「うれんぼ」と読まれ、そのまま定着してしまった。『新修本草』は烏斂苺の主治を「風毒、熱腫、遊丹、蛇傷を主る。擣きて傅く、并に汁を飲む。」（證類本草第十一所引）と記載する。一方、『嘉祐本草』（掌禹錫）は異名を籠草《ロウソウ》とし根を薬用とするが、『圖經本草』（蘇頌）は異名を五葉苺《ゴヨウバイ》とし若い茎を薬用と記述するなど、各書で薬物としての扱いに相異がある。『本草和名』（深根輔仁）は「烏斂苺　一名白芑一名雈一名薍　古翫反　一名菼　吐敢反　已上四名兼名苑（ママ）に出づ　和名比佐古都良《ヒサゴヅラ》」（芑を苕の誤写とすれば雈・薍・菼を含めていずれも蘆の異名であり、おそらく誤りと思われる）とあり、「ひさごづら」の和訓をつける。「ひさご」はウリ科ユウガオやヒョウタンほか近縁植物の総称名で、これに関しては第10章第3節に詳述する。「づら」は「つづら」すなわちつる性植物のことをいう。植物学的な形態・用途のすべてにおいてウリ科ユウガオ類との共通性はなく、なぜ「ひさごづら」なる和名が烏斂苺につけられたのか現代人の感覚では理解しにくいが、昔の人はまったく異なる視点から種認識していたことを示唆し、ヤブガラシが「むぐら」ではない傍証となり得る。烏斂苺について古本草の情報は乏しいが、『本草經集注』（陶弘景）は五葉苺、『嘉祐本草』（掌禹錫）は籠草、『本草綱目』は赤葛《セキカツ》・五爪龍《ゴカリュウ》・赤潑藤《セキハツトウ》の異名を挙げる。近世の『江蘇植薬志』は絞股蘭《コウコラン》なる異名を挙げるが（『中薬大辞典』）、『本草綱目啓蒙』（小野蘭山）はウリ科アマチャヅルの漢名を絞股藍《コウコラン》とする。ヤブガラシとアマチャヅルは分類学的類縁はないが、ともに五葉で巻きひげをもつつる性植物でよく似るため、蘭山は勘違いして絞股蘭、しかも蘭を藍に誤ってつけてしまったらしい。皮肉なことに、この名は現代の『中薬大辞典』でもアマチャヅルの漢名に充てるが、小野蘭山の誤った見解を採用したのである。そのほか荒れ地に侵入してやぶをつくる植物にマメ科クズがある。今日では身近な人里に侵入して群生するが、古くから「かづら」として認識され、有用な薬用植物であるから、カナムグラと混同されることはなかった。結論として古典の「むぐら」はカナムグラのほかは考えにくい。

第3節　「むぐら」の語源について

カナムグラはれっきとしたつる性植物であるが、「かづら」や「つづら」の名で呼ばれることはなく、古くから「むぐら」と称された。カラハナソウに「むぐら」「むぐらづる」「かなむぐら」の方言名がある（いずれも長野県南部、『日本植物方言集成』による）のは、カナムグラの同属植物で形態がよく似るからであり、同じ名であっても違和感はない。一方、江戸期の『諸國産物帳』に今日のアカネ科ヤエムグラを同名で記録して「むぐら」の一種に加え、前述したように、国学者の一部はそれを万葉の「むぐら」と解釈した。では、この「むぐら」とは何を意味するのだろうか。カナムグラの場合は、「つる性」という明瞭な特徴がありながら、「つる」ではなくわざわざ「むぐら」と呼ぶからには、やはり茂ってヤブをつくる旺盛な成長力にその名の由来があると考えるべきだろう。とすれば、単純にむくむくと茂る草として「茂《も》くら」を語源と考えてよさそうである。この名は『本草和名』『和名抄』が葎草につけた和訓「毛久良」と同音であるから、深根輔仁・源順ともに語源解釈に推敲を重ねた結果、「もくら」の和訓をつけたのかもしれない。因みに、「ら」は意味のない助詞で、「うけら」「さくら」の「ら」と同じである。カナムグラの名は、十四世紀の室町時代に成立した『本草類編』に「葎草　和名加奈毛久良」とあるのが初見で、意外に古い名前である。繊維質に富むつる性の茎が鉄《かね》のように丈夫であるからつけられた。しばしば漢字で鉄葎《カナムグラ》と表記するが、和製の漢名である。

一方、江戸期の国学者が支持したアカネ科ヤエムグラは、葉が六～八枚輪生する独特の形態からつけられた名前の可能性と、人里の路傍・荒れ地に旺盛に群生する生態的特徴から八重を冠した可能性とがあり、いずれとも決めがたい。前述したように、ヤエムグラの茎は細くて軟弱なため、小さな苗の状態では直立状を保つが、ある程度伸びると支えきれずに横倒しに這うので、しばしばつる性植物とまちがえられる。本草では『救荒野譜』（明・王磐撰）の猪殃々《チョオウオウ》をもってヤエムグラの初見とする。同書に附属する絵図は稚雑ながらヤエムグラ属植物の輪生する葉の特徴を表す。また、奇妙な漢名の由来を「猪、之を食へば則ち病む、故に名づく」と説明する。殃は災いを意味し、イノシシが食べると病気になるというのが語源の由来であるが、春に苗を採れば救荒食になるというから毒はないらしい（実際に無毒である）。同書は正徳五（一七一五）年に和刻本が刊行され、猪殃々に「ムグラ」の和訓をつけるが、当時の本草学では古典の「むぐら」をアカネ科基原とすることに疑問をもっていなかったことを示す。『中薬大辞典』はヤエムグラの正名を鋸鋸藤《キョキョトウ》とし、猪殃々をその異名とする。今日、アカネ科を中心に「むぐら」の名をもつ植物が多くあるが、すべてが上代・平安期の古典にある「むぐら」をヤエムグラと解釈した江戸期の国学者の見解を受け継いだものである。真の「むぐら」であるはずのカナムグラの類縁種カラハナソウは、一部地域で「むぐらづる」などの方言名があるものの、結局、まったく無関係の名が植物学上の正名となった。中国でもカラハナソウを心葉蛇麻と称し、カナムグラ（葎草のほか拉拉秧・拉拉藤・五爪龍・苦瓜草・山苦瓜などがある）とはまったく無関係の漢名をつけているのはおもしろい。

9

第10章 「かほばな」と呼ばれる植物

旋花（241頁）

古典文学に「かほ」という名をもつ植物名がしばしば登場する。『萬葉集』に「あさがほ」と「かほばな」の二名が詠まれ、平安時代になると『源氏物語』ほかに「ゆふがほ」がはなやかに登場する。「かほ」とは、『言海』（大槻文彦）によれば、形秀《かたほ》の略という。『日本書紀』の神代紀下に「良久《ややひさ》にありて一《ひとり》の美人《をとめ》有り。容貌世に絶《すぐ》れたり。」（巻第二「第十段・一書第一」）とあって容貌を、同繼体天皇の即位前紀では「天皇《すめらみこと》の父《かぞのみこと》、振媛が顔容姝妙《きらぎら》しくして、云々」（巻第十七）とある顔容を、古くから「かほ」と訓じ、いわゆる顔のありさまを意味する。秀《ほ》はほかより抽ん出るという意で、穂《ほ》・上《ほ》・帆《ほ》にも通じる基礎語である。したがって、「かほ」は目鼻立ちの整った表面《おもてづら》を意味し、植物では花を指すと考えてよい。一方で、『日本書紀』の景行天皇の四年二月に「茲《こ》の國《くに》に佳人《かほよきをみな》有《はべ》り。弟媛《おとひめ》と曰《まう》す。容姿端正《きらきら》し。」とある容姿を、「かほ」あるいは「かたち」と訓ずる例があり、全体の「すがた」を表すと解されている。『萬葉集』に「朝井代尓《アサヰデニ》　來鳴杲鳥《キナクカホドリ》　汝谷文《ナンジダニモ》　君丹戀八《キミニコフレヤ》　時不終鳴《トキヲヘズナク》」（巻六　一〇四七）とある杲鳥はこの意である。すなわち、古典に登場する「かほ」の名をもつ植物は、花のほかに、全形の特徴を表すこともあることに留意しなければならない。

第1節　必ずしも特定の植物を意味しない万葉の「かほばな」

『萬葉集』に「かほ（が）ばな」を詠む歌は四首あり、原文で容花・皃花・可保婆奈・可保我波奈と表記する。このうち、前二つの漢名は正訓で「かほばな」と訓ずる。皃花の皃は貌の略形で、容貌という語からわかるように、顔を意味する。一方、容花は、容姿・容貌に関連する容の字を冠するから、やはり顔・姿に関連し「かほばな」と訓ずる。

一、高円《たかまと》の　野辺《のへ》の容花《かほばな》　面影に　見えつつ妹《いも》は　忘れかねつも　（巻八　一六三〇）

二、石橋《いはばし》の　間々《まゝ》に生《お》ひたる　皃花《かほばな》の　花にしありけり　ありつつ見れば　（巻十　二二八八）

三、うちひさつ　宮《みや》の瀬川《せがは》　かほ花《ばな》の　恋ひてか寝《ぬ》らむ　昨夜《きそ》も今夜《こよひ》も　（巻十四　三五〇五）

四、美夜自呂《みやじろ》の　すか辺《へ》に立てる　かほが花　な咲き出《い》でそね　隠《こ》めて偲《しの》はむ　（巻十四　三五七五）

以上の四首の歌に詠まれる「かほばな」は、第一の歌では草原（高円の野）に生え、第二・三の歌では水辺（石橋の間）や川の中（宮瀬川）に生え、第四の歌では砂地の岡あるいは浜・洲（すか辺）に生え、それぞれ生育環境が著しく異なる。以上のような多様な環境に生える植物種は現実的には存在しないので、万葉の「かほばな」が特定の植物種を指す名ではないことがはっきりする。したがって、個別に植物種を絞り込むほかは有効な方法はないが、結論を先に述べておくと、第一の歌はキキョウ科キキョウ、第二・三の歌はアヤメ科カキツバタ、第四の歌はヒルガオ科ヒルガオを「かほばな」として詠んだと考える。「かほ」に顔と姿・姿勢の二つの意があることはすでに述べたが、後述するように、姿形も問題となるのは第一の歌のみである。「かほばな」の考証において、必ずしも樹木の可能性を除外しているわけではないが、第一～四の歌の情景から草本以外は考えにくい。通説とはかなり異なる見解となっているが、以下にその論拠を説明する。

1-1　草原に生える「かほばな」（キキョウ科キキョウ）

まず、「高円の野辺のかほ花」の「高円の野」とは、奈良市春日山の南に地獄谷を挟んで続く高円山（標高四六二メートル）の西麓白毫寺付近から鹿野園《ろくやおん》方面にかけての傾斜地の山野を指す。高円は二十七首の万葉歌に詠まれる有数の万葉故地であり、奈良時代を通じて貴族らの遊楽の地であった。この歌は大伴家持が坂上大嬢に贈った長歌の反歌であり、高円の野の草花を優雅に取り込み、その上で大嬢の面影を忍び込ませて詠んだ。すなわち、第一・二句は「かほ」と面影の面《おも》とを暗に譬喩した序であり、のちに正妻となる大嬢に対する熱い慕情を込めて、高円の野辺の「かほばな」を見ているとあなたの面影が思い出されて忘れられないのですと詠んだのである。家持のこの歌は「秋の相聞歌」の一首であり、ここに収録された歌はいずれもハギ・ナデシコ・黄葉の鶏冠木《かえで》・早穂《わさほ》や秋風など、完璧なまでに秋の風情を詠む。一首のみ初夏の花であるマメ科フジを詠った歌「我《わ》がやどの　時じき藤のめづらしく　今も見てしか　妹《いも》が笑《ゑ》まひを」（巻八　一六二七）があるが、季節外れとあるから、これも晩夏～秋の歌と考えてよい。したがって、家持の詠った「かほばな」は秋の草花に限定される。通説ではヒルガオと解釈するが、旧暦では仲夏から晩夏の花であり、秋の草花というには無理がある。また、のちに正妻となる女性の面影を譬喩して詠んだのであるから、それ相応の美しく目立つ花でなければ家持は納得しなかったにちがいない。ヒルガオの花は十分に大きく美しい野草の一類であるが、つる性であるのは如何にもだらしなさを象徴し、女性の面影を重ね合わせるにはふさわしくない。この観点から、家持の詠んだ「かほばな」は、姿形が直立して頂端に花をつけ、集中にも用例のある「あさがほ」すなわちキキョウでなければならない。キキョウは日当たりの良い草原に生える植物であり、生育適地の多くが失われた現代にあっては絶滅危惧種となってしまった。しかし、古代の奈良盆地は度重なる遷都にともなう乱開発で森林が伐採され、各地にキキョウの生育に適した草原が成立していた。高円の野はそのような草原植生の生態系であり、山上憶良の選定した秋の七草の一つキキョウも自生していたにちがいない。キキョウには「あさがほ」の古名があるが、朝のうちに花をつけるとして、「かほばな」から派生してつけた名前であるから、「かほばな」と呼ぶことに何ら矛盾はない。

1-2　水辺に生える「かほばな」（アヤメ科カキツバタ）

第二・三の歌にある「かほばな」は詠まれた情景から察すると抽水植物である。「石橋の間々に生ひたるかほ花」は、川の中に石を並べて渡れるようにした、その石の間に「かほばな」が生えているという意味にとることができる。「宮の瀬川のかほ花」も、字義通りに解釈すれば、川の中に「かほばな」が生える情景以外は考えにくい。宮の瀬川の所在は不明で、どの程度の大きさの川であるか知る由もないが、流れの弱まった岸あるいは砂州の縁に生えていると推察される。にもかかわらず、松田修はこれらもヒルガオとして不自然さはないとするが、かなり無理な解釈である（『萬葉植物新考』）。一方、澤瀉久孝はオモダカ科オモダカと考えたが（『萬葉集注釋』）、抽水植物であるから、歌の情景には合う。しかし、高名な万葉学の大家とはいえ、植物に関する知識は貧弱のようで、オモダカの花が絶対的にも相対的にも小さく、「かほばな」と呼ぶに価しないものであることをご存じなかったらしい。そのほかにカキツバタとする説があるが、本書ではこれを正解と考える。というのは、カキツバタが抽水植物であること、そして室町中期の『言塵集』に「かほよ草、かきつばたの一名なり」とあり、「かほばな」の類名があるからである。この「かほよ草」はさらに古く鎌倉中期の『藏玉集』の次の歌に詠まれている。

貌吉草　杜若　斎宮花尽異名

夏草の　中にもおほき　かほよ草　をる袖までも　紫になる　（『藏玉集』）

「かほよ草」を折り取って袖が紫に染まるというのは、まさにカキツバタの花による書き付けあるいは摺り付け染めを暗示し、「かほよ草」はカキツバタである。『和歌藻しほ草』にも同歌集を引用して「杜若　皃吉草、かほよばなとも云。これつねの事也。藏玉にあり。」と記している（巻第八「草部」）。貌吉草・皃吉草は宛字ではあるが、「かほよ草」と読み、その義は「かほ」のよい草である。ただ、「かほよ草」に杜若《トジャク》の漢名を充てており、室町中期の『下學集』も踏襲したが、江戸期の本草界はこれを否定した。しかし、現在でも和歌や俳句などでカキツバタを杜若と表すことが多く、完全に誤りであって看過できないので、この誤用の歴史的経緯について説明しておく。

『本草和名』（深根輔仁）に「蠡實　楊玄操音禮　一名劇草一名三堅一名豕首一名茘實一名馬藺子一名薤　已上蘇敬注に出づ　一名早蒲　稽疑に出づ　一名茢甄　列真二音兼名苑に出づ　一名獨行子一名豨首　已上釋藥に出づ　和名加岐都波太」、また

『和名抄』（源順）でも「蘇敬曰ふ、劇草一名馬藺 加岐豆波太」とあり、蠡實《レイジツ》（通例、異名の馬藺《バリン》の方が通用する）に「かきつばた」の和訓を充てる。そのほか多くの異名を列挙するが、ここに杜若はない。すなわち、平安の典籍は杜若を「かきつばた」としていないのである。蠡實は『神農本草經』の中品に収載され、異名に劇草《ゲキソウ》・三堅《サンケン》・豕首《シシュ》を挙げ、いずれも『本草和名』に引用される。蠡實の基原の特徴について、『圖經本草』（蘇頌）は「葉は薤（キジカクシ科ニンニク）に似て長くして厚く、三月に紫碧の花を開き、五月に實を結びて角子を作り、大さ麻の如く、赤色にして稜有り、根は細長、黄色を通し、人、取り以て刷と爲す云々」（『證類本草』巻第八「草部中品之上」所引）と記載し、この特徴は種子を馬藺子《バリンシ》の名で薬用にするアヤメ科ネジアヤメと矛盾しない。ネジアヤメはわが国に自生しないから、平安の本草家は本邦水湿地に広く分布する類縁種のカキツバタを充てた。ネジアヤメとカキツバタは同じ科に属し、形態もよく似るから、当時のわが国で「かきつばた」に蠡實・馬藺などの漢名を充てたのは概ね妥当といえる。一方、杜若は、『神農本草經』の上品に収載され、杜衡《トコウ》の別名がある。『本草經集注』（陶弘景）に「葉は薑（ショウガ）に似て文理有り、根は高良薑（ショウガ科クマタケランの類）に似て細し。味は辛く香し。」（『證類本草』巻第七「草部上品之下」所引）とあり、以降の本草書はその記述を踏襲するから、杜若がショウガ科の基原であることはまちがいなく、『大和本草』（貝原益軒）は和名を「やぶみやうが」とした（巻之八　草之四）。ただし、現在のツユクサ科ヤブミョウガではなく、ショウガ科ハナミョウガのことで、ほぼ正しい認識を反映したものとなった。『本草和名』にも杜若の条があるが、「杜若　一名杜衡一名杜連一名白蓮一名白芥 仁諝音渠□反 一名若芝一名芳杜若 陶景注に出づ 一名土鹵 兼名苑に出づ 一名杜荇一名白吟 已上雑要訣に出づ 一名貿真 釈藥に出づ 一名貿靈根 隱居本草注 唐」とあるだけで、和名は記載していない。すなわち、当時のわが国では該当する植物が見出されていなかったのであるが、この杜若がのちにカキツバタの漢名に充てられたのは不思議に思える。その謎を解く鍵は杜若の別名の杜衡《トコウ》にある。『本草和名』に、杜若とは別条に、「杜衡 揚玄操音衡 一名馬蹄香 蘓敬注云ふ、形馬蹄に似る故に以て之と名づくと　一名楚蘅一名土鹵一名土荇　已上釈藥に出づ　和名布多末加美　一名都布祢久佐」とあり、ここに杜若と共通する異名「土《ト》鹵《ロ》」もあってきわめて紛らわしい。杜《ト》衡《コウ》（＝杜蘅）は『名醫別錄』の中品に初見し、『本草經集注』は「根、葉は都《すべ》て細辛に似たり」と記述し（『證類本草』巻第八「草部中品之上」所引）、『重修政和經史證類備用本草』の附図もウマノスズクサ科カンアオイ属の類（細辛）によく合う。『圖經本草』は杜若について「此の草は一名杜蘅なり。而れども中品に自《もっ》て杜蘅の條有り、爾雅に謂ふ所の土鹵なる者なり。杜若は廣雅に謂ふ所の楚蘅なる者なり。其の類は自ら別なり。然れども古人多く相雜し、九歌（『楚辭』第二巻）を引用して云ふ、芳洲采ると。杜若は又、離騷（『楚辭』第一巻）に云ふ、杜蘅と芳芷と雜じゑ、王逸（『楚辭』の編者）の輩皆分別せず、但し云ふ、香草なりと。古方或は用ふ。而れども今の人使ふこと罕《まれ》なり。故に亦た有識の者少なきなり。」（『證類本草』巻第七「草部上品之下」所引）と記述しているように、中国での杜若と杜衡の混同がわが国に影響したと考えられる。すなわち、杜衡との混同で、杜若が香草と解され（真品の杜若も香草であるがわが国には知られていなかった）、これをもって杜若を「薫《かを》り吉《よ》き草」と呼ぶようになり、「かほよ草」に転訛（薫《かを》るはしばしば「かほる」と訛る）し、「かほばな（皃吉草）」であるカキツバタと混同されたと推測される。『本草和名』が杜蘅につけた和名のうち、「ふたまかみ」は「ふたばかみ」すなわち双葉髪の義であり、カンアオイの類は、通例、二枚の心形の葉をつけ、ごく小さな根茎を芯として密生する紐状の根を髪の毛に見立てたと考えられる。一方、「つぶねぐさ」は「つむねぐさ」の転、すなわち「積む根草」あるいは「集《つ》む根草」の義で、紐状の根が重なり集まる特徴を表した名と考えられる。いずれの和名も根に因むのは、カンアオイの類が根を薬用とするほか、香料として古くから用いられたからである。『香字抄』にも杜《ト》衡香《コウコウ》とあり、異名の馬《バ》蹄香《テイコウ》に葉の形を馬の蹄に見立てた。一方、和名の「かきつばた」の語源については、『萬葉集』に七首ある歌のうち、六首が垣津幡・垣津旗・垣幡と表記するのを重視し、垣内旗の意とする説がある。すなわち、「かきつ」が「垣の内」の意で広く用例があり、古くから庭に栽培され、その艶やかな花を旗に見立てたという。しかし、今日では「書き付け花」の転とする荒木田久老説が広く支持されている。この場合の「書き付け」は「摺り付け」の意で、上代では花摺りに用いた。方言名にある「かきつ」もこの名残である。そのほか、垣津花、「かっこばな」に由来するという説もある。方言名に「かっこ」（山形・新潟・岩手）、「かっこう」（山形・新潟・秋田）、「かっこ（う）ばな」（山形・福島）があり（以上、『日本植物方言集成』）、カキツバタの花期がカッコウの鳴く時期に当たるからというが、むしろ以上の名は「かきつ」の訛りと考えるべきである。垣津花は庭によく植える花というのであろうが、語源説としていかがなものか。カキツバタは抽水植物であるから、庭に植えるとすれば、池や流水を備えた庭でなければならず、その名はごく一部の階層に限られてしまうからである。

わが国でカキツバタに対して用いる漢名は杜若のほかにもう一つある。尾形光琳作の屏風画「燕子花図」はカキツバタを描いた最高傑作の一つであるが、『大和本草』によれば、燕子花《エンシカ》の名の出典は『福州府誌』とする（巻之七　草之三）。カキツバタは万葉以降の古典文学によく登場するが、燕子花の名は江戸時代以前の国書になく、『大和本草』を初見とする。ただし、益軒がその名の出典とする『福州府誌』の花之屬・草之屬のいずれにも見当たらず、その代わりに鮮之屬に「鎗魚、鯿に似て尾は燕子の如し」という記述があり、益軒がそれを勘違いした可能性がある。『東雅』（新井白石）に「漳州府誌海澄縣志等に據りて、渓蠻叢笑に見えし燕子花、此にいふ所のカキツバタ也といふ也云々」とあり、燕子花の名は宋書の『渓蠻叢笑』（朱輔撰）に初見するという。しかしながら原典では「紫の花にして全く燕子に類し、藤に生ず。一枝に數葩あり。」と非常に簡潔に記述するに留まる。つる性とあるから、常識的に考えてカキツバタに合わないが、新井白石は紫色の花をつけることをもって燕子花をカキツバタに充てることに疑問をもたなかったようである。益軒・白石のいずれも誤っていたのであるが、著名人のお墨付きで燕子花はカキツバタの漢名としてわが国では広く普及した。近年、キンポウゲ科オオヒエンソウ（オオバナヒエンソウ）を真の燕子花とする文献が散見されるが、これも大いに問題がある。漢字で表記すると大花飛燕草、単に飛燕草と称することもあり、今日の中国で翠雀《スイジャク》と呼ぶものに相当する。いかにも古い漢名のように見えるが、もともとは南欧原産のキンポウゲ科ヒエンソウに充てた名前で、いずれの歴史的本草書にも見当たらない、ごく近世につけられた植物名である。のちにシベリア・モンゴルから中国北部に野生するオオヒエンソウも翠雀・飛燕草と称したから、以上の植物名の混乱に拍車をかけることとなった。実は燕子花をオオヒエンソウとしたのは牧野富太郎であって、中国にその見解が導入されたのが混乱の発端である。『溪蠻叢笑』の燕子花は「藤に生ず」る植物種であるから、直立するヒエンソウ・オオヒエンソウのいずれも該当しないが、牧野はそれを痩せて長いヒョロヒョロした茎と解し、「私はわが独自の見解に基づきこの燕子花、それはかの溪蛮叢笑をもって、キツネノボタン科に属する飛燕草属の一種なる *Delphinium grandiflorum* L. var. *chinense* Fisch.（ママ）であると断定して疑わない」と断言した（『牧野富太郎選集』第二巻）。また、牧野は燕子花には紫燕《シエン》・煙蘭《エンラン》という別名があるともいうが、出典がさっぱりわからない。実は燕子花がカキツバタであることを初めて否定したのは牧野富太郎であるが、それをヒエンソウとして新たな誤りを蔓延させたのは皮肉としかいいようがない。杜若と燕子花のいずれもわが国でカキツバタを表す名として発生したのであるが、今日の中国でも燕子花・杜若をカキツバタの名としている。

1-3　砂地あるいは砂州に生える「かほばな」（ヒルガオ科ヒルガオ）

第四の歌「美夜自呂《みやじろ》のすか辺に立てるかほが花」の「かほが花」は、第一、二句でその生態が示唆されているものの、一筋縄ではいかない難解歌である。「すか」は、『播磨國風土記』にある宍禾《しさは》郡の里名に酒加《すか》、『肥前國風土記』で彼杵《そのぎ》郡の郷名に周賀《すか》があって、いずれも川沿いや海沿いの場所なので、砂洲・砂丘・砂浜を指すと考えられている（『萬葉集注釋』巻第十四）。とすれば、乾燥した砂地に「かほばな」が生えていることになり、以上に述べたキキョウ・カキツバタの生育環境に合わない。この種を絞り込むにはこの歌の解釈が必要となるが、美夜自呂の砂丘（または岡辺）にこれぞとばかり目立っている「かほばな」よ、（そんなに派手に）咲かないでくれ、私はひそかに思いを込めていようぞ、と通釈されている。したがって、やはり「かほ」というにふさわしい目立つ花をつける植物でなければならないが、澤瀉久孝は「すか辺に立てる」とあるのをつる性のヒルガオに合わないと考え、オモダカ説を採用した（『萬葉集注釋』巻第十四）。自分の姓名を万葉の花に由来するとしたい一途な願望があったのだろうか、相当の無理を強いた解釈である。「立てる」は「立つる」の訛と「立ちてゐる」の略の両方が考えられるが、歌の中では自動詞であるから、後者の意である。「立つ」は直立の意味だけでなく、目立つなどの語にあるように、顕《あらわ》になるという意味もある。ヒルガオは群生し、花も一斉に開くからこの意によく合う。したがって、この歌においては「かほばな」がつる性であろうと直立性であろうと無関係であるが、花が相応に目立つことが必要条件である。小さく白い花をまばらにしかつけないオモダカは、方言名に花に関係する名が見当たらないように、古くから人々の注目を集めるような草花ではなかった。わずかに「はさみのはな」（山形）があるが、これは矢じり型の葉を意識した名であって、花ではなく端・觜・崎の「はな」のことで、もっとも先なるところの意である（以上、『日本植物方言集成』）。通説ではこの歌の「かほばな」をヒルガオ科ヒルガオとするが、本書でもこの説を支持する。鹿持雅澄（一七九一年—一八五八年）によって提唱されたが（『萬葉集古義』）、「かほばな」と音韻的に近い「かっぽう」（備後）・「かっぽぐさ」（熊本）の方言名があるのも説得力がある。ヒルガオは多年性つる草であって、北海道から九州までの日本列島から朝鮮・中国に広く分布し、主として路傍・空き地・畑地など人里に多く生える。ヒルガオの類似種にコヒルガオ・ヒロハヒルガオ・ハマヒルガオがある。コヒルガオは葉や花がヒルガオより小型で、本州以南から東南アジアまでの暖地に分布し、ヒルガオと生育環境は重複する。ヒロハヒルガオは本州以北のわが国および北半球の温帯に広く分布し、山地の冷涼なところに生える。ハマヒルガオは海岸の砂地に生え、日本列島全土・アジア・欧州・環太平洋諸地域に広く分布する。「美夜自呂のかほばな」をさらに絞り込むとすれば、

「美夜自呂のすか辺」が浜辺の砂地ならハマヒルガオ、内陸の岡辺ならヒルガオ・コヒルガオのいずれかとなる。

1-4 ヒルガオの漢名・古名とその釈解

『萬葉集』ほか上代の典籍に「ひるがほ」の名はなく、古く別の名で呼ばれていたことは、『多識篇』（林羅山）に旋花の和名として「比留加保《ひるがほ》」とともに「波也比登久左《はやひとぐさ》」があることでわかる。「はやひとぐさ」は、『本草和名』に「旋花　蘇敬音除戀反楊玄操音辭戀反　一名筋根花　蘇敬注云ふ、根は筋に似る故に以て之と名づくと　一名金沸一名美草一名山薑　陶景注に出づ　一名當旋　蘇敬に出づ　一名鼓子花　拾遺に出づ　和名波也比止久佐」、『和名抄』に「本草云ふ、旋花一名美草　旋音賤　波夜比止久佐」、『醫心方』に「旋花　和名波也比止久佐」とあり、旋花《センカ》に充てた古和名である。『神農本草經』の上品に旋華《センカ》の名で収載され、「一名筋根華一名金沸。味は甘く温。平澤に生ず。氣を益し、面皯黒色にして媚好なるを去る。根　腹中の寒熱の邪氣あるを治し、小便を利し、久しく服すれば飢ゑずして身を輕くす。」と記載されている。旋花（華）の基原に関しては、『圖經本草』（蘇頌）に「苗は叢と作《な》し、蔓葉は山芋に似て狭く長し。花は白く、夏秋に遍《あまね》く田野に生ず。根は毛節無く、蒸して煮れば噉《くら》ふに堪へ、甚だ甘美なり。」（『證類本草』巻第七「草部上品之下」所引）とあり、つる性草本であることを示唆する。『本草衍義』（寇宗奭）は「蔓生にして、今の河北、京西、關陝の田野の中に甚だ多く、最も鋤艾《かり》（刈の意）難く之を治むるも又生ず。世、又之を鼓子花と謂ふ、其の形肖を言ふなり。」（巻第八）と記述し、花の形が鼓子に似るとする。鼓子とは一般に太鼓を想像するが、『本草綱目』（李時珍）に「其の花は瓣狀を作さず、軍中吹く所の鼓子の如し」とあり、李時珍は「秋に至り花を開き白牽牛（アサガオ）の如し」とも述べているから（巻第十八「草之七　蔓草類」）、鼓子とはラッパのような具であり、旋花が今日いうヒルガオであることが明確となる。『重修政和經史證類備用本草』にある旋花の附図はやや幼雑ながら、以上の形態の特徴を表し、ヒルガオで間違いない。筋根花《キンコンカ》の別名は根が筋に似ることに由来

10

し、筋が切断したとき、ヒルガオの根の搗き汁をつけると筋が繋がる効があるとして続筋根《ゾクキンコン》の別名もある。ヒルガオが旺盛につるを延ばして繁茂することからそのような効があると期待した。一方、漢名の旋花は全開の花の形を渦巻きの形に見立てた名である。

「ひるがほ」という名は『多識篇』が初見ではなく、それより一五〇年ほど前に成立した『松下集』五の「寄昼恋」に「朝露に　かるるもあるを　うつろはぬ　人の心や　ひるがほの花」と出てくる。おそらく、これが文献上の「ひるがほ」の初見と思われるが、本格的に文学に登場するのは江戸期以降で、松尾芭蕉が「昼顔に　米つき涼む　あはれ也」、小林一茶が「晝《ひる》がほや　煩《わずら》ふ牛の　まくらもと」など、多くの俳人が詠むようになった。一方、それより古い「はやひとぐさ」は本草書・字書のほかは一切登場することはなかった。この語源は隼人草《はやひとぐさ》であろうが、旺盛につるを伸ばし、花をつけて繁る様を隼人に見立てたと思われる。隼人は古くから隼《はやぶさ》の如く敏捷で強いわが国の南方の種族を指す。あるいは疾風草《はやてぐさ》の訛り、すなわち花の形からつむじ風を連想し、にわかに起きる疾風に因んでつけられ、のちに隼人と誤用されたのかもしれない。しかし、『本草和名』『和名抄』のいずれもまったく別の植物を基原とする大戟《タイゲキ》にも「はやひとぐさ」の和名をつける。大戟は『神農本草經』の下品にあり、中国ではアカネ科・マメ科・トウダイグサ科などその基原は多様である。一方、わが国ではトウダイグサ科タカトウダイを充てる。『延喜式』でも随所に大戟の名があり、巻第三十七「典薬寮」の諸國進年料雜藥に大和国ほか十一カ国から貢進の記録があるので、大戟は和産のあるタカトウダイとして差し支えない。タカトウダイは根を薬用とするが、全草に有毒成分を含む。この植物における隼人草の名は薬効の激烈さに由来すると思われる。したがって、同じ「はやひとぐさ」を充てるにしてもそれぞれの語源の背景は異なると考えねばならない。『新撰字鏡』には「旋覆花　須万比久佐　本草云早人草」とあり、早人草は「はやひとぐさ」と読めるが、旋花と誤認したらしい。漢名でも旋覆花《センプクカ》の異名金沸草《キンフツソウ》は、旋花の異名の金沸と酷似し、古くから両名が混同されたことを想像せしめる。因みに、旋覆花はキク科オグルマのことで、ヒルガオとはまったく無縁である。

『本草綱目啓蒙』（小野蘭山）はヒルガオの地方名にミミダレグサ・ハタケアサガオ・アメフリバナなどを挙げる（巻之十四　草之七　蔓草類）。ミミダレグサによく似た方言名にミミコグサ（高知）、ミミツンボ（佐渡）などがあり、ヒルガオの特徴的な葉の形によるもので、救荒食あるいは薬用として、かなり身近な存在であったことを示唆する。アメフリバナはアメバナ（長野）・アメフリ（仙台、越後）・アメップリバナ（長野北安曇）・アメフラセバナ（山形）・アメウルバナ（仙台）など東北・信越地方に類似方言名が多く見られる。入梅が他の地域と比べて遅い東北・信越地方では、ヒルガオの開花が梅雨のころに当たるからである。

第2節　時代によって変わる「あさがほ」の認識

万葉の花の中で、「あさがほ」はわずか五首に詠まれるにすぎないが、その基原をめぐってこれほど古今の万葉学者・本草学者を悩ませた植物はない。万葉仮名による表記を見ると、朝皃二首、朝杲・朝容皃・安佐我保が各一首ずつで、この中に皃の字が三例に出てくる。それは貌の略形で、顔を意味することは前節で述べた。したがって、朝皃・朝容皃を「あさがほ」と訓ずることに問題はない。しかし、朝杲の杲はどの漢和辞典を見ても「かほ」に結びつく意味があるとはしていない。『玉篇』に「杲は明なり。白なり。」、『説文解字』に「杲は明なり。日に从ひ木の上に在り。」とあり、中国の古字書でも「かほ」の意に結びつくものはない。『説文解字』の「日に从ひ～」は杲が「日＋木」から構成され、日が木より高く上るから、日光が明らかな様の意である。『詩經』國風・衞風に「其れ雨ふらん　其れ雨ふらん　杲杲《かうかう》として出づる日あり」とあるのはそれを表す。ついでながら、部位をひっくり返した杳は暗いの意で、『萬葉集』にも用例がある。結局、杲に「かほ」の義はないが、「かほ」を意味する貌に遥か、遠いというまったく別の義がある。『説文解字』に「邈　遠なり」とあり、その音通で「皃＝邈」としているからである。意味の上で「遠い」と「高い」は近い関係にあるから、それでもって杲と皃を同義と考えて「あさがほ」の表記に朝杲を用いたと推察される。「かう」（杲）の音が訛って「かほ」（顔・容）と解釈されたという説もあるようだが、いかにもこじつけの印象が強すぎる。あるいは杲と皃とは字体がよく似るので、誤用の可能性もあるかもしれない。『萬葉集』に杲の用例は朝杲（巻十　二一〇四）を除いて次の三例がある。

一、貴山乃儕立乃見杲石山跡（貴き山の並み立ちの見が欲し山と）（巻三　〇三八二）
二、百鳥之音名束敷在杲石住吉里乃（百鳥の声なつかしきありが欲し住みよき里の）（巻六　一〇五九）
三、杲鳥　（巻十　一八二三）

第三の用例は容鳥《かほどり》としてよく出てくるから、杲鳥《かほどり》とするにまったく不自然さはない。第一・二例はいずれも「（見《み》・在《あり》）が欲《ほ》し」とあるように、杲の訓の一部を「欲す」にあてがうというきわめて特異な用例であり、一種の戯訓といってよい。

　前節で述べたように、万葉の「かほばな」は特定の植物を指す固有名ではなく、美しい花の総称である。後世に出現したカキツバタの別名「かほよばな」はまさに「かほばな」の語源解釈そのものであって、これほど正鵠を射た説明はあるまい。一方、「あさがほ」は「かほばな」から派生し、朝に美しい花を咲かせる植物に特化した名前である。おそらく「あさがほ」も「かほばな」と同じく複数の植物種を指す総名にちがいないが、少なくとも「かほばな」よりはずっと対象を限定したものであることは想像に難くない。『萬葉集』における当該歌の情景分析から植物種を絞り込めるかどうか検討してみよう。

2-1　秋の七草の「あさがほ」はキキョウ科キキョウである

万葉の「あさがほ」の歌のうち、その生育環境を示唆するのは次の歌にある「あさがほ」のみである。

　山上臣憶良の秋の野の花を詠みし歌二首

秋の野に　咲きたる花を　指折《およ》りて　かき数《かぞ》ふれば　七種《ななくさ》の花　（巻八　一五三七）

萩の花　尾花《をばな》葛花《くずはな》　なでしこが花　をみなへし　また藤袴《ふぢばかま》　朝顔《あさがほ》が花　（巻八　一五三八）

秋の七草の歌として集中でもっとも有名な歌の一つであるが、前歌に「秋の野に〜」とあるから、「あさがほ」を含めてここに詠まれる花はすべて草原植生の構成種である。『本草和名』（深根輔仁）に「牽牛子　陶弘景注云ふ、此れ田舎より出づ。凡人、牽牛を取り易ふ。故に以て之と名づくと。　和名阿佐加保」、『和名抄』（源順）に「陶隱居本草注云ふ、牽牛子　和名阿佐加保　此れ田舎より出づ。凡人、之を取りて、牛を牽《ひ》きて藥に易《か》ふ故に以て之と名づくと。」とあるように、平安を代表する本草書・百科事典は牽牛子《ケンゴシ》なる漢名に対して「あさがほ」の和訓をつける。牽牛子は『名醫別錄』の下品に収載され、「味は苦く寒、毒有り。氣を下すを主り、脚滿水腫を療じ、風毒を除き、小便を利す。」と記載する。『本草經集注』（陶弘景）は「藤を作《な》して生じ、花の狀は藊豆《ヘンヅ》（マメ科フジマメ）の如く黃色、子は小房を作し、實は黑色、形は梂子（バラ科サンザシ）の核の如し」（『證類本草』巻第十一「草部下品之下」所引）と記述し、つる性であることを除いて、今日いうアサガオとはかなり相異がある。一方、『新修本草』（蘇頌）に「此の花は旋葍花《センプクカ》（旋花の別名、『本草和名』では旋葍・鼓子花などとある）に似て碧色を作し、又黃にあらず、藊豆に似ず」（『證類本草』同所引）とあって暗に陶弘景を批判し、旋花《センカ》すなわちヒルガオ科ヒルガオに似るという。牽牛子の特徵をもっとも明解に記述したのは『開寶本草』（馬志）で、「此の藥、蔓生して花は鼓子花《コシカ》（ヒルガオ科ヒルガオ）の如くして稍《やや》大きく、碧色を作《な》す。子に黃殼有りて小房を作し、實は黑く稍蕎麦《ややそば》に類す。」（『證類本草』同所引）とある。『本草衍義』（冠宗奭）も「諸家の說、紛々として一ならず、陶隱居（陶弘景のこと）は尤も甚だし。花の狀藊豆の如しと言ふは、殊に相當たらず。花朶《くわだ》は鼓子花の如く、但し碧色にして、日出でて開き、日西《い》りて合す。

今の注、又其の中の子喬麥の類と謂ふは、亦た非なり。蓋《けだ》し、直木猴梨子の如く、但し黒にして云々」（巻第十二）と陶弘景の見解を非難する一方で、朝のうちに開花して日没とともにしぼむというアサガオの花の特徴を記述するのが注目される。以降、中国本草における牽牛子の記述は、陶弘景の誤った見解は支持されず、牽牛子をアサガオとすることで首尾一貫している。したがって、『本草和名』『和名抄』のいう阿佐加保とは今日のヒルガオ科アサガオでまちがいない。しかし、植生学的観点から、憶良のいう「あさがお」はおよそアサガオとは考えにくい。というのは、アサガオは熱帯アジアの原産で、温帯のわが国では夏期にのみ生育可能であり、一方、在来の温帯性の草原植物は初春から芽を出して初夏になれば急成長するからである。したがって、アサガオはわが国の在来種との生存競争でははなはだ分が悪く、今日でもアサガオが栽培から逸出して生えるのを見ることはない。ついでながら、牽牛子という奇妙な名の由来について、陶弘景が語源解釈しているので説明する。陶弘景は「此の藥は始め田野に出づ。人、牛を牽《ひ》き藥に易《か》ふ。故に以て之と名づく。」（『證類本草』同所引）と述べ、牽き連れた牛と交換するほどの価値のある薬という意味でこの名がつけられたという。この語源の正否はともかく、当時は牽牛子という薬物が高価であったことを示唆する。のちに牛を干支《えと》の丑に置き換え、アサガオの種（牽牛子）の異名として黒丑《コクチュウ》・白《ハク》丑《チュウ》の別名（アサガオの種の外皮は白黒の別がある）が発生した。

では、「あさがほ」がアサガオでないなら、憶良はいったいどんな植物をイメージして詠んだのだろうか。前述したように、「かほばな」から派生したから、まず人目を引くような見栄えのする大きな花をつけ、草原に生える植物とすればかなり絞られる。また、『本草和名』『和名抄』が万葉の「あさがほ」からアサガオに名を転じたとすれば、新旧の「あさがほ」はある程度の特徴を共有することが条件となる。その点において、宋代の本草書『圖經本草』（蘇頌）にある「夏、花を開き、紫碧色にして頗る牽牛子の花に似たり」（『證類本草』巻第十「草部下品之上」所引）という桔梗の記述は注目に価する。桔梗は、後述するように、キキョウ科キキョウに充てた漢名で、キキョウが万葉の「あさがほ」であるなら、『本草和名』『和名抄』が牽牛子に「あさがほ」の和名をつけるに違和感はなかったと思われる。『圖經本草』が伝わったのは十一世紀以降で、深根輔仁・源順はその記述を知ることはなかったが、本草に通じた専門家とあれば、深根輔仁・源順も蘇頌と同様の感性をもっていたにちがいない。季節になれば青い見事な釣鐘状の花は草原であればどこでも見ることができたはずである。まして薬用・食用になる有用植物とあれば、上代の日本人の目を引くことがなかったと考える方が不自然で、『萬葉集』にある「あさがほ」はキキョウとしてまず間違いない。「あさがほ」は、もともと特定の植物を指す名ではなかったが、朝に開花して色も秀麗であるので、平安以降はついにアサガオの固有名詞となった。キキョウの花も見事であるが、より大型の青い花を次々に開くアサガオに比べ、平安の文人の目から見劣りしたようだ。『源氏物語』の手習《てならひ》に「これも、いと、心細《ぼそ》き住《すま》ひの、つれづれなれど、住《す》みつきたる人々は、物清《ものきよ》げに、をかしう、しなして、垣《かき》ほに植《う》ゑたる撫子《なでしこ》も、おもしろく、女郎花《をみなへし》、桔梗《ききやう》など、咲《さ》き始《はじ》めたるに、色々の狩衣《かりぎぬ》すがたの男《をのこ》どもの、わかき、あまたして、きみも、おなじ、装束《さうぞく》にて、南《みなみ》おもてに呼《よ》びすゑたれば、うち眺《なが》めて居《ゐ》たり云々」とあり、キキョウはナデシコ・オミナエシなど秋の七草の一つとして愛でられていた。一方、『枕草子』に「草の花は　なでしこ。唐《から》のはさらなり。大和《やまと》のもいとめでたし。をみなへし。桔梗《ききやう》。あさがほ。かるかや。菊《きく》。壺《つぼ》すみれ云々」と様々な野草を列挙し、キキョウとアサガオが両出する。一方、同段の別の部分では「夕顔《がほ》は、花のかたちもあさがほに似《に》て、いひつづけたる、いとをかしかりぬべき花の姿《すがた》に、實《み》のありさまこそ、いとくちをしけれ」とあり、ユウガオをアサガオと花の形が似るという理由で、「草の花は」に取り挙げている。舶来の珍しい花卉ユウガオを説明するのに、アサガオでなくともヒルガオたる「かほばな」あるいは花の形が似るキキョウでもよいはずだが、清少納言の目線から見て和産植物よりアサガオの方が上位に位置する存在であったことがうかがえる。平安時代は園芸文化が発展途上にあったが、キキョウはほかの草花とともに庭の一角に混栽されるにすぎず、珍しい舶来の花卉であるアサガオの敵ではなかったことを示す。今日、キキョウは絶滅危惧種に指定され、野生をほとんど見ることはない。植物地理学でいう満鮮草原性要素と称される植物群（ほかにムラサキ・オケラなどがある）の一つで、植生的に森林が優先する湿潤気候の日本列島では古代でも多くなかったという専門家の意見もある。しかし、『延喜式』巻第三十七「典薬寮」の元日御薬、臘月御薬、中宮臘月御薬、雑給料、遣諸蕃使（唐使、渤使）の随所に桔梗の名が頻出するほか、諸國進年料雑薬では山城国・大和国・摂津国・伊賀国・伊勢国・尾張国・三河国・遠江国・駿河国・武蔵国・下総国・近江国・美濃国・若狭国・越前国・播磨国・美作国・備前国・備中国・備後国・安芸国・讃岐国・伊予国のほぼ全国から桔梗が貢進され、この中に古代の中心地であった大和周辺地域がことごとく含まれる。絶滅危惧種となった今日とはちがって、上中古代ではどの草原でも普通に存在する野草であった。平安時代の文人の目からすれば珍しい存在ではなく、それ故にアサガオとの競争に敗れたのである。やはり古典の植物を評価するには現代人の感覚を極力排しなければならない。

2-2　「あさがほ」がキキョウからアサガオに転じたのはいつか？

中国では後漢の時代にアサガオは伝わっていたといわれるが、わが国に伝わったのはいつであろうか。前述したように、『本草和名』（九一八年ごろ）・『和名抄』（九三四年ごろ）のいずれも牽牛子に「あさがほ」の和名をつける。一方、『新撰字鏡』（九〇〇年ごろ）は「桔梗　阿佐加保　又云岡止々支」（天治本「本草木異名第六十九」）とあり、「あさがほ」の和訓を桔梗につけ、牽牛子は収載すらされていない。一方、『延喜式』（九〇五年～九二七年）巻第三十七「典薬寮」では雑給料に「牽牛子丸五劑」「牽牛子　三斤十三兩」とあるだけで、諸國進年料雑薬に各地から牽牛子の貢進の記録はない。雑給料とは、祭儀を執行するための様々な費用に充てるための料であり、その中で牽牛子がどのような位置にあったのか興味があるので、当巻に記録された雑給料をすべて列挙する。

四味理仲丸・七氣丸・干薑丸・烏梅丸・呉茱萸丸・當皈《トウキ》丸《ガン》・夕藥丸・神明膏・大萬病膏・千瘡萬病膏・駐車丸・牽牛子丸・黄連丸・十三物呵唎勒丸・大黄膏・升麻膏・人參・甘草・桂心・呵唎勒・檳榔子・干薑・白朮・大黄・蜀椒・半夏・桔梗・細辛・呉茱萸・昌蒲・茯苓・芎藭・紫菀・石膏・茈胡《サイコ》・桃人《トウニン》・烏頭《ウズ》・小麦・杏《キョウ》人《ニン》・鼓・黄連・黄蘗・黄芩《オウゴン》・熟艾・烏梅・枳實・當歸・白芷・前胡・附子《ブシ》・連翹・蘆茹・白斂・葫藋《サクダク》・商陸・茵草・升麻・黄耆・地楡・牡丹・大戟・夕藥・玄參・白頭公・支子《シシ》・虵銜《ジャカン》・獨活・生地黄《ショウジオウ》・薤白・橘皮・芒硝・狗脊《クセキ》・牽牛子・亭歴子・漏蘆・阿膠・甘葛煎《アマヅラセン》・猪膏・酒・酢・糯米・蘗《モヤシ》・油絁・絁・紗・調布・綿・安藝木綿・紙・盆・析槓・大笥・匏・水桶・杓・炭　造御藥薪在此内

ルビは筆者による（補録）。薬物だけではなく、一部に布なども含まれるが、牽牛子のほか、それを主薬として製した牽牛子丸も含まれ、「右前件（中宮臘月御藥のこと）造備訖与臘月御藥同日進之」とある。平安時代に牽牛子が貴重品と扱われたことは別の典籍でもうかがえる。十世紀末の『小右記』の正暦四（九九三）年五月廿四日に「廿四日、辛亥《かのとゐ》、昨日明杲《めうかう》、已《すで》に講《と》き示し送りて云ふ、日《ひ》來勞《ごろねぎら》ふ所有り、生（原文：出に誤る）薑煎、呵梨勒丸等を合藥せしむ。馳送すべき者は仍《すなは》ち生薑煎作らしめ、今朝、付廻し下送するなり。呵梨勒丸に至り、牽牛子無く作（原文：候に誤る）ること能はざる由、典藥頭より許示《ゆるし》之を送る。」とあるように、牽牛子がなかったため、わざわざ典藥頭に許しを請うて送ってもらったという。すなわち、牽牛子は典藥寮のような朝廷直属の役所でなければ入手が困難であった。したがって、十世紀初頭ではアサガオの栽培があったとしてもごく限られていたと考えざるを得ず、多くは大陸からの輸入品であったと思われる。牽牛子が貴重品であったことを考慮すると、九世紀末あるいは十世紀のごく初期にアサガオが伝わって普及の途上であったと推定され、「あさがほ」の名がキキョウからアサガオへ移行する過渡期でもあったと考えられる。アサガオが渡来してすぐに名前の入れ替えが起きるとは限らないから、その正確な渡来時期を推定するのは難しいが、『新撰字鏡』の成立年より一〇〇年以上も前の万葉時代すなわち奈

10

良時代にアサガオがなかったことはまちがいないだろう。万葉時代に百済を経て牽牛子が伝わったという無責任な俗説もあるが、その痕跡はどこにも残されていない。また、平安遷都のころ唐より種子が渡来、薬草として栽培したと『図説草木名彙辞典』（木村陽二郎監修）は記すが、『薬經太素』（和気広世）に牽牛子の記載があることを論拠とする。『薬經太素』は『群書類従』に所収されるが、往事の体裁をまったく失っていることは本草学では周知の事実であり、この通説も信頼するに価しない。アサガオは当初はもっぱら薬用とされ、その花の美しさが平安の文人に評価されるまでは一定のタイムラグがあったことも考慮する必要がある。アサガオの渡来時期は早ければ平安時代の中期、九世紀中ごろまでさかのぼる可能性はあるかもしれない。時代によって「あさがほ」と呼ぶ植物の劇的な変化があったなら、平安の古典文学でその記述に差があって然るべきである。以下、かかる点について検討してみたい。

まず、もっとも古い勅撰和歌集では、『新撰字鏡』よりやや遅く九〇五年から九一二年に成立した『古今和歌集』に「あさがほ」の名はない。その代わりに「けにこし」を物名として詠んだ歌「うちつけに　こしとや花の　色を見む　おく白露の　そむるばかりを」（巻第十）がある。この歌は、いきなり濃くなったというのだろうか、花の色を見ようとて、そこに降りた白露で染めたばかりなのにという意で、ややわかりづらい内容である。「けにこし」は牽牛子の音読みで、この時代ではまだ撥音「ん」の表記は定まっておらず、「む」「い」「う」「に」のいずれかあるいは表記しないこともあったが、この例では「ん」を「に」と表す。一方、同巻に「秋ちかう　のはなりにけり　白露の　おけるくさばも　色かはりゆく」という桔梗の音名「きちかう」の物名の歌もある。ここでは「あきちかう」の句に詠み込まれ、秋が近い野原になったことだ、白露が降りた草の葉の色も変わっていくだろうなという意である。すなわち、『古今和歌集』では牽牛子のみならず桔梗も「あさがほ」とは呼ばれていなかった。拙著『万葉植物文化誌』では桔梗に関して『古今和歌集』の誤った和歌を引用しているので訂正する。わが国最古の字書『新撰字鏡』にのみ桔梗の和名に「あさがほ」が充てられ、それより成立が新しい『本草和名』『和名抄』『醫心方』

では牽牛子に転じ、その間に成立した『古今和歌集』では牽牛子に対する「あさがほ」の名はまだ普及していなかったから、キキョウから牽牛子への「あさがほ」の名前の入れ替えは、『古今和歌集』と『本草和名』の成立年の間すなわち九一〇年代から九二〇年代とするのが妥当と考える。『古今和歌集』より後に成立した歌集および古典文学では「あさがほ」は頻繁に登場する。

一、こひしくは　みかたの原を　いでてみん　またあさがほの　花はさくやと　（『古今和歌六帖』第二）

二、山がつの　かきほにさける　あさがほは　しののめならで　みるよしもなし　（『古今和歌六帖』第二）

三、かすが野の　のべのあさがほ　おも影に　みえつついもは　わすれかねつも　（『古今和歌六帖』第六）

『古今和歌六帖』は天延以降の円融天皇の代に撰集され十世紀末の成立とされている。『本草和名』『和名抄』の成立時期よりかなりの年月を経ているから、以上の歌に詠まれる「あさがほ」は牽牛子すなわちアサガオの可能性が高いはずである。しかし、第一・三の歌では、それぞれ「みかたの原」「かすが野」に咲く「あさがほ」というから、植物生態学的観点から、アサガオではあり得ない。第二の歌は「かきほ」すなわち庭に植えた草花を詠んだもので、「山賤《がつ》の」とあるから、山仕事を生業とする身分の低い人の家の庭である。前述したように、牽牛子は貴重な薬物であったから、その原料植物で外来種であるアサガオが社会の末端まで普及していたとは考えにくい。『古今和歌六帖』は『古今和歌集』『後撰和歌集』などのほか、『萬葉集』からも多くの歌を収録しているので、以上の三歌は十世紀初頭以前の古歌を採録したと思われ、第一の歌は伝山上憶良、第三の歌も伝大伴家持となっているのはそれを示唆する。第三の歌は『伊勢集』にある「かすがのの　なかのあさがほ　おもかげに　みえつついまも　わすられなくに」とほとんど同じ内容で、家持の歌を本歌取りしたものである。『伊勢集』は女房伊勢（八七二年ごろ—九三八年ごろ）の家集で、『古今和歌集』にも多くの歌が収録されていることで知られる。伊勢の歌人としてのキャリアの中で、初期の時代に詠んだとすれば、「あさがほ」がキキョウであっても説明がつく。あるいは平安の中期になってもキキョウが「あさがほ」と呼ばれていた可能性もあるが、伊勢以降の歌人の歌でキキョウを「あさがほ」として詠んだ確実な例歌は見当たらない。次に挙げるのは正真正銘のアサガオを詠んだ歌である。

四、　方違に人の家にいきて返りてつとめて、はぎにあさがほのかかりてさきたるをりて、かれより

はつ秋の　はぎのあさがほ　あさぼらけ　わかれしひとの　そでかとぞおもふ　（『中務集』第三巻）

五、君こずは　たれに見せまし　わがやどの　かきねにさける　あさがほの花　（『拾遺抄』巻第三）

ここでは平安期の歌のみを挙げた。第四の歌は、伊勢の娘の中務（九一二年ごろ—九九一年ごろ）の歌である。初秋の夜明けの空がほんのりと明るくなったとき、庭に栽培しているハギとアサガオを見て、別れた恋人の袖かと思ってしまうほど、なかなか忘れられない心情を詠んだ。この「あさがほ」がキキョウでないことは、ハギに「あさがほ」のつるがかかって咲いているという題詞で明らかである。第五の歌は垣根に這わせて栽培するアサガオをいい、平安後期になると、貴族の間でアサガオを観賞用に栽培するようになった。この歌は、あなたが来なければ誰に見せようか、もっぱらあなたに見せるために私の家の垣根に這わせて栽培したアサガオが花をつけているというのにという意で、舶来の花卉を栽培して人に見せるのが当時の貴族のステータスであった。

2-3　キキョウの漢名および和名の釈解

「あさがほ」の座をアサガオに奪い取られた桔梗の今日における正名キキョウは漢名の音読みに基づく。『古今和歌集』の「きちかう」は、桔を呉音の「きち」、梗を漢音の「かう」と発音し、呉音読み・漢音読みのハイブリッド形である。今日と基本的に同じ「ききやう」の音名は『枕草子』の「草の花は」に「なでしこ。唐《から》のはさらなり、大和《やまと》のもいとめでたし。をみなへし。ききやう。あさがほ。かるかや。菊《きく》。壺《つぼ》すみれ云々」とあって、漢音の桔《きつ》と呉音の梗《きやう》のハイブリッド「きつきやう」の訛りである。「ききやう」と「あさがほ」が両出するが、長徳二（九九

六）年ごろに成立したといわれる『枕草子』の時代は、牽牛子がかなり普及していたはずだから、この「あさがほ」はまちがいなくアサガオである。『榮花物語』の音樂《をむがく》に「御簾《みす》の有樣《ありさま》より始《はじ》め、廻《めぐ》りまで世《よ》の常《つね》ならず珍《めづ》らかなるまで見《み》ゆるに、朽葉《くちば》、女郎花《をみなへし》、ききやう、萩《はぎ》などの織物《おりもの》、いとゆふなどの末濃《すそご》の御几《き》帳云々」ほか随所に同じ音名が出てくる。『本草和名』に「桔梗　仁諝上音結　一名薺苨　乃礼反　一名利如一名房圖一名白藥一名便草菜名隠一名苻蓎一名房莖一名盧茹　已上三名釈藥性に出づ　和名阿利乃比布岐一名乎加止々岐」とあるように、桔梗に「ありのひふき」と「をかととき」の二名を充て、『和名抄』でも同名を充てるが、古典文学のみならず以降の本草でも全く顧みられず、桔梗の音読みだけが通用名となって今日に至る。キキョウは日本列島に原生し、あく抜きすれば根は食用になるから、「をかととき」はおそらく弥生時代以前までさかのぼる古い土着名と思われる。「ととき」あるいはその訛名はキキョウ科ツリガネニンジンに対する方言名として残るが、根の形が似るキキョウを「をかととき」と区別したらしい。本草がツリガネニンジンに当てる漢名は沙参《シャジン》であり、『本草和名』に「一名知母一名苦心一名志取一名虎鬚一名白參一名識美一名久希　釈藥性に出づ　一名虎治須　藥對に出づ　唐」とあるように、単に唐産とするのみで和名はない。すなわち、上中古代のわが国では沙参を情報不足として植物和名を充てなかった。「とどき」の語源はさっぱりわからないが、『東醫寶鑑』に「沙蔘더덕」と諺文で表記され、その音deo-deokが「とき」に通じることをもって、朝鮮語由来とする説が広く支持される。『郷藥集成方』（一四三三年）は沙蔘の郷名を加徳とし、小倉進平によれば、加を朝鮮語の訓読み、徳を音読みすると더덕になるという（「青丘學叢」第十号一〇八頁―一五〇頁　一九三三年）。したがって『郷藥集成方』でも同じ音名で呼んでいたことは確かであるが、「ととき」を記録する『本草和名』との間に五〇〇年ほどの隔たりがあり、古朝鮮語で同じ名前であったという確証はなく、朝鮮語由来と結論づけるのは大いに問題がある。また、ツリガネニンジンを「ととき」とその訛名で呼ぶ地域は東北・関東・信越地方を中心とする東日本であって、朝鮮と地理的に近い西日本にはほとんど見当たらないこ

10

とも留意する必要がある。現在の朝鮮で더덕と称するのはツリガネニンジンではなく、同じキキョウ科ながらツルニンジンであり、漢名を党参《トウジン》と称する。党参は『本草従新』（呉儀洛）に初見し、清代にニンジンが枯渇したとき、その代用に開発された新しい薬物である。長年の乱獲でニンジンの産出量が低下していた朝鮮でも党参は珍重され、本来は沙参に充てられるべき더덕をツルニンジンの名に転じたのである。わが国でツルニンジンを「ととき」あるいはその訛名で呼ぶ地域は青森・岩手の東北地方であり、朝鮮半島に近いところでは対馬のほかは見当たらない。わが国で「ととき」と呼ぶ植物はツリガネニンジン・ツルニンジンのほか、オドリコソウ（播磨）・ケイトウ（群馬）・オケラ（茨城）がある（以上、『日本植物方言集成』による）。『本草和名』でも千歳虆《センザイルイ》に和名「阿末都良一名止々岐」、赭魁《シャカイ》に「為乃止々岐」、桔梗に「阿利乃比布岐一名乎加止々岐」の三品に「ととき」の名があるが、共通の名がつけられた背景はわからない。仮に朝鮮語に由来するとしても、朝鮮半島で더덕の名がどれほどの普遍性があるのか検討されていないので、「ととき」の語源は未解明と考えるべきである。ツバキの例を考えると、古日本語由来の可能性を視野に入れて検討すべきであろう（第4章第7節）。一方、「ありのひふき」は「蟻の火噴き」であろうが、キキョウの根はイヌリンという多糖体に富み、キキョウが生える周辺にイヌリンを求めて蟻が巣をよく作る。巣の出入り口はちょうど火山の噴火口に似るから、「あさがほ」の名を失ったキキョウに対して、平安貴族が命名した風流名ではなかろうか。特に指摘しなかったが、桔梗の和名に「あさがほ」を充てた『新撰字鏡』では木部第六十八と本草木異名第六十九の二カ所に桔梗が収載され、前者では「あさがほ」という名は享和本だけにあって天治本にはない。古今の学者の一部はこれをもって『新撰字鏡』の記載は信頼できないとし、桔梗説を否定する論拠にするが、桔梗が収載されるべき本草木異名第六十九では享和本・天治本ともに一致するから、否定する理由にはならない。桔梗の字が木扁であるから木部に入れられても不思議はなく、そもそも古い時代にあっては草本と木本の区別はあいまいであった。『説文解字』木部に「桔は桔梗、薬名なり。从木吉聲。一に直木と曰ふ。」と

あるので、実物を見ない限り、桔梗を木本と解するのも無理はない。因みに、朝鮮の字書『譯語類鮮』は苦茰と「廿」で表記する。また、薬名とあるように、桔梗はキキョウの根を基原とする生薬の名であり、その名も生薬の形態に由来する。『本草綱目』（李時珍）は桔梗の名の由来について「此の草の根は結實にして梗直なり」とあり、根がやや太く真っ直ぐに伸びて堅いから「結（→桔）梗」というと説明している（『本草綱目』巻第十二「草之一　山草類」）。

中国本草では桔梗の異名に薺苨《セイネイ》があり、この名はキキョウ科ソバナおよびその近縁種の正名であるからややこしい。まず、キキョウは『神農本草經』の下品に収載され、「味は辛く微温。山谷に生ず。胸脇痛きこと刀にて刺すが如く、腹滿、腸鳴幽幽とし、驚恐の悸氣を治す。」と記載されている。一方、『名醫別錄』は桔梗の異名に薺苨を加える一方で、新たに薺苨を中品に収載して「味は甘く寒。百薬の毒を解するを主る。」と記載し、いっそう混乱に拍車を掛けることになった。現代の感覚では、別条に異名とはいえ同じ名前を置くとはおよそ考えられないが、『本草經集注』（陶弘景）が「桔梗、蠱毒《こどく》を療ずるに甚だ驗あり。俗方、此を用ひ、乃《すなは》ち薺苨と名づく。今、別に薺苨有り、能《よ》く薬毒を解す。所謂《いはゆる》亂人參なるは便《すなは》ち是此の桔梗に非ずして、葉は甚だ相似す。但《ただ》、薺苨の葉は下に光明、滑澤、無毛にして異と爲す。葉生ずるも又、人參の相對する者に如《し》かざるなり。」（『證類本草』巻第十「草部下品之上」所引）と記述するように、当時の民間で桔梗の別名を薺苨とした事実を記載したにすぎない。キキョウとソバナの地上部は似ていないが、根は確かに酷似するから、古代中国では両種（桔梗・薺苨）を混同したとしても不思議はない。陶弘景は薺苨について「根莖は都《すべ》て人參に似て、葉は小異なり。味は甜く、能く毒を殺すに絶《すぐ》れ、以て其れと毒薬と共に處せば、毒は皆自然に歇《や》むなり。」（『證類本草』巻第九「草部中品之下」所引）といい、桔梗ではなく人參との類似性も強調する。『名醫別錄』の記述がちぐはぐなのは、『神農本草經』と『名醫別錄』を校定した陶弘景自身が桔梗と薺苨を的確に識別できなかったためかもしれない。『圖經本草』（蘇頌）でも「（薺苨の）根は桔梗根に似たり。但し、心（芯）無く異と爲す。」（『證類本草』同所引）とあるように、薬用部位の根の形態にこだわるあまり、中国本草はこの植物の地上部にまったく無関心であり、これこそ西洋の博物学と大きく異なる点である。すなわち、地上部の花にまったく言及せず、中国では『詩經』や唐詩などの詩歌にも出てこないから、注目されることはほとんどなかったらしい。よく目立つ野草にもかかわらず、『萬葉集』に例歌が少ないのは、中国文化の強い影響下にあった歌人が中国で話題にならない桔梗の歌を取りあげなかったからと思われる。「あさがほ」の歌五首のうち四首は詠人未詳の歌であり、また東歌に詠まれているのも、この観点からだと理解しやすい。

2-4　「あさがほ」の最有力候補であったムクゲ（木槿）

「あさがほ」を詠む五首の万葉歌のうち、もっとも洗練され、一般にもよく知られるのは次の歌ではなかろうか。「あさがほ」は植物の容貌《かお》たる花を対象とした呼称のはずだが、五首のうちで花に言及するのはこの歌だけである。

一、朝顔は　朝露負《お》ひて　咲くといへど　夕影にこそ　咲きまさりけれ　（巻十　二一〇四）

一般の通釈書は「朝顔は朝露を浴びて咲くといいますが、夕方の光の中でこそ輝いて見えるのですよ」と解釈する。額面通りの意に取れば、夕方になると花を閉じてしまうアサガオでは意味が通じない。江戸初期の著名な万葉学者契沖（一六四〇年—一七〇一年）は「朝露にめぐまれて咲くと人はいへども、しの、めより咲く花なればさはあらず、夕露のうるほひに依りてこそ咲きまされと讀みて、物の漸を積みて功を成し、或は陰徳陽報のことわりなどを含めるなるべし」という詠み人の内面を表したものと解釈した上で、「今の朝杲とよめるは槿花にやと申すべけれど、此の集にあさがほとよめるは例皆牽牛花なれば異論にわたるべからず」と述べ、万葉の「あさがほ」を牽牛花《アサガオ》と考えた（『萬葉代匠記』）。これに対して江戸期国学の泰斗賀茂真淵は「萬葉に朝かほは朝露おきて咲といへど、夕影にこそ咲まさりけれ、是木槿の花のさまをよみたるなり」（『古今和歌集打聴』巻十一物名）と述べ、また鹿持雅澄も

「朝杲《アサガホ》は、木槿にて、品物解に委《くわし》く云り。さてこの花、朝にもはら開くよしもて、朝貌と名付けたるは、例の一方によれるものにして、夕へにも多くさくものなればかくよめり。」（『萬葉集古義』）と述べて強く木槿《ムクゲ》説を支持した。江戸期では曾占春が桔梗《キキヨウ》説を支持するが（『國史草木蟲攷』）、キキョウ・ムクゲ・アサガオの三説のうちでもっとも多くの支持を集めたのが木槿《むくげ》説であった。真淵・雅澄という江戸時代の万葉学の泰斗が唱えたこの説によって、ムクゲの別名として夕陰草《ゆうかげぐさ》の名が定着した。古典の「あさがほ」を槿花《むくげ》と考えたのは江戸期の国学者が初めてではなく、平安時代に既に槿に「あさがほ」の和訓をつけており、以降、一つの和名に対して複数の漢名が用いられるなど、その背景は混とんかつ複雑であった。これまで古典文学の「あさがほ」について、桔梗と牽牛子の二者択一のように論じてきたが、実は槿花と牽牛子の二者択一であったという方が正しい。わが国の典籍における槿の名は寛平五（八九三）年ごろに成立した『新撰萬葉集』巻之上にある次の漢詩をもって初見とする。

松樹從來雪霜を蔑《ないがしろ》にし
寒風扇《あふ》ぐ處獨り蒼蒼たり
奈何《いかん》ぞ桑葉先《ま》づ零落し
槿花の暫《しばら》く昌《さか》ゆるを屑《いさぎよ》しとせざるや

千歳の松と一日栄の槿花との取り合わせは、後述する白居易の著名な詩「放言」の影響と考えられるが、槿花なる植物すなわちムクゲを実際に目撃した上で詠んだのか甚だ微妙である。ムクゲはアオイ科の小高木でわが国に原生せず、原産は中東〜インドといわれる。中国大陸にも分布するといわれるが、自生地が辺境地帯であるため、中国大陸に遍く知られたのはそれほど古くはない。ムクゲの漢名を槿《キン》で表すが、『日華子諸家本草』（大明）の下品に収載された木槿《モッキン》をもって本草における初見とする。前漢の『禮記』に木槿が出てくるが、もっとも古い字書『爾雅』に「椵は木槿。櫬は木槿。」とあり、郭璞の「別の二名なり。李樹に似て花は朝生じて夕に落つ。食ふべきなり。」

10

という注釈から、木槿とはいっても今日のムクゲであるかはかなり微妙である。一方、『説文解字』艸部に「蕣は木菫、朝に華さき暮に落つる者なり。从艸舜聲。詩に曰く、顔は蕣華の如し。」とあり、蕣という別の漢名があって、朝に開花し夕方に落下すると記述する。結局、槿がいかなる植物であるか明らかにしたのは、『本草衍義』（寇宗奭）にある「木槿は小葵の花の如く、淡紅色、五葉にして一花を成す。朝に開き暮には花を斂《をさ》む。枝と两用す。湖南、北人の家に多く種植して籬障と爲す。餘《ほか》は經にいふが如し。」（巻第十五）という記述であり、ずっと後世になってからであった。したがって、宋代の本草書が渡来する前に成立した『本草和名』に木槿の名はない。奈良時代に中国からムクゲが伝わったという無責任な俗説があるが、現在のところ、古い時代に伝わった痕跡はどこにもない。『新撰萬葉集』より一〇〇年以上ものちの寛仁二（一〇一八）年ごろに成立した『和漢朗詠集』巻上の秋の部に「槿」という題の詩歌が収録されている。

松樹千年、終に是朽ちぬ
槿花一日、自づから榮を爲す　白（居易）

來て留まらず
薤壟に晨《あした》を払ふ露有り
去て返らず
槿籬に暮に投《とど》まる花は無し　願文　中書王

おぼつかな　たれとかしらむ　あさぎりの　たえまにみゆる　あさがほのはな

あさがほを　なにはかなしと　おもひけむ　ひとをも花は　いかがみるらむ　道信

最初の二句は白居易の放言五首之五（『全唐詩』巻四三八）から引用したもので、その全文は次の通りである。

泰山は毫末を欺くを要《もと》めず

顔子は老彭を羨む心无し
松樹千年、終に是朽ちぬ
槿花一日、自づから榮を爲す
何ぞ世を恋ふるを須《のぞ》み常に死を憂ふるや
亦た身を嫌ひて漫《みだ》りに生を厭ふなかれ
生去れば死來たる、都《すべ》て是れ幻なり
幻人の哀樂、何の情にか繫《か》けん

簡単にこの詩の説明をしておく。顔子は孔子の高弟の顔回で若くして世を去った。老彭は彭祖で、八〇〇歳の長寿を保ったという殷の時代の仙人。生去死來は生死を繰り返すこと。通釈すると次のようになる。尊大な泰山を小さくつまらないものだと侮ることは要求しないし、顔回は若くして世を去ったが彭祖の長寿を羨むことはしなかった。松は千年生きるといっても、最後には朽ちてしまうだろうし、槿花は一日の寿命であっても、それを栄華としている。ならば、どうして現世に執着し、常に死ぬことを心配するのだろうか。また、我が身を嫌ってむやみに生きていることを厭う必要もない。生が去れば必ず死は来るし、これはすべて幻にすぎないのだ。幻の人であれば哀楽なぞどうして心に懸ける必要があるのか。

『和漢朗詠集』は白居易の松樹・槿花の二句のみを引用し、次に中書王（兼明親王または具平親王）の漢詩に続いて『新勅撰和歌集』巻第四「秋歌上」にある和歌「おぼつかな　たれとかしらむ〜」を引用し、最後に藤原道信の歌を配置している。これによれば、他集の和歌にある「あさがほ」を槿と編者が解釈して引用したと考えざるを得ない。本草に槿の条がなかった平安期に、事実上槿を「あさがほ」とした『和漢朗詠集』がどの程度影響力をもっていたのか興味が持たれる。もともとは白居易の詩に由来するが、この影響を強く受けた和歌がある。

二、　無常
あさがほの　くれをまたぬも　おなじこと　千とせの松に　はてしなければ　（『久安百首』）

三、　槿花一日
おのづから　おのが葉かげに　かくろへて　秋の日くらす　朝がほの花　（『為家集』）

第二の歌は藤原清輔によるもので、歌題に無常とあるから、白居易の詩の全文の背景を理解した上で詠んだことがわかる。第三の藤原為家の歌の題は槿花一日であるから、白居易の第四句のみを取りあげ、原詩の複雑な背景をあまり考慮することなく、淡々と詠む。これによって槿花に「あさがほ」の訓をつけていたことは明らかであるが、ここではさらに慎重に検証しておく。所詮、白居易の詩を本歌取りしたものにすぎないから、槿花を詠み人個人の判断で勝手にアサガオと解釈あるいは勘違いして詠んだ可能性もあるからである。平安から鎌倉期の古歌で「あさがほ」を槿と表記した例を多く見るが、その中で槿の生態を示唆する内容を含む歌がいくつかある。

四、　槿花掛籬句題百首
さきかかる　たけのまがきの　あさがほを　ちよふるはなと　おもはましかば　（『教長集』）

五、　槿花
色かへぬ　たけのまがきの　あさがほも　おのれはあだの　花にぞ有りける　（『土御門院御集』）

六、　槿花
槿の　かかるまがきの　なよたけは　おのが花とや　人にみすらん　（『出観集』）

七、　槿
籬《まがき》薫じて残槿紅を抽んでて潙《うるほ》へり
池馥《かぐは》しうして早荷玉と翻る　秋露草花香　保胤

おきて見むと　思ひし程に　枯れにけり　露よりけなる　槿の花　好忠

在りとても　憑《たの》むべきかは　世中を　しらする物は　槿の花　（『新撰朗詠集』上）

ムクゲを植えて作った生け垣を槿籬《きんり》といい、唐宋の漢詩に散見される。例えば、八世紀から九世紀に活躍した於鵠は「李逸人の舊居を尋ぬ」という題で「茅屋に黄菌長じて　槿籬に白花生ず」（『全唐詩』巻三一〇）と詠んでいる。したがって、わが国の歌人が槿と籬を取り合わせた歌を詠む以上、当然その影響と見なければならない。しかし、第四～六の歌にある垣根（籬）は竹や葦でつくったものであるから、「あさがほ」とはそれに懸かって生えるつる性のアサガオをいう。第七の漢詩は、垣根の植物と池のハスが香しく咲き、ハスの葉の上で水玉が飜り、槿の残り花の紅が抽んでて露に濡れている情景を詠むが、この歌については少々補足を要する。まず、『新撰字鏡』におそらく『説文解字』を引用して「蕣　舘閏反　木槿」、『和名抄』に「文字集略云ふ、蕣　音舜和名木波知須　地蓮の花は朝に生じて夕に落つる者なり」とあり、『類聚名義抄』に「蕣　キハチス又アサガホ」、『色葉字類抄』に「牽牛子　アサカホ　槿　同　蕣　同云舜」とあるように、平安期の字書に「あさがほ」を表す漢名は牽牛子・槿のほか蕣《シュン》があり、「きはちす」という別の和訓が存在する事実を知っておく必要がある。これによって木槿は「きはちす」と「あさがほ」の二つの和名があることになり、それ故に第七の漢詩ではキハチス（槿）とハチス（荷）を取り合わせて詠んだのであり、当時の「あさがほ」をめぐる複雑な漢名と和名の相関を集約したものといってよい。ただし、この槿が今日いうムクゲであるかはやはり微妙である。十世紀中ごろに活躍した歌人曾根好忠の和歌を引用するが、起きて見ようと思っていたところだが、枯れてしまっていたよ、露より消えるのが早いのか槿の花はという意味である。この槿は秋の末に枯れたというから、落葉樹のムクゲの花葉が落ちたと解釈することも不可能ではないが、「枯れた」という表現を用いることはまずなく、槿がムクゲである可能性は限りなく小さい。もう一首は、あるといっても　その力に頼るべきであろうか、世中を知らせるものとして槿の花はという意である。世中の意味が世間一般、男女の世情のいずれかであるかによって意味は変わってくるが、どちらの意としても、槿がムクゲ・アサガオのどちらであろうとほとんど無関係である。

以上、平安から鎌倉中期までは牽牛子と槿（あるいは蕣）の両方を「あさがほ」と訓じていたことはまちがいない。今日、木槿に対する和名はムクゲであるが、この名は十三世紀中ごろに成立した『撰集抄』に「～かしら（頭）とてかみ（髪）のお（生）ふへき所には西海枝《し》の葉とむくけの葉《は》とをはい（灰）にやきて付侍り～」（巻五「第十五」）とあるのが初見である。「むくげ」の語源説に朝鮮名の無窮花（無窮華）무궁화（mu-gung-hwa）の訛りとする説がある。日本語音読のムキュウゲが訛ってムクゲになったというのは無理のない語源と思われたが、無窮花が『撰集抄』が成立した十三世紀以前までさかのぼる古い名前であることが前提となる。しかし、一四三三年に成立した『郷薬集成方』に無窮花木とあるのがもっとも古く、わが国で「むくげ」の名の初見と比べて二〇〇年近くの隔たりがあるので、現時点では客観的エビデンスがなく、この見解が語源説として成立するのは難しい。ムクゲの中国名は木槿であるから、無窮花も木槿花の朝鮮語音名목근화（mok-geun-hwa）を訛って別の漢字で表したにすぎない。ムクゲの花は次々に咲いて窮することがないから無窮花という花名を作ったのであり、これは見事な造語といってよい。おそらくムクゲも木槿花の呉音読み「モクコンゲ」の訛り、すなわち「モクンゲ」→「モクゲ」→「ムクゲ」となったと思われ、これが通説となっている。漢名に充てた和名の例では、一四四四年成立の『下學集』（永禄二年本による）に「槿花　ムクゲ」とあるのがもっとも古い。しかし、同書の注に次のように記載され、ムクゲという名が一般に普及しても、「あさがほ」は牽牛子のみを指す名前ではなかったことがわかる。

槿花《ムクゲ》　韻府云ふ、花に黄白の者有り。一つには日及と名づく。字書に云ふ槿は蕣なり。毛詩に女有り、車に同じ、顔は蕣花の如く、愚謂ふ、蕣は朝に榮へ夕に花を襄《はら》ふなり。故に毛詩倭訓に蕣を呼びて朝顔と曰ひ、亦た妨げざるなり。是に由り日本の俗、以て槿蕣共に牽牛花と爲す。蓋し倭訓共に同を以てするなり。是大いに誤れり。宋人の詩に云ふ、槿花の籬下に秋事を占ふ、早く牽牛有り竹に上り來ると。此の詩の意を以てすれば則ち槿蕣は牽牛と各別なり。牽牛花本は藤生と名づく。花の狀は扁豆の如し。始め田野の人牛を牽き藥に易ふに因りて名を得たり。古詩に、君子は芳桂の性春濃《こまやか》にして秋更に繁し、小人は槿花の心朝に在りて夕べ存せず云々と。

『下學集』以降の字書で「あさがほ」に充てられた漢名を文献ごとに列挙する。

『撮攘集』（一四五四年）　蕣《キハチス》　アサカホ　槿花《キン》　牽牛花《ケンキウ》

『温故知新書』（一四八四年）　蕣華《アサカホノハナ》　木槿《アサカホ》

『明応五年本節用集』（一四九六年）　蕣《アサカヲ》　槿《アサカヲ》　朝顔《アサカヲ》　蕣《キハチス》

『饅頭屋本節用集』（室町末期）　槿花《アサガホ》　牽牛花《アサガホ》　槿花《ムクゲ》　又説朝顔　木槿《ムクゲ》　牽牛花《ケンギウクワ》　槿花《ムクゲ》　蕣《アサガホ》　或云フ牽牛花。又一説云木名ト。　槿《アサガホ》　朝顔《アサガホ》　此字恐倭字

『伊京集』（室町末期）　槿花《ムクゲ》　槿花《アサカウ》　一説曰木名也字□云槿ハ蕣

『和爾雅』（一六九四年）　木槿《ムクゲ》　木菫、蕣、椵並に同じ。一名日及。花は槿花、蕣花、花奴と稱す。萬葉集に朝貌朝露負咲雖云暮陰社咲益家禮と云ふ。是を以て之を見れば、古來、朝貌と稱するは槿なり。牽牛花に非ず。

室町時代までは木槿と牽牛子をともに同じ和名「あさがほ」と読んでいたことがこれではっきりする。特に和歌の世界ではむしろ「槿＝あさがほ」説が根強かった。江戸期以降では『和爾雅』（貝原好古）が万葉の「あさがほ」をムクゲとしているのが注目される。好古は貝原益軒の養子であって、この見解も益軒を代弁したものとされる。実は、江戸期の国学者がこぞってムクゲ説を支持したのは独力で到達した見解ではなく、貝原益軒ほか江戸期本草学の強い後押しがあったからである。一七〇九年に刊行された『大和本草』（貝原益軒）は益軒の実学的経験を反映して博物学的色彩が濃く、中国本草の最高峰とされる『本草綱目』の記述も容赦なく批判する。益軒は木槿につ

いて次のように記述する（巻之十二　木之下）。

木槿《ムクゲ》　ムクゲハモクキンノ轉語ナリ。木花ノ下品也トイヘドモ好花モ亦アリ。（中略）萬葉ノ歌ニ朝貌朝露負《ヲヒテ》咲雖《サクトイヘドモ》云暮陰《ユフカゲニコソ》社咲益家禮《サキマサリケレ》、此歌ヲ以テ見レバ朝皃《ガホ》ハ即チ槿花也。非二《ザルコト》牽牛子一《ニ》也、明ケシ。牽牛子ハ古今集ニケニゴシトヨメリ。又、和名抄ニハ牽牛ヲアサガホト訓ゼリ。然レバ木槿花ヲモ牽牛花ヲモアサガホトイヘルナルベシ。一名ニシテ二物ナリ。

この中で『萬葉集』の十―二一〇四の歌を原文で引用し、この歌の「あさがほ」をアオイ科ムクゲと断言した。その割には一名二物としたことに対する確固たる論拠に乏しいが、実際にアサガオとムクゲの花を観察した実体験に基づくと思われる。ヒルガオ科アサガオの花は朝に開花したものは早ければ日中に萎れてしまい、夕方まで残ることはまずなく、半日花という方がふさわしい。一方、ムクゲはよく一日花といわれるが、実際には翌日以降まで残る花がかなりあり、長ければ数日の寿命がある。益軒はそれをもって「夕影にこそ咲きまさりけれ」に合致するのはムクゲと直感したのではあるまいか。わが国の本草学に大きな影響を与えた『本草綱目』（李時珍）の記述を一切引用していないのは、「此の花、朝に開き暮に落つ故に日及と名づく。槿と曰ひ、蕣と曰ひ、猶ほ僅榮一瞬の義のごとし。」（巻第三十六「木之三　灌木類」）という李時珍の見解が実際のムクゲの開花の状況と合わなかったからと思われる。李時珍は木槿の別名として朝開暮落花を挙げたが、益軒は完全に無視してしまったのである。

2-5　万葉の「あさがほ」論争の総括

万葉の「あさがほ」論争をまとめてみると、主として三つの説があった。一つはキキョウ説、『新撰字鏡』が桔梗に「あさがほ」の和訓をつけたのを論拠とする。第二はアサガオ説、『本草和名』『和名抄』が牽牛子に「あさがほ」の和訓をつけたのを論拠とする。第三はムクゲ説、平安期の本草・古字書で槿を「あさがほ」と訓じたものはないが、白居易の詩の一句に「槿花一日、自ずから栄を爲す」とあり、この槿花一日栄をもって平安の文人が槿を「あさがほ」として詩文に詠んだことに端を発する。平安後期から江戸期までは、事実上アサガオとムクゲの一騎打ちの様相であり、キキョウはほとんど論争の対象となることはなかったが、近代になって牧野富太郎ほか植物学者を中心に支持者が急増し、現在ではほぼ定説となったことは周知の事実である。本書は理系の視点から客観的なエビデンスを重視する姿勢に立つが、やはりキキョウ説が断然優勢と考える。まず、憶良の歌に「秋の野に咲きたる花」しかもいずれも草花であるから、わが国に野生のないアサガオ・木本のムクゲはこの段階で完全に脱落する。そもそも外来の木本であるムクゲは草原に生えるものではない。植物学を心底から理解していれば既定の普遍的原理といってもかまわないのであるが、斎藤正二は外来種だからという理由でアサガオ・ムクゲを排除した植物学者を批判した（『植物と日本文化』）。植物学者が外来種云々で言わんとしているのは、この日本列島の生態系でアサガオ・ムクゲの居場所はないという厳しい自然界の現実を指摘しているにすぎず、よそ者に対する冷たい仕打ちとはわけが違う。かつて北米原産のセイタカアワダチソウがオギを駆逐してわが国の河原を占拠したことがあったから、それをイメージしたのかもしれないが、アサガオ・ムクゲは畳の上を土足で上がるようなそんな無法者とは違ってきわめて行儀のよい植物なのだ。因みに、いつのまにかセイタカアワダチソウは消えてオギ原（これを世間はススキ原という）に戻っている。斎藤正二は科学的という語彙を多用するが、客観的かつ真摯な立場で勉強さえしていれば、自然界はそれほど保守的な世界であることを容易に理解できたはずだ。結局、キキョウはユートピアの草であり、結論部分では「朝貌はキキョウ」の説に加担すると締めくくっているのは明らかに論理的な矛盾であり、思想家なるが故の観念論にありがちとはいえ、少なくともその論考に学術的意義はないといってよいだろう。「朝顔は　朝露負ひて　咲くといへど　夕影にこそ　咲きまさりけれ」において、キキョウは完全に蚊帳の外であったが、キキョウの花は数日以上の寿命があり、もっとも見栄えするのは開花してある程度時間を経てからである。「夕影

にこそ　咲きまさりけれ」とは、紺碧の花をつけるキキョウならではの色彩感に基づくもので、寒色系でやや暗い色彩が夕影に映えるのを表したと考えられる。「あさがほ」の朝に開花して花が短命というイメージはキキョウに合わないという指摘も根強いが、現実の生命体である植物を観念的に解釈してつけた名であり、後世になってそういう評価が発生したにすぎない。李時珍のいう朝開暮落はその典型であって、朝に対して暮、開くに対して落ちる、これは典型的な陰陽思想を反映した観念論であり、実際の生態を観察した結果に基づくのではない。それ故に貝原益軒は李時珍の論述を完全に無視したのである。「あさがほ」を「かほばな」から派生した名と本書では考えたが、ヒルガオに比べて開花が早いキキョウは、朝起きたら咲いていたから、「朝に開く」と昔の人は感じたのではなかろうか。「ひるがお」の名前が発生したのは、ずっとのちのユウガオの名前をもつ植物が登場してからであり、朝・昼・夕は相対的な時間帯を表すにすぎない。拙著『万葉植物文化誌』では木槿説を不十分な資料に基づいて解析してしまった。ここに訂正しておきたい。

第3節　「ゆふがほ」とその類縁植物ヒョウタン・フクベ：複雑な漢名の相関

第9章第2節ではヤブガラシが「むぐら」である可能性について検討したが、結局のところ、その証拠は見出せなかった。『本草和名』はヤブガラシの漢名烏《ウ》斂苺《レンボ》に対して「ひさごづら」、一方、『和名抄』は瓢に対して「なりひさご」なる和名を充て（後述）、ここに「ひさご」という共通の和名が出てくるので解説しておきたい。前述したように、ヤブガラシとの植物学的および民族植物学的接点はまったくないが、「ひさご」は古典文学にもよく登場するのでここで説明する次第である。「ひさご」という名そのものは、本草書や字書に出てこないが、『宇治拾遺物語』巻三「雀報恩の事」の一節に登場するので、当該の部分を引用しておく。

さて廿日ばかりありて、この女のゐたる方に、雀のいたく鳴《な》くこゑしければ、雀こそいたく鳴《な》くなれ、ありしすゞめのくるにやあらんと思《おもひ》て、出《いで》て見れば、この雀なり。「あはれに、忘《わす》れずきたるこそ、あはれなれ」といふほどに、女のかほをうち見《み》て、口より露《つゆ》ばかりの物を、落《おと》し置《を》くやうにして飛《とび》ていぬ。女、「なににかあらん。すゞめの落《おと》していぬるものは」とて、よりてみれば、ひさごの種をたゞ一《ひとつ》、落《おと》して置《を》きたり。「もてきたる、様こそあらめ」とて、とりてもちたり。「あないみじ、すゞめの物えて、寶にし給《たまふ》」とて、子どもわらへば、「さばれ、植《うゑ》てみん」とて植《う》ゑたれば、秋になるまゝに、いみじくおほく、生《お》いひろごりて、なべてのひさごにも似《に》ず、大におほくなりたり。女、悦《よろこび》興《けう》じて、里隣の人にもくはせ、とれどもとれどもつきもせずおほかり。わらひし子孫《こ（まご）》も、これをあけくれ食《くひ》てあり。一里《ひとさと》くばりなどして、はてには、まことにすぐれて大なる七八《ななつやつ》は、ひさごにせんと思《おもひ》て、内につりつけて置《を》きたり。

さて月ごろへて、「今《いま》はよくなりぬらん」とてみれば、よくなりにけり。とりおろして、口《くち》あけんとするに、すこしおもし。あやしけれども、きりあけて見れば、物ひとはた入《いれ》たり。「なににかあるらん」とて、移《うつ》してみれば、白米の入《いり》たるなり。（以下略）

これはスズメの恩返しの話として一般にもよく知られるが、よく似たおとぎ話に「舌切りスズメ」があって混同されることがしばしばあるので、そのあらましを簡単に述べておく。ここで紹介した部分の前に意地悪な子供の投石で腰の折れたスズメをある老女が助けたとある。老女はスズメが残した「ひさご」の種を植えたところ、大きな実がたくさんつき、近所におすそ分けした。それでも食べきれないほど多かったので、七八個を「ひさご」にするため、吊しておいたところ、中から白米が出てきた。この話はこれで終わりではなく続きがあり、これを見てうらやんだ隣の老女はわざとスズメの腰を折って真似をし、多くの実を収穫したが、欲の深い老女は近所に配ることはしなかった。そして吊した「ひさご」から出てきたのは蛇や毒虫で、老女は全身を刺されて死んでしまった。スズメの恩返しに喩えた説話で各地にさまざまに脚色された類話が伝承されている。

さて、ここにはこの話のうちで「ひさご」の名が出てくる部分だけを挙げた。第一段落に「ひさごのたね」とあるのは植物を指し、一方、第二段落に「ひさごにせん」とあるのは「ひさご」の果実からつくる器物を指し、植物そのものの名ではない。すなわち、この物語に登場する「ひさご」には植物名とそれを原料として作られる器物の二種類があってややこしい。第一段落の末尾に「なべてのひさごにも似ず」とある「ひさご」は植物を指す。酒を盃に注ぐ道具に提子《ひさげ》というのがあるが、水を汲む道具に転じて「ひさご」となり、さらに転訛して「ひさく」あるいは「ひしゃく」となった。おそらく、道具としての名が先にあって、植物名に転じたと思われる。『和名抄』（源順）の木器類に「杓　瓢附　唐韻云ふ、杓　音は酌と同じ、和名比佐古　水を斟む器なり。瓢　符宵反　和名奈利比佐古　瓠なり。瓠　音與護同　匏なり。匏　薄交反　飲器に爲るべき者なり。」とあるように、「なりひさご」の和訓が出てくるが、熟瓢《なりひさご》の意であって、ユウガオやヒョウタンの類の果実は熟すると外皮が堅くなるので、ヒシャクなどの飲器の原料に利用された。「ひさご」という名は、『日本書紀』巻第十一「仁徳紀」に「六十七年の冬十月《ふゆかむなづき》、（中略）泝《ふ》淵《ち》に臨《のぞ》みて三《みつ》の全瓠《おふしひさご》を以て水《みづ》に投《なげい》れて曰《い》はく、汝《いまし》屢《しばしば》　毒《あしきいき》を吐《は》きて、路人《みちゆくひと》を苦《くるし》びしむ。余《われ》、汝、虬《みつち》を殺さむ。汝、是の瓠《ひさご》を沈《しづ》めば、余避《われさ》らむ。沈むること能《あた》はずは、乃《すなは》ち女が身を斬《ころ》さむといふ。」とあるように、いずれも道具名、この話の中では浮き具として出てくる。平安期の『延喜式』でも巻第二に「供新嘗料　匏四柄」とあるように、匏（＝瓢）はことごとく道具名であり、それも必ずしも「ひさご」から作るとは限らない。というのは同巻第四十「造酒雑器　大匏四柄、各受二斗」とあり、二斗もある大匏は「ひさご」から作ることはできないからだ。したがって上中古代の典籍にある「ひさご」は植物を表す名は意外に少ないのである。

「ひさご」に対する漢名は瓢《ヒョウ》・匏《ホウ》・瓠《コ》の三種類がある。『説文解字』に「匏は瓠なり。夸に从ひ包の聲。其れを取り、藏物を包むべきなり。」「瓠は匏なり。瓜に从ひ夸の聲。凡そ瓠の屬は皆瓠に从ふ。胡誤切」とあり、『延喜式』

の匏がすべて道具名であったことがこれで理解できるし、『和名抄』も『説文解字』に基づいて記述した。このうち本草では瓠のみが『神農本草經』の下品に苦瓠《クコ》という名で登場する。『本草經集注』（陶弘景）は「瓠は冬瓜と氣は類し、同じ輩にして上下の殊有り。是れ其の苦と爲すに當るのみ。今の瓠は、自ずから忽ち苦《にが》み有る者にして、膽の如く食ふべからず。別生の一種に非ざるなり。又、瓠𤬪　音婁　有り、亦た是れ瓠の類なり。小なるは瓢と名づけ、之を食へば乃《すなは》ち瓠に勝れり。」（『證類本草』巻第二十九「菜部下品」所引）と記述し、瓠は冬瓜《トウガ》とは同類の苦味の強いもので別種ではないが、瓠の類の瓠𤬪の小さいタイプを瓢と称し、味は瓠より優れるとしている。一方、『新修本草』（蘇敬）は次のように記述し、陶弘景の見解を完全に否定した（『證類本草』同所引）。

瓠は冬瓜、瓠𤬪と全く類例に非ず。今、此の論（陶弘景注）の性は都《すべ》て是れ苦瓠𤬪のみ。陶が瓠中の苦き者と謂ふは大いなる誤りなり。瓠中の苦き者は藥用に入れず。冬瓜自ら前説に依りて、瓠𤬪と瓠と、又須《すべか》らく之を辨《わきま》へるべし。此の三物、苗葉は相似して實の形異なること有り。瓠、味は皆甜く、時に苦き者有りて越瓜に似たり。長きは尺餘り、頭尾相似す。其れ瓠𤬪、形狀大小一ならず。瓠、夏の中《うち》に便《すなは》ち熟し、秋の末に並《みな》枯る。瓠𤬪、夏の末に始めて實り、秋の中《うち》に方に熟す。其れを取りて器に爲るに、霜を經れば乃《すなは》ち堪ふ。瓠と甜瓠𤬪と體性相類す。但し、味は甘冷にして、水道を通利し、渇を止め、消熱す。無毒にして、多食して人をして吐かしめず。苦瓠𤬪をもって療ずると爲すは一に經に説くが如し。然れども瓠の苦き者は噉ふに堪へず、療を主る所無く、方用に入れず。而して甘瓠𤬪と瓠子と之を噉へば倶に冬瓜に勝れり。陶が言ふこと及ばず、乃《すなは》ち是れ未だ悉きず。此等の元は肖《に》て各別にして、甘き者變じて苦きと爲すに非ざるなり。其れ苦瓠𤬪、味は苦冷にして有毒。水腫、石淋を主り、呀嗽、囊結、疰蠱、痰飲を吐す。或は之を過分に服すれば人をして吐かしめ、利止まざる者は宜しく黍穰、灰汁を以て之を解すべし。又、煮汁をもって陰に漬けるものは小便不通を療ずるなり。

10

蘇敬は瓠に多様な形質を認め、その見解は概ね妥当である。瓠（子）は味が甘く長さが一尺余で、頭尾相似すなわちほぼ同じ太さというのは、今日いうナガユウガオと考えられ、苦味のないものは食用になる。一方、瓠甊は器物にするというから、ユウガオではなく、果実が肥大するヒョウタンやフクベの類である。甘瓠甊と苦瓠甊に区別するが、前者はフクベで、これこそカンピョウ（干瓢）の原料植物であり、後者が味が苦冷で有毒というからヒョウタン（ニガヒサゴ）のことである。『文明本節用集』に「干瓢　カンヒャウ」とあり、その名は室町時代までさかのぼる。天文本で「鴈瓢　カンヘウ」とあるのもカンピョウであろう。因みに、苦瓠甊が『神農本草經』『本草経集注』にいう苦瓠に相当する。『和名抄』は「（なり）ひさご」に対して瓢・匏・瓠の三つの漢名を挙げるが、どう区別するのだろうか。陶弘景は、瓠の小さい者を瓢としたが、蘇敬は瓠・瓠甊にのみ詳述し、瓢・匏について一切言及しなかった。瓠は蘇敬注によってユウガオでよいとして、『説文解字』は匏を「其れを取り、藏物を包むべきなり」と述べているので、果実がもっとも肥大し、いわゆるヒョウタン型の上部が小さいフクベと考えてよいだろう。残る瓢は、『和名抄』に飲器に作るとあるから、ヒョウタンと考えてよさそうである。今日、ヒョウタンを漢字で瓢簞と表記するが、簞は竹で作った飯を入れる箱、瓢は液体を入れる壺の類の意であるから、瓢簞《ヒョウタン》とはきわめて奇妙な名称である。この名は『和漢朗詠集』巻下「草」に「瓢簞屢《しばしば》空し　草顔淵の巷に滋《しげ》し　藜藋深く鎖し　雨原憲の樞を湿《うるほ》す」（橘直幹、顔淵は孔子の弟子の顔回のこと）とあるのが初見で、『論語』雍也篇の「子曰く、賢なるかな回や。一簞の食、一瓢の飲、陋巷に在り。」（回は顔回のこと）にある簞食瓢飲を短縮して簞瓢、語感を考慮して瓢簞としたのである。したがって、植物を表す名ではなく、また飲器の名でもない、完全な誤用である。植物名としての文献上の初見は一四四四年に成立した『下學集』であり、草木部に「瓢簞　ヘウタン」とある。のちに瓢簞とも表記された。

現在、ヒョウタンあるいはユウガオに用いるもう一つの漢名は葫蘆《コロ》であり、現在もっとも普及している名はこれであろう。瓠瓢を訛って音通した名であるが、『嘉祐本草』(掌禹錫)の下品に収載される葫蘆芭《コロハ》(=胡蘆巴)という類名の品目があるが、別名に苦豆という名があるように、ウリ科のユウガオ類とはまったく無関係である。葫蘆芭の基原については第11章第2節「2-2」を参照。したがって葫蘆をヒョウタンの漢名とするのは紛らわしい。『和漢朗詠集』巻下「水　附漁父」に「菰蘆《ころ》の杓《ひさご》は春の濃《こま》やかなる酒を酌む　舴艋《さくばう》の舟は夜の漲《みなぎ》る灘《せ》に流る」(杜荀鶴)とあり、「菰蘆の杓」という字義から、菰蘆も瓠瓢の異名である。『本草綱目』(李時珍)の釋名に「壺は酒器なり。盧は飯器なり。此の物は各其の形に象《かたど》る。又、酒飯の器と爲すべし。因りて以て之と名づく。俗に葫蘆に作る者は非なり。葫は乃ち蒜の名、蘆は乃ち葦の屬なり。」(巻第二十八「菜之三　蓏菜類」)とあるように、葫はニンニクの類、蘆はアシであり、ウリ科を基原とする植物の名に合わない。李時珍は葫蘆を明代後期の俗名というが、南宋時代に成立した『溪蛮叢笑』に「葫蘆笙　潘安仁笙賦にいふ、曲沃の懸匏、汶陽の匏篠、皆笙の材なり。蠻所に吹く葫蘆笙、亦た匏瓠は餘意なり。但し、列管六と設文十三の簧と同じならず、葫蘆笙と名づく。」とあり、ヒョウタンから作った楽器の名に葫蘆の名を冠している。ヒョウタンの類は本草学が発達するはるか以前から生活の必需品であったから、菰蘆・葫蘆のほかにも様々な類名・異名があったと推定される。因みに前述の菰はイネ科マコモの漢名であり、葫と同音をもって充てたのであろう。李時珍は壺盧《コロ》を正名とし、『日華子諸家本草』(大明)の出典というが、『證類本草』に引用された同書の記述の中に見当たらない。ヒョウタン・ユウガオ・フクベは、アフリカ大陸を原産地とする *Lagenaria siceraria* (Molina) Standley を基本種として変種に区別したもので、そのほかにセンナリヒョウタン var. *microcarpa* (Naudin) H. Hara など類縁種が多い。非常に古くから有用植物とされていただけに、本草でも多くの異名が発生した。とりわけヒョウタン・ユウガオ・フクベに対する漢名は、同物異名が多く発生し相当に混乱しているので、ここで正名・異名と出典を学名とともに整理しておく。

瓠子(新修本草)　ユウガオ　var. *hispida* (Thunberg) H. Hara

壺盧（本草綱目） フクベ var. *depressa* (Seringe) H. Hara

甜瓠𤬋（新修本草） 葫蘆瓜（本草求原） 葫蘆（飲片新參）

苦壺盧（本草綱目） ヒョウタン var. *siceraria*

蒲盧（禮記） 苦瓠（神農本草經） 苦瓠𤬋（新修本草）

本草において正名とされたのは瓠子《コシ》・壺盧《コロ》・苦壺盧《クコロ》の三名のみである。今日のわが国でヒョウタンを表すのによく用いる葫蘆《コロ》は、『飲片新參』なる前世紀初頭に成立した文献の出典となっているが、李時珍は出典不明の俗名としている。また、壺盧の音通である壺蘆《コロ》もしばしば使われる。李時珍は以上の類名の種別も説明し、その記述は冗長であるが、現代的視点でも参考になると思われるので、ここに全文を示す（『本草綱目』同）。

其（壺盧）の圓き者は匏と曰ひ、亦た瓢と曰ふ。其れ以て水に浮きて泡の如くして漂ふべきに因るなり。凡そ蓏の屬は皆瓜と稱するを得る故に瓠瓜匏瓜と曰ふ。古の人、壺瓠匏の三名、皆通稱すべきに初め分別無し。故に孫愐唐韻に云ふ、瓠の音は壺、又音護、瓠𤬪は瓢なりと。陶隱居本草は瓠𤬋に作りて是を瓠類と云ふなり。許愼說文に云ふ、瓠は匏なり、また云ふ、瓢は瓠なりと。匏は大腹皮瓠なり。陸機詩疏に云ふ、壺は瓠なり、又云ふ、匏は瓠なりと。莊子に云ふ、五石の瓠有り、諸書に言ふ所、其の字は皆壺と同音なるに當たりて、後世長じて越瓜の如く首尾一の如き者を以て瓠（音護）と爲す。瓠の丁頭に腹有り長き柄の者懸瓠と爲す。無柄にして圓く大にして形扁なる者匏と爲す。匏の短柄有り大腹なる者壺と爲す。壺の細腰なるもの者蒲盧と爲す。各《おのおの》名と色を分かつも迥《はる》かに古より異なれり。今を以て參詳するに、其の形狀は不同と雖も、而して苗葉、皮子の性味則ち一なり。故に茲《ここ》に復た條を分かたざるなり。懸瓠は今の人茶酒瓢と謂ふ所の者是なり。蒲盧は今の藥、壺盧是なり。郭義恭廣志、之を約腹壺と謂ふ。其の腹に約束有るを以てするなり。亦た大小二種有るなり。

ヒョウタン・ユウガオ・フクベは現在の植物正名であるが、その中でユウガオは『源氏物語』の巻名に用いられ、もっとも優雅な名であろう。夏の夕方に開花し、翌朝にしぼんでしまうのでこの名があるが、アサガオ・ヒルガオと名の由来は類似するが、それらとは植物学的にまったく異なるウリ科に属する。この名の初見する『源氏物語』の夕顔《ゆふがほ》にユウガオの形態の特徴も描写されているのでここに紹介しておく。

切懸《きりかけ》だつものに、いと青《あを》やかなるかづらの、心地《こゝち》よげにはひかかれるに、白《しろ》き花《はな》ぞ、おのれひとり、ゑみの眉《まゆ》開《ひら》けたる。をちかた人に物《もの》申すと、ひとりごち給ふを、御随身《みずいじん》つい居《ゐ》て、かの白く咲《さ》けるをなん夕顔《ゆふがほ》と申し侍る。花《はな》の名《な》は人《ひと》めきて、かう、あやしき垣根《かきね》になん、咲《さ》き侍りけると申す。げに、いと小家《こいへ》がちに、むつかしげなるわたりの、このもかのも怪《あや》しくうちよろぼひて、むねむねしからぬ、軒《のき》のつまごとに、這《は》ひまつはれたるを、くちをしの花の契《ちぎ》りや、一房《ひとふさ》折《を》りて參《まゐ》れと、の給へば、この、押《お》しあげたる門《かど》に入りて折《を》る。さすがに、ざれたる遣戸口《やりどぐち》に、黄《き》なる生絹《すゞし》の單袴《ひとへばかま》、長《なが》く着《き》なしたる童《わらは》の、をかしげなる、出《い》で來《き》て、うちまねく。白《しろ》き扇《あふぎ》の、いたうこがしたるを、これに置《お》きて參《まゐ》らせよ、枝《えだ》もなさけなげなめる花《はな》をとて、とらせたれば、門《かど》あけて惟光《これみつ》の朝臣《あそん》出《い》で來《き》たるしてたてまつらす云々

白い花をつけ、切懸（垣根）に這わせるつる性植物で、軒の端にまで届くというから、大型の植物であることがわかる。そしてこの後の光源氏の歌「寄りてこそ　それかとも見め　たそがれに　ほのぼの見つる　花の夕顔《ゆふがお》」の中で夕方に開花するというから、ユウガオでまちがいない。当時は純白の大きな花をつけるユウガオを観賞のために栽培していたことがうかがえる。『散木奇歌集』に「ひさご花　さけるけしきに　よそながら　そこの心を　くみてしるかな」（第五）とある「ひさごはな」もユウガオの別名である。この歌では杓《ひさご》を第一句に、末句で「汲みて知るかな」と締め括り、第二句で「咲ける景色」と「避ける気色」とを掛け、かなり技巧に凝った歌である。ユウガオが咲いている中で、自分を避けている気配を、杓で汲むように、それとなくあなたの本心がわかりますよとい

う意味である。そのほか『和歌藻しほ草』に「ゆふかほの花　夕皃さけるたそがれ草　異名藏玉にもあり」（巻第八「草部」）とあり、別の和名「たそがれ草」が出てくる。ユウガオから発生した品種がフクベで、もっぱら食用あるいは飲器に用いられ、文学作品には出てこない。フクベという名は、中国で楽器を作るに用いた匏土《ほうど》に対して、『多識篇』（林羅山）が「今案布久倍《べ》於保比与《ヨ》宇多牟」と記載したのに基づく。語源は、果実がユウガオより丸く脹れていることから、「脹《ふく》れ瓮《べ》」の転と考えられる。瓮は甕《かめ》の古語で、「へ」と読むのは『日本書紀』の仁賢天皇の条に一四年夏《なつ》の五月《さつき》に、的臣《いくはのおみ》蚊《か》嶋《しま》、穂《ほ》瓮君《へのきみ》　瓮、此《これ》をば倍《へ》と云ふ。罪有《つみあ》りて云々」（巻第十五）とあるによる。釣瓶《つるべ》も「吊る瓮」で同様の語源解釈が可能である。魚類のフグも「ふくべ」に由来するといわれる（『言海』による）。水谷豊文は「今按ニ、浮瓶《ウクベ》ノ謂ナリ。此モノ水ニ浮テ水ニ没《イラ》ズ。」と述べるように、フクベの熟果から浮き具を作ったことに由来するという（『本草綱目紀聞』、「蓏菜水菜柴柄　二十六」）。『宇治拾遺物語』にある「ひさご」は食べられ、また器物名としても登場するから、ユウガオあるいはフクベである。今日いうヒョウタンは器物にはなるが、ククルビタシンというトリテルペノイド系苦味成分を含み、その中に有毒物質もあるので、基本的に食用に適さず、中毒事故が発生している（牛山ほか「東京都衛生研究所年報」第五十一巻　一六六頁―一六九頁　二〇〇〇年）。ヒョウタンの遺物が縄文前期の福井県鳥浜貝塚から出土しているように、非常に古い時代に日本列島に伝わった（『鳥浜貝塚―縄文前期を主とする底湿地遺跡の調査1―』一九七九年、『同3』一九八三年）。当初は食用ではなく器物用であって、食用品種は上中古代になって大陸から伝わったか、あるいは栽培を通して選抜されたと思われる。

第11章

古典の香り

廣州丁香（303頁）

本章では「香り」について解説する。植物はどの種であっても、多かれ少なかれ、香りがあり、その基となるのは精油という揮発性成分である。精油含量の高い植物は古くから香料として利用されたが、わが国の古典に出てくる「香り」は必ずしも香料植物に由来するわけではない。

第1節　『萬葉集』で詠まれた香りの歌：ウメ・タチバナ・マツタケ

本居宣長が「いにしへはすべて香をめづることはなかりし也。橘の歌も、万葉にいと多けれども、それも香をよめるは、十七の巻と十八の巻とに、たゞ二首あるのみ。」（『玉勝間』巻十三「梅の花の哥に香をよむ事」）と述べるように、『萬葉集』で植物の香りに言及した歌はごく少ない。ただし、タチバナの香りを詠んだ歌は実際には四首あり、そのほかに「あきのか」およびウメの香りを詠んだ歌がそれぞれ一首あるだけで、次の六歌をもって万葉の香りの歌のすべてと為す。

一、　花を詠みき
かぐはしき　花橘《はなたちばな》を　玉に貫《ぬ》き　送らむ妹《いも》は　みつれてもあるか　（巻十　一九六七）

二、　芳を詠みき
高松の　この峰も狭《せ》に　笠《かさ》立てて　満ち盛りたる　秋の香《か》の良さ　（巻十　二二三三）

三、　（天平）十六年四月五日、独り平城《なら》の故宅《こたく》に居りて作りし歌
橘の　匂《にほ》へる香《か》かも　ほととぎす　鳴く夜《よ》の雨に　うつろひぬらむ　（巻十七　三九一六）

四、　家婦《かふ》の京《みやこ》に在る尊母《そんぼ》に贈る為に誂《あつら》へられて作りし歌
ほととぎす　来鳴く五月《さつき》に　咲きにほふ　花橘《はなたちばな》の　かぐはしき　親の御言《みこと》　朝夕《あさよひ》に　聞かぬ日まねく　天離《あまざか》

る　鄙《ひな》にし居《を》れば〜　　（巻十九　四一六九）

五、橘の　下《した》吹く風の　かぐはしき　筑波《つくは》の山を　恋ひずあらめかも　　（巻二十　四三七一）

六、梅の花　香《か》をかぐはしみ　遠《とほ》けども　心もしのに　君をしそ思《おも》ふ　　（巻二十　四五〇〇）

このうち第一、三〜五の四歌で橘の香を詠むが、ミカン科カンキツ属あるいはわが国唯一の自生カンキツ種タチバナをいう。一般に、カンキツ属の果実の皮には油室があり揮発性で芳香のある精油を含む。それは柑橘類に共通する特徴で主成分はリモネンというモノテルペン系炭化水素である。食用カンキツは果皮をむくので、このとき油室が破壊され、芳香成分が発散されていわゆるミカンの匂いを感ずる。しかし、タチバナの果実は食用に適さず、また果皮も薄くてむきにくく、日常的にはその匂いを感じる機会はほとんどない。タチバナのかぐわしきとは、花の香りを指し、名指ししていなくとも第三・五の歌は花を詠んだのにまちがいない。第六の歌はウメの香りを詠むが、万葉の植物の中でもウメほど当時の中国文化の影響を強く受けた植物はない（第12章第2節「2-4」参照）。六朝詩にウメの香りを詠った詩がいくつかあり、第六の歌もその影響を受けた。

『藝文類聚』巻六十三「梁簡文帝頓より城に還りし詩」

漢渚の水初めて涤《す》み

江南の草復《ま》た黄ばむ

日照りて蒲心暖かく

風吹きて梅が枝香《かぐは》し

簡単に通釈すると、漢水（揚子江の支流）の水が初めて澄んだが、江南では草の芽が再び黄ばみ始めた、日が強く照り、ガマの芯も暖まり、梅林から風がウメの香りを運んでくれる春になったなあという内容である。一方、第六の歌は、梅の花の香りがよいので、遠くにいても匂いを感じるように、私の心は遠くにいらっしゃるあなたのこと

11

をしきりに思っていますよという意である。ウメの花枝の香りは微弱で、相当多くの花が密生していないと、離れたところで匂いを感じることはないが、多くのウメの木を植栽した梅園で花が満開になればその限りではない。ウメの果実は有機酸に富むので、古くは紅花染めなどの媒染剤として必要不可欠であった。また、それを燻《ふす》べたものを烏梅《ウバイ》と称し薬用に珍重したから、古代の奈良周辺では大規模な梅園が多く存在した。

　最後に残った第二の歌こそ本節の主題である。単に「秋の香《か》」とあるが、香りを主題に詠った歌として『萬葉集』では特筆すべき歌である。これだけでは何が芳香をかもし出すのかわかりにくいが、幸いなことに歌の中にそれを推定する手掛かりがある。まず、「高松の」とあるのは、高円《たかまと》の音韻転訛で高円山のことをいい、平城京郊外の丘陵を指す。奈良時代は都の造営のために周辺の丘陵地帯はことごとく伐採された。高円野はその後に代償植生として成立した草原で万葉の歌枕として著名であるが、その地に小高い丘陵があって、草原とは別の形の植生が成立したと考えられる。わが国の気候は水分条件に恵まれているので、基本となる植生は東西南北どこでも森林である。自然林を伐採したのち、まず草原植生が成立し、徐々に陽樹が侵入して二次林が成立し、最終的には陰樹を主体とする極盛相が成立する。草原植生のあとに成立する二次林は、地域によってタイプが異なり、関東地方ではブナ科コナラ・クヌギなどの落葉広葉樹を主とするいわゆる雑木林となるが、近畿地方ではアカマツを交えた常緑—落葉混交林となる。したがって古代の高円山はアカマツが多く生えていたと推察され、「この峰（高円山）も狭《せ》に笠立てて」というのは、アカマツ林の下に発生したキシメジ科マツタケが多く発生したことをやや誇張して詠んだと解釈できる。そして「秋の香」こそマツタケの香りをいうが、古くから異論があった。契沖は「歌に秋の香と讀みたれど、一首の意唯黄葉の上なれば、芳は鼻に入る香を云ふにあらず、芳香芳園などにほめて云ふ時の芳なり」（『萬葉代匠記』）と述べ、「笠立てて」は錦の蓋（衣笠）を立てたような紅葉の形容と解釈した。契沖のいう「芳は鼻に～」とは、この歌の序「芳を詠める」に言及し、香りを主題とした歌と考えざるを得ないから、解釈に苦慮したのである。万葉の「秋の香」をマツタケと強く主張したのは本居宣長であり、「松茸をよめるにぞ有ける。はし（題詞のこと）に詠レ芳ヲ歌とある、芳ノ字は、茸を寫しひがめたる也。」（『玉勝間』同）と述べ、序にある芳を茸の誤写と考えるほどであった。「カホリ」と傍訓してある古写本があり、今日では「芳《かをり》を詠みき」と訓読する。いくらマツタケが群生した（実際に群生することはほとんどない）としても、自然界に生えるマツタケの香をヒトの嗅覚で感じ取ることは難しいので、食用に採集したマツタケに対する印象を、採集地の情景を重ね合わせて詠んだと推定される。

「秋の香」はこの万葉歌一首にのみ登場し、以降の和歌に詠まれることはなかった。「まつたけ」の名の初見は、『拾遺和歌集』（一〇〇五年）にある「まつたけ」を物名とした歌「あしひきの　山した水に　ぬれにけり　その火まづたけ　衣あぶらん」（藤原輔相、三九六）で、第四句に「その火先づ焚《たけ》」とある。歌の意は、山かげを流れる水で濡れてしまった、まず火を焚いて衣を焙って乾かそうとなる。そのほか、「まつたけ」を詠んだ歌は平安～鎌倉期にいくつかあるが、匂いに言及した歌は皆無である。江戸時代になると多くの俳句に詠まれ、そのうち香りを詠んだ句は「松茸の　山かきわくる　匂ひかな」（各務支考）ほかごく少数であり、『萬葉集』の「秋の香」の歌の影響はほとんどなかった。前掲の万葉歌をマツタケの採集・利用を前提として詠んだと考えたが、平安から鎌倉時代の和歌でそれを示唆する「たけがり」の歌が散見される。

七、　北山に僧正へんぜうとたけがりにまかれりけるによめる

もみぢばは　袖にこきいれて　もていでなむ　秋は限と　見む人のため

（『古今和歌集』巻第五）

八、　百首歌、遊山催興

まつがねの　たけがりゆけば　もみぢばを　袖にこきいるる　山おろしの風

（『夫木和歌抄』巻第十五）

『袖中抄』（顕昭）に「古今にも、素性が歌の詞に、たけがりにと山にまかりけるに、とあるは、松茸もとめにこそ

11

侍めれ」とあるのは第七の歌に言及し、古くは「たけがり」と称してマツタケを採集したことを示唆する。第七、八のどちらの歌もマツタケ狩りを詠むが、もみじ葉を摘み取って袖に入れるとあり、ついでに遊興したもみじ狩りの方が主題のようであり、当時の貴族の間で流行したことがうかがえる。物語文学では『宇治拾遺物語』に「毛《け》の中より松茸《まつたけ》の大きやかなる物の、ふらふらと出《い》できて、腹にすはすはとうちつけたり云々」（巻一）、「松茸をつゝみ集《あつ》めたるやうにてある物九あり云々」（巻九）とマツタケの名が出てくるが、いずれもその形から麻羅《まら》を暗示し、キノコたるマツタケとは無関係である。卑猥な世俗説話にマツタケが出てくるのは、必ずしも好事家向けというわけではなく、それほど食用などに身近な存在であったからであろう。

中国では、マツタケなどのキノコ（担子菌）類は正統本草に記載はなく、『崔禹錫食經』などの食物本草書に出てくる。これらは散佚して伝わらないが、『本草和名』『和名抄』に引用される逸文の記述から、中国ではどんなキノコ類が利用されたかある程度わかる。『本草和名』（深根輔仁）の木部中品に「木菌　木章　色黄赤にして薄き者の名なり　石耳　石上に生ず、七巻食経に出づ　和名岐乃多介」「木茸　赤頸車耳　穀虵茸皷鳥茸　皆食ふべからず、已上崔禹に出づ　和名都知多介」「地菌　一名糞菌　七巻食經に出づ　菌茸　狀は人の笠を着けたるが如し　又皮莢有り」とある木菌《モクキン》・木茸《モクジョウ》・地菌《チキン》の三品が、一方、『和名抄』（源順）に「崔禹食經云ふ、菌茸　而容反　上渠殞反　上聲之重　爾雅注云ふ、菌に木菌土菌石菌有りと　和名皆多介　之を食へば　温にして小毒有り　狀は人の笠を著けたる如き者なり」とある菌茸《キンジョウ》がキノコに相当する。『和名抄』の菌茸は草木部ではなく菜羹類に収載するから、食用に供されたことを示唆する。しかしながら『本草和名』が菌茸を地菌の異名とすることを無視してはならない。わが国ではキノコ類の総称に茸の字を用いるが、国訓であって、中国では菌の字で表す。『説文解字』に「茸は艸の茸茸たる皃なり。从艸聰省聲。」とあり、茸は単に草類が繁っている状態を意味し植物名ではないが、わが国では菌を用いることはなかった。『神農本草經』の中品にクワ科マグワの根皮を基原とする桑根白皮《ソウコンハクヒ》があり、同じ条に「五木耳　檽と名づく。氣を益して飢ゑず。

身を輕くし、志を強くす。」という記載があって、ここに木耳《モクジ》という『本草和名』の木茸《モクジョウ》と紛らわしい名が見える。『新修本草』（蘇恭）によれば五木は桑・槐《エンジュ》・柠《コウゾ》（『證類本草』巻第十三「木部中品」の当該条の唐本注では楮とある）・楡《ニレ》・柳をいい（巻第十三）、その上に生えるキクラゲの類を五木耳《ゴモクジ》と称した。耳の字は中国ではキノコ類の名に多く見られるが、外形がヒトの耳に似るから（と古代中国人の目には見えた）であって、耳にキノコ類の意はない。『説文解字』に「菌は地蕈なり」「蕈は桑萸なり」「萸は木耳なり。从艸耎聲。一に萮茈と曰ふ。」とあり、木耳は桑萸すなわち桑の木に生えるキノコ・キクラゲ類をいう。おそらく、『本草和名』の木茸は、木耳を同音の茸に作ったもので、「つちたけ」の和訓は地菌につけるべきであった。

菌については、『爾雅』は「馗は菌なり」とあり、郭璞はこれを「地蕈なり。蓋に似たり。今、江東、名づけて土菌と爲し、亦た曰ふ、馗は厨、之を啖ふべしと。」と注釈した。別に「小なる者は菌なり」ともあり、これに対する郭璞註は「大小名を異にす」とある。『和名抄』にある注記「菌に木菌土菌石菌有り」は郭璞以外の注釈を引用した。北宋・邢昺疏は「菌は木上に生ずるを謂ふなり。今、地蕈と云ふ、即ち俗に地菌と呼ぶ者は是れなり。」と注釈し（『爾雅註疏』）、『本草和名』にいう地菌の名が出てくる。郭璞が蓋に似るというのは、『本草和名』『和名抄』の人が笠をつけているようだとある注記と通じ、わが国では食用としたマツタケに地菌（菌茸）を充てたと推定される。『説文解字』『爾雅郭璞註』によれば、菌と蕈は同義でキノコ類を表す。十三世紀後半に成立した『菌譜』（宋・陳仁玉）に「松蕈　松の蔭に生じて採るに時無し。凡そ松に出づる物愛すべからざるは無し。松葉、（松）脂《やに》、伏靈（茯苓）、琥珀輿《とも》に皆松の裔なり。昔の遁山に服食して長年を求むる者は松に舍《やど》りて焉《これ》に依らむといふ。人病有り溲（小便）濁りて禁ぜざる者、偶《たまたま》松の下の菌を掇《ひろ》ひ、病良く已《や》めり。此れ其の效なり。」とあり、この松《ショウ》蕈《ジン》はマツタケのことである。これをもって江戸期以降に正式な漢名として松蕈を使うようになったが、松茸の方がよく用いられ、今日でも変わらない。そのほか、シイタケを香蕈《コウジン》と称するが、十四世紀前半の明代に成立した『日

11

用本草』に初見する。一方、和名の「しひたけ」は、磯野直秀によれば、十五世紀前半の『東寺百合文書』に初めて登場する（「慶應義塾大学日吉紀要・自然科学」第四十五号　六十九頁—九十四頁　二〇〇九年）。

わが国でマツタケが実際に利用されたことを示す確実な資料は『類聚雑要抄』の宇治平等院御幸御膳に「御汁物二度　寒汁　松茸　熱汁　志女知」（巻第一）とある記述で、元永元（一一一八）年九月二十四日の日付があるから、平安末期には朝廷の献立の一品目となっていた。因みに、同書に志女知の名も見えるので、シメジ（キシメジ科シメジ属各種）も食用とされ、わが国ではキノコ類をかなり古くから食用に供していた。鎌倉時代の医書『頓醫抄』（梶原性全）に「水腫トテ人ノ身ノ腫薬鬼冰《ヘウ》腫ヲ下ス也。干松茸ヲ粥ニ具テ、能々不断ニ食スベシ。」（巻第十四「大腹水種」）とあり、マツタケは薬用というよりむしろ滋養の食材として利用した。万葉時代には「秋の香」とあり、平安時代中期に「まつたけ」の名が成立したが、中国ではマツタケたる松蕈の初見は十三世紀であってずっと遅いから、マツタケほかキノコ類の利用は中国の影響ではない。マツタケは独特の香と歯ごたえで日本料理では珍重されるが、欧米人に至ってはその香を悪臭と認識するほどで、わが国に特有の食材といってよい。中国でもマツタケの香に言及した文献はあまりなく、食用に珍重するものではなかった。朝鮮では一六一三年に刊行された『東醫寶鑑』に「松耳　性は平、味は甘く無毒。味は甚だ香美にして松の氣有り。山中の古松樹の下に生じ、松の氣を假りて生ず。木茸の中第一なり。俗方」（湯液篇巻之二）とあり、松蕈ではなく松耳の名が出てくるのが注目される。同書はキノコを木茸と表すから、松耳は松茸と同義と考えてよく、実質的にわが国の表記と同じであることは興味深い。味を香美とし香に言及するのは、わが国から朝鮮にマツタケの利用文化が伝わったことを示唆する。しかし、朝鮮ではマツタケの利用は今一つ普及しなかった。

11

第2節「くさのかう」とはどんな香草か?

2-1　平安文学に登場する「くさのかう」と芸香《ウンコウ》

『榮花物語』の殿上花見に「八月卅日に中宮行啓あり。蘓芳の濃《こ》く薄《うす》きにほひなどに、草《くさ》の香《かう》の御衣《ぞ》など奉《たてまつ》る。いとをかしうなまめかしくめでたき御有様《ありさま》なり。」とあるように、「草の香」という奇妙な名が登場する。一方、同音樂《をむがく》にも「えもいはず目出度《めでた》き袖口《そでぐち》ども、衣《きぬ》の褄《つま》などのうち出《いだ》し渡《わた》したる見《み》るに、目耀《めかゞや》きて何《なに》とも見分《みわ》き難《がた》く、そが中《なか》にも、紅《くれなゐ》、撫子《なでしこ》などの引倍木《ひへぎ》どもの耀《かゞや》き渡《わた》るに、桔梗《ききやう》、女郎花《をみなへし》、萩《はぎ》、朽葉《くちば》、草《くさ》の香《かう》などの織《おり》物薄物《うすもの》に、或《ある》はいとゆふ結《むす》び、唐衣《からきぬ》、裳《も》などの言《い》ひつくすべくもあらぬに云々」とあり、ここでも秋の草花とともに「草の香」の名がある。通例、「くさのかう」と読まれるが、「くさのか」に同じとすれば、『和名抄』の草木部に「禮記注いふ、芸　音雲和名久佐乃香　香草なり」とあって、芸という漢名に同音の和訓をつけているので、これを踏み台として考証が可能となる。今日では藝の新字体「芸」で表すが、芸は「うん」の音であって、意味もまったく異なることに留意する必要がある。ただし、今日のわが国では芸も芸で表し区別しないので、以降、芸で統一する。『和名抄』の香薬類に芸香《ウンコウ》の条があり、これにもまったく同じ「くさのか」の和訓をつける。芸・芸香のいずれの名も『證類本草』までの正統本草にないが、芸香《ウンコウ》は『和名抄』で香薬類に収録され、平安後期に成立した香薬の専門書『香字抄』（惟宗俊通撰?、一〇四七年ごろ）・『香要抄』（僧・兼意、一一四六年ごろ）では漢籍を引用して比較的詳細に記載している。ここでは前書の記載を紹介するが、意味不明の部分（傍点）は原文のまま表記した。

玉篇云ふ、芸は、右軍及び楚禮記に、仲冬に芸始めて生ずと。鄭玄曰ふ、香草なりと。野天案ずるに、呂氏春秋にいふ、菜之美物湯花之芸と。夏小正に二月に芸を采るといふ。並《とも》に是なり。説文解字いふ、苴宿に似たりと。淮南王は説く、以て死すべきも復た生ずと。蒼頡篇いふ、苔なりと。又音舊反。毛詩いふ、裳々《しゃうしゃう》たる芸、芸は其れ黄なりと。傳（毛詩傳）曰ふ、芸は黄の盛んなるなりと。

この記述の中に書写の過程で発生した誤記と思われる部分があるので、原典の記述を参照し、改めてその記載内容を検討する。まず、『禮記』の月令「仲冬之月」（巻第六）に「芸始めて生ず」とあり、鄭玄は「芸《ウン》は香草なり」と注釈する。仲冬とは十一月のことである。これをもって十一月の別名を芸生《うんせい》という。『香字抄』に「二月に芸を采る」とあるのは、『大戴禮記』の夏小正を引用したものであるが、原典では「正月、啟蟄。始めて蟄を發するを言ふなり。（中略）芸を采り、廟采と爲すなり。云々」とあり、二月としてはいない。そのほか『呂氏春秋』の仲冬紀、『淮南子』の時則訓にも同じ記述がある。敢えて訓読しなかった「菜之美物湯花之芸」については、『呂氏春秋』の孝行覽の本味に「陽華の芸、雲夢（陝西省にある山の名）の芹、具區の菁、浸淵の草、名づけて土英と曰ふ」とあり、湯花は陽華（花）の誤記であって、当該部分は「菜の美なる物は陽花の芸」と訓読すべきことがわかる。

毛詩とは、『詩經』小雅の裳裳者華四章章六句であり、当該の句を含むのはその第二スタンザである。

裳裳《しゃうしゃう》たる華　芸は其れ黄なり
我之《こ》の子を覯《み》るに　維《こ》れ其れ章有り
維《こ》れ其れ章有り　是を以て慶有り

初句の華を、『香字抄』は誤って芸と引用したが、「芸の華」と解釈したからであろう。毛詩傳の注によれば、芸という植物は黄色の花を盛んに咲かせるのが特徴と見える。一方、鄭玄箋註は「華、芸然《うんぜん》として黄なりとは、明王の徳の盛んなるを興ずるなり。葉を言はざるは微《ひそ》かに賢臣無きを見ゆるなり。」と注釈し、詩の詠まれた背景を重視して解釈する。芸（香）がいかなる植物であるか、後世の本草家や注釈者も悩んだのであるが、これに関しては次項に詳述する。

2-2　芸香とヘンルーダの複雑な相関

ハーブに詳しい人であれば、黄色い花をつける香草といえば、真っ先に思い浮かべるのはミカン科ヘンルーダである。地中海地方の原産で、後述するように、かつて芸香をミカン科ヘンルーダに充てる見解があった。『香字抄』は稚雑ながら芸香の特徴を記述するが、北宋・沈括の随筆集『夢溪筆談』に「古人書を藏して蠹を辟くるに芸を用ふ。芸は香草なり。今の人、之を七里香と謂ふ者是なり。葉は豌豆（マメ科エンドウ）に類し、小なる叢生を作《な》し、其の葉極めて芬香あり、秋の後葉の間に微《わづ》かに白くなり粉汚の如く、蠹を辟くるに殊に驗《しるし》あり。南人採りて席の下に置き、能く蚤虱を去る。予、判昭文館なる時、曾《かつ》て數株を潞公家に得て、祕閣に移植せり。後今、復た存する者有らず。香草の類大率《おほむね》異名多し。所謂《いはゆる》蘭蓀は即ち今の菖蒲是なり。蕙は今の零陵香（サクラソウ科モロコシソウ）是なり。茝は今の白芷是なり。」（巻第三「辯證一」）とあるように、冗長ながら芸香について詳細に記述した部分がある。強い匂いがあって葉の間が白くなるといい、マメ科エンドウ（豌豆）に葉が似るというから、ヘンルーダの特徴とそれほどかけ離れてはいない。この記述から地中海地方原産のヘンルーダがかなり古い時代に中国に渡ったが、間もなくその利用は廃れたようで、正統本草で芸香を取り挙げたのは『本草綱目』であってかなり遅い。ただし、李時珍は独立の条を設けず、山礬《サンバン》の異名に芸香を含めて記述したにすぎない（巻第三十六「木之三　灌木類」）。

江淮（揚子江・淮河間の地方）、湖（湖南・湖北省）、蜀（四川省）の野中に生じ、封生して大なる者株に畧《ほぼ》齒有り、冬を凌ぎて凋まず。正月に花を開きて繁り、白なること雪の如し。六出黄蘂、甚だ芬香あり。子を結び、大なること椒の如く、青黒色、熟すれば則ち黄色にして食すべし。其の葉の味は澁《しぶ》く、人取りて以て黄に染め、及び豆腐を収め、或は茗中に雜入す。

山礬は『本草綱目』をもって本草における初見とするが、この記述はヘンルーダとはまったく合わず、花期を除けば、ハイノキ科ハイノキ属の特徴によく合う。しかし、『國譯本草綱目』(白井光太郎・牧野富太郎考定)はこれをミカン科ゲッキツに充て、新註版でも改められていない。張紹棠版『本草綱目』に附属する図もゲッキツよりハイノキに近く明らかに誤りである。わが国では山礬をゲッキツの漢名とする辞典類がいくつかあるが、『國譯本草綱目』の考定に基づくと思われ、今後、訂正されるべきである。一方、李時珍も『夢溪筆談』を引用して「沈氏指して七里香と爲す者は何ぞ云ふ所に據るを知らず。葉は豌豆に類し、啜嗅して芬香あり、秋の間粉有る者は亦た今の七里香と相類せず、狀は頗る烏藥の葉に似たり。恐らくは沈氏亦た自ずから臆度ならんや。曾端伯は七里香を以て玉蕤花と爲すは、未だ的否を知らず。」(『本草綱目』同)と述べながら、山礬の異名に芸香と七里香を含めてしまった。因みに、李時珍が引用する曾端伯云々とは、『高齋詩話』に「唐人唐昌玉蘂花を観る詩と題して云ふ、一樹瓏松玉刻と成り、飄廊地に點き色輕輕たり。女冠夜香を覓《もと》め來る處、唯《ただ》階前の碎月の明るきを見るのみと。今の瑒花は即ち玉蘂花なり。王介甫、之を以て瑒に比し、此の瑒の字を常用するを謂ふ。蓋し瑒は玉の名にして其の白きを取るのみ。魯直は又其の名を更《あらた》め山礬と爲し、以て染むべしと謂ふ。云々」(『宋詩話輯佚』所収)とあるのを引用したようであるが、玉蘂花《ギョクズイカ》(李時珍は玉蕤花とする)の異名を瑒花《チョウカ》としているだけで、七里《シチリ》香《コウ》を玉蕤花(瑒花)とは一言も言及していない。因みに、玉蘂花とはスイカズラ科(あるいはレンプクソウ科)*Viburnum macrocephalum* Fortuneをいう。『廣群芳譜』巻三十七に玉蘂があり、『高齋詩話』を引用する。南西諸島産のアカネ科常緑低木ギョクシンカの花は白く花序は球状をなすので、玉蘂花と誤認され、さらに「ずい(蘂)」を「しん(心)」に誤って玉心花と表記された。因みに玉蘂花はギョクシンカとは異なり落葉性である。

江戸後期を代表する本草学の泰斗小野蘭山は、山礬を「ハイノキ　クロバイ」とし、現在の定説に近い見解を示した。ハイノキは中国に分布しないから、李時珍のいう山礬は正しくは中国産ハイノキ属種ソウザンハイノキである（『中薬大辞典』による）。ハイノキの語源は、木灰を媒染に用いるから灰木、クロバイとはその別名の黒灰で樹皮が黒いことによる。実は漢名の山礬も、李時珍が「野人葉を采りて灰に焼き、以て紫に染め黝と為す。礬を借りずして成るに因りて以て其の名を山礬と為すなり。」（『本草綱目』巻第三十六「木之三　灌木」）と述べるように、染色に由縁がある。礬とは礬石《バンセキ》すなわちミョウバンのことで、紫染色の媒染に繁用された。ツバキ科ツバキやヒサカキとともに、ハイノキ科各種はアルミニウム分を多く含むが、実際に用いるのは李時珍のいうような葉ではなく木部である。因みに、ミカン科ゲッキツにかかる用途はない。蘭山は、一方で、李時珍が山礬の異名とした芸香について次のように記す（『本草綱目啓蒙』巻之三十二「木之三　灌木類」）。

芸香ハクサノカウ　和名鈔　ヘンルウダ蠻種ナリ。花戸ニ多シ。扦挿シテヨク活ス。葉ハマツカゼクサノ葉ニ似テ小ク厚ク白色ヲ帯ブ。臭氣甚シ。初夏莖梢ニ枝ヲ分チ花ヲ開ク。四瓣或ハ五六瓣等シカラズ。色黄ニシテ内ニ毛アリ。花後實ヲ結ブ。大戟《タカトウダイ》ノ實ニ似テ大ナリ。

無論、『和名抄』にいう芸香とした上で、ハイノキ属ではなく、明確にヘンルーダと考定している。ヘンルーダという名は蘭山より一世紀早く江戸初中期の『大和本草』に登場し、貝原益軒はその由来も含めて次のように記す（巻之九　草之五）。

ヘンルウタ　近年紅夷ヨリ來ル。是紅夷ルウタナリ。紅夷人ハ是ヲ用テ食品ニ加ヘ其香氣ヲ助ケ他食ノ惡臭ヲ去コト日本人山椒ノ葉ヲ用ルガ如シ。葉ハ細ニシテ莖ノ本木ノ如シ。三四月ニ黄花ヲ開ク。四出ニシテ一片ノ間各一蕋ヲ出ス。花ノ心ニ實アリ、岩梨ノ實ニ似タリ。夏實ノル。其年子ヲマケバ來年花サキ實ナル。其莖葉根冬不枯。此草常ノルウタノ性ニ相似テ性猶スグレタリ。ツ子《ね》ノルウダヨリ惡臭甚シ。故ニ草ハ別ニシテ不相似トモルウダト稱ス。又鳥ノ病ヲ治ス。

益軒のいう葉が小さいというのは、二回羽状複葉の小葉に言及したもので、黄色の花をつけ、四弁でその間から長い雄しべを出すこと、花の芯に果実があること、茎の基部が木質化するというヘンルーダおよびその近縁種の特徴にかなり詳しく言及し、実際に見聞して記載したことはまちがいない。ここでヘンルーダを「紅夷ルウタ」と称し、それとは別に「常ノルウタ」があって、両種の薬性は似る（ともに精油に富み臭いが強い）が形態は似ていないという。非常にややこしいのであるが、益軒は別条にルウダ（ママ）の条を挙げて次のように記す（同）。

ルウダ　蠻語ナリ。是南蠻ルウタト云。其葉麻《アサ》及羅勒（シソ科メボウキ）ニ似タリ。左右ニ欲刻アリ。蠻醫コノンデ用レ之。腫物ニ葉ヲモミテヌルベシ。ヨク腫毒ヲ消ス。又汗斑《アセムラ》ニツクレバ験アリ。ヘビ是ヲ忌ソル故、ヘビノサシタル所ニ付レバヨシ。凡諸毒虫モサシタルニ付ベシ。功能多シ。園ニ栽ベシ。臭氣アリ、葉零陵香（サクラソウ科モロコシソウの全草）ニ似タリトイヘドモ別ノ物也。中華ヨリ來ル零陵香ハ別也。秋ノ初花サキ秋ノ季ミノル。春子ヲマク。冬ハ枯ル。又宿根ヨリ生ズ。寛永ノ初此種南蠻ヨリ來ル。中華ノ草ニ非ズ。今處々ニアリ。俗ニ耆波《キバ》三禮艸ト云。此草ヲ服スレバ山嵐ノ瘴氣（南方の山林で湿熱が蒸鬱して生じる邪病の一つ）ニ感ゼズ。時疫ハヤル時、此艸ヲ門戸ニカクレバ其災ヲ免ル。熱病時疫（流行病）又労瘵（肺の疾患）ノ病人ヲ介保スル。人コレヲオビ又モミテ鼻孔ニヌレバ山ニ入テ此草ヲ帯レバ毒蟲サ、ズ、サシテモハレズ。コレヲ厠《カハヤ》ノ中ニ投ズレバ虫生セズ。コレヲ食スレバ五辛ノ葷臭ヲ除ク。痘瘡出シキリニ痒ク百方不レ效ニ此草ヲブダウ酒ニテセンジ瘡頭ニヌル。忽效アリ。

名前をルウダとしているが、葉の形がシソ科メボウキ（俗名バジル）やアサ科アサに似るというから、二回羽状複葉で灰緑色のヘンルーダとはまったく別物である。ヘンルーダに比べると、益軒による「常のルウダ」の記述は稚雑であって種名を類推することは容易ではないが、白井光太郎はアカザ科（ヒユ科）アリタソウと考定した（白井光太郎考証『大和本草』有明書房　一九七五年）。刊本『泰西本草名疏』（伊藤圭介　一八三七年）にはラテン語学名の *Chenopodium ambrosioides* Linn. とともに「アリタサウ　ルウダ　土荊芥　和漢名原欵」と記載されている（巻上)。ここに和漢名原欸とあるのは、圭介自筆の稿本(一八二八〜二九年)では和名・漢名が欠如していることを示し、シーボルトから得た知見をもとに書き加えたのである。そのほか、『本草綱目紀聞』(水谷豊文)は精緻なアリタソウの特徴を忠実に反映したイラスト図を掲載し、「アリタサウ　ルウダ　アルウダ　耆婆三礼草　サブロタカワチサト同名」などと記載している(雑草　漢下　五十)。おそらく、白井光太郎の考定は伊藤圭介や水谷豊文の知見を基にしたものと推定されるが、その経緯はともかくとして益軒のいう常ノルウダをアリタソウとしたのは妥当である。しかし、益軒が何故にアリタソウにルウダの名をつけて「常のルーダ」とし、ヘンルーダを「紅夷ルーダ」と区別したのか、白井光太郎は一切コメントを控え、これまで真摯に議論されることはなかった。水谷豊文はアリタソウの別名にルウダとともにアルウダを挙げる。ともに外来語であることは言を俟たない。ルウダに相当する適当な外国語は見当たらないが、アルウダであればポルトガル語のヘンルーダを意味するArrudaがある。因みに、アリタソウに与えられたポルトガル名はErva-formigueira、Formigueira、スペイン語でもYerba de Santa Maria、Epazoteであって、Arrudaとはまったく関連がない。アリタソウの和名の由来は、水谷豊文も指摘しているように、アルウダ→アリウタ→アリタに転じたと考えられ、アルウダとアリタソウとの間に明確な語源的接点が認められる。佐賀県有田で栽培されていたからアリタソウと呼ばれたとする俗説があるが、それを示唆する文献的証拠はなく、有田焼で名の知られた有田にかこつけた無責任な語源俗解にすぎない。益軒は南蛮ルウダと称するが、南蛮とはわが国におけるポルトガル人・スペイン人に対する呼称であり、ポルトガル語のArrudaに由来することはまちがいない。しかし、それがアリタソウであったとすれば、ポルトガル人が本国に自生するヘンルーダと新大陸原産のアリタソウを区別していなかったことになる。ポルトガル人は最初に中南米に入植し、様々な産物を入手して欧州に持ち帰っていたはずで、両品を識別していなかったとはおよそあり得ないことである。一方、わが国にとってはアリタソウ・ヘンルーダともに外来種であるから、当時の日本人が識別できなかったあるいは勘違いしたと考える方が自然だろう。わが国は中国本草の強い影響を受けており、薬用・食用に供する動植鉱物に由来するものはすべて性味をもって分類の指標とし、蘭学の影響を受けたはずの和蘭本草すら、性味を記載の一項目としている。アリタソウ・ヘンルーダのいずれも精油成分に富むから、性味からすれば同類と考えられ、当時の日本人が同じ名で呼んでも不思議はない。益軒がヘンルーダを常のルウダ（アリタソウ）と性味が相似して云々と記述するのはまさにそれを示唆する。ましてアリタソウのポルトガル語音名は、複雑で日本人の脳裡に残りにくく、そのため同名で呼ぶことを余儀なくされたとも考えられる。以上はアリタソウとヘンルーダがポルトガル人によってほぼ同時に伝えられたことが前提になる。益軒は寛永年間の初めにアリタソウが伝わり、その後にヘンルーダが伝わってきたと考えるが、外来植物の渡来時期に関する益軒の記述は誤謬が多いので考証の参考にはならない。

益軒のいうもう一種の「紅夷ルウダ」とは、紅毛人すなわちオランダ人が伝えたから名づけられたと考えて差し支えない。ただし、ヘンルーダはポルトガル人がすでに伝えており、アリタソウとともにルウダと呼ばれたことは前述の通りであるが、オランダ人はポルトガル名とはまったく異なるWijnruitの名で伝えた。通説ではそれが訛ってヘンルーダの名が発生したといわれるが、ウェインルイト（『和蘭藥鏡』巻四「芸香」による音訳を表示）からヘンルーダへの転訛は無理がある。『最新生薬学』（刈米達夫）によれば、ポルトガル語に由来し、ヘンは冠詞だということ。arrudaは女性名詞だから単数であればa、複数であればasで、ポルトガル語にヘンという音の冠詞はない。しかし、この語源説は決して荒唐無稽ではなく、おそらく勘違いによるものと思われる。Wijnruitをオランダ語で発音すれば、後部のruitは略されて前部のWijnだけが日本人の耳に残ってヘンに訛ることは十分にあり得る。おそらく、オランダ語由来のヘンを冠詞と勘違いしてポルトガル語のアルウダの略形ルウダに冠してヘンルーダになったと考えられる。あるいは、オランダ語のruitとポルトガル語のarrudaが混同されてルーダとなり、その上にヘンを付してヘンルーダの名が発生したとも考えられる。小野蘭山は芸香をヘンルーダと考定したが、その形態の特徴について益軒よりさらに細かく「四瓣或ハ五六瓣等シカラズ。色黄ニシテ内ニ毛アリ。」（『本草綱目啓蒙』巻第三十二「木之三　灌木類　山礬」）と記載する。蘭山が「内ニ毛アリ」というのは、真品のヘンルーダすなわち*Ruta graveolens* L. に見られないが、近縁別種のコヘンルーダ *Ruta chalepensis* L. であれば花弁の縁に毛状の突起があるので、蘭山はそれを指摘したと思われる。白井光太郎によれば、ヘンルーダは明治維新の前後に渡来したというが、確たる論拠があるわけではなさそうである。欧州でもヘンルーダとコヘンルーダは長らく区別されず、arrudaとして伝わったものの中に両種が含まれていた可能性も否定できない。江戸期の民間医療書の中に「りうた（だ）草」を配合する処方が散見される。

『奇工方法』

○手足しびれ痛時洗薬

りうた草　乙切草（オトギリソウ）

右二味茎ともにせんじ洗

○湿瘡洗薬

忍冬（スイカズラ）　乙切草　りうた草　薄荷（ハッカ）　甘草　蓬葉（ヨモギ）

右煎し洗

『秘方録』（『原色版日本薬用植物事典』より引用）

リウダ草ヲ土用中ニ水ニツケ置キ、コレヲ打チタル所ニツクベシ

「りうた（だ）草」がヘンルーダ・アリタソウのいずれであるについては、『大和本草』はヘンルーダを鳥の薬として記載し、アリタソウでは様々な用例を記載するから、江戸期の民間で薬用とされた「りうた（だ）草」はアリタソウと考えられる。

11

2-1の冒頭で、『香字抄』が引用した漢籍の記述から、古い時代に中国にヘンルーダが伝わり、それが芸香である可能性に言及した。しかし、前述したように、中国ではヘンルーダが伝わった当初は芸香と称したが、程なくこの名は風化してしまったから、わが国の本草家にとってその基原を特定するのはきわめて困難な状況にあった。それはその後の漢籍における芸香の扱いを見れば一目瞭然である。既に述べたように、中国では『本草綱目』が初めて芸香を山礬の異名とし、李時珍は「按ずるに、蒼頡解詁に芸香は邪蒿に似て食ふべし、紙蠹を辟くと云ひ、許慎說文に芸は苜宿に似たりと云ひ、成公綏の芸香賦に（芸の）莖は秋竹に類し、枝は青松に象ると云ひ、郭義の恭廣志に芸香膠有り、杜陽編に芸は香草なり、于闐國に出でて其の香は潔白にして玉の如く、土に入るも朽ちず、元載芸暉堂を造り此を以て屑と爲して壁に塗るなりと云ふ。此の數說に據れば則ち芸香は一種に非ず。」（巻第三十六「木之三　灌木類」）と述べるように、各種典籍の記述を挙げて芸香は特定の植物ではないと断じている。宋代の『太平御覽』巻九八二「香部二　芸香」も多くの典籍を引用記述しているが、その記述から芸香の基原植物を絞り込むのはむずかしい。現在の中国ではヘンルーダを臭草《シュウソウ》（『生草薬備用』）・臭艾《シュウガイ》（『広西中薬志』）・荊芥七《ケイガイシチ》（『広西中草薬』）と呼ぶが（『中薬大辞典』による）、いずれも近世につけられた名前であって、古い時代までさかのぼるものではない。『國譯本草綱目』は『本草綱目拾遺』（趙学敏）にある芸香草（巻第五「草部下」）をヘンルーダと考定するが、これも大いに問題がある。

職方考　雲南府に出でて能く毒瘡を治す。夷方に入る者攜へて自《おのれ》を以て隨ふ。如《も》し此の草を嚼み無味ならば、即ち蠱に中《あ》たるを知る。急ぎて其の汁を服し之を吐きて解くべし。

按ずるに、雲南志に昆明に出づるもの二種有り、五葉なるは五葉芸香と名づけ、韭葉なるは韭葉芸香と名づけ、瘴瘧を治すと。

藥性考云ふ、五葉を生成するは昆明に産し、瘡毒等の疾を治し、専ら能く蠱を解するに汁に擣き之を服す。韭葉芸香は能く瘴癧を截《た》つ。夷人に邪蟲多く、此の草を擣へ之を嚼み無味ならば、即ち中毒を知る。

ここで韮葉芸香《キュウヨウウンコウ》というのは、『雲南中草薬』にある韮草芸香草《キュウソウウンコウソウ》に相当し、『中薬大辞典』はイネ科 *Cymbopogon distans* (Nees) A. Camus を充てる。実は『滇南本草』に韮葉芸香草一名芸香が収載され、『中薬大辞典』はなぜか別種の *C. tortilis* (Presl) A. Camus を充てる。一方、五葉芸香《ゴヨウウンコウ》に関する手掛かりは少ないが、『嘉祐本草』（掌禹錫）で初収載された胡蘆巴《コロハ》の異名の可能性がある。胡蘆巴はマメ科 *Trigonella foenum-graecum* L. を基原とし、中国ではこれを芸香草と呼ぶことがあるからだ（『中薬大辞典』は『盛京通志』の出典という）。三出複葉で五葉芸香の名に合わないが、趙学敏の誤記と考えれば、花の色は黄色であるから、『詩經』小雅（毛詩）にある「裳々《しゃうしゃう》たる華　芸は其れ黄なり」とある芸をこの植物としても違和感はない。地中海地方原産で、中東を中心にインドからアフリカまで広く栽培され、種子を香辛料として利用する。わが国ではなじみがないが、近年、英語名のフェヌグリークの名で浸透しつつある。胡蘆巴は中国語で húlúbā と発音し、アラビア語名 Hulba の音訳と見られるので、アラビアから中国に導入されたことはまちがいない。宋代になって正統本草に収載され、それまでの旧名の芸香がヘンルーダを含めて漠然と香りの強い植物を指す名であったため、新たに音訳名の胡蘆巴という本草名をつけるとともに、雲南などの辺境地方を除いて、芸香と呼ぶことはなくなったと考えられる。以上、『本草綱目拾遺』にある芸香草がヘンルーダである可能性はきわめて低い。

2-3　「くさのかう」はミカン科マツカゼソウではない

蘭山は芸香をヘンルーダと考定したが、『和名抄』が「くさのかう」と訓ずるのを受けて、それも含めてヘンルーダと考えた。平安時代のわが国にヘンルーダが伝わった証拠はないから誤りというしかないが、それはさておき、平安文学に「くさのかう」とあるのはいかなる植物であるか考えてみよう。『大和本草』はヘンルーダ（ヘンルウタ）、アリタソウ（ルウダ）とは別条に芸草《ウンソウ》の条を置き、「今按本草綱目灌木門山礬ノ集解ニ芸草（芸香）ノ事詳ナリ。此草本邦ニナシ。昔年長崎ニ多來ル、近年ハ不ㇾ來ト云。」（巻之八　草之四）と述べ、『和名抄』に言及すらしなかった。蘭山とはまったく見解が異なるが、候補となる植物を一切挙げず、漢籍の記述を注釈抜きで引用するにとどまった。一方、蘭山はヘンルーダについて「葉ハマツカゼクサノ葉ニ似テ云々」（『本草綱目啓蒙』巻之三十二「木之三　灌木類　山礬」）と述べ、マツカゼソウをヘンルーダの類縁種とした。『泰西本草名疏』はヘンルーダの条項で「〇云マツカゼサウ *Ruta iaponica* Siebold. ナリ」（下巻）と記載するように、シーボルト（〇で表す）から得た知見に基づいて記している。マツカゼソウはわが国に自生するミカン科草本で、当時、ミカン科ではヘンルーダ属のほかに草本はなかったから類縁種とされ、シーボルトはヘンルーダ属の新種として学名をつけた（現在、この学名は有効ではない）。白井光太郎は「本邦ニ於テ古昔芸香ニ充テタル草ノ香ト呼ビシ植物ハ今日松風草ト云フモノト考フ。益軒蘭山ノ両先生未ダ此ニ考ヘ及バザリシハ怪訝ニタヘズ。」（白井光太郎考証『大和本草』有明書房　一九七五年）と述べ、益軒と蘭山が芸香にマツカゼソウを充てなかったことに失望しながら、平安文学にいう「くさのかう」をマツカゼソウと断言した。マツカゼソウはわが国の宮城県以南の本州・四国・九州の山地林内や林縁など、比較的暗いところに自生する多年草である。前述したように、『榮花物語』ではオミナエシ・キキョウなどの秋の草花とともに「くさのかう」の名が登場するが（本節「2-1」）、この草が生えている環境を示唆する記述はないので、それがマツカゼソウか否かは判定するに不十分であった。一方、平安から鎌倉期の詩歌に「くさのかう」を詠む歌がいくつかあるので、かかる観点から解析して見よう。

一、花のみは　にほはざりけり　ゆきかへば　くさのかうつる　ものにざりける　（『東院前栽合』）

二、白露の　いかにそむればか　くさのかう　おくたびごとに　いろのますらん　（『元真集』）

三、女四宮歌合斎宮　天禄三年八月廿日　判者源順

さい宮に男女房わきて、御前のにはのおもに、すすき、をぎ、らに、しほに、くさのかう、をみなへし、かるかや、なでしこ、はぎなどうゑさせたまひ、松むし、すずむしをはなたせたまふ、人人にやがてそのものにつけてうたをたてまつらせたまふに、おのが心心、我も我もと、あるはよしある山ざとのかきねにさをしかのたちより、云々

（甲）とこなつの　露うちはらふ　よひごとに　くさのかうつる　我がたもとかな（左衛門君）

（乙）のべごとに　花をしつめば　くさぐさの　かうつるそでぞ　つゆけかりける（源為則）

このくさのかうのうたは、うたざまはすこしやはらかにいはせてはべめり、されど、かみの草は本のくさにて、しものかうのみぞそへたれば、人にかくれんひとの、みのみかくれておもてあらはならん心ちなんしけるちくさのかうつるたもとの有りけるをなどあさがほをかくさざりけん

四、　くさのかう　伊勢

くさのかう　色かはりぬる　しらつゆは　こころおきても　おもふべきかな（『古今和歌六帖』第六）

五、（甲）春よりは　もえいでしかど　くさのかう　かはあき風に　にほふなりけり（『夫木和歌抄』巻第十一）

（乙）秋ののの　花わけ行けば　くさぐさの　香うつりぬらん　我が衣手に（『夫木和歌抄』巻第十一）

（丙）我が袖に　くさのかうつる　秋の野の　たびねの床は　なつかしきかな（『夫木和歌抄』巻第十一）

（丁）ふぢばかま　匂ふあたりは　おひいづる　くさのかうのみ　めづらしきかな（『夫木和歌抄』巻第十一）

いずれの歌も解釈は容易であるから通釈を略す。第一・三・五（乙）・五（丙）の歌は「くさの香うつる」という移り香を詠み、主題は花（あるいは茎葉）の香りである。第二の歌では、白露が降りるごとに花色が鮮やかになると詠み、第五（甲）の歌は春から芽を出し咲いているけれど、川から吹く秋風によって「くさのかう」の香りが匂っているという意である。以上の歌の「くさのかう」から、特定の草花を想像するのは難しく、唯一、第三の歌

の序にほかの秋草とともに「くさのかう」を庭に植えたとあるのが気になる。しかし、第23章第1節「1-5」で述べる吹上浜の白菊の例があるように、自然界の情景に仮託して詠んだと考えることができる。第五（乙）では、秋野に咲いている花を分け入れば種々の「くさの香」がうつるというから、単なる「草の香り」の義であって、特定の植物でも芳香のある草本性香料植物を指すわけでもない。露と「くさのかう」を取り合わせた歌三首（第二・三甲・四）について自然科学的観点から解析してみよう。通例、露の降りるのは草原のようなオープンフィールドであって、林内や林縁の木陰となるところに露をみることはない。すなわち、「くさのかう」をマツカゼソウとした場合、およそあり得ない情景を詠んだことになる。第五（乙）の歌も「秋ののの　花わけ行けば〜」とあるから、「くさのかう」は草原に生える植物と考えざるを得ない。マツカゼソウはそのような草原にはなく、この歌にある「くさのかう」もマツカゼソウの可能性は低い。『香字抄』『香要抄』は芸香を収載するが、「くさのかう」という和訓を載せたのは『和名抄』の影響と思われる。平安時代の貴族社会で芸香というお香が使われたことを示す文献的証拠がないから、「くさのかう」は単に植物のかもし出す香り一般を指すと考えざるを得ない。

そもそもすべての誤りの発端は江戸期の本草家とりわけ小野蘭山が芸香をヘンルーダと考定したことにある。蘭山が『香字抄』を参照したかどうか定かではないが、『本草綱目』の芸香に関する記述から、ヘンルーダに帰結することはおよそ考えにくい。わが国に伝わったヘンルーダが中国にないはずはないという思い込みから強引に芸香をヘンルーダとしてしまったのではなかろうか。この背景にはわが国が古くから中国本草の体系を導入し、邦産植物に漢名を充ててきた歴史がある。すなわち漢名は現代植物学における学名に相当するものであり、小野蘭山は最後の本草学者の一人であり、たとえ正しくなくとも、漢名をつけることにこだわったと思われる。一方、白井光太郎は蘭山がヘンルーダに似た植物にマツカゼソウを挙げたことで、わが国に原生するミカン科草本マツカゼソウを芸香すなわち「くさのかう」としてまったく矛盾しないと信じ込んでしまった。その中で、貝原益軒が芸香の基原を未同定としたのは、わが国にヘンルーダに似たマツカゼソウが自生することを知らなかったためであろう。実際、『大和本草』にわが国唯一のミカン科草本であるマツカゼソウに相当する植物は見当たらない。マツカゼソウの存在が知られるようになったのは、江戸後期以降に各本草家が諸国で薬草を採集し、採薬記をまとめて記載するようになってからである。小野蘭山は文化元（一八〇四）年に駿河から伊勢まで採集旅行を挙行したが、八月二十四日駿府周辺で「タカトウ一名マツカゼグサ」を採集したと記録している（『駿州勢州採薬記』）。蘭山はそれより以前の享和元（一八〇一）年にも筑波山から日光周辺の諸山で採集旅行を行い、筑波山で「芸香ノ一種タカトウ方言ハクジャッカウ」すなわちマツカゼソウを採集している（『常野採薬記』）。おそらく、これがわが国におけるマツカゼソウの最初の記録と考えられる。そのほか、水谷豊文も文化七（一八一〇）年に木曽地方の数カ所でマツカゼソウを採集したと記録している（『木曽採薬記』）。マツカゼソウは中国大陸・朝鮮半島にも分布するが、本草書などの文献記録に該当するものは見当たらない。すなわち、中国本草の体系にマツカゼソウが収載されることはなく、わが国では西洋の影響による博物学的視点から文献に記載されるようになったのである。

ここで江戸期のわが国における本草・植物学事情について簡単に説明しておく。江戸中期から後期はわが国の歴史においてかつてない激動期であって、それまでは中国の学問を範としてきたのが時代を追うごとに中国離れが著しくなった時代でもあった。その発端となったのは、享保五（一七二〇）年の八代将軍徳川吉宗による西洋書に対する禁書令の解除であり、オランダを経由して西洋博物学・植物学がわが国に伝わった。それまでは中国本草をもってわが国の動植物などの産物を分類管理していたが、西洋の分類大系が徐々に浸透し始めた。それのみならず、以前は中国経由で伝えられた西洋産物の情報が直接得られるようになった。それまでの産物情報はすべて中国の体系に組み込まれ加工された形でわが国に伝えられたから、日本人が目にするのはオリジナルとはかなり歪められたものであった。鎖国体制にもかかわらず、ツンベルグやケンペルなどの欧州の著名な博物学者が来日し、日本各地

11

で植物採集を行ったこともあって、それまでは『本草綱目』など中国本草の文字情報だけを扱っていたのがフィールドワークで本草家が直接採集して情報を得るようになったことも大きな変革であった。小野蘭山や水谷豊文などは各地で採集旅行を行い、その結果を採薬記としてまとめている。これによってそれまで知られていなかった植物が記録されるようになり、中国本草の体系に合わない、すなわち該当する漢名が見当たらない植物が多く出現した。中国本草では漢名が事実上の学名として機能していたが、水谷豊文の『本草綱目紀聞』に漢名の併記がないすなわちカタカナ名だけで記された植物がかなり収載され、その大半は今日の植物正名と同じである。同書に植物図が附属するが、中国本草の附図とは比較にならないほど精緻であり、明らかに江戸中後期に導入した西洋博物学の具体的成果である。それとともに植物形態の記載も精緻となり、たとえば小野蘭山の『本草綱目啓蒙』は、伝統的な本草書の様式に準拠しているにもかかわらず、記述の精緻さでは中国本草と比較にならない。中国の影響を受けた本草学は十九世紀中ごろをもって近代植物学へ発展的解消し、以降、中国の影響は完全に潰え去り今日に至る。現代では外来植物に漢名の音名をつけることはごくまれとなったが、以上の背景があったことはあまり知られていないのでここに補足する次第である。

マツカゼソウの名は実質的に『本草綱目啓蒙』にマツカゼグサとあるのをもって文献上の初見とする（巻之三十二　灌木類　山礬」）。『本草綱目紀聞』に「マツカゼサウ　タカトウ　阿波　マツガヘルウダ　江戸　ハクジャツカウ　常州ツクバ山　サンセウサウ　信州サツマ　メクサ」（雑草　與良也　五十二）とあり、花や根の形態を記した精緻な附図を掲載し、今日のマツカゼソウであることは一目でわかる。伝統的な本草学の体裁ながら西洋博物学の影響を色濃く反映しているのである。方言名のうち、江戸の方言名マツガヘルウダはマツカゼソウの語源と考えられ、ここではこれに注目したい。このルウダはいうまでもなく益軒のいう「紅夷ルウダ」すなわちヘンルーダの類として命名された。『植物和名語源新考』（深津正）は「松が枝ルーダ」と考え、マツカゼソウに転訛したと推定する。すなわち、ヘンルーダに似て枝葉が松の枝のようであるから「松が枝ルーダ」と江戸期の日本人が命名したといいたいらしい。この語源説は『植物の世界』（朝日新聞社）にも紹介され（三巻　一八二頁）、広く支持を集めているようである。ところがマツカゼソウの枝葉は三回三出複葉であって、およそ松の枝に似ているように見えない。マツカゼソウの枝葉が松の枝に似るというなら、二回羽状複葉のヘンルーダの枝葉も松の枝に似ると考えねばならず、マツガヘルウダは両種の植物を有効に識別した上でつけた名とはいえなくなってしまう。実際、『本草綱目』に『芸香譜』（成公綏）を引用して「(芸の) 茎は秋竹に類し、枝は青松に象ると云ひ云々」とあり、その枝葉が青松に似る趣旨の記述がある（以上、「2-2」を参照）。これは実物のヘンルーダに言及したと思われ、マツカゼソウだけを枝葉が松枝に似ると考えるわけにはいかない。改めてマツカゼソウとヘンルーダの違いについて考えてみると、花の色がまったく異なり、マツカゼソウは白い花を散発的につけ、一方、ヘンルーダは黄色の花をかなり密につける。シロバナルウダと呼んでもよさそうだが、マツカゼソウの花がヘンルーダに比べて地味すぎたからであろうか、そのような名はどこにも見当たらない。もう一つの顕著な違いは、ヘンルーダの枝葉が灰色、時に黄色味を帯びるのに対して、マツカゼソウは全体として緑色が濃いことである。そのほかに特に著しい違いはないから、植物全体の配色が灰色・濃緑色の違いをもって「まつがへ」の名を冠した可能性について考えるべきである。それに松が枝は「まつがえ」であって、「まつがへ」ではないはずだが、深津正は新仮名遣いでもって語源考証したため、気づかなかったらしい。「まつがへ」とは松柏であって、一般には常緑樹の意である。したがって、マツガヘルウダはヘンルーダに比べて緑がみずみずしいとして名づけられたのである。

第3節　絢爛たる平安文化を象徴するお香

平安時代に、香木を焚いて香りを賞翫する香合わせ・薫物《たきもの》合わせなどが発生し、後世の香道の起源となった。『源氏物語』の梅枝《むめがえ》に「御裳着の事、おぼしいそぐ御心《こゝろ》おきて、世《よ》の常《つね》ならず。春宮も、おなじ二月《（きさらぎ）》に、御かうぶりのことあるべければ、やがて、御參《まゐ》りもうちつゞくべきにや。正月《（むつき）》の晦日《つごもり》なれば、おほやけ、わたくし、のどやかなる頃《ころ》ほひに、薫物《たき》あはせさせ給《たま》ふ。」とあるほか、「薫物合わせ」の描写が随所に出てくる。ほぼ同時代の歌人藤原公任は「たき物あはせてうへにおきていで給ひにければ、すこしとどめ給うて、女御の御」と題して「残りなく　成りぞしにける　薫物の　我ひとりにし　まかせてしかな」（『公任集』）なる歌を残している。薫物が残り少なくなってしまった、私独りだけの思うがままにしてもらいたいものだという単純な内容であるが、当時、香料はたいへん高価であったから、思う存分というわけにはいかないほど当時の貴族の間で流行が加熱していた。『枕草子』の「ちごは、あやしき弓」に「また、さて行《い》くに、たき物の香《か》のいみじうかかへたるこそ、いとをかしけれ」とあるのも基本的に同じである。別の物の香りがある物に伝わって残るのを「移《うつ》り香《が》」というが、平安期の詩歌に多く詠まれている。花の香りの移り香を詠った歌もあるが（前節「2-3」）、多くはお香の移り香であった。「いまもとる　そでにうつせる　うつりがは　きみがをりける　にほひなりけり」（『為頼集』）とあるのは、人に移った香りを詠んだのであり、移り香の歌の中ではもっとも多い。『源氏物語』でも若紫《わかむらさき》に「ちかう呼《よ》び寄《よ》せたてまつり給へるに、かの御移香《うつりが》の、いみじう艶《えむ》にしみかへり給へれば、をかしの御にほひや、御衣《ぞ》は、いとなえてと、心苦《ぐる》しげにおぼいたり」とあるのは、あの方の御移り香が、たいそうなまめかしく深く染み込んで云々と移り香を描写した。『枕草子』（能因本）の「正月一日、三月三日は」の「九月九日は、あかつきがたより雨すこしふりて、菊《きく》の露《つゆ》もこちたくそぼち、おほひたる綿《わた》などもいたくぬれ、うつしの香《か》もてはやされて、云々」では「うつしの香」と言葉を換えているが、「移り香」と基本的に変わらない。平安の貴族社会は香りに対する関心が現在よりもはるかに高く、まだ聞香《もんこう》・組香《くみこう》という今日の香道で基本とする作法は確立していなかったが、自由な発想で香りを楽しんでいたことが『源氏物語』などの古典文学の描写でうかがえる。「移り香」のうち、香りをきものに移す薫衣《くぬえ》香《こう》はもっとも代表的なものであって、『類聚雑要抄』巻第四によれば、次の合剤を用いていた。

薫衣香方　甲香一両　丁子香一両　蘇合香一両　白膠香一両　甘松香一両　沉香一両　白檀香半両　麝香半両
薫陸香半両
右九種並須レ好者各自別擣《ニテ》用二麁羅篩《ノヲ》一以和　使《シテ》レ乾香均即成

『源氏物語』に描写される香りは「お香」だけに留まらず、繪合《えあはせ》に「沈《ぢむ》の箱《はこ》に、浅香《せむかう》の下机《したづくゑ》、打敷《うちしき》は青丹《あをに》の高麗《こま》の錦《にしき》、足結《あしゆひ》の組《くみ》、花足《そく》の心ばへなど、いまめかし」とあるように、身の回りに香木でつくったものが多く置かれていた。すなわち、「沈の箱」とは沈香《ジンコウ》で作った箱、浅香《センコウ》も沈香の劣化品とされる香木の一種で、香料の入れ物のみならず、身の回りの家具にまでこだわって香木を用いていた。当時の貴族社会はまさに舶来の香料を用いた絢爛たるお香文化に耽溺していたといっても過言ではない。お香は貴族の日常生活においてごく身近な存在であったから、各種の香の性質・効能などを記載した類書として『香字抄』『香要抄』が刊行された。『香字抄』は『開寶本草』（馬志）およびそれ以前の中国本草書に収載された香薬を抜き出して編纂したもので、そのすべてがお香に利用されたわけではない。一方、『香要抄』は図を附属するが、『圖經本草』（蘇頌）より増補したものであり、僧・兼意が編纂したのは密教儀礼で用いることを前提としたからと思われる。したがって、平安貴族のお香は平安密教に由来し、それを遊戯化したものと考えられる。すべての香料を説明するわけにはいかないので、ここでは代表的な移り香である薫衣香を構成する香料について解説しておく。

3-1 甲香《コウコウ》

『新修本草』の下品に初見する（巻第十五「蟲魚部」）。李時珍は『本草拾遺』の海螺《カイラ》の異名とし、海蠃《カイラ》の名で収載した（『本草綱目』巻第四十六「介之二　蚌蛤類」）。異名に流螺《リュウラ》（『圖經本草』）、香螺《コウラ》（『閩書南産志』）、甲香蠃《コウコウラ》（『廣東新語』）があり、アッキガイ科の巻き貝アカニシのふたを基原とする。俗名の貝香《カイコウ》はアカニシ以外の貝類も利用したからであろう。粉末にして練り香の材料とするほか、貝細工にも用いる。『本草和名』に「甲香　一名流螺　最も美にして且つ香ばし、七巻食經に出づ　和名阿岐乃布多」とあり、「あきのふた」の和訓をつける。『和名抄』は「七巻食經云ふ、大辛螺　和名阿木　楊氏漢語抄云ふ、蓼螺一に云ふ赤口螺　和名上に同じ、辨色立成の說亦た同じ」とあるように、単に「あき」とする。すなわち、アカニシの古名は「あき」であるが、古く赤口螺の名があり、貝殻の内部や肉の一部が赤いことをもって「あかーくちーにし」と称し、それが短略化して「あき」に訛った。最近では「あき」と呼ぶことはなく、アカニシの名が定着している。『徒然草』第三十四段に「甲香《かひかう》は、ほら貝のやうなるが、ちひさくて、口のほどの、細長《ほそなが》にして出《い》でたる貝のふたなり。武藏國《むさしのくに》金澤《かねさは》といふ浦にありしを、所の者は「へなたりと申（し）侍る」とぞ言《い》ひし。」とあり、「へなたり」の別名があったという。この名の語源は「為《リ》二赬粉《へに》一」であり、やはり貝殻や肉の一部の色に由来し、それも赬粉として利用した。薬用としては貝殻を強熱して粉末とし外用にするが、香料とするのは「ふた」の部分である。

3-2 丁子香《チョウジコウ》

丁子香《チョウジコウ》は本草では丁香《チョウコウ》と称し、現在では丁子《チョウジ》と呼ぶ。中国正統本草では『開寶本草』（馬志）の上品に初めてその名を見るので、『本草和名』には収載されていない。一方、『和名抄』では「丁子香　内典云ふ、丁子鬱金婆律膏七言偈也鬱金見下文」とあるように、仏典（内典）を引用して記載するが、仏教でお香を多用するから驚くに当たらない。『正倉院文書』の法隆寺伽藍縁起幷流記資財帳（天平十九年二月十一日）にも「佛分壹拾種　白檀香　沈水香　浅香　丁子香　安息香　薫陸香　甘松香　楓香　蘇合香　青木香」（大日本古文書　巻二　六〇二頁）とあって、上代の寺院でも各種の香料とともに丁子香が使われていた。丁子香はわが国に産しないから大陸との交易で入手していた。丁子の真の基原はフトモモ科チョウジのつぼみで、原植物はインドネシアモルッカ諸島の原産である。すなわち、中国にもない植物であるが、馬志は「按ずるに、廣州（広東省・広西省）より送る丁香の圖によれば、樹高丈餘、葉は櫟葉に似て、花は圓く細く黄色、冬を凌ぎて凋まず。醫家の用ふる所、惟《ただ》根を用ふ。子は釘の如く、長さ三四分、紫色なり。中に麁《あら》く大なること山茱萸の如き者有り、俗に呼びて母丁香と爲す。心腹の薬に入るべし。以《おも》へらく舊本に、丁香根は注の中に不入心腹之用の六字有り。恐らく其の根は必ず是れ毒有り、故に心腹に入れずと云ふなり。」（『證類本草』巻第十二「木部上品」）と注釈し、当時の広州で栽培されていたかのように記述する。馬志の記述で、つぼみを子（果実）と誤認したとすれば、チョウジの特徴とよく合い、また『重修政和經史證類備用本草』に附属する廣州丁香の図にも稚雑ながらチョウジの特徴的なつぼみの形態を描写している。実は唐代に丁香を詠んだ詩がいくつかあり、そのうちで次の二詩は丁香の基原を推定し得るほど具体的な内容を含むのでここに紹介する。

『全唐詩』巻二二七「江頭四詠」杜甫

丁香の體柔弱にして　亂結の枝猶ほ墊《た》る
細葉は浮毛を帯び　疏花は素豔を披《ひら》く
深く栽《う》う小齋の後に　庶近《こひねが》はくは幽人占めんがため
蘭麝の中に墮《うつ》つ晩《な》かれ　粉身の念を懷《いだ》く休《な》かれ

『全唐詩』巻二三七「池上に雙《ふた》つの丁香樹を得たるを賦す」　銭起

地を得て根移りて遠く　柯交はり指に繞《めぐ》らせば柔らかし
露香濃く桂を結し　池影蟠虬と鬥《たたか》ふ
黛葉は筠緑を輕んじ　金花は菊秋を笑ふ
何如《いかん》ぞ南海の外たるや　雨露炎洲を隔つるに

まず、杜甫（七一二年―七七〇年）の詩を簡単に解説しておく。江頭は錦江のほとり、亂結は丁子すなわちつぼみがびっしりとつく様子を意味する。第三連の庶近を庶幾の意にとって「こひねがはくは」と読む。幽人は杜甫自身を指す。第四連は、通例、「晩《おく》れて」と訓読するが、『説文解字』に「晩は莫なり。从日免聲。」とあるので、ここでは否定禁止の意で解釈する。蘭麝《らんじゃ》は中国でもっとも珍重する香料の蘭香《ランコウ》（キク科フジバカマ）と麝香《ジャコウ》（ジャコウジカの分泌物）のことで、この詩では高位の官職を得て出世することに喩える。杜甫の本心は出世することではなく、そのために身を粉にして働くのは望むところではなかった。今日では粉身砕骨という成句に残るが、『遊仙窟』の「玉饌珍奇、常に非ざる厚重なり、身を粉にし骨を灰にすとも、酬謝すること能はず」とともに「身を粉にする」の出典と思われる。この詩を通釈すると、丁香の体は軟弱で、つぼみ（丁子）をたわわに付けた枝は垂れている、細い葉は浮毛を帯び、疎らな花は地味ながらつやつやと咲いている、小さな書斎の後ろの深いところに植えて、請い願わくは自分が独占したいものだ、しかし、蘭麝の香（出世すること）に浸らず、身を粉にしてまで欲望を追求してはならないという内容になる。

一方、銭起（七一〇?年―七八〇?年）の詩は池の畔に植えられた二本の丁香樹を詠んだ。第二連の蟠虬は竜か蛇がもつれ合う様をいう。通釈すると、適地があったので丁香樹を移植したところ、それが根付いて大きく成長して、指で枝を交叉すると柔らかだ、つぼみから発散される香の強いことといったら桂樹を繋いだようで、池面に映った影は蛇竜がもつれ合って闘っているようだ、青黒色（暗緑色）の葉の色は竹膚の緑よりも濃く、黄金色の花は秋の菊も顔負けの鮮やかさだ、どのようにして南海の外からここに来たのか、はるばると炎洲（ベトナムあるいは海南島という）から雨露の中を凌いでという内容である。第三連は丁香について具体的に描写し、詩文であるからいささか誇張しているが、馬志の記述と相通じるところが注目される。杜甫の詩では丁香を小齋の後庭の奥深いところに植えるというから、唐代の中国では丁香の基原植物が植栽されていたかのように見える。ただし、それが真のフトモモ科チョウジすなわち今日のクローブであるか甚だ疑問である。なぜならチョウジの原産地は長らくアラビア人のみが知りうる歴史的極秘情報であったという通説に反するからである。中国商人がチョウジの原産地を秘匿したまま交易商品として取り扱っていたという俗説がわが国で広く流布しているのも唐詩に丁香があまりに具体的に詠まれているからであろう。もし唐代の広州にチョウジが植栽されていたのであれば、ベトナムほか流通の中継地にもその痕跡が残されて然るべきである。通説では、欧州人がチョウジの流通経路をアラビア人から奪って支配下に置いたのは一五一一年以降であり、フランス人が原産地のインドネシアからチョウジを持ち出し他地域に植栽したのは一七七〇年とされる。広州はわが国の南西諸島とほぼ同じ亜熱帯気候帯に属するが、チョウジを露地で栽培するには難がある。したがって、唐詩や『開寶本草』にいう丁香樹はフトモモ科チョウジではなく、おそらくベトナム産の同属類縁種ではないかと推察される。チョウジよりずっと品質は劣るが、唐宋代では稀少な真品の代用としたのであろう。『新修本草』にいう鶏舌香《ケイゼツコウ》を李時珍は丁香の同物異名としているが、それも類品あるいは中国で古く丁香と称するものであったのかもしれない。

さて、わが国では丁子を香料以外にも利用した。平安を代表する古典文学に「丁子染め」の衣類等が出てくる。

『源氏物語』　藤裏葉《ふぢのうらば》

宰相《さい》どのは、すこし色ふかき直衣《なほし》に、丁字染《ぢぞめ》めの、こがるゝまで染める、しろき綾《あや》の、なつかしきを着《き》たまへる、ことさらめきて艶《えん》に見ゆ。

『源氏物語』宿木《やどりぎ》

人知《し》れず思ふ心し添《そ》ひたれば、あいなく、心づかひ、いたうせられて、なよゝかなる御衣《ぞ》どもを、いとゞ匂《にほ》はし添《そ》へ給へるは、あまりおどろおどろしきまであるに、丁子染《ぞめ》の扇《あふぎ》の、もてならし給へる移《うつ》り香《が》などさへ、たとへん方《かた》なくて、おはしたるを。

『源氏物語』蜻蛉《かげろふ》

丁子に、深《ふか》く染《そ》めたるうす物の單衣《ひとへ》を、細《こま》やかなる直衣《なほし》に、き給へる、いと、好《この》ましげなり。女の御身なりの、めでたかりしにも、劣《おと》らず、白《しろ》く清《きよ》らにて、猶、ありしよりは、面《おも》やせ給へる、いと、見《み》るかひあり。

チョウジは色素を含まないが、主成分である精油の七〜八割を占めるフェノール性成分オイゲノールは鉄イオンによる媒染を施せば染料となり得る。ただし、色調は地味で、おそらく香りを楽しむための染色であり、また程なく香りは消え去るから、「丁子で染めた」という事実が重要視されたのではなかろうか。ただし、真品の丁子は高価かつ稀少であるから、中国産の代用丁香が大半であったと推定される。

3-3　蘇合香《ソゴウコウ》・藿香《カッコウ》

蘇合香《ソゴウコウ》は小アジア地方原産のエゴノキ科 *Styrax officinale* Linné の乾燥固形樹脂を基原とする。『名醫別録』の上品に収載され、かなり古い時代に中国に伝わっていた。わが国に産しないはずであるが、驚くことに、『本草和名』（深根輔仁）に「蘊合　䟽に曰ふ、諸の香草を合し、其の汁を煎じ、之を蘊合と謂ふと　師子矢　蘇敬注云ふ、師子矢なる者は大いに誤れりと　和名加波美止利」とあり、「かはみどり」の和名を充てる。同音の名前がシソ科カワミドリに残るが、現在ではその漢名を土藿香《ドカッコウ》あるいは川藿香《センカッコウ》という。すなわち、中国本草では『名醫別録』で初めて収載された香薬の一種藿香《カッコウ》の類品とされた。藿香の本来の基原は熱帯アジア原産のシソ科パチョリである（拙著『生薬大事典』のカッコウの条参照)。中国でも真品の藿香(パチョリ)を産しない北方温帯地方で、同じシソ科に属するカワミドリを代用とし土藿香あるいは川藿香という名をつけて区別した。わが国ではその香気の性が蘇合香に似るとして、誤って蘇合香にその和名が転じたと考えられる。因みに、カワミドリを藿香の正条品としたのは『本草綱目』(李時珍)以降である。小野蘭山はカワミドリに『廣東新語』(屈大均)の排草香《ハイソウコウ》を充てる(『本草綱目啓蒙』巻之十「草之三　芳草類」)が、今日の中国でいう排草香はサクラソウ科ニオイモロコシソウ(『中薬大辞典』)あるいはモロコシソウ(『國譯本草綱目』)を基原とし、少なくともシソ科ではない。一方、『和名抄』(源順)では「廣志云ふ、蘇合香、蘇合國に出づ」とあるだけで和名を充てていない。『新修本草』(蘇敬)では木部上品(巻第十二)に沈香・薫陸香(燻陸香)・鶏舌香・藿香・詹糖香・楓香が同一条に収載されていることを受けて、『本草和名』は次のように記載する。

沈香　一名堅黒一名黒沈　已上二名兼名苑に出づ　沈香　即ち堅く水に沈む者なり　一名蜜香一名棧香　沈まず浮かばず水と平なる者なり　一名槧香　最も虚白なる者なり、已上疏に出づ　薫陸香一名膠香一名白乳　已上兼名苑(ママ)に出づ　一名雲花沈油　丹薬口訣に出づ　一名乳頭香　鑑真方に出づ　鶏舌香一名亭尖獨生　丹口訣(ママ)に出づ　藿香詹糖香　楊玄操音上之廉反下音唐　楓香　陶景注云ふ、此の六種合香の要用なりと　波律香　楊玄操音婆注云ふ、婆律国に出づる故に之と名づくと　白檀　已上二種陶景注に出づ　沈香青桂鶏骨馬蹄牋香(ママ)　是れ同じ樹なり　丁香　又一種なり

多数の異名を列挙するが、和名をつけていない。蘇合香に「かはみどり」の和訓をつけたのは深根輔仁の勘違いである。

3-4　白膠香《ビャクキョウコウ》

『新修本草』で楓香脂《フウコウシ》一名白膠香《ビャクキョウコウ》として初収載され、フウ科(マンサク科)フウの樹脂を基原とする。『香字抄』

に「或抄（不詳）云ふ、楓桂是れ肌香なり。一名白膠香。」、また「或抄（補足すると『兼名苑』）云ふ、楓一名楠一名格柜」とあり、楓（樹）の異名を列挙し、その一つに白膠香がある。一方、『本草和名』では「楓香脂　一名白膠香　五月に樹を斫り坎と爲し、十一月に脂を採る　楓樹一名欇一名格柜　音炬已上兼名苑に出づ　和名加都良」とあり、「かつら」の和訓をつける。一方、『和名抄』では「兼名苑云ふ、楓一名欇　風□二音和名乎加豆良　爾雅云ふ、脂有りて香ばし、之を楓と謂ふと」とあって「をかつら」の和訓をつけ、前二書と認識が微妙に異なる。『爾雅』に「楓は欇欇なり」とあり、これに対して郭璞は「楓樹は白楊に似て葉は圓く岐あり、脂有りて香ばし、今の楓香是なり」と注釈しているので、源順は郭璞註を引用したことになる。因みに、『和名抄』では「兼名苑云ふ、桂　音計　一名梫　音寝　女加都良」とあるように、桂に「めかつら」の訓をつける。わが国に特産するカツラ科カツラにその音名が残るが、楓・桂のいずれともまったく無関係である。その用字の複雑な相関については拙著『万葉植物文化誌』の「かつら」の条に詳述してあるので省略する。

3-5 甘松香《カンショウコウ》

正統本草では『開寶本草』（馬志）の草部中品で初めて収載された。『圖經本草』（蘇頌）は「山野に叢生し、葉は細く茅草の如く、根は極めて繁密なり」とごく簡潔に記載し、一方、馬志は「廣誌云ふ、甘松香は姑臧に出づと」（以上、『證類本草』巻第九「草部中品之下」所引）と述べるように、現在の甘粛省武威県付近の原産であった。今日の甘松香《カンショウコウ》はスイカズラ科（オミナエシ科）の多年草 *Nardostachys jatamansi* (D. Don) DC. ほか同属植物の根茎である。『和名抄』の香薬部に甘松香の条はあるが、項目名だけで記載はない。

3-6 沉香《ジンコウ》

『名醫別錄』の上品に初めて収載された。『新修本草』（蘇敬）では、木部上品に蘇合香などとともに同じ条に収載、記載した。蘇敬は「謹みて案ずるに、沉香、青桂、鷄骨、馬蹄□（『證類本草』の唐本注は煎に作る）香等は同じにして是一樹なり。葉は橘葉に似て、子は檳榔に似て大さ桑椹の如く、紫色にして味は辛し。樹皮は青色、木は舉に似たり。」（巻第十二「木部上品」）と記述する。『圖經本草』（蘇頌）は「沈香、青桂香、鷄骨香、馬蹄香、棧香は同じにして是一樹なり。舊くは州土の出づる所を著さず。今、惟《ただ》海南諸國及び交廣崖州に之有り。其の木は椿欅に類して節多く、葉は橘に似て花は白、子は檳榔に似て大さ桑椹の如く、紫色にして味は辛し。交州人は之を蜜香と謂ふ。之を取らんと欲すれば、先づ其の積年の老木根を斷ち、經年して其の外皮、幹倶に朽ち爛らかし、其の木心と枝節を壊さざるは即ち香（木）たるものなり。細枝緊實して未だ爛らかさざるは青桂香と爲し、堅黒して水に沈むは沉香と爲し、半ば浮き半ば沉み、水面と平らかなるは雞骨香と爲し、最も麁き者は棧香と爲す。云々」（『證類本草』巻第十二「木部上品」所引）と記載し、蘇敬注を補足するが、およそ明解とはほど遠い記述である。ただし、海南諸国等に産するというのは真実であって、以上の香木は中国に産出しないものである。今日の沈香《ジンコウ》はジンチョウゲ科 *Aquilaria agallocha* Roxburgh ほか同属近縁種の樹脂を含む心材で、通例、樹幹を土中に埋没させ、その辺材に黒色の樹脂が沈着したものを切り取って用いる。

3-7　白檀香《ビャクダンコウ》

本草には白檀《ビャクダン》の項目はなく、『名醫別錄』に檀香《ダンコウ》の名で上品（『證類本草』による。『新修本草』は下品に置く）に収載された。『證類本草』（唐慎微）巻第十二「木部上品　檀香」に「陶隱居云ふ、白檀は熱腫を消すと」、また「陳藏器云ふ、心腹霍亂、中惡、鬼氣を主り、蟲を殺す、白檀樹は檀の如く、海南（東南アジア）に出づと」とあり、中国にはなく南方産と記述する。『圖經本草』（蘇頌）は沈香《ジンコウ》の条中で「又、檀香有り、木は檀の如く、南海に生ず。

11

風熱、腫毒を消し、心腹痛、霍乱、悪鬼の氣に中《あた》るを主り、蟲を殺す。數種黄白紫の異有り。」（『證類本草』巻第十二「木部上品」所引）と記載するように檀香《ダンコウ》の条中に含め、黄檀《オウダン》・白檀・紫檀《シタン》に区別できるとしたが、白檀に関する具体的記述を欠く。『本草綱目』（李時珍）は「葉廷珪の香譜は云ふ、皮は實して色黄なるは黄檀と為す。皮潔くして色白なるは白檀と為す。皮腐りて色紫なるは紫檀と為す。其の木並《とも》に堅重にして清香あり。而《しか》れども白檀が尤も良し。宜しく紙を以て収め封ずるべし。則《すなは》ち氣を洩らさず。」（巻第三十四「木之一　香木類」）と記載するが、ここにいう黄檀・白檀・紫檀とは、檀香の樹皮を指標とした分類の結果であって、結論（詳細は第15章第2節「2-3」②参照）からいうと黄檀と白檀はビャクダン科ビャクダン、紫檀はマメ科シタンであって、基原がまったく異なることに留意する必要がある。『新修本草』（蘇敬）は檀香を下品に置き、『圖經本草』（蘇頌）も「真紫檀舊く下品に在り」（『證類本草』同）とするが、『證類本草』はなぜか上品に置くなど、各書によってその扱いは異なる。因みに、李時珍は『新修本草』に準じて別録下品の出典とする。『本草綱目啓蒙』（小野蘭山）に「檀香ト云フトキハ總名ナリ。藥ニ入ル者ハ黄檀白檀ナリ。白檀ハ和産ナシ。」（巻之三十「木之一　香木類」）とあるように、真物の白檀は輸入されていた。蘭山は、一方で、「本邦ニテ白檀ノ木ト呼ブ者二品アリ」（同）とも述べ、その一つにキャラ木、もう一つに谷名ビャクダンノキを挙げている。すなわち、この二品を白檀の代用に、薬用外おそらく香道に用いたと思われる。ビャクダンノキとは、蘭山は扁柏《ヘンパク》の類とし左紐柏《サチュウハク》という別名のあるヒノキに似た種というから、ヒノキ科ビャクシン（イブキ）を指すようである。一方、キャラ木は葉がモミに似るというからイチイ科キャラボクである。因みに、キャラボクの名は沈香の別名伽羅《キャラ》木《ボク》の音読みである。拙著『生薬大事典』では明記していなかったのでここに補足しておく。

第4節　『萬葉集』に登場しない香木：クスノキ科クスノキ

わが国には天然記念物に指定された樹木が数多くある。その中でとくに多いのがクスノキの巨樹で、いずれも樹齢千年以上といわれ、中には三千年を標榜するものすらある。京都大学の百周年時計台記念館前にあるクスノキは、樹幹の直径一・五メートル以上、樹高も二十メートル以上もある立派な巨木であるが、一九三五年ごろに植栽されたことがわかっている。すなわち、その樹齢はせいぜい九十年弱にすぎず、これによってクスノキの成長が非常に早いことがわかる。したがって、天然記念物に指定されたクスノキの巨樹の樹齢は甚だ信憑性に乏しいといわざるを得ない。クスノキはわが国西南の温暖な地域に野生するが、人里の近いところに限られているので、植物学的観点から日本列島に原生するものではないと考えられている。とはいえ、縄文後期〜弥生時代の地層からクスノキの巨樹の遺体の出土例があるので、きわめて古い時代に持ち込まれたことになる。

クスノキの和名は、『和名抄』に「唐韻云ふ、楠 音南、字は亦た柟に作る　和名本草久須乃木　木の名なり　橡樟 豫章の二音日本紀の讀上に同じ　木の名、生じて七年して始めて知らるなり」とあるように、楠《ナン》と橡樟《ヨシヨウ》の二つの漢名に対する和訓として出てくるのが文献上の初見である。ここで「橡樟　生じて七年して始めて知らるなり」とあるのは、『史記』の「其の北に則ち陰林の巨樹有り、楩、柟、豫章、桂、椒、木蘭、蘗、離、朱楊、樝、梸、梬、栗、橘、柚は芬芳なり」（巻第一一七「司馬相如列傳第五十七」）に対して、裴駰が「郭璞曰ふ、（中略）柟、葉は桑に似たり。豫章は大木なり。七年して乃ち知らるべきなり。」と注釈したことに由来する。唐代の詩人白居易の寓意詩五首之一（『全唐詩』巻四二五）は豫樟《ヨシヨウ》（＝橡樟）を詠んだ詩で、「七年して後知らるべし」という句は郭璞の引用である。この詩の全文は次の通りである。

11

豫樟は深山に生じ　七年して後知らるべし
挺高二百尺　本と末は皆十圍
天子明堂を建つるに　此の材獨り規に中《かな》ふ
匠人、斤墨を執り　度を采れば將に期有るべし
孟冬、草木枯れ　烈火、山を燎《や》きて陂《つつ》む
疾風は猛燄を吹き　根より燒け枝に到る
養材三十年にして　方《まさ》に棟梁の姿を成す
一朝に灰燼と爲し　柯葉は孑遺《のこり》無し
地は爾《こ》の材を生むと雖も　天は爾《こ》の時を與へず
糞土の英に如かざれば　猶ほ人有り之を掇《と》る
已《や》んぬるかな重ね陳ぶる勿かれ　重ね陳ぶるは人を悲しましむ
焚燒の苦を悲しまず　但《ただ》采用の遲れを悲しむのみ

一応、通釈しておくと、豫章は深山に生え、七年経ってやっとその価値がわかるものだ、樹高は二百尺、樹の下部も上部もみな十抱えもある、天子明堂を建てるのに、この材だけが規格に適うのだ、匠が斤墨を執って寸法を取れば後はいつ利用するかだけだ、冬の初めになると草木は枯れ、焼き狩りの烈火は山を焼いて包むほどになるが、疾風が激しく燃えさかる炎に吹きつけ、豫樟も根元から焼けて枝まで及んでしまった、材を育てて三十年でやっと棟《むね》と梁《はり》に利用できるのに、山火事で一朝にして灰燼《かいじん》と化し、枝葉も焼けて残っていない、地はこの優れた材を生むといっても、天は材となって建物になる時を与えてくれるとは限らないのだ、糞土で育った花と同じでないといっても、なおこれを取る人もあるのだ、いやもうこれまでだ、繰り返し愚痴を言ってもしかたない、繰り返し愚痴をい

うのは人を悲しませるだけだ、豫樟が燃えて苦しんでいるのを悲しむのではない、ただ豫樟を採って建築に使うのが遅れるのを悲しんでいるだけだとなる。この詩から中国では豫樟を高級建築用材としたことがうかがえる。『日本書紀』の神代上に「素戔嗚尊《すさのをのみこと》の曰《のたま》はく（中略）鬚髯《ひげ》を抜きて散《あか》つ。卽ち杉に成る。又、胸の毛を抜き散つ。是、檜に成る。尻《かくれ》の毛は、是柀《まき》に成る。眉の毛は、是櫲樟に成る。已《すで》にして、その用ゐるべきものを定む。乃ち稱《ことあげ》して曰《のたま》はく、杉及び櫲樟、此の兩《ふたつ》の樹は、以て浮寶とすべし。（以下略）」（巻第一「第八段・一書第五」）とあるように、わが国最古の典籍にも櫲樟（＝豫樟）が登場するので、その基原について考えてみよう。本草では『名醫別錄』の下品に釣樟《チョウショウ》という樟の字をもつ一品があり、『本草經集注』は「桂陽、邵陵の諸處に出でて亦た呼びて烏樟と作《な》す」（『新修本草』巻第十四「木部下品」所引）と記載する。これだけでは釣樟の基原を推定するに不十分であるが、大陸南部の産出で烏樟《ウショウ》の別名があることはわかる。『本草拾遺』に「江東の舸船は多く是れ樟木にして斫りて札（材の誤り）を取り之を用ふ。彌《いよいよ》辛烈なる者が佳し。亦た浴湯に作り、脚氣を治し、疥癬風痒を除く。履に作り、脚氣を除く。縣《つな》げて豫章と名づくは木に因りて名を爲すなり。」（『證類本草』巻第十四「釣樟根皮」所引）とあり、豫章（櫲樟）と釣樟は樟木の二種を表す名であることが読み取れる。樟木《ショウボク》を船材にするとも記述するが、前述の『日本書紀』の記述とも共通し、また弥生時代後期のわが国の遺跡からクスノキ製の船が出土している事実があるから（「前原市文化財調査報告書」第八十九集　前原市教育委員会　二〇〇五年）、（櫲）樟をクスノキの漢名とするのは妥当である。因みに釣樟一名烏樟はその近縁種でタイワンクスと推定される。クスノキとタイワンクスは大きく成長したあとでなければ区別は難しい。『本草和名』は釣樟を和名奈美久奴岐、『和名抄』も久奴岐とするが、無論、ブナ科クヌギの類ではない。詳細は第15章第2節「2-1」を参照。一方、楠については、『本草和名』も「楠材　楊玄操音南　和名久須乃岐」とあって、「くすのき」の和訓をつける。楠もまた『名醫別錄』の中品に楠材の名で初見する。古本草は基原に関する具体的な記述を欠くが、少ないながら手掛かりは残されている。蘇敬は「釣樟は柳州の山谷に生じ、樹高は丈餘、葉は柟葉に似て尖り長く、皆赤毛有り枇杷葉の若し」（『新修本草』巻第十四「木部下品釣樟」）と述べ、柟の葉が釣樟の葉に似る云々という。柟は、『康煕字典』によれば、楠の基本字であり、釣樟はその類品ということになる。『本草綱目』はさらに一歩踏み込んで「（楠の）葉は豫章に似て大さ牛耳の如くにして一頭尖り、歳を經て凋まず、新陳相換す。其の花は赤黄色、實は丁香に似て色青く食ふべからず。幹は甚だ端偉、高きは十餘丈、巨なるは數十圍、氣は甚だ芬芳し、梁棟器物と爲す。」（巻第三十四「木之一　香木類」）と記述し、ここで楠を「氣は甚だ芬芳」と表現するところが注目される。李時珍は樟について「氣は甚だ芬烈」と記述し、この微妙な表現によって楠の基原を推定できる。クスノキは樟脳油に富み、カンフルという激烈な香りをもつ成分を含むが、楠には芳香成分はあっても樟ほど激烈ではないことを示唆するからだ。以上から楠はクスノキ科タブノキの類、おそらくわが国に分布しない同属別種のナンタブと推定される。

『萬葉集』にはクスノキを詠む歌はないが、鎌倉時代の『夫木和歌抄』に「いづみなる　しのだのもりの　くすの木の　ちえにわかれて　ものをこそおもへ」（巻第廿二）という詠人不詳の歌が収録されている。この歌の祖型と思われる歌が『古今和歌六帖』にあり、「いづみなる　しのだのもりの　くずのはの　ちへにわかれて　ものをこそ思へ」（第二）とあって「くすの木」ではなく「くずのは」、そして千枝ではなく「ちへ（千重）」となっている。すなわち、クズの葉のようにあまた重なった状態で別れて〜の意であって、クズの三出の複葉がつる茎の各節にびっしりついているのを千重と表現したのである。平安の和歌で「しのだのもりの千枝」を詠んだものはいくつかある。

一、わがおもふ　ことのしげさに　くらぶれば　しのだのもりの　千枝はものかは　（『玄玄集』）

二、あきの月　しのだのもりの　千えよりも　しげきなげきや　くまなかるらん　（『山家集』中）

第一の歌は、私の心が千々に思い乱れていることに比べたら、信太の森の千枝がいくら枝が多いといっても問題にならないという意である。一方、第二の歌は、秋の月は煌煌と輝いているが、信太の森の千枝よりも多く嘆いているから、隈がないのだろうか、私の場合は嘆き悲しんでこんなに隈ができているのにという意味である。この二つの歌では、「信太の森の千枝」は「繁し」の比較の対象あるいはそれを導く序詞として詠まれる。千枝といえば、木々の枝の多いことをいい、この場合は鬱蒼と茂る森の樹木を指す。しかし、このいずれにも「くすの木」は詠まれていない。「信太の森」とは和泉国和泉郡信太《しのだ》郷の地にある実在の森で、現在、天然記念物に指定されたクスノキの大木があり、「千枝の楠《くすのき》」と命名されている。樹齢千数百年以上とされるが、前述したように、クスノキは成長が早く、その樹齢の信憑性は低い。したがって、現在残る「千枝の楠」が当時あったか甚だあやしい。ただし、平安時代の古典に「くすの木」がないわけではなく、『枕草子』の「花の木ならぬは」に「楠《くす》の木は、木立《こだち》おほかる所にも、ことにまじらひたてらず、おどろおどろしき思ひやりなどうとましきを、千枝《ちえ》にわかれて戀する人のためしにいはれたるぞ、たれかは數《かず》を知《し》りていひはじめけんと思《おも》ふにをかしけれ」とあり、「千枝《ちえ》のくすの木」に言及した一節がある。クスノキは多くの枝を分かつ性質があるので、それでもって千枝といえばクスノキと一義的に解釈されるようになった。すなわち、『夫木和歌抄』にある「信太の森の千枝のくすの木」は、『枕草子』の「千枝のくすの木」と平安の和歌に詠まれた「しのだのもりの千枝」が結びついたもので、鎌倉時代に成立したものと考えられる。和歌に「くすの木」を詠むものが不思議と少なく、前述の『夫木和歌抄』の歌のほかには、わずかに次の歌が鎌倉時代の歌集に出てくるにとどまる。

三、きりたふす　田上山の　くすの木は　うぢの川瀬に　ながれきにけり

（『歌枕名寄』巻第二）

田上山《たなかみやま》とは古く杣《そま》のあった地で、寺社・宮殿の用材の生産地であったところである（詳細は第30章を参照）。この歌によれば、田上山にクスノキがあって切り出されていたことを示唆し興味深い。おそらく、天然生ではなく、古くから有用材として植えられたものだろう。

第12章

意外と知られていない古典のサクラの素顔

櫻桃（324頁）

第1節　サクラの古名は三つある

『萬葉集』に詠まれた「さくら」の歌は四十数首ある。数を特定していないのは、その名を詠み込まず、内容的に「さくら」を詠ったと考えられる歌がいくつかあるからである。実際に「さくら」の名を直接詠み込んだ歌の実数は総計四十一首である。その表記をみると、櫻が三十三首、佐久良が六首、佐宿木と作樂がそれぞれ一首ずつとなっている。『和名抄』（源順）に「文字集略に云ふ　櫻　烏莖反　佐久良　子の大なること柏の如し。端に赤、白、黒有る者なり。」とあり、今日でもごく普通に使われるから、上代から今日に至るまで、「さくら」の漢名を櫻（桜）としてまったく問題ないようにみえる。しかし、櫻の訓が一筋縄でいかないことは、現存する漢和字書の中で最も古い『新撰字鏡』に櫻の項目がまったく見当たらないことで暗示される。それに加えて櫻の訓の混乱ぶりを象徴するのは、『和名抄』の別条に「本草云ふ　櫻桃　一名朱櫻　波々加　一に云ふ　邇波佐久良」とあるように、櫻桃《オウトウ》別名朱櫻《シュオウ》に対する「ははか」「にはざくら」の二つの訓であろう。ここでいう「本草云ふ」とは、『本草和名』（深根輔仁）からの引用を指すが、原典の全記載文は「櫻桃　一名朱櫻　胡頽子　冬を麦ぎて凋まず　一名朱桃一名麦英一名栔　革点反　一名荊桃　已上四名、釋藥性に出づ　棣子　味は酸し、崔禹に出づ　櫻桃一名含桃一名荊桃一名麥桃　已上三名、兼名苑《（マヽ）》に出づ　和名波々加乃美　一名加尓波佐久良乃美」とあり、櫻桃・朱櫻のほかに多くの異名を列挙し、やはり「ははか」と「かにはざくら」の二つの訓をつける。ただし、『和名抄』の「にはざくら」が「かにはざくら」となっている点が異なるが、「かにはざくら」の「か」を誤って短略して引用したと考えられる。平安期の文人が好んで利用したのは本草専門書の性格の濃厚な『本草和名』ではなく、より一般的で親しみやすい『和名抄』であった。そのことは平安以降の詩歌がもっぱら「にはざくら」を詠むことで一目瞭然である。これによってバラ科ニワウメやニワザクラと混同され、今日ではニワザクラの名に残るが、いずれも『和名抄』の誤用に由来し、かかる点に関してはのちに詳述する。「ははか」および「かには」のいずれの名も上代の典籍に登場し、「さくら」とともにサクラを表す古名である。そのうち、「かには」は『萬葉集』に櫻皮の訓としてただ一首の用例がある。

あぢさはふ 妹《いも》が目離《か》れて しきたへの 枕もまかず かには巻き 作れる舟に ま梶貫《かぢぬ》き 我《わ》が漕ぎ来れば
淡路の 野島《のしま》も過ぎ 印南《いなみ》つま 辛荷《からに》の島の 島の間《ま》ゆ 我家《わぎへ》を見れば 青山の そことも見えず 白雲《しらくも》も
千重《ちへ》になり来《き》ぬ 漕ぎたむる 浦のことごと 行き隠《かく》る 島の崎々 隈《くま》も置かず 思ひそ我《わ》が来る 旅の日長《け》
み （巻六 〇九四二 山部赤人）

この歌の「かには巻き」の原文は櫻皮纒という正訓で表記されている。古くから櫻皮を「かには」と訓ずることを問題視しなかったのは『和名抄』の樺の条に「玉篇云ふ、樺 戸花胡化二反 和名加波、又云ふ加仁波、今、櫻皮之有り。木の皮の名にして以て炬と爲すべき者なり」とあることを論拠とするからである。すなわち、これによって古くは樺とともに櫻にも「かには」という訓をつけていたことを示唆する。したがって、『萬葉集』に関する限り、櫻の訓は問題ないといえるのであるが、『和名抄』が類名であるはずの櫻桃別名朱櫻に、なぜ「かには」「さくら」ではなく、「かにはざくら」なる訓をつけたのか、なぜ樺に櫻と同じ訓がつけられているのかという疑問が浮上する。これに関しては樺と櫻という二つの用字に対して複雑な背景があるので順次説明する。

1-1 占卜材たるサクラを表す古名：「ははか」

まず、「ははか」という古名について考証してみよう。この名は『古事記』の天石屋戸《あめのいはやと》神話に「天兒屋命《あめのこやねの》、布刀《ふとだ》玉《まの》命を召して、天の香《かぐ》山の眞男鹿《まをしか》の肩《かた》を内抜《うつぬ》きに抜きて、天の香山の天のははかを取りて、占合《うらな》ひまかなはしめて、天の香山の五百箇眞賢木《いほつまさかき》を根こじにこじて、上枝《ほつえ》に八尺の勾璁《まがたま》の五百箇の御統《みすまる》の玉を取り著け云々」（上つ巻）とあり、わが国最古の典籍に登場する。「ははか」の原文表記は波波迦で、「此の三字音を以てす。木の名なり。」の古注がある。上代の典籍では『萬葉集』の「山科《やましな》の　石田《いはた》の小野の　ははそ原　見つか君が　山《やま》路《ぢ》越ゆらむ」（巻九　一七三〇）にある「ははそ」と、上代の典籍に見当たらないが、『延喜式』巻第三十九「内膳司」に「供奉雑菜　波波古五升　二三月　其東宮　波波古辛子各二升」とある「ははこ」との語源的な関連が想起される。「ははこ」とはキク科ハハコグサのことで、古くは若菜として利用した（詳細は第22章第5節を参照）。賀茂百樹は「ははそ」「ははこ」の「はは」を葉々と考え、「ははそ」を葉々稜《そば》の義の略転、「ははこ（ぐさ）」は葉々子（草）の義で葉が茂って垂れる状態を表したと解している。一方、「ははか」については、「ははそ」「ははこ」とは無関係と考え、葉《ハ》映《ハユ》赤《アカ》の義とし、その語源解釈は今一つ一貫性に欠ける（以上、『日本語源』による）。賀茂の語源解釈の是非はともかくとして、「はーはか」ではなく「はは（葉々）ーか」のように音節で区切って解釈を試みたのは一理あると考えられる。この観点に立てば、「ははか」の語源は「か」が何を意味するかに帰結する。これに関してはサクラの葉で巻いた和菓子を思い起こせばよい。サクラの葉にクマリン臭という独特の香りがあり、江戸時代には賦香の目的でサクラの葉で巻いた桜餅がつくられ、現在でも和菓子に残る。古代にサクラの葉が賦香料とされた証拠はないが、秋の樹下に積もった落葉を踏みしめて発散される特徴的な臭いは古くから気づかれていたにちがいない。すなわち、「ははか」は葉々香の義であり、独特の葉の匂いに基づいてつけたサクラの古名である。『延喜式』巻第三「神祇三」に「凡そ年中の御卜料の婆波加の木の皮なるは大和國有封の社に仰せて、採りて之を進めしむ」、また同巻第五「斎宮式」に「野宮主神司所請月料　紙廿張　筆一管　龜甲一枚　波波可五枚　龜甲、波波可なるは神祇官の行ふ所なり」とあり、「ははか」の皮が占卜の目的で使われたことを記している。『袖中抄』（顕昭）にも「おくのえびすの、かめのこうをやくがごとくに、鹿のかたのほねをばわかの木してやきてうらなふなり」とあり、やはり占卜料としての「ば（は）わかの木」に言及する。『詞林采葉抄』（由阿）にも「昔天照大神天ノ岩窟《イハヤ》ニ（中略）天香具山ノ鹿ヲ生《イキ》ナカラトラヘテ肩ヲ抜テカク山ノ葉若《ハワカ》ノ木ヲ根コジニシテ其カタノ骨ヲヤキテ占ヲセシ云々」（第八「肩抜占《カタヌキウラ》」）とある。「ばはか」「はわか」のいずれも「ははか」の訛りで、それを占卜料とするのは、前述の『古事記』の「天のははかを取りて、占合《うらな》ひまかなはしめて云々」にあるように、上代までさかのぼる。樹皮の上面に溝を彫って亀甲占いに使ったことから上溝櫻《うはみぞざくら》と呼ばれ、この名はサクラ属の中でも亜属に区別され、系統の異なるウワミズザクラの方言名に残る。しばしば「ははか」をウワミズザクラの古名とするが、それは誤りである。ウワミズザクラに、ヘコキザクラ（愛知）・クソザクラ（群馬・長野・岐阜）なる方言名があるように（『日本植物方言集成』）、樹皮に不快な臭いがあるので、常識的に考えれば占卜料とすることはないだろう。ウワミズザクラがサクラの名で呼ばれるのはその樹皮がサクラによく似るからである。サクラの樹皮は樺纏きに有用であるが、ウワミズザクラの樹皮は悪臭があり、少なくとも古い時代では利用されなかった。「ははか」はサクラの古名と考えるのが正しく、拙著『万葉植物文化誌』ではウワミズザクラを「ははか」と考えたが、ここに訂正する。

1-2　サクラとカバノキの意外な相関関係を象徴する古名：「かには」

「かには」は、「かむば」「かんば」を経て「かば」に訛り、今日ではカバノキ科カバノキに名が残る。通説ではこの名の語源はアイヌ語のカリンバに由来するという（『植物和名の語源探究』）。アイヌ語に文字はなく、もっぱら口承で継承されたから、文献上で「かには」の名が登場する上代から千数百年の時を経れば、これぐらいの訛りはあり得るので、アイヌ語との間の語源的関連は否定しがたい。ただし、アイヌ語を語源とするという考え方は本質的に誤りで、共通の祖語に由来すると考えるべきである。アイヌ人・和人の祖先は縄文人を基盤として成立した集団に属し、遺伝子による分子生物学的解析の結果もそれを支持するといわれている。したがって、「かには」の祖語は縄文時代までさかのぼると考えて差し支えなく、その語義の解明は容易ではないが、手掛かりがないわけではない。動植物の体の表面を被うものをすべて「かは（皮）」と称する。「かには」も樹皮を利用するから、「かは」との語源的関連が考えられる。ただ、櫻・樺という二つの漢名の訓に充てているので、なぜそうなったかという経緯も明らかにしなければならない。それに、『本草和名』が櫻桃を「かには」ではなく「かにはざくら」と訓ずることも考慮する必要がある。

まず、中国から借用した櫻の真の基原について考証してみよう。『説文解字新附』に「櫻　果名、櫻桃なり。一名含桃。」（『大漢和辞典』所引）とあり、『爾雅』釋木の「楔は荊桃なり」に対して、郭璞は「今の櫻桃なり」と注釈する。すなわち、中国では櫻の字を単独で用いることはなく、櫻桃《オウトウ》のように桃《モモ》の字を付し、含桃《ガントウ》・荊桃《ケイトウ》などの別名も同様であるから、バラ科モモの仲間として扱われた。一方、本草においては、『名醫別録』上品に櫻桃の名があり、「味は甘し。中を調《ととの》へ、脾氣を益し、人をして顔色好《よ》からしめ、志を美するを主る」と記載され、「味は甘し」という薬性から果実を薬用とするのはまちがいないが、櫻桃の形態的特徴に一切言及しなかった。『本草經集注』でも「此れ即ち令（今）の朱櫻桃なり。味は甘く酸く、食ふべし。而れども主る所は、又、前の櫻桃と相似す。恐らく醫（家）は濫《みだ》りに之を載す。未だ必ずしも是今の□（者）にあらず。」（『新修本草』巻第十七「菓部」、括弧内は『證類本草』より補録）と記述するだけで、やはり櫻桃の基原の形態に関する記述を欠く。しかし、この陶弘景注には櫻桃の基原を類推する上で注目すべき内容を含む。櫻桃の条中にも関わらず、「前の櫻桃と相似す」とあたかも別条に櫻桃が重出するかのように記述することである。本草に精通していないと気づくのは難しいが、「前の櫻桃」というのは嬰桃《エイトウ》の誤りであって、字体の似る嬰と櫻を誤ったのである。すなわち、『名醫別録』および『本草經集注』（陶弘景）では櫻桃の前に嬰桃の条を置いていたことを示す。一方、『新修本草』（蘇敬）は嬰桃を巻第二十「有名無用」に移した。その理由はわからないが、櫻桃・嬰桃基原の特定には無関係であるから、これ以上の詮索は控える。蘇敬は嬰桃について「此れ今の菓實（櫻桃）に非ず。嬰桃、（櫻桃に比べて）形は乃ち相似す、而れども實は乖異す。山間に乃時有り。方薬に亦た復用せず。」と注釈する一方で、『名醫別録』の記載を引用して「實は大なること毒の如く、多毛なり」（ママ、『新修本草』巻第廿「有名無用」）とも記述する。この二つの記述によって櫻桃と嬰桃の関係並びにその基原をある程度類推できる。その前提として『名醫別録』の記載にある毒を苺（苺《いちご》）の誤写と仮定する必要があり、そうすることで嬰桃は（イチゴ大の）実の小さなモモの一類と解釈できる。『説文解字』によれば、「嬰は頸飾なり。女の賏に从ひ、其の連なるものなり。」「賏は頸飾なり。二貝に从ふ。」とあるように、嬰は女子のつける首飾りの意であるから、嬰桃とは首飾りにできるほど小さな桃の義である。あるいは嬰児の用例から、「乳飲み子のような桃」の意と解釈してもよい。嬰桃がモモの類であることは「実が多毛である」という記述が決め手となる。というのはモモの実の表面には短毛が密生するのに対して、いわゆるサクランボの類は無毛だからである。ただし、『證類本草』では「實は大なること麥の如く云々」とあって、毒を麥としているが、櫻桃の別名に麥桃《バクトウ》とあるのをもってそうしたらしい（『證類本草』巻第三十「唐本退　嬰桃」）。その意味はともかく、誤写とするには字体があまりに違いすぎるので、毒を麥とした『證類本草』の記載は誤りと考える。因みに、嬰桃の主治は「腸澼（痢疾）を洩らすを止め、熱を除き、中（内臓の機能）を調へ、脾氣を益し、人をして色好からしめ、志を美するを主る。」（『新修本草』同、原典の腹澼を腸澼に改める）と記述され、一方、櫻桃は「中を調へ、脾氣を益し、人をして顔色好からしめ、志を美するを主る。」とあって、陶弘景が指摘するように、よく似ていて両品を混同するのは無理もない。明代後期の本草書『本草綱目』（李時珍）は山嬰桃《サンエイトウ》の新名をつけて収載した。因みに、わが国の先人は山嬰櫻をサクラ属の未知種と考定している（『國譯本草綱目』註）。『大漢和辭典』『漢語林』『新字源』などわが国の主たる漢和辞典は櫻桃をバラ科ユスラウメに充てるが、小野蘭山や水谷豊文ほかわが国の本草家の見解を採用したもので、わが国の漢学者・国文学者の間ではこの見解が広く浸透している。しかし、本草の記述を精査すると、それが誤りであることが歴然としているので、訂正すべきである。『圖經本草』（蘇頌）に

12

「（櫻桃は）今、處處に之有り、洛中南都の者は最も勝れり。其の實の熟する時、深紅色なる者は之を朱櫻と謂ふ。正に黄明なる者は之を蠟櫻と謂ふ。極めて大なる者有り彈丸の如し。核は細かくして肉厚く、尤も得難きなり云々」（『證類本草』巻第二十三「果部」所引）とあるように、櫻桃の核仁は細小で得難いと記述する。この辺りは生薬学分野の知識がないと理解は難しいが、ユスラウメの核仁を大李仁《ダイリニン》と称し、『神農本草經』下品の郁李仁《イクリニン》（正品はバラ科ニワウメおよび近縁種の核仁）の代用として、その比較的大きな種子を古くから薬用としてきた事実がある。したがって、櫻桃の基原が核仁の比較的大きなユスラウメというのは『圖經本草』の記述に合わない。櫻桃がユスラウメではない証拠はほかにもある。『圖經本草』に附図があり、それを継承した『重修政和經史證類備用本草』巻第二十三にある櫻桃の図は、サクランボと通称するバラ科カラミザクラ（シナミザクラ）の特徴とよく一致し、花柄・果柄の短いユスラウメでは合わない。したがって、櫻桃をミザクラとする『國譯本草綱目』の考定（牧野・白井注）は妥当である。小野蘭山ほか江戸期の本草家が誤ったのは江戸期にカラミザクラが存在しなかったからである（伝わったのは明治時代）。一方、ユスラウメは『日葡辞書』（一六〇一年）に「ゆすら」とあるのが文献上の初見で、江戸初期には既に知られていた。おそらく江戸期の本草家は古くからユスラウメがあったとして櫻桃に充てたと思われるが、これまでのところ、上中古代のわが国にユスラウメの存在を示唆する証拠はない。因みに、ユスラウメの語源は、『大言海』（大槻文彦）に「朝鮮ノ移徒楽ト記セシハ、ゆすらナリ、此の木ハ花ノ擧リテ動《ユス》ルルヨリ云ウトゾ」とあり、花が挙って揺れ動くからというが、それより朝鮮名の移徒楽《イサラ》の訛りとする方が妥当であろう。

一方、樺については、中国本草では宋代の『開寶本草』（馬志）の下品に樺木皮《カボクヒ》として初見するので、『和名抄』『本草和名』に引用はなく、当然ながらわが国古代の先人の知るところではなかった。動植物漢名のソースは本草書に限らないが、『爾雅』『説文解字』のいずれの古字書にも樺の項目がなく、わずかに『司馬相如列傳』（『漢書』巻五十七）に「紅華を發き、朱榮を秀で、煌煌扈扈にして、鉅野に照曜す。沙棠（ミカイドウ）、櫟（クヌギ）、櫧

（カシ）、華、汜（＝楓、フウ）、檘（枰仲木）、櫨（ハゼノキ）云々」とあるのに対して、「徐廣曰ふ、汜は一に楓に作ると。案ずるに、漢書音義曰ふ、華は木の皮にして以て索に爲《つく》るべきなりと。」という古注に不完全ながら「華（＝樺）」に関する具体的な記述がある。『漢書音義』とは初唐の顔師古（五八一年—六四五年）の著した『漢書』の注釈書をいう。因みに、『康熙字典』は『司馬相如上林賦』（『文選』巻八に引用）と当該部分に対する顔師古注を「華は即ち今の樺皮にして弓に貼る者なり」とし、より具体的に注釈する。顔師古注よりやや古く、南朝梁の顧野王（五一九年—五八一年）撰『玉篇』に「樺　木の名なり。皮は以て燭に爲《つく》るべし。」とあり、『和名抄』はこれを引用して「かには」に樺の字を充てた。この用字は『萬葉集』で櫻皮を「かには」と訓じたのと矛盾するようにみえるが、もともとは樺皮であったのを、後世に櫻皮に書き換えた可能性も考えられる。というのは、『和名抄』の樺の条に「又云ふ加仁波、今、櫻皮之有り」という注記があり、あたかも古くはもっぱらカバノキの樹皮が使われ、後世に櫻皮が用いられるようになったと解釈できるからである。それは縄文時代前期の鳥浜貝塚（福井県三方郡）からサクラの皮を巻いた弓が出土し（『鳥浜貝塚—縄文前期を主とする低湿地遺跡の調査1—』）、その利用は紀元前をはるかにさかのぼるという事実に反するが、平安時代では樺皮の方が多く利用されたことを示唆するものだろう。そのことは『延喜式』巻第二十三「民部下」の年料別貢雜物に「信濃國　樺皮二圍、上野國　樺皮四張」とあるように、樺皮の名はあっても櫻皮はまったく見当たらないこととよく符合する。少し時代をさかのぼって奈良時代では、正倉院御物の中に樺纏《かばまき》品がいくつかあり、その一つ樺纏尺八は「櫻の皮」で巻かれているという報告がある（帝室博物館「正倉院御物圖録一」帝室博物館　一九四四年　三十五頁）から、当時、サクラの樹皮が利用されたことはまちがいない。ただし、この報告書の英文の説明文は cherry-birch の皮で巻いたとあり、きわめて誤解を招きやすいことを指摘しておきたい。おそらく、ヤマザクラの別名にサクラカンバ（奈良におけるヤマザクラの方言名）があるので、それを直訳したらしい。本来なら学名、あるいは和名であっても植物学上の正名をもって表記すべきであった。一方、関根眞隆によると、正倉院御物で樺纏とされるものは樺桜《かばざくら》製と種類不明の広葉樹の靭皮で巻いたものとがあるという（関根眞隆著『カラーブックス正倉院御物』保育社　一九八八年　十六頁）。関根のいう樺桜も植物学上の正名ではなくあいまいであるが、前述の樺纏尺八を樺桜製というから、今日いうカバノキ科カバノキ類ではなく、ヤマザクラほかサクラ類の樹皮と考えてよい。靭皮とは外皮のすぐ内側にある柔らかな甘皮（アマハダともいう）といわれる部分であり、関根は種類不明の広葉樹というが、かかる工芸品に適した樹皮は限られるので、これこそカバノキ類であろうと思われる。すなわち、正倉院御物が作られた奈良時代にはサクラ製とカバノキ製の二系統の樺纏があったことになる。『正倉院文書』にも天平寶字六（七六二）年三月廿五日の日付で「一人麻笥四口　二人求木　一人採賀尓葉」（大日本古文書　巻五　一五六頁）とあって、「かには」の名が出てくる。これもサクラ・カバノキを含めた総名であろう。サクラの樹皮の材質は強靱で耐久性に優れ、一方、カバノキの樹皮は柔らかい甘皮を含むので加工しやすいから、奈良時代ではそれぞれ用途を使い分けていたと推定される。考古学的遺物の出土は知られていないが、サクラよりやや冷涼地に生えるネコシデ・ウダイカンバなど、ある種のカバノキ類の樹皮はサクラに似ているので、その樹皮がサクラ類と誤認されて利用された可能性もあり得る。以上、ここで整理しておくと、太古の時代から「かこま」の名で利用されていたのはサクラの樹皮であったが、樹孔の似るカバノキ類も同じように利用され、あるいは両者とも同じ名で混用された。ところが漢字が伝わると事情が一変することとなった。わが国が中国から漢字を本格的に導入したのは、通説では四世紀以降といわれるが、わが国に産する有用動植物名に漢名を充てる作業が真っ先に行われたことは論を俟たない。そうすることで大陸から動植物に関する新しい知識が得られるというかけがえのないメリットがあるからだ。しかし、その道のりは決して平坦ではなく、紆余曲折の連続であったにちがいない。とりわけわが国では「かには」のように複数の植物種を指す総名がある場合、相応する漢名を漢籍から探し出すのは至難の技であるばかりでなく、時として大混乱を招きかねないからだ。案の定、櫻・樺の二つに同じ「かには」の訓をつけざるを得なかった。ただし、『和名抄』が引用した『玉篇』に「(樺皮を)以て燭に為《つく》る」とあったため、古い時代では焚きつけ料は生活に必要不可欠であったから、カバノキに到達するのは古代人にとってそれほど難しくはなかったと思われる。それのみならず、サクラの樹皮より加工が容易なカバノキ樹皮の利用が進んだと推定される。因みに、樹皮が焚きつけ料になるものはごく限られ、樹皮が薄くて剝がれやすく、ロウ質に富み燃えやすいカバノキ以外に見当たらない。サクラは低山に散見され、人の手の加わった二次林に比較的多く見られるが、カバノキ類はいずれも冷涼地帯に分布の中心があり、古代人にとっては必ずしも生活域とはいえないところに存在する。奈良周辺では焚きつけによく用いるウダイカンバ(岐阜以北に分布)はないが、大峯山系にネコシデという類縁種が分布する。大峰山は役小角《えんのおづの》によって開山されたといわれ、今日でも山岳宗教の聖地として知られるが、もともとは樺纏材料の産地として開発が進んだ結果、修験道の聖地として利用されるようになったとも考えられる。カバノキは人里離れた奥深い山の森に生育するが、そのような森から木を切り出すことはまさに自然を破壊するに等しい。都合のよいことに、カバノキは破壊された地を好んで先駆植物として侵入する性質があり、また成長も早く、切り出してもそのあとから容易に再生するので持続的利用が可能である。これもカバノキの利用を促進した理由の一つであったと考えられる。近世以降、カバノキ樹皮を利用した工芸品がほとんどないのは、材質が優れるサクラ樹皮の加工技術が進んだからである。

　わが国にミザクラすなわち果実が食用になるサクラ属植物は存在しないから、上中古代の国書にある櫻は、「かには」という和名のつけられたサクラ属の自生種ということになる。蘇頌は櫻桃の異名に朱櫻《シュオウ》・蠟櫻《ロウオウ》の名を挙げ、また『呉普本草』には朱茱《シュシュ》・麥甘《バクカン》の異名がある。『證類本草』までの中国本草では、これらの異名はいずれも櫻桃の変異の範囲内と解釈され、別条に区別されることはなかった。しかし、わが国では、『和名抄』にあるように、朱櫻と櫻を区別し、それぞれ「ははか」「(か)にはざくら」「さくら」なる和名を充てた。編者源　順《みなもとのしたごう》の苦渋の思案の結果であったが、そもそも朱櫻という名は、蘇頌のいうように、「実の深紅なるもの」に与えられたのであるから（前述）、その字義はヤマザクラほかわが国のサクラ類のいずれとも合わない。にもかかわらず、「かにはざくら」の名はカバザクラと訛り方言名に残っている。ヤマザクラの方言名としてカバ（青森・岩手・秋田）・カバザクラ（青森・岩手・秋田・熊本）・カンバ（青森・岩手・秋田・新潟・岐阜・静岡・高知）・カンバザクラ（広島・岐阜・静岡）・サクラカンバ（奈良）の名が広域に残るのはその残滓である（『日本植物方言集成』）。拙著『万葉植物文化誌』の一「かには」ではウワミズザクラにカバ・カバザクラの方言名を挙げて、『萬葉集』の「かには」の基原に含めておいたが、前述したように、樹皮に悪臭があってまったく工芸原料にならないので、ウワミズザクラを「かには」から削除し、ここに訂正しておく。『和漢三才圖會』（寺島良安）に「按ズルニ樺ハ本草ニ未ダ何ノ木ノ皮ト云フヲ詳《つまび》ラカニセズ。其ノ花葉實ヲ言ハザルナリ。而《しか》レドモ刀靶ノ靶ハ乃《すなは》チ鞘《サヤ》カ。韂弓ノ韂（＝鐙）ハ乃《すなは》チ鐙《アブミ》カ。本朝ニ樺ト稱スル者ハ山中單花櫻《ヒトヘサクラ》ノ皮ナリ。」（巻第八十三「喬木類」）と記述されているように、樺と櫻の混同は江戸期初期まで残った。『大和本草』（貝原益軒）が「樺ヲカバザクラト訓ズルハ非也。カバザクラハ一重櫻ヲ云。樺ト櫻ト大ニ異也。同物ニ非ザルナリ。」（巻之十二　木之下）と記述したころから正しい認識が浸透したと思われるが、現在ですら古くからの混同の残滓は払拭されていない。サクラ支製にも関わらず、華纏というのはまさにその名残である。俗にいう樺桜もサクラの意とカバノキの意の両方があり、これも過去の混乱の残滓である。現在、フローリング材の大半はカバノキであるが、カバザクラ（樺桜）と称され、俗間での混乱はまったく修正される気配に乏しい。しかし、これによって新しい薬物（生薬）を生み出すという副産物も発生した。『開寶本草』に初見する樺木《カボク》皮《ヒ》なる漢薬がある。漢方ではまれに用いるが、江戸期の民間ではこれを配合した樺皮散《カヒサン》が流行した。わが国では樺・櫻を長い間混同し、寺島良安が樺をサクラの類と断言したため、民間で樺皮としてサクラの樹皮が用いられ、ついに桜皮《オウヒ》なる中国に類品のないわが国独自の薬物が発生したのである（拙著『生薬大事典』のオウヒ）。小野蘭山は「薬舗ニサクラノ皮ト云樺皮トハ別ナリ。凡ソ樺櫻ノ類皮ノ條理横ニシテ他木皮ノ條理堅ナルニ異ナリ。」（巻之二十六「果之二　山果類　山櫻桃」）と主張したが、当代随一の本草学の泰斗の声も和薬として桜皮を受け入れた医家の耳に届かなかった。現在、桜皮は第十六改正以降の日本薬局方に収載されれっきとした医薬品である。カバノキの樹肌・葉はヤマザクラとよく似て、材質もやや劣るもののよく似る。しかし、花実はまったく似ず、また生態もまったく異なるので、区別は難しくない。

1-3　サクラの花に特化した古名：「さくら」

「さくら」は今日でも普通に通用するから、古名といえば違和感があるかもしれない。しかし、この名は上代の典籍にも登場する古い名前である。斎藤正二はサクラについて「サクラと日本人との関係は太古より始まって今日まで及んでいる、というふうに信じられている。……純粋に科学的な立場から観察し検討してゆくと、サクラと日本人との結びつきはそれほど古いものではないことがわかり、戸惑いをおぼえる。」（『植物と日本文化』）と述べている。もっぱら観念論を主体に論考を進める思想家のいう〝科学的な立場〟とは具体的に何を意味するのか、典型的な理系出身で科学的思考が骨の髄まで染みついてしまった筆者には凡そ理解し難いが、サクラという植物に関する科学的知識を持ち合わせているというのであれば、この植物が先人によってどのように利用されてきたかご存じのはずだが、なぜか「ははか」「かには」という別の古名には一切言及していない。サクラと日本人との〝付き合い〟は縄文前期までさかのぼる考古学的資料があり、それが「さくら」ではなく「かには」という名であることは既に述べた。もう一つの古名「ははか」もサクラ特有の形質にその語源が由来し、古くから日本人にサクラという植物の存在が認識されていた証左といってよい。また、占卜料という特殊な用途に対しては「ははか」の名だけが使われた。以上、民俗学的・民族植物学的観点からサクラと日本人の関係は、決して新しいものではないことは科・

学的観点から周知の事実といってよく、斎藤正二はかかる重要な情報を知らなかったかあるいは無視してそのような感想を述べたのであろうか。

さて、「さくら」という和訓は『日本書紀』の允恭天皇八（四一九）年春二月にある歌物語の中で華々しく登場する（巻第十三）。

八年の春二月《はるきさらぎ》に、藤原に幸《いでま》す。密《しのび》に衣通郎姫《そとほしのいらつめ》の消息《あるかたち》を察《み》たまふ。是夕《こよひ》、衣通郎姫、天皇を恋《しの》びたてまつりて獨《ひとり》居《はべ》り。其れ天皇の臨《いでま》せることを知らずして、歌《うたよみ》して曰《いは》く、

我が夫子《せこ》が　來《く》べき夕《よひ》なり　ささがねの　蜘蛛《くも》の行ひ　是夕著《こよひしる》しも

天皇、是の歌を聆《きこ》しめして、則ち感《め》でたまふ情有《こころおは》します。而《しかう》して歌《みうたよみ》して曰《のたま》く、

ささらがた　錦の紐《ひも》を　解き放《さ》けて　數《あまた》は寝《ね》ずに　唯一夜《ただひとよ》のみ

明旦《くるつあした》に、天皇、井の傍《ほとり》の櫻の華を見《みそなは》して、歌《みうたよみ》して曰《のたま》く、

波那具波辟《ハナグハシ》　佐區羅能梅涅《サクラノメデ》　許等梅涅麼《コトメデバ》　波揶區波梅涅濡《ハヤクハメデズ》　和我梅豆留古羅《ワガメヅルコラ》

皇后、聞《きこ》しめして、且《また》大きに恨《うら》みたまふ。

サクラは本文中（漢文）では櫻華という漢語で表記され、歌の部分は万葉仮名で佐區羅《サクラ》となっている。天皇は井戸の傍らに生えている櫻の花を見て、「花ぐはし　櫻の愛《め》で　同愛《ことめ》でば　早くは愛《め》でず　わが愛《め》づる子ら」（原文は前の引用文中に示す）という歌を詠んだとある。「くはし」とは「美しい」という意味の古語で、この歌では「花ぐはし」は花が美しいとして「さくら」に冠する枕詞となっている。この歌とそれが詠われた前後関係から、わが国では「さくら」の花の美しさが古くから認識されていたと考えざるを得ないが、斎藤正二はこれに関して次のように述べている（『植物と日本文化』四十一頁より引用）。

允恭天皇の時代にサクラというバラ科の植物が知られていたか、また、この物語を記述した『日本書紀』作者

によってサクラが知られていたか、というと、簡単にそう断定し切れない部分がある。というのは、漢字の「桜」は、『説文新附』などを見ると、どうもユスラウメをさしているように窺えるからである。平安朝の『本草和名』（九一八年成立）にはその記載がなく、『倭名類聚抄』（承平年間成立）になって初めて「さくら」の和名に「左久良」という注記があらわれるからである。

この一文を見る限り、斎藤正二は允恭天皇の歌にある佐區羅という訓の存在を知らなかったようにしか思えない。「さくら」という和訓が『和名抄』の注記で初見するとも言い切っているから、少なくとも読者の立場からはそう解釈せざるを得ない。『日本書紀』ならずとも、『萬葉集』に櫻の歌が三十三首、万葉仮名で「さくら」とあるのが八首もあるから、その内容を精査すれば、やはり「櫻＝さくら（万葉仮名）」という漢名―和訓の相関を読み取るのは決して難しくはない。以上のことは国文学では常識であり、前述したように、筆者も猜疑心をもって徹底的に精査したことがあった（これは理系人の普遍的な性である！）が、まったく問題なしという結論に至っている（『万葉植物文化誌』）。また、『本草和名』に櫻の記載がないというが、基本的に『新修本草』に準拠し、そのほか『崔禹錫食經』ほか食材を扱う漢籍専門書を引用した本草書であって、当時の中国に櫻と称する品目がないから記載しなかったにすぎない。同書は決して大部ではなく、項目名に櫻の字を含むものがあるのだから、見落としてしまったなどという言い訳は通用しない。前述したように、櫻桃の条があって、「かにはざくら」という複合名ながら、「さくら」を含む和名があり、『和名抄』には櫻と櫻桃の二項目があって、後者で『本草和名』を引用する。斎藤正二は別の箇所で「～記紀の修辞に若桜・桜華・佐区羅の用法云々」と述べているから、実のところは『日本書紀』の当該部分の原文に目を通していたのである。以上から、斎藤正二は「さくら」という和訓が上代にはなかったかのように読者を誘導しようとした、もっと温和な言い方をすれば、そう印象づけたかったのではないかと勘ぐりたくなってしまう。『植物と日本文化』のサクラ論は、一見、理路整然とした美辞麗句で記述されているから、読者の多くは納得してしまうかもしれない。しかし、その理論の土台となる部分は、『日本書紀』の編者が「さくら（佐区羅）」という音名の植物を知らなかったことを前提としているから、それが重大な誤謬であることが明らかになった時点で、完全に破綻しているのである。因みに、「漢字の桜はユスラウメをさしているように窺える云々」というのも、前述したように、ユスラウメはわが国に原生せず、古代に知られていなかったから、まったくもって考証が杜撰というほかはない。

わが国最古の典籍である『古事記』には「さくら」と読める万葉仮名表記の和訓は見当たらない。櫻についても「下つ巻」の履中天皇で伊波禮若櫻宮なる地名のほかに若櫻部という人名が出てくるのみである。しかし、サクラを連想させる記述が『古事記』にないわけではない。「上つ巻」の葦原の中つ國の平定の神話物語に、天津日高日《あまつひこひ》子番能邇邇藝能命《こほのににぎのみこと》が容姿の醜い石長比賣《いはながひめ》を送り返して美貌の妹木花佐久夜毘賣《このはなのさくやひめ》を妻に選んだため、天つ神の子孫の寿命が有限となったという、よく知られた物語がある。父親である大山津見神《おほやまつみのかみ》が醜い姉を返し美しい妹を留めた場合は寿命が「木の花」のように脆くはかないものになるだろうといっているから、この神話のキーワードとして「木の花」が美しい花を咲かせること、そしてその花の寿命が短いことがあり、この二つが前提となってこの物語が構築されたことは言を俟たない。すなわち、この二つのキーワードを満足する樹木が現実に存在し、それをモデルとして作られたと考えざるを得ず、そのモデルとなった樹木こそサクラ以外の何ものでもない。さらに付け加えると、物語の流れからして、モデルとなった樹木の花に対しての美意識が普遍的に認識されていることも前提条件でなければならない。これについて斎藤正二は、起源説明の神話にとって花は必ずしもサクラである必要はないと述べ、いとも簡単に一蹴してしまった。何事も観念でもって論考を構築する習性のある思想家らしい弁舌であるが、いくら神話とはいえ、完全にゼロからの創作は簡単にできるものではない。仮にサクラではなくツバキ（あるいはツツジなどでもよいが）とした場合を想定すればよい。ツバキの花期は数カ月と長く、いくら真紅の美しい花をつけるとしても、これをモデルとしたのでは物語の展開が大きく変わるのは、説明するまでもあるまい。「さくら」の名が木花佐久夜毘賣の「さくや」の転訛というのは本末転倒の語源俗解であろうが、「咲く」という花にとって普遍的な現象に密接に関連することに異論はあるまい。『萬葉集』に「～春花の　にほえ栄えて～」（巻十九　四二一一）という用例があるように、「咲く」は意味の上でも「栄ゆ」通じる（『日本語源』）から、一斉に開花する植物の方が「咲く」という現象をより強く感じるだろう。

『古事記』には大山津見神の娘で木花知流《このはなのちる》比賣《ひめ》という別のキャラクターが用意されている。その名は、常識的に考えれば「木の花散る」に因るのであって、木花佐久夜毘賣の「木の花咲く」と表裏をなすと考えるのが自然である。すなわち、『古事記』には花の「咲く」「散る」を暗示する二つの対照的なキャラクターが存在することになる。物語での木花知流比賣の存在感は木花佐久夜毘賣には及ばないが、その五代目に当たるのが国創りの主役の一人大《おほ》國主命《くにぬしのみこと》であるから、神話において重要な存在と目されたことは想像に難くない。わが国の風土において、「花が散る」という現象を人が意識する植物はどれほどあるだろうか。どんな植物の花もいつかは散るが、神話の女神の名に冠するほどだから、イメージ的にインパクトのあるものでなければならない。こう考えてみると、必然的に「木の花」はサクラのほかにはほとんど該当するものがないという結論に至る。『萬葉集』にサクラの花が咲いたかと思えばあっという間に散っていく独特ともいうべき性質を見事に詠い込んだ歌がある。左注に柿本朝臣人麻呂歌集に出ているという「桜花　咲きかも散ると　見るまでに　誰かもここに　見えて散り行く」（巻十二　三一二九）であり、羇旅発思の歌であるから、旅の途中で繰り返される遭逢離散をサクラの咲いて散るのに喩えた万葉有数の名歌である。斎藤正二は物語を記述した『日本書紀』の作者がサクラという植物を知らなかったかのようにも述べているが、かなり古くからサクラという植物の存在が認識され、ある時期になると一斉に開花し、一週間ほどであっという間に散ってしまう特徴的な生態が知られていたと考えなければ、『古事記』にあるような神話物語、『萬葉集』にあるような多分に浪漫的情趣を盛り込んだ歌を詠うことはおよそ不可能というべきだろう。現在よりはずっとのんびりとした時空のもとで生活していた古代人にとっては、ぱっと咲いてぱっと散る、相対的に極端に時空が短縮されたようなサクラの花の一生に対して特別な情感を抱いていたに違いなく、それは「さくら」というネーミングにも反映されている。通説では「咲き麗《うる》はし」「咲き潤《うるほ》ふ」あるいは「咲き簇《むら》がる」が転じて「さくら」となったといわれる。一斉に開花する様態の美しさに由来するというのは理解できるにしても、その名が古代以前にさかのぼるとすれば、この解釈はあまりに洗練されすぎていて現代的すぎはしないか。もっと単純に「咲くーら」とする見解もあり、こちらの方がより現実的な解釈のように思われる。「うけら」（キク科オケラ）、「かづら」「つづら」（いずれもつる性植物のこと）、「むぐら」（アサ科カナムグラ）など上代以前にさかのぼると思われる植物古名は、末尾に「ら」を伴うものが多い。言語学的にはとくに意味のない接尾辞とされるが、「さくら」もその一例と考えられる。とりわけ『萬葉集』の東歌に名詞や動詞の終止形に「ら」「ろ」を伴う語彙がかなり出てくるが、それらも含めて、以上の植物名に上代語の古体が残っているといえまいか。和歌森太郎はサクラを稲穀の神霊の依る花と考え、「サ（穀霊）ークラ（座）」が語源であるという（『花と日本人』）。一方、語源に言及しているわけではないが、『萬葉集』の歌「阿《あ》倶《ほ》山《やま》の　桜の花は　今日《けふ》もかも　散り乱るらむ　見る人なしに」（巻十　一八六七）の第二句の原文「佐宿木花者」を、井手至は宿木を「宿り木」とし「神の座《くら》」と解して「さくらのはなは」と訓読している（新日本古典文学大系『萬葉集二』による）。この場合の「宿り木」はヤドリギ科ヤドリギとは関係なく、神の依る木の意のようで、それを「神の座」としたところは和歌森の説と相通ずる。因みに、昭和二十五年に西岡秀雄は、サを太古における山の神の呼び名、クラは「高御座（タカミクラ）」のクラで神が依り鎮まる座を意味するという説を唱えており（『日本における性神の史的研究』）、和歌森・井手はそれを基盤として若干の修正を加えたと思われる。仮にこの説が正しいとすれば、稲田とサクラの取り合わせが普遍的でなければならないが、そのような光景が実際にあっただろうか。今日ではサクラは人里の至るところにあるが、後述するように、万葉時代においてさえ、サクラは人里から離れた遠い存在であった。また、第2節「2-1」でも述べるように、わが国古代の農業において必ずしも稲作が中心であったわけではない。こう考えると、たとえサクラが神霊の依り所とされたとしても四十首以上の万葉歌に詠われるような文化的普遍性があるのか甚だ疑問である。それに比べて、単に「咲く―ら」と極限まで単純化した語源解釈は面白味はないが、民俗学者の考えるような観念的な要素を一切排した中立的な解釈であり、実際の野生のサクラの生態を基盤としているから、ここに自信をもって推薦する次第である。

以上、本節を簡潔に要約すると次のようになる。植物学上のバラ科サクラに三つの古名があり、樹皮として利用する場合は「かには」、占卜料として使う場合は「ははか」、そして美しい花に言及する場合は「さくら」と呼ぶ。一つの植物で複数の名前があっても決して不思議ではなく、本書でもススキには「すすき」と「おばな」という二名があり、それぞれの名がまったく異なる背景から発生したことを自然科学的なエビデンスを挙げて解明している（第3章）。植物によってはおびただしい数の方言名が存在し、昔の人は状況に応じて使い分けていた事実がある。現代にあっては、種の管理上の便宜を考慮して、植物学が植物の名を一つに定めているにすぎないのである（実際は専門家の見解の違いにより多くの異名が存在する）。

第2節　上代人もこよなく愛していたサクラ

上代を代表する花はウメであってサクラではないと、今日、これが公理であるがごとく広く信じられている。『萬葉集』でウメの歌は一一九首、一方、サクラはその三分の一ほどにすぎないから、説得力があるようにみえる。また、上代人はサクラに対する愛着は小さく、植栽して鑑賞することもしなかった、そうなったのは平安以降であったと、あたかも定説であるかのように俗間で信じられている。『平凡社大百科事典』のサクラの条をみると、今日のサクラに関する認識は斎藤正二の説に由来し、一般人のみならず知識人の多くがそれを信じ込んでいることがわかる。万葉植物研究家である松田修はこれとは一線を画し、万葉人がサクラを深く愛していたと述べてはばからない（『万葉の花』）。松田はそれに続けて、実際のサクラの歌を読めばよくわかるはずだ、単に詠まれた歌の数の問題ではない、植物をよく知る人ほどそれをよく理解する傾向があるという趣旨を述べている。筆者も松田修の意見に基本的に賛同する。松田は日本植物愛好会の会長を務めたこともあり、野草一般をこよなく愛することで知られる。一方、斎藤正二の説はサクラ（だけではなく他の植物でも同じだが）の存在を徹底的に抽象化し、ほとんど観念だけで構築した客観性の乏しい説であるから、実質的に空理空論といってよく、長い歴史の間に日本人の祖先が日本列島という固有の風土の中で様々な植物との間に構築した関係（これを研究する学問分野を民族植物学という）に言及した上で論考した気配は感じられない。わが国における植物文化観を明らかにするのであれば、かかる視点にも注目すべきである。本節では斎藤正二のサクラ文化論の問題点を指摘し正していきたい。

2−1　サクラは穀霊の宿る木か？

『萬葉集』に藤原朝臣広嗣・娘子の間の贈答歌があり、民俗学者の折口信夫がいたく興味を示し、サクラの民俗学的意義について述べているので、まずこれをたたき台として検討していきたい。

一、　藤原朝臣広嗣の、桜の花をもちて娘子《をとめ》に贈りし歌一首
この花の　一《ひと》よの内に　百種《ももくさ》の　言《こと》そ隠《こも》れる　おほろかにすな　（巻八　一四五六）

二、　娘子《をとめ》の和せし歌一首
この花の　一《ひと》よのうちは　百種《ももくさ》の　言《こと》持ちかねて　折らえけらずや　（巻八　一四五七）

この両歌に共通する「一《ひと》よの（原文：一与能）」は、一部の注釈書は意味不明とする。本書では第23章第1節「1‒7」で詳述してあるように、『和名抄』に基づいて「ももよ草」の「よ」と同じ節《ふし》の意と解釈する。すなわち、一節の意で、結果的には「一枝」に同じで、現在の注釈書の多くと同じ解釈となる。広嗣の歌は「この花の一枝の中に多くの言葉がこもっているからおろそかにするな」と娘子に歌いかけ、それに対して娘子は「この花の一枝の中は多くの言葉を持ちかねているから折られたのではありませんか」と答えたのである。万葉のサクラの歌の中ではどちらかといえば駄作に属するが（筆者の個人的見解である！）、折口信夫は次のようにコメントする。

> 此二つの歌を見ても、花が一種の暗示の効果を持って詠まれて居ることが訣る。こゝに意味があると思ふ。（中略）此意味を考へると、桜は暗示の為に重んぜられた。一年の生産の前触れとして重んぜられたのである。花が散ると、前兆が悪いものとして、桜の花でも早く散ってくれるのを迷惑とした。其心持ちが、段々変化して行って、桜の花が散らない事を欲する努力になって行くのである。桜の花の散るのが惜しまれたのは其為である。
> （『古代研究　民俗学篇I』）

折口が「一年の生産」というのは穀物生産のことで、サクラの花はその年の穀物の出来高を暗示し、花が長く咲けば豊作、早く散れば不作と農民が信じていたといいたいらしい。すなわち、サクラの花の咲き具合で穀物生産の吉凶を占っていたというのである。藤原広嗣・娘子の歌にはサクラの花が咲いて散るなどと一言も詠っておらず、また暗示しているように見えないが、いかなる論拠をもって折口はそう考えたのであろうか。『萬葉集』のサクラの歌の中で確かに花の散るのを惜しむ歌は少なくない。ここにその主な歌を挙げ、その歌の中で「散る」の意とするところを解析した上で、折口の仮説が妥当であるかどうか考えてみる。

三、　羇旅《きりょ》に作りき

足代《あて》過ぎて　糸鹿《いとが》の山の　桜花　散らずあらなむ　帰り来《く》るまで

古集に出づ　（巻七　一二一二）

四、難波にして経宿し、明日還り来たりし時の歌一首　短歌を并せたり

島山を　い行き巡《めぐ》れる　川沿《かはぞ》ひの　岡辺《をかへ》の道ゆ　昨日こそ　我《わ》が越え来《こ》しか　一夜《ひとよ》のみ　寝たりしからに
峰《を》の上の　桜の花は　滝の瀬ゆ　散らひて流る　君が見む　その日までには　山おろしの　風な吹きそと
うち越えて　名に負《お》へる社《もり》に　風祭《かざまつ》りせな　（巻九　一七五一）
い行き逢ひの　坂のふもとに　咲きををる　桜の花を　見せむ児もがも　（巻九　一七五二）

五、　花を詠みき

阿保山《あほやま》の　桜の花は　今日《けふ》もかも　散り乱るらむ　見る人なしに　（巻十　一八六七）

「さくら」の名で呼ばれる植物は数多いが、植物学的にはサクラ亜属サクラ節の諸種をサクラと総称し、古代から今日まで、この認識は変わっていない。斎藤正二は、櫻がユスラウメを指しているとして、『日本書紀』の允恭天皇八年の「さくら」の歌物語（巻第十三）を記述した作者がサクラを知っていたか簡単に断定し切れないというが、それが不十分な考証に基づく誤った認識であることは前述した通りである。改めて念を押しておくと、古く「さくら」と称してきたものがサクラであることに一分の揺るぎのない既定の事実である。日本列島に産する野生のサクラは、ヤマザクラ・カスミザクラ・オオヤマザクラ・オオシマザクラ・エドヒガン・マメザクラ・チョウジザクラなど約十種あるので、各万葉歌に詠まれたサクラはそのいずれかとなる。第三の歌は羇旅《きりょ》すなわち旅行中で詠まれた歌である。羇が馬具の手綱《たづな》や面懸《おもがい》を意味することでわかるように、もともとは故郷を遠く離れたよその地に馬に乗って赴くような長旅を指す。そのたびの途中で遭遇した糸鹿の山に生えているサクラの花がちょうど見頃で、よほど美しかったのであろう、帰途でも見たいから散らないでいてほしいと詠ったのである。サクラの花期はせいぜい十日ほどであるから、帰り道で立ち寄るころには見られまいという意味も込めて、サクラの花の散るのを惜しん

だと解釈すべきである。第四の歌は長歌であるが、サクラに関しては第三の歌とまったく共通する心情でもって詠っている。この歌は「諸卿大夫等の難波に下りし時の歌二首」の二番目の歌で、所用で難波に赴いた諸卿大夫の一行の従者が詠ったとされる。諸卿に付き添って難波まで送り、一宿した後、一足先に都へ帰ることになった従者は、前日見たばかりの竜田山系に生えているサクラが風と春雨のために花の多くが散ってしまった、せめて残りの花だけでも後から来るはずの諸卿らが見ることができるよう、風鎮めの祭りをしようという内容の歌である。風祭はもともとは五穀豊穣を祈念するもので、稲ほか穀類の収穫時期に台風を鎮めるのを主願とするわが国民間の信仰に基づく。毎年、一定の時期になると、台風が襲来する日本列島に固有の風習であるが、この歌では花を散らす春の風雨を避けるために祈願するとしているところが注目される。折口の仮説によれば、サクラの花が散らないように祈願するのは穀類のできばえが良くなるようにということになるが、この歌では半分が散ってしまった後に、せめて残りを諸卿すなわち主人に見せたい一心でもって風の神に祈願するのであるから、どう解釈しても穀類栽培とサクラの花との接点を見つけるのは困難である。折口信夫がサクラと農耕儀礼を結びつけて解釈しようとしたのは、古代人がサクラの花に対して美意識をもっているはずがない、万葉時代はそこまで文化が発達していないという思い込みが根底にあったからであろう。一方、斎藤正二は折口の仮説を稲作のできばえを占うと勝手に解釈しているが、古代でも稲は絶対無二の存在であることを前提にしたという根本的な誤解に基づくと思われるので、ここで補足説明しておく。稲作とりわけ水稲には水利が必須であり、古くは必然的に河川沿いに水田を作ったが、治水の未発達な時代では災害にきわめて脆弱で、わずか一回の台風の襲来であっという間に全滅することも珍しくない。弥生後期の大規模水田遺構である登呂の遺跡も、たった一回の大水害による土砂流で埋没した。すなわち日本列島の気象環境においては、水稲栽培はきわめてリスクが大きいのである。水稲に対して陸稲という水利を必要としない稲があり、その栽培は縄文時代にまでさかのぼるといわれる。畑に作付するから育成は容易であるが、連作障害が

12

あり、また意外にも乾燥に弱く、大規模な陸稲栽培でコメを持続的に生産することは難しい。わが国の農業においてコメの生産が安定したのは、治水が整備された近世になってからであり、古代ではリスク分散からむしろ雑穀などの栽培の比率が高かった。

さて、第五の歌は春の雑歌の「花を詠みし」歌で、誰にも見られずに散っていくのを惜しむ歌である。無論、この歌でも穀類のできばえの指標たるサクラを読み取るのは難しい。現代的視点ではあれほど美しいサクラが誰も見ずに散っていくのはもったいないということになるが、万葉時代にあっては花の美学が未熟と考える斎藤正二にとっては、凡そあり得ない解釈であろうが、この歌にはまったく言及していない。斎藤正二は、藤原広嗣・娘子の間の贈答歌から引き出した折口の仮説、すなわち古代農民がサクラに対して抱いた信仰をもとにした万葉知識人階級の〝サクラ花シンボリズム〟を、結局、否定して万葉のサクラは〝貴族の花〟、〝都市の花〟と定義し直すことによって独自の文化論を展開している。第四の歌では従者という下層階級の庶民がサクラの散るのを惜しんで詠っているが、このようなサクラの認識は、斎藤正二によれば、貴族階級の主君からの上意下達によるものと考えざるを得ないが、いかがであろうか。これについては次項で詳述する。

2-2　意外にも万葉人にとって身近ではなかったサクラ

前項「2-1」では折口信夫と斎藤正二を引用しつつ論考したが、本項でもそれをたたき台とするので、ここでまとめておこう。折口信夫は万葉時代のサクラは穀霊の宿る農民の民間信仰の対象であったと考え、その散り工合の早い遅いによって穀類の出来を占ったと考えた。一方、斎藤正二はサクラに対する〝農耕儀礼的因子〟の存在を直接否定していないが、万葉のサクラの歌は農民の信仰に基づく生活習俗の中から文化的価値を見出したものではないとし、それを〝律令政府の文化政策〟とまで言い切った。そして、後述するように、沈休文の「野棠は開きて

未だ落ちず　山櫻は發きて然ゑんと欲す」にある山櫻の情景を模倣、換骨奪胎し、わが国において〝貴族の花〟として見出されたのがサクラであったという。さすがにサクラを中国原産の〝文化の花〟とまでは言い切れず、〝唐風模倣の花〟とトーンダウンした表現にとどまっているのは、名もなき万葉歌人の秀歌の存在を無視できなかったからであろう。『植物と日本文化』では敢えてそれを引用せず、わざわざ作者名の明確な和歌のみを挙げたのは、〝都市の花〟と断じたサクラのイメージを根底から揺るがす内容が名も無き詠人の歌に含まれているからにほかならない。折口信夫・斎藤正二ともにサクラが自然界でいかなる存在であるのかほとんど考慮していないが、そこに着目するとこれまで見えてこなかったサクラと古代日本人の関係が顕在化する。本項ではかかる視点から改めて万葉歌を読み返してみる。

前項の第三〜五の歌を再吟味すると、いずれも「糸鹿《いとが》の山」「峰《を》の上」「阿保山《あほやま》」とあるように、山にサクラが生え花をつけている情景が見えてくる。万葉のサクラは、拙著『万葉植物文化誌』で詳述したように、地理学的分布を考慮すると、ヤマザクラ・カスミザクラ・エドヒガンのいずれかである。そのうち、もっとも人里に近いところに自生するのはヤマザクラで、自然林が伐採された後に再生する二次林によく出現し、原生林など自然状態のよい森林ではかえって少ない。すなわちヤマザクラを含めてわが国に野生する「さくら」のいずれの種であっても、万葉歌人にとって決して身近な植物とはいい難く、とりわけ都人には〝高嶺の花〟であった。それは、以下に示すように、ほかのサクラの歌の多くに共通して見られる普遍的事実であり、斎藤正二がそれに言及しなかったのは自ら主張する〝都市の花〟のイメージにまったく相反するからであろう。

一、　河辺朝臣東人の歌一首

　　春雨の　しくしく降るに　高円《たかまこ》の　山の桜は　いかにかあるらむ　（巻八　一四四〇）

二、　（甲）春三月、諸卿大夫等《しょきゃうだいぶら》の難波に下りし時の歌二首　短歌を幷せたり

白雲の　竜田《たつた》の山の　滝の上《うへ》の　小桉《をぐら》の嶺に　咲きをる　桜の花は　山高み　風し止《や》まねば　春雨の　継《つ》ぎてし降れば　ほつ枝《え》は　散り過ぎにけり　下枝《しづえ》に　残れる花は　しましくは　散りなまがひそ　草枕　旅行く君が　帰り来《く》るまで　（巻九　一七四七）

我《わ》が行きは　七日《なぬか》は過ぎじ　竜田彦《たつたひこ》　ゆめこの花を　風にな散らし　（巻九　一七四八）

（乙）白雲の　竜田の山を　夕暮に　うち越え行けば　滝の上《うへ》の　桜の花は　咲きたるは　散り過ぎにけり　含《ふふ》めるは　咲き継ぎぬべし　こちごちの　花の盛りに　見《め》さずとも　かにもかくにも　君がみ行きは　今にしあるべし　（巻九　一七四九）

三、暇《いとま》あらば　なづさひ渡り　向《むか》つ峰《を》の　桜の花も　折らましものを　（巻九　一七五〇）

石川大夫《いしかはだいぶ》の遷任して京《みやこ》に上《のぼ》りし時に播磨娘子《はりまのをとめ》の贈りし歌

絶等寸《たゆらき》の　山の峰《を》の上の　桜花　咲かむ春へは　君し偲《しの》はむ　（巻九　一七七六）

四、花を詠みき

あしひきの　山のま照らす　桜花　この春雨に　散り行かむかも　（巻十　一八六四）

五、旋頭歌

春日《かすが》なる　三笠の山に　月も出《い》でぬかも　佐紀山《さきやま》に　咲ける桜の　花の見ゆべく　（巻十　一八八七）

六、山峡《やまがひ》に　咲ける桜を　ただ一目　君に見せてば　何をか思はむ　（巻十七　三九六七）

七、あしひきの　山桜花《やまさくらばな》　一目だに　君とし見てば　我《あれ》恋ひめやも　（巻十七　三九七〇）

八、～里人《さとびと》の　我《あれ》に告ぐらく　山辺《び》には　桜花《さくらばな》散り　かほ鳥の　間《ま》なくしば鳴く～　（巻十七　三九七三）

九、三日、守大伴宿祢家持の館《むろつみ》に宴せし時の歌

今日《けふ》のためと　思ひて標《し》めし　あしひきの　峰《を》の上《うへ》の桜　かく咲きにけり　（巻十九　四一五一）

12

十、

独《ひと》り竜田山《たつたやま》の桜の花を惜《を》しみし歌

竜田山　見つつ越え来《こ》し　桜花　散りか過ぎなむ　我《わ》が帰るとに　（巻二十　四三九五）

以上の例歌にある高円山（第一の歌）、佐紀山（第五の歌）は平城京の郊外にある丘陵地帯であり、遷都の際は宮殿などの造成のため森林はことごとく伐採された。この地で詠われたサクラは再生した二次林中に生える個体であったと思われる。第二、十の歌にある竜田山は、生駒山地の最南端、信貴山の南に連なる大和川北岸の山々であり、都からここまで到達するには相応の日数を要し、所用での旅の途中でなければ見られないものであったにちがいない。そのほかの歌のサクラも山峡《やまがひ》・山辺《び》にあるというから、山地の林内に生えていることに疑問の余地はない。ただし、サクラは満開になると淡いピンク色の花を密生するので、たとえ山中にあっても遠目でよく目立つ。したがって、以上の歌のいずれも、遠目に見たサクラを詠み、第二の長歌（乙）の反歌にあるように、サクラの枝を折り取るために相応の時間を割かねばならないほど、遠くに存在していたことは一目瞭然であるはずだが、不思議なことにこれまで国文学では指摘されることはなかった。

万葉歌人が模倣、換骨奪胎してサクラの歌を詠ったと斎藤正二が主張する中国の詩文とは、『文選』巻二十七に収録される「早に定山を發つ」という沈休文の漢詩である。

夙齢、遠壑を愛し　晩涖、奇山を見る
峯を綵虹の外に標し　嶺を白雲の間に置く
傾壁は忽ち斜豎し　絶頂は復た孤り圓し
海に歸れば流れ漫漫とし　浦に出れば水濺濺たり
野棠開《さ》きて未だ落ちず　山櫻發《ひら》きて然《も》ゑんと欲す
歸るを忘れて蘭杜に屬し　祿を懷ひて芳荃に寄す

眷言して三秀を採り　徘徊して九仙を望まん

張銑注によれば夙齢は若年、晩泣は暮年臨職。蘭杜《ラント》・芳荃《ホウセン》は香草の一種、三秀《サンシュウ》は芝草。この詩を簡単に通釈すると次のようになる。少年の時は遠くの谷を好んだが、晩年に官職を得ると奇山を見るようになった。峯を綵虹の外に標《しめ》し、嶺を白雲の間に置く、そうすると山の斜面は忽ちにして壁のように急峻となり、ただ山の頂上のみが円くなっている。（そのような中で雲が雨となって山面を下り）海に帰れば水の流れは緩やかになるか、浦に出てただ水を注ぐだけだ。野棠（バラ科カイドウ）が咲いてまだ散らないうちに、山櫻は燃えんばかりに咲いている。（そのような中に身を置いて）つい帰るのを忘れて蘭杜に身を委ね、幸福感を得んとして芳荃に身を寄せたが、ここで振り返って三秀を採り、（それを服用して）徘徊してでも九仙の道を望もう。この詩は山水自然の美しさを詠んだ山水詩であるが、最後の句に象徴されるように、そのような環境に身を置きながら神仙の境地を得ようとする願望で締めくくっているのがこの詩の特徴といってよい。確かに山櫻という名があり、花が燃えるように咲くという情景を詠む。『萬葉集』では山部赤人の歌「あしひきの　山桜花　日並べて　かく咲きたらば　いた恋ひめやも」（巻八　一四二五）に山櫻（原文）が出てくるが、赤人がこの山櫻を漢詩から導入した可能性は限りなく薄い。この歌およびそのほかのサクラの歌でも燃えるように咲いた情景を詠んだ歌は見当たらないからだ。李周翰は「棠櫻皆果木の名にして其の花を開發するなり。花は朱色にして火の如く然《も》えんと欲するなり。」と注釈し、山櫻の花の色を朱色とする。ところがわが国のサクラで朱色の花をつけるのは南西諸島に自生する亜熱帯種のカンヒザクラのみで、万葉のサクラと考えられるヤマザクラ・カスミザクラ・エドヒガンはことごとく淡いピンクである。呂延済・劉良・張銑・呂向・李周翰が『五臣注文選』を著し、玄宗皇帝に献呈したのは七一八年であるから、万葉の歌人の多くは李周翰注を知っていたと思われる。わが国のサクラは一気に開花するから、それを「燃えるように」と解釈し、敢えて花の色の違いを消し去って詠んだのであろうか。わが国の上代文学に影響を与えたというのであれば、『文選』

よりむしろ六二四年に成立した『藝文類聚』の方が大きいと思われる。同書では二十一カ所に櫻が登場し、巻三「春」の梁・蕭頊「春日に劉孝綽に貽《おく》りし詩」に山櫻が登場する。

澗水初めて流れ碧《あを》く　山櫻早《つと》に發きて紅なり
新禽爭ひて響《ひびき》を弄《もてあそ》び　落蘂亂れて風に從ふ
筵を拂ふは多く軟幹　戸を映《おほ》ふは悉く花叢
誰か云ふ相去りて遠しと　垂柳は高桐に對く

この詩を通釈すると、谷川の水が初めて碧くなり、山櫻も早々と咲いて紅に燃えている、卵から孵ったばかりの鳥が争うように鳴き遊び、山櫻の花蕊が風に乱れ飛んでいる、筵《むしろ》を払うのは多くは山櫻の軟らかい幹枝で、家を被っているのもすべて山櫻の花叢だ、誰が言ったのだろうか、相別れて遠くなってしまったと、（枝を折り取って贈った）シダレヤナギ（折楊柳の風習、拙著『万葉植物文化誌』の「やなぎ」を参照）は丈の高い桐の木に向いているとなる。『萬葉集』ではサクラの多くは「春の雑歌」として詠まれているから、沈休文よりむしろ『藝文類聚』にあるこの詩の方が万葉歌人の知るところではなかったか。この詩では「早《つと》に發きて紅なり」とあって、直接表現でもって赤い花を咲かせるとある。したがって万葉歌人がこの山櫻からわが国のサクラを連想して詠んだとはおよそ考えにくい。斎藤正二が「中国詩を換骨奪胎して云々」というのは、かくの如く日中間の認識の格差が大きすぎたため、詭弁を弄せざるを得なかったことを反映するものだろう。

本草学上の櫻は櫻桃《オウトウ》のことで、その基原がバラ科カラミザクラであることは現在では動かしがたい事実である。山櫻とは、山櫻桃の略で、櫻桃の野生種をいう。園芸種では朱色に近い花をつけるものがあるが、近世になって作出され、古くはすべて淡いピンクないし白色であった。とすれば前述の漢詩で紅色あるいは朱色と詠まれるのは実に不思議に思える。『圖經本草』（蘇頌）に「櫻桃は舊く州土の出づる所を著さず、今は處處に之有りて、洛中の南部なる者最も勝れり。其の實熟する時深紅色なるは之を朱櫻と謂ひ、正に黄にして明なるは之を蠟櫻と謂ふ。」（第1節「1-2」既出）という、以上の矛盾を一気に解消するに足る注目すべき記述がある。通例、朱櫻といえば、花の色が朱色の櫻と考えるが、蘇頌によれば、それは果実の色に基づく名前という。また、櫻桃は中国でも古くは産地を記載せず、昔は珍しい存在であったともいう。以上の蘇頌の記述を勘案すれば、沈休文や梁・蕭瑱のような六朝時代の詩人そして李周翰のような知識人ですら、実物の櫻桃の花を見たことがなく、真っ赤な果実から花も朱色に違いないと勘違いして、詠んでしまったという考えが成り立つ。『和名抄』が櫻を「さくら」、櫻桃一名朱櫻を「ははか」「かにはざくら」の和訓を別々につけているのは、以上述べたような中国における混乱も大きく影響していると考えられる。源順が、花に対する名である「さくら」の和訓を、櫻という中国に対応する植物名がない漢字に充てたのは、やはり相応の理由があったと考えねばならない。おそらく、沈休文や蕭瑱の詩を読んだ万葉の歌人も源順と同じように考えたはずで、山櫻をわが国のサクラに同じという認識は寸分もなかったにちがいない。

2-3　万葉時代の貴族の屋敷に植栽されたサクラの意外な意義

自然界ではサクラは山地に生えるが、『萬葉集』には植栽したと考えざるを得ないサクラを詠んだ歌がある。サクラの花は美しいので観賞用に植えたと考えがちであるが、歌の内容を精査すると、必ずしもそう単純に割り切れないことがわかる。

一、　厚見王《あつみのおほきみ》の久米女郎《くめのいらつめ》に贈りし歌一首

やどにある　桜の花は　今もかも　松風疾《はや》み　地《つち》に散るらむ　（巻八　一四五八）

二、　久米女郎《くめのいらつめ》の報贈せし歌一首

世の中も　常にしあらねば　やどにある　桜の花の　散れるころかも　（巻八　一四五九）

いずれの歌にも「やどにあるサクラの花」とあり、自然界に生えるサクラではなく、庭に植えたものである。万葉歌人が自然界に生えるサクラに対しては、あれほど熱い情感を込めて詠っているにもかかわらず、この二つの歌ではそれが感じられず、とりわけ久米女郎の歌に著しい。一方、厚見王の歌は普通のサクラの歌に見えるが、松と桜の取り合わせそのものが珍しく、他例として集中に次の一首があるにすぎない。

三、　鴨君足人《かものきみたるひと》の香具山《かぐやま》の歌一首

天降《あも》りつく　天《あめ》の香具山　霞《かすみ》立つ　春に至《いた》れば　松風に　池波立ちて　桜花《さくらばな》　木《こ》の暗茂《くれしげ》に　沖辺《おきへ》には　鴨《かも》つま呼ばひ　辺《へ》つへに　あぢむら騒き　ももしきの　大宮人《おほみやひと》の　まかり出《で》て　遊ぶ舟には　梶棹《かぢさを》も　なくてさぶしも　漕ぐ人なしに　（巻三　〇二五七）

この長歌は、高市皇子《たけちのみこ》の宮殿があったとされる香具山を足人が訪れ、六九六年に皇子が薨去してからは、すっかり荒れ果ててしまった香具山宮（皇子宮）を見て嘆き悲しむ歌と解されている（『萬葉考』『萬葉集略解』など）。「桜花木の暗茂《くれしげ》に」という句から往事の皇子宮の華やかさが偲ばれ、この見解はおおむね妥当と考えられるが、なぜ松風を取り合わせているのかほとんど言及されていない。とりわけ厚見王の歌は、足人の長歌の影響を受け、あるいは独自の解釈でもって桜花と松風を取り合わせ、強い松風でサクラの花が散るのだろうかと詠んでいるから、何らかの意味が背景にあると考えねばならない。マツはわが国にも広く自生するが、国文学におけるマツの文化的位置づけは中国文化の大きな影響下で成立したから、まず中国の詩文における松風事情を知る必要がある。『藝文類聚』に松風《まつかぜ》（松風《しょうふう》）はわずか五カ所しか登場せず（巻三十四「哀傷」、巻四十六「太尉」、巻五十二「善政」、巻七十六「内典」、巻八十一「女蘿」）、一方、『全唐詩』では多出するから、唐代になってから本格的に詩文に登場するようになった。その一例に、唐代初期の詩人盧照鄰（六三七年？—六八九年？）の詩「早に分水嶺を度《わた》る」に「瑟瑟たる松風急《はや》く　蒼蒼たる山月團《まる》し　傳語の後の來者　斯の路は誠に獨《ただ》難し」（『全唐詩』巻四十一）とある。詩文ではないが、『梁書』巻五十一「列傳第四十五　處士　陶弘景」に「特に松風を愛し、其の響を聞く毎に、欣然として樂と爲す。時に獨り泉石に遊ぶこと有り、望見すれば以て仙人と爲す。」とあり、梁の道士陶弘景（六三七年―六八九年）が好んだという興味深い記事がある。松風の響を聞いて楽しんだともあるが、マツの木を吹き抜ける風音のことをいい、『全唐詩』ほか唐代以降の漢籍に松韻《しょういん》・松籟《しょうらい》・松濤《しょうとう》の名で出てくる。松風は、六朝以前の典籍にほとんど登場しないから、陶弘景の列傳に由来する可能性もある。中国史上でもっとも著名な道士の一人陶弘景が好んだとあれば、松風はかなり神仙色の濃厚な概念と考えられる。一方で陶弘景は著名な本草家でもあり、『神農本草經』『名醫別錄』を統合し、註釈をつけて『本草經集注』を著した。なぜ陶弘景が松風を好んだのか、本草でのマツの木の地位との密接な関係が予想されよう。中国最古の薬物書『神農本草經』の上品に松脂《ショウシ》が収載され、「松脂　一名松膏一名松肪。味は苦く温。山谷に生ず。癰疽惡瘡、頭瘍白禿、疥瘙、風氣を治し、五藏を安んじ、熱を除く。久しく服すれば身を輕くし、老いずして延年す。」と記述する。長く服用すれば年を取らず長生きできるというから、神仙色の濃い薬物であったことは一目瞭然である。陶弘景も「松脂を搗き錬るは並《とも》に服食方に在り」（『新修本草』巻第十二「木部上品　松脂」所引）と述べ、神仙の霊薬の調製に言及している。松脂は揮発性成分の精油（テレビン油と称して工業用に利用）を多く含むので、マツの木を吹き抜けた風にも混じるから、それ故に道士である陶弘景は松風を好んだと想像できる。現在でいえば、フィトンチッドによる森林浴に似たものと考えればよいだろう。後世のわが国では松風を純粋な風流として認識しているが、中国では神仙思想に深く組み込まれ特別な意義があったことに留意しなければならない。

さて、厚見王、久米女郎と鴨君足人の歌にある松風に話を戻す。『萬葉集』では松風を詠んだ歌としてはほかに次の一首がある。

四、　同じ月（天平十六年正月）の十一日、活道《いくぢ》の岡《をか》に登りて一株の松の下に集《つど》ひて飲みし歌

一つ松　幾代《いくよ》か経《へ》ぬる　吹く風の　声《おと》の清きは　年深みかも　（巻六　一〇四二）

右の一首は市原王《いちはらのおほきみ》の作なり。

松風の名は見えないが、内容的にそれを詠んだ歌であり、前二首とは異なって音を詠んでいるのが特徴である。集中で松風を詠んだ歌は以上の三首のみである。松風は中国より導入した詩句であることに疑問の余地はないが、第一、三の万葉歌がなぜサクラを取り合わせているのか、中国には類例が見当たらないから、新たな疑問が浮上する。取りあえず各歌の内容を吟味してみると、久米女郎の歌の第一・二句「世の中も常にしあらねば」はいずれの注釈書も世間無常の仏教思想を表すとしている。すなわちこの世にあるものはすべて常に生滅流転《しょうめつるてん》し、永遠不変のものはないという意味である。しばしば人生のはかなさに喩えるが、高市皇子の薨去後の皇子宮の荒廃ぶりを詠った鴨君足人の歌の内容に無常感を感じさせるものがある。集中にも「寧楽《なら》の京《みやこ》の荒墟を傷み惜しみて作りし歌」（巻六　一〇四五）や、大伴家持の「世間の無常を悲しみし歌」（巻十九　四一六〇）ほか無常思想を詠い込んだ歌が散見されるが、無常感を象徴する存在としてサクラを位置づけているのは久米女郎の歌だけである。サクラは一年のうちごく限られた二週間足らずのうちに華々しく咲いたかと思えば、あっという間に散ってしまうから、無常感を表すのにこれほどふさわしいものはないと考えたからだろう。一方、マツの木は中国では神仙の聖なる樹木であり、常緑樹であって冬でも青々とし樹齢も長いので、長寿の象徴ともされる。また、サクラとマツは様々な点で対照的な存在であり、陰陽思想に則って詠い込まれたのではないかと考えられる。陰陽思想では、原初を混沌と考え、その中から光に満ちた明るい澄んだ陽の気が上昇して天となり、重く濁った暗い陰の気が下降して地を形成したと考える。松は高く成長して巨木となり、それから吹き抜けた松風は芳香がありかつ清らかな音を伴うので陽に、一方、サクラは横に枝を張って真っ直ぐには伸びず、花葉は落ちて地を被うから陰と認識されたと思われる。対照的な陰陽の二要素を一つの歌に詠い込むのは第一、三の歌が詠われた時代背景も大きく影響していると考えられる。いずれの歌も天平年間（七二九年─七四八年）に詠まれたと考えられ、その時代は天災や疫病が蔓延したといわれる。聖武天皇は自ら仏教に帰依し、仏教を国教として広め、東大寺大仏殿を建立して巨大な盧舎那仏を納めたのは災いから脱却しようという強い意志があったからといわれる。厚見王・久米女郎のやり取りした歌は「春の相聞」に分類されているので、一般には恋愛歌と解されている。厚見王の贈答歌は求愛の目的があるにしても、サクラの花が松風によって散るという内容は、常識的に相聞歌とは考えにくい。また、久米女郎も厚見王の求愛をやんわり拒絶する意を込めて歌を報贈したとしても、当時の国教である仏教の無常思想をあからさまに詠い込むのは王族の一員として常識に反する行為だったにちがいない。おそらく無常感をキーワードとして互いに歌を交換し、あうんの呼吸で当時の世相の成り行きを憂える心情を共有しようとしたのではないか。

　ここで久米女郎の屋敷にサクラが植えられていたことに焦点を絞って考証してみたい。集中の、とりわけ無名の歌人の歌は、花が散るのに対して強い情感を込めて詠っているが、いずれも自然界の野生のサクラを対象とする。実は植栽されたサクラらしきものは、『日本書紀』の允恭天皇八（四一九）年春二月にある歌物語に「天皇、井の傍《ほとり》の櫻の華を見《みそなは》して、歌《みうたよみ》して曰《のたま》く云々」（巻第十三）とあるのが初見と思われる。ここでは「花ぐはし　櫻の愛《め》で〜」と華やかに詠っているので、サクラの花を観賞目的で植栽したと考えて差し支えない。一方、厚見王・久米女郎の歌ではサクラを仏教の無常感に結びつけているので、相対的に陰鬱な情景のもとで詠われている。わざわざ仏教思想に則ってサクラを植栽することはあり得ないから、当初は純粋な観賞目的であったと考えられる。屋敷内には色々な植物が植えられていたはずで、それらと比べてサクラの開花期間が余りに短いため、花の命のはかなさを無常思想に結びつけるに至ったのではないか。屋敷内では長寿の象徴としてマツも植栽されていたと思われ、ちょうど陰陽の対象要素となり得るので、サクラと取り合わせて詠んだと考えられる。

　万葉時代に大陸からウメが伝わり、奈良周辺に植栽された。ウメの実を烏梅《ウバイ》と称して薬用に供されただけでなく、有機酸を多く含み、染色の媒染剤として必須であったから、かなりの規模で植栽された。無論、観賞目的でも貴族の屋敷に広く植えられた。一方、サクラの花の観賞価値が万葉歌人に認められていたことは、万葉のサクラの歌を見れば一目瞭然といってよいが、植栽されたサクラの歌は久米女郎のほかは見当たらない。この事実をもって『萬葉集』におけるサクラの文化的地位をことさらに低くみる研究者が少なからずいるが、それは大変な誤りであって、サクラという植物に対する基本的知識の欠如に基づく。今日ではソメイヨシノほか多くのサクラが広く栽培されるが、長い歴史の間に栽培馴化したものであり、栽培はそれほど難しくない。上代の古典にあるサクラはヤマザクラ・カスミザクラあるいはエドヒガンと考えられるが、いずれであっても山中の林内に生育する種である。ウメよりずっと実・種子は小さいから、採取するのはやっかいで、しかも発芽率は一般に低い。野生の実生苗を採取するのがもっとも手っ取り早いが、山採りしたサクラの株を活着させるのは容易ではない。このことは実際に植物を育てたことのある人でなければ理解できないだろう。サクラを安定的に栽培できるようになったのは平安以降であって、奈良時代ほど天災に苦しめられることはなく、また経済的余裕もあってはなやかな貴族文化の成熟とともに園芸文化が成長し始めたのもこの時期であった。

2-4　散る花の美学：サクラとウメの違い

①中国の落梅の詩と万葉歌との相関

万葉のサクラの歌で目立つのは散る花を主題とした歌の多いことである。美しい花をつける植物を詠む場合、現代人の感覚では、美しさの頂点である満開の花を詠むのが通例であろう。ところがサクラは開花期間が短く、咲いた瞬間から散り始めるという特性をもつ。とりわけわが国の風土では春の天候は不安定でめまぐるしく変わり、春の嵐が定期的に襲来して強い突風が容赦なく吹きまくり、またこの時期は冷たい雨が強く降るので、サクラの花にとって決して恵まれた気象条件ではない。「桜花　咲きかも散ると　見るまでに　誰かもここに　見えて散り行く」（巻十二　三一二九）という羇旅発思の一首は、短期間でサクラの開花と落花が起きるのを詠み込んで、それぞれ旅人が旅行中に起きる出会いと別れに喩えて名残惜しさを表した名歌である。『萬葉集』で散る花を詠ったのはサクラに限らない。歌の数でサクラを圧倒するウメの歌にも花の散るのを詠ったものが非常に多い。『萬葉集』巻五の「梅花の歌三十二首」は梅の歌を集中的に収載するが、序文に梅の歌が詠まれたいきさつを記している。

　天平二（七三〇）年正月十三日、帥老《そちらう》の宅に萃《あつ》まり、宴会を申ぶるなり。時に、初春の令月、気淑《うるは》しく風和《やは》らぐ。梅は鏡前の粉に披《ひら》き、蘭は佩後《はいご》の香に薫る。加以《くわふるに》、曙の嶺に雲移りて、松は羅《うすぎぬ》（サルオガセすなわち松蘿を見立てたもの）を掛けて蓋《きぬがさ》を傾け、夕《ゆうべ》の岫《くき》に霧結びて、鳥は縠《ちりめん》に封されて林に迷ふ。庭に新蝶舞ひ、空に故雁帰る。是に於いて、天を蓋《きぬがさ》とし地を坐とし、膝を促《ちかづ》けて觴《さかづき》を飛ばす。言を一室の裏《うち》に忘れ、衿を煙霞の外に開く。淡然として自ら放《ほしいまま》にし、快然として自ら足る。若《も》し翰苑《かんゑん》に非ざれば、何を保ちて情を攄《の》べむ。詩に落梅の篇を紀《しる》す。古今夫《そ》れ何ぞ異ならむ。宜しく園梅を賦《よ》みて聊《いささ》かに短詠を成すべし。

当時、太宰府の帥であった大伴旅人《おおとものたびと》の屋敷において観梅の宴が催されたことはつとに知られる事実であるが、六朝時代の三五三年、会稽（今の浙江省紹興県西）の蘭亭で名士を集めて開かれた王羲之（三〇三年―三六一年）主催の宴会を模倣したことは先人の指摘するところである。王羲之もその宴のいきさつを『蘭亭集序』にまとめており、旅人はそれに倣って序文を著した。旅人の序文にある「快然として自ら足る」は、次の『蘭亭集序』の一節とまったく同じであり、蘭亭の宴を強く意識していたことは一目瞭然である。

　永和九年、歳は癸丑に在り、暮春の初め、會稽山陰の蘭亭に會し、禊事を脩むるなり。群賢畢《ことごと》く至り、少長咸集《みなつど》ふ。此の地に、崇山の峻嶺、茂林の脩竹有り。又、清流の激湍有り、左右に映帯し、引きて以て流觴の曲水と爲し、其の次に列坐す。絲竹管弦の盛無きと雖も、一觴一詠し、亦た以て幽情を暢叙するに足る。是の日なり。天朗らかに氣清く、惠風和暢せり。仰ぎては宇宙の大なるを觀、俯しては品類の盛んなるを察す。以て遊目し懐《おも》ひを騁《は》する所にして、以て視聴の娯しみを極むるに足れり。信《まこと》に樂しむべきなり。夫《そ》れ、人の相與《とも》に一世を俯仰し、或は諸の懷抱を取り、一室の内に晤言し、或は託する所に寄すに因りて、形骸の外に放浪す。趣舍萬殊、靜躁同じならずと雖も、當に其の遇ふ所を欣《よろこ》び、蹔くして己を得るべし。快（快）然として自ら足らば、曾《すなは》ち老の將《まさ》に至らむとするを知らず、其の之《ゆ》く所の即に倦《う》むに及び、情事に隨ひ遷りて、感慨之に係るなり。向《さき》の之に欣《よろこ》ぶ所、俛仰の間に已に陳迹と爲し、猶ほ、之を以てせずして懐ひを興さざる能はず。況んや、脩短は化に隨ひ、終に盡くるを期するをや。古人云ふ、死生亦た大なりと。豈に痛まざらんや。昔人の感を興すの由を覽る毎に、一契を合するが若し。未だ嘗て文に臨みて嗟悼せずことあらざれば、之を懷《ふところ》に喩ること能はず。固《もと》より死生を一とするは虚誕と爲《な》り、彭殤を齊しくするは妄作と爲《な》るを知れり。後の今を視るは故より猶ほ今の昔を視るがごとし。悲しいかな、夫れ故に時人を列叙し、其の述ぶる所を錄す。世殊に事異なると雖も、懷ひを興す所以は、其れ一と致《な》すなり。後の覽る者も亦た、將に斯の文に感有るべし。

すなわち大伴旅人は王羲之の蘭亭宴を模倣して観梅の宴を主催し、参観者に梅の歌を詠むよう呼びかけたのである。ただし、蘭亭の宴は三月三日、太宰府の宴はそれより二カ月も早い初春であったが、序に「詩に落梅の篇を紀《しる》す」とあるのは六朝詩に多い落梅歌を意識した。後述するように、落梅の時節ではないにもかかわらず、宴会の主催者旅人は主人《あるじ》の名でウメの落花を雪が降るのに喩えて次のように詠んだ。

一、わが園に　梅の花散る　ひさかたの　天《あめ》より雪の　流れ来るかも　（巻五　〇八二二　大伴旅人《おおとものたびと》）

歌の意は、私の庭に梅の花が散っているが、天から雪が流れてきたのであろうかという意で、きわめて理解しやすい歌である。しかし、よくよく考えてみると、この歌が詠まれた天平二（七三〇）年正月十三日は、太陽暦でいえば、二月八日に相当する。気象庁によれば、今日の福岡地方におけるウメ開花日の平年値は二月二日であるが、当時は気候が今日より寒冷であったといわれるから、もう少し遅かったにちがいない。同じ福岡県内の太宰府における開花も大差ないと考えられるから、開花直後のウメを詠んだと推定される。、すなわち、観梅の宴の主題のはずの落梅に遭遇することはほとんど期待できなかったと考えねばならない。ウメは、サクラとは対照的に、開花のスピードは緩慢で、またその分落花もあまり明瞭ではなく、雪に喩えるほどの落花はもともと期待すべくもない。旅人は『懷風藻』にもウメを詠んだ五言詩「初春宴に侍す」を残している。

寛政の情《こころ》既に遠く　迪古《てきこ》の道惟れ新たし
穆穆、四門の客　濟濟、三德の人
梅雪、殘岸に亂れ　煙霞、早春に接《つらら》く
共に遊ぶ聖主の澤　同《とも》に賀《ほ》く撃壤の仁

ここでは梅雪と表現し、梅の花を雪に喩える。岸辺に散った梅の花びらがつもり、早春の今、煙のような霞が被っていると、およそ庭園内とは思えない壮大な情景を詠む。ウメは大陸原産であるから、当然ながら六朝詩・唐詩ほか多くの漢詩に登場する。旅人は以上の詩歌を詠むに当たってどんな漢詩の影響を受けたのだろうか。ウメの花を雪に見立てた漢詩は数多いが、そのうち初唐の詩人盧照鄰（六三七年？—六八九年？）の梅花落（『全唐詩』巻四十一）の影響が大きいと見られている。

梅嶺の花初めて發《ひら》き　天山の雪未だ開かず
雪處、花滿つるかと疑ひ　花邊、雪の迴《めぐ》るに似たり
風に因り舞ひて袖に入り　紛に雜りて妝台に向ふ
匈奴幾萬里　春至るも來たるを知らず

梅花落はもともと楽府題であって、故郷を遠く離れた者の望郷歌であり（辰巳正明「成城国文学」巻一　八頁—十八

頁 一九八五年）、盧照鄰はそれをモチーフとして五言詩に表した。梅嶺・天山という互いに遠く離れた地名が登場するが、前者は江西・湖南両省の南端を東西に走る山脈（大庾嶺）のことで、梅嶺はその別名である。一方、天山とは天山山脈のことで異民族の匈奴と対峙する最前線でもあった。おそらく遠く天山まで出征した夫が帰るのを、江南に残った妻が待つという設定で詠んだ歌で、時代は匈奴が中国北方を跋扈していた前漢である。ウメは江南地方が原産で、前漢の時代では栽培は一般的ではなく、梅嶺に多く野生していたウメの木を詠んだ。「花邊、雪の迴《めぐ》るに似たり」「風に因り舞ひて袖に入り」の両句によってウメの花が激しく散っている様子が想像される。野生株で激しい落花が起きるかどうか定かではないが、少なくとも今日見るような栽培順化した個体ではそのような現象はまず見ることはない。今日のわが国ではウメの木は剪定されているので、枝の数が少なく花の密度が低いためとも考えられるが、逆に剪定せずに放置したウメでは花付きが悪くなる傾向があるので大差はない。したがって大伴旅人の歌は、太宰府の館内の庭園に植えられたウメの落梅ではなく、盧照鄰の落梅詩の情景をイメージして詠んだことがこれによってはっきりする。盧照鄰の詩は基本的に望郷の歌であるが、旅人の歌を詠む限りではそれを感じ取るのは難しいように見える。しかし、太宰府帥という旅人の官職を考慮すると盧照鄰の詩の後半部との接点が見えてくる。太宰府は大陸・朝鮮半島との交易・交流の拠点であるが、一方で白村江の戦いで敗れた後の六六五年、天智天皇の命で太宰府の背後にある大野山（大城《おおき》山《やま》ともいう）に山城が築かれた。このことは『日本書紀』の天智天皇の四年に「秋八月《あきはつき》に、（中略）達率憶禮福留《だちそちおくらいふくる》、達率四《だちそちし》比《ひ》福夫《ふくぶ》を筑紫國に遣《まだ》して、大野《おほの》及び椽《き》、二城《ふたつのき》を築かしむ。」（巻第二十七）と記述されている。すなわち、北九州・対馬・壱岐に配備して国境警備をさせた防人を統括する前線基地でもあった。旅人はその最高責任者として、遠く都を離れて赴任しているから、かつての中国が匈奴に対して抱いていた国防上の緊張感を強く感じていたはずで、それ故に多くの落梅詩のうち盧照鄰の詩を選んだのではないかと思われる。旅人と同じく、ウメの落花を雪が降っているかのように詠んだ歌がもう一首ある。小野氏国《おのうじのくに》堅《かた》の「妹《いも》が家《へ》に　雪かも降ると　見るまでに　ここだも紛《まが》ふ　梅の花かも」（巻五　〇八四四）であり、都に残した妻の家に雪がふるのかと見紛うほどに梅の花が散り乱れているという意の中に望郷の念をにじませているのが読み取れる。旅人・国堅のいずれの歌も太宰府における実際の情景ではなく、事実上漢詩の本歌取りであることは、『萬葉集』で旅人の次に収載された大伴百代《おおとものももよ》の歌によく表されている。

二、梅の花　散《ち》らくはいづく　しかすがに　この城《き》の山に　雪は降りつつ　（巻五　〇八二三　大伴百代《おおとものももよ》）

百代は旅人の「わが園に梅の花散る」を受けてこの歌を詠んだのであるが、梅の花が散るのにどこだろうかという意の第一・二句によって、旅人の屋敷に植えられたウメの花が散っていないことを指摘しているのである。それは実際に観梅の宴が催された時期がウメの開花直後という推定とよく符合する。因みに、城《き》の山とは前述の大城山《おおきやま》すなわち大野山であり、標高は四一〇メートルで太宰府跡から頂上がよく見え、前日あるいはそれ以前に積もった雪が山頂付近に残っていたことは十分にあり得るので、百代の歌は現実の情景を詠んだと考えてまちがいない。あるいは太宰府の館に実際に雪が降っていたこともあり得る。一方、繰り返して強調しておくが、旅人・国堅の歌は現実の情景ではなく、盧照鄰の詩の一部の句を本歌取りして自らの脚色を加えたものである。一般に、中国詩で、ウメの花の散るのを、旅人・国堅の歌のようにきわめて動的に表現しているのは少なく、大半は白い花を雪に喩えるぐらいで、情景描写としては静的である。中国詩を本歌取りして詠んだと思われる歌は、『萬葉集』に多くの例歌があって、決して特異な存在ではない。「梅花の歌三十二首」にある、ウメと鳴くウグイスを取り合わせた四首の歌はその典型であり、単に両方を取り合わせたものであれば、そのほかに九首もある。

三、梅の花　散らまく惜しみ　我が園の　竹の林に　うぐひす鳴くも　（巻五　〇八二四　阿氏奥島《あじのおきしま》）

四、梅の花　散り紛《まが》ひたる　岡辺《をかび》には　うぐひす鳴くも　春かたまけて　（巻五　〇八三八　榎氏鉢麻呂《かじのはちまろ》）

五、我がやどの　梅の下枝《しづえ》に　遊びつつ　うぐひす鳴くも　散らまく惜しみ　（巻五　〇八四二　高氏海人《こうじのあま》）

六、うぐひすの　音聞くなへに　梅の花　我家《わぎへ》の園に　咲きて散る見ゆ　（巻五　〇八四一　高氏老《こうじのおゆ》）

ウグイスは年中鳴き続けているわけではなく明確な季節性がある。気象庁は各年のウグイスの初鳴き日を記録しているが、それによれば、福岡地方の平年値は三月四日である。太宰府の宴はそれより約一カ月前であるから、第三〜六のいずれの歌も、実際に大宰府の梅を見て詠んだとすれば、開花直後であり、現実とは合わない。第五の歌では、ウグイスがウメの花の散るのを惜しむかのように、下枝で遊びながら鳴くとあるが、ウメの花期に関する矛盾のほかに、ウグイスの生態上の矛盾もこれによって顕在化する。ウグイスは人目につかないやぶの中に身を潜めて棲息するので、少なくともわが国にあるような植栽された梅園では、開花期に姿をみせることはおよそあり得ない。すなわち、以上の歌は、ウグイスとウメという、およそあり得ない取り合わせを詠んだことになる。実は『萬葉集』より成立が古い『懐風藻』に収録される葛野王《かどのおおきみ》（六六九年？—七〇六年）の漢詩「春日、鶯梅を翫《はや》す」でもウメとウグイスを取り合わせている。

聊《いささか》に休假の景に乗りて　苑に入りて青陽を望む
素梅、素靨《そえふ》を開き　嬌鶯、嬌聲を弄《もてあそ》ぶ
此れに對《む》かひて懷抱を開けば　優《ゆた》に愁情を暢ぶるに足る
老《おい》の將《まさ》に至らむとするを知らず　但《ただ》春觴を酌むを事とするのみ

わが国の文献におけるウメの名は葛野王の漢詩をもって初見とする。第二連にウメとウグイスが詠まれるが、これも実際の情景を詠んだのではない。第四連にある「老の將に至らむとするを知らず」は前述の『蘭亭集序』にあるので、葛野王もまた六朝詩の強い影響を受け、いずれかの六朝詩を本歌取りし、この詩を詠んだことはまちがいないが、落梅詩ではなかった。

「梅花の歌三十二首」の残りの歌で蔓《かつら》・「かざす」を詠んだものが目立つ。

七、梅の花　咲きたる園の　青柳《あをやぎ》は　蘰《かつら》にすべく　なりにけらずや　（巻五　〇八一七　粟田大夫《あわただいぶ》）
八、青柳《あをやなぎ》　梅との花を　折りかざし　飲みての後《のち》は　散りぬともよし　（巻五　〇八二一　笠沙弥《かさのさみ》）
九、年のはに　春の來《き》たらば　かくしこそ　梅をかざして　楽しく飲まめ　（巻五　〇八三三　野氏宿奈麻呂《やじのすくなまろ》）
十、春柳　蘰《かつら》に折りし　梅の花　誰《たれ》か浮かべし　酒坏《さかづき》の上《へ》に　（巻五　〇八四〇　村氏彼方《そんじのをちかた》）

太宰府の宴は旅人が王羲之主催の蘭亭の宴を強く意識したものであるから、六朝詩あるいは唐詩の強い影響を受けていることは、既に多くの研究者が指摘しているので、いまさら強調するまでもない。第七〜十の歌は、宴の主題のはずの落梅は顕著ではないが、江総の梅花落（『藝文類聚』巻八十六）との相関が認められる。

臘月正月、早《つと》に春に驚き　衆花未だ發《ひら》かざるに梅花新たなり
梅花の芬芳、玉台に臨み　朝攀晩折、還つて復《ま》た開く
満酌の金卮に玉桂を催《うなが》し　落梅の樹下に宜しく歌舞すべし
金谷の萬株、綺甍を連ね　梅花の隠處、嬌鸎を隠す
桃李の佳人相照らんと欲し　摘蘂の牽花、來並《いざともに》に笑《ゑ》まん
楊柳の條青くして樓上に輕く　梅花の色白くして雪の明るきに口《あた》る
横笛と短簫悽《いた》みて復た咽《むせ》び　誰か柏梁の聲絶ゑざるを知らん

第九の歌は第一〜三連を受けて詠んだもので、第十の歌もそれを意識して詠んだと考えられる。一方、第七、八、十の歌については、詠まれた時期からしてごくまばらなウメの花に枯れ枝のヤナギという奇妙な取り合わせとなるから、やはり現実の情景ではなく、江総の詩のうちで第六連を本歌取りしたものである。ただし、ウメの花枝やヤナギの枝を蘰につけるというのは、菖蒲蘰《あやめかづら》や艾蘰《よもぎかづら》、「あふち」を蘰にするわが国の習俗と相通じ、漢籍の影響といってもかなり咀嚼して詠んでいることに留意しなければならない。因みに、前述の葛野王の漢詩およびウメ・ウ

グイスを取り合わせた万葉歌はいずれもこの詩の第四連と相関がある。そのほかの「梅花の歌三十二首」もこの詩から何らかの影響を受けているといってよく、そもそもこの観梅の宴が蘭亭の宴の模倣であり、歌人はいずれも名のある貴族であって、漢学の知識を競い合っていると考えられるから、現実の情景から離れて詠んでいるとしても驚くに当たらない。

②サクラ散る（落花）歌と落梅歌の違い

以上、述べたような中国における落梅の歌の存在、そして『萬葉集』でもその影響を強く受けた詩歌が多く存在することから、万葉のサクラの散る歌とも何らかの相関があるとも想定される。サクラの花の散る歌としてもっとも古いと思われるのは次の歌であるが、かかる観点から検討してみよう。

一、足代《あて》過ぎて　糸鹿《いとが》の山の　桜花　散らずあらなむ　帰り来るまで　（巻七　一二一二）

この歌は詠人不詳であるが、同巻の一一八八から一二四六には「古集の中に出づ」という左注がある。古集とはいうまでもなく『萬葉集』の成立以前に存在した歌集をいうが、その成立時期は定かではない。ただし、古集に収載される歌の中で詠まれた時期の特定できる歌がある。巻九に大神大夫《おおみわだいぶ》の長門守就任を祝う宴の歌であり、左注に「右の二首は古集の中《うち》に出づ」とある。

二、　大神大夫《おおみわだいぶ》の長門守に任ぜられし時に、三輪の河辺に集ひて宴せし歌二首

三諸《みもろ》の　神の帯《お》ばせる　泊瀬川《はつせがは》　みをし絶えずは　我忘れめや　（巻九　一七七〇）

後れ居て　我《われ》はや恋ひむ　春霞　たなびく山を　君が越え去《い》なば　（巻九　一七七一）

大神大夫とは三輪高市麻呂《みわのたけちまろ》（六五七年―七〇六年）のことで、『續日本紀』によれば、大宝二（七〇二）年正月に長門守に任命されたとあるから（巻第二）、この歌の詠まれたのは七〇二年正月以降のそれほど時を隔てていない時

期となる。一方、巻七の「古集の中《うち》に出づ」という各歌はどれ一つとして成立時期を特定できないが、巻九の二首とはそれほど時期を経ていることはないだろう。一方、ウメについては、万葉のウメの歌は旅人による太宰府の宴で詠まれたのが初見であるから、もっとも古くて七三〇年以降である。『懐風藻』にある葛野王の「春日、鶯梅を翫《はや》す」は八世紀初頭以前の、おそらくもっとも古く中国詩を本歌取りしてウメを詠んだ詩歌であるが、落梅に言及していない。したがって「糸鹿の山の桜花」の歌は万葉のウメの歌の影響を受けずに詠まれたことはまちがいない。サクラの歌の七割が漢籍の素養があるとは思えない無名の歌人であることを考慮すれば、六朝詩ほか漢籍古典の影響は皆無であったと考えて差し支えない。

万葉のサクラの歌は遠目に見て詠まれたのが大半で、当時はまだサクラの植栽が一般的ではなく、上流貴族の屋敷内にごくまれに植栽されるにすぎないことは既に述べた。平安時代以降になると、サクラは植栽されるようになり、万葉時代よりはるかに身近な存在となった。その結果、サクラの歌はウメをはるかに凌駕したのであるが、平安以降の歌人はどうサクラを詠んだのか、ここで考えてみよう。

三、　さくらの花のさかりに、ひさしくとはざりける人のきたりける時によみける
あだなりと　なにこそたてれ　桜花　年にまれなる　人もまちけり
（『古今和歌集』巻第一　よみ人しらず　六二）

返し
けふこずは　あすは雪とぞ　ふりなまし　きえずはありとも　花と見ましや
（同　なりひらの朝臣　六三）

四、　雲林院にてさくらの花のちりけるを見てよめる
桜ちる　花の所は　春ながら　雪ぞふりつつ　きえがてにする
（『古今和歌集』巻第二　そうく法師　七五）

五、　さくらのちるをよめる

雪とのみ　ふるだにあるを　さくら花　いかにちれとか　風の吹くらむ

（『古今和歌集』巻第二　凡河内みつね　八六）

六、　落花の歌あまたよみけるに

（甲）よし野山　たにへたなびく　しらくもは　みねのさくらの　ちるにやあるらん（『山家集』上　一一〇）

（乙）はる風の　花のふぶきに　うづまれて　ゆきもやられぬ　しがのやまみち　（『山家集』上　一一三）

第三の歌は、在原業平と久しく疎遠となった愛人とのよく知られた贈答歌である。サクラの花の盛りに久しぶりに訪れた愛人から、美しく咲くサクラははかないことで名を知られていますが、それでも年にまれにしか来ない人を待っていましたよと皮肉られたが、今日来なければ明日には雪となって降ってしまったことだろう、(雪とは違って)消えはしないが、(散ってしまったものを)花とみるだろうか、(明日になれば私のことなぞ忘れてしまうだろう)とばかり業平は切り返したのである。開花期間が短いサクラの花を挙げているのは万葉の類歌にもあるが、サクラの花弁は淡いピンクであるにもかかわらず、雪に見立てたところが目新しいといえる。第四の歌も、春になった今、積もっても消えやすいはずなのに、ここに積もった雪はなかなか消えないことよと、散って地面を覆いつくしたサクラの花を雪に喩えた歌である。第五の歌も、あたかも雪が降るように散っている桜の花を、どう散れといって風が吹くのだろうかと、これもサクラの花を雪に喩えるが、風が吹かなくとも散りやすいサクラの特性を強調している。第六の甲の歌では、吉野の山の谷へたなびいている白雲は、山のサクラが散って雲とみえるのだろうか、乙の歌は、春風でサクラの花が吹き散って志賀の山道が埋まって通行さえできないほどだと詠み、「花のふぶき」という、今日の桜吹雪と相通ずる句が出てくる。ウメの花の散るのを雪が降ることに見立てた大伴旅人・小野国堅の歌は、ウメの実態とはほど遠い非現実的な歌であったが、むしろ旅人・国堅は六朝詩で雪に見立てられたウメがあまりに静的でまったく動きが感じられないことをもって、サクラの落花のイメージを重ね合わせて詠んだとすら思える。『萬葉集』にサクラの落花を直接言及した歌が少ないのは、当時ではサクラの植栽がまれで、自然界のサクラを遠目で見て詠まざるを得なかったからであり、これをはき違えてはならない。すなわち、平安時代になって間近にサクラの開花をみることができるようになって、以上紹介したような歌を詠むことができるようになったのである。万葉時代にあっては、身近なウメの花、遠隔にあるサクラの花という、人との関わりにおいて大きなハンディの存在を考慮してこそ、古代人の目線でみたウメ・サクラの実像を演繹し得るのである。

【追補】

「かには」（第1節1-2）は、山部赤人の歌（巻六　〇九四二）のほか、薩妙観命婦が葛城王へ報贈した歌（巻二十　四四五六）の第四句にも「可尓波《かには》の田居に」とある（第22章第1節）。ただし、この「かには」はサクラではなくカバノキ科ハンノキ属のサクラバハンノキであり、拙著『万葉植物文化誌』の「せり」の条の記載を一部訂正する。『萬葉集』に「はりのき」の名で詠まれるハンノキは湿地に生え、放置された水田に群生することもある。サクラバハンノキも同じ性質があって葉がサクラに似るほか、ハンノキとは違って樹皮が滑らかで、油分が多くよく燃えるのでカバノキの類と誤認されやすい。高市黒人の羈旅の歌「桜田へ　鶴《たづ》鳴き渡る　年魚市潟《あゆちがた》　潮干《ひ》にけらし　鶴鳴き渡る」（巻三　〇二七一）の冒頭句「櫻田部」（原文）は「さくらだへ」と訓じられるが、山地や丘陵に生えるサクラでは桜田の意味が通じず、薩妙観命婦の歌の第四句に同義と考え、「桜田《かにはた》へ」と訓ずるのがよい。

第13章

飯を盛るのに利用された「かしは」

今日、ブナ科カシワの葉は、かしわ餅を包むのに用いられ、日本人にとってごく身近な存在である。しかし、カシワという植物の自然界における分布は限られ、むしろまれである。一方、植物方言名を見ると、様々な植物が「かしわ」の名で呼ばれていることがわかる。すなわち、古くから「かしわ」と称してきたものは必ずしもカシワに限らないことを示唆し、その背景には複雑な歴史的経緯の存在を想像せしめる。それはカシワに充てた柏という用字に集約され、後述するように、中国でいう柏はヒノキ科コノテガシワの類を指し、日中間で柏という植物の基原認識は大きく異なる。また、ややこしいことに、わが国では柞に「かしは」「かへ」の両訓をつけてきた歴史があり、それぞれの名を継承するブナ科カシワ・イチイ科カヤの間に植物学的類縁はまったくない。本章では以上のようなねじれがなぜ生じたのか考証する。

第1節　松柏の柏は常緑裸子植物であってカシワではない

中国では松と柏をセットにした松柏《しょうはく》という成句がある。『史記』の龜策列傳に「松柏、百木の長と爲りて門閭を守る」、また『莊子雜篇』譲王に「内省して道を窮めず、難に臨みて其の悳を失はず、天寒既に至り、霜露既に降る。吾れ是を以て松柏の茂るを知るなり。」とあるように、中国では松柏を長寿・繁栄に喩え、松柏之寿という成句もある。白居易の「陶潛の體に效《なら》ふの詩」の一節に「動かざるは厚地　息《や》まざるは高天　窮まる無きは日月　長《とこしへ》に在るは山川　松柏と龜鶴と　其の壽皆千年　嗟嗟、群物の中　而して人獨り然らず云々」（『全唐詩』巻四二八）とあるように、鶴亀とともに長寿の象徴とされた。『藝文類聚』には「泰山記曰ふ、山南に太山廟有り、柏樹千株を種《う》う。大なるは十五六圍ありと。長老傳云ふ、漢武の種うる所と。」（巻八十八「柏」）とあり、霊廟に柏を植えるのはやはり長寿・繁栄の象徴とされたからである。『尚書逸篇』に「大社は唯《ただ》松、東社は唯柏、南社は唯梓、

13

西社は唯栗、北社は唯槐、天子の社は廣さ五丈、諸侯はこの半」（『太平御覧』巻五三二「禮儀部十一　社稷」に引用）とあり、社とは土地の神を祀るところであるから、中国では古くから屋敷の造営時にそれぞれの方位に決められた植物を植えた。一方、平安後期の中国式の造園書『作庭記』（橘俊綱著？）に次のような記述があり、方位によってそれぞれ異なる植物を充てている。

　人の居所の四方に木をう（植）ゑて、四神具足の地となすべき事

　經云、家より東に流水あるを青龍とす。もしその流水なければ、柳九本をう（植）ゑて青龍の代とす。西に大道あるを白虎とす。若（し）其（の）大道なければ、楸七本をう（植）ゑて白虎の代とす。南側に池あるを朱雀とす。若（し）その池なければ桂七本をう（植）ゑて朱雀の代とす。北後にをか（岳）あるを玄武とす。もしその岳なければ檜三本をう（植）ゑて玄武の代とす。かくのごときして四神相應の地となしてゐ（居）ぬれば、官位福祿そな（備）はりて、無病長壽なりといへり。（中略）樹は青龍、白虎、朱雀、玄武のほかは、いづれの木をいづれの方にう（植）へむとも、こゝろ（心）にまか（任）すべし。（中略）槐はかど（角）のほとりにう（植）ふべし。大臣の門に槐をう（植）ゑて、槐門となづ（名付）くること、大臣は人を懐《ナツケ》て、帝王につかうまつらしむべきつかさ（司）とか。

（以上、括弧は筆者補録）

中国には山川道沢をそれぞれの方位に配置する四神相応思想というのがある。『作庭記』は庭園の造営もそれに基づいて行うが、特定の種類の樹木を特定の本数植えて山川道沢を代用できるとも記している。『説文解字』に「檜は柏葉の松身なるものなり」とあるから、檜を柏に置き換えると北（玄武）となり、また同書の「楸は梓なり」にしたがって楸を梓に置き換えると西（白虎）である。『尚書逸篇』では北社は槐、西社は栗となっているから、四神相応に基づいて庭園の当該方位に植える樹木と一致しない。柏の字はわが国の宮廷の建物の名にも用いる。『源氏物語』の若菜《わかな》上に「御しつらひは、柏《かへ》殿の西面《おもて》に、御帳、御几《き》帳よりはじめて、こゝの綾《あや》、錦《にしき》をばませさせ給は

ず、唐土《もろこし》の后《きさき》の飾《かざ》りをおぼしやりて、うるはしく、ことごとしく、耀《かゞや》くばかり、調《ととの》へさせ給へり」とある柏殿《かへどの》とは、皇后の御在所である朱雀院を指す。『日本紀畧』の醍醐天皇の条に「(昌泰二年三月)三日丙申、太上皇、詩宴を朱雀院柏梁殿に賜り、殘春を惜しむの詩を賦《つく》らしめ、右大臣、序を作る」(後篇一)とあり、朱雀院の中に柏梁殿なるものがあった。『菅家文草』巻第六にもこれと同内容の記事があるほか、『日本紀略』の寛平八年閏正月二十五日、昌泰元年二月十七日の條にも柏梁殿に関する記事がある。柏殿の名は柏梁殿の略称と考えてよいが、朱雀院は大内裏に次ぐ規模であったから、『尚書逸篇』の大社を大内裏、東社を朱雀院とすれば、朱雀院に植えるべき植物は柏となって一致し、柏殿は松柏の柏に因ってつけたことがわかる。一方、四神相応では朱雀に対応するのは柏ではなく桂であるから一致しない。庭園と屋敷では異なる方位理論を適用するようである。

さて、中国独特の方位理論に基づいて柏を屋敷に植えるとすれば、柏の字義にも反映されている可能性がある。寇宗奭は「高きに登る毎に之を望めば、(柏の)千萬株と雖も、皆、一一《ひとつひとつ》西を指す。蓋し、此の木は至堅の木と爲し、霜雪を畏れず。木の正氣を得んとて他木逮ばざるなり。金の正氣を受く所以《ゆえん》にして制する所なり。故に一一《ひとつひとつ》之(西)に向ふ。」(『本草衍義』巻第十三「柏子仁」)と柏の字義を説明している。すなわち、五行説に基づいて西は金であり白色を充てるから、白を木に作って柏になるといふ。李時珍も「魏子才が六書精蘊に云ふ、萬木は皆陽を向ふ。而れども柏獨り西に指す。蓋《けだ》し陰木にして貞德ある者なり。故に字は白に從ふ。白は西方なり。」(『本草綱目』巻第三十四「木之一　香木類　柏」)とわかりにくい記述ながら、やはり五行説を基盤にしてつけた名であることを示唆する。これを正しいとすれば、『作庭記』や『尚書逸篇』ではそれぞれの方位に植える植物は異なるから、中国で不変の哲学理論とされた五行説を拠り所としているのではないことになる。

松柏は必ずしも長寿の象徴という良い意味ばかりではない。『文選』に「古墓は犂《す》かれて田と爲り　松柏摧《くだ》かれて薪と爲る」(巻二十九「古詩十九首」)とも詠まれ、世の中の移り変わりの激しさに喩えるのはその一例である。

劉廷芝の「白頭を悲しむの翁に代ふ」の詩「洛陽の城東桃李の花（中略）已に見る松柏摧かれて薪と爲るを　更に聞く桑田變じて海と成るを（以下略）」（『全唐詩』巻八十二）に引用され、六朝時代以降の中国の詩文における松柏はこのイメージが多くなる。必ずしもネガティブな意味ではないが、やはり長寿の象徴と比べると、雲泥の差がある。

では、中国でいう柏とは何であろうか。『神農本草經』の上品に柏實《ハクジツ》の名で収載され、果実を薬用とする。『本草經集注』『新修本草』のいずれもその基原について具体的な記述はないが、宋代の『圖經本草』（蘇頌）に「三月に花を開き、九月に子を結ぶ。成熟を候《ま》ちて（子を）収採し、蒸して暴乾し、春礧《つ》きて熟人子を取る。其の葉を用て側柏葉と名づく。密州に出づる者尤も佳し。他の柏と相類すと雖も、其の葉は皆側向して生ず。」（『證類本草』巻第十二「木部上品」所引）とあるように、葉が側向するという著しい特徴に言及する。これに該当するのは葉が垂直方向に扁平状に配向するヒノキ科コノテガシワしかなく、わが国に自生しない常緑裸子植物である。『萬葉集』では二首に兒手柏（巻十六　三八三六）・古乃弖加之波（巻二十　四三八七）という同音の和名が詠まれているが、そのうちの一首「奈良山の　児手柏《このてがしは》の　両面《ふたおも》に　かにもかくにも　佞人《ねぢけびと》が徒《とも》」（巻十六　三八三六）に対して、貝原益軒は「萬葉集歌ニ奈良坂ノ兒手栢乃二面尓トヨメルハ其葉兩面ナル故ナリ兒ノ手栢即側栢ナリ」（『大和本草』巻之十一「木之中」）と述べ、万葉の「このてがしは」を側柏《ソクハク》と考定した。コノテガシワは江戸時代になって伝わり、万葉時代には真の柏はないから、益軒の考定は誤りであるが、植物学上の名前としては定着している。「このてがしは」については拙著『万葉植物文化誌』で詳述してあるので割愛する。

第2節　柏につけられた二つの和訓：「かしは」と「かへ」

『萬葉集』に松柏を詠んだ歌がただ一つある。

ほととぎす　来鳴く五月《さつき》に　咲きにほふ　花橘《はなたちばな》の　かぐはしき　親の御言《みこと》　朝夕《あさよひ》に　聞かぬ日まねく　天離《あまざか》る
鄙《ひな》にし居《を》れば　あしひきの　山のたをりに　立つ雲を　よそのみ見つつ　嘆くそら　安けなくに　思ふそら
苦しきものを　奈呉《なご》の海人《あま》の　潜《かづ》き取るといふ　白玉の　見が欲《ほ》し御面《みおもわ》　直向《ただむか》ひ　見む時までは　松柏の
栄えいまさね　尊《たふと》き我《あ》が君　（巻十九　四一六九）

大伴家持の長歌で、一般の注釈書は松柏（原文は松栢）を「まつかへ」と訓じ、「栄ゆ」に冠する枕詞と解釈するが、用例はこの歌以外に見当たらない。植物たる松と柏の意ではなく、中国の成句をそのまま取り入れたものであるから、音読みで「せうはく」と訓ずるべきである。それはさておいて、問題なのは柏の和訓を「かへ」としていることで、前節の柏殿《かへどの》と同じ読みである。『和名抄』（源順）では、「本草云ふ、槲　音斛　可之波　唐韻云ふ、柏　音帛　和名は上に同じ　木の名なり」とあり、『本草和名』と『唐韻』の二つの文献を引用し、槲と柏のいずれにも同じ「かしは」の訓をつけるが、ここに「かへ」の訓はない。驚くことに、別条に「兼名苑云ふ、栢　音百　一名椈　音菊　加閉」とあり、栢に「かへ」なる訓をつける。栢は柏の俗字で同義であるから、「かへ」（イチイ科カヤの古名）と「かしは」（ブナ科カシワ）という、植物学的にまったく無関係な二種の植物が同じ漢名を共有することになる。因みに、一名「椈」は『爾雅』に「柏は椈なり」とあるのに基づく。『和名抄』によるこの混乱は誤りであって、第3節で述べるように、「かしは」の語源とも深く関わるもので、鎌倉時代から室町・江戸時代の字書まで影響は及んだ。

2-1　「かへ」の基原植物とその語源考

「かへ」の基原については、『和名抄』に「榧子　本草云ふ、柏實　柏音白　一名榧子　榧は音匪、和名加倍」（菓蓏部菓類）とあるように、柏實《ハクジツ》と榧子《ヒシ》に対する訓とされ、このうちの榧から「かへ」が今日のイチイ科カヤであることが明瞭となる。中国本草では『名醫別錄』の下品に榧實《ヒジツ》があり、『新修本草』（蘇敬）は「此の物は是虫部中の彼子なり。尒雅に云ふ、柀は杦なりと。其の樹は大にして連抱し、高さ數仭、葉は杦に似て、其の樹は柏の如し。松の理を作《な》して肌は細軟、器用に堪ふ者なり。」（巻第十四「木部下品」）と記述し、杦（＝杉）に似た大木となる樹木としているからだ。『本草衍義』（寇宗奭）は「榧實は大にして橄欖《カンラン》の如く、殼の色は紫褐色にして脆し。其の中の子に一重の麁く黒き衣有り。其の人《じん》（＝仁）は黄白色にして嚼久すれば漸く甘美なり。」（巻第十五）とさらに精緻に記述し、実が食べられるともいう。スギの類といえば裸子植物であり、そのうちで果実が食べられるのはマツ科マツの類のほかはごく限られ、榧をイチイ科カヤとして矛盾はない。因みに、『和名抄』が榧子の異名とし同じ和訓をつける柏實は、菓蓏部菓類に収載するから、真の柏であるヒノキ科ではなく、ブナ科カシワ類すなわちどんぐりである。生では食べられないが、水晒し法や木灰で煮沸してあくを除けば、栄養価は高いので食用になる。わが国各地の縄文遺跡から大量のどんぐりが出土するので、太古から貴重な食料源であった。中古代のみならず、近世になっても飢饉などの救荒食料とされ、とりわけ米の栽培が困難な北日本の山間部では常食にされた。

柏に「かへ」の訓をつけるのはその語源と密接な関係がある。現在名のカヤは「かへ」の転訛とされているが（『言海』ほか）、貝原益軒は「其木屑《クヅ》ヲ焼バ蚊退ク。カヤリノ木ナリ。リノ字ヲ略セリ。」（『大和本草』巻之十「木之上」）と述べ、蚊遣《かやり》が「かや」に転じたとしており、「かへ」については言及すらしなかった。小野蘭山も「カヤリニ用ユ、故ニナヅク」と同調する（『本草綱目啓蒙』巻之二十七「果之三　夷果類」）。『大和本草』（一七〇九年）は「かや」の和訓を榧につけるが、それよりやや古い『花壇地錦抄』（一六九五年）は柏を「かや」とし、前述したように、江戸期になっても柏・榧の和訓の矛盾は解消していなかった。一方、一四四四年に成立した『下學集』は榧と柏を同義とした上でいずれにも「かや」の訓をつける。さらに古くは、丹波康頼に仮託され、康暦二（一三八〇）年ごろに成立したと推定される『本草類編』に「榧実　和加也乃美」とあるから、意外に古くから「かや」の名はあった。一方、紀貫之の「色かへぬ　かへのはのみぞ　秋なれど　もみぢすること　ならはざりける」（『貫之集』第七巻）にあるように、和歌の世界では「かへ」の歌はあっても、「かや」は後世になっても見当たらない。したがって、「かや」が「かへ」の転訛とする見解は甚だ疑問である。「かへ」をもっとも普通に解釈すれば、「代へ」すなわち「代わり」の意であるから、何某かの代用という意味でつけたという考えが成り立つ。『延喜式』巻第三十七「典薬寮」の諸國進年料雜薬に「但馬國　～榧子四斗（中略）栢子仁各一斗～」「出雲國　～榧子一斗（中略）栢子仁各一升～」とあるように、榧と栢（＝柏）は別品と認識されたことはまちがいない。栢を「かしは」とすれば、栢子《ハクシ》仁《ジン》はどんぐりであるが、その可能性は限りなく皆無である。『本草和名』（深根輔仁）に「柏實子人、蘇敬注に出づ　一名堅剛一名椈　音菊已上二名兼名苑《（ママ）》に出づ　和名比乃美一名加倍乃美」とあり、わが国に存在しないコノテガシワの代わりにヒノキの実を用いたと思われるからである。当時、中国より輸入した柏子仁（ヒノキ科コノテガシワの種仁）もあったはずで、それと比較した上で、ヒノキ科ヒノキなど類品の種仁を選抜し、柏子仁と称して貢進したと推定される。ヒノキ科の実を破砕すると種仁が出てくるが、カヤの実は種皮に油分があって粘るので、種仁を取るのは容易ではない。『延喜式』の諸國進年料雜藥に記録された柏子仁の貢進は、ほかに三河国・遠江国・美濃国があるのみで、榧子《ヒシ》と比べるとずっと少ない。それは食用にならず薬用に限られて需要が少なかったからと思われる。それに『延喜式』での柏子仁の貢進地が数少ない天然ヒノキの分布地であることも、司書にある柏子仁がヒノキ基原であることを支持する。『本草和名』が柏實子人に対してヒノミとともにつけた一名カヘノミが「かへ」の語源解釈において大きなヒントとなり得る。というのは、「かへのみ」とは「代への実」の意であり、柏につけた「かしは」の訓が誤りであることに気づいた結果、どんぐりではなく輸入品の柏實子に似たヒノキの実を代用としたため、うっかり「代へ」を別名と勘違いしたと考えられるからである。榧に「かへ」と同じ名をつけてしまったのは、『和名抄』にあるように、当時、柏實と榧子が同品異名と認識されたからである。柏實に誤って充てたどんぐりとカヤの種仁のどちらも食べられることも混乱に拍車を掛けることになったにちがいない。

俗間に目を投じるととんでもない説がある。別にここで取り挙げる必要性はないのだが、植物図鑑など半ば学術的な性格をもつ成書に引用され、かなり広く浸透していることもあって、注意喚起の意図からここに敢えて紹介しておく。深津正は、カヤとイヌガヤがともに「かへ」と称されたという仮定から、『和名抄』はカヤの漢名を栢、和名を「かへ」、一方、イヌガヤの漢名を柏、和名を「かへ」と表し、漢名で両者を区別したと主張する（『植物和名語源新考』）。前述したように、栢と柏は俗字と基本字の関係であって同義であるから、この見解はまったく取るに足らない。イヌガヤを表す朝鮮語 Kai-pi が日本語の「かへ」に転じ、朝鮮からの渡来人がイヌガヤの実の油を伝えたことでそのような複雑な関係になったという主張もまったくの誤りで、この背景にはカヤとイヌガヤに対する植物学的・民族植物学的理解の欠如があるのでここに正しておきたい。イヌガヤはイヌガヤ科というまったく別の植物で、カヤの実は堅果であるのに対して、イヌガヤは種子が裸出して外種皮が肉質になった核果状をなす。カヤの実は食用になり、種仁から搾り取った油も食用油・灯火用油に利用できるが、イヌガヤの実は食用に適さず、わずかに搾り取った油を灯火用とするにとどまる。カヤ・イヌガヤの果実は見た目に大きな違いがあり古くからわが国では区別されていた。奈良県宇陀郡曽爾村では、江戸時代に米の年貢の代わりにカヤの実を納めることが許され、古い家ではカヤを植えていたという（曽爾村史編纂委員会『曽爾村史』一九七二年）。滋賀県の湖北地方ではカヤの実をバイとよび、「米一升、バイ一升」といって食用に重要であったという。『延喜式』巻第三十七「典薬寮」の諸國進年料雑薬に大和国・伊豆国・甲斐国・上総国・下総国・近江国・美濃国・若狭国・越前国・能登国・越中国・丹波国・丹後国・但馬国・因幡国・伯耆国・出雲国・美作国・備前国・安芸国・周防国・安房国・讃岐国から榧子の貢進を記録しているが、薬用のほか食用にしたと思われる。『今昔物語』巻第廿八「比叡山横川僧酔茸誦經語第十九」に次のような説話が収録され、カヤの油が出てくる。

今昔《いまはむかし》、比叡ノ山《やま》ノ横川《よかは》ニ住《すみ》ケル僧有《そうあり》ケリ。秋比《あきのころほひ》、房《はう》ノ法師《ほふし》、山《やま》ニ行《ゆき》テ木《き》伐《こり》ケルニ、平茸《ひらたけ》ノ僧有《そうあり》ケルヲ取《とり》テ持《もて》來《き》タリケリ。僧共《そうども》、此《こ》レヲ見《み》テ、「此《こ》レハ平茸《ひらたけ》ニハ非《あら》ズ」ナド云《い》フ人《ひと》モ有《あり》ケレドモ、亦人有《またひとあり》テ、「此《こ》レハ正《まさ》シキ平茸《ひらたけ》也」ト云《いひ》ケレバ、汁物《しるもの》ニシテ栢《かへ》ノ油《あぶら》ノ有《あり》ケルヲ入《い》レテ、房主《ばうず》吉《よ》ク食《くひ》テケリ。其《そ》ノ後《のち》、暫許有《しばしばかりあり》テ、頭《かしら》ヲ立《たて》テ病《や》ム、物《もの》ヲ突迷《つきまど》フ事無限《ことかぎりな》シ。術無《ずつなく》テ法服《ほふぶく》ヲ取出《とりいで》テ、横川《よかは》ノ中堂《ちうだう》ニ誦經《じゆきやう》ス。

この話の要約は、ある僧が山で採ってきたキノコを平茸と信じて汁物にして栢の油を入れて食べたところ中毒を起こしたというのである。「頭を立てて病む」は幻覚症状を彷彿させるし、「物を突き惑ふこと限りなし」とは、へどを吐き散らして苦しむ意であるから、毒キノコによる中毒症状であってカヤの油によるものではない。カヤの油は今日ではまれに用いるが、昔は食用のほかに灯火用に重要であった。また、カヤは用材として珍重され、縄文時代後期～晩期の伊奈氏屋敷跡遺跡からカヤで作られた丸木舟が出土し（『赤羽・伊奈氏屋敷跡』埼玉県埋蔵文化財調査事業団　一九八四年）、その利用は縄文時代までさかのぼる。ところが、イヌガヤの材も緻密で、縄文前期の千葉県加茂遺跡から舟の櫂《かい》に用いた遺物が発掘されている（『加茂遺跡　千葉県加茂獨木舟出土遺蹟の研究』三田史学会、一九五二年）。縄文時代ではカヤとイヌガヤの材を区別しなかった可能性が高く、どちらも油分に富み、舟および櫂《かい》の用材にされた。したがって、「かや」の語源を「かいのき」→「かやのき」の転と考えることができる。櫂《かい》は、舟が水を搔いて進むから、その語源があり、おそらく舵《かぢ》とも言語学的な関連があると思われる。前述したように、貝原益軒や小野蘭山は蚊遣《かやり》の下略というが、カヤ・イヌガヤのいずれにしても香木とされるから、あり得ない話ではないが、実際にその目的で利用したことを聞かない。

さて、深津はカヤ・イヌガヤが「かへ」と称され、それは朝鮮語でイヌガヤを意味するKai-piに由来するというが、これこそ重大な誤りである。まず、Kai-piのpiは榧の音を表し、呉音・漢音ともヒである。イヌガヤの中国名を粗榧《ソヒ》と称し、中国語音はcū-fěiである。すなわち、朝鮮語名のkaiは何らかの修飾語に相当し、朝鮮語では犬を개 Gae（Kae）というから、Kai-piは狗榧の意であろう。朝鮮にイヌガヤの自生はあるが、カヤは済州島を除

いて分布しない。カヤ（榧）という有用植物があってこそイヌガヤという名が発生するわけで、カヤが分布しない朝鮮半島で修飾語付きの類名をつけること自体が奇妙である。したがって、中国由来の名と考えられるから、Kai-piが「かへ」の祖名とする深津の論述はまったく根拠がない。また、深津はイヌガヤの油が朝鮮から伝わったというが、わが国では灯火に用いるのみで、『今昔物語』にあるように、食用は朝鮮にないカヤの実だけを用いた。カヤ・イヌガヤの実は、材や枝葉と違って識別は容易であるから、やはり深津の見解はまったくの誤りといわざるを得まい。深津は朝鮮半島のごく限られた地域にしか自生しないツバキから脂肪油をつくる製法も朝鮮渡来と述べているが、その論拠を明らかにしていない。学術的な成書はこのような無責任な民間研究家の見解を安易に引用しないことが望まれる。

　わが国で「かや」と「いぬがや」を区別したのは近世のことで、『花壇地錦抄』に「いぬかや　葉ハかやのごとし。實《み》はくわし（菓子）ニ不用。」（巻三「冬木《ふゆき》」）とあるのが文献上の初見と思われる。中国では、前述したように、粗榧《ソヒ》がイヌガヤに相当するが、『食物本草』（明・汪穎）に「榧に一種粗榧有り。其木と榧と相似し、但、理粗く色赤きのみ。其の子は稍《やや》肥大し、僅かに圓く尖らず。」（『本草綱目』巻第三十一「果之三　夷果類　榧實」所引）とあるのが初見である。李時珍は『日用本草』にある赤果も榧實の異名とするが、イヌガヤのことであろう。

2-2　わが国の古典に現れる柏はカシワである

『萬葉集』で柏の字を含む句は、秋柏（巻十一　二四七八）・朝柏（巻十一　二七五四）・兒手柏（巻十六　三八三六）・柏（巻七　一一三四）の四例がある。巻七の柏は「かへ」と読む見解のほか、「こけ」と詠むことは『万葉植物文化誌』で詳述した。これを除いて、ほかの三例の訓はいずれも「かしは」と訓ずる。

一、朝柏《あさかしは》　潤八川辺《うるやかはへ》の　篠《しの》の芽の　偲《しの》ひて寝《ぬ》れば　夢《いめ》に見えけり　（巻十一　二七五四）

二、秋柏《あきかしは》　潤和川辺《うるわかはへ》の　篠《しの》の芽の　人には忍《しの》び　公《きみ》にあへなく　（巻十一　二四七八）

三、奈良山の　児手柏《このてがしは》の　両面《ふたおも》に　かにもかくにも　佞人《ねぢけびと》が徒《とも》　（巻十六　三八三六）

第一・二の歌は類歌であって、契沖は「かしは」が夜霧・朝霧に潤うので、朝柏・秋柏ともに潤に冠する枕詞と解釈する（『萬葉代匠記』）。新村出は潤和川（潤八川）を富士山に水源を発する静岡県潤井川と考定している（「萬葉」第六號　一頁―五頁　昭和二十八年）。地理的にみてカシワやナラガシワが生えてもおかしくはない地域環境である。一方、第三の歌の児手柏は、今日いうヒノキ科コノテガシワではなく、ブナ科コナラまたはモクレン科ホオノキであることは拙著『万葉植物文化誌』で詳述しているので割愛する。

　中国にもブナ科カシワは分布するが、その漢名は当然ながら柏ではない。本草では『新修本草』（蘇敬）に初見する槲若《コクジャク》がカシワに相当するが、基原に関する記述はまったくない。宋代になって『圖經本草』に「木の高さ丈餘、若は即ち葉なり。櫟と相類し、亦た斗有り。」（『證類本草』巻第十四「木部下品」所引）、『本草衍義』に「槲若は亦た斗有り。但し、櫟に及ばず。木堅しと雖も材に充つるに堪へず。」（巻第十五）とやや具体的に記述され、櫟（ブナ科クヌギ）の類で殻斗すなわち果実の下部にお椀状の殻があるというから、どんぐりの類であることがわかる。したがって槲をカシワあるいはその類縁種として問題はない。柏實　槲若のいずれも、一〇六一年に成立した『圖經本草』でやっと具体的な基原の特徴を記述したにすぎないから、十世紀に成立した『和名抄』や『本草和名』はその基原を推定することすらままならなかったのである。『延喜式』巻第一「神祇一　四時祭上」に「六月晦日大祓　槲廿把」「平野神四座祭　柏一百六十把」など、柏と槲の両方が随所に出てくる。一方、同巻第五に「齋宮供新嘗料　干槲三俵」、巻三十二「大膳上」の雜給料に「菓子雜肴盛以干柏」とあり、ここでは干槲と干柏が出てくる。そのほか、青柏・青槲も随所に現われる。以上、『延喜式』では完全に柏・槲が混同され、まったく区別されていないことがわかる。同巻第三十五「大炊寮」には「葉椀　五月五日青柏　七月廿五日荷葉　餘節干柏」という注目すべき記述がある。それによれば、五月五日は柏の生葉（青柏）で、七月廿五日はハスの葉（荷葉）で、それ以外は柏の乾燥葉（干柏）を用い、季節によって使い分けていることを示す。したがって、この柏がカシワであって常緑樹の葉でないことがはっきりする。因みに、葉椀とは、『和名抄』調度部の祭祀具に「葉椀　本朝式云ふ、十一月辰日の宴會の其の飲器、参議以上は朱漆椀、五位以上は葉椀　和語云ふ、久保天」とあるように、和訓を「くぼて」といい、カシワの葉で作る食器をいう。現在でも古い神社ではカシワあるいはナラガシワの葉で葉椀を作り、神饌の飲器として用いる。『和名抄』は、『延喜式』に記載された事実に基づいて、柏・槲ともに同訓をつけせざるを得なかったのである（前節）。一方、前述の『萬葉集』で詠まれる柏はカシワの類としてまったく矛盾のないことは前述した通りである。

第3節　常緑樹のはずの柏に落葉樹カシワが充てられた経緯

次に、なぜ常緑樹のはずの柏に落葉樹であるカシワの訓を充てたのか考えてみよう。それは「かしは」の語源と密接な関連がある。結論を先にいえば、「かしは」の語源は炊葉《かしぎは》に由来し、食物を包むか挟んで加熱・調理するのに用いたからである。わが国各地で古くからブナ科カシワなどの葉を飯の盛りつけに利用したが、似た調理法はバナナやタロイモなど大型の葉の多い熱帯地方では普通に見られるので、もともと南方の習俗に由来し、日本文化の南方要素と考えられる。直火で加熱するのではなく、植物の生葉で包んだものを土器に入れて蒸すか、あるいは焼き石を敷き詰めてその上に置いて加熱調理したと推定される。現在のわが国では、かしわ餅・粽などに植物の葉を利用するが、大半は包装用材料・食器代わりとして利用し、直に調理に利用する例は少なく、せいぜい調理時の下敷きにとどまる。すなわち、厳密な意味で炊葉《かしぎは》とはいえないが、古くは包装・食器のみならず調理用に利用したにちがいない。いずれにせよ、「かしは」の語源が炊葉《かしぎは》の転であることは揺るがず、定説と考えて差し支えない。かかる目的で用いる植物は、葉の大小に差はあれ、自然界に多く存在するから一つに限らない。服部保らは食品を包むのに用いられた植物葉を「かしわもち型」と「ちまき型」に分類し、次の植物種を挙げる（『人と自然』十八号一二七頁―一五〇頁 二〇〇七年）。

かしわもち型

アケビ科ムベ、**ショウガ科**ミョウガ、**マメ科**クズ、**サルトリイバラ科**サルトリイバラ
カキノキ科カキノキ、**クスノキ科**ニッケイ、**ツバキ科**ツバキ、**トウダイグサ科**アカメガシワ、**ブナ科**アベマキ・カシワ・クヌギ・コナラ・ナラガシワ・ミズナラ・カシ類（以上コナラ属）・マテバシイ（マテバシイ属）、
モクレン科ホオノキ

ちまき型

イネ科アシ・ササ類・ススキ・タケ類・ダンチク・チガヤ・マコモ・ヤダケ、**ショウガ科**アオノクマタケラン・ゲットウ・ミョウガ、**トウダイグサ科**アカメガシワ、**トチノキ科**トチノキ、**バショウ科**バショウ、**ブナ科**アベマキ・カシワ・クヌギ・ナラガシワ（コナラ属）・クリ（クリ属）、**モクレン科**ホオノキ、**ヤシ科**ビロウ

それによると、関東地方を中心とする東日本ではカシワの利用が多く、一方、西日本ではサルトリイバラ・ホオノキなどの葉を利用するという。その他にもクヌギ・コナラなどカシワの同属他種や、アカメガシワ・カキノキ・クリ・トチノキなども利用するという。ここで注目すべきことは、方言でアカメガシワ・クヌギ・コナラ・サルトリイバラ・ナラガシワ・ホオノキを「かしわ」と呼ぶ地域が広域にわたって分布することで（『日本植物方言集成』）、「かしは」が特定の植物を指す名ではなかったことを示唆する。ほとんどが落葉樹の葉であるが、クズなどの草本植物、ニッケイなど常緑植物の葉も利用されているのが目立つ。特に注目されるのはニッケイであり、「家にあれ

ば　笥《け》に盛る飯《いひ》を　草枕　旅にしあれば　椎の葉に盛る」（巻二　〇一四二）という有間皇子の一首を思い起こす。皇子は中大兄皇子一派に捕捉され、処刑される直前にこの歌を詠んだとされる。すなわち、皇子は不遇な待遇の中でブナ科常緑樹シイの葉に飯を盛ったことになる。一般の注釈書は原文にある椎をシイとするが、『新撰字鏡』には「椎　直亀反鐵　奈良乃木」とあってコナラと解釈する異論もあるので、ここで改めて徹底的に検証しておきたい。『本草和名』に「椎子又有櫪子　相似て椎より大、崔禹に出づ　和名之比」（第十七巻「菓四十五種」）とあり、『和名抄』にも「本草云ふ、椎子　上音直追反　和名之比」とあって、いずれも椎を「しひ」と訓じ、『新撰字鏡』とは異なる和訓をつける。『本草和名』では併記する櫪子《レキシ》（クヌギのこと）に注記があり、『崔禹錫食經』の出典とするが、おそらく椎子も同書の由来と思われる。一方、『新撰字鏡』は「楅　志比」とあるように、別の字を「しひ」と訓ずる。中国の正統本草に椎の名はないが、古字書には収録されている。しかし、『説文解字』に「椎は擊なり。齊、之を終葵と謂ふ。从木隹聲。」とあって、木偏ながら植物を表す字としていない。椎を植物名とする漢籍がないわけではなく、『集韻』に「椎　朱惟切　音隹　木の名、栗に似て小なり」（『康熙字典』による）とある。クリに似て小さいという記述は必ずしもシイだけに合致するわけではないが、実が食用になるからそう解釈されたと考えられる。わが国でシイと称する植物はツブラジイ・スダジイ（以上シイ属）・マテバシイ（マテバシイ属）の二属三種があるが、有間皇子が飯を盛るのに用いたのは、皇子が捕捉された紀伊半島に分布し、葉が比較的大きなスダジイと思われ、また一般にシイと呼ばれるのも同種である。ところで、シイと常緑カシ類は見かけがよく似ていて、的確に区別できる人は多くはないだろう。シイの実はあくがほとんどなく生食できるが、カシの実はあく抜きが難しく、食用に適さないことで区別している人も多い。植物学的にはカシの類は落葉樹のカシワの類とともにブナ科のコナラ属に分類され、見た目の似るシイ類とは属を区別する。ここで注目すべきは、東北地方の一部にカシワ・クヌギを「かし」と呼ぶ地域が存在することである。また、いわゆる「どんぐり」（ブナ科植物の堅果の総称）を「かし」と呼ぶ地域が山口・徳島にある（以上、『日本植物方言集成』による）。落葉・常緑のコナラ属各種いずれをも「かし」と呼ぶ方言名の存在を考慮すれば、「かし」の語源は「かしは」の略転という考えも十分に成り立つ。有間皇子が飯を盛るのに用いたシイの葉は常緑カシの葉とよく似ているから、カシ類の葉を同じように用いたとしても不思議はない。犬養孝は、和歌山県岩代に子供が生まれて三十日経過後の朔日または十五日に、米の粉をこねてつくった団子をヒトゲと称して、カシの葉に盛って氏神に供える風習があることを紹介している（『万葉の旅』中　社会思想社　一九六四年）。また、服部保によれば、ニッケイ（鹿児島・徳島）・常緑カシ類（徳島・兵庫）・マテバシイ（長崎）・ツバキ（島根・新潟）のような常緑照葉樹の比較的堅い葉を餅や団子を包むのに用いるという（「人と自然」第十七号　一頁―十一頁　二〇〇七年）。古典の記述に眼を投じると、『源氏物語』の若菜《わかな》上に「つぎつぎの殿上人は、簀《す》の子《こ》に圓座《わらふだ》めして、わざとなく、椿《つばい》もちひ、梨《なし》、柑子《かうじ》やうの物ども、さまざまに、箱《はこ》の蓋《ふた》どもに取《と》りまぜつゝ、あるを、若《わか》き人々、そぼれ取《と》りくふ。」とある「椿《つばい》もちひ」も、堅いツバキの葉で包んだ菓子類にほかならない。したがって、古くは常緑カシの葉を含めて多くの植物を「かしは」と呼び、神祇の祭器としてあるいは日常生活で常用したことは想像に難くない。古代以前のわが国では、植物種を認識するのに何の役に立つか用途別に分類して名前をつけていたが、系統的な分類ではなかった。中国から漢字を導入したとき、本草学という植物分類体系も伝わり、邦産植物に古典の学名ともいうべき本草名（漢名）を充てて、有用植物を管理しようと努めるようになり、それまでの伝統的な非体系的種認識は崩壊した。「かしは」は典型的な非体系的種認識に基づく名であったため、次々と本草名で置き換えられるとともに、「ほほがしは（ホオノキ）」「このてがしは（コナラ・ホオノキの異名）」「みつながしは（カクレミノ）」（以上拙著『万葉植物文化誌』を参照）などの新たな和名が作られた。祭祀で繁用する葉椀《くぼて》の材料となるカシワは、自然分布が限られるので、分別されて別名をつけられることなくして「かしは」の祖名を保持したと考えられる。常緑カシ類は古くは葉を調理、実を食用に利用し、堅い材は縄文遺跡からほとんど出土しないことから利用されていなかった。ところが鉄器が普及してカシ類の材の利用が可能になると、材の用途が主となって「かしは」から「は」が抜け落ちて「かし」の名が成立したと考えられる。今日、全国各地の神社で神事に用いられる葉椀はカシワかナラガシワのいずれかである。それも自然生を用いる例はまれで、古くから植栽されていたにちがいなく、『延喜式』にある柏・槲はまずカシワ・ナラガシワのいずれかと考えてよい。わが国で柏を「かしは」と訓じたのも常緑樹系の「かしは」すなわちカシ類があったからで、これなら「古墓は犂《す》かれて田と爲り　松柏摧《くだ》かれて薪と爲る」（『文選』、第一節参照）という中国での松柏の認識とさほど違和感はない。カシ類はわが国の照葉樹林を構成する主要樹種であって、古くから薪料とりわけ陶器の窯焼き燃料に繁用されたからである。破壊された照葉樹林の後に成立する二次林（代償植生）は地域によって構成樹種が異なる。関東以北ではコナラ・クヌギあるいはミズナラなどブナ科高木を主とする落葉広葉樹林（いわゆる雑木林）、近畿地方ではアカマツを主とする常緑・落葉広葉樹の混合林、紀伊半島南部・四国・九州南部は常緑広葉樹林となる。古い時代に「かしは」と称するのはコナラであったとする俗説があるが、雑木林の主要樹種であるコナラが古くから多産したというのは錯覚にすぎない。わが国ではコナラなどブナ科落葉広葉樹は二次林に見られ、原生の植生にはまれである。その点ではわが国全土の暖帯・温帯に分布するものの自然生が少なく、山火事の後などに先駆植物として生えるカシワと大差ない。

以上、カシの語源を「かしは」に由来するとしたが、一般に根強い支持があるのは「堅し」の転とする見解である（『言海』ほか）。材質の堅い堅木の義であり、わかりやすいこともあって、この説は広く支持されている。とりわけ、『出雲國風土記』の大原郡に「高麻山　郡家の正北一十里百歩なり。高さ一百丈、周り五里なり。北の方に樫・椿等の類あり云々」、『延喜式』巻第十五「内藏寮」に「牛皮一張　長六尺五寸　廣五尺五寸　除毛一人（中略）採樫皮一人云々」とあるように、堅木を意味する国字「樫」が古くからあることもこの説が広く支持される理由となっている。語源とは直接の関係はないが、国字の樫が作られたのは漢籍に適合する漢名が見当たらなかったからである。それは「かし」の和訓をつけた用字が複数あることで示唆される。『萬葉集』では高橋虫麻呂の歌「若草の夫《つま》かあるらむ　橿の実の　ひとりか寝らむ　問はまくの　欲しき我妹が　家の知らなく」（巻九　一七四二）に橿の字があり、「かし」の和訓をつける。『廣韻』に「橿　一名檍、萬年木」、『説文解字』に「橿は枋なり。一曰鉏柄名」とあるように、必ずしもカシ類だけを指す字ではなく、杻・檍（モチノキ科モチノキ類）、枋（ニシキギ科マユミ）なども含めて、一般に材質の堅い木およびそれから作られる道具などを意味する。そのほか、『日本書紀』の齊明天皇の条に「（五年春三月）甲午《きのえうまのひ》に、甘檮丘の東《ひむがし》も川上《かはら》に云々」（巻第二十六）とあり、「檮　此をば柯之と云ふ」という古注があって、檮を「かし」と読む。巻第二十一の用明天皇の条にも人名の一部として赤檮があり、「赤檮　此をば伊知毘と云ふ」とあり、別訓をつけるので紛らわしいが、『萬葉集』でも伊智比《いちひ》を詠む歌が一首あり（巻十六　三八八五）、カシ類の一種イチイガシをいう（『万葉植物文化誌』）。檮も、『廣韻』に「檮は剛木なり」とあるように、材の堅い木一般を指す。本草におけるカシ類に対する正名は、『本草拾遺』（陳藏器）に初見する櫧子《ショシ》であって、「橡子（クヌギの果実）より小なり。（中略）皮樹は栗の如く、冬月に凋まず、江南に生ず。」（『證類本草』巻第二十三「陳藏器餘　鉤栗」所引）と記述されている。正鵠を射た記述にもかかわらず、上中古代のわが国で用いられなかったのは正統本草を出典とする名ではなかったからであろう。『本草綱目』（李時珍）は鉤栗《コウリツ》から櫧子を分離して正品に収載した（巻第三十「果之二　山果類」）。

【追補】「かしは」の一種ホオノキの漢名が『萬葉集』に見当たらないわけ

見《シ》二攀《ヂ》折《リタル》保寶葉《ヲ》一歌

わが背子《せこ》が　捧《ささ》げて持てる　保寶我之波《ホホガシハ》　あたかも似るか　青き蓋《きぬがさ》　（『萬葉集』巻十九　四二〇四）

『萬葉集』でモクレン科ホオノキを詠む二首の歌の一つで、ホオノキの大きな葉が枝先に輪状に束生するのを蓋《きぬがさ》に見立てて詠んだ。ホオノキの樹皮を厚朴《コウボク》と称し、半夏《ハンゲ》厚朴湯《コウボクトウ》などに配合される漢方の要薬である。中国でも歴代本草書はホオノキと形態の酷似するトウコウボク（トウホオノキ）ほか同属近縁種を厚朴に充てており、同名異品が存在するとはしていない。正倉院文書（奉盧舎那佛種々薬帳）に記録された六十種の薬物の一つに「厚朴十三斤八兩」（『大日本古文書』巻四　一七一頁―一七五頁）とあるので、奈良時代に厚朴という名は確かに知られていた。種々薬帳に記録された薬物は、天平勝宝八歳（七五六年）六月二十一日、聖武天皇崩御四十九日忌に際して光明皇后・孝謙天皇より東大寺大仏に献納されたもので、正倉院宝物材質（通称正倉院薬物）と称される。一二〇〇年以上も前の薬物が埋蔵物ではなく通常の建物（正倉院）の中に保存されてきたのは、世界的にも類例がなく、貴重な歴史遺産である。『新撰字鏡』には「厚朴　保々加志波」とあり、『和名抄』『本草和名』でも同様の訓をつけるにもかかわらず、記紀や『出雲國風土記』に漢名はなく、『萬葉集』の歌の題詞でも厚朴ではなく和名の保寶《ホホ》とあるのはきわめて奇妙にみえる。このなぞは柴田承二東京大学名誉教授（一九一六年―二〇一六年）らによる正倉院薬物の調査研究によって解明された（「正倉院紀要」第二十号　二十二頁―二十八頁　二〇〇八年）。すなわち、正倉院所蔵の厚朴はモクレン科ではなくクルミ科フジバシデ *Engelhardia roxburghiana* Wallich を基原とし（詳細は拙著『生薬大事典』のコウボクを参照）、今日とはまったく基原の異なる同名異物品であったのである。前述したように、厚朴はホオノキに充てるべき漢名であるが、中国より当時のわが国にもたらされた厚朴がホオノキとはまったく異なるものであったため、その漢名として厚朴を充てるのが憚られたのである。なぜクルミ科植物を基原とする厚朴がわが国にもたらされたのかは不詳である。以上のことは国文学で言及されたことを聞かないが、異分野の知見にも視点を向けることの重要性を示唆する例としてここに補足しておく。因みに、柴田教授は学部から大学院に至るまで筆者の恩師であり、二〇一六年七月に永眠された。享年一〇一歳。ここに謹んでご冥福をお祈り申し上げる。

第14章

万葉の「ひさぎ」はもっとも身近な「かしは」の一種

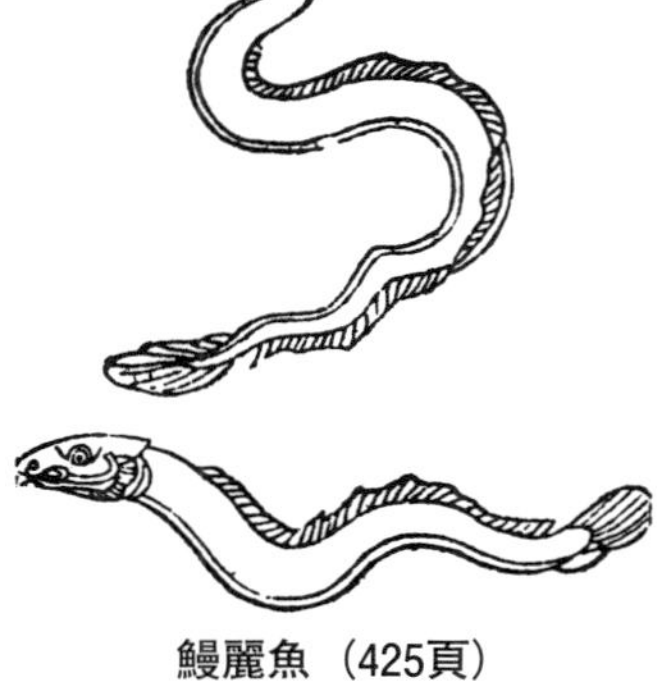

鰻鱺魚（425頁）

第1節　万葉の「赤らがしは」はアカメガシワか？

アカメガシワはごく普通に見られる植物で、西日本の広い地域で「かしわ」と称されることは前章第3節で述べた通りである。また、今日の伊勢神宮で御綱柏《みつながしわ》として神事に利用するのはアカメガシワであり、その葉は古くから飯の盛りつけなどに利用されたことはまちがいない。とすれば、『萬葉集』の歌の中にアカメガシワが詠まれていてもよさそうに思えるが、実際、「印南野《いなみの》の　赤ら柏は　時はあれど　君を我が思《も》ふ　時はさねなし」（二十―四三〇一）にある赤ら柏（原文：安可良我之波）をアカメガシワに比定する見解がある。アカメガシワの名は新芽が赤いことに由来するので、確かに「あからがしは」の名にはよく合う。この歌の題詞に「（天平勝宝六年正月）七日、天皇と太上天皇、皇太后、東の常宮の南大殿に在りて肆宴したまひし歌」とあり、印南野の赤ら柏は（収穫する）時期が決まっているけれど、私が君を思うことに決まった時期というものは決してありませんという意味である。「かしは」の葉を葉椀《くぼて》などに利用することを前提にこの歌を詠んだとしてまちがいないが、この観点ではアカメガシワ・カシワのいずれもそれに合致する。ただし、題詞に正月七日とあり、その時期ではアカメガシワは完全に落葉して枝だけであるから、広々とした印南野に生える枯れ枝のアカメガシワを「赤ら柏」と認識することはまずないだろう。古くアカメガシワの若芽を利用した形跡がないので、「あからがしは」の名の発生をそれに求めるには無理がある。一方、カシワであれば、そのころでも褐変した葉が枝に残るが、葉椀に使う葉をとるには旬が過ぎているので、この歌の内容に申し分ない。拙著『万葉植物文化誌』では、「あからがしは」を実が赤く色づいたカシワと解したが、『萬葉集全釋』（鴻巣盛広）のいうように、カシワの葉の紅葉（褐変）したものとするのが妥当と考え、ここに訂正する。

「かしは」という名にこだわる限り、『萬葉集』にアカメガシワを詠む歌は皆無といって過言ではない。そもそも「あかめがしわ」なる名前は『大和本草』(貝原益軒)に赤目柏として初見し(巻之十二　木之下)、それ以前の古典文学に出現するとすれば、別名で出ている可能性が考えられる。結論から先にいうと、『萬葉集』に「ひさぎ」の名で詠まれた歌がいくつかあるが、それこそアカメガシワに相当する。しかし、まったく「かしは」とは由縁のない名であり、そう結論するまでに紆余曲折があるから、少々冗長な解説にならざるを得ないことを、ここにあらかじめお断り申し上げておく。

第2節　『萬葉集』における「ひさぎ」の表記について

『萬葉集』で「ひさぎ」の和訓で詠む歌は四首あるが、すべて万葉仮名による表記であって、漢名はひとつもない。そのうち原文表記で久木とあるのが三首(六―〇九二五・十一―八六三・十一―二七五三)あり、これを「ひさぎ」と訓ずるのは問題ない。ところが残りの一首(十二―三一二七)では若歴木とあって、これまで国文学では「わかひさぎ」と訓読してきた。拙著『万葉植物文化誌』ではまったく言及しなかったので、本書で補足しておく。

2-1　なぜ歴木を「ひさぎ」と訓ずるのか

歴木を「ひさぎ」と読むのを正当化しようとしても、古今の字書のどこにもこの訓は見当たらない。にもかかわらず、国文学で若歴木を「わかひさぎ」と訓ずるのは、その後にくる句「我が久ならば(原文：吾久在者)」を導く序詞としなければ、意味が通じないからである。すなわち、「わかひさーぎ」でもって「わがひさーならば」を同音で導く技法と解釈しているのである。しかし、それではこの訓の根本的な解決にはならないが、国文学ではそれ以上深く検討されることはなかった。歴を木偏に作れば櫪となるが、古本草にはかかる名は見当たらない。一方、古字書では『説文解字』に「櫪は櫪椒、椑指なり。从木歷聲。」とあるが、『説文解字繫傳』（徐鍇）に「木を以って十指を椑し之を縛るなり」とあり、罪人の指を並べて縛る刑具（ゆびひしぎという）のことであって植物名ではない。『南都賦』（張衡）に「其の木は則ち樫、松、楔、櫻、槾、柏、杻、橿、楓、柙、櫨、櫪、帝女の桑云々」（『文選』巻四所収）とあり、単に多くの木の名を列挙したにすぎないが、この中に櫪の字を見る。李善（六三〇年？—六八九年）は「櫪は櫟と同じ」と注釈し、植物名としての櫪はおそらくこれをもって初見とする。すなわち、櫪《レキ》は櫟《レキ》の同音異名であり、上代の古典にある歴木は『文選』の李善註によって櫟木の意と認識されたといってよい。しかしながら、その訓については、説明が冗長といわざるを得ないほど、複雑かつ紛らわしいことを予め容赦されたい。まず、櫪の訓については、『新撰字鏡』に「櫪櫟　同閭激反馬櫓久奴木又久比是」とあって、櫪・櫟のいずれにも同じ訓「くぬぎ」をつけ、「ひさぎ」とはしていない。この訓は今日のブナ科クヌギに名が残るが、念のため櫟の基原について検証しておく。『毛詩草木鳥獣蟲魚疏』（陸璣）に「栩は今の柞櫟なり。徐州櫟を謂ひて杼と爲す。或は之を謂ひて栩と爲す。其の子は皁を爲す。或は皁斗と言ひ、其の殻は汁に爲りて以て皁《くろ》に染むべし。今、京洛及び河内は多く杼斗と言ひ、或は橡斗と云ふ。櫟を謂ひて杼と爲すは五方の通語なり。」（「集于苞栩」）とあり、殻斗《かくと》の果実をつけるという。殻斗とはいわゆる「どんぐり」のことで、ブナ科に特徴的な果実の形態を表す語彙である。そしてそれを黒色染料にするというから、櫟すなわち櫪は橡・杼・栩とともにブナ科クヌギを表し、その基原認識は後世の『本草綱目』でも変わらない。クヌギの実は古くから黒色の染色に用いられ、その色をツルバミ（色）と称したことは周知の事実である。因みに、わが国では橡・杼をトチノキ科トチノキに充てる（『新撰字鏡』「橡」、『和名抄』「杼」に「トチ」の和訓がある）が、トチノキの実は殻斗を作らないので、この用字は誤りである（以上、詳細は『万葉植物文化誌』の「つるばみ」の条を参照）。いずれにせよ、以上の考証では櫪の訓はあくまで「くぬぎ」

であって「ひさぎ」ではないし、また「ひさぎ」をアカメガシワという前提から見ると、「くぬぎ」と「ひさぎ」は植物学的にまったく類縁はない。ところがこのまったく無関係のように見える両名の接点が思わぬところにある。『本草和名』（深根輔仁）に「猪苓　陶景注云ふ、塊を作し猪矢に似たる故に以て之と名づくと　一名猳猪矢　仁諝音加　一名楓樹苓　陶景注に出づ　一名豕橐　跣文云ふ、荘子に出づと　和名加之波一名久岐一名也末加之波」とあり、猪苓《チョレイ》（生薬名）に対して「かしは」「ひさぎ」「やまかしは」という三つの和名を列挙する。ほとんどの文系研究者にとって、猪苓はなじみのない名であろうから、ここで簡潔に説明しておく。猪苓とは主としてブナ科コナラ属に寄生するサルノコシカケ科チョレイマイタケの菌核をいい、『神農本草經』の中品に収載される由緒ある薬物で、胃苓湯《イレイトウ》・茵陳五苓《インチンゴレイ》散《サン》・柴苓湯《サイレイトウ》・四苓湯《シレイトウ》・猪苓湯《チョレイトウ》などの処方に配合される漢方医学の要薬でもある。すなわち、ブナ科コナラ属のカシワとは直接の関係はないが、昔は宿主のカシワの根の一部と考えられていた。それ故に深根輔仁は「かしは」の和訓をつけたのであって、これを勘違いとみるべきではない。一方、「ひさぎ（久岐）」の名は、それとは無関係で、結論を先にいえば、これこそ勘違いによるのであって、ほかの二名「かしは」「やまかしは」とはまったく異質である。なぜそれが勘違いに由来するかといえば、『醫心方』（丹波康頼）巻第三十「食養篇」の第十三巻木中二十八種に「猪苓　和名加之波支又久奴支一名也末加（ママ）加波」とあって、ここでは久奴支《くぬぎ》とあるからである。すなわち、『本草和名』は久奴岐とすべきところを、奴の字を落として、久岐と表記してしまったのである。もともとは「ひさぎ」ではなく「くぬぎ」とすべきことは、クヌギとカシワがブナ科コナラ属の同属植物であるを知れば、それ以上の説明は必要ないだろう。ここでは『本草和名』が誤ったとしたが、『萬葉集』の編纂プロセスでも同じ勘違いは十分にあり得ると考える。その結果、「ひさぎ」をまったく無関係の植物の漢名「歴木」で表記してしまったのである。

2-2 「ひさぎ」と読まない『萬葉集』のもう一つの歴木

実は、『萬葉集』にもう一つ歴木の用例があるが、まったく別の訓をつける。次の歌の第三句（原文：少歴木莫苅焉）の少歴木は、字義から若歴木と同意のはずであるが、国文学ではこれを「しば」と訓ずる。なぜそのような訓が成立するのだろうか。

佐保川《さほがわ》の　岸のつかさの　柴な刈りそね　ありつつも　春し来らば　立ち隠るがね　（巻四　〇五二九）

この歴木の基原を、『和名抄』の「本草云ふ　擧樹　和名久沼木　日本紀私記云ふ歴木」に基づいて、「くぬぎ」すなわちブナ科クヌギとし、その若木であるから「しば」と訓ずるとこれまでの国文学は解釈してきた。すなわち、十二―三一二七にある若歴木とは基原がまったく異なることになってしまう。同じ『萬葉集』で基本的に同じ字義をもつ名が異なる植物を指すというのはあり得ないと、一方的に否定するつもりは毛頭ないが、まずはそれを避けるべく論考を進めるのが常道であろう。結論を先にいうと、この歌の歴木は「くぬぎ」ではなく、本書ではこれも「ひさぎ」すなわちアカメガシワと考える。歌の情景では佐保川の岸の高いところにシバが生えるとあるから、植物生態学的観点から、二次林に生えるクヌギより荒れた地に生えるアカメガシワの方がよく合う。興味深いことに、アカメガシワに対して、四国の一部地域に、「かわらしば」「すししば」「すしば」という「しば」の名をもつ方言名が存在する（『日本植物方言集成』）。また、長崎県対馬には「ちまきしば」という方言名があり、享保時代にこの名の存在が確認されている（『江戸時代朝鮮薬材調査の研究』第3章三-1　物名の確認と藩内調達品）。すなわち、かなり古い時代からアカメガシワはシバと認識されてきたのであり、万葉の若歴木および少歴木はいずれも「ひさぎ」すなわちアカメガシワの若木を指すと考えて差し支えない。少歴木を「しば」と訓ずるのは問題ないが、具体的な植物名が無ければ、鮮明な歌の情景を思い浮かべるのは難しい。少歴木というほかに用例のない名前からアカメガシワという具体的な植物が浮上したのは民族植物学的および生態学的観点からの精査の賜物といってよい。また、若歴木と少歴木が同じ植物種という結論に至ったのも、字義が基本的に同じであるから必然とも考えられよう。これも学際的アプローチの成果であり、今後の国文学研究のあり方を具体的な形でもって示唆したといえまいか。次節で述べるように、同じ上代の典籍とはいえ、『日本書紀』の歴木は櫟として久奴岐《くぬぎ》という正しい訓で読まれたが、ケヤキあるいはクスノキのことであって、今日のクヌギではない。同系統の漢名であっても基原は『萬葉集』とはまったく異なるわけで、古典植物名の基原の解明の難しさをよく表している。

2-3　「ひさぎ」と読まない『日本書紀』にある歴木

歴木は、『萬葉集』だけでなく、同じ上代の『日本書紀』にもあり、むしろこの名の初見は同書である。景行天皇十八年に次の地名由来の説話の中に出てくる（巻第七）。

秋七月《あきふみづき》の辛卯《かのとのう》の朔《ついたち》甲午《きのえうまのひ》に、筑紫後國《つくしのくにのしりのくに》の御木《みけ》に到《いた》りて、高田行宮《たかたのかりのみや》に居《ま》します。時に僵《たふ》れたる樹《き》有り。長《なが》さ九百七十丈。百寮《つかさつかさ》、其の樹《き》を蹈《ほ》みて往來《かよ》ふ。時人《ときのひと》、歌《うたよみ》して曰《い》はく、

朝霜《あさしも》の　御木《みけ》のさ小橋《をばし》　群臣《まへつきみ》　い渡《わた》らすも　御木《みけ》のさ小橋《をばし》

爰《ここ》に天皇《すめらみこと》、問《と》ひて曰《のたまは》く、是《これ》何の樹《き》ぞと。一の老夫《おきなあ》有りて曰《まう》さく、是《こ》の樹は歴木といふ。嘗《むかし》、未《いま》だ僵《たふ》れざる先《さき》に、朝日《あさひ》の暉《ひかり》に當《あた》りて、則《すなは》ち杵嶋山《きしまのしま》を隠《かく》しき。夕日《ゆふひ》の暉《ひかり》に當りては、亦、阿蘇山《あそのやま》を覆《かく》しきと。天皇曰《のたまは》く、是《こ》の樹は、神《あや》しき木《き》なり、故《かれ》、是《こ》の國《くに》を御木國《みけのくに》と號《よ》べと。

歴木は櫟とし、一般には「くぬぎ」と訓ずる。「2-2」で述べたように、ブナ科クヌギとして字義上では特に問題ないが、この話では歴木が神木であることに留意する必要がある。というのは、クヌギは二次林に生える落葉樹であまり長寿ではなく、また材質が弱くて大木に育ちにくく、神木としてふさわしいとはいえないからである。実を

いうと、「くぬぎ」の和名をつける植物は櫪・櫟に限らない。『本草和名』に「擧樹皮　和名之良久奴岐一名奈久美奴岐（奈美久奴岐の誤記）」とあり、擧樹《キョジュ》（＝欅樹）を「しらくぬぎ」あるいは「なみくぬぎ」としている。欅樹がニレ科ケヤキであることは拙著『万葉植物文化誌』で詳述してあるから、ここでは結果だけを述べておく。一方、『和名抄』に至っては「本草云ふ　擧樹　和名久沼木　日本紀私記云ふ歴木」とあって、擧（＝欅）をそのものずばりの「くぬぎ」としている。そのほか、『和名抄』では「本草云ふ、釣樟　一名烏樟　音章和名久沼木」、また『本草和名』でも「釣樟根皮　楊玄操音上丁忙反下音章　一名烏樟又地菘有り一名劉盡草　仁諝音呼麦反　陶景注云ふ、劉恨採り之を用ふと。兼名苑劉恨に作る。上音招下音烏獲反　和名奈美久奴岐」とあるように、釣樟《チョウショウ》にも「くぬぎ」の類名の和訓をつける。釣樟はクスノキ科クスノキの近縁種を基原とし、やはり大木になる（第11章第4節参照）。したがって、古い時代では「くぬぎ」は特定の植物を指す名前ではなかったことを示唆する。ケヤキやクスノキ類はクヌギよりはるかに長寿であって、材質は堅く大木に育ち、わが国各地でケヤキ・クスノキを神木として祭る事実がある。一方、クヌギを神木とする例はごくまれで、おそらくは以上の擧（＝欅）の訓の混乱によって誤って指定されたと考えるべきである。以上から、かつてはケヤキ・クスノキも「くぬぎ」と呼ばれていたことがうかがえ、『日本書紀』にいう歴木はむしろケヤキあるいはクスノキと考えねばならない。『和名抄』に「日本紀私記云ふ歴木」とあるからこそ、『日本書紀』ほか本朝式文ではもっぱら歴木を用いて「くぬぎ」と読んだのである。クヌギの古名でよく出てくるのは「つるばみ」であって、『萬葉集』のみならず中古代の古典文学ではもっぱら「つるばみ」の名だけが出現し、「くぬぎ」の名は見当たらない。「くぬぎ」の語源説の一つに国木とする説があるが、『日本書紀』では御木国の国名由来に関わっているから、この説がもっとも正鵠を射たといえる。俗説に、どんぐりが食べられるので食之木《くのき》に由来するというが、果実が食用にならないケヤキやクスノキも「くぬぎ」の名で呼ばれていたことを考慮すると、この語源説は当たらない。そもそもブナ科クヌギが「くぬぎ」と呼ばれるようになったのはかなり後のことである。

ここで「つるばみ」の名が出てきたが、その基原については拙著『万葉植物文化誌』で詳述したので割愛し、その語源について考えてみたい。深津正は朝鮮語のクリ・クヌギを意味するKulと同堅果を意味するBamの複合語Kul-Bamの転であるという（『木の名の由来』）。この音韻転訛が成立するのであれば、クヌギの実を黒色の染料とするから、「黒ばみ」→「くるばみ」→「つるばみ」も語源説として十分にあり得ると考えねばならない。『宇治拾遺物語』の「慈覺大師入《り》二纐纈城《かうけちじやうに》一行《く》事」に「食物《くひもの》の中に、ごまのやうにて、くろばみたるものあり。それは物いはぬ薬《くすり》なり。さる物參《まゐ》らせたらば、食《くふ》まねをして捨《すて》給へ云々」（巻十三・（十））とあるように、鎌倉期ながら古典文学の用例もある。「ばむ」は接尾辞で、『源氏物語』の末摘花《すゑつむはな》に「梅は、けしきばみ、ほゝゑ（笑）みわたれる、とりわきて見《み》ゆ云々」とあるほか、平安期の文学に頻出する。また、現代語の「汗ばむ」「黄ばむ」などにも残っているから、「ばむ」の意味をこれ以上説明する必要はないだろう。「食《は》む」とも言語学的に関連すると思われ、上代以前にまでさかのぼる古語である。朝鮮語（しかも現代語とは恐れ入る）を引き出して語源解釈するほど労力を惜しまないのであれば、まずわが国の歴史ある古典文学を精査すべきではなかったか。

第3節　科学的観点から万葉の「ひさぎ」の基原を解明する

今日の『萬葉集』の注釈書の多くは「ひさぎ」を未詳の植物とするが、今まではこれといった決め手に欠けていたからやむを得ないだろう。これまで報告された見解はキサゲ説とアカメガシワ説に大別される。本書では、これから順次述べるように、「ひさぎ」の基原を明らかにするのに、文献学に植物学的知見を加味して文理両道でもって考証する。したがって、理解するのに理系の専門知識を必要とすることをあらかじめお断りしておく。

3-1　植物学的知見から「ひさぎ」を絞り込む：形態から

第2章でススキ・オギ・アシなどについて古代人の種認識が現代人と異なることについて例を挙げて説明した。植物の分類でもっとも重要なのは形態の識別であることに今も昔もさほど変わりはない。古典文学で植物の顕著な形態の特徴を示唆する内容が含まれていれば、基原を絞り込むことは可能である。『萬葉集』の「ひさぎ」を詠んだ歌のいずれにも形態情報は含まれていないが、平安～鎌倉期まで検索対象を拡大すると、「ひさぎ」を詠む和歌は二〇〇首以上ある。このうち、「ひさぎ」の形態的特徴を示唆する内容を含む歌はいくつか散見され、ここでは次の三首を挙げる。万葉時代からわずか二三百年を経ているにすぎないから、よほどのことがない限り、その間に「ひさぎ」の基原が変わったこと、すなわち別の植物に転じたことはないと考える。

一、　山家林影多
　はびろなる　ひさぎまじりの　夏こだち　ゆふ日もささず　まきのいたどは　（『出観集』）

二、ひさぎちる　霜夜の河べ　吹くかぜに　きよくも月の　すみわたるかな　（『新選和歌六帖』第六帖）

三、ひさぎおふる　かた山かげの　きもみぢは　しぐれてたえぬ　秋の色かな　（『新選和歌六帖』第六帖）

第一の歌の意は、「ひさぎ」を交え、鬱蒼とした葉をつけた夏の木立は夕日を遮って真木の板戸までは射してこないという意味である。「はびろ」とは葉広の義で、「ひさぎ」の葉の特徴に言及したものである。『古事記』の垂仁天皇紀にも「又、甜白檮《あまかし》の前なる葉廣熊白檮《はびろくまがし》、うけひ枯らしめ、亦たうけひ生かしむ」とある。『上代語辞典』は「葉の広いではなく葉の茂りこもった」意にとるが、『新古今和歌集』巻第六にある「ねや（閨）のうへに　かたえ（片枝）さ（指）しおほひ　そとも（外面）なる　はびろがしは（葉広柏）に　霰ふるなり」（能因法師）に「外面なる葉広柏に霰降るなり」とあるから、葉が広いという意味もあると考えられる。一方、『重之集』上巻の「いなびの（印南野）に　むらむらた（立）てる　かしはぎ（柏木）の　はびろになれる　なつ（夏）はき（来）にけり」では、葉の栄え広がっている様子、すなわち『上代語辞典』にいうように旺盛に茂っているという意味である。しかし、カシワに劣らずびっしりと葉が茂るヒノキ・マツ・スギなどの針葉樹でこの用例はないから、もっぱら葉の幅の広い広葉樹に対して用いたと考えられる。以上の例でもって、間接的ながら、「ひさぎ」が大きな葉をつける植物と想像せしむるに十分であろう。第二の歌は、「ひさぎ」が散り、霜の降りた夜の河辺に風が吹き通い、月光は清らかで澄み渡るようだという意である。霜夜とあるから、晩秋から初秋の寒々とした情景を詠んだ歌であり、この時期に花をつける樹木はまず考えられないから、「ひさぎちる」とあるのは花ではなく、葉が枯れて散ることすなわち落葉に言及したと考えるほかはない。第三の歌は、「ひさぎ」が生えている山の片側の陰の黄紅葉は時雨れても絶えることがない秋の色だという意である。直接「ひさぎ」に言及するわけではないが、それが生える「かた山かげの黄紅葉《きもみじ》」というから、「ひさぎ」も黄葉する樹種の一つと考える方が歌の解釈としては自然である。以上から、「ひさぎ」は落葉広葉樹であって、いずれの歌においてもアカメガシワとして矛盾がないことがわかる。

3-2　植物学的知見から「ひさぎ」を絞り込む：生態から

序章で述べたように、古典の植物は、葉の形態だけでなく、植物の生態を示唆する情景が記録されていれば、植物生態学の知見を基にしてその植物種を絞り込むことが可能である。本書でも第1章でワラビとゼンマイに対してこの手法を適用している。ここで「ひさぎ」をアカメガシワと仮定して、それがどのような環境に生えるのか説明しよう。文系の諸氏には理解しにくいことであろうが、植物はどこにでも生えるわけではなく、一定の生態系に属して生物社会の構成員となり、他の種との競争的共存の中で生存を余儀なくされ、またそれによって各生態系が維持されることをきちんと理解しておく必要がある。またその微妙なバランスの上に多様な生態系が存在し得るのであり、種の多様性、個体の多様性とともに生物多様性の一翼を担っているのである。したがって、「ひさぎ」が生えている生態環境が明らかになれば、それに該当する植物種をさらに絞り込むことが可能となる。原生林などの安定した生態系は階層的な植生構造を形成するが、アカメガシワはそのような生態系では見ることはなく、いわゆる代償植生の中に頻出し、東京都区内のような都会でもよく見かける。代償植生とは、自然植生が人間の活動の影響を受けて改変された植生をいう。雑木林はその代表的なもので、一見、自然の植生に見えるが、人間が原植生を破壊した後に自らの復元力でもって復活した植生である。今日、アカメガシワは北日本や山地の冷涼地帯を除いて広く分布し、東北南部以南であればごく普通に見られる。アカメガシワがよく出現するのは、人の活動によって頻繁に生態系が攪乱される人里とその近傍か、山火事を含む自然災害等によって損傷を受けた生態系が回復して成立した二次林のいずれかに限られるので、原生林あるいはそれに近い自然植生の中でアカメガシワを見ることはないのである。一旦、森林生態系が完全に破壊され裸地に近い状態になった場合、もともと生えていた樹種がいきなり生えることはなく、まず草原植生が成立する。草原は陽光に直接晒されているから、いわゆる陽樹といわれる樹種が侵入し、次第に草原を木本植物で覆い尽くしていく。アカメガシワは先駆植物といわれ、破壊された生態系が回復する途上で、草原を経て森林植生に遷移するとき、他種に先んじて成長する樹種であり、普通の植物が生えにくい環境にも適応できるしたたかな形質を備えている。アカメガシワが先駆植物という特殊な性格の植物であれば、その古名たるヒサギも古歌においてそれを暗示させるような状況で詠まれていても不思議ではない。まず、既出の『萬葉集』から検討すると、四首のうち、次の二首にその生態環境を示唆する内容が詠い込まれていることは幸運といわねばならない。

一、ぬばたまの　夜のふけゆけば　久木生ふる　清き川原に　千鳥しば鳴く　（巻六　〇九二五）

二、波の間ゆ　見ゆる小島の　浜久木　久しくなりぬ　君に逢はずして　（巻十一　二七五三）

三、度会《わたらひ》の　大川の辺《へ》の　若久木　我が久ならば　妹《いも》恋ひむかも　（巻十二　三一二七）

第一の歌では「久木生ふる清き川原」、第三の歌では「大川の辺の若久木」とあり、「ひさぎ」が河原あるいは河岸に生えていることを示唆する。一方、第二の歌の「小島の浜久木」は小さな島の海浜に生える「ひさぎ」を指す。橘千蔭はほかの「ひさぎ」をキササゲと考える中で、浜久木については「桐梓などの類にて、潮風に堪て、島などに生べくもあらぬ物なり。濱久木は異木にや、云々」と述べて別種と考えた（『萬葉集略解』）。おそらく、浜辺に生える樹木は一般には想像しかねるところであろう。「3-1」の第二の歌の「ひさぎちる霜夜の河べ」も「ひさぎ」が河原または河岸に生えていることを示唆する。河原や浜辺は自然界でもっとも生態系の攪乱が起きやすい環境である。生態系の攪乱とは、ある程度のレベルまで成立した生態系が災害や人為など何らかの経緯で突如として破壊されることであり、河原・河岸や海浜ではしばしば洪水・潮害・風害などの自然災害に晒されるので、植生は階層構造をもつ安定した森林にまで発達することはない。したがって、植生が成熟する前に一定の頻度でダメージを受け易いから、そのような環境に生育する植物種は少なく、いわゆる先駆植物が出現しやすい。先駆植物とは、陽・陰、湿・乾を問わない過酷な環境で生育できる強靱な性質をもつ植物の総称であり、そのほとんどはほかの植物に先んじて発芽し、成長も早い植物である。その代表的な樹種にアカメガシワがあり、浜辺の潮をかぶるような環境にも生える。平安以降の和歌で生態情報が含まれる歌として次の二つを挙げておく。

四、ひさぎおふる　をののあさぢに　おく霜の　しろきをみれば　夜やふけぬらん　（『千載和歌集』）

五、あげをのの　ひさぎまじりの　あさぢふも　いまはすがるの　ふしどなりけり　（『山家五番歌合』）

第四の歌は、「ひさぎ」が生えている小野の浅茅が原に、降りた霜の白いのを見ると、もう夜は更けてしまったのだろうなという意味である。一方、第五の歌は、上小野（不詳）の「ひさぎ」がまばらに生える浅茅が原も、野宿の寝床に縋《すが》りたいのだが、今は似我蜂《ジガバチ》（すがる）の臥所《ふしど》となってしまったよという意味である。「ひさぎ生ふる小野の浅茅《あさぢ》」「ひさぎ混じりの浅茅生《あさぢふ》」とある浅茅とは、チガヤなど小形のイネ科草本の総称であり、小野の浅茅、浅茅生とはそれが一面に生えている草原（浅茅が原）をいう。「ひさぎまじり」という句によって、浅茅が原に「ひさぎ」が散生していること、すなわち草原という生態環境に「ひさぎ」が侵入して生えていることを示し、「ひさぎ」と浅茅の取り合わせは文学上の技巧ではなく、現実の植生を表したものである。浅茅が原は河原や海浜などとは異なる生態環境であって、それらとは本質的に別の観点から「ひさぎ」の生態的特徴について検討することが必要となるので、以下に説明する。わが国の国土は、水分条件と比較的温暖な気候条件に恵まれ、ごく一部の地域を除いて、どこでも森林植生が成立する環境にある。したがって、草原は生態系として安定的に存在し得ず、それ故にわが国は森の国と称される。前述の二歌にある浅茅が原は安定な植生ではなく、火入れや山焼きなどで森林が焼き払われた後に成立した草原植生であり、放置すればいずれは木本植物が侵入して森林植生に移行する運命にある。「ひさぎまじり」とは、そのような草原に木本植物が侵入し始めた植生遷移の初期を指し、「ひさぎ」のような先駆植物を除いて、木本植物は生えていないと考えてまちがいない。一般に、先駆植物とされる樹種は次の通りである（『日本の植生』）。

アカマツ（マツ科）・アカメガシワ（トウダイグサ科）・アキグミ（グミ科）・クサギ（クマツヅラ科）・タラノキ（ウコギ科）・ヌルデ（ウルシ科）・ネムノキ（マメ科）・ヤシャブシ（カバノキ科）・ヤマハンノキ（カバノキ科）

このうち、「ひさぎ」が落葉広葉樹であることおよび海浜にも生えることを考慮すると、古典の「ひさぎ」はほぼ一義的にアカメガシワに帰結する。

3-3 古名「ひさぎ」が遺存するアカメガシワの方言名

植物方言名の中には古名が遺存する例がある。万葉植物の研究で知られる松田修はこれを利用し、「ひさぎ」の名が今日にも残るとして、アカメガシワ説を支持した（『萬葉の花』）。『日本植物方言集成』によれば、「ひさぎ」およびその訛名は次の通りである。

ヒサキ・ヒッサキ・ヒッサゲ・ヒッサケノキ・ヒッサゲノキ（以上、鹿児島）

ヒサゲノキ（宮崎）、ヒサゲ・ヒシャゲ・ヒシャゲノキ（以上、高知）

現在名のアカメガシワの文献上の初見は一七〇九年刊行の『大和本草』（貝原益軒）である。実質的にわが国初の本格的本草書であったから、江戸期に普及しよく読まれた。したがって、「あかめがしは」の名が浸透するにつれて古名は駆逐され、四国・九州南部という京師から遠く離れた地に隔離遺存したと考えられる。澤瀉久孝は松田の見解を引用はしたが、受け入れることなく、最終的に十一一八六三の歌に詠まれた「ひさぎ」をキササゲとした（『萬葉集注釋』巻第十）。最近の注釈書の多くは松田の見解をほとんど引用していない。考証の論拠が方言名のほかになかったから、説得力が不十分とされたようである。

第4節　『和名抄』が「ひさぎ」に充てた漢名「楸《シュウ》」の基原

通例、古名の植物の基原を考証する場合、『本草和名』『和名抄』などで該当する漢名を突き止め、漢籍の記述を解析する手法が常套である。というのは、序章で述べたように、古い時代のわが国は漢籍本草書に依存して各植物を分類・管理したからである。『本草和名』に「ひさぎ」の名は見当たらないが、『和名抄』に「唐韻云ふ、楸 音秋 漢語抄云ふ、比佐岐　木の名なり」とあって、楸の漢名を充てる。それどころか、上代の『正倉院文書』の造佛所作物帳（天平六年五月一日）に「採木芙蓉胡桃皮楸葉等人功直幷云々」（大日本古文書　巻一　五五八頁）とあるように楸葉の名があり、また造紙合一万二百十八張（同じ日付）に「八千一百卌一張　胡桃染　一千四百十八張　比・

佐宜染　云々」（大日本古文書　巻一　五五三頁—五五四頁）とあり、ここでは比佐宜《ひさぎ》という万葉仮名表記で出てくる。すなわち、上代でも楸の用字があって「ひさぎ」と訓じていた。「ひさぎ染め」とあるから、奈良時代では染色に用いた。楸紙という名も出てくるが、これも「ひさぎ染め」した紙を指すと思われる。実際、アカメガシワの葉の煎汁を黒色の染料に用いることがある。

ところがわが国では楸の基原に関する議論はきわめて混乱し、ごく近年まで解消されなかった。まず、その前に中国本草における楸の基原について考えてみよう。本草では『本草拾遺』（陳蔵器）に楸木皮《シュウボクヒ》の名で初見し、「園林に植ゑて以て材用と爲す。梓樹と本《もと》は同じにして末は異なれり。栢葉の松身有るが若し。」（『證類本草』巻第十四木部下品「陳藏器餘　楸木皮」所収）と記載している。「葉は柏で幹は松のようだ」というように、梓と楸は近縁の樹木とし、実際、中国では梓をノウゼンカズラ科キササゲ、楸を同トウキササゲとして同属に含め、その基原は古今変わることはなかった（詳細は拙著『生薬大事典』第2部第1章参照）。両種ともわが国に原生せず、そのうちキササゲだけが江戸期あるいはそれより少し前に伝わったから、わが国の本草学者は梓・楸に充てる和名について苦慮し、その基原認識は混とんとしてしまった。その過程については、拙著『生薬大事典』の第2部第1章で詳述してあるので、ここでは概略と結論を述べるにとどめる。江戸初中期を代表する本草家貝原益軒は梓に「かはらひさぎ」、楸に「あかめがしは」の和名を充てた（『大和本草』巻之十一「木之中　梓」・十二「木之下　楸」）。一方、江戸後期を代表する本草家小野蘭山は梓を「あかめがしは」、楸を「きささげ」とした（『本草綱目啓蒙』巻之三十一「木之二喬木類」）。「かはらひさぎ」は「きささげ」の異名であるから、益軒と蘭山の見解はまったく正反対であり、江戸中期までは益軒説が、後期になると蘭山説が優勢であった。明治以降、本草学は植物学に衣替えしたが、牧野富太郎は蘭山の見解を修正して梓をアカメガシワ、楸をキササゲと考定し（『國譯本草綱目』牧野註）、驚くことにこの見解は一九七九年に北村四郎が梓をキササゲ、楸をトウキササゲに訂正するまで定説とされた（『国訳本草綱目』）。

わが国における梓・楸の基原の混乱の影響は生薬学分野にもおよび、『和漢薬百科図鑑Ⅰ』（一九九三年）では牧野説、『和漢薬百科図鑑Ⅱ』（一九九四年）では北村説にしたがって記載するという体たらくであった。わが国におけるトウキササゲの植栽はごく稀であったから（筆者の知る限りでは岐阜薬科大学薬用植物園にわずか一本あるのみ）、楸は事実上キササゲと考定されたに等しく、万葉の「ひさぎ」に関する各家の見解は、結局、キササゲ説とアカメガシワ説に大別されるといってよい。因みに、中国におけるアカメガシワについては、浙江省などごく一部の地域に自生があるといわれるが、十九世紀までの本草書ほかいかなる漢籍にも相当する名を見ず、事実上、わが国の特産と考えて差し支えない。また、朝鮮半島でも南端部に限られ、享保時代の朝鮮の本草家はその存在を知らなかったことが確認されている（『江戸時代朝鮮薬材調査の研究』史料編Ⅱ　一四九あかめかしは）。すなわち、キササゲはわが国になく、逆に中国・朝鮮にアカメガシワは知られていなかったのである。アカメガシワがわが国で古くから様々な用途に用いられてきたという事実があるため、アカメガシワに本草学名たる漢名をつける必要性が生じ、その結果として楸あるいは梓が選抜されたが、却って混乱を助長するだけであった。

　澤潟久孝は万葉の「ひさぎ」をキササゲとした（既出、『萬葉集注釋』巻第十）が、『和名抄』に基づいて「ひさぎ」を楸とし、その上で小野蘭山・牧野富太郎の見解を採用したのである。そのほか、澤瀉は次の万葉歌における「ひさぎ」の位置づけからキササゲ説を強く支持した。

　去年《こぞ》咲きし　久木今咲く　いたづらに　地にか落ちむ　見る人なしに　（巻十　一八六三）

この歌は、前年に咲いた「ひさぎ」が花をつけているが、今年もその花を見る人もなく、空しく地に散っていくのだろうかという内容である。その生態の情景は明確でなく、澤瀉は「ひさぎ」を観賞価値のある植物と考え、キササゲであることを正当化しようとした（既出、『萬葉集注釋』巻第十）。この歌は四首ある万葉の「ひさぎ」の歌のうち、唯一、花に言及する。また、この歌は、「春の雑歌」のうち「花を詠みし歌」の一首であり、花期が夏から秋のアカメガシワにまったく合わない。同じ巻十の夏の雑歌に「花を詠みし歌」もあるので、誤って「春の雑歌」に入れられた可能性もあり得るが、この歌の久木を冬木の誤写とする説もある（河上志貴子「京都大学國文學論叢」第十巻 一頁―十七頁 二〇〇三年）。冬木という用例は、『萬葉集』に二例（八―一六四五・八―一六四九）あり、誤写説もそこそこの理がある。とすれば、万葉の「ひさぎ」の歌からこの歌を除けばよいのであって、話は簡単ですっきりする。しかし、第5節で述べるように、中国では楸の花を賞揚した漢詩文がいくつかあり、やはり『萬葉集』で唯一「ひさぎ」の花を詠んだこの歌の存在は、「ひさぎ」に楸なる漢名を充てるに大きく寄与したのではないかと考えられるので、本書では敢えて誤写説を支持しない。

さて、再びこの歌の「ひさぎ」がキササゲであるかという話にもどるが、中国原産のキササゲが万葉時代のわが国に伝わっていたであろうか。『萬葉集』以外に「ひさぎ」の名は、『出雲國風土記』に「意宇郡 羽嶋 椿、比佐木、多年木、蕨、薺頭蒿有り」とあって、ツバキ（椿）・モチノキ（多年木）・ゼンマイ（蕨）・ヨメナ（薺頭蒿）とともに所在を記録している。したがって、「ひさぎ」が当時のわが国に野生していたことはまちがいないが、国外から伝わって野生化した可能性もあり得る。キササゲは、今日でも、まれに栽培から逸出して野生化した個体があるからだ。『大和本草』（貝原益軒）にある「かはらひさぎ」（キササゲのこと）はこのような個体に対して名づけられた可能性もある。実際、小野蘭山は今市から粟野に至る薬草採集紀行でキササゲを採集したと記録している（『常野採薬記』、一八〇一年）。わが国原生の野草とともに採集したとあるから、このキササゲも野生品であったことはまちがいない。逆に万葉時代にキササゲが伝わっていなかった証拠はあるのだろうか。同じノウゼンカズラ科（ゴマノハグサ科あるいはキリ科ともいう）に分類され、花の大きさや見た目の印象がよく似るキリは、『枕草子』の「木の花は」に「桐の木の花、むらさきに咲きたるはなほをかしきに云々」とあり、作者の清少納言はわざわざその花の色にまで言及している。キササゲはキリに劣らぬ大きな花穂をつけ、またマメ科ササゲに似た特徴的な果穂をつける（故に木ささげの名の由来がある）から、もしわが国に伝わっていたなら、キリと同様、古典文学などで言及されて然るべきであるが、平安時代から室町時代までの典籍にキササゲに相当するものは見当たらない。キリは用材・楽器材として非常に有用であるが、キササゲも中国では木王と称されるほど賞用され、楽器を作るなどに用いられたから、もし伝わっていればキササゲ製の楽器が現存して然るべきである。平安時代のわが国にキササゲが存在しなかったことを示唆する間接的な証拠ならほかにもある。『神農本草經』の下品に梓白皮《シハクヒ》というキササゲの樹皮を基原とする薬物が収載されている。わが国の漢方医学が教典の一つとする『傷寒論』の辨陽明脈證併治第八に、麻黄連軺赤小豆湯《マオウレンショウセキショウズトウ》という梓白皮を配合する処方があり、唐代の医書でわが国古代の医学に大きな影響を与えた『千金要方』（孫思邈）も同処方を収載する。『傷寒論』に収載される処方の総数は百十数方にすぎず、当時としては、麻黄連軺赤小豆湯はかけがえのない薬方であったはずである。平安中期に成立した『延喜式』巻第三十七「典薬寮」に諸國進年料雜薬という条項があり、古典医書にある重要処方の構成生薬で和産があればほぼ確実に記録されるが、梓白皮の名は見当たらない。以上から、キササゲは近世になって伝わったのであって、上代・中古代のわが国に存在しなかったことはほぼ確実といってよい（第15章第1節も参照）。

第5節　『和名抄』が「ひさぎ」に楸を充てたわけ

次に、上中古代のわが国でアカメガシワの漢名に楸を充てた理由について考察してみたい。まず、中国で楸すなわちトウキササゲがいかなる地位にあったのか、別の言葉でいえば、どのような樹木と認識されていたかを正確に把握する必要がある。『齊民要術』（賈思勰）が「車板、盤合、樂器、所在に任用し、以て棺材と爲す。松柏に勝る術に曰く、西方に楸九根を種《う》ゑれば延年して百病を除くと。」（種槐柳楸梓梧柞第五十）と記載するように、用材としてステータスの高い樹種とされ、その評価は今日の中国でも変わらない。同書の「松柏に勝る」という注記はとりわけ注目に値し、中国における楸の地位の高さをよく表す。木王《もくおう》と称された梓すなわちキササゲとともに、用材として重用されてきたが、観賞用という観点で楸は梓より上位に位置したことは、わが国ではほとんど知られていない。そのことは『廣群芳譜』において、梓を詠む漢詩の引用が皆無であるのに対して、楸は杜甫・韓愈・梅堯臣など唐宋を代表する大詩人に詠まれていることから示唆される。トウキササゲは近縁同属種キササゲに比して樹勢が真っ直ぐに伸び、樹高もずっと高くなるが、唐宋の詩人はそれを鋭い感性で表現している。

『廣群芳譜』巻七十五「木譜八」「和王仲儀楸花十二韻」　宋・梅堯臣

春陽に草木發《ひら》き　美好一同の時
桃李は山櫻を雜《まじ》へ　紅白開きて枝繁し
楸英は獨り斌媚《ぶび》して　淡紫相參《まじ》はりて差《たが》ふ
大葉と勁榦《けいかん》と　簇萼密に自ら宜し
帝宮の樹を出でむと圖り　聳えて白玉の墀《には》に向く
高きこと絅にして近俗ならず　直《ただ》天人の窺ふを許す
今郡庭の中に植ゑるも　根遠く未だ移すべからず
但《ただ》東風の來たるを欣《よろこ》び　和煦の遲きを恨まず
山禽蹙踏する勿かれ　蜂蝶休《よろこ》びて之を掇《と》る
昔、韓吏部に聞こゆ　爾《なんじ》が爲に好詩を作らむと
陰を愛でて纖穿無く　影に就《な》りて東西に隨ふ
公、今亦た此に牽かれ　端坐して會ふこと疑ひ莫し

第九連の休は、『爾雅』の釋言に「休は慶なり」とあるので、「蜂蝶休《よろこ》びて之を掇《と》る」と訓読しておく。この詩を通釈すると、次のようになる。春の日に、草木の芽が出て、美しきものと好《よ》きものが一同に会する時節となった。桃李に山櫻（野生のミザクラ）を交えて、紅白の花が咲き、枝が繁っている。ただ楸の花だけが艶めかしく人に媚びているようで、その淡紫色が周囲の花にとけ込みかつ際だっている。大きな葉と堅い樹幹と、花房が密に簇がっているのは自ずからよいものだ。帝宮に植えられた種々の木々からぬきんでようとして、白玉の庭に向いて威風堂々と聳え立っている。その高いことといったら絶にして俗っぽさはなく、真っ直ぐに伸びて雲の上の天人が窺うほどだ。今、郡庭の中に植えているが、根は遠く張っているから移植してはならない。ただ東の風が吹くようになったことを喜ぶだけで、のどかで暖かい季節の到来が遅れているのを恨むようなことはしない。山鳥よ、楸樹の枝に混み合って花を踏みつけるようなことはしてくれるな、蜂蝶が楸の花の蕊を採って慶ぶから。昔、韓吏部（分館の選任・勲階・懲戒などをつかさどる吏部の次官に相当する官職で吏部侍郎ともいう）に嗤されていた、汝の為に立派な詩を作ろうと。陰を愛でるあまりその織穿（茂った葉の間に開いた小さな穴のこと）すらなく、影となって東西に伸びる。公も今また楸樹にひかれるように、その前で正座して面と向かうことはまちがいないだろう。

梅堯臣は帝宮に植えられた楸が群を抜いて高大で威風堂々としていることを第五、六連で強調し、第三連では楸の花およびその色に言及する。すなわち、楸という植物が非常に美しい紫色の花を付けて目立つ植物であることを、詩人特有の感性で表現する。トウキササゲの花冠は白色で、内部に紫色斑点があって、近縁種でわが国にもよく植栽されるキササゲの二倍ほどの大きさがある。白地の花冠の内部に紫色の斑点があるのを梅堯臣は淡紫色と表現したが、キササゲは淡黄色の花冠に紫色斑点とともに黄色の銭紋があり、常識的に考えて紫色と認識されることはたたい。したがって梅堯臣の詠んだのはトウキササゲであることがはっきりする。

平安期の文人は宋より唐の詩文の影響を強く受けているので、唐詩でどのように詠まれているか見てみよう。

『全唐詩』巻三四二「庭楸」　韓愈

庭楸止《た》だ五株　共に十歩の間に生ず
各藤有り之を繞《めぐ》り　上に各相鉤《か》けて聯《つら》ぬ
下の葉は各地に垂れ　樹の顚各雲を連ぬ
朝日は其の東に出でて　我は常に西の偏に坐る
夕日は其の西に在り　我は常に東の邊に坐る
當晝、日は上に在り　我は中央の間に在り
仰ぎ視れば何ぞ青青たり　上に纖穿を見ず
朝暮の日無き時　我且《まさ》に八九旋《めぐ》らんとす
濯濯たる晨露《あさつゆ》の香　明珠何ぞ聯聯たり
夜月來たりて之を照らし　蒨蒨として自ら烟を生ず
我自ら頑鈍なるを已《や》めて　重ねて五楸の牽に遭ふ
客來たりて尚ほ見ず　肎《あへ》て權門の前に到る
權門の衆所に趨《はし》り　客有り動くこと百千
九牛に一毛を亡《うしな》ふがごとく　未だ多少の間に在らず
往けば既に顧みるべくも無く　往かざれば自ら憐れむべし

これも長文の詩であるが、通釈すると次のようになる。庭に植える楸はただ五株であるが、いずれも十歩の間に生えている。それぞれの楸の木につるが取り巻き、上部でそれぞれ相鉤《か》けて連なっている。楸の下の葉はそれぞれ地に垂れ、樹の頂はそれぞれ天に届いて雲を連ねているようだ。朝日はその東に出るので、私は西の方に寄って坐るのを常としている。一方、夕日はその西に在るから、その時は東の辺に坐ることを常としている。昼になると日は上に在るから、その時に私がいるのは東と西の間の中央である。楸を仰ぎ視ると、その上部はどうしてこんなに青青としていることか、上に纖穿すら見えない。朝暮の日がない時は、我は日を求めて八九回も旋《めぐ》らねばならない。光り輝く（楸花の上に降りた）朝露の香ばしいこと、またそのきらきらした珠がどうしてこんなに連なっていることか。夜になれば月が来て露を照らし、自ら烟を生じているようで鮮やかである。私は自分自身の頑鈍であることを止めて、何回も五本の楸に巡り会い、（その度に）惹かれてきた。人が来たのでまだ楸を見ていないが、それを承知の上で権門（権勢のある家）の前に来てしまった。権門前の広場におもむくと、（楸の花を見るために）多くの人が動き回っている。九牛の一毛（＝大海の一滴）を失うというように、私なぞ未だ多少のうちの一人というよりもっと小さな存在だ。（そんな多くの人に混じっても楸の花を見に）往ってしまえばもう願うべきことはなく、また往かなければ自分が惨めになるだけだ。

韓愈の詩で、楸の下の枝葉は地に垂れてつき、一方、樹の頂は天に届いて雲を連ねるほど高く（第三連）、またその上部は葉が生い茂って隙間がない（第七連）とあるのは、楸という樹木がほかの木より抽んでて高いことを想像せしめ、梅堯臣の詩とも共通する。また、その花が多くの人を引きつけるほどの観賞価値があることもうかがえる。

楸の特徴として、唐宋代に香を強調した詩が多いことが挙げられる。それは次の杜甫の詩に凝集されている。

『全唐詩』巻二二七「楸樹三絶句」　杜甫

楸樹の馨香倚りて磯に釣る
斬新の花蕊未だ應に飛ぶべからず
醉ひの裏《うち》に風吹盡くさむに如かず

14

何ぞ醒時雨に打たれて稀なるを忍ばむ

この詩の意を要約すると、楸樹の香りが遠く釣り糸を垂れる磯辺まで寄ってきた、咲いたばかりの花蕊がまだ飛ぶはずがないのだが、（もう飛び散っているのなら）酔っているうちに風が吹きつけて花を全て飛ばしてしまうに越したことはない、酔いが醒めた時には雨に打たれて花が少なくなるのに堪えられないだろうからとなる。この詩では、冒頭から楸樹の馨香で始まり、楸樹の香りが遠く磯辺まで寄ってきた云々と詠まれている。『韻語陽秋』（葛立方）にも「楸花の色香倶《とも》に佳《よ》し。又、風韻絶俗なり。而《しか》れども名を花譜に編《い》れざるは何ぞや。老杜は云ふ、楸花の遠天に媚ぶるを把《と》らんと要《もと》むと。其の色を言ふなり。又曰く、楸樹の馨香倚りて磯に釣ると。其の香を言ふなり。」とあり、杜甫の楸樹の詩を引用して絶賛しているのが注目される。花譜とは、宋代に刊行された園芸書で、菊譜・梅譜・牡丹譜・海棠譜などが出版され、各植物種ごとに品種や栽培法などを記載した。葛立方が「名を花譜に編《い》れざるは何ぞや」というのは、楸譜は出版されていないのはなぜなのかと疑っているのである（後述）。そのほか、元・段克已の楸花にも「楸樹の馨香見ゑて未だ曾はず　牆西の碧蓋狐稜に聳ゆ」（『廣群芳譜』巻七十五「木譜八　楸」より引用）とある。いずれの詩も花蕊が飛んでこないのに香りだけが先にやってきたという表現で、その香りの強さを強調する。中国では、花の香りの強い植物に九里香・十里香あるいは百里香・千里香という名前が付けられ、それぞれ香りが遠くまで及ぶとしてその名があるが、トウキササゲにそのような別名はない。個々のウメの花の香りは弱いにもかかわらず、詩歌ではしばしばその香りが強調されるが、いずれも大量の個体を栽培する梅園で詠まれている。楸が圃場で大量に植栽され、それが一斉に開花したときの情況を詠ったと解釈すれば楸樹の馨香を実感できるかもしれない。実際、楸は『漢書』巻九十一「貨殖列傳第六十一」に「淮北（淮水の北）、滎南（滎澤の南）、河濟（河水と濟水）の間に千樹の楸。（中略）此れ其の人皆千戸の侯に等し。」とあり、古くから経済植物として大量に栽培されたことを示唆する記述がある。魏・曹植の名都篇にも楸が大量に植栽されたと思われる情景が詠まれているので、これも紹介しよう（『文選』巻二十七に収録）。

名都に妖女多く　京洛は少年を出だす
寶劍千金に直し　被服麗しく且つ鮮かなり
鷄を東郊の道に鬪はし　馬を長楸の間に走らす
馳騁《ちてい》未だ半ばに及ばざるに　雙兎我が前を過ぐ
弓を攬《と》りて鳴鏑を捷み　長驅して南山に上る
左に挽き因りて右に發し　一たび縦《はな》てば兩禽連ぬ
餘巧未だ展ぶるに及ばず　手を仰ぎて飛鳶を接る
觀者咸《みな》善しと稱し　衆工我に妍を歸す
歸り來りて平樂に宴し　美酒斗十千なり
鯉《こひ》を膾《なます》とし胎鰕《たいか》を臇《せん》（羮）とし　鼈を寒《い》り熊蹯を炙る
儔《とも》に鳴き匹侶に嘯き　列坐して長莚に竟《わた》る
連翩として鞠壌を撃ち　巧捷惟《こ》れ萬端なり
白日西南に馳せ　光景攀《と》むべからず
雲散して城邑に還り　清晨復た來たり還らむ

この詩は魏の首都洛陽の若き貴公子たちの一見優雅で自堕落な生活を描いた楽府詩であり、大都会に群がるきらびやかに着飾った艶めかしい婦女とそれを求めて集まる若い男子が享楽に耽る様子を表した。通釈すると次のようになる。都会には艶めかしい婦女が多く、ここ洛陽には若い男子が女を求めて群れている。高価な宝剣を身につけ、きらびやかで色鮮やかな衣服を着ている。東の郊外では闘鶏に興じたと思えば、高く成長した楸の間を馬に乗って疾走する。その馬を疾走させている途中で、二羽のウサギが飛び出して私の前を通り過ぎた。弓を取って鳴鏑（音の出る鏑矢のこと）をつがえ、遠く南山まで追い詰めた。左に弓を引いて右から弓を発すると、一発で二羽のウサギを射貫いてしまった。それでも弓の腕前にまだ余裕があり、手を上げて飛んでいる鳶を射止めた。これを観た者は皆うまいと褒め称え、腕自慢の者も称讃した。帰ってからは平楽宮で宴を楽しみ、そこで飲む美酒は一斗一万もある。鯉をなますとし子持ちエビを羹にし、スッポンを熬り焼き熊の掌を炙る。大勢で騒いで仲間と口笛を吹き、長い筵の上に並んで座る。（宴の後は）何度も何度も鞠を蹴って土に撃ちつけ、そのうまさといったらこれ以上言うことはない。陽が西南に落ち始めるが、この享楽の光景はそのまま止めておくことはできない。三々五々と町に帰っていくが、夜が明ければまたここに帰って享楽にいそしむだろう。

第三連の「長楸の間」を、両側に楸を植えた並木道と一般の注釈書は解釈する。『文選』の五臣註の一人李周翰の注釈「郭外、郊と曰ふ。古人、楸を道に種《う》う、故に長楸と曰ふ。」に基づく。李周翰は昔は楸を並木として植えたというから、唐代にはもう存在しなかったことを暗示する。魏代と唐代はそれほど時代を経ているわけではないのに、李周翰の時代に楸の並木がないのは奇妙である。トウキササゲは根を広く張って所々にひこばえを出す性質があるから並木には向かない。また、希少価値のある高級樹種であるからこそ栽培されるのであって、いくら帝都とはいえ、わざわざ楸を並木に植えるとは考えにくい。東郊の道すなわち都の東の郊外の空き地で闘鶏に興じるという対句があるので、都内の並木道ではなく都市郊外の楸の圃場で、馬を疾走させるという方がよく意味が通じる。トウキササゲは根の周辺から出るひこばえを堀取って増殖するから（『齊民要術』に記載あり）、この独特の生態を考慮して樹間を十分にとって楸を植えているはずで、道がなくとも圃場に馬を走らせるに十分な空間があるはずだ。「馬を長楸の間に走らす」とは高く成長した楸の木の間を馬に乗った若者が駆け抜ける情景をいい、高級樹である楸のひこばえを踏みつぶすこともあるとんでもない悪態である。無頼の若者の生態を詠むこの詩にはふさわしい情景といえる。

この立派な樹姿の故に、トウキササゲが宮廷などに植栽されたことは、次の『洛陽伽藍記』（楊衒之）巻第一「修梵寺」にある次の記述から容易に理解できる。

清陽門の内、御道の北に在り。嵩明寺、復た、修梵寺の西に在り。雕牆、峻宇を並べ、屋を比《なら》べ、甍《いらか》を連ぬ。亦た、是れ寺を名づくなり。修梵寺に金剛有り、鳩鴿入らず、鳥雀棲まず。菩提達磨は云ふ、其の眞相を得るなりと。寺の北に永和里有り。漢の太師董卓の宅なり。里の南北、皆池有り、卓の造る所なり。今、猶ほ水有り。冬夏竭《か》れず。里中に、太傅錄尚書の長孫稚、尚書右僕射の郭祚、吏部尚書の邢鸞、廷尉卿の元洪超、衞尉卿の許伯桃、梁州刺史の尉成興六宅を等《ととの》へ、皆、門高く屋華やかなり。齋館は敞麗にして、楸槐途《みち》を蔭《おほ》ひ、桐楊爽《たが》へて植う。當《まさ》に世名づけて貴里と爲すべし。此の地を掘る者あり。輒《すなは》ち金玉、寶玩の物を得る。邢鸞の家常に丹砂及び錢數十萬を掘る。銘に云ふ、董太師の物と。後に、卓、夜中に鸞に隨ひて此の物を索《さが》さんとするも鸞之を與《ゆる》さず。經年して鸞遂に卒《し》ぬ。

中国南北朝時代の北魏の末期は、国全体が混乱状態に陥り、首都洛陽は廃墟と化し、隆盛を誇った寺院も見る影もなく荒廃したといわれる。楊衒之は往時の盛況を後世に伝えるために『洛陽伽藍記』を撰集したとされるが、話の最後は中国特有の神仙譚の入り交じった物語風になっている。洛陽の名刹の各館はいずれも高く壮麗であって、敷地内に楸や槐（マメ科エンジュ）が覆いつくすように植栽されているとある記述から、当時の邸宅で楸すなわちトウキササゲを植えていたことがわかる。前述したように、北魏の時代から数百年も経た宋・梅堯臣「楸花十二韻」に「帝宮の樹を出でむと圖り　聳えて白玉の墀《には》に向く」と詠まれたように、宮廷に楸が植えられたことを示唆する。一方、わが国では、平安時代後期に成立したとされるわが国最古の作庭書『作庭記』の樹事の条に、四神相応に基づいて楸を植えるとあるのは既に述べた通りである（第13章第1節）。わが国への影響すなわち仏閣ないし宮殿に楸すなわち「ひさぎ」を実際に植えたかどうかは興味あるところである。『新撰和歌六帖』第六帖に「ひさぎお（生）へる　庭のこかげ（木陰）の　秋かぜに　一こゑそそく　むらしぐれ（叢時雨）かな」という歌がある。この歌の意は、「ひさぎ」が生えている庭の木陰から秋風が吹いてくる中で、音を立てて水をぶちまけたような激しい時雨であることよであり、ここに「ひさぎおへる庭」とある。この和歌集の成立は鎌倉初期の寛元年間であり、藤原為家ほか四人の有力公家が詠んだ歌を収録する。既に武家に行政権が移行したとはいえ、まだその初期であって公家の勢力も侮れない時代であった。したがって、「ひさぎおへる庭のこかげ」は大きな屋敷の庭に「ひさぎ」が生えていたことを示す。「ひさぎ生える庭の木陰の秋風〜」という情景から、「ひさぎ」はある程度成長した個体を想像せしめ、植栽された可能性が高い。たとえ自然生であったとしても駆除されず、また和歌に詠まれるほどであるから、「ひさぎ」は一定のステータスを認められていたことがうかがえる。アカメガシワは荒れ地や人の手の加わった地に生え、むしろ自然度の高い生態系にはほとんどないことは第3節「3-2」で述べた。

中国で墓地に植える植物といえば、常緑樹で長寿の象徴でもある松柏のはずであるが、晩唐の詩人許渾の詩は柏に代えて楸が植栽されていたことを示唆する。

『全唐詩』巻五三三「金陵懐古」許渾

玉樹の歌残りて王氣終《を》へ　景陽、兵合《いくさたたか》はせて戍樓《ほろう》空し
松楸、遠近千官の冢《つか》　禾黍《かしょ》、高低六代の宮
石燕、雲を拂ひて晴れ亦た雨　江豚、浪を吹きて夜還た風
英雄、一たび去りて豪華盡き　唯《ただ》、青山の洛中に似たる有り

玉樹の歌とは陳叔宝の玉樹後庭花のこと。景陽は陳王朝の宮殿。この詩の通釈は次の通りである。玉樹の歌は今日に残っているが、王朝はすでに終焉してもはやない。景陽の宮殿は戦で落ちて城楼には誰もいない。遠くあるいは

近くに多くの家臣の墓があって松と楸が植えられ、王朝六代の宮（跡）は禾黍の畑となって高いところもあれば低いところもある。石燕（ツバメの一種）は空に飛んで雲を払い、晴れと思えばまた雨となり、江豚（イルカの類）は潮を吹いて、夜になるとまた風が吹いてくる。英雄が一度去れば、栄華はあっという間に尽き、往事の都に似たところにかろうじて青々とした山があるだけだ。この詩の第二連によれば、墓に松と楸が植えられていたという。この歌が詠まれた唐代は柏（中国ではヒノキ科コノテガシワ）に代わって楸を植えることもあったことを示唆する。中国で松柏の地位が揺らぎ始めた時代があったことは前述した通りであるが（第13章第1節）、松よりも柏の方が影響を受けたようである。また、『齊民要術』にも楸が松柏に勝るという記述がある（本節冒頭）。

以上をまとめると、中国詩では楸は天をつくほどの真っ直ぐに伸びる大木になること、花に芳香があると認識されていたことがわかる。中国の詩はしばしば誇張するから、必ずしも信用できないが、わが国の知識人は額面通りに受け取ったのではないかと推察される。いずれにせよ、平安期の典籍が「ひさぎ」に楸の字を抜擢したのは、中国文化における楸の影響抜きには考えられず、それ相応の価値を「ひさぎ」の中に認めていたと推察される。本書では「ひさぎ」をアカメガシワと考定しているが、中国人が楸に対して抱くほどの品格・地位に見合うだけの資質をアカメガシワが持ち合わせているかが次の検討課題となる。再び、中国の古典に話題を移すと、前述の『韻語陽秋』（葛立方）に「楸花の色香倶《とも》に佳《よ》し。又、風韻絶俗なり。」という記述がある。同書は、楸の色香の優れることは「楸花の遠天に媚《こ》ぶるを把《と》らんと要《もと》む」および「楸樹の馨香倚《よ》りて磯に釣る」という杜甫の詩の一節を引用し、またその風韻が絶俗であることは「帝宮の樹を出でむと圖《はか》り　聳えて白玉の墀《には》に向く　高豔《こうえん》（『全唐詩』では高絶）にして近俗ならず　直《ただ》天人の窺ふを許す」という梅堯臣の楸花詩を引用して、楸を絶賛している。一方で、葛立方が「（楸の）名を花譜に編《い》れざるは何ぞや」と述べているのは意外に感じられるかもしれないが、これほど絶賛される優れた植物でありながら、栽培も稀で一般にはあまり知られていなかったことを正直に示唆したにすぎないのである。実際、トウキササゲは実生からの増殖が困難で、増殖するにはひこばえを取って移植するしか方法がない現実を知れば、手間がかかりすぎるため一般に普及しなかったと説明できる（詳細は拙著『生薬大事典』第2部第1章参照）。このことは上中古代の日本人の知るところではなかったが、楸を宮廷に植えてその色香や趣を楽しむに値するほどのものであることぐらいは唐・宋の詩から認識していたにちがいない。しかし、わが国では、中国でそれほど珍重されたはずの楸に、ごくありふれた樹木のアカメガシワを充てたのであり、当時の日本人はこれに疑問を感じなかったのであろうか。大半の植物学書に記載されたアカメガシワは樹高数メートルの小高木であり、樹高十メートル以上の高木とするのはごく一部にとどまる。今日、アカメガシワはいたる所に生える雑木の一種であって、多くは柴木の段階で除去されるから、天寿を全《まっと》うするような個体はまず見ることはない。このことはアカメガシワの方言名に小さな雑木を意味するシバの名を冠するものがあることでわかる（第2節「2-2」）。仮に天寿を全うしたとしても寿命はせいぜい数十年であるから、天然記念物に指定されるほどの老木・巨木も皆無である。アカメガシワは生態学でいう前駆植物であって、成長が早いものの植生遷移とともに代償植生あるいは潜在植生を構成する樹種にいずれ駆逐されるという運命を背負っている。自然度の高い生態系に生えず、頻繁に人の手が加わる人里を好んで生えることも大きな個体を見ることのない理由に挙げられる。今日では重機を用いて簡単に木を伐採でき、モーター駆動の芝刈り機であっという間にやぶを除去できるが、労働力が貴重な存在であった昔は雑木類・やぶの除去に火付け以外に有効な方法はなかった。そう考えると、今日ではほとんど見ない樹高十数メートルのアカメガシワの個体はかなり普通に存在したと想像される。『樹木大図説』（上原敬二）によれば、第二次大戦前の東京大学本郷キャンパスに直径一メートルに及ぶ大径木があったといい、また都内に直径七〇センチの大木があったとも記載している。したがって、人の手が加えられていない古い時代には今日では想像できないほどのアカメガシワの大木があったと想像される。普通に見るアカメガシワの樹姿は真っ直ぐに伸びず、樹幹の湾曲したものが多いが、

14

これも一旦伐採された根からのひこばえが成長したものであって、実生の芽生えが刈り取られることなく成長したものはけっこう真っ直ぐに伸びる。前駆植物であるから成長は他樹に比べてずっと早く、その樹勢から大きく聳えて雲に達するほどに成長すると古人が信じても不思議はない。アカメガシワはよく葉が茂り、円錐状の花穂は大きく、雌雄いずれの株も非常に良く花をつける。枝もよく伸びて広がるので、しばしば「楸槐途《みち》を蔭《おほ》ふ」（『洛陽伽藍記』）に似た状態を作る。こう考えると、アカメガシワを楸に充てることに平安の知識人はそれほど矛盾を感じなかったと想像される。神道の影響の強いわが国では、古くから巨木・老樹信仰があり、今日でも神木としてあるいは天然記念物に指定され保護されている樹木は多い。その中にアカメガシワがないのは比較的短命の樹種だからである。一方、中国の詩人がいうような「色香倶《とも》に佳《よ》し」「風韻絶俗なり」に関しては、アカメガシワは、雌雄ともに下部から上部まで万遍なく花を付け、またかなり強い芳香があるので、楸を漢名として充てるのに躊躇しなかったといえるのではないか。万葉の「ひさぎ」の歌のうち、唯一花を詠ったのは「去年咲きし　久木今咲く　いたづらに　地にか落ちむ　見る人なしに」（巻十　一八六三）である。前述したように、この歌の存在でもって澤瀉久孝は「ひさぎ」を大型で見栄えのする花穂をつけるキササゲと考えたのであるが、古代人の目線ではアカメガシワは美しい花弁に見えたのではないか。

『萬葉集』の「ひさぎ」の歌四首のうち、三首は原文で久木と表記されていることは既に述べた通りである。歴木も久奴木を久木と誤認して充てた用字であるから、実質的に五首（四―〇五二九を加える）すべてが同じ久木で表されたと考えて差し支えない。アカメガシワの生態を考慮すると、久木が単に漢字の音訓を利用して「ひさぎ」を表記したものではなく、正訓すなわち漢字本来の意味に基づく名の可能性すら考えられる。『萬葉集管見』（下河辺長流）は「こゝに久木とよめるは、久しき木ノ心也」、また『精撰萬葉代匠記』（契沖）も「久しき老木」の意としたが、特定の植物種を考えていたわけではない。久木は久しい生命の木の意であり、まずは長命を連想させるが、アカメガシワは、ごく普通に分布する植物であるにもかかわらず、実際には老木といえるものはほとんど見当たらない。アカメガシワの幹は、樹脂が少なくて脆いので、ある程度の大きさに成長した個体は暴風雨や湿った風雪により折れやすく、また虫害を受けやすいので、寿命はせいぜい数十年である。それは成長の早い前駆樹種に共通した特徴で宿命というべきものである。久木が正訓であるとすれば、長命であること以外に、久しい生命とは何を意味するのかを考えねばならない。アカメガシワは、幼木から成木まで含めて、至るところに生える木として知られるが、中には想像を絶するようなところに生える個体をしばしば見かける。コンクリートブロックを積み重ねて造った壁に根づいて逞しく生育するアカメガシワの個体をしばしば見かける。土壌条件、水分条件ともにおそらく最悪と思われ、これだけでも驚異的な生命力を連想するに十分であるが、この植物に驚かされるのはそれだけにとどまらない。このまま放置すればブロックが崩壊するので、ある程度大きくなると、必ず根元から伐採される。しかし、それでも根は生き残っていてしばらくすると株立ち状に叢生するほどまで回復する（木下武司「日本植物園協会誌」第四十七号　一〇八頁―一一七頁　二〇一三年）。自然界では岩崖の割れ目にアカメガシワが生育するのをしばしば見かけるから、昔の人はそのような環境に生えたアカメガシワを見てどう感じたであろうか。普通の樹種はまず育たない環境であり、また強く張った根は堅い岩を割ることもあるから、アカメガシワという木が強靱であることに驚嘆したにちがいない。それ故、久木と呼んだのではないだろうか。

第6節　山部赤人の歌にみる「ひさぎ」考

6-1　山部赤人の「ひさぎ」の歌の背景

前節で万葉の「ひさぎ」の基原を考証し、アカメガシワであることを明らかにした。『萬葉集』に四首ある「ひさぎ」の歌のうち、一首は万葉有数の著名歌人山部赤人によるもので、長歌の反歌第二歌に「ひさぎ」が出てくる。ここに長歌・反歌二首を示す。

やすみしし　わご大君の　高知らす　吉野の宮は　たたなづく　青垣ごもり　川なみの　清き河内《かふち》そ　春へには　花咲きをり　秋へには　霧立ち渡る　その山の　いやますますに　この川の　絶ゆることなく　ももしきの　大宮人は　常に通はむ　（巻六　〇九二三）

み吉野の　象山《きさやま》のまの　木末《こぬれ》には　ここだも騒く　鳥の声かも　（巻六　〇九二四）

ぬばたまの　夜のふけゆけば　久木生ふる　清き川原に　千鳥しば鳴く　（巻六　〇九二五）

この歌は、神亀二（七二五）年五月、聖武天皇が即位して初めての吉野離宮行幸に従駕して詠んだ。長歌の意は、われらの大君がお建てになった吉野の宮は、幾重もの青垣のような山々に囲まれ、流れの清らかな川がめぐる地であることよ、春には花が咲き誇り、秋になると霧が立ちこめる、その山のようにますます、この川のように絶えることなく、大宮人は大君のもとに通うことであろうという、もっぱら天皇を礼賛し忠実の意を表した歌である。山と川の情景を対比させて詠い、反歌でも一首は山を、もう一首は川を詠み、それぞれに鳥の鳴き声を情景に含めて締めくくり、かなり技巧を労した歌といえる。全体として自然・環境の美しさを強調した歌といってよいが、反歌第一で吉野の山ぎわの木の梢では鳥がこんなにも鳴き騒いでいることだと詠い、長歌の情景を引き継いでいる。一方、反歌第二は、夜が深けていくにつれ、久木の生える清らかな河原に鳥がしきりに鳴くことだと詠い、前歌の情景をがらりと変えている。反歌第一は、昼、山、鳥の鳴き声、反歌第二は、夜、河原、鳥の鳴き声と、鳥の鳴き声を除いてそれぞれ陰陽の取り合わせであるから、通常の技巧の一環と見えなくもない。しかし、反歌第二で「ぬばたまの夜」とあるように、突然暗闇の世界に入ったような情景で締めくくるのは奇妙に感じる。そもそも夜が更けて河原に千鳥が集まって鳴いているというが、夜であるから巣に戻っているはずで、常識的に考えて河原に巣をつくる鳥は大型の鳥類を除いてまずいないから、非現実的な情景ということになる。「清き河原」は本歌の「清き河内《かふち》」に対応する句であろうが、わざわざ久木が生えるというのも何らかの意味を込めたと考えざるを得ない。長歌・反歌第一と反歌第二の間に情景の断層があることは既に指摘されており、『万葉秀歌』（齋藤茂吉）は、反歌第二の第二・三句を現実の光景を見ているのではなく、赤人の脳裏に浮かんだイメージを詠ったもの、あるいは月明かりの河原の佳景を詠んだと推測している。月明かり云々というのは「ぬばたまの」に合わないから、非現実的なイメージを思い浮かべたという方に賛成したい。ただし、茂吉はこの歌における「ひさぎ」の位置について論じていないのは、これまでそれが未詳の植物とされたからであり、それ故に原文で表記される久木の義も言及されることはなかった。わずか五句だけで構成される和歌で、「久木生ふる」というように、まるまる一句を「ひさぎ」で占有するからには、その背後に深い意味があると考えねばならない。本書では「ひさぎ」をアカメガシワと考定するとともに、過酷な環境に堪えて生育する特有の性質にその名の由来があり、久木を正訓と考えた。すなわち、古代人は久木を永遠の生命力をもつ植物と認識していたと考える。この観点から赤人の反歌第二を解釈するとどうなるか興味あるところである。まず、久木を永遠の生命の象徴とすれば、「ぬばたまの夜」とはその対極にある死あるいは死の恐怖ということになろう。とすれば、清き河原も単に反歌第一の山に対比しただけではなく、相応の意味を持たねばならない。そこで思い起こされるのは、神道で伊勢神宮の禊祓《みそぎはらえ》ほか各地の神社でも河原を禊の場としている事実である。かつて大嘗祭・賀茂祭などに際して天皇も河原で禊祓していたという。『萬葉集』にも「玉くせの　清き川原に　みそぎして　斎ふ命も　妹がためこそ」（巻十一　二四〇三）とあり、原文で身秡とあって「みそぎ」「はらひ」の両訓の可能性があるが、いずれとしても意味はさほど変わらない。古くから河原は神々が集う広場であり、けがれを祓い清める場とされてきた。河原が刑場ともなったのは賽《さい》の河原として死穢を清める場と認識されたからであり、やはり神聖な場であることは変わらない。わが国ではひとたび大雨になると、河川の水位が上がって河原は激流で一切が洗い流されるが、河原で禊を行うようになったことと無関係ではないだろう。最後に鳴き騒ぐ千鳥は古事記の神話にある雉鳴女《きぎしのなきめ》に関係があると考える。この物語のあらすじは次の通りである。

天照大御神は、葦原中国《あしはらなかつくに》の荒ぶる神の平定を命じた天若日子《あめのわかひこ》が高天原に戻らないので、雉鳴女を遣わしてその理由を聞くように命令した。鳴女は下界の天若日子の家の木にとまり理由を聞いたが、天佐具賣《あまのさぐめ》は鳴き声が不吉として鳴女を殺すように天若日子をそそのかした。天若日子は高木神《たかみむすび》から与えられた弓矢で鳴女の胸を射抜いたところ、高天原の高木神の所まで飛んで行った。高木神は血のついたその矢をとって、天若日子に邪心あれば当たれといって、下界に投げ返した。矢は天若日子を射抜き、彼は死んでしまった。鳴女も高天原へ帰らなかった。

以上、反歌第二の各句は自然の情景ではなく、宗教的な意義に仮託して詠ったことがわかる。もう一度整理してみると、「ぬばたまの夜のふけゆけば」とは自分がいつ死ぬかもしれないという恐怖感を暗示し、「清き河原」は神聖な禊の場であり、自分では身を潔白にしているつもりであっても、思うようにならない苛立ちを込め、鳴き騒ぐ鳥は神話の雉鳴女を喩えたもので、自分の運命を天若日子と重ね合わせたと思われる。おそらく赤人は健康上の問題を抱え、死への恐怖感があったのではないかと考える。無論、致命的というほどではないが、赤人が健康を害したとすれば、どのような病気であろうか。これについては次項で解説したい。

6-2　山部赤人の「すみれ」の歌の背景

山部赤人の歌で植物が詠み込まれたのは十六首ほどある。すなわち、赤人の全歌の約三分の一に当たり、その割合は、『萬葉集』において植物名が詠まれた歌の割合とほぼ同じであり標準的といえる。前項で赤人が健康問題を抱えていたと考え、それは「ひさぎ」の歌に込められたと述べた。では、それに対する赤人の対策はあったのだろうか。薬物を服用したとすれば、古代ではほとんど植物薬であるから、植物を詠む歌の中にそれを暗示する歌があれば説得力を増すだろう。ここでは題詞に山部宿禰赤人の歌四首とある歌を挙げ、その中に以上の仮説のヒントとなる歌が含まれるので紹介する次第である。

一、春の野に　すみれ摘みにと　来《こ》し我ぞ　野をなつかしみ　一夜寝にける　（巻八　一四二四）

二、あしひきの　山桜花　日並べて　かく咲きたらば　いと恋ひめやも　（巻八　一四二五）

三、我が背子《せこ》に　見せむと思ひし　梅の花　それとも見えず　雪の降れれば　（巻八　一四二六）

四、明日よりは　春菜摘まむと　標《し》めし野に　昨日も今日も　雪は降りつつ　（巻八　一四二七）

いずれも春の歌である。この四首のうち、当該の観点からとくに注目すべきは第一の歌で、春の野で「すみれ」を摘むために来たのだが、野にいるのが愛しくなって一夜過ごしてしまったよと、通釈されている。『萬葉集注釋』（澤瀉久孝）は良寛を引用して、自然的抒情に浸った結果、然したる目的のないまま野宿してしまったと説明し、あくまで自然叙情詩という姿勢を崩さなかった。確かに「すみれ」は美しいが、小さくてすぐに萎れてしまう野草を采るのに、夢中になって野宿してしまう神経は尋常ではない。赤人は宮廷歌人ではあるが、続紀に名が見えず、官人としての履歴は全く不明であり、おそらく下級官僚であったと思われる。したがって、優雅に浸る時間的余裕などあるはずはなく、「すみれ」を摘むのも優雅のほかに何らかの確固たる目的があったと考える方が自然だろう。『萬葉集』で「すみれ摘み」の歌はもう一首あり、「～里人の　我《あれ》に告ぐらく　山辺《やまび》には　桜花散り　容鳥《かほとり》の　間なくしば鳴く　春の野に　すみれを摘むと　白たへの　袖折り返し　紅《くれなゐ》の　赤裳《あかも》裾引き　娘子《をとめ》らは　思ひ乱れて　君待つと～」（巻十七　三九七三）と、大伴池主が家持に贈った長歌の中に出てくる。ここでは乙女のスミレ摘みを詠むが、里人から伝え聞いたことというから、この「すみれ摘み」は池主自身の優雅さではなく、乙女が何らかの目的をもって摘んでいるのを里人が言い伝えたのである。契沖は「すみれは和名集、野菜類に云はく、（中略）野菜なる故に摘みて花をも兼ぬるなるべし。後々の歌には飲食を賤めばにや、花故に摘むやうにのみよめり」（『萬葉代匠記』）と述べ、スミレは野菜として食され、その上で美しい花を愛でて詠ったとし、斎藤茂吉も契沖に同調した（『万葉秀歌』）。契沖が「和名集云々」というのは、『和名抄』の野菜類に「本草云ふ、菫菜俗に之を菫葵と謂ふ　菫音謹和名須美礼」とあって、菫に和訓「すみれ」をつけたことをいう。因みに『本草和名』にも「菫汁　仁諝音謹　一名菫葵　蘇敬注に出づ　一名苣　乾なる者なり、七巻食經に出づ　和名須美礼」（巻十七「菜六十二種」）とあり、「すみれ」を菜類の一つとする。ただし、『和名抄』のいう野菜とは、今日の山菜に近いもので、菜蔬と称するものが今日のベジタブルに当たるから、古代において「すみれ」を野菜のように食したと考えるべきではない。仮に「すみれ」を食したのであれば、第四の歌にある春菜《はるな》と本質的に変わらないし、野宿するほど熱中して採集したわけだから、採集量は相当なものだったにちがいない。食用目的だけであれば、必要量だけ採集すればよく、まして生鮮の食材を求めるとなれば最小限でよいだろう。第一の歌でわざわざ「すみれ」と名指しするからには菜類としてのほかに用途があることを示唆する。『本草和名』に収載されるから、薬草としても認識されたはずで、これならいくら採集しても乾燥して保存さえすれば鮮菜である必要はない。

　医学の分野では古代のわが国は中国に大きく依存していた。ところが、「すみれ」を薬草と仮定すると、当時の中国の医書にまったくなくずっと後世になって登場する。すなわち、万葉時代の中国では「すみれ」を薬草とする認識はなかった。万葉時代から五〇〇年ほど時代は下るが、『頓醫抄』（梶原性全）に「スミレ草ノ粉五両　黄蘗黒焼シテ五両　甘草三分　右此三ヲ合テ二銭半湯ニ入テ服スベシ」（巻第七「積聚上　阹癥瘕痃癖諸腹病赤白痢病」）とあって赤痢病の薬とすると記述され、この用法は中国医書に見当たらない。すなわち、わが国独自の民間療法と考えられ、おそらくスミレも若菜の食習慣から薬用に選抜されたものと推定され、古くから様々な症状に用いたとしてもおかしくはない。では、赤人は「すみれ」を何に用いたのであろうか。まず科学的視点からアプローチすると、スミレ類はルチンというフラボノイドの一種を含む。ソバにも含まれ、健康によい成分として一般にも知られている。ルチンは一過性ながら毛細血管収縮作用があり、止血薬として使われ、また高血圧にも効果があるともいわれる。赤人という名前が容姿の特徴すなわち赤ら顔を表したものとすれば、西洋医学的視点から赤人は血小板が少なく出血が止まりにくいとか、高血圧などの慢性疾患に悩んでいたという仮説が成り立つ。高血圧症になると、後頭部から肩にかけての痛み・肩凝り・耳鳴り・めまい・動悸・吐き気・手足のしびれなど、その症状は広く時に堪えがたいこともある。中国でスミレを薬用に用いたのは『本草綱目』（李時珍）以降で、紫花地丁《シカジチョウ》と称し、その薬性は苦・辛・寒・無毒とされ、今日の中医学では清熱・涼血・解毒の効があるとして、血熱が滞って紅腫し、痛みのある瘡瘍に用いる。赤人の病証は典型的な熱証であり、中医学ではこれを治すのに寒気の薬を処方する。スミレの気味は寒であるからぴったりと適合し、清熱・涼血は高血圧症の治療に有効とされ、ここで推定した赤人の病症と一致する。かくして赤人が野をなつかしみ、一晩野宿したのは、叙情的意味からではなく、自分の病を治す薬をたくさん取れたことに対する感謝の意と解釈できる。ただし、「すみれ」は中国医学の影響を受けた薬草ではなく、当時のわが国独自の民間薬であった。中国医学でスミレを薬用に登用したのはずっと後のことであるが、古く民間薬として利用されたものを選抜したのである。したがって、以上で述べた薬効が古代のわが国でも認識されていて民間薬として利用されていたとしてもおかしくはない。下級官僚である赤人にとって舶来の薬物は高嶺の花だったにちがいなく、それ故に身近な薬材を利用したのである。赤人は十二年後の天平八（七三六）年にも聖武天皇の吉野行幸に従駕し、次の歌を残している。

五、やすみしし　我《わ》が大君の　見《め》したまふ　吉野の宮は　山高み　雲そたなびく　川速み　瀬の音そ清き　神《かむ》さ
　びて　見れば貴く　よろしなへ　見ればさやけし　この山の　尽きばのみこそ　この川の　絶えばのみこそ

ももしきの　大宮所　止む時もあらめ　（巻六　一〇〇五）
神代より　吉野の宮に　あり通ひ　高知らせるは　山川《やまかは》をよみ　（巻六　一〇〇六）

十二年前と同じように、吉野離宮とその周辺の自然・環境のすばらしさを強調し、長歌・反歌ともに山と川を対比して詠み上げている。かつての反歌第二は暗い影を感じる悲壮感の漂う歌であったが、この歌にはそれが微塵も感じられない。スミレのような民間薬を用いるなどの養生の成果があったようである。

6-3　「すみれ」の語源

最後に、「すみれ」の語源について考えてみたい。多くの語源説が提唱されているが、説得力ある説はごくわずかである。大工が直線を引くのに古くから用いた墨壺を「墨入れ」といい、「すみれ」の花がそれに似るので、「すみいれ」→「すみれ」に転じたとする説は広く知られている。大規模な寺院や宮殿の建設があった飛鳥・奈良時代にも墨壺はあったにちがいないが、この説は江戸期に普及した墨壺の形を前提としているから、奈良時代でも同じ形であったことを証明する必要がある。それに匠の特殊用具が一般にどれほど知られていたか疑問も尽きない。新井白石は「すにれ」が転じたと主張する（『東雅』）。すなわち、「すーにれ」であって、「す」は酸《す》で「にれ」は楡である。楡はニレ科ニレの樹皮を楡《ユ》皮《ヒ》または楡《ユ》白皮《ハクヒ》と称し、『神農本草經』の上品に収載され薬用とする。内皮は粘液質に富み、本草ではその性を滑利と表現した。「すみれ」も根を摺り下ろすとトロロのようになり、実際に食べられるから、白石は「すにれ」に由来すると考えたのである。残念ながら「すみれ」の薬性は苦・辛・寒で、酸ではない（『本草綱目』の紫花地丁、「6-2」参照）。もう一つ紹介に値する説は大石千引の「染《そみ》れ」の転とする説である（『言元梯』）。『信濃の花』（田中貢一）には「我が中野地方に於ては、之れをお染草と呼び、其花葉を摘みて乾葉となし、染料に用ふることを常とせり」とあり、橘千蔭が「菫つむは衣摺む料なるべし」（『萬葉集略解』）と述べたのはどうやら事実らしい。実際に染料とされた実例があるわけで、この説がもっとも説得力があるだろう。ただし、「そみれ」ではなく、古語では「染《し》む」といい、その祖語「染《し》み入れ」から始まって「染《し》みれ」を経て「すみれ」となったと考えるのが妥当だろう。

（附）古代の健康対策法：夏負けにウナギ

筆者は薬学を専攻したこともあって、万葉歌人の歌に薬草が詠まれていないか、何らかの養生に言及した歌はないか、古代人の健康管理はどうであったかにまず目を向けてしまう。おそらくそのような発想は文系の諸氏には考えられないだろうが、『萬葉集』にそれとぴったしの健康に関連する内容の歌がある。植物には関係なく本書の趣旨とは離れてしまうが、一般の関心も高いと思われるので、ついでながらここに紹介しておく。

夏負けという語彙は、冷房が完備した今日では死語になりつつあるが、夏の暑さにより体に変調を来すことをいう。漢方医学では暑気中《あた》りと称し、それに対して清暑益気湯《セイショエッキトウ》という処方を用意している。江戸末期から明治時代に活躍した皇漢医学の大家浅田宗伯（一八一五年―一八九四年）は清暑益気湯について「注夏病（夏負け）は大抵此方を服せしめ、萬葉集によつて鰻鱺《まんれい》を餌食とし、閨房を遠のくれば、秋冬に至つて復するものなり。金匱云ふ、春夏の劇しく秋冬にいゆと。またこの病を謂ふに似たり。」（『勿誤薬室方函口訣』）とその効能について述べているが、その中に「萬葉集によつて鰻鱺《ウナギ》を餌食とし」というおよそ場違いとも思える記述がある。実は、『萬葉集』に夏負けの対処法を詠んだ歌があり、宗伯は決して冗談をいっているわけではない。

一、　痩《や》せたる人を嗤咲《わら》ひし歌二首

石麻呂《いしまろ》に　我物申《われものまを》す　夏痩《や》せに　良しといふものぞ　むなぎ捕《と》り食《め》せ　（巻十六　三八五三）

痩《や》す痩《や》すも　生けらばあらむを　はたやはた　むなぎを捕《と》ると　川に流るな　（巻十六　三八五四）

右は吉田連老《よしだのむらじおゆ》、字《あざな》を石麻呂《いしまろ》と曰《い》ふもの有りき。所謂《いはゆる》仁敬の子《ひと》なり。その老《おゆ》、人と為り身体甚だ痩《や》せ、多く喫飲すと雖も、形は飢饉するに似たり。これに因《よ》りて、大伴宿祢家持《おおとものすくねやかもち》、聊《いささ》かにこの歌を作り、以て戯咲を為ししものなり。

このいずれも大伴家持の歌で、石麻呂という人物が痩せていることに対して、ウナギを取って食べたらどうだとからかった、つたない内容である。これを理解するには当時と今日では健康に対する視点が異なることに留意する必要がある。今日のような飽食の時代にあっては、ダイエットしてスリムになろうという願望が強いが、昔は痩せこけていれば貧者と見なされ、男子であれば太鼓腹の肥満の体型が健康の証と考えられていた。石麻呂も貴族階級の一員にちがいないが、その貧相な体型が貴族らしくないと家持はからかったのである。この歌が夏に詠まれたという前提で解釈するのは正しくない。昔は暑気中りで痩せるのは当たり前であったからだ。すなわち、家持は夏でもないのに痩せている石麻呂に夏痩せに良いぞといってウナギを勧め、そこにからかいの原点がある。石麻呂は家持の歌に対して返答していないが、左注に「いわゆる仁敬の人」すなわち人格者とあるから、石麻呂も決して侮辱と受け止めなかったにちがいない。むしろ、いくら飲食しても痩せた体形を保ち、聖人然とした石麻呂に対する嫉妬心から、家持がこの歌を詠んだ可能性すら考えられ、そこにこの歌のおもしろさがある。

さて、石麻呂をからかった家持の体型はいかがであっただろうか。そのヒントは紀女郎が家持に贈った次の歌にある。

二、戯奴《わけ》　変して「わけ」と云ふ　がため　我《わ》が手もすまに　春の野に　抜ける茅花《つばな》ぞ　召《め》して肥えませ　（巻八　一四六〇）

あなたのために手を休めずに春の野で抜いて集めたツバナです、召し上がってお肥りなさいと、これもかなり年下だったといわれる家持をからかった歌であるが、この歌の存在から家持も痩せた体型と解釈する見解もある（『萬葉集略解』ほか）。しかし、ツバナはチガヤの花穂あるいはつぼみで栄養価は低く、いくら食べても太ることはおよそあり得ないことである。むしろ、家持はかなり太めの体型で、紀女郎は石麻呂のような痩せ体型で聖人然とした人物を好んでいたため、好みとはほど遠かった家持に右の歌を贈ったのではないかとも考えられる。これに対して家持が返答した歌が「我《あ》が君に　戯奴《わけ》は恋ふらし　賜《たば》りたる　茅花《つばな》を食《は》めど　いや痩せに痩す」（巻八　一四六二）であり、表面上は恋煩いで痩せたと切り返している。前述したように、昔はでっぷりとした体型が男子にとってステータスであったから、それだけは譲れないという意を込めて家持は返答したのではなかろうか。

戯れ歌とはいえ、この歌にある夏痩せによいというウナギは、漢方医学の大家が滋養の食材として推奨するほど、健康食材として広く知れわたることになった。今日では夏の土用の丑の日にウナギを食べるのはいうまでもなく暑さ対策を名目とするが、文献上の初見は『萬葉集』の家持の歌にある。ウナギは高カロリーで、ビタミン・ミネラルなどの栄養素も豊富で、そのため術後の体力回復のため、病院食として提供されることもある。したがって、家持の歌は戯れ歌とはいえ、真摯な内容も含むのであり、体力の消耗の激しい夏の食材として昔の人々の健康をウナギが支えて来たといってよい。

前述の歌では、ウナギは万葉仮名で武奈伎と表記され、「むなぎ」と訓ずる。『本草和名』（深根輔仁）に「䱜 仁諝音善陶景注、是れ苻苓相変化し之と作し、又人髪の化す所なり　鰌䱜 仁諝音秋　鯆魮魚 仁諝甫毗二音　䱽䰲魚 仁諝音上阿郎反下乚八反　鯸鮧魚 楊玄操音義侯夷二音已上四名陶景注に出づ　和名牟奈岐」、また『和名抄』（源順）に「文字集略云ふ、鱣 音天和名無奈木　黄魚にして鋭頭、口は頸の下に在る者なり。本草云ふ、䱜魚 上音善和名上に同じ　一名鰌䱜 上音秋　一名鯆魮 甫毘二音　一名䱽䰲 鴦軋二音　爾雅注云ふ、鱓は蛇に似たりと 今按ずるに鱓は即ち䱜の字なり」とあるように、「むなぎ」に充てられた漢名は多いが、今日用いる鰻の字が見当たらない。本草では『名醫別錄』の中品に収載された鰻鱺魚《マンレイギョ》に今日の用字「鰻」が含まれる。『本草經集注』（陶弘景）は「能く樹に縁《よ》りて藤花を食らひ、形は鱓に似たり。取りて臛《あつもの》に作り之を食ふ。」と述べるが、これでは何を指すかさっぱりわからない。一方、『新修本草』（蘇敬）は「鯢魚は四脚有り、能く樹に縁《よ》る。陶云ふ、鰻鱺便《すなは》ち是とするは謬證なり。」と陶弘景を名指しで批判するが、蘇敬注も肝心の鰻鱺魚の基原に関する記述を欠く（以上、『證類本草』巻第二十一「蟲魚部中品」所引）。万葉時代はおろか、平安時代になってもウナギの漢名が定まらなかったのは、『本草和名』『和名抄』の列挙する漢名が悉く異名としても用いられていない事実から明らかだろう。『本草綱目』（李時珍）に「鰻鱺、其の狀は蛇の如く、背に肉鬣有り尾に連なる。鱗無く舌有り、腹は白く、大なるは長さ數尺、脂膏最も多し。背に黃脉有るは金絲鰻鱺と名づく。此の魚は善く深穴を穿ち、鮫蜃の岸を攻むが若きに非ざるなり。或は云ふ、鮎亦た鰻を産み、或は云ふ、鰻と蛇と通ずと。」（巻第四十四「鱗之四　無鱗魚」）とあり、辛うじてまともに記述したが、これとて李時珍はアナゴとウナギを混同し正確さを欠く。この記述の後半部が支離滅裂なのは、ウナギの生態がごく近年まで不明であったからやむを得ないとしても、海藻もそうであるように（第18章）、海産の魚類の漢名を漢籍に求めること自体に無理があり、わが国で魚名に国字を多用する理由をここに見ることができる。ウナギの漢名に鰻鱺を用いる是非については、『重修政和經史證類備用本草』の鰻鱺魚の図はウナギのほか、アナゴなどの類似種を含めて描写した感があるものの、これをもって鰻鱺をウナギとしてよいと考える。ただし、中国では、『名醫別錄』に「味は甘く毒有り。五痔瘡瘻を主り、諸蟲を殺す。」と記載され、また『圖經本草』（蘇頌）にも「此の魚毒有ると雖も能く五藏、虛損、久病、罷瘵を補ふ。人、五味に和し米を以て煮て之を食ふべし。」（『證類本草』巻第二十一「蟲魚部中品」所引）とあるように、ウナギは美味ではあるが、有毒と認識されていた。したがって、わが国で夏痩せの滋養の食材としたことに比べると大きな認識の違いがある。ウナギの骨の遺物はわが国各地の縄文時代の貝塚から出土している。すなわち、はるか太古から日本列島でウナギが食されてきたわけで、ウナギの食習慣の始まりを『萬葉集』とするのは誤りである。今日のような味付けされた蒲焼きではなく、おそらくぶつ切りにしたウナギを串刺しにして火で炙って食べたと推定される。わが国の先人は長い食習慣の結果、ウナギが栄養価の高い食材であることを知り得たわけで、漢籍にどう記載されようが、その食習慣は揺らぐことはなかった。後世にウナギがどう食されたか、文献の記載を見てみよう。

『朝倉亭御成記』（一五六八年）

引合十帖。御湯漬參（中略）七うぢまる、御汁くじら、ひばり。

『庖丁聞書』（十六世紀末ごろ）

宇治丸といふはうなぎのすし也。

『大草家料理書』

うなぎ鱠は醬油を薄くして魚にかけて、少し火執候て切て右同加減にする也。又は湯を暑かにして拭てもあぐる也。是は中也。鱠は口傳有也。

『本朝食鑑』巻之七「鱗部之一　河湖無鱗」（一六九七年）

鮓と作す者、宇治川の鰻を以て勝れりと爲し呼びて宇治麻呂と謂ふ。

ここで注目されるのは、宇治川に産するウナギに「うじまる（ろ）」という名前がつけられ、寿司としたものを宇治丸と称し、当時にあっては高級ブランドの食品であったことである。『玉海集』に「きんがりと　はやすは宇治の　祭りにて　うなぎのすしは　のせぬ俎板」という「うなぎのすし」を詠んだ句がある。『大草家料理書』にあるうなぎ鱠は醬油で味付けした。ウナギの蒲焼きは江戸時代になって発生したが、今日のような形態と味付けとなったのは中期以降である。

以上、ウナギの食形態はわが国独自のもので、中国ではそもそもウナギを食べる習慣すらなく、もっぱら薬用とした。ウナギに関して何らかの中国の影響があるとすれば、『江戸買物獨案内』に本郷五丁目佐渡勘兵衛家伝の「黒瞳散　うなぎ薬」であろう。「第一五かんのむし、眼病一切、其外小児の諸病によし」として売り出した。中国では鰻鱺魚《マンレイギョ》の薬効を「諸蟲を殺す」（『名醫別錄』）としているのを、わが国では幼児の疳の虫にも効くと解釈した。『忠孝潮來府志』にも「～去年《きょねん》の大病《たいびゃう》　夜《よ》も寝《ね》ずにかんびゃうして鱣《うなぎ》ぐすりや奇應丸《きをうぐわん》ありとあらゆる願《ぐわん》まいり云々」（巻之四）とあり、「うなぎ薬」は当時のベストセラーだったようである。『叢桂亭醫事小言』（原南陽）の弄玉湯《ロウギョクトウ》の条に「小児疳癖、爪を嚙み、或は壁土炭を食ふ者は兼ねて黒瞳散を與へ、鰻鱺魚を餌す。云々」（巻之七藏方）とあり、ここでは黒瞳散《コクショウサン》と鰻鱺魚の両方が出てくる。黒瞳散とうなぎ薬がどういう関係にあるのか今一つ不明瞭であるが、日本漢方の本流でも用いられたことがわかる。黒瞳散とはいかにも漢方薬らしいが、厳密にいうと民間の売薬であり、いわゆる漢方の教科書には載っていない処方である。このように民間の売薬も積極的に用いて独自の治療法を創出するところが原南陽の医術の特色である。因みに、中国ではウナギは本草書には載っているが、実際に用いることはほとんどない。東南アジアの華僑街では生きたウナギを店頭で見かけることがある。それは食用ではなく、生きたまま川に放流するためのものといい、一族郎党の繁栄を祈願する目的があるという。

第15章

弓材に利用する樹種

第1節　万葉の梓弓：弓材「あづさ」の基原

『萬葉集』で「あづさゆみ」を詠む歌は三十三首もある。そのうち、第一の歌にあるように、梓弓《あづさゆみ》が二十九首、第二の歌にあるように、万葉仮名で表記されたものもあり、安豆左由美《あづさゆみ》が二首、安都佐由美《あづさゆみ》と安都佐能由美《あづさゆみ》がそれぞれ一首ずつで、漢名の梓弓の方が圧倒的に多い。一方、『古事記』では「ちはやひと　宇治の渡りに　渡り瀬に　立てる　梓弓（原文：阿豆佐由美）云々」（中つ巻・應神天皇）、「（上略）臥《こ》やる臥《こ》やりも　梓弓（原文：阿豆佐由美）起《た》てり起《た》てりも　後も取り見る　思ひ妻あはれ」（中つ巻・允恭天皇）の二首の古歌謡に万葉仮名表記で登場する。『日本書紀』巻第十一「仁徳天皇」に、『古事記』の應神天皇の条にあるのと同じ歌謡があり、やはり阿豆瑳由瀰《アヅサユミ》と万葉仮名で表記する。以上の典籍にある「あづさゆみ」はすべて枕詞であり、春（張る）・引く・末・寄るなどに掛かる。

一、　久米禅師の、石川郎女を娉《よば》ひし時の歌

梓弓《あづさゆみ》　引かばまにまに　寄らめども　後《のち》の心を　知りかてぬかも　（巻二　〇〇九八）

二、安都佐能由美《あづさゆみ》　末は寄り寝《ね》む　まさかこそ　人目を多み　汝《な》を端に置けれ　（巻十四　三四九〇）

三、黄葉《もみちば》の　散り行くなへに　玉梓《たまづさ》の　使ひを見れば　逢ひし日思ほゆ　（巻二　〇二〇九）

四、～大殿の　砌《みぎり》しみみに　露負ひて　靡《なび》ける萩を　玉だすき　懸《か》けて偲《しの》はし　み雪降る　冬の朝《あした》は　刺《さ》し柳《やなぎ》
根《ね》張《は》り梓《あづさ》を　大御《おおみ》手《て》に　取らし賜《たま》ひて　遊ばしし　我が大君《おほきみ》を～　（巻十三　三三二四）

第三の歌にあるように、玉梓とあるのは十三首、万葉仮名表記の多麻豆左・多麻豆佐がそれぞれ一首ずつあり、いずれも「たまづさ」と訓じ、「妹」や「使ひ」などに掛かる枕詞である。以上、「あづさゆみ」は合計三十三首、

「たまづさ」は合計十五首あり、漢名の梓という字を含み、ほとんどが枕詞に用いられることで共通する。単に梓と出てくる例は第四の歌（長歌の一部）ただ一首である。「刺し柳　根張り梓を　大御手に　取らし賜ひて　遊ばしし」という部分は、刺し枝にした柳が根を張るように、弦をピンと張った梓で作った弓をお手にお取りになって云々という意味であるから、実質的に梓弓を詠んだに等しく、ただ枕詞でないところが異なる。この歌によって、梓弓は、枕詞とはいえ、一定の意味をもつ正訓であり、「あづさ」という材で作った弓を指すことがわかる。玉梓はその梓に玉を関した美称であるから、非常に珍重されたものであった。本末転倒となってしまったが、梓を「あづさ」と訓ずる論拠は『和名抄』（源順）に「孫愐曰く、梓　音は子、阿都佐　木の名、楸の屬なり」とあるのに基づき、また木の名としている。一方、『本草和名』（深根輔仁）では「梓白皮　音沓里反　一名柏　他皓反　一名楱　音條　一名楸　音秋　一名橚　音肅　一名檟　音賈、已上五名は兼名苑に出づ　和名阿都佐乃岐」とあるように、梓という植物を基原とする梓白皮《シハクヒ》なるものがあり、「あづさのき」の和訓をつけ、樹皮を薬用とするものである。『和名抄』は梓を楸の類とするが、前章の第4節で述べたように、楸に「ひさぎ」の和訓をつけ、この和名は『萬葉集』に登場する。梓はノウゼンカズラ科キササゲ、楸は同トウキササゲであり、いずれも上中古代のわが国に存在しなかったことは拙著『生薬大事典』第2部第1章で詳述してあるので簡単に概説するにとどめる。キササゲは『詩經』國風・鄘風に「之に榛栗　椅桐梓漆を樹う　爰《ここ》に伐りて琴瑟とせん」とあるように、古い時代ではゴマノハグサ科（ノウゼンカズラ科、キリ科ともいう）のキリ（桐）とともに有用な工芸材とされた。掌禹錫は「椅梓、釋（『爾雅』釋木のこと）に曰ふ、別の二名なりと。郭（『爾雅郭璞註』）云《い》ふ、即ち楸は詩鄘風に云ふ椅桐梓漆なりと。陸機云ふ、梓は楸の疏理《そり》白色にして、子を生ずるは梓と爲し、辛實・桐皮たるを椅と曰《い》ひ、則《すなは》ち大同にして小別なりと。」（『證類本草』巻第十四「木部下品　梓」所引）と注釈するように、『詩經』國風・鄘風のほか、呉・陸璣の『毛詩草木鳥獸蟲魚疏』の新説を引用し、椅梓桐に楸を含めて大同小異と断じて一物四名とした。すなわち、キリとキササゲの花や葉の形はたがいによく似ると認識したのであるが、両種のもっとも大きな違いは果実の形態にある。キリの実は、長さ三～四センチの広卵形の革質の蒴果《さくか》で、熟すと多くの小さな種子を出す。一方、キササゲは莢状の線形蒴果であり、長さは二〇～三〇センチもあって、熟すと果柄から多数垂れ下がり、裂開すると絮《わた》のような繊維状物を出す。したがって、植物形態の識別法が未熟な古代でも、キリ・キササゲの区別はそれほど困難ではなかったはずで、もし伝わっているのであれば、平安時代の古典文学がキササゲの特異な果実の形態を記録に残しているはずである。しかし、『古今和歌集』『新古今和歌集』を初めとする歌集では、枕詞として梓弓を詠むのみで、『萬葉集』とまったく変わらない。因みに、比較の対象として挙げたキリは、『萬葉集』に梧《ゴ》桐《ドウ》（巻五　〇八一〇）の名で出てくることは拙著『万葉植物文化誌』に詳述した。そのほか、『出雲國風土記』の意宇郡・嶋根郡のに白桐・白梧の所在の記録がある。白桐・白梧は今日のキリであるから、万葉時代のわが国に既に伝わっていた。『新古今和歌集』に「きりの葉も　ふみわけがたく　成りにけり　かならず人を　待つとなけれど」（巻第五、秋）とあり、『枕草子』の「木の花は」では「桐の木の花、むらさきに咲きたるはなほ（猶）をかしきに、葉のひろ（廣）ごりざまぞ、うたてこちたけれど、こと木どもとひと（等）しういうべきにもあらず。もろこし（唐）にことごとしき名つきたる鳥の、えり（撰）てこれにのみゐるらん、いみじう心ことなり。ま（蒔）いて琴に作りて、さまざまなる音《ね》のい（出）でくるなどは、をかしなど世のつねにいふべくやはある、いみじうこそめでたけれ」とあるように、さらに一歩踏み込んで、花の色（紫）や葉が大きいこと、楽器（琴）の材料となることなどを含めてかなり詳細に記述し、当時、宮殿などにかなり広く植栽されたことはまちがいない。今日、キリは桐箪笥に象徴されるように高級家具材として利用されるが、それが登場するのは江戸期以降である。大型の家具材とするキリは、台キリ仕立てといって、立木を地面近くで切り、切り株からの萌芽を新幹に育て、さらに枝をすべて払い、真っ直ぐな樹幹に仕立てる。これはわが国独自の技術であるが、平安時代には確立しておらず、キリをもっぱら楽器や小物家具材とした。キリの語源は、楽器や小物家具を作るのに、まず「切れ」にしたことに由来し、反物・織物・布帛を「切れ地」と称することと相通ずる。再びキササゲに話を戻すが、花木としてキリに劣らず、また実生から容易に増殖できるなど、栽培も容易なキササゲが、古典文学にその痕跡すらないことは、『本草和名』『和名抄』のいう「あづさ」ではなく、梓弓の材料とする別の植物があったことを示す。

『延喜式』に薬物である梓白皮の名はないが、巻第三「神祇三」ほかに梓弓の名が散見される。

巻第三「神祇三」

「凡そ甲斐、信濃の兩國は祈年祭料の雜弓百八十張を進ずる所なり。　甲斐國槻《ツキ》弓八十張信濃國梓《アッサ》弓百張　並びに十二月、前□を以て進上せしむ。」（ルビは原典による、以下同）

巻第四「神祇四」伊勢太神宮

「神寶廿一種

金銅多多利二基（中略）梓弓廿四枝　長七尺以上八尺以下塗赤漆弣《ユツカニ》纏縹組　云々」

巻第十五「内藏寮」

「諸司年料共進（中略）梓弓一張矢四具　一具太《ル》角伊太豆伎一具角伊太豆伎一具太《ル》木伊太豆伎一具万万伎　鞆《トモ》一枚

右は兵庫寮の進ずる所なり。」

巻第卌九「兵庫寮」

「凡そ御梓弓一張　寮庫の弓を以て之に充つ。條造の功五人。」

このうち、巻第三「神祇三」に甲斐・信濃から梓弓が貢進されたという注記は、わが国における梓の基原の考証において貴重な情報源となり得る。なぜなら、古代では同地域に豊産する和産の材で梓弓を製造したことを示唆し、またキササゲが中国から渡来していなかった傍証ともなるからである（前章第4節参照）。そのほか平安時代初期の

『續日本紀』に「文武天皇大寶二（七〇二）年二月己未（二十二日）、歌斐（甲斐に同じ）國、梓弓五百張を獻じて以て太宰府に充つ。」、「（同）三月甲午（二十七日）、信濃國、梓弓一千二十張を獻じ以て太宰府に充つ。」という興味深い記事がある（巻第二）。すなわち、甲斐・信濃国産の梓弓をはるか遠路にある太宰府に献じていたというのである。これによって「あづさ（梓）」が九州に産しないか、あるいは稀産であることを示唆し、また九〇一年に成立した『日本三代實錄』に「（陽成天皇元慶二（八七八）年五月）九日甲辰。亥時、大流星有り、氏南より出でて軫翼間に入る。其の尾二丈許《ばか》り、色赤く光有り。衆星隨行し、過ぎし所の處、木葉聲を作《な》す。是の日、相模國に下符し、槻弓《つきゆみ》百枝を採進せしむ。安房國には百枝、信濃國には梓弓二百枝、但馬國には檀弓《まゆみ》百枝、備中國には柘弓《つみゆみ》百枝、備後國には百枝（を採進せしむ。）」（巻第三十三）とある記事よってさらに明瞭となる。以上から、当時、どんな材を用いて弓を作っていたのか、またその産地がどこであったかをかなり明確に知ることができる。槻・檀・柘については、後に詳述するが、それぞれニレ科ケヤキ・ニシキギ科マユミ・クワ科ヤマグワであって、それぞれを材料にして作った弓があり、ケヤキ（槻）製は相模・安房、マユミ（檀）製は但馬、ヤマグワ（柘）製は備中・備後の産であったことを示す。一方、「あづさ（梓）」は信濃の産とあり、『延喜式』『續日本紀』の記述と産地名が一致する。すなわち和産の「あづさ」は信濃・甲斐のような冷涼地帯に産する樹種である。

わが国でも弥生時代以降になると弓の遺物が出土し、原材料によって槻弓《つきゆみ》・檀弓《まゆみ》・柘弓《つみゆみ》・梓弓《あづさゆみ》などと区別した。梓弓とは、「あづさ」という名の植物を原材料とする弓の総称名であるが、中国における梓の植物学的基原種キササゲとは無関係で、梓の漢名を借用したにすぎない。梓弓はわが国独自の呼称で、『周禮』巻四十一の冬官考工記に「梓人侯を爲《つく》る。廣と崇の方、其の廣を參分して鵠を一つ居《を》く。上の兩个と其の身三と、下の兩个之を半《わ》く。上綱と下綱と出でて舌（一）尋《ひろ》、縜（一）寸。皮侯を張りて棲鵠すれば則ち春に以て功《いさを》し。五采の侯を張れば則ち遠國屬《したが》ふ。獸侯を張れば則ち王以て燕を息《やす》んず。」（巻四十一）という記述があり、ここにある梓人《しじん》に由縁がある。この記述にある侯は弓の的をいい、中国ではその製造は梓人と称する匠が担当した。中国で梓の名を冠した工芸品に、貴人向けの棺桶である梓器があるが、梓弓はない。中国では梓人が弓の的を作ったから、わが国では弓を匠が精魂込めて作るものと認識され、梓の名を冠するに値するとして独自に梓弓と称したのである。

古代の梓弓の原材料はわが国の冷涼地帯に産する樹種であることは明らかになったが、「あづさ」という名は今日の植物正名の中に見当たらない。科学の一分野として植物学が成立して以来、植物の学名とともに一般名たる和名は、分類学の専門家により命名され、スギ・ツバキなど古名を正名として採用した例は少なくない。スギ・ツバキのいずれも、古くから現在までその名が広い地域で通用し、それらの方言名は概して少ない。一方、「あづさ」は歴史の古い植物名であるにも関わらず、名前が継承されなかったのは、時代を経るにつれて、梓弓のもつ文化的地位が地盤沈下したからである。『日本三大實錄』の記述が示すように、梓のほかにもケヤキ（槻）・マユミ（檀）・ヤマグワ（柘）を材料として弓が製造された。とりわけ武具用の弓材は、平安末期に武士が台頭して以来、もっぱら真竹を用いる傾向が強まったことが梓弓の地位をいっそう低下させる要因となった。神事用を除いて梓弓の占有率が低下するとともに「あづさ」の名は風化し、必然的に名前が訛ったり、あるいは他の植物との混同が起きるようになった。別の理由として、「あづさ」は特定の植物種を指すのではなく、弓材に適した複数の植物種に対して与えられた総称名であった可能性もある。いずれにせよ、「あづさ」の基原植物種を絞り込まない限り、納得のいく解答を得るのは難しい。

平安中期の『和名抄』や『本草和名』は「あづさのき」という古名を記載するから、当時はその名が広く通用していたと考えてまちがいない。万葉植物研究で知られる松田修は各地に残る植物の方言名（土名）を万葉古名の考証に応用して成果を挙げた（『萬葉植物新考』）。古くは、植物は各地域でそれぞれ固有の名前で呼ばれ、地域や時代を限れば、それが正名であったはずだから、その名に何らかの民俗学的意義が含まれる可能性もある。江戸時代の

15

表　アズサ及びその訛名の方言分布と基原植物（『歴代日本薬局方収載生薬大事典』より引用）

方言名	植物正名	方言の分布地域
アカアズサ	オノオレカンバ	埼玉・秩父
アズサ	アカメガシワ	静岡・遠江
	アサダ	宮城　山形・北村山
	オノオレカンバ	岩手・上閉伊　埼玉・秩父
	ナナカマド	長野・北佐久　長野・佐久
	ニシキギ	静岡・南伊豆
	ハイノキ	肥後・五家庄
	ミズメ	**宮城　群馬　埼玉　長野　三重　和歌山**
	リンボク	鹿児島
アズサノキ	アカメガシワ	静岡・駿河
アズサミネバリ	オノオレカンバ	群馬・草津　埼玉・秩父
アツサ	ダケカンバ	長野・諏訪
アンサ	アカシデ	岩手・下閉伊
	アサダ	岩手・気仙
	オノオレカンバ	青森・上北
	ミズメ	**岩手・閉伊**
アンチャ	オノオレカンバ	岩手・九戸　岩手・和賀
ズサ	ナナカマド	長野・佐久

本草書、とりわけ『本草綱目啓蒙』（小野蘭山）や『本草綱目紀聞』（水谷豊文）は各地の植物土名を多く収録し、国語的価値の高いことで知られる。シダ植物の分類で著名な倉田悟は各地に残る植物地方名の収録に熱心であり、『日本主要樹木名方言集』ほか類書を数点刊行している。そのほか地域限定の植物方言名集もいくつか出版されている。これらの書籍は最近出版されたものであるが、そこに収録された方言名は当該植物の古名の痕跡を残しているものが少なくない。ここでは倉田の著書と近刊の『日本植物方言集成』の両書を併用し、アズサおよびそれが訛った類名を抜き出し、その結果を表に示す。それによると、アズサはカバノキ科ミズメの地方名として、東北地方から中部地方・近畿地方に至るまで、もっとも広い地域で使われた。そのほか、同じカバノキ科に属するオノオレカンバ・アサダ・ダケカンバに同名あるいは類名を充てる地方がいくつかあるが、関東地方から東北地方という上中古代にあってはい

ずれも辺境とされた地域に集中する。当時の文化の中心は近畿地方であり、そこから遠くなるにつれて、本草学などに蓄積された植物に関する知識の伝播に長期間を要することになる。その必然として、伝わった情報は不明瞭とならざるを得ず、梓弓の原料植物をやや似た植物にも広げ、また名前も訛ってしまったと説明できる。以上の解析結果から、上代から中古代において「あづさのき」と称した樹種はミズメと推定される。ミズメはカバノキ科ダケカンバ属の落葉高木で、岩手以南の本州および四国・九州の温帯に分布し、冷涼地帯に多く産する。ミズメは『延喜式』『續日本紀』『日本三大實録』に梓弓の産地と記載された信濃・甲斐地方の山地に豊産し、材質に粘りがあって弓を作るのに適している。オノオレカンバ・アサダ・ダケカンバはいずれも材質が堅いので、ミズメの代用とされた。表に挙げた方言名の中に、ごく一部の地域（静岡）でアカメガシワの名があるが、江戸中後期から昭和初期まで優勢であった「梓＝アカメガシワ」説（小野蘭山ほか支持）の名残と思われる（前章第4節参照）。

明治以降、近代植物学が成立した後は、古典植物の考証研究は植物学者の興味の対象となり、白井光太郎もその一人であった。白井は東京帝国大学教授として植物病理学を専攻するかたわら、和漢の本草学に造詣が深いことで知られる。「梓＝ミズメ」説を初めて提唱したのは白井であり、伊勢神宮に古くから保存され、神事に用いられた梓弓の材の鏡検によって「あづさ」がミズメであることを実証したといわれる（『國文学に現はれたる植物考』）。今日では、「梓＝ミズメ」説は広く支持されて定説とされ、中古代のわが国でいう梓はミズメ、ややその範囲を広げて、カバノキ科近縁種と考えて差し支えない。中国でキササゲに充てる梓に、わが国で植物学的にまったく類縁のない植物を充てたのは、本草書を含めて漢籍の記述のあいまいさに因る。中国にない梓弓の名は、工人エリートというべき梓人《シジン》の権威を借用して作ったものであった。にも関わらず、その名が風化したのは、弓の用途が神事から武具へとシフトしたからであり、その背景には七〇〇年も継続した武家政権がある。

第2節　弓材に利用されたそのほかの植物

2-1　「つきのき」（ニレ科ケヤキ）（附）「とねりこ」

『萬葉集』では万葉仮名による表記はなく、もっぱら漢名の槻として七首に詠まれている。一方、『古事記』『日本書紀』では当該部分は、それぞれ万葉仮名で都紀賀延波《つきがえは》、菟區喩彌珥《つくゆみに》とあり、「つき（く）」は槻と解されている。

一、〜眞木さく　檜の御《み》門《かど》　新嘗屋《にひなへや》に　生《お》ひ立てる　百足《ももだ》る　槻が枝は　上枝《もとつえ》は　天《あめ》を覆《お》へり　中枝《なかつえ》は　東《あづま》を覆へり〜

（『古事記』下つ巻　雄略天皇紀）

二、彼方《をちかた》の　あらら松原《まつばら》　松原《まつばら》に　渡《わた》り行《ゆ》きて　槻弓《つくゆみ》に　まり矢を副《たぐ》へ　貴人《うまひと》は　貴人《うまひと》どちや　親友《いとこ》はも　親友《いとこ》どち　いざ闘《あ》はな　我は　たまきはる　内《うち》の朝臣《あそ》が　腹内《はらぬち》は　小石《いさご》あれや　いざ闘《あ》はな　我は

（『日本書紀』巻第九「神功皇后摂政元年三月」）

三、早来ても　見てましものを　山背の　高《たか》の槻群《つきむら》　散りにけるかも

（『萬葉集』巻三　〇二七七）

第二の『日本書紀』の歌謡にある槻弓《つくゆみ》は、いうまでもなく槻を材料として作った弓の意である。『和名抄』の木類に「唐韻云ふ、槻　音規和名豆木乃木　木の名、弓を作るに堪ふなり」とあり、『唐韻』を引用する。因みに、『爾雅』『説文解字』のいずれにも槻は見当たらないが、『類篇』（宋・司馬光）に「槻　一に曰ふ、樊槻の木の皮を水に漬け、如《も》し之を書に墨せば脱《お》ちず」（『康熙字典』所引）とあり、樊槻《ハンキ》という類名がある。本草では『本草經集注』（陶弘景）に「秦皮　俗に云ふ、是れ樊槻皮なり。水に漬け、以て墨書に和せば青にして色脱《お》ちず。」（『新修本草』巻第十三「木部中品　秦皮」所引）とあり、樊槻皮のこの性質はモクセイ科トネリコ属によく合い、その本草正名を秦皮《ジンピ》と称

する。秦皮は『神農本草經』の中品に収載されるが、もっと古い典籍では別の名で出てくる。『淮南子』に「夫《そ》れ梣木は青翳《せいえい》（くろそこひ）を已やし蠃蠡《られい》（虫の名）は燭睆《しょくくわん》（しろそこひ）を癒す、此れ皆目を治するの藥なり」（巻二「俶眞訓」）とある梣木《シンボク》は秦皮の古名であり、『名醫別録』にいう秦皮の一名岑木に同じである。後漢の高誘は「梣木は苦歴木なり。水に皮を浸せば青となり、眼を洗ふに用ふ。効あり。」（『證類本草』巻第十三「木部中品　秦皮」所引）と注釈し、秦皮に含まれる成分クマリンに基づく特有の現象は古くから知られていた。トネリコ属はわが国に比較的広く分布し、『新修本草』蘇敬注に石檀《セキダン》の異名があるように（『新修本草』巻第十三「木部中品　秦皮」）、その材は堅く、現在では野球用具のバットの製造原料とされる。以上から、『唐韻』が弓に作るに十分な材という槻はトネリコ属の樹種を基原とする。『延喜式』巻第三十七「典藥寮」の諸國進年料雜藥に伊勢国・丹波国・備中国から秦皮の貢進を記録する。その基原植物は産地からみて西日本に多いシオジと思われる。シオジは、柾目《まさめ》の木目が好まれて江戸時代に繁用され、柾樹なる和製漢名も発生した。シオジの名は柾樹の音読みを訛ったものである。一方、同巻第三「神祇三」では甲斐国が槻弓八十張を新年祭料として貢進したとある。前述の『日本三代實録』でも相模国・安房国が槻弓を貢進している。仮にこの槻がトネリコ属種とすれば、東日本に多く分布するトネリコの類であろう。したがって、槻をトネリコ・シオジなどトネリコ属各種としても矛盾はないが、今日の定説では槻をニレ科ケヤキとする。すなわち中国では同物異名であった槻と秦皮を、わが国では異品と認識したことを示唆し、拙著『万葉植物文化誌』でもその見解を支持した。一方で槻をトネリコ属種ではないといい切る直接的論拠を挙げるのは難しいが、間接的な証拠ならあるのでここに紹介する。

まず、『本草和名』に「秦皮　一名岑皮　楊玄操は梣の字に作る、並びに士林反　一名石檀　蘇敬注云ふ、葉を以て檀に似る故に以て之と名づくと　一名樊槻皮　仁諝音規、陶景注に出づ　一名苦樹　俗に味苦きを見て名づけ苦樹と爲す、蘇敬注に出づ　一名樊鶏　出諝音義　一名昔歴　雜要訣に出づ　一名水檀　忽然として葉開き、當に大水有るべき故に以て之と名づく、拾遺に出づ　和名止祢利古乃岐一名多牟岐」とあるように、秦皮の和訓を「つきのき」としていないのは、槻がトネリコ属ではないことを間接的に示唆する。因みに、「とねりこのき」の和名の由来は「舎人子の木」にある。「とねりこ」は「とねりをとこ」ともいい、君子に仕えて雑事に従事する官職で、後世でいう小姓に相当する。『神農本草經』に収載する薬物では、上品を君薬、中品を臣薬、下品を佐使薬と呼ぶが、中品の秦皮は臣薬であるから、舎人に相当する樹種という意味で「とねりこ」と名づけられた。ただし、臣薬は秦皮に限らないから別の理由がなければならない。わが国では弓は梓人《しじん》が作るから君であり、弓材になり損ねた故につけられたと考えればよいだろう。別名の「たむき」は、『和名抄』では太無乃木《たむのき》とあるので、「たむ」が本名で、「たぶ」「たも」「たご」と訛り、トネリコ属各種の方言名に多く見られる。同系統の名は、タブノキ・クスノキ・シロダモ・ヤブニッケイほかクスノキ科、ニレ科アキニレ・ハルニレ、ブナ科カシ類の方言名にも残る（以上、『日本植物方言集成』による）。わが国の照葉樹林の代表的構成樹種の一つタブノキの古名「つまま」が祖名であって、「たまま」→「たま」→「たむ」を経て様々な訛り名を生じたと考えられる。「つまま」の語源については拙著『万葉植物文化誌』を参照。「とねりこ」の語源に戻るが、樹皮に寄生するイボタロウムシの分泌物「イボタロウ」を、戸の敷居の溝に塗って滑りをよくするのに使われたから、「戸に塗る木（トーニーヌルーキ）」の転とする見解もある。既に「とねりこ」の名が発生していた平安期に、そのような用途があったことは聞かないし、イボタロウムシが好むモクセイ科植物からもイボタロウが採れるが、モクセイ科植物を「とねりこ」と呼ぶ例はなく、根拠のない語源俗解にすぎない。

方言名はしばしば古くからの名を反映すると、本書の随所で指摘してきたので、ケヤキの方言名についてかかる視点から解析して見よう。『日本植物方言集成』によれば、ケヤキの主な方言名は次のようである。

アオケ（ゲ）ヤキ　静岡・群馬・神奈川・熊本

アカケ（ゲ）ヤキ　石川・長崎・神奈川

イシケ（ゲ）ヤキ　兵庫・鳥取・愛媛・長崎・奈良・和歌山・熊本
イヌケヤキ　周防
キヤキ　佐渡・富山・岐阜・静岡・福井・和歌山
キヤケ　徳島・高知・愛媛
ケヤ（ノキ）　福島・茨城・埼玉・兵庫・和歌山・島根・広島
ケヤギ（ケ）　青森・宮城・秋田・島根・高知・愛媛
ザクゲヤキ　熊本
ツキ（ノキ）　長野・青森・秋田・岩手・静岡・長崎
ツキケヤキ　青森・岩手・宮城・秋田・福岡・大分・熊本
ホンケ（ゲ）ヤキ　兵庫・鳥取・熊本・和歌山
ヤブゲヤキ　和歌山
ユミノキ　相模大山

この中でツキ（ノキ）という古名に由来する方言名が広範囲に認められ、ユミノキという弓材に利用したことを示唆する名があるのも興味深い。因みに、トネリコ属のいずれの種にも古名「つき（く）」に結びつく方言名はない。この事実から上代古典籍にある槻はケヤキであってトネリコではないと考えざるを得ず、これも中国との間で基原認識が大きく異なる例といえよう。以上の方言名の中でとりわけ興味深いのはツキケヤキであり、東北と九州に隔離分布しているので、古い名前の遺存と考えられる。『本草綱目啓蒙』（小野蘭山）に、「良材ナリ　マケヤキ　ツキゲヤキ　イヌケヤキ　イシゲヤキノ品アリ」（巻之三十一「木之二　喬木類　欅」）と記述され、槻すなわちツキノキはニレ科ケヤキの一品種と考えられていた。方言名のアオケヤキ・アカケヤキも品種名であろう。和歌山のヤブ

15

ゲヤキは、野生品に対する名であって、栽培化の過程で多くの品種が選抜されたことを示唆する。しかし、古くは槻と「けやき」が区別されていたことは『冬草』（伊勢貞丈）の弓材考「槻」にある次の記述が示唆する。

植樹を業とする老人のいひしは槻とけやきとは見分がたし。能似たるもの也。身木も葉も少しも替る事なし。然れども夏に至て大暑の時、けやきの葉は兩方の端、表の方へよりて少し中くぼになる。槻の葉は大暑にも右のごとくにならず、葉のおもて平らかにして、中くぼになる事なし。是槻とけやきとの見分なりといふ。又相模國大山の杣人のいひしは、槻を弓の木ともいふ、けやきに似て見分がたし。

江戸期の民間人の認識にすぎないが、相異がごく軽微とあるので、ケヤキとトネリコのような種レベルではなく、品種レベルの違いと解釈できる。専門書であるはずの『大和本草』（貝原益軒）が槻《ツキ》と欅《ケヤキ》を別条に収録して記載することに驚かされる（巻之十二　木之下」）。槻の条では「江陰縣志ニ曰、槻質《ハ》堅《クシテ》而勁《シ》。多《ク》レ葉繁陰、人家、門巷多植レ之。葉モ木理モケヤキニ似タリ。葉ヲ見テハ別チガタシ。只、其ノ木理ヲ見テワカツ。一類別物ナリ。古ハ槻ニテモ弓ヲ作レリ。槻弓ト云フ。字彙ニ云フ、槻《ハ》木《ノ》名堪《タリ》二作レ弓《ヲ》材《ニ》一。」と記載し、『江陰縣志』（萬暦四十七年補刊）巻之六「土産」の木乃屬を引用する。『江陰縣志』の記述はあまりに簡潔であって、これから種を特定するのは至難の技である。結局、『和名抄』の解釈から踏み出すことができず、ケヤキとともに一類二種と認識するに留まる。『大和本草』以前にも槻と「けやき」が別品と認識されていたことは歴代の字書でも反映されている。

『下學集』（一四四四年）　樛槻　二字同義　ツキ　樫木　カタギ

『文明本節用集』（一四七四年）　黄楊《ツゲ》　或作槻者弓材　樫　ケヤケ（カシ）

『温故知新書』（一四八四年）　槻　ツキ　樫　ケヤキ（カシ）

『明応五年本節用集』（一四九六年）　槻　ツキ　弓材　樫　ケヤキ（カシ）

『黒本本節用集』（室町末期）　樫　ケヤキ（カシ）

『伊京集』（室町末期）槻 ツキ 弓材 樫 ケヤキ

『慶長十六年本節用集』（一六一一年）樛槻 ツキ 樫 ケヤキ 樫木 カタギ

『書言字考節用集』（一七一七年）橿 カシノキ カタギ 檮 同 樫 同 槻 ツキノキ ケヤキ

一部を除いていずれの字書も「けやき」に樫を充てていることに驚かされる。樫は、もともとはブナ科カシに対して作られた国字であったが、ケヤキも材質が堅いから、二物一名となったようである。ツゲと槻とを混同、あるいは樛を「つきのき」の訓をつけるのは、無論、誤りである。ツキケヤキは古名のツキ（ノキ）にケヤキの名を付与したものだが、「けやき」の名の初見は『山門堂舎記』（応永二十四年伝写、室町時代初期）であり、「飯室氣《け》焼《やき》一本」とある。一部の地方の方言名に「きやき」「きやけ」とあるのはその名残と考えられる（『日本植物方言集成』）。江戸期になって『大和本草』は「けやき」に対して欅を充てるが、これこそ本草におけるニレ科ケヤキに対する正しい用字である。

わが国の一部の成書は、中国でいう欅樹はクルミ科シナサワグルミ（カンボウフウ）とするが、大変な誤りであって、シナサワグルミの正しい漢名は楓柳《フウリュウ》である。欅をシナサワグルミとしたのは『國譯本草綱目』牧野富太郎註であるが、清代末期の『植物名實圖考』（呉其濬）にある欅の図がシナサワグルミと合致することを論拠としており、歴代正統本草の記述を考証したわけではない。『植物名實圖考』は薬用植物だけではなく植物全般を対象とした中国初の本草書であり、図はそれまでの本草書に付属するものよりかなり写実的であるが、各品目の基原については『本草綱目』以前の本草書との整合性は高くない。『名醫別錄』の下品に欅樹皮《キョジュヒ》として収載され、『本草經集注』（陶弘景）は「皮は檀槐に似て葉は櫟槲の如し」、『新修本草』（蘇敬）は「多く溪間の水側に生ず。葉は樗に似て狭く長く、樹の大なるは連抱して高さ數仭、皮は極めて麁く厚く、殊に檀に似ず。」（以上、『新修本草』巻第十四「木部下品」）とあり、蘇敬注の「多く溪間の水側に生ず」はわが国のサワグルミの生態に似るから、牧野富太郎はそ

15

れを重視したらしい。李時珍は「欅の材は紅紫にして箱案の類を作るに甚だ佳し。鄭樵に通志に云ふ、欅は乃ち楡の類にして枚烈し、其の實亦た楡錢の狀の如し。鄉人は其の葉を采り甜茶と爲す。」（巻第三十五「木之二　喬木類」）と記述し、葉を甘茶にするというのは眉唾だが、概ねケヤキ（中国種はメゲヤキだが）の特徴を表し、シナサワグルミには合わない。因みに、シナサワグルミに相当するものは『新修本草』（蘇敬）に新載された楓柳皮《フウリュウヒ》である。蘇敬注によれば、楓柳皮は「葉は槐に似て莖は赤く根は黄なり。子、六月に緑色に熟し細なり。莖皮を剝き取りて用ふ。」（巻第十四「木部下品」）というが、李時珍は、『斗門方』に「今の楓樹上に寄生する者は方《まさ》に用ふるに堪ふ」（『證類本草』巻第十四「木部下品　楓柳皮」所引）とあるのを重く見て、本品を寓木類に分類してしまった。蘇敬注にいう葉が槐に似ていること、すなわち羽状複葉であること（シナサワグルミは羽状複葉）を見過ごし、また牧野富太郎も李時珍の記述を鵜呑みして楓柳をヤドリギと考定した。『本草衍義』（寇宗奭）では、「欅木皮、今の人呼びて欅柳と爲す。然れども葉は柳と謂ひて柳に非ず、槐と謂ひて槐に非ず。木の最大なるは高さ五六十尺、二三人を合して抱ふ。湖南北に甚だ多し。然れども亦た下材なり。器用と爲すに堪へず。嫩皮取り以て栲栳と箕脣を緣《まと》ふ。」（巻第十五）とあり、記述のあいまいさもさることながら、欅柳という紛らわしい別名を挙げたことが基原の誤認を助長する結果となり、『植物名實圖考』は欅をシナサワグルミとしたのであろう。前述（第14章第2節「2-3」）したように、『本草和名』は「欅樹皮　和名之良久奴岐一名奈久美奴岐（奈美久奴岐の誤記）」とし、『和名抄』もこれを引用して同名のクヌギとするが、『本草經集注』にある記述「葉は櫟、槲の如し」に基づく。『多識篇』（林羅山）は「欅　久奴旡今案計也旡」とあるように、欅をケヤキとし、稲生若水校正の『新校正本草綱目』（唐本屋八郎兵衛等刊）も欅をケヤキとして正しい用字になった。一方、『重刻本草綱目』（野田彌次右衛門刊）はケヤキのほかにクヌギの訓も併記する（以上、詳細は第14章第2節「2-3」を参照）。今日、「くぬぎ」の名はブナ科クヌギに継承されるが、古くはクスノキ・ケヤキなど複数種に充てた名であることに留意すべきである（同）。因みに、『新修本草』新載の楓柳皮は、『本草和名』に風柳皮の名で収載されるが、和名はない。木偏を取り去って風柳皮としたのは楓香樹（フウ科フウ）との混同を避けるためであったかもしれない。

さて、ケヤキの古名は「つきのき」であり、室町中期に「けやき」の名が発生したことは既に述べた通りである。『延喜式』巻第五「神祇五齋宮」に「齋宮　造備雜物　槻三十四村」、また同巻第十七「内匠寮」に「腰車一具　屋形障子六枚料　槻廿四枚　牛車一具　櫓料槻二枚云々」とあるように、材のくるいが少なくまた耐久性に優れるケヤキは車両・家具などに用いた。しかし、上中古代では建築材料はもっぱらヒノキ・スギ・マツなどの針葉樹であって、広葉樹を用いることはほとんどなかった。文献上の「けやき」の名が初見するのは『山門堂舎記』であるが（前述）、消失した比叡山延暦寺横川中堂の首楞厳院を再建するため、栢木《カヘノキ》（イチイ科カヤ）を三本切り出したが、一本不足したので飯室氣焼《けやき》一本を切り出して充足したとその内情を記している。すなわち、当初はやむを得ず使ったのであるが、それによって優れた材質が見直され、品質の際立った木という意味の「けやけき木」と呼ばれ、これがケヤキの語源となったと考えられる。自然界ではケヤキは群生しないので各地から調達しなければならず、産地によって品質がばらついていたため、それまで槻と称したものと同じとは目されず、かといって完全に区別することもできず、「つきけやき」などのあいまいな名で呼ぶようになったと思われる。拙著『万葉植物文化誌』では「けやけし」を異様という意味にとって説明したが、語源説明として可能性がないわけではないが、以上を補足しておく。

『萬葉集』に「天《あま》飛ぶや　軽《かる》の社《やしろ》の　斎《いは》ひ槻《つき》　幾代まであらむ　隠《こも》り妻《つま》そも」（巻十一　二六五六）という、ケヤキが古くから神木とされていたことを示唆する歌がある。わが国で神木といえば、針葉樹・広葉樹の別を問わず、常緑樹であるのが原則である。したがって、この歌の「斎ひ槻」を「斎ひ杉」と置き換えても、まったく不自然ではない。東北南部以南の日本列島の主たる植生は照葉樹林であり、特に人々の日常の生活域は多少の針葉樹を含む

15

常緑広葉樹の森であった。その大半は生活の営みのために開発され、本来の植生は神々が宿ると信じられた鎮守の森に残るだけとなった。しかしながら、落葉樹のケヤキを神木として祀る寺社が少なからず存在する。何故に落葉樹のケヤキが神木とされるのか、民俗学的観点から興味あるところであるが、『古事記』下つ巻の雄略天皇にそのヒントとなる話がある。

又、天皇、長谷《はつせ》の百枝槻《ももえつき》の下に坐して豊樂《とよのあかり》爲し時に、伊勢の國の三重婇《みへのうねべ》、大御盞《おほみさかづき》を指し擧げて以て獻《たてまつ》りき。爾《か》くして其の百枝槻の葉落ちて大御盞に浮きき。其の婇、落葉の盞に浮けるを知らずて、猶、大御酒《おほみき》を獻りき。天皇、其の浮ける盞の葉を看行《みそなは》して、其の婇を打ち伏せ、刀を以て其の頸に刺し充て、將に斬らんとする時に、其の婇、天皇に白して曰く、吾が身を殺すこと莫れ。白すべき事有り。卽ち歌ひて曰く、

纏向の　日代《ひしろ》の宮は　朝日の　日照る宮　夕日の　日光《がけ》る宮　竹の根の　根垂る宮　木《こ》の根の　根延ふ宮
八百土《やほに》よし　い築《きづ》きの宮　眞木栄《さ》く　檜の御門《みかど》　新嘗屋《にひなへや》に　生ひ立てる　百足《もも》る　槻が枝《え》は　上《ほ》つ枝《え》は
天《あめ》を覆《お》へり　中つ枝は　東《あづま》を覆へり　下《し》づ枝は　鄙《ひな》を覆へり　上つ枝の　枝《え》の末葉《うらば》は　中つ枝に　落ち觸《ふ》
らばへ　中つ枝の　枝の末葉は　下《しも》つ枝に　落ち觸らばへ　下《し》づ枝の　枝の末葉は　在り衣《きぬ》の　三重の子
が　捧《ささが》せる　瑞玉盞《みづたまさかうき》に　浮きし脂《あぶら》　落ちなづさひ　水《みな》こをろこをろに　是《こ》しも　あやに畏《かしこ》し　高光る
日の御子　事の語り言《ごと》も　是《こ》をば

故、此の歌を獻りしかば、其の罪を赦《ゆる》しき。

本書はこの逸話を落葉樹を神木として許容するために創られたと考える。ケヤキは、南端部の一部を除いて国土の大半が落葉樹林帯に属する朝鮮では、神木とされ信仰の対象であったと仮定する。古墳時代から奈良時代は、世界的に気候が寒冷であり、冷涼地の農耕に大きな打撃を与えたといわれる。朝鮮半島から日本列島に多くの人が押し寄せたのもこの理由であったと思われる。今日いう経済難民に相当するが、落葉樹信仰はこのときにもたらされた

15

と考えられる。帰化人のケヤキ信仰が強いため、それを正当化するためにこの話を創ったと考えれば理解しやすい。

2-2 「つみのき」（クワ科ヤマグワ・ハリグワ）

『萬葉集』に柘を詠む歌は四首あるが、いずれも内容的に関連がある。第一の歌の本歌に柘の名はなく、題詞と左注に柘枝《つみのえ》とある。柘枝の仙媛とあるように、仙女に冠した名で植物そのものではない。一方、第二〜四の歌にある「柘の（さ）枝」はれっきとした植物を指し、第一の歌の左註にいう『柘枝傳《しゃしでん》』の物語を題材として詠んだ歌である。

一、　仙の柘枝《つみのえ》の歌三首
　霰《あられ》降り　吉志《きし》美《み》が岳《たけ》を　険《さが》しみと　草取りかなわ　妹《いも》が手を取る　（巻三　〇三八五）
　右の一首は、或るは云ふ、吉野人味稲《うましね》の柘枝《つみのえ》の仙媛《せんゑん》に與へし歌なりといふ。但し、柘枝傳《しゃしでん》を見るにこの歌有《あ》ることなし。

二、この夕《ゆふべ》　柘《つみ》のさ枝《えだ》の　流れ来《こ》ば　梁《やな》は打たずて　取らずかもあらむ　（巻三　〇三八六）

三、古《いにしへ》に　梁《やな》打つ人の　なかりせば　ここにもあらまし　柘《つみ》の枝《えだ》はも　（巻三　〇三八七）

四、ますらをの　出《い》で立ち向かふ　故郷《ふるさと》の　神奈備山《かむなびやま》に　明け来れば　柘《つみ》のさ枝《えだ》に　夕されば　小松が末《うれ》に　里《さと》人《びと》の　聞き恋ふるまで　山彦の　相《あひ》とよむまで　ほととぎす　妻恋《つまごひ》すらし　さ夜中に鳴く　（巻十　一九三七）

『柘枝傳』は和漢いずれの書とも明らかでなく、今日に伝わらないが、天平勝宝三（七五一）年に成立した『懐風藻』の丹墀真人広成の漢詩に味稲が美稲となって登場し、同系統の話を題材に詠んだと考えられる。

「吉野山に遊ぶ」　従三位中納言丹墀真人広成《たぢひのまひとひろなり》
　山水臨《のぞみ》に随ひて賞《め》で　巌谿望《のぞみ》を逐ひて新《あらた》し

朝《あした》に峰を度《わた》る翼《とり》を看《み》　夕《ゆふべ》に潭《ふち》に躍《をど》る鱗《うを》を翫《はや》す
放曠幽趣多く　超然俗塵少し
心を佳野《よしの》の域《さかひ》に栖《す》まはしめ　尋《たづ》ね問ふ美稲《うましね》が津《わたり》

『續日本後紀』に「嘉祥二（八四九）年三月庚辰（廿六日）、興福寺大法師等、（中略）天人芥子を拾はず、（中略）吉野の女眇、上天に通じて來り且つ去る等の像を作り、之に長歌を副へて奉獻す。その長歌の詞に曰く、日本《ひのもと》の野馬《やま》臺《と》の國を　（中略）　三吉野《みよしの》に　有りし熊志禰《くましね》　天つ女《め》の　來り通ひて　其の後は　譴《せ》め蒙《かが》ふりて　毗禮衣《ひれころも》　著て飛びにきと云ふ　是も亦　此の嶋根の　人にこそ　有りきと云ふなれ、云々」（巻第十九）とあり、味稲が熊志禰となっているが、『柘枝傳』と密接な関係があるのはまちがいない。味稲伝説を要約すると、味稲が吉野川で梁を懸けて魚を捕っていたところ、「柘の枝」が流れつき、女子に化身したので、味稲はその女と結婚したが、仙女であったため天に帰ってしまったという典型的な神仙譚で、中国より伝来した話あるいはそれを脚色したものと思われる。これに関しては詳細な研究が多く報告されているので、ここでは割愛する（林田正男『万葉集と神仙思想』ほか）。

では、女子に変身するという柘の枝とは何であろうか。『和名抄』に「毛詩注云ふ　桑柘　音柘漢語抄云ふ、豆美蠶《かいこ》の食ふ所なり」、また『新撰字鏡』にも「柘　豆美乃木」とあり、柘に「つみ」の和訓をつける。『説文解字』に「柘は桑なり。从木石聲。」とあって柘を桑の同品とし、『和名抄』も毛詩注を引用して蚕が食べるものというから、クワ科クワで決定的のように見える。しかし、今日では柘を別の植物に充てて認識を異にするので、ここでさらに詳しく検証する。『説文解字』は別条に「檿は山桑なり。从木厭聲。詩に曰ふ、其檿其柘と。」とあり、山桑の同品という檿《エン》なる名が出てくる。この名は『詩經』の大雅・文王之什・皇矣の第二スタンザに柘とともに次のように出てくる。

之を作り之を屏《おほ》ふは　其の菑《し》、其の翳《えい》
之を脩《をさ》め之を平《たひら》ぐは　其の灌《くわん》、其の栵《れい》
之を啓《ひら》き之を辟《ひら》くは　其の檉《てい》、其の椐《きょ》
之を攘《はら》ひ之を剔《き》るは　其の檿《えん》、其の柘《しゃ》
帝、明徳に遷り　串夷《くわんゐ》載り路《たび》す
天、厥《そ》の配を立て　命を受け卽に固し

檿は「やまぐわ」であるから、柘を「くわ」とするのは妥当に見えるが、蚕の餌になる「くわ」の類はクワ科クワ属のほかにハリグワ属もあることに留意する必要があり、クワ属だけを念頭に置いて、「やまぐわ」を野生品、「くわ」を栽培品と単純に考えるのは早計である。本草では、『嘉祐本草』（掌禹錫）の下品に柘木《シャボク》の名で収載され、「味は甘温、無毒（中略）刺無きは良木なり」（『證類本草』巻第十四「木部下品」所引）とあるように、刺ありと刺なしの二品の存在を示唆する。一方、『本草衍義』（寇宗奭）は「裏に紋有り、亦た旋して器と爲すべし。葉は蠶を飼ふ、柘蠶と曰ふ。葉は梗くして桑葉に及ばず。」（巻第十五）と記述し、『本草綱目』（李時珍）はこれに加えて「刺無き者を以て薬に入るが良し」（巻第三十六「木之三　灌木類」）と注釈するから、刺のあるものはクワ科別属種でわが国に自生しないハリグワ（狭義の柘）、ないものはクワ科ヤマグワあるいはその近縁種である（広義の柘）。以上、本草における柘の記述を現代の分類学に整合させると、柘の基原にハリグワ属（刺あり）とクワ属（刺なし）が含められ、一方、桑はクワ属だけから構成されることになろう。すなわち、本草では蚕の餌となる「くわ」に対してまったく異なる基準でもって分類しているのである。取り敢えず、檿をヤマグワ、桑をマグワと考えて差し支えなく、『爾雅』に「檿桑は山桑なり」とあるのはそれを表す。『詩經』には別に柘が出てくるから、柘は必然的にハリグワあるいはクワ属のいずれかの種（わが国ではヤマグワのほかはないが、中国には多くの同属種がある）を指すこと

15

になる。

わが国ではしばしば柘をツゲ科ツゲに充てるが誤用であって、ツゲの正しい漢名は黄楊《コウヨウ》である。しかし、この二文字漢名は『爾雅』『説文解字』ほか中国の古字書に収録がなく、また注に出てくることもなく、考証にもっとも頭を悩ませる植物名の一つである。ところが『萬葉集』では黄楊を詠む歌が六首ある。『和名抄』に「兼名苑注云ふ、黄楊 和名豆介 色は黄白色にして材の堅なる者なり」とあり、今日に伝存しない『兼名苑』注の出典といい、確かにその記述はツゲの類とするに違和感はない。『兼名苑』は和漢いずれの典籍であるかすら不詳で、『萬葉集』に黄楊の名があるから、奈良時代のわが国に存在したことは確かである。一方、漢籍では、晩唐に成立した『酉陽雜俎』（段成式）に「黄楊の木性長じ難く、世は黄楊を重んず。火无きを以てす。或は曰ふ、水を以て之を試むるに、沈めば則ち火无し。此の木を取るに、必ず陰を以てし、晦夜に一星无くば、則ち之を伐る。枕と爲せば裂けず。」（巻第十八「廣動植志 木篇」）とある黄楊が現存する漢籍では初見と思われる。この記述は『埤雅』（陸佃）も引用するが、『酉陽雜俎』にない「俗に云ふ、歳に長ずること一寸、閏年に倒れて長ずること一寸」という俗説を付加した。宋・蘇軾の「監洞霄宮俞康直郎中所居四詠・退圃」の一節「園中の草木、春に無數なるも 只、黄楊有りて閏年に厄《くる》しむ」もその俗説に由来する。本草でツゲに相当するものは『本草綱目』（李時珍）に初見し、万葉名と同じ黄楊木《コウヨウボク》の名で収載する（巻第三十六「木之三 灌木類」）。わが国で「つげ」と称して庭などに植栽するものの多くはモチノキ科イヌツゲである。わが国ではその漢名に『本草經疏』にある鑿子木《サクシボク》を充てるが、トゲのあるイイギリ科クスドイゲの類を基原とし、これも誤用である。因みに、『本草綱目』は鑿子木を柞木《サクボク》の異名とする。柞はブナ科コナラにも用いるから紛らわしい。以上の詳細は拙著『万葉植物文化誌』の当該条を参照。

本章の主題は弓材とする植物であるが、『周禮』巻四十一の冬官考工記に「弓人弓を爲る。六材を取るに、必ず其の時を以てす。六材既く聚まれば、巧なるは之を和す。（中略）凡そ幹の道七を取るに、柘を上と爲し、檍之に次ぎ、檿桑之に次ぎ、橘之に次ぎ、木瓜之に次ぎ、荊之に次ぎ、竹を下と爲す。」とあり、中国では柘を弓材の最上位とする。郭璞は檿桑すなわちヤマグワについて「桑に似て材の中は弓及び車轅に作る」（『爾雅郭璞註』）と注釈し、冬官考工記はこれも弓材とし柘・檍に次ぐとする。「くは」を詠む万葉歌は三首ある。今日、広く栽培するマグワは中国から伝わったが、わが国に原生するヤマグワと酷似し、両種の区別は容易ではない。したがって、古くからマグワ・ヤマグワは混同され、採集した野生品を栽培することも多かったと考えられる。万葉の柘は神仙譚の中で出てくるから、必ずしも実在の植物ではなく、想像上の植物の可能性もある。実在であれば、刺ありの柘すなわちハリグワはわが国に自生しないから、刺なし柘であるヤマグワが柘となる。「つみ」の語源は葉を蚕が摘み食うからという。しかし、この名「柘《つみ》」は養蚕では「くは」に圧倒され、本来はまったく無関係のはずの「つげ」と勘違いされるようになった。「つげ」の語源は難しいが、その主たる用途は櫛材である。縦櫛型のタイプは縄文遺跡から出土するが、ツバキ科のツバキ・モッコク・ヒサカキ、針葉樹のカヤ・イヌガヤ製が知られる。横櫛型は古墳時代以降に出現し、より材質の堅いマンサク科イスノキやツゲから作られた。『古事記』の神代紀に「故《かれ》、左の御角髪《みみづら》に刺《さ》せる湯津津間櫛《ゆつつまぐし》の男柱《をばしら》一箇《ひとつ》取り闕《か》きて、一つ火を燭《とも》して云々」（上つ巻）とあって、櫛の太い歯（男柱）を折って云々と記述している。すなわち櫛とは歯（柱）を継ぎ合わせた「接《つ》ぎ柱」であり、「接《つ》ぎ櫛」→「つげ櫛」に訛った結果、最高級の櫛材であるツゲの名に転じたと推定される。すなわち、ツゲの語源は原料植物の特徴ではなく、製品たる櫛の形態に由来するのである。

2-3　「まゆみ」

①万葉の「まゆみ」の用字について

『萬葉集』に「まゆみ」を詠む歌は十二首ある。一首に末由美、四首に真弓とあるほかは、すべて檀弓・白檀あるいは檀とあり、いずれも「まゆみ」と訓ずる。第三の歌の第一句の白真弓は、原文では白檀と表記され、香木・香料とする白檀《ビャクダン》と紛らわしい。しかし、第一の歌に原文で白真弓とあり、同じ枕詞として「しらまゆみ」と訓じ、ビャクダンとは無関係である。第二の歌では原文で檀とあるのを「まゆみ」と訓ずる。因みに、白真弓《しらまゆみ》は「はる」「ひく」「いる」「ひ」「い」などにかかる枕詞である。

一、天《あま》の原　振り放け見れば　白真弓《しらまゆみ》　張りてかけたり　夜道《よみち》はよけむ　（巻三　〇二八九）
二、南淵《みなみぶち》の　細川山《ほそかはやま》に　立つ真弓《まゆみ》　弓束《ゆづか》巻くまで　人に知らえじ　（巻七　一三三〇）
三、白真弓《しらまゆみ》　石辺《いそべ》の山の　常磐《ときは》なる　命なれやも　恋ひつつ居らむ　（巻十一　二四四四）

第二の歌の第三・四句は原文で「立檀　弓束纏及」とあり、「まゆみ」は弓材に利用されたことを示す。檀を「まゆみ」と訓ずる論拠は、『和名抄』に「唐韻云　檀　音彈　末由美　木の名なり」とあるのに基づく。中国の古字書では、『爾雅』に収録はなく、『説文解字』に「檀は木なり。从木亶聲。」とあるだけで、『和名抄』が引用した『唐韻』と変わらず、あまりに簡単な注記であって、これから「まゆみ」という訓をつけたのは驚くしかないが、古代に「まゆみ」と称した樹種を今日のニシキギ科マユミと決めつける方がおかしいのかもしれない。漢籍でもっとも古く檀が登場するのは中国最古の歌謡集『詩經』國風・鄭風であり、その第五スタンザにある。詩の内容から第六スタンザも合わせて紹介しておく。

仲子に将《こ》ふ　我が園を踰《こ》ゆる無かれ
我が樹ゑし檀《ダン》を折ること無かれ　豈に敢へて之を愛《を》しまんや
人の多言を畏る　仲、懐ふべきなり
人の多言も　亦た畏るべきなり

難解な詩であるが、通釈すると、仲にお願いする、私の庭園に来ないでくれ、私が植えた檀の枝を折らないでくれ、敢えてこの木を惜しむわけではないが、他人にとやかく言われるのを畏れているのだ、仲のことを心に思っているが、人に言われるのがこわいのだという意味である。この第二連に対して毛詩傳は「園は樹木を以てする所なり。檀は彊韌の木なり。」と注釈する。彊韌とは強靱の意で、『毛詩正義』（孔頴達疏）は「檀材は以て車に爲《つく》るべし。故に彊韌の木と云ふ。」と注釈する。すなわち、檀は堅くて丈夫な木とするだけで、それが具体的にどんな樹種であるか言及していない。中国で檀の真の基原植物として何を充てたかは事項②で詳述する。わが国では方言名で「まゆみ」と称する植物はいくつかあり、そのうちもっとも分布が広いのはニシキギ科コマユミおよびツリバナである（『日本植物方言集成』）。「まゆみ」の名を継承するのは同属種のマユミであるが、以上の三種はいずれも落葉性でよく似て材は堅いので、いずれの種も古く弓材として利用されたと思われる。

②中国でいう檀《ダン》は秦皮・白檀（旃檀）・紫檀も含む　（附）わが国で「あふち」が旃檀と誤認されたわけ

『毛詩草木鳥獣虫魚疏』（呉・陸璣）は『詩經』小雅・鴻鴈之什の鶴鳴に詠まれる檀に対して次のように注釈する（「爰有樹檀」）。

　檀の木皮は正に青く滑澤して繫迷と相似す。又、駮馬に似たり。駮馬は梓楡たり。其の樹皮は青白く駮犖にして遥くに視れば馬に似たり。故に之を駮馬と謂ひ、故に里語に曰ふ、檀を斫りて繫迷を得るを諦めず、繫迷、尚駮馬を得るべしと。繫迷一名挈榼。故に、齊人の諺に曰ふ、上山に檀、挈榼を斫れば先ず殫《つ》く。下章云ふ、山に枹棣有り、隰《さは》に樹檖有りと。皆山隰の木相配して獸と謂ふは宜しからず。

陸璣註は冗長ではあるが、檀という植物の重要な性質を指摘している。冒頭の「檀の木皮は正に青く滑澤して云々」とは、コルク層に粘液質が含まれてぬめりがあり、またクマリンという蛍光物質を含むので、内皮が青く見えることをいい、特にこの皮を浸した水は青味を帯びる。これは、「2-1」で述べたように、秦皮《ジンピ》すなわちモクセ

15

イ科トネリコ属に特有の化学的特性に基づく。本草で檀について初めて言及したのは『新修本草』（蘇敬）であり、蘇敬は「此の樹（秦皮）は檀に似て葉は細く、皮に白き點有り、麁錯ならず」（巻第十三「木部中品　秦皮」）と注釈し、檀を秦皮に似たものとした。蘇敬はそれ以上踏み込んで議論しなかったが、『本草拾遺』（陳藏器）は別条に区別して次のように記述する（『證類本草』巻第十四「陳藏器餘　檀」所引）。

檀秦皮　注蘇（蘇敬注のこと）云ふ、檀は秦皮に似たりと。按ずるに、檀樹は其の皮を取り楡皮に和し之を食へば穀を斷つべし。爾雅云ふ、檀は苦茶なりと。其の葉は飲と爲すに堪ふ。樹體は細けれど斧柯を作るに堪ふ。夏に至り生ぜざる者有り、忽然として葉開けば當に大水有るべし。農人之を候《ま》ち以て水旱に則り号して水檀と爲す。又、一種有り、葉は檀の如く、高さ五六尺、高原に生じ、花は四月に開き、色は正に紫にして、亦た檀と名づく。根は葛の如し。爾雅に〝檀は苦茶〟無く、唯《ただ》櫝は苦茶なりと言ふのみ。郭注にいふ、樹は小にして梔子に似て冬に葉を生じ煮て羹に作るべし。今、早く採る者は茶と爲し、晩く採る者は茗一名荈と爲す。蜀人呼びて之を苦茶と名づく。前面已に茗、苦茶有り、又、爾雅を引く。疑ふらくは此れ誤りならん。

陳藏器の論述は冗長であるが、蘇敬が『爾雅』にある櫝を檀と誤認し、檀の基原の混乱の原因となったという指摘は注目に値する。「2-1」で秦皮の異名に石檀《セキダン》を挙げたが、モクセイ科トネリコ属種のうち、材が堅いものを石檀と称し、毛詩傳が「彊韌（強靱）の木」というのともよく合う。『説文解字』が「檀は木なり」と説明にもならない注記にとどまったのは、檀の基原が古くからきわめて混とんとしていたからである。

ここでそのほかの檀の字をもつ樹種について考えてみよう。まず頭に浮かぶのは、白檀《ビャクダン》・紫檀《シタン》そして黒檀《コクタン》であろう。本草に白檀の名はなく、『新修本草』巻第十四の木部下品に紫眞檀木《シシンダンボク》とあるのは今日の紫檀に相当する。蘇敬は「此の物、崑崙般（盤）國に出づ。中華に生ぜずと雖も人間《じんかん》に遍く之有るなり。」と注釈し、中国国内には産しないが、その材を広く用いたことを示唆する。紫眞檀木は、材の色が紫黒色で堅い真の檀という意味で、東南アジア原産のマメ科シタンの類でまちがいない。在来の檀の一種とされたが、そのほかに白檀のような顕著な芳香のあるものもあったから、区別せざるを得なくなり、これらを檀香《ダンコウ》と呼んだ。檀香は『名醫別錄』の上品に収載されていることになっているが、『證類本草』（唐慎微）に主治の記載はなく、「陶隱居云ふ、白檀は熱腫を消すと」の陶弘景注と、『嘉祐本草』（掌禹錫）にある陳藏器注（『本草拾遺』）、『日華子諸家本草』（大明）の記述を転記したにとどまる。それは『圖經本草』（蘇頌）が沈香《ジンコウ》の条中で「又、檀香有り、木は檀の如く、南海に生ず。（中略）數種黄白紫の異有り。今の人盛んに之を用ふ。眞紫檀舊くは下品に在り。（中略）蘇恭云ふ、崑崙盤盤國に出でて中華に生ぜざると雖も人間に徧く之有り。檀木、江淮及び河朔の山中に生じ、其の木にて柯斧に作る者は亦た檀香の類なり。但、香らざるのみ云々（以下陸璣註引用に同じ）」（『證類本草』巻第十二「木部上品」所引）と記載しているのを受けたもので、蘇頌は檀香に香木ではないトネリコ属を基原とする（石）檀（すなわち柯斧に作る者）を含めてしまった。『本草綱目』（李時珍）は「葉廷珪の香譜は云ふ、皮は實して色黄なるは黄檀と爲す。皮潔くして色白なるは白檀と爲す。皮腐りて色紫なるは紫檀と爲す。其の木並《とも》に堅重にして清香あり。而《しか》れども白檀が尤も良し。宜しく紙を以て収め封ずるべし。則《すなは》ち氣を洩らさず。」（巻第三十四「木之一　香木類」）と記載し、李時珍は沈香の条から檀を区別して別条に移したが、黄檀《コウダン》・白檀・紫檀の三品を含めて檀香とした。白檀はビャクダン科ビャクダン、紫檀はマメ科シタンでよいが、黄檀は白檀とは樹皮を異にする別品種のようである。紫檀はほとんど芳香がないので、香木たる檀香の基原に含めるのは問題があり、李時珍の考定の一部は誤りである。本草には檀桓《ダンカン》という別の紛らわしい一品がある。『本草拾遺』に収載され、「此れ百歳の蘗の根にして天門冬の如くして云々」（『證類本草』巻第十二「木部上品　陳藏器餘」所引）とあるように、ミカン科キハダ（黄蘗）の根に寄生したサルノコシカケ科マツホドの類で、昔はそれを根と勘違いした。主治を「長生、神仙を主る」とし、神仙の霊薬とされた。

　わが国にも異国産の香木が古くから伝わったが、古典籍ではどう記載されているか考えてみよう。まず、『本草和名』（深根輔仁）では沈香の条中に白檀を含め（木部上品）、また同下品に「紫真檀木紫檀　一名紫栴　扶南に生ず、兼名苑（ママ）に出づ　唐」とあり、『新修本草』に準拠した記述となっている。一方、『和名抄』（源順）では「紫檀　内典云ふ、栴檀の黒き者之を紫檀と謂ふ。兼名苑云ふ、一名紫旃。」「白檀　内典云ふ、栴檀の白き者之を白檀と謂ふ。」とあり、内典すなわち仏典（おそらく『大唐内典録』）を引用して紫檀・白檀を記載し、通例、引用するはずの『本草和名』を無視した形となっている。当時の本草が沈香に含める白檀・紫檀が、仏像や仏具の材料として使われている現実とは、かなりの乖離があるから当然ともいえる。両条に栴檀《センダン》の名があるが、別条に「唐韻云ふ、栴檀　仙壇二音、俗に善短と云ふ　香木なり。内典云ふ、赤き者之を牛頭栴檀と謂ふ。」と記載している。『和名抄』は『唐韻』を引用するが、もともと栴檀という名は仏典と関係が深い。そのほかわが国の典籍で栴檀を記録するのは『香字抄』がある。同書は平安時代後期に成立した香道書で、本草書などの各書にある香料の記述を纂集したものである。真紫檀の条で「或抄云　是紫色之栴檀也」、白檀香の条で「或抄云　栴檀樹也」とあるほか、「西域第十云　秣羅矩吒國云々」とあるように『大唐西域記』（玄奘）も引用する。ここでは『大唐西域記』の記述を引用するが、「（秣羅矩吒）國の南の濱海に秣刺耶山有り、崇崖、峻嶺、洞谷、深き澗あり。其の中に則ち白檀香樹、旃檀、你婆樹有り、白檀に類して以て別つべからず。」と記述され、ここに木篇ではない旃檀という名が出てくるが、白檀とは区別すべきではないというから、異名に相当する。本草では『本草綱目』が、檀香の異名として、旃檀・白旃檀の二名を挙げる。今日では木篇の栴檀と表記するが、字義を考えると、もともとは旃檀であったと思われる。旃は『説文解字』に「旗曲柄也」とあるように、総じて「はた」の意であり、旃檀の名の由来は旗の柄を作ったことにあるらしい。しかし、わが国ではこの旃檀の名は植物学的にまったく無関係の植物センダン科センダンの名に転じてしまった。センダンは香木ではないが、前述の『本草拾遺』（陳蔵器）に「又、一種有り、葉は檀の如く、高さ五六尺、高原に生じ、花は四月に開き、色は正に紫にして、亦た檀と名づく」（『證類本草』巻第十四「木部下品　陳蔵器

15

餘　檀」）とあり、花の時期といい、花色といい、まさにセンダンと特徴が一致するものに檀の名が充てられ、しかも『圖經本草』では檀香に含められた。小原次郎によれば、平安中期の貞観時代に仏像をセンダンで造ったといい、京都太秦・広隆寺の毘沙門天、金戒光明寺の十一面千手観音、常念寺の薬師如来などはセンダン製であるという（『日本人と木の文化』）。小原は唐招提寺に残る仏像・梵天の素材がセンダン科チャンチンであり、わが国にチャンチンはないが、よく似たセンダンがあったため代用されたと説明する。仏像の素材は、古くはクスノキ・マツ、後にヒノキが主流となったが、いずれも香木類であるから、一時ながら仏像の材料とされたセンダンも香木と認識された。『和名抄』の梅檀に「俗に善短と云ふ」という注記があるのは、平安時代に「せんだん」という旃檀の音読み名が発生したことを示唆する。その結果、和産の香木と認識されたセンダンが梅檀と誤認され、その俗称が「善短」であった。すなわち、センダンの語源は、仏像の塑像に使われたことによって香木と誤認され、梅檀の名を得てその音読みが植物名になったのである。センダンの正しい漢名は楝（練）であるが（第6章第1節「1-1」）、通例、「あふち」の訓をつける。『下學集』や『節用集』では草木部に「楝　アフチ」と「梅檀　センダン」が両出するが、本来の梅檀はわが国にないはずだから、既に楝の異名と暗黙のうちに認識されていたと思われる。ただし、それが明瞭となったのは、一六三一年成立の『多識篇』（林羅山）に「楝　阿布知今案世宇多牟」と記載されてからである。『大和本草』（貝原益軒）に「楝　和名ヲアフチト云。近俗センダント云。旃檀ニハ非ず。」（巻之十一木之中）とあるのも、民間で長らく「あふち」（センダン）が旃檀と誤認されたことを示す。以上の香木に対する貧弱な認識の下では、センダン科センダンを旃檀と呼ぶぐらいは十分にあり得るといわねばならない。

そのほかのセンダンの語源説もいくつか紹介しておく。『大言海』（大槻文彦）は「千段の木の義にて、この樹皮の灰汁にて縞《きぎぬ》を練りて繒《きぬ》とするに、一時に千段を染むべければ云ふ」というが、これは少々説明を要する。まず、センダンの漢名は『新修本草』（蘇敬）では練實《レンジツ》と表記され（『新修本草』巻第十四「木部下品」）、今日使われる楝で

15

はないことをまず知っておく必要がある（詳細は第6章第1節「1-1」）。次に練の字義について、『説文解字』に「練は繒《きぬ》を湅《ね》るなり。从糸柬聲。」とあり、「練《ね》る」とは生糸や絹をあくで煮て柔らかくし白くする行程をいい、大槻文彦はこのあく抜きにセンダンの樹皮が使われたと仮定し、一度に「千段の絹」を染めるから、センダンと名づけたという。そのほか、センダンの鈴なりの果実を千団子に見立てたとする見解（『植物和名の語源』）、あるいは千《せん》珠《だま》と見立てて訛ったともいう。以上の見解はいずれもセンダンの音名が栴檀とは無関係という前提に立ち、栴檀をセンダンと誤認した可能性についてはまったく考慮していない。これまでの植物語源解明研究の盲点というべきであろう。

③ほかにもある「まゆみ」の名をもつ植物

古代のわが国で檀に充てた「まゆみ」は、ニシキギ科マユミほか同属近縁種と考えて差し支えないが、わが国独自の用字であり、中国における認識とは大きく異なる。そのほかの古典籍で「まゆみ」の名をもつものはいくつかある。『和名抄』に「本草云ふ、衛矛　和名久曽末由美　一に云ふ、加波久末豆々良」、『本草和名』に「衛矛　楊玄操音倁、甄立言は余の音に作る　一名鬼箭　陶景注云ふ、茎に三羽有り状は箭の如く、俗に呼びて鬼箭と為すと　一名衛與一名神箭　釈薬性に出づ　一名三羽一名鬼針　已上兼名苑に出づ　和名加波久末都々良一名久曽末由美乃加波」とあり、「くそまゆみ」の和訓をつけられた衛矛《エイボウ》がその一つである。衛矛の基原は、陶弘景注（『本草和名』注記）にあるように、茎に箭の羽に似た翼（陶弘景は羽という）があるニシキギ科ニシキギである。「くそ」の名を冠するような樹木ではないが、異名を鬼《キ》箭《セン》というから、平安の文人からは嫌われたらしい。江戸時代の『多識篇』に「衛矛　久曽末由美今案尓志宂々」とあって「にしきぎ」の名が登場する。後に美しい紅葉が評価され、一転して錦木《にしきぎ》という優雅な名がつけられた。『延喜式』巻第三十七の諸國進年料雜藥では大和国・丹波国・播磨国から〝鬼箭〟の貢進を記録するが、正名である衛矛の名はない。古くはもっぱら異名の鬼箭を用いたことを示唆する（後述の赤箭にも鬼箭の別名があるが、わが国に普及したとはいえない『太清經』の出典であり、陶景注にある衛矛の異名の可能性の方がはるかに高い）が、この名は翻訳されて天麻《テンマ》の基原植物ラン科オニノヤガラの和名に転じた。すなわち、鬼箭の訓読みに相当するが、名前が転じた経緯は少々複雑である。天麻とは『開寶本草』（馬志）の草部中品に初めて収載され、オニノヤガラの根を薬用部位とするが、その地上部を赤箭《セキセン》と称し、『神農本草經』の上品に収載される。すなわち、天麻・赤箭の基原植物はまったく同じで薬用部位が異なる。この赤箭は、『和名抄』に「蘇敬本草注云ふ、赤箭　和名乎止乎止之一に云ふ、加美乃夜加良　遠く看れば箭に似て羽有るが故に以て之と名づく」、『本草和名』に「赤箭　蘇敬注云ふ、遠く看れば箭の如しと　一名離母一名鬼督郵　仁諝音尤　一名神草一名獨揺一名當苦一名味子　或は□子に作る　一名鬼箭已上五名太清經に出づ　和名乎止乎止之一名加美乃也（加良：欠字）」とあり、和名を「かみのやがら」と称した。赤箭の異名に神草（『呉普本草』）があったため、それを神箭と勘違いしたのである。後に、それが鬼箭（『太清經』における異名）の誤りであることに気づいて、「おにのやがら」と再命名したのが現在の通用名である。赤箭のもう一つの和名「をどをどし」はこの鬼箭をイメージしてつけたものである。「おにのやがら」は全体の姿を鬼の使う矢に見立てたもので、これほど明解な語源はないと一般には信じられているにちがいない。それは『本草和名』『和名抄』にある「かみのやがら」を無視し、真の解釈とはほど遠い。本草を精査すると思わぬ語源解釈の糸口が見つかることもあるのだ。「おにのやがら」の文献上の初見は『物品識名』（水谷豊文）であり、江戸期ではツチドチ（『多識篇』）、ヌスビトノアシ（『新校正本草綱目』『物類品隲』『物品識名』）、タウノカラシ（『物類品隲』）が通用し、以上の古名は通用していなかったようである。室町期の字書では『下學集』（一四四年）が平安期の古名を踏襲し、『節用集』ほかは収録さえしなかった。ツチドチは天麻に対してつけた名で、根の形をスッポン（トチガメの土名がある）に見立て、ヌスビトノアシは赤箭すなわち地上部に対する命名で、寄生植物のオニノヤガラが神出鬼没である（毎年、芽を出すとは限らない）ことを盗人の足に見立てた。タウノカラシは「唐の芥子」のように見えるが、基原植物の形質で思い当たるものはない。明治維新後、本草学から植物学に衣替えしたとき、『物品識名』のオニノヤガラが正名となり、ほかの名は駆逐されてしまった。「おにのやがら」の名は、室町時代までの典籍に見当たらないから、江戸期に発生したらしい。

「まゆみ」の名をもつもう一つの植物は、『和名抄』に「陶隱居本草注云ふ、杜仲一名木緜　杜音度　和名波比末由美　之を折れば白絲多き者なり」、『本草和名』に「杜仲一名思仙一名思仲一名木綿　陶景注云ふ、之を折れば白絲多しと　一名大戊　兼名苑に出づ　杜仲者木精也　録験方に出づ　又云山精　神仙服餌方に出づ　和名波比末由美」とあるように、杜《トチ》仲《ユウ》に与えられた和名「はひまゆみ」である。「はひまゆみ」とは、ニシキギ科ツルマサキであり、花・実の形態がよく似る木立の同属植物のマサキとともに、わが国では古くから杜仲の類とされた。マサキはわが国の海岸地帯に生え、一方、ツルマサキは内陸の山地に生え、いずれも普通に分布するから、入手は容易であった。因みに、杜仲の真の基原はトチュウ科トチュウで中国に特産し、植物学的な類縁種はわが国にはない。『本草類編』（一三八〇年ごろ）は杜仲の条で「杜仲　和末由美乃支乃加波《まゆみのきのかは》、日本杜仲、柳皮の如く及び傅決して藤の如し」と記載し、日本杜仲の名をつけ、フジのようだというから、藤本のツルマサキを指す。『本草和名』と同様に、「まゆみ」の名をつけるが、マサキとともにニシキギ科マユミ属の一種である。落葉（マユミ）と常緑（マサキ）の違いは大きいようにみえるが、果実の形態が酷似しており、昔から同じ仲間と考えられた。『源氏物語』の篝火《かゞりび》に「いと涼《すゞ》しげなる遣《やり》水のほとりに、けしき殊《こと》に、ひろごり臥《ふ》したる檀《まゆみ》の木の下《した》に、打松《うちまつ》、おどろおどろしからぬ程《ほど》におきて、さししりぞきてともしたれば、御前のかたは、いとすゞしく、をかしき程《ほど》なるひかりに、女の御ありさま、みるにかひあり」とある「まゆみ」は、「広がり臥す」という描写から、ツルマサキが栽培されていた可能性を示唆する。今日ではまず植栽されることはないが、当時は杜仲の基原植物とされたから珍重されていたのかもしれない。『用薬須知』（松岡恕庵）に「杜仲　和名マサキ和漢共ニ可レ用。木大ニシテ皮厚キモノハ綿多ク、木ワカク皮薄キモノハ少レ綿。一種蔓性ノモノアリ。不レ入ニ薬用一。又、衛矛皮《マユミノカワ》ヲ誤リ用ル者アリ。非レ真。」（巻之三「木部」）とあり、ツルマサキ・マユミは除外されたが、マサキを杜仲の真品として扱う。『本草綱目啓蒙』（小野蘭山）は「古ヨリマサキヲ杜仲ニ充ツ。故ニ和名鈔ニモハヒマユミト訓ズレドモ眞物ニ非ズ。杜仲ノ類ナリ。」（巻之三十一「木之二　喬木類」）とあり、蘭山はマサキを杜仲の真物ではないとしながら、その同類であると述べている。すなわち、江戸時代を代表する本草家もマサキとその近縁種はトチュウと同じ仲間、すなわち代用できるという認識を持っていた。『延喜式』巻第三十七の諸國進年料雑薬に摂津国・伊勢国・尾張国・安房国・上総国・常陸国・近江国・美濃国・若狭国・但馬国・伯耆国・播磨国・伊予国から杜仲の貢進を記録し、また『出雲國風土記』でも嶋根郡・楯縫郡・神門郡・飯石郡で杜仲の所在を記録するが、この杜仲はツルマサキあるいはマサキであるのはいうまでもない。マサキの語源については第19章第2節「2-3」を参照。

第3節　ハゼノキ製ではなかった「はじ弓」

「はじ」は『古事記』『日本書紀』『萬葉集』に一つずつ、いずれも「はじゆみ」の名で登場する。

一、故ここに、天忍日命《あめのおしひの》、天津《あまつ》久米命《くめの》の二人、天の石靫《いはゆぎ》を取り負ひ、頭椎《くぶつち》の太刀《たち》を取り佩《は》き、天の波士《はじ》弓を取り持ち、天の眞鹿兒矢を手挾《たばさ》み、御前《みさき》に立ちて仕へ奉りき。

（『古事記』上つ巻）

二、〜大伴連《おほとものむらじ》の遠祖《とほつおや》天忍日命《あまのおしひのみこと》、來目部《くめべ》の遠祖天槵津大來目《あまのくしつのおおくめ》を帥《ひき》ゐて、背《そびら》には天磐靫《あまのいはゆき》を負《お》ひ、臂《ただむき》には稜威高鞆《いつのたかとも》を著《は》き、手《て》に天梔弓、天羽羽矢《あまのははや》を捉《と》り、及び八目鳴鏑《やつめのかぶら》を副持《とりそ》へて〜

（『日本書紀』巻第二神代下「第九段・一書第四」）

三、ひさかたの　天の門《あまと》開き　高千穂の　岳《たけ》に天降《あも》りし　皇祖《すめろき》の　神の御代《みよ》より　はじ弓を　手《た》握り持たし　真《ま》鹿児《かごや》矢を　手挾《たばさ》み添へて　大久米《おほくめ》の　ますら健男《たけを》を　先に立て　靫《ゆき》取り負ほせ　山川《やまかは》を　磐根《いはね》さくみて　踏み通り　国求《まぎ》しつつ　ちはやぶる　神を言向《ことむ》け　服従《まつろ》はぬ　人をも和《やは》し　掃き清め　仕へ奉《まつ》りて　秋津《あきづ》島　大和《やまと》の国の　橿原の　畝傍《うねび》の宮に　宮柱《みやばしら》　太《ふと》知り立てて　天《あめ》の下《した》　知らしめける　皇祖《すめろき》の　天《あま》の日《ひ》嗣《つぎ》と　継ぎて来る　君の御代御代《みよみよ》　隠さはぬ　明《あか》き心を　皇辺《すめらへ》に　極《きは》め尽くして　仕へ来る　祖《おや》の職《つかさ》と　言《こと》立てて　授けたまへる　子孫《うみのこ》の　いや継ぎ継ぎに　見る人の　語り次ぎてて　聞く人の　鑑《かがみ》にせむを　あたらしき　清きその名ぞ　おぼろかに　心思ひて　空言《むなごと》も　祖《おや》の名絶つな　大伴《おほとも》の　氏《うぢ》と名に負へる　ますらをの伴《とも》

（『萬葉集』巻二十　四四六五）

『古事記』『萬葉集』では「はじ弓」を万葉仮名で表記するが、『日本書紀』では天梔弓とあり、『古事記』にある天之波士弓と同じとして、「あめのはじゆみ」と訓ずる。『和名抄』では「黄櫨　文選注云ふ　櫨　落胡反　波爾之　今の黄櫨木なり」とあり、黄櫨《コウロ》に「はにし」の訓をつけ、今日の通釈書は「はじ」に同じとする。文選注の引用とあるが、「枌橑複結、欒櫨畳施」（巻六「魏都賦」）とある櫨に対して、李善は「説文曰ふ、欂櫨は柱枅なりと。然るに欒、櫨は一なり。」、呂延済は「欒は曲、櫨は斗なり。累畳として之を施す。」、また「楓、枰、櫨、櫪、帝女の桑」（巻四「南都賦」）に対して李善は郭璞上林賦註を引用して「櫨は棗なり」と注釈するが、『和名抄』のいう〝文選注〟とはまったく内容が異なる。『漢書』巻五十七上「司馬相如傳第二十七上」に「是に於いて盧橘は夏に孰し、（中略）翠葉を揚げ、紫莖を扤す。紅華を發き、朱榮垂れたり。煌煌扈扈として、鉅野に照り曜く。沙棠櫟櫧、華楓枰櫨云々」とあり、ここに櫨の字が見える。顔師古はこれに対して「華（＝樺）は即ち今の皮を弓に貼る者なり。楓樹脂は香と爲すべし、今の楓膠香なり。爾雅云ふ、一名欇欇。枰は即ち平仲木なり。櫨は今の黄櫨木なり。華音胡化反。楓音風。枰音平。櫨音盧。」と注釈しているので、『和名抄』にいう〝文選注〟と同じ内容である。さて、

『和名抄』は「はにし」の訓をつけ、通説で「はじ」と称する黄櫨の基原については、拙著『万葉植物文化誌』に詳述したように、ウルシ科ハゼノキ（実際にわが国に自生するのは同属のヤマハゼやヤマウルシであるが、ハゼノキで統一しておく）として矛盾はなく、本草との整合性もまったく問題ない。

しかし、「はじ」についてさらに探求してみると意外な事実が浮上する。本章第1節で『日本三代實錄』を引用し、各地から梓弓《あづさゆみ》・槻弓《つきゆみ》・柘弓《つみゆみ》・檀弓《まゆみ》が貢進されたと述べたが、この中に梔弓《はじ》はない。『延喜式』巻第四十九「兵庫寮」に「凡践祚大嘗會（中略）梓弓一張　長七尺六寸、槻、柘、檀は此に准る《よ》」とあるが、やはり梔弓《はじ》に相当するものはない。よくよく考えてみると、通説にしたがって「はじ」をウルシ科ハゼノキとすると、ウルシ科のいずれの材であっても質が弱すぎて弓材に適さず、ハゼノキおよびその類縁種は皮膚刺激作用のある有毒成分ウルシオールを含むから、加工材に向いていないという矛盾に突き当たる。『日本書紀』では梔弓《はじ》という漢名で表記するが、『爾雅』に「桑辨有葚梔」とあることを論拠として、梔を桑とする見解もある（『上代語辞典』）。梔は、今日広くアカネ科クチナシを指す漢名として用い、日本薬局方に収載する生薬サンシシの漢名も山梔子であるから、この見解に抵抗があるかもしれない。『説文解字』に「梔、木の實をもって染むべし。从木卮聲。」とあり、『史記』の貨殖列傳に「巴蜀亦た野地を沃ぎて卮饒かなり」（巻一二九）とあって卮が栽培され、古注に「卮烟支紫赤色也」とある。したがって、梔（=卮）は染料とするクチナシの実を指す名であり（第24章）、古くから一貫してクチナシを梔で表記してきたように見える。しかし、『説文解字』に「梔は圜器なり」、また『玉篇』にも「卮は酒器なり」とあるように、梔（卮）は必ずしも特定の植物（クチナシ）を指してきたわけではない。それはさておいて、『爾雅』の「桑辨～」の意味するところを精読してみよう。郭璞の注釈「辨は半なり」によって訓読すると「桑辨《わ》けて葚有るは梔なり」となるが、『説文解字』によれば、葚は桑實すなわちクワの実であるから、具体的に何を意味するのかさっぱりわからない。宋・邢昺も「説文云ふ、葚は桑實なりと。郭云ふ、辨は半なりと。舍人曰ふ、桑樹一半に葚有り、半葚無きを梔と爲すと。」と各家の注釈を引用するが、自注を述べていないのは意味不明だからであろう。葚はしばしば椹で表されるから、『爾雅』の葚を椹として解釈すると、桑と梔との接点が見えてくる。『周禮』巻三十二の夏官司弓矢に「王弓、弧弓は以て授け、甲革（皮製の甲冑）、椹（当て木）の質を射る者なり」という記述があり、鄭玄は「質は正（弓の的）なり。樹椹は以為《おも》へらく正を射るなり。甲と椹とを射る。試弓して武を習ふなり。」と注釈している。すなわち、椹は甲革とともに王弓・弧弓の試射の的《まと》にされたという。したがって、『爾雅』の当該の記述は桑を分別して椹となるものがあればそれを梔というと解釈できる。以上から、『日本書紀』の梔《はじ》弓はクワで作られた弓すなわち後世でいう柘弓《つみゆみ》の類と考えられる。

　上代の典籍に「はじ」は「はじ弓」として記紀および『萬葉集』に登場するが、そのほかの上代資料にも出てくる。『正倉院文書』の二月廿四日納色紙貳伯伍拾參張（天平寶字四年七月十二日）に「深緑十一張　深縹廿張　淺縹廿張　淺緑廿張　蘇芳廿張　深紅廿張　淺紅廿張　白廿張　淺波自卌張　深苅安廿張　淺苅安廿張　胡桃廿張　右種々觀世音經廿一巻料」（大日本古文書　巻十二　三三七頁）とあるほか、数件に波自《はじ》という名が出てくる。カリヤス（イネ科の染色植物）やクルミ（胡桃）とともに色名として出てくるので、「はじ」で染めたものであることはまちがいない。通説で充てられた漢名は黄櫨・櫨のいずれも上代資料に見当たらないから、波自をハゼノキとするのは性急に過ぎる。結論をいうと、『正倉院文書』にある「はじ」は、前述の『日本書紀』にある梔《はじ》に同じとみるべきで、クワ科クワである。『令義解』巻第六「衣服令」に「凡服色、緑紺縹桑黄楷衣蓁紫橡黑、如此之屬、當色已下、各兼得服之」とあるように、桑が古代のわが国では黄色染料とされたことがわかる。したがって、『正倉院文書』の淺波自とはクワの材で染めた薄黄色のことであり、古代でいう「はじ」をハゼノキとする通説は誤りである。ハゼノキで染めたものを黄櫨染と称するが、『令義解』には黄櫨・櫨のいずれの名も見当たらない。しかし、『延喜式』巻第十三「圖書寮」に「凡年料染造　黄櫨大二斤　染紙二百五十張料」とあるほか、巻第十四「縫殿寮」、巻第十五「内藏寮」にも黄櫨の名が散見される。したがって、黄櫨染が始まったのは平安時代以降と推定される。中国でも櫨の名は紀元前の典籍から登場するが、染色に用いたという記録は唐代以降である（『本草拾遺』）。桑染めも黄櫨染も染色の色調は類似するが、より鮮やかな黄櫨染が珍重されるとともに桑染めは衰退し、それに伴って「はじ」の名はハゼノキに転じた。「はじ」の名は平安の古典にも相当数が登場する。『榮花物語』の紫野に「すゞしの衣《きぬ》に綿《わた》を入《い》れたる日《ひ》もあり。中《なか》に薄葉《うすやう》、もみぢ葉《は》、櫨《はじ》、また紅《くれなゐ》にて、裏は色々《いろいろ》なるも云々」とあるように、紅葉する「はし」は「はじのき」すなわちハゼノキというウルシ科樹木であることはまちがいない。『山家集』の「山ふかみ　まどのつれづれ　とふものは　いろつきそむる　はじのたちえだ」にある「はじ」も同様で、平安時代になると「はじ」の名は完全にハゼノキのみを意味するようになった。その中にあって源順が「はにし」なる和訓を黄櫨につけたのは、古代の「はじ」すなわちクワと区別するために新たに創出した名前であったと思われる。「はに」は、『和名抄』に「埴　釋名云ふ、土黄にして細密なるを埴と曰ふ。常職反　和名波爾」とあるように、黄色の土の意で、黄櫨染の発色が東海地方以西南の日本列島の土質の色と似ていることによる。「し」は神草の芝の意であり、「はにし」は黄赤色に染めるにもっとも優れた植物染料という意である。古代の「はじ」の語源も埴に由来し、その色の名「はに色」が「はじ色」に訛り、色の名を冠することで、養蚕に重用されたクワを区別したと考えられる。平安の文人が上代の「はじ」と『和名抄』の「はにし」（＝黄櫨）を同じものと解釈あるいは混同したか、今一つ明解ではないが、「はにし」の名は古典文学にほとんど見当たらない。

一方、上代の「はじ弓」をハゼノキ製の弓とする見解は古くからあったが、櫨《はじ》弓と勘違いしても無理はないような文献上の記述が漢籍にある。『周書』に「王曰く、父義和、其れ歸りて爾の師を視、爾の邦を寧んぜよ。用て爾に秬鬯一卣、彤弓一、彤矢百、玈弓一、玈矢百、馬四匹を賚《あた》へん。」（巻之六「文侯之命」）とあるが、『正字通』に「黸、黒色と爲す。凡そ弓矢の黒なるは黸と曰ふ。文侯の命に盧弓一、盧矢百と。又、曰ふ、說文に齊人は黒を謂

15

ひて盧と爲すと。古字亦た必ず從はざる者、只、其の要を采らん。」とあり、玈弓を盧弓に置き換えている。玈はほかに用例のない異体字であるが、袪に同じとすれば、『玉篇』に「袪、黒衣なり」とあるから、『正字通』が説明するように、やはりその義は黒に関連する。『説文解字』に「黸、齊は黒を謂ひて黸と爲すなり。从黒盧聲。」とあるから、玈弓はかなり古くから黸弓と称されたと考えられる。すなわち、中国では黒塗りの弓を黸弓《ろきゅう》と呼び、黸は櫨に音が通ずるから、わが国では櫨弓に転じたと考えられる。その背景には、わが国では桑染めが黄櫨染に移行し、同じ色調であったため、「はじ色」の名がそのままハゼノキに転じたことがある。したがって、中国で櫨すなわちウルシ科ハゼノキの材から弓をつくったわけではなく、またわが国でもつくったわけではなく、単なる誤用であった。拙著『万葉植物文化誌』では通説にしたがって上代の「はじ」をハゼノキと解釈したが、誤りとしてここに訂正する。

【追補】

『新撰字鏡』にも「はじ」の訓をつけた漢名がある。「梾 辞栗反柱奴木又波志木」とあるように、梾に「はしらぬき」または「はじ（の）き」の両訓がある。しかし、『爾雅』釋宮に「宋廇、之を梁と謂ひ、其の上楹、之を梲と謂ひ、閞、之を梾と謂ひ、栭、之を楶と謂ふ」とあり、郭璞の「柱の上の欂なり。亦た枅と名づく。又、楷と曰ふ」という注釈（『説文解字』にもほぼ同内容の記述がある）から、波志木は端木の意であって植物名に由来するわけではない。わずか二文字からなる「はじ」には多くの同音異義の語彙があり、それも「はじ」の真の義の解釈を混乱させた主たる要因であろう。

第16章

刺のあるおどろおどろしき植物

一般に、「いばら」と呼ばれる植物はトゲが多くやぶを作って群生する性質の植物を指すから、つる性か半つる性の低木が該当する。トゲのある植物は、いわゆる「いばら」に限らず、草本植物や高木もある。本章では古典文学に登場するトゲ植物を紹介するが、意外なことにトゲ植物が殊更に嫌われていたことを示す記述は少ない。

第1節 『萬葉集』の二つのイバラ：「うまら」と蕀原

1-1 漢名（營實《エイジツ》）からわかる万葉の「うまら」の基原

『萬葉集』の次の歌にある「うまら」は原文では宇萬良と万葉仮名で表記されている。一部の注釈書はこれを特定の植物と考えず、トゲのある植物イバラ（茨）の意とする。しかし、古字書の訓からたどると特定の植物に到達する。

道の辺の　うまらの末《むれ》に　延《は》ほ豆の　からまる君を　離《はが》れか行かむ　（巻二十　四三五二）

「うまら」はこのままでは植物名であるかわからないが、『本草和名』（深根輔仁）に「營實 陶景注云ふ、墻薇の子なりと 一名墻薇一名墻麻一名牛棘一名牛勒一名蘆蘼一名山棘一名山來 云、或は雷に作ると 釋藥性に出づ 和名宇波良乃美」とある「うばら」を、「ま」と「ば」を音通させると同名になるので、その漢名を營實《エイジツ》と特定できる。一方、『和名抄』（源順）では、「本草云ふ、薔薇一名墻蘼 牆微二音 陶隱居注云ふ、營實 无波良乃美 薔薇の子なり」とあるように、「むばら」とある。日本語の「う」と「む」は音の区別が不明瞭で、「うめ」に対する「むめ」のように、しばしば音通する。したがって、これも万葉名の「うまら」と同じで、源順も漢名を營實に充てている。両典籍が「う（む）ばらのみ」に充てた營實は『神農本草經』の上品に収載され、「一名牆薇一名牆麻一名牛棘。味酸く温。

川谷に生ず。癰疽、悪瘡、結肉、趺筋、敗瘡、熱氣陰蝕の瘳《い》ゑざるを治し、關節を利す。」と記載されている。營實の基原について『嘉祐本草』（掌禹錫）は「圖經云ふ、即ち薔蘼なり。莖間に刺多く蔓生し、子は杜棠子（バラ科ナシの類）の若く、其の花に百葉、八出、六出、或は赤の、或は白なる者有りと。」（『證類本草』巻第七「草部上品之下　營實」所引）と記述し、バラ科ノイバラの特徴とよく合う。『本草綱目』ほか諸本草の記述もノイバラとしてまったく矛盾はない。さて、二十-四三五二の歌で「うまら」の詠まれた情景についてであるが、「道の辺の　うまら～」とあるから、道路際の荒れ地に生える「うまら」は個体であり、特定の植物につけられた名前である。

營實の異名は多く、『神農本草經』ですら牆薇《ショウビ》・牆麻《ショウマ》・牛棘《ギュウキョク》の三名があり、『名醫別錄』に牛勒《ギュウロク》・山棘《サンキョク》、『本草綱目』（李時珍）では刺花《シカ》の異名を追加している。今日のわが国ではバラ類を総称するのに薔薇の名を用い、これを「ばら」と訓読みするが、『神農本草經』の牆薇のほか墻薇・薔蘼とも表記するからややこしい。いずれも音は「しょうび」で同じである。李時珍は「此の草の蔓は柔らかに靡《なび》き、墻《かき》に依り援《ひ》きて生ず。故に墻蘼と名づく。」（『本草綱目』巻第十八「草之七　蔓草類」）と語源解説するが、トゲのある植物は古くから垣に添わせて植えたから、その説明は正鵠を射たものである。墻を「艹」に作って薔蘼（陶弘景注）になり、さらに蘼を音の通ずる薇に変えて薔薇となったが、牆薇と表すこともある。薔は必ずしもバラだけに使われる字ではなく、全く関係のない植物にも用いる。『説文解字』段玉裁注によれば「蓼の下に云ふ、薔虞なりと。故に薔虞は蓼なりと云ふ。」とあり、薔虞のように、タデ科ミズタデ（蓼）などに冠せられることもある。因みに、薇はもともとはゼンマイ科ゼンマイに充てた用字であったが、のちにカラスノエンドウなどマメ科の雑草に誤用されるようになった（第1章第6節）。

「うま（ば）ら」すなわちノイバラの花は芳香があり、多くの花が簇がってつくので、十分に観賞価値がある。鋭いトゲをもつにもかかわらず、平安時代になると、『源氏物語』の賢木《さかき》に「階《はし》のもとの薔薇《さうび》、けしきばかり咲《さ》きて、春秋の花さかりよりも、しめやかに、をかしき程なるに、打（ち）とけ遊《あそ》ばせ給ふ云々」とあるように、「さうび」と名を変えて登場し、栽培されたことがうかがえる。紀貫之も「我はけさ　うひにぞみつる　花の色を　あだなる物と　いふべかりけり」（『古今和歌集』巻十「物名」）という物名の歌に「さうび」が詠まれている。「さうび」とは薔薇の音読みで、現代仮名遣いでは「しょうび」に当たる。すなわち、平安時代になると、「あやめぐさ」「あさがほ」などがそうであったように、和名に代えて漢名の音読みを用いるのが流行した。平安の風流の世界に登場した「しょうび」の名は今日ではほとんど用いることはなく、「うばら」あるいは「いばら」を短略化して「ばら」と称する。わが国ではいわゆるバラの類を薔薇で表すが、李時珍の明解な語源解釈でわかるように、中国ではもともと小さな花を多くつけ、半つる性のノイバラに対する名であった。藤原定家の『明月記』に「建暦三年十二月十六日、籬下の長春花、猶ほ紅《あか》く蘂有るがごとし、早かれ晩《おそ》かれ以《おも》へらく例ならず、云々」とあって、朧月に長春花が赤い花をつけることに驚きの意をもって記録している。長春花《チョウシュンカ》とは、今日いうコウシンバラに相当し、明代後期の園芸書『花史左編』（王路）では月月紅《ゲツゲツコウ》・月季花《ゲッキカ》・勝春花《ショウシュンカ》・闘雪花《トウセツカ》の異名を挙げ、「一本叢生して枝幹に刺多くして甚だ長からず。花は深紅浅紅の異有り。」とあるように、つる性ではない。月月紅の名は、五月〜十一月ごろまで、月ごとに紅色の花をつける四季咲きの性質に由来する。闘雪花の別名は真冬でも赤い花をつけることを示唆し、定家のいう長春花はコウシンバラとしてまちがいない。『廣群芳譜』でもコウシンバラを月季花《ゲッキカ》と称し、以降、現代の中国では、園芸用に栽培される西洋バラのように大輪の花をつけるものを月季、ノイバラほか野生種で小さな花をつけるものを薔薇と区別する。箱根山や富士山系に特産するサンショウバラは大輪の花をつけるので十分に月季と呼ぶに値するが、わが国ではこれも薔薇と称し、月季の名はほとんど用いない。

1-2　万葉の蕀原の訓は「うばら」でよいか

『萬葉集』の次の歌に原文で蕀原と表記される名が詠まれている。昨今の注釈書はこれを「うばら」と訓じて、

「1-1」の「うまら」と同じく、イバラ（茨）の意とし、何の問題もないかのように解釈する。しかし、歌の背景も照らし合わせると、必ずしもこれが唯一の訓ではない。

忌部首《いむべのおびと》の数種の物を詠みし歌一首　名は忘失せり

枳《からたち》の　蕀原《うばら》刈り除《そ》け　倉建てむ　屎《くそ》遠くまれ　櫛《くし》造る刀自《とじ》　（巻十六　三八三二）

ここでは『萬葉集注釋』（澤瀉久孝）にしたがって蕀原としたが、『新日本古典文学大系　萬葉集』では棘原とする。『爾雅』釋草の「髦は顚蕀なり」に対して、郭璞は「細葉にして棘有り、蔓生す。一名商棘。廣雅云ふ、女木なり。」と注釈し、蕀はトゲのある植物に用いられるから、実質的に棘に同義と考えてよい。漢和辞典では棘に「いばら」「とげ」などの訓が普通につけられ、枳棘《ききょく》・荊棘《けいきょく》という熟語はまれに使うにすぎないが、いずれも厄介者の意味がある。『毛詩詁訓傳』に「棘は棗の如くして刺多く、木は堅くして色赤く、叢生す。人多く以て藩《まがき》と爲し、歳久しくすれば刺無く、亦た能く高大となりて棗の如し。木の色白なるは白棘と爲し、実の酸きは樲棘と爲し、亦た酸棗と名づく。」（『康熙字典』所引）とあり、『埤雅』（陸佃）も「棘の大なる者は棗、小なる者は棘なり」と記述していることを合わせると、棘の本来の意味が見えてくる。すなわち、棘はもともとクロウメモドキ科ナツメのことで、今日の品種はトゲが少ないかほとんどなく、果実は大きく食べられるが、古くは大きなトゲがあり、それ故に棗と称されたのである。一方、サネブトナツメは原種の形質を色濃く残し、トゲが大きく実も酸っぱく食用に適さないが、その種仁がナツメの実すなわち大棗《タイソウ》とは別の薬効をもつとされ、ナツメと同じ字を用いて酸棗《サンソウ》と呼ぶ。『本草和名』にも「大棗　和名於保奈都女《おほなつめ》」「酸棗　和名須岐奈都女《すきなつめ》一名佐祢布止《さねぶと》」とある和訓から、以上の事情を理解できるだろう。サネブトナツメはトゲがあるので、今日の有刺鉄線のように垣根として植えられ、よりトゲの多いノイバラやカラタチなどの植物も含めて棘と総称するようになった。ナツメ・サネブトナツメについては拙著『生薬大事典』に詳述してあるので割愛するが、一部に不適当な記述がありここに訂正しておく。

蕀原の意味を考える前に、まずこの歌の背景を説明しておく。この歌の前に長忌寸意吉麻呂《ながのいみきおきまろ》という歌人の歌八首が収録され、第一首目の歌の左注によれば、ある宴会でキツネの吠える声が聞こえる夜中まで騒いでいたが、皆が饌具（食事の膳に用いる用具）、雑器、キツネの声、河橋などに関《か》けて歌を作るように命令したとある。この歌は長忌寸意吉麻呂の歌八首の次にあり、数種の物を詠んだとあるが、注に「名は忘失せり」とある。この次に境部王《さかひべのおほきみ》の歌があって、「数種の物を詠みし歌」という同じ題詞があるが、これも具体的な物名を挙げていない。したがって、忌部首《いむべのおびと》の歌で「名は忘失せり」というのはジョークであって、第三・四・五句の冒頭に出てくる倉《くら》・屎《くそ》・櫛《くし》のいずれもが「く」の音韻で揃っているので、技巧を凝らして詠んだことを強調するものだった可能性が考えられる。第一の問題は、仮にそうだとして、この技巧が第一句・二句まで及ぶかということである。これを解明するには第一・二句の意味を詳細に検討する必要がある。

まず、枳《からたち》については、今日でもミカン科カラタチの漢名に用いる。『説文解字』に「枳は木、橘に似たり」とあり、カンキツ類の一種であることを示す。本草では『神農本草經』の中品に枳實として収載され、『本草和名』に「枳實 仁諝音居尒反又音紙 一名枳殻 蘇敬注に出づ 一名[王殳]實 玉篇英骨反 一名時枳 五月に採る者は時枳と名づく、已上雑要訣に出づ 和名加良多知」とあって、今日の通用名と同音の訓をつける。（詳細は拙著『万葉植物文化誌』の「からたち」参照）。『新撰字鏡』に「枳 居□反木實也加良立花也」とあるように、唐橘すなわち外国産でわが国在来種のタチバナに似たカンキツ類の意で、鋭い大型のトゲを多生するカラタチとして、この歌の意は無理なく通じる。しかし、カラタチが野原に群生する情景を想像せざるを得ず、わが国に原生しないカラタチとするには大きな違和感がある。カラタチは薬用に大陸から導入されたが、あまり用途はないので圃場で栽培することはなく、また逸出して野生状に群生することもないからだ。仙覚は、忌部首の歌に言及しているわけではないが、「裏書云私云（中略）或云、からたちとはじゃけちなり云々、しゃけちのみ、その形尤相にたる歟。（以下略）」（『萬葉集仙覺抄』巻第十一）と述べているように、「からたち」を「じゃけち」と考えた。「じゃけち」とは、『和名抄』に「本草云ふ、皂莢 造莢二音 加波良不知 俗に云ふ、虵結」とある虵結であり、漢名を皂莢《ソウキョウ》と称するマメ科サイカチをいう（詳細は『万葉植物文化誌』の「かはらふじ」参照）。鎌倉時代に成立した『頓醫抄』（梶原性全）の咳嗽治薬に「ジャケチヲツキフルイテ、桐ノミノ大サニ丸シテ日ニ三度夜一度服スベシ。皮トミトヲバステヨ。」（巻第十七「喘息　咳嗽　痰飲」）とあるジャケチも、咳嗽に対する薬方というからサイカチと考えてまちがいない。『名醫別錄』に「腹脹滿するを療じ、穀を消し、欬嗽を除く云々」と記載され、『證類本草』に孫真人方を引用して「咳嗽を治するに皂莢燒き研碎し、二錢匕鼓湯にて之を下す」（巻第十四「木部下品　皂莢」）とあるので、性全は以上を参考にして当該処方を創出したのである。サイカチは西日本に自生する高木であるが、河原などの草原に柴木状で生えることもあり、またわが国の一部に方言名で「からたち」と呼ぶ地域があるから（『日本植物方言集成』）、仙覚の見解は決して荒唐無稽ではない。しかし、サイカチの漢名に枳はなく、歌の中にわざわざ枳が詠まれているので、本草との整合性を重視すると、やはり、忌部首《いむべのおびと》の詠む「からたち」はサイカチではないという結論に達する。第一・二句を解釈すると、トゲ植物の「からたち」の生えたイバラ野を刈り払って云々となるから、「からたちの」とはトゲ（棘）に対する枕詞あるいは序詞であって、現実の情景に存在する植物を指すものではないと考えられる。

ここで蕀原の訓について再検討する。一般に、『新撰字鏡』に「蕀 又作蕀居搊反宇波良」とあることをもって、蕀を棘の異体字と考え、蕀原を「うばら」と訓ずる。「うばら」は『和名抄』『本草和名』によって本草でいう營實に当たる。營實の基原は、本草ではバラ科ノイバラとして古今一貫しており、それ以外の植物が利用されることはない。にもかかわらず、一部の注釈書や古語辞典は蕀原をトゲのある小木と解し、ノイバラとはしていない。それに『新撰字鏡』が「うばら」の訓をつけるのは実際に用例のない異体字であることを看過すべきではないだろう。『和名抄』の菓具に「栗刺 鎛發附 神異經云ふ、北方に栗有り經（徑）は三尺二寸、刺の長さ一尺 栗の刺を俗に久利乃以

加と云ふ　文選蜀都賦云ふ、榛栗の罅發と　罅音呼亞反罅師説惠女利　李善曰ふ、栗皮、罅坼《ひびさ》けて發《ひら》くなりと」とあり、クリ（栗）のトゲに以加《いが》の訓をつける。すなわち、「いが」はトゲを意味する古語であり、蕀原を「いがばら」と詠むことが可能となり、短略すれば「いばら」となる。これまでの通説は「いばら」を「うばら」の転訛と考えてきたが、逆に「うばら」が「いばら」の訛りとも考えられる。「1-1」の二十-四三五二の歌は「（上総国）天羽郡の上丁丈部鳥の歌」という左注から東国の防人が詠んだもので、「うまら」は東国訛りと考えるのはごく自然であり、実際、他の句にも強い訛りがある。また、これによって「いばら」の語源も明らかになる。以上から、万葉の蕀原を正訓と考えずに『新撰字鏡』によって「うばら」と訓ずるか、あるいは正訓と考えて「いばら」と訓ずる二つの訓が考えられる。以降、それぞれについて歌の意がどう変わるか検討する。

①蕀原を『新撰字鏡』に基づいて「うばら」と訓ずる

「ば」と「ま」は容易に音通するから、「1-1」の「うまら」に同じであって、『和名抄』『本草和名』によって漢名を一義的に營實に帰結できるから、その基原はバラ科ノイバラ以外は考えられない。この解釈では蕀原は正訓ではないから、イバラの生えた野原の意ではなく、ノイバラという植物そのものを指すことに留意しなければならない。もっとも、ノイバラは野原によく生えるから、必然的にイバラ野の意もついて回るが、ここではそれを想定しない。ノイバラの偽果すなわち營實《エイジツ》は、屎伏病《くそふせやみ》すなわち便秘の妙薬として現行の日本薬局方にも収載されているので、これによって第一・二句と第三・四・五句との間に技巧的な関連が見出せる。すなわち意味の上で屎《くそ》と相関するので、音は異なるけれども、「うばら」は屎伏病を暗示し、第三句以下の倉・屎・櫛の物名と「く」の音で関係づけられる。歌の通釈は、ノイバラのやぶを刈り払って倉を建てたいので、櫛を作っておられる刀自《とじ》（おかみさん方の意）よ、クソをするなら遠くでやってくださいよとなり、内容的には尾籠な戯歌である。トゲだらけのノイバラのやぶの中で用を足すとは常識的には考えにくく、薬用とするノイバラの実を採集しているのを見て、戯れて詠んだと解釈すべきである。こう考えると、下品な内容の割に、技巧上で綿密に計算された歌であることがわかる。しかし、この歌の解釈には克服すべきことが一点ある。おそらく薬学系の専門研究者を除いてまず知られていないと思われるが、ノイバラの実の瀉下作用はわが国だけで薬用とされ、中国や朝鮮にはその用例がまったく見当たらない。したがって、古代のわが国でノイバラの実が瀉下薬として利用された経緯を明らかにしなければならない。これに関しては、拙著『生薬大事典』の第2部第3章で詳述しているのでここでは省略する。

②蕀原を正訓と考えて「いばら」と訓ずる

この訓は蕀原を正訓と考えて訓読みした「いがばら」の転訛であるから、必ずしもノイバラを指すとは限らず、蕀原の字義を素直に解釈すれば、いわゆるイバラ野の意である。しかし、トゲのある植物は限られているから、必ずしもノイバラの存在を情景から排除するものではない。まず始めに、イバラ野を構成するトゲのある植物にどんなものがあるか考えてみよう。一口にトゲといっても千差万別であって、昔の人の目線でもって選び出さなければ無意味である。まして『萬葉集』という古代の歌集で、イバラ野を刈り払って倉を建てると詠まれているから、人里しかも生態の攪乱された野原に生える植物に絞られる。草本・木本にこだわらず小型の群生する植物と考えるのが自然であり、キク科アザミ・バラ科ノイバラ類・サルトリイバラ科サルトリイバラあたりに限られるだろう。次にこれらの植物が昔の人の感性からみて、それが生えているところをイバラ野と認識するかが問題となる。かかることは文献上に記載されているわけではなく、解析することは難しいが、歴史的に古い植物であれば方言名にしばしばその痕跡が残っていることがある。『日本植物方言集成』によれば、アザミ・ノイバラ・サルトリイバラは「いばら」「ばら」の名で呼ばれ、そのほかに、一、「いが」「いがいが」「いぎ」「いげ」、二、「く（ぐ）い」という別系統の共通する方言名が存在する。ただし、ここでいうノイバラとは、形態的に酷似するテリハノイバラ・ヤマテリハノイバラなどの同属近縁種を含み、アザミも同様でキク科アザミ属ノアザミほか近縁種を指す。

第一のグループは、トゲの意である「いが」あるいはその訛りで、中国・四国・九州に広く分布する。特に、九州南部と長崎では単に「いげ」と呼ぶところがあり、「いげくさ」（高知）・「いげぼたん・いぎぼたん」（福岡・鹿児島・島根）などはこれから派生した方言名である。「いが」は、『和名抄』にあるように、クリの毬《いが》の意で、トゲの鋭さから「厳々《いかいか》し」が訛ったと思われる。アザミ・ノイバラ・サルトリイバラのいずれにも「いがいが」の方言名がある。以上の方言名の中に、「いげだら・いげどら・いげどろ」（長崎・熊本・宮崎）のように、「だら・どら・どろ」の名をもつものがある。これは『和名抄』に「桜太良 小木にして叢生し刺有るものなり」とあり、植物学的な類縁関係はまったくないが、鋭いトゲをもつウコギ科の低木タラノキに因んでつけられた。第二の「ぐ（く）い」は四国に残る方言名で、これも「ぐいばな」（岡山）・「くいぼたん」（島根）・「あまぐい」（広島）などの派生名がある。「く（ぐ）い」はトゲをもつ植物を表す名前で、言語学的に釘《くぎ》・茎《くき》や杙《くい》とも関連のある古い日本語の基礎語と考えられる。サルトリイバラに対してもこの名は用いられ、ミカン科カラスザンショウの方言名「ぐいき」（岡山）も関連がある。

以上から、蕀原を小型のトゲ植物の生い茂る野原と解釈するのであれば、アザミ・ノイバラあるいはサルトリイバラ、あるいはそれらが混生した情景を想像すればよいことになる。第一・二句と第三・四・五句との間の技巧上のつながりに関して、トゲ原の情景の中でもっとも普通なノイバラのみに対象を限定すれば、①と同じ結論になる。しかし、蕀原を正訓に解釈したことで、イバラ野というイメージがより鮮明となるから、特定の植物を指すのは、その存在感がいかに大きいものであれ、適当ではない。やはり、ノイバラ・サルトリイバラ・アザミを中心としたトゲ植物が生えている情景を前提として考えねばならない。この三種類の植物はいずれも薬用に供せられるという共通の民族植物学的特徴がある。ノイバラは營實、サルトリイバラは菝葜《バッカツ》、アザミは大小薊根《ダイショウケイコン》という漢名をもつ薬物でいずれも『神農本草經』または『名醫別錄』以来の歴史のある薬物である。したがって、これらは「くすり」として、「く」をもつ語彙を冒頭に配置する第三句〜五句との間で技巧上の関連をつけることができる。①では「くそ」が重出したが、この解釈では「くすり」「くら」「くそ」「くし」となってきれいに「く」で揃い、しかも第一句の「からたち」も、その果実は枳實という『神農本草經』の上品に収載される薬物であるから、「くすり」に関連づけることができる。

以上、万葉の蕀原について二つの解釈の可能性を指摘した。筆者としては①を支持したいが、②の論考もそれなりに説得力があると思われ、排除するのは難しいかもしれない。ほかにも異説があるかと思い、参考のため二つとも自説ながら紹介しておく。

第2節　ほかにもある「うばら」の名をもつ植物

バラ科でないのに、バラの名をもつ植物にサルトリイバラがあり、漢名として菝葜（抜葜）を充てる。ノイバラより大型のごく身近に生えるつる性植物で、これもしばしば群生してやぶをつくる。『和名抄』に「本草云ふ、抜葜　上方八反　佐流止利　一云於保宇波良」とあり、古くは「さるとり」と呼ばれ、「おほうばら」の別名もあった。一方、『本草和名』には「抜葜　楊玄操音古反　一名卑葜　兼名苑に出づ　和名宇久比須乃佐留加岐一名佐留止利一名於保宇波良」とあるように、「うぐひすのさるかき」なる別の和訓もつける。『新撰字鏡』では「抜葜　乃曾良自　一云佐留加岐」とあり、乃曾良自《のそらじ》というまったく別系統の和名も充てている。「さるとり」と「さるかき」は直接の関係はないように見えるが、前者は「猿取り」、後者は「猿構《か》き」であって意味の上で同じである。「構《か》く」とは「結ぶ」

「結う」「つくる」の意で、垣《かき》はその名詞形である。すなわち、トゲが多くサルも登ることができず、簡単に人に捕らえられてしまうから「さるとり」「さるかき」の名が発生した。サルトリイバラの方言名に「さるかき」（宮崎）・「さるかき（い）ばら」（岐阜・和歌山・新潟）・「さるかく・さるかけ」（宮崎・熊本・鹿児島）などの「さるかき」系のほか、「さるとりいぎ」（山口）・「さるとりぐい」（備後）・「さるとり（い）ばら」（愛媛）の「さるとり」系の名も広範囲に見られる。以上の方言名はサルトリイバラだけに限らず、マメ科ジャケツイバラに対して「さるとりいぎ」（山口）、アカネ科カギカズラに対する「さるとりぐい」（広島〜山口）にもあり、いずれも鋭いトゲをもつ共通の特徴に由来する。ジャケツイバラを「さるとりいばら」と呼ぶ地方も山梨・茨城・大阪・和歌山・香川・高知など広範囲にわたり、民間では古くからサルトリイバラとジャケツイバラの両種を同じ名で呼んでいた。因みに、マメ科サイカチも鋭いトゲがあり、「さるとりいばら」と呼ぶ地方（茨城）がある（以上『日本植物方言集成』）。文献上の「さるとりいばら」の初見は室町時代に成立した華道書『仙傳抄』で、「平生はたつといへども、祝言に忌むもののこと」の中に「さるとりいはら」の名を含める。『仙傳抄』は別の条で「しゃつげついはら」に言及するが、『和名抄』の蛇結によって皂莢《ソウキヨウ》すなわちサイカチを指す。因みに、今日いうジャケツイバラの和名は貝原益軒が雲實《ウンジツ》に充てた和名に由来する。雲實は『神農本草經』上品に収載され、『本草和名』では「雲實　一名員實一名雲英一名天豆　蘇敬注、黃黑にして豆に似たる故に以て之と名づくと　一名雲母　苗の名なり、蘇敬注に出づ　和名波末佐々介」とあり、「はまささげ」という和訓をつけ、『和名抄』も同名をつける。すなわち、益軒は「はまささげ」という和名のあることを無視して命名したわけで、以前の古名との整合性は損なわれてしまったが、ジャケツイバラが浜辺に生えないことを考慮したからであろう。「さいかち」という和名は、十四世紀後半に成立した『本草類編』（丹波康頼仮託）に「皂角　和佐伊加知又加和良布知」とあるのが文献上の初見で、今日ではもっぱらこの名を用いる。サイカチの語源については、『大言海』は「皀角子《サウカクシ》、サイカイシ、サイカチと転じたる語」と説明するが、皀角子の音読みの訛りに由来する可能性は少ないだろう。『延喜式』巻第三十七「典薬寮」の諸國進年料雑薬に、九州の太宰府からのみ皂莢の貢進の記録があり、同地方がサイカチの主産地であったことを示唆する。同地は西海道と呼ばれ、これから西海樹《サイカイジュ》の名が発生し、現在でも九州周辺で「さいかいし」（筑前）、「さいかし」（周防）、「さいかいじゅ」（筑前）などの類名がサイカチの方言名として残る（『日本植物方言集成』）。その果実を薬用とすることから、西海子《サイカイシ》と呼ばれ、これが訛ってサイカシを経てサイカチとなった。実際、室町時代の字書である『下學集』や『節用集』に西海子の名が見える。前述したように、サイカチの種である皀角子《ソウカクシ》の訛りとする見解もあるが、必ずしも西海の表記を用いる必要はなく、古典に登場する名のいずれも西海とあるのは、産地の地名に由来することを強く示唆する。鎌倉時代の医書『頓醫抄』（梶原性全）の内服丸薬煎物次第に「車前子　西海枝　此ノ二種計リ石鍋ニ入レテ三分ノ一ニ煎ジ、吉キ程ニ冷ヤシテ丸薬ト成シ、入テ之ヲ服スナリ」（原文は漢文、巻第三十四「癩病」）とあるように、西海枝の名が見える。『撰集抄』に「～かしら（頭）とてかみ（髪）のお（生）ふへき所には西海枝《し》の葉とむくけの葉《は》とをはい（灰）にやきて付侍り～」（巻五「第十五」）とあり、やはり西海枝の名が出てくる。『萬葉集仙覺抄』にも「ふち（＝かはらふぢ）の木とは西海枝なり」とある（巻第十六）。サイカチの枝葉を薬用にした例は、和漢ともに見当たらないから、桂皮を桂枝と呼ぶように、西海子を西海枝と称したと思われる。

ここでサルトリイバラの漢名について説明しよう。『本草和名』『和名抄』にある抜葜《バッカツ》は中国本草では菝葜《バッカツ》と表記される。菝葜は『名醫別錄』の中品に初見し、屠蘇散にも配合されるので、一般になじみの深い生薬であり、王瓜《オウカ》草《ソウ》・金剛根《コンゴウコン》（『日華子諸家本草』）、鐵菱角《テツリョウカク》（『本草綱目』）なる異名がある。同属植物のケナシサルトリイバラ（ナメラサンキライ）を基原とするものを土茯苓《ドブクリョウ》と称し、『本草綱目』で初めて収載され、刺猪苓《シチョレイ》（『圖經本草』）、草禹餘粮《ソウウヨロウ》（『本草拾遺』）、土萆薢《ドヒカイ》・山猪糞《サンチョフン》・仙遺粮《センイロウ》・冷飯團《レイハンダン》・硬飯《コウハン》・山地栗《サンチリツ》（『本草綱目』）という多くの異名が存在する。土茯苓は、西洋のサルサに対応する薬物として、梅毒の治療に用いる水銀剤の副作用を緩和する捜風解《ソウフウゲ》毒湯《ドクトウ》に主薬とし

16

て配合される。『和漢三才圖會』（寺島良安）の土茯苓の条に「如《も》シ之ヲ患フ者有レバ則《すなは》チ器巾ヲ同ジウセズ、其ノ重キ者或ハ山野ニ棄ツ。近來多ク土茯苓ヲ服シ用テ病人ヲシテ山ヨリ歸リ來ラシシム、實ニ良藥ナリ。」（巻第九十六「蔓草類」）という記載があり、土茯苓の薬方はわが国にも導入された。同条の冒頭にある「土茯苓　俗ニ山歸來ト云フ」という注記は、寺島良安の記述した土茯苓に対する、わが国独自の名称山帰来《サンキライ》の名の由来を示す。ただし、この由来説は俗解であり、土茯苓の異名に仙遺粮《センイロウ》（『本草綱目』）があるので、これがわが国で山遺粮《サンイロウ》を経て山奇粮《サンキロウ》（山奇糧）に転じ、その音が訛ってサンキライとなり、俗間で山帰来の宛字が作られた。江戸期のわが国は梅毒が蔓延し、山帰来（土茯苓）は軽粉を用いる梅毒治療薬に付随する水銀中毒を緩和するのに必須の薬剤であった。そのことは『誹風末摘花』（岡田甫）に「山帰来　干して扁乃古《へのこ》をながめてる」とある風俗川柳でよく示唆される。ヘノコとは『節用集』の各刊本に「陰核　ヘノコ」とあるように、本来は陰嚢を意味するが、『好色訓蒙圖彙』に「陰核へのこ　人勢同　末裸まら」とあるように、マラすなわち陰茎の意に転じた。前述の川柳は、山で掘り採ったサンキライを干す傍らで、梅毒に罹病した陰茎をみて治るかどうか案じている様子を詠んだ。

『本草和名』がウバラの和名をつける植物に、營實（薔薇）・菝葜（『和名抄』では菝を抜とする）のほか、もう一つある。「蔾蘆　楊玄操作上音上力号反　一名蔥苒　仁諝音冉　一名蔥菼　仁諝他敢反　一名山蔥一名蕙葵一名薏菼一名公丹一名山恵一名縄　已上五名釈藥性に出づ　一名豊蘆　雜要決に出づ　和名也末宇波良一名之々乃久比乃岐」とあるように、蔾蘆に「やまうばら」の和訓をつける。蔾は藜に音が通じ、『神農本草經』下品に収載される藜蘆《リロ》に同じである。実際、『神農本草經』にある葱苒、『名醫別錄』の山葱の異名が『本草和名』に出てくる。しかし、藜蘆はユリ科バイケイソウ属の草本種を基原とし、也末宇波良《やまうばら》や之々乃久比乃岐《ししのくひのき》の名は木本であるから、誤って充てた名である。因みに、「やまうばら」の基原は不詳である。

『和名抄』に「うばら」という名は思わぬところにも出てくる。鞍馬具に「辨色立成云ふ、蕀䔖銜　宇波良具都和」

とある「うばらぐつわ」とは唐鞍《からくら》に用いるくつわ（銜）の一種で、鏡板の左右が菱形に尖ったものをいう。馬具の一種であるが、植物とは無関係ではない。というのは、蒺蔾《シツリ》と同義の蒺藜であれば、『神農本草經』の上品に「蒺藜子　一名旁通一名屈人一名止行一名犲羽一名升推。味は苦く温。平澤に生ず。悪血を治す。癥結積聚を破り、喉痺、乳難（を治す）。久しく服すれば肌肉を長じ、目を明にし、身を輕くす。」とあるからだ。『本草和名』では「蒺蔾　一名旁通一名屈人一名止行一名犲羽一名升推一名即梨一名茨　楊玄操音在私反　一名地茂　兼名苑に出づ　一名地毒　神仙服餌方に出づ　一名地苗　雜要訣に出づ　一名地行一名地莓　已上、二名藥封に出づ　和名波末比之」とあり、藜を同音の蔾に作って「はまびし」の和訓をつける。『本草和名』に記録された異名のうち、旁通《ボウツウ》・屈人《クツジン》・止行《シギョウ》・犲羽《サイウ》・升推《ショウスイ》は『神農本草經』と一致するから、蒺蔾は蒺藜《シツリ》である。そのほかの本草異名に即蔾・茨（『名醫別錄』）、白蒺蔾（『藥性論』）、休羽《キュウウ》（『本草綱目』）がある。しかし、『本草和名』は蒺蔾（蒺藜・蒺蔾）を「はまびし」と訓じ、「うばら」の訓をつけていない。『和名抄』が蒺蔾（銜）の和訓を「うばら（ぐつわ）」とする論拠は、『名醫別錄』の別名に茨があり、『爾雅』釋草の「茨、蒺藜なり」に基づく。基原植物であるハマビシ科ハマビシの果実に鋭いトゲがあるのでこの名がある。茨は、『正字通』に「茨、凡そ艸木の針有る者、俗に茨と謂ふ」とあるように、トゲのある低木・草本類を総称する意となった。また、荊も同義で、茨とともにトゲのある低木・草本を表す。因みに、ハマビシの語源は海浜に生え、果実がヒシ科ヒシの果実に似てトゲがあることによる。ヒシの漢名を芰實《キジツ》と称し、本草では『名醫別錄』の上品に初見する。『廣韻』に「蔆は芰なり。菱は上に同じ」とあり、蔆・芰・菱の三字はともにヒシを表す。『本草綱目』（李時珍）は「其の葉支散す、故に字支に従ふ。其の角稜峭《きび》しきに蔆と謂ふ。」（巻第三十三「果之六　水果類」）と芰の字義を説明する。『萬葉集』を含めてわが国古代の典籍ではいずれも菱の名で出てくる。「ひし」は『和名抄』の漁釣具に「䈢　纂要云ふ、䈢　虎郭反又士角反　漢語抄云ふ比之　鐵を以て棹の頭に施して因りて以て魚を取るなり」とあるように、䈢《ひし》という銛《もり》に似た魚具や、同書の征戰具に「六韜云ふ、又　初

牙反 両岐の柄の長さ六尺、文選に叉簇 比之と讀めり 今、按ずるに簇は即ち鏃の字なり」とある叉簇とも関係がある。すなわち、「ひし」は尖ったもの各種を指す日本語の基礎語ということができる。

第3節　ノイバラの漢名「營實」の語源解釈

營實という名は中国最古の薬物書『神農本草經』以来の由緒ある名称であり、『本草經集注』『新修本草』から『本草綱目』にいたるまで、中国歴代の正統本草書の各条でいずれも正名とされる。しかしながら、和漢の古医書でこの名を使うことはまれであり、わずかに『外臺祕要』で二処方、『太平聖恵方』で三処方に營實の名が出現するにすぎず、この両医書を含めて墻蘼《ショウビ》（または墻薇・牆薇・薔薇とも表記する）の名の方が圧倒的に優勢である（拙著『生薬大事典』第2部第3章）。營實が『神農本草經』以来の正名でありながら、中国で用いるのがごくまれであるのはなぜだろうか。本書では全く筋違いかもしれないが、当初はその語源に何らかの関係があると考え、營實の語源について検証することとした。

3-1　「熒惑（火星）」説（恩田経介・牧野富太郎）

李時珍は營實の語源について「其子、成簇而生、如營星。然故、謂之營實。」と解説する。敢えて訓読せず、句読点にとどめたのは、後述するように如營星の解釈が一義的ではないからである。『原色牧野植物大図鑑』（北隆館、一九八二年）に「果実は落葉後も残り漢名営実（赤い星、火星）といい薬用にする」とあり、その語源が赤い実、火星にあることを暗示する。すなわち、ノイバラの赤く成熟した果実を赤い星すなわち火星に見立ててつけた名といいたいらしい。この營實の語源は、牧野富太郎の随筆「ノイバラの実を営実というわけ」（『牧野富太郎選集』第三巻）で言及され、『原色牧野植物大図鑑』はそれを引用した。牧野は植物語源に強い関心をもち、邦産植物の和名語源について随筆を発表しているが、漢名の語源にも興味を示していたことがわかる。実は、牧野の随筆では、營實の語源に関して自説を披露したのではなく、友人の恩田経介（明治薬科大学初代学長、一八八八年—一九七二年）の説を紹介したにすぎないが、わが国ではあまり例のない植物漢名の語源を論じたものであること、その他に營實の語源に言及した例を聞かないから、まずこれが本当に正しいかどうか検証してみよう。まず、同書で引用された恩田経介の牧野に宛てた書簡には次のように書かれている（一部省略）。

先頃参上いたしました節、ノイバラの実を営実といふが、営実とは星の名から由来したものだが、営星とは、何星にあたるか、分らないとのお話を承りました。それを想ひ出して只今本草綱目を見ましたら

……如営星故謂之営実

とあり、営星の如くとあるから営星は紅色の星だらうと想像し、紅い星は火星だらうと見当をつけ、火星は支那では何といふかと調べて見ましたところ、熒惑（ケイコク、よくケイワクと誤読するものと言海にも国語大字典にもあります）といふのだとあります。（中略）それで熒の字を康熙字典で見ますと熒のところに、熒惑、星名……察剛気以処、熒惑亦作営とあり、営のところには、営与熒通、熒惑星名亦作営とありました、それで熒星と営星とは同じもので何れも火星のことだとわかりました、（中略）。

私の想像した営星は紅い星だらう、紅いのは火星だらうから営星とは火星のことだらう（中略）。『営即営星は熒惑即火星なり』としてはいかがでせう。　（仮名遣いは原文のママ）

要約すれば、『康熙字典』に「熒惑、星の名なり。（中略）熒惑、亦た營に作る」とあるので、中国における火星の正式名である熒惑《けいこく》は營惑《えいわく》とも称することをもって、『本草綱目』にいう營星は火星のことだろうと恩田は推定した。熒惑は火星の意味のほかに「惑わす」という意味をあわせもつ。『漢書』巻四十四の淮南衡山濟北王傳でも「膠西

王臣端議曰く、淮南王安んぞ法を廢するや、邪を行なひ、詐を懐ひ、心を僞り、以て天下を亂し、百姓を熒惑し、宗廟に倍畔（背くこと）し、妄りに妖言を作す」とあって熒惑という語彙が出てくるが、前後関係から「惑わす」以外の意は考えられない。恩田が指摘しているように、この場合は「けいわく」と訓じ、火星の意を表す場合と区別する。一方、『史記』巻四十七の孔子世家にも「匹夫（身分が低く教養のない男の意）而して、諸侯を熒惑する者は、罪誅に當たる」とあって熒惑《けいわく》が出てくるが、やはり同じ意味である。これに対して裴駰は索隠を引用して「熒惑は經營を謂ひて惑亂するなり」と注釈し、經營すなわち「治め營む」上で惑わすことという意味であるが、どうやらこれをもって熒惑《けいわく》は營惑《えいわく》に通じると解釈されるようになったらしい。このように中国の古典では熒惑《けいわく》と營惑《えいわく》が同義の語彙としてよく出現するが、營と熒は字体がよく似ているので、かなり古くから相通じる関係であったことはまちがいなさそうである。

營實の語源を詳細に検証するには、火星を意味する熒惑《けいこく》について、この星の中国における文化的背景を詳しく考証しておく必要がある。近世以降、中国文明の世界における影響力の後退とともに、今日では風水など卜術以外ではほとんど知られていないが、古代中国は西洋とは異なる独自の天文学・宇宙観を構築していた。五つの惑星が認識され、熒惑はその一つであるが、五行説においては火を充て（それ故火星とも称し、今日ではこれが正名になった）、五帝のうち火徳の王である炎帝に、五禽獣のうち朱鳥に、五佐のうち火の神である朱明に充てる。これは中国独特の哲学に基づくものであり、これによって中国人が熒惑に対してどのような意識をもっていたかある程度類推が可能である。恩田は最初から火星が赤い星であるという先入観をもってこの説をたてたのであるが、『説文解字』に「屋下の灯燭の光なり。焱冖に从ふ。」とあり、また『廣韻』も「光なり。明るきなり。」というように、熒は〝光り輝く〟、〝小さな光〟という意味で、どこにも赤いという意味はない。しかし、熒惑の属性のいずれも火に因むから、熒惑が赤く輝く星として古くから中国人に認識されたことは確かであり、恩田はこの点においてまちがっていたわけではない。熒惑は地上から肉眼で見ることができ、その赤く輝く様子は今日でも不気味さすら感じさせ、しかも恒星とは異なる勝手な運行動態のため、不吉・禍敗の惑星として恐れられていた。中国にも占星術があり、古代にあっては五惑星を含む星の運行を基にして近将来を占い、古代政権の運営に反映させていた。特に熒惑が心宿に接近することを熒惑守心《けいこくしゅしん》といい、これを古代中国人は不吉の前兆と考えた。心宿《しんしゅく》（和名なかごぼし）とは二十八宿（中国伝統天文学において基本となる星座のことで星官ともいう）の一つで、東方青龍七宿の第五宿に充てられ、三つの星からなる。この真ん中の赤い星が西洋の星座でいうサソリ座のアンタレスに相当する。サソリ座は、中国の星座でいうと三つの星宿、すなわち頭部が房宿《ぼうしゅく》（和名そいぼし）の四星、心臓部が心宿の三星、尾部が尾宿《びしゅく》（和名あしたれぼし）の九星に当たる。心宿はちょうどさそりの心臓部に位置し、中国では天帝の居城の東方を守護する青龍の心臓に当たるとされこの名がある。因みに、尾宿は青龍の尾、房宿は房すなわち皇帝と妃のくつろぎの部屋のことで、奥座敷の隣にある東西の二部屋を表す。アンタレスは中国では大火《たいか》（和名あかぼし）と呼ばれ、この星が西に傾くころは夏から秋の変わり目であり、それを「大火流る」と中国の詩人は表現した。李白の「太原の早秋」にある冒頭の句「歳落ちて衆芳歇《つ》き　時は大火の流るるに當る」（『全唐詩』巻一八一）はそれを表した一例である。また、心宿の上部二星を太子《たいし》、もっとも明るい中央の星すなわちアンタレスを天子《てんし》とも呼び、中国では皇帝を表す星とされた。熒惑守心とは、大火と同じく煌々と赤く輝き血光の兆をもつとされた熒惑が天子の星に近づくことをいい、戦争や反乱・抗争、あるいは宰相の自殺や天子の崩御などの前兆とされた。この現象は滅多に起きなかったから、最大級の不吉が起きるとき、すべて熒惑の運行動態と連関するとされた。江戸時代の辞書『和爾雅』（貝原好古）によれば、熒惑には「ほのおぼし」の和名が充てられ、江戸時代の百科辞典『和漢三才圖會』（寺島良安）には「わざわい星」と記され（巻第一「天部」）、中国の影響を受けて不吉な星と日本人も考えていた。興味深いことに、西洋占星術でも火星は白羊宮（おひつじ）の支配星で凶星と考えられていた。中国古医学書で熒實《エイジツ》の名はほとんど使われず、別名の薔靡《ショウビ》が圧倒しているのは、ノイバラの赤い実が不吉な星である火星を連想させるので、医師から嫌われたとの解釈も成り立つ。古い典籍では熒惑と營惑の両方が出てくるのに、營實に対する熒實の名がないのは、その名が火星に由来することを隠匿した可能性も考えられる。

3-2　營室星の可能性について

恩田の「営星＝熒惑」説は、前節の最後に付け加えた記述（筆者注）で補強すれば、一分の隙もなく盤石のように見える。しかし、死角がないわけではなく、『康熙字典』の營には恩田が見落とした「又、營室、星の名なり」という記述があり、營は熒惑とは別の星をも指すとしている。李時珍は、「其子、成簇而生、如營星」というように、ノイバラの実が群がってつくことを前提とし、一つの果実だけを見ているわけではない。恩田のいうように、火星に見立てたのであれば、決して群がった果実に言及しないだろう。なぜなら火星は周りに星を従えることなく煌々と光り輝き、単独で運行する星だからである。ただし、前述したように、熒惑守心の時になれば赤い大きな星が二つ並び、周囲の星を併せれば群れを為す形にはなる。しかし、それはまれにしか起きない天体ショーであり、しかも古代中国人が不吉の前兆と考えたなら、それを植物名や生薬名に反映するとは常識的には考えにくい。熒惑は単独の星であるが、營室《えいしつ》（和名はついぼし）は二十八宿の第十三宿、北方玄武七星宿の一つであり、西洋の星座に当てはめると、ペガスス座アルファ星（マルカブ）を距星とし、同ベータ星（シェアト）を含めて二星からなる。營室の隣に位置し、西洋の星座でいうとペガスス座アルゲニブ・シラーの二星からなる星宿が東壁《とうへき》（和名なまめぼし）であり、營室と同じ北方玄武七星宿に属する。これら四星はペガススの四辺形を構成し、明るい星から成り立っているため、天空上ではよく目立つ星として東西両洋で知られる。一九七八年、河北省随県曽侯乙墓（春秋時代末期の貴族の墳墓といわれる）から四獣を伴った二十八宿を記した漆器が出土したが、それによると營室に相当するものを西縈、東壁に相当するものを東縈とする（『中国の星座の歴史』）。縈は營と同音で、また白川静によれば同義である（『字通』、「3-3」に後述）から、營室・東壁の二星宿をまとめて營星と呼んでもおかしくはない。晋志・随志・宋志では室（營室のことで晋志・随志・宋志では単に室とある）二星とは別に、六星からなる星座・離宮の名があるが、『史記』巻二十七の天官書では離宮を營室の別名とするから、この時代にあっては營室は後世の星座・離宮の六星を含めて八星からなり、後世に二つの星座に分割されたと推定される。いずれにせよ營室は複数の星から成り立つから、群がってつくノイバラの実を喩えるには熒惑よりははるかに有利といえる。

　中国の星座の大半は古代中国人のアニミズム的観念を強く反映して国名・官職名・建物名・動植物名など多様な名を冠し、天子によって支配される天下的国家を天上界に投影したといわれる（『中国の星座の歴史』）。したがって、ギリシャ神話の世界を天空にそのまま投影した西洋の星座のようなロマンに乏しく泥臭い存在であり、今日では中国の星座は見向きもされない。室は家屋にあっては奥部屋の意であるが、白川静によれば、卜辞にいう中室・南室などが示すように、祭祀や儀礼の行われる神聖な場所といい（『字通』の「室」による）、また『漢書』巻九十七の外戚傳下には「建始元年（紀元前三二年、前漢第十一代皇帝成帝即位の年）正月、白氣は營室より出づ。營室なるは天子の後宮なり。正月、尚書に於いて皇極と爲す。皇極なるは王氣の極なり。云々」とあり、營室には熒惑のような不吉さと不気味さの影はまったく感じられない。かかる点において、營室は熒惑説にとって代わる有力な營實の語源説となり得ると思われるので、さらに詳しく検証してみよう。『詩經』國風・鄘風の定之方中に、中国における營室の文化的背景を示唆する注目すべき詩句が含まれる。「定の方《まさ》に中するとき　楚宮を作る」のことであるが、これについて毛詩傳は「定は營室なり。方中は昏に四方に正し、楚宮は楚丘の宮なり。仲梁子（紀元前三世紀頃の思想家で、八派に分裂した儒家の一派を率いた）曰ふ、初めて楚宮を立てるなりと。」、また鄭玄箋註は「楚宮は宗廟を謂ふなり。定星は昏に中して正し、是に於いて以て營室を營制（造営すること）すべし。故に之を營室と謂ふ。

定の昏に中し正するは小雪の時と謂ふ。其の體、東壁（二十八宿の一つ）と連なり四方に正す。」と注釈する。すなわち、定とは營室の古名で（『爾雅』釋天にも「營室、之を定と謂ふ」とある）、營室が夕方に南中する時に建物（この詩では宮室）を建てるとよいという。營室が南中するのは小雪（二十四節気の一つ）のころというが、この時期は陰暦の十月すなわち新暦の十一月に相当する。つまり、晩秋から初冬の農閑期であり、大量の労働力を要する土木工事には都合の良い季節であったから、定之方中はこれを詩にして後世に伝えようとした。また、營室は東壁に連なり「四方に正す」というのは、營室と東壁の両星宿がともに南中することを指すと思われる。營室と東壁からなる四星は、西洋の星座でいうペガスス座の四辺形に相当し、明るく天空でよく目立つ。前述したように、これら四星をまとめて營星と呼んでもおかしくはない。營室は家屋・宮室を表すから、熒惑とは違って不吉な存在ではなく、人民にとっても皇帝にとってもむしろ好ましい存在であったから、『神農本草經』に収載されるほどの薬物の名前にふさわしかったはずだ。恩田はノイバラの赤い果実にこだわって赤い星である熒惑に見立てたと思われるが、野生のノイバラの果実が鮮やかに紅熟するのは晩秋であって、このころはほとんど落葉して赤い実だけが残って目立つ。中国では、最大限の薬効を得るのに薬物原料を採集する時期にこだわることが多い。『本草綱目』は八月にノイバラの果実を採集するといい、また『名醫別錄』でも八月九月に採集すると記述するが、旧暦でもこの時期のノイバラの実はわずかに赤味を帯びる程度である。『增訂和漢藥考』（小泉榮次郎）に「未熟なる半青半紅のものを佳しとし、成熟のものは效少なし云々」とあるが、『本草綱目』『名醫別錄』にある採集時期に採った營實の特徴と合致する。このことは必ずしも營實が赤い果実と認識されていたわけではないことを示唆し、營室のような青白い普通の星団でもかまわないことになる。以上、盤石に見えた恩田説もよく考えると多くの矛盾に満ちていることがわかる。ノイバラの果実を星に喩える場合、熒惑より營室の方がずっと有利であるのは、前者のように熒を營に通じさせる必要がないことである。中国の古典で熒と營の混同は、前述したように、よくあることは確かだが、古典医書・本草書に熒實と營實の名が両出して然るべきである。しかし、『神農本草經』から近世の本草書に至るまで、またいずれの時代の医書においても營實で一貫している。このことは恩田説にとって致命的といえるだろう。

3-3　わが国の本草家は李時珍の如營星を誤訳した：營星は実在せず

以上、『本草綱目』にある李時珍の記述を基に營實の語源について考証したが、本書は必ずしも李時珍説を正しいと考えているわけではない。漢字は表意文字であるので、營星を、星座や特定の星に喩えることなく、字義にしたがって忠実に解釈できないだろうか。『字通』（白川静）によれば、營の字義は次のようである。

【形声】旧字は營に作り、𤇾（えい）声。熒（えい）と呂に従う字である。𤇾は金文に熒に作り、炬火（たいまつ）を組んだ形で、庭燎（にわび）。軍営や宮殿にこれを縈（めぐ）らした。呂は建物の相接する平面形。〔説文〕に字を宮に従う形とし、また「市居なり」とする。「市居」は「帀居（そうきょ）」の字の誤りであろう。〔1〕軍営、陣営、宮殿、住居。営造のものをいう。〔2〕そのような建造物を造営することをいう。営む、経営する、つくる。〔3〕炬火をめぐらす意より、めぐる、めぐらす。〔4〕営域、さかい。〔5〕熒に通じ、まどう。

白川は『説文解字』にある「營は市居なり」を「營は帀居なり」（帀はめぐるという意味がある）の誤りとし、さらに形声字上でも『説文解字』の解釈を誤りとし、營は縈に通じて「めぐる、めぐらす」の意味があるとする。『春秋公羊傳』に「莊公二十有五年六月辛未朔。日有り之を食ふ。鼓して牲を社に用ふ。日食、則ち曷にして、鼓を爲り牲を社に用ふ。陰の道を求めるなり。以朱絲營社。或は曰ふ、之を脅すと。或は曰ふ、闇と爲すと。恐れて人は之を犯す。故營之。」という日食に関する記事があり、以朱絲營社を「朱絲を以て社を營らす」、故營之を「故に之を營らす」と訓読するが、『經典釋文』（陸德明）による注釈「營、本は亦た縈に作る」（『大漢和辭典』所引）に基づ

16

く。『玉篇』に「縈は旋なり」、『廣韻』にも「縈は繞なり」とあるので、以上によって營は「めぐる、めぐらす」の意味をもつからである。軍営や陣営もこの意で考えると理解しやすく、とすれば本草綱目の其子成簇而生如營星も「其の子、簇を成して星を營《めぐ》らすが如し」と訓読できる。この場合、ノイバラの果実が群れてつく様子が星を（枝先などに）めぐらしたようだという意味になって、無理のない解釈となる。ノイバラは、自然状態ではお椀をかぶせたようなブッシュ状になるが、枝先につく円錐花序は、通例、椀形の特定の位置に集中せずに万遍なく付く。学名の種小名 multiflora もそれを表す。花期を過ぎると、円錐花序が熟して数個から十個ほどの果実を枝先に結ぶが、主幹からお椀状に広がった枝先に果実群がほぼ万遍なく付くので、主幹から各枝先に向かって視線を投ずれば、ノイバラの果実はプラネタリウムで投影された星のように見えるだろう。李時珍はこれを表現しようとして、ノイバラの実を星に見立てたと考えられる。前二説は、營惑星あるいは營室星を略して營星となったと考えたが、この説では特定の星に言及せず、無理な説明を要しない。

牧野富太郎が恩田経介に営星の意味を問い質したのは、『國譯本草綱目』の鈴木眞海による訳読すなわち「その子は簇って生える状態が營星さながらだ。故に營實といふ。」（ママ）を見た結果であって、必ずしも原文（漢文）を参照したわけではないと思われる。実際には營星という名の星はないが、牧野も恩田もまったく疑問を持たなかったらしい。江戸時代には『本草綱目』の和刻本が多く刊行されたが、中には訓点を施したものもあった。『和漢三才圖會』も『本草綱目』の集解の記述をそっくり引用し訓点をつけている（巻第九十五「墻蘼」）。以上のいずれも「成レ簇生而如二營星一」と訓点をつけるが、營星に関する注釈はない。鈴木眞海も營星という星が実際にあるかのように訳読したらしい。『和漢三才圖會』に、室宿（＝營室）・離宮・雷電・土公吏などの隣接星座の図とともに「營室二星は大廟天子の宮を爲す云々」（巻第二「天文　室」）という記載文があるので、わが国では『本草綱目』に出てくる營星を營室二星と解釈して訓を付けたと思われる。ただし、李時珍が果たしてそう考えていたのかという疑問が残る。中国では營星という名は存在しないので、希代の碩学・李時珍ならその時代の名称にしたがってむしろ室星《しっせい》と呼んだにちがいない。表意文字である漢字だけからなる中国語は、名詞・動詞などの品詞の区別のみならず、名詞の単数・複数の区別と格変化、動詞の時制、形容詞の格変化などがないので、これに似たようなことはしばしば起き、それが中国語表現のあいまいさの構造的要因でもある。

3-4　營實は必ずしも星に喩えてつけた名ではない

營實の名は、約二千年前に成立した『神農本草經』という中国最古の本草書にあり、その語源について説明したのは李時珍をおいてほかにはいない。ここで紹介したものは李時珍の解釈に文献学的裏付けを加えようとしたにすぎず、決して正解を求める意図があったわけではない。植物の中国古名は観念的なものが多く、一般の興味を引くようなものは少ないが、かかる中でノイバラの果実を星に擬えた李時珍説は珍しくロマンを感じさせる。熒惑説と營室説のいずれも、その考証の過程において、古代中国人の宇宙観や哲学など中国固有の文化の核心にふれるものであった。それは真の語源を追求する観点からすれば、必ずしも本質的ではなく、蘊蓄を傾けることで考証者が自己満足しているにすぎない。古典の蘊蓄から離れ、改めて原点に立ち戻って考えてみると、營實の意味するところを、星に喩えることなく、本来の字義でもって解釈することも決して不可能ではないことがわかる。營に「めぐらす」の意があるから、營實を「實を營らす」の意と解釈できるが、椀形ブッシュ状の、あるいは垣根に添わせたノイバラのあちこちに万遍なく実を付ける生態を表したものと考えれば、その解釈にほとんど矛盾は感じられない。

最後に、營實の語源について、本節で述べたことをまとめてみると次のようになる。

一、ノイバラの赤い実を火星に見立てて付けた

二、ノイバラの実を中国の星座の一つである營室に見立ててつけた

三、ノイバラのあちこちの枝先に付いた実を天空の星に見立ててつけた
四、あちこちの枝先に実を付けるノイバラの生態を表してつけた
簡単に説明すると、一から三は『本草綱目』の集解の記述に対する補足ないし注釈であり、うち一と二は特定の星に、三は天空全体の星にそれぞれ見立てたと考える。すなわち、一はノイバラの赤い実の一つを火星に、二はノイバラのある枝先についた果実の集合を營室という星座に、三はノイバラのあちこちの枝先に付いた果実の全てを天空の星に見立てたということになり、星に見立てたといってもその内容は大きく異なる。一方、四はノイバラの実がノイバラの植物体にくまなく散りばめられた様子を表し、何にも喩えていない。営塁という、とりでや軍営を意味する語彙があるが、塁（砦）を営らして造った拠点の意味で、營實はこれと似た字義をもつと考えればわかりやすい。こうしてみると、恩田の熒惑説は牧野富太郎が感嘆するほどの語源解説ではあったが、熒を營に読み替えねばならず、もっとも可能性が薄いと考えざるを得ない。營室説はこれより有利であるが、それが營星と呼ばれた証拠がないのが難点である。三は李時珍の記述を素直に解釈したもので、あくまで李時珍の個人的見解にすぎないが、四とともにもっとも無理のない解釈に基づいている。

營實という名前が漢籍医書でまれであるのを説明するには、營實の語源を火星に由来するとする牧野・恩田説がもっともインパクトがあるが、以上の検証ではもっとも可能性の低い語源説という結論になってしまった。実は、中国医学において用いる營實の薬用部位は根であって果実ではないことを拙著『生薬大事典』で明らかにしているが、營實というネーミングから、その薬用部位は果実とごく自然に連想してしまうので、古代の中国人医師が嫌ったのかもしれない。というのは、ノイバラの果実はかなり強い瀉下作用があって有毒と認識されていたからである。その詳細は本書の趣旨から離れるので拙著を参照していただきたい。

【追補】

第1節「1-2」に以下の内容を追加しておく。忌部首の歌「十六-三八三二」の第一・二句「枳《からたち》の蕀原《うばら》」に関連して、次に示すような注目すべき薬方が『大同類聚方』巻之五十七「久曾布世也民」にチクマヒ藥の名で記載されている。

吉田連斐太麻呂等家方。原《もと》は少名彦名尊の藥なり。男兒八九歳の頃、胸痛く飲食少なく、腹脹り滿ちて、肌熱く、大便數日通じず、或は少なく、通堅く、肛門破れて痛み、其の後亦た通じざる者に與ふ。

むばら實　からたち　一味（ママ）を水に煎じて□（以下欠字、以上、原本は宣命書き、筆者訓読）

「チクマヒ薬」の名の意味は不明であるが、久曾布世也民《くそふせやみ》は糞伏せ病すなわち便秘の意であり、この薬方は瀉下を目的としたものである。ノイバラの実とカラタチの二味からなる簡単な薬方であるが、薬効の上で重要な役割を果たすのは前者である。この薬方が古くからのわが国の民間薬とすれば、忌部首はそれを意識して第一・二句を詠み込んだとも考えられる。したがって、この歌は、くそふせやみのくすり、くそ、くら、くしの五つの「く」を物名で詠んだことになる。後三者は歌の中に見えるから、意識的に前二者を「枳の蕀原」の中に潜り込ませ、謎解きを迫った挑戦的な戯れ歌と考えられる。因みに、吉田連斐太麻呂は『續日本紀』寶龜七年に「内藥正外従五位下吉田連斐太麻呂爲兼掾」（巻第三十四）とある。但し、『大同類聚方』を偽書とする説が根強いが、収録する処方がすべて後世のものというわけではない。その詳細は拙著『生薬大事典』の第2部第3章を参照。

第17章

古代から近世までの「あまもの」事情

第1節　清少納言も嗜んだ平安の「あまづら」はブドウ科ナツヅタの甘汁

『枕草子』の「あてなるもの」に、「薄《うす》色に白襲《しらがさね》の汗衫《かざみ》。かりのこ。削氷《けづりひ》のあまづら入《い》れて、あたらしき金鋺《かなまり》に入れたる。水晶《すいさう》の珠數《ずず》。藤の花。梅の花に雪のふりたる。いみじううつくしきちごの、いちごなどくひたる。」とあり、「あまづら」なる名が出てくる。かき氷に「あまづら」という甘味料をかけて食べるのがトレンドであったようで、雅やかな王朝文化がしのばれる。氷室《ひむろ》に保存した氷を、夏に取り出して削り氷としたにちがいないから、当時としてはこれ以上の贅沢はなかっただろう。『古今著聞集』にも「九條の前内大臣家に、壬生の二位參《まゐり》て、和歌のさたありけるに、二月の事なりけるに、雪にあまづらをかけて、一品にす、められけり」（巻第十八「九條前内大臣基家壬生家隆に雪を進むる事幷びに二條定高に雪を贈る事」）とあって、寒い冬でも雪のシャーベットに「あまづら」をかけて食したことを示唆する。「あまづら」はその字義から甘味料であるが、当時はそれ以外に甘物はいくつか知られていた。ここでは上中古代の「あまもの」事情について考える。

「あまづら」とは、『本草和名』（深根輔仁）に「千歳虆汁　蘇敬注云ふ、千歳得る者有り、茎の大なること碗の如しと　一名虆蕪一名蘡薁藤汁　仁諝音上纓下於六反、蘇敬注に出づ　和名阿末豆良一名止々岐」とあるように、千歳虆汁《センザイルイジュウ》につけた和訓である。本草では『名醫別錄』の上品に千歳虆の名で初見し、『本草經集注』（陶弘景）では「藤を作《な》して生じ、樹は葡萄の如し。葉は鬼桃の如く、木の上に蔓延す。汁は白く、今の俗人は方藥なること都《すべ》て復た用ふるを識らず。」と記載する。一方、『新修本草』（蘇敬）は「即ち蘡薁藤なり。此の藤、千歳得る者有り、莖の大なること椀の如し。冬に惟《ただ》葉凋みて莖は終に死《か》れず。藤汁の味は甘く、子の味は甘酸にして、苗は葡萄に似て、其の莖は噦逆を主るに大いに善し。傷寒後の嘔噦に更に良し。」（以上、『證類本草』巻第七「草部上品之下」所引）と記載し、蘡薁藤《エイイクトウ》の同品とし、『本草和名』はそれを異名として加えた。これに対して陳蔵器は「按ずるに、蘡薁は是れ山蒲桃なり。藤を斫断して氣を吹けば一頭出づること通草の如し。水を以て浸し吹き、氣を取りて目中に滴すれば熱瞖、赤障を去る。更に甘汁無し。本經（『本草經集注』）に云ふ汁甘きなるは蘡薁に非ざること明らかなり。」（『證類本草』同所引）と述べて蘇敬を批判した。以上の古本草の記述に対して、『圖經本草』（蘇頌）は、「藤を作して生じ木上に蔓延す。葉は葡萄の如くして小なり。四月、其の莖を摘めば汁白くして甘し。五月、花を開き、七月、實を結び、八月子を採り、青黒微赤なり。冬、惟葉を凋み、此れ即ち詩に云ふ葛藟なり。蘇恭是を蘡薁藤と謂ふは深く謬妄と爲す。陶隱居、陳藏器の說くところ最も之を得たり。」（『證類本草』同所引）と記述し、陶弘景・陳蔵器の見解を支持した。蘇頌は千歳蘽を『詩經』にある葛蘽であるというが、原典（大雅・文王之什「棫樸　第六スタンザ」）では次のように詠まれている。

莫莫たる葛藟《かつるゐ》　條枚に施《の》ぶ
豈弟の君子　福を求めて回《たが》はず

これに対して鄭玄は「葛なり。藟なり。木の枚木《みき》に延蔓《はびこ》りて茂盛するなり。子孫、縁に依りて先人の功を喩へて起つなり。」（『毛詩正義』箋註）と注釈するが、単に「つる」というだけでその基原はさっぱりわからない。一方、『毛詩草木鳥獣蟲魚疏』（陸璣）は「藟は一名巨苽、燕薁（李時珍は蘡薁の異名とする。『本草綱目』巻第三十三「果部　果之五」参照。）に似たり。亦た延蔓《はびこ》りて生じ、葉は艾の如くして白色、其の子赤なれば食ふべし。酢く美ならず。幽州之を推藟と謂ふ。」（「莫莫葛藟」）と注釈し、その記載はかなり具体的に見える。ここで注意すべきところは、葉がヨモギ（艾）のようで白いという記述である。ヨモギの葉の裏は白い綿毛が密生し、これを採取して灸剤とする。ブドウ科植物ではエビヅルの葉に白いビロード状の短毛を密生するので、陸璣はエビヅルに言及したのである。ナツヅタとエビヅルは同じブドウ科なので古くはしばしば混同された。後述するように、結果的には、蘇頌が『詩經』にいう葛藟であるという考定は誤りであったが、千歳藟の名から藟の類と考えたらしい。因みに、エビヅルの茎の汁から甘物は取れず、千歳藟汁に合わない。一方、ナツヅタは、落葉の後に地上五〇センチぐらいのところでつるを切断し、樹液を採取して煮詰めると甘蜜のようになる。紀伊半島の山間では 今日でもこれを砂糖の代りに用いるところがあるという。したがって、千歳藟はナツヅタのほかに該当するものは見当たらない。一方、蘇敬のいう蘡薁藤はブドウ科エビヅルと考えて差し支えないが、ここでこの名の字解をしておく。『説文解字』に「薁は蘡薁なり。从艸奥聲。」とあり、『詩經』國風・豳風の第六スタンザに薁の名が出てくるが、古注によればその基原はブドウ科とはまったく無関係である。

六月に鬱と薁とを食らひ　七月に葵と菽とを亨《に》る
八月に棗を剝《う》ち　十月に稻を穫《か》る
此を春酒に爲《つく》り　以て眉壽を介《たす》く
七月に瓜を食ひ　八月に壺を斷つ
九月に苴を叔《ひろ》ひ　茶を采り樗を薪とし
我が農夫に食はす

毛詩傳は「鬱棣は薁に屬し、蘡薁なり。剝は撃つなり。春酒は凍醪なり。眉壽は豪眉なり。」と注釈し、蘡薁は鬱《ウツ》棣《テイ》の類であるという。鬱棣とは棣の一種で、『爾雅』に「常棣は棣なり」とあり、常棣《ジョウテイ》・棠棣《ドウテイ》・唐棣《トウテイ》などの類である。郭璞は「今の關西に棣樹有り、子は櫻桃の如く食ふべし」と注釈しているので、果実を食用とする樹木である。棣をヤナギ科ヤマナラシ属・バラ科ザイフリボク属・同ナシ属とする説があるが、郭璞註を重視して基原植物をバラ科ニワウメの類とするのがもっとも無難である。ニワウメの本草における正名は郁李《イクリ》（『神農本草經』では郁核）であり、別名を爵李《シャクリ》というから、鬱（棣）は欝（＝鬱）を爵に誤った名と思われる。薁李《イクリ》の名もニワウメが毛詩傳によって鬱棣の類とされた薁から発生した名と考えられる。現在では薁の字義に二つあり、文系の諸氏はブドウ科基原を「おう」、バラ科基原を「いく」と読み分けるが、本草では李時珍の見解にしたがっていずれも「いく」と読んで区別しない（『本草綱目』巻第三十三「果部　果之五　蘡薁」に「音嬰郁」とある）。そもそも毛詩傳が棣に属するとしたのが発端であるが、蘡薁藤は嬰薁藤に通じ、嬰に「めぐらす」「おびる」「つなぐ」などの意味があるので、薁のような実をつける藤本という意味で、「艹」に作ったと毛詩傳は解釈したのであろう。しかし、七月はアオイ科フユアオイ（葵）と「まめ（菽）」というまったく異なる取り合わせなのに、六月は同類の取り合わせとなってしまうので、薁を棣の一類とした毛詩傳を誤りと考えるのが妥当である。したがって、鬱（正しくは爵）はバラ科ニワウメ、薁はブドウ科エビヅルとするのがよい。

蘡薁藤をエビヅルとしたが、わが国では比較的身近に分布する。一方、その近似種にヤマブドウがあり、冷涼地帯に分布する。『和名抄』（源順）に「本草云ふ、紫葛　和名衣比加豆良　文選蜀都賦に云ふ、蒲萄亂潰　萄は音陶、漢語抄に云ふ、蒲萄は衣比加豆良乃美」とあるように、紫葛《シカツ》という漢名につけた和訓「えびかづら」はエビヅルの名に継承されるが、後述するように、正しくは同属異種のヤマブドウである。『和名抄』は蒲萄《ホトウ》を「えびかづらのみ」とするが、『本草和名』では「蒱陶　楊玄操萄に作る、音桃　一名蘡薁　仁諝蘡郁二音蘇敬注曰ふ、此は蒱陶に非ざるなり、蘡薁は是千歳虆なりと　一名山蒱桃　蘇敬注に出づ　和名於保衣比加都良」とあるように「おほえびかづら」とする。蒲萄（＝蒱陶）の名は『史記』に「是に於いて盧橘夏孰し、黄甘橙楱、枇杷橪柿、楟㮈厚朴、梬棗楊梅、櫻桃蒲陶、隱夫鬱棣、榙濛荔枝あり、後宮に羅《つら》ね北園に列《つら》なれり云々」（巻第一一七「司馬相如列傳第五十七」）とあり、『神農本草經』では葡萄《ブドウ》に作って上品に収載し、以降の本草書はこの名を踏襲する。また、陳蔵器のいう蒲桃《ホトウ》も同音の葡萄に同じである。南朝宋・裴駰は「郭璞曰ふ、蒲陶は燕薁に似て、酒に作るべし」と注釈し、『本草經集注』は「此の間の蘡薁、恐らく彼の枳の橘に類するが如くならん」（『證類本草』巻第二十三「果部上品」所収）というから、葡萄と蘡薁は酷

17

似する同属種であって、葡萄は今日のブドウ科ブドウとして問題ない。平安時代のわが国ではまだブドウは伝わっていなかったため、文献上の漢名に取り敢えず「えびかづら」あるいは「おほえびかづら」の和訓をつけたのである。ただし、わが国に自生するヤマブドウあるいはよく似たエビヅルも併せて「えびかづら」と呼んできた歴史があるので、外来種の葡萄の和名は「おほえびかづら」とするのが正しい。磯野直秀によれば、一三六七年成立の『新札往來』に「ぶだう」とあるのがブドウの名の文献上の初見という（『慶應大学日吉紀要・自然科学』第四十二号二十七頁—五十八頁　二〇〇七年）。『下學集』では「蒲萄　エビカヅラ」とあるが、『文明本節用集』以降の字書ではいずれも「ぶだう」とあり、ブドウがわが国で本格的に普及し始めたのは十五世紀末以降と思われる。

染色の一つに「葡萄《えび》染め」というのがある。ブドウ・ヤマブドウなどを用いて染めるのではなく、『延喜式』巻第十四「縫殿寮」に「雜染用度　蒲萄綾一疋　紫草三斤　酢一合　灰四升　薪四十斤」とあるように、ムラサキの根（紫根《シコン》）を用いて染める。すなわち、ブドウやヤマブドウの実の色を葡萄《ぶどう》色と称したのである。『令義解』の衣服令に「凡服色（中略）蒲萄者紫色之最淺者也」とあるように、薄紫色で染めた色をいう。『日本書紀』の天武天皇の条に「十四年秋七月庚午《ふみづきかのえうまのひ》に、勅《みことのり》して明位《みやうゐ》より已下《しもつかた》、進位より已上《かみつかた》の朝服《みかどごろも》の色を定む。（中略）正位《しやうゐ》は深紫、直位《ぢきゐ》は淺紫、勤位《ごんゐ》に深綠、務位《むゐ》は淺綠、追位《つゐゐ》は深蒲萄《ふかえびそめ》、進位《しんゐ》は淺蒲萄《あさえびそめ》。」（巻第二十九）とあり、官位によって服色を定めた。葡萄染めの色は下位の官職にあてがわれたが、直位が淺紫、追位が深蒲萄とその区別は何ともややこしい。『續日本紀』の文武天皇の条に「（大寶元年三月甲午）又服制あり、（中略）追冠四階深縹、進冠四階淺縹、皆漆冠綺帶云々」（巻第二）とあるから、深蒲萄は濃い縹《はなだ》色、淺葡萄は浅い縹色に相当し、わずかに紫色を帯びた色で今日の感覚とはかなり異なる。また、『源氏物語』の初音《はつね》に「縹《はなだ》は、げに、にほひ多《おほ》からぬあはひにて、御髪《ぐし》なども、いたく、盛《さか》り過《す》ぎにけり。やさしき方《かた》にあらねど、えびかづらしてぞ、繕《つくろ》ひ給《たま》ふべき。われならざらん人は、見ざめしぬべき御有様《ありさま》を、かくて見《み》るこそ、うれしく本意《ほい》あれ。」と描写されているように、「えびかづら」の名が出てくるが、平安時代には葡萄蔓《ぶどうかづら》といって髢《かもじ》すなわち副え髪の習慣があった。わが国では古くから艾蔓《よもぎかづら》、菖蒲蔓《あやめかづら》など植物を蔓にする習慣があったが、『古事記』に「即ち黄泉醜女《よもつしこめ》を遣《つか》はして追はしめき。爾《ここ》に伊邪那岐《いざなぎ》の命黒御蔓《くろみかづら》を取りて投げ棄《う》つれば、乃ち蒲子《えびかづらのみ》生りき。是れを摭《ひろ》ひ食《は》む間に逃げ行く云々。」（上つ巻）とあるので、ヤマブドウ（あるいはエビヅル）も民俗学的に何らかの意義をもつ植物であり、葡萄蔓はその名残と考えられる。因みに、紫葛《シカツ》は、『新修本草』の草部下品に初めて収載され、蘇敬は「苗は葡萄に似て根は紫色、大なるは徑二三寸、苗の長さ丈許り」（『證類本草』巻第十一「草部下品之上」所引）と記述し、エビヅル・ブドウの近縁種で、わが国ではヤマブドウに充てる。ヤマブドウの実は赤紫色、一方、エビヅルの実は黒紫色であるから、葡萄染めの色はヤマブドウの実の色に由来する。したがって、古く「えびかづら」と称するものはヤマブドウであってエビヅルではない。近代植物学が成立したとき、比較的身近にあるエビヅルに古名の「えびかづら」を充てたので、それまでの認識と合わなくなったのである。ヤマブドウの方言名で「えび」の名を冠するものが多い（山形・山梨・長野・静岡・兵庫・島根・山口・愛媛・徳島・三重・京都・茨城・千葉・埼玉・群馬・長野）のも、古く「えびかづら」と称していたものがヤマブドウであったことを示唆する。一方、エビヅルを「えび」と呼ぶ地域（上総・島根・山口・和歌山・三重・茨城・長野・香川）もあり、古くから両種は混同されてきたことも事実である。ここで整理しておくと、蘡薁藤はエビヅル、紫葛はヤマブドウとするのが妥当である。

『和名抄』に「蘇敬本草注曰ふ、千歳蘽一名蘡薁藤　蘡薁一音嬰育　和名阿末豆良　俗に甘葛を用ふ　千歳得る者華（莖の誤り）の大なること椀の如し」とあるように、「あまづら」に甘葛を充てたが、中国に用例のないわが国独自の漢名である。既に述べたように、甘葛とはナツヅタを指すが、それから得た樹液を千歳蘽汁と称する。そのままでは甘味はごく軽微で、昔はそれを煮詰めて甘葛煎に作った。『類聚雑要抄』に「甘葛煎《アマカツ》ノ方　器ニハ用《ユ》二石鍋一。又、銅物是等ニ入テ固炭《カタスミ》ヲオコシテ灰ニ埋テ口小《スコシ》ヲ開テ、火ヲユルマシテ、ハヤカラズ寒カラズ、品同程デ夜日《ヨルヒル》七日許煎之。其間アハノ立ニ隨レ出テ取スツル也。鍋盖ニハ綿ノ敷テカニ張之。出気ヲ出テ塵ヲイレシ料也。金輪用之。」（巻第四）とあるように、かなり詳細な製法を記載するが、随分とゆっくり加熱して煮詰めていた。この「甘葛《アマカツ》煎の方」は食用のほかに香料を練るためにも使われた。同書の別条に「平大饗目録　五献　小柑子　甘葛　枝柿　平栗　但随時之」（巻第一）とあり、ミカン（おそらく昔のミカンは酸っぱかった）やカキ（おそらくかなり渋味が強いもの）やクリの実に甘葛の蜜をつけて食べた。平安時代に甘葛が重要な存在であったことは『延喜式』の次の記述を見れば一目瞭然であろう。

巻第二十二「民部上」

年料別貢雑物　伊豆国・越前国甘葛汁

巻第三十「大蔵省」

賜蕃客例　甘葛汁六斗

巻第三十一「宮内省」

諸國例貢御贄（甘葛煎）遠江国・駿河国・伊豆国・越前国・能登国・越後国・丹波国・丹後国・但馬国・因幡国・美作国・備前国・備中国・阿波国　大宰

巻第三十三「大膳下」

諸國貢進菓子　伊賀国・遠江国・駿河国・伊豆国・出羽国・越前国・加賀国・能登国・越中国・越後国・丹波国・丹後国・但馬国・因幡国・出雲国・美作国・備前国・備中国・紀伊国・阿波国・太宰府

甘葛煎　但甘葛煎直進藏人所

巻第三十七「典薬寮」

諸國進年料雑薬（甘葛煎）越中国・丹後国・因幡国

甘葛は一部が薬用で、大半は甘味料であった。しかし、後世とりわけ室町時代以降は「あまづら」の甘味料としての地位は大きく変わった。それは「あまづら」という語彙に充てた漢名の変遷を見れば一目瞭然である。

『下學集』（一四四四年）　千歳虆汁《アマヅラ》

『文明本節用集』（一四七四年）　甘蔗《アマヅラ》　或作甘葛《アマヅラ》　千歳虆汁《アマヅラ》　常春藤《アマヅラカヅラ》

『温故知新書』（一四八四年）　虆《アマヅラ》　千歳虆《アマヅラ》

『明応五年本節用集』（一四九六年）　甘蔗《アマヅラ》

『黒本本節用集』（室町末期）　甘蔗《アマヅラ》　又甘葛と云ふ　常春藤《アマヅラカヅラ》　見于明藏

『伊京集』（室町末期）　甘蔗《アマヅラ》　或作甘葛

『慶長十六年本節用集』（一六一一年）　甘蔗《カンシャ》　アマヅラ　甘葛《アマヅラ》

『書言字考節用集』（一七一七年）　甘蔗《アマカヅラ》　アマキ　千歳虆《アマチャ》　アマヅラ　又云苣瓜並出本草

まず、新たに甘蔗《カンショ》という漢名が登場し、それに「あまづら」の和訓がつけられた。また、常春藤《ジョウシュントウ》という漢名には「あまづらかづら」という紛らわしい和訓がつく。江戸時代になると千歳虆の訓に「あまちゃ」が登場する。甘蔗は今日の砂糖の原料とするサトウキビで、この登場で甜物の中で「あまづら」の地位が大きく揺らいだ。「あまちゃ」はまったく別の甜物の一種である。以上の二品については第3節以降で述べる。常春藤の真の基原は甜物に無関係であるが、「つた」とは由縁があるので、次節で詳述する。

第2節　ツタだけではない万葉の「つた」

古代の甜物《あまもの》「あまづら」の原料植物はブドウ科ナツヅタであり、今日、単にツタと称して園芸用にも栽培される身近な植物でもある。ツタは「伝ふ」の転訛が語源といわれるように、ものに絡みつくつる性植物で、『萬葉集』に都多・津田の名でそれぞれ四首と一首に詠まれ、いずれも「延ふツタの」とあり、「別れ」などの枕詞である。同じ「別れ」に掛かる枕詞に「石綱《いはつな》の」が一首あり、この「つな」もツタの意と考えられる。石に掛かる枕詞に「つのさはふ（角障經）」があり、『萬葉集』では五首に詠まれるが、この「つの」もツタとされる。「つた」を詠う万葉歌として次の一首を紹介する。

父母《ちちはは》が　成しのまにまに　箸《はし》向かふ　弟の命は　朝露の　消《け》易き命　神のむた　争ひかねて　葦原の　瑞穂の
国に　家なみや　また帰り来ぬ　遠つ国　黄泉の境《さかひ》に　延ふつたの　己《おの》が向き向き　天雲の　別れし行けば
闇夜なす　思ひ迷はひ　射ゆ鹿《しし》の　心を痛み　葦垣の　思ひ乱れて　春鳥の　音《ね》のみ泣きつつ　あぢさはふ
夜昼知らず　かぎろひの　心燃えつつ　嘆き別れぬ　（巻九　一八〇四）

「つた」は『和名抄』に「本草云ふ、絡石　一名領石　都太　蘇敬云ふ　此草は石木を苞みて生ず、故に以て之と名づくと」とあり、絡石《ラクセキ》という漢名を充てる。一方、『本草和名』に「落石　蘇敬注云ふ、石木を苞絡して生ずる故に以て名づくと　一名石鯪　仁諝音陵　一名石磋　仁諝音千何反　一名略石一名明石一名領石一名懸石一名耐冬一名石血一名石龍藤　已上三名　蘇敬注に出づ　一名鱗石一名雲母一名雲華一名雲珠一名雲英　已上五名、釋藥性に出づ　一名破血莓　稽疑に出づ　和名都多」とあって、多くの異名を挙げる。絡石（落石）の基原について、『圖經本草』（蘇頌）の記載は「宮寺及び人家亭圃の山石の間に種ゑて以て飾と爲す。葉は圓く細橘の如く、正に青く冬夏凋まず。其の莖は蔓延し、莖節の著く處、即ち根鬚を生じ、石上を包絡し此を以て名を得る。花白く子黑し。正月に採り或は云ふ、六月七月に莖葉を採り、日乾す。石の上に生ずるを以て良しとす。其の木の上に在る者は木の性に隨ひて移り、薜荔、木蓮、地錦、石血皆其の類なり。薜荔と此と極めて相類す。但し、莖葉は麁く大にして藤の狀の如し。（中略）木蓮は更に大にして絡石の如く、其の實は蓮房の若く能く壯陽道尤勝るなり。地錦の葉は鴨の掌の如く、蔓は地上に著き、節に隨ひ、根有り。亦た木石の上に縁《よ》る。石血は極めて絡石と相類す。但し、葉の頭は尖りて赤きのみ。」（『證類本草』巻第七「草部上品之下」所引）とあるように比較的詳細であるが、複数の類似植物種について、別名を挙げて記述しているところは他書の引用であって、蘇頌独自の見解ではない。その相関はかなり複雑でその記述は必ずしも正鵠を射たとは言いがたいが、取り敢えず次のように整理しておく。括弧内は出典を表す。

絡石《ラクセキ》　キョウチクトウ科テイカカズラ（『神農本草經』上品）
木蓮《モクレン》一名薜荔《ヘイレイ》　クワ科イタビカズラ（『本草拾遺』）
地錦《ジキン》一名石血《セッケツ》　ブドウ科ナツヅタ（『本草拾遺』）
常春藤《ジョウシュントウ》　ウコギ科キヅタ（『本草拾遺』）

蘇頌のみならず、陳蔵器・蘇敬などいずれの本草家も、絡石について、常緑であること、節から鬚根を出してのびること、木や石に着生すると述べている。このような特徴をもつつる性植物は多いので、各本草家も識別に苦慮した。その中で蘇頌は「花白く子黒し」と述べ、これをもって絡石をテイカカズラに絞り込むことができる。木蓮《モクレン》については、陳蔵器は「扶芳藤　藤の苗は小なる時絡石薜荔彙の如く、樹木に縁りて三五十年漸く大となり、枝葉繁茂す。葉は圓く長さ二三寸にして厚く、石韋の如し。子を生じ、蓮房に似て中に細子有り。一年一熟。亦た房を破血に入用す。一名木蓮、打ち破れば白汁有り停久すれば漆の如し。」（『證類本草』巻第七「草部上品之下　絡石」所引）と述べ、クワ科イタビカズラの特徴を表す。一年一熟《いちねんいちじゅく》はクワ科イチジク属に対する本草特有の表現で、一熟はイチジクの和名の語源ともなった。イチジク属の特徴は白い汁が出ることで、同じように白汁を出すキョウチクトウ科とは異なり、無害である。木蓮は『本草拾遺』に初見するが、正統本草で正品としたのは『本草綱目』であり、『開寶本草』から『證類本草』までの宋代の本草書は収載を見送った。李時珍は薜荔《ヘイレイ》を木蓮の異名とするが、陳蔵器は別品に区別し、逆に陳蔵器が木蓮の異名とする扶芳藤《フホウトウ》を李時珍は別条に収載した。『本草綱目啓蒙』は扶芳藤をニシキギ科ツルマサキに充てるが（巻第十四「草之七　蔓草類」）、この考定ははなはだ疑問であり、また李時珍は扶芳藤と木蓮を区別した理由を述べていないのでその基原は未詳である。地錦の名の初見も『本草拾遺』であり、陳蔵器は「淮南の林下に生じ、葉は鴨の掌の如し。藤蔓は地に著き、節處に根有り。亦た樹石に縁りて、冬月に死れず。一名地噤。」（『證類本草』巻第七「草部上品之下　絡石」所引）と記述するが、冬に枯れないとあるのを除けば、葉の形はブドウ科ナツヅタの特徴をよく表すので、同種あるいは同属近縁種であろう。蘇頌が、葉が尖って茎が赤いという石血《セキケツ》も、おそらくナツヅタであろう。地錦をナツヅタとした場合、千歳虆とは基原が同物異名の関係になるが、千歳虆汁という名からわかるように、樹液に特化した名であるから、名が異なってもおかしくはない。『本草綱目』は木蓮の条中に附録として地錦を付し、陳蔵器の見解を合わせて記載した（巻第十八「草之七　蔓草類」）。『嘉祐本草』（掌禹錫）草部下品に初見する地錦草《ジキンソウ》はきわめて紛らわしいが、「絡石注に地錦有り。是れ藤蔓の類なり。此と名は同じにして其の類と雖も全く別なり。」（『證類本草』巻第十一「草部下品之下」所引）と記述するように、ナツヅタとはまったく異なる。李時珍も木蓮の条中に付した附録（地錦）の中で自注をつけて地錦草とは異なると述べている。因みに、掌禹錫によれば、地錦草は「莖葉は細弱にして地に蔓延す。莖は赤く葉は青紫色にして、夏中に茂盛す。六月に紅花を開き、細實を結ぶ。」（『證類本草』巻第十一「草部下品之下」）といい、トウダイグサ科ニシキソウの特徴をよく表す。常春藤は『本草拾遺』に初見し、正名を土鼓藤《ドコトウ》と称した。陳蔵器はこれを「林の薄き間に生じ、蔓を作して草木に繞る。葉の頭は尖り、子熟すれば珠の如く、碧色にして正圓なり。小兒、藤を取り地に打ち鼓聲を作る。李邕名づけて常春藤と爲す。」（『證類本草』巻第七「草部上品之下　絡石」所引）と記述し、ウコギ科キヅタの特徴をよく表す。『日華子諸家本草』（大明）は常春藤一名龍鱗薜茘《リュウリンヘイレイ》としたが、正品に収載することはなく、一方、李時珍は常春藤の名で正品に収載、土鼓藤・龍鱗薜茘を異名とした。

さて、拙著『万葉植物文化誌』では、万葉の「つた」にテイカカズラ・イタビカズラの二品を挙げたが、これにナツヅタとニシキギ科ツルマサキ・ウコギ科キヅタも加える。というのも『萬葉集』では「延ふつた」「つのさはふ」「石綱の」ように枕詞として登場するものは、具体的な情景を伴わず、石や木に這うものであれば何でもよいからである。一方、キヅタの漢名を常春藤と称し、十五世紀後半に成立した文明本のほか、『節用集』の各刊本では「あまづらかづら」なる和訓をつけている。『本草綱目』の刊行以前のわが国で、この名を知り得たことに驚かされるが、『證類本草』を精読していた証左であろう。ただし、前述したように、常春藤が甜物であるとはどこにも記載がない。おそらく千歳虆の字義から常春藤を同類の別品と誤認したのであろう。千歳を常春、虆を藤の意に解釈して「あまづらかづら」なる奇妙な和訓となったが、機械的に訳してつけた名と思われ、当時はその基原植物は不詳であったと思われる。常春藤の名は『大和本草』になく、『和漢三才圖會』でも『本草綱目』の当該条をそのまま引用し、「じゃうしゅんとう」の音読みを訓につけているからだ（巻第九十六「蔓草類」）。基原植物が解明されたのは江戸後期になってからで、『本草綱目啓蒙』がキヅタに充てた。現代の字書では『日本国語大辞典』（小学館）が常春藤《ジョウシュントウ》を「植物「きづた（木蔦）」の漢名とされるが、誤用」と記載している。「あまづらかづら」の和訓が存在することすら言及せず、稲生若水・小野蘭山の見解が広く支持される中で、なぜ常春藤をキヅタとするのが誤用なのか理解に苦しむ。即刻、訂正されて然るべきである。

第3節　「あまづら」に誤認された「あまちゃ」と「つるあまちゃ」

ここでに、江戸中期の字書『書言字考節用集』が千歳虆に「あまちゃ」なる和訓をつけた背景について考証する。「あまちゃ」という名の文献上の初見は『多識篇』（林羅山）で「千歳櫐　以古古今案阿末知也」とある。『大和本草』（貝原益軒）にもこの名が出てくる（巻之九　草之五）が、次に示す条文を読むとわかるように、当時、甘茶《あまちゃ》と称するものは二種類あった。

若水云千歳藟ヲツルアマ茶ト訓ズ。非也。本艸ヲ能見ルニ同ナラズ。ツルアマチャモ甘ケレドモ形狀チガヘリ。白汁ナシ。千歳藟、日本ニナシ。ツルアマ茶漢名シレズ。甘茶別ニ又一種アリ。花ハアヅサイニ似テ小ナリ。小額草ト云。花扁額ノ形ニ似タリ。是モ甘茶トス。小兒食フ前ニ見ハス（ママ）。

すなわち、一種は益軒がつるあまちゃと呼ぶもので、稲生若水はこれを千歳藟としたが、益軒はそれを否定して対応する漢名がないという。その当時は幕府御用の本草学者の見解が一般的であったらしく、『和漢三才圖會』（寺島良安）も千歳藟を甜茶《アマチャ》とし、「茶ニ代ヘテ煮テ吃ス。味甚ダ甘シ。故ニ俗甜茶ト名ク。如シ小兒多ク吃スレバ則蟲ヲ發ス。」（巻第九十六「蔓草類」）と記述して若水に同調した。益軒のいうつるあまちゃとは、今日いうウリ科アマチャヅルのことで、『本草綱目啓蒙』（小野蘭山）に「土常山ハアマチャ別ニ絞股藍《ツルアマチャ》アルユヘ、木アマチャトモ云。一名甜葉　延平府志　三百頭牛藥　甘草發明。城州ノ宇治田原ニ園ヲナシテ栽ユ。諸州深山ニモ亦多シ。」（巻之十三「草之六　毒草類　常山」）とある絞股藍《コウコラン》に相当する。この名は『中薬大辞典』でもアマチャヅルの漢名とするが、『本草綱目啓蒙』の見解を採用した。類名に絞股蘭《コウコラン》なる紛らわしい名があり、烏蘞苺《ウレンボ》すなわちブドウ科ヤブガラシの異名であって（第9章第2節）、その出典は『江蘇植薬志』という（『中薬大辞典』）。ヤブガラシとアマチャヅルは形態が似るためしばしば誤認され、絞股蘭は同音の絞股藍から転じたらしい。いずれにせよ、絞股藍は正統本草にある名ではなく、またその名の登場は近世以降である。益軒が挙げたもう一種は、小《こ》額草《がくそう》というアジサイの花に似るというもので、これこそ今日のユキノシタ科アマチャを指す。一方、蘭山は、アマチャヅルとの混同を避けるために木アマチャと命名し、その漢名に甜葉《テンヨウ》を充てた。蘭山は福建省の地方誌『延平府志』（明・陳能修）の引用とするが、この名は見当たらない。正確な出典は『八閩通志』（明・黄仲昭）で、「常山　俗に甜葉と呼ぶ」とあり、常山《ジョウザン》の俗名とする（巻之二十六「食貨　物産　延平府　薬之屬」）。蘭山はアマチャを土常山《ドジョウザン》の一種と主張して『大和本草』を名指しで批判し、また松岡恕庵（『用薬須知』）も土常山説を支持した。実は、『八閩通志』にある常山は土常山とするのが正しく、蘭山はそれを承知した上でアマチャの漢名を甜葉としたのである。土常山は『圖經本草』（蘇頌）に初見し、「今、天台山（浙江省臨海県にある山）に一種土常山と名づくる草を出だす。苗、葉は極めて甘く、人用ひて飲と爲す。香ばしく、其の味は蜜の如く、又蜜香草と名づく。性は亦た涼にして、之を飲めば人を益す。此れ常山に非ざるなり。」（『證類本草』巻十「草部下品之上　蜀漆」に所引）と記述され、それを見る限りでは蘭山の論述はもっともに見える。『中薬大辞典』によれば、土常山の基原は *Hydrangea strigosa* Rehder または *H. chinensis* Maximowicz（synonym. *H. umbellata* Rehder）であるという。いずれもアマチャの同属植物という共通性はあるが、甘味成分フィロズルチンを含むのは前者である。一方、*H. chinensis*（*H. umbellata*）はアルカロイドのフェブリフギンを含み、化学分類学的観点から、ユキノシタ科別属種のジョウザンアジサイに近く、アマチャのような甘味は期待できない。すなわち、『中薬大辞典』の考定の一つは正しく一つは誤りである。常山《ジョウザン》はジョウザンアジサイの乾燥根でフェブリフギンを含む。因みに、常山は『神農本草經』の下品に収載され、またその葉を蜀漆《ショクシツ》と称し（『名醫別錄』に常山の苗とある）、これも『神農本草經』の下品に収載される。ジョウザンアジサイはわが国に自生はなく、松岡恕庵・小野蘭山ほか江戸期の本草家はミカン科コクサギを常山に充てた。一方、寺島良安は千歳藟の条でアマチャに言及し、「一種樹生ノ甘茶アリ。葉ハ萩ニ似テ深綠色、茶ニ似テ嫩ラカナリ。甚ダ甘シ。山州宇治田原ニ出ヅ。」（巻第九十六「蔓草類」）と記述する。葉をハギに似るとするなど形態の記述は不正確であるが、山城国宇治田原に産することは蘭山も記述しているので、アジサイ科アマチャに言及することはまちがいない。

『貞丈雜記』巻第六「あまづらの叓」に次のような記載がある。

あまづらはあまかづらなり。俗にあま茶と云ふものなり　つるある草なり。生葉をせんじねりて水飴《ミツアメ》などのやうに

17

して食物にまぜて甘味《アマミ》を付るなり。甘葛《アマツラ》又千歳藟《アマツラ》とも書なり。和名抄に云千歳藟汁《センザイルイシウ》、本草云味甘平《カンヘイ》ニシテ無毒續《ツギ》二筋骨《スジホ子ニ》一長二肌肉《ハダヘシヽヲ》一一名藟蕪《ルイブ》和名阿末豆良《アマヅラ》、本朝式云甘葛煎《カンカツセン》也云々。昔、日本に砂糖いまだなかりし時にあまづらを以て食物に甘味を調しなり。アマツラノ製法ハ類聚雑要抄ニアリ

「あまづら」を「あま茶」と称して紛らわしいが、生葉を煎じて水飴のようにしたとあるから、アマチャヅルに言及したと思われる。本草書にそのような記載は見当たらないが、今日でもアマチャヅルの葉を飲料・甘味料としたと記載する成書が少なからずあるのは、『貞丈雑記』の記述に基づくものであろう。ただし、アマチャヅルと千歳藟とを混同しているから、実際にそのように用途があったか定かではない。室町時代以降になると、ナツヅタから甘葛煎をつくる製法はあまりに手間がかかるため、次第にその知識が失われたと推定される。江戸時代になると、本草学が発達し、邦産の植物に対する知識も格段に豊富になった。千歳藟の基原の考証の過程で発掘されたのが「木あまちゃ」（アマチャ）・「つるあまちゃ」（アマチャヅル）であって、いずれも「あまちゃ」と称された。しかし、アマチャはもっぱら丸薬の矯味料に用い、汎用甘味料ではなかった。一方、アマチャヅルはわずかに甘味があるにすぎず、実際に用いられることはなかったと思われる。『貞丈雑記』にあるように、「あまづら」は砂糖がなかった時代の甘味料であって、代替品が登場したため、次第に歴史の檜舞台から退場したのである。

第4節　近世の「あまもの」：甘蔗と砂糖の登場

今日、甘味料といえば、サトウキビの搾り汁を煮詰めてつくる砂糖を指す。サトウキビの漢名を甘蔗《カンショ》といい、本草では『名醫別録』の中品に初めて収載された。『新修本草』に沙糖《シャトウ》が収載され、「甘蔗汁を煎じ作る」（巻第十七「菓部」）とあり、今日いう黒糖である。『圖經本草』に「二種有り。一種は荻に似て節は疎にして細く短く、之を

荻蔗と謂ふ。一種、竹に似て麁く長笮す。其の汁以て沙糖に爲るに皆竹蔗を用ふ。泉福廣州多く之を作る。沙糖を錬り牛乳に和して石蜜 即ち乳糖なり と爲す。惟、蜀川にて之を作る。荻蔗は但噉らふに堪ふ。或は云ふ、亦た稀に糖に煎ずべしと。商人販貨して都下に至る者は荻蔗多くして竹蔗少なし。」（『證類本草』巻第二十三「果部」所引）とあるように、荻蔗《テキショ》と竹蔗《チクショ》の二種があった。南西諸島のサトウキビを表す方言名「うぎ」「おぎ」「うーじ」は最初に伝わったのが荻蔗であった名残であろう。インド・東南アジアや中国で古くから栽培されていたのは温帯での栽培に適した *Saccharum sinense* Roxb. の系統であり、荻庶・竹庶はその品種である。蘇頌によれば、汁を取って製糖に用いるのが竹蔗で、かじって食用にするのが荻蔗という。四国の一部で伝統的に生産される和三盆《わさんぼん》は今日では竹蔗を原料とするが、かつては荻蔗であったと思われる。半世紀ほど前までは荻蔗が細々ながら栽培され、田舎へ行けば子供がその茎をかじる光景が見られた。今日、世界の主要生産地で栽培するサトウキビはニューギニア種 *S. robustum* E. W. Brandes et Jeswiet ex Grassl に *S. sinensis* および数種の野生種を交配させて作り出した *S. officinarum* L. であり、同じ製法で砂糖を製造しても *S. sinensis* 由来の砂糖とは風味が異なる。因みに、わが国南西諸島でも *S. officinarum* を栽培し、荻蔗・竹蔗の系統はほとんど残っていない。

『本草和名』に「甘蔗 之夜反、陶景注曰ふ、汁を取り沙糖と爲すと 荻蔗 楊玄操音狄、七巻食經云ふ、節疏にして細しと 一名諸柘一名盰睹 上音干下音柘、已上二名兼名苑に出づ 唐」とあり、甘蔗の条はあるが、唐とあるだけで国産はなかったことを示す。また、「沙糖 甘蔗の汁にて之を作る 唐」とあり、砂糖（沙糖）も上中古代のわが国にはなかった。『和名抄』には甘蔗・沙糖のいずれも収載されず、平安の雅の世界でも砂糖を「あまもの」に用いることはなかった。因みに、中国では『藝文類聚』に甘蔗の名が散見されるほか、『全唐詩』でも杜甫ほか著名な詩人が詠んでいる。

『全唐詩』巻一三三「劉四の夏縣に赴くを送る」　李頎

明主拜官、麒麟閣　光車駿馬、玉童を看る

17

高人の往來、廬山遠　隠士の往來、張長公
扶南の甘蔗甜く蜜の如く　茘枝龍州橘を以て雜ふ

李頎の生没年は不詳であるが、序に開元二十三（七三五）年に進士合格とあるので、盛唐の詩人である。明主は明君のこと、拜官は官に就くこと、麒麟閣は漢・武帝が築いた高殿で有名人の像を建てたという。玉童は玉幢すなわち角のまだ生えていない牛のことか。高人は心を高尚にして仕えない人。張長公は漢・張摯のことで、長公は字号。廬山遠は人名。二名の人物の背景がわからないので通釈はむずかしいが、昔は明君（武帝）の下で官に就くと麒麟閣に像が建った、馬車を引く駿馬は玉幢まで見守っていた、廬山遠のような高尚だが無官の士や、張摯のような俗世間から隠遁した人物も往来していた云々となろう。以上と第三連がいかなる関連があるかわからない。李頎の詩にある扶南とはインドシナにあった古代国家で、唐代の中国はそこから甘蔗を輸入していた。したがって、中国でも容易に入手できない高級品であったわけで、上代では盧舎那佛種々藥帳（正倉院薬物リスト）にのみ蔗糖の記録がある希少品であった。サトウキビを表す名は甘蔗に限らない。『説文解字』に「蔗は藷蔗なり。从艸庶聲。」とあり、藷蔗《ショショ》の名は『南方草木狀』（晋・嵆含）にもある。同書では「諸蔗（＝藷蔗）一に甘蔗と曰ひ、交趾に生ずる所の者は圍數寸、長さ丈餘、頗る竹に似たり。斷ちて之を食へば甚だ甘し。其の汁を搾り取りて曝すこと數日飴と成る。口に入れて消釋す。彼の人之を石蜜と謂ふ。呉の孫亮黄門をして銀椀を以て幷せ蓋ひて中蔵吏に就て交州の獻ずる所の甘蔗餳を取らしむ。黄門先づ蔵吏を恨み、鼠屎を以て餳中に投《い》れて言《まを》す、吏謹まずと。云々」と記述され、ここに挿入された話から、甘蔗糖が高級品であったことがうかがえる。石蜜《セキミツ》（注：蜂蜜にも石蜜の異名あり）の名も登場するが、『新修本草』（蘇敬）に中品として初めて収載され、「水、牛乳、米粉を用て和し煎ずれば乃ち塊と成すを得る。西戎より來る者は佳し。江左に亦た有り、殆ど蜀なる者に勝れり。云ふ、牛乳汁を用て沙糖に和して之を煎ず。並に餅に作れば堅重なり。」（巻第十七「菓部」）と記述する。『開寶本草』（馬志）は「此の石蜜、其の實は乳糖なり」（『證類本草』巻第二十三「果部中品」）と注釈をつけ、蘇敬のいう石蜜を乳糖《ニュウトウ》と名づけたが、無論、今日いう乳糖（ラクトース）ではない。『本草綱目』は「石蜜は卽ち白沙餹なり。凝結して餅塊と作して石の如きなるは石蜜と爲し、輕白にて霜の如きは餹霜と爲し、堅白して氷の如きは氷餹と爲す。皆、一物にして精粗の異有るなり。」（巻第三十三「果之五　蓏類」）と記載し、今日の白糖・氷砂糖に近いものが登場するが、蘇敬のいう石蜜とは大きく異なる。李時珍は「唐本草明らかに言ふ、石蜜は沙餹を煎じ此と爲す。而れども諸註皆乳餹を以て石蜜と爲すは異に分明を欠く云々」（同）とも述べ、蘇敬ほか歴代本草を俎上に挙げて批判するが、いわゆる砂糖の製法の進歩に伴い、歴代本草の記載が古くなったにすぎない。今日でも白色透明の氷砂糖だけではなく、中国・東南アジアでは赤糖・黄糖・黒糖など様々な色のものがある。『本草綱目』（李時珍）の釋名に「嵇含は竿蔗に作る」（巻第三十二「果部五　蓏類　甘蔗」）とあるが、現存本では竿蔗の名は見当たらない。『漢書』巻五十七上「司馬相如傳」第二十七上に「其の東に則ち蕙圃有り、（杜）衡、（澤）蘭、（白）芷、（杜）若（射干）、穹窮、昌蒲、江離、蘪蕪、諸蔗、搏且。其の南に則ち平原廣澤有り、登り降り陁靡とし、案衍壇曼《みだり》なるに、縁《めぐ》らすに大江を以てし、限るに巫山を以てす。」（括弧内は筆者補録）という一節があり、注に「漢書音義曰ふ、江離は香草、蘪蕪は蘄芷なり。蛇床に似て香ばし。諸蔗は甘柘なり。搏且は蘘荷なり。」とあるから、かつて甘柘《カンシャ》（＝竿蔗）とも表記された。『證類本草』『本草綱目』で蔗を音柘として「かんしゃ」と読むのは古注にしたがった。最後になってしまったが、石蜜は『神農本草經』の上品に収載され、今日いう蜂蜜《ハチミツ》の異名でもある。蜂蜜一名石蜜については第6節で詳述するが、『南方草木狀』にいう石蜜はそれとは異なり、甘蔗の汁から飴・餳を作るというから、異物同名である。

第5節　「あめ」という古代のもう一つの「あまもの」

『延喜式』巻第三十三「大膳下」の正月修眞言法料に「汁糖二斗五升　佛聖僧沙弥聖供料」とある汁糖《じゅうとう》とはこれまで述べてきた甜物のいずれであろうか。唐代の中国に甘蔗・沙糖があるからといって、サトウキビの搾り汁を輸入したと考えるのは早計である。本草では『名醫別録』の上品に飴糖《イトウ》という一品があり、汁糖はこの飴糖の可能性が高い。『本草經集注』（陶弘景）に「方家の用ふる飴糖は乃《すなは》ち膠飴と云ふ。皆是れ濕糖にして厚き蜜の如きなる者なり。建中湯多く之を用ふ。」（『新修本草』巻第十九「米等部上」所引）とあって、今日の日本薬局方は一名膠飴《コウイ》を正名に採用し、陶弘景が述べるように、大建中湯《ダイケンチュウトウ》ほか一部の漢方処方に配合される。韓保昇は「圖經に云ふ、飴は即ち軟糖なり。北人は之を餳と謂ふ。粳米、粟米、大麻、白朮、黄精、枳椇子等並《とも》に之を作るに堪ふ。糯米にて作る者を薬に入る。」（『證類本草』巻第二十四「米穀部上品」所引）と注釈し、飴糖は穀類などから作り、甘蔗から製するものとは明らかに異なる。『本草綱目』は「飴餳は麥蘖、或は穀芽を用て諸米と同じく、熬煎して成す」（『本草綱目』巻第二十五「穀之四　造醸類」）と記述し、穀類に含まれるデンプンを長時間蒸すことで分解し糖化したものをいう。製法により粉末飴《フンマツイ》と粘性のある溶液膠飴《ヨウエキコウイ》とがあり、後者はいわゆる水飴《みずあめ》に等しい。製法は難しくはないが、古代では貴重な食料源である穀類を原料とするから、甘味料としてそれほど普及しなかったと思われる。『延喜式』にある汁糖は飴糖であり、当時としては贅沢品であったにちがいない。

第6節　蜂蜜は最古かつ最高級の「あまもの」

『神農本草經』では石蜜《セキミツ》（第4節にいう沙糖の異名の石蜜とは異なることに留意）とあるが、『名醫別錄』に「武都の山谷、河源の山谷及び諸山の石中に生ず。色白く膏の如き者が良し。」とあり、岩石の間に巣を作るミツバチの巣から得た蜜を指す。『本草經集注』（陶弘景）は「石蜜は即ち崖蜜なり。高山の巖石の間に之を作る。色は靑赤にして、味は小酸、之を食せば心煩す。其の蜂は黑色、虻に似たり。又、木蜜を呼びて食蜜と爲し、樹枝に懸けて之を作り、色は靑白なり。樹空及び人家に養ひ之を作る者亦た白くして濃厚、味は美なり。（中略）又、土蜜、土中に之を作るもの有り、色は靑白、味は醶なり。今、晉安、檀崖（未詳）に出づる者は土蜜多く、最も勝ると云ふ。東陽、臨海の諸處は木蜜多く、於潛、懷安の諸縣に出づるは崖蜜多し。」（『證類本草』巻第二十「蟲魚部上品　石蜜」所引）と記述し、天然蜜をいくつかの種類に分別する。すなわち、『神農本草經』はこのうちの一種を石蜜の名で記載した。これに対して『新修本草』（蘇敬）は「今、自《みづか》ら水牛乳を以て沙糖を煎じ作る者有り、亦た石蜜と名づく。此れ既《ことごと》く蜂の作るものなり。宜しく石の字を去るべし。」（『證類本草』同）と記述し、当時、砂糖から製した偽和品の存在を示唆する。一方、『圖經本草』（蘇頌）は「食蜜に兩種有り。一種は山林の木の上に在り房を作《な》し、一種は人家に窠檻を作り収め、之を養《か》ふ。其の蜂は甚だ小にして微《わづ》かに黃なり。蜜は皆濃厚にして味は美なり。」（『證類本草』同）と述べ、石蜜以外の蜜も十分に使用に堪えるという。『本草綱目』（李時珍）は今日の通用名である蜂蜜《ハチミツ》と改称し、その定義をミツバチの作る蜜一般とした。わが国では『本草綱目啓蒙』（小野蘭山）に「又、砂糖蜜アリ。白キ者ハ白糖ニ老酒《コシュ》ヲ雜ヘ煮造ル。黑キ者ハ黑糖ニ酒ヲ雜テ製ス。皆藥ニ入ルニ堪ヘズ。」（巻之三十五「蟲之一　卵生類」）とあるように、江戸後期になっても蜂蜜の偽和品が多かった。蘭山によれば、舶来の蜂蜜にも同様の偽和品があったという。『和漢三才圖會』にも「今、多ク沙糖蜜ヲ用テ之ヲ偽ル。沙糖ト膠飴ト相和シテ之ヲ作ル。」（巻第五十二「蟲部」）と同様の記述があり、蜂蜜が高級品とされていた証左といえる。

『日本書紀』の皇極天皇二（六四三）年に「是歳《ことし》、百濟《くだら》の太子餘豐《こんきしよほう》、蜜蜂《みちはち》の房四枚《すよつ》を以て、三輪山《みわやま》に放《はな》ち養《か》ふ」

（巻第二十四）という記述があるが、「終《つひ》に蕃息《うまは》らず」とも記述され、生態環境が合わず、ミツバチは定着しなかった。この記述をもって朝鮮からミツバチの養殖技術を導入したとしばしばいわれるが、いささか誇張の感があり、今日のような養蜂を想像してはならない。おそらくミツバチの自然の生態を存分に利用した原始的な形態であったと思われる。アジア産トウヨウミツバチは落葉樹の洞に巣をつくる習性が顕著であるから、常緑照葉樹の多いわが国では定着しなかったと思われる。一方、朝鮮は落葉樹林を主とするからミツバチの巣が多く、『日本書紀』の記述は朝鮮産の野生ミツバチのコロニーを三輪山に移植しようとしたにすぎない。

『本草和名』（深根輔仁）に石蜜の条はあるが、和名はない。一方、『和名抄』（源順）の飲食部に「說文云ふ、蜜音密　此間云美知　甘飴なり。野王案ずるに、蜂、百花を採り、醞釀の成す所なり。」とあり、「みち」の和訓をつける。同書の蟲豸部に「方言注云ふ、蜜蜂　美知波知、蜜は飲食部に見ゆ　黒蜂は竹木に在りて孔を爲し、又室有る者なり」とあるように、ミツバチの古名は「みちばち」である。一方、『延喜式』巻第十五「内藏寮」に、各地から蜂蜜の貢進の記録があり、「甲斐國一升、信濃國二升、能登國一升五合、越中國一升五合、備中國一升、備後國二升」とある。量が少ないので、野生ミツバチの巣から採集したものと思われる。

第18章

意外にぞんざいにつけられた海藻の漢名

海藻（544頁）

わが国は四方を海に囲まれ、しかも北からの寒流と南からの暖流が交叉するので、日本列島の周辺海域は世界有数の豊かな海域となっている。それ故、そこに生える海藻類はきわめて多様で、二千種ほどが生育するといわれ、わが国では古くから多くの海藻が利用されてきた。一方、中国は基本的に内陸国家であるから、海藻は珍奇とされてその利用も限定的で、とりわけ古代にあってはごく少数が利用されたにすぎない。わが国の先人は、陸上植物と同じように、海藻に対しても漢名を充てようとしたが、国産の多様な海藻類に充てるべき漢名の絶対数が不足していたため、とんでもない漢名を充てることも少なくなかった。時代の進展とともに、漢籍の海藻に関する情報が集積されるに伴い、漢名がつけられるようになったが、それが却って海藻の利用が中国由来と誤解されるようになった。その最たる例は昆布やトコロテンなどであり、多くの人はその利用を中国渡来の智恵に基づくと思っているのではなかろうか。それが本質的に誤りであることは本章を精読すればおわかりいただけると思う。

第1節　意外に知られていないトコロテン（こころぶと）の歴史

テングサの粘漿を今日ではトコロテンと称する。通常の日本語とは思えない奇妙な名前であるが、後述するように、江戸期を代表する本草家貝原益軒は、トコロテンを蛮語すなわちポルトガル語に由来すると考えたほどである。トコロテンに相当するものはわが国に古くからあり、『和名抄』（源順）に「楊氏漢語抄云ふ、大凝菜　古々呂布度。本朝式云ふ、凝海藻　古流毛波、俗に心太の讀を用ひ、大凝菜と同じなり。」とある「こころぶと」がその古名に当たる。この名はさらに古く、『正倉院文書』に天平六年五月一日の記名で「心太六斛八升　芥子八斗三升　麦縄六百卌予云々」（大日本古文書　巻一　五六〇頁）とあるほか、四十四件に出てくる。『和名抄』が心太の異名とする大凝菜・凝海菜も『正倉院文書』に散見され、字義からトコロテンの原料となる海藻諸種と考えてまちがいない。『出雲國風土記』の嶋根郡に「凡そ、北の海に捕る所の雜の物《くさぐさ》は、志毗《しび》、鮐《ふぐ》、（中略）海藻《にぎめ》、海松《みる》、紫菜《むらさきのり》、凝藻菜等の類《たぐひ》、至《きはま》りて繁《さは》にして、稱《な》を盡《つ》くすべからず」とあって凝藻菜という名があるが、『和名抄』が「こるもば」と訓ずる凝海藻と同義である。一方、西行の歌に「磯菜《いそな》摘《つ》まん　今生《いまお》ひ初《そ》むる　若《わか》ふのり　みるめ（海松布）ぎばさ（不詳）ひじきこゝろぶと」（『山家集下』一三八一、括弧内は筆者注）という各種の海藻を列挙して詠んだ歌があり、ここでいうココロブトは、前後関係から、海藻を表す名である。したがってココロブトは必ずしも海藻とそれから作る粘漿を区別した名ではなかった。因みに、「こるもば」とは、和製漢名の凝海藻（菜）の訓読みに相当し、「凝る藻《こも》葉《ば》」の義である。『延喜式』の随所に凝海菜・凝海藻・凝菜・大凝菜という類名が頻出し、平安期でも食用として重要な産物であった。これらの和製漢名は訓読みするのが望ましく、音読みすべきではない。

巻第二「四時祭下」

　枚岡社四座　（中略）　凝海菜各八斤八兩

　太詔戸社　（中略）　凝海藻六斤など多数

巻第二十三「民部下」

　交易雜物　伊勢國凝草卅斤、尾張國凝菜四十斤など多数

　同　　志摩國大凝菜卅四斤など多数

巻第二十四「主計上」

　若狭國　調　凝菜

　凡諸國輸調　大凝菜

巻第三十「大蔵省」

　凡戒壇十拌沙弥菜料　凝菜

巻第三十三「大膳下」
嘉祥寺春地藏悔過料　凝菜二斗四升
正月最勝王經齋會供養料　大凝菜三分ほか大凝菜

凝海菜・凝海藻・凝菜・大凝菜のいずれも「こるもば」と読まれたと思われるが、煮出した液を冷やすと凝り固まる性質を漢字で表現したものであり、中国から伝わった漢名ではない。通説ではトコロテンを作る技術は中国から伝わったというが、もしそうであればしかるべき名前とともに、中国に何らかの痕跡が残っているはずである。しかしながら、古い時代の中国にトコロテンに相当する名は見当たらず、何でもかんでも中国から渡来したという無責任な思い込みに基づく俗説にすぎない。トコロテンを作る技術というと、あたかも特殊なノウハウが必要のように思えてしまうが、原料となる海藻を煮詰め、滓を濾去して冷やせばゲル化してトコロテンとなる。日常の生活感覚があれば、こんなことは簡単にわかりそうなものだが、もっぱら観念的思考でもって論考する研究家にはトコロテンの製造は高級な技術に見えるらしい。トコロテンに相当するものはわが国に特有ではなく、東南アジア諸国にもあり、マレー語ではagar-agarと称し、寒天の英名agarはそれに由来する。海藻を利用する地域で自然に発生した食品と考えるべきで、いたずらに起源を求めるのは無意味であるが、文献上の出現としてはおそらくわが国が世界最古であろう。

トコロテンが中国から伝わったと勘違いされる理由のひとつは、それが和語らしくない（かといって中国語らしくもないが）からであろう。トコロテンの名は近世に発生した新しい名前であって、前述したように、古名は「こころぶと」である。これとて『大和本草』（貝原益軒）が「蛮語ノ如シ」（巻之八　草之四）と記述しているように、何を意味するのかわかりにくい。無論、トコロテンそのものが西洋にまれであった（あるいは皆無であった）から、蛮語起源というのは益軒の勘違いであり、やはり純粋な和語と考えるべきである。まず、二音節に分解し、ココローブトとしてそれぞれの音節の意味を考えてみよう。ココロは「凝る《こご》」の意でほぼまちがいない。一方、ブトは、『和訓栞』（谷川士清）に「ぶととは餛飩（ワンタン）の類に伏兎といふ意成べし」とあり、『和名抄』にも「餢飳　部斗二音　亦た䴵䴺に作る　布止　俗に云ふ伏兎　油にて煎ずる餅なり」とあるように、同音の食品名がある。谷川士清のいうように、いわゆるワンタンとすれば、随分とイメージが異なるが、いわゆるご馳走になるものと考えればよいだろう。すなわち、ココロブトとは加熱して冷ますと凝る性質のあるご馳走という意味の古語と考えてよい。一方、トコロテンは、谷川士清が「職人歌合にこゝろていともいへり。ていとハ太の音訛成べし。」と述べているように、ココロブトをココロテイと訛ることもあったという。確かに『七十一番歌合』に「うらぼんの　なか半のあきの夜もすがら　月にすますや　わがこころてい」（七十一番）とあり、この歌合の判詞に「うらぼんのよもすがら心ぶとうる事しかり、心ていきく心地す」とあるから、「こころてい」をココロブトに同じとしてまちがいない。『七十一番歌合』は明応九（一五〇〇）年ころの成立で、ココロブトの字義は室町時代でも理解不能であったことを示唆し、国語学的観点から興味深い。ただ、「ふと」→「てい」の転訛は困難のように思えるが、「ふと」はもともと太の字を充てたから、「ふとい」→「ふてえ」→「てい」、そして「てん」に訛ることは十分にあり得る。残る問題は「こころ」→「ところ」の転訛であるが、植物名に類例の転訛が存在する。ヤマノイモ科オニドコロの類の総名は「ところ」であって、その語源は「こごる」に由来するといわれる。ヤマノイモ属植物の根茎は粘液質に富み、摺り下ろすと凝っているように見える。以上をまとめると、ココロブト→ココロテイ→ココロテン→トコロテンの名が発生した。

わが国ではトコロテンの原料テングサの漢名にしばしば石花《セッカ》菜《サイ》を充てるが、『和漢三才圖會』（寺島良安）が『本草綱目』（李時珍）を引用したことに始まる（巻第九十七「水草　藻類」）。『本草綱目』は「石花菜は南海の沙石の間に出づ。高さ二三寸、狀は珊瑚の如くして紅白の二色有り。枝上に細齒有り、沸湯を以て泡だてて砂屑を去り、沃《ひた》すに薑醋を以てし、之を食ふ。（中略）久しく浸せば皆膠凍と成すなり。」（巻第二十八「菜之四　水菜類」）と記述し、『國譯本草綱目』もこれをテングサと考定した。しかし、『大和本草』は「閩書ニ云フ石花菜ハ海石（原典では海礁）ノ上ニ生ジ、性ハ寒。夏月ニ之ヲ煮テ凍ト成ス。今按ズルニ是心太ナルベシ。但シ綱目ノ石花菜ヲ説ケルハ異レリ。」（巻之八　草之四）とあるように、『閩書南産志』（明・何喬遠）にある石花《セッカ》菜《サイ》をテングサ（心太）としたが、李時珍のいう石花菜はテングサではないという。なぜ益軒が『本草綱目』と『閩書南産志』の石花菜が異なるとしたのか、その論拠を具体的に述べていないのでわからないが、わが国と中国との間で種認識が異なる可能性なら大いにあり得る。そもそも海藻の形態は、高等植物のように分化していないから、記述だけで種を識別するのは難しいからである。『中薬大辞典』は石花菜をミリン科カタメンキリンサイとする。同種は熱帯・亜熱帯の海中の岩の上に生える海藻で、わが国では九州南部以南に産し、近縁種のキリンサイも四国の太平洋岸以南に限られ、いずれもテングサよりずっと少ない。したがって、古代の凝藻葉がカタメンキリンサイ・キリンサイの可能性はほとんどなく、逆に中国でいう石花菜は、李時珍が南海の沙石の上に生え、珊瑚のようで紅白の二種があるというから、カタメンキリンサイあるいはその近縁種でよい。カタメンキリンサイも煮汁を冷やすと固まる性質がある。李時珍は石花菜の出典を十六世紀成立の『食鑑本草』（明・寧源）とするが、正しくはもっと古く一三三九年の刊行自序がある『日用本草』（元・呉瑞）である。そのほか、石花菜の名は元・李東垣著とされる『食物本草（二十二巻本）』巻之七に出てくるが、同書は偽托の書と推定され、実際の成立は明末である。『日用本草』は「大寒にして無毒。上焦の浮熱を去り、下部の虚寒を發す。」（瓜菜類）と記載するだけで、その基原を示唆する記述はない。ただし、この記述は『本草綱目』に記載された石花菜の主治と同じであり、また李東垣仮託の『食物本草』の記述は『本草綱目』の集解にある李時珍注と共通する。実は『食物本草』と称するものにはいくつかの系統があり、ここで引用するものは一六三八年刊行の二十二巻本『鐫備攷食物本草綱目』であり、巻頭に陳継儒の序文と凡例ならびに『救荒野譜』『救荒野譜補遺』と図録、さらに李時珍の序文が加わり、巻末には李時珍參訂と称する『摂生諸要』『治蠱論方』を付している。したがって、石花菜の基原に関する記述はいずれも李時珍自身の手が加わっている。『本草綱目啓蒙』（小野蘭山）は「廣東新語ニ白ナルハ瓊枝ト爲シ、紅ナルハ草珊瑚ト爲スト云フ。云々」（巻之二十四「菜之四　水菜類　石花菜」）とあるように、『廣東新語』（清・屈大均）を引用し、李時珍よりさらに一歩踏み込んだ記述となっている。この引用文は『廣東新語』巻之二十七の海菜の条にあり、『鐫備攷食物本草綱目』の当該内容を咀嚼して記述した形になっている。瓊は紅色の玉の意であり、石花菜の異名とする瓊枝《ケイシ》は、紅色で小さな紅玉のようなものが枝に点在するという意であり、まさにカタメンキリンサイの形態的特徴を表す名にふさわしい。したがって白いものを瓊枝とするのは誤りのように見えるが、キリンサイ属には紅色と薄い黄緑色の種が混在しているので、カンテン原料となる同属の複数種を瓊枝と称したと考えられる。因みに、瓊枝の名は『鐫備食物本草綱目』にある瑈枝《ケイシ》に同じで、『廣東新語』は同音同義の瓊に作って瓊枝とした。因みに、テングサは「ところてんぐさ」の短略であり、天草はその宛字である。今でこそ廃れてしまったが、昔は漢字で表すのがステータス、教養の証と考えられていたため、こんな馬鹿な宛字や漢籍の漢名が横行したのである。テングサという立派な和名があり、また世界共通の学名が用意されているから、今日では石花菜などの漢名をあえて用いる必要はまったくない。

カンテンはトコロテンを凍結乾燥したもので、京都伏見の美濃屋太郎左衛門（生没年不詳）が万治元（一六五八）年に初めて創製し、天明年間に大阪府三島郡城山に伝わり、全国に広まったという（『寒天の歴史地理学研究』）。俗説では、たまたま戸外に放置したトコロテンが凍結し、日をおくと干物になるのをみて、美濃屋太郎左右衛門がその製法を思いつき、これを「瓊脂の干物」と命名したという。瓊脂とは、『鐫備食物本草綱目』に「今の人、石花菜を以て沙を洗ひ去り、鍋中に入れ、和するに少しの水を以てし、煮ること數沸、帶熱なるに擂ること數十轉すれば、便《すなは》ち烊《とろ》けて膏糊の如く、加ふるに砂仁椒薑等の末を以てし、取り出して盆内に貯ふ。稍《やや》冷ゑれば凝結して琥珀の如く瑪瑙の如く、之を瓊脂と謂ふ。或は醤、或は糟、氷姿愛すべし。」（巻之七「菜部二」）とあり、要するにトコロテンのことで、瓊枝の脂《あぶら》の意である。カンテンの起源に関する文献学的確証はないが、『和漢三才圖會』（寺島良安）に次のような具体的な製法の記載があり、寒天の名の初見も同書にある（巻第九十七「水草　藻類」）。

造ル法　夏月能ク洗ヒ晒シ乾シ復《クリカヘ》ス。又、水ニ注ギ晒シ乾スナリ。十日許ニシテ白色ト成ル。水煮シテ冷シ定ムレバ則チ凝凍シテ葛糊ノ如クシテ粘ラズ。薑酸沙糖等ヲ用テ之ヲ食ヘバ能ク暑ヲ避クナリ。冬月嚴寒ノ夜、之ヲ煮テ露宿スレバ則チ凝凍《コゴリ》テ甚ダ輕虚ナリ。俗ニ之ヲ寒天ト謂フ。蘇方《スハウ》ノ木ノ煎汁ヲ用テ之ヲ染ム。赤色最モ鮮ヤカニシテ愛スベシ。之ヲ色寒天ト謂フ。城州伏見ノ里ニテ之ヲ製ス。僧家ニテ調菜ノ必用ト爲ス。又、其ノ濃汁ヲ用テ干紙ニ塗リ晒シ乾セバ則チ礬膠紙ノ如クシテ久シク損傷セズ、以テ團扇ヲ飾ル。

カンテンの製造技術がわが国で発生したことはまちがいないが、カンテンの英名は agar とされている。しかし、agar の名の由来は、前述したように、マレー語の紅藻類の名前 agar-agar（*Gracillaria lichenoides* Greville）であり、紅藻類から製したゼリーすなわちトコロテンに相当するもので、カンテンのように乾燥工程を施したものではない。本来なら和語に因んで kanten とすべきところを、わが国の学者がろくに検証もせず、agar の名を充てたことに非がある。日本薬局方が英名を kanten としていることをどれほどの英文学関係者が知っているだろうか。因みに、トコロテンに相当するものは、わが国に限らず、東南アジア各地に古くから利用され、それぞれ独立に発生したのであって、いずれの地域が起源ということはなく、無論、中国に起源を発するというは誤りである。ましてカンテンの漢名として難しい瓊脂をわざわざ用いる必要はなく、どうしても漢名にこだわるのであれば、『正倉院文書』や『延喜式』にある和製漢名を用いればよい。

第2節　古典に登場する海藻名の釈解

『和名抄』の海菜類は十八品目を収載する。そのうちの藻はいわゆる藻類の総称名で、残り十七品目が各種の海藻である。ところが同じ平安中期に成立した『本草和名』(深根輔仁)には、次に示すように、わずか海藻の一条でもって、『和名抄』が各条に区別する海藻名(漢名)を異名として掲載しているのに驚かされる。すなわち、本草では海藻類の種認識が未熟であったことを示唆し、この状況は中国本草の最高峰とされる『本草綱目』でも大差ない。このような状況にありながら、『和名抄』にある漢名はいかなる経緯で充てられたのかここで考証してみる。

海藻　一名落首一名藫 仁諝音徒會反　石帆 楊玄操音凡　水松 狀は松の如し　蕁一名海藻一名海羅 已上三名は尓雅に出づ
海藻一名薚 雜要訣に出づ　一名青韮 兼名苑に出づ　一名海髮 狀は亂髮の如きなり藻灸藻の字に作る　麋茸 水松に似たり　紫菜
狀は紫帛の如し　一名神仙菜藻菜 莎に似て大、已上五名は崔禹に出づ　石帆一名石連理 兼名苑に出づ　和名之末毛一名尓岐女
一名於古

2-1　古代でもっとも普通な海藻：「わかめ」「にぎめ」「め」

『萬葉集』には、次の第一〜三の歌にあるように、藻・海藻・軍布を「め」と訓ずる用例がある。第四の歌の和可米と第五の歌の稚海藻は「わかめ」、一方、第五の歌のもう一つの和海藻は「にぎめ」と訓ずる。結論を先にいえば、「め」「わかめ」「にぎめ」の三名はすべてチガイソ科ワカメ、すなわち一物三名である。

一、藻《め》刈り舟　沖漕《こ》ぎ来らし　妹《いも》が島　形見の浦に　鶴翔《たづかけ》る見ゆ　(巻七　一一九九)
二、磯に立ち　沖辺《おきへ》を見れば　海藻《め》刈り舟《ぶね》　海人《あま》漕ぎ出《づ》らし　鴨翔《かもかけ》る見ゆ　(巻七　一二二七)

三、志賀《しか》の海人《あま》は　軍布《め》刈り塩《しほ》焼き　暇《いとま》なみ　くしらの小櫛《をぐし》　取りも見なくに　（巻三　〇二七八）

四、比多潟《ひたがた》の　磯の和可米《わかめ》の　立ち乱え　我《わ》をか待つなも　昨夜《きそ》も今夜《こよひ》も　（巻十四　三五六三）

五、角島《つのしま》の　迫門《せと》の稚海藻《わかめ》は　人のむた　荒《あら》かりしかど　わがむたは和海藻《にぎめ》　（巻十六　三八七一）

ワカメはわが国でもっとも消費量の多い海藻の一つで、同時にもっとも身近な海藻でもあった。水生の植物を総称して藻というが、もっとも消費量の多いワカメを藻と呼んだとしても不思議はない。おそらく、「め」とは「も」の転訛であって、藻のほか布の字を充てることもある。布そのものに海藻の義はないが、幅広い葉体を「ぬの」に見立てたと考えればよい。ワカメだけでなく、アラメ・カジメ・ホソメなどの名前の末尾に「め」があるのも、これでよく理解できる。ワカメとは、コンブなどに対して小さく華奢であるから、稚海藻あるいは若布の意である。第五の歌でワカメとともに詠まれる「にぎめ」は、和海藻と表記するように、「和《にき》ぶ海藻《め》」で「荒《あら》ぶ海藻《め》」すなわちアラメに対する名前で、基本的にワカメと同義である。和は「にこやか」の意であるから、正しくは「にきぶ」であり、ニギメは「にきめ」の転である。『和名抄』では「本草云ふ、海藻　味は苦く鹹、寒にして無毒　和名迩木米、俗に和布を用ふ」とあるように、ニギメを正名とし、平安時代ではワカメの名は一般的ではなかった。後世になってもワカメのほか、単にメと呼ぶこともあった。また、『撮壌集』（一四五四年）と『温故知新書』（一四八四年）は『萬葉集』にある稚海藻に「ちかいそう」と音読みの訓をつけた。北海道周辺に産する海藻にチガイソがある。ワカメとは別属に区別されるアイヌワカメ属の一種で、ワカメを産出しない北海道では代用とされる。チガイソは和語らしくなく、語源は不明とされているが、何のことはないワカメたる稚海藻の音読みの訛りであった。まれに千賀磯と表記するが、単なる宛字であって、本来なら稚海藻とすべきである。これも和製漢名を音読みしたために本来の意味がわからなくなった典型的な一例である。現代の感覚であれば、ワカメ科と表記すべき科名をチガイソ科としたのも、ワカメの別名として民間で広く用いていたからであろう。

上代の典籍・文書・木簡には若海藻・海藻・軍布などの名がみえるが、いずれもワカメと考えて差し支えない。ここにそれぞれの例を挙げる。

○海藻

『正倉院文書』（大日本古文書　巻三　四六七頁）

造東大寺司解（天平勝寶二年十月十二日）

「海藻參伯玖斤拾兩」　ほか三十七件

○軍布

『木簡』

「隠伎国○／海部郡佐々里／勝部乎坂〃○軍布六斤」（長屋王邸）

「軍布廿斤」（藤原宮跡東面北門）

「水江軍布十六斤」（平城宮）

「隠伎国周吉郡／上部里日下部礼師軍布六斤／霊亀三年〃」（平城宮左京二坊坊間大路西側溝）

○穉海藻

『木簡』

「長門国豊浦郡都濃嶋所出穉海藻天平十八年三月廿九日」（平城宮）

○若海藻

『正倉院文書』（大日本古文書　巻十六　一〇五頁）

寫經錢用注文（天平寶字六年十二月二十一日）

「卅一文若海藻二連直」

『木簡』

「下総国海上郡酢水浦若海藻◯御贄太伍斤中」（平城宮）

「進上若海藻◯御贄一籠◯天平十九年二月廿八日」（平城宮）

「出雲国若海藻◯御贄」（平城宮）

「常陸国那賀郡酒烈埼所生若海藻」（平城宮）

「隠伎国周吉郡◯／山部郷市厘里檜前部足麻呂／調若海藻六斤◯天平七年∥」（平城京左京三条二坊八坪二条大路濠状遺構（南））

「丹波国◯進上若海藻・◯天平七年三月廿五日」（平城京左京三条二坊八坪二条大路濠状遺構（南））

「伯耆国進上屈賀若海藻御贄」（平城京左京三条二坊八坪二条大路濠状遺構（南））

「□〔但〕馬国第三□〔般ヵ〕進上若海藻◯御贄一籠◯天平十九年二月廿八日」（平城宮）

「隠伎国周吉郡◯／山部郷市厘里檜前部足麻呂／調若海藻六斤◯天平七年∥」（平城京左京三条二坊八坪二条大路濠状遺構（南））

「・丹波国◯進上若海藻・◯天平七年三月十五日」（平城京左京三条二坊八坪二条大路濠状遺構（南））

「阿波国進上御贄若海藻壱籠／板野郡牟屋海∥」（平城宮）

ほか多数

○長門海藻

『正倉院文書』（大日本古文書　巻十六　三七二頁）

土師男成海藻送文

「長門海藻貳拾編　重貳拾柒斤」（天平寶字七年四月十五日）

○和海藻

『木簡』

「進上／賀麻流魚一隻○和海藻四把○醬四合○漬瓜一丸／○塩一合五夕○末醬↓○□々保□〔利ヵ〕一□／
世比魚四隻○酢二合○栢四↓〃・○潤八月十八日当麻人公」（平城宮宮城南面西門（若犬養門）地区）

○海藻根

『正倉院文書』（大日本古文書　巻六　八十八頁）

奉写一切經所告朔解（神護景雲四年九月二十九日）

「九百八十文海藻根五升直　三升別二百文　二升別一百九十文」

『木簡』

「海藻根」（平城宮）

『正倉院文書』にいう長門海藻は『平城宮木簡』にある稗海藻と同じ角島産の可能性が高い。前述の第五の歌にも「角島の迫門の稚海藻」として出てくるので、長門（角島）産のワカメは古代のブランド品であったと考えられる。平城宮出土の木簡で阿波国進上御贄若海藻とあるのは、まさに今日いう「鳴門（板野郡牟屋海は鳴門海峡周辺の海）のワカメ」のことで、古くからブランド品として知られていたことを示す。『古今著聞集』にも「彼《かの》少将は隠者なりけるを、あらぬかたにつけてめし出《いだ》されて、よろづに御情をかけられて、近習《きんじふ》の人数にくはへられなどして、ほどなく中將になされにけり。つゝむとすれど、をのづから世にもれきこえて、人の口のさがなさは、その比《ころ》のことわざには、「なるとの中將」とぞ申《まをし》ける。なるとのわかめとて、よきめののぼる所なれば、かゝる異名《いみやう》を付《つけ》たりけるとかや。」（巻第八「後嵯峨天皇某少将の妻を召す事幷びに鳴門中將の事」）と出てくる。『正倉院文書』および平城宮から出土した木簡に海藻根という名が出てくる。『延喜式』巻第二十三「民部下」の交易雑物にも遠江国・出雲国・石見国・紀伊国・阿波国・伊予国から海藻根の貢進の記録がある。同書巻第三十三「大膳下」の正月修太元師法料には若海藻根とあり、海藻根とは若海藻《わかめ》の根すなわち今日いうメカブ（和布株《めかぶ》）と考えてよい。海藻には高等植物の根に相当するものはないが、ワカメの見かけ上の根元にあるひだ状の胞子葉を、今日ではメカブと称して食用とする。海藻類の中で〝根〟を食用とするものは、ワカメを除いてないので、海藻根の基原はワカメである。

以上、上代・中古代ではワカメを海藻・若海藻・稚海藻・和布（ニギメともいう）などと表記していたが、いずれも和製の漢名である。ワカメはわが国だけではなく朝鮮半島の南部海岸や中国の東部海岸にも分布する。『本草綱目啓蒙』（小野蘭山）に「朝鮮人ハワカメノコトヲ昆布ト書ケリ。然レドモワカメハ食物本草ノ裙帯菜ナリ。」（巻之十五「草之八　水草類」）とあり、中国・朝鮮でいう昆布はワカメであるという。詳細は「2-6」を参照。蘭山が裙帯菜《クンタイサイ》をワカメというのは誤りである。その出典である『食物本草（二十二巻本）』は「東海に生ず。形は帯の如くにして長さ數寸、其の色は青、醤醋に烹《に》て調《ととの》ふ。亦た、葅を作るに堪ふ。」（巻之七「菜部二　水菜類」）、また『本草綱目拾遺』は「廣西南寧府に出づ。葉は滑らかにして嫩《やは》らかく、長さ二寸許り、帯に似たり。」（巻第四「草部中」）と記述するが、いずれの記載も実際のワカメとはサイズが違いすぎ、小型の緑藻類の一種とするほかはない。

2-2　食用に薬用に重用された「みる」

『萬葉集』で「みる」を詠む歌は五首あり、うち三首は美留（五—〇八九二）・見流（三—〇一三五・六—〇九四六）なる万葉仮名で、残りの二首は漢名の海松（十三—三三〇一・十三—三三〇二）と表記する。その基原は古名と同じ名を継承するミル科ミルである。『萬葉集』にある海松をつい漢名としたが、漢籍に見当たらない和製の漢名である。ただし、類名はあり、『和名抄』に「崔禹錫食經云ふ、水松の狀は松の如くにして葉無し　和名美流　楊氏漢語抄云ふ、海松　和名上に同じ、俗に之を用ふ。」とあるように、『崔禹錫食經』を引用して水松《スイショウ》という紛らわしい名を挙げ、海松と同じ訓をつける。前述したように、中国本草では海藻（『神農本草經』中品）の条に多くの異名を含めるが、『本草經集注』（陶弘景）に「又、水松有り、狀は松の如く、溪毒を療ず」（『證類本草』巻第九「草部中品之下　海藻」所引）とあるように、水松という異名があり、『和名抄』は『楊氏漢語抄』を引用して海松の同品とした。『本草拾遺』（陳蔵器）に「呉都賦に石帆水松と云ふ、是なり。」（『證類本草』同所引）と記述されているように、『文選』に「江蘺の屬、海苔の類に綸組、紫絳、食葛、香茅、石帆、水松、東風、扶留あり。」（巻五「賦丙　呉都賦」）とあって、水松の名が出てくる。この部分は海藻類のみならず、陸生植物も列挙されやすこしいのであるが、李周翰は水松に対して「藥草なり。水中に生じ、南海、交趾に出づ。」と注釈するが、基原に関する具体的な記述はいっさいない。『正倉院文書』や奈良時代の木簡でも海松の名のみが出てくる。

『正倉院文書』（大日本古文書　巻五　四七九頁）
　上山寺御悔過所供養料物請用注文（天平寶字八年三月七日）
「海藻七斤　別四兩　滑海藻三斤八兩　別二兩　太凝菜　小凝菜　紫菜　海松　乃布利」　ほか十一件

『正倉院文書』（大日本古文書　巻五　三二五頁）
二部般若錢用帳（天平寶字六年十二月二十一日）
「二百文買干海松十連直　別廿文」　ほか六件

『正倉院文書』（大日本古文書　巻六　八十九頁）
奉寫一切經所告朔解（神護景雲四年九月二十九日）
「三百文生海松五升直　外別六十文」　ほか七件

『木簡』
「道郡都麻郷意伎麻呂調海松六斤○／天平十七□〃」（平城宮）

「志麻国英虞郡船越郷／戸主大伴部□□／海松六斤∥（以下略）」（平城宮）
「志摩国志摩郡道後里／戸主犬甘直得万呂戸口／○同君麻呂御海松廿斤∥」（長屋王邸）
「志摩国志摩郡道後里戸主証直猪手戸口同身麻呂御調海松六斤」（平城宮東院地区）

海松で通しているのは相応の事情があると考えられるが、その和名「みる」の語源はさっぱりわからず、古代以前より継承した名とすれば、その形態をもってわが国独自で海松なる漢名を創製したと思われる。のちに漢籍の水松が「みる」に相当することが明らかになっても、海松の方が実態によく合うからそのまま使い続けたのであろう。今日では、食用・薬用のいずれにおいても、ミルを利用することはないが、古くは繁用された。そのことは『延喜式』巻第二十三「民部下」に伊勢国・三河国・出雲国・石見国・紀伊国の交易雑物に海松の名があることでわかる。『大和物語』の三十段に紀伊国のミルに言及した部分があり、古くは名産地であった。

　故右京の大夫《かみ》宗于《むねゆき》の君、なりいづべきほどにわが身のえなりいでぬこととおもふ《(う)》たまひけるころをひ《(ほ)》、亭子の帝《みかど》に紀《き》の國《くに》より石つきたる海松《みる》をなむたてまつりけるを題《だい》にて、人々うたよみけるに、右京の大夫《かみ》、

　　おきつかぜ　ふけゐの浦《うら》に　たつなみの　なごりにさへや　我はしづまむ

これまで海松をミル科ミル一種と考えてきたが、ミル属の各種はどれもよく似る。わが国には十数種もあるが、すべてを「みる」と称してきたわけではない。『萬葉集』には次の歌にあるように深海松《ふかみる》・俣海松《またみる》なる名も詠まれている。

一、御食《みけ》向かふ　淡路の島に　直向《ただむ》かふ　敏馬《みぬめ》の浦の　沖辺《おきへ》には　深海松《ふかみる》採り　浦廻《うらみ》には　なのりそ刈る　深海松の　見まく欲しけど　なのりその　己《おの》が名惜しみ　間使《まつか》ひも　遣《や》らずて我は　生けりともなし
（巻六　〇九四六、山部赤人）

二、神風《かむかぜ》の　伊勢の海の　朝なぎに　来寄《きよ》る深海松《ふかみる》　夕なぎに　来寄る俣海松《またみる》の　深海松の　深めし我を　俣海

松の　また行き帰り　妻と言はじとかも　思ほせる君　（巻十三　三三〇一）

浅い海に生えるミルは、波によって海岸に打ち上げられ、再び波に流されて戻るので、それを俣海松と称したと思われる。すなわち俣海松はもっとも普通にあるミルである。一方、より深いところに生える種類もあり、第一の歌にある「沖辺《おきへ》には深海松《ふかみる》」はまさにそれを指し、深海松として区別した。『延喜式』には大半が海松として記録されている中で、巻第三十一「宮内省」の諸國例貢御贄に「志摩深海松」とあるのは深いところに生えるミルである。『延喜式』巻第二十三「民部下」の年料別貢雜物に「安房國長海松二籠」とあるが、普通のミルを長海松と呼ぶことは考えられないので、ミル属の中で数メートルほどに成長するナガミルと考えられる。

2-3 「あまのり」

今日、「あまのり」と称するものは、ウシケノリ科アマノリ属の数種を指し、アサクサノリやアマノリなどがある。この名は『和名抄』にあり、「崔禹錫食經云ふ、紫菜、狀は紫帛の如し。凝て石上に生ず。是の物三四種有り、紫色なるを以て勝ると爲す。俗に神仙菜と曰ふ。漢語抄云ふ、阿末乃里、俗に甘苔を用ふ。」とあるように、神仙菜《シンセンサイ》・紫《シ》菜《サイ》という二つの漢名を充てる。ところが『和名抄』は紫菜を別条に区別し、「兼名苑云ふ、紫菜一名石蓴　和名無良佐木乃里、俗に紫苔を用ふ。」とあるように、「むらさきのり」の和訓もつけ、きわめて紛らわしい。『崔禹錫食經』と『兼名苑』というそれぞれ別の典籍から漢名を導入したため、かかる混乱を招くことになったが、一応、神仙菜と紫菜は異名の関係にあると考えておく。因みに、「俗に紫苔を用ふ」とあるが、さらにややこしいことに、『和名抄』の水菜類に「養生秘要云ふ、補益の食胡菜紫苔　和名須無能里　胡菜は飲食部鹽梅の類に見ゆ」とあって、紫苔《シタイ》に「すむのり」の和訓をつける。紫苔は当時の正統本草にない名前であるが、『本草和名』に「紫苔　水底の石上に生ず　乾苔　熱　柔苔　冷、崔禹に出づ　和名須牟乃利」（第十八巻「菜六十二種」）とあり、二つの異名とともにやはり「すむのり」の和訓をつける。同書は『崔禹錫食經』を引用して薬性を記載するが、李時珍によれば「柔苔は寒、乾苔は熱」とあって微妙に異なり、その出典は『本草経集注』であるという（『本草綱目』巻二十一「草之十　苔類」）。因みに、乾苔は『食療本草』（孟詵）を出典とし、『嘉祐本草』（掌禹錫）に「痔、殺蟲及び霍亂して嘔吐止まざるを主り、汁に煮て之を服す。又、心腹の煩悶なるは冷水に研り泥の如くして之を飲めば即ち止む。又、諸瘡疥を發し、一切の丹石を下し、諸薬の毒を殺し、多食すべからず。人をして痿黄せしめ、血色を少なくす。木蠹の蟲を殺すに、木孔の中に内る。但し是れ海族流にして皆丹石を下す。」（『證類本草』巻第九「草部中品之下」）とあり、「海族流」の意味が不詳であるが、海藻類のようである。『和名抄』は、紫苔を海菜類ではなく水菜類とするが、『延喜式』では紫菜と紫苔が別巻・別条にあるから、別品とされたようである。

『延喜式』巻第五　「齋宮」　正月三節料　紫菜
巻第二十三「民部下」　交易雜物　土佐國紫菜一百五十斤
巻第二十六「主税上」　凡出雲國四王寺春秋修法　紫苔
巻第三十　「大蔵省」　凡戒壇十師幷沙弥菜料　紫苔
巻第三十二「大膳上」　雜給料　紫苔ほか複数
巻第三十三「大膳下」　正月修太元師法料　紫苔十二斤ほか
巻第三十九「内膳司」　新嘗祭供御料　紫菜

淡水産のスイゼンジノリは紫色であるから、古く紫苔と称した可能性はあり得るが、九州のごく一部に自生する希少種であるから、その可能性は低いだろう。そのほかの淡水産ノリとしてカワノリがあるが、緑藻であるから除外される。いわゆるノリ類ではないが、大伴家持の歌「雄《を》神《かみ》川　紅《くれなゐ》にほふ　娘子《をとめ》らし　葦付《あしつき》取ると　瀬に立たすらし」（巻十七　四〇二一）にあるネンジュモ科アシツキノリ（カワタケ）は紫色を帯びるから、これを紫苔あるいは紫菜と称した可能性もある。しかし、『正倉院文書』の上山寺御悔過所供養料物請用注文（天平寶字八年三月七日）に「〜太凝菜　小凝菜　紫菜〜」（大日本古文書　巻五　四七九頁）、平城宮から「紫菜〇上」と書かれた木簡が出土し、『出雲國風土記』の嶋根郡比佐嶋に「生紫菜海藻」、同長嶋に「生紫菜海藻〜」とあり、古く上代から海産の海藻に紫菜の漢名を用いており、また葦付を紫菜（紫苔）と称した証拠がなく、その可能性は低いだろう。紫苔（紫菜）に「あまのり」「むらさきのり」「すむのり」の三つの和訓が存在するが、前二者の義は明解であるが、「すむのり」の意味はさっぱりわからない。それは後世になっても同様と見えて、『下學集』（一四四四年）は「紫苔ムスノリ」と誤って訓をつける。三つのうち、もっとも普及した訓は現代でも用いられている「あまのり」で、少ないながら古和歌に詠まれている。

一、　あまのりといふものを、あまなるはらからにやるとて
すくふべき　あまのりをこそ　たづねつれ　わたつみふかき　みにはとおもへば　（『四条宮下野集』）

二、　あまのりおこすとて、
いせのうみに　あまのりつづけ　舟をこぐ　なみまをわけて　かれるみるめぞ　（『経衡集』）

第一の歌は、題詞にアマノリというものを海人である仲間にやろうと思って、かき取ろうとしていたアマノリこそ求めていたものだろう、海が深いから採るのが大変だし、また罪深い身にはなおさらだろうと思えばという意である。第二の歌の「みるめ」は海松布すなわちミルとワカメのことで、通釈すると、伊勢の海で、アマノリに続けとばかり、海人が舟を乗り続けて漕ぎ、波間を分けてミルとワカメを刈っているよという意である。

『和名抄』は『崔禹錫食經』と『兼名苑』から紫《シ》菜《サイ》という漢名を借用し、和訓をつけたが、もっと古く『文選』にこの名が出てくる。同書巻十二「江海　江賦」に「紫菜は熒曄して叢被を以てし、緑苔は鬖髿して研（石）上に（生ず）」（括弧内は筆者補注）とあり、李善は「紫菜の色は紫にして状は鹿角菜に似て細く海中に生ず」と注釈する。

鹿角菜《ロッカクサイ》に似るといい、シカの角のように股があるとすれば、中国でいう紫菜はアマノリの類ではない。後世の正統本草では、『圖經本草』（蘇頌）に「紫菜は石に附き海上に生じ、正に青く、取りて之を乾けば則ち紫色なり。南海に之有り。」（『證類本草』巻第九「草部中品之下　海藻」所引）とあるが、種を絞り込むには記述が貧弱すぎる。わが国の先人は、このようなあいまいな漢籍の記述にもかかわらず、おそらく色が一致することをもって紫菜という漢名を軽い気持ちで借用したことがうかがえる。『和名抄』では神仙菜を見出し名としているが、『本草和名』の海藻の条によれば、紫菜とともに『崔禹錫食經』に出てくる名という。古代中国では海藻の中でもっとも風味あるものと評価された結果、神仙の名を得たらしい。ただし、漢籍においてはその基原の記載は必ずしも明確ではなく、わずかに『本草綱目』に「閩越の海邊に悉く之有り、大葉にして薄く、彼の人挼て餅の狀を成し晒乾して之を貨る。其の色正に紫にして亦た石衣の屬なり。」（巻二十八「菜之四　水菜類」）とあり、かろうじてアマノリの類と矛盾せず、今日の中国では紫菜をもってアマノリとする。

2-4　「あをのり」

いわゆる「のり」は緑藻・褐藻・紅藻に区別するが、「あをのり」はその名の示すように緑藻に属する。「あをのり」の名は、『和名抄』に「本草云ふ、陟鼇　音緶　一本に厘に作る、和名阿乎乃利、俗に青苔を用ふ。」とあるように、漢名を陟鼇《チョクリ》とする。引用元の『本草和名』では「陟鼇　楊玄操音緶又音鼇　一名水中苔一名河中側梨一名水中麁苔　已上二名蘇敬注に出づ　一名藫毛一名衣　已上崔禹に出づ　一名水衣　兼名苑に出づ　一名水落　雑録方に出づ　和名阿乎乃利」とあり、陟鼇のほかに多くの異名を列挙する。「あをのり」の語源はいたって明解で、『和名抄』に俗名を青苔としているように、単に青い海藻すなわち緑藻の意である。緑藻類は種類が多く、分類学では厳格に区別するが、今日、俗間で「あおのり」あるいは「あおさ」と呼ぶものは緑藻で食用になるものを指し、必ずしも分類学名を反映していない。分類学上でアオノリ・アオサと称するものはアオサ科に属するが、食用に利用される緑藻のほとんどは別科に分類されるヒトエグサ科ヒトエグサであって、これを「あおのり」「あおさ」と呼んでいるからややこしい。ただし、ふりかけ用の海苔として加工されるものの多くはアオサである。一方、深根輔仁が「あをのり」に充てた陟釐は中国本草では『名醫別錄』の中品に初めて収載され、「江南の池澤に生ず」とごく簡潔に記載するにすぎない。『本草經集注』（陶弘景）でも「此れ即ち南人用ひて紙を作る者なり」（『證類本草』巻第九「草部中品之下　陟釐」所引）と記述するのみで、その基原を絞り込むのは難しい。一方、『新修本草』（蘇敬）では「此の物は乃ち水中の苔にして、今取り以て紙と爲し苔紙と名づく。青黄色にして體は澁し。小品方云ふ、水中の麁苔なりと。范東陽方云ふ、水中の石上に生じ毛の如くにして緑色なる者なり。」（『證類本草』同所引）と冗長に記述するが、水中の石の上に生える毛状の緑藻としているのをもって輔仁は陟釐を充てたと思われる。というのは、アオサ科旧アオノリ属の一種にスジアオノリがあってその形態に合致するからである。同属のボウアオノリは棒状の葉体からその名があるが、細いものは毛状に見える。すなわち、古くわが国で「あをのり」と称するものはスジアオノリ・ボウアオノリであったと考えられる。ただし、中国本草でいう陟釐は、紙に作るともいい、また『名醫別錄』に池沢に生えるというから、必ずしも海水産とは限らないので、アオノリ属種でない可能性が高い。それは後世の正統本草でも変わらず、『開寶本草』（馬志）に「別本注云ふ、此れ即ち石髮なりと。色は苔に類似して麁く澁く異と爲す。且つ水苔の性は冷、陟釐は甘温、明らかに其れ陟釐と苔と全く異なれり。池澤の中の石上にあり陟釐と名づく。水中に浮く者を苔と名づくるや。」、また『圖經本草』（蘇頌）に「江南の池澤に生ず。乃ち是れ水中の青苔なり。古人用ひ以て紙を爲れり。亦た青黄色あり。」（以上、『證類本草』巻第九「草部中品之下　陟釐」所引）とあることから明らかである。同様な種認識は明代後期の『本草綱目』（李時珍）でも継承されたが、同書では陟釐《チョクリ》とあり字体が若干異なる（巻第二十一「草之十　苔類」）。実は、古代の漢籍に、スジアオノリ・ボウアオノリの漢名としてもっとふさわしい名があったが、わが国では気づかれなかったか、黙殺されてしまった経緯がある。『文選』に「江蘺の屬、海苔の類、綸組、紫絳、食葛、香茅云々」（巻五「賦丙　呉都賦」）とある海苔《カイタイ》がそれに当たる。李周翰は「海苔は海水中に生じ、正に青くして、狀は辭髪の如く、之を乾かして赤鹽に藏す。」と注釈し、まさにスジアオノリ・ボウアオノリそのものに言及する。今日のわが国では、海藻類の総称として海苔を用い「のり」と読むが、もともとは「あをのり」に限定された名であった。明代の福建省の地誌・物産誌である『閩書南産志』（何喬遠）に「海苔　綠色にして亂絲の如し。海泥中に生ず。其の細嫩の者は濕苔と名づく。」とあり、同書は李周翰注を引用しているわけではないが、海苔の条を設けて記載した。『大和本草』（貝原益軒）は海苔を閩書より引用して「アヲノリ」の和訓をつける（巻之八　草之四）。一方、小野蘭山は「あをのり」と「あをさ」ともに石蓴《セキジュン》に充て、陟釐をその異名とする（『本草綱目啓蒙』巻之二十四「菜之四　水菜類」）。石蓴に関しては次の項を参照。

『延喜式』巻第二十三「民部下」に交易雑物として伊勢国・三河国・出雲国・石見国・播磨国・紀伊国・阿波国から青苔の貢進を記録する。この名は『和名抄』にいう「あをのり」の俗名であるが、巻第三十「大蔵省」の凡戒壇十師幷沙弥菜料および巻第三十三「大膳下」の正月修太元師法料に青苔の名が見える。一方、『延喜式』巻第三十三「大膳下」の正月最勝王經齋會供養料と仁王經齋會供養料に海菜の名があり、海菜を海藻の総称とすれば、当然、「あをのり」も含まれる。アオノリ属にはほかにウスバアオノリ・ヒラアオノリのように葉体が大きく平たい種もあるが、それらは「あをさ」と称された可能性が高い。因みに、アオノリ属とアオサ属は近縁であり、近年の分類学ではアオサ属に統合されている。したがって、古く「あをのり」「あをさ」と称するものもかなり混同されたと考えねばならない。「あをのり」が古典文学で引用されるのはごくまれであるが、子の日の小松引きにかこつけて詠んだ歌があるので紹介しておく。

ねのびしにゆきたる人の、小松にあをのりをむすびつけて、これをやうみまつといふらんといひたりしに

松山に　なみのかけたる　ものみれば　あやうかりける　ねのびなりけり

（『赤染衛門集』）

歌を通釈すると、松の生えている山に波をかけたものを想像して見れば、あらうっかりしていた、子の日であったことだという意味である。題詞に、子の日の小松引きをするために渡ってきた人が、小松にアオノリを結びつけ、それこそ海松というのだろうといったことに寄せて詠んだ戯歌である。この歌の「あをのり」は子の日の松に擬えるからスジアオノリでなければならない。

2-5 「あをさ」と「こも」

「あをさ」という名は古字書にはなく比較的新しい名前である。おそらくその語源は青藻《あをくさ》の転訛で、食用藻類の中では下等とされた。その名の文献上の初見は『大和本草』（貝原益軒）の諸品圖上で、「アヲサ　附《テ》二海岩《ニ》一而生ス。賤民食《フ》レ之《ヲ》。海苔也。」とあり、益軒は「アヲノリ」の訓をつけた海苔《カイタイ》に同じとしている。すなわち、古くからアオノリ類とアオサ類が混同されたことを指摘したと思われ、単に海苔とするだけで、「あをさ」に単独の漢名を充てなかった。因みに、諸品圖上にアヲサの図を掲載するが、今日いうアオサによく合う。一方、小野蘭山は「あをさ」について、「海中石ニ著テ生ス。紫菜ト形状同クシテ綠色、乾シテ紫色ニ變ゼズ、子バリアリ、食料トス」と述べ、その漢名を石蓴《セキジュン》とする（『本草綱目啓蒙』巻之二十四「菜之四　水菜類」）。その記述内容はアオサと矛盾しないが、この漢名は古典籍では「こも」の訓をつけ、「あをさ」ではない。蘭山がなぜ「あをさ」を石蓴としたのかよくわからないが、この漢名をさらに詳しく追求してみよう。

石蓴は『本草拾遺』（陳蔵器）に初見し、陳蔵器は「南海中の水の石の上に生ず。南越志に云ふ、紫菜に似て色は青しと。臨海異物志に曰ふ、石に附きて生ずるなりと。」（『證類本草』巻第七「草部上品下　陳藏器餘」所引）と述べ、その記述はアオサと矛盾しない。『本草和名』にごく少数の『本草拾遺』の引用例があるが、「石蒓　常倫反、性

は至って滑々なり　一名海蓴　崔禹に出づ　和名古毛」とあるように、『崔禹錫食經』を引用して記載し、石蓴とは同音に当たる石蒓《セキジュン》とともに海蓴《カイジュン》なる類名を挙げ、「こも」の訓をつける。『和名抄』も「唐韻云ふ、蒓　常倫反　漢語抄云ふ、石蒓は古毛、一に云ふ水葵菜と　水葵なり。辨色立成云ふ、海蓴　和名上に同じ。」とあり、注記によれば、海蓴は『辨色立成』からの引用といい、やはり『本草和名』と同じ和訓をつける。ところが海蓴は『古事記』上つ巻の大国主神の国譲りの神話でも「海布《め》の柄《から》を鎌《か》りて、燧臼《ひきりうす》に作り、海蓴《こも》の柄《から》をもちて燧杵《ひきりぎね》に作りて、火を鑚《き》り出でて云ひしく、この我が鑚《き》れる火は云々」と出てくる。『本草和名』『和名抄』によって海蓴を「こも」と訓ずるが、『集韻』によれば「蒓、通じて蓴に作る」（『康熙字典』所引）とあるから、石蒓と石蓴は同義となり、海蓴はその類名と考えられる。とすれば、『古事記』のこの部分の解釈は、アオサの柄でもって燧杵《ひきりぎね》すなわち錐揉み式発火法で用いる揉み棒に作るという意になり、およそ現実ではあり得ない記述になる。一方、『大和本草』では「コモ　細茎長クシテ穂ノ如クナル小キニシテ丸キ物多クツケリタ、キテ羹トス。ホタワラニ似タリ。」（巻之八　草之四）と記述するように、ホンダワラ科ホンダワラに似た海藻とする。もし「こも」が益軒のいうコモであれば、主茎があるから、かろうじて揉み棒をイメージすることは可能である。ホンダワラ属はスナビキモク・ウスバモクほか多くの種類があるが、「こも」を小藻《こう》の意とすれば、小型の同属植物ということになる。この視点に立てばわが国の海岸の低潮線付近の岩場に多く見られるイソモクが候補に挙げられる。「こも」なる名は『正倉院文書』の天平寶字六年十二月二十一日付けの奉寫二部大般若經錢用帳に「六十文買古毛一斗直　四十文都志毛一斗直　一百五十二文買青菜一石直」（大日本古文書　巻十六　九十七頁）とあり、上代までさかのぼる古い名である。ただし、『和名抄』の坐臥具類に「唐韻云ふ、薦　作甸反和名古毛　席なり」とあるので、イネ科マコモで作った菰蓆《こもむしろ》の可能性も考えねばならない。前述の『正倉院文書』の同じ日付に「八十文生古毛二斗直　七十文買干古毛七連直」（大日本古文書　巻十六　一〇〇頁）とあるので、生物《なまもの》もあるからムシロの材料となる高等植物基原ではなく、海藻の「こも」である。『延喜式』

巻第三十三「大膳下」の正月最勝王經齋會供養料に「細昆布 以一巻充廿口 索昆布二條 昆布 以一帖充廿口 紫菜三分 海藻二兩 於期菜 鹿角菜 角俣菜各二兩 稚海藻三兩 海松一兩二分 海藻根一兩 滑海藻二兩二分 大凝菜三分 青海菜 以一帖充十口 古毛一合」とあって、ほかに多くの海藻名とともに列挙されるから、古毛が海藻の一種であることは明らかである。

さて、小野蘭山はアオサの漢名に石蓴を充て、一方、貝原益軒はアオサに漢名を充てず、古名の「こも」をホンダワラの類とする。石蓴は中国本草の記述から緑藻であることはまちがいなく、ホンダワラの類は褐藻類であるから、江戸期を代表する本草家の見解は水と油のようにまったく相容れない。『古事記』の記述からすれば益軒の見解に分があるように見えるが、そもそも海布《め》すなわちワカメの柄を刈り取って臼すなわち錐揉み式発火法で用いる板をつくるというのも現実離れしているから、『古事記』の記述をもって「こも」が「あをさ」である可能性を排除する決定的な証拠とはなり得ず、現時点では「こも」を不詳とするしかない。また、「あをさ」はアオサとしてかまわないが、広く緑藻類を表す海苔の漢名を充てるのは賛成しかねる。結局、アオノリとアオサはいずれも特徴に乏しく、後世になって登場した「あをさ」は古い時代にあっては「あをのり」の中に含まれていたと考えるべきで、殊更に漢名を充てる必要はないだろう。

2-6　中国にないはずなのに漢名を借用したコンブ

後述するように、昆布《コンブ》は、中国に産出しないにもかかわらず、わが国では漢名を中国から導入してしまったから、コンブという海藻について正しく理解されなかった歴史的経緯がある。第一に、四方を海に囲まれたわが国の海の広がりは、中国や朝鮮よりはるかに大きいことを念頭に入れておく必要がある。第二に、かかる多様な環境に恵まれたわが国の海域に産する昆布の種類は多様であり、また普通に分布していることも忘れてはならない。文字が伝わるはるかに前から消費され、文字を中国から導入した後に、昆布という漢名を充てたにすぎない。したがって中国とわが国では昆布に対する認識にずれがあっても不思議ではない。

わが国の文献で昆布の名の初見は『正倉院文書』であって、小波女進物啓に米・海藻ほか「昆布一把」が天平寶字四年二月十九日に謹上されたと記録されている（大日本古文書　巻二十五　二六四頁）。しかし、その当時の昆布に対する和訓は明らかではなく、平安時代になって『和名抄』（源順）に「本草云ふ、昆布の味醎寒にして無毒、東海に生ずと。和名比呂女一名衣比須女　陶隱居注云ふ、黄黒色にして柔細、食ふべしと。」とあるように、「ひろめ」と「えびすめ」の両訓をつけた。前者は広布の意、すなわち布は海藻一般につけられた基幹名で、その名は広々とした葉状体に由来する。今日の同名の海藻チガイソ科ヒロメすなわちワカメの同属種を『和名抄』のいう「ひろめ」と考えるべきではない。ヒロメは分布域が狭く、太平洋岸中部に産し、産出量も少ないからである。『延喜式』巻第三十三「大膳下」の仁王經齋會供養料に廣昆布とあるので、葉状体が広いマコンブの類を「ひろめ」と命名し、以下に述べる細昆布と区別する名であったと思われる。そして「えびすめ」こそ昆布の真の古名と考えられ、蝦夷《えみし》布《め》の意であって、古代のわが国にあっては異境の蝦夷の地からもたらされたものである。コンブ科コンブ属に属するマコンブほか、リシリコンブ・ラウスコンブ・オニコンブなどを指し、今日いう昆布と同じである。そのほか、同巻第三十三「大膳下」の正月最勝王經齋會供養料および正月太元師法料に索昆布の名がある。また、同「大膳下」の正月最勝王經齋會供養料、正月修太元師法料、嘉祥寺春地藏悔過料、七寺盂蘭盆供養料、仁王經齋會供養料に細昆布なる名が出てくる。索昆布と細昆布のいずれも同巻第二十三「民部下」で交易雑物として陸奥国から記録され、コンブ科ホソメコンブなど東北北部の海域に産する葉状体の狭いものにつけられた名であろう。

さて、昆布はいうまでもなく漢名であるが、中国本草では『名醫別錄』の中品に収載され、「東海に生ず」とのみ記載し、これだけではさっぱり要領を得ない。『本草經集注』（陶弘景）に「今は惟《ただ》高麗に出づ。繩にて之を把索し、巻麻の如し。黄黒色を作《な》し、柔靭にして食すべし。爾雅云ふ、綸は綸に似て、組は組に似たりと。東海に之有り。今の青苔、紫菜は皆綸に似たり。此れ昆布亦た組に似て即ち是なり。」（『證類本草』巻第九「草部中品之下　昆布」所引）とあり、中国では古く高麗より入手していたというから、『名醫別録』にいう東海とは朝鮮半島近海を指す。『海藥本草』（李珣）にはさらに詳しく「東海の水中に生ず。其の草は流れに順ひて生じ、新羅なるは黄黒色にして葉は細なり。胡人、採り得て之を搓り、索と爲す。陰乾し船上に中國に來る。」（『證類本草』同所引）と記載し、胡人が採集し索と為して中国に舟で輸送するという注目すべき記述がある。李珣のいう胡人とは、おそらく日本人（蝦夷人）を指し、北日本産のホソメコンブが朝鮮半島経由で交易されていたと考えられる。「索と爲す」とあるのは、実際に縄として用いたのではなく、持ち運びの便を考慮したもので、これが『延喜式』にいう索昆布である。因みに、コンブ科海藻は朝鮮半島海域に稀産であるから、古代のわが国から朝鮮経由で中国にもたらされたにちがいない。文系の諸氏は中国本草にある昆布を今日のマコンブと勘違いする傾向が顕著であるように思う。近年では、中国の昆布生産量が世界一であり、『中薬大辞典』も昆布の基原にマコンブを含めているから、そう錯覚しても不思議はない。中国で生産するコンブはことごとく養殖種であって、わが国から種苗導入したものであるという事実をまず知る必要がある。中国で昆布の基原が混乱しているのは、本草分野で海藻類の多様性が正しく認識されていないからであって、宋代の『證類本草』（掌禹錫）でさえ、海藻の一条に多くの海藻類を含めて記述している。それは中国本草の体系を金科玉条とするわが国にも影響をもたらし、『本草和名』（深根輔仁）に「昆布乾苔 性熱　柔苔 性冷　昆布一名綸布 兼名苑に出づ　和名比呂女一名衣比須女」とあるように、昆布と乾苔を同品であるかのように記載する。乾苔は、「あまのり」の条で述べたように、深根輔仁は紫菜の異名とし、その混乱ぶりは目を覆いたくなるほどである。わが国でも昆布は北日本から乾物の形で流通していたと思われ、それ故に『食療本草』に初見する乾苔に同じと勘違いしてしまったのであろう。中国における海藻の知識の集積および種認識が不十分な状況の中で、漢名を拾って和名に充てること自体に無理があったのである。

真のコンブは中国に産せず、古い時代では交易で入手していたから、誤って基原を認識することがあっても不思議ではない。『本草拾遺』（陳蔵器）は「南海に生ず。葉は手の如く、乾なるは紫赤色、大さ薄葦に似たり。陶云ふ、新羅に出づるは黄黒色にして柔細なりと。陶の昆布を解するは乃ち是れ馬尾海藻なり。」（『證類本草』巻第九「草部中品之下　昆布」所引）と記述するが、手のひらのような葉状体をもち、乾かすと紫赤色になるというのはコンブ科にはなく、チガイソ科の褐藻カジメがある。陳蔵器は「南海に生ず」というが、カジメはわが国では九州、太平洋岸の中部に産するから、かろうじて地理的分布は合う。因みに『中薬大辞典』は同属種のクロメを昆布の基原種の一つとするが、葉状体の形が手のひらに似ていないので、カジメとするのが正しい。一方で、陳蔵器は陶弘景のいう新羅（陶弘景は高麗と称する）産昆布は馬尾海藻とする。馬尾海藻《バビカイソウ》とはホンダワラ科ホンダワラとことで、かつては中国本草のいう海藻の基原種の主たるものであり、『本草拾遺』で「馬尾藻は殘水に生じ、短き馬尾の如くして、細く黒色なり」（『證類本草』巻第九「草部中品之下　海藻」馬志注）と称するものに相当する（拙著『万葉植物文化誌』の「わかめ」を参照）。『重修政和經史證類備用本草』巻第九「草部中品之下　海藻」に掲載する附図もまさにそれを表す。陳蔵器の見解が必ずしも正しいとは限らないが、朝鮮半島における昆布事情を勘案すると一理ある。貝原益軒が「裙帯菜《ワカメ》（この漢名は誤用）ニ似テ廣サ四寸許リ長キコト三尺許リ、形狀昆布ニ似タレドモ短薄ニテ氣味モ裙帯菜《ワカメ》ニ似タリ。西州ノ海《ウミ》ニ生ズ。」（『大和本草』付録巻之一）と述べるように、朝鮮でいう昆布はわが国の昆布とは異なると明確に述べている。コンブ科ホソメコンブの可能性もゼロではないが、西日本（西州）にあるというから、ワカメの一型に言及したと考えるのが妥当である。一方、小野蘭山は「朝鮮人ハワカメノコトヲ昆布ト書ケリ」（『本草綱目啓蒙』巻之十五「草部　水草類」）と述べるように、朝鮮でいう昆布をワカメそのものと断じている。李氏朝鮮時代を代表する本草書として、『郷薬集成方』の本草之部があるが、同巻七十九の昆布の条に郷名（朝鮮独自の名）はなく、また中国本草の記述をそのまま引用するにすぎない。このように朝鮮本草に関する情報が貧弱な状況の下で、益軒・蘭山が一定の結論を述べるに至ったのは、朝鮮通信使との交流を通して朝鮮昆布に関する情報を得たからと推察される。前述したように、そもそも中国本草にワカメに対する漢名がなく、昆布に含められていたとしても不思議はない。『中薬大辞典』がワカメを昆布の基原に含めているのは以上のような歴史的背景を考慮した結果であろう。

陶弘景は『爾雅』を引用して「綸は綸に似て、組は組に似たり」と述べるが、およそ何を言おうとしているのかさっぱりわからないだろう。『爾雅』はこれに続いて「東海に之有り」と記述しているので、要するに陶弘景は『爾雅』を引用して昆布の語源を説明しようとしたのである。これだけでは意味不明であるが、郭璞は「綸は今秩有り、嗇は夫れ帯る所、青絲を糾す。綸は組綬なり。海中草は彩理を生ず。之に象る者の有るに因りて以て名とすと云ふ。」と注釈し、綸は組紐であるといい、一方、組も種類の異なる組紐をいうらしく、東海にある海藻は組紐を組み合わせた形態に似ているといいたいらしい。一方、李時珍は「按ずるに、呉普本草に綸布一名昆布則ち爾雅に謂ふ所の綸は綸に似て東海に之有る者即ち昆布なり。綸の音は關、青絲綬なり。訛りて昆と爲す。陶弘景、綸を以て青苔紫菜の輩と爲し、組を謂ひて昆布と爲す。陳藏器又綸組と謂ふ。是の二種の藻同じならざること此の如し。」（『本草綱目』巻第十九「草之八　水草類」）と説明し、もともと綸布であったが、綸の「かん」の音が訛って昆となり昆布に転じたという。いずれにしてもコンブ科コンブの類では理解し難いことは確かで、中国で古く昆布と称していたものはいわゆるコンブとは大きく異なる海藻種を含み、多種にわたっていたことを想像せしめる。綸組の名は『藝文類聚』の晉庾闡楊都賦に「蒼浪の竿、東南の箭、其の林に游ぶべし。其の芳りに薦むべし。草は則ち陵苔海藻なり。山英、江蘺、綸組、菁茅云々」（巻六十一「總載居處」）とあり、どうやらこれが中国における文献上の初見らしい。

昆布の古名「えびすめ」は後世に継承されず、『下學集』（一四四四年）に「昆布コンブ　ヒロメ」とあって、室町時代になると「こんぶ」の音読名が登場した。今日では「ひろめ」は別の海藻の名に転じ、「こんぶ」は「こぶ」とも訛る。もともと中国に存在しないはずの海藻の名を借用し、固有の和訓を棄て去り、その音読名が正名となってしまった。中国本草の体系に対する過度の依存が招いた結果であるが、表面的にはコンブという海藻を食用とするのは中国から学んだ、あるいは中華文明へのあこがれからそうするに至ったと見えるだろう。ここで斎藤正二の植物文化論を引き出すのはおよそ場違いかもしれないが、コンブの例は不思議にその論法と共通するところがあり、安易な考証に基づく限り、同じ轍を踏むことになるとしてここに紹介しておく。

2-7 「あらめ」と「かちめ」

今日、アラメ・カジメと称する海藻があるが、分類学上の和名と一般に通用する名の間にしばしばねじれがあるので、まずそれについて述べておく。食用とするのは主にアラメであって、カジメは九州の一部に限られる。ところが一般世間ではアラメをカジメと称することがあり、また両名が完全に入れ替わって呼ばれることも少なくない。そのためカジメは広く食用に供されていると誤解される。本来のカジメを食用にするには特殊な加工が必要であるが、アラメは通常の海藻のように食べられるので、当然ながらアラメの方がよく利用される。

「あらめ」「かちめ」の名は『和名抄』（源順）に「本朝令云ふ、滑海藻　阿良女、俗に荒布を用ふ　未滑海藻　加知女、俗に搗布を用ふ、搗は搗末の義なり。」とあるのをもって文献上の初見とする。「あらめ」に滑海藻、「かちめ」に（「かぢめ」は誤り）に未滑海藻という漢名を充てるが、漢籍に見当たらない和製漢名である。「あらめ」を荒布と称するのは、若布・和布に対してつけた名前で、見かけがワカメより荒ぶる印象を受けるからである。一方、「かちめ」の義は搗布で、源順によれば、搗末すなわち搗いて粉末にするからだという。カジメは、そのままではアクが強く食べられないので、粉末にすることで食べられるようにした古代人の智恵といえる。「あらめ」に対する滑海藻、「かちめ」に対する未滑海藻という名の字義については、滑はなめらか、ぬめりの意があり、それが食感を表したものと解釈すれば、そのままで食べられるアラメは滑で、加工しなければ食べられないカジメは未滑ということになる。葉体の滑らかさに基づくとも考えられるが、アラメは葉状体に遊走子嚢がびっしり付いて、見かけはざらつき、一方、カジメはそれが少なく滑らかに見えるので合わない。『延喜式』巻第三十九「内膳司」の供御月料ほか滑海藻の名を見るが、未滑海藻はない。そのほか、同書では巻第一「神祇一」の四時祭上、巻第三「神祇三」の羅城御贖、巻第三十三「大膳下」の正月最勝王經齋會供養料にあるのは滑海藻のみである。巻第二十四「主計上」の凡諸國輸調に伊勢国から中男作物、志摩国・紀伊国から調として滑海藻の貢進を記録するが、やはり未滑海藻はない。因みに、巻第三十三「大膳下」の試海印三昧寺年分度者料に荒布一束とある。上代の『正倉院文書』では滑海藻が一二一件、荒海藻とあるのが五件あり、以上はアラメを指す。一方、未滑海藻は三十件と滑海藻とは大差がある。そのほか、搗滑海藻といういずれとも判断しかねるものが六件ある。木簡も出土件数は少ないが、次に示すように、滑海藻が未滑海藻を圧倒するという傾向に変わりはない。

『木簡』

「人給所請骨（滑）海藻弐升〇／官人御料／〇六月四日〃」（平城宮跡推定造酒司宮内道路南側溝）

「未滑海藻」（平城宮）

「・□上滑海藻五十斤・□□（天平ヵ）二年閏六月七日」（平城京左京七条一坊十六坪東一坊大路西側溝）

「撫滑海藻」（平城宮）

古典文学では、以下に示すように、『土佐日記』に「あらめ」が登場するほか、ここでは紹介しないが、『平家物語』巻第三にも出てくる。一方、「かちめ」は平安・鎌倉期の文学にいっさい出てこないが、「あらめ」の方が「かちめ」よりずっと利用されたことを示唆するものだろう。

元日《ぐわんにち》、なほおなじとまりなり。白散《びやくさん》をあるもの、「よ（夜）のまとて、ふなやかたにさしはさめりければ、かぜにふきならさせて、うみにいれて、えの（飲）まずなりぬ。いもじ（芋茎）、あらめもはがため（歯固め）もなし。かやうのものもなきくに（国）なり。もと（求）めしもおかず。たゞおしあゆ（押鮎）のくち（口）をのみぞす（吸）ふ。このすふひとびとのくちを、おしあゆ（押鮎）もしおも（思）ふやうあらんや。けふはみやこのみぞおもひやらるゝ。「こへ（小家）のかど（門）のしりくべなは（注連縄）のなよし（ボラの若魚）のかしら、ひゝらぎ（ヒイラギ）ら、いかにぞ」とぞいひあへなる。

前述したように、アラメ・カジメのうち、今日に利用されるのは圧倒的にアラメである。古くからこの傾向は変わらなかったと思われ、したがって「あらめ」「かちめ」に対する漢名はそれぞれ滑海藻と未滑海藻でよいが、いずれも和製の漢名である。次にアラメ・カジメに対する真の漢名が何であるか考えよう。中国本草がカジメを昆布に含めていた可能性についてはすでに述べた。室町時代から江戸時代までのわが国の古字書では「あらめ」の漢名を海帯《カイタイ》とするものがかなりある。

『文明本節用集』（一四七四年）　海帯アラメ　又作荒布

『饅頭屋本節用集』（室町末期）　海帯アラメ

『和爾雅』（一六九四年）　海帯アラメ

『書言字考節用集』（一七一七年）　海帯アラメ

鎌倉時代後期に成立した『頓醫抄』（梶原性全）は長生薬なる処方を記載するが、海帯艸を配合し、その注記に「一説ニハアラメ、一説ニハ昆布也。クロメ正説歟。コレモ黒灰ニヤキテスリフルウベシ。」（巻第二十四「癰疽　疔瘡」）とある。海帯《カイタイ》は『嘉祐本草』（掌禹錫）の中品として初めて収載されたから（『證類本草』巻第九「草部中品之下」)、『和名抄』にはなく、わが国の先人は鎌倉時代に『證類本草』が伝わって初めてその漢名の存在を知ったのである。『頓醫抄』は当時のわが国で海帯をアラメあるいはコンブに充てる認識のあったことを示唆する。性全はアラメの近縁種でカジメにもよく似るクロメと考えた。一方、江戸初中期の有力本草家貝原益軒も海帯をアラメとしたが(『大和本草』巻之八「草之四」)、同後期を代表する本草家小野蘭山は「此條(海帯)ヲアラメト訓ズルハ非ナリ。アラメハ黒菜ナリ。」(『本草綱目啓蒙』巻之十五「草之八　水草類」)と述べ、真正昆布の一種ホソメコンブとした。しかし、掌禹錫は「今、登州人、之を乾かし云々」と述べているので、海帯は登州すなわち山東半島に産するが、ホソメコンブは中国に分布しないから、蘭山の見解は誤りである。『中薬大辞典』は、水生顕花植物であるヒルムシロ科アマモ(大葉藻)・同スガモを充てる。実際、山東半島では両種を海帯草と呼ぶ事実がある。したがって、「海帯＝アラメ」説も誤りである。因みに、アマモ・スガモともわが国に分布するが、薬用・食用のいずれにおいても歴史的実績に乏しい。

2-8　「いぎす」

「いぎす」の名は古く、上代の資料にも出てくる。平城宮より出土した木簡に「□(答ヵ)志郡和具郷伊祇須」、また平城京左京二条二坊五坪二条大路濠状遺構(北)より出土した木簡に「和具郷伊祇須」とある。『和名抄』の國郡部「志摩國」に「答志郡　答志《タフシ》　和具《ワク》」とあるので、いずれも志摩国答志郡和具で収穫された「いぎす」が平城京にもたらされたことを示す。『正倉院文書』でも經師校生等大料雑物充用帳(天平寶字四年十二月四日)に「伊岐須卅一斤十二兩」(大日本古文書　巻四　四五六頁)、同造佛所作物帳(天平六年五月一日)に「伊伎須十三斛」(大日本古文書　巻一　五六六頁)とある。平安時代では『延喜式』巻第三十九「内膳司」の供御月料に伊祇須の名が見える。上中古代の資料では万葉仮名で表記された和名だけが出てくるが、『和名抄』(源順)に「崔禹錫食經云ふ、海髪の味は鹹にして小冷、其の色黒くして狀は亂髪の如し。和名以木須、漢語抄云ふ、小凝菜と。」とあるように、一応、漢名として海髪《カイハツ》を充てる。別漢名らしき小凝菜もあるが、『正倉院文書』の後一切經料雜物納帳（天平寶字四年八月三日）に鹿角菜・海藻根などの海藻名とともに「小凝菜陸拾斤」（大日本古文書　巻十四　四二八頁）とあるほか、約三十件に登場し、万葉仮名表記の名よりずっと多い。『延喜式』巻第二十四「主計上」の凡諸國輸調にもこの名がある。小凝菜は漢籍にない和製漢名で、水と煮て冷やすと凝る性質からつけられ、海藻の多くがその性質をもつから、「いぎす」に固有ではない。『和名抄』は色が黒く乱れ髪のようだと記述するが、今日、イギス科イギスという同音の名をもつ海藻がある。細い葉状体を密につけ、その形態は乱れ髪というにふさわしいが、色は淡赤紫色である。ただし、乾燥すると黒くなるので、『和名抄』の記述が生品に対する描写ではないとすれば、イギスとしても問題ないようにみえる。ただし、乱れ髪状の海藻は数多く、例えばオゴノリ科オゴノリも同様な形態の特徴をもつ。『大修館現代漢和辞典』（大修館出版、一九九六年）は海髪をオゴノリの漢名とする（同、六八七頁）が、『和名抄』が海髪の和訓を「おご」ではなく、「いぎす」とするから、この認識は必ずしも正鵠を射たものではない。イギス科イギスとオゴノリ科オゴノリを混同した可能性はあるにしても海髪の訓を「をご」とする論拠にはなり得ない。オゴノリはゲル質となる多糖体に富み寒天（心太）原料に利用されるが、一方、イギスは多糖体含量は少なく、小凝菜という名はそれを表す。因みに、寒天原料となる海藻類は大凝菜の名で呼ばれる（本章第1節）。

『和名抄』は『崔禹錫食經』より引用した海髪を「いぎす」に充てたが、本草には見当たらない。ただし、石髪《セキハツ》という類名が『圖經本草』（蘇頌）にあり、「又、注釋は石衣を以て水苔と爲す。一名石髪。石髪は即ち陟釐なり。苔に類似して麁く澁きを異と爲せり。」（『證類本草』巻第九「草部中品之下　海藻」所引）と記述する。石蓴に対する海蕁の例もある（本節「2-5」）から、石髪と海髪は同品と考えられなくはない。しかし、蘇頌は石髪を陟釐の異名とするから、石髪を「いぎす」の漢名と考えるわけにはいかない。結局、「いぎす」の基原をイギス科イギスとする限り和製漢名の海髪を充てざるを得ないのである。

2-9　今日とは種が異なる古代の「もづく」

「もづく」と読める最古の資料は藤原宮跡東面大垣地区から出土した木簡に書かれた「毛豆久」である（藤原宮三―一二六一、飛六―十八上（一九九）・日本古代木簡選）。『正倉院文書』にも「七十二文買毛都久二斗直」（大日本古文書　巻十六　二九二頁）、造佛所作物帳（天平六年五月一日）に「母豆久」（大日本古文書　巻一　五六六頁）とある。『延喜式』巻第三十三「宮内省」の諸國例貢御贄に「若狭毛都久」、同巻第三十九「内膳司」の年料に「若狭　毛都久」とやはり同じ名が出てくる。今日、同音の名をもつ海藻名にモズク科モズクがある。今日、「もずく」の名で流通するのは、ほとんどがナガマツモ科オキナワモズクおよびイシモズクであり、いわゆるモズクすなわち「ほんもずく」は北陸地方で生産されるにすぎない。『延喜式』にある「もづく」はいずれも若狭国に産するというから、古代で「もづく」と称するのはモズクであり、今日、普通に流通する「もずく」と考えてはならない。もっとも、モズクとの違いがわかれば相当の海藻通といえる。

「もづく」の漢名として、『和名抄』に「漢語抄云ふ、水雲　毛豆久、今案ずるに出づる所未だ詳らかならず。」とあるように、わが国では水雲を充てた。この名は供若菜十二種の一つにも含まれることは「春の七草」の条で述べるが（第22章第8節「8-2」）、『和名抄』も指摘しているように、出所は不詳である。水雲なる名は漢籍に見当たらないが、完全なる和製漢名とはいい切れない。というのは、室町時代から江戸時代の古字書に海雲・海蘊に「もづく」の和訓をつけているからである。

『撮壌集』（一四五四年）　海雲モヅク　水雲モヅク

『温故知新書』（一四八四年）　水雲フノリ　藻椎モヅク　海雲同　水雲同

『書言字考節用集』（一七一七年）　海蘊モヅク　水雲モヅク　水雲スノリ

『本草綱目品目』　海蘊もづく

まず海蘊《カイウン》については、『本草拾遺』に初見し、「大海の中に生じ、葉は細く馬尾の如くにして海藻に似て短きなり。」（『證類本草』巻第八「草部中品　陳藏器餘」所引）という記述から、およそモズクとするには不十分である。一方、『本草綱目』（李時珍）の〔釋名〕に「縕は亂絲なり。其の葉は之に似て故に名づく。」（巻第十九「草之八　水草類」）とある。李時珍は海蘊の字義から、その特徴を推論して記載したにすぎないが、それに倣って海蘊の字義をさらに詳しく解釈してみよう。蘊は縕を「艹」に作った字である。『説文解字』に「縕は紼なり。从糸昷聲。」、また「紼は亂糸なり」とあるから、海蘊とは海に生える乱れ絲のような海藻の意と解釈できる。こう考えると、海蘊はモズクに対してつけられた漢名として申し分ないことがわかる。蘊の音は「うん」であるから、わが国ではそれを同音の雲に作って海雲としたと考えられる。「みる」の項で述べたように、漢籍にある水松《スイショウ》をわが国では海松に作ったように、水と海はしばしば入れ替わるから、水雲と海雲は同義と考えられたにちがいない。『温故知新書』は水雲に「ふのり」の訓をつけるが、後述するように、本来は海蘿《カイラ》に充てるべき和訓である。『爾雅』に「薚は海藻（＝藻）なり」とあり、郭璞に「藥草なり。一名海蘿、亂髪の如く海土に生ず。」と注釈しているので、「亂髪の如く～」からモズクすなわち水雲と考え、海蘿を「もづく」と考えたようである。モズクは、ホンダワラなどの海藻類に付着して生えるので、藻付とも表記され、それを語源とする見解もある。岩石に付着して生えることもあるが、郭璞注にあるように土に生えることはない。『食物本草（二十二巻本）』巻之七「菜部二　水菜類」に苔菜《タイサイ》があり、これをモズクに充てる見解もあるが、「海中に生ず。波に浮きて溪澤の苹藻の類の如し。其の形は縷縷として線の如く、交互に織り大片を成す。人取り鹽醋に拌ぜて食し、以て蔬品と作す。」という記述は陳藏器よりは詳細で、波に浮いて云々をホンダワラなどに付着することを指すとすれば、苔菜をモズクとするのも一理ある。

2-10「ひじき」

ホンダワラ科ヒジキは今日でもっともよく利用される海藻の一つである。この名の初見はおそらく『伊勢物語』第三段にある次の一節であろう。

むかし、おとこ《（を）》ありけり。懸想《けさう》じける女のもとに、ひじきもといふ物《もの》をやるとて、

思ひあらば　葎《むぐら》の宿《やど》に　寝《ね》もしなん　ひじきものには　袖《そで》をしつつも

二條の后《きさき》の、まだ帝《みかど》にも仕《つか》うまつり給《たま》はで、たゞ人にておはしましける時のこと也《（なり）》。

この物語では「ひじきもの（引敷物）」すなわち敷きものにかけて「ひじき藻」の名が出てくるにすぎない。この話は『大和物語』一六一段では次のようにやや異なる背景で描写されている。

在《ざい》中将（在原業平）、二條の后《きさい》の宮まだ帝《みかど》にもつかうまつり給《たま》はで、たゞ人におはしましける世《よ》に、よばひたてまつりける時、ひじきといふものをこ《（お）》せて、かくなむ、

おもひあらば　むぐらの宿《やど》に　寝《ね》もしなむ　ひじき物には　袖《そで》をしつゝも

となむのたまへりける。かへしを、人なむわすれにける。

『伊勢物語』『大和物語』ともに同じ和歌が挿入されているが、これに対して顕昭は「或本云、ひじきと云ものと書り。海藻の中にひずき物と云物をば、鹿尾菜《ヒズキ》、ヒズキモノハ六味菜　同。世俗にはひじきと云是也」（『袖中抄』）と注釈する。すなわち、「ひじき」は俗名で、正式には「ひすき物」というとあるが、正確には「ひすきも」とすべきだろう。『和名抄』に「辨色立成云ふ、六味菜　比須木毛　楊氏漢語抄云ふ、鹿尾菜なり」とあり、「ひすきも」に六味菜・鹿尾菜なる漢名を充てるが、顕昭はこれを引用して注釈したはずだからである。鹿尾菜は漢籍にない和製漢名であり、六味菜はその同音による宛字である。上代の典籍に「ひじき」に相当するものは見当たらないが、今日、

広く食用とされ、わが国の海岸に普通に存在することを考えると不思議に思える。鹿尾菜を漢籍にない和製漢名としたが、『本草和名』第二十巻「有名無用」の本草外薬に「鹿毛菜　和名都之毛」とあって、類名の鹿毛菜《ロクモウサイ》がある。この名は漢籍はいうに及ばず、『本草和名』以外の如何なる典籍にもない。これを鹿尾菜の誤記とすれば、その和訓は「つしも」となって上中古代の資料に散見される。まず平安の典籍では『延喜式』巻第七「神祇七」に「凡應供神御由加物器料者（中略）紀伊國所獻、薄鰒四連、生鰒、生螺各六籠、都志毛、古毛各六籠云々」、また、『正倉院文書』の奉寫二部大般若經錢用帳（天平寶字六年十二月二十一日）に「四十文都志毛一斗直」（大日本古文書　巻十六　九十七頁）とあるほか、全部で四件に出てくる。以上の推論が正しいとすれば、ヒジキの古名は「つしも」ということになる。問題はそれがどのような経緯で「ひすきも」に転じたのか、また転訛でないにしても言語学的関連があるのか否か、いずれにしても手掛かりはまったくない。「ひじき」は「ひすきも」の転訛といわれるが、それが何を意味するのか明らかではない。「ひじき」はごく身近な海藻であるが、その歴史的由来は海藻の中でもっとも謎に満ちているといえる。因みにヒジキの漢名は明代の地誌『漳浦縣志』に初見する羊栖菜《ヨウセイサイ》とされるが、『本草綱目』を含めて歴代本草にはない。同じく明代の別の地誌『漳州府志』では「長さ四五寸、微かに黒色なり」（巻之三十九　物産　蔬之屬」）とごく簡潔に記載し、これでもってヒジキとするのは困難である。

2-11 「おごのり」

「おご」という名は古く上代の資料に出てくる。『正倉院文書』の奉寫一切經所告朔解（神護景雲四年九月二十九日）に「二百文於期一斗直」（大日本古文書　巻六　八十八頁）とあるほか、計八件に於期《おご》の名が出てくる。『延喜式』巻第二十三「民部下」では伊勢国・尾張国・三河国・播磨国・紀伊国・阿波国からの交易雑物として於期菜を記録する。そのほか、同巻第二十四「主計上」の凡諸國輸調に於期菜があり、志摩国から調として貢進されたと記録し、同巻第三十「大蔵省」の凡戒壇十師幷沙弥菜料、同巻第三十三「大膳下」の正月最勝王經齋會供養料、七寺盂蘭盆供養料、仁王經齋會供養料、および同巻第四十「主膳監」の月料にも於期菜がある。一方、『和名抄』に「本朝式云ふ、於期菜」とあるのみで、きわめて不完全な記述に終わっている。「本朝式云ふ」とは、於期菜が式文である『延喜式』の随所に出てくることに言及したと見られるが、一方で、巻第二十六「主税上」の凡諸國金光明寺安居者、巻第三十九「内膳司」の供御年料、巻第三十三「大膳下」の正月修太元法料では短縮形の於期とある。同巻第三十九「内膳司」の年料に「若狭國　於己」とあり、これだと音は「おこ」であって「おご」ではないが、同巻第三十一「宮内省」の諸國例貢御贄では「若狭國　毛都久　於期　穉海藻　生鮭」とあって、若狭国の名産品として記録しているので、於己は「おご」と考えてよい。

於期・於期菜の基原については、今日、オゴノリ科に属する海藻の一種オゴノリが同音でこの名を継承している。ゲル質の多糖体を多く含み、寒天の製造原料に利用される。おそらく、テングサなどと同様、古代でもゲル質となる性質が認識されていたはずで、於期菜の語源の由来は大凝菜《おほごりな》の転と推定される。『和名抄』にあるように、テングサの別漢名を大凝菜としたため、それと区別するために短縮して「おごな」の名が発生したと考えられる。『和名抄』で於期菜に関する記載が中途半端なのも、すでに大凝菜の先行名があって混乱したからだろう。さて、オゴノリの漢名については、「2-8」で前述したように、今日の一部の漢和辞典は海髪《カイハツ》とするが、それが誤りであることはすでに指摘した。『書言字考節用集』（一七一七年）に「海髪ヲゴノリ」とあるので、これを引用したらしい。これを除けば、室町時代から江戸時代の古字書はいずれも於期（菜）で表し、『大和本草』（貝原益軒）も「於期《ヲゴ》のり」とするのみで、漢名を充てなかった（巻之八「草之四」）。中国では長らくオゴノリに相当する品目はなかったが、『中薬大辞典』は龍鬚菜《リュウシュサイ》を充て、異名を海菜《カイサイ》（『漳浦縣志』）・線菜（『八閩通志』）とする。龍鬚菜は明代に成立した『彙書詳註』（王世貞）に初見し、『大和本草』（貝原益軒）は同書を引用したが、オゴノリとはせず、その同属種のシラモに充てた（巻之八　草之四）。その引用文は「王氏彙苑曰、生二海中《ノ》石上《ニ》一、莖如レ繒《キヌイト》、長《サ》僅《ニ》尺許、色始青《シ》。居人取レ之、沃《ソヽゲバ》二於水《ヲ》一乃白《シ》。又、名二繒菜《ト》一。人頗珍《トス》レ之。」とあるが、この記述では確かにオゴノリよりシラモの方がよく合う。同書よりやや遅く成立した『本草綱目』（李時珍）にも龍鬚菜は収載され、李時珍は「東南の海邊の石上に生じ、枝葉無く、狀は柳の根の鬚の如し。長さ尺餘、白色にして醋を以て浸し之を食す。肉に和して食するも亦た佳し。博物志に一種石髮あり、指に似たり。此の物と石衣の石髪と名を同じうす。」（巻第二十八「菜之四　水菜類」）と記載し、やはりシラモの方がよく合う。わが国ではこの見解が支持され、稲生若水も龍鬚菜をシラモとしたほか（『新校正本草綱目』巻第二十八「菜之四　水菜類」）、『和爾雅』（一六九四年）・『書言字考節用集』（一七一七年）など、江戸時代の字書は龍鬚菜の訓を「しらも」とする。それまでは『下學集』（一四四四年）・『撮壌集』（一四五四年）にあるように、宛字の白藻で表していた。一方、『中薬大辞典』が龍鬚菜の異名とする線菜は、『八閩通志』に見当たらず、『漳州府志』にあって「線菜　海中の沙地の上に生ず。其の長きこと線の如く、色は紅なり。漳浦に出づ。」（巻之三十九「物産　蔬之屬」）と記載する。これとてオゴノリとするには記述が貧弱すぎる。因みに、『多識篇』『書言字考節用集』は龍鬚菜に「かたのり」の和訓もつける。『下學集』『慶長十六年本節用集』にある「堅海苔　カタノリ」と和訓は同名であるが、今日いう同音名の海藻カタノリはムカデノリ科に属し、シラモとは異なる。漢籍にある龍鬚菜という名はむしろカタノリの方がイメージ的によく合う。とはいえ、漢籍の海藻の記載は概して不正確であるから、無理に漢名を充てる必要はなく、和製漢名の堅海苔としておくのがよいだろう。

2-12 「とさかのり」

『和名抄』に「楊氏漢語抄云ふ、雞冠菜　土里佐加乃里、式文に鳥坂苔を用ふ。」とあり、雞冠菜なる名が出てくる。和訓は「とりさかのり」とあるが、ミリン科トサカノリにこの名が継承されている。「とりさか」とは鳥境の義で、鶏頭の頂にあって左右を分ける位置にあるからであり、それが訛って「とさか」となった。『和名抄』の注記にあるように、『延喜式』では鳥坂苔の名で出てくる。同巻第二十三「民部下」の交易雑物として伊勢国・三河国・石見国・紀伊国から貢進を記録するほか、同巻第三十三「大膳下」の正月修太元師法料にも出てくる。トサカノリに相当する漢名は見当たらず、和製漢名の雞冠菜は音読みすべきではない。

2-13 「つのまた」

今日、スギノリ科ツノマタという海藻があるが、ここでいう「つのまた」は必ずしもツノマタとは限らない。この事情に関してはのちに詳述する。この名は『和名抄』（源順）に「崔禹錫食經云ふ、鹿茸、狀は水松に似たり　和名豆乃萬太　文選江賦注云ふ、鹿角菜　漢語抄云ふ、和名上に同じと。」とあり、鹿茸《ロクジョウ》に対する和訓として出てくる。ただし、鹿茸は生え出たばかりの軟らかい鹿の角を基原とするから、常識的に考えて海藻の名としては不自然である。おそらく鹿茸菜とあったのを源順が誤ったのであろう。一方で、鹿角菜《ロクカクサイ》の名も出てくるが、結局、同じ訓をつける。『本草和名』（深根輔仁）に「鹿茸　而肅反角　鹿の初生なり　漏脯　蒡屋漏脯　欝脯　脯を密器中に藏するは並に食ふべからず、已上二種陶景注に出づ　一名麚　古牙反　麀　於牛反　牡鹿　麌　思倶反小麀　麛　莫鷄反昂小麚音何瑕反　説云ふ、鹿胶中に有り未だ産まざるは麛色、蕭々蔵々なるは是なりと　麀　於牛反、已上五種崔禹に出づ　鹿茸一名鹿角　雜要決に出づ　和名加乃知加都乃」とあるように、鹿茸一名鹿角とあるのをもって、単純に鹿茸菜と鹿角菜とを同義と考えたらしい。因みに、本草では鹿茸と鹿角《ロクカク》を区別し、いずれもシカの角を基原とするが、採集時期が異なる。鹿角菜は文選江賦注を引用したというが、『文選』に「紫菜は熒曄して叢被を以てし、綠苔は鬖髿して研（石）上に（生ず）。」（巻十二「江海　江賦」、括弧内は李善註に基づいて補録）とあり、これに対する李善の「紫菜の色は紫にして狀は鹿角菜に似て細く海中に生ず」という注釈を指す。とはいえ、鹿角菜の名前が出てくるだけで、その基原の具体的な記載はなく、ただシカの角に似た海藻という字義の名があったという理由で選定したとしか思えない。実際、そのような形状の海藻はいくつかあるが、漢籍にあるからという、実に軽い気持ちでこの名を借用したわけで、その選定過程は意外とぞんざいであったことがうかがえる。平城京から出土した木簡の中に、鹿角菜のほか、「つのまた」と読める角俣の名が散見される。「つのまた」とは、分岐したシカの角を表す名で、葉状体の先が分岐しているものに対してつけた名と考えられる。後述するように、鹿角菜と角俣は区別されていた。

『木簡』

「鹿角菜一籠」（平城宮）

「角俣」（平城宮第一次大極殿院地区東辺）

「角俣」（平城京左京二条二坊五坪二条大路濠状遺構（北））

同じ上代の資料である『正倉院文書』の上山寺御悔過所供養料物請用注文（天平寶字八年三月七日）に「鹿角菜」（大日本古文書　巻五　四七九頁）とあるほか計五件、經師校生等大料雑物充用帳（天平寶字四年十二月四日）に「角俣五十一斤四兩」（大日本古文書　巻四　四五七頁）のほか計十四件に出ており、角俣の方が出現頻度が高い。一方、平安時代の『延喜式』も両系統の名が登場するが、上代資料とは逆に鹿角菜の方が多くなっている。

『延喜式』巻第二十三「民部下」

交易雑物

伊勢国・尾張国・三河国・播磨国・紀伊国・阿波国　鹿角菜

『延喜式』巻第二十四「主計上」

凡諸國貢調　角俣菜

志摩国　鹿角菜　角俣菜

阿波国　鹿角菜

凡中男一人輸作物　鹿角菜

『延喜式』巻第三十「大蔵省」

凡戒壇十師幷沙弥菜料　鹿角菜

『延喜式』巻第三十三「大膳下」

稱海菜雜盛一籠者大小凝菜鹿角菜各盛一斤

正月最勝王經齋會供養料　鹿角菜　角俣菜

同月修太元師法料　鹿角菜（中略）角俣

七寺盂蘭盆供養料　鹿角菜　角俣菜

仁王經齋會供養料　鹿角菜（中略）角俣菜

凡稱雜盛一籠者　鹿角菜

『延喜式』巻第三十九「内膳司」

供御月料　鹿角菜

『延喜式』巻第四十三「主膳監」

月料　鹿角菜

とりわけ注目すべきことは『延喜式』巻第二十四「主計上」の諸國貢調における志摩国からの鹿角菜と角俣菜の貢進の記録である。すなわち、鹿角菜と角俣菜は明確に別品と認識されていたことを示唆する。まず、鹿角菜の基原についてであるが、中国本草では『日華子諸家本草』菜部下品に初見し、「海州に出づ。登萊、沂、密州並に有り。海中に生ず。」（『證類本草』巻第二十九「菜部下品」所引）と記述するにすぎない。鹿角という明確な形態を表す名をつけているからであろうが、種を絞り込むには不十分である。ずっと時代を下って明代の『本草綱目』（李時珍）は、「東南の海中の石厓の間に生じ、長さ三四寸、大さ鐵線の如し。丫《ふたまた》を分かち鹿角の狀の如くにして、紫黃色なり。土人、采り曝貨して海錯と爲す。水を以て洗ひ、醋に拌ぜれば則ち脹起して新味の如し。極めて滑美なり。若し久しく浸せば則ち膠の狀の如くにして、女人用ひて以て髪を梳り、粘りて亂れず。」（巻第二十八「菜之四　水菜類」）とあって、記述はかなり精緻になる。李時珍のいう「鐵線の如し」から茎葉が細く、また「久しく浸せば則ち膠の狀の如く云々」とは糊の原料となる海藻であることを示唆し、中国本草でいう鹿角菜はフノリ科マフノリ・フクロフノリなどホンフノリと考えられる。フノリの類は先がわずかに割れているから、鹿角状という記述に合うが、『和名抄』が海蘿《カイラ》に対して「ふのり」の和訓をつけるので（「2-14」）、簡単にそう割り切れない事情がある。ただし、フノリ類が鹿角菜と認識されたことは後世の古字書にその痕跡が残り、室町末期の『饅頭屋本節用集』および一四七四年に成立した『文明本節用集』に「鹿角菜コブノリ」とある。一方、『文明本節用集』では別項に「角菜ツノマタ」とあるから、「つのまた」と鹿角菜を区別していたことがいよいよはっきりする。以上から、上中古代のわが国で鹿角菜と称するものは、フノリ属のうちマフノリやフクロフノリのように大きく成長するもの、およびスギノリ科ツノマタ属のうちフノリの類によく似るヒラコトジやトゲツノマタを総称したと考える。一方、「つのまた」はスギノリ科ツノマタ属のうち、ツノマタ・マルバツノマタ・オオバツノマタのように茎葉が扁平で太く、葉状体の先に明瞭な分岐のある種であろう。わが国にはシカの角の形状をもつ種がフノリ科フノリ属・スギノリ科ツノマタ属・ミリン科トサカノリ属ほか多くあって、同種でも形態が多様で、『和名抄』は鹿角菜にも角俣菜と同じ「つのまた」の訓をつけざるを得なかったのである。源順は形状の記載をしていない漢籍から漢名を借用したわけで、今日の基準からすれば杜撰というほかはないが、まともな記述のある漢籍がないからやむを得ないことであった。

因みに、通説ではスギノリ科ツノマタの漢名として『八閩通志』に初見する赤菜《セキサイ》を充てるが、同書の「赤菜　海物異名記いふ、菜は海に生じて紫の蔓をなす。其の大なるは鹿角菜と曰ひ、能く麺毒を鮮す。」（巻之二十五「食貨土産　福州府　蔬之屬」）という貧弱な記述から、ツノマタとするにはかなり無理がある。『漳州府志』にも「赤菜海に生じて紫の蔓をなす。其の大なるを其の莖に岐有るを以て鹿角菜と爲すなり。」（巻之三十九「物産　蔬之屬」）、『閩書南産志』でも「赤菜　海物異名記曰ふ、海に生じて紫の蔓をなす。其の大なるを鹿角菜一名猴葵と爲す。南越志曰ふ、猴葵の色赤く、石の上に生ず。之を鹿角と謂ひ、其の莖に岐有るを以てするなり。」とあって、いずれも『八閩通志』と同内容である。いずれも紫色のつるというから、スギノリ科ツノマタ属のいずれとも合わないが、フノリ科ではマフノリ・フクロフノリは中空の茎状の葉状体はつるのように見える。フノリ科フノリ属の中で大きく成長するのはいわゆるホンフノリであるから、それを鹿角菜とすれば、赤菜はハナフノリのような小型種となるが、つるの形状を持たない。赤菜をツノマタとするのは、単なる赤い海藻という貧弱なネーミングも相俟って、承服する理由に乏しく、結局、漢籍の海藻の記述は不正確の一語につき、わざわざ漢名を充てる必要はないという結論に至る。どうしてもツノマタに漢名をつけたいのであれば、一名多品になってしまうが、鹿角菜を充てるのがよいだろう。

2-14　「ふのり」

「ふのり」の名は古く上代の資料からも多く見出される。平城京から出土した木簡の一部には産地名も記載されている。名錐郷とは、『和名抄』に「志摩國英虞郡　名錐」とあるように、三重県旧英虞郡波切町と考えられる。駿河国志太郡は現在の静岡県藤枝市と焼津市周辺をいう。

『木簡』

「名錐郷布乃利」(平城京左京三条二坊八坪二条大路濠状遺構南)

「╱乃利一古○布乃利一古○海藻一古○細米二束╱弥留一古○伊支須一古○廣米一束〃右 七種」(平城宮東院地区)

「布乃利」(平城宮第一次大極殿院西面築地回廊)

「・駿河国志太郡正丁作物布乃理一籠↓・○天平勝寶六年十月」(平城宮内裏北外郭東北部)

「布乃理」(平城京左京七条一坊十六坪東一坊大路西側溝)

上代の資料では『正倉院文書』にも「ふのり」の名が多く見られる。經師校生等大料雜物充用帳(天平寶字四年十二月四日)に「布乃利五十一斤四兩」(大日本古文書 巻四 四五七頁)ほか布乃利の名で計五十三件あり、そのほか布乃理十二件、不乃利二件、布能利一件がある。すなわち、「ふのり」は古代のわが国では重要な海藻の一つであった。しかし、平安時代の『延喜式』では巻第三十三「大膳下」の嘉祥寺春地藏悔過料に「布乃利九升六合」とあるにとどまる。「ふのり」の価値が奈良時代と平安時代で大きく変わったとは考えにくく、鎌倉期の『問はず語り』でも「ひさしに候《さぶら》ふ公卿《くぎやう》たち、「なにかみさわぐ、人だまなり」といふ。「大やなぎの下に、ふのりといふ物をときて、うちちらしたるやうなる物あれ」などののしる。」(巻一「八 後嵯峨院御悩」)とあるので、「ふのり」に一定の価値が認められていたと考えねばならない。「2-13」で詳述したように、『延喜式』に鹿角菜の名が多く登場し、その基原にフノリ科フノリ属の種が含まれるので、それ故に上代と比して「ふのり」の名が激減しているのであろう。

ここで、「ふのり」に充てるべき漢名を考えてみよう。『和名抄』は「海蘿 崔禹錫食經云ふ、味は澁醎大冷にして無毒、其の性は滑滑然として九竅を主る。和名不乃利、俗に布苔を用ふ。」とあるように、海蘿《カイラ》を充てる。この名は中国本草では正名として扱われず、わずかに『本草綱目』(李時珍)が海藻の異名とするにすぎない。本草でいう海藻はホンダワラ科ホンダワラであることは拙著『万葉植物文化誌』で詳述した通りであり、『本草和名』でも海藻の異名の一つに海蘿を挙げる。海蘿の文献上の初見は『爾雅』の「薚は海藻なり」に対する郭璞の注釈「藥草なり。一名海蘿。亂髪の如く海土に生ず。」であり、やはり薚すなわち海藻（藻の本字）の異名とする。ただし、郭璞は乱れ髪のようで海土に生えると記述するところがフノリに合わない。結局、中国でいう海蘿は海藻類の未知種でイギスに似たものといえそうである。『和名抄』が海蘿を「ふのり」に充てたのは『崔禹錫食經』に「其の性は滑滑然として云々」と記載するところを重視したと考えられる。「ふのり」は、『和名抄』の注記に布苔を俗用するとあるように、水に煮るとゾル化して糊状となるので、着物の仕上げの糊付けに用い、またそこに語源の由来がある。室町期以降のわが国の古字書におけるフノリの用字は次のようである。

『撮壌集』（一四五四年）　海蘿フノリ
『文明本節用集』（一四七四年）　布苔フノリ　鹿角菜コブノリ
『温故知新書』（一四八四年）　海羅フノリ　布苔フノリ
『明応五年本節用集』（一四九六年）　布苔フノリ
『伊京集』（室町末期）　湈蘿フノリ
『饅頭屋本節用集』（室町末期）　布苔フノリ　鹿角菜コブノリ
『黒本本節用集』（室町末期）　布苔フノリ　又作海蘿
『慶長十六年本節用集』（一六一一年）　海羅フノリ　布苔フノリ　粉苔フノリ
『和爾雅』（一六九四年）　海羅フノリ

『伊京集』の湈蘿は特殊な名前ではなく、海を音で湈に作ったのであり、基本的に海蘿と同系統の名である。フノリに対して海蘿・布苔を充てる字書が多いが、いずれも『和名抄』に基づく。その中で『文明本節用集』と『饅頭屋本節用集』が鹿角菜を「こぶのり」と訓ずるのが目立つが、おそらく古くからのわが国における用途の実態を反映したと思われる。「こぶのり」は『大和本草』の海羅《フノリ》の条に「處々ノ海濱ノ石ニ付テ生ス。チイサキヲ小ブノリト云。羹トシテ食ス。味甘シ。其大ナルヲ水ニ洗干シ貯ヘ煮テ糊トス。」（巻之八「草之四　水草類」）とある小ブノリと思われるが、少々注意が肝要である。それはフノリ属の中で小型の種という意味ではなく、『山家集』下の海藻の各種を詠んだ歌「磯菜《いそな》摘《つ》まん　今生《いまお》ひ初《そ》むる　若《わか》ふのり　みるめぎばさ　ひじきこ、ろぶと」にある「わかふのり」のことで、すなわち未成長のフノリという意味である。こう解釈すれば、「2-13　つのまた」で述べた「大なるを鹿角菜」という漢籍の記載と矛盾しない。大なるものでも未成長であれば小であり、益軒のいう小ブノリになるからで、益軒の見解は達観である。あるいは『慶長十六年本節用集』にある粉苔という用字があることをもって、別の解釈も成り立つ。益軒は「こぶのり」を小ブノリと解したが、粉《こ》ブノリの義であって、フノリを乾燥し粉状にした形で利用したから、この名をつけたとも思われるからだ。この見解では、フノリ属の大小あるいは老若とは無関係にツノマタ属とともにフノリ属を鹿角菜の基原に含めることができる。すでに述べたように、わが国の先人が日本列島に産する生物種に漢名を充てることが至上命題であったが、小異どころか大異すら捨てて、充てようとした頑固ともいえる姿勢が種々の名前の混乱をもたらしたことは言を俟たない。後世のわが国の本草家を悩ませただけでなく、現代の専門家も勘違いさせる結果になろうとは想像もしなかったにちがいない。

2-15「なはのり」

『萬葉集』に縄のり（縄乘・縄法・奈波能里）を詠む歌が四首ある。「なはのり」と読み、「のり」の一種と考えられるが、拙著『万葉植物文化誌』では特定の海藻を指すとはしなかった。この名に合致する海藻があるので本書で補足しておく。

一、海原《うなはら》の　沖つ縄のり　うちなびき　心もしのに　思ほゆるかも　（巻十二　二七七九）

二、わたつみの　沖に生ひたる　縄のりの　名はさね告《の》らじ　恋ひは死ぬとも　（巻十二　三〇八〇）

三、紀伊《き》の国の　室《むろ》の江《え》の辺《へ》に　千年《ちとせ》に　障ることなく　万代《よろづよ》に　かくしもあらむと　大船の　思ひ頼みて　出《いで》立《たち》の　清き渚に　朝なぎに　来寄る深海松《ふかみる》　夕なぎに　来寄る縄のり　深海松の　深めし児らを　縄のりの　引けば絶ゆとや　里人《さとびと》の　行きの集《つど》ひに　泣く子なす　靫《ゆき》取り探り　梓弓　弓腹《ゆばら》振り起こし　しのぎ羽《は》を　二つ手挟《たばさ》み　放ちけむ　人し悔しも　恋ふらく思へば　（巻十三　三三〇二）

四、わたつみの　沖《おき》つ縄のり　くる時と　妹《いも》が待つらむ　月は経につつ　（巻十五　三六六三）

今日、ナワノリという音名の海藻・海草はない。その名は縄のように長いからつけられたとしてまちがいないから、枝分かれがなるべく少なく、ある程度の太さがあって一定の長さのある海藻となる。第三の歌では、深海松に対して「来寄る縄のり」とあるから、あまり深くないところに生え、また「引けば絶ゆ」（「縄法の」はこの枕詞）とあるから、引っ張れば切れやすい海藻である。このように考えると、潮間帯の上部から中部の波がよく当たる岩場に生える、『大和本草』巻之八「草之四　水草類」にある索麺ノリすなわちウミゾウメン科ウミゾウメンが候補に挙げられ、わが国各地で食用に利用される。しかし、太さは二ミリほどと細く、長さはわずか五センチ～二〇センチほどしかなく、縄のりの名に合わない。また、引くとゴムのように伸び、やや切れにくい。もう一種、ツルモ科ツルモという海藻があり、低潮線下の岩に生え、太さは二ミリ～五ミリあってウミゾウメンより太く、また長いものは三メートルにもなって切れやすいから、縄のりの名にふさわしい。したがって、万葉の「なはのり」はツルモと考えてまちがいない。今日、ツルモはほとんど食用にされないが、貝原益軒は「ヤキテモ煮テモ食ス。味ヨシ。越後ニアリ。」（巻之八「水草類」）と述べており、日本海側の一部地方では食用にされたらしい。

第19章

つるを表す二つの和名：「かづら」と「つづら」

白蘘荷（584頁）

古典文学には多くのつる性植物の名が出現する。その主なものは次の通りである。

あかね（萬葉集）・あけびかづら（本草和名）・あまづら（本草和名）・あをかづら（本草和名）・いはゐつら（萬葉集）・えびかづら（本草和名）・くず（萬葉集）・くそかづら（萬葉集）・さな（ね）かづら（古事記・萬葉集）・さるとり（本草和名）・すひかづら（本草和名）・たはみづら（萬葉集）・つた（萬葉集）・つづら（萬葉集）・ところづら（萬葉集）・ねなしぐさ（本草和名）・のうせうのかなら（醫心方）・ひさごづら（本草和名）・ふぢ（古事記・萬葉集）・まさきづら（日本書紀）

この中で「かづら」「つ（づ）ら」という名をもつものがかなりある。「のうせうのかなら」は原典の乃宇世宇乃加奈良に基づくが、奈は都あるいは豆の誤写と思われ、これも「かづら」の一種ノウゼンカズラである。「ふぢ」も、『古事記』では「ふぢかづら」とあり、古くは「かづら」と認識された。「あかね」「ねなしぐさ」「つた」も、方言名の中に「つる」「かづら」の名が散見され、やはり「つる」の一種と認識された。一方、「さるとり」や「むぐら」（第9章で既述）は形態上はつる性植物ではあるが、方言名に「つる」を示唆する名はほとんど見当たらない。限定的ではあるが、以上の事実から「かづら」「つ（づ）ら」は形態上の特徴を表すというより、むしろその植物の民俗学的あるいは文化的背景を反映したものであることが示唆される。言語学的に考えて、「かづら」「つ（づ）ら」のいずれも「つる」を祖名として発生したと推定される。「つる」は「連《つら》ぬ」「連《つ》る」から派生した語で、「つら」はその訛りである。弓弦の弦《つる》や「釣る」「吊す」などは、「つる」を原料とする物あるいはそれを利用した動作を表す言葉で、「つる」に類縁のある基礎語である。はるか縄文の古い時代から生活必需品であった籠は「つる」を綴って作り、それを葛籠《つづら》と称した。「つづら」とは葛籠の原料となるつる性植物を表す名ともなった。古代にあっては頭に植物の枝葉を飾り付けるのは世界各地に共通する習慣であり、わが国では神事の際の必需品とされた。髪につける「かつら」は、髪蔓《かみつる》が訛ったと考えられるが、古くからつる性植物を多く用いたからである。『古事記』

の上つ巻に「天宇受賣命《あめのうずめの》、天の香山の天の日影《ひかげ》を手次《たすき》に繋《か》けて、天の眞拆《まさき》を鬘《かづら》として云々」とあるように、「まさきのかづら」（眞拆）を鬘にしたことを描写している。ここではたすきとされた「ひかげのかづら」（日影）は現在でも各地の神社の神事に髪の飾りに繁用され、「つる」としてはきわめて軟弱であるが、鬘とされたことをもって「かづら」と称された。『萬葉集』に「霍公鳥　厭《いと》ふ時なし　菖蒲《あやめぐさ》　鬘《かづら》にせむ日　此《こ》ゆ鳴き渡れ」（巻十　一九五五）と詠まれるように、つるではない僻邪植物のショウブを「かつら」にする習慣もあった。おそらく、当初は葛籠や弓弦などを作る「つる」を「つ（づ）ら」、そうではないものを「かつ（づ）ら」と使い分けたと思われるが、のちに同義とされ、「かづら」に統一された。

「かづら」「つ（づ）ら」は純然たる和語であるが、古墳時代から飛鳥時代に漢字を導入したとき、どんな字を充てたのであろうか。上代の古典では「くそかづら」に屎葛、「さねかづら」に狭根葛など、圧倒的に多いのは葛の用字である。『説文解字』に「蔓は葛の屬なり。从艸曼聲。」とあるが、一方で「纍は綴りて理を得るなり。一に曰ふ大索也。从糸畾聲。」ともあり、少なくとも「つ（づ）ら」の用字には纍あるいはそれを「艹」に作った虆がもっとも適しているようにみえる。第17章第1節でも述べたが、『本草和名』が千歳虆を「あまづら」と訓ずるように、虆は「つる」と解された。しかし、わが国の先人が採用したのは纍（虆）ではなく葛であった。葛の呉音が「カチ」、漢音が「かつ」であるから、「つる」たる「かづら」の語源は漢語由来とも考えられる。

第1節 「かづら」と呼ばれる植物

1-1 万葉の木妨己の正しい訓

『萬葉集』では狭根葛・核葛・狭名葛・佐奈葛を詠む歌が八首あり、「さねかづら」あるいは「さなかづら」と訓ずる。『本草和名』（深根輔仁）に「五味 蘇敬注云ふ、皮完（ママ）は甘酸、核中は辛苦、都てに鹹味有り、故に五味と名づくと 一名會及 一名玄及 本條 一名莖著 莖音京著音除、兼名苑に出づ 和名砂祢加都良」、『和名抄』（源順）に「蘇敬本草注云ふ、五味 和名作祢加豆良 皮肉は甘酸、核中は辛苦、都てに鹹味有り、故に五味と名づくなり」とあり、万葉の「さね（な）かづら」に相当する漢名を五味《ゴミ》とする。本草でいう五味（子）はマツブサ科チョウセンゴミシを基原とするが、わが国では中部地方の高冷地および北日本に産し、万葉時代はおろか江戸時代の中期までその存在は知られていなかった。五味子に南五味子《ナンゴミシ》という代用品があり、真品の五味子（北五味子《ホクゴミシ》）の産しない地域で利用された。わが国で南五味子と称するものに、万葉名と同じサネカズラを基原とし、同じマツブサ科ながらチョウセンゴミシとは別属の種である。「さね」は核すなわち果実の意であるから、赤熟した果穂はよく目立つのでその名の由来がある。したがって、『萬葉集』に核葛とあるのは正訓であって、「さね（な）かづら」をサネカズラとすることはまったく問題ない。一般の注釈書は、『萬葉集』にもう一首、「さなかづら」を詠む歌があるとしている。当該部分を敢えて原文で示しておく。

大船《おほぶね》の 思ひ頼みて 木妨己 いや遠長く 我《あ》が思《おも》へる 君によりては 言の故も なくありてこそと 木綿《ゆふ》だすき 肩に取り掛け 斎瓮《いはひへ》を 斎《いは》ひ掘りすゑ 天地の 神にそ我《あ》が祈《こ》ふ いたもすべなみ

（巻十三　三二八八）

この木妨己を木防已の誤記とし、『新撰字鏡』に「木防已　佐奈葛一云神衣比」とあるのをもって、一般の注釈書は「さなかづら」と訓ずる。しかし、『本草和名』によれば、この和訓は五味《ゴミ》に充てられ、一方、同書の別条に「防已一名解離一名石解木防已一名解推一名解名一名解燕一名方　已上六名は釈藥性に出づ　和名阿乎迦都良」とあって、木防已を防已の一名として、「あをかづら」の和訓をつける。因みに、『和名抄』でも「本草云ふ、防己一名解離　阿乎加都良」とあり、『本草和名』を引用し、防己を「あをかづら」と訓ずる。この万葉歌の木妨己を、『新撰字鏡』によって「さなかづら」と訓ずるのか、『本草和名』によって「あをかづら」と訓ずるのか、どちらが正しいのかこれまで国文学では客観的視点から検討されたことを聞かないので、改めて検証する。

まず、木防已《モクボウイ》が防已の一類であることは言を俟たない。防已《ボウイ》は日本薬局方に収載される生薬であるが、典籍によっては防已・防己・防巳と表記され、どれが正しいのか疑念を持たれる人が多いにちがいない。生薬学によほど精通した研究者でなければ、その意味および訓を正しく理解するのは難しいかもしれない。結論からいえば、この三つの表記のいずれが正しいか答えはないが、一応、この三名の字解を行っておく。まず身近な典籍では、『本草和名』（深根輔仁）は防已（森立之校定本）、『箋注倭名類聚抄』（狩谷棭斎校注）は防己とする。ただし、両書とも書写による伝本であるから原典の表記をそのまま書写したとは限らない。已・己・巳の三字は、現在、それぞれ字義が異なるが、字体が紛らわしく、昔からしばしば混用されてきたからだ。現在の中華人民共和国薬典（わが国の薬局方に相当）は防己（和音読みではボウキ）とし、字義の上では「己《おのれ》を防ぐ」という意である。因みに、わが国の薬局方が採用する正名は防已《ボウイ》であって「防ぎ止める」の意である。『本草綱目』（李時珍）は李東垣《りとうえん》を引用して「按ずるに、東垣李杲云ふ、防已は險健の人の如し。幸災樂禍、能《よ》く首（首領のこと）は亂階（乱の起こるもと）の如し。若《も》し之を善用すれば、亦た敵を禦《ふせ》ぐべし。其の名或は此の義を取らんと。」（巻第十八「草之七　蔓草類」）と防已の字義を説明する。昔からボウイ（本段落の本文では混乱を防ぐため、取り敢えず局方のカタカナの正名で表し、古典の記述では防已としておく）の字義の解釈に苦慮していたことがうかがえ、仮に李時珍の説明が正しいとすれば、防己・防已のいずれも意味をなす。一方、防巳《ボウシ》については、巳は干支《えと》の第六位で、五行説によれば火に当たるから、五臓の心《しん》である。したがって、防巳は「心を防ぐ」という意味になる。生薬ボウイは、『本草經集注』（陶弘景）によれば「是れ風水家を療ずる要薬なり」（『證類本草』巻第九「草部中品之下」所引）といい、また『本草拾遺』（陳蔵器）も「漢（漢防已）は水氣を主り、木（木防已）は風氣を主る」（『證類本草』同）とあるので、水剤であるボウイ（漢防已）は、五行思想によれば、火たる心を克服する効能をもつ。『神農本草經』はボウイの薬性を辛平、『名醫別錄』は苦温とするが、後者の温の薬性では水剤に合わない。一方、李当之（二世紀—三世紀）は大寒、張元素（一一五一年—一二三四年）は大苦辛寒とするので（『本草綱目』巻第十八「草之七　蔓草類　防已」所引）、寒の薬性なら「心を防ぐ」という防巳の字義を理解できる。すなわち、ボウイの基原は一つではなく、時代によって薬性の異なるものを充てたため、防已・防巳・防己の三名が発生したと考えられる。中国最古の字書である『説文解字』の巳（十四篇下一七七）では「巳也四月陽氣巳出陰氣巳藏萬物見成彣彰故巳爲蛇象形凡巳之屬皆从巳」とあり、現在、通用する巳の意味ではさっぱり理解できない。漢学者は、通例、巳と已を同義として、「巳（＝已）なり。四月陽氣已《すで》に出でて、陰氣已《すで》に藏《をさ》む。萬物見《あら》われ彣彰を成す。故に巳は蛇と爲す。象形。凡そ巳の屬皆巳（＝已）に从《したが》ふ」と訓読する。一方、『康熙字典』の巳の条では、『説文解字』を引用して、「己也四月陽氣己出陰氣己藏萬物皆成文章故己爲蛇象形」とし、己と巳を同じとする。結局、中国でも已・巳・己の字義上の区別は事実上ないに等しいのである。因みに、中国の古典籍では、一二四九年に刊行された晦明軒稿本『重修政和經史證類備用本草』の今日に伝わる重刊本では防巳である。『本草綱目』のもっとも古い金陵本も防巳とするが、清代末の合肥張紹棠刊本は防己に変わり、現在の中国は張紹棠本『本草綱目』の表記に基づいて防己の名を採用し、『中薬大辞典』ではボウキと訓ずる。生薬学の専門家は承知しているが、文系の諸氏におかれてはこれをもって防已を誤用と勘違いすることもあるかと思い、ここに解説した次第である。

さて、再び万葉の木妨已（以下、日本薬局方に準じて木防已と表記する）に戻るが、この基原も一筋縄ではいかない。まず、今日の防已の基原がわが国と中国で大きく異なることに留意しなければならない。その背景には、前述したように、中国において防已の基原が歴史的に大きく変遷した事実があるからだ。文系の諸氏はしばしば『本草綱目』の記述をもって中国本草の標準的見解と解釈する傾向が顕著のように見受けられるが、それでは真相に迫ることすら困難であることを予め申し上げておきたい。防已の基原に関するもっとも古い記述は『名醫別錄』の「文は車輻の如くして理の解する者が良し」であり、茎の横断面の紋様が車輪の輻《や》のように放射状に並んだものを良品とする。植物形態学の知識がなければ理解するのは難しいが、茎の切り口において導管部と放射組織が交互に放射状に配列し、車輪の輻のようになっていることをいう。つる性木本植物ではかかる特長をもつものがいくつかあるので、まったく類縁関係のないものが防已に紛れ込む余地があり、それが基原を混乱させる要因となっている。その一つにウマノスズクサ科ウマノスズクサ属で木質茎をなす種があり、中国ではそれを漢中防已《カンチュウボウイ》と称した。漢中防已とは、漢中（陝西省南西部）産防已の意であり、『圖經本草』（蘇頌）は「漢中に出づる者、之を破れば、文は車輻解を作《な》し、黄（色）にして（充）實し香ばしく、莖梗は甚だ嫩《やはら》かし。苗葉は小にして牽牛（ヒルガオ科アサガオ）に類し、其の莖を折り一頭之を吹けば、氣が中より貫き木通の類の如し。」（『證類本草』巻第九「草部中品之下」所引）とその特徴を記載する。乾燥茎に通気孔があり、口で吹くと空気が通ずるというのはツヅラフジ科オオツヅラフジによく合い、日本薬局方はそれを基原種と規定する。一方、葉がアサガオのようだというから、心形と腎形の違いこそあれ、ウマノスズクサ属植物とも解釈し得るのをもって、中国では木質のウマノスズクサ属を漢中防已に充てる。ところが『本草經集注』に「今、宜都、建平に出づ。大にして青白色、虚軟なる者が好《よ》し。黯黒冰強の者は佳《よ》からず。」（『證類本草』同所引）とあり、オオツヅラフジともウマノスズクサとも合わないものが登場した。これに対して『新修本草』（蘇敬）は「青白虚軟なる者は木防已と名づく。都《すべ》て用ふに任《た》へず。陶（弘景）の之を佳《よ》しと謂ふ者は蓋《なん》ぞ未だ見ざる漢中の者ならん。」（『證類本草』同所引）とあるように陶弘景を批判し、茎葉に白毛が密生して青白く見えるものが木防已であることを明らかにした。これこそ同じツヅラフジ科ながら別属種のアオツヅラフジに相当する。蘇頌も「它《ほか》の處の者は青白にして虚軟、又腥氣、皮に皺有り、上に丁足子有るは木防已と名づく。」（『證類本草』同所引）とあり、漢中以外に産する防已はアオツヅラフジ基原であることを示唆する。以上、本草における防已の認識は、各家によって大きく異なるが、拙著『生薬大事典』で詳述してあるのでこれ以上の議論は省略する。

以上、木防已の基原は陶弘景注および蘇敬注によってツヅラフジ科アオツヅラフジと考定することができるが、本草では木防已を防已の異名としているから、『本草和名』『和名抄』にある「あをかづら」をその古名と考えねばならない。サネカヅラを防已の基原種とする医書・本草書は和漢のいずれにも見当たらないから、『新撰字鏡』の訓は誤りと考えざるを得ないのだ。したがって、前述の万葉歌（巻十三　三二八八）の木妨已は「あをかづら」と訓ずるのが正しい。拙著『万葉植物文化誌』では、『新撰字鏡』に基づく旧説を受け入れ「さねかづら」と訓じてしまったが、ここに訂正しておく。『新撰字鏡』は木防已の和訓の別名に神衣比すなわち「かみ（む）えび」を挙げている。「えび」とは、通例、ブドウ科ヤマブドウ（古名：えびかづら）をいうが、熟果が黒紫色となるエビヅルも指す（第17章第1節参照）。アオツヅラフジの果実も熟すれば同じ色になり、果穂の全形がよく似るので、昔はエビヅル・アオツヅラフジはよく混同された。一方、サネカズラの実は赤いので、エビヅル（えびかづら）とは似て非なるものとして、「かみ（む）えび」と名づけて区別したのである。しかし、エビヅル・アオツヅラフジ・サネカズラのいずれも果実の形態はよく似るので、『新撰字鏡』は五味子（『新撰字鏡』にこの項目名は見当たらない）に充てるべき「さねかづら」の訓を誤って木防已につけてしまった。同書が別名とする神海老《かむえび》もサネカズラすなわち南五味子《ナンゴミシ》であることは、『頓醫抄』（梶原性全）の咳嗽薫叓にある「神海老与椙《スギ》ノ葉合テ、酢少シ入テ、其汁ニ雄黄、水金若無ハ水銀、輕粉合テ云々」（巻第十七「喘息　咳嗽　痰飲」）という処方から明らかである。というのは、基本的に水剤である木防已では『頓醫抄』の薬方の意義を説明できないが、五味子であれば、『神農本草經』に「氣を益し、欬逆、上氣、勞傷、羸瘦して不足を補ひ、陰を強め、男子の精を益するを主る」とあり、古医学では欬逆・上氣を療ずるのが咳嗽に対して有効とされ、神効（古典医書ではよくこの表現を用いる）があるとしてその和名を「かみ（む）えび」としたのである。九州地方でヤマブドウ・エビヅル・ノブドウほかブドウ科植物を「がねび」「がねぶ」「かねーぶ」などの方言名で呼び（『日本植物方言集成』）、その語源は不明とされているが、『新撰字鏡』の「かむえび」がブドウ科植物の名に転じて訛ったと考えれば整合性のある説明が可能となる。以上、『新撰字鏡』は木防已に本草の認識とは異なる植物和名サネカズラを充てたことになるが、いずれであってもつる性植物であるから、「いや遠長く」に掛かる句として歌の解釈の核心まで影響がおよぶことはない。

『延喜式』巻第三十七「典薬寮」の諸國進年料雜藥では伊豆国・安房国・上総国から木防已の貢進を記録する。また、諸司年料雜藥・遣諸蕃使（唐使・渤使）などに防已の名も散見され、諸國進年料雜藥には駿河国・周防国から貢進を記録する。防已・木防已のいずれも古方の要薬であり、古くは珍重されたことはまちがいないが、アオツヅラフジ・オオツヅラフジが広く分布する割に貢進国があまりに少ないように感じられる。その理由はそれぞれ異なる。オオツヅラフジは人里から遠い山地に生えるから、当時のわが国では入手が容易ではなかったと推定される。一方、木防已たるアオツヅラフジは身近な二次林の林縁によく出現するが、原生の自然に恵まれた古い時代にあってはそれほど多くなかったと思われる。

1-2 語源が異なる万葉の「くず」と『和名抄』の「くすかづら」

つる性植物の中には古くから薬用に供するものが多い。ここでは国文学にも登場するツヅラフジ科以外のつる性薬用植物を紹介する。「くず」はマメ科クズで、その根を葛根《カッコン》と称し、葛根湯《カッコントウ》ほか重要な漢方処方の主薬である。『神農本草經』の中品に収載され、主治を「一名雞齊根。味は甘く平。川谷に生ず。消渇し、身に大熱あり、嘔吐して諸痺あるを治し、陰氣を起こし諸毒を解く。」と記載する。『萬葉集』では二十首の歌に詠まれ、四首に久受と表記されるほかはすべて葛の漢名で登場する。次の歌にあるように、「延ふくずの」と詠む歌が九首、「引く」とあるのが二首あり、つる性植物としての特徴を表している。

大崎の　荒磯《ありそ》の渡り　延《は》ふ久受の　行くへもなくや　恋ひ渡りなむ　（巻十二　三〇七二）

国文学では、山上憶良の「秋の七草」の歌を除いて、クズの花はめったに登場しないが、『撰集抄』に「草《くさ》ふかくしげりあひて、行かふ道も跡《あと》たえ、お花くず花露しげくて、軒《のき》もまがきも秋の月すみわたり云々」（巻四「八　中納言局小倉山麓住事」）とあり、珍しくクズの花に言及する。

クズの語源を葛粉《くずこ》の名産地奈良県国栖《くず》にもとめる俗説がある。『延喜式』巻第七「神祇七　踐祚大嘗祭」および同巻三十一「宮内省」に吉野國栖が大嘗祭および諸節会に御贄を献上し、歌笛を奏したという記述があり、国栖《くず》はクズの名産地と知られる吉野に位置するから、献上品（土毛《くにつもの》）の中にクズも含まれていたと考えられたらしい。ところが同巻第三十七の諸國進年料雜藥に山城国・伊勢国・近江国・紀伊国から葛根の貢進の記録があるが、語源の由来となったという国栖のある大和国の貢進物の中に葛根の名はない。クズの根は薬用に供するばかりでなく、葛粉というデンプン原料にもなるので、吉野産クズはもっぱらデンプン原料にされたのではという反論もあるかと思う。しかし第1章第5節「5-1」でも述べたように、葛デンプンの利用は早くても平安後期以降であるから、やはりこの反論は成り立たない。また、クズは、根に限らず、花を葛花《カッカ》と称し、これも薬用とした。『延喜式』の諸國進年料雜藥に上総国・若狭国・紀伊国から葛花の貢進の記録があるが、ここにも大和国の名はない。したがってクズの語源を現在の産地の地名に求めるのはどうやら眉唾のようである。『本草和名』に「葛根一名葛穀　蘇敬注云ふ、是れ即ち実なりと　一名雞齊根一名鹿藿一名黄斤一名葛脰　蘇敬注云ふ、根の土に入ること五六寸なる者なりと　仁諝音三　黄葛根一名𪊲羅　養性要集に出づ　一名圏一名播赤　已上雜要訣に出づ　和名久須乃祢」とあり、また『和名抄』でも「蘇敬本草云ふ、葛穀一名鹿豆　葛音割和名久須加豆良乃美　葛實の名なり　葛脰　音豆和名久須加豆良乃祢　葛根、地に入ること五六寸の名なり」とあって、いずれも和訓を「くす」とする。『萬葉集』の久受は「くず」以外の訓は考えられないので、これにしたがって同集にある葛はすべて「くず」と訓ずる。クズは根・花・実を薬用とするほか、つるは籠などを編むのに利用し、葉は飼い葉になるなど、捨てるところがないほど有用とされた。『和名抄』にある久《く》須加豆良《すかづら》の義は「奇《くす》しき蔓《かづら》」であり、クズが有用であったため、平安の文人による語源俗解とみるべきで、古名と考えるべきではない。すなわち、『萬葉集』にある「くず」が本来の名であり、その語源については第3節で述べる。

1-3　大神神社の鎮花祭で花鬘にするスイカズラ科スイカズラ

スイカズラ科スイカズラはわが国の山野に普通に分布する。花に芳香があるので一般の人気は高く、生け垣に這わせて栽培することもある。『本草和名』（深根輔仁）に「忍冬　陶景注云ふ、冬を淩ぎて彫（凋）まざる故に以て之と名づくと　一名耐冬一名延門　已上二名雜要訣に出づ　軟中藤　范《（ママ）》注方に出づ　一名鷺鷥藤　和名須比加都良」とあり、漢名を忍冬《ニンドウ》と称して今日の通用名と同じ和訓をつける。その出典は『名醫別錄』の上品であり、『新修本草』（蘇敬）は「此の草は藤生して繞《めぐ》り草木の上を覆《おほ》ふ。苗の莖は赤紫色、宿れる者は薄き白皮有り、之を膜す。其の嫩き莖に毛有り、葉は胡豆に似て亦た上下に毛有り。花は白く蘂は紫なり。」（『證類本草』巻第七「草部上品之下」所引）と記述し、スイカズラの特徴を比較的よく表す。スイカズラの花は初め白く、しばらくすると黄色に変わる。したがって、花期になると白色（銀）と黄色（金）の花が混在するので、金銀花《キンギンカ》の異名がある。その名の初見は『履巉岩本草《りざんがんほんぞう》』であり、鷺鷥藤一名金銀花とある。『本草綱目』（李時珍）は鷺鷥藤《ロシトウ》を金銀藤《キンギントウ》とともに忍冬の異名に挙げる。『履巉岩本草』に彩色された附図があるが、スイカズラの茎葉の特長を表しているが、花は描かれていない。薬用とする忍冬はスイカズラの茎葉であって、日本薬局方にも収載される。しかし、漢方で用いるのはまれで、むしろ花・つぼみを多用し、それを金銀花と称する。『延喜式』巻第三十七「典薬寮」に忍冬の名は見当たらないが、同巻第十五「内蔵寮」に「大神祭　夏祭料　忍冬花髣盛柳筥一合」とあり、忍冬の名が出てくる。花髣とは花鬘《はなかつら》のことで、花のついたスイカズラのつるを鬘につくったことを示す。大神神社《おおみわ》（奈良県桜井市）の祭祀の一つに、毎年四月中旬に行われる鎮花祭があり、スイカズラとササユリの根を神饌として供える風習が残る。新暦のこの時期では、スイカズラの花はなく茎葉のつるのみであるが、旧暦では花期に当たり、昔は花付きのつるを奉納していた。『延喜式』で花鬘とあるのはまさにそれに相当する。大神神社の鎮花祭は、古くから京都・奈良・大阪の薬舗が薬草その他を奉納したことから、「くすりまつり」と俗称する。大神神社は、薬の神様とあがめられる少彦名神《すくなひこなのかみ》を配神し、境内の一部に薬木・薬草を植えている。「すひかづら」の名の由来は、独特の形態の花筒に蜜があり、吸うと甘い味がするからと一般には信じられている。しかし、実際に甘い味がするわけではなく、また蜜をもとめて虫が集まるのはスイカズラに限らない。大神祭で夏祭料に用いたことを重視して、「すきかづら」→「すいかづら」→「すひかづら」と訛ったと考えたい。すなわち、この語源は大嘗會《だいじょうえ》の祭殿の一つで西側に設けられる主基《すき》殿と関連がある。「すき」とは「濯《すす》ぎ」の略で、清められたものをいい、わが国の習俗ではもっとも重要な概念である。すなわち、多くのつる性植物が鬘として神事に用いられる中で、スイカズラは特別に清められたつるという意を込めて、「すきかづら」と呼ばれ、それが語源となった。

1-4 「ねなしぐさ」（ヒルガオ科ネナシカズラ）

「ねなしぐさ」は、その名の通り、根のない草で、ほかの植物に纏わりついて伸びる。『本草和名』に「菟絲子 一名菟蘆一名菟縷一名蓎蒙一名玉女一名赤網一名菟纍 本條 一名菟丘沙 已上兼名苑に出づ 菟糸子なるは人精なり 范注《（ママ）》方に出づ 和名祢奈之久佐」とあり、漢名は菟絲子《トシシ》（兔絲子）である。『神農本草經』の上品に収載され、『名醫別錄』は「朝鮮の川澤田野に生ず。草木の上に蔓延し色は黄にして、細きは赤網と爲し、色は淺くして、大なるは菟纍と爲す。」と記述するが、「根無し」には言及していない。『呂氏春秋』の季秋紀・精通に「人、或は謂ふ、兔絲は根無しと。兔絲は根無きに非ざるなり。其の根は屬《つら》ならず、伏苓是れなり。石を慈しみ鐵を召し、或は之を引くなり。樹は相近して靡き、或は之を軵《おしもど》すなり。聖人は南に面して立ち、愛を以て民を利して心と爲す。號令未だ出でずして、天下は皆頸を延ばし、踵を擧ぐ。則ち民を精通するなり。夫れ、人を賊害す、人亦た然り。」とあるように、中国ではネナシカズラの根はないのではなく、茯苓がその根に相当し、特別の意義をもつ植物と考えた。もっとも陶弘景は「舊くは言ふ、下に茯苓有れば上に菟絲生ずと。今、必ずしも爾《しか》らず。」（『證類本草』巻第六「草部上品　菟絲子」所引）と述べて茯苓と菟絲との相関を否定した。『本草和名』も菟絲の異名を多く掲載する。その一つ蓎蒙は『爾雅』に「唐は蒙、女蘿なり。女蘿は菟絲なり。」とあるように、蓎・蒙の二名とすべきものである。『詩經』國風・鄘風にそのうちの唐が出てくる。

爰《ここ》に唐を采《と》る　沫の郷に
云《ここ》に誰をか之思ふ　美なる孟姜
我を桑中に期《ちぎ》り　我を上宮に要《もと》め

我を淇の上《ほとり》に送る

毛詩傳は「唐は蒙、菜の名なり」と注釈する。『爾雅』は別条で「蒙は玉女なり」とし、ここに玉女《ギョクジョ》というもう一つの別名が出てくる。『名醫別錄』に赤網《セキモウ》・菟纍《トルイ》の二名があるが、赤網はつるが細くて全体が赤味を帯びるヒルガオ科マメダオシ、菟纍がより大型の同科ネナシカズラであろう。ややこしいことに、ここに女蘿《ジョラ》という別名が出てくる。というのは、『本草和名』に「松蘿一名女蘿 本條 葛蘿一名蓎蒙一名玉女 以上兼名苑に出づ 一名蔦蘿一名女蘿一名鬘女蘿 雜要訣に出づ 一名菟絲 爾雅に出づ 和名末都乃古介」とあって松蘿《ショウラ》の異名とされ、「まつのこけ」という和訓をつけるからである。拙著『万葉植物文化誌』に詳述してあるので、簡略化して説明するが、松蘿とは地衣類のウメノキゴケ科サルオガセ属に対する漢名である。特にややこしいのは女蘿であって、『和名抄』では「唐韻云ふ、蘿 魯何反 日本紀私記云ふ 蘿 比加介 女蘿なり」、また別条に「雜要決云ふ、松蘿一名女蘿 和名萬豆乃古介 一に云ふ佐流乎加世」とあり、わが国では女蘿を「ひかげ」すなわちシダ類のヒカゲノカズラ科ヒカゲノカズラおよび地衣類のサルオガセを表すことがある。『神農本草經』は「松蘿一名女蘿」とし、『名醫別錄』は「熊耳山川谷の松樹の上に生ず」とあるから、古本草は女蘿をサルオガセの類とする。したがって、陸佃の『埤雅』に「木に在るは女蘿と爲し、草に在るは菟絲と爲す」は正鵠を射た見解といえる。一方、『毛詩草木鳥獸蟲魚疏』（陸璣）に「女蘿は今の兔絲なり。蔓にして草の上に連なりて生じ、黄赤なること金の如し。」（「蔦與女蘿」）とある記述は誤りであり、女蘿を兔絲の異名に含めたのは『爾雅』の「女蘿は菟絲なり」にしたがったからである。『本草綱目』は女蘿を兔絲ではなく松蘿の異名とし、今日ではこの見解が支持されている。ここでサルオガセが出てきたが、平安文学にもわずかながら登場する。『古今和歌集』に「はなのいろは　ただひとさかり　こけれども　かへすがへすぞ　つゆはそめける」（巻十「物名」）と読まれる「さがりこけ」はサルオガセである。ついでながら、この歌の通釈は、花の色はただ暫し栄えて、そのあとは衰えるだけであるが、何度も露で色が染まったよとなる。菟絲子はネナシカズラの果実を基原とし、今日ではほとんど用いないが、『延喜式』巻第三十七「典薬寮」の遣諸蕃使の唐使・渤使に菟絲子の名をみるほか、諸國進年料雜藥で摂津国・伊勢国・尾張国・美濃国から貢進の記録がある。因みに、松蘿の異名である女蘿をヒカゲノカズラに充てるのは誤りで、その正しい漢名は石松《セキショウ》である（拙著『万葉植物文化誌』）。

第2節　「つづら」または「づ（つ）ら」と呼ばれたつる類

『萬葉集』には「いはゐつら」「たはみづら」「ところづら」という「つづら」または「づ（つ）ら」を含む名が登場する。これら三名は拙著『万葉植物文化誌』で詳述したので割愛し、ここでは『萬葉集』以外の国文学に登場するものを取り上げる。

2-1　複数のつる性植物を指す「あをつづら」

『宇津保物語』の俊蔭《としかげ》に「武士《ものゝふ》の寝《ね》しづまるを窺《うかゞ》ひて、青葛《あをつゞら》を大きなる籠《こ》にくみて、いかめしき栗《くり》、橡《とち》を入れて、蓮《はす》の葉にひやゝかなる水を包《つゝ》みて來《く》るに、木のもと毎《ごと》に、臥《ふ》せる武士《ものゝふ》ども、猿《さる》のわたるとも知《し》らで、云々」とあるように、「あをつづら」という名が出てくる。前述の「あをかづら」すなわちアオツヅラフジと紛らわしいが、結論を先にいえば、アオツヅラフジを含めたつる性植物を指し、情景によって該当する植物種は異なる。因みに、『宇津保物語』の「あをつづら」は籠に作るものとある。アオツヅラフジは、相当の老株でない限り、一般に虚軟であるから籠を綴るには適さない。一方、オオツヅラフジやマメ科フジの若いつるは、繊維質に富みしなやかで強靱であり、また青々としている。『宇津保物語』にいう「あをつづら」はそのような籠を作るのに用いられた植物の総称名である。平安～鎌倉時代の詩歌で「あをつづら」を詠むものが散見されるので、それぞれどんな植物か考えてみよう。

青つづら

一、やまたかみ　たにべにはへる　あをつづら　たゆる時なく　あふよしもがな
二、やまがつの　かきほにはへる　あをつづら　たづねくれども　あふよしもなし
三、たえぬとは　いひてしものを　あをつづら　またくりかへし　やまびとのうさ
（『古今和歌六帖』第六）

第一の歌は、第三句までは第四句を導く序詞であり、山が高いので、谷辺に生える「あをつづら」のつるが絶えることがないように、これからも途絶えることなく会う由縁があって欲しいものだという意である。山の谷に生えるというから、人里に近いやぶに生えるアオツヅラフジではなく、オオツヅラフジであろう。第二の歌は、山に住む貧しい人たちの家の垣根に生えている「あをつづら」のように、絶えることなく愛しい人が尋ねてくるけれども、会う由もないのですぐに絶えてしまうことだの意で、第一の歌を受けて詠んだ。粗末な家であるから、その垣根に生えるとあれば、アオツヅラフジやヘクソカズラなどのようにやぶを作って生えるつる性植物が情景によく会う。第三の歌は、「あをつづら」のつるが絶えないように、（会うのを）絶やさないといったのに、また繰り返すとは、山人の気持ちは晴れないものだという意である。いずれの歌も自分を山人に貶めて心中を詠う。「あをつづら」のつるが絶えないとしてそれぞれ詠うから、成長力の旺盛なつる性植物一般を指し、青いつるのアオツヅラフジあるいはヘクソカズラ、またそのほかの比較的華奢なつる性植物であれば何でもよいだろう。以上の結論として、「あをつづら」は籠を編む原料植物であったり、有用植物とは無関係に単につるを指すこともあり、特定の植物を指す名ではないということになる。

2-2　つるでないのに「つづら」と呼ばれるクマツヅラ

既に述べたように、「つづら」は「かづら」と同義で「つる」の意であるが、つるでもないのに「つづら」の名で呼ばれる植物が実際に存在する。本州以南の日本列島・アジア・欧州・アフリカ北部に広く分布する多年草のクマツヅラ科クマツヅラは「つづら」の名をもちながら、主茎は立ち上がってその高さは一メートルに満たず、どう見てもつるには見えない。この植物は本邦各地に野生するが、もともと東アジアにはなく、きわめて古い時代に西方から渡来した史前帰化植物と考えられている。本草にこの植物を基原とする馬鞭草《バベンソウ》なる一品があり、『名醫別録』の下品に初見する。『本草經集注』では「村墟の陌に甚だ多し。莖は細辛に似て、花は紫色、葉は微かに蓬蒿に似たり。」といい、また『新修本草』では「苗は狼牙及び茺蔚に似て三四穗を抽んでて、紫の花は車前に似たり。穗は鞭鞘に類す。故に馬鞭と名づく。都て蓬蒿に似ざるなり。」と記述する。蘇敬は馬鞭草のすべてが蓬蒿《ホウコウ》に似ていないというが、実際は、陶弘景のいうように、葉は比較的よく似るから、例によって蘇敬の陶に対する言い掛かりを越えたバッシングといってよいだろう。一方、馬志は「馬の鞭鞘に似たりと。亦た未だ之に近からず。其の節に紫花を生じ馬鞭の節の如し。」と述べている（以上、『證類本草』巻第十一「草部下品　馬鞭草」所引）。以上の記述は稚雑ながらクマツヅラの特徴に概ね矛盾しない。クマツヅラは現在の通用名であるが、『本草和名』に「馬鞭草　楊玄操音必綿　蘇敬注云ふ、穗は鞭鞘に類する故に以て之と名づくと　一名穰草　范注（ママ）方に出づ　一名蘘草一名蕢蘘　雑要訣に出づ　和名久末都々良」とあるように、平安時代にまでさかのぼる古い名前である。一方、『和名抄』でも「蘇敬本草注云ふ、馬鞭草　和名久末豆豆良　其の穗は鞭鞘に類する故に以て之と名づくと」とあるように同じ和訓をつけるが、「葛の類」に分類して収載するから、つる性植物と扱っている。したがって、深根輔仁・源順のいずれも実物の植物を見たことがなく、『新修本草』の記述を誤って解釈し、この和名をつけたと推定される。原典では鞭の鞘に似るとあるのを、鞭そのものと誤認し、それでもって馬鞭草をつると考えて「うまつづら」と名づけ、「う→く」の転で「くまつづら」となった。実際、クマツヅラは鞭の鞘に似ているとはいいがたく、蘇敬の語源解釈も決して褒められたものではない。

『本草和名』が『雑要訣』を引用して馬鞭草の異名とする蘘草《ジョウソウ》は、『説文解字』に「蘘は蘘荷なり。一名葍蒩。从艸襄聲。」とあるように、蘘荷《ジョウカ》すなわちショウガ科ミョウガを表す名である。また、『本草經集注』は「今の人乃ち赤（原典は甘に誤る）なるを呼びて蘘荷と爲し、白なるを覆葅と爲す。葉は同にして一種のみ。於《ああ》、人之を食ふに赤なるを勝ると爲し、白なるを薬用とするや。」（『新修本草』巻第十八「菜部　白蘘荷」所引）と記述するように、蘘荷には赤白二品があって、本草では『名醫別錄』が中品に白蘘荷《ビャクジョウカ》を収載する。『圖經本草』に「春の初めに葉を生じ、甘蕉に似たり。根は薑に似て肥ゆ。其の根莖葅と爲すに堪ふ。」（『證類本草』巻第二十八「菜部中品」所引）とあるように、根が肥大化するというから、わが国でいうショウガ科ミョウガ（根は太いヒゲ状）とは合わない。『重修政和經史證類備用本草』に掲載する白蘘荷の図も明瞭に肥大化した根茎を描写している。蘘草は、無論、馬鞭草の異名とするのは誤りで、『新修本草』は白蘘荷（巻第十八「菜部中品　白蘘荷」）と区別して有名無用に収録し（巻第二十）、『證類本草』も唐本退二十種に入れた（巻第三十）。『本草綱目』は蘘草を蘘荷の異名とし、古本草が菜部に収載したのを「草之四　濕草類」に移した（巻第十五）。おそらく、わが国でミョウガと称するのは蘘草の方であって、陶弘景のいう食用に適する「赤なる者」と推定される。ミョウガの実は鮮やかな赤色であるから、それをもって「赤なる者」としたようである。ミョウガの漢名は蘘荷でよいが、古く薬用とした白蘘荷はミョウガではないことに留意しなければならない。『和名抄』に「馬琬食經云ふ、蘘荷　穰何二音和名米加　赤色なるを佳しと爲す。兼名苑云ふ、一名蕧苴　伏且二音　唐韻云ふ、蓴苴　上音粕　大なる蘘荷の名なり」とあり、「めか」の和訓をつける。その義は女荷《めか》であるが、「めうが」を経てミョウガに訛った。十四世紀末に成立した『本草類編』に美也宇加の和訓があり、弘安三（一二八〇）年九月一日の日付がある『松野殿女房御返事』に「白米一斗、芋一駄、梨子《なし》一籠《こ》、名荷《みやうが》、はじかみ、枝大豆《えだまめ》、えびね、旁の物給《たび》候ぬ」とあり、「みやうが」と読める名荷の名が見える。現在、広く用いる和製漢名の茗荷はその変形である。女荷《めか》とはショウガの夫荷《せか》に対する名前であり、詳細は第21章第5節を参照。

ここでは馬鞭草を外来種と考え、誤った認識のもとに和名をつけたと考えたが、「くまつづら」という名の植物が別にあり、誤って馬鞭草に転じたとする説もある。それによると、本来の「くまつづら」はクロウメモドキ科クマヤナギといい、方言名にクマフジ・トヅラ・トトラなどの類縁名があること（『日本植物方言集成』）、強靭な茎で馬の鞭を作り、また、雪国の北越では竹の代わりにかんじきの材料としたというから、この見解は傾聴に値するが、なぜその名がクマツヅラ科に転じたのか、解明されていないのが難点である。それにしても、形態と名前がこれほど一致しないまま、今日まで使い続けているというのはまったく不思議というほかはない。植物の語源の追跡が難しい一端はこうしたとんでもない勘違いが起きることにある。

2-3 「まさきづら」はつる性の「さかき」の意

『日本書紀』の継体天皇六年九月にある次の歌謡の中に「まさきづら」という名が登場する（巻第十七）。『萬葉集』にもありそうな名であるが、それを詠んだ歌はない。

八島國《やしまくに》　妻枕《つまま》きかねて　春日《はるひ》の　春日《かすが》の國《くに》に　麗《くは》し女《め》を　有《あ》りと聞《き》きて　宜《よろ》し女《め》を　有《あ》りと聞《き》きて　眞木《まき》さく
檜《ひ》の板戸《いたと》を　押《お》し開《ひら》き　我入《われい》り坐《ま》し　脚取《あとと》り　端取《つまど》りして　枕取《まくらと》り　端取《つまど》りして　妹《いも》が手《て》を　我《われ》に纏《ま》かしめ
我《わ》が手《て》をば　妹《いも》に纏《ま》かしめ　眞柝葛《まさきづら》　たたき交《あざ》はり　鹿《しし》くしろ　熟睡寝《うまいね》し間《と》に　庭《には》つ鳥《とり》　雞《かけ》は鳴《な》くなり　野《の》つ
鳥《とり》　鴙《きぎし》は響《とよ》む　愛《は》しけくも　いまだ言《い》はずて　明《あ》けにけり我妹《わぎも》

原文表記は磨左棄逗囉である。一方、『古事記』では「天宇受《あめのうず》賣命《めの》、天の香山の天の日影《ひかげ》を手次《たすき》に繫《か》けて、天の眞《ま》拆《さき》を鬘《かづら》として、天の香山の小竹葉《ささば》を手草《たぐさ》に結《ゆ》ひて、天の石屋戸《いはやと》に槽伏《うけふ》せて蹈《ふ》み轟《とどろ》こし、神懸《かむがか》りして、胸乳《むなち》をかき出で裳緒《もひも》を陰《ほと》に押《お》し垂《た》れき」（上つ巻）とあるように、眞拆《まさき》の名が出てくる。これは有名な天の岩屋戸神話の一節であるが、『日本書紀』の当該部分（巻第一「神代上　第七段」本文）では「猨女君《さるめのきみ》の遠祖 天鈿女命《あまのうずめのみこと》、則ち手《て》に茅纏《ちまき》の矟《ほこ》を持《も》ち、天石窟戸《あまのいはやと》の前《まへ》に立《た》たして、巧《たくみ》に作俳優《わざをき》す。亦 天香山《あまのかぐやま》の眞坂樹を以て鬘《かづら》にし、蘿《ひかげ》 蘿、此をば比舸礙《ひかげ》と云ふ を以て手繦《たすき》 手繦、此をば多須枳《たすき》と云ふ にして、火處焼《ほところや》き、覆槽置《うけふ》せ、 覆槽、此をば于該《うけ》と云ふ 顯神明《かむがかり》之憑談す 顯神明之憑談、此をば歌牟鵝可梨《かむがかり》と云ふ。」とあって、眞拆《まさき》が眞坂樹《まさかき》に換わっているが、『古語拾遺』に「眞辟葛を以て鬘と爲す」とあり、やはり「まさきづら」と解釈されている。そのほか『皇大神宮儀式帳』の二月例に「祢宜内人波眞佐岐蘰爲弖下來太神乃御饌所乃御田仁致立酒作乃物忌乃父仁云々」、『延喜式』巻第四十「造酒司」の践祚大嘗祭供神料に「眞《ま》前葛日《さきづらひ》影《かげ》山孫組各三擔」とあり、いずれも「まさきづら」が神事に必須であったことを示している。『出雲國風土記』の意宇郡粟嶋に「眞埼木葛有り」と所在の記録があり、実在の植物である。すなわち、眞拆と眞坂樹はいずれも「まさきづら」ということになるが、「まさき」は「まさかき」の短略であり、「まさきづら」はいわば神木「さかき」の藤本に相当すると考えられる。『大和本草』（貝原益軒）に「マユミヲ正木ト云。蔓生ト木生トカハリニテ一物ノゴトシ。和語ニ長キト云。枕詞ニマサキカヅラト云。古今集序ニモカケリ。此カヅラ甚ナガクノブル故ナルベシ」（巻之八「草之四　蓏類」）とあって、「まさきづら」をニシキギ科ツルマサキに充て、小野蘭山も支持する。しかし、今日の定説ではキョウチクトウ科テイカカズラである。テイカカズラの方言名に「まさき（の）かづら」が三宅島・対馬・壱岐・奄美大島、それに類する名（「まさき」「まさきづる」「まさきふじ」）が伊豆諸島にある（『日本植物方言集成』）。一方、ツルマサキにそのような方言名が見当たらず、古く「まさき」あるいは「まさきづら」と称したのはテイカカズラであったことを強く示唆する。

『いさよひの日記』に次の一節があって、「まさきのつな」が登場する。

十九日、（中略）洲俣《すのまた》とかやいふ河には舟をならべて、正木のつなにやあらむ、かけとゞめたる浮橋《うきはし》あり。い

とあやふけれどわたる。この河、つゝみの方はいとふかくて、かたかたはあさければ、

かたふちの　ふかき心は　ありながら　人めつゝみの　さぞせかるらむ

かりの世の　行き來とみるも　はかなしや　身のうき舟を　うき橋にして

とぞ思ひつゞけゝる。

「まさきのつな」とは「まさきづら」すなわちテイカカズラを縒ってつくった頼りない綱をいう。貝原益軒も指摘しているように、平安の詩歌に「まさきづら」が散見される。

一、　まさきかづら

すべらぎの　神のみや人　まさきづら　いやとらしきに　我帰りみん

（『古今和歌六帖』第六）

二、　冬

あられふる　冬はきにけり　まさきづら　いろのありかも　けさはことなり

（『恵慶法師集』）

第一の歌の題は「まさきかづら」を標ぼうするが、歌では「まさきづら」とあるのは六字から五字へ字数調整したためである。もはや「かづら」と「つづら」の区別はなく、つるといえば「かづら」を指すようになった。第二の歌の意は、あられが降る冬がきたが、「まさきづら」はそんな色があったのか、今朝の色は異なっているとなるが、「まさきづら」がテイカカズラである決定的な証拠を示す点で注目に値する。テイカカズラは常緑藤本であるが、部分的に赤く紅葉することがしばしばあり、この歌はまさにそれを詠んだのである。一方、同じ常緑藤本であってもツルマサキではそのような現象は知られていない。かくして「まさきづら」の基原をテイカカズラとしてまちがいない。

次に「まさきづら」の語源について考える。前述したように、「まさきづら」あるいは「まさき（の）かづら」は上代の古典に登場するが、意外なことに「まさき」の名は前述の『古事記』のみで、しかもそれを鬘とするとあ

るから、やはり藤本と認識されていることに変わりはない。すなわち、ニシキギ科マサキに似て藤本であることをその語源に求めるのは本末転倒であって誤りである。「まさき」は「まさかき」の短略で、「さかき」すなわち神木の一類と認識され、「まさき（か）づら」とは「さかき」の藤本に相当する存在ということになる。テイカカズラは照葉樹林帯の林縁にあってマント群落の構成種の一つであるから、真《ま》境木《さかき》葛《かずら》と称されたのである（「さかき」の語源は第5章第1節を参照）。「まさき（か）づら」に似た種としてまずニシキギ科ツルマサキが認識され、時に誤認されることもあった。マサキの名はそれに似てつるではないことに由来するが、庭などによく植栽され、時に神木であるかのように扱われることもある。名前の由来が「まさかき」の略短と勘違いされたのである。

第3節　古くはクズとフジは区別されなかった

『萬葉集』に「ふぢ」を詠んだ歌は二十六首あり、二十一首は藤という漢名で表記され、万葉仮名表記は布治が三首、敷治が二首の計五首にすぎない。『和名抄』に「爾雅注云ふ、藟 力軌反 字亦た虆に作る 和名布知 藤なり。葛に似て大、蘇敬本草注云ふ、藤、其の子は狼跋子なり」とあり、『爾雅』の注に基づいて藟に「ふぢ」の和訓をつけ、藤に同じとした。一方、『本草和名』では「狼跋子 楊玄操音薄葛反 一名度谷一名就葛 已上二名蘇敬注 和名布知乃美」とあって、藤の名はなく、フジの実を、『和名抄』と同じく、狼跋子《ロウバツシ》とする。因みに、『和名抄』が引用した『爾雅』に「諸慮は山櫐なり」とあって、郭璞は「今、江東櫐を呼びて藤と爲す。葛に似て麤く大なり。」と注釈する。すなわち、『和名抄』が引用した爾雅注とは郭璞註である。一方、中国最古の字書である『説文解字』に藤はなく、また『詩經』『史記』ほかのいわゆる十三經や『文選』にも出てこない。ただし、『藝文類聚』に「陳顧野王虎丘山序曰ふ、（中略）秀壁數尋、杜蘭と苔蘚とを被ふ。椿枝十仞、藤葛と懸蘿とを挂ける（以下略）」（巻八）とあって藤葛が出てくるほか、総計四十五件に藤の名が登場する。この藤葛は『詩經』大雅・旱麓《かんろく》の「莫莫たる葛《かつ》藟《るい》」（第17章第1節参照）の葛藟と同義である。中国で藤を虆（櫐・藟）の意で用いるようになったのは、郭璞の西晋時代からであり、つる性植物一般を指し、特定の植物名を指すに至ってはいない。唐代になると、ようやく紫藤《シトウ》という固有植物名が登場し、唐詩に詠まれるようになる。

『全唐詩』巻一〇八「奉和聖制送張說上集賢學士賜宴」　蕭嵩

夏葉、紅藥開き
餘花、紫藤發く
微臣亦た何か幸《さち》あらん
此を叨《むさぼ》りて文を朋に預《あづ》けん

『全唐詩』巻一八三「紫藤樹」　李白

紫藤、雲木に掛かり
花蔓、陽春に宜し
密葉、歌鳥を隱し
香風、美人を留めん

『全唐詩』巻三三三「杜中丞の西禪院に花を看るに和す」　楊巨源

幽含の晩態、丹桂を憐れみ
盛續の春光、紫藤を識る
花枝に到る毎に獨《ただ》惆悵し
山東に杜中丞有るを惟《おも》はん

以上の詩を通釈しておく。まず、蕭嵩（六六八年―七四九年）の詩について説明すると、夏葉は榎葉《カヨウ》であって楸葉《シュウヨウ》すなわちトウキササゲのこと、紅藥は紅芍藥の略形で芍薬の異名、微臣は身分の低い家臣の意。楸樹の葉が茂って芍薬の花が咲き、そのほかの花とともに紫藤の花も咲いた、身分が低くても幸運なことがあるだろう、貪欲になって文を朋友に預けておこうという意味であろう。李白（七〇一年―七六二年）の詩は説明の必要はあるまいが、一応、通釈すると、紫藤は雲木に懸かり、花をつけたつるは暖かい春の陽気によく合うものだ、密生した葉は美しい鳴き声の鳥を隠し、花の香りで薫る風は美人を留めてくれるとなる。雲木という名の樹木はないが、木偏につくった檼はある。ただし、『玉篇』には「木の文なり」とあるだけで、特定の植物を指すわけではない。同音に榲木があり、スギの類であるから、なにがしかの針葉樹の大木の意と考えてよいだろう。楊巨源（七七〇年―？年）の詩に丹桂が出てくるが、『本草經集注』（陶弘景）によれば、「齊の武帝の時、湘州に桂樹を送り以て芳林苑中に植う。今、東山に山桂皮有り、氣粗く相類して葉は乖異す。亦た能く冬を淩ぐ。恐らく或は是牡桂なり。詩（證類：時）人多く丹桂と呼び、正に皮の赤きなるを謂ふのみ。北方にて此を重んじ、毎食輒ち（之を）湏てす。蓋し、礼に云ふ所の薑桂は以為《おも》へらく芬芳なり。」（『新修本草』巻第十二「木部上品　桂」所引）とある。今日、丹桂をキンモクセイとするが、陶弘景の論述との整合性はない。まして唐代の丹桂がどんな種であったか定かではない。通釈すると、薄暗い中に花期を過ぎたさまの丹桂は見るも憐れだが、春の陽光が盛んに照り続ける中、紫藤の花に気だついた、その花枝を見るたびに恨み嘆くだけだ、山東にいる杜中丞を思い出すという意である。

唐詩にある紫藤は、いずれも花に言及するから、立派な花卉の一種と認識されていることはまちがいない。いずれも万葉時代以降であるから、万葉の藤の出典とは考えにくく、そもそも紫藤なる名はわが国の典籍に見当たらない。紫藤の基原については、やはり本草書などの記述が頼りになるが、『開寶本草』（馬志）の木部中品に収載されたのが本草における初見である。同書には「子、角《さや》を作し、其の中の人（仁）を熬り香をして酒中に著《つけ》しめば酒を敗らしめず。敗れる者は之を用ふべし。亦た正に四月紫花を生ず、愛すべし。人、亦た之を種《う》う。江東、呼びて招豆藤と為す。皮は木に著き、心《しん》より重重して皮有り。」（『證類本草』巻第十三「木部中品」）と記述され、つる性に言及せず、花色は紫で豆莢をつけるというのは中国産のシナフジの特徴によく合う。『開寶本草』が伝わったのは鎌倉時代であるから、源順・深根輔仁の知るところではなかった。前述したように、『和名抄』では蘇敬本草注云とあり、『新修本草』を引用し、フジの実を狼跋子に充てたことになっている。同書に狼跋子の条はなく、黄環の条に「今、園庭に之を種う。大なるは茎径六七寸所（在）に之有り。其の子を謂ひて狼跋子と名づく。」（巻第十四「木部下品」）という注釈があり、源順は黄環《オウカン》を藤と解釈した。前述したように、『本草和名』は狼跋子の条を設け、「ふぢのみ」の訓をつけたが、『新修本草』に準じて黄環の条も設け、「黄環　一名陵泉一名大就葛子名狼子　已上二名蘇敬注に出づ　一名蜀黄環一名黄環一名生莒一名根韭　已上四名釈薬性に出づ　一名度谷一名雞屎藤一名土防已　已上稽疑に出づ　和名布知加都良」とあるように、「ふぢかづら」の訓をつけた。黄環は『神農本草經』の下品に収載され、『本草經集注』は「防已に似て亦た車幅を作し、理《り》（木目のこと）解す」（『證類本草』巻第十四「木部下品　黄環」所引）と記述するから、黄環もつる性であるが、やはり藤との共通性はそれ以外に見出し得ない。因みに、黄環の基原は現在でも不詳である。結局、『萬葉集』にある藤は、郭璞註に基づいて選択したもので、中国ではつる性植物の総名にすぎないが、わが国の先人はそれを抜擢して「ふぢ」を充てたが、のちに中国で藤が同属種のシナフジを指すようになったのはまったくの偶然であった。正確にいうとわが国で藤と称するものは、フジとその近縁種ヤマフジを含めるが、古くは両種を区別しなかった。これについては拙著『万葉植物文化誌』に詳述してあるので、これ以上の説明は省略する。以降は便宜上フジで表すことにする。

フジはわが国特産の植物で、北海道・南西諸島を除く日本列島に普通に分布する。『萬葉集』のみならず、上代の古典にも登場し、『古事記』中つ巻の應神天皇の条にある次の神話では、フジが特別な意義をもつ植物であることを示唆し、民俗学的に興味深い。

故、この神の女、名は伊豆志袁登賣《いづしをとめ》神坐しき。故、八十《やそ》神この伊豆志袁登賣を得むと欲《おも》へども、皆得婚《えまぐは》ひせざりき。ここに二はしらの神ありき。兄は秋山《あきやま》の下氷壮夫《したびをとこ》と號《なづ》け、弟は春山の霞壮夫《かすみをとこ》と名づけき。故、その兄、その弟に謂ひけらく、吾《われ》伊豆志袁登賣を乞へども、得婚《えまぐは》ひせざりき。汝《な》はこの孃子《をとめ》を得むやといへば、易《やす》く得むと答へて曰ひき。ここにその兄曰ひけらく、もし汝《なれ》、この孃子を得ることあらば、上下《かみしも》の衣服《きもの》を避《さ》り、身の高《たけ》を量《はか》りて甕酒《はらざけ》を醸《か》み、また山河の物を悉に備へ設けて、うれづくをせむと云ひき。ここにその弟、兄の言ひしが如く、具《つぶ》さにその母に曰せば、すなはちその母、藤葛《ふぢかづら》を取りて、一宿《ひとよ》の間に衣褌《きぬはかま》また襪沓《したくつ》を織り縫ひ、また弓矢を作りて、その衣褌《きぬはかま》等を服《き》せ、その弓矢を取らしめて、その孃子の家に遣はせば、その衣服《きもの》また弓矢、悉に藤の花になりき。ここにその春山の霞壮夫、その弓矢を孃子の厠《かはや》に繋《か》けき。ここに、伊豆志袁登賣、その花を異《あや》しと思ひて、将《も》ち來る時に、その孃子の後《しり》に立ちて、その屋に入る卽ち、婚《まぐは》ひしつ。

簡単に要約すれば、新羅から渡来した神の美しい娘伊豆志袁登売《いづしをとめ》に求婚して断られた秋山之下氷壮夫《あきやまのしたびをとこ》が弟の春山之霞壮夫《はるやまのかすみをとこ》に、もし娘と結婚できたら、着物や酒や山河で採れたいいものをたくさんやろうと約束し、弟は母に相談してその助言にしたがい、藤布の衣服と沓を着て、藤蔓でつくった弓矢を持って娘のもとへ行ったところ、弟が娘にあった瞬間、衣服や弓矢のすべてから藤の花が咲き、娘はそれに魅せられ、弟と結ばれたという。藤葛は、原文では布遅葛となっており、「ふぢかづら」あるいは「ふぢづら」とも訓ずる。物語では衣服を作ったとあるが、それは藤衣《ふぢごろも》と称するものである。斎藤正二はこの説話を朝鮮古代神話の断片と考えているようだが、朝鮮の民話に「二本の藤」があり（『朝鮮伝説集』）、それに感化されたのかもしれない。ただし、フジは朝鮮半島に自生しないので、もしフジを通じて何らかの関連があると仮定するなら、わが国から伝わった説話をもとに作られたと考えねばならず、裏付けのない安易な推測は却って馬脚を露わすことになる。『萬葉集』では藤衣を詠った歌が二首ある。便宜上、「ふじごろも」の部分を原文表記とし、ルビをつけた。

一、須磨《すま》の海人《あま》の　塩焼《しほや》き衣《きぬ》の　藤衣《ふぢごろも》　間遠《まとほ》にしあれば　いまだ着なれず　（巻三　〇四一三）

二、大君《おほきみ》の　塩焼く海人《あま》の　藤衣《ふぢごろも》　なれはすれども　いやめづらしも　（巻十二　二九七一）

フジの繊維は堅くまた衣を作るに適さない。一方、マメ科クズは古く繊維原料として広く利用されたから、「ふぢごろも」はクズ製ではないかとも考えられる。葛布《くずふ》は今日でもまれに生産されるが、布としては劣等品で、荒栲《あらたえ》と呼ぶものはこれであったといわれる。詳細は拙著『万葉植物文化誌』の「くず」を参照。とすれば、『古事記』にある「ふぢかづら」は、布に作るものはクズ、花が咲いて神の娘が魅了したのはフジとなり、両種が混同されているようにも見受けられる。ではそのほかの歌ではどうだろうか。

三、藤波の　咲く春の野に　延《は》ふ葛の　下よし恋ひば　久しくもあらむ　（巻十　一九〇一）

四、藤波は　咲きて散りにき　卯の花は　今そ盛りと　あしひきの　山にも野にも　ほととぎす　鳴きしとよめば　うちなびく　心もしのに～　（巻十七　三九九三）

五、藤波の　茂りは過ぎぬ　あしひきの　山ほととぎす　などか来鳴かぬ　（巻十九　四二一〇）

第三の歌はフジとクズを取り合わせて詠うが、「延ふ葛の」は枕詞であるから、クズそのものを指すわけではない。フジの開花時期は、通例、旧暦の三月末から四月で、そのころは秋の七草たるクズの花を望むべくもないから、藤波はフジ以外は考えられない。第四の歌では、「うのはな」すなわちスイカズラ科ウツギとホトトギスの初啼きを取り合わせていて、これも旧暦の三～四月であるから、やはりフジである。第五はフジの花の盛りが過ぎてもホトトギスがなぜかまだ鳴いていないという意であるが、いつもなら鳴いていることを示唆するから、この藤波もフジである。したがって、『萬葉集』では、前述の藤衣を除いて、フジがクズと混同された形跡はない。ここで挙げた三歌はいずれも藤波とあるが、「ふぢ」の歌二十六首のうち、藤波は十七首を占める。フジの長く垂れ下がった花穂が、ちょっとした風で靡いて浪のように見えるからつけた名である。そのうちの二首はフジの花の美しさでもって「ただ一目見し人」（巻十二　三〇七五）と「思ひもとほり」（巻十三　三二四八）の句を導く。『萬葉集』で花を意識して詠んだ植物は「さくら」「やまぶき」「はぎ」などそれほど多くはないが、古代人が一部の植物の花に美意識を見出していたことはまちがいなく、とりわけフジにあっては中国にないわが国独特の感性を反映したものである。因みに、クズの花穂はフジに比してずっと小さく、また上に向かって立ち上がるので、波を連想するのは困難であるから、藤波がクズである可能性はまったくない。

『萬葉集』と『古事記』では、同じ「ふぢ」であっても、花はフジ、衣服はクズとした方がより現実に近い解釈が可能となるが、整合性ある説明は可能である。古くクズ・フジのどちらも「ふぢ」と称され、またごく普通にある植物である故に、「かづら」「つづら」とともにつる性植物の代名詞であったと考えられる。のちにフジの花に対する美意識が発生すると、フジだけにその名が継承され、クズの繊維から製する葛布にも「ふぢ」の名が残ったとすれば説明がつく。『類聚名義抄』が藤とともに藟を「フチ」の訓をつけ、また室町時代の成立といわれる『和玉篇』が藟を「クズ、フヂ」と訓ずるのはその名残である。「ふぢ」の語源は、「吹き散り」の略（『大言海』）、フジのつるを鞭に用いたという前提でムチ→ブチ→フヂと訛った（『東雅』）などいくつかの説があるが、いずれも説得力に欠ける。『日本語源』（賀茂百樹）に「鞭に作るを以て云ふか、フヂをチと濁るはブチの上下になれるか、かかる例はままあり。又は字彙に騰藟也などあれば我國にても經《ヘ》攀《ヨヂ》上る葛のよしになづけにしや。」とあり、『東雅』の説を紹介する一方で、「かづら（葛）」に由来する可能性も指摘している。前述したように、つるを表すもっとも古い和語は「つづら」であるから、T→Kの子音変換によりクヅラに転じて「ら」が抜け、クヅ→クヂを経てフヂと訛った。また、クヅ→クズと訛って「くず」の名が発生した。フジとクズはわが国でもっとも普通にあるつる性植物で、花の色もよく似ていずれも木に絡みついて生えるので、太古の時代では区別されていなかったとしても不思議はない。

六、多祜《たこ》の浦の　底さへにほふ　藤波を　かざして行かむ　見ぬ人のため　（巻十九　四二〇〇）

第六の歌は「藤波をかざして」とあり、日本人形の藤娘を彷彿させ、注目に値する。フジづくしの衣装にフジの花枝を手にもつ藤娘は、大津絵（滋賀県大津に江戸時代の初めころから伝わる民俗画）に戯画として描かれたのが起源とされるが、後に歌舞伎舞踊に取り入れられるなど広く支持され、わが国の代表的な伝統ファッションとなった。『萬葉集』で詠われるフジの歌二十六首のうち、何と二十三首が花に言及し、フジの花に対する美意識が万葉時代にかなり成熟していたことを示唆する。平安時代以降になると、この傾向がいっそう顕著となり、多くの詩歌に登場する。

七、春をへて　さかりひさしき　ふぢの花　おほみや人の　かざしなりけり　（『秋篠月清集』）

八、藤波を　かざしにさして　住の江に　春くれかかる　色ぞ見えける　（『住吉歌合』）

第七の歌は平安後期の歌人藤原良経の歌で、当時の京師ではフジの花をかざすのが流行したことを示唆する。第八は弘長三（一二六三）年の歌合で詠われた歌で、フジの花穂（この歌では藤波と表現する）をかざすことが貴族社会のファッショントレンドであったことがわかる。フジの花穂は数十センチの長さがあり、頭にかざすには大きすぎるので、多くは袖や肩にかざし持ったと思われる。両歌ともフジの花の美しさを前面に出して詠み、裏に特別な意を込めているわけではないから、説明の必要はないだろう。

フジの花は詩歌のみならず、平安文学にも多く登場する。『源氏物語』の藤裏葉《ふぢのうらば》の帖にフジの情景が多く描写されている。

こゝらの年頃《としごろ》のおもひのしるしにや、かのおとゞも、名殘《なごり》なくおぼし弱《よわ》りて、はかなきついでの、わざとはなく、さすがにつきづきしからんを思《おぼ》すに、四月《(うづき)》朔日《ついたち》ごろ、お前《まへ》のふぢの花、いとおもしろう咲《さ》きみだれて、世《よ》の常《つね》の色ならず、たゞに見過《す》ぐさむこと、惜《を》しきさかりなるに、あそびなどし給ひて、暮《く》れゆくほどの、いとゞ、色まされるに、頭中將して、御消息《せうそこ》あり。「一日《ひとひ》の花のかげの對面《たいめん》、あかずおぼえ侍りしを。御いとまあらば、たち寄《よ》り給ひなんや」とあり。御文には、「我（が）宿の　藤の色こき　たそがれに　たづねやは來《こ》ぬ　春の名殘《なごり》を」、げに、いとおもしろきえだに、つけ給へり。まちつけ給へるも、心どきめきせられて、かしこまり聞《きこ》え給ふ。「なかなかに　折《を》りや惑《まど》はん　藤の花　たそがれ時の　たどたどしくは」と、きこえて、「くちをしくこそ、臆《おく》しにけれ。とりなほし給《たま》へよ」と、きこえ給ふ。

そのほかにも同帖の多くの箇所でフジが登場するほか、蓬生《よもぎふ》・胡蝶《こてふ》・若菜《わかな》など、おそらく『源氏物語』でもっとも頻出する植物はフジではないかと思われるほどよく出てくる。一方、『枕草子』でも「木の花は」に「藤の花は、しなひながく色こく咲《さ》きたる、いとめでたし」、「めでたきもの」に「色あひふかく、花房《ぶさ》ながくさきたる藤《ふぢ》の花の、松にかかりたる」などとフジが登場する。『榮花物語』の歌合にも「三月卅日がたに、いとしなひ長《なが》く花《はな》おもしろき藤《ふぢ》を、奉《たてまつ》らせ給ひて、鷹司《たかづかさ》殿より、〝藤《ふぢ》つぼの　花《はな》はことわり　劣《おと》らじと　みなもとさへも　ひらけたるかな〟御かへし、宮、〝藤の花《はな》　かみさびにける　みなもとに　にほひ劣《おと》れる　すゑぞをりうき〟云々」、「三月晦日方《つごもりかた》に、藤壺《ふぢつぼ》の藤の花《はな》、えもいはずおもしろく塀《へい》に咲《さ》きかゝりて、御溝《みかは》水をやり水に掘《ほ》りわけて、流《なが》させ給へるに、咲《さ》きかゝりたるいとをかし」などと出てくる。以上を勘案すると、わが国の古典においてフジはサクラ・ウメと並び称せられるほどの文学的インパクトをもつ花卉と考えざるを得ないが、斎藤正二のいう中国的な〝ユートピアのシンボル〟はいったいどこに求められるのだろうか。

とはいえ、『古事記』の神話が示唆するフジの霊力は明らかに中国の影響を強く受けたものである。その特別な霊力を、神話の世界のみならず、歴史的事実と重ね合わせて、伝説の形でわが国の各地に残る。その一例が宮城県の白鳥神社にのこる「奥州の蛇藤」伝説である。十一世紀後半、陸奥守源頼義は奥州に遠征し、京の政権に反旗を翻した安倍頼時一族を鎮圧したのは史実であるが、反乱軍に包囲され敗北寸前であったところを、大蛇に変身した白鳥神社の藤の木の加担で、安倍氏を滅ぼすことができたというのは、フジの霊力信仰が加わって創作されたものである。中国でわが国のフジに相当するものは紫藤であるが、それに霊力信仰があったことは聞かない。ただし、この類の話は中国に非常に多く、和産植物に仮託して作り上げたことは否定できない。

　わが国独自の民間薬にフジコブ（藤瘤）というのがある。かつてガンにも効果があると信じられ、また学会でも発表されて話題になったこともある。フジコブとはフジの幹茎にある種の菌が感染して生ずるコブ状の組織である。病原菌がフジつるの傷口から侵入すると、分泌するホルモン性成分によって傷口の細胞が刺激され、異常増殖を起こしてこぶ状に肥大化する。これをフジノコブ病という。しばしばフジコブカミキリムシ（コブカミキリムシの一種で富士山周辺に棲息するからこの名がある）によって引き起こされる虫瘤と勘違いされる（実際は生成しない）が、まったく無関係である。中国のシナフジにフジコブが発生しても不思議はないが、これまで古今の文献に記載された例を見ない。わが国ではフジコブは鎌倉中期の『沙石集』巻第二にある仏法説話に初見する。「佛舎利感得シタル人の事」という題目の五節からなる説話のうち、第三節にフジコブの話が出てくるのでその全文を紹介する。

　或る在家《ざいけ》人《にん》、山寺ノ僧ヲ信ジテ、世間出世《せけんしゅっせ》ノ事、深ク憑《たのみ》テ、病事《やむこと》モアレバ、藥ナドモ問《とひ》ケリ。此の僧醫骨《いこつ》モナカリケレバ、萬《よろづ》ノ病《やまひ》ニ「藤《ふぢ》ノコブヲ煎《せん》ジテメセ」ト教ヘケル。信ジテ是《これ》ヲ用《もちゐ》ケルニ、萬の病愈《いへ》ズト云《いふ》事ナシ。

　或る時、馬ヲ失《うしなひ》テ、「イカヾ仕《つかまつる》ベキト」イヘバ、「例ノ藤ノコブヲ煎《せん》ジテメセ」トイフ。心ヱガタカリケレドモ、様《やう》ゾアルラント信ジテ、餘《あま》リニ取リ盡シテ、近々《ちかぢか》ニハナカリケレバ、少シ遠行《とほゆき》テ、山ノ麓《ふもと》ヲ尋《たづぬ》ル程ニ、谷ノ邊《ほとり》ヨリ、失《うしなひ》タル馬ヲ見付《みつけ》ケリ。是《これ》モ信ノ致ス所也。

そのあらすじは以下の通りである。ある山寺の僧は医術の心得はないのだが、病気の相談を受けた人にフジのコブを煎じて飲むように助言するのが常であった。不思議なことに、それを実践した人は必ずといってよいほど病気が治るのであった。病気とは無関係の相談でもこの僧はフジのコブを勧めた。あるとき、飼い馬が行方不明になって困っている人にも同じことを勧めたが、その人は納得できないものの僧を信じて、山にフジのコブを取りに行ったところ、不明の馬に出会った。この例話では、フジコブを煎じて飲むに至らなかったが、そのいわんとするところは、信ずれば何事も願いがかなうことであり、仏法の基本は信心であることを強調するものであって、フジコブの薬効に直接の関係はない。驚くことに、後世にフジコブを薬用に供した例が散見される。江戸時代後期の民間医療書『和方一萬方』に「藤コブ　夕顔ノツルノツキ処　ハヒノ頭　右三味　粉ニシテ猪ノ油ニテツクベシ」とあり、蝮蛇咬傷に用いた。おそらく『沙石集』の説話から派生して薬用に供せられたと思われるが、フジの霊力信仰と無関係ではないだろう。フジはきわめて成長力が旺盛で、大木に絡みついて覆いつくし、しばしば枯死に至らしめる。熱帯雨林にリアナという「絞め殺し植物」があるが、フジは絞め殺すのではなく覆いつくして陽光を断ち、その結果、木を枯死させるところが異なる。フジは熱帯のリアナに負けないほどの巨大藤本である故に特殊な霊力があると信じられたのであろう。

【追補】

『萬葉集』に「ところづら」という、つる性植物を表す名が二首に見え（七―一一三三・九―一八〇九）、原文ではそれぞれ冬薯蕷葛・冬蒣蕷都良と表記されている。薯蕷《ショヨ》はヤマノイモ科ヤマノイモの本草名である。一方、後者の蒣蕷は和漢いずれの典籍にも用例はないが、蒣は字義が異なるものの音は薯に似るので、薯蕷に同じと考えてよい。拙著『万葉植物文化誌』では冬薯蕷の「冬」の由来について解説したが、その具体的な経緯について簡略化したので、ここに詳説する。署豫（＝薯蕷）は虚労《きょろう》の薬として知られ、古くは単味で用いられることも多かった。『本草經集注』に収録された虚労の薬四十三種を『證類本草』から復元してリストアップすると次のようになる。

丹砂　空青　紫石英　白石英　伏苓　柏實　牡桂　天門冬　麥門冬　乾地黄　遠志　澤瀉　署豫　石斛　石龍芮　牛

膝　杜仲　乾漆　枸杞　車前子　蛇牀子　兔絲子　地膚子　龍骨　牡蠣　大棗　胡麻　麻蕡　石鍾乳　慈石　當歸
黄耆　五味　芍藥　沙參　續斷　桑根白皮　白棘　桑螵蛸　牡丹　巴戟天　石南草　五加

中国古医学では薬物を五味《ごみ》（薬味：甘・辛・苦・鹹・酸）・四気《しき》（薬性：熱・温・[平]・涼・寒）に分類し、体質や症状などに合わせて使い分けるが、さらに細かく分類して薬物書から抜き出して簡単なマニュアルを作成し、使い勝手をよくする工夫がなされてきた。薬味・薬性がそれぞれ甘・温平（平は温寒のいずれにも属さないもの）の薬をこのリストから抜粋すると、「紫石英　白石英　伏苓　柏實　麥門冬　署豫　石斛　龍骨　大棗　胡麻　石鍾乳　當歸　黄耆」となり、署豫の直前に麥門冬がくる（薬味・薬性は『神農本草經』による）。署豫の和訓は、『本草和名』によれば也末都以毛《やまついも》であるが、『萬葉集』では誤って「ところ」として、その結果、薬物リストのすぐ上にある麥門冬の末尾「冬」の音に惑わされ、麥門冬の冬を付加して冬薯蕷としてしまったと推定される。すなわち、二重のミスが冬薯蕷の表記を生み出したのである。植物和名と漢名を対照させる作業は漢字の知識が豊富といわれる渡来人の存在が大きかったといわれるが、「ところ」に関しては万葉の二つの歌で表記ミスを見抜けなかったのであるから、実際は邦人が中心となって進めていたのではなかろうか。因みに、甘・温平以外の虚労の薬を挙げると、甘・寒（丹砂・空青・乾地黄・澤瀉・車前子・桑根白皮）、辛・温平（牡桂・杜仲・乾漆・兔絲子・麻蕡・巴戟天・石南草・五加）、辛・寒（牡丹・慈石・白棘）、苦・温平（天門冬・遠志・石龍芮・牛膝・蛇床子・續斷・芍藥）、苦・寒（枸杞・地膚子・沙參）、鹹・平（牡蠣・桑螵蛸）、酸・温（五味）となる。以上挙げた虚労の薬は薬物書に必ずしも虚労と記載されているわけではないが、麥門冬は「～心下支滿、虚勞、客熱、口乾燥して渇し、云々」、署豫は「～虚勞して羸瘦するを補ひ、云々」（以上、いずれも『名醫別錄』）とあり、いずれも直接虚労の効に言及する。

第20章

花は美しいが毒のある「つつじ」と「あしび」

潤州半躑躅（608頁）

ツツジとアセビはいずれもツツジ科に分類される。ツツジ科植物は園芸価値の高いものが多く花は美しいが、一般にグラヤノトキサン系ジテルペノイドという有毒成分を含む。後述するように、ある種のツツジ科植物が有毒であるという事実は古くから知られており、植物漢名にも反映されている。ただし、上代の典籍でツツジ・アセビが登場するのは『萬葉集』のみである。

第1節　躑躅《テキチョク》は「つつじ」の毒性を表す漢名である

わが国で「つつじ」と称する植物は二十種以上はあり、花は美しくよく目立つので、一部の種は園芸用に広く栽培される。『萬葉集』に乍自・管仕・管士・管自・都追慈・茵花とある歌が九首あり、いずれも「つつじ」と訓ずる。一方、『古事記』『日本書紀』ほか上代の古典に「つつじ」の名はなく、身近に普通に分布するにもかかわらず、『出雲國風土記』にもない。後述するように、「つつじ」に相当する漢名は存在するが、上代の典籍に見当たらない。『萬葉集』にある茵花は、そのままでは「つつじ」と読めないので、漢名のように見えるが、『本草和名』に「茵芋楊玄操音因于二音　一名莞草楊玄操胡官反　一名卑共一名卑山竹一名衛與釋藥性に出づ　和名尓都々之一名乎加都々之」とあるので、茵花を茵芋と誤認して訓じたものであって、茵芋の真の基原は「つつじ」の類ではない。以上のことを含めて「つつじ」については拙著『万葉植物文化誌』に詳述したので、ここでは簡略化して説明する。本草で「つつじ」に相当するものは『神農本草經』の下品に収載される羊躑躅《ヨウテキチョク》であり、ツツジ科トウレンゲツツジを基原とし、わが国に産する「つつじ」の中ではキレンゲツツジに酷似する。羊躑躅とは、基原植物に特有の由来があってつけた名前であるが、古代のわが国の先人はそれが「つつじ」の一種であることに気づかなかった。躑躅という語彙は、『文選』に「始めは燥吻に躑躅し　終には濡翰に流離す」（巻十七「文賦」）とあるほか、『藝文類聚』でも散見される。『文選』李善註に「廣雅曰ふ、躑躅は踣跦なりと。鄭玄毛詩箋云ふ、（中略）蹢は躑と同じ云々。」とあり、『説文解字』に「蹢は足を住《とど》むなり。从足適省聲。或は蹢躅と曰ふ。賈侍中は說く、足垢なりと。」、また「躅は蹢躅なり。从足蜀聲。」とあるから、躑躅とは「たちもとおる」あるいは「行きつもどりつする」という意味であって、植物の名前そのものではない。因みに、『文選』の「始めは燥吻に躑躅し云々」は、始めのうちはくちびるが燥いて弁舌が進まなくても、最後には墨で濡らした筆が流離《さすら》うように流暢になるという意である。本草の薬物名である羊躑躅とは、『本草經集注』（蘇敬）に「近道の諸山に皆之有り。花、苗は鹿葱に似たり。羊誤りて其の葉を食へば躑躅して死ぬ。故に以て名を爲せり。」（『證類本草』巻第十「草部下品　羊躑躅」所引）とあるように、ヒツジが葉を食べると足が麻痺して死ぬというので、その名の由来がある。平安末期～鎌倉初期になっても、『和名抄』（源順）に「陶隱居本草注曰ふ、羊躑躅　擲直二音　伊波豆豆之　一に云ふ毛知豆豆之　羊誤りて之を食へば躑躅して死す故に以て之と名づく」と明解に説明されているにもかかわらず、羊躑躅の字義を正しく理解できていなかったことは『百詠和歌』（源光行、元久元（一二〇四）年十月成立）にある次の歌の題詞によく示唆される。

一、　仙人擁石去

初平は仙術にかしこかりし人なり、年十五にして羊をかはしめて、金花山の石の室にあり、そのこのかみ、ゆいてみるに、ひつじなしこのかみ羊の在所を問ふに、山の東にありと答ふ、行きてみるに、白き石のみあり、このかみなほ石のみありといふ、此時に初平行きて羊をよぶに、石ことごとくたちて羊となれり、いはつつじの名を羊躑躅と云ふ、羊つつじを見て伏しまろぶ故也、

躑躅はふしまろぶとよむなり、玉支、茵芋はともにをかつゝじとよむ也

つゝじさく　色におどろく　心にて　ねざすいはほぞ　身をなしてける　（『百詠和歌』第六）

この題詞は『神仙傳』にある伝説の仙人皇初平の説話を要約したもので、ここでは『太平廣記』巻七「神仙七　皇

初平」に所収された全文を訓読してここに示す。『藝文類聚』巻九十四にも簡略化されて引用されている。

皇初平なるは丹溪人なり。年は十五、家に羊を牧《か》はしむ。道士有り、其の良く謹むを見て、便《すなは》ち將て金華山の石室の中に至る。四十餘年、復た家を念はず。其の兄初起、山に行きて初平を尋索すれども、歴年得ず。後に市中に一道士有るを見て、初起之を召問して曰く、吾弟有り初平と名づく。因りて羊を牧《か》はしめ、之を失ふこと四十餘年、死生所在を知ること莫し。願はくは道君に之を占ふを爲さんと。道士曰く、金華山中に一牧羊兒有り、姓は皇、字は初平、是れ卿弟なること疑はずと。初起之を聞きて、即ち道士に隨ひて去り、弟を求めんとし遂に得、相見ゑて悲喜す。語り畢《を》へて初平に問ふ、羊は何《いづこ》に在らんと。曰く、近く山東に在りと。初起、之を往視すれども見ゑず、但、白石を見て還る。初平に謂ひて曰く、山東に羊無きなりと。初平曰く、羊在り、兄、但、自ら之を見ずと。初平と初起、倶に往きて之を看る。初平乃ち叱りて曰く、羊よ起てと。是に於いて白石皆變じて羊數萬頭と爲れり。初起曰く、弟獨り仙道を得たること此の如し。吾學ぶべからんや。初平曰く、唯道を好めば、便ち之を得るべしと。初起、便ち妻子を棄てて留め住み、初平に就き學ぶ。共に松脂、茯苓を服す。五百歳に至り、坐在立亡能ふ。日中に行くも影無く、而れども童子の色有り。後に乃ち倶に郷裏に還り、親族死して終に略《う》ち盡くせば、乃ち復た還《かへ》去る。初平、字を改めて赤松子と爲し、初起、字を改めて魯班と爲す。其の後、此の藥を服して仙者數十人を得たり。

坐《ざ》在立亡《ざいりつぼう》とは、座っているときは居るのに、立ち上がると姿が見えないことで、神仙の域に達したことを示す。一般には黄初平の名で知られるが、皇初平と同じで、四世紀の晋代に実在のモデルがいたといわれる。初平の伝説では、神仙の域に達していない一般人には石しか見えないものを一瞬にして羊に変えた仙術を披露するが、ここに石とヒツジの接点があり、「いはつつじ」の名の由来があるという。ただし、この題詞ではヒツジが「つつじ」を見てひっくり返ったので羊躑躅と名づけたとあり、『和名抄』が『本草經集注』（陶弘景）を引用しているのとまったく異なる。すなわち、ツツジを有毒と認識していないことになる。「いはつつじ」は、初平の伝説をもとに作ったのではなく、石がごろごろしているような環境に生えるツツジに対して命名されたと考えるべきである。それは『萬葉集』にある次の一首によって示唆されている。

二、山越えて　遠津《とほつ》の浜の　石《いは》つつじ　我《わ》が来るまでに　含《ふふ》みてあり待て　（巻七　一一八八）

この歌で「いはつつじ」が生える情景は海辺であるが、このような環境に生えるツツジは限られる。海岸でも潮が直接当たらなければ、ヤマツツジであれば生育は可能である。ただし、ツツジは砂浜に生えないので、この歌にある石つつじとは海辺の断崖の岩場に生える「つつじ」おそらくヤマツツジをいう。『源氏物語』の乙女《をとめ》に「御前《おまへ》ちかき前栽《せんざい》、五葉《えう》、紅梅《こうばい》、櫻《さくら》、藤、山吹《やまぶき》、岩躑躅《いはつゝじ》などやうの春のもてあそびを、わざとは植《う》ゑて、秋の前栽《せんざい》をば、むらむら、ほのかにまぜたり。」とある「いはつつじ」は庭に植栽されたヤマツツジであろう。『和名抄』は羊躑躅にもう一つの和名「もちつつじ」をつけるが、平安の古典にそれを詠んだ歌がある。

三、　巌上躑躅

としへたる　きしのいはねに　ねばりゐて　ちることかたき　もちつつじかな　（『為忠家初度百首』）

四、　ある女、四月のついたちごろ、つつじををりてえさせしかば

おく山の　いはねがくれの　もちつつじ　ねばやねばやと　みゆる君かな　（『基俊集』第三巻）

いずれも「ねばる」に言及するので、花枝と萼・葉・若枝・果実に腺毛があって粘るモチツツジと一般には解されている。「もちつつじ」の語源は黐《もち》（モチノキの樹皮から作るとりもち）のように粘るからとされるが、この二つの歌の通釈から別の見方も考えられる、拙著『万葉植物文化誌』ではまったく言及していないので、ここに紹介しておく。第三の歌の「ねばり」は、「粘り」と「根張り」を掛け、岸壁にしっかりと根を張っている「もちつつじ」は花も粘り強くなかなか散らないことだという意である。一方、第四の歌では、第一句～三句までは第四句を導く

序詞であり、幾年も岩陰で根張りしている「もちつつじ」のように、あなたはいつまでもねちねちとしているのですねという意を込めている。いずれの歌の「もちつつじ」も岩場にしっかりと根張りしているツツジを指し、それ故に「もち」を冠して呼ぶのであり、モチツツジ以外の同環境に生育するツツジも指すと考えられる。いずれにせよ、モチツツジもこの歌の情景に合う。植物学的にはヤマツツジとは別種であるが、題に巌上躑躅とあるように、岩場など似た環境に生え、また中国地方東部から東海地方まで、両種が混生することもしばしばあり、昔は区別しなかった。『大和本草』（貝原益軒）に「羊躑躅ハモチツヽジト云。黄花三四月ヒラク云々」（巻之十二　木之下　躑躅）とあるが、漢籍をそのまま引用記載し、『和名抄』の別名でもって和訓をつけただけで、モチツツジという種を実際に認識しているわけではない。一方、『和漢三才圖會』（寺島良安）に黐躑躅とあり、「もちつつじ」の訓をつけて「葉は淺綠色、細毛有り、枝少なく花繁し。三四月花を開き淺紅、桃の花色に似て一枝數蕚、其の花及び蕚手に觸れば卽ち黏りて黐の如し。」（巻第九十五「毒草類」）と記述し、この種認識は明確で正しい。一方、同条に「一種岩躑躅有り、葉花共に小さく、花の色は深赤なり」とあるのはヤマツツジに相当する。すなわち、江戸中期になってようやく各種のツツジ類を区別するようになり、モチツツジの粘る形質は古くは気づかれていなかった。『本草和名』（深根輔仁）では「羊躑躅　陶景注云ふ、羊誤りて食らひ躑躅して死す故に以て之と名づくと　一名玉支一名史光　釋藥性に出づ　和名伊波都々之又之呂都々之一名毛知都々之」とあるように、「いはつつじ」「もちつつじ」のほかに、「しろつつじ」を和名に加える。いうまでもなく、白い花冠をもつ「つつじ」をいうが、シロバナの形質をもつ「つつじ」はごく限られる。『萬葉集』に「しろつつじ」を詠んだ歌があることをもって和訓に加えたと思われ、実際にそのようなツツジを認識していたわけではないと考える。詳細は拙著『万葉植物文化誌』を参照のこと。あるいはヤマツツジあるいはモチツツジといった普通に分布する種のシロバナ品種あるいは花色がうすくなった変異種の可能性もあるが、筆者は確認していないので、明言を控えておく。

羊躑躅に関連して、『本草經集注』（陶弘景）は鹿葱《ロクソウ》に似ると記載している（『證類本草』巻第十「草部下品之上」所引）。鹿葱は本草でもあまり登場しない名であるからここに補足説明する。『嘉祐本草』（馬志）で初収載された萱《カン》草《ゾウ》の異名であって、『重修政和經史證類備用本草』巻第十一「草部下品之下」に掲載する附図からユリ科キスゲ属としてまちがいない。萱草の正しい基原種は中国原産のホンカンゾウであり、広く園芸用に栽培するが、わが国に自生するノカンゾウによく似る。拙著『万葉植物文化誌』では鹿葱をヒガンバナ科ナツズイセンとしたが、同科ヒガンバナ（石蒜）の異名を鹿葱とする見解もあって、その用字はかなり混乱している。これに関しては紛らわしく誤解しやすい部分があるのでここで改めて解説しておく。ただし、『萬葉集』でいう「わすれぐさ」が萱草の類であることは拙著に記した通りである。因みに、石蒜《セキサン》は『圖經本草』（蘇頌）が水麻《スイマ》の名で収載、根を表す別名として収載したが、『證類本草』は本經外草類とし、正条品として収載することはなかった（『證類本草』巻第三十「本草圖經本經外草類」）。石蒜を正品として収載したのは『本草綱目』（李時珍）である（巻第十三「草之二　山草類下」）。蘇頌は金燈《キントウ》なる一品も収載し、「金燈花、其の根亦た石蒜と名づく。或は云ふ、即ち比類なりと。」（『證類本草』同）と述べるが、『證類本草』の本經外草類にある当該の附図は萱草に酷似する。唐代の数少ない女流詩人の一人薛濤（七六八年―八三一年）の詩にこの名が詠まれているので紹介しておく。

『全唐詩』巻八〇三「金燈花」　薛濤

闌邊に蘘蘘たる葉見ゑず
砌下に惟《ただ》艶艶たる叢《くさむら》翻へるのみ
細視す何物を将《も》て比せんと欲するや
曉霞に初めて疊《かさ》ぬ赤城の宮

蘘はショウガ科ミョウガのことであるが、「蘘蘘たる」とはミョウガのように盛んに茂る葉を形容する意であろう。

通釈すると、欄干の傍に普段は豊かに茂っているはずの葉が見えない、砌《みぎり》の下に艶やかな草むら（花茎の集合したもの）が黐っているだけだ、よく見たとしても、この金燈は一体何と比べようというのか、夜明けの霞の中でようやく姿を見せた重なるように林立する赤城の宮殿のほかにという意である。金燈花は、『嘉祐本草』で初収載された山慈菰《サンジコ》の条に「山中の濕地に生ず。一名金燈花。花葉は車前（オオバコ科オオバコ）に似て、根は慈菰（慈姑、オモダカ科クワイ）の如し。」（『證類本草』巻第十一「草部下品之下」）とあって、山慈菰の異名とされ、『本草綱目』ではユリ科アマナに充て、金燈を異名に含める（『本草綱目』巻第十三「草之二　山草類」）。稲生若水校定の『新校正本草綱目』では山慈姑の表記を用い、小野蘭山も同調するが、湿地に生えるわけではなく、オオバコの葉にも似ていないアマナとするのは無理がある。薛濤の詩に金燈の特徴が詠い込まれていて、「蘘蘘たる葉」は見えず、「艶艶たる叢」すなわち花茎が黐るというのは、李時珍が『酉陽雑俎』（段成式）を引用して「金燈の花と葉と相見ず」（伝本にこの記述は見当たらない）と述べるところと相通ずる。花が咲いているときは葉がなく、葉が出ているときは花がない植物というから、ヒガンバナ科の植物と考えるのが妥当であり、本草学の泰斗李時珍がそれに気づかなかったとは意外というしかない。薛濤がいう叢とは表現としては素気ないが、頂端に美しい花をつけた花茎がむらがっている様子をいう。したがって、掌禹錫や李時珍が山慈菰（山慈姑）の異名とする金燈花は別種の植物と考えるべきである。蘇頌が金燈を石蒜の類としたのは達観であったが、図は萱草の類に似ており、キスゲ属とヒガンバナ属とを混同してしまったのであろう。

さて、再び「つつじ」に話をもどす。陶弘景は羊躑躅がホンカンゾウに似ると記述するが、ラッパ状の花の形が類似するという意であって、『重修政和經史證類備用本草』巻第十に掲載する潤州羊躑躅の附図は概ね「つつじ」の特徴を表す。今日、わが国ではツツジを躑躅で表すが、花の名として躑躅の名が出現するのは晩唐以降である。元稹（七七九年―八三一年）の次の詩に出てくるのがおそらく初見と思われる。

『全唐詩』巻第四二一「紫躑躅」元稹
滅紫の裙を攏《おさ》へ山腹に倚《よ》る
文君新寡となり乍《たちま》ち歸來す
羞怨春風、哭《な》くこと能はず
我、相識るに従《よ》りて便ち相憐れむ
但、是の花叢《むらが》るに目を回《そむ》けず

この詩は紫躑躅《シテキチョク》すなわち紫色の花をつけるツツジを詠んだ。滅紫は黒ずんだ紫色。文君は司馬相如の妻の卓文君のこと、富裕商人の娘で駆け落ちして相如と結婚したといわれる。春風は暖かいことをもって深い恩恵に譬える。通釈すると、滅紫の服を着て裾を抑えながら山腹まで身を寄せてみた、文君は寡婦となるや直ちに帰来したが、羞怨あっても春風が吹いているので泣くことはできない、私は互いによく知っているから憐れんでいるが、ただこの花が群がって咲いていても目をそらすことはないという意である。元稹は中国四大才女の一人といわれる卓文君を偲んでこの歌を詠んだが、詩題に躑躅とあってもその存在感は薄い。この詩の登場は、わが国の万葉時代より後で、上代のわが国の先人は躑躅が「つつじ」であることを知らなかった。元稹とほぼ同時代の白居易（七七二年—八四六年）も山石榴寄元九という詩を残している。ここでは山石榴《サンセキリュウ》という名で詠むが、山石榴一名山躑躅《サンテキチョク》一名杜鵑花《トケンカ》とあるように、山躑躅の異名としているから、ザクロではなくツツジの類である。とりわけ紅い花をつけるツツジは、ザクロの花に似るとして石榴の名をつけたが、その感性はツバキを海石榴《カイセキリュウ》と名づけたのと共通する（第4章）。

『全唐詩』巻四三五「山石榴」白居易
山石榴一名山躑躅一名杜鵑花　杜鵑啼く時、花撲撲とす
九江、三月に杜鵑來り　一聲催《もよほ》せば一枝開くを得る

江城の上に佐閑して事無く　山下に劚《ほ》り廳前を得て栽《う》う
爛熳たるや一闌十八樹　根株數有り花は無數
千房の萬葉一時新たに　嫩紫《どんし》殷紅《あんこう》に麴塵《きくぢん》鮮やかなり
涙痕裛《るいこんつつ》みて燕支《えんじ》の臉を損じ　剪刀、紅の綃巾《せうきん》を裁破す
謫仙《たくせん》初めて堕《お》ちて在世を愁ひ　姹女《たぢょ》新嫁の嬌に春泥《すがた なづ》む
日、血珠を射して將《まさ》に地に滴らんとし　風、火焰を翻し人を燒かんと欲す
閑なるに兩枝摺《やぶ》り手に持在《も》ち　細看《さいかん》すれば人間《じんかん》に有るに似ず
花中の此物西施に似て　芙蓉と芍藥と皆嫫母《もぼ》なり
奇芳絶豔に別なる者は誰ぞ　通州に遷りし客元拾遺なり
拾遺初めて貶《おと》して江陵去り　去りし時は正に青春の暮に値《あ》たる
商山と秦嶺と君を愁殺《うれ》ひ　山石榴の花、紅に路を夾む
詩に題して我に報《こた》へるは何所《いづく》の雲ぞ　苦雲の色石榴の裙《すそ》に似たり
當時、叢畔に唯我を思ひ　今日、闌前に隻《ひと》り君を憶ふ
君を憶ひ坐して銷落するを見ず　日は西に風起ちて紅紛紛たり

この詩を説明しておく。撲撲とは集中しての意。謫仙《たくせん》は天上界から罪によって人間界に追放されたという仙人で、脱俗した人、非凡な才能の持ち主、大詩人などのたとえにいう。姹女《たぢょ》は奼女に同じで少女の意。嬌は『説文解字』に「姿なり」とある。嫫母《もぼ》は中国伝説の黄帝の妃で、西陵氏の娘といい、醜かったという。秦嶺は陝西省にある山、商山も同じ山系の一峰か。元稹の詩に「白樂天の江州司馬に左降せられしを聞く」（『全唐詩』巻四一五）があり、「此の夕、君が九江に謫せられしと聞く」と詠んでいるのに和して、白居易が左遷されたときに九江で詠んだ詩で

ある。通州とは四川省達県市の周辺で、元稹の左遷された任地に当たる。したがって、通州の遷客元拾遺は元稹をいい、拾遺は元稹の元官職名である。通釈するとつぎのようになる。山石榴《サンセキリュウ》一名は山躑躅《サンテキチョク》、一名は杜鵑花《トケンカ》、ホトトギスが啼く時、花は一斉に咲き始める。九江では三月にホトトギスが渡って来るが、一声鳴くと一枝の山石榴の花が開くという。江城の上では下役は閑でする事がないので、山の下で山石榴を掘り取って役所の前に栽えている。一区画に十八樹が爛熳と咲き、根を数えると数株しかないが、花は無数にある。千もの花房と万もあるかという葉が一時にして新たに生じ、新鮮な紫色、黒ずんだ紅色に麹塵《きくじん》色（コウジカビの色）が鮮やかだ。涙痕がまぶたを包んでせっかく塗った燕支《えんじ》を台無しにするように、剪刀があやぎぬの布を裁断するように山石榴を剪っている。謫仙《たくせん》が初めて天上界を追放されて地に堕《お》ちたときは存命を愁い、新婚の少女の艶めかしい姿に春は滞る。日が血のように赤い珠を射して地に落下しようとし、風が炎を翻して人を焼こうとしているようだ。閑なときに両枝を折って手に持ち、よく見ると世間にあるのと似ていない。花中のこれは西施に似て、芙蓉と芍薬は皆嫫母《もぼ》といったところで醜いものだ。芳しく艶やかでこの上ない花がある一方で、それとほど遠い者といえば一体誰がいるだろうか、通州に左遷された元拾遺がいるではないか。拾遺は初めて退官させられて江陵を去り、去った時は正に青年時代の末であった。商山と秦嶺では君（拾遺）のことを心配していたが、そのころツツジの紅い花が両側にあって道を挟んでいた。詩に題して私に報告しようというのは一体どこの雲というのだ、苦雲の色は石榴の裙（花弁）に似て真っ赤であることよ。当時はツツジの叢の傍らでひたすら自分のことだけを思っていたが、今日はその欄干の前でただ君だけを思い出しているところだ。君のことを思い出すばかりですっかり坐ってツツジの花が落ち尽くすのを見そびれてしまった、もう日は西に傾き風が起きて紅の花が紛々と乱れ散っている。

『和名抄』に「兼名苑云ふ、山榴　和名阿伊豆豆之　即ち山石榴なり。花は羊躑躅と相似たり。」とあり、「あいつつじ」の和名をつけるが、唐詩で山石榴を詠むのは元稹（一首）と白居易（七首）だけで、白居易の詩より取ったものであろう。わが国の古典で山石榴・山榴はほとんど出てこないが、まれに「いはつつじ」と訓ずることがある。『枕草子』(能因本)の「草の花は」に「花の色は濃からねど、咲く山吹《やまぶき》にはいはつゝじも異なることなけれど、折りもてぞ見ると詠まれたる、さすがにをかし」とある「いはつつじ」を、後世の刊本の中には山石榴を充てることがある。山石榴の類名に海石榴があるが、たがいに対比すべき名と考えるべきではない。わが国では「海の幸、山の幸」というように、山と海を対比すべきものという認識が定着しているが、国土の狭い島国だからこそ、海と山の共存がいたるところに成立するのであり、広大な大陸では山と海の両方を取り合わせる情景そのものが想定の範囲外なのである。海石榴が海外からもたらされた石榴の類という意で名づけられたことは、第4章第4節で述べた通りで、ツバキ科ツバキをいう。一方、山石榴は、花を石榴に見立ててつけた名で、大きな真紅の花をつける「つつじ」の類をいい、わが国でいえばヤマツツジに相当するものと考えればよい。一名山躑躅とあり、羊躑躅の類と認識されたが、唐代になると躑躅は必ずしも有毒の「つつじ」という認識は薄くなり、広く「つつじ」類を指すようになった。『太平廣記』に「躑躅花　南中に花多くして紅赤、亦た彼の方色なり。唯、躑躅をもって勝ると爲す。嶺北、時に有るも南の繁り多きに如かざるなり。山谷の間に悉く生ず。二月に發き、時に照《かがや》きて麗しきこと火の如く、月餘歇《つ》きず。(嶺西異物志に出づ)」(巻四〇九)とあるのはまさにこれを示唆し、ここには葉や花に毒があって食べると歩行困難になるという本来の意味は消し去られている。もう一つの別名杜鵑花《トケンカ》は、杜鵑すなわちホトトギスが鳴き始めるころに開花するので、この名がつけられた。李白も杜鵑花を詠んだ詩を残している。

『全唐詩』巻一八四「宣城に杜鵑花を見る」李白

蜀國に曾て聞く子規の鳥
宣城に還《ま》た見る杜鵑の花
一叫び一回、腸一斷し

三春三月、三巴を憶《おも》ふ

宣城は安徽省長江流域の都市、蜀は李白の故郷で現在の四川省に当たる。子規はホトトギスで杜鵑の別名。三巴は蜀にある地名。通釈すると、蜀ではホトトギスの声を聞いたものだ、一方、宣城では植物の杜鵑の花が見られる、ホトトギスが一声鳴くたびに断腸の思いがする、盛春の三月になると三巴が思い出されるよとなる。ホトトギスが鳴くのは旧暦の四月で、多くのツツジはそのころ開花するので、杜鵑花とは特定の種を指す名ではない。『本草綱目啓蒙』に「杜鵑花ハ古ヨリサツキツ、ジニ充ツ従フベシ」（巻之十三「草之六　毒草類」）とあるのをもって、わが国ではしばしばサツキに充てるが、ほかのツツジより一カ月ほど遅い旧暦の五月に咲くからその名があるので、杜鵑花をサツキの漢名とするのは誤りである。そもそも大陸にサツキの自生は知られていない。映山紅《エイザンコウ》・山石榴《サンセキリュウ》をサツキに充てるのも誤りである。『救荒本草』（周定王）巻之七にある山裏果兒《サンリカジ》は、バラ科サンザシであってツツジの類ではないが、異名を映山紅果とするので紛らわしい。サンザシの果実が鮮やかに赤熟するのでこの異名をつけたらしい。後述するように、李時珍は山躑躅の異名を映山紅とする（『本草綱目』巻第十七「草之六　毒草類　羊躑躅〔附録〕山躑躅」）。わが国では一四五四年に成立した『撮壌集』に「映山紅エイサン（カウ）」とあるので、明代にはツツジを基原とする映山紅が存在したことはまちがいない。『毛吹草』巻第二に五月の季語に「五月つゝじ」とあるのがサツキの名の文献上の初見で、江戸初期に園芸用に広く栽培され、その名が知られるようになった。サツキは渓流沿いの岩場に生え、昔は「いはつつじ」（あるいは「もちつつじ」とも？）と呼ばれた。

『本草綱目』（李時珍）は羊躑躅の条に附録として山躑躅《サンテキチョク》について記述する（巻第十七「草之六　毒草類」）。李時珍によれば、「春に苗葉を生じて淺綠色、枝少なくして、花繁り一枝に數蕚。二月始めに花を開き、羊躑躅の如くして、蒂は石榴花の如く、紅なる者、紫なる者、千葉なる者有り。小兒、其の花を食ふ。味は酸く無毒。一名紅躑躅一名山石榴一名映山紅一名杜鵑花。其の黄色なる者は即ち有毒、羊躑躅なり。」といい、わが国のヤマツツジに近縁のシナヤマツツジによく合い、その近縁種を含めた総名と考えられる。躑躅は有毒植物のトウレンゲツツジに特化した名であったが、山躑躅のように、無毒のツツジにも用いるように転じたことがわかるだろう。わが国のヤマツツジをしばしば山躑躅と表記するが、中国のシナヤマツツジとは別種であることに留意しなければならない。ただし、山躑躅という名は、『本草綱目』より古く『紹興校定經史證類備急本草』にあるが、巻之九にある海州山躑躅の図はおよそツツジの類とは思えない。今日のわが国ではいかなる植物の名前も片仮名書きを正名とする。古くから植物に対して漢名を充てることが教養の証とする風潮があるが、安易な漢名の使用は却って馬脚を露わすことになる。古今、ツツジの漢名が正しく使い分けられることはほとんどなかったのである。

「つつじ」の語源については、『萬葉古今動植正名』（山本彰夫）に、「つゝじの屬、花みなつゝしべなるゆゑ、つゝじと名づくるか。つゝじは、つゝしべの下略。」という正鵠を射た語源解釈がある。すなわち、「つつじ」の語源は「筒状のしべ」の義であって、ラッパ状の花の形状に由来する。現在、雄しべ・雌しべに「しべ」の名が残るが、『和名抄』に「東宮切韵云ふ　蘂　而髄反　之倍　花の心なり」とあるに因る。すなわち、「しべ」は花の中心にある部分を指すというが、必ずしも花の芯だけを意味するのではなく、「つつじ」の花は盛りを過ぎると、花冠ごとすっぽり落ちるから、それをまるごと「しべ」と称したと考えられる。これを実感するこは盛りを過ぎたヤマツツジやサツキなどの木の根元にぽたりと落ちた花冠を見るとよいだろう。『源氏物語』の野分《のわき》に「八《や》重《へ》山吹《ぶき》の咲《さ》きみだれたるさかりに、露のかゝれる夕映《ゆふばえ》ぞ、ふと、思ひいでらるゝ。折《をり》にあはぬよそへどもなれど、なほ、うちおぼゆるやうよ。花《はな》は、かぎりこそあれ、そゝけたる蘂《しべ》なども、まじるかし。人の御かたちのよきは、たとへむかた(方)なきものなりけり。」とある「そそけたるしべ」は、ヤマブキの極小の雄しべ・雌しべでは実感できず、花冠全体を「しべ」と称していた証左といえよう。俗間の語源説はいくつかあるが割愛する。

第2節　馬酔木は「あしび」の毒性を表す名である

アセビはわが国の山野に比較的普通に分布するツツジ科低木である。『萬葉集』に安之婢・安志妣という名が計四首に詠まれ、いずれも「あしび」と訓ずる。そのほかにそのままでは訓読できない馬酔木・馬酔なる名がそれぞれ三首に登場し、これも「あしび」と訓ずる。『和名抄』『本草和名』にこの名はなく、漢籍にもない和製と思われる漢名に、なぜ訓をつけることができるのであろうか。馬酔木の字義はウマが食べると酔う木という意である。アセビはツツジ科植物で、ツツジに含まれる有毒成分と同系統の類縁成分を含むので、馬が食べれば中毒を起こすことはあり得る。したがって、馬酔木の名の存在は、アセビがツツジに似た毒性をもつことを古代人が知っていたことを示唆し、羊躑躅とは異なるものとして、わが国で独自に作られた漢名と考えられる。すなわち、漢籍にアセビに相当する類名が見つからなかったため、独自の本草学名たる和製漢名を創出したのである。ただし、「あしび」という名・訓は『萬葉集』に限られ、次の歌にあるように、平安以降では「あせみ」に変わる。

一、　あせみ
　　我がせこに　わがこふらくは　おくやまの　あせみのはなの　今さかりなり　（『古今和歌六帖』第六）

二、　あせみ
　　たきのうへの　あせみの花の　あせ水に　ながれてくいよ　つみのむくひを　（『新撰和歌六帖』第六）

三、　万十　馬酔木二
　　かにづなく　よしのの河の　滝の上の　馬酔の花はぞ　ちりこすなゆめ　（『歌枕名寄』巻第七）

第一の歌は、私の愛しい人に望むことは、奥山に生えるアセビの花が今盛りであるように、私が盛りであるうちに恋い慕うような関係でありたいという意で、アセビの花は密集して咲き、また花期も長いので好まれた。第二の歌では、「あせみ」は同音により第三句を導く序詞であり、また末句は「柘《つみ》の報《むく》ひ」であって『柘枝傳』の仙女伝説のことをいい、「罪の報《むく》ひ」を掛ける。第15章第2節「2-2」でも述べたように、『萬葉集』などに類歌がいくつか載っている。歌の意は、滝の上で花をいっぱいつけるアセビの花のように、汗水がいっぱい流れるような激しい恋をして後悔するがいい、味稲《うましね》が「つみのき」の枝で受けた報いのようにとなる。一方、第三の歌では、「馬酔の花」に対して「あせみ」と「つつじ」の両訓がある。この歌の本歌は『萬葉集』の「川津鳴《カハヅナク》　吉野河之《ヨシノノカハノ》　瀧上乃《タキノウヘノ》　馬酔之花曾　置末勿勤《ハシニオクナユメ》」（巻十　一八六八）であり、仙覚は「つゝじのはなぞをくにまもなきとはつゝじの花をめづる心にてうちをきがたしなどいへるにや」（『萬葉集註釋』巻第十）と注釈するように、馬酔之花を「つつじのはな」と訓ずる。一方、江戸期の国学者荷田春満は、「馬酔木はつゝじにては無き也。あせみ也。悪木にて人馬共に害ある毒木也。」と述べるように、馬酔木をアセビと断言した（『萬葉童蒙抄』）。「吉野の川の滝の上」に生えるというから、ツツジとアセビは似た環境に生育するので、歌の情景分析から判定するのは困難である。因みに、平安後期の『類聚古集』は馬酔木を「阿殘尾《アセビ》　件三字異本」とし、「あせび」と訓ずる。以上、馬酔木の訓に対して、平安期から江戸期まで、かなりの混乱があったが、室町期以降の古字書では、以下に示すように、「あせぼ」でほぼ一貫している。ついでに前述したツツジ類を表す漢名の和訓も併せて示す。

『下學集』　躑躅華テキチョク（クワ）　杜鵑花トケンクワ　羊躑躅イハツヽジ　茵芋ニツヽジ　ヲカツヽジ　馬酔木アセボ

『撮壤集』　杜鵑花トケン（クワ）　躑躅同　映山紅エイサン（カウ）

『文明本節用集』　杜鵑花ツツジ　躑躅ツヽジ　躑躅花テキチョククワ　馬酔木アセボ

『温故知新書』　羊躑躅イハツヽジ　茵芋ヲカツヽジ　躑躅ツヽジ　槵同　杜鵑花トケンクハ　茵蓀ニハツヽジ　石鵤イハツヽジ

『明応五年本節用集』　躑躅ツ、ジ　杜鵑花ツ、ジ　馬酔木アセブ
『伊京集』　茵芋ニハツ、ジ　躑躅ツ、ジ　杜鵑花同　馬酔木アセボ
『饅頭屋本節用集』　羊躑躅イワツ、ジ　躑躅ツ、ジ　杜鵑花同　馬酔木アセボ
『黒本本節用集』　杜鵑花トケンクヮ　躑躅花テキチョククヮ　馬酔木アセボ
『慶長十六年本節用集』　羊躑躅イワツ、ジ　躑躅ツ、ジ　躑躅テキチョク　山榴アキツ、ジ　馬酔木アセボノキ
羊躑躅モチツ、ジ　ヤウテキチョク
『和爾雅』　羊躑躅モチツ、ジ　山躑躅ヤマツ、ジ山石榴同　映山紅オホキリシマ　杜鵑花サツキ
『本草綱目品目』　羊躑躅もちつ、じ　山躑躅やまつ、じ
『本草名物附録』　映山紅おほきりしま　杜鵑花さつきつ、じ
『書言字考節用集』　羊躑躅イハツ、ジ　モチツ、ジ　黄杜鵑イハツ、ジ　モチツ、ジ　杜鵑花トケンクハ　躑躅ツ、ジ
山石榴ツ、ジ　アキツ、ジ　映山紅ツ、ジ　キリシマ　杜鵑花ツ、ジ　馬酔木アセミ

アセビを馬酔木と表記するのは、もともとわが国固有の和製漢名であるから問題ないが、今日の中国でもその名を導入してアセビ属を馬酔木属と称する。とりわけ、わが国固有種であるアセビを日本馬酔木とするのは中国における呼称であって、わが国でこの名をわざわざ用いるのは適切ではない。

『萬葉集』に頻出する句に「あしひきの」があり、山に冠する枕詞と解釈される。一方、「あしびなす」という枕詞はただ一首に詠まれ、アセビが花穂を多くつけるので、「栄える」に冠する枕詞とされる。

四、あしひきの　山のしづくに　妹《いも》待つと　我《われ》立ち濡《ぬ》れぬ　山のしづくに　（巻二　〇一〇七）

五、あしびなす　栄えし君が　掘りし井の　石井《いしゐ》の水は　飲めど飽かぬかも　（巻七　一一二八）

「なす」とは「〜のように」の意の接尾辞で、記紀にいくつか用例のある上代特有の表現であるが、「花が盛んに咲

きにおうアセビのように」と枕詞を意識せずに解釈しても意味は通じる。「あしひきの」と「あしびなす」は、上三音がよく似るので、何らかの関係がありそうに見える。実際、仙覚は「あしひきの」と「あしびなす」について次のように注釈する（『萬葉集仙覺抄』巻第二）。

しかるに山麋《あしび》といふは、ことにさかへたる木なり。この木は、むかし筑紫《つくし》のかたにおほかりけり。ことにさかふる木なるが故に、この集の第七巻の歌には、あしびなす、さかへしきみが、ほりし井のとよそへよめり。山はたかくまとかなれば、やまをいひいでんとする諷詞に、あしひきとをける也。あしびと云木なれば、あしひきといふ、たとへば櫻をさくら木ともいひ、かしはをかしは木ともいふがごとし。山麋《あしび》はあしひ也。

すなわち、仙覚は「あしひきの」の「あしひ」は、アセビに由来し、「あしび木の」の意と言いたいらしい。この見解はわかりやすいが、「あしひきの」の「ひ」は上代特殊仮名遣いの甲種の「比」「臂」など清音であるから、「あしび木の」とはならない。仙覚の注釈の論点はもう一つある。山麋という、これまでに例のない漢名に「あしび」の訓をつけていることである。『説文解字』に「鹿の屬、冬至に其の角を解《お》とす」とあるように、麋はシカの類であって、アセビに結びつくものは何もない。『萬葉集』巻二十に「山齋を屬（正しくは矚）目して作りし歌」という題詞で「あしび」を詠んだ歌が三首ある。

六、鴛鴦《をし》の住む　君がこの之麻《しま》　今日《けふ》見れば　あしびの花も　咲きにけるかも　（巻二十　四五一一）

七、池水《いけみづ》に　影さへ見えて　咲きにほふ　あしびの花を　袖に扱入《こき》れな　（巻二十　四五一二）

八、磯影《いそかげ》の　見ゆる池水《いけみづ》　照るまでに　咲けるあしびの　散らまく惜《を》しも　（巻二十　四五一三）

前述の注釈で仙覚が言及したのは巻七のまったく別の歌であるが、木村正辭は仙覚のいう山麋を山齋《しま》と考定した（室松岩雄編・國文注釋全書『萬葉集仙覺抄』）。すなわち、第六〜八の歌の題詞にある山齋と仙覚のいう山麋が同じと考えたのである。とすれば、仙覚は山齋を山麋に同義と考え、「あしび」と訓じた可能性もあり得ることになる。

山齋を、仙覚がいうように、アセビと解釈すると、題詞では「アセビを矚目して作った歌」となって、第六～八の歌はアセビを主題とした歌三首となり、この点に関してはまったく矛盾はない。しかし、『萬葉集』の「与妹爲而《イモトシテ》　二作之《フタリツクリシ》　吾山齋者　木高繁《コダカクシゲク》　成家留鴨《ナリニケルカモ》」（巻三　〇四五二）にも山齋が詠まれ、これをアセビとすると、第三句は字余りとなるのはまだしも、木が高くなってしまったというのは低木のアセビではやや無理がある。今日の注釈書は第六の歌の第二句にある之麻《しま》を山齋と解釈し、「しま」と訓じて庭園の意とする。この訓は『和名抄』ほかわが国の古字書にも出てこないが、第七、八の歌に池水とあるから、之麻《しま》は池の中島を指し、いわゆる島と相通ずるものと考えられる。第六～八の歌のいずれの情景も、池のほとりではなく、中島に植栽された「あしび」を想像せしめる。したがって、第六の歌にある之麻《しま》は庭の中に配置された池の中島に限定されたもので、山齋は「しま」と訓ずるのが適当であろう。訓はさておいて、山齋が何であるか知るにはその字義を解釈するほかはない。『康熙字典』によれば、『正韻』を引用して「齋、潔也、莊也、恭也」とある。この場合の莊は「おごそか」の意であって、これでは山齋の意味はさっぱりわからない。また、「又、燕居の室を齋と曰ふ」とあって、くつろいで過ごすための庵の意であるから、これなら山齋は山荘の意となって通じるが、『爾雅』『説文解字』などの古字書に見当たらない。実は、『懐風藻』に山齋という題の漢詩（大納言直大二中臣朝臣大島）がある。

宴飲《えんいん》山齋に遊び　遨遊野池《がういうやち》に臨む
雲岸寒猿嘯《うんがんかんゑんうそぶ》き　霧浦《むほ》柂聲《だせい》悲し
葉落ちて山　逾《いよいよ》靜けく　風涼しくして琴　益《ますます》微《かそ》けし
各《おのがじし》　朝野の趣を得たり　攀桂《はんけい》の期《とき》を論《かた》らふこと莫れ

この詩の山齋をアセビとしても意味が通じないから、結局、木村正辭の見解は誤りということになる。無論、山齋は中国から借用した語彙で、詩文では六朝詩や唐詩にいくつか散見され、それが何を指すのか考えてみる。

『藝文類聚』巻六十四「陳徐陵奉和簡文帝山齋詩」

架嶺、金闕を承け　飛橋、石梁に對す
竹密に山齋冷ゑ　荷開き水殿香る
山花、舞席に臨み　水影に歌床照る

架嶺は庭園内の作られた複数の築山の意。金闕は禁闕に同じで、漢の未央宮《びおうきゅう》にあった金馬門のこと。飛橋は高い架け橋の意。水殿は夏の納涼のための殿屋。舞席は舞踊のための舞台、歌床は楽器を演奏するための舞台。この詩は山齋の中心にある池を詠んだもので、橋が架かっているというから、当然、中島も築かれていた。池にはハスが植えられ、また舞台も設置されて歌舞遊興のために利用されたことがわかる。通釈すると次のようになる。金闕を継ぐようにいくつかの築山が連なり、石梁に橋が並んで架かっている。竹が密生する山齋はひんやりと涼しく、ハスの花が咲いて水殿にまで香りが漂ってくる。舞席の前に野草の花々が咲き、水面に歌床を映している。

『全唐詩』巻一四〇に王昌齢の「裴氏山荘に宿す」にも山齋が詠まれているが、ややニュアンスが異なる。

蒼蒼たる竹林の暮　吾れ亦た投《とま》る所を知る
靜かに坐す山齋の月　清溪に遠流を聞く
西峰に微雨下りて　曉に向きて白雲收まる
遂に塵中の組を解き　終南の春に遊ぶべし

この詩を通釈すると、青々とした竹林で日が暮れたが、宿泊場所として裴氏山荘があることを知り、ここでお世話になることにした、その山荘では、静かに坐して月を見られるし、また遠くに清らかな渓谷の流れの音が聞こえる、西方の山に弱い雨が降り、夜明けに向かって白雲が去って行った、とうとう汚れた俗世間のしばりを解いて、春の終南山（陝西省西安の南東の山）で遊ぶことができるよとなる。詩題に山荘とあり、この詩にいう山齋は庭園を含めた別荘の意と推定されるが、池水の存在は感じられず、もともとなかったのではないかと思われる。近くを流れる渓流をもってその代わりとしているのかもしれない。陳詩・唐詩のいずれも竹林が詠まれるが、中国の山齋はそれが必須の存在であったのかもしれない。一方、いずれの万葉歌にも山齋に竹は詠まれず、その代わりにアセビが植栽され、山齋を矚目して云々という割にはアセビが事実上の主人公となっているのはわが国独自の趣向といってよいだろう。万葉文化人の間に花卉としてアセビを愛でる気風があったことがこれで明らかになる。

　ここで「あしび（き）」の語源解釈を試みる。前述したように、仙覚は枕詞「あしひきの」と関連があるとして語源解釈したが、記紀では乙類のみ、『萬葉集』では多数の甲種に少数の乙種の「き」が混じるといわれ、「あしび木の」という解釈は今日では支持されない。結局、音は似ていても、「あしひきの」と「あしび」との間に語源的な共通点はなさそうである。「あしびきの」は「足引きの」であって、山の足すなわち麓が長く引き延べる義であり、それをもって山に冠するべき枕詞になったと解釈するのが妥当だろう。一方、「あしび」についてはやはり馬酔木の字義に深く関係してつけた名と推定される。前節で平安の文人が羊躑躅の字義をよく理解していなかった旨を述べた。飛鳥奈良時代の先人もおそらく羊躑躅の義を理解しておらず、上代の典籍に躑躅の用字が見当たらないのはそれを示唆する。ツツジ属の中でも有毒種は限られ、その一つレンゲツツジはわが国では高冷地に分布し、古代の先人は知る由もなかったから、躑躅の義を正しく理解できなかった。一方、アセビは身近に比較的普通に分布するので、古代人は実際に馬がアセビを食べて中毒を起こすことを知っていたと考えられる。したがって、実際の経験に基づいて馬酔木を造語することは十分にあり得る。馬の中毒症状を和語を交えて表現すれば「足癡《し》ひ」であり、これが転訛して「あしび」となったと推定される。「目しひ」「耳しひ」の「しひ」と同じで、大伴家持の歌「松反り　しひにてあれかも　さ山田の　翁《をぢ》がその日に　求めあはずけむ」（巻十七　四〇一四）にある「しひにて」も同じ義であり、上代語の用例（ほかに柿本人麻呂の歌九―一七八三に類例あり）があるのが心強い。

第21章

在来の香辛料と渡来の香辛料

龍葵（655頁）

現在では、香辛料というよりスパイスといった方が通じやすい。今日、スパイスといえば、トウガラシ・コショウ・ショウガなどを思い起こすが、いずれもわが国に原生せず、熱帯地方から渡来したものである。スパイスといえばまずエスニック料理を連想するように、多くの人はわが国にスパイスは存在しなかったと考えがちであるが、サンショウ・ワサビなどはわが国原産のれっきとしたスパイスである。ただ、古くからその名で呼ばれたわけではなく、途中で漢名に置き換えられて混乱したりしたため、その由来が正しく理解されていないから、結局、すべて海外からもたらされたと勘違いされるのである。最近では寿司に付き物のワサビすら、西洋のワサビダイコンで代用されるから、無理からぬことかもしれない。また、わが国では、文化であろうが、物産であろうが、何でもかんでも国外からもたらされたと端から決めつける傾向があるのも、そうした誤解を助長する温床となっている。ここではわが国で古くからスパイスとして用いたものについてその歴史的由来をきちんと考証する。

第1節　古来の香辛料「はじかみ」は三系統ある

わが国最古の香辛料名は「はじかみ」である。今日、この名にほとんど用いないが、最古の古典である『古事記』の神武天皇（上つ巻）および『日本書紀』の神武天皇即位前紀戊午年十二月（巻第三）にある歌謡（久米歌）に初見する。

みつみつし　久米の子等《ら》が　垣下《かきもと》に　植ゑしはじかみ　口ひひく　吾《われ》は忘れじ　撃ちてし止まむ　（『古事記』）

原文では波志加美（『古事記』）、破餌介瀰（『日本書紀』）と表記され、「はじかみ」の語感から、純粋な和語と考えられる。『本草和名』には「はじかみ」の名をもつ品目がいくつかあり、それぞれに漢名を充てている。

一、蔓椒　和名保曽岐《ほそき》一名以多知波之加美《いたちはじかみ》

二、蜀椒　和名布佐波之加美《ふさはじかみ》
三、秦椒　和名加波々之加美《かはゝじかみ》
四、乾薑　和名久礼乃波之加美《くれのはじかみ》
五、高涼薑　和名加波祢久佐《かはねぐさ》一名久礼乃波之加美乃宇止《くれのはじかみのうど》
六、呉茱萸　和名加良波之加美《からはじかみ》
七、山茱萸　和名以多知波之加美《いたちはじかみ》一名加利波乃美《かりはのみ》

古来、わが国で「はじかみ」と称するものは、一～三の椒《ショウ》、四～五の薑《キョウ》、そして六～七の茱萸《シュユ》の三系統に大別される。では、記紀の「はじかみ」はこのどれに当たるのだろうか。通説では、椒の一種であるミカン科サンショウとするが、その理由にわが国の原生種（また固有種でもあるが）であることを挙げる。『魏志倭人傳』に「薑、橘、椒、蘘荷有り、以て滋味と爲すを知らず」とあり、原生種の橘・椒は当然のこととして、外来種のはずの薑（ショウガ科ショウガ）も邪馬台国にあったとしている。ショウガ科の地上部はよく似るので、わが国南部に自生するショウガ科ハナミョウガを誤認した可能性も考えられるが、同属種の蘘荷（ショウガ科ミョウガ）を識別しているから、それを前提に考えるのは適切ではなく、やはり、邪馬台国にショウガが伝わっていたと考えるべきである。「植ゑしはじかみ」とあるので、畑で栽培したショウガであることを示し、一方、サンショウはわが国に普通に分布し、とくに栽培する必要はないからである。ただし、当時の倭人が外来種のショウガを栽培していながら（野生化したショウガは見ない）、賞味していなかったとは考えにくく、「滋味と爲すを知らず」という記述は『魏志倭人傳』の偏見かつ誤謬である。通説では「はじかみ」の語源を「歯が顰《しか》む」、すなわち強い辛味に由来するという。「顰む」は「しかめっ面」「顔をしかめる」と同じで、しわをよせる、変形させるなどの意であるが、辛味で歯がしかむという表現もあり得るから、この語源説明は妥当である。後述するように、ショウガを平安の本草家は「くれのはじ

かみ」と命名した。大陸からのショウガの渡来は一回だけではなく、古墳時代から飛鳥奈良時代に至るまで、様々な形質の品種が伝わってきたので、それをもって呉の名を冠したのである。「はじかみ」をサンショウと考え、まったく異なる語源説もいくつかある。一つは罅裂《はぜ》赤実《あかみ》の転訛、すなわち赤い実が熟すとはぜるから、また罅裂実《はじけみ》の転訛ともいう。辛味のあることをいっさい考慮しないこの説は受け入れがたいが、俗間では広く支持される。別の視点から、辛味と実がはじけることを組み合わせた語源解釈も可能である。すなわち、「弾じかみら」の転とするもので、「かみら」は『古事記』の別の久米歌「みつみつし　久米の子等《ら》が　粟生《あはふ》には　かみら一莖《ひともと》　そねが莖《もと》　そね芽繋《めつな》ぎて　撃ちてし止まむ」にある賀美良《かみら》すなわち今日のヒガンバナ科ニラのことで、『和名抄』に「本草云ふ、韮　擧有反　玖と同じ　和名古美良又菜の惣名なり　味辛く酸温にして無毒なり。崔禹錫食經云ふ、韮之を食へば病を除くと。」とある「こみら」は「か」→「こ」の転である。ニラは、ニンニク・ラッキョウなどとともに、葷菜《くんさい》類の一種で、辛味・臭いが強いことで知られる。次節以降で、三系統の「はじかみ」について漢籍古典を照らし合わせながら詳細に解析する。

第2節　わが国に原生する「はじかみ」：椒について

椒はサンショウ属植物を指す漢名である。『神農本草經』は中品に秦椒《シンショウ》、下品に蜀椒《ショクショウ》と蔓椒《マンショウ》を収載する。

2-1　蔓椒：「ほそき」（ミカン科イヌザンショウ）

蔓椒は蔓《つる》の字を冠するので、つる性植物のように見えるが、『本草和名』『和名抄』が充てる和名（後述）のいずれもそれを反映していない。『本草經集注』（陶弘景）は「山野の處處に有り、俗に呼びて樛と爲す。椒薰に似て小、香らず。一名猘豰。」（『新修本草』巻第十四「木部下品」所引）と記述し、また、『圖經本草』（蘇頌）の蜀椒の条中で、崖椒《ガンショウ》とともに蔓椒を類品として挙げるが、やはりつる性とはいっていない（『證類本草』巻第十四「木部下品」所引）。一方、『本草綱目』（李時珍）は「林箐の間に野生し、枝は軟らかく蔓の如し。子、葉は皆椒に似たり。山人亦た之を食ふ。爾雅に云ふ椒機醜梂は其の子叢生するを謂ふなり。陶氏謂ふ所の樛子は當に梂子に作るべし。諸椒の通稱獨《ただ》蔓椒に非ず。」（巻第三十二「果之四　味類」）と記載するように、初めてつる性であることに言及した。李時珍の記述が正しいとすれば、つる性のサンショウ属植物であるから、わが国の南西諸島を含めた東アジアの亜熱帯に分布するツルザンショウの類に相当する。しかし、『本草經集注』『圖經本草』のいう蔓椒とは異なる可能性が高く、その基原は未詳といわざるを得ない。平安時代のわが国では『新修本草』（蘇敬）に準拠して和名をつけているが、『本草和名』（深根輔仁）は「蔓栴　一名豕栴一名猪栴一名彘栴　楊玄操音直例反　一名狗栴　楊玄操音義作杞居其反　一名樛　楊玄操音彪　一名猘殺　已上二名蘇敬注に出づ　和名保曽岐一名以多知波之加美」とあるように、蔓椒に「ほそき」「いたちはじかみ」の和訓をつけ、また後者の和名は山茱萸《サンシュユ》にもつける。まず、多くの異名が出てくるので説明しておく。彘の基本字（正字）は彘で豕・猪の義である。したがって豕栴・猪栴・彘栴の三名はいずれも基本的に豬《チョ》椒《ショウ》（『名醫別錄』）と同系統である。猘の基本字は豨（＝豬）であり、『玉篇』によれば豕と同義である。猘殺は『本草經集注』の陶弘景注（蘇敬注というのは誤り）にある猘豰（豰＝殺）と同義である（『新修本草』巻第十四「木部下品　蔓栴」所引）。「ほそき」なる和名は『日本書紀』の皇極天皇三年七月に「此の蟲は、常《つね》に橘《たちばなき》の樹に生《な》る。或《ある》いは曼椒に生る。曼椒、此をば褒曾紀と云ふ。」（巻第二十四）とある訓注が文献上の初見である。注目すべきことに、イヌザンショウの方言名に「ほそき」（木曽・美濃・長野・静岡・愛知）、「ほそきばら」（水窪・磐田）、「ほそく」（恵那）、「ほそっき」（伊那）がある（『日本植物方言集成』）。この名はカラスザンショウの方言名にもある（和歌山・奈良）が、植物学的に同属種であるから、古くは同類とされても不思議はない。因みに、カラスザンショウは樹高十五メートルに達する高木で、通例、食茱萸《ショクシュユ》に充てる。以上から、わが国ではイヌザンショウを蔓椒に充てたと考えられる。『本草綱目啓蒙』（小野蘭山）はイヌザンショウの漢名を崖椒《ガイショウ》とするが（巻第二十八「果之四　味類」）、和刻本『新校定本草綱目』（稲生若水校定）にある和訓「イヌサンセウ」を受け入れたようである。崖椒は、『圖經本草』が蜀椒の類として施州崖椒の図を掲載したが、その記述は「一種崖椒有り、彼の土人、四季皮を採り薬に入る」と甚だ簡潔で、図もまた稚雑でその基原を絞り込むことすら困難である（『證類本草』巻第十四「木部下品　蜀椒」所引）。李時珍は崖椒を「此れ即ち俗に野椒と名づくなり。甚だ香らずして、子は灰色にして黒からず、光無し。」と記述し（巻第三十二「果之四　味類」）、わが国の本草家は果実が灰色であることをもってイヌザンショウとしたようであるが、これだけで種を特定するには困難であり、蘭山の見解は受け入れがたい。中国ではイヌザンショウを花椒《カショウ》のうちに含め、『中国高等植物图鉴』はその異名の一つを崖椒とするが、蘭山の見解を取り入れたもので、やはり問題がある。以上の詳細については拙著『生薬大事典』を参照。次に、なぜ「いたちはじかみ」の名で呼ばれたのか、これも明らかにしておかねば画竜点睛を欠く。「いたち」の名をもつ植物は、「いたちぐさ」（モクセイ科レンギョウ）・「いたちささげ」（マメ科）などがある。花あるいは茎の色がイタチの毛皮の色に似るからつけたと思われるが、国産のサンショウ属の中で「イタチ色」を連想するものはない。ただし、イタチは悪臭を放つので、異臭のあるサンショウ属種という意味で、「いたち」の名を冠した可能性はあり得る。とすれば、サンショウに似て香の劣るイヌザンショウであれば、「いたちはじかみ」の名でも違和感はない。『延喜式』巻第二十四「主計上」に諸國貢調の中男作物として伊勢国・三河国・但馬国・美作国・備中国・阿波国・筑後国・豊後国から槾椒油の貢進の記録がある。同巻第三十六「主殿寮」でも鎭魂料に槾椒油二升四合、季料に胡麻油（ゴマ）三斗二升とともに槾椒油一斗六升、凡量收諸國進中男作物雑油に胡麻油七合、荏油（エゴマ）五合、海柘榴油（ツバキ）三合、麻子油（アサ）三合、呉桃子油（モモ）三合、槾椒油五合、豬膏（イノシシ）六升など、ほかの油料とともに槾椒油の名が見える。

サンショウ属各種の果実は、黒い光沢のある相対的に大きな種仁を含むが、脂肪分を多く含み、搾ると脂肪油が採れる。槾椒は、『延喜式』特有の名称で、つるではなく木本植物であるという現実に則して、蔓椒を木篇に作ったと考えられる。したがって、『延喜式』にある槾椒油は蔓椒すなわち香辛料として劣等のイヌザンショウから製したものである。「いたちはじかみ」を詠った歌が実際に存在するので紹介しておく。

かきねに、いたちはじかみといふもののおほかるを見て　阿闍梨隆源

かきねには　いたちはじかみ　はえてけり

つく

ねずもちのきよ　こころしてさけ

（『散木奇歌集』第十）

歌の意は、垣根には「いたちはじかみ」が生えていたから、「ねずもち」（モクセイ科ネズミモチ）の木よ、用心して花をつけよであるが、実際に何を詠んでいるのかわかりにくいが、「いたちはじかみ」の悪臭に染まらないようにという意であろうか。

「ねずもちのき」の名も詠まれているので、ついでながらその基原について考証しておく。今日、モクセイ科ネズミモチという類名があるが、『枕草子』の「花の木ならぬは」に「ねずもちの木、人なみなみになるべきにもあらねど、葉《は》のいみじうこまかにちひさきがをかしきなり」とあり、葉が非常に小さいというから、ネズミモチではあり得ない。『和名抄』に「四聲字苑云ふ、栧　音曳漢語抄云ふ祢須三毛知乃木　鼠梓の木なり」とあり、栧《エイ》および鼠梓《ソシ》の漢名を充てる。『爾雅』に「楰は鼠梓なり」とあるから、『和名抄』のいう栧は楰《ユ》の誤りである。鼠梓は、本草では『名醫別錄』に「鼠李　其の皮、味は苦く、微寒にして无毒。身皮の熱毒を除くを主る。一名牛李一名鼠梓一名椑。田野に生じ、採る時无し。」（『新修本草』巻第十四「木部下品」所引）とあって、鼠李《ソリ》の異名の一つとする。ただし、『神農本草經』では郁核《イクカク》の条に含めて記載し、少々背景が複雑である。その詳細は拙著『生薬大事典』の

「ソリシ」を参照。結論だけをいうと、鼠李の本草における正しい基原はクロウメモドキ科クロウメモドキであるが、わが国ではモクセイ科ネズミモチに誤って充てた。実にややこしいが、『枕草子』にいう「ねずもちの木」は、葉が小さいというのを考慮すれば、その同属異種であるイボタノキと思われる。『大和本草』に小女貞《ショウジョテイ》の名で「葉モ花モ女貞（ネズミモチ）ニ似タリ。四月ニ白花ヲ開ク。冬ハ葉ヲツ云々」と記述され（巻之十二　木之下）、「これずみもち」の和名をつける。

2-2　蜀椒：「ふさはじかみ」（ミカン科サンショウ）

蜀椒《ショクショウ》については、『本草經集注』および『新修本草』は基原を絞り込むに十分な情報を記載しなかった。一方、『圖經本草』は「高さ四五尺、茱萸に似て小、針刺有り、葉は堅く滑らかにして煮て飲食すべし。甚だ辛く香ばし。四月に子を結び花無し。但、葉の間に生じ、小豆の顆の如くして圓く、皮は紫赤色なり。八月に實を採り焙り乾かす。」と記述し、花無しとあるのを小さく目立たないと解釈すれば、サンショウの類とよく特徴が合う（『證類本草』巻第十四「木部下品」所引）。蘇頌のいう「茱萸に似て小、針刺有り」は『毛詩草木鳥獸蟲魚疏』（陸璣）の椒聊之實に対する注釈の一部を引用した。この句は『詩經』唐風・椒聊の第一スタンザに出てくる。

椒聊の實　蕃衍《はんえん》して升に盈《み》つ
彼の其の子　碩大にして朋《とも》無し
椒聊　遠《はる》かなる條《えだ》

毛詩傳は「椒聊は椒なり」と注釈し、聊はとくに意味のない辞である。一方、鄭玄箋註は「椒の性芬香して實少なし。今、一捄の實、蕃衍して升に滿つは其の常に非ざるなり。」と注釈し、これをいわゆるサンショウの類として解釈しても矛盾しない。もっともサンショウはわが国特産で中国にないから、単に椒として解釈するほかはない。

茂る椒の実は升一杯にする、あの方は立派な方だが友達がいない、椒のように遠くまで枝を伸ばして実をたくさんつけるように、交友範囲を広げてよい友を求めよの意である。『毛詩草木鳥獣蟲魚疏』（陸璣）は「蜀人は茶と作《な》し、呉人は茗と作す。皆其の葉を合し煮て以て香と爲す。」（「椒聊之實」）というが、これこそ蜀椒の名の由来であり、『神農本草經』のいう三椒の実質的な標準品であって、古方に配合する椒の大半はこれである。わが国でも蜀椒をもっとも重視し、『延喜式』巻第二十四「主計上」の諸國貢調として伊賀国・丹波国・播磨国から蜀椒、若狭国から蜀椒子の貢進の記録がある。同巻第三十七「典藥寮」の元日御藥、臘月御藥、中宮臘月御藥、東宮、雜給料、諸司年料雜藥、遣諸蕃使の随所に蜀椒の名があり、諸國進年料雜藥では山城国・大和国・摂津国・伊賀国・尾張国・三河国・遠江国・駿河国・伊豆国・甲斐国・武蔵国・下総国・近江国・美濃国・信濃国・上野国・若狭国・越前国・能登国・越中国・越後国・佐渡国・丹波国・丹後国・但馬国・因幡国・伯耆国・出雲国・石見国・播磨国・美作国・備前国・備中国・備後国・安芸国・長門国・紀伊国・阿波国・讃岐国・伊予国の計四十カ国から貢進の記録がある。すなわち、ほぼ全国的に分布することを示唆し、平安時代のわが国の先人はミカン科サンショウを蜀椒と考えていたことはまちがいない。和名の「ふさはじかみ」は果穂が房なりになることに由来し、椒聊の詩の「升に盈《み》つ」によく合うので、それも加味して命名したと思われる。鄭玄箋註によれば、中国産は実付きがよくないようだが、わが国の先人は本草の記述を重視し、サンショウを蜀椒と信じて薬用等に用いた。磯野直秀によれば、一四一九年の『東寺百合文書』に「さんせう」の名があるという（「慶應義塾大学日吉紀要・自然科学」第四十五号　六十九頁—九十四頁　二〇〇九年）。『頓醫抄』（梶原性全）の随所に川椒《センショウ》とあり、また『福田方』（有隣）にも「川椒　蔕《ほそ》ト目ト合口者ヲ去テ、云々」（巻之一「諸藥炮炙論　木部」）とあり、しかも同名の和産が出てくる。中国本草では『本草綱目』で蜀椒の異名として川椒の名が出てくる。蜀は現在の四川省であり、名前としては蜀椒と川椒は同義であり、古医書では川椒の名が多く出現する。『太平聖恵方』ほか宋代の医書に川椒の名が頻出するので、『頓醫抄』『福田方』はそれを引用した。『本草和名』では秦椒の和名を「かははじかみ」とするが、蜀椒の異名である川椒を誤認して音訳したと考えられる。因みに、山椒は、後世になって、わが国で本草学に対する理解が深まり、蜀椒とサンショウが同じでないと気づき、名づけたといわれるが、川椒を「さんしょう」に訛った可能性もあり得る。「ふさはじかみ」「かははじかみ」のいずれの名も和歌に詠まれることはなかったが、単に「はじかみ」と詠む和歌であればわずかながらあり、それがサンショウと考えられるので紹介しておく。

一、　道命あざり、はじかみのはなをおこすとて
　　はなのみな　ちりてののちに　からくして　のこれるものは　はじかみのはな　（『入道右大臣集（頼宗）』）

二、　女院の中納言どのの、はじかみのめはかどかどしきけのしたるとありしかば、かどかどしきものまゐらすとてつかはしたりしかば　　中納言殿
　　はじかみの　めにもつきたる　こころかな　かどかどしくて　これをおこする　（『行宗集』）

第一の歌では「はじかみ」のはなとあるから、花をつけない、あるいはごくまれにつけたとしても花らしく見えないショウガ科ショウガではない。詞書の「おこす」とは「遣《よこ》す」の意である。この歌の意はわかりにくいが、花が皆、散ったあとで、かろうじて残るものは（辛味のある）「はじかみ」の「はな（端）」すなわちサンショウの実しかないという意である。第二の歌の詞書の「かどかどしきけ」とは、ぴりっとする心地よい辛味に言及し、春になると出るサンショウの芽は今日でもよく利用されるわが国原産の香辛料である。歌の意は、サンショウの芽に角々しい味がついているという意味（心）によるのだろうか、これをよこすとは角々しいことをしてくれたなとなる。この歌は随分と角の立つ歌に見えるが、「角々しい」には気の利くという意味もある。

2-3　秦椒：「かははじかみ」（ミカン科フユザンショウ）

『神農本草經』に収載する三種の椒のうち、秦椒《シンショウ》のみ中品に収載され、ほかの二椒は下品である。『本草經集注』は「今、西より來るは形椒に似て大、色は黄黑、味は亦た頗る椒の氣有り。或は呼びて大椒と爲す。又、云ふ、即ち今の樛樹子なりと。而れども樛子は是れ猪椒にして恐らく謬りなり。」と記述し、蜀椒（陶弘景は単に「椒」と呼ぶ）によく似るという（『新修本草』巻第十三「木部中品」所引）。また、『新修本草』も「秦椒樹の葉及び莖、子は都て蜀椒に似たり。但、味は短く、實は細かし。」（同巻第十三「木部中品」）とあり、やはり蜀椒に似るが、薬味や実の大きさで劣るという。そして『圖經本草』も「今、南北に生ずる所の一種の椒、其の實は蜀椒より大にして、陶及び郭陸の說と正に相合し、當に實の大なるを以て秦椒と爲すべし。」（『證類本草』巻第十三「木部中品」所引）と記述し、陶弘景・陸璣・郭璞の見解を支持する。ただ秦椒の果実は蜀椒より大きいとするところが実が小さいとする蘇敬の見解と異なるが、蘇敬の勘違いと考えてよいだろう。『爾雅』に「檓は大椒なり」とあり、陶弘景のいう大椒《ダイショウ》は『爾雅』の出典である。郭璞はこれに対して「今の椒樹叢生して實の大なるは檓と爲す」と注釈し、蘇頌もこれを引用する。かくして李時珍は秦椒の異名に大椒・檓《キ》・花椒《カショウ》を加えた。平安の本草家は秦椒に「かははじかみ」の和訓をつけたが、当時、どんな植物を充てたのであろうか。小野蘭山は秦椒をサンショウ、蜀椒をアサクラザンショウに充てたが、それは江戸時代の薬物事情を反映したものである。アサクラザンショウは但馬国朝倉で発生した刺無しのサンショウの栽培品種であって、平安時代に存在した証拠がない。したがって、平安時代に秦椒と称するものはサンショウ属の別種でなければならない。その候補として、香などは劣るが、常緑のフユザンショウが挙げられる。『延喜式』巻第三十七「典藥寮」の諸國進年料雜藥では、美濃国・美作国・播磨国・備前国・紀伊国・阿波国・土佐国から貢進の記録があるが、蜀椒よりずっと少なく、それも西日本の暖地に限られる。フユザンショウは関東地方以西南に分布し、サンショウよりずっと分布が限られる。

第3節　古代に渡来した「椒」：コショウについて

椒の字をもつスパイスは山椒の類だけに限らない。『正倉院文書』の奉盧舎那佛種々薬帳に「胡椒三斤九両」と記録される胡椒《コショウ》もその一つである。天平勝寶八（七五六）年六月二十一日の日付があるので、奈良時代のわが国に伝わっていた。胡椒はコショウ科コショウの果実を基原とする香辛料で、インド原産といわれる。本草では『新修本草』（蘇敬）の下品に収載され、「味は辛く大温にして無毒。氣を下すを主り、中を温め、痰を去り、藏腑中の風冷を除く。西戎（西方異民族の国、甘粛省以西）に生じ、形は鼠李子（クロウメモドキの実）の如く、食を調《ととの》ふに之を用ふ。味は甚だ辛辣なり。」とある（『證類本草』巻第十四「木部下品」所引、『新修本草』では草部に分類）。蘇敬は胡椒の基原について詳細な記述を避けたが、晩唐に成立した『酉陽雑俎』（段成式）に「胡椒は摩伽陁國に出でて呼びて味履支と爲す。其の苗、蔓生し、極めて柔弱、葉の長さ寸半、細條有り、葉と齊《ひと》し。條上に子を結びて兩兩相對す。其の葉晨《あした》に開き、暮に合ふ。合へば則ち其の子を葉中に裹《つつ》む。形は漢椒に似たり。至って辛辣なり。六月に採る。今の人、胡盤に作り、肉食に皆之を用ふ。」（巻之十八　廣動植之三）と記載され、胡椒の特徴ならびに香辛料としての利用法を比較的詳細に記載している。基本的に『新修本草』に準拠する『本草和名』では「胡椒　西戎に出づ　唐」とのみ記載され、和名をつけていない。漢名で椒の名をもち、「はじかみ」の類であるにもかかわらず、和名をつけなかったのは、平安時代になっても需要が少なかったからであろう。

第4節　近世に渡来した「椒」：トウガラシについて

もっともスパイスらしいものといえばトウガラシの右に出るものはないだろう。その漢名を番椒《バンショウ》といい、国書では『大和本草』（貝原益軒）に初見し、「タウガラシ」と訓ずる。益軒は一六三八年成立の李東垣撰・李時珍訂『食物本草（二十二巻本）』から番椒の名を借用し、今日の通用名であるトウガラシの名をつけ、また「昔ハ日本ニ之無ク秀吉公朝鮮ヲ伐シ時、彼ノ國ヨリ種子ヲ取來ル故ニ俗ニ高麗胡椒ト云」（巻之五　草之二）と述べている。すなわち、益軒はトウガラシが朝鮮半島を経由して伝わり、それ故に俗名を高麗胡椒というとある。ところが『大和本草』附録巻之一「菜類」にも蕃椒の条があり、その用途を詳細に記述するが、ここでは俗名のはずの「カウライゴセウ」の訓をつける。松尾芭蕉（一六四四年—一六九四年）の句に「かくさぬぞ　宿《やど》は菜汁《なじる》に　唐《たう》がらし」（『芭蕉句集』）とあるように、当時のわが国に広く通用した名前は「たうがらし」であった。この句は元禄元年ごろ（『新潮日本古典集成　芭蕉句集』によれば貞亨五年秋という）、『笈の小文』の旅中で、三河国吉田（豊橋）の医師加藤烏巣宅を訪ねて詠んだことが明らかとなっている。益軒はトウガラシが中国より伝わったのではないことを知って和訓を変えたらしいが、朝鮮から伝わったという証拠はどこにもない。ところが一六一四年に成立した朝鮮の『芝峰類説』（李晬光）に「南蠻椒大毒有り。始め倭國より來る。故に俗、倭芥子と謂ふ。今、往往《ときどき》之を種《う》う。酒家は其の猛烈なるを利し、或は焼酒に和し以て之を市《う》る。飲者多くは死す。」（巻二十）なる記事があり、逆にわが国から朝鮮へ伝わったと明確に記載している。一般に、東アジアでもっとも早くトウガラシが伝わったのはわが国であるという説があり、天文二十一（一五五二）年にポルトガル人宣教師が豊後国大友宗麟に献上したのが最初という。とすれば、豊臣秀吉が朝鮮からトウガラシを持ち帰ったというのは益軒の勘違いで、出兵とともに朝鮮へ伝えたとする方が信憑性が高いことになる。一方、中国では『食物本草（二十二巻本）』に「番椒　蜀中（四川省）に出でて、今は處處に之有り。木本にして低小、人は盆中に植ゑて、以て玩好と作す。實を結び鈴の如く、内の子は極細なり。研りて食品に入る。極めて辛辣なり。」（巻之十六「味部二」）とあり、これが中国における番椒の名の初見である。

ただし、蜀中に産し云々といい、あたかも中国に古くからあったかのように記述し、また鈴のような実を結ぶというのは標準的なトウガラシの形態に合わず、その基原は正しく理解されていなかった。蜀中とは今日の四川省に相当し、トウガラシを多用する四川料理はそれほど古くないことになる。一七六五年に成立した『本草綱目拾遺』（趙学敏）では辣茄《ラッカ》と名を変え、「人家の園圃に多く之を種《う》う。深秋、山人は市に挑入し貨賣す。以て熬り辣醤を取り、及び凍瘡を洗ふに之を用ふ。用ひる所甚だ廣し。而《しか》れども綱目は其の功用を載せず。陳炅堯の食物宜忌に云ふ、食茱萸即ち辣茄にして陳《ふる》き者良しと。其の種類、大小、方圓、黄紅一つならず。一種、尖り長きを象牙辣茄と名づく。薬に入れて用ふ。」（巻八「諸蔬部」）と記載し、ここで初めて具体的な薬用に言及したが、『大和本草』よりもずっと簡潔である。したがって、東アジアでわが国にもっとも早くトウガラシが伝わったというのは妥当であり、わが国の本草学者の何でもかんでも漢名をつけるという習性が植物の伝わってきた経緯までもあいまいにしてしまったのである。今日の中国では『植物名實圖考』（呉基濬）の辣椒《ラッショウ》をトウガラシの正名とし、番椒・辣茄のいずれも用いないが、もともと中国産ではないから、いずれの漢名もわが国で用いる必要はない。

トウガラシに対して「和がらし」と称するものがある。アブラナ科カラシナの種子のことで、欧州産クロガラシとアブラナとの間の複二倍体で、中央アジア辺で発生したといわれる。古い時代に大陸から渡来し、『本草和名』（深根輔仁）に「芥又莨有り　楊玄操音良　陶景注に出づ　白芥子　蘇敬注に出づ　鼠芥　鼠其の花を食ひて皮毛皆頽落する故に之と名づく　萑芥　萑其の子を食ひて能く飛翔する故に以て之と名づく　已上二名崔禹に出づ　和名加良之」、『和名抄』（源順）の薑蒜類にも「本草云ふ、芥　音介和名加良之　味辛く鼻に歸する者なり」とある芥子《ガイシ》（芥）が「和がらし」の基原である。一方で、『和名抄』の園菜類に「崔禹錫食經云ふ、又辛菜有り　和名賀良之　俗に芥子を用ふ　根は細くして甚だ辛く薫じ、好く口鼻の氣を通ず」とあり、本草の正名であるはずの芥子を俗語扱いする。『延喜式』巻第五「齋宮」、同巻第二十四「主計上」、同巻第二十六「主税上」、同巻第三十二「大膳上」、同巻第三十三「大膳下」そして同巻第三十九「内膳司」に芥子の名が頻出するが、巻第三十七「典薬寮」に見当たらないのは、もっぱら香辛料として利用し、薬用がまれであったことを示唆する。芥子は『名醫別錄』の上品に初見するが、白芥子《シロガイシ》は『開寶本草』（馬志）で初めて収載された。ただし、『新修本草』（蘇敬）の蘇敬注に「此の芥に三種有り。（中略）又、白芥子有り云々」（巻第十八「菜部　芥」）とあり、白芥子の存在は古くから知られ、『開寶本草』で別条に区別されたにすぎない。したがって、『延喜式』そして『正倉院文書』にある芥子（八十件以上に出てくる）は白芥子も含まれていたと考えられる。カラシナは長い間に栽培順化して品種あるいは変種のレベルまで形質が変わっているので、野生の原種をセイヨウカラシナと呼ぶことがある。カラシナの類品に二種あり、一つはシロガラシでその成熟種子を白芥子《シロガイシ》と称する。もう一つはクロガラシで黒芥子《クロガイシ》と称する。いわゆるマスタードはカラシナやシロガラシなどをブレンドしたものである。カラシナ・クロガラシとシロガラシとでは成分に違いがあり辛味の質が異なる。一般に漢方医学で芥子・白芥子ともにほとんど用いることはない。芥子は椒の類とされることはなかったから、番椒に対する「とうがらし」なる和名は不適当であり、「なんばんはじかみ」あるいは「とうはじかみ」と呼ぶべきであった。俗間では芥子をケシ科ケシに用いることがあるが、無論、とんでもない誤用である。ケシの漢名は、敢えて用いる必要性はないが、罌粟《オウゾク》である。詳細は拙著『生薬大事典』を参照。

第5節　椒ではない外来の「はじかみ」（二）：薑について

『本草和名』は「乾薑一名定姜　養性要集に出づ　生姜一名地辛一名揚樸一名蘵　音織　一名辧　音辨　已上二名兼名苑に出づ　和名久礼乃波之加美」とあるように、乾薑《カンキョウ》に「くれのはじかみ」という和名をつけ、今日、ショウガの漢名として広く用いる生姜《ショウキョウ》（生薑とも表記する）を異名とする。その基原はショウガ科ショウガであるが、熱帯アジア原産でわが国には原生せず、「くれ」の名は大陸から伝わったことを意味する。一方、『醫心方』には「生薑　和名都知波之加美」とあって「とちはじかみ」あるいは「つちはじかみ」と訓じ、この名をもってしばしば土薑と表記する。この名から「はじかみ」の中でも薑の地位の低さがわかる。『源氏物語』の蜻蛉《かげろふ》に「御前《まへ》なる人は、まことに、土《つち》などの心地《ち》ぞするを、思《おも》ひ鎮《しづ》めて見《み》れば、黄《き》なる生絹《すずし》の單衣《ひとへ》、薄色《うすいろ》なる裳《も》、云々」とあるように、「つち」にものをさげすむ意があり、サンショウなどと比べて風味が劣るとしてその名をつけた。スッポンの別名「とちがめ」や、植物ではオミナエシの古名「とちな」やトチノキとも通ずる。ショウガも単に「はじかみ」と呼ばれたが、確実にショウガを詠んだと思われる和歌は、本章の冒頭で紹介した『古事記』の久米歌のほかに見当たらない。花をつけることはきわめてまれで、つけたとしても普通の花と大きく形態が異なるから、庭に植えることはなかった。とはいえ、『正倉院文書』の奉寫一切經所告朔解（宝龜二年五月二十九日）に「廿五文生薑三升直　二升別八文一升七文」（大日本古文書　巻六　一七六頁）とあるほか、随所に生薑の名が出てくるので、奈良時代でもショウガは普及していた。クレノハジカミという古名はいつしか消えて、今日ではショウガという。通説では、生薑（生姜）の音読み「しゃうきゃう（しゃうかう）」の訛りに由来するというが、音韻的に難がある。同属和産種のミョウガを『和名抄』では「蘘荷　米加」とあり、それから女荷《めうが》という名が発生したから、ショウガは夫荷《せうが》に由来するという見解もある。すなわち、ショウガとミョウガを陰陽説にしたがって男（夫）女（妻）と区別したという前提に立ち、語源解釈としての説得力もさることながら、興味深い見解である。平安時代にショウガを広く栽培していたことは、『延喜式』巻第十五「内藏寮」に「薑種十石、右遠江國交易の進む所云々」、同巻第二十三「民部下」の交易雑物に「遠江國（中略）干薑一百斤　種薑十石」、さらに同巻第三十三「大膳下」の正月最勝王經齋會供養料に「干薑四撮（中略）漬薑七勺」、七寺盂蘭盆供養料に「漬薑一升一合　干薑三兩　生薑六房」、仁王經齋會供養料に「干薑四銖生薑一合九勺五撮（中略）有莖生薑一房」、造雜物法に「生薑六升（中略）漬生薑一斛」、同巻第三十九の新嘗祭供御料に「干薑三兩」、諸節句御料に「干薑一斤」、供奉雜菜に「生薑八房」、漬年料雜菜に「生薑四石五斗」とあることから明らかである。特に巻第三十九の耕種園圃に「營薑一段　種子四石　惣單功七十八人　耕地五遍　把犁二人半云々」とあるように、具体的な栽培法も記載する。巻第二十三の種薑および巻第三十九の種子とは、ショウガの種芋《たねいも》であって、種子《たね》ではない。ショウガは熱帯の原産で、わが国の風土で開花、結実することはまずない。生薑・干薑はもっぱら香辛料として用い、漬けものあるいは乾燥して保存食とした。巻第三十七「典薬寮」の諸國進年料雜藥では遠江国から干薑の貢進の記録がある。この干薑は、『神農本草經』中品に収載される乾薑に相当し、単なる乾燥品ではなく、特殊な加工（修治という）を施してもっぱら薬用とした。因みに、生薑（生姜）とはいわゆるヒネショウガのことで、『名醫別錄』に中品として収載され、薬用・食用の区別はない。しかし、日本薬局方のショウキョウは乾生姜すなわち干しショウガのことである。これは西洋局方のジンジャーを導入したからであり、東洋と西洋ではショウガに対する認識は同じではない。詳細は拙著『生薬大事典』を参照。

『本草和名』には、ほかにも薑の名をもつ品目がある。その一つは高凉薑《コウリョウキョウ》であり、「高凉薑　蘇敬注は良の字に作る　和名加波祢久佐一名久礼乃波之加美乃宇土」とあるように、「かはねぐさ」の和名を充てる。高凉薑は、『本草和名』の注記にあるように、『新修本草』の蘇敬注で高良薑《コウリョウキョウ》と表記され、『開寶本草』ではそれが正名となった。李時珍は「高良郡に出づる故に此の名を得たり。按ずるに高良は卽ち今の高州なり。漢は高凉縣と爲し、呉改めて郡と爲す。其の山高くして稍《や》涼なるに因りて名と爲す。則ち高良は當に高凉に作るべし。」（『本草綱目』巻十四「草之三芳草類」）と説明し、高凉薑が正しい名だという。今日の日本薬局方では高良薑ではなくリョウキョウ（良姜）と称する。高凉薑は『名醫別錄』の中品として初収載され、『開寶本草』では同じ基原植物の根を高良薑、果実を紅豆《コウズ》蔲《ク》と称して区別したが、李時珍は高良薑一品に統合した。「かはねぐさ」の和名は本品だけではなく、女青《ジョセイ》に唯一の和名として充てている。女青の基原は、アカネ科ヘクソカズラあるいはガガイモ科など諸説があって定まらないが、少なくともショウガ科と縁遠いことはまちがいない。高涼（良）薑に対するこの名の語源は尸草《かばね》で、根茎の形を骨と皮だけの屍に見立てた。一方、女青に対する名としては、悪臭をもってつけたと思われ、この観点から女青の基原はヘクソカズラが有力である。高良薑は熱帯アジア原産のショウガ科ハナミョウガ属を基原とするが、別名の「くれのはじかみのうど」から生薑（古名「くれのはじかみ」）の類品と認識されていたことを示唆する。また、『本草和名』は、別品の豆蔻《ズク》の和名を加宇礼牟加宇乃宇止《かうれむかうのうど》とし、高良薑を音読みした名をつける。豆蔻は『開寶本草』（馬志）に初見し、同品の草豆蔻《ソウズク》はショウガ科の基原であるから、高涼薑には「生薑のうど」、豆蔻には「高涼薑のうど」と、いずれもショウガ科の類品であることを強調する名をつけたが、何とも紛らわしい。「うど」の名をつけたのはウコギ科ウドと根茎の形が似ることによる。熱帯原産であるから、高良薑の和産はないはずであるが、『延喜式』巻第三十七「典藥寮」の諸國進年料雜藥に伊勢国から高梁薑《コウリョウキョウ》、近江国・因幡国・出雲国から槀梁香の貢進の記録があり、また『出雲國風土記』は意宇郡に高良薑《コウリョウキョウ》の所在を記録する。仮に熱帯原産の基原植物が伝わっていたとしても以上の産地で栽培するのはおよそ不可能であるから、和産ショウガ科植物の代用が考えられる。前述のミョウガは別属種でわが国各地に野生するが、根は塊をなさずウドの名に合わない。『本草綱目啓蒙』（小野蘭山）は、九州南部以南に分布するクマタケランの類を高良薑の一種とするが、同属種のハナミョウガであれば伊勢国に自生があり、耐寒性があって伊豆以西南の暖地に分布する。『延喜式』に記載された貢進地域でも野生品があり、また栽培も可能であるから、古代日本で高良薑と称するものはハナミョウガと考えてまちがいない。

第6節　椒ではない外来の「はじかみ」（二）：茱萸について

本節では、同じ「はじかみ」と呼ばれながら、茱萸というまったく異なる漢名をもつ呉茱萸《ゴシュユ》・山茱萸《サンシュユ》を紹介する。

茱萸の名をもつ一品に食茱萸《ショクシュユ》があるが、「はじかみ」と呼ばれることはなかった。

6-1　呉茱萸：「からはじかみ」

『本草和名』（深根輔仁）は「呉茱萸一名藙　仁諝音毅　一名藙子　仁諝音敉、陶景注に出づ　一名㰥　養性要集に出づ　一名芨　蜀人之と名づくは是れ藙聲の訛なり、稽疑に出づ　和名加良波之加美」とあるように、呉茱萸に「からはじかみ」の和訓をつける。一方、『和名抄』（源順）には加波々之加美《かは、じかみ》とあり、前者のカラが後者ではカハとなっている。『和名抄』は『本草和名』を引用し、また『本草和名』では秦椒を和名加波々之加美とする（前出）ので、明らかに源《みなもとの》順《したごう》の誤記である。『延喜式』巻第十二「中務省」に「藥司、九月九日呉茱萸を裹《つつ》む料　緋帛一疋緋絲二絇」とあり、同巻第三十七では朧月御藥、中宮朧月御藥、雜給料、諸司年料雜藥、遣書蕃使（唐使・渤使・新羅使）などに呉茱萸の名が見え、また「凡そ九月九日、呉茱萸廿把を藥司に附して之を供ず」とあるのは同巻第十二に関連した記述で、呉茱萸が習俗に深く関わることを示唆する。これに関連して『圖經本草』（蘇頌）に次のような興味深い記述がある（『證類本草』巻第十三「木部下品」所引、括弧内は筆者補注）。

風土記は曰ふ、俗に九月九日を尚《たふと》び謂ひて上九と爲し、茱萸、此の日に到れば、氣烈しく、熟して色赤となれり。其の房を折り、以て頭に挿すべし、惡氣を辟け、冬を禦《ふせ》ぐと云ふと。又、續齊諧記に曰ふ、汝南の桓景（人名）は費長房（人名）に隨ひ、（景）長房に學び謂ひて曰く、九月九日、汝の家に災厄有り、宜しく急ぎ去らしむべし。家各（各自）、絳囊を作りて茱萸を盛り、以て臂《ひじ》の上に繫《つな》ぎ、高き（山）に登り、菊花酒を飲めば此の禍消ゆべしと。（桓）景の言ふが如く、擧家して高山に登り夕べに還《かへ》れば、雞、犬、牛、羊一時に暴死す。（景）長房之を聞きて曰ふ、此れ（雞・犬・牛・羊）之（家族）に代ふなりと。故に世人は此の日に到る毎に高きに登り、酒を飲み茱萸の囊を戴くなり。

九月九日は、中国では重陽《ちょうよう》の節句といい、陽数の極である九が重なる縁起の良い日とされる。『荊楚歳時記』に「九月九日四民竝びて野に籍して飲宴す」とあり、具体的にどのような行事を行ったか定かではないが、今日ではこの日に長寿を祈願して菊花酒を飲むなどの風習がある（第23章第1節「1-1」）。『圖經本草』の記載する故事によれば、同じ日に茱萸の果房を頭につけ、あるいはそれを入れた嚢を臂につけて山に登ると禍を避けるという。すなわち、茱萸は僻邪植物であり、今日でも中国北部に茱萸の房を折って頭につける風習が残るという。ただし、この習俗で用いる茱萸はゴシュユのほか華北・朝鮮に分布するチョウセンゴシュユあるいはカラスザンショウ（食茱萸）の可能性がある。『延喜式』に「九月九日呉茱萸を裹《つつ》む料」と記載するのはこの風習がわが国にも伝わったことを示唆する。巻第三十七の諸國進年料雜藥では大和国・近江国・若狭国・丹波国・丹後国・伯耆国・出雲国・播磨国・美作国・備前国・備中国・安芸国・周防国・土佐国から呉茱萸の貢進の記録がある。呉茱萸は『神農本草經』の中品に収載される歴史的薬物であるが、本草でその基原を具体的に記載したのは『圖經本草』以降で、蘇頌は「木の高さ丈餘、皮は青綠色、葉は椿に似て闊く厚く、紫色なり。三月に花を開き、紅紫色、七月八月に實を結び、椒子に似たり。嫩き時は微黃、熟すれば則ち深紫なり。」（『證類本草』巻第十三「木部中品」所引）と記述するが、花の色や開花時期について、今日の呉茱萸の基原植物ミカン科ゴシュユとは合わず、同じ茱萸の名で呼ばれるミズキ科サンシュユ（山茱萸）などを混記してしまったらしい。一方、『本草綱目』は「茱萸の枝は柔らかにして肥ゑ、葉は長くして皺あり、其の實は稍《や》頭に結び、纍纍として簇を成して核は無く、椒と同じならず」（巻第三十二「果之四　味類」）と記述し、これならゴシュユの特徴と合う。『大和本草』（貝原益軒）は「今案ニ日本ニ食茱萸呉茱萸共ニナシ。呉茱萸ハ年々來ル。」（巻之十一　木之中）と記し、呉茱萸は毎年中国から輸入されるもので、わが国にはないものだという。『本草綱目啓蒙』（小野蘭山）によれば「享保年中に漢種渡ル」とあり（『本草綱目啓蒙』巻第二十八「果之四　味類」）、江戸中期になって伝わったという。両書より古い室町時代の医書『福田方』（有隣）

では「日本ノ呉茱萸ト云物之ヲ用フベカラズ。或羌活ノミ也。或ホソキ（蔓椒）ノミ也。大ニ誤レリ。凡ソ和物ナシ。」（巻之一「諸薬炮炙論」）とあり、和産類品を呉茱萸の代用にしたことを示唆する。ただし、イヌザンショウ（蔓椒）・羌活《キョウカツ》（セリ科）の実を代用したというのは眉唾であるが、少なくとも『延喜式』にある呉茱萸は真品ではなく、和産のいずれかの植物種を基原とする代用品であったことはまちがいない。小野蘭山は「コノ木（呉茱萸）諸國ニ自生アリ。長州防州紀州殊ニ多シ。」（『本草綱目啓蒙』同）と述べるが、呉茱萸の代用品に言及したもので、本州の中国地方西部・近畿南部、四国、九州の暖地に分布するハマセンダンを指すようである。ハマセンダンはゴシュユの同属近縁種であるが、『延喜式』の諸國進年料雜藥にある貢進地は西日本各国の広きに渡るので、植物地理学的分布と合わない。もう一つの候補は同じ茱萸の名をもつ食茱萸《ショクシュユ》すなわちミカン科カラスザンショウである。これなら関東地方以西南の各地に分布し、『延喜式』の貢進地とも一致する。食茱萸は『新修本草』（蘇敬）の木部中品に初見し、「功用は呉茱萸と同じ、少し劣ると爲すのみ。水氣を療ずるに之を用ひれば乃ち佳し。」（巻第十三「木部中品」）とあるように、水剤である呉茱萸の代用になると記載している。『開寶本草』（馬志）に「顆粒大にして久しく經れば色は黄黑となる。乃《すなは》ち是れ食茱萸なり。顆粒緊小にして久しきは色黄青綠なり。即ち是れ呉茱萸なり。」（『證類本草』巻第十三「木部中品　食茱萸」馬志注）とあるように、食茱萸・呉茱萸は類品と考えられた。したがって、『延喜式』にある呉茱萸はカラスザンショウで、地域によってはハマセンダンを混じえることもあったと考えられる。ただし、カラスザンショウは植物学的にサンショウ属の一種（イヌザンショウとともに別属に区別することもあるが近縁であることはまちがいない）すなわち椒に類似するので、茱萸とするに不安もあろう。また、『本草和名』では「食茱萸　崔禹云ふ、功能は呉茱萸と同じと　一名藙　馬琬に出づ　和名於保多良乃美」とあるように、その和名から「にじかみ」とは認識されていなかった。カラスザンショウは幹枝に刺が多く、それ故にウコギ科タラノキに似て大木になるので、「おほたら」の和名をつけ、まれに若芽を食用とする。

茱萸の基原は古くから混とんとし、李時珍は陶弘景・蘇敬・陳蔵器・馬志の錚々たる本草家の見解を「茱萸の二字に因りて相混じて誤りを致《な》すのみにして、呉茱食茱の一類二種を知らず」と一蹴し、「博雅云ふ、欓子一名食茱萸以て呉茱萸を別つ、禮記云ふ、三牲藙を用てす、是れ食茱萸なりと、二説諸人の謬を正すに足れり」とした上で、食茱萸の基原を「食茱萸、欓子、辣子は一物なり。香木にして葉は長く、黄花、綠子は枝の上に叢簇す。（中略）風土記に椒欓薑を以て三香と爲し、則ち古より之を尚《たふと》ぶとあり。而れども今の貴人は之を用ふること罕《まれ》なり。」（『本草綱目』巻第三十二「果之四　味類」）と記述する。食茱萸・呉茱萸は、ともには茱萸の類でありながら、食べられるものを食茱萸、もっぱら薬用とし食べられないものを呉茱萸と区別したと考えられる（「6-2」参照）。実際、カラスザンショウは若芽などを山菜とするが、ゴシュユはインドールアルカロイドを多量に含み食用に堪えないという事実をもってすれば、古文献に記載された呉茱萸・食茱萸の関係をよく理解できる。ただし、カラスザンショウもゴシュユとは別系統ながらアルカロイドを含み、毒性は強くないが、多食は禁物である。

6-2　山茱萸：「いたちはじかみ」

呉茱萸・食茱萸のほか、茱萸の名をもつものとして、『本草和名』に「山茱萸一名蜀棗一名鶏足一名思益一名魃實　楊玄操音日支反又音寄反　一名鼠矢　釈藥性に出づ　和名以多知波之加美一名加利波乃美」とあるように、和名で「いたちはじかみ」と称される山茱萸《サンシュユ》がある。サンシュユは『神農本草經』の中品に収載され、今日の中国市場で同名異品がなく、ミズキ科サンシュユのみを正品とするので、古くから基原の混乱はなかったかのように見える。しかし、古本草書の記述を詳細に考証すると、きわめて混とんとしていることに驚かされる。その基原については、『名醫別錄』の「九月十月に實を採り陰乾す」という記述では簡潔すぎて基原の絞り込みすらできないが、『本草經集注』（陶弘景）では「大樹、子初めて熟し、未だ乾かざれば赤色なること胡頽子（グミ科グミ）の如し。亦た啖《く》らふべし。既に乾ける後、皮甚だ薄し。當《まさ》に核を合して用と爲すべきなり。」（『新修本草』巻第十三「木部中品」所引）とあって、かなり具体的に記述する。この記述でもっとも問題となるのは可食という点であるが、中国本草では有毒のものすら可食と記載することがあり驚くに当たらない。中国でサンシュユが食べられた可能性は低くないが、その実がグミとよく似るため、可食と陶弘景が錯覚した可能性もあり得る。『名醫別録』にいう九月十月（旧暦）すなわち初冬に実を採取するとあるが、この時期に果実が熟して赤くなるものはごく限られるので、『神農本草經』『名醫別録』にいう山茱萸はサンシュユとして矛盾はない。『藝文類聚』に「洞林曰ふ、郭璞、難を避け新息に至る。茱萸を以て璞をして之を射《いと》はしむこと有り。璞曰ふ、子は赤鈴の如くして玄珠を含む。案ずるに、文之を言ふ、是れ茱萸なりと。」（巻八十九「茱萸」）とある茱萸も赤く丸い果実をつけるサンシュユで矛盾しない。

一方で、古くから山茱萸にまったく別の基原が混在したことも事実である。『圖經本草』（蘇頌）は「木の高さ丈餘、葉は楡《にれ》に似て花は白く、子初めて熟し、未だ乾かざれば赤色なること胡蘈子に似て核有り、亦た噉《く》らふべし。」と述べる一方で、『呉普本草』を引用して「一名鼠矢、葉は梅の如く刺毛有り、二月（に開く）。花は杏（バラ科アンズ）の如し。四月（に結ぶ）實は酸棗（クロウメモドキ科サネブトナツメ）の如くして赤く、五月に實を採る。」とも述べ（『證類本草』巻第十三「木部中品」所引）、前者では花の色、後者では花の特徴と果実の熟する時期がサンシュユと合わない。『呉普本草』を引用した後半部を、御影雅幸らはメギ科メギ属とバラ科カラミザクラの混記に基づくとした（「薬史学雑誌」四十三巻　三十三頁―三十九頁　二〇〇八年）。すなわち、「葉は梅の如く刺毛有り、二月（に開く）」はメギ属で、鼠矢《ソシ》の異名は茎の刺に基づくと考えた。一方、「花は杏の如し。四月（に結ぶ）實は酸棗の如くして赤く、五月に實を採る。」はカラミザクラで、『呉普本草』では櫻桃《オウトウ》の異名に茱萸があり、『司馬相如賦』（『證類本草』巻第二十三「果部中品　櫻桃」所引）に「山朱櫻は即ち櫻桃なり」とあることをもって、山朱櫻《サンシュオウ》と山茱萸の音韻の類似から、混同したと推定した。ただし、櫻桃の異名に茱萸はなく正しくは朱茱《シュシュ》であるが、朱櫻と朱茱が混同される可能性はあり得るので、筆者は御影説を修正しサンシュユの基原の混乱を以下のように推定する。『呉普本草』は鮮やかな赤い実から櫻桃の類品と誤認し、櫻桃と区別するため、その異名の朱茱をとって山朱茱《サンシュシュ》と名づけたが、朱茱を茱萸と勘違いし山茱萸に転じた。これによってなぜ山茱萸の字義がサンシュユの果実の薬性に合わないのか合理的に説明できる。『呉普本草』は三世紀前半の成立とされる。今日知られる『神農本草經』や『名醫別錄』は、陶弘景の校定を経て『本草經集注』にまとめられ、『新修本草』以降の本草書に引用記載されたものである。したがって、陶弘景が意識的にあるいは誤って山朱茱を山茱萸に書き換えた可能性も考えられる。

『本草衍義』（寇宗奭）に「山茱萸は呉茱萸と甚だ相類せず。山茱萸は色紅《あか》く大にして枸杞子の如し。呉茱萸は川椒の如く、初めて子を結ぶ時、其の大小亦た椒を過ぎず。色は正に青し。名を得れば則ち一なり（同じ茱萸ということ）。治療又同じからず。未だ當日《むかし》何に緣《よ》りて此の命名の如きか審《つまび》らかならず。然《しか》るに山茱萸は腎臟を補養するに一無し。（本）經と（陶弘景）注と說き備ふ所宜しとせず。」（巻第十四）とあり、宋代になると山茱萸と呉茱萸が同じ茱萸の名をもつことに疑念を示す本草家が出現した。『重修政和經史證類備用本草』巻第十三に海州山茱萸と兖州山茱萸の二つの図が付属し、海州山茱萸はサンシュユ、兖州山茱萸はむしろゴシュユに近い（図は拙著『生薬大事典』のサンシュユを参照）。後者は『神農本草經』『名醫別錄』の記述に合わないから、後世に新たに基原に加わったことを示す。六世紀に成立した『齊民要術』（賈思勰）の「茱萸《シュユ》を種《う》う第四十四」の冒頭に「山茱萸なれば則ち食に任《た》へざるなり」という頭注があるので、当時、既に食べられないものを基原とする山茱萸が存在していたことがわかる。同じ六世紀成立の『荊楚歳時記』に「九月九日の宴會は未だ何れの代《よ》に起こるかを知らず、今、北人、亦た此の節を重んじ、茱萸を佩び、蓬餌を食し、菊花の酒を飲む、人をして壽を長からしむと云ふ。」という記述があり（ただし、宋代以降の後人が書き加えたものという、守屋美都雄『校註荊楚歳時記』）、また、『齊民要術』にも「術（『典術』）に曰ふ、井《ゐ》の上に宜しく茱萸を種うべし、茱萸の葉、井の中に落ち、此の水を飲む者は温病無しと」とあり、道教（『典術』は道教の経典）では茱萸を僻邪植物と見なした。この茱萸の基原について、『圖經本草』は、晋・周処の『風土記』を引用し、気が烈しく熟すと色が赤くなり、その房を折って頭に戴くと記述するから（「6-1」に既出）、香気が乏しく果実が房なりにならないサンシュユでは合わず、ゴシュユの類である。

以上、茱萸三種の相関関係はきわめて複雑かつ混とんとしているから、ここで整理しておく。まず、茱萸の字義については、『説文解字』に「茱萸は茱屬なり。从艸朱聲。」「茱は莍属なり。从艸朱聲。」とある。莍は『爾雅』釋木に「椒、樧は莍に醜《るい》す」とあり、椒に似るという。郭璞はこれに対して「茱萸の子は聚生して房貌を成す。今、江東に亦た莍茱と呼び、樧は茱萸に似て小、赤色なり。」と注釈する。すなわち薬用の茱萸とはもともとゴシュユのことで、呉に産するものを呉茱萸と名づけたが、気味が辛辣で食用にならず、もっぱら薬用とされた。一方、樧は、果実が熟すと紅紫色になるカラスザンショウを指し、茱萸の仲間とされながら、食用（香辛料）になるので食茱萸と名づけた。李時珍は食茱萸の異名に欓子《トウシ》・辣子《ラッシ》・藙《キ》・越椒《エッショウ》を挙げ、このうち『神農本草經』は藙を呉茱萸の異名とするが、李時珍はそれを認めていない。いずれにせよ、中国でも古くからゴシュユとカラスザンショウが混同されたことは確かである。

『本草綱目』（李時珍）は山茱萸に関する李時珍の自注はなく、陶弘景・蘇頌の注を簡略化して掲載、巻第三十六「木部之三　灌木類」に胡頽子《コタイシ》の前の条に置く。今日では山茱萸はミズキ科サンシュユ以外の異品は存在しないが、山茱萸と呉茱萸・食茱萸では気味・薬性がまったく異なるので、歴代の医家はサンシュユ以外を用いることはなかったのかも知れない。すなわち、基原の混乱は本草学内部に限ったもので、医学分野では『神農本草經』以来一貫してサンシュユを使い続けたと推定される。因みに、山茱萸の異名は蜀棗《ショクソウ》（『神農本草經』）、雞足《ケイソク》・鬾實《キジツ》（『名醫別錄』）、鼠矢《ソシ》（『呉普本草』）の古代名のほかは、『本草綱目』で追加された肉棗《ニクソウ》にとどまる。山茱萸の基原が混とんとした要因は一つに陶弘景の不正確な記述にある。

『本草和名』（深根輔仁）は山茱萸に「いたちはじかみ」、別名として「かりはのみ」の和訓をつける。前者の名から、やはり、茱萸の名から「はじかみ」の類と認識した。『延喜式』巻第三十七「典薬寮」の諸國進年料雑薬に尾張国・近江国から山茱萸の貢進の記録があり、また同巻の諸司年料雑薬「木工寮」にも山茱萸の名が見える。サンシュユがわが国に伝わったのは江戸期であるから、『延喜式』の記録する山茱萸は和産植物を真品と信じて調達したものと考えざるを得ない。平安時代は『新修本草』を標準の薬物書としたが、同書に陶弘景注のみが記載され、蘇敬の自注はなかった。山茱萸に似るという胡頽子《コタイシ》を初めて収載したのは『本草拾遺』（陳蔵器）である（『證類本草』巻第十三「木部中品　山茱萸」所引）が、『本草和名』では「胡頽子　馬琬食經に出づ　和名久美」（巻第十七「菓之部」）とあり、正統本草ではない『馬琬食經』を引用し、和名を「くみ」とした。いうまでもなく、グミ科グミの類であるが、わが国でも十数種が分布するので、陶弘景注が山茱萸の記述で胡頽子に言及したのに伴い、グミの一種を山茱萸に充てたと推定される。『四季物語』（伝・鴨長明）に「ぐみの實は、もろこしにても薬の御酒につかふまつる事なるを、こゝにもあるためしにて、おほくはやまあと《ママ》の添上《ソウノカミ》の山より奉れるを、國の神の奏にて、薬のつかさおもとくすくし《ママ》してたてまつりぬ」（九月）とあり、グミを薬用としていたことがうかがえる。『頓醫抄』にも「胡頽子《グミ》　味甘。五藏ニ補益ス。ヘヲ益。」（巻第四十八「菓部　胡頽子三十一」）とあり、わが国ではグミは滋養強壮の目的で薬用と認識されていたから、『四季物語』にある「ぐみのみ」も胡頽子《コタイシ》を指す。『延喜式』巻第三十三「大膳下」の諸國貢進菓子に「備中國　諸成《もろなり》」とあって、諸成という本草にない名前がある。『和名抄』（源順）によれば、「馬琬食經云ふ、胡頽子　毛侶奈利、養生秘要云ふ、久美　本朝式云ふ、諸生子」とあって、グミの類である。式文では和名の諸成を用いるというから、薬用（山茱萸・胡頽子）と食用（諸成）とを区別するために用意された名前と考えられる。『名醫別錄』では「九月十月に實を採り陰乾す」とあるから、秋に熟し渋味の強いアキグミを山茱萸に充て、滋養強壮に用いる胡頽子や菓実として食用とする諸成にはナツグミあるいはナワシログミを充てたと思わ

21

れる。わが国では、以下の字書にあるように、しばしば茱萸を「ぐみ」と訓ずるが、誤りである。山茱萸を「やまぐみ」と訓ずるのもグミの類を連想させ、正しい訓ではない。そもそも茱萸は呉茱萸・食茱萸・山茱萸の三品の総名であって特定の名を表すものではない。

『下學集』（一四四四年）　胡頽子《モロナリ》

『文明本節用集』（一四七四年）　茱萸《グミ》　胡頽《グミ》

『温故知新書』（一四八四年）　胡頽《グミ》　櫟《グミ》

『明応五年版節用集』（一四九六年）　茱萸《グミ》

『伊京集』（室町末期）　茱萸《グミ》

『饅頭屋本節用集』（室町末期）　茱萸《グミ》

『黒本本節用集』（室町末期）　茱萸《グミ》

『和爾雅』（一六九四年）　山茱萸《ヤマグミ》　胡頽子《グミ》

『本草綱目品目』（一六八〇年ごろ?）　山茱萸《やまぐみ》　胡頽子《くみ》

『書言字考節用集』（一七一七年）　茱萸《グミ》　樧《グミ》　胡頽子《グミ》

『本草和名』にある和名の語源解釈についてであるが、「いたちはじかみ」は椒の類たる蔓椒《マンショウ》に対してつけた名であって、それを茱萸たる山茱萸に転用したのである。したがって、その語源はわが国で蔓椒と称したイヌザンショウに由来する。詳細は本章第2節「2-1」を参照。もう一つの別名「かりはのみ」は「狩り場の実」で、狩猟場に鳥獣の餌になるグミの多いことからつけた。

第7節　今日では用いない古代の香辛料：「こぶしはじかみ」

モクレン科コブシは、サクラの開花のすこし前に、大きな純白の花をつけ、今日では公園や庭によく植栽される。しばしば外来種と勘違いされるが、かつては関東地方の平地林でも普通に生える植物であった。『萬葉集』ほか上代の古典にはコブシの名はまったく現れず、その美意識が見出だされたのは平安期以降で、次の歌を見れば、桜や梅に劣らぬ評価を得ていたことがうかがえる。

一、　こぶしの花のゆゆしくとくいできたるを、静賢法印がもとへつかはすとて

みよし野の　山のさくらに　あらずとて　此はつ花は　またずや有るらむ

返し

たまはれる　こぶしの花に　あはすれば　むめも桜も　なにならぬかな

（『拾玉集』第五）

二、　こぶしの花を人のもとにやるとて

わがやどの　こぶしのにたを　うちこけて　かざしにさすな　かまちあやふし

かへし

つよからぬ　こぶしの花は　うちかへし　人にをらるる　ものとしらなむ

（『道命阿闍梨集』）

第一の歌は、吉野の山のサクラではないからといって、これを初春の花として待たなくてもよいのだろうか、その返し歌は、戴いたコブシの花を実際に見たのであれば、ウメもサクラも何するものぞですよという意味である。一方、第二のうたは、私の家に植えてあるコブシの花を気軽な気持ちでかんざしに挿してくれるな、かまち（頬骨）が危ないぞといって安易に枝を折るなと諭し、その返し歌は、花として派手ではないが、コブシの花は何度も人に

折り取られるものだということは知っておきたいものですという意味である。第二の送り歌で「わがやどの」とあるから、当時すでに植栽されていたことを示唆する。

『和名抄』の薑蒜類に「崔禹錫食經云ふ、辛夷　和名夜末阿良々木一云古不之波之加美　其の子之を噉らふべし」とあり、「やまあららぎ」とともに「こぶしはじかみ」の和名をつけ、辛夷《シンイ》という漢名を充てる。辛夷とは、『神農本草經』の上品に収載され、『新修本草』（蘇敬）に「謹みて案ずるに、此是の樹の花未だ開かざる時に之を以てす。正月二月に採るが好《よ》し。今、用ふる者を見るは是にして其の言なり。九月に實を採るは恐らく誤りなり。」（巻第十二「木部上品」）とあるように、つぼみを薬用とする。しかし、『和名抄』に「その子（果実）を食ふべし」とあるのと違和感がある。コブシのつぼみを果実に誤認した可能性もあるが、『名醫別錄』に「漢中（陝西省南部）の川谷に生じ、九月に實を採り暴乾す」、また『本草經集注』（陶弘景）でも「今、丹陽の近道に出でて形は桃子の如く小なる時氣は辛く香ばし。即ち、離騷呼ぶ所の辛夷なる者なり。」（『新修本草』同所引）とあるから、確かに両書によれば薬用部位は果実である。蘇敬はそれを誤りと指摘したのであり、今日の日本薬局方のシンイ（辛夷）は、蘇敬注に基づいて、つぼみを薬用部位とする。平安時代は『新修本草』を標準のテキストとしていたから、果実を薬用・香辛料とした可能性はまずないだろう。ただし、『和名抄』は『崔禹錫食經』に基づいて果実を食用部位としたが、「こぶしはじかみ」はその名残で、果房を拳《こぶし》に見立てて香辛料とすることに由来し、現在名のコブシはその略短である。後述するように、『本草和名』にこの和訓はない。

漢名の辛夷の字義について、李時珍は「夷なるは荑なり。其の苞初め生じて荑の如くして味辛きなり。」（『本草綱目』巻第三十四「木之一　香木類」）と説明するが、つぼみは精油成分に富むので、香辛料とする由縁はここにある。ただし、『説文解字』に「荑は艸なり。从艸夷聲。」とあるだけでさっぱりわからない。『詩經』國風・邶風の「靜女」の第三スタンザに荑が登場する。

牧より荑を歸《おく》る
洵《まこと》に美しく且つ異《あや》し
女《なんぢ》の美と爲すに匪《あら》ず
人の貽《おく》るを美とす

毛詩傳は「荑《イ》は茅の始生なり」と注釈する。すなわち、イネ科チガヤ（茅）のつぼみ（ツバナ）という。コブシもチガヤも、つぼみは毛状をなすが、古代中国人はそれを似ていると考えた。すなわち、ツバナに似て辛味があるから辛夷という、それこそ李時珍がいわんとしたことであった。李時珍のこの説明はきわめて明解で、辛夷の本来の薬用部位はやはりつぼみであって、『名醫別錄』の採集時期の記載は陶弘景が書き換えたと考えられる。一応、この詩を通釈すると、牧野からツバナを贈ってくれた、ほんとうに美しくそして珍しいもの、あなたが美しいというのではなく、人が贈ったものが美しいというのだとなる。

辛夷は『本草和名』にも収載され、「辛夷一名辛矧　楊玄操音戸軫反　一名候桃一名房木一名候新　雜要訣に出づ　和名也末阿良々岐」とあって、「やまあららぎ」の和訓をつける。『和名抄』でもこの和名を挙げるが、『新撰字鏡』に「辛夷　山蘭、形は桃子の如く、小なる時、（氣は辛く、香ばし）、『新修本草』より補録）又比伎佐久良と云ふ　又云ふ志太奈加」とあるように、和製の漢名「山蘭《やまあららぎ》」も発生した。この名は式文で用いるらしく、『延喜式』巻第三十三「大膳下」の仁王經齋會供養料、造雜物法にその名が見える。同巻第三十九「内膳司」でも漬年料雜菜に「山城國　山蘭二斗　大和國　乾蘢四擔　已上年料所進」と出てくる。ところが巻第三十七「典藥寮」には辛夷・山蘭のいずれの名も見当たらない。辛夷は『神農本草經』に収載されるとはいえ、古方ではあまり使わないから、中古代のわが国で薬用とすることはまれであった。今日では、辛夷《シンイ》清肺湯《セイハイトウ》ほか鼻閉の治療を目的とした漢方処方に配合されよく用いる。『正倉院文書』でも山蘭の名は散見され、天平寶字六年十二月二十一日付の二部般若錢用帳に「五文山蘭五把直把別一文」（大日

本古文書　巻五　三三三頁）とあって商品として流通した。五把とあるから、古代で山蘭と称するものはフジバカマの類（ヒヨドリバナほか同属植物）であり、一方、『延喜式』の山蘭は、『新撰字鏡』によってコブシを指し、同名であっても古代とは基原が異なり、平安時代になって山蘭の基原はコブシに転じたのである。「やまあらぎ」の語源については、拙著『万葉植物文化誌』で詳述したので割愛する。

鎌倉時代に成立した仏法説話集『沙石集』に次の説話がある（巻第七「執心ノ佛法ユヘニトケル事」拾遺）。

> 先年南都ニ侍シニ、或人ノ物語ニ、故明恵上人ノ、我等ハ犬時者ナリトテ、非時ニ菓子ナド召ケルト申候ヲ、ナニ共思ヨラズ侍シ程ニ、信濃國ノ山里ヲ、事ノ縁アリテ越侍シ時、犬辛夷ノ花ヲ見テ、此事心得テ侍リキ。悟道得法モ、カクヤト覺エ侍シカバ、南都ニアソビナレテ侍シ同法ノモトへ、量ヲ立テ、一首送タル事侍キ。思出テ侍マヽニ、徒事ナレ共書侍給ヘリ。我是犬時者宗、形似非實故因、猶如犬辛夷喩。云々

ここにある犬辛夷は「いぬこぶし」と訓ずるが、日本海側地方に多く分布するタムシバのことで、コブシとは別種のモクレン属種である。「いぬ」の名を冠するのは、通例、比較の対象とする植物より形質が劣ることを示す。この仏法説話では似て非なる例えとしているようであるが、本項でこれから述べることと大きな乖離がある。タムシバも純白の花をつけ、その清楚な美しさはコブシに劣らないが、ただつぼみの精油含量がコブシより一・五倍ほど高く、そのため気味が激しい。一般に、精油には辛味があるが、タムシバ基原の辛夷は香辛料として激烈すぎるとしてイヌコブシの名をつけたと思われる。日本薬局方はコブシ・タムシバのいずれもシンイ（辛夷）の基原と規定するが、実際に流通するシンイのほとんどがタムシバ基原であるのは、薬用には精油含量の高いものが好まれるからである。したがって、薬用の観点からは、コブシと似て非なるものとして、タムシバを「いぬ」を冠する名で呼ぶことはない。タムシバにニオイコブシの別名があるのは、コブシより匂いが強いことによる。北海道産コブシは精油含量が高く、これを変種のキタコブシと区別することがある。因みに、園芸用によく栽培されるシモクレン・

シデコブシは精油含量が低いので薬用価値は低いとされる。因みに、シデコブシは東海地方のごく一部に自生が限られるわが国の固有種で、欧米でも植栽される。しばしば中国原産と誤認されるが、牧野富太郎がシデコブシを中国より渡来したと紹介したからである。江戸初期の俳句集『毛吹草（追加）』（松江重頼編）上の「辛夷」に「散陰や　実筿《ささ》のはに　四手こふし」とあるのが文献上の初見と思われ、花弁がシデのような形をしているので名づけられた。因みに、タムシバの名は、磯野直秀によれば、『諸國産物帳』に初見するという（「慶應義塾大学日吉紀要・自然科学」第四十五号　六十九頁―九十四頁　二〇〇九年）。タムシバをコブシと呼ぶ地域が多い（『日本植物方言集成』）ように、昔は両種を区別しなかった。「いぬこぶし」の名は、気味の激烈さで区別されたが、純白の花をつけ、強い匂いがあることから、死者の霊に献げることが多かったと思われる。タムシバの語源は「手向け柴」の略であろう。あるいは、タブに通じ、「たぶしば」の訛りかもしれない。現在でも相当植物に詳しい人でなければ、コブシ・タムシバの区別は難しい。江戸時代にそれを区別したわが国の本草学は相当な実力をもっていたといえる。

第8節　わが国固有の香辛料：「わさび」

ワサビはわが国固有の香辛料として、今や世界にもその名は知られる。奈良県明日香村の飛鳥京跡苑池遺構から「委佐俾三升」と書かれた木簡が出土し、飛鳥時代でもワサビが利用されたことを示唆する。『本草和名』（深根輔仁）に「山葵　葉は葵に似る故に之と名づく。深山に生ず。崔禹に出づ。　竜珠　實の名なり。孟詵に出づ。　和名和佐比」とあり、「わさび」に山葵《サンキ》の漢名を充てる。ワサビは中国にはないはずだが、注記によれば出典は『崔禹錫食經』という。孟詵が果実に竜珠《リュウジュ》と名づけたことを手掛かりに中国本草を検証すると、『新修本草』（蘇敬）の菜部上品に初見する龍葵《リュウキ》という類名に到達する。蘇敬は「即ち開河の間に之を苦菜と謂ふ者は、葉圓く花は白く、子は牛李子の如くにして、生は青、熟すれば黒くなれり。但、煮て喰ふに堪へ、生を噉らふに任へず。」（巻第十八「菜部」）と注釈し、その記述内容と『重修政和經史證類備用本草』巻第二十七「菜部上品」に掲載された附図からナス科イヌホオズキの類である。『嘉祐本草』（掌禹錫）は『藥性論』を引用して「龍葵は臣にして能く目を明るくし、身を輕んずるに子は甚だ良し。その赤珠なる者は龍珠と名づく。」（『證類本草』巻第二十七「菜部上品　龍葵」所引）とあり、孟詵のいう龍珠《リュウジュ》とは龍葵の果実をいう。因みに、『新修本草』に準拠する『本草和名』に龍葵の条があり、「竜葵一名苦菜蘇敬注に出づ　和名古奈須比一名久佐奈須比」とある。深根輔仁はわが国に産するワサビを山葵に充てたが、同じ葵の名をもち、葉が丸く花が白いという蘇敬注から、龍葵の類品と考えたのである。わが国に産するものは必ず大陸にもあるという思い込みが背景にある。後世の歌集に山葵を詠んだ歌がある。

山葵

古郷は　かけはなるとも　あふひ草　猶その神の　山かづらせん　（『師兼千首』）

歌の意は、故郷は遠くかけ離れていても、「あふひ草」ではないが、お会いしましょう、なおかつその昔の神様のように、「山かづら」で鬘にしようとなる。「山かづら」はしばしばヒカゲノカズラと解釈されるが、必ずしもそうではなく、「まさきのかづら」ほか鬘にするつる草の総名である（『万葉植物文化誌』の「ひかげ」参照）。歌の中では「あふひ草」、題詞に山葵とあるが、いずれもワサビではない。平安以降の歌集に頻出する「あふひ草」とはウマノスズクサ科フタバアオイのことで、吉田兼好も「わがたのむ　神のしるべに　あふひ草　おもひかけずと　いかがおもはん」（『兼好法師集』）と詠む。山葵の名はのちにフタバアオイに転じたことを示唆するが、ワサビの葉と形がよく似るからであろう。山葵はしばしば和製漢名とされるが、深根輔仁は『崔禹錫食經』（散佚）を引用するから、中国由来の別の植物の名であった可能性は否定できない。アオイ科アオイ属は、フユアオイのように、食用になる種がいくつかあり、そのうちの野生品につけたと思われる。その詳細は拙著『万葉植物文化誌』の「あふひ」の条を参照。『古今著聞集』に「後堀川院御位の時、所下人末重、丹波國桑原の御厨《みくりや》へ、供御《ぐご》備進のためにくだりけるとき、件《くだんの》みくりやに山あり、その山にわさびおほくおひたるよしをきゝて、ともにまかりけり。」（巻第二十「藏人所下人末重等丹波國桑原の山にして大蛇の難に遇ふ事」）とあり、これこそ今日いうワサビに相当し、かつては自然生のワサビを利用していた。因みに、フタバアオイは香辛料にならない。

　香辛料ではないが、ワサビの考証の過程で龍葵と龍珠が出てきたので、ついでに述べておく。『本草綱目』（李時珍）は龍葵と龍珠を別条に区別した。龍珠の実が赤熟することを重くみて別種と考えたが、わが国の本草家は龍珠の基原をナス科ヤマホオズキとした。同じナス科ながら別属のホオズキ属の一種で、現在は絶滅危惧種に指定される。『延喜式』巻第三十九「内膳司」の漬年料雑菜に「龍葵味葅六斗　料鹽六升　棯二升四合　龍葵子漬三斗　料鹽九升」とあり、龍葵は食用とされた。一般に、イヌホオズキは有毒で食べられないので、古代の龍葵はイヌホオズキ以外の類縁種と考えねばならない。『本草和名』がわざわざ「こなすび」の和名をつけているから、現在、ヒトクチナスと称する小型の実をつけるナス（茄子）の品種であった可能性が高い。『正倉院文書』にも茄子の名が多く見られ、『延喜式』巻第三十九「内膳司」の漬年料雑菜に「茄子五石　料鹽三斗」とあるなど随所にその名が出てくるので、古くから漬けものに利用された。因みに、『本草和名』は茄子を「和名奈須比」としている。

第9節　意外に新しい香辛料「はか」（薄荷）

「ひる」（ヒガンバナ科ノビル）・「みら」（ヒガンバナ科ニラ）・「たで」（タデ科ヤナギタデ）も古くから利用された香辛料であるが、拙著『万葉植物文化誌』で詳述したので割愛する。そのほか、今日でも繁用する香辛料としてシソ科ハッカがある。ハッカはわが国に自生するが、『本草和名』（深根輔仁）には「薄訶　仁諝音可　唐」とあって和名の記載はない。一方、『和名抄』（源順）には「養生秘要云ふ、薄訶 和名波加 今案ずるに訶の字出づるところ未だ詳らかならず」とあり、漢名の音読み「はか」を和名に充てた。本草におけるハッカの初見は『新修本草』で、「莖は方にして葉は荏（シソ科エゴマ）に似て去（尖）長、根は冬を經て死なず。又、蔓生なる者有り、功用相似す。」（巻第十八「菜部中品」、括弧内は筆者補注）とあり、概ねハッカに合うが、記述はあまり正確ではない。『新修本草』は薄訶と表記し、平安の古典籍はそれにしたがったが、『開寳本草』以降に薄荷に変わった。訶は『説文解字』や『爾雅』ほかの古字書になく、それ故に源順は和名をつけなかったらしい。北宋の『類篇』に「菜の名なり。或は苛に作る。」（『康熙字典』より）、また『文選』に「平原唐《ひろ》く其れ壇漫（広くはてしなく続くこと）なるかな、新荑（辛夷というがいかが）林薄（木や草が茂っていること）に列ぬ」（巻七「甘泉賦」）に対する李善註に「廣雅曰ふ、草の藂生するを薄と曰ふ」とあるから、薄訶は群生してよく葉を茂らせる菜の意である。因みに、荷はハスの意であるから、ハッカに荷を用いるのは誤用で、本来は薄訶と表記するのが正しい。

今日、薄荷《ハッカ》を配合する漢方処方はかなり多いが、宋代以前の古方に由来するものは少ない。『圖經本草』（蘇頌）に「古方、稀に用ふ。或は薤と虀として食ふ。近世の醫家、傷風、頭腦風を治し、関格を通じ、及び小兒の風涎に要切の藥と爲す。故に人家の園庭の間に多く之を蒔く。」（『證類本草』巻第二十八「菜部中品」所引）と記述するように、宋代になってようやく利用が進み、人間《じんかん》に栽培され始めた。一方、香料としては日本人の趣向に合わず、古代では利用されなかった。『本草類編』（一三八〇年ごろ）は太宇安良々支《たうあらゝぎ》すなわちトウアララギの和名をつけるが、後世でこの名が使われた形跡はない。アララギは『本草和名』で蘭蒿草に充てた和名で、ヒガンバナ科ノビルの類をいう（『万葉植物文化誌』の「ふぢばかま」参照）。薄荷の気味はかなり刺激的で、かつ唐すなわち中国渡来と思われていたので、トウアララギの名をつけたらしい。わが国で薄荷の利用が本格化したのは江戸期以降である。『大和本草』（貝原益軒）に「國俗ニ龍薄荷ト云ヲ用ユベシ。是龍脳薄荷ナリ。氣味香ク辛シ鼻ニトホル。一種非薄荷ト云ハ香氣アシシ。用フルベカラズ。龍薄荷家舗ニウヘ、四五月雨後ニ早ク葉ヲツミトリ、半日日ニホシテ後、カゲボシニスベシ。乾シテ後、器ニ納メ、或厚キ紙袋ニ包ヲクベシ。生葉ヲキザミ、膾ニ加ヘ、又煎茶煖酒ニ和シテノム云々」（巻之六　草之二）と記載され、その文面から古くから利用されたわけでもなく、また中国からハッカが伝わったわけでもなさそうである。龍脳薄荷《リュウノウハッカ》は『本草衍義』（寇宗奭）の薄荷の条にその名が初見し（巻第十九）、『本草綱目』（李時珍）にも引用されている。原典では「薄荷、世が之を南薄荷と謂ふは、一種龍脳薄荷有り、故に南と言ひて之を別と爲すなり」（巻第十九）とあるだけで、それが何であるか説明は一切ない。わが国では、江戸前期は後世方派漢方が優勢で、薄荷を配合する処方の需要が増えると、ニホンハッカを野生から選抜し、家舗に植えて利用するよう推奨したと思われる。『農業全書』（宮崎安貞）でも「園《その》に作《つく》る薬種《やくしゅ》」の一つに薄荷を挙げる（巻之十　薄荷第十九）。ハッカの仲間にヒメハッカなど、ハッカより気味の劣るものがあり、それらと区別するために中国本草の龍脳薄荷の名を借用したのであろう。ハッカが東アジアに広く分布するにもかかわらず、『新修本草』（蘇敬）で初めて収載されたことから、中国における薄荷の利用も西洋ハーブの影響と思われる。

第22章

春の七草と七草がゆの起源

秋野を彩る草花として山上憶良は七種の秋草を選抜した。それを後人が「秋の七草」と名づけ、万葉を代表する美意識の象徴となった。秋野は空間としてまとまりがあり、わが国にあっては植生学的に安定な生態系ではないが、草本・低木を主とする植物群が混生するので、それが多くの歌人を魅了し、多くの歌枕が発生したことは周知の事実である。一方、意外なことに、「春の七草」に相当するものは『萬葉集』に見当たらない。それはわが国の風土とも密接な関連がある。初春に枯れ野となった草原は火入れして焼け野とされるので、そもそも春野というものが存在し得ないのである。仮に焼け野の後に芽吹いた植物の叢生した草原を春野と呼ぶにしても、秋野に比べて花をつける植物は絶対的に少ない。いわゆる「春の七草」は必ずしも春野に生えるものではなく、生鮮の蔬菜の入手が困難な初春にあって、様々な野草を採取して食用に供することを目的とするので、「秋の七草」に比べると今一つ美意識の観点で劣る。「春の七草」といわれて一般人がまず想像するのは正月七日の朝に食べる七草がゆであろう。今日、「春の七草」と称されるものは、セリ・ナズナ・ハハコグサ（古名：御形）・ハコベ・コオニタビラコ（古名：仏の座）・スズナ（蕪）・スズシロ（ダイコン）の七種である。

第1節　『萬葉集』に登場する春の七草（一）：セリ

七草がゆでは身近な「春の七草」であるが、そのうち『萬葉集』に登場するのはわずか二種である。そのうちの一種セリにしても、わずか二首に詠まれるにすぎない。セリは比較的身近に存在する野草であり、『萬葉集』でそれを詠んだのが庶民ではなく高級貴族であるという事実は、今日の感覚では理解しがたいところであろう。

一、　天平元年、班田の時に使葛城王《しかづらきのおほきみ》の、山背国《やましろのくに》より薩妙観《さつのめうくわんみやうぶ》命婦等の所に贈りし歌一首

あかねさす　昼は田賜《た》びて　ぬばたまの　夜《よる》のいとまに　摘める芹《せり》これ　（巻二十　四四五五、葛城王）

二、

薩妙観命婦《さつのめうくわんみやうぶ》の報贈せし歌一首

ますらをと　思へるものを　太刀《たち》佩《は》きて　可尓波《かには》の田居《たゐ》に　芹《せり》ぞ摘みける　（巻二十　四四五六、薩妙観命婦）

題詞に天平元年とあるので、西暦では七二九年に相当する。左注に「右の二首、左大臣之を読みきと云尓《いふことしかり》。左大臣は是葛城王《かづらきのおほきみ》、後に橘の性を賜はりしなり。」とあり、正一位まで上り詰めた奈良時代有数の大物貴族橘諸兄が詠んだ歌である。諸兄が若かりしころ、口分田を班給する仕事（班田司）を終え、夜、やっと暇になったときに摘んだセリですよこれは、といって薩妙観命婦に贈った歌である。これに対して薩妙観命婦は、返し歌として、勇ましい益荒男《ますらお》と思っていましたのに、刀をつけたまま、可尓波（『和名抄』の「蟹幡　加無波多」に同じ、木津川市山城町綺田《かばた》。第12章追補参照）の田んぼで蟹のように這いつくばってセリをお摘みくださいましたのですね、と詠んだ。

セリは、第一の歌では芹子、第二の歌では世理と、それぞれ漢名、万葉仮名で表記する。『和名抄』（源順）に「陸詞切韻に云ふ　芹　音勤、和名世理　菜にして水中に生ずるなり。本草に云ふ、水芹は味甘く平、無毒、一名水英。」とあり、セリの漢名を芹とする。一方、引用元の『本草和名』（深根輔仁）に「水斳　仁諝正、芹に作り音は勤　一名水英渣斳　仁諝音側加反、陶景注に出づ　水英一名水斳　釋藥性に出づ　一名楚葵　兼名苑に出づ　和名世利」とあって、本草上の正名は水斳《スイキン》である。この名は『神農本草經』の下品に収載される水斳と同系統の名であって、主治を「味甘平。女子の赤沃を主る。血を止め、精を養ひ、血脈を保し、氣を益す。人をして肥健、食を嗜ましむ。」と記述する。それは佐使の薬であって病を治すことを主とし毒性が強く長期の連用は慎むべしという下薬たるセリとは思えない記述である。『本草經集注』（陶弘景）でも「斳の主療を論ずれば、乃ち應《まさ》に是を上品と号すべし。未だ何の意をもって乃《それがし》下に在るか解せず。其れ二月三月英《はな》をなす時、善く葅（『和名抄』ではニラキの和訓をつける。菜酢のことで、楡皮粉に和して漬けるのでその名がある。）に作り、及び熟燔（『證類本草』は爚につくる）して食すべし。亦た小便を利し水腫を作（治）す。又、渣斳有り、生菜と爲すべし。亦た生にて噉らふべし。俗中、皆芹の字に作るなり。」（『新修本草』巻第十八「菜部下品」所引、括弧内は筆者補注）と記載され、陶弘景も水斳を上品とすべきだと述べるから、『神農本草經』を校定した際の勘違いではなさそうである。陶弘景に限らず、後世の本草書も同様な疑義を示す。宋代の『開寶本草』（馬志）は「別本注に云ふ、即ち芹菜なり。芹に兩種有り、荻芹は根を取り白色、赤芹は莖葉を取る。並《とも》に葅及び生菜と作《な》すに堪へ、味は甘し。經は（薬性を）平と云へども、其の性は大寒にして無毒なり。」（『證類本草』巻第二十九「菜部下品」所引）と記載するように、『神農本草經』の薬性「平」を大寒・無毒と書き換えている。『食療本草』（孟詵）も水芹の薬性を寒とし、『神農本草經』に同意していない。『埤雅』（陸佃）は、列子を引用して「客に、芹を献ずる者有り、郷豪取りて之を嘗《な》めれば、口を蜇《さ》し、腹を惨《やぶ》るなり」と記述し、芹を食べると中毒を起こすかのように記述する。無論、蔬菜のセリによる中毒は考えられず、セリ科別属種で地上部の形態がよく似るドクゼリと思われる。おそらく古くからセリとドクゼリの区別が難しく混同されたため、『神農本草經』において記載は上品、分類は下品という勘違いが発生したのではないかと推察される。芹という漢名は古く、『詩經』魯頌・駉之什・泮水の第一スタンザに出てくる。

思《ここ》に泮水を樂しむ　薄《いささ》か其の芹を采る
魯侯戻《いた》る　言《ここ》に其の旂《はた》を觀る
其の旂茷茷《はいはい》たり　鸞声《らんせい》　噦噦《いくわいくわい》たり
小と無く大と無く　公に從ひて于邁《ゆ》く

この歌を通釈すると、ここ泮水にて遊楽して、いささかその芹を採る、そこに魯侯が戻ってきた、魯侯の旂《はた》を見ると、旂は勢いよく（風に）揺れている、魯侯の車につけた鈴の音はりんりんと鳴っている、（群集は）多くもなければ少なくもないが、魯侯にしたがって往くとなる。『爾雅』では「芹は楚葵なり」とありさっぱり要領を得ないが、郭璞は「今の水中の芹名なり」といい、水生植物と注釈する。陶弘景が「俗中、皆芹の字に作る」というのはこれに基づく。では水蘄（『神農本草經』：水斳）なる名はどこに由来するのだろうか。『爾雅』に「蘄茝は蘪蕪（セリ科センキュウ）なり」とあり、蘄（斳）ならぬ蘄という同音の紛らわしい字がある。郭璞は「香草、葉は小にして萎の狀の如し。淮南子に云ふ、蛇牀子に似たりと。山海經に曰ふ、臭は蘪蕪の如しと。」と注釈し、宋代の『圖經本草』（蘇頌）にある「水中に生じ、葉は芎藭（セリ科センキュウ）に似て、花は白色にして實無し。根亦た白色なり。」（『證類本草』同所引）という水蘄に対する記述と相通じ、むしろ蘇頌はそれまでの古籍の記述をまとめただけといった方がよいかもしれない。セリとセンキュウは、同じセリ科植物で、葉はともかくとして、花の付き方はよく似るから、センキュウを表す字であった蘄に似た蘄をセリに充てたようである。現在の通用漢名「芹」はその同音の略体字として発生した。

セリは『正倉院文書』の造佛所作物帳（天平六年五月一日）に「芹三千三百九十六束」（大日本古文書　巻一　五六一頁）とあるほか、芹の名で随所に出てくるが、世理・世里・世利などの万葉仮名は見当たらない。葉芹・茎芹・漬芹の名も随所にあり、葉と茎を選別して漬けものなどに利用したことがうかがえる。芹種○石とも出てくるが、セリを栽培するための播種用と推定され、当時、栽培されたことを示唆する。『延喜式』巻第三十九「内膳司」の漬年料雑菜に「田六段二百三十四歩　種芹」「耕種園圃　營芹一段　苗五石云々」とあるように、平安時代には大規模に栽培された。『和名抄』では芹を野菜類（食用になる野生の草類のことで、今日の野菜とは意味が異なる）ではなく水菜類に分類し、今日の蔬菜と同じ扱いをうけていた。古代にあってはセリは庶民に手の届かない高級な野菜であったのかもしれない。とすれば、『萬葉集』で上級貴族の歌だけに詠まれるのも理解できる。早春に採取したセリの若葉はやわらかく芳香があり、古くはこれを「こぜり」と称した。葛城王の歌の原文にある芹子は「こぜり」の意であったとも考えられる。平安期以降の和歌に「こぜり」をつむのを詠んだ歌が散見されるのも「こぜり」が珍重されたことを示唆する。

三、こぜりつむ　さはのこほりの　ひまたえて　春めきそむる　さくらゐのさと

（『山家集』中）

四、　正治二年百首

人なみに　水田のこぜり　つむ程は　おもはぬ袖の　ぬれにけるかな

（『夫木和歌抄』巻第一）

第三の歌の意は、コゼリを摘む沢田の氷も溶けて消え始めた、桜井の里は春めき始めたことだとなる。沢は沢田のことで、栽培していたセリを摘んだと解釈しなければならない。第四の歌は、人並みに水田でセリを栽培して、コゼリを摘んでいるとき、袖が濡れるとは思ってもみなかったという意である。鎌倉時代でも貴族がセリを摘むことがあったのであろうか。今日、セリは地上部を食用にするが、古くは根も広く利用されたことは次の歌で示唆される。

五、　あらふねのみやしろ

くきもはも　みな緑なる　ふかぜりは　あらふねのみや　しろく見ゆらん

（『拾遺和歌集』巻第七　物名　藤原輔相）

六、　百首歌中にわかなの心をよめる

ねぜりつむ　春のさはだに　おりたつて　ひくものすその　ぬれぬ日ぞなき

（『金葉和歌集』巻第一　春部　曾禰好忠）

七、　芹　根白草

せぜに立つ　波とて花よ　根白草　つむ我が袖に　雪はふりつつ

（『藏玉集』）

第五の歌は物名の歌で、茎葉が緑のセリにおいて根だけは白いので、「洗《あら》ふ根《ね》のみや白《しろ》」に「荒船の御社」を隠して詠む。「ふかぜり」とは土の中の根を表すセリの別名である。平安の歌人がセリの根の白いのを知っていたことは根も食用に利用されたことを示唆する。今日でも東北地方では根付きのセリを食べる。第六の歌にある「ねぜ

り」も同じで、春の沢田に降りてセリの根を採集するとき、引き寄せた裳裾が濡れない日はないという意味である。後世になると、第七の歌にあるように、根白草《ねじろぐさ》という別名も発生した。この歌は、セリが川のあちこちの瀬に立つ波のような白い花をつけている中で、白いセリの根を摘んでいる私の袖に白い雪が降っていることだという意で、あまりセリ摘みの苦労が感じられない歌である。中国でも芹を詠んだ詩文は唐詩に散見される。そのうち芹の根は次の詩歌に登場するのみである。

『全唐詩』巻五三四「游江令舊宅」許渾

　身没して南朝の宅已に荒れて　邑人、猶ほ舊《もと》の風光を賞す
　芹根、葉を生じて石池淺く　桐樹、花落ちて金井香ばし
　暖を帯びて山蜂畫閣《ぐわかく》に巣《す》ひ　陰を欲して溪燕書堂《しょだう》に集《つど》ふ
　閒愁、此の地更めて西に望めば　潮浸りて台城の春草長ぜり

閒愁はこの世の限りない愁い、金井は美しい市井、畫閣は彩色を施した美しい高殿、書堂は書斎。この歌の背景はわからないので、内容を正確に把握するのは難しいが、一応、通釈しておく。没落した南朝の邸宅はすでに荒廃し見る影もない、辺りの村人はまだ昔の風光を賞賛している、池はセリの根から葉を生じて密生して浅くなり、キリも花が落ち、その芳香で美しい市井も香ばしくなった、昼間、日を浴びて暖を求めていた山蜂は画閣に巣を作り、一方、陰を求めて溪燕は書斎に集まってきた、愁いが充満する中、この地で西を眺めると、潮が満ち、また台城の春草も成長したことだとなる。この詩でいうセリは野生で、とくに蔬菜としての利用は見えてこないので、当時の中国では利用価値はほとんどなかったのかもしれない。わが国において、蔬菜としてのセリの地位が低下したのは、ダイコンなどの外来蔬菜が伝わってからである。しかし、民間での消費は根強く、江戸時代になると、わずかながら民間療法で薬用とされるようになった。『妙藥奇覽』（舟越敬祐、一八二七年）に「産後乳出ざるを治す妙藥」と

して、「瓜呂根（ウリ科キカラスウリの根）一匁、麥門冬（キジカクシ科ジャノヒゲの根）一匁、茯苓一匁、生芹五匁を煎じて用いるとよし」とある。また『妙薬博物筌』（藤井見隆、一八二三年）には「咳の妙薬」として「芹を刻み味噌汁にて煮て食ふべし」という記述が見える。

セリの名は『日本書紀』の天智天皇十年に「十二月の癸亥《みづのとのゐ》の朔乙丑《ついたちきのとのうしのひ》に、天皇《すめらみこと》、近江宮《あふみのみや》に崩《かむあが》りましぬ。癸酉《みづのとのとりのひ》に、新宮《にひみや》に殯《もがり》す。時に、童謡《わざうた》して曰はく、み吉野の　吉野の鮎　鮎こそは　島傍《しまへ》も良《え》き　え苦しゑ　水葱《なぎ》の下《もと》　芹《せり》の下《もと》　吾《あれ》は苦しゑ　其一」（巻第二十七）とあるのが初見であり、原文では制利と表記する。その語源は、『華實年浪草』に「其姓一所ニセマリ合也。セマリノ中略也。」（巻之一上「初若菜若菜七草薺」）とあるように、若苗が競り合う様に伸びるところから、「競《せ》り」あるいは「迫《せ》り」に由来するという説が広く支持される。セリの学名をOenanthe javanica（Blume）DC.と称し、その種小名が示すように、インドネシアのジャワ島産を基準として命名された。アジアの熱帯から温帯、そしてオーストラリアまでその分布は及ぶ。わが国では全土の湿地やあぜ道、休耕田など土壌水分の多い場所や水辺の浅瀬に生育するが、人里あるいはその周辺地に多く見られ、むしろ自然状態のよいところではまれである。前川文夫はリストに挙げていないが、農耕文化とともに渡来した史前帰化植物かもしれない。いずれにせよセリは現代より自然状態のよかった古い時代では多くはなかったことはまちがいなく、早春に芽を出し、あくがほとんどなく、全草が食べられるセリは貴重な食材であり、かなり古くから栽培されてきた。沢田で栽培すると、セリは密生するので、「競《せ》り」あるいは「迫《せ》り」という語源説が正しいとすれば、栽培したセリから発生した名ということになる。古代では若菜摘みの風習があったが、セリは若菜とは認識されず、蔬菜であったことに留意しなければならない。

22

第2節　『萬葉集』に登場する春の七草（二）：スズナ（アオナ）

七草菜の出典である『拾芥抄』に菁とあるものに相当する。『萬葉集』では蔓菁という本草名で次の一首に詠まれる。

一、　行縢《むかばき》、蔓菁《あをな》、食薦《すごも》、屋梁《うつはり》を詠みし歌
食薦《すごも》敷き　蔓菁《あをな》煮《に》持《も》ち来《こ》　梁《うつはり》に　行縢《むかばき》懸けて　息《やす》むこの公《きみ》　（巻十六　三八二五）

蔓菁については、拙著『万葉植物文化誌』で詳述したように、『和名抄』は「あをな」と訓ずる。この和名は『萬葉集』より古く、『古事記』の下つ巻の仁徳天皇に出てくる。

ここに大御羹《おほみあつもの》を煮《に》むとして、其地《そこ》の菘菜（原文）を採《つ》む時に、天皇その嬢子《をとめ》の菘（原文）を採《つ》める處に到りまして歌ひたまひしく、

山縣《やまがた》に　蒔《ま》ける阿袁那《あをな》も　吉備人《きびひと》と　共にし採《つ》めば　樂《たの》しくもあるか

本文では菘菜と菘の漢名、歌謡では阿袁那という万葉仮名表記の名が出てくる。一般の通釈書は前二名を「あをな」と訓ずるが、たしかに文脈から考えると同品と考えざるを得ない。すなわち、一つの「あをな」の和訓に対して菘（菜）と蔓菁の二つの漢名があることになる。『正倉院文書』に天平寶字七年正月三日付けで「作物　採蔓菁一斛六斗」（大日本古文書　五巻　三八一頁）とあるほか、天平勝寶二年五月廿六日に「蔓菁陸拾束」（大日本古文書　二十五巻　九頁）とあって蔓菁の名はあるが、菘は見当たらない。では、『古事記』の菘菜および菘は誤用なのだろうか。その解答はのちに述べるとして、『本草和名』（深根輔仁）では「菘　仁諝音嵩　蘇敬曰ふ、北土に生ぜずと　牛肚菘　葉は大　粟菘　葉は落つ　白菘　蔓菁に似たり　已上二名蘇敬注に出づ　一名冬䌓一名羗耳一名牛耳一名百葉　已上四名兼名苑に

出づ　和名多加奈」とあって、菘《シュウ》に「たかな」という別の和訓をつける。菘は本草では『名醫別錄』の上品を出典とし、陶弘景は「菜中に菘有り最も恒食と爲す。性は和やかにして、人餘逆に忤らふこと无し。人をして多食せしめば小冷に似るが如し。而して夫れ霜雪に耐へ、其の子を油に作るべし。頭に傅けば髪を長じ、刀鈒に塗れば鏥せざらしむ。其れ數種有り、猶《なほ》是れ一類なるがごときは正論ならん。其れ美なると美ならざるのみ。服薬するに甘草有り、而して菘を食へば、令病不除（令は无の誤りで病除かざる无しの意）。」（『新修本草』巻第十八「菜部上品」所引）と述べている。性は和やかというから辛味がなく、種子は油料となり、そして陶弘景に限らず、後世の本草書が根にまったく言及しないから、根を食用にしない野菜である。これに該当するのはアブラナ科アブラナとそれから派生した菜類で、油料となるアブラナや、チンゲンサイ（青梗菜）・ハクサイ（白菜）などの古い品種群である。多くは複雑に交雑し分類は難しい。実はカブもこの一類であり、蘇敬の「菘菜は北土に生ぜず。有人□此の種《う》う物一年半は蕪菁と爲し、二年にして菘の種都《すべ》て絶ゑ、蕪菁子を將《もっ》て南に種ゑ亦た二年都《すべ》て變はれり。」（『新修本草』同）という不可解な注釈も、菘と蕪菁の区別がきわめて困難であることを表したとすれば理解しやすく、また『古事記』で菘を「あをな（蕪菁）」と訓ずるのもなるほどとうなづける。李時珍は「菘は即ち今の人呼びて白菜と爲す者にして二種有り。一種、莖は圓く厚く微かに青し。一種、莖は扁薄して白く、其の葉は皆淡青白色にして、燕趙遼陽揚州に種《う》うる所の者は最も肥大して厚く、一本重さ十餘斤の者有り。」（『本草綱目』巻第二十六「菜之一　葷辛類」）と説明するが、後者は今日とよく似た結球性のハクサイと思われる。無論、古代にそのような品種は存在しなかった。前述の『和名抄』の「たかな」なる和訓に話を戻す。この名の語源は、通説では丈が高いから高菜に由来するというが、アブラナの類が該当する。しかし、今日、タカナと称するものは辛味のあるカラシナの類であり、『新修本草』にいう菘の性味は「甘くして温」であるから合わない。『延喜式』巻第三十九「内膳司」の漬年料雑菜に「菘葅三石　料鹽二斗四升　楡一斗五升」とあり、菘は漬物に利用されたが、それも今日のタカナではないと思われる。

結局、『古事記』に出てくる菘菜・菘は辛味のない「たかな」であって、蔓菁すなわち「あをな」と同品である。

因みに、「あをな」とは、後述するように、カブの幼時の地上部をいう。

「春の七草」といえば、一般に野草のイメージが濃厚であるが、今日のわが国では「あをな」の野生品を見ることはない。もともと地中海沿岸からアフガニスタンを原産とする外来植物であり、『日本書紀』の持統天皇七（六九三）年の三月に、「丙午《ひのえうまのひ》（十七日）に、詔して、天下《あめのした》をして、桑《くは》、紵《からむし》、梨《なし》、栗《くり》、蕪菁等の草木《くさき》を勧《すす》め殖《う》ゑしむ。以《これをも》て五穀《いつつのたなつもの》を助《たす》くとなり。」（巻第三十）という記述があるので、上代でもすでに栽培されていた。今日ではもっぱら根を利用するが、「あをな」という名前から青菜の意であって、前述したように、『正倉院文書』でもこの名があり、古くから主として葉部を用いた。平安時代になると根も利用し始めたが、それは『和名抄』の園菜類に蔓菁・蔓菁根を別条に収載していることから示唆される。蕪菁《ブセイ》（蔓菁《マンセイ》）については「蘇敬本草注云ふ、蕪菁武青二音は北人之を蔓菁上音蠻和名阿乎奈と名づく。揚雄が方言に陳宋の間は蕪菁を葑音封と曰ふ。」とあり、『和名抄』は蕪菁を正名、蔓菁を異名とするが、これは中国本草の引用に基づく。当時は『新修本草』を典薬寮の標準テキストとしていた。同書巻第十八「菜部」に蕪菁及蘆菔とあり、『名醫別錄』に蕪菁《ブセイ》と蘆菔《ロフク》が同条にあったのを継承した。蘆菔については陶弘景注（『本草經集注』）を引用して、「是れ今の温菘なり。其の根食ふべし。葉は噉らふに中たらず。蕪菁根は乃ち温菘より細くして葉は菘に似て食ふに好し。西川唯此を種ゑて其の子は温菘と甚だ相似して小細のみ。」（『新修本草』同）と記載する。一方、これに対して蘇敬は「謹みて按ずるに、蕪菁、此れ北人又蔓菁と□（『證類本草』：名）づく。根、葉及び子は乃ち是れ菘の類にして蘆菔と全く別なり。鼾に於いて云ひ、用亦た殊にす。今言ふ、蕪菁子は蘆菔に似たりと、或は謂ふ、蘆菔の葉食ふに堪へずと、兼（名苑？）言ふ、小薫の體と。是れ江表二物を産せず、斟酌注詺、理衆《すぢおほ》ければ其れ真なり。」（『新修本草』同）と述べて、陶弘景の見解とは微妙に異なるが、この記述の斟酌注詺は理解しがたい。結局、蘇敬は別条に区別せず、宋代の『開寶本草』（馬志）

でも継承された。両品が区別されたのは明代の『本草綱目』（李時珍）以降であり、萊菔《ライフク》の名前で蕪菁と区別した。『爾雅』に「葖は蘆葩なり」とあり、郭璞は「葩は宜しく菔と爲すべし。蘆菔は蕪菁の屬にして紫花、根大きく、俗に雹葖と呼ぶ。葖は他忽の切、盧は音羅、葩は蒲、北の切。」と注釈する。すなわち、陶弘景の蘆菔は蘆葩と同義といい、蘆の音は蘿に、葩の音は蔔に転じて蘿蔔《ラフク》となった。そのほか、『爾雅』孫炎註にある紫花菘《シカシュウ》そして温菘《ウンシュウ》（陶弘景注にもあり）も異名に含める。以上の名はアブラナ科ダイコンに相当し、昔からカブとの区別は難しいとされた。現在の品種を見る限りでは、ダイコンは直根、カブは圓根と区別は易しいように見えるが、ダイコンの中にも聖護院大根や桜島大根のように圓根になるタイプがあり、植物学に通じていないと完全な分別は難しい。

次に『和名抄』で蕪菁と別条に収載される蔓菁根については、「蔓菁根　毛詩云、采葑采菲　音斐、無以下體　和名加布良　と。注云ふ、下體は根莖なり、此の二菜なる者、蕪菁と葍の類なりと。」とあり、「かぶら」の和訓をつける。『類聚雜要抄』巻第一の供御脇御齒固六本立に糟漬瓜・醬漬茄子・蘿蔔とともに蕪の名があって、蕪に朱書で「カブラ」のルビをつけているのはこれに基づく。毛詩云以下は、『詩經』國風・邶風「谷風《こくふう》」にあり、その第一スタンザの全文を紹介する。

習習たる谷風《こくふう》　以て陰《くも》り以て雨ふる
黽勉《びんべん》して心を同じくすれば　宜しく怒るべからず
葑を采り菲を采る　下體を以てする無かれ
徳音違《とくいんたが》ふこと莫くば　爾《なんぢ》と死を同じうせん

毛詩傳は「下體は根莖なり」と注釈し、葑と菲について鄭玄は「此の二菜なる者は蔓菁と葍の類なり。皆上下食すべし。而れども其の根は美なる時有り、惡しき時有り。之を采る者根惡しき時を以てし、幷びに其の葉を棄つべからず。」と注釈する。すなわち、『和名抄』は鄭玄箋註の一部と毛詩傳を引用したことになる。葍はオモダカ科オモダカやクワイの意があるが、『和名抄』は別に「蕌　和名於保祢」とあり、漢籍古字書ではむしろ傍流の見解である。これについては本章第7節で述べる。菲《ヒ》は『爾雅』に「菲は葸菜なり」とあり、郭璞は「菲草は下溼の地に生ず。蕪菁に似て華は紫赤色なり。」という注釈から菲はダイコンである（ダイコンの花は赤紫色）。鄭玄は葑《ホウ》を蔓菁と注釈し、『詩經』はそれを採って下体すなわち根茎を採るなというから、紀元前の中国では主として蔓菁の葉を利用したことがこれによって明らかになる。すなわち上代のわが国と同じく中国でも「あおな」として利用していた。古い時代ではダイコンもカブも品種分化が不十分で、根は今日ほど発達していなかったから、そもそも両品の分別すら不完全であった。『名醫別錄』が蘆菔（萊菔・蘿蔔）と蔓菁を同条に収載し、宋代の正統本草（『開寶本草』ほか）もそれを踏襲したのは分別が難しかったからである。この詩を通釈すると、谷風がびゅうびゅう吹いてくる、空は曇ったり雨が降ったり、心を込めて一生懸命働けば、怒るべきではない、カブ（葑）、ダイコン（菲）の根だけを採ってはならない、徳が違わなければ一緒に死んでもよいと思うとなる。

『延喜式』巻第三十三「大膳下」の正月最勝王經齋會供養料に「蘘荷漬、菁根漬各二合」、同仁王經齋會供養料に「蔓菁根四根」、および巻第三十九「内膳司」の漬年料雑菜に「蔓根須須保利六石」に出てくる菁根・蔓菁根・蔓根は蔓菁の根であることはまちがいなく、平安時代になるとカブの根を利用し、漬物に堪えるほど根が発達していたと考えられる。一方で、同巻第三十二「大膳上」の松尾神祭雑給料に「青菜一斛　内膳司所奉」ともあり、葉も相変わらず利用されていた。しかし、『延喜式』における蔓菁等の用字は、以下に示すように、やや紛らわしい。

巻第三十九「内膳司」漬年料雑菜

蕨二石　料鹽一斗（中略）韮擣四斗　料鹽四升　蔓菁黄菜五斗　料鹽三升粟三升

右、漬春菜料

瓜八石　料鹽四斗八升（中略）蔓根須須保利六石　料鹽六升大豆一斗五升　蔓菁葅十石　料鹽八升楡五升　菁根搗五斗

料鹽三升　菁根須須保利一石　料鹽六升米五升　醬菁根三斗　料鹽五升四合滓醬二斗五升　糟菁根五斗　料鹽九升汁糟一斗五升　蔓菁切葅一石四斗　料鹽二升四合楡二升（以下略）

右、漬秋菜料

蔓菁は葉を用いるアオナに特化した名と考えてまちがいないが、ややこしいのは漬秋菜料に蔓根・菁根が混在することである。『説文解字』に「菁は韭の華なり。从艸青聲。」とあり、菁をヒガンバナ科ニラ（韭＝韮）と考えることも可能である。しかし、漬春菜料に韮擣四斗とあり、『延喜式』では巻第三十二「大膳上」を始め、ことごとく韮擣として登場する。したがって、菁をニラというのは考えにくく、やはりカブと考えるべきである。以上、わが国ではアオナを表す用字は蕪菁・蔓菁と蕪・菁・蔓、これに根を付してカブを表し、ダイコンよりは異名が少ないが、それでもややこしい名前であることは変わらない。

カブの語源は、『和名抄』にある「かぶら」に由来するが、もともと『詩經』の下體の和訳に相当する。したがって、カブは単にかぶ（株）の義で、「ら」は意味のない接尾辞である。カブは春の七草を構成する一種であるが、今日ではもっぱら「すずな」の名で呼ぶ。あたかも「すずな」の方が「かぶら」よりも古名のようであるが、文献上の初見は『塵添壒囊抄』（一五三二年）に「芹　五行　ナツナ　ハコベラ　佛ノ座　スヾナ　ミ、ナシ、是ヤ七クサ」（巻第一「七草《ナ、クサノ》事」）とあって、ずっと後の室町時代以降である。七草羹の文献上の出典である『拾芥抄』（鎌倉時代中期）に菁があるが和訓はなく、『年中行事秘抄』と『公事根源』では同じ菁にアヲナの訓をつけ、『萬葉集』と同じである。「すずな」の語源については、七草の構成種である「すずしろ」とともに、拙著『万葉植物文化誌』の「あをな」に詳述したので省略する。

第3節　『萬葉集』にない春の七草（二）：ナズナ

「春の七草」のうちでナズナの知名度はセリに次いで高く、一般には〝ぺんぺん草〟の方言名で親しまれる。〝ぺんぺん〟とは三味線の奏でる音を指し、江戸時代にも同系統の名である三絃草《さんげんぐさ》があり（『和漢三才圖繪』巻第一〇二「柔滑類」）、これをうけて〝三味線草〟とも呼ばれる。以上の方言名がすべて三味線に結びつけられるのは、独特の果実の形が三味線のバチに似るからで、〝バチ草〟という方言名もある。ナズナは今日でもごく身近な植物であるが、意外なことに、ナズナに相当するものは『古事記』『日本書紀』『萬葉集』ほか上代の典籍に見当たらず、和名の「なづな」が登場するのは平安以降である。古典文学では、『枕草子』の「草は」に「草は菖蒲《さうぶ》。菰《こも》。葵《あふひ》、いとをかし。（中略）山菅《すげ》。日かげ。山藍《あゐ》。濱木綿《はまゆふ》。葛《くず》。笹《ささ》。青《あを》つづら。なづな。苗《なへ》。淺茅《あさぢ》、いとをかし。（以下略）」とあり、季節を問わず、列挙した二十数種の植物の中に「なづな」の名がある。清少納言がいかなる意味をもって選定したのか定かではないが、そのほとんどは何らかの用途のある有用植物であるから、「なづな」は当時の生活において身近で有用な存在であったことはまちがいない。そのほか、平安以降の詩歌に、数は多くないが、「なづな」を詠んだ歌が散見される。

二、　三月をはり

みそのふの　なづなのくきも　たちにけり　けさのあさなに　何をつまし

はる十

にはのおもに　なづなのはなの　ちりぼへば　はるまできえぬ　ゆきかとぞみる　（『好忠集』）

この歌は御園生《みそのう》（御苑）に、おそらくは雑草として、生えていたナズナを詠んだ。前半の歌は、ナズナの薹《とう》が立って旬を過ぎているので、朝食の朝菜として何を摘んだらよいのかという意である。「三月をはり」は新暦では四月下旬であるから、若菜としてのナズナの旬は過ぎているので、ごく当たり前のことを詠んだにすぎないが、間接的ながら、ナズナが食用に利用されていたことがうかがえる。後半の歌は庭面《にわも》のナズナの白い花が散って、春になっても消えない雪のようであるという意で、相当の群生でないとこのような情景は成立しないから、ナズナが食用に利用され、適当に手を加えて半栽培化されていたことがうかがえる。

上代に「なづな」の名は見当たらないと述べたが、その名の文献上の初見は『新撰字鏡』である。同書は漢字字典であるから、「なづな」の名は相応する漢名の和訓として出てくるが、二つの漢名にこの和訓をつけている。その一つは「蕑　子賤反山梅奈豆奈」とあり、蕑《セン》の和訓として出てくる。しかし、『爾雅』によれば、「蕑は王蔧なり」とあり、郭璞は「王帚は藜に似て其の樹以て掃蔧と爲すべし。江東之を呼びて落帚と爲す。」と注釈するように、蕑はヒユ科ホウキギ（箒）を指す漢名であって、アブラナ科のナズナではない。一方、『説文解字』では「蕑は山苺なり。从艸歬聲。」とあり、蕑を山苺《サンバイ》すなわちバラ科キイチゴの類とする。『新撰字鏡』は山苺を山梅と誤まった（音は「ばい」で同じだが）だけでなく、充てた和訓もとんでもない見当違いであった。もう一つは「薺　祖礼反菜甘奈豆奈又支汝𠀋」とあるように、今日でもナズナの漢名として用いる薺《セイ》である。『新撰字鏡』より後に成立した『本草和名』（深根輔仁）に「薺　鵜薺　小苦　竃薺　竃　其の葉を食ふ故に以て之と名づく　胡薺　葉は尖り長し　一名老薺　已上五名崔禹に出づ　一名狗薺一名葷　音典、已上兼名苑に出づ　和名奈都奈」（第十八巻「菜六十二種」）とあり、薺のほか多くの本草異名を列挙する。薺の名は、中国本草では『名醫別録』に上品として初見するが、『本草和名』は『本草經集注』『新修本草』を引用しなかった。一方、『和名抄』（源順）の野菜類に「崔禹錫食經云ふ、薺　辞啓反上声之重　和名奈都那　蒸煮して之を噉らふ」とあって、今日に伝存しない『崔禹錫食經』を直接引用する。源順が本草（『本草和名』）を引用しなかったのはそれなりの理由がある。というのも、『本草和名』は六つの異名を挙げ、その中の一つ蕇は『爾雅』に「蕇は亭歴なり」とあり、『神農本草經』の下品に収載される葶藶《テイレキ》（＝亭歴）の同品異名とされているからである。『名醫別録』が葶藶の異名とする蕇蒿《テンコウ》も蕇に同じである。また、『本草和名』は狗薺《クセイ》も異名に加えるが、郭璞も「實葉は皆芥に似たり。一名狗薺。廣雅云ふ、蕇は音典なりと。」と述べるように、蕇・葶藶（亭歴）・狗薺を同品異名とする。すなわち、本草では薺と葶藶との間の混乱が著しく、源順は『崔禹錫食經』のみを引用、ナズナの漢名を一義的に薺としたのである。実はもう一つ菥蓂《セキメイ》というアブラナ科ナズナの類品がある。薺と同じく『神農本草經』の上品に収載され、主治（菥蓂子として）を「味は辛く微温。目を明とし、目痛み涙の出づるを主り、痺を除き、五藏を補ひ、精光を益す。久しく服すれば身を輕くし老いず。」と記載する。一方、薺は「味は甘く温にして無毒。肝の氣を利し、中を和すを主る。其の實、目を明とし、目痛むを主る。」とあり、とりわけ薺と菥蓂はその薬効において紛らわしく、古くから薺および類品の分類は混乱していた。李時珍は薺・葶藶・菥蓂の三品を次のように区別した（『本草綱目』巻第二十七「菜之二　柔滑類」）。

薺に大小數種有り。小薺の葉、花莖は扁にして、味は美なり。其の最も細小なるは沙薺と名づくなり。大薺は科（『正字通』に「植禾本也」とあり、もともとはイネ科の茎であるが、植物一般の茎も表す）葉皆大にして味は及ばず。其の莖硬く毛有る者は菥蓂と名づけ、甚だ佳からず。並に冬至後を以て苗を生じ、二三月に莖を起ち五六寸、細かき白花を開き、整整たること一つの如し。莢を結び小萍の如くにして三角有り、莢内に細子は葶藶子の如し。其の子蒫音差と名づけ、四月に之を収る。師曠云ふ、歳甘たらんと欲して甘草先づ生じ、薺は是れなり。菥蓂、葶藶は皆是れ薺の類なり。葶藶は草部濕草類に見ゆ。

『本草綱目』は菥蓂を薺の次の条に配置し、稲生若水はヲナヅナ、小野蘭山はオホナヅナ・オナヅナ・オトコナヅナの和訓をつける。『名醫別録』に一名大薺《タイセイ》とあり、いわゆるナズナより花や全形が大型なので、その名をつけた。今日みるナズナの形態は多様で、いわゆるオオナズナはナズナの変種 *Capsella bursa-pastoris* (L.) Medik. var.

pinatta Makino に区別されることもある（現在ではナズナの異名とされ有効な学名ではない）。ただし、紛らわしい種にオオバナナズナ *C. grandiflora*（Fauché et Chaub）Boiss.があり、以上の種が明確に区別されたか、古く〝おほなづな〟と称するものと同じであるかは不詳である。あるいはグンバイナズナに充てることもあるが、欧州に原産する別属種であり、古代のわが国にあったかは甚だ疑問である。葶藶の基原は、『圖經本草』に「初春、苗葉を生じ、高さ六七寸、薺に似て根は白く、枝莖は俱に青し。三月、花を開き微黄、角を結び、子は扁にして小さく黍粒の如く、微かに長く黄色なり。」（『證類本草』巻第十「草部下品之上」所引）とあるように、花の色が黄色のイヌナズナでまちがいない。イヌナズナは食用に適さないので、李時珍は菜部ではなく草部の濕草類に置いた。因みに、葶藶の主治は「味辛く寒。癥瘕、積聚、結氣、飲食、寒熱、堅を破り、邪を逐ひ水道を通利するを主る。」であり、薺・菥蓂とはまったく薬効を異にする。

わが国現存最古の医書である『醫心方』（丹波康頼、九八四年）巻第三十に薺の名が見え、和訓を奈都奈として次のように記述する。

本草（『本草和名』ではなく『新修本草』であることに留意！）に云ふ、味は甘く温、无毒。肝の氣を利し、中を和するを主ると。孟詵云ふ、五藏の不足を補ひ、葉は氣を動かすと。陶景注に云ふ、詩に云ふ、誰か謂ふ茶の苦きを、其の甘きこと薺の如しと。崔禹云ふ、之を食へば、甘く香しく、心脾を補ふと。

孟詵（六二一年―七一三年）は『食療本草』の著者、崔禹は崔禹錫（呉人、伝記不詳）のことで『崔禹錫食經』を表し、両書とも食材の効用について記述する。陶景注とは『本草經集注』で陶弘景の注釈を指し、「薺類、又多く、此是は今の人の食すべき者なり。葅、羹に作りて亦た佳し。詩に云ふ、云々」（『證類本草』巻第二十七「菜部上品」所引）と、薬物書でありながらもっぱら食用について言及する。「詩に云ふ」とは『詩經』のことで、國風・邶風・谷風の第二スタンザに薺が詠まれている。

道を行くこと遲遲たり　中心違《たが》ふこと有り
遠からずして伊《た》だ邇《ちか》し　薄《いささ》か我を畿に送る
誰か謂ふ茶《と》を苦しと　其の甘きこと薺の如し
爾《なんぢ》の新昏《しんこん》を宴《うたげ》す　兄の如く弟の如くに

因みに、茶《ト》は、『爾雅』に「茶は苦菜なり」とあるように、『神農本草經』上品にある苦菜《クサイ》一名茶草《トソウ》一名選《セン》のことで、『本草經集注』以降の歴代正統本草書はいずれもこの詩を引用する。苦菜の基原はキク科ニガナではなく、同科アキノノゲシのことで、野菜のレタスの同属種である。この詩を通釈すると、道を去り行こうとするが、まだ未練があるので遅れがちでなかなか進まず、自分の本心とは違っているから、遠くまでとはいかず、ただ近くまで、いささか門の内まで私を送ってくれただけだ、誰が茶（苦菜）を苦いというのだろうか、その甘いことといったらナズナのようなのに、あなたとの新婚生活は楽しく兄弟のようだったとなり、離縁された妻が婚家を去る心情を詠ったという。結局、『醫心方』は本草で薺の基原が混乱しているのに一切構わずもっぱら文献上の効能だけを抜き出して記載し、当時のわが国では薺の基原問題は発生しなかった。

平安期以降の歌集に、「なづな」のほかに「からなづな」を詠んだ歌がいくつかあるが、なぜ唐《から》の名を冠するのか、これまでの国文学ではほとんど看過されてきたのでここで詳しく考証する。

三、

女のもとになづなの花につけてつかはしける
雪をうすみ　かきねにつめる　からなづな　なづさはまくの　ほしききみかな
（『拾遺和歌集』第十六　藤原長能）

この歌は、積もった雪が溶けて薄くなったので、垣根で摘んだカラナズナの白い花の名のように、馴れ添いたいと、あなたを望んでいるのですよと、一般には通釈されている。カラナズナは唐すなわち大陸から伝わったとしてナズナの異名と解釈されている。前川文夫によれば、ナズナは麦作農耕とともに伝わった史前帰化植物とされ（前川文雄『朝日百科世界の植物二十』一九七八年）、古代以前からわが国に存在するにもかかわらず、なぜわざわざ唐の名を冠して詠まれるのであろうか。それを理解するには本歌の第二、三句の「垣根につめるからなづな」の意味を改めて考える必要がある。まず、「つむ」は、「摘む」のほか、「詰む」「積む」などの意もある。しかし、そのいずれをもってしても日本語として今一つしっくりこない。これまでの国文学の通釈では古語の一型と見過ごして来たようであるが、「かきね（垣根）」と「なづな」という、これまた奇妙な取り合わせにそれを解明する手掛かりはないだろうか。ここで視点を変え、垣根を、同じく「かきね」を意味する牆に、和語の「なづな」ではなく薺に置き換えれば、この取り合わせが漢籍に由来する可能性も視野に入ってくる。漢字にはそれぞれ複数の意味があるので、「薺＝ナズナ」という先入観を捨てた上で薺にどのような意味があるのか考えてみよう。『爾雅』では、前出したように、「菥蓂は大薺なり」とあるだけで、薺という字に独立の項目はない。一方、『説文解字』には「薺は蒺棃なり。从艸齊聲。詩に曰ふ、〝牆有薺〟と。」とあるように、「詩に曰ふ、〝牆有薺〟と」という注目すべき記述がある。というのは藤原長能の「かきねにつめる　からなづな」と同じ取り合わせで、意味も相通じるところがあるからだ。「詩に曰ふ」とは『詩經』を指すが、今日の伝存本には〝牆有薺〟の句は見当たらない。しかし、類似句が國風・鄘風の牆有茨にあり、その第一スタンザを紹介する。

牆に茨有り　埽ふべからざるなり
中冓の言は　道《い》ふべからざるなり
道ふべき所なれども　之を言へば醜ければなり

難解な詩であるが通釈すると、垣根にイバラが掛かっているが掃ってはいけない、それと同じように閨房で言っていることは言ってはいけないことなのだ、言うことができないことはないが　言えばみっともないからだという意になろう。結論から先にいうと、『説文解字』は薺と茨を同品異名として引用したのであって誤っているわけではない。『爾雅』に「茨は蒺藜なり」とあり、郭璞は「地に布《し》きて蔓生す。葉は細く、子に三角刺有り、人を刺す。詩に見ゑたり。」と注釈するように、茨は蒺藜《シツリ》すなわちハマビシ科ハマビシの異名でもあり、また『説文解字』に「薺は蒺棃なり」とあるからだ。『説文解字』にいう蒺棃とは蒺棃（蒺藜あるいは蒺梨ともいう）のことで、第16章第2節で述べたように、茨の異名は『名醫別錄』に由来する。実は、茨にはハマビシだけではなく、トゲのある植物の総称の意もあり、ノイバラやツルザンショウのようなトゲのある（半）つる性植物で垣根を作ることがあるので、「牆に茨有り」という。ハマビシは、通例、地に這いつくばって生えるが、せいぜい一メートルぐらいにしか成長せず、まれに斜上するが草高は数十センチ以下であり、常識的に考えて『詩經』にいう茨はノイバラ以外は考えにくい。藤原長能の歌の第二、三句「かきねにつめる　からなづな」は、『説文解字』を見て「牆有薺」を訳読した可能性が出てくるが、平安の一介の歌人が漢籍古字書を直接参照したとは考えにくい。唐詩に薺を詠った詩がかなりあり、晩唐の詩人白居易（七七二年—八四六年）が薺・牆（墻）を取り合わせた詩を二首詠んでいるのでそれを模倣したと思われる。

『全唐詩』巻四三〇「早春」

雪消えて氷又釋《と》け　景《かげ》和らぎて風復た暄《あたた》かし
滿庭の田地濕《うるほ》ひ　薺葉は墻根に生ふ
官舍に事無きを悄《うれ》ひつつ　日は西に斜《かた》き門を掩《おほ》ふ
莊老の巻を開かずして　何人と言らんと欲すや

『全唐詩』巻四四〇「東牆の夜合樹《ねむのき》、秋去りて風雨の摧《くだ》く所と爲し、今年の花時、悵然の感有り」

碧萬紅縷、今何《いづ》くにか在る

風雨飄《ひるがへ》り将《ただ》去りて回《めぐ》らず
惆悵なるや、去年の牆下の地
今春、唯薺花の開く有るのみ

早春の詩を通釈すると、次のようになる。雪は消え氷もまた融け、日射しも和らぎ風もまた暖かくなった。庭一面の土が湿って、ナズナが垣根の元に生えている。役所で仕事がないのを心配している間に、日は西に傾いて（陰が）門を覆うようになった。荘子・老子の書を紐解かずして、何人と語ろうとしているのか。一方、第二の詩の荑《イ》はイネ科チガヤの意であるが、第21章第7節で述べたように、この詩ではモクレン科コブシ（正確には中国産の近縁種）である。通釈すると、コブシの碧い芽、ネムノキの紅いしべは今どこにあるのだろうか。風雨に吹き上げられ、ただ去っただけで戻ってこない。何と嘆き悲しいことか、去年、垣根の地にあったはずだが、今年の春はただナズナの花が咲いているだけだ。第一の詩は、庭一面の土が湿って、垣根のもとに生えているという情景から、薺はナズナでまったく矛盾はなく、むしろトゲのあるつるを這わせて作った垣根を想像する方が困難である。第二の詩では、ネムノキの花が垣根のもとに落ちて彩っていたのに、今春は薺の花だけが咲いているとあり、これもまたナズナで矛盾はない。おそらく古くは薺はトゲのあるつる性植物の意もあったが、『名醫別錄』で菜類のナズナの名として薺を採用したため、それ以降はトゲ性つる植物の意が失われたと推定される。白居易は『説文解字』にある牆をそのまま取り込んで詠んだのであるが、藤原長能はその影響をうけて「かきね」と「なづな」を取り合わせたものの、現実の情景が理解できず、「かきねにつめる」という〝奇妙な表現〟となったのであろう。因みに、「からなづな」という名も、唐詩にある薺に対する呼び名で、庭に生えるナズナを見て、唐詩の情景を重ね合わせて詠んだのではあるまいか。『續みなし栗集』（一六八七年）に「能《よく》見れば　薺花咲く　墻根《かきね》かな」（春之部）という松尾芭蕉の句がある。薺花を「からなづな」と訓ずれば、一見、長能の歌と相通ずるが、一般には「なづなはな」と訓ずる。芭蕉が白居易の早春の詩の影響をうけたとする説もあるようだが、長能ほか平安の詩歌を踏まえた可能性も否定できない。第一句の「能見れは」は「長能の歌を見れば」とも解釈できそうであるが、芭蕉はたまたまそう詠んだのであろうか。

ナズナの漢名「薺」を李時珍は「薺は濟濟と生ずる故に之を薺と謂ふ」（『本草綱目』巻第二十七「菜之二　柔滑類」）と説明する。済々とは多く盛んなさまを表すが、確かにナズナは群生かつ密生する。また、整い揃って美しいさまを表す意味もあるが、薺の字義に基づく。古くからナズナは若菜の一つとして食用に供され、旺盛に生えていても雑草というイメージで見られることはなかった。李時珍の語源説明が必ずしも正しいとは限らないが、薺の名にはかかる義も込められていると思われる。ではナズナの和名の語源はどうであろうか。比較的広く支持される通説に朝鮮語源説がある。今日の朝鮮語では냉이と称するが、音はnaeng-i（neŋi）である。この音で「なづな」の語源とするには無理があるが、そもそも現代の朝鮮語音ではなく、もっと古い朝鮮語音でもって考証するのが筋だろう。しかし、古代の朝鮮語資料は今日に伝わらず、最も古い資料でも中期朝鮮語までがやっとという状態にすぎない。十五世紀初頭に成立した『鄕藥集成方』に「薺　鄕名那耳」とあり、『本草綱目啓蒙』（小野蘭山）も「〔一名〕那耳　鄕藥本草」（巻二十三「菜之二　柔滑類」）と引用する。『鄕藥集成方』に音韻情報の記載はないが、『訓蒙字會』に諺文で薺菜を「나ᅀᅵ」と表記し、これが中期朝鮮語に基づく音とされ、na-ziの音という。深津正は朝鮮半島からナズナが朝鮮語名na-ziとともに伝わり、「ナジの菜」が訛ってナズナと呼ばれるようになったと主張する（深津正著『植物和名語源新考』）。因みに、一六一三年成立の『東醫宝鑑』（許俊）に「薺菜나이」とあり、これだと音はna-iである。すなわち、十五世紀初頭から今日までの六〇〇年でも音韻にかなり激しく変化し、わが国でもっとも古い『新撰字鏡』の奈都奈はそれよりさらに五〇〇年も前であるから、ナズナの古代朝鮮語音を推定することすら困難な状況のもとでは、議論しても意味がないだろう。奈都奈及び奈豆奈はナズナではなくナヅナ

na-dzu-naであって、na-ziとはかなりの音韻の隔たりがあるのも朝鮮語源説には不利であろう。「愛でる菜」を意味する「撫で菜」、あるいは冬季にロゼット状をなして地面にへばりつく状態をもって地を「撫づ菜」などと解釈する俗説がある。このうち、前説は単なる語呂合わせと一蹴する語源研究家がいるが、古典文学上の用例などから、必ずしもそうとは言い切れない。前出の藤原長能の歌にもあったが、次の歌にある「なづさふ」という古語と、少なくとも同じ音韻で解釈できるからである。

四、　恋十首

ふるきいもが　そのにうゑたる　からなづな　たれなづさへと　おほしたつらん　（『山家集』下）

この歌および前出の藤原長能の歌ではいずれも「なづな」が「なづさふ」を導き出す序詞となっている。「なづさふ」は上代でも使われる古語で、水に漂う・水に浸る・浮かぶ・沈む・渡るなど、何らかの形で水との接触に関連する意味をもつ。『古事記』の下つ巻「仁徳天皇」にある長歌「枯野《からの》を　鹽に焼き　其《し》が餘り　琴に造り　かき彈《ひ》くや　由良《ゆら》の門《と》の　門中《となか》の　海石《いくり》に　觸れ立つ　なづの木（原文：那豆能紀）の　さやさや」にある「なづの木」は、ナズナを「なづの菜」と置き換えれば、相互の関連が見えてくる。「なづの木」は潮に浸って立つ木と解釈されるだ、水辺に生える木が視る角度によっては水中から立っているように見えるというのが現実的な解釈だろう。ナズナを水で煮て食するから「なづの菜」と呼び、「なづな」となったとも解釈できる。「なづさふ」には馴れ添う、馴染むの意があり、生きていく上で水が必須であるが故に、かかる義が発生したのであろう。無論、前出の第三・四の歌はこの義で詠まれたものである。別の視点からの解釈も可能である。『菅家文草』（菅原道真、九〇〇年）の「雲林院に扈従して感歎に堪へず、聊か観る所を叙ぶるの序」（巻第十六）に次のような記述がある。

予、かつて故老に聞けるあり、正月子《ね》の日に野遊して老いを防ぐは、如何なる謂はれに基づくかと云ふに、子《ね》の日の祝に松の樹に寄り添ひてこれに撫づるは、その木の寒風厳霜に犯されざるに習ひて、我が身に老の至ら

ざるを願ふの意なり云々

この中の一節「松の樹に寄り添ひてこれに撫づる」は、長寿の象徴である松に撫づることによって「老の至らざるを願ふ」と解釈される。とすれば、『神農本草經』上品に収載されるナズナに撫づることで、無病息災ならんことを願うこともあり得るだろう。樹木と草本という違いはあるにしても観念的な儀式としての〝撫づる〟はあってもおかしくはない。かかる観点に立てば、ナヅナの語源は「撫づる菜」に由来することになる。同じ「なづ」の語からなる植物名に「なでしこ」があるが、『綺語抄』（藤原仲実）に「鐘愛は衆草に勝れり。故に撫子《なでしこ》と云ふ。」とあり、同様な語源解釈がなされている。

ナズナは、前川文夫によれば、ハコベと同じく麦作農耕に付随して渡来した史前帰化植物であるという。原産は欧州と考えられているが、日本、中国などではナズナを蔬菜として用いるにもかかわらず、原産地では見向きもされていない。欧州とその周辺地域では有用なアブラナ科植物が多く発生しており、利用の必要性がなかったからであろう。ナズナは蛋白質・糖分・ビタミンのほか、カルシウム・鉄・リンなどの栄養分にも富み、野草にもかかわらず食用価値は高い。七種の若菜のうち、ナズナ・スズナ・スズシロの三種がアブラナ科基原であり、いずれも欧州とその周辺の麦作農耕地帯が原産であることは、農耕文化の伝播が主食作物だけをもたらしたのではないことを示唆する。ナズナもセリと同じく薬用情報に乏しい。わずかに『普救類方』（林良適・丹羽正伯、一七二九年）に、「眼卒《まなこにはか》に赤くしぶりいたむに、薺を根ともに杵《つき》、汁をしぼりとり、目にしたでいれてよし」とあるにとどまる。

第4節　『萬葉集』にない春の七草（二）：ハコベ

「春の七草」のうち、ナデシコ科ハコベはセリとともにもっとも親しまれる野草である。しかし、ハコベは上代の典籍に相当するものが見当たらず、平安中期に成立した『本草和名』に「はくべら」の名で初めて登場する。同書第十八巻「菜部」に「蘩蔞 仁諝上音煩下緑珠反 一名鶏腸 本條 一名蕧蔞一名菽 音放 已上二名兼名苑に出づ 一名百滋草 蘇敬注に出づ 和名波久倍良」とあって漢名を蘩蔞《ハンロウ》に充てる。ところが、同書の第十巻「草下」に「鶏腸草 一名蘩蔞 蘇敬注云ふ、是一物なりと。此の條に剰出す。 一名蔜蕿 尓雅に出づ 和名波久倍良」とあって、鶏腸草《ケイチョウソウ》にも同じ和訓をつける。深根輔仁が誤って記載したわけではなく、同条に一名蘩蔞とあり、また注記にある蘇敬注すなわち『新修本草』の見解にしたがって、蘩蔞と鶏腸草を同品異名と断り書きした上で、両條を迸出したのである。蘩蔞・鶏腸草はいずれも『名醫別録』に初見し、それぞれ別条に区別されたが、蘇敬は「此の草（蘩縷）即ち雞腸なり。俱に正經に出づる所に非ずして二處の説異とす。多く濕地坑（坑）渠の側に生ず。流俗通じて雞腸と謂ふ。雅士は總て蘩蔞と名づく。爾雅に物の重名なるは並に一物兩名を云へり。」（『證類本草』巻第二十九「菜部下品」所引）と述べたものの、実質的に両條を重出してしまった。蘇敬は『爾雅』を引用するが、「蔜は蕿なり」とあって、郭璞はこれに対して「今の蘩縷なり。或は雞腸草と曰ふ。」と注釈し、蘩蔞（縷）と雞（鶏）腸草を同品とする。したがって、蘇敬は郭璞の注釈を受け入れたが、結局、菜部（繁縷）とは別の草部（雞腸草）に一条を剰出し、その見解に一貫性を欠く。『新修本草』の後継本である『開寶本草』（馬志）では「雞腸草は亦た草部下品に在り。唐注、以て一條剰出と爲す。此を詳らかにするに、主療相似するに其れ一物なるや。」（『證類本草』巻第二十九「菜部下品」所引）とあるように、雞腸草を蘩蔞と同じ菜部下品に移したが、一条に統合するに至らなかったのは、両品を一物とすることに対して疑念をもったからと思われる。因みに、『名醫別録』は蘩蔞の主治を「積年の悪瘡愈ゑざるを主る」、雞腸草について「毒腫を主り、小便利を止む」と記述し、両品の薬効にかなりの相違があるからである。一方、『圖經本草』（蘇頌）は「蘩蔞 音縷 即ち雞腸草なり。舊くは州土に出づる所を著さず、今は南中に多く田野の間に生ず。近京の下濕地に亦た或は之有り。葉は荇菜に似て小夏、秋の間に、小さき白黄花を生ず。その莖梗は蔓を作し、之を断てば絲縷有り、又、細くして中空、雞腸に似て、因りて此の名を得たり。本經は兩條と作《な》す。而れども蘇恭以て一物二名と爲す。謹みて按ずるに、爾雅にいふ蔜（五高切）は蔆蔞（縷と同じ）なり、釋に曰ふ蔜一名蔆蔞一名蘩縷一名雞腸草は實は一物なり。今、南北に生ずる所或は肥瘠同じならず、又、其の名、多くの人見盡くさざるは往往にして疑ひて二物と爲すなり。又、葛氏の卒淋を治す方に云ふ、雞腸及び蘩蔞を用て兎絲の若く並に單煮して飲むべしと。此の如くなれば、又、各《おのおの》似るゆゑに是一物となすなり。其の用は大概血を主る故に婦人は宜しく之を食すべし。」（『證類本草』巻第二十九「菜部下品」所引）とあるように、馬志より一歩踏み込んで蘩蔞と雞腸草を同品と主張したが、やはり両条を迸出した。しかし、蘇頌は蘩蔞・雞腸草の具体的な形態的特徴に初めて言及し、一部の記載を除けば、ナデシコ科ハコベの特徴によく合う。一方、『本草衍義』（寇宗奭）は「蘩蔞、雞腸草は一物なり。今、之を分かち二と爲すと雖も、其れ雞腸草の條中に獨《ただ》性味を言はず。故に一物を知るなり。」（巻第十九）と記述するが、蘇頌のように具体的な形態の特徴を挙げず、『名醫別錄』が雞腸草の薬性を記載しなかった事実から、蘩蔞と雞腸草を同品とし、蘇敬以来の保守的な立場を堅持するにとどまった。明代の『本草綱目』（李時珍）では「雞腸は下濕地に生じ、三月苗を生じ、葉は鵞腸（鵞鳥菜に同じ、李時珍は蘩蔞の別名とする）に似て色は微深、莖は紫を帶び、中は空ならず、縷無し。四月に小莖有り、五出の小さき紫花を開き、小實を結び、中に細かき子有り。其の苗は蔬と作《な》し、鵞腸の如くならず。故に別錄に蘩縷を菜部に列し、此を草部に列するは此を以ての故なり。蘇恭識らず疑ひて一物と爲すなり。」（巻第二十七「菜之二　柔滑類」）とあるように、蘇敬を名指しで批判したが、李時珍の雞腸草に関する記述はハコベとは合わない。一方、蘩蔞については「蘩縷は卽ち鵞腸にして雞腸に非ざるなり。下濕の地に極めて多し。正月、苗を生じ、葉大なること指の頭の如し。細き莖は蔓を引き、之を斷てば中空にして一縷有り絲の如し。蔬と作《な》せば甘く脆く、三月以後漸く老いて細辨の白花を開き、小實を結び、大いさ稗粒の如し。中に細子有り、葶藶子の如し。」（『本草綱目』同）と記述し、これは蘇頌の記述とほとんど同じであってハコベの特徴をよく表す。李時珍は別に「呉瑞本草に謂ふ、黄花なるは繁縷と爲し、白花なるは雞腸と爲すと。亦た然らず、二物は蓋し相似す。但し鵞腸の味は甘く莖は空、縷有り、花は白色、雞腸の味は微かに苦く之を咀めば涎滑、莖の中に縷无く、微かに紫なり。花は亦た紫色にして此を以て別と爲す。」（『本草綱目』同）とも述べており、『食物本草』（呉瑞）の記述を批判しながら、蘩蔞と雞腸草の区別について明解に説明する。すなわち、雞腸草は五弁の紫色の花をつけ、茎は中空ではなく、また折っても糸を引かず、ナデシコ科ハコベとは異なるものの、「二物は相似す」ともいうから、おそらく生態がハコベに似る植物ということになる。これに該当するのはムラサキ科キュウリグサであり、植物学的にはナデシコ科のハコベとは近縁ではないが、キュウリグサとハコベはともに細い茎を地に這うように伸ばして生え、葉序は異なる（互生と対生の違い）が、葉の形はそれぞれ卵円形、卵形で先は尖るので、全形はよく似る。とりわけ花がなければ一般人に区別は難しい。唐代までの古本草が花にまったく言及しなかったのは、その全形の形態を識別の要素として重視したからであり、それ故にハコベとキュウリグサを明解に区別できなかった。一方、蘇頌は白黄花をつけるとして初めて花に言及し古本草とは一線を画したが、蘩蔞と雞腸草が同品であることにこだわったのは、紫色の花をつけるキュウリグサの存在を認識していなかったからであろう。蘇頌のいう白黄花とは、ハコベの白い花弁と黄色の花芯（おしべとめしべ）を指したとすれば、ハコベに矛盾しない。したがって蘇頌は蘩蔞と雞腸草を同品としても、ハコベとキュウリグサを混同したわけではない。

雞腸草と紛らわしい名に鶏兒腸《ケイジチョウ》がある。『和爾雅』（貝原好古）・『本草名物附録』（貝原益軒）が「よめがはぎ」の和訓をつける今日のキク科ヨメナのことで、まったく基原を異にするので注意を要する。鶏兒腸の名の出典は『救荒本草』（周定王）であり、「中牟の田野の中に生ず。苗の高さ一二尺、莖は黑紫色、葉は薄荷葉に似て微かに小さく、邊に稀に鋸齒有り。又、六月菊に似て梢の葉の間に細瓣の淡粉紫花を開き、心は黄なり。葉の味は微かに辣なり。」とあり、松岡玄達校定の和刻本では益軒の見解にしたがって和名を「よめがはぎ」とする（巻之三）。ただし、益軒は後に刊行された『大和本草』では見解を翻して藘蒿を「よめがはぎ」すなわちヨメナとする。藘蒿は『日華子諸家本草』（大明）の草部中品に初見する馬蘭《バラン》（キク科コンギク）の近似種に当たる。李時珍は蘩蔞の語源について「此の草の莖蔓は甚だ繁く、中に一縷有る故に名づけ、俗に鵞兒鳥菜と呼び形に象るなり」（『本草綱目』同）と記述し、ここに鵞兒鳥菜《ガジチョウサイ》という俗名の存在にも言及する。すなわち中国の民間ではキュウリグサの雞腸草（菜）に対する名として、全形および生態が似るハコベを鵞兒鳥菜と呼ぶといい、李時珍は蘩蔞の異名として鵞鳥菜《ガチョウサイ》を採用した。おそらく鶏兒腸は、もともと雞腸草の土名であって、何らかの経緯でまったく基原の異なるキク科ヨメナ属に転用されたのであろう。わが国では以上述べたような中国におけるハコベの用字に関する複雑な背景を正しく理解できなかったらしく、室町・江戸期の字書では誤用が散見される。たとえば『書言字考節用集』『饅頭屋本節用集』『撰壌集』は蘩の字に対してハコベの和訓をつけ、またこれに伴って多くの字書が蘩菜をハコベとしている。『爾雅』に「蘩は皤蒿なり」とあり、郭璞はこれを白蒿と注釈し、中国の各字書でもそれを踏襲する。白蒿はキク科シロヨモギであるから、蘩・蘩菜をハコベに充てるのは誤りである。『圖經本草』によれば、孟詵は白蒿と蔞蒿を同品とし、『本草綱目』もその見解を支持して異名としている。すなわち蘩蔞を構成するいずれの字もシロヨモギの意である。李時珍はその混乱を避ける意味もあって、同音の繁縷の表記を採用したのである。このような背景がありながら、わが国の先人がなぜ蘩の一字をハコベの意としたのか理解しかねる。一方、鶏腸草については、字書では唯一『書言字考節用集』に収載され、ムラサキハコベの和訓をつけるが、キュウリグサと考えてまちがいない。というのは同書では「鵞腸菜《ハクベラ》　俗に鶏腸の字を用ふるは謬りなり」とあり、『本草綱目』の記述にしたがって明確に鶏腸草と鵞鳥菜（蘩蔞）を別種と認識しているからである。ただし、『中薬大辞典』では鵞鳥菜をハコベとは同属別種あるいは別属種に分類するウシハコベに充てており、『本草綱目』の見解と異なるので注意を要する。

22

ウシハコベは『大和本草』に「牛ハコベ　筑紫ノ方言也。ハコベハ春花サク。此草ハ花サクコト遅シ。葉ハコベヨリ厚ク茎圓シ濕地ニ生ズ。食スベシ。」（諸品圖上）とあるように、ハコベと区別して記載する。ハコベの仲間は形態の類似した類品が多く、古くは一名で呼ばれてきたのが時代の進展とともに分別されるようになったのである。『本草綱目啓蒙』（小野蘭山）はウシハコベとオオヤマハコベ・ヤマハコベを識別している。本草にいう蘩簍は茎の色が紫色を帯びると記載するから、今日の分類学でいえばコハコベに相当する。今日、単にハコベと称するものは茎の色が緑色なので、ミドリハコベと区別され、今日の中国でいう賽繁縷《サイハンロウ》に相当する。『大和本草』はハコベ・ウシハコベを認識しながら、中国本草では長らく両名が同物異名とされて混乱していたから、敢えて蘩蔞・雞腸草の漢名を充てなかった。

　ハコベの古名は『本草和名』にある「はくべら」であり、それが訛りハコベラを経てハコベとなったが、いずれの名であっても平安～鎌倉の古典文学ではごくまれに出現するにすぎず、知名度の割には甚ださびしい限りである。強いてあげれば、慈円（一一五五年―一二二五年）の『拾玉集』第二「春二十首」に「けふぞかし　なづなはこべらせりつみて　はやなくさの　おものまゐらむ」があり、やはり七草の風習に関連して詠まれている。歌の意は、今日こそはナズナ・ハコベ・セリを摘んで、全部揃っているわけではないが、早々と七草の面影だけでもいただこうかとなる。そもそも七草の風習が確立したのは、後述するように、鎌倉中期以降であるから、慈円のこの歌はまだ未完成の七草がゆのさきがけといってよいかと思う（第8節）。なぜ古典文学で「はこ（く）べ（ら）」の出現頻度が低いのか考えてみると、古い時代ではその名が親しまれていなかったからである。とすれば、その語源も平安の本草家が作り上げたもので、一般に支持されなかった故に浸透しなかったと推定される。ならば、その語源解釈はそれほど難しくないはずで、まずこれまでの通説をいくつか挙げておく。もっとも単純なのは漢名である蘩蔞の音読み由来説で、『東雅』（新井白石）に「ハクヘラとはハンルの音の転ぜしに似たり」とある。「はんる」あるいは

「はんろう」であったとしてもおよそ「はくべら」に転ずるとは思えない。『和訓栞』（谷川士清）に「葉をくばりしくの義にや。今はこべといへり。」とあり、『言海』（大槻文彦）は「葉配《はくばり》の義」とするこの説を支持する。しかし、ハコベの特徴のどれを指すのかわかりにくい。『植物名の由来』（中村浩）は以上の説と一線を画し、ハコベの茎を折って出る糸を帛《はく》すなわち絹糸に見立て、「べら」を群がる意の古語と考え、「はくべら」は蘩蔞を翻訳した名とした。『和名抄』に「説文云ふ、帛　蒲角反俗に云ふ、皮久乃岐奴　薄き繒なり」とあり、「はくべら」の「はく」を帛とするのはまったく問題なく、むしろ達観といってよい。しかし、「べら」に関しては、「ぶら」→「むら」の音通から「群がる」意と考えたのであろうが、むしろ、「はくむら」から「はくぶら」を経て「はくべら」に転じたと考える方に理があり、この場合の「むら」は疋の意である。疋は、通例、「ひき」（＝匹）と訓ずるが、「むら」とも訓ずる論拠は、『色葉字類抄』の「無　員数」に「疋　ムラ　王正字也」とあることによる。王は疋に同じ正の異体字で、この場合は疋の意である。疋は布帛を切りそろえたものを数える単位であり、助数詞であるから「はく―むら」に数字が含まれていないのが不自然に見えるかもしれないが、不定数であるからおかしくはないと考える。あるいは別の解釈も成り立つと思われるので紹介しておく。まず蘩蔞を構成する各字義を解き明かす必要がある。蔞はもともとは同音の蘰である。「艹」は草を意味するために付けたにすぎないから、本来の字義には無関係である。繁は「繁《しげ》きこと」、縷は糸、「糸のように長く引くもの」という意味であるから、繁縷は長い蔓のような茎を糸に見立ててそれがごちゃごちゃとなっている意と解釈できる。「はく」は前述の帛でよいが、「べら」は「へ―ら」と考え、「へ」を綜の意とする。『和名抄』に「野王按ずるに、綜　蘇統反和名閉　機縷の絲持ちて交ゆる者なり」とあり、「へ」とはいわゆる糸かけのことである。「ら」は等を表すあるいは特に意咊のない接尾辞と考えればよく、ハコベの生態をそのまま表した名である。今日でこそ、ハコベは日本列島の全土で普通に見られるが、自然状態のよいところはほとんどなく、人里の耕作地周辺に集中して見られる。ハコベは日本列島に原生するものではなく、古い時代に麦作農耕に付随して渡来した史前帰化植物と考えられている（前川文雄『朝日百科世界の植物二十』一九七八年）。麦作に付随すると考えられたのは、ムギと同じくハコベが晩春から初夏にかけて開花、結実する越年草であり、麦の収穫時に種子が紛れ込むからである。ハコベの分布は世界の熱帯から寒帯まで及ぶので、原産地は特定できないが、栽培麦の起源地周辺すなわち中央アジアと推定されている。日本列島へのムギの渡来は約二千年前の弥生前期とされているので、古代のわが国では人里に普通の存在であったにちがいない。今のところ、ハコベの古名は平安時代までしかさかのぼれないから、古代日本語を継承した名前ではなく、平安の本草家が蘩蔞に対して作り上げた名前と思われる。ただし、名前はなくともいわゆる若菜の一つとして食用に利用されていたにちがいない。

最後にハコベの薬用について述べておきたい。漢方のような正統医学では蘩蔞を配合する処方はないが、民間療法ではかなり用いられ、同じ七草菜であるセリよりははるかに多い。鎌倉時代に成立した西行伝説集『撰集抄』の「第一五　作人形事於高野山」に「廣野に出て、人も見ぬ所にて、死人骨を取集て、頭より手足の骨をたかへてつゝけ置て、ひさうと云ふ薬を骨にぬり、いちことはこへとの葉をもみ合て後、藤の若はへなとにて骨をからけて、云々」（巻五）とあり、砒霜《ヒソウ》（ひさう、ヒ素のこと）という薬物の補助剤に用いたことを記している。一七一二年ごろに成立した『和漢三才圖繪』（寺島良安）によれば、ハコベの青汁と塩を混ぜてつくった「ハコベ塩」を歯磨き粉として利用すると記載している（巻第一〇二「柔滑菜」）。歯の健康維持に対するハコベの用例は江戸時代の民間療法に多く見ることができる。『妙薬奇覧』（舟越敬祐、一八二七年）に、歯痛に「蘩蔞草《はこべぐさ》をかみしめるも妙なり」としているほか、『妙薬博物筌』（藤井見隆、十八世紀）にも「虫歯を治する法」として「蘩蔞《はこべ》をすり、其汁を痛方頬へも耳へもぬり置くべし」とある。一方、『普救類方』（林良適・丹羽正伯、一七二九年）には「小便渋で通じかぬるに、蘩蔞草《はこべぐさ》を水に煎じ、いかほどものみてよし」とし、利尿効果のあることを記載する。ハコベはわが国だけではなく中国でも薬用としてかなり広く用いる。『中薬大辞典』によれば、ハコベの全草を歯痛や乳腺炎に効果があるとしている。

第5節　『萬葉集』にない春の七草（三）：ハハコグサ

春の七草が初めて文献上で記載されたのは、次節で述べるように、鎌倉中期の『拾芥抄』と『年中行事秘抄』であるが、ハハコグサに相当するものは別名で載っている。『拾芥抄』に御形、『年中行事秘抄』に御行とあるのが今日のハハコグサと考えられる。しかし、『年中行事秘抄』『公事根源』では黄花蒿也という注記があり、れっきとした本草漢名を充てる。ただし、黄花蒿《オウカコウ》という名は一五九〇年ごろに成立し、十七世紀初頭にわが国に伝わった『本草綱目』（李時珍）に初見する。したがって『年中行事秘抄』『公事根源』が成立した当時にはなかった名であるから、後世に書き加えられたと考えられる。「ほとけのざ」の条（第6節）で詳述するように、黄花蒿はハハコグサとはまったく無関係のキク科クソニンジンを基原とする。御形・御行をハハコグサとする論拠は、『大和本草』（貝原益軒）に「鼠麴艸《ハヽコクサ》〜或曰七種菜ノゴキヤウト云ハ是也。五色備ル叓馬齒莧ノ如ナル故ニ名ツクルカ。」（巻之五草之二）とある記述にある。同書は一七〇九年の成立であるが、それよりやや古く『和爾雅』にも鼠麴草《ゴギャウサウ》とあり、ゴギャウサウの和訓をつける。『和爾雅』は貝原好古が一六九四年に著した漢和辞典であるが、実質的には貝原好古の養父である益軒の見解を反映したものと考えて差し支えない。今日、御形（御行）を「おぎょう」と読むのが正しいという主張もあるが、『年中行事秘抄』『公事根源』では「ゴギャウ」の訓をつける。『壒嚢抄』（一四四六年）および『運歩色葉集』（一五四八年）で五行と表記し、これを「おぎょう」と読むのは困難であるし、第6節で述べるように、『連歌至寶抄』（一五八五年）に「こきゃう」とあり、また益軒も「ごぎょう」という。御形（御行）を「おぎょう」と読むのは、『本草綱目啓蒙』（小野蘭山）に「オギヤウ　御形ト書ス後世誤リ唱ヘゴギヤウトス古書ニハ皆オギャウトイヘリ」（巻之十二「草之五　濕草類　鼠麴草」）とあるのに由来し、「おぎゃう」とする古書があるというのは蘭山の勘違いである。

ハハコグサは『萬葉集』ほか上代の古典に出てこないが、平安時代になると、この植物を詠む歌がいくつか存在する。

一、　くれの春、三月上

ははこつむ　やよひのつきに　なりぬれば　ひらけぬらしな　わがやどのもも　（『好忠集』）

二、　三条太政大臣のもとに侍ける人のむすめをしのびてかたらひ侍けるを、女のおやはしたなくはらだちてむすめをいとあさましくなんつみけるなどいひ侍けるに、三月三日かのきたのかたみかのよのもちひくへとていだして侍けるに

みかのよの　もちひはくはじ　わづらはし　きけばよどのに　ははこつむなり

（『後拾遺和歌集』第二十　実方朝臣）

三、　母子草

花のさと　心もしらず　春ののに　はふはふつめる　ははこもちひぞ　（『夫木和歌集』巻第廿八　和泉式部）

第一の歌では三月《やよひ》に「ははこ」を摘むとあって、若菜摘みを彷彿させ、二の歌で（三月）三日《みか》の夜《よ》の「もちひ」、三の和泉式部の歌に「ははこもちひ」とあるのは、「ははこ」を搗き加えた餅をいう。三月三日の「ははこもちひ」は揚子江流域の荊楚地方に起源があり、『荊楚歳時記』に「是の日（三月三日）、鼠麴汁を取り、蜜に和して粉と爲し、之を龍舌䉽と謂ふ。以て時氣を厭す。」とある龍舌䉽に対応する。時気とは時行戻気ともいい、季節的な流行性感染症をいう。䉽とは、『集韻』に「䉽　補満切並音昄　屑米の餅なり。粄に同じ。」（『康煕字典』所引）とあるように、餅の一種である。龍舌䉽を食べれば時気にかからないと信じられ、実際の薬効はともかくとして、わが国には

風習として受け入れられた。しかしながら、以上の和歌の内容からすると、必ずしもこの風習が歓迎されていたわけではなさそうである。第一の歌は、ハハコグサを摘む三月になってしまったが、それでも我が家のモモの花はまだ開かないようだと詠み、人の心はモモの花すなわち桃の節句に向く。第二の歌では、三月三日の餅は食うまい、煩わしいから、聞いたところ淀野まで行ってハハコグサを摘むというではないか、また第三の歌でも、花の里とはいえ、気持ちがさっぱり分からない、春野で這いつくばるようにしてまでハハコグサを摘んで餅をつくるとはあり、詠み人のあからさまなアパシーが読みとれる。

わが国の典籍でハハコグサという名が初見するのは『文徳實錄』という史書であって、母子草の和製漢名で登場し、その名の由来を次のように記す（巻第一）。

（嘉祥三年五月）壬午（五日）、太皇太后を深谷山に葬る。遺令にて薄葬にせられ、山陵に營まず。是に先んじて民間に訛言ありて云く、今茲《ことし》三日に餻《くさもちひ》を造るべからず。母子無きを以てするなり。識者聞きて之を惡む。三月に至り、宮車晏駕す。是月、亦た大后山陵の事有り。其れ母子無きこと、遂に訛言の如し。此の間、田野に草有り、俗に母子草と名づく。二月始めに生じ、莖葉は白く脆し。三月三日に屬《いた》る每に婦女之を採り、蒸し擣き以て餻と爲し、傳へて歲事と爲す。今年、此草は繁かざるに非ざれど、生民の訛言、天は其口を假す。

太皇太后は嘉祥三年五月に薨去した嵯峨太后をいう。宮車晏駕とは天子が崩御することをいい、同年の三月に嵯峨太后の息子に当たる仁明天皇が崩御し、以上のことは歴史上の事実である。この記述の要約は次のようである。太皇太后が五月五日に薨去したとき、その遺言により葬儀は質素に執り行い山稜《みささぎ》（皇族の墓所で丘を作ったもの）を作って葬ることはしなかった。これに先立って三月三日に母子（草）がないので、餻（餅に同じ）を作ってはならないといううわさが民間で起こった。これに対して識者は何か縁起の悪いことが起きるのではと心配したが、案の定、三月某日に仁明天皇が崩御した。すなわち、うわさ通りに母（太皇太后）子（仁明天皇）が亡くなり、これによって三月三日に食べる餻に搗き加える草を母子草と名づけたという。史実や伝説・物語にかこつけた語源解釈であって、『日本書紀』にも多く見られ、めずらしいことではない。『文徳實錄』の成立は九世紀末であるが、十世紀初めに成立した『延喜式』巻第三十九「内膳司」の供奉雑菜に「波波古五升　二三月（中略）波波古芋子各二升以下略」とあるので、平安中期のわが国では「ははこ」という和名が式文でも用いられていたことは注目に値する。というのは、古代に国語を表記するために中国から漢字を導入して以来、植物名に漢名を充てて中国本草の体系に組み込むのを至上命題としてきた歴史があるからである。当時は「ははこ」の漢名はまだ未詳であったかといえば、『荊楚歳時記』に三月三日の餅《もちひ》の風習は伝わっていたから、鼠《ソ》麴草《キクソウ》という漢名を知らなかったとは考えにくい。おそらく、『文徳實錄』という式文の典籍に「ははこ」という名の語源の由来を記載することによって、そのほかの公式文書でもこの和名を用いるように促したのかもしれない。同書は「ははこ」について「二月始めに生じ、莖葉は白く脆し」と記述し、白い莖葉から全体に白い毛が密生すること、花に言及していないので、旧暦の二月はまだ開花前ということになる。田野に生じるという生態情報を加味すると、これに該当する植物はごく限られ、キク科ハハコグサ・チチコグサ、そして同科ヨモギおよびその近縁植物ぐらいしかない。ハハコグサとチチコグサは同属植物でハハコグサの方が多いから、ハハコグサと一義的に考えても差し支えない。次節で詳述するが、古代のわが国では若菜摘みの風習があったが、ハハコグサもその一つであったことは想像に難くなく、「ははこ」という名はかなり古くからあったと思われる。因みに、ヨモギは『萬葉集』にも一種詠まれ、平安期の詩歌にも「いぶきのさしもぐさ」などと出てくるので、ハハコグサと明確に区別されていたように見える。しかし、旧暦三月ではヨモギはまだ白毛を密生した若葉が芽生えているころで、ロゼットを成して地に這うように生える。一方、この時期のハハコグサは開花する直前かあるいはやや咲き始めで、花をつけたものは食用に適さないので、花やつぼみのないものを選んで摘まねばならない。したがって、今日、いわゆる草餅と称するものがことごとくよもぎ餅であることを考えると、ヨモギの芽生えを「ははこ」と称していた可能性もあり得る。そのことは『本草和名』（深根輔仁）に「菴蘆子　楊玄操上音奄下音閭　和名比岐与毛岐一名波々古」とあり、菴蘆子《エンロシ》の漢名に対する和訓「ははこ」とともに「ひきよもぎ」という「よもぎ」をもつ名があることで示唆される。因みに、『和名抄』（源順）では「本草云ふ、菴蘆子　上音俺和名波々古」とあるように、同じ漢名に対して「ははこ」を唯一の和名とする。両書のいう菴蘆子とは、『神農本草經』の上品に収載される奄閭子《エンロシ》のことで、主治を「五藏、瘀血、腹中の水氣臚脹し、熱風寒濕留まり、痺身、身體諸痛を主る。久しく服すれば延年して老いず。」と記載する。『本草經集注』（陶弘景）に「狀は蒿艾の類の如く、近道の處處に有り。仙經亦た時に之を用ふ。人家に此を種ゑて蛇を辟くるなり。」とあり、神仙思想と関係の深い植物であることがわかるが、肝心の形態情報については記載していない。宋代の『圖經本草』（蘇頌）になってようやく、「春に苗を生じ、葉は艾蒿の如く、高さ二三尺、七月に花を開き、八月に實を結ぶ。十月に採り陰乾す。」（以上、『證類本草』巻第六「草部上品之上」）とやや具体的に記述するが、草丈が二三尺で七月（旧暦）に花をつけるというのは、旧暦では三月から五月に開花するハハコグサとはまったく合わない（『圖經本草』以降は菴蕳（子）と表記）が、キク科ヨモギ属であれば該当する種がいくつかある。奄閭子の形態特徴についてもっとも詳細に記述したのは『本草綱目』（李時珍）で、李時珍は「菴蕳の葉は艾に似ず、菊の葉に似て薄く細丫《あ》多く、面背皆青く、高きは四五尺、其の莖は白く艾莖の如くにして粗し。八九月細かき花を開き、淡黄色にして細かき實を結び、艾實の如し。中に細子有り、極めて繁衍し易し。」（巻第十五「草之四　濕草類」）と記述し、蘇頌の記載とは若干ニュアンスが異なるものの、これによって艾すなわちヨモギの類であることがいっそうはっきりする。因みに『本草綱目啓蒙』（小野蘭山）はこれをイヌヨモギとし、『中薬大辞典』もその見解を受け入れている。一方、北村四郎は、李時珍が「苑に蓺《う》ゑる者、之（菴蕳）を以て菊に接ぐ」と記述することを重視し、実際に栽培菊の接ぎ木に用いるハイイロヨモギを菴蕳に充てた（『国訳本草綱目』北村四郎註）。いずれにせよ、菴蕳がヨモギの類であることはまちがいなく、深根輔仁が菴蘆子に対して「ひきよもぎ」なる和名をつけるのもよく理解できる。ただし、これと同じ名前のゴマノハグサ科植物ヒキヨモギとはまったく無関係である。『本草和名』は「ひきよもぎ」なる和名を菴蘆子だけにかぎらず、茵陳蒿《インチンコウ》にもつけるが、これもヨモギ属の一種のキク科カワラヨモギである。したがって『本草和名』が「ははこ」なる別名をつけるのはそれなりの意義があると見なければならない。源順に至っては、『本草和名』を引用しながら、「ははこ」を唯一の和名とする。以上を整理すると、「ははこ」なる植物は古くからヨモギに似たものという認識があって、「ははこ餅」に利用してきたのは必ずしも一種に限らなかった。ハハコグサが主たる原料植物であったことは確かにしても、ヨモギの若芽も少なからず利用されていたと考えざるを得ないのである。

　中国本草ではハハコグサを鼠《ソ》麹草《キクソウ》と称する。この名は『本草拾遺』（陳蔵器）を出典とし、同書は今日に伝存しないが、『證類本草』（唐慎微）に新補見陳藏器日華子としてその記述は引用されて今日に伝わる。すなわち、『日華子諸家本草』（大明）の草部下品に収載され、「鼠麹草　味は甘く平、無毒。中を調へ、氣を益し、洩を止め、痰を除き、時氣を厭《えつ》し、熱嗽を去る。米粉に雑じて糗（いりごめ・乾し飯のこと）と作《な》して之を食せば甜美なり。平崗の熟地に生じ、高さ尺餘、葉に白毛有り、花は黄なり。荊楚歳時記に云ふ、三月三日鼠麹汁を取り、蜜に和して粉と爲す。之を龍舌料と謂ひ、以て時氣を厭す。山南人呼びて香茅と爲し、花を取り欅皮を雜じて褐を染む。破るるに至るも猶鮮やかなり。江西人呼びて鼠耳草と爲す。」（『證類本草』巻第十一「草部下品之上」所引）と記載する。これによれば、『荊楚歳時記』を引用して龍舌料すなわち草餅を作ると記すところは前述の通りであるが、葉に白毛があって黄色の花をつけるという記述から、荊楚地方ではやはりハハコグサを用いたことがわかる。本草では下品に収載され、『神農本草經』以来、「佐使と爲し、治病を主り、以て地に應じ、多毒にして久しく服するべからず」という指示にしたがって用いるべきものであるが、年に一度だけの食習慣だから、特に問題にならなかったらしい。もっともキク科ハハコグサはフラボノイドを主成分とし、人体に有害な有毒成分は報告されていないので、多服してもほとんど問題はない。鼠麹草を初めて収載した『本草拾遺』は七三九年の成立で、平安期のわが国には伝わっていた。『本草和名』は本草外薬七十種を引用し、うち二十五種は『本草拾遺』から引用しているからだ。にもかかわらず、『本草和名』に鼠麹草の名がないのは、「ははこ」の名を菴蘆子に充てて、それが正統本草の収載品であったからである。すなわち、正統本草ではない『本草拾遺』を無視したのであって、鼠麹草の名を知らなかったわけではない。深根輔仁は『本草和名』第九巻「草中」に「馬先蒿　一名馬矢蒿一名爛石草　陶景注に出づ　一名虎麻一名馬新蒿　蘇敬注に出ず　和名波々古久佐」とあるように、馬先蒿《バセンコウ》にも「ははこぐさ」の和名をつける。本来ならこの名を真っ先に挙げて論ずるべきだが、そうしなかったのには理由がある。というのは、『和名抄』は「陶隠居本草に云ふ、馬先蒿一名爛石草　和名比木與毛木」とあるように、『本草和名』を無視して『本草經集注』（＝陶隠居本草）を引用し、「ひきよもぎ」の和名を充てるからだ。深根輔仁は、前述したように、菴蘆子にも「ひきよもぎ」の和名を充てて、『和名抄』とは見解を異にする。因みに、源順が引用した『本草經集注』は「此の葉の大なること茺蔚（メハジキのこと）の如く、花は紅白色、實は八月九月に熟す。俗に之を虎麻と謂ふは是なり。一名馬新蒿、所在に之有り。茺蔚の苗は短小にして、子は夏中に熟す。而して初生の二種は極めて相似るなり。」（『證類本草』巻第九「草部中品之下　馬先蒿」所引）と記述し、シソ科メハジキ（茺蔚子）に似るという。今日では馬先蒿をハマウツボ（旧ゴマノハグサ）科シオガマギクに充てるから、陶弘景の記述は概ね妥当といえる。それ故に、源順は『本草和名』を無視したのであり、馬先蒿を「ははこぐさ」とする深根輔仁の考定は無視してよい。

以上、遠回りしてしまったが、平安期のわが国の本草事情を考えれば、菴蘆子に「ははこ」の和訓をつけたのも決して荒唐無稽ではなかったことがわかる。菴蘆子は、その名が示すように、種子を薬用部位とする。『延喜式』巻第三十七「典薬寮」の諸國進年料雜薬に「相模國菴閭子二斤」とあり、わが国でもわずかながら薬用とした。問題はそれがハハコグサあるいはイヌヨモギほかのヨモギ属のいずれであったかである。ハハコグサとすれば、タンポポの痩果をずっと小型にしたような果実でしかも収量は少ない。一方、ヨモギ属の種子もそれほど大きくはないが、収量ははるかに多い。おそらく薬用とした菴蘆子はヨモギ属の基原であったと思われる。

最後にハハコグサの語源について考えてみよう。既に述べたように、『文徳實錄』に記述された母子草の名の由来はいわゆる語源俗解に近いもので信用することはできない。植物古名でこれによく似た名がいくつかある。「ははか」「ははそ」の二名はそれぞれバラ科サクラ、ブナ科クヌギ・コナラの類のことで、いずれも前二字が「ははこ」と共通して「はは」である。したがって、以上の三名は語源的に共通すると考えられる。「ははか」の語源が葉々香であることは既に第12章第1節「1-1」で説明した。「ははそ」は、『萬葉集』巻十九の大伴家持の長歌の一節に「ちちの実の　父の命は　ははそ葉の　母の命　おほろかに　心尽くして云々」（四一六四）とあり、枕詞ながら「ははそ葉の」から、古代人はクヌギ・コナラの葉に深く関心を抱いていたことがうかがえる。すなわち、これも「葉々そ」の義とすれば、「そ」が何を意味するかということになる。おそらくこの部分は和語ではなく漢語の蘇の意であって、クヌギ・コナラという樹木の特性を表したものと考える。というのはクヌギ・コナラの類は落葉樹であって、しかももっとも遅くまで枯葉が残るという特徴をもつ。一旦は完全に落葉したのち、春になれば見る見るうちに新緑の葉が生えるのを古代の人は蘇《よみがえ》ると考えたにちがいない。「ははそ」の名は上代の典籍に出現するとはいっても文字のない時代から受け継いだような古い名前ではないと思われる。というのはクヌギ・コナラはわが国では原生の植生にごくまれな樹木だからである。森林を破壊したのち、植生遷移で復活した二次林を代表する樹種であることを知れば、これ以上の説明は必要ないだろう。さて、「ははこ」についてであるが、やはり「葉々こ」であって、「こ」は「あそこ」「いづこ」「ここ」「そこ」の接尾辞「こ」で処《ところ》を意味する。この植物の利用部位は早春のロゼット状に生える葉であるから葉々處《ははこ》と称した。わが国には若菜摘みの風習があったが、食糧事情の悪い冬季から早春にかけて野菜を採集した名残である。あくの少ない若芽であれば何でもかまわず採集したはずで、特定の植物種に限らず、その時期にロゼットをつくる二年草はほぼすべて採集された。畑作に付随して伝わった中央アジア周辺を原産とする史前帰化植物が大半で、当初は若菜と総称され、個別に名前がつけられたのは後世になってからである。「ははこ」はそのようなロゼットをつくる種に対する呼称であったにちがいなく、必ずしもハハコグサだけを指すとは限らなかった。

ハハコグサの語源について多くの通説があるので、ここにいくつかを紹介しておく。江戸時代の国学者谷川士清は「俗に河原ははこと呼ものは白蒿なり。和名抄に白蒿一名蘩皤蒿と見えたれば、此音をもてははこと呼ぶにや」（『和訓栞』）と述べ、蘩皤蒿の読み「はんはんこう」が短縮して「ははこ」に転じたと推定する。おそらくこれがもっとも支持される語源説と思われる。平安時代ではハハコグサの漢名は確定していなかったから、葉が白い毛に被われた植物に対して白蒿《ハクコウ》も候補に挙げられた可能性は低くはない。ただし、この説に対して蘩皤蒿は一つの名ではなく、「蘩は皤蒿なり」という意味であるから、成立しないという語源論者もいる。確かに『爾雅』の釋草はそのように記述するので、この反論はもっともであるが、やはり本草学は敷居が高いのだろうか、重要なところを見逃している。原典の『和名抄』（源順）では「本草に云ふ、白蒿一名蘩皤蒿　蘩藩二音繁波和名之路與毛木。一に云ふ加波良與毛岐。今按ずるに菊に又此の和名有り。上の文に見ゑたり。」、それが引用する『本草和名』（深根輔仁）では「白蒿　一名蘩皤蒿　仁諝中字音波　蘇敬注に出づ　一名彭勃　神仙服餌方　和名之呂与毛岐　一名加波良与毛岐」とあり、この名前は『新修本草』（蘇敬）に由来するとある。深根輔仁は誤って蘇敬注を引用したのであろうか。『新修本草』の草部は今日に伝わらないので蘇敬の注釈を直接再検討することはできない。しかし、『證類本草』巻第六「草部上品之上　白蒿」に唐本注として「爾雅蘩　音煩　皤　音婆　蒿即白蒿也。此の蒿の葉は靑蒿より麁く、初生より枯るに至るまで衆蒿より白し。細艾に似らんと欲する者所在に之有り。」（当該部分は敢えて訓読しなかった）と引用され、これだと蘩皤蒿は一つの名前に見える。深根輔仁が「白蒿一名蘩皤蒿」としたのも決して誤っているわけではなく、その責任は白蒿の異名として蘩皤蒿をあたかも一つの名であるかの如く記述した蘇敬にある。ただし、掌禹錫は「蓬蒿は以て葅と爲すべし。故に詩箋に云ふ、豆を以て葅に薦むと。陸機云ふ、凡そ艾の白色なるは皤蒿と爲すと。今の白蒿は春の始めに生じ、秋に及びて香美なるに、生食すべし云々」（『證類本草』同）と注釈し、蘩皤蒿とはしていない。因みに、蓬蒿は、『開寶本草』（馬志）に「別本注云ふ、（白蒿の）葉は艾の葉に似て上に白毛有りて麁く澁し。俗に呼びて蓬蒿と爲す。」とあり、白蒿の異名である。以上の各本草の記述（以上、『證類本草』同）から白蒿は白毛が密生しかつヨモギ（艾）によく似た植物であり、『新修本草』も同様に記載する。序章で述べたように、『新修本草』がわが国で本格的に利用されたのは奈良時代の末期から平安期に入ってからである。「ははこ」の漢名候補に白蒿を挙げたとしても、持続的な支持が得られなかったことは、白蒿の和名に「ははこ」の名がないことから明らかである。白蒿の和名として「しろよもぎ」「かはらよもぎ」がつけられたが、今日ではシロヨモギとされる。シロヨモギが生えるのは河原であって、田野ではないから、『文徳實錄』にいう母子草の可能性はほとんどない。

もう一つの俗説を紹介しておく。「ははこ」の名は『文徳實錄』が作り上げた語源俗解であるから、本来の古名ではないとする見解がある。その代わりとして古名に列挙されたのが「はうこぐさ」である。その論拠として、ハハコグサの方言名に「ホーケグサ」ほか「ほうけ」系の名が多いのを挙げる。この語源は、『牧野新日本植物圖鑑』によれば、茎の白毛、頭花の冠毛がほおけ立っていることからついた名といい、旧仮名遣いではハハケルと書いたことから、母子の当て字を生じたという。しかし、「ははける」「ほおける」「はうける」のいずれにしても対応する古語が見当たらないという国語学上の致命的な欠点がある。これに類似した説があり、同じ「はうこぐさ」を本来の古名と考えるが、「這う子草」あるいは「這ふ子草」と解釈するところが異なる。三月三日に子供の成長を祈り、這う子人形をかざって母子餅を供える風習があるという。しかし、「這う子人形」はそんなに古い時代に発生したのではなく、ごく限られた地域で起きた比較的新しい習俗ではないかという疑問が残る。そもそも平安の典籍に出てくる名はことごとく「ははこ」であって、「はうこ」の名の初見は『文明本節用集』（十五世紀中～後半）に「這孤《ハウコ》　菴蘆子《同》」とあるのがもっとも古い。すなわち、言語学的にも「はは」→「はう」の音韻転訛はあってもこの逆の例は見当たらないから、「はうこ」→「ははこ」の音便転訛はあり得ず、むしろその逆と考えるべきである。箒を古語では「ははき」といい、『萬葉集』にも出てくるほど古い語であるが、「ほうき」に転じたのは後世になってからである。伯耆國も『和名抄』の古写本では「は、きのくに」とルビをつけている。おそらく、「這ふ子草」の語源俗解は前述の和泉式部の歌（第三の歌）にある「春ののに　はふはふ（這ふ這ふ）つめる　ははこもちひぞ」にあるのではないか。

第6節　『萬葉集』にない春の七草（四）：ホトケノザ（古名）

「ほとけのざ」は、鎌倉時代の有職故実書『拾芥抄』『年中行事秘抄』に佛座とあるのが文献上の初見であり、同時代の和漢の本草書に相当する名は見当たらない。無論、その音名は「ほとけのざ」と読むほかはなく、今日、ホトケノザという同名の植物があるから、ついシソ科基原と勘違いされる。しかし、その基原はキク科あるいはムラサキ科ともいい、その背景は、「ははこぐさ」と同じく、甚だ複雑である。これまでは『本草和名』『和名抄』ほか平安期の典籍に収録される和名を通して中国の古本草への手掛かりを求め、その基原の詳細を検討してきた。「ほとけのざ」という名は、鎌倉期以降に出てくるからこれまでの手法は通用しないが、その具体的な特徴を初めて記載したのは『大和本草』（貝原益軒）である。同書は「黄瓜菜《タビラコ》　本艸菜部柔滑類アリ。一名黄花菜本邦人日七種ノ菜ノ内佛ノ座是ナリ。四五月黄花開ク。民俗飯ニ加ヘ蒸食ス。又アヘモノトス。味美シ。無毒。」（巻之五　草之一）と記載し、黄瓜《オウガ》菜《サイ》なる漢名を充てて「たびらこ」の和訓をつけ、「ほとけのざ」を別名とした。益軒が述べるように、その形態的特徴は『本草綱目』（李時珍）巻第二十七「菜之二　柔滑類」の当該の条に次のように記載されている。

　此の菜は二月に苗を生じ、田野に徧《あまね》くして、小科（小さな茎）有り薺の如し。三四五月黄花を開く。花と莖葉と並に地丁に同じ、但し差小なるのみ。一科に數花あり、細子を結び地丁の花絮を成すに似ざるなり。野人之を茹で、亦た采り以て鵞兒を飼ふ。

李時珍は、黄瓜菜の形態について、地丁《ジチョウ》（主としてスミレ科スミレ属を指す）のように一茎を生じてその先に黄色の花を数個つけるというから、キク科ヤブタビラコ属の特徴とよく合う。今日、同属の越年草コオニタビラコを「ほとけのざ」に充てるのは、耕作前の日当たりよい水田や休耕田や畦地などの湿った地に見られ、李時珍が田野に生ずるという生態に合うからである。初春ではロゼット状の葉のみをつけ、それを採集して食用とした。李時珍は、黄瓜菜を『食物本草』の出典とするが、二十二巻本ではなく、呉端撰の『食物本草』をいう。同書は黄瓜菜を「形は油菜に似て、但、味少し苦く、性も亦た相類す。平澤の中に生じ、取りて羹と爲し茹でれば亦た香美なり。」（巻之二　菜類）と記載する。一方、二十二巻本では黄芽菜という同音の紛らわしい類名があり、「燕地に産し、根は萊菔（ダイコン）に似たり。葷素の諸物に和し煮て食すれば極めて佳し。別處に移種（移植）すれば則ち形、味は倶に變われり。」（巻之七「菜部二　柔滑類」）とある。この記述ではおよそ黄芽《オウガ》菜《サイ》をコオニタビラコとするに不十分であるが、一方で、「味は甘く平にして無毒。二便（大小便）を利するを主り、他に長ずること無し。蔬中の下賤の物なり。」（同）とも記載し、李時珍は下賤の菜類とあるところを「野人之を茹で云々」と記しているので、黄瓜菜と黄芽菜を同品と考えたようである。ただし、『本草綱目啓蒙』（小野蘭山）は「道旁ニ多ク生ズ。葉濶サ五六分長サ二三寸、切レバ白汁出、葉色淡緑ニシテ白ヲ帯ブ。（中略）皆一根ニ叢生シ春臺ヲ起ス。高サ一尺餘、葉互生ス。梢ニ枝叉ヲ分チ、花ヲ開ク。黄瓣黄心、蒲公英花ノ如ニシテ大サ四五分（中略）一種路旁ニアリテ蔓生スル者ヲヂシバリト云。(以下略)」(巻之二十三「菜之二　柔滑類」)というように、黄瓜菜をキク科ニガナ、その類品をジシバリとする。李時珍が黄瓜菜を田野に生ずるというのを道旁に生えると誤って解釈したようであり、蘭山の考定は誤りである。『和爾雅』(貝原好古)に「黄花蒿《ニガナ》 一名臭蒿」とあるのは、黄瓜菜を黄花蒿と混同したと考えられる(後出)から、江戸期の中ごろから黄瓜菜をニガナとする見解があったことになる。

益軒は黄瓜菜に「たびらこ」という和訓をつけ、『大和本草』の諸品圖上に「佛ノ座」の図を掲載する。その図は稚雑ながらシソ科ホトケノザとよく一致し、これにつけた「莖小ナリ。節々ニ座ノ如ナル處ガ廾ナレリ。臘月ヨリ生ズ。食フベシ。正月人日七種ノ一ナリ。或曰タビラコヲ佛ノ座ト云。」という説明書きもまさにホトケノザそのものである。すなわち、益軒は巻之五では「たびらこ」を「佛ノ座」の異名としていたのをあっさり翻して、シソ科基原のホトケノザを七草の一つと考えたのである。益軒の著作で『大和本草』より以前の成立(磯野直秀によれば一六八〇年ごろという)といわれる『本草綱目品目』に「黄瓜菜 たびらこ佛の座と訓ず未詳」とあり、当時は「たびらこ」「佛ノ座」の関係についていずれとも決めかねていた。益軒の見解が定まらなかったのは相応の理由がある。七草菜の構成は典籍によって微妙な違いがあり、一部の文献では「たびらこ(く)」と佛座《ホトケノザ》の両名を加えている事実があるからである。

『拾芥抄』下「飲食部第廿八　七種菜」(鎌倉時代中期)

　薺　蘩蔞　芹　菁　御形　須須之呂　佛座

『年中行事秘抄』「七種菜」(一二九三年～一二九八年)

　薺《ナツナ》　蘩蔞《ハコベラ》　芹《セリ》　菁《カフナ》　御行《ゴキャウ》 黄花蒿也　須々代 菘菔ツチオホネ　佛座 藕ハス

『河海抄』巻第十三「第二十　若菜上」(一三六七年ごろ)

　七種　薺　蘩蔞　芹　菁　御形　須々代　佛座

『公事根源』「正月　九御若菜」（一四四二年ごろ）

七種　薺《ナツナ》　はこべら　芹《せり》　菁《アヲナ》　御行《ゴキャウ》　黄花蒿也　すゞしろ　萊菔ツチオホネ　佛の座　藕ハス

『塵添壒囊抄』巻第一「七草事《ナヽクサノ》」（一五三二年）

セリ　ナツナ　五行　タヒラク　佛ノ座　アシナ　ミヽナシ、是ヤ七種

芹　五行　ナツナ　ハコベラ　佛ノ座　スヾナ　ミヽナシ、是ヤ七クサ

『運歩色葉集』（一五四八年）

七草。芹　薺　五行　田平子　佛座　須須子　蕙

『連歌至寶抄』「若菜《わかな》　正月七日七草《ななくさ》云々」（一五八五年）

芹《せり》　薣（＝薺《なつな》）　こきやう　たびらこ　佛のさ　すゝな　すゝしろ是そ七草

すなわち、このうちでもっとも古い『拾芥抄』と『年中行事秘抄』では佛座のみがあって「たびらこ」の名はなく、『河海抄』『公事根源』でも踏襲する。ところが十六世紀になると、『塵添壒囊抄』に「正月七日ノ七草ノアツモノト云ハ、七種何々ゾ。七種ト云ハ、異説アル歟。不㆒准《ナラ》㆓。」（巻第一）とあるように、七草の構成種に対して異説が出現し、佛座と「たびらこ」が構成種として共存するようになった。それは『運歩色葉集』『連歌至寶抄』でも踏襲された。当初、益軒は佛座と「たびらこ」が同品であるか未詳としていた（『本草綱目品目』）だ、後に同品と考えた（『大和本草』巻之五「草之一　菜蔬類」）。ところが同諸品圖では一転して異品とし、佛座をシソ科ホトケノザに充てた。一七八三年に成立した『華實年浪草』（三余斎麁文）は「臭蒿《ホトケノザ》一名土器菜。又田平子と名づく。是尋常ノ七種ノ若菜ト云。」とあるように、江戸中後期以降になると、再び「ほとけのざ」と「たびらこ」が同品と考えられ、これを受けて現在の七草菜は「ほとけのざ」と「たびらこ」を同品異名とする。麁文は臭蒿《シュウコウ》を「ほとけのざ」すなわち「たびらこ」の漢名とするが、これは誤りであるので説明しておく。『本草綱目』巻之十五「草部四　濕

草類」に黄花蒿一名臭蒿とあり、黄花蒿《オウカコウ》を黄瓜菜に誤った結果、その別名臭蒿を「ほとけのざ」（＝「たびらこ」）に充てたのである。本来の「たびらこ」（コオニタビラコ）に臭いはほとんど無いからまったく頓珍漢な誤認といってよい。李時珍は黄花蒿について「香蒿臭蒿通じて草蒿と名づくべし。此の蒿と青蒿と相似す。但し此の蒿の色緑にして淡黄を帯び、氣は臭く食ふべからず。」（巻第十五「草之四　濕草類」）と記述し、これはキク科クソニンジンであって、悪臭があるのでこの名をつけた。李時珍は青蒿《セイコウ》に似るとするが、現在の中国では黄花蒿と青蒿を同品異名とし、植物を表す場合は黄花蒿、生薬を表す場合は青蒿と使い分けているのでややこしい。クソニンジンはわが国にも自生する（古く中国から導入したものが野生化したともいうが確証はない）。中国本草でホトケノザに相当するものは『本草綱目』になく、一七五七年に刊行された『本草從新』（呉儀洛）にある元寶草《ゲンボウソウ》が初見で、「江浙田塍の間に生ず。一莖直上し、葉は節に對して生ず。元寶の上に向くが如く、或は三四層、或は五六層をなす。」（巻第三「草部　濕草類」）という記載はホトケノザに合う。この漢名は茎を抱くように対生する葉の形を元寶銀という清代の貨幣の形に見立ててつけられた。現在の中国では『植物名實圖考』（呉其濬）の寶蓋草《ホウガイソウ》を標準名とするが、驚くことに、わが国の仏座も異名に挙げる。『中薬大辞典』は、『滇南本草』（一四四三年）の接骨草《セッコツソウ》・蓮臺夏枯《レンダイカゴ》・毛葉夏枯《モウヨウカゴ》・燈籠草《トウリュウソウ》もその異名とするが、原典の記述は貧弱で、ホトケノザであるかは微妙である。

前述したように、十五世紀以前の文献では七草菜に「ほとけのざ」はあっても「たびらこ」の名はなかったが、十六世紀以降になって突然「たびらこ」が加わり、その代わりとしてハコベが姿を消すことになった。「ほとけのざ」と「たびらこ」の両名がそろって出てくる以上、同品ではあり得ないが、シソ科ホトケノザという茎を抱くように対生する葉をもつ植物が登場し、「仏の台座」にぴったりしであったため、本来の「ほとけのざ」であるキク科ヤブタビラコ属植物に対して「たびらこ」という名が発生したと考えられる。コオニタビラコは深く裂けた葉を地に這うように放射状に伸ばすので、それを「仏の台座」に見立てることは可能だが、正直なところあまり似ていない。「たびらこ」とは「平らこ」の義で、地に張り付くように平らに生じた葉を表すことはまちがいない。「こ」はハハコグサの「こ」と同じ処《こ》である。初春ではハハコグサ・コオニタビラコともに葉が地面に張り付いているので、どちらも「ははこ」「たひらこ」と呼ぶに違和感はない。実際、島根県の一部にハハコグサを「たびらこ」と呼ぶ地域がある（『日本植物方言集成』）。したがって、「たひらこ」の名前は「ははこ」と同じく案外古いのかもしれない。「たびらこ」は今日のコオニタビラコほか同属植物の名に継承されているので、その基原問題はまったく存在しないと考えられがちだが、キュウリグサとする説もあるので、以下これについて詳述する。

『本草綱目啓蒙』の雞腸草の条にカハラケナ・タビラコ・オハコベの和名が充てられ、次のように記述されている（巻之二十三「菜之二　柔滑類」）。

雞腸草　カハラケナ　タビラコ　オハコベ

〔一名〕綿絲菜　救荒本草

正月人日七種若菜ノ内タビラコト称スル者是ナリ。秋已後子生ス。苗地ニ就テ數十葉叢生ス。葉ノ形圓ニシテ五六分又橢形ナルモノアリ。皆長蒂アリ。二月已後漸ク臺ヲ抽コト三五寸其葉形長シテ互生シ蒂ナシ。梢ニ穂ヲ出シ青白花ヲ開ク。五瓣甚ダ小ニシテ蕊ナシ。三月ニ多ク開ク。又月ヲ逐テ夏ニ至リ猶花アリ、後子ヲ生ジ熟シテ苗根倶ニ枯ル。又白花ナル者ハ深山ニアリ。又一種穂ニ葉互生シ葉間ゴトニ一花ヲ開ク者アリ。

雞腸草《ケイチョウソウ》については、第4節で詳述したが、ムラサキ科キュウリグサを基原とする。蘭山はその雞腸草を七草菜の「たびらこ」とするが、岡山県の一部でキュウリグサを「たびらこ」と呼ぶ地域があり、長野県の北安曇地方に「たびらっこ」という類名があるので（『日本植物方言集成』）、蘭山の見解は決して荒唐無稽ではない。中国本草で蘩蔞《ハンロウ》（ハコベ）と雞腸草が区別しにくいと認識されていたことはすでに述べた通りであるが、わが国でも同様だったはずで、蘭山が雞腸草にオハコベの別名を挙げているのはそれを示唆する。因みに、蘭山が挙げたもう一つの異名カハラケナは、『華實年浪草』にいう別名土器菜に同じで、土器を「かはらけ」と呼ぶことによる。すなわち瓦《カワ》笥菜《ラケナ》の義であって、ロゼット状に生えた葉を瓦のような平板な食器に見立てた。『和爾雅』（貝原好古）にも「一名土器菜。又名田平子。」とあり、『華實年浪草』はこれを引用した。

さて、キュウリグサとコオニタビラコという植物を見る目線に関して、古代人と現代人とで根本的に違うところは、古代人の目線は実際にそれを利用する時期に向けるのに対して、現代人は花をつけた時期に向いていることだろう。わが国の風土では春から夏の季節では食べられる野草類は比較的豊富であるが、初春すなわち新暦の冬はきわめて限られる。その時期のキュウリグサとコオニタビラコはどちらもロゼット状に生え、植物学的に類縁はまったくないが、驚くほどよく似ているのだ。したがって、古くはどちらも同じ種として区別されなかった可能性は高い。古代人にとって食用になるロゼット状の若菜だけを認識し、花をつけたすなわち薹《とう》の立った野草に関心はまったくなかった。キュウリグサはこれといった有害成分を含まないので、古くはキュウリグサを若菜として利用したと考えられる。したがって十六世紀以降の文献で七草菜の中に「ほとけのざ」と「たびらこ」の両名が出現するのは、コオニタビラコとキュウリグサが種として区別されたからと推定され、またハコベが消えたのは花の色を除いて半つる性で全形のよく似たキュウリグサが七草菜として加わったからである。古い時代にあっては花のない時期に若菜として利用する限りではコオニタビラコとキュウリグサを区別するのは難しかったが、わが国の本草学の進歩が種の識別を可能にしたといえる。一方で、シソ科ホトケノザのような〝新種〟が加わり、たまたま「仏の台座」に似ていたため、コオニタビラコから「ほとけのざ」の名を奪い取ったと推定される。益軒はキュウリグサとコオニタビラコが「たびらこ」として混用されていることを知らず、シソ科ホトケノザが七草菜として利用されてきたと勘違いしたようである。

第7節『萬葉集』にない春の七草（五）：スズシロ

今日でも七草菜の一構成種として「すずしろ」の名はよく知られるが、七草菜についてもっとも古く記載した『拾芥抄』に須須之呂《すずしろ》として初見する。『年中行事秘抄』では「須々代 菜菔ツチオホネ」とあるように、その基原に関する注記が付され、菜菔《ライフク》の漢名とともにツチオホネなる和訓をつける（『公事根源』にもあり）。菜菔とは、『名醫別録』に蕪菁《ブセイ》とともに同条に記載されたもので、『新修本草』（蘇敬）では、別条とはしなかったものの、初めて蕪菁と菜菔を区別したことは第2節「スズナ（アオナ）」の条で述べた。和名のツチオホネとは土大根の訓読みでわかりやすい。今日、わが国各地の海浜を中心に生える野生化したダイコンをいい、植物学的正名をハマダイコンという。ハマダイコンはそのままでは食用価値が低いので土大根《つちおほね》と称したが、畑地に植えて肥料を施せば根が肥大化するから、植物学的に栽培ダイコンと同種である。七草菜の「すずしろ」は野生のハマダイコンを採集したと考えてまちがいないが、十三世紀末に成立した『年中行事秘抄』にある注記がその当時のものか疑問があることは第2節でも指摘した。『年中行事秘抄』より遅れて一三三〇年前後に成立したといわれる『徒然草』（吉田兼好）に「筑紫に、なにがしの押領使（あふりやうし）などいふやうなる者《もの》のありけるが、土大根（つう）おほねを萬（よろづ）にいみじき薬とて、朝ごとに二《ふた》つづゝ燒《や》きて食（ひ）ける事、年久しくなりぬ」（第六十八段）とあるので、やはり「すずしろ」を「土おほね」と考えてまちがいなく、土を冠する名とは裏腹に、当時は薬用と認識された。「すずしろ」をダイコンとしたもっとも確実な記載は江戸時代初期の『和爾雅』であって、「蘿蔔《スズシロ》 大根」と記載する。野生のハマダイコンが栽培ダイコンに変わったにしても、「すずしろ」に対する種認識そのものが大きく変わることはなかった。ここでダイコンについて簡単に述べておく。『和名抄』の園菜類に「爾雅集注云ふ、葍 音福和名於保祢、俗に大根の二字を用ふ 根正に白くして之を食ふべし。兼名苑云ふ、萊菔 上音來 本草云ふ、蘆菔 音服 孟詵食經云ふ、蘿菔 上音羅 今按ずるに、萊菔、蘿菔は皆菖の通稱なり。」とあり、「おほね」の和名とともに大根が俗名であったと記している。本草云というのは『本草和名』（深根輔仁）のことで、原典によれば「来菔 仁諝音来 又蘆又蘿に作る 一名葑一名葖 音聳已上二名兼名苑に出づ 和名於保祢」と記載され、やはり同じ和訓をつける。この大根を訓読みした「おほね」こそダイコンの古名である。地中海～中東地方を原産とするダイコンが大陸経由でわが国に伝わったのは上代以前にさかのぼり、わが国最古の典籍『古事記』の仁徳天皇（下つ巻）にある歌謡にこの名が登場する。

つぎねふ　山代女《やましろめ》の　木鍬《こくは》持ち　打ちし大根《おほね》　根白《ねじろ》の　白腕《しろただむき》　枕《ま》かずけばこそ　知らずとも言はめ

当該部分の原文表記は淤富泥《おほね》である。この歌謡は『日本書紀』の仁徳天皇三十年十一月（巻第十一）にもあり、原文では於朋泥《おほね》とあり、『古事記』と同音である。有用植物でありながら、『萬葉集』に該当する名は見当たらないが、『正倉院文書』の銭用帳（天平寶字六年十二月二十一日）に「又下銭伍伯玖拾陸文（中略）卌二文買大根六把直 別七文」（大日本古文書　五巻　三三二頁）とあるほか、随所に大根の名で出てくる。漢名が見当たらないのは用字が複雑で定まっていなかったからである。『延喜式』巻第三十二「大膳上」の園韓神祭雑給料および春日祭雑給料に蘿蔔、同巻第三十三「大膳下」の正月最勝王經齋會供養料と仁王經齋會供養料に蘿菔、同巻第三十九「内膳司」では蘿蔔と蘿菔の両名が随所に出てくる。『類聚雜要抄』の「供御　御歯固　従内膳司貢之　自弓場殿獻之 従元日至三日」（巻第一）および「用度料　山城國　奈良御園」にも蘿蔔の名が見え、平安時代になるとようやく漢名が使われるようになった。ダイコンの漢名については第2節を参照。

『和名抄』の園菜類に「崔禹錫食經云ふ、温菘 音絡和名古保祢 呋は辛く大温、無毒なる者なり」とあり、温菘《ウンシュウ》に「こほね」なる和訓をつける。小大根《こおほね》の意であって、『年中行事秘抄』『公事根源』にいう「ツチオホネ」と同義で、今日いうハマダイコンである。温菘は『本草經集注』（陶弘景）にいう蘆葩《ロハ》の異名であり、萊菔《ライフク》・蘿蕪《ラブ》などダイコンを表す漢名が多いのは、それだけ形態が多様であり、古くから多くの品種に分化していたことを示唆する。ただし、『本草和名』（深根輔仁）に温菘黄菜《ウンシュウオウサイ》なる紛らわしい名があり、「温菘黄菜　又黄菜に作る　又芋菜有り　根細くして味は辛し　鷰白菘　崔禹に出づ　葫蔆一名香綏　七巻食經に出づ　和名古之」と記載されている。注記に「黄菜に作る」とあり略称されることもあるが、正名は温菘黄菜の四文字であって、温菘とは無関係の異品である。この名は正統本草にはなく、別名の葫蔆・香綏をそれぞれ胡荽・香荽とすれば、『嘉祐本草』（掌禹錫）に初見し、セリ科コエンドロを基原とする。「こし」の和訓は胡荽《コスイ》（葫蔆）の当時の中国語音の訛りに基づく。

第8節　春の七草の起源は秋の七草より新しい

正月七日に「春の七草」を七草がゆとして食する習慣は、最近薄れてきたとはいえ、日本人であれば聞いたことぐらいはあるはずだ。前述したように、「春の七草」の中で、『萬葉集』に詠まれているのはセリ（芹）とカブ（蕪菁）に限られ、そもそも「春の七草」の概念そのものが万葉時代にはなかった。山上憶良が「秋の野に　咲きたる花を　指折り　かき数ふれば　七種の花　萩の花　尾花葛花　瞿麦《なでしこ》が花　女郎花《をみなへし》　また藤袴《ふじばかま》　朝貌《あさがほ》の花」（巻八一五三七・一五三八）と詠み、後人がこれを「秋の七草」と称したので、多くの人に「春の七草」もいずれかの歌集で詠まれていると勘違いしているのである。これに対して「春の七草」の歌を聞いたことがあるという人もいるかもしれない。俗に「四辻の左大臣」の作という「せりなつな　御形はくへら　仏のさ　すゝなすゝしろ　これそ七くさ」は五七五七七からなるまさに「春の七草」の歌ではないかと。この歌は、『萬葉集』はおろか『古今和歌集』など、上中古代の歌集にもなく、江戸時代薩摩藩の本草学者曾槃堂（一七五七年―一八三五年）の著した『春の七くさ』（一八〇〇年）に、これと全く同じ句を『増補題林集』（由緒不明）からの引用として記すが、「四辻の左大臣」の作とはしていない。「四辻の左大臣」とは、『源氏物語』の注釈書である『河海抄』（一三六二年ごろ）を著した四辻善成（一三二六年―一四〇二年）のことで、同書に「七種　薺　蘩蔞　芹　菁　御形　須々代　仏座」（第十三）という記述はあるが、俗にいう「四辻の左大臣」の歌とは明らかに異なる。確かに、通説の七種の若菜を列挙するが、その順番は異なり、「これぞ七くさ」の末句はない。連歌注解書『梵灯庵袖下集』（梵灯）は「せりなづなごぎやうはこべら　仏のざ　すずなすずしろ　是は七種」（十九番）という「四辻の左大臣の歌」とよく似た歌を載せる。『拾芥抄』と『年中行事秘抄』、そして『河海抄』『公事根源』に七種（菜）として「薺　蘩蔞　芹　菁　御形　須々之呂　佛座」と記載され、順番はともかく同じ構成の七種の植物名を列挙する。第6節で述べたように、『塵添壒囊鈔』ほかの文献ではこれとは微妙に異なる植物名の組み合わせを記載する。すなわち、七種の若菜について諸説があることを示唆し、「これぞ七くさ」や「是れや七くさ」は歌の句ではなく、それぞれの説を主張するため付け加えた句にすぎず、春の七草の歌は実在しないのである。曾槃堂が著書『春の七くさ』で、「又或は云ふ、今松尾の社家より奉る七種は、芹、なつな、御形、はこべら、佛の座、すずな、すずしろ、又或は云ふ、今水無瀬家より獻する若菜の御羹は青菜と薺ばかりなりとぞ、云々」と述べるように、江戸中期でも七草菜の取り合わせは固定していなかった。それまでの文献では「春の七草」の呼称はないので、曾槃堂が山上憶良の「秋の七草」を意識してそう呼んだと考えてまちがいない。したがって、「秋の七草」に対応する概念として「春の七草」が定着したのは近世になってからである。

8-1　七草がゆの風習の祖型は大陸の七種菜である

さて、今日に伝承される七草がゆの風習はいつごろまでさかのぼるのだろうか。『荊楚歳時記』に「正月七日を人日と爲す。七種の菜を以て羹と爲す。或は綵を翦りて人に爲り、或は金薄を鏤めて人に爲り、以て屏風に貼り、亦た之を頭鬟に戴く。」とあり、「七種菜《ななくさな》の羹《あつもの》」の名が見えるから、これがわが国の七草がゆの起源と考えられる。『拾芥抄』も『荊楚歳時記』を引用して「正月七日俗に七種菜を以て羹と作し、之を食へば萬病無きなり 荊楚歳時記」とあり、「七種菜の羹」を食べれば病気にならないと記す。しかし、今日に残る『荊楚歳時記』の伝本に「之を食へば萬病無きなり」という記載はない。『年中行事秘抄』にも同じ記述があるが、それに続いて「十節云。採㆓七種㆒作㆑羹嘗味何。是除㆓邪氣㆒之術也。」とあり、『十節記』に由来するとある。『十節記』は『年中行事秘抄』や『師光年中行事』にしばしば引用されるが、今日に伝存せず、その成立時期はおろか和漢いずれの典籍であるかすら不明である。人日《じんじつ》の節句について説明しておくと、宋・高承撰『事物起原』巻一「正朔暦數部」の人日の条に「東方朔の占書に曰く、歳の正月一日には雞を占ひ、二日には狗を占ひ、三日には羊を占ひ、四日には猪を占ひ、五日には牛を占ひ、六日には馬を占ひ、七日には人を占ひ、八日には穀を占ふ。皆、清明温和ならば蕃息安泰の候と爲し、陰寒惨烈ならば疾病衰耗と爲すと。」（『校註荊楚歳時記』所引）とあり、これによれば疾病衰耗を避けるために、正月七日に七種菜の羹を食べるようになったとも考えられる。『歌林四季物語』（鴨長明）によれば、「七種《なゝくさ》のみくさ集《あつ》むること人日菜羹《さいかう》を和すれば一歳《とせ》の病患を逃《のが》るゝと申ためし古《ふる》き文《ふみ》に侍るとかや。此事三十あまり四柱《はしら》に当《あ》たうせ給ふとよみけかしきやひめ（豊御食炊屋姫、推古天皇）の五歳《とせ》（五九六年）に事起《ことおこ》りて都《みやこ》の外の七つ野とて七所の野にて一草《くさ》づゝを分《わか》ち採《と》らせ給ふけり云々」（巻第一　春部、ルビの部分が原文に当たる）とあり、奈良朝以前の推古朝時代に始まるというが、それを裏付ける証拠はない。九五〇年ごろの成立とされる『大和物語』の十八段に、正月七日に若菜の風習のあったことを示唆する記述がある。

故式部卿（の）宮、二條の御息所《みやすどころ》にたえ給《たま》（ひ）て、またの年《とし》のむ月の七日《なぬか》の日、わかな（若菜）たてまつりたまうけるに、

ふるさとと　あれにしやどの　草の葉《は》も　君がためとぞ　まづは摘《つ》みつる

とありけり。

ここでは単に若菜とだけあって、七草（種）とはしていないが、平安期の歌集に正月七日の若菜が「七種の菜」であったことを示唆する歌があり、かなり広く普及した行事であることが読み取れる。

一、　正月七日、わかな人にやるとて

かすがのの　けふななくさの　これならで　君をとふ日は　いつぞともなし　（『赤染衛門集』）

二、　百首歌中に若菜をよめる

春日野の　雪をわかなに　つみそへて　けふさへ袖の　しをれぬるかな

むつきの七日、中宮亮仲実がもとへ、ななくさのな、つかはすとてよめる

をかみ河　むつきにはゆる　ゑごのうねを　つみしなへても　そこのみためぞ　（『散木奇歌集』第一）

三、　配所よりかへりて後、正月七日によめる

ななくさの　若菜につけて　かぞふれば　やとせなげきを　つみてけるかな　（『今撰和歌集』）

一方、『枕草子』には「七種の菜」とはしていないが、正月七日の若菜の行事で摘み取ったと思われる具体的な植物名が出てくる。

「正月一日は」

七日、雪まのわかなつみ、あをやかに、例《れい》はさしもさるもの目《め》ちかからぬ所に、もてさわぎたるこそをかしけれ。白馬《あをむま》みにとて、里人は車きよげにしたててみに行く。

「七日の日の若菜を」

七日《なぬか》の日の若菜《わかな》を、六日、人の持《も》て來《き》、さわぎとり散《ち》らしなどするに、見も知《し》らぬ草を、子《こ》どものとり持《も》て來《き》たるを、「なにとかこれをばいふ」と問《と》へば、とみにもいはず、「いさ」など、これかれ見あはせて、「耳無《みみな》

草となんいふ」といふ者《もの》のあれば、「むべなりけり、聞《き》かぬ顔《かほ》なるは」とわらふに、またいとをかしげなる菊《きく》の生《お》ひ出《い》でたるを持《も》て來《き》たれば、

つめどなほ　耳無草《みみな》こそ　あはれなれ　あまたしあれば　きくもありけり

といはまほしけれど、またこれも聞《き》き入《い》るべうもあらず。

「正月一日は」では単に若菜と記すにすぎないが、「七日の日の若菜を」に耳無草《みみな》、「いとをかしげなる菊《きく》」という若菜の構成種を示唆する名が出てくるのは注目に値する。まず耳無草《みみな》については、『塵添壒嚢抄』に「セリ　ナツナ　五行《ギャウ》　タヒラク　佛ノ座　アシナ　ミ、ナシ、是ヤ七種」と「芹《セリ》　五行　ナツナ　ハコベラ　佛ノ座　スゞナ　ミ、ナシ、是ヤ七クサ」の二つの〝七草の歌〟があって、このいずれにもあるミ、ナシに同じと推定される（巻第一「七草事《ナヽクサノ》」）。『大和本草』（貝原益軒）に「耳菜　葉ハ如二佛耳草ノ一莖長クシテ如二蔓草ノ一就レ地ニ延生ス。冬春繁茂ス。開二白花ヲ一俚民爲レ蔬而食レ之如二蘩蔞ノ一未レ知二漢名ヲ一。」（巻之九　草之五）とあり、この記述と同諸品圖上にある図はナデシコ科ミミナグサによく合う。今日に伝わる『枕草子』の写本の一部は耳無とするが、『塵添壒嚢抄』のミ、ナシを意識した宛字である。しばしば「耳無し」として語源解釈するが、実際の植物と相通ずるところはまったくない。貝原益軒がわざわざ耳菜としたのは、葉の形を耳に見立てたもので、実際、ネズミノミミ・ネコノミミ・ホトケノミミという方言名がある（『日本植物方言集成』）。益軒はミミナグサの漢名を不詳としたが、小野蘭山は『本草綱目』（李時珍）が葈耳《シジ》（キク科オナモミ）の異名に挙げた巻耳《ケンジ》（『詩經』）を充てる。『毛詩草木鳥獸蟲魚疏』（陸璣）に「（巻耳の）葉は青白色にして胡荽（セリ科コエンドロ）に似て、華白く莖は細く蔓生す。煮て茹に爲るべし。滑にして味少し。四月中に子を生じ、正に婦人の耳中の璫の如し。今、或は之を耳璫草と謂ふ。鄭康成是を白胡荽と謂ひ、幽州人呼びて爵と爲すのみ。」（「采采巻耳」）と記述され、葉がコエンドロに似るというのを除けば、概ねミミナグサに矛盾しない。陸璣は巻耳一名葈耳一名胡葈一名苓耳とするから、李時珍が誤って葈耳と巻耳を同品異名

としたのも無理もない（『本草綱目』巻第十五「草之四　濕草類　葈耳」）。現在の中国では蘭山の見解を受け入れて巻耳をミミナグサとする。一方、「いとをかしげなる菊《きく》」とはキク科植物以外は考えにくい。とすれば、後世に御形（御行）と称するコオニタビラコの可能性が高い。ただし、花をつけていなければ菊と認識することはないから、七草の節句の時期に花をつけるか、疑問に思われるかもしれない。旧暦の正月七日は、新暦でいえば一月二十八日から二月二十七日まで、閏月の存在によって変動があるが、正月が二月下旬に当たる年であれば、コオニタビラコの花はちらほら咲き始めるころである。正月がその時期に当たる時期は定期的に来るから、清少納言はたまたまその時期のコオニタビラコ（御形）に言及したと推察される。

8-2　七種菜のほかにあった十二種若菜とその構成について

前項で、正月七日の七草菜は平安時代に定着とはいえないまでも、少なくともその萌芽があったことは明らかといってよい。しかし、『源氏物語』の若菜《わかな》上に「正月廿三日、子《ね》の日なるに、左大將の北の方、若菜《わかな》まゐり給ふ云々」とあり、人日《じんじつ》の節句である正月七日のほかに、子《ね》の日に若菜が振る舞われたことを示唆する記述が見える。『公事根源』に「九　若菜を供す　上子日　内藏《クラ》寮ならびに内膳司《シ》より正月上の子日是を奉る也」とあって、やはり上子《ね》の日に若菜を供ずるという記載がある。平安中期の『北山抄』（藤原公任）にも「上の子《ね》の日若菜を供する亨　内藏寮内膳司各之を供す」（巻第一「正月」）とある。では正月七日の七種菜と子の日の供若菜はいかなる関係にあるだろうか。かかる観点から平安中期の文人紀貫之の『土佐日記』（九三五年）に注目すべき記述がある。

（承平五年正月土佐國大湊）

七日《なぬか》になりぬ。おなじみなとにあり。けふはあをむま（白馬）をおもへど、かいなし。たゞなみのしろきのみぞみゆる。かゝるあひだに、ひとのいへのいけとな（名）あるところより、こひ（鯉）はなくて、ふな（鮒）

よりはじめて、かはのも（藻）、うみのも（藻）、こともの（異物）ども、ながひつ（長櫃）ににな（任）ひつゞけておこせたり。わかな（若菜）ぞけふをばし（知）らせたる。歌《うた》あり。そのうた、

あさぢふの　のべにしあれば　みづもなき　いけにつみつる　わかななりけり

（中略）

廿九日《はつかあまりここぬか》、ふねいだ（出）してゆく。うらうらとて（照）りてこぎゆく。つめのいとながくなりにたるをみて、ひをかぞふれば、けふは子日《ねのひ》なりければ、きらず。むつきなれば、京のねのひのことといひい（出）でて、「こまつもがな」といへど、うみなかなればかた（難）しかし。あるをむなのかきていだ（出）せるうた、

おぼつかな　けふはねのひか　あまならば　うみまつをだに　ひかましものを

とぞいへる。うみにて子日《ねのひ》のうたにては、いかがあらん。またあるひとのよめるうた、

けふなれど　わかなもつまず　かすがのの　わがこぎわたる　うらになければ

かくいひつつこぎゆく。

正月七日に池で若菜を摘むとあり、子《ね》の日に当たる正月廿九日に、舟の上でなかったなら若菜を摘むというから、少なくとも一世紀前半の平安時代では、正月七日の七種菜の行事（七種とは書いていないが、それに違いないだろう）と子の日の供若菜は別々に行われた。

若菜とは食用に栽培あるいは野生より採取する蔬菜である。古い時代では、ほとんどを野生から採取し、そのため「若菜摘み」が日常的に行われた。若菜摘みの風習は古く万葉時代から行われており、山部赤人の「明日よりは　春菜摘まむと　標《し》めし野に　昨日《きのふ》も今日《けふ》も　雪は降りつつ」（巻八　一四二七）は上代の若菜摘みを詠んだ歌としてよく知られる。この歌にあるように、雪が降る時期でも若菜摘みを行ったのは、生活上の必要性からであって、決して遊興風流ではなかった。保存が可能な穀類とはちがって蔬菜類は新鮮でなければならず、早春の野に芽生えた

若菜は上代にあってはかけがえのない食料であった。『萬葉集』や『古今和歌集』にある若菜摘みを詠む歌では、ただ春菜・若菜とするのみで、植物名や何種類を摘んだのかは明らかでない。野外に生えて採取の可能な野草の数は限られるので、春菜・若菜とは当時の食用蔬菜の総称であって、必ずしも数を限ったものではなかったと思われる。『土佐日記』でも正月七日および子の日の若菜が何種類であるか言及せず、そのほか『源氏物語』や『枕草子』など古典ならびに『北山抄』のような平安時代の古い有職故実書にもそのような記載はない。『土佐日記』には池で摘む若菜もあるから、必ずしも田野に生える野草に限らなかった。「8-1」で述べたように、正月七日の七種菜は中国の『荊楚歳時記』にその起源があり、七種という数の指定はあるが、具体的な植物名を挙げていない。具体的な植物名および種数を明示した最も古い文献は『拾芥抄』であり、七種菜として「薺　蘩蔞　芹　菁　御形　須須之呂　佛座」とあるほか（下巻「飲食部第廿八」）、それとは別に十二種若菜も記す。ただし、十二種若菜については十一種しかなく数が合わない。一方、『年中行事秘抄』には七種菜の構成はまったく同じであるが、十二種若菜の構成は『拾芥抄』とは微妙に異なる。七種菜と十二種若菜という二系統の若菜の存在が明らかになったが、七種菜の構成種は既に詳述しているので、ここでは十二種若菜について考えてみたい。十二種若菜の構成は各典籍によって微妙な違いがあるので、ここで比較してみよう。

『拾芥抄』
　若菜　菌　莒　蕨　薺　葵　芝　蓬　水蓼　水雲　松
『年中行事秘抄』
　若菜　薊　苣芹　蕨　薺　葵　芝　蓬　水蓼　水雲　松
『師光年中行事』
　若菜　薢　苣　芹　蕨　薺　葵　芝　蓬　水蓼　水雲　松

いずれの典籍も漢名で記し、傍線を付した部分が異なる。『年中行事秘抄』の苣芹は、苣と芹に分割すれば、『師光年中行事』と一致する。薊と薢は字体が類似するが、音はそれぞれ「けい」と「かい」で異なる。若菜の義とすれば、『師光年中行事』は薊を薢に誤ったと考えられる。薢は萆薢《ヒカイ》すなわちヤマノイモ科トコロの類であり、菜類ではなく芋類だからである。こう考えると、『年中行事秘抄』と『師光年中行事』は十二種若菜の構成がぴたりと一致する。一方、『拾芥抄』の莒は苣の誤記で、もともと『年中行事秘抄』と同じく苣芹とあったのを誤写したと思われる。その考えに立てば、十二種若菜といいながら一つ少ない十一種であることも無理なく説明できる。因みに、『説文解字』に「齊（註：国名）、芌を謂ひて莒と爲す」とあり、芌は『康煕字典』によれば芋の異体字であるから、莒は「いも」である。とすれば、『師光年中行事』の薢の義とも通ずることになり、莒・薢が誤記ではない可能性も出てくるが、本書では誤記を前提として論考を進める。以下、各品目の基原について考証する。

① 菌

『拾芥抄』の菌は、字体のみならず字義の上でどれとも共通性が認められず、同書独自の品目である。ただし、『和名抄』の菜蔬類に「崔禹錫食經云ふ、菌茸　而客反、上渠殖反、上声之重、爾雅注云ふ、菌に木菌土菌石菌有り、和名皆多介　之を食すれば温にして小毒有り。狀は人の笠を著けるが如き者なり。」とあるように、菌はキノコの類一般を指し、古くは菜類の一つと認識されたから、十二種若菜の一種であってもおかしくはない。キノコ類の用字は第11章第1節を参照。しかし、新春の子の日の供若菜の時期にキノコ類の収穫は困難であり、若菜を旬の食材に限るとすれば季節的に合わない。

② 薊

『和名抄』に「本草云ふ、薊 音計和名阿佐美 味は甘く温なり。人をして肥健ならしむ。陶隠居曰ふ、大小薊の葉並《とも》に刺多しと。」とあるように、キク科アザミの類であって、園菜類に分類される。『延喜式』巻第三十九「内膳司」の供奉雑菜に「薊六把 准六升自二月迄九月」、また同漬年料雑菜に「薊二石四斗 料鹽七升二合」とあり、漬物用の菜類とされた。アザミは冬季に地上部が枯れる多年草であるが、閏月によって子の日がずれる年では新芽の収穫が十分に期待でき、また根を食用に利用したから季節的な問題は少ない。『正倉院文書』の奉寫一切經所告朔解（寶亀二年五月二十九日）に「葉薊十石 請自西薗當季 九石三斗閏三月中 七斗五月中」とあり、古代では芽が生長した後も葉菜として食用にした。『延喜式』巻第三十九の耕種園圃に「營薊一段、種子三石五斗、惣單功卌四人」とあるように、古くは栽培されたが、平安後期に大陸から類品のキク科ゴボウ（牛蒡）が伝わると、アザミは園菜の地位を取って代わられた。『類聚雑要抄』の宇治平等院御幸御膳に「干物五坏 海松 青苔 牛房 川骨 蓮根」（巻第一）とあるように、牛蒡（牛房）は朝廷の献立の一品目ともなった（拙著『生薬大事典』のゴボウ参照）。したがって、十二種若菜の薊は古代に野菜に利用された名残と考えられる。

③苣

『和名抄』の園菜類に「孟詵食經云ふ、白苣 其呂反上声之重和名知散、漢語抄に萵苣の二字を用ふ、上鳥禾反今按ずるに萵の字未だ詳らかならず 寒にして筋力を補ふ者なり」とあり、野菜のキク科チシャである。『正倉院文書』の奉寫一切經所告朔解（寶亀二年五月二十九日）に「萵苣十二石九斗」とあり、古く上代でも利用されていた。

④芹

セリ科セリ、第1節に既述。

⑤**薺**
アブラナ科ナズナ、第3節に既述。

⑥**水雲**
モズク科モズク、第18章第2節「2-9」で既述。

⑦**蕨**
コバノイシカグマ科ワラビではなく、ゼンマイ科ゼンマイである（第1章参照）。旧暦の子の日すなわち新暦の二月～三月に新芽の採集は十分に可能で、季節的な問題はない。有岡利幸は乾燥品を利用したと考えるが（『春の七草』）、今日のワラビとしたため、季節的な矛盾を解消するためにそう考えざるを得なかったのである。

⑧**葵**
アオイ科フユアオイ、拙著『万葉植物文化誌』で詳述。

⑨**蓬**
キク科ヨモギ、拙著『万葉植物文化誌』で詳述。

⑩**水蓼**
タデ科ヤナギタデ、拙著『万葉植物文化誌』で詳述。因みに、有岡利幸はミズタデ（カワタデともいい、ヤナギタ

デの一型）は正月に芽が出ないから乾燥品を用いたというが誤りである。ミズタデは冬でも新芽を出し繁殖力は旺盛である。とりわけ湧水地のように冬夏でも水温の変化が小さいところでは特に顕著である。

⑪芝

もっとも古くは『日本書紀』の天武天皇八年の十二月に「紀伊國《きのくに》の伊刀郡《いとのこほり》、芝草を貢れり。其の狀《かたち》菌《たけ》に似《に》たり。莖《もと》の長《なが》さ一尺《ひとさか》、其の蓋《いただき》二圍《ふたいだき》。」（巻第二十九）、また『續日本後紀』に「承和二年二月丙申（廿一日）、天皇紫宸殿に御《のぞ》み、右大臣従二位清原眞人夏野、芝草を獻ず。一莖に兩枝有る者　一枝の長さ一尺六寸、一枝の長さ一尺、其の色は紫緋相雜じり、莖の末毎に菌有り、大臣山莊双岳の下に産す云々」（巻第四）とあり、芝草《シソウ》の名で登場する。確かにマンネンタケの類の特徴を記すが、現在とは異なる尺度としても、その大きさは現実離れしている。『延喜式』巻第二十一「治部省」に「芝草　形は珊瑚に似て枝葉は連結せり。或は丹、或は紫、或は黑、或は金色、或は四時に隨ひて變色す。一に云ふ、一年三華、之を食すれば眉壽せしむ。」とあり、「一に云ふ」以下は『太平御覽』に「論衡曰ふ、建初三年（中略）又曰ふ、芝草、一莖三華、之を食すれば人をして眉壽慶世せしむ。蓋し仙人の食ふ所なり。」（巻八七三「休徴部二草　芝」）とあるので、『論衡』より引用した。ただし、同書の伝存本にこの記述は見当たらない。『説文解字』に「芝、神草なり」とあり、『神農本草經』上品に赤・黒・青・白・黄・紫の六色の芝草《シソウ》が収載され、紫を除いていずれも「久しく服すれば、身を輕くして老いず、年を延べ神仙たり」と記載し、古くから神仙の霊草と認識された。マンネンタケは必しも食用とは目されていないが、不老長寿、神仙の目的でわが国でも利用されていたと考えられる。

⑫松

22

マツ科マツの類と考えてよいが、大高木であることがこれまでの品目とは明らかに異質である。これを十二種若菜に含めるのは奇異に感じるが、その由来を考える上で、『源氏物語』の初音《はつね》に次のような注目すべき描写がある。

今日《けふ》は、子《ね》の日《ひ》なりけり。げに、千歳《とせ》の春《はる》をかけて祝《いは》むに、ことわりなる日《ひ》なり。ひめ君の御方に、わたり給《たま》へれば、わらは、下仕《しもづか》へなど、お前《まへ》の山の小松《こまつ》、ひき遊《あそ》ぶ。わかき人々の心地《こゝ》ども、おきどころなく見《み》ゆ。北のおとゞより、わざとがましくし集《あつ》めたる鬚籠《ひげこ》ども、破子《わりご》など、たてまつれたまへり。えならぬ五葉《えふ》の枝《えだ》に移《うつ》れるうぐひすも、思《おも》ふ心《こゝろ》あらむかし。

すなわち、長寿を祈願する「子《ね》の日の小松引き」の風習であって、平安時代に流行した。初音の帖の冒頭に、「年《とし》たちかへるあしたの空の氣色《けしき》、なごりなく曇《くも》らぬうらゝかげさには、數《かず》ならぬ垣根《かきね》のうちだに、雪間《ま》の草、若《わか》やかに色づきはじめ、云々」とあり、季節は初春、その子の日とあれば供若菜の時期と重複する。常緑樹のマツは四時採集可能であるから、季節を考慮する必要はないが、やはり正月子の日に「小松引き」が行われたか、供若菜との関係を考える上で重要である。前述の『土佐日記』が、正月廿九日の子の日に「あるをむなのかきていだせる歌《うた》、「おぼつかな　けふはねのひか　あまならば　うみまつをだに　ひかましものを」とぞ言へる。海にて子の日の歌にてはいかがあらん。」と記すのは、松のない海上の旅で、海女であれば海松《みる》を採って小松引きの代わりができるのにという心中を描写したもので、やはり「子の日の小松引き」を強く意識している。『公事根源』も子日遊について、「是はむかし人々野へいでて子日するとて、松を引ける也。朱雀院、圓融院、三條院などの御時にも此の御遊はありけるにや。中にも圓融院の子日をせさせ給ひけるは寛和元年二月十三日の事なり。路の程は御車なりしが紫野近く成りて上皇は御馬にめされけり。左右大臣は直衣《ナヲシ》にて殿上人は布衣《ホウイ》なり。幄《アク》の屋をまう（設）け、慢《マン》を引めぐらし小庭となして小松をひしと被レ植たり。」と説明する。そのほか、平安時代から鎌倉時代初期の詩歌に「子の日の松」を詠む歌が散見される。

一、　子日
ねたきわれ　子日《ねのひ》の松に　ならましを　あなうらやまし　人にひかるる（『躬恒集』第七巻）
二、　又はじめてあひたる女に正月ついたちの日子日の松をつかはすとて
けふよりは　君と子日の　松をこそ　思ふためしに　人も引くらめ（『源三位頼政集』下）
三、　安和二年二月五日、一条の大まうちぎみ、白河の院にてねのびし侍りしに
若菜つむ　子の日の松の　千世の陰　すみつつみせよ　白河の水
ふな岡に　わかなつみつつ　君がため　子日の松の　千代をおくらん
子日する　君が千とせの　春ごとに　わかなはつまむ　千代のまにまに（『元輔集』第三巻）
四、　正月七日わかなにつけて常磐井入道前太政大臣のもとへつかはされける
春日野の　ねのびの松に　ひかれきて　年はつむとも　わかなならなん（『玉葉和歌集』巻第七　月花門院）
五、　はるのはじめに、定家にあひて侍りけるついでに、僧正聖宝、はをはじめ、るをはてにて、ながめをかけて、はるのうたよみて侍るよしをかたり侍りければ、その心よまむと申してよみ侍りける
はつねの日　つめるわかなか　めづらしと　野べのこまつに　ならべてぞ見る（『新勅撰和歌集』巻第二十　大僧正親厳）
六、　屏風のうたよめとはべりしに、正月ねの日に、まつひきわかなつみはべるところ
ひくまつの　ちとせの春は　かすがのの　わかなもつまむ　ものにやはあらぬ（『能宣集』第七巻）
第一、二の歌は子の日の松のみを詠むが、第三〜六の歌ではそれに若菜摘みを併せて詠み、子の日の松の風習と若菜摘みが同じ時期に行われたことを示唆する。古くは若菜摘みは日常生活の上で必須であったが、「ゆきてみぬ人もしのべと　春ののに　かたみにつめる　わかなりけり」（『貫之集』第一　ねのびあそぶいへ）に詠われるよう

に、平安時代になると遊興風流の色彩が濃くなった。おそらく、若菜摘みの遊興化の過程で「小松引き」の松が十二種若菜に加わったと考えられる。やがて子の日の小松引きの風習も形骸化するようになり、その結果、十二種若菜に松が含まれることに対して疑義が生まれるようになったと推察される。『公事根源』に十二種若菜に続いて「此松の字の事、白川院御時、師遠《モロトヲ》に御尋有しかは、若松と書てこほねと讀也。若此事にて侍かと申き。松をそへて奉る。さてはひが事なりと上皇被レ仰侍き。」という記述があるのはまさにそれを示唆し、これと同じ内容の記述は『師光年中行事』『年中行事秘抄』にも見られる。ここに「こほね」とあるのは、『和名抄』が温菘《ウンシュウ》につけた和訓であり、これをもって『河海抄』は十二種若菜について、「此内菘は松葉の説あり」と述べながら、松を菘でもって置き換えている。

諸典籍が七種（若）菜と十二種若菜に分けていることは以上述べた通りであるが、改めて各典籍の記述を詳細に検討してみよう。

『師光年中行事』

上子日。内藏司供若菜事　内膳司同供之

醍醐天皇延喜十八年正月七日辛巳、後院進七種若菜。

村上天皇天暦四年一月廿九日。李部王記云、是日女御安子朝臣獻若菜云々。

十二種若菜事　若菜　薢　苣　芹　蕨　薺　葵　芝　蓬　水蓼　水雲　松

『年中行事秘抄』

上子日内藏司供二若菜一事。

内膳司同供レ之。

十二種若菜　若菜　薊　苣芹　蕨　薺　葵　芝　蓬　水蓼　水雲　松

七種菜　薺　繁蔞　芹　菁　御形　須々代　佛座

金谷云。正月七日。以㆓七種菜㆒作㆑羹食㆑之。令㆔人無㆓万病㆒

『公事根源』

供《ス》㆓若菜《ヲ》㆒　上子日

内藏《クラ》寮ならびに内膳司《シ》より正月上の子日是を奉る也。寛平年中より始れる事にや。延喜十一年正月七日に後院《コキン》より七種の若菜を供すと。又天暦四年二月（ママ、子の日は一月二十九日）廿九日女御安子の朝臣若菜を奉るよし李部《リホウ》王の記に見たり。若菜を十二種供《スル》事あり。其くさぐさは、若な、はこべら、苣《チサ》、せり、蕨《ワラヒ》、なつな、あふひ、芝《シハ》、蓬《ヨモキ》、水蓼《タテ》、水雲《モツク》、松とみたり。

以上のいずれの典籍も正月七日は七種（若）菜、正月（上の）子の日は十二種若菜を供すると記載しているので、それぞれまったく別の行事であった。七種菜はいずれも菜類であって、正月七日にしかも田野で調達可能である。一方、十二種若菜は『拾芥抄』の菌を除いて上子日に調達可能ではあるが、芝・松・水雲は季節性に乏しく、そもそも前二者は若菜の範疇外である。『公事根源』が薊を「はこべら」に置き換えているのは、当時（室町時代）からみてかなり以前にアザミが菜類として有名無実化したためであろう。『河海抄』が松を菘に置き換えたのも「小松引き」の風習の衰退によってそれを配合する意義を見出し得なかったからである。異質の具として、唯一、芝が残ったが、これも十二種若菜そのものが衰退し、後世の注釈者も思い当たるものがなかったためで、マンネンタケと認識されなかった可能性すらある。いずれにせよ、十二種若菜の儀すなわち供若菜と七種菜の儀は起源が異なるのはまちがいない。七種菜は中国伝来の風習であるが、わが国で古くから続いてきた食料採集としての若菜摘みとの相互作用で十二種若菜が成立したと推定される。何故にそれが上子の日に行うのか、詳細はわからないが、南方熊楠によると、古くは鼠害を防ぐため、年初に田畑を焼いたり、家屋を松明の煙で燻したことなどと関係があるという（『十二支考《下》』、岩波書店、一九九四年）。古来の「若菜摘み」は宗教的な背景があるわけではなく、後に貴族の遊びに転じるほどの軽いものだから、有職故実としてそれほど厳格なものではなかった。そう考えれば、およそ若菜とは思えないものが入り込んだり、数が合わなかったことも理解できる。

8-3　七草菜をまったく含まない正月十五日の七種粥

これまでのことをまとめて見ると、平安時代には中国の『荊楚歳時記』の七種菜の風習が伝わり、「七草（種）菜の羹」の風習があったことは確かだが、それが今日の七草がゆであったという確証はないことに気がつく。『土佐日記』『枕草子』でも「若菜の粥」とはせず、『源氏物語』の若菜《わかな》上に「沈《ぢん》の折《を》敷《しき》四《よ》つして、御若菜《わかな》、さまばかり参《まゐ》れり。御かはらけ（土器）取《と》り給ひて、「小松原するゐの齢《よはひ》にひかれてや野べの若菜も年《とし》をつむべき」など、きこえかはし給ひて、上達部あまた、南《みなみ》の廂《ひさし》につき給ふ。（中略）御かはらけくだり、若菜《わかな》の御羹《あつもの》まゐる。お前《まへ》には、沈《ぢん》の懸盤《かけばん》四《よ》（つ）、御坏《おほむつき》ども、なつかしく今《いま》めきたるほどにせられたり。」とあるように、「若菜の羹」と明記され、『荊楚歳時記』と同じ食形態であった。一方、『延喜式』巻第四十「主水司」に「正月十五日供御七種粥料　中宮亦同　米一斗五升　粟（アワ）　黍子（キビ）　稗子（ヒエ）　葟子　胡麻子（ゴマ）　小豆（アズキ）各五升、鹽四升」とあるほか、践祚大嘗会解齋七種御粥料として同じ構成の粥料が記載され、ここに七種粥の名が見える。また、『皇太神宮儀式帳』（伊勢神宮の儀式帳）の神祇部一「正月例」に、「七日　新菜御羹作奉太神宮幷荒祭宮供奉。十五日　御粥作奉太神宮幷荒祭宮。」とあり、七日は新菜の羹、十五日は粥とする。ここに七種とはしていないが、定番の名数をつけてそれぞれ七種菜・七種粥としたことはまちがいないだろう。『止由氣宮儀式帳』『神宮雜例集』にも同様の記述がある。『皇太神宮儀式帳』は延暦二十三（八〇四）年の奥書があり、七日の若菜の儀、十五日の御粥の儀の最古の記録となる。『延喜式』に記載する七種粥は穀類と豆類の粥料であり、若菜からなる今日の七草がゆとは大きく異なる。次に、七種菜と同様に、古典文献で七種粥を検証して見ると、『土佐日記』『枕草子』の「正月一日は」に次に示すような一節がある。

『土佐日記』

十五日《とをかあまりいつか》、けふ、あづきがゆにず。くちをしく、なほひのあしければ、ゐざるほどにぞ、けふはつかあまりへぬる。

『枕草子』「正月一日は」

十五日、節供《せく》まゐりすゑ、かゆの木ひきかくして、家の御達《ごたち》、女房などのうかがふを、うたれじと用意《ようい》して、つねにうしろを心づかひしたる、けしきもいとをかしきに、いかにしたるにかあらん、うちあてたるは、いみじう興《きょう》ありてうちわらひたるはいとはえばえし。

『土佐日記』では、紀貫之が小正月（正月十五日）に小豆《あず》粥《きがゆ》を食べそびれて残念がる様子を描写する。正月七日、廿九日子の日はそれぞれ七種菜、子の日若菜であることは前述したが、その間にもう一つの節供があり、小豆がゆを食べる習慣があったことを示唆する。また、『枕草子』では「十五日、節句、粥」の語句が見え、粥の木（粥杖という）で女房同士がお尻をぶっては大笑いしている様子を描写する。当時は、七種粥をつくるのに用いた粥杖でお尻を叩かれると男の子を産むことができると信じられ、『建武年中行事』にも「十五日御かゆなどまいる外、ことなる事なし、わかき人々（妊娠適齢期の女子）、杖にてうちあふことあり」とあり、今日に伝わっていない風習で興味深い。小豆粥とはアズキを米にまぜて粥としたものである。現在でも、正月十五日に小豆がゆを食べると一年の邪気を払い、万病を除くという風習がわが国各地に残るが、その起源は遅くとも平安時代にまで遡る。「十五日の七種の粥」とは、『延喜式』によれば、七種の穀物でつくった粥をいうが、下々の一般人には『土佐日記』にあるように小豆粥が普通であったらしい。『年中行事秘抄』には、「十五日　主水司献御粥事（中略）七種粥　小豆　大角豆（ササゲ）　黍　粟　葟子　薯蕷（ヤマノイモ）　米」とあって七種粥の構成を記載するが、『延喜式』に記載するものとはかなりの違いがある。『年中行事秘抄』は「又云　白穀　大豆　小豆　粟　栗　柹（かき）、葟子　此事見九條殿御記幷外記」とも記し、七草菜と同様、必ずしもその構成は一定ではなかった。いずれの文献でも共通して葟子を七種粥の一つに加えるが、見慣れない名であるので、ここでその基原について詳しく考証する。

葟子《コウシ》は『和名抄』の麻類に「本朝式云ふ、葟子　葟音皇和名美乃、今案ずるに訓釋出づる所未だ詳らかならず」とあり、「みの」の和訓をつけるが、その出所は不詳とする。『延喜式』巻第二十三「民部省下」の交易雑物に大和国・河内国・摂津国から葟子の貢進の記録があり、同巻第五「神祇五　齋宮寮」の調庸雑物に「糯米十石　小麥十石　大麥一石　粟三石六斗　大豆　小豆各六石　醬大豆十八石　胡麻子一石　葟子一石　已上伊勢」とあって、伊勢国からの租税として徴収していた。おそらくもともとは伊勢神宮の神事で用いるものであったと思われる。漢籍に葟子なる名は見当たらないが、同音の類名が『爾雅』に「皇は守田なり」とあり、郭璞は「燕麥に似て子は彫胡米の如く食ふべし。廢田に生ず。一名守氣。」と注釈する。この注釈からイネ科の植物で実が食べられるというから、皇とは雑穀の一種であり、わが国ではそれを「艹」に作って葟子とした。因みに、彫胡米《チョウコベイ》とはイネ科マコモの実であり（第32章第1節参照）、一応、食べられる。『本草綱目』（李時珍）には莔草の異名として皇が出てくる。莔草は『本草拾遺』（陳蔵器）に莔米の名で初見し、「水田中に生じ、苗子は小麥に似て小さく、四月に熟す」（『證類本草』巻第二十六「米穀部下品」陳藏器餘）という記述は郭璞註とも相通じる。驚くことに、莔草という名は『延喜式』巻第三十七「典藥寮」の元日御藥と臘月御藥に「莔草一兩」とあるほか、中宮臘月御藥・齋宮寮にも出てくる。同諸國進年料雜藥では山城国・伊勢国・美濃国・備前国・阿波国から莔草の貢進の記録がある。結論からいうと、『延喜式』巻第三十七に出てくる莔草はシキミ科シキミであって、葟（皇）ではない。ここで穀類ではない莔草の名が出てきたので、それが本草ではどう記載されているか説明しておこう。『神農本草經』の下品に莽草《モウソウ》なる一品があり、『本草和名』に「莽草　陶景注云字或作茵音冈　一名㭐　楊玄操音己尒反　一名春草　和名之岐美乃木」とあって「しきみのき」の和訓をつける。『本草經集注』（陶弘景）に「莽草の字亦た菵　音罔　の字に作る。今、俗に呼びて菵（＝菵）草と爲すなり。」（『證類本草』巻第十四「木部下品」所引）とあり、莽と同音の菵でもって菵草の別名があるという。わが国に残る『新修本草殘巻』では「莽字亦有作茵者呼為冈青」（ママ、巻第十四「木部下品」）とあり、菵が茵となっているが、『康熙字典』によれば同音同義で「草の名」とする。因みに、『延喜式』に莽草の名はただ一カ所に登場し、巻第十三「圖書寮」の正月最勝王經齋會堂裝束に「金銅花盤四口　二口盛紙花、二口盛莽草葉」とある。シキミは香木で、とりわけ仏教の習俗との関係が深い。詳細は第5章第3節「3-1」参照。

さて、七種粥に加える葟子の基原についてであるが、その和名「みの」の名をもつ植物は二種ある。一つは小野蘭山が「溝側或ハ田地ニ生ス。（中略）梢ニ長穗ヲナス。枝アリテ直立シ圓扁ナル小子重リ著ク。」と記述するもので、蘭山はこれをミノゴメとし、茵草（註：皇（葟）の異名、『延喜式』の茵とは同名異物）に対する和名とした（『本草綱目啓蒙』巻之十九「穀之二　稷粟類　茵草」）。しかし、牧野富太郎は実が食用にならないと断じて、新たにカズノコグサと命名し、イネ科別属種のムツオレグサを葟子の基原とした。この名は『大和本草』に「ムヅヲレ草　似レ葦穗似二狗尾草一ニ根及ヒ莖淡紅。莖高二尺許味淡甘。」（諸品圖上）とあるが、牧野はまったく言及していない。また、益軒もムヅヲレ草が葟子であるかどうか言及しなかったが、それが似るという狗尾草《クビソウ》はエノコログサであるから、その記述はムツオレグサ・カズノコグサのいずれにも合うとはいい難い。蘭山は「一種ミノゴメ　同名ナリ　一名ミノグサ　和州　スヾメノコメ　若州　春時路旁樹下ニアリ。莖高サ一二尺、細長葉互生ス。梢ニ長穗ヲ出ス。正立セズ、二分許ノ苞ヲマバラに垂ル。」（『本草綱目啓蒙』同）と述べ、同名の別種の存在を示唆する。路旁樹下に生えるというのを除けば、牧野のいうムツオレグサによく合う。イネを収穫した後の水田に群生し、翌年の田植えの前に熟すから、牧野のいうように、葟子はムツオレグサとしてよいだろう。

8-4　七種菜の羹と七種粥の融合で七草がゆが発生した

さて、七種菜と七種粥の関係はどう考えたらよいのであろうか。七種菜の風習は中国の「人日《じんじつ》の節句」に由来すると考えて差し支えないが、正月十五日の七種粥についてはどうであろうか。『荊楚歳時記』に「正月十五日、豆糜を作り、油膏を其の上に加へ、以て門戸を祠る。先づ楊枝を以て門に挿み、楊枝の指す所に随へば仍ち酒脯飲食及び豆粥を以て箸に挿みて之を祭る。」という興味深い記述があり、そこに七種とはしていないが、豆粥の名があり、やはりわが国の七種粥への影響は否定しがたい。十五日の御粥の儀の意義として、『公事根源』は二つの伝説に由来すると記している。すなわち、一説に、蚩尤《しゆう》という悪人がいて黄帝はこれを正月十五日に討伐したが、その首は天狗、身は邪霊となり、人心を惑わすこととなった。そこで小豆の粥を煮て庭中に案《かかし》を立てて天狗を祭り、邪気を払うために東に向かって跪いて小豆粥を食べたという。もう一説に、高辛《こうしん》氏の娘が大層な悪女であって、正月十五日、ふとした事で巷中で死んでしまったが、悪霊となって彷徨い道行く人を悩ました。そこでこの女が生前に好んだ粥をつくって祀ったところ禍いが消えたという。概ね同じ内容のことが『年中行事秘抄』にも記載されている。『年中行事秘抄』は高辛氏の娘の話を『十節記』、蚩尤の話を『月舊記』の出典とする。今日に伝わる七草粥の伝統行事は、十五日の七種の粥が正月七日の七種菜の羹と融合して七草菜の粥が成立し、十五日の粥が小豆粥となったと考えられる。結論として、今日の七草の若菜の粥が登場したのは、早くても鎌倉時代以降であり、定着したのは江戸時代になってからと思われる。現在の七草がゆの起源となった七種菜はもともと中国揚子江流域の荊楚地方の農民の風習であった。それを平安時代の早期に、朝廷を含め日本の貴族階級が取り入れ、それに伴ってわが国在来の若菜摘みの風習を取り込んで若菜の七草がゆを生み出したのである。

第23章

海を渡って来た優雅な花卉

日本列島には六〜七千種の植物が自生する。国土は狭いが、北は亜寒帯、南は亜熱帯に属し、自然環境がきわめて多様であるから、世界的に見て自生植物種数は多いといわれる。Conservation International によれば、日本列島は世界有数の生物多様性ホットスポットというから、あながち誇張ではなさそうである。しかし、世界にはわが国にない植物が数え切れないほどある。有史以来、大陸経由で多くの植物種を受容してきたのは多様な自然環境に恵まれていることが大きい。ここでは大陸原産の花卉でわが国の風土にすっかり溶け込んだものを挙げる。『萬葉集』には登場しないが、平安期以降の国文学に多大なる影響を及ぼした植物三種を選び、和漢典籍でそれぞれの描写についてどのような違いがあるのか併せて言及してみたい。

第1節 「きく」

1-1 重陽《ちょうよう》の節句の菊花酒

キクといえば、まず思い出されるのは菊花紋章であろう。日本国発行のパスポートの表紙にも使われ、事実上日本の国章といってよい。また、皇室の御紋は八重菊を図案化した十六八重表菊と呼ばれるものであるが、パスポートに使われる一重菊を図案化した十六弁一重表菊紋とは微妙に異なる。いずれにせよ、わが国においてキクはサクラと並ぶ文化的地位をもつといってよいが、これほど身近でありながら、「きく」という名は『萬葉集』に見当たらない。ただし、その漢名である菊はほぼ同時代に成立した別の上代の典籍に出てくる。序文によれば、天平勝宝三（七五一）年に成立したという『懐風藻』に菊を詠む五首の漢詩を収録し、ここにその一首を紹介する。

「秋夜山池に宴す」　従四位上治部卿境部王

峰に對して菊酒を傾け
水に臨みて桐琴を拍つ
歸るを忘れ明月を待つ
何ぞ憂へむ夜漏の深きを

桐琴はキリの木で作った琴。『詩經』國風・鄘風の定之方中に「之に榛栗《しんりつ》、椅桐梓漆《いとうししつ》を樹《う》う　爰《ここ》に伐《き》りて琴瑟《きんしつ》とせん」とあるように、古来、キリは楽器製造の材料とされた。夜漏は夜の水時計で、「夜漏が深い」ことはそれだけ夜が更けたことをいう。以上を除けば、この詩の通釈は容易であるので省略する。さて、ここにある菊酒はすでに本書の随所に登場している。酒にキクの花を浸したもので菊花酒ともいう。菊花《キクカ》（菊華）は『神農本草經』の上品に収載され、主治を「一名節華。味は苦く平。川澤に生ず。風頭、頭眩、腫痛、目脱せんと欲して涙出で、皮膚の死肌、惡風、濕痺を治す。久しく服すれば血氣を利し、身を輕くして老いに耐へ、延年す。」と記載する。この記載から、菊花は神仙の霊薬としての色彩が濃厚であり、『抱朴子内篇』巻之十一「仙藥」も菊花を収載する。現代の中医学では菊花を繁用するが、わが国の漢方医学の主流である古方派はほとんど用いない。すなわち、菊花酒の風習は不老長寿を目的とする神仙思想に深く関わっており、わが国へは古い時代に大陸から伝わり、古典医学でよく用いる生薬の酒剤とは基本的に無関係である。菊花酒を飲む風習は、『荊楚歲時記』に「九月九日、四民竝びに野に籍《しきもの》して飲宴す」とあるように、九月九日の重陽の節句に由来する。守屋美都雄が後人の注という「九月九日の宴會は未だ何れの代に起るを知らず。今、北人、亦た此の節を重んじ、茱萸を佩び、餌を食し、菊花酒を飲む。人をして長壽ならしむと云ふ。」なる一文がこの記述の後に付加され（『校註荊楚歲時記』）、それによるとこの風習がいつの時代に発生したか不明という。三世紀から四世紀の成立といわれる『名醫別錄』に「正月に根を採り、三月に葉を採り、五月に莖を採り、九月に花を採り、十一月に實を採り、皆陰乾す」とあり、九月九日ではなく、単に九月（普通、この時期にキクは開花する）に花を採るとしているので、同書の成立当時ではまだ重陽の節句の菊花酒は成立していなかったようである。この節句でどんな儀式が行われたかについては『續齊諧記』（梁・呉均撰）が次のように具体的に記し、ほぼ同じ内容の記述が『圖經本草』にあることは第21章第6節「6-1」で述べた。

汝南の桓景、長房に隨費して遊學すること累年、長房謂《い》曰ふ、九月九日、汝の家中に當に災有るべし。宜しく急ぎ去るべし。家人をして各《おのおの》絳囊を作らしめ、茱萸を盛り、以て臂《ひじ》に繫《つな》ぎ、高きに登り、菊花酒を飲めば、此の禍除くべしと。（桓）景の言ふが如く、齊家山に登り夕べに還《かへ》り、雞、狗、牛、羊一時に暴死するを見る。長房之を聞きて曰ふ、（雞・狗・牛・羊は）此（家族）に代ふなり。今の世人は九日に登高、飲酒し、婦人の茱萸の囊を帶ぶも、蓋し是より始まるなり。

この風習のキーポイントは、茱萸《シュユ》・登高・菊花酒の三つであり、婦人は茱萸（ミカン科ゴシュユの類、詳細は後述）の囊を付け、男子は菊花酒を飲むと災厄を避け長寿を得るという。唐詩に十五首ほど重陽の節句を詠んだ詩があるが、本来の意義が僻邪・長寿への願望であるから、飲酒を交えているとはいえ、放歌高吟のイメージはない。唐代においてこの風習が、『續齊諧記』の記述するように、実践されたかよくわからないが、後述するように、菊花の宴に詩を賦すことを伴うから、菊花酒を飲むことだけが実践され、ほかの二要素はシンボリックな存在として詩文の中で詠まれる傾向があるようにも見受けられる。ここでは著名詩人の詩を三首紹介し、かかる視点から解析してみたいと思う。

『全唐詩』巻一二七「奉和聖制重陽節宰臣及群官上壽應制」　王維

四海、方に事無く　三秋、大《なが》ければ有年
百生に此の日無く　萬壽に齊天を願ふ
芍藥、金鼎に和し　茱萸、玳筵に插す

玉堂、右個を開き　天樂、宮懸を動ず
禦柳、秋景を疏《しる》し　城鴉、曙煙を拂ふ
菊花節無窮ならんと　柏梁篇を長奉す

四海は四方の海転じて世界・天下の意、三秋は、通例、秋の三カ月初秋・仲秋・晩秋をいうが、ここでは三度の秋を経過することすなわち三年経つことの意、有年は幾年もたつこと、また豊作の意味もある。齊天は天に斉しい、転じて永遠を意味する。「芍藥は金鼎に和し」は本章第2節「シャクヤク」を参照。玳筵《たいえん》は玳瑁《タイマイ》（ウミガメの一種タイマイ）で飾った贅沢な筵《むしろ》。玉堂は翰林院の別称で、玄宗皇帝は高名な儒学者・学士を召して詔勅の起草などに当たらせた。天樂は音楽を掌る役所。宮懸《きゅうけん》は打楽器を四面にぶら下げた王の楽器、禦柳《ギョリュウ》はギョリュウ科ギョリュウ、曙煙は朝靄《あさもや》、柏梁篇は柏梁体の詩文をいう。通釈すると、世界そして国内とも変わったことがなく、三秋を経過すれば幾年にもなる、百度生まれても此の日と同じ日はないが、長寿といえば永遠を願うものだ、金の鼎に盛られた食べ物を和すのに芍藥を用い、タイマイの甲羅の装飾品を施した豪華な玳筵に茱萸を挿すというのは実に贅沢なことだ、玉堂では優秀な学者がいて皇帝の詔勅を起草し、天樂は宮懸を動かしてすばらしい曲を演奏をする、ギョリュウでもって秋の風情を記し、城に集まるカラスは朝靄《あさもや》を払い去る、菊花節（重陽の節句）が永久に続くように、私も柏梁体詩を長く奉じようとなる。いったい何を言おうとしているのか、わかりにくい詩である。齊天が登高を示唆すると考えれば、一応、重陽の節句の三要素を詠み込む。これまで登高の意義が何であるかあまり言及されなかったが、この詩に詠まれるように、「齊天を願ふ」ことを目的として、一歩でも天に斉しくあらんとして高いところに登るとすれば、おぼろげながらも重陽の節句における登高の意義が見えてくる。そのほか、当時の世の中で道理とされることを並べ立て、その中に菊花節を含め、柏梁詩を奉ずるとするのも、菊花酒を飲みながら詩文を作るのが普通に行われていたことを示唆する。前述の『懐風藻』の「秋夜山池に宴す」もまさにそれに則ったものである。

『全唐詩』巻二二九「雲安に九日、鄭十八酒を攜《たづさ》へて諸公の宴に陪《したが》ふ」杜甫

寒花開きて已に盡き　菊蕊獨り枝に盈《み》つ
舊《もと》より摘む人頻りに異なり　輕香に酒暫く隨ふ
地偏にして初めて夾《き》を衣る　山擁《ふさ》ぎて更に危うきに登る
萬國皆戎馬ばかり　酣歌に涙垂れんと欲す

雲安は広東省雲浮市にある県名で、杜甫の親しい詩人鄭一族がいた。「鄭十八賁に贈る」という詩も残している。鄭十八賁とは、一族の兄弟・従弟などを年齢順に並べ（これを排行という）、鄭一族十八番目の賁という人物をいう。第二連の舊摘人は、古くから重陽の節句に参加する人をいい、「舊《もと》より摘む人」と訓読しておく。地偏とは偏地すなわち偏郷、いなかのこと。夾はこのままでは意味が通じないが、衣偏に作って裌とすれば、『唐韻』に「袷に同じ」とあり、あわせ着のこと。戎馬《じゅうば》は戦につかう軍馬転じて戦争の意、酣は『説文解字』に「酒樂なり」とあり、酣歌《かんか》は酒を飲み賑やかに楽しむこと。通釈すると、寒い中で花はすでに咲き尽くし、菊の花だけが枝いっぱいについて盛りである、古くから（重陽の節句で）菊の花を摘む人は年ごとに異なるが、菊の香りは軽微とはいえ、酒に入れるとしばらくは保つものだ、辺境の地で初めて袷衣《あわせぎ》を着たが、山は行く手をさえぎっているのでさらに危険な所に登らねばならない、いずれの国も戦争ばかり、酒を飲んで歌って楽しもうとしても涙が垂れるばかりだとなる。この詩では三要素のうち茱萸を欠き、登高も、第三連に見るように、本来の意義とは遠い。宮中でも行われる重要な節句とはいえ、暗い混沌とした世相を併せて詠み込むのは杜甫の詩に見られる特徴の一つのようである。

『全唐詩』巻四三四「九日、巴台に登る」白居易

黍香酒初めて熟し　菊暖かきに花未だ開かず

閑聴す竹枝の曲を　淺酌す茱萸の杯を
去年の重陽の日　漂泊せり湓城の隈《くま》を
今歳の重陽の日　蕭條たる巴子の台に
旅鬢に尋ね已に白《まを》さく　郷書久しく來らずと
觴《さかずき》に臨み一たび首《かうべ》を掻けば　座客亦た裴回す

湓城は江西省九江、揚子江の支流湓江のほとりにある地で、湓城の隈とは湓江の曲がり入っているところをいう。竹枝の曲は竹枝詞につけたメロディー。竹枝詞とは蜀すなわち四川省の風俗・人情を詠じた民謡のこと。茱萸の杯は茱萸酒のことで、わざわざ重陽の節句で飲むところはいかにも酒豪といわれる白居易らしいが、実際は菊の花が咲いていなかったことを言い訳にしているようにも見える。蕭條《しょうじょう》はひっそりとして物寂しいこと、巴は四川省重慶地方で、唐代にあっては辺境と見なされた。巴子は田舎者の意もある。台はものみやぐら、旅鬢は長い旅路で鬢《びん》が長く伸びた旅人の意、郷書は故郷からの手紙、裴回は徘徊に同じ。通釈すると、黍香酒《しょこうしゅ》は熟して初めて飲み頃になったが、暑い季節が過ぎたにも関わらず、（まだ冷え込みが不十分で暖かすぎるのだろうか）菊の花はまだ咲いていない、竹枝の曲を静聴し、茱萸酒を軽く飲む、去年の重陽の日は湓江の隈を漂泊していたが、今年の重陽の日は物寂しく田舎の物見櫓に登って眺望している、旅人に尋ねたらすでに言っていた、故郷の便りは久しく来ていないと、酒を勧めようと一たび頭を掻くと、同席の客人もまた酒を勧めようとあちこち動き回っていることだとなる。この詩では三要素は備わっている。

『續齊諧記』の記述は平安期のわが国でもよく知られ、次の第一の歌の題詞に詳しく引用されている（省略）。茱萸にも言及しているが、この歌ではまったくその存在は見えない。五句三十一文字の和歌では三要素すべてを詠むのは無理とはいえ、中国詩文でもそうであったが、茱萸は三要素のうちでももっとも影が薄いようである。

一、はかなくて　ふもとのゐひに　しづままし　山路のきくの　なさけならずは（『蒙求和歌』第三　阿闍梨隆源）

一応、通釈すると、愚かというのだろうか、（菊花酒を飲んで）麓で酔っても鎮まるだろうと思って、（心細いまま山に登ろうとしたが、登れそうもなく）何と山の菊は無情なのかという意である。平安期のわが国で、重陽の節句がどのように行われていたのか興味深いことであるが、古典文献にそれが行われたことを示す記録が残る。『續日本後紀』に「承和四年九月己巳（九日）、天皇紫宸殿に御《のぞ》み、重陽の節を宴す。文人に命じて同じく露重菊花鮮の題を賦す。」（巻第六）と記述され、重陽の節句を催し詩文を詠んだとある。また、『延喜式』巻第三十八「掃部寮」にある「九月九日菊花の宴、神泉苑殿上に御座を供す。及び參議已上の座を設け、又侍從文人等座を幄下す。」では菊花の宴とあるが、期日から重陽の節句の宴である。前書に「文人に命じて～題を賦す」というのは菊花酒を飲みながら詩を賦すことをいい、大陸の風習を導入した。ただし、『續齊諧記』にいう「茱萸を身にまとう」を欠くように見えるが、『日本紀畧』の寛平九年九月九日の条に、「天皇、紫宸殿に御《のぞ》み、重陽の宴を賜ふ。群臣茱萸を挿すを観る。」（後篇一）とあり、茱萸の風習は平安前期のわが国でも実践されていた。『延喜式』巻第十二「中務省」に「藥司、九月九日呉茱萸を裹《つつ》む料　緋帛一疋緋絲二絇」、また同巻第三十七「典藥寮」に「凡そ九月九日、呉茱萸廿把を藥司に附して之を供ず」とあるので、茱萸として呉茱萸《ゴシュユ》を用いた。ただし、呉茱萸の基原はミカン科ゴシュユというわが国に自生しない植物である。これに関しては平安末期の『東宮年中行事』（『新校羣書類從』巻八十八所収）に次のような興味深い記述がある。

（九月）九日てんやくれう（典藥寮）供呉茱萸事

てむやく（典藥）、づしよれう（圖書寮）らのによくわん（女官）、きくならびに呉茱萸をたてまつる。くら人（藏人）これをとりで丶、ひの御ざ（座）のはしらにむすびつく。もししやうぶ（菖蒲）いまだと（解）けう（失）せずば、かれをときてこれをむすびつく。によくわん（女官）どもろく（禄）をたまわる。わたをのをの二とん（屯）、てむやくのくわむにむ（典薬官人）、五位まいるには、うちぎ（掛）一りやう（領）これを給はる。今案、呉茱萸といふは、くすりのくさなり。きむだい（近代）このくさなし。たゞそのかたをつくりて、たてまつるなり。

今案以下はこの記述に対する後世の注釈で、当時、呉茱萸がなく、型を作って奉ったというが、平安期の薬物事情に対する無知に基づく誤解である。『延喜式』巻第三十七「典薬寮」の諸國進年料雜藥は大和国・近江国・若狭国・丹波国・丹後国・伯耆国・出雲国・播磨国・美作国・備前国・備中国・安芸国・周防国・土佐国の近畿・中国・四国の広範囲から呉茱萸の貢進を記録している。およそ大陸から伝わった呉茱萸が当時のわが国で広く栽培していたとは考えにくいので、和産の類似植物を代用したと考えざるを得ない。第21章第6節でも述べたが、拙著『生薬大事典』の「ゴシュユ」に詳述してあるので、ここでは結論だけを述べる。実際に用いたのはハマセンダンあるいはカラスザンショウという、同じミカン科に属する類品である。あらかじめ断っておくが、当時の先人は以上の二種を茱萸の代用ではなく、茱萸の真品と確信して用いていた。

1-2　重陽の節句の菊の綿拭いは日本固有の習俗

平安から鎌倉期の詩歌に重陽の宴を詠んだ歌がかなりあり、わが国でも重陽の節句が貴族階級を中心として受け入れられていたことを示唆する。ここでは平安の和歌で九月九日を題材として詠んだ歌を挙げて説明する。

一、　九月九日に、きくのわたおほひたり
　　はなのかを　けさはいかにぞ　きみがため　まゆひろげたる　きくのうへのつゆ
（『忠見集』）

二、　となりにすみ侍りける時、九月八日伊勢が家の菊にわたをきせにつかはしたりければ、又のあしたをりてかへすとて　　伊勢

かずしらず　君がよはひを　のばへつつ　なだたるやどの　つゆとならなん

かへし　藤原雅正

露だにも　なだたるやどの　きくならば　花のあるじや　いくよなるらん　（『後撰和歌集』巻第七）

三、　九月九日老いたる女菊しておもてのごひたる

けふまでに　我をおもへば　菊の上の　露は千年の　玉にざりける　（『貫之集』第三）

四、　九月九日、ひねもすに翫菊といふだいを

ゆふつゆの　おくまできくを　見つるかな　おもてのしわを　のごひつるより　（『定頼集』第三巻）

五、　九月九日きくのつゆをみて

うつろはぬ　きくにむすびおく　露のいろは　とけぬしもかと　ながくみゆらん　（『義孝集』）

以上の歌は、題詞に九月九日とある以上、重陽の節句にはちがいないが、唐詩にある九月九日の歌とはかなり趣が異なる。さすがにメインキャラクターというべき菊は詠まれているが、登高や茱萸についてはシンボライズすらされていない。とりわけ、注目すべきは、第一の歌にある「きくのわたおほひたり」である。これだけでは何のことかわからないが、第二の伊勢の歌の題詞にその具体的な説明がある。すなわち、重陽の節句の前日の八日に菊の花を綿で被い、一日置いて露を綿に含ませて採取し、それで顔を拭くと寿命が延びるというのである。第三の歌の題詞の「菊して」とは、ある老女が綿に露を含ませたもので顔を拭ったおかげで、「露は千年の　玉にざりける」、すなわち菊の露で長寿がかなったと詠んだのである。第一の歌の「まゆひろげたる　きくのうへのつゆ」は、菊の露を含ませた綿で眉を拭ったことをいうが、若い女性の間では化粧の一環として流行したのかもしれない。第四の歌は、題詞では「菊を翫《もてあそ》ぶ」とあるが、単なる観賞の歌ではなく、やはり菊の綿で顔のしわを拭い去ることを願う、第一～三の歌と同系統の歌である。第五の歌は、キクの綿に直接は言及しないが、花期が長くてなかなか色あせな

いキクの花に寄せて、キクの上に降りた霜はすぐ溶けるのに、露は長く残ると詠むことで、長寿の象徴であることを暗示する。露と菊を取り合わせた歌は数多いが、わが国ではキクに対する長寿信仰がとりわけ強く、中国の詩文ともっとも異なるところである。平安を代表する古典文学にも菊の綿の風習を記したものが散見される。

『枕草子』「正月一日、三月三日は」

九月九日は、あかつきがたより雨すこしふりて、菊の露もこちたく、おほひたる綿《わた》などもいたくぬれ、うつしの香《か》ももてはやされて、つとめてはやみにたれど、なほくもりて、ややもせばふりおちぬべくみえたるもをかし

『源氏物語』幻《まぼろし》

九月になりて、九日、綿《わた》おほひたる菊《きく》を御覧《らん》じて、

もろ共に　おきゐし菊《きく》の　朝露《あさつゆ》も　ひとり袂《たもと》に　かゝる秋かな

『紫式部日記』「九月九日」

九日、菊の綿を、兵部のおもとのもてきて、「これ、殿のうへの、とりわきて、いとよう老《おい》のごひすて給へと、のたまはせつる」とあれば、

菊の露　わかゆばかりに　袖ぬれて　花のあるじに　千代はゆづらむ

とて返し奉らむとするほどに、「あなたにかへりわたらせ給ひぬ」とあれば、ようなさにとどめつ。

この「菊の綿拭い」の風習は中国にはなく、わが国で独自に発生したもので、当時の貴族社会ではかなり広まっていた。七草がゆと同じく、何らかのわが国古来の風習が大陸由来の重陽の節句と合体して成立したものであろう。「きくのわた」の風習は、女子だけに限られることから、酒を飲まない女性文人が代替として創出したのかもしれない。ただし、菊と露の取り合わせそのものは中国詩文にも頻出する。旧暦の九月九日は朝晩はかなり冷え込み、

秋露の降りやすい時期でもあるから、むしろ重陽の節句とは無関係に詠まれた歌の方が多く、詠まれた内容は和漢の詩文ではかなりの違いが見られる。ここでは六朝詩と唐詩を一首づつ挙げる。

『藝文類聚』巻四「梁劉孝威九日に菊花酒を酌める詩」

露花、疑《うたご》ふらくは始めて摘まん
羅衣、適《こ》れ熏《くす》ぶるに似たり
餘杯、度《はか》りて取らず
嬌《なまめ》かしき使君を持《まも》らんと欲す

劉孝威（四九六年―五四九年）は彭城（今の江蘇省徐州）の人といい、六朝末期の著名詩人の一人。使君とは天子の命を奉じて地方へ行く勅使。通釈すると、露に濡れた菊花はおそらく始めて摘むのであろうか、その香りは薄絹の着物が薫ずるに似ている、菊花酒は飲み過ぎないようにして、美しい使君を守ろうとするのだとなる。菊花酒、菊に降りた露そして菊花の香を取り合わせるが、背後に登高・茱萸の気配は感じられない。この詩の背景がよくわからないが、嬌《なまめ》かしき使君とあるから、女性の使君を相手に菊花酒を交わしたらしい。酒が進むとは思えない相手であるから、菊の香を詠み込んだのかもしれない。「九日に菊花酒」とあるから重陽の節句と無関係ではないが、これまでに紹介した詩と比べてその色彩は薄い。末句の「使君を持《まも》らんと欲す」とは、旅の無事を祈る意を込めて菊花酒を酌んだようである。

『全唐詩』巻二二五「初月」杜甫

光細くして弦《つる》豈に上らんや　影斜《かたぶ》き輪未だ安からず
微《わづ》かに升《のぼ》る古塞の外　已に隠る暮雲の端
河漢、色を改めず　關山空しく自づから寒し

庭前、白露有り　暗に菊花に滿ちて團となす

初月は新月のことで、弦のように細いから、光細という。河漢には、黄河と漢水、天の川の意があるが、前後関係から天の川である。關山は関所とそれを囲む山々。郷里の山々の意もあるが、杜甫は乾元二（七五八）年秋、故郷を離れた秦州でこの詩を作ったから、前者の意である。通釈すると、弦のように細い新月の光は弱々しいのにどうして上ろうとするのか、弓弦の形が傾いて輪となるのはまだ先のことだ、それでもかろうじて古ぼけた要塞の外に上ったが、すでに夕暮れの雲の端に隠れてしまった、天の川はその表情を変えず、国境の関所とそれを囲む山々は人影がなくそれだけでも寒く感じる、庭の前に白露が降りたが、それとなく多くの菊花に白露が集まって降りているようだとなる。この詩は秦州における杜甫の複雑な心中を表した。当時、杜甫は安禄山の乱で混乱する世相のもとで辺境に左遷されていた。露と菊を取り合わせているが、重陽の節句とは無関係の内容的に重苦しい詩であって、中国詩文ではこの取り合わせを決して風情あるものと認識していないことがわかる。一方、わが国においては、前述したように、『續日本後紀』にある「承和四年九月己巳、天皇紫宸殿に御《のぞ》み、重陽の節を宴す。文人に命じて同じく露重菊花鮮の題を賦す。」（巻第六）という記事から、風流の詩歌こそ想像できても、重苦しい内容の詩歌はおよそ考えにくい。

1-3　重陽の節句と五月の薬玉の関係

『枕草子』の「節《せち》は、五月にしく月はなし」にある次の記述から、大陸の風習とはひと味もふた味も異なるわが国独自の習俗の存在がうかがえる。

　節《せち》は、五月にしく月はなし。菖蒲《さうぶ》、蓬《よもぎ》などのかをりあひたる、いみじうをかし。九重《ここのへ》の御殿《てん》の上《うへ》をはじめて、いひしらぬ民のすみかまで、いかでわがもとにしげく葺《ふ》かんと葺《ふ》きわたしたる、なほいとめづらし。いつかは、

ことをりにさはしたりし。

空のけしき、くもりわたりたるに、中宮などには、縫殿《ぬひどの》より御薬玉《くす》とて、色々の絲《いと》を組《く》み下《さ》げて參らせたれば、御《み》帳たてたる母屋《もや》のはしらに、左右《ひだり》につけたり。九月九日の菊を、あやしき生絹《すずし》のきぬにつつみてまゐらせたるを、おなじはしらにゆひつけて、月頃ある薬玉《くす》にときかへて棄《す》つめる。また、薬玉は、菊のをりまであるべきにやあらん。されど、それはみな絲をひきとりて、ものゆひなどして、しばしもなし。

すなわち、五月の節句の薬玉《くすだま》に言及し、柱にそれを結びつけるという。薬玉とは、『延喜式』巻第四十五「左近衛府」に「凡五月五日薬玉料　昌蒲　艾　物盛一輿　雜花十捧　盛瓮居臺　三日平旦　申内侍司列設南殿前　諸府准此」とあるように、端午の節句に飾り付けるショウブ・ヨモギなどで作ったもので、五色の糸で長く結び垂らして飾り付ける（いわゆる吹き流しをいう）。『荊楚歳時記』に「五月五日、（中略）艾を採りて以て人に爲り、門戸の上に懸け、以て毒氣を禳ふ」とあるヨモギで作った人形に起源を発し、それを玉に抽象化して五色の吹き流しをつけたのが薬玉で、わが国で独自に発展したものである。五色の吹き流しは今日でも残るが、やはり『荊楚歳時記』の「五綵の絲を以て臂に繫け、名づけて兵を辟くと曰ふ、人をして瘟を病まざらしむ」に由縁がある。ただし、『枕草子』では、九月の節句に菊を粗末な生絹に包んだものを柱に結びつけ、五月からある薬玉に解きかえて棄てるらしい、また、五月の薬玉は九月の節句まで結びつけておくべきだろうか、しかし、それは皆絲を引き取りて、物結いなどて少しの間もないものなのにと、この風習のあり方に対して訝っているようにみえる。『徒然草』の第一三八段にも「御帳《みちやう》にかゝれる薬玉《くす》も、九月九日《ながつきここのか》、菊に取（り）かへらるゝといへば、菖蒲《さうぶ》は菊の折《をり》までもあるべきにこそ。枇杷皇太后宮《びはのくわうたいこうくう》かくれ給（ひ）てのち、古き御帳の内に、菖蒲《さうぶ》・薬玉《くす》などの枯《か》れたるが侍りけるを見て、「折《をり》ならぬ音《ね》をなほぞかけつる」と辨《べん》の乳母《めのと》のいへる返事《かへりこと》に、「あやめの草はありながら」とも、江侍従《がうじじう》が詠《よ》みしぞかし。」と同じ内容のことが書かれている。以上のことは『東宮年中行事』にも記載されている（本節「1-1」）。薬玉の名の由来は中に薬草を入れたからであるが、五月の薬玉はショウブとヨモギに沈香などの薫香料から作った丸薬を加えたものである。柱に付け、九月と五月にそれぞれ取り替えるというのは、今日に継承されていないが、わが国独自の風習である。大陸由来の習俗のほとんどはわが国の実状に合わせて大きく変質しているのが特徴といえる。

1-4　菊と霜、残り菊

「1-2」で紹介した菊の綿拭いは、露が降りやすい重陽の節句前後の気象条件を反映し、わが国で独自に発生した習俗であった。一方、中国詩では菊と露を取り合わせても重陽の節句とは無関係のものが多いが、大陸ではその時期に露が少ないのかもしれない。さらに冷え込みが厳しくなれば霜が発生するが、霜と菊を取り合わせて詠んだ詩文は露との取り合わせよりずっと多い。わが国の風土では菊は初冬まで花が残るので、それを残り菊として詠んだものがかなりある。まず、わが国の古典文学における菊・霜と残り菊をみてみよう。

一、我がやどの　きくのかきねに　おくしもの　きえかへりてぞ　こひしかりける　（『古今和歌集』）

二、わがやどの　きくの花しも　もみぢねば　すぎゆく秋も　あらじとぞおもふ　（『陽成院歌合』延喜十三年九月）

三、延喜十三年十月十三日辛巳、此の日、殿上侍臣に仰せられて、菊花各一本分を献り一二番勝劣を相角《きそ》はしめ、云々

是則
きくのはな　ふゆのかぜに　ちりもせで　けふまでとてや　しもはおくらん

躬恒
きくのはな　こきもうすきも　いままでに　しものおかずば　いろをみましや　（『内裏菊合』）

四、（無題）

これもち

ももしきに　しもはおくとも　きくの花　ちよの冬まで　うつろふなゆめ

かけすけ

きくのはな　をりてはとしも　へしものを　おきながらこそ　色まさりけれ

まれよ

きくのはな　しもにうつると　をしみしは　こきむらさきに　そむるなりけり

ゆきよし

おくしもに　ふかくうつれる　きくのはな　しももこころや　いろをそむらん

（『醍醐御時菊合』）

五、　きくのはなと梅の花とをおりまぜて、ひとのいひたりし

きくはあき　むめははるとも　思ひしに　おなじをりにも　にほふはなかな

かへし

はつはるの　梅のにほひに　くらべよと　のこりのきくを　しものおきしぞ

のこるきく

しものおく　のこりのきくは　なが月の　ながきためしに　にほふなるらし

（『伊勢大輔集』第三巻）

第一の歌は恋の歌に分類され、前の三句は後の二句を導く序詞として詠まれるが、現実の情景とも重ね合わせている。すなわち、第四句の「消え返《かへ》る」は、すっかり消え去ってしまうこと、および失恋・別離などの悲嘆や苦悶で死に入るような思いをすることという二つの意味があり、前三句と後二句でそれぞれ別の意味で連繋するという高度な技巧を採用する。通釈すれば、わが家の垣根の菊に降りた霜はすぐにでも跡形なく消え去ってしまうが、その霜のように私も死に入るような思いで恋い焦がれていたのですよという意になる。恋愛の歌としては随分と過激な

表現を用いるが、風流との組み合わせであるから、内容的に深刻さはあまり感じられない。第二の歌は植栽した菊の花に降りた霜を詠んだ風流歌で、晩秋を迎え、この後に木々の紅葉が続いてこそ秋が過ぎて冬となるのだという意である。旧暦では十月すなわち初冬に当たる時期に詠んだ歌である。第三は、延喜十三（九一三）年十月十三日に醍醐天皇の主催で行われた菊をテーマにした歌合（菊合）で詠まれた歌である。一方、第四は名目上は菊合でも、勝負の判定がないから、菊宴の折の歌会の記録であるという（『新編国歌大観』の解題による）。第五は、霜の降りた残り菊は、年を越すと、初春の香り豊かな梅の花が控えていることを敢えて前面に出して詠んだ歌である。

菊はわが国に原生しない外来植物であって、『萬葉集』にその名を見ないが、平安期になると菊だけをテーマにした歌合が出現した。それは重陽の節句に寄せて詠んだ詩歌とは区別すべきものであって、花卉としての菊の魅力を歌に詠むものである。とりわけ、『醍醐御時菊合』に収録される二十五首の歌のほとんどは菊と霜を取り合わせ、中国詩文では『全唐詩』だけでも七十首以上もあるから、その影響を強く受けたことは否定できない。しかし、それはキーワードとしての選定過程に限られ、各詩人の感性が強く反映されるべき詩文のコアまでは及んでいない。第三、四の各歌では判で押したように菊と霜を詠み込んではいるが、その背景に詠まれた風情は、やはり大陸と島国の風土の違いであろうか、共通性はほとんど感じられない。わが国の詩歌では霜が降りた菊花の微妙な美意識を許容する傾向が顕著であるが、中国の漢詩文ではそれがほとんど感じられず、むしろ霜に傷んで無残というイメージで詠まれ、その背景に衰亡・凋落を暗示することが多い。それがもっとも顕著なのは殘菊に対する感性の違いである。わが国では、第五の歌で象徴されるように、その年の最後に咲く花として殘菊をポジティブなイメージをもって詩文に詠み、年越しの梅の香にまで言及するのはその最たるものである。しかし、中国ではそもそも殘菊を詠む詩歌が少なく、『全唐詩』でもわずか十七首にすぎない。ここでは著名詩人として白居易、皇甫曽の詩を紹介する。

『全唐詩』巻四三七「晩秋の夜」　白居易

碧空溶溶として月華静かなり　月裏に愁人孤影を吊《とむら》ふ
花開き殘菊疏籬に傍《そ》ひ　葉下《お》ち衰桐寒井に落つ
塞鴻、飛ぶ急《せは》しきに秋の盡《つ》くるを覺え　鄰雞、鳴く遲きに夜の永きを知る
情を凝らし空しく思ふ所を語らず　風吹きて白露に衣裳冷やかなり

溶溶とは、水が盛んにあるいはゆるやかに流れることをいうが、ここでは碧空に対するから、後者の意が転じてゆったりとしたという意味になる。月華は月の光、孤影は独りぼっちの寂しい姿。塞鴻とは寒い北の国境を越えて飛来した大型の鳥類。通釈すると、昼空は青々とゆったりとし、夜空を月光が静かに照らしている、月明かりの中で愁いに沈む人は独りぼっちの寂しい姿をなげいている、花が咲き終わって残り菊が垣に沿って疎らに生え、元気のない桐の葉はみすぼらしい井戸の上に落ちる、国境を越えて鴻《おおとり》が忙しく飛び交うようになって秋の終わりを感じ取り、隣の鶏の鳴くのが遅くなったことで夜が長くなったことを知る、一心になって空しく思うところを語ることはしまい、風が吹きまた白露で衣装は冷え冷えとなってしまったとなる。残り菊は冷え冷えとした情景を際立たせる役割しかなく、重陽の節句で長寿の象徴として菊花酒につくることと対照的である。

『全唐詩』巻二一〇「竇拾遺に酬《むく》ひて秋日見呈す」　皇甫曾

孤城の永巷《えいかう》、時に相見《まみ》ゑ
衰柳に閑門、日は半ば斜《かたぶ》きぬ
近臣の魏闕に朝《まゐ》るを送らんと欲し
猶ほ殘菊の陶家に在るを憐れむがごとし

拾遺は侍従のこと。永巷は後宮の女官のいる所、罪を犯した女官を収容する牢獄でもあった。閑門は閉ざした門、魏闕は朝廷・宮殿、本来は高大な門の意。陶家は陶淵明の家、「飲酒」の一句「菊を採る東籬の下　悠然と南山を

望む」(「1-5」)を意識した。通釈すると、孤城の永巷にて時々顔を合わせるが、元気のないヤナギ、閉じたままの門に日は半ば傾いてきた、近臣が宮殿に参内するのを送ろうとするが、ちょうど残り菊が陶家にあるのを憐れむようだとなる。「殘菊の陶家に在る」とは、幼少時に父を亡くし、生涯貧しい生活に甘んじた陶淵明を象徴し、ここでも殘菊は明確に没落の象徴であって美意識のかけらすら見出せない。

1-5　黄花の菊と白花の菊

キク科の分類を専門とする植物学者北村四郎によると、現代のイエギク(栽培菊)の野生種は存在せず、ハイシマカンギクとチョウセンノギクの交配した雑種起源であるという(『国訳本草綱目』北村四郎註)。キク属各種は自然界では地理的に住み分けているが、ヒトが採取して移動すれば、未知種同士の遭遇によって自然交配が起き得る。最古の薬物書である『神農本草經』に菊華の名で収載され、当初は観賞用ではなかったから、きわめて古い時代の菊は野生の純粋種であったと思われる。六朝時代の五〇〇年前後に成立したといわれる『本草經集注』(陶弘景)は「菊に兩種有り。一種、莖は紫、氣は香ばしくして味は甘く、葉は羹に作るべし。食へる者は眞と爲す。一種、青莖にして大きく、蒿艾を作《な》し、氣味は苦く食ふに堪へざる者は苦薏と爲す。眞の菊に非ず。其の華は正に相似し、唯《ただ》甘苦を以て之を別《わか》つなり。(菊は)南陽の酈縣(河南省内郷県)に最も多く、今は近道の處處に有り、取りて之を種《う》う。」(『證類本草』巻第六「草部上品之上」所引)と記載する。すなわち、古くは食用になる菊(=菊華)と、苦くてもっぱら薬用とする苦薏《クヨク》は、よく似るがそれぞれ区別されていた。菊と苦薏の分別は、この記述だけでは明確ではないが、菊は栽培されることもあったという。『神農本草經』は産地を記載しないが、三～四世紀の成立とされる『名醫別錄』に「雍州の川澤及び田野に生ず」とあり、当時は陝西省南部の西安を中心とした一帯が産地であった。植物地理学的観点から、当該地域はホソバアブラギクやハイシマカンギク(黄花)、チョウセンノギク(白花)

の分布域に当たる。陶弘景は菊の花の色に言及しないが、前述の記述に続いて、「又、白菊有り、茎葉都《すべ》て相似し、唯《ただ》花のみ白にして、五月に取る。」と述べ、これから想像するに、白菊はチョウセンノギクで、いわゆる菊と称するものは白ではなく、間接的ながら黄花のホソバアブラギクやハイシマカンギクと推定できる。したがって、古代の菊は白花と黄花の野生菊で、それに加えて別種の苦薏を薬用としたことになる。北村によれば交配によるキクの発生は唐以降であるという。その根拠はいま一つ明解ではないが、仮にそうであれば、六朝時代の陶弘景のいう菊はすべて野生の純粋種となる。

中国古典文学に登場する菊の原点は陶淵明の詩にあるといわれる。陶淵明は一三〇余りの詩文を表したが、宋代の李公煥箋『箋注陶淵明集』に蒐集され、今日のわが国で知られる陶淵明の菊の詩は「飲酒二十首」として収録されている。古代のわが国では『藝文類聚』に収録された「宋陶潛雜詩」がおそらく唯一の入手可能な陶淵明詩であったと考えられるので、ここではそれを紹介する。

『藝文類聚』巻六十五「宋陶潛雜詩」　陶淵明

荒を開く南野の際　拙を守り園田に帰る
方澤十餘畝　草屋八九間
楡竹は後檐を蔭《おほ》ひ　桃李は堂前に羅《つら》ぬ
廬《いほり》を結び人境に在り　而れども車馬の喧《かまびす》しき無し
君に問ふ何ぞ能く爾《しか》るやと　心遠ければ地自づから偏なり
菊を採る東籬の下　悠然と南山を望む
秋菊、佳色有り　露を裛《まと》ひ其の英を掇《ひろ》ふ
此を忘憂の物に汎《うか》べて　我れ世情に達するを遠ざけん

守拙は才に走らず愚直に徹することをいい、かつては美徳とされた。ともすれば凡才の過大評価そして俊才の過小評価に繋がるから、陶淵明詩の内容を手本として現代に適用するのはおよそ時代遅れである。方澤は潤いのある大地の意、ここでは庭ほどの狭い農地を指す。李公煥箋本では方宅とあるが、宅地の意となって微妙に異なる。草屋はあばら屋、人境は人里。忘憂の物とは、この詩をもって出典とし、酒を意味するようになった。すなわち、陶淵明は菊花を浮かべた酒を憂いを忘れ去るものとして位置づけたのであり、重陽の菊花酒とは微妙に異なることに留意しなければならない。世情は俗人の考えの意であるが、世俗一般を指す。『沙石集』（無住）に「遁世門《とんせいもん》コソ、コトニ我慢執著《がまんしふぢゃく》ヲステ、世情妄念《せじゃうまうねん》ナクシテ、世間ノ人ニカハリテ、佛法ノヲシヘノアルベキ様《やう》ニ、云々」（巻第三「栂尾《とがのをの》上人の物語の事」）とある世情も、陶淵明の隠遁の精神とも相通ずるが、もともと仏法で用いる語彙である。通釈すると以下のようになる。南の野の荒れ地を開墾し、不器用で通して田園に戻ってきた。狭いながら十余畝の農地があり、あばら屋でも八九室もある。楡《にれ》と竹が茂って廂《ひさし》に陰を落とし、桃と李が家の前に連なっている。庵を結んで人里にあるのだが、ここでは車馬の喧噪はない。どうしてそうしていられるかと問われるが、俗間から遠く心が離れていれば、どんな地でも僻地に隠遁しているのと変わらないものだ。東側の垣根の下で菊を採り、悠然として南山を見る。秋の菊は綺麗な色のものがあり、露に濡れながらその花を選び採る。この花を酒に浮かべて飲み干せば、世俗に通ずるもの一切から自分を遠ざけることができるのだ。

　第六連、七連に菊が詠まれるが、いずれも栽培されたものである。李公煥は定齋注を引用して「南北朝より以來、菊詩多し。未だ淵明詩に及ぶに有能ならず、語るに菊の妙を盡くせり。秋菊有佳色の如く、他華以て此の一つ佳の字を當つるに足らず。然らば篇を終ふるに寓意にして高遠なるは、皆菊に繇《したが》ひて發するのみ。」と述べ、秋菊有佳色について菊の色を佳色と表現しているのを高く評価する。一方で別の注釈も引用し、「韓子蒼曰ふ、余嘗て謂ふ、古人物に懷ふことを寄せて好む所無く、然る後に達すると爲す。況や淵明の眞なるをや。其れ黄花に於いて直《なほ》く寓意あるのみ。」と記述している（以上、李公煥箋『箋注陶淵明集』巻之三「飲酒十二首　其七」）。すなわち、菊といえば黄花であるのに、敢えて色名を出さず、それを佳色としたのは陶淵明の正直で控えめな性格によるといいたいらしい。当時、黄色以外の菊花もあったが、世間ではなぜか黄花以外は眼中になかったらしく、そのことは梁・庾肩吾（四八七年―五五一年）の「周処士に贈る詩」（『藝文類聚』巻三十六）で明らかである。

九丹、石室開き　三徑、荒林没す
仙人、翻って見るべし　隠士、更に尋ね難し
籬下に黄花菊　丘中に白雪琴
方《まさ》に松葉酒に欣《よろこ》び　自ら遊山の吟に和せん

九丹とは丹華《タンゲ》・神符《シンプ》・神丹《シンタン》・還丹《カンタン》・餌丹《ジタン》・錬丹《レンタン》・柔丹《ジュウタン》・伏丹《フクタン》・寒丹《カンタン》の九種の丹薬のことで、服用すると仙人になるという神仙の霊薬。石室は図書室の意であるが、ここでは大切なものをしまっておく部屋の意。三徑は隠者の住まいの庭園のこと。この詩の通釈は、九丹を求めるには石室を開けねばならないが、それがある三徑は荒れた深い林の中にある、仙人ならば舞い上がって見つけることができるが、隠士ではちょっと尋ねていくには難しいところだ、垣根の下に黄色のキクの花が植えられ、丘の中に白雪琴の曲が聞こえてくる、こんな中では松葉酒を飲んで喜び明かし、山遊びし詩を吟じて楽しもうとなる。白雪琴は琴の名曲の一つであり、それと並べて黄花菊《きばなぎく》を取り合わせるのは、白花の菊（白菊）がありながら、当時は黄花菊しか眼中になかったことを暗示する。古く、『禮記』の月令に「季秋の月、（中略）鞠に黄花有り」とあるので、中国でいう菊はもともと黄色だけを指したともいえる。晋・嵇含（二六三年―三〇六年）の菊花銘に「煌煌たり丹菊　翠葉に紫莖　詵詵たる仙神　徒《ただ》落英を餐《と》る」（『藝文類聚』巻八十一）とあり、丹菊《タンギク》という赤色系の菊が出てくる。わが国の古典籍でもよく似た名前は散見される。『榮花物語』の「むらさき野」に「中《なか》に、薄葉《うすやう》、もみぢ葉《ば》、櫨《はじ》、又紅《くれなゐ》にて、裏は色々《いろいろ》なるもき、菊《きく》は蘇芳菊《すはうぎく》、たゞおしは

かるべし」とある「すはうぎく」は、物語では衣服の色目の一つとして登場するが、その名前から蘇芳色の花をつけるキクの品種の存在が示唆される。一般には霜によって白菊が変色したものとされるが、科学的にはあり得ないので、咲き始めは白く次第に色づく開花の過程を勘違いしたものであろう。わが国で発生した品種で丹菊に似たものと考えてよいが、和漢いずれの詩文にもあまり登場することはなかった。

さて、菊には白花もあり、本草では正品として扱うことはないが、名前の上では白菊と称して区別する。しかし、六朝詩に白菊は見当たらず、唐代になってようやく散見される。それでも中国では菊といえば黄花と相場が決まっていることは、白居易の歌の内容に顕著に表されている。

『全唐詩』巻四五〇「重陽の席上にて白菊に賦す」　白居易

園に満つ花菊、鬱金の黄
中に孤叢有り、色霜に似たり
還《また》似たり、今朝の歌の酒席
白頭の翁、少年の場に入るに

鬱金《ウコン》はショウガ科ウコンの根茎で切り口は鮮黄色、白頭翁《ハクトウオウ》はキンポウゲ科オキナグサの意もあるが、ここでは白髪頭の老人の意。通釈すると、庭園に一杯に生えているのは鬱金のような鮮やかな黄色の花の菊だ、中に一叢、花の色が霜に似ているのがある、ちょうど今朝の歌会の酒席で、白髪頭の老人が若者の席にぽつり座っているようなとなる。この白菊はわざわざ植えたのではなく、何らかの経緯で雑じったか、劣勢の変異種として黄花菊から発生したものと思われる。それにしても、髪の黒い多くの若者の中に一人の白髪の老人に見立ててこの歌を詠んだ白居易の感性は見事であり、平安の歌人にも影響は及んでいる。「けさ見れば　さながら霜を　いただきて　おきなさびゆく　しら菊の花」(『袖中抄』第五)はまさに白居易の詩を本歌取りしたものであろう。『和歌深秘抄』に「きくをおきな草といふ人あり。八雲御抄にな（お）きな草は白頭草とい（ひ）つ（れ）ども別とみへたり。」（括弧内は筆者補注）とあるように、キクの異名に「おきなぐさ」があるのも、白居易の詩に由来し、白菊に特化した別名であることはいうまでもない。もう一首、白居易とほぼ同じ時期に活躍した李商隠（八一二年—八四八年）の歌を紹介する。

『全唐詩』巻五四一「和馬郎中移白菊見示」　李商隠

陶詩いふ、只《ただ》黄金の實を采ると　郢曲、新たに白雪の英を傳ふ
素色なるは籬下に發《さ》くを同じうせず　繁花、疑ふらくは自づから月中に生ずるかと
杯に小《すこ》し摘むるを浮かべて雲母開く　露の全移なるを帯びて水精を綴らん
偏《ひとへ》に稱《たた》ふ、含香の五字の客と　茲《ここ》より地を得て始めて芳榮せん

黄金の實は黄菊の花、白菊の花に対して「実」と表現することで、より上等であることを強調する。白雪の英は白菊のこと。郢曲《えいきょく》は楚人の歌、転じて卑俗な歌曲の意。素色は白色のこと。水精は水のすだま、水の妖精。小摘は少し白菊の花を摘むこと。全移はすべてを移すの意であるが、露は文字を譬え、次にある五字客《ごじのきゃく》に関連して文書の意もあるかと思われる。五字客は、後述するように、『三國志』の裴鬆注に出典する故事に由来し、文才に長けた人をいう。通釈すると、陶淵明の詩にただ黄菊の花を採るというが、新たに白菊を詠った歌曲が俗世間に広まっている、素っ気ない白色の花と黄菊とは垣根に同植されないが、白い花が満開になって密生していれば、月の中に生えたかと疑うほどだ、白い花を少し摘んで杯に浮かべれば雲母が咲いたようで、白花に降りた露を全部移して水の須玉でもつくろうか、黄花より地味だが、ひたすら含香のある文芸の達人と称えられるだろう、ここから新たな地に移植して初めて芳しい花をいっぱいつけるのだとなる。この詩は白菊が魅力的であるとして詠んだのではなく、地味は地味なりに白菊の良さがあるとした上で、まだ才能を認められていない人を譬えて詠んだのであろう。白菊と

は直接の関係のない五字客を詠んでいるのはそれを示唆する。この語彙の由来は、『三國志』魏志・鍾會傳の裴松注にあり、その一部を紹介しておく。

世語曰ふ、司馬景王、中書に命じて虞鬆をして表を作らしむ。再び呈して、輒《すなは》ち意《おも》ふべからず、松（＝鬆、以下同じ）に更定を命ず。經時を以てするも、松、思竭して改むること能はず、心之に存して（元本：心之を苦して）、顏色に形《あらは》る。會、其れを察して憂ふこと有り、松に問ふ。松、實を以て答ふ。會取り視て五字を定むと爲す。松、悅び服し、以て景王に呈す。王曰ふ、爾《なんぢ》に當たらず、誰か定むる所なるやと。松曰ふ、鍾會なりと。云々

要約すれば、虞鬆は司馬景王の命令を受けて表文を作り、王に提出したが却下された。虞鬆は作りなおすことができず顔に苦悶の痕が出るほどであったが、これを見かねて鍾會がわずか五文字を変えただけで納得のいく表文ができあがった云々という話である。李商隠が五字客を詠み込んだのは、白菊と黄菊は、五字客の故事が示すように、菊としての差は軽微なのに、俗間の評価に大きな差があることを訴えようとしたからである。また、陶淵明を最初に引用して黄菊に言及するのは、ひたすら拙を守り通したはずの陶淵明に対する皮肉とも受け取れる。すなわち、陶淵明の菊は佳色ではなく素色の方がその人生観によりふさわしいのではないかと暗に示唆したのである。この背景には陶淵明を詠む詩文が『全唐詩』だけでも五十首近くあり、唐代になると半ば神格化された事実がある。李商隠はそれに反発してやんわり警鐘を鳴らす意味でこの詩を詠んだとも考えられる。

ではわが国の古典では黄菊と白菊はどう詠まれているのであろうか。意外なことに、あるいはそれだけわが国と中国では同じ植物であっても感性が大きく異なる証左といえるのだが、中国では高く評価される黄菊の名を直接詠み込んだ歌はごくわずかしかない。

一、　きぎくのこれり

きくの花　今日をまつとて　きのふおきし　つゆさへきえず　えのさかりなり
きみがため　こころもしるく　はつしもの　おきてのこせる　きくにざりける

（『躬恒集』第三巻）

詞書に「きぎく」とあり、本歌では単に菊の花とする。前の歌は、今日を待つといって昨日降りた露すら消えないで枝に花を一杯つけて盛りだという意味である。第五句の「枝の盛りなり」を、写本によっては「今盛りなり」とする。後の歌は、君を思う気持ちで心も白く際立っているが、私の心のように、真っ白な初霜が降りた残り菊であったことよの意である。したがって、第二句は「心も著《しる》く」と「心も白く」を掛ける。残り菊を詠んだのは後の歌のみであるが、中国詩にあるような挫折感や没落といったイメージはない。ただし、この黄菊は必ずしもイエギクと限らず、黄花の野菊の可能性もある。というのは、『紫式部日記』に「世におもしろき菊の根をたづねつつ掘りてまゐる。色々うつろひたるも、黄なるが見どころあるも、さまざま植ゑたてたるも、朝霧のたえまに見わたしたるは、云々」（十月十餘日）とあり、野生品を求めて採取、植栽したことがうかがえるからである。その中で黄花品が見所あるというのであり、庭に植栽したイエギクを前提にして記述したとは考えにくい。また、『延喜式』巻第三十七「典薬寮」の諸國進年料雜藥に甲斐国・近江国・下野国・若狭国・阿波国・讃岐国から黄菊花の貢進の記録があるが、当時、これほど広くイエギクが栽培された証拠はないから、野生の黄花品であったことを示唆する。以上の地域のうち、近畿以西では黄花の野菊の一種シマカンギクが分布し、現行の局方も菊花の基原の一つとする。一方、甲斐国・下野国から貢進されたものはいわゆる野菊と総称されるキク属・ヨメナ属以外の黄花のキク科植物と思われ、強いてあげれば、キオン当たりが該当する。

一方、白菊を詠んだ歌は黄花菊よりずっと多いが、ここでは次の四首を挙げておく。

二、おしなべて　さくしらきくは　やへやへの　花のしもとぞ　みえわたりける

（『今昔物語』公任大納言）

三、　しらぎくの花をよめる　凡河内躬恒

心あてに　をらばやをらむ　はつしもの　おきまどはせる　白菊の花

（『古今和歌集』巻第五「秋歌下」）

四、　大納言源朝臣の枇杷の家にて、菊をもてあそびて、くもじを得たり

うつろはん　ときや見わかん　冬のよの　霜とひとつに　みゆる白菊

（『源順集』）

五、　しのぶる女に、あらはれての日

はつしもの　おきてののちは　しらぎくの　花のしたひも　とけはてぬらん

（『惟成弁集』）

第二〜四の歌は、白菊を霜に見立てて詠んだ。第二の歌は、咲いている白菊はすべて幾重にも重なる花におりた霜のように見えたことだ、第三の歌は、推測して折るなら折ってみようか、初霜が降りて菊を白く惑わせているのか、あるいは真の白菊なのか、どちらかをはっきりさせるために、第四の歌は、花の色が変わろうというのだろうか、時によって見分けるのだろうか、いずれにせよ白菊は冬の夜の霜と一体に見えることだという意味になる。第三の歌の類歌に、「月影に　色わきがたき　しら菊は　折りてもをらぬ　ここちこそすれ」（『躬恒集』）という同じ歌人による歌がある。一般の注釈書は、以上の歌を前述の白居易の「重陽の席上にて白菊に賦す」詩ほか漢詩から学んで詠んだ歌とするが、その割に違いの方が歴然としているのはどう解釈するのだろうか。以上の四首のうち二首に「はつしも」とあるが、中国の詩文で初霜はきわめて少ない。『藝文類聚』では梁簡文帝の秋閨夜思詩に「初霜、細葉に實《み》ち　秋風、亂螢を吹く」（巻三十二「閨情」）とあるほか、すべて合わせても二件、また『全唐詩』では李白の「魯東門に蒲を刈るを観る」（巻一八三）に「魯國寒く事早し　初霜に渚蒲を刈る　鎌を揮ふこと月轉《まは》るが若く水を拂ひて連珠を生ず　此の草最も珍なるべし　何ぞ必ずしも龍須を貴ばん　織りて玉床の席を作り　欣びて清夜の誤を承く　羅衣能く再拂して　素塵の撫るるを畏れず」と初霜が詠まれるが、これがすべてである。この事実はこれまであまり注目されることがなかったが、いずれもわが国でよく知られた詩とはいい難く、わが国の文人に対する影響はほとんどなかったに等しい。漢詩からキーワードとして「しらぎく」「しも」を選定したとしても、内

容を大きく脚色し、独自の感性を込めて詠んだ歌が圧倒的に多いという事実を忘れてはならない。

六、　あやしきことといひつけて、さるべきものどもなどしたためて、けざやかにほかへいにけるのちに、うつろひたるきくさかりにみゆるころ、むつましきゆかりにてときどきかよふわかき人のゆゑなからぬがたちよりて、いかにまた人はほかにかととひしついでに、この花をめとどめて、ただにはすぎがたくやありけむ、かくいひし

うゑおきし　人のこころは　しらぎくの　はなよりさきに　うつろひにけり
（『相模集』第三巻）

七、　月のあかきよ、菊の花さかりなり

うつろはば　ことに見えまし　しらぎくの　いろにかはらぬ　冬の夜の月
（『中務集』第七巻）

八、　月のもとのしらぎく

色そめぬ　ものならねども　月影の　うつれる宿の　白菊のはな
（『貫之集』第二）

第六の歌は、恋する気持ちを植え付けておいても、人の心は白菊の花よりも先に色褪せてしまうのですねという、相手の心変わりを嘆く歌である。白菊の花の色は白であるから、それ以上色が褪せることはないが、仮に黄花の菊として詠むと、インパクトが弱くなってしまうのはいうまでもなかろう。漢詩文で白菊に寄せて恋愛感情を詠んだものはなく、わが国文人が独自に到達した境地と思われる。第七・八の歌における白菊と月の取り合わせも中国詩にほとんど類例を見ない。とりわけ月光との取り合わせは白菊の花が純白無垢だからである。第七の歌の意は、色が変わったならとりわけよく見えるだろうに、白菊の花の色が変わらないように、冬の夜の月も変わらないことだ、第八は、色を染めるものではないけれども、月の光の映ったように見えることだ、我が家の白菊の花はとなる。両歌とも雲ひとつない秋空に煌煌と輝く満月を詠んだはずで、まるで水墨画のようなモノカラーの情景が思い浮かぶ。次に挙げる白菊の歌も漢詩文にない情景で、波を取り合わせている点がユニークである。

九、　おなじ御時せられけるきくあはせに、すはまをつくりて菊の花うゑたりけるにくはへたりけるうた、ふきあげのはまのかたにきくうゑたりけるによめる

秋風の　吹きあげにたてる　白菊は　花かあらぬか　浪のよするか
（『古今和歌集』巻第五「秋歌下」）

十、　岸菊浸浪

いさぎよき　みぎはにさける　しらぎくは　うつろふ色も　なみやそむらん
（『関白殿蔵人所歌合』）

十一、　朱雀院うせさせ給ひけるほどちかく成りて、皇太后宮をさなくおはしましけるを見たてまつらせ給ひて

影見えて　みぎはにたてる　しら菊は　をられぬなみの　花かとぞみる
（『村上天皇御集』）

第九の歌は『古今和歌集』に収録されるが、元歌は寛平三（八九一）年頃、当時の宇多天皇の宮廷で催された歌合で詠まれた。『寛平御時歌合』では題詞を「きのくにのふきあげのはまのきく」としているので、吹上浜に野生する野菊を詠んだことになっている。吹上の浜とは和歌山市紀ノ川の河口から雑賀《さいか》の西浜までの海岸をいう。一方、『古今和歌集』の題詞では、州浜台をつくって紀伊国の吹上の浜を思い浮かべ、『寛平御時歌合』と同じように、浜辺に咲く白菊を詠む設定となっているので、事実上の本歌取りに等しい。因みに、『寛平御時歌合』の菊の歌はことごとく野菊であり、これに関しては後述する。第九の歌の意は、秋風が吹き上げる中で、吹上の浜に生えている白菊は、花であるのか、あるいは吹上浜に吹き寄せる白浪であろうかとなる。第十の歌の意は、甚だ清らかに水際に生える白菊は、白く色が変わったのは波に染まったのだろうか、第十一の歌は、水際に生える姿が白菊に見えても、折ることのできない波の花のように見えたことだとなり、いずれも白菊を水際に生えるとする。これも栽培する白菊ではなく、実際のロケーションはともかくとして、少なくとも野生の白花野菊をイメージして詠んだ歌と考えざるを得ない。花を波頭に見立てるほどであるから、頭状花序が大きく、群生する性質があり、海岸地帯に生える種である。これに該当する種としてもっとも有力なのはイエギクと同じキク属のセトノジギクであり、兵庫県以

西の本州と四国（愛媛）の瀬戸内海沿岸に分布する。類似種にノジギクがあり、兵庫県以西の本州と四国・九州の太平洋岸に分布するが、海岸地帯の岩場に多く、セトノジギクとはやや生育環境が異なるが、これも白菊の候補と考えてよい。ただし、いわゆる野菊と称するものは多く、関西以西でもっとも普通な種は別属に分類されるヨメナである。ヨメナの古名は「うはぎ」であり、『萬葉集』では二首に詠まれる。拙著『万葉植物文化誌』で詳述したように、柿本人麻呂の「妻もあらば　摘みて食《た》げまし　沙弥《さみ》の山　野の上《へ》のうはぎ　過ぎにけらずや」（巻二　〇二二一）にある「うはぎ」は生育環境からセトノジギクと考定した。上代は、『懐風藻』に菊の名が初見するとはいえ、種認識は不十分であったにちがいない。キク科植物で舌状花と筒状花から構成される頭状花序をもつものをすべて「うはぎ」あるいは菊《きく》と称し、平安時代になっても種認識の混乱は解消されていなかったと推定される。『寛平御時歌合』にいう「紀伊國の吹上の浜の菊」は、同所にノジギク・セトノジギクは分布しないから、キク属以外の野菊である。平安期には中国渡来の栽培菊があったことはまちがいないが、当初は中国の影響が強く、白花の菊はあまり珍重されなかったと推定されるから、品種分化が貧弱で野菊と大差なかったと思われる。したがって、前述の菊の歌も今日のイエギクを想像してはならない。ノジギク・セトノジギクに形態の酷似する野菊は、別属に分類されるが、東北地方の太平洋岸に分布するハマギク・コハマギクがあり、大きな頭状花序をつけ、花色も真っ白である。平安時代にあっては辺境の地であるから、文人の知るところではなかった。

最後に平安期の菊を考える上で次の歌が注目に値する。

十二、　しら菊のまがきのうちにさきみだれたるをみて

　おほ空を　こめたる菊の　まがきかも　ほしまだらにて　花のみゆるは

（『安法法師集』）

この歌は、大空を籠めた菊の籬《まがき》であろうか、星斑のように花がみえるのはという意味である。垣根の中に多くの菊が植栽され、それは星斑のようだというのは、黄花菊が圧倒的に多い中で、白花菊が星を散りばめたように斑状に

生えていると解釈できる。すなわち、白居易の「重陽の席上にて白菊に賦す」とは同じ情景でありながら、まったく別の視点で詠んでいるのは興味深い。今日、イエギクは挿し木などの栄養繁殖でクローン増殖するが、古くは雑種とはいえ、種子をつけたと考えられ、種子を採取し播種して栽培した。雑種のイエギクは実生では様々な形質の個体が発生する。この歌は、まさにそれを表し、黄花菊の選抜が不十分のため、白花菊が混じったと考えられる。『藏玉集』に藤原清輔の歌という「庭満に　咲くてふ色や　ほしみ草　まがはぬ色を　籬にぞみる」が収録され、星見草を菊の異名とするが、第十二の歌と共通の認識に基づく。

以上述べたように、わが国の詩文における菊で顕著なのは白菊を題材とするものが漢籍に比べてきわめて多いことである。『萬葉集』に実在しないはずのシロツツジを詠んだ歌（三―〇四三四・九―一六九四・十―一九〇五）が三首あることも無関係ではないだろう。神道で用いるシデが純白であることも無関係ではなく、この背景には純白を好むわが国固有の文化風土がある。したがって、前述の菊合の歌に詠まれた「しらぎく」は必ずしも白菊ではなく、広くノギクと称するものに白い花冠を仮託して詠んだとも考えられるのである。

1-6　キクの和名と漢名の釈解

今日、「きく」を表す漢名は菊であるが、古くは別の字で表していた。『禮記』の月令に「季秋之月、（中略）鞠に黄華有り」、『周禮』巻三十四の秋官司寇第五に「蟈氏、掌て鼃黽を去り、牡蘜を焚く。灰を以て之を洒《あら》へば則ち死す。其の煙を以て之を被へば則ち凡て水蟲き聲無し。」、また『大戴禮記』の夏小正に「九月　榮鞠樹麥　鞠は草なり。鞠榮えて麥を樹《う》う、時の急なるなり。」とあるように、もともとは鞠または蘜であった。因みに、『周禮』の牡蘜を、『本草綱目』は種子をつけないキクとするが、不稔性の進んだ栽培品種ならあり得るが、当時、それほど栽培技術が深化していたか疑わしい。鞠を「艹」に作った蘜を『集韻』は「蘜は菊に同じ」（『康熙字典』所引）とした。今日、菊を基本字とするが、その意符書換字「蘜」は『説文解字』にあって「蘜は日精なり。秋華を以てす。从艸鞠省聲。」と記載する。『名醫別錄』は日精《ニッセイ》を菊華の異名とするので、確かに蘜は菊の義である。古字書は菊の字義を必ずしも今日の「きく」に限定していたわけではない。まず、『説文解字』は「菊は大菊、蘧麥なり。从艸匊聲。」、それを受けて『爾雅』は「大菊は蘧麥なり」とするが、これでは何を表すかさっぱりわからない。郭璞は「一名麥句薑即ち瞿麥なり」と注釈するように、大菊《ダイギク》を瞿麥《クバク》すなわちナデシコ科ナデシコの基原とする。宋の考証家邢昺疏も「大菊一名蘧麥、藥草なり。郭云ふ、一名麥句薑即ち瞿麥なりと。案ずるに、本草云ふ、瞿麥一名巨句麥一名大菊一名大蘭、陶註云ふ、今近道に出でて、一莖に細葉を生じ、花は紅紫赤にして愛すべし。子頗る麥に似たり。故に瞿麥と名づくと。」（『爾雅註疏』）と詳細に注釈し、やはり大菊はナデシコである。『名醫別錄』も大菊を瞿麥の異名としている。この名を使うことはまれであるが、唯一、李徳裕（七八七年—八四九年）の次の詩に登場する。

『全唐詩』巻四七五「春暮に平泉を思ふ雜詠二十首　金松」　李徳裕

台嶺、奇樹を生ず　佳名、世未だ知らず
纖纖として疑ふらくは大菊かと　落落として是れ松枝なり
日に照りて含金のごとく晣《あき》らかなり　煙を籠めて淡翠滋《しげ》れり
人、去晩と言ふ勿れ　猶ほ歲寒の期有るがごとし

平泉とは李徳裕が洛陽郊外に建てた別荘の名前である。奇樹は金松を指し、第4章第3節「3-5」でも述べたように、珍しい樹とすばらしい樹の意がある。『酉陽雜俎續集』に「金松の葉は麥門冬（キジカクシ科ジャノヒゲ）に似たり。葉の中の一縷は金綖の如し。浙東に出て台州に猶ほ多し。」（巻第九「支植上」）とあり、一部の地域にしかない樹木とするから、奇樹は珍しい樹の意である。去晩は過ぎ去った過去を象徴していう。歲寒は寒い季節のほか、老年・逆境、そして乱世・艱難に際してめげないという意がある。通釈すると、台州の山に奇樹が生えている、そ

の評判を世の人はまだ知らない、その細くてかよわいことといったら大菊かと疑うほどであるが、高く抜き出るのは松の枝そのものである、日に照らされると金からできているのかというほど輝かしく、煙（霧や霞）に包まれれば淡い緑色に茂っているように見える、もう私を過去の人だと言いなさるな、逆境の時期に当たっているだけだとなる。第四連はもはや行動するには遅すぎると言うな、まだ逆境は続くが、この世も捨てたものではない、まだ金松のようにすばらしいものがあるのを皆知らないだけだという意を込めている。大菊は金松の華奢な様に譬えるから、キクではなくナデシコである。

さて、わが国の「きく」の名の由来について考えてみよう。前述したように、菊の漢名の初見は『懐風藻』であるが、和訓は不明である。平安期になってようやく和訓・和名がつけられ、『新撰字鏡』に「鞠菊　二上字左支奈」とある「さきな」を最初の和訓とする。「さ」は接頭辞として「さ黄菜」の義で、黄色の花をつける黄花菊を前提とした名であるが、この和名はほかに見当たらない。一方、『本草和名』（深根輔仁）では「菊花　一名節華一名日精一名女郎一名女華一名女莁一名更生一名周盈一名傅延年一名陰成一名苦薏　味苦し、楊玄操音憶　白菊　花白し、已上二種陶景注に出づ　一名周成　莁なり　一名神精　子なり　一名神華　子なり　一名長生　根の名なり、已上五名大清經《ママ》に出づ　一名女嬴一名盧　已上兼名苑に出づ　菊花なるは月精なり　大清經《ママ》に出づ　一名日華一名延年　華なり　一名生嬰　莁なり　一名扶公　華なり、已上神仙服餌方に出づ　菊花なるは天精なり　范注方《ママ》に出づ　一名朱嬴一名傅公　雜要訣に出づ　和名加波良於波岐」とあり、多くの異名を列挙して「かはらおはぎ」なる和訓をつける。盧は盧の交換略字、女莁は女莖（『名醫別錄』にあり）の誤りである。前述したように、「お（う）はぎ」はヨメナの古名であり、「かはらおはぎ」の和訓は古くはキクとヨメナの類が同類と認識された痕跡と考えられる。この名は中国より渡来したイエギクに対する和名ではなく、シマカンギク（日本薬局方生薬キクカの基原植物の一つ）など和産のキク属種につけた名で、本草学分野ではようやくヨメナとキク属種が分別されるようになった。『和名抄』（源順）では「四聲字苑云ふ、菊　擧竹反本草注云ふ、菊に白菊紫菊黄菊有り、和名加波良與毛木、一に云ふ加波良於波岐、俗に云ふ本音之重　日精草なり」とあるように、「かはらよもぎ」の和訓をつけ、その上で『本草和名』を「一に云ふ」として引用するにすぎない。『本草和名』は白蒿および茵蔯蒿にも「かはらよもぎ」の和訓をつけるのでややこしいが、「よもぎ」の類であるから、菊に充てるのは誤りである。源順は、前述したように、「うつろはん　ときや見わかん　冬のよの　霜とひとつに　みゆる白菊」（『源順集』）なる歌を残しているが、白菊は「しらぎく」以外に訓は考えられない。にも関わらず、源順はなぜ「きく」を菊の和訓としなかったかというと、それは菊の漢音による音読みそのものだからである。以上の両書よりやや遅れて成立した『醫心方』（丹波康頼）は「菊　和名岐久」とし、明確に「きく」を和名とする。おそらく『懐風藻』でも菊を「きく」と読んだと思われる。『本草和名』『和名抄』が成立する前に、『古今和歌集』『内裏菊合』に「きく」の名前で詠んでいるから、平安時代になっても文人は菊にふさわしい和名がないことをもって、音読み名を和歌に詠むことを余儀なくされ、そしてついに「きく」が標準和名として定着するに至ったのである。

1-7　万葉の「ももよ草」はキクか？

上代の典籍で菊の名が出てくるのは七五一年に成立した『懐風藻』のみであって、そのうちの一首は菊酒を詠んだ歌であった。そのほか、「菊風、夕霧を披き」（「七夕」）「巖前に菊氣芳し」（「挽秋於長王宅宴」）・「菊浦に落霞は鮮なり」（「於寶宅宴新羅客」）・「斯の浮菊の酒を傾けて」（「秋日於長王宅宴新羅客」）の四詩に詠まれている。菊風・菊氣・菊浦は六朝詩に見当たらないが、以下に示すように、菊風を除いていずれも初唐から盛唐の詩人の詩文（『全唐詩』）にわずかながら詠まれる。

菊氣

奉和九日幸臨渭亭登高應制得暉字（巻四十六）　蘇瓌（六三九年―七一〇年）

九月奉教作（巻五十八）　李嶠（六四五年―七一四年）

晩泊江鎮（巻七十九）　駱賓王（六四〇年―六八四年）

奉和九日侍宴應制得濃字（巻九十二）　李乂（六四七年―七一四年）

菊浦

奉和幸安樂公主山莊應制（巻九十三）　盧蔵用（六六四年―七一三年）

したがって唐詩を本歌取りすれば、実物の菊（イエギク）を見なくてもかかる詩を賦すのは不可能ではないから、当時、イエギクがわが国に伝わっていた証拠にはならない。また、当時の品種分化の不十分なイエギクであれば、わが国にはそれに似た野菊が多く自生する。六朝詩や唐詩に多く詠まれ、中国では仙薬として珍重され、そして『神農本草經』の上品にも収載される菊を上代の先人がまったく知らなかったとは考えにくく、野菊の一部を菊として以上の漢詩を詠んだ可能性は大いにある。また、シマカンギクなど一部の野菊をもって本草の菊（菊花・菊華）と古代人が認識していた可能性も高い。

『萬葉集』の次の歌にある「ももよ草《ぐさ》」を菊に充てる見解があるので、それが妥当であるかどうか、ここで精査してみたいと思う。

一、父母《ちちはは》が　殿《との》の後方《しりへ》の　ももよ草《ぐさ》　百代《ももよ》いでませ　我《わ》が来《き》たるまで　（巻二十　四三二六）

原文ではももよ草《ぐさ》を母〻余具佐と表記する。第三句までは同音の百代を導く序詞であり、父母の屋敷の後方に生えている「ももよ草」のように、いつまでも長生きしてください、私が帰ってくるまでという意になる。今日の注釈書のほとんどは「ももよ草」を未詳の植物とするが、『上代語辞典』（丸山林平）は長く咲き続けるから菊とし、また同音を重ねて「百世（代）」に冠する枕詞とする。今日、この見解を支持する俗間の一般書がかなりあり、また一部の国文学者も「その年の山野草の中で最後に咲く花であることも、父母の長寿を祈る草としてふさわしい」

（藤原茂樹『日めくり万葉集』二〇〇九年十月号）として支持する。しかし、この見解には以下に述べるような矛盾があり、万葉植物学の専門家の立場から支持できない。まず、この歌は、「天平勝宝七歳（七五五）乙未の二月、相替はりて筑紫に遣はされし諸国の防人等の歌」の一首で、左注に「右の一首は同じ郡の生壬部足国」とある。すなわち、遠江国佐野郡出身の足国という人物が、両親を故郷に残し、防人として九州まで出立する時の心境を詠んだ。問題は、旧暦の二月の仲春、新暦では三月に当たるから、そのころにキクの類は枯れ果てており、詠み人が百代草のイメージでもって菊を思い浮かべるとは考えにくいことである。菊が長寿の象徴といっても、植物としての菊そのものではなく、仙薬として認識されているのは菊花であるから、花のない菊は無意味といわねばならない。

『藏玉集』に「ももよ草」を百夜草として菊に充て、もっともらしい故事を添えて詠んだ歌を収録している。『和歌藻しほ草』（月村斎宗碩）もこれを引用しており、中世のわが国ではかなり支持されていたようである。

二、　菊　百夜草　天智天皇花尽異名

名にしおふ　翁が庭の　百夜《ももよ》草《ぐさ》　花咲きてこそ　白妙になれ

大和三輪里に老翁あり、彼の庭に一本の菊を植ゑて此翁もてあそぶ、此菊、秋冬過ぎて春夏までも花も葉もかはらず、所の者、不審して委しく尋聞くに、自七月一日毎夜菊の下露を器物にうくる事、百夜なり、毎月此花を並ぶ、依之此菊四季にかれず、仍、百夜草と号す　（『藏玉集』）

ここでは「ももよ草」を四季咲きで枯れることのない特殊な菊と位置づけ、その由来を神仙譚風に記す。七月一日から百夜にわたって「菊の下露」なるものを採るといい、それをどうするのか明記していないが、おそらく菊の枯れない源として根元にかけて育てるのであろう。七月一日から百夜目に当たるのは十月八日の夜であるが、旧暦でも特別な日ではなく、太陽暦では十一月上旬に当たるが、これも思い当たるものがない。結局、この歌は「ももよ草」を万葉歌からキーワードとして選定し、長寿を祈るという元歌の意を汲み取った上で独自の解釈を施し、平安期の女性に流行した「菊の綿露」を拡張解釈して、適当に故事を創出したと考えられる。全体として意味不明なのは作った歌人自身がよく理解していなかったからと思われる。以上、「ももよ草」を菊とするには無理があるとはいっても、生壬部足国がイメージした「ももよ草」がどんな植物であるのか、考証しなければ画竜点睛を欠く。まず、「ももよ草」の「ももよ」は百代と同音ではあるが、同義としたことが誤りであった。因みに、『萬葉集』に「ももよ」の用例は全部で六首あるが、序詞となっているのは前述の第一の歌のみである。そのほかの五首はいずれも原文で百代または百世の正訓で表記する。すなわち、正訓であれば長い期間の意と解釈して問題はない。「もも―よ―ぐさ」と音節分解し、「もも」を百の意とするのは異存はないが、「よ」については代・世のほかに別の意味がある。『和名抄』の竹具類「節」に「両節の間を俗に與と云ふ、故に以て之を擧ぐ」とあるように、竹の節の間を「よ」と称し、実際、「今日《けふ》よりは　とく呉竹《くれたけ》の　ふしごとに　よは長《なが》かれと　思《おも》ほゆるかな」（『後拾遺和歌集』巻第十二）という用例があり、この場合は夜との掛詞とする。『萬葉集』でも「この花の　一《ひと》よのうちは　百種《ももくさ》の　言《こと》持ちかねて　折らえけらずや」（巻八　一四五七）の「一《ひと》よ」も同じ意と思われる。この義とすれば、「ももよ草」は節の多い植物であり、竹以外は考えにくい。竹であれば、成長力は旺盛で高く伸張し、冬でも枯れないから、百代の意を含み持たせるにふさわしい。

　イエギク・ノギク（野菊）はごく普通にあるから、一般人にとって『萬葉集』に「きく」がないことは理解しがたいのかもしれない。『懐風藻』の五詩に菊が詠まれるとはいえ、いずれも実物の菊を詠んだという臨場感に乏しく、少なくとも奈良時代前期までにイエギクが伝わっていたという確固たる証拠に乏しい。『正倉院文書』や木簡にも植物を表す菊・鞠などの名は見当たらないから、イエギクの渡来は早くても奈良時代の末期あるいは平安時代になってからと考えられる。こう説明しても確固たるエビデンスに基づくわけではないから納得する人は少ないだろう。また、こう主張する人もいるかも知れない、ノギクの類はわが国にいくらでも自生するのではないかと。では、舌状花と筒状花からなる花をつけるキク科植物をどれほどの人が識別できるのだろうか。いわゆるノギクの類で『萬葉集』に詠まれた種はある。それは「うはぎ」の名で登場し、今日のキク科ヨメナであり、関西では古名の訛名「おはぎ」と呼ぶからご存じの方も多いだろう。本節でも簡潔に述べたが、歌聖と称せられる柿本人麻呂が瀬戸内海の島を舞台にして詠んだ歌に「うはぎ」が登場する。この歌の情景分析からそれはヨメナではなくセトノジギクの可能性が高いことは拙著『万葉植物文化誌』で詳述した。菊花の基原であるシマカンギクはキク属の一種でわが国に自生し、菊花酒にも薬用にもあるいは園芸用の栽培にも堪える。とすれば、人麻呂の「うはぎ」の例から、前項で述べたように、上代にあっては「きく」が「うはぎ」の中に埋没していたと考えられる。今日、ごく普通にある植物が『萬葉集』に出てこない例は「きく」だけに限らない。同じキク科に属するタンポポに至っては、平安の詩文にすら出てこないが、食用になるので若菜の一種と認識されていたからと考えられる。すなわち、古い時代にあっては有用植物であってもすべての植物に固有名がつけられているとは限らないのである。

第2節　シャクヤク

シャクヤクはボタン科の多年草で、ボタンとは同属異種の関係にある。シャクヤクは草本、ボタンは低木で、草本と木本の種の相異は大きいように見えるが、現在、園芸用に栽培するボタンは、すべてシャクヤクを台木とする接ぎ木によって増殖するから、意外と近縁である。『埤雅』（陸佃）に「今、羣芳中、牡丹の品は第一、芍薬は第二、故に世に謂ふ、牡丹は華王と爲し、芍薬は華相と爲し、又或は以て華王の副と爲すなりと」とあるように、シャクヤクがボタンと常に比較されたのは、花と葉がよく似る同類の花卉だからである。シャクヤクの根を芍薬《シャクヤク》と称し、『神農本草經』の中品に収載され、古方の妙薬としてわが国の漢方医学も重用する。ところが本草の芍薬の薬性に関する記載は今ひとつ首尾一貫しない。『神農本草經』は苦、『名醫別錄』は酸・平にして微寒、そして『開寶本草』（馬志）に至っては「別本（一説に呉氏本草という）注いふ、芍藥、神農いふ苦なり、桐君（『桐君藥錄』）いふ甘無毒なり、岐伯（伝存の『黃帝內經』の著者の一人）いふ鹹なり、季氏（『李當之本草』）いふ小寒なり、雷公（『雷公炮炙論』）いふ酸なりと」と記述するように、各古典籍による薬性の違いを列挙している。中国古典医学における薬性の概念について説明しておくと、寒《かん》・熱《ねつ》・温《おん》・涼《りょう》の四気《しき》（四性《しせい》ともいう）と中立要素として平《へい》を加えた五種の属性と、五味《ごみ》すなわち甘《かん》・酸《さん》・鹹《かん》・辛《しん》・苦《く》の五種の味の属性がある。理論的基盤を陰陽五行思想に置く金元医学および現代の中医学においては薬物の根幹の特性を表す重要な概念である。文献記載に見られるほどの薬性の違いがあれば、通例、基原が異なる場合以外はあり得ないので、古く芍薬と称していたものは本当にシャクヤクであるのか、白黒をはっきりさせるために綿密に考証したいと思う。因みに、以上述べた薬性は、陰陽思想にのみ準拠するわが国の漢方医学ではほとんど無視されていることを追記しておく。

2-1　『詩經』の勺薬がシャクヤクではない可能性はあるか

中国最古の詩集『詩經』國風・鄭風の溱洧に勺薬という紛らわしい同音の名前が詠まれている。字義の考証は後述するとして、まずは第一スタンザと第二スタンザを紹介し、その内容から勺薬がどういう位置づけで詠まれているのか考えてみる。

溱と洧と、方《まさ》に渙渙たり
士と女と、方《まさ》に蕑を秉《と》る
女曰く觀しやと
士曰く既に且《い》きしと

且つ往きて觀んか
洧の外に、洵《まこと》に訏《おほ》ひにして且つ樂し
維《こ》れ士と女と、伊《こ》れ其れ相謔《たわむ》れ
之に贈るに勺藥を以てす

溱・洧はそれぞれ溱水・洧水という河川の名前で、「渙渙たり」とは流れがさかんな様をいう。蕳《カン》は、毛詩傳によれば、蘭のことで、本草ではキク科の香草フジバカマを指す。訏は『爾雅』釈詁に「大なり」とあり、洧水流域が広々としていることをいう。一般的通釈では、素朴な男女が戯れる歌垣を表す詩とされ、何のためらいもなく男から女にシャクヤクの花を贈ると解釈する。花（勺藥）を贈ることは現代的感覚では美しい行為であるが、古注を見ると、必ずしも簡単にそう割り切れないことがわかる。まず、『毛詩正義』の鄭玄箋注によれば、「伊《こ》れとは因《ゆか》りなり。士と女と因りを往觀し、戯謔の行を相與《ゆる》す。夫婦の事なり。其れとは別れなり。則ち女に送るに勺藥を以て恩情を結ぶなり。」とあり、夫婦の関係における別れを主題とする詩であって、若い男女による歌垣というイメージは見えない。このあたりは非常にわかりにくいが、『埤雅』（陸佃）に「韓詩曰ふ、芍藥は離草なりと。詩に曰ふ、伊れ其れ相謔れ、之に贈るに芍藥を以てすと。牛亭問ひて曰ふ、將に離れんとして、相贈るに芍藥を以てする者は何なりと。董子荅へて曰ふ、芍藥一名可離、將に別れんとする故に之を贈るなり。亦た猶ほ相招くがごとく、之を贈るに文無を以てす。故に文無なり、一名は當歸。」とあり、鄭玄箋註の「伊れ其れ」の意をさらに詳しく説明する。「牛亭問ひて曰ふ」以下は『古今注』（崔豹）の問答釋義第八より引用した記述で、牛亭の問に董仲舒（前一七六年ころ—前一〇四年ころ）が答える形式となっている。この詩が夫婦の離別を主題とし、それに勺藥が関わることはその別名にも反映されているという。この故事により『韓詩外傳』（韓嬰）は離草《リソウ》、『本草綱目』（李時珍）は將離《ショウリ》を芍藥の異名に登用する（『本草綱目』巻之十四「草之三　芳草類　芍藥」）。ただし、今日に伝存する『韓詩外傳』に離草なる名は見当たらない。

以上、述べた背景だけであれば、男から女に〝シャクヤクの花〟を贈ると解釈しても何らおかしくはないが、『詩經』の溱洧に関してもうひとつ重要な古注を無視してはならない。それは毛詩傳の「勺藥は香草なり」という注釈であり、後世の典籍に大きな影響を及ぼした。また『文選』にも「若し其の廚膳なれば、則ち華薌の重秬、滍皐、香岻、歸鴈、鳴鷄、黃稻、嫤魚有り。以為《おも》へらく芍藥は酸甜の滋味、百種千名あり。」（巻四「南都賦」）とあって「芍藥は酸甜の滋味」という注目すべき記述がある。これに対して唐・李善（六三〇年？―六八九年）は「子虚賦曰ふ、芍藥の和具《そな》はりて後に進むなりと。文穎曰ふ、五味の和なりと。」、文選註釈五臣の一人唐・呂延濟も「芍藥は五味の主なり」と注釈し、これに基づけば、古くは芍藥を調味料として用いていた。李善の引用した子虚賦は、『文選』巻七に収録された司馬相如子虚賦のことで、『司馬相如列傳』（『漢書』巻五十七）にある原文は「是に於いて楚王乃ち陽雲の臺に登り、泊まるや、無爲なり。澹《た》るや、自ら勺藥の和を持ち、具《そな》はりて後に之を御《すす》む。」とある。李善は司馬相如子虚賦に対して「服虔曰く、具は美なり。或は芍藥を以て食を調《ととの》ふなりと。文穎曰く、五味の和なりと。晉灼曰く、南都賦曰く、歸鴈鳴鷄香稻鮮魚以爲芍藥酸甜滋味百種千名の說是なり。服氏の一說、芍藥を以て藥名と爲し、或は今の馬肝を煑て猶ほ芍藥を加ふる古の遺法と說くに因るなり。晉氏の說は芍藥を以て調和と爲すの意なり。」と注釈し、歴代の注釈者の見解を紹介した上で、勺藥（芍藥）をあたかも調味料の一種としてほぼ断定的に解説したが、それ以外に『文選』の文脈の意味を通じさせるのが難しかったからだろう。そのほか、『藝文類聚』でも「漢枚乘七發曰ふ、～客曰く、犓牛（牧草で養育した牛）の腴（肥えた下腹の肉）、菜に筍蒲（ガマの新芽）を以てし、肥狗の和、冒《おほ》ふに山膚を以てす。楚苗の食、安胡の飯、之を摶《まる》むるに解かず、一啜して散《わ》く。是に於いて伊《こ》れ尹《ただ》すに煎じ熬れば、牙《か》み易く調和す。熊蹯（クマの掌）の臑（柔らかな肉）、勺藥の醬《ひしほ》、秋黃の蘇（シソの一種）、白露の茹（茹でた菜）、蘭英の酒（劉良によれば、蘭葉すなわちフジバカマの葉で賦香した酒という）、酌み以て口を滌《すす》ぐ〜」（巻五十七）とあるように、「勺薬の醬」という調味料の一種として出てくる。『藝文類聚』巻六十一「總載居處」では「漢楊雄蜀都賦曰ふ　〜夫れ五味を調へて、甘甜の和、勺薬の羹、江東の鮐鮑、隴西の牛羊に五肉七菜〜」とあるように、調味料の域を越えて羹《あつもの》とし、これだと食品以外は考えにくい。すなわち、紀元前の『詩經』や『司馬相如列傳』にある勺薬を、六朝〜唐代の注釈者は、その正誤はさておくとして、いずれも調味料あるいは食品と解釈することで一致する。

いわゆる常識的なシャクヤクとして理解の難しい勺薬（芍薬）は、六朝時代以前の典籍ばかりでなく、唐代の古典にも出てくる。ここでは『全唐詩』の二首を紹介する。

『全唐詩』巻三五三「鶻鳩を放つ詞」　柳宗元
鼎《てい》前の芍薬五味を調《ととの》へ　膳夫腕を攘ひて左右視る
齊王觳觫の牛を忍ばず　簡子亦た邯鄲の鳩を放つ
二子得意に猶ほ此を念ふ　況や我れ萬里に孤囚と爲すをや

第一連は動物由来の食材を、料理人が忙しそうに、芍薬で味を調えて高位の官人の食膳を作るのを詠んだ。第二連は食膳の犠牲となる動物に対する哀れみを故事を引用して詠んだ。ひとつは『孟子』に「齊宣王問ひて曰く、（中略）王堂上に坐す。牛を牽きて堂下を過ぐる者有り。王之を見て曰く、牛何なにと。對して曰く、將に以て釁鐘せんとすと。王曰く、之を舍《や》めよ、吾其の觳觫を忍ばずと。」とある話を引用した。「觳觫《こくそく》の牛」とは、びくびくして死を恐れる牛の意で、釁鐘《きんしょう》とは、新しく鐘を作るとき、動物（この場合は牛）を犠牲にしてその血を塗って神に捧げることをいう。さらにこの後に話の続きとして孟子との問答があり、要約すると次のようになる。王は牛を殺すことに我慢できず、どうしてもこの祭りを続けるなら、牛より小さな羊を生け贄にするよう代案を出したところ、孟子は人民の間にあらぬ噂が広まっていると王に伝えた。王はただ牛に対する哀れみを表しただけだと言い訳したが、孟子は犠牲となる牛と羊との間にどんな違いがあろうかと問い質したところ、王は返答に困ったという。一方、「邯鄲《かんたん》の鳩を放つ」は『列子』に「邯鄲の民、正月の旦を以て鳩を簡子に獻る。簡子大いに悦び、厚く之を賞す。客其の故を問ふに、簡子曰く、正旦に生けるを放つは、恩有るを示すなりと。」（説符第八）とある話に由来する。この話にも続きがあり、君子が鳩を献上した民に厚く報いたことが広まれば、多くの民が争って鳩を捕まえようとし、結果的に犠牲となる鳩が出てくるだろうと指摘した客に対して、簡子はまさにその通りと納得したという。すなわち、第二連は動物の命の大切さを強調しているのである。第三連は、齊王・簡子は、おごり高ぶっていても動物の命を憐れむよう心がけているのに、まして自分が遠く離れた地にひとり囚われていることを哀れに思わない人がいようかという意になる。以上の通釈によれば、柳宗元は芍藥を肉類の五味を調えるものと認識していることがわかる。

『全唐詩』巻七九一「晩秋の郾城夜會の聯句」正封・韓愈

丹掖、鵷鷺《えんろ》を列《つら》ね　洪爐、狐貉《こばくき》を衣る
文を摛《の》べて月毫を揮《ふる》い　劍を講じて霜鍔《さうがく》を淬《にら》ぐ（正封）
命衣、藻火を備へ　賜樂、拊搏を兼ぬ
兩廂、氍毹《くゆし》を鋪き　五鼎《ごてい》、勺藥を調《ととの》ふ（韓愈）

丹掖《たんえき》は宮門の両脇にある赤く塗られた小門。鵷鷺は鳳凰と鷺《さぎ》のことで、整然と列をつくって飛ぶことから、居並ぶ百官に喩える。狐貉はキツネとタヌキで、ここではその毛皮で作った衣をいう。月毫《げつごう》は歳月を経た毛筆、転じて書道の腕を象徴する。霜鍔は霜のように白くなった刀の鍔、転じて使い古した刀剣、命衣は命服すなわち天子から賜った官服で、藻火はそれにつけた紋様、拊搏《ふはく》は楽器、氍毹は氈に同じで毛席《けむしろ》のこと、五鼎は「五鼎に食う」という成句と同じで、五つの鼎《かなえ》に牛・羊・豕・魚・麋の五種の肉を盛った高級な食べ物をいう。この詩は李正封（八〇七年に進士登用）と韓愈（七六八年―八二四年）の連句の形式を取る。まず、正封の句の通釈は、丹掖に群臣が狐貉の衣を着て大きな炉の回りに居並び、文章を作っては毛筆の腕をふるい、剣道を講じては使い込んだ剣を研ぐとなる。韓愈の句は、命服に藻火の紋様をあしらい、賜った楽は楽器を兼ね、両廂には立派な毛蓆を敷き、五鼎の食べ物には勺藥でもって味を調えたとなる。すなわち、この詩文でいう勺藥は、李善ほか当代の注釈者の見解を受け入れた調味料としての芍藥を指し、華相として賞揚されるシャクヤクあるいは古医学の要薬としての芍藥のイメージはない。韓愈は中唐を代表する詩人で、その当時でも調味料としての勺藥が存在していたらしい。

今日、芍藥といえば、何をさておいても古医学の要薬というイメージ強いが、唐代になると、六朝以前の芍藥に関する認識に違和感を示す詩が登場する。その典型が盛唐の詩人張九齢（六七二年―七四〇年）の次の一首である。

『全唐詩』巻四十八「蘇侍郎紫薇庭に各賦一物芍藥を得る」　張九齢

仙禁、紅藥を生じ　微芳自ら持たず
幸いに清切の地に因り　豔陽の時に還《めぐ》り遇ふ
名は桐君籙に見ゑ　香は鄭國詩に聞こゆ
孤根、若《なんぢ》用ふべし　華滋《しげ》るを愛《め》づに直《あ》たらず

仙禁は俗界を隔てて宮中に仙界として作られた一角であろう。紅藥は紅芍藥の短縮形、本草学では用いない芍藥の別名で、後述の白居易の詩にもある。シャクヤクはもともと白い花をつけるが、赤い花をつける品種が好まれたことを示唆する。清切の地は土質が痩せていること、豔陽《えんよう》は晩春のこと。桐君籙《とうくんろく》は『桐君藥錄』で、黄帝《こうてい》の臣子で伝説の医師桐君の著した本草書で、散佚して伝存しない。黄帝は古代中国における伝説の五帝の最初の皇帝で中国医学の始祖といわれ、『黄帝内經』にその名が残る。鄭國詩は前出の『詩經』國風・鄭風の溱洧をいう。孤根は独生の根すなわち一株につく一つの根をいう。若《なんぢ》はこの詩では不特定多数に呼びかける意味で用いる。この詩を通釈す

ると、宮殿の一角に赤い花の芍藥が生えたが、それ自体は微香すらない、幸いなことに瘦せた地で育ったため、(成長が遅くなり)晩春にもかかわらず花に巡り会えた、その名は桐君薬録にも収録され、それが香ることは鄭風の詩から聞いているが、その一根こそ用いるべきであり、花が咲き乱れるのを愛でるためのものではないとなる。『桐君藥錄』の芍藥に関する記述は、わずかに『開寶本草』(馬志)で「桐君いふ、甘無毒なりと」という記述にとどまる。この詩は、遠い昔の古典でいう調味料として用いられる勺藥と、園芸植物・医薬として確固たる地位をもつ芍藥との間の大きな認識の格差を指摘し、とりわけ薬物としての重要性を強調する。ただし、『證類本草』に残る『桐君藥錄』の逸文によると、芍藥の気味を甘・無毒とし、調味料としての芍藥によく合うが、皮肉なことに薬用としての芍藥の気味(苦)とは大きく異なる。張九齢は本草学・医学に精通していたわけではなさそうである。

中唐から晩唐の詩人白居易も、溱水・洧水を通過した折に、『詩經』の溱洧を懐かしむ詩文を詠んでいる。

『全唐詩』巻四四四「溱洧を經る」白居易

落日して行騎を駐《と》め　沉吟して古情を懐かしむ
鄭風、變はりて已《すで》に盡くるも　溱洧、今に至り清し
士と女と見ず　亦た芍藥の名無し

通釈すると、日が落ちたので、先へ行くのはやめ、静かに歌でも吟じて昔の風情にひたろうか、もはや鄭風の時代とは何もかもが大きく変わってしまったが、溱洧の河水だけは今でも清らかだ、ただ男も女も見当たらないし、また男が女に送った芍藥もないのだという意である。「芍藥の名無し」は、男が恩情に報いて女に送った芍藥のほか、調味料としての芍藥も今は見られなくなったと解釈すべきかもしれない。

さて、以上から『詩經』の勺藥は今日のシャクヤクと同じか、異なるのか、どちらであろうか。李善らは司馬相如子虚賦にある勺藥の和の意味するところに苦慮し、調味料と解釈したが、その注釈からは具体的な植物のイメー

ジは浮かばず、シャクヤクとの同異について一切言及しなかった。一方、呉・陸璣（三国時代）は「芍藥、今は藥草なり。芍藥に香氣無く是に非ざるなり。未だ今の何れの草なるか審らかならず。司馬相如賦云ふ、芍藥の和なりと。揚雄賦曰ふ、甘甜の和、芍藥の美、七十食なりと。」（『毛詩草木鳥獣蟲魚疏』、「贈之以芍薬」）と述べ、『詩經』の勺薬をシャクヤクではないと断言した上で、その基原を不詳とした。一方、水上静雄は芍の字義からカヤツリグサ科クログワイと考えた（『中国古代の植物学の研究』）。『爾雅』に「芍は鳧茈なり」とあり、郭璞の「下田に生ず。龍須に似て細根は指の頭の如く、黒色にして食ふべし。」という注釈からクログワイとした。鳧茈《フサイ》という名は本草にないが、クログワイを基原とする薬物はあって烏芋《ウウ》という。『本草和名』に「烏芋一名籍姑一名水萍鳧茨　仁諝音上府下在此反、陶景注に出づ　一名槎牙　仁諝音錫加反　一名茨菰　澤瀉の類なり、已上蘇敬注に出づ　烏茈　崔禹に出づ　一名水芋　兼名苑に出づ　一名王銀　雜要訣に出づ　和名於毛多加一名久呂久和爲」とあるように、多くの異名がある。この中に鳧茈はないが、『崔禹錫食經』を出典とする烏茈《ウサイ》そして『本草經集注』に鳧茨《フシ》（＝鳬茨）なる類名があるので、水上はそれを鳧茈に同じと考えたらしい。本草では果部中品に収載され、『證類本草』巻第二十三にある烏芋の附図はクログワイに矛盾しないが、水上説はほとんど支持されない。『爾雅』あるいは『説文解字』にある字義の解釈に無理がある上に、『集韻』に「葯は鳧茈なり」（『康煕字典』所引）とあってむしろ葯が鳧茈を表す正字で、『廣韻』が葯（葯の異体字）を芍に通ずるとすることをもって、『爾雅』は「芍は鳧茈なり」としたのであって、クログワイおよび類縁植物に芍（勺）という異名は見当たらない。クログワイ説のほかにモクレン説・セリ科植物説があるが（久保耀幸「薬史学雑誌」四十八巻　一一六頁―一二五頁　二〇一三年）、いずれもこれといった決め手に欠ける。毛詩傳は勺薬を香草としたが、陸璣はシャクヤクに香気がないとして、『詩經』の勺薬（芍薬）をシャクヤクではないときっぱり否定した。今日でも香草であることを重視する見解がほとんどで、結局、勺薬（芍薬）の基原考証は完全に袋小路に陥ってしまった。また、ボタン科シャクヤクは調味料にならないという先入観によって端《はな》から否定しているようにも見受けられる。それが果たして科学的客観性に基づくものかはなはだあやしい。本書では『詩經』『司馬相如賦』にいう勺薬も後世の薬用とする芍薬もともに同じと考える。なぜならシャクヤク以外に芍薬という名をもつ植物は見当たらないからだ。まず、シャクヤクが香草として矛盾がないことを証明する必要がある。科学的視点から、香草であるか否かは顕著な香気成分の有無による。『本草綱目』が芍薬を芳草（香草）に分類する事実はそれまでほとんど注目されることはなかった。毛詩傳に基づいて同名の植物を機械的に分類したのかもしれないが、李時珍が陸璣の注釈を知らないはずはなく、植物学的に同属植物の牡丹もやはり芳草類に分類するから、確固たる信念をもって分類したと考えるべきである。ボタンの根皮を牡丹皮《ボタンピ》と称し漢方の要薬とするが、ペオノール臭という強い香気をもつ。ペオノールは精油ではないが、昇華する性質が顕著なので臭いを強く感ずる。一方、シャクヤクの根にも同じ成分が含まれ、含量はボタンよりずっと低いので、乾燥根ではほとんど揮発し臭いは感じられない。しかし、生根であれば微弱ながら臭いがあるから、シャクヤクも立派な香草である。次に、シャクヤクは調味料たり得るのだろうか。前述したように、『開寶本草』は各書に記載された芍薬の薬性が顕著に異なることを指摘し、基原が異なることを除けばあり得ないと述べた。実を言うと、同じ基原でもまったく薬性が異なることはあり得る。それは薬用部位による違いである。一般に、植物は根・茎・皮・葉・果実・種子など部位によって含まれる化学成分に違いがあるのが通例であるから、薬性が違っても不思議ではない。シャクヤクが調味料とはなり得ないと端から否定する前に、科学的視点からその可能性が本当にないのか考えなければならない。すなわち、『司馬相如賦』の勺薬の和は、必ずしも根を用いるとは限らず、葉・花・果実であれば、潜在的な調味料としての可能性を否定するのは難しいだろう。モクレン科コブシを例に挙げるとわかりやすい。コブシのつぼみ（あるいは果実）をわが国では「こぶしはじかみ」と称し古くは調味料とした（第21章第7節）。ただし、樹皮・樹心・根などは歴史的に用いられた実績はなく、おそらく調味料として実用に堪えないだろう。『神農本草經』は芍薬の薬性を苦とするが、それはまちがいなく根を薬用部位とする。シャクヤクの根の主成分はペオニフロリンほかモノテルペノイド配糖体で、その味は本当に苦く、また生薬シャクヤクの薬効成分でもあるからだ。一方、『名醫別録』では「二月八月に根を採り暴乾す」とあり、明確に根を薬用部位と記述するが、薬性を酸平とする。しかし、これは驚くに当たらない。というのは、序章で述べたように、今日見る『名醫別録』の記述は陶弘景が校正したという事実があり、その際に誤って転記した可能性がある。顕著な例として営実を挙げ、拙著『生薬大事典』に詳述した。『名醫別録』は芍藥の別名に犂食《リショク》・餘容《ヨヨウ》を挙げる。犂は農具の名のほかに「まだら牛」の意があり、容は盛る・中味などの意味をもち、以上の異名は食用に利用したことを想像せしめる。一方、シャクヤクの根は、硬くておよそ食用に堪えないから、犂食・餘容という名は別の部位を指す名と考えられる。すなわち、『名醫別録』は芍藥を調味料としてまた薬用として混記したと考えられる。陶弘景は散佚しかけた古本草書の記述を各書に残る逸文から蒐集する過程で勘違いし、芍藥でも營實と同じ轍を踏んだのである。さて、古代中国で勺藥の和として供したものが何であったかについてであるが、本書では『名醫別録』がその薬性を酸平とすることを重くみてシャクヤクの実と考える。

2-2　芍藥が花卉として評価されたのは六朝以降である

『詩經』の溱洧の詩では男が女に勺藥を送ったとあるが、古注を見る限りでは、勺藥の美しさすなわち観賞価値を認めていた証拠は感じられないし、当時の芍薬はその果実と思われ、そもそも現代的感覚で溱洧の詩を解釈すべきではない。芍藥の薬用価値を見出したのは『神農本草經』以降と考えて差し支えないが、花の美意識が見出されたのは早くても六朝時代以降である。『玉台新詠』（陳徐陵）の序に「～清文篋を滿つ。唯《ただ》芍藥の花のみに非ず。新製の連篇、蒲桃の樹を止め甯《やす》し。九日にして高きに登る。時に縁情の作有り。萬年の公主、累徳の詞無きに非ず。～」（『藝文類聚』巻五十五「集序」所引）とあり、芍藥の花が詩文に詠まれたことを示唆するが、同書に詩の収録はなく、『藝文類聚』でも次の二例が収録されているにすぎない。

『藝文類聚』巻八十一「晉傅統の妻芍藥の花を頌《たた》ふ」

曄曄《やうやう》たる芍藥　此れを前庭に植う
晨《あした》に甘露潤ひ　晝に陽靈《やうれい》晞《かは》かす
曾《かなら》ず時を踰《こ》ゑずして　荏苒繁茂す
綠葉は青蔥のごとく　期に應へて秀吐す
緗《もへぎ》の橤は攢挺し　素華は菲敷す
光《かがや》きは朝日に譬ひ　色豔なること芙蕖のごとし
媛人是を採り　以て金翠厠《そばだ》つ
彼の妖容を發き　此の婉媚を増す
昔の風人を惟《おも》ひ　茲《こ》の榮華に抗《あ》たる
聊《いささ》か興思を用て　翰を染め歌を作らん

陽靈は陽の霊すなわち太陽のこと。第三連の曾は必ずの意、荏苒《じんぜん》は歳月が長引くこと、第五連の菲敷《ひふ》は薄く敷きつめるの意。第六連の芙蕖《フキョ》はハス、第七連の金翠《きんすい》は金色と緑色の混ざった色、第十連の「翰を染む」とは筆で文字を書くことをいう。この詩を通釈すると次のようになる。光り輝くような美しい芍薬を前庭に植えた。朝は甘露が降りて潤うが、昼になると陽光で乾いてしまう。必ずといってよいほど、あまり時が経っていないのに、長く繁茂し続け、緑の葉は青ネギのように時が来れば出てくる。薄黄色の蕊が集まって抜き出て、飾り気のない花弁（白く八重ではない）は薄く敷きつめたようである。しかし、その花の耀きは朝日に譬えられるほどで、光沢のある色合いはハスの花のようだ。美しい女性はこれを取って、金翠の花枝をそばだてる。そのなまめかしき（花）が全開すれば、その妖艶さは一層増す。昔の詩人を思い出して、芍薬の栄華なることを張り合い、いささか楽しみ懐かしみ、手紙を書き歌でも作ろうか。全詩を通して芍薬の花を礼賛する。

『藝文類聚』巻八十一「宋王徽芍藥華賦」

原《もと》夫れ神區の麗草
厚德に憑《よ》りて挺授す
光液を翕《あつ》めて藻《あや》を發し
颺風《やうふう》に暉《かがや》きて振秀す

この短い詩を通釈すると、芍薬はもともと神界の麗草であって、大きな徳がある場合に抜き授かり、光線を集めて花に模様が現れ、風に揺られても輝き伸び続けるのだとなる。この詩も芍薬の花の美しさを独特の表現で強調する。しかし、唐代になると、詩文における芍薬ブームは終息した感があり、『藝文類聚』に収録される六朝詩ほど一本調子で礼賛する詩はあまり見当たらない。

『全唐詩』巻一一一「陽春の怨」許景先

紅樹、鶯啼を曉《さと》り　春風、翠閨を暖む
雕籠は繡被を熏《くゆ》らし　珠履は金堤を踏む
芍藥の花初めて吐き　菖蒲の葉正に齊し
槁砧は此の日に當たり　行役は遼西に向かふ

紅樹は赤い花をつける木あるいは赤い夕日に照らされた木をいうが、この詩の情景では前者が合う。翠閨《すいけい》は、萌黄色に飾り付けた寝室の意味もあるが、前句にウグイスが出てくるから、カワセミのねやをいう。雕籠《ちょうろう》は彫刻を施したお香の入れ物で、繡被《しゅうひ》はぬいとりの着物。珠履《しゅり》は珠で飾った履き物。槁砧《こうちん》は枯れ木で作ったきぬたのこと。行役《こうえき》は旅行のことで、遼西は遼寧省西部。この詩の通釈は次のようである。紅樹はウグイスの啼くのを暁り、春風はカワセミのねやを暖める。雕籠のお香でぬいとりの着物をいぶし、珠で飾った履き物で金でつくった堤を踏む。芍薬の花は初めて咲き、ショウブの葉も生えそろった。ちょうどこの日は槁砧で衣を打つ日だ、旅路は遼西に向かう。この詩は陽春の風物を詠み、芍薬の花が咲くというのはその一部にすぎない。

『全唐詩』巻二三九「故王維右丞堂前の芍薬の花開くに、凄然と感懐す」　銭起

芍藥の花開きて舊欄を出で
春衫に涙を掩ひ再來して看る
主人在らずして花長在するは
更に青松の歳寒を守るに勝る

第四連の歳寒は寒い季節と老年の意を掛ける。この歌の通釈は、古い囲いを飛び出して芍薬の花が咲いている、（故王維を偲んでいたら涙が止まらなくなり）春衫（春用のうすごろも）で拭ってまた右丞堂前に来て芍薬の花を見る、主人はこの世にいないのに、花はその後も長く咲き続けるというのは、青松が寒さと老いに堪えようとするのに勝るだろうとなる。芍薬の花は王維が植えたものと見え、その花が咲いたときに右丞堂前を訪れ、王維の死を偲んで詠んだ詩である。

『全唐詩』巻四三六「芍藥の花に感じて、正一上人に寄す」　白居易

今日、階前の紅芍藥　幾花老い幾花新ならんと欲す
開時解《さと》らず色相比《ひと》しきを　落後始めて知る幻身の如きを
空門此れ幾多の地を去り　殘花を把らんと欲し上人に問ふ

正一上人と白居易が如何なる関係にあるかわからないので、この詩の言わんとするところはわかりにくい。第二連

の色相は仏教用語で、形体の実際に見ることのできるものをいう。通釈すると、今日、階段前の紅芍薬は、いくつかの花は落ち、いくつかの花は咲こうとしている、咲いたときは色相が同じというのは解らないものだ、また落花して初めてそれが幻身のようであることを知るのだ、人影の見えない門であるが、ここを通って多くの地へと去ったことであろう、芍薬の残り花を取ろうと、上人にお伺いを立てようと思うが、承諾してくれるだろうかとなる。

シャクヤクはわが国に自生しないが、『本草和名』に「芍藥　市若反　一名白木一名餘容一名梨食　楊玄操音力号反　一名解食　楊玄操音胡買反　一名鋌　仁諝音蟬　一名甘木　雜要訣に出づ　一名里攣夷　釈藥性に出づ　和名衣比須久須利一名奴美久須利」とあるように、芍薬に対して「えびすぐすり」「ぬみぐすり」なる和訓をつける。わが国の古典文学における芍薬の初見は、八一八年成立の『文華秀麗集』であり、巻下「百草を闘はすを観て、明執に簡す」（滋野貞主）に詠まれている。

三陽の仲月風光暖かに　美少の繁華春意奢れり
暁鏡顔を照らして粧黛畢《を》へ　相將戯れ逐ひ紅花を覓《もと》む
紅花緑樹煙霞の處　弱體行き疲れ園逕遐《とほ》し
芍藥の花、蘼蕪《びぶ》の葉　攀《よ》づるに隨ひて迸落《はうらく》し輕紗に受く
薔籬の綠刺羅衣を障《さへぎ》り　柳陌の青糸畫眉を遮《さへぎ》る
環坐　各《おのおの》相猜《そね》み　他の妓《まひめ》亦た尋ね來る
試みに双袖の口を傾《かたぶ》け　先づ一枝の梅を出《い》だす
千葉、様を同じうせず　百花、是れ香を異にす
樓中、皆艶灼なり　院裡悉く芬芳なり
散韮蓄慮風流を競ひ　巧咲便娟數籌を矜《ほこ》る

闘ひ罷《や》みて勲績顯《あらは》るを求めず　華筵但前人を羞ぢしむるのみ

「芍藥の花」とともに「蘼蕪《ビブ》の葉」も同句に詠むことに留意しなければならない。蘼蕪とはセリ科センキュウの苗（地上部）をいい、その根を指す川芎《センキュウ》（芎窮《キュウキュウ》）とは基原が同じで部位を異にする。芍藥・川芎ともに『神農本草經』以来の古医学の要薬であるが、薬として詠んだのではなく、やはり中国詩文の影響を強く受けている。「2-1」でも述べたように、『韓詩外傳』に「韓詩曰ふ、（中略）芍藥一名離草、將に別れんとする故に之を贈るなり。亦た猶ほ相招くがごとく、之を贈るに文無を以てす。故に文無なり、一名は當歸。」（『埤雅』所引）とあり、『詩經』に由来する習俗に則ったものと思われるからである。ただし、『韓詩外傳』で芍藥に取り合わせた當歸《トウキ》（文無）を川芎（蘼蕪・芎窮《キュウキュウ》）に読み替えているが、ともにセリ科の香草という共通性がある。また、『韓詩外傳』はただ芍藥として花に言及しないが、『文華秀麗集』は敢えて花とし、漢籍を土台にしながら、わが国では独自の解釈を施し詩文としたことがうかがえる。そのほかのわが国の古典文学に芍藥の名は出てこないが、『司馬相如傳』の勺藥之和はわが国の文人にも伝わっている。ただし、『和名抄』に「唐韻云ふ、芍藥　芍音張約反新抄本草云和名衣比須久須里又沼美久須里　藥草、食に和すべきなり」とあるように、古代中国の注釈家とは解釈が微妙に異なる。平安期にシャクヤクの園芸価値が見出された形跡はないが、後世にはまちがいなく広く栽培された。それとともに勺藥の和に対する解釈も大きく変わったことは室町期の『塵添壒囊鈔』に示唆される。巻第九「卅三　芍藥ノ事」にある「芍藥ノ根ニハ五味ヲ具スト云事醫抄中ニ見ヘタリ。此ノ故ニ氣味ヲ調ヘタル心ヲ云ハントテ、芍藥ノ和ト云ヒ習セリ《ママ》。芍藥醬ト云フモ其ノ醬ノ氣味ヲ能ク調フル心ヲ表スルナルベシ。」という記述は中国における「芍藥の和」と大きく解釈が異なり、当時、茶道や華道などの精神文化が成立したわが国の時代背景を色濃く反映したものだろう。

シャクヤクは中国より伝わったが、驚くことに、『延喜式』巻第三十七「典藥寮」の朧月御藥・中宮朧月御藥・雑給料・諸司年料雑藥に芍藥の名があり、諸國進年料雑藥では山城国・相模国・武蔵国・下総国・近江国・美濃国・飛驒国・上野国・若狭国・丹波国・播磨国・美作国・備前国・備中国・備後国・長門国・阿波国・讃岐国・伊予国から貢進の記録がある。シャクヤクの栽培は容易であるから、古い時代に伝わり、全国各地に栽培された可能性もあり得る。しかし、八世紀に成立した『出雲國風土記』は嶋根郡・秋鹿郡で芍薬の所在を記録し、これは栽培ではなく野生と考えざるを得ない。『本草綱目啓蒙』（小野蘭山）に「又、宇陀芍薬、信濃芍薬ト云アリ。和ニテ古來上品ト云傳フレドモ是ハ草芍薬、山芍薬ニシテ山ノ自然生ナリ。眞ノ芍薬ニアラズ。」（巻之十「草之三　芳草類」）とあるように、わが国にヤマシャクヤクなどシャクヤクの同属種がいくつか自生する。『出雲國風土記』や『延喜式』にある芍薬は、蘭山がいうように、わが国に自生する同属異種を指すと考えてまちがいない（拙著『生薬大事典』のシャクヤクの条を参照）。深根輔仁は芍薬の和訓を「えびすぐすり」とするが、それは大陸との交易でもたらされた真品の芍薬に対する名前で、和産と区別するための名であろう。もうひとつの和訓「ぬみぐすり」は「祈《の》み薬《くすり》」すなわち病気の治癒を乞い願う意を込めて命名されたか。同じ和名は枸杞《クコ》にもつけられている。

第3節　ボタンに「やまたちばな」の和名をつけた背景

ボタンはボタン科の低木で、現在ではわが国各地に花見の名所があり、一般にもよく知られる。『圖經本草』（蘇頌）は『古今注』（崔豹）を引用して「芍薬に二種有り。草芍薬、木芍薬有り、木なるは花大にして色深し。俗に呼びて牡丹と爲すは非なりと。」（『證類本草』巻第八「草部中品之上　芍薬」所引）と記述する。すなわち、かつてはボタン・シャクヤクのどちらも芍薬に含め、草本・木本の違いで識別した。この記述の後半部に、今日の通用名である牡丹《ボタン》は俗間で別の植物であったことを示唆するが、『新修本草』にも記載され、詳細は後述する。ボタンとシャクヤクは同じボタン科の同属異種の関係にあり、ボタンは低木、シャクヤクは多年草であって、崔豹の見解は植物学的によく合う。因みに、この記述は現存本の『古今注』にはない逸文である。文献上では『詩經』に登場するシャクヤクの方がずっと古いが、後になって登場したボタンの花の見事な紅色が園芸的に高く評価され、シャクヤクより上位とされたことは前節で述べた。『古今注』が「色深し」というのはシャクヤクと比較して色が鮮やかという意であり、陰陽説に基づいて陽の牡を充てて牡丹と名づけられた。紅芍藥（前節「2-2」の白居易の詩にある）という名があるように、シャクヤクでも紅花品種があって好まれたが、ボタンには及ばないので、華相の名に甘んじなければならなかったのである。

わが国にはボタンの自生はないはずであるが、七三三年成立の『出雲國風土記』は意宇郡・秋鹿郡に牡丹の所在を記録する。上代の資料ではそれが唯一の記録であるが、平安時代になると、『延喜式』巻第三十七「典藥寮」に、中宮朧月御藥・雜給料・諸司年料などに牡丹の名が散見され、諸國進年料雜藥では伊勢国・備前国・阿波国から貢進の記録がある。都から遠隔の地にある阿波国から貢進されているが、彼の地でボタンが栽培されたとは考えにくく、シャクヤクと同様、和産の類品を牡丹に充てた可能性が高い。その詳細については拙著『生薬大事典』で記述したので、ここでは結論だけを述べる。すなわち、『延喜式』にある牡丹とはベニバナヤマシャクヤク、芍藥とは白花のヤマシャクヤクである。『本草和名』（深根輔仁）に「牡丹　一名鹿韮一名鼠姑一名百両金　蘇敬注に出づ　一名白朮　釈藥性に出づ　和名布加美久佐一名也末多知波奈」とあるように、「ふかみぐさ」「やまたちばな」なる和名をつける。「ふかみぐさ」の語源は、漢籍に記載されているように、「色深し」に通じる深美草の義であって、花の紅色の鮮やかさに由来する。別名の「やまたちばな」は、拙著『万葉植物文化誌』に詳述したように、サクラソウ科（ヤブコウジ科）ヤブコウジの古名である。ボタンとは果実の色が真紅であることを除けば共通性はまったくない。この無関係とも思える名前は『新修本草』（蘇敬）の記述に基づいて発生した。というのも、蘇敬は牡丹について「漢中に生ず。劒南に出づる所の者、苗は羊桃に似て、夏に白花を生じ、秋の實は圓く綠、冬の實は赤色、冬を凌ぎて凋まず。根は芍薬に似て肉は白く皮は丹にして、江劔に出づ。土人之を牡丹と謂ひ、百兩金と名づく。京下にて之を呉牡丹と謂ふ者是れ眞（の薬用とするもの）なり。今、俗用する者は此に異なり、別に臊氣有るなり。」（『證類本草』巻第九「草部中品之下」所引、括弧内は筆者補録）と記述し、ここで土人（中国では少数民族をこう呼ぶ）が牡丹と称するというものがヤブコウジ属種と特徴がよく合うからである。そして「今、俗用する者」こそボタンを基原とする真品であり、「臊氣有る」とはボタンに特有の香気成分ペオノールの臭気をいう。蘇敬が「今、俗用する者は此に異なり云々」という「此」とは呉牡丹ではなく牡丹一名百兩金であることに留意する必要があり、呉牡丹こそボタンを基原とするものであり、薬用に重要であったから単に牡丹と称するようになったのである。前述の『圖經本草』が『古今注』を引用して「俗に呼びて牡丹と爲すは非なり」と記述するのは、蘇敬のいう〝土人が牡丹と称するもの（ヤブコウジ）〟と同じである。『名醫別錄』に「二月八月に根を採る」とあり、『本草經集注』（陶弘景）は「今、東間に亦た有り。色赤きを好しと爲す。之を用ふるに心を去る。」（『證類本草』同）と記述するものは、ヤブコウジ属の植物ではおよそ「心（芯）を去る」ことはできず、また花は赤くないから合わない。実際、漢方で用いる牡丹皮《ボタンピ》はボタンの根の芯を除いて乾燥したものである。久保輝幸は、牡丹の名はもともとヤブコウジ（あるいはカラタチバナ・マンリョウなどの同属種）を指す名で、のちにボタンに奪われたという（『薬史学雑誌』四一六巻　八十三頁―九十頁　二〇一一年）。『神農本草經』にある鹿韭《ロクキュウ》・鼠姑《ソコ》なる異名は園芸価値の低いヤブコウジに対してつけられたというが、ボタンの美意識は当時ではまだ認識されていなかったはずだから、久保の見解は承服しかねる。それに『神農本草經』は牡丹の主治を「寒熱中風、瘈瘲痙、驚癇の邪氣を治し、癥堅、瘀血の腸胃に留舍するを除き、五藏を安んじ、癰瘡を療ず」と記述し、古医学では駆《く》瘀《お》血《けつ》の妙薬とされた事実に留意しなければならない。牡丹皮はペオノールという駆瘀血作用成分を含み、一定の科学的エビデンスがある。一方、ヤブコウジにそのような成分の存在は知られていない。したがって、『神農本草經』以来、本草ならびに古医学で牡丹皮と称するものはまちがいなくボタンを基原とするものである。因みに、ヤブコウジに固有の本草名がつけられたのは、『圖經本草』（蘇頌）に紫金牛《シキンギュウ》の名で収載されたのが初めてであるが（『證類本草』巻第三十「本草圖經本經外草類」所引）、実際に使用されたという確たる薬用記録に乏しい。すなわち、蘇敬はヤブコウジがごく一部の地域で牡丹と呼ばれていた事実を指摘し、ボタンはのちに呉牡丹を経て単に牡丹と呼ばれるようになったのである。

ボタンが古典文学に登場したのは原産国の中国でもそれほど古くない。『藝文類聚』やそれ以前の典籍に牡丹の名はないが、唐代になると急増し、『全唐詩』では二四〇首以上の詩に登場し、数の上では芍薬を圧倒する。そのうちの主な詩をここに紹介する。

『全唐詩』巻一二八「紅牡丹」　王維

　緑豔閑《しづ》か且つ靜かにして
　紅衣淺く複《ま》た深し
　花心愁ひて斷たんと欲し
　春色豈に心を知るをや

豔は麗しいという意。紅衣はボタンの花弁の意も含む。花心は花のしべのほか、美人の心という意味もあり、この詩はボタンの花に美女を重ね合わせて詠む。春色とは春という季節特有の男女間の情欲の高まりを象徴していう。通釈すると、ボタンの緑葉は麗しくかつ落ち着いて、紅の衣のような花びらは色の淡いものもあり濃いのもある、花のしべは美女が思いに沈んでいるようで、それを断ち切ろうとするが、春になってすべてが高ぶる時節となった今、花のしべに込められた女心も知っているのだろうかとなる。

『全唐詩』巻四三七「牡丹の花を惜しむ」　白居易

　惆悵《ちうちやう》す階前《かいぜん》の紅牡丹《こうぼたん》

晩來《ばんらい》唯《ただ》兩枝のみ殘れる有り

明朝風起らば應に吹き盡くすべし

夜衰紅《すゐこう》を惜しみて火を把つて看る

惆と悵はどちらも同じ意味で、嘆きかなしむ意。通釈すると、悲しいかな階前の紅い牡丹は、暮になってただ二枝が残るのみだ、明朝に風が吹き起こればまさに散り尽くしてしまうだろう、夜のうちに消えてゆくボタンの紅い花を惜しんで灯をとって見ようとなる。

『全唐詩』巻四三八「白牡丹」　白居易

白花冷澹にして人の愛する無し

亦た芳名を占め牡丹と道《い》ふ

應に東宮の白賛善に似たるべし

人還《かへ》って喚《まね》かれ朝官と作《な》る

ボタンにも白花品があるが、紅花品ほど珍重されない。白居易はそのような不遇な白牡丹に自らの境遇を重ね合わせてこの詩を詠んだ。白賛善の白は白居易自身、賛善は官職の名で、白居易はかつて東宮の左賛善大夫という宮職にあった。芳名は名声、朝官は文官の一つでかなり高位の官職。通釈すると、白い花は冷たい感じで人に愛されないが、それでも牡丹という名声を占めている、まさに東宮の白《はく》左賛善大夫に似ているではないか、人は召喚されて朝官になることもあるのだとなる。白居易がこの詩で白牡丹について言わんとしたことを、一言で表せば、「腐っても鯛」ということであろうか。

『全唐詩』巻四七四「牡丹」　徐凝

何人か牡丹の花を愛せざるや

占断す城中好物の華
疑ふらくは是れ洛川神女《らくせんしんにょ》の作かと
千嬌の萬態朝霞《てうか》を破る

占斷は悉く占有すること、洛川は陝西省にあった縣名で神女は女神のこと。千嬌は数え切れないほど多くの艶めかしい女、ここではボタンの花を指す。萬態は様々な有様の意。朝霞は朝焼けのこと。通釈すると、ボタンの花を愛しない人がいるだろうか、いやいないだろう、城の中のすばらしい花をすべて占有してしまおう、このすばらしい花は洛川の神女が作ったかと見紛うほどだ、千人の美女がたむろするかのような有様は、春の朝焼けがいかに趣があるといってもかなわないだろうとなる。

以上紹介した唐詩は、白居易の白牡丹を除いて、いずれもボタンの美しさを詠んだもので、その観賞価値が唐代では高く評価されていた。一方、シャクヤクの詩にこれほど詠人が興奮したものは唐詩ではごく少ない。では、わが国ではボタンはどう評価されたのであろうか。まず、ボタンがいつ伝わったかであるが、『枕草子』の「殿などのおはしまさで後《のち》」に「臺《だい》の前《まへ》に植《う》ゑられたりける牡丹《ぼうた》などのをかしきことなどのたまふ」、『榮花物語』の「玉の臺《うてな》」に「この御堂《みだう》の御前《まへ》の、池《いけ》の方《かた》には、勾欄高《かうらんたか》くして、そのもとに薔薇《さうび》、牡丹《ほうたん》、唐瞿麥《からなでしこ》、紅蓮花の花《はな》を植《う》ゑさせ給へり」とあり、平安後期にはボタンが植栽されて愛玩されていた。当時の仏教美術は美麗が尊ばれ、花卉の中で秀麗さでは抽んでるボタンが珍重されたことは想像に難くない。しかし、以上の古典にあるように、ボタンをほかの植物と混栽していることから、当時はまだボタンが伝わって間もないころで、珍しい存在であったと思われる。ボタンの名が初見するのは平安中期の天暦八（九五四）年から天延二（九七四）年の出来事を記した『蜻蛉日記』と思われ、「山路、なでふことなけれど」（中）に次のように出てくる。

まづ僧坊におりゐて、見出だしたれば、前にませゆひわたして、また、なにとも知らぬ草どもしげき中に、牡

丹草ども いとなさけなげにて、花散りはてて立てるを見るにも、散るかつ（マ）はとき（マ）といふことをかへしおぼえつゝいとかなし

このボタンもやはり諸草とともに植栽されている。因みに、牡丹の漢音読みは「ぼうたん」で、「ぼうた」はその訛りというより、平安時代には「ん」の表記がないから実質的に「ぼうたん」に等しい。今日の「ぼたん」はそれを継承した名であるが、前述したように、『本草和名』は「ふかみぐさ」と「やまたちばな」の和名をつけた。平安から鎌倉期の和歌では漢名訛りの「ぼうたん」と和名の「ふかみぐさ」の両方が出てくる。

一、　牡丹の花ざかりに、修理大夫俊綱ふしみより

きみをわが　おもふこころの　ふかみぐさ　花のさかりに　くる人もなし　（『経信集』）

二、　兵部大輔雅通のよきぼうたんとてつかはしたりしが、わろかりしかば

こころざし　ふかみぐさとぞ　おもひしに　あさましげなる　はなのさまかな　（『行宗集』）

三、　三月のつごもりに、三井寺へまかるとて、しものみやにいとま申しにまゐりて、ぼうたんのめでたくさきたるを見て

うゑおきし　きみはかげだに　みえねども　はなはさきだに　そへてけるかな　（『行尊大僧正集』）

第一の歌は、私があなたを思う情愛の深さは、ボタンの花の色の深さにも匹敵しますが、その花の盛りのように、私もまさに盛りなのに、私を求めて来る人はいませんという意である。第二の歌は、ボタンの花の色が深いというので、志の深い贈り物だと思っていましたのに、あまりに花の状態が悪いので失望しましたの意で、ボタンの花にがっかりしただけでなく、贈った人に対しても期待外れだったと詠んだ。第三の歌は、ボタンを植えたあなたは面影すら見えませんが、花はあなたが現れるのに先立って咲いていますので、それで私に添っているということでしょうかの意である。『八雲御抄』（順徳天皇）に「牡丹　不賀美くさ　廿日をかぎりてさくはななり。一説に、や

また花といへるは牡丹也。石上などに有物にはあらず。又なとり草といへり。」とあるように、ボタンには廿日《はっか》草《ぐさ》・「やまたちばな」「なとり草」の別名があるという。「やまたちばな」については『本草和名』にあるから、それに因って牡丹をイメージして和歌に詠まれても不思議はないが、平安の和歌に詠まれた「やまたちばな」はすべてボタンと考えてよいのだろうか。

四、わがこひを　しのびかねては　あしひきの　山橘の　色にいでぬべし　（『古今和歌集』巻第十三）

五、　やまたちばな　草　野草ばかり

わが恋を　しのびかねては　あしひきの　山たちばなの　色に出でぬべし

けのこりの　雪にあひたる　あしひきの　やまたちばなを　つとにつめらな

あしひきの　山たちばなの　いろにいでて　我がこひなんを　やめん方なし　（『古今和歌六帖』第六　紀友則）

六、　山たちばな

ふりにける　う月のけふの　かみそぎは　やまたちばなの　色もかはらず　（『新撰和歌六帖』第六帖）

第四の紀友則の歌が収録される『古今和歌集』は十世紀初頭の成立であり、仮にこの山橘《やまたちばな》がボタンであるとすれば文献上の初見となる。しかし、当時、中国から伝わっていたとしても、最初からボタンを『萬葉集』にもある「やまたちばな」の名で呼ぶことはないはずだから、この山橘はヤブコウジと考える。紀友則の歌は『古今和歌六帖』にも収録され、「草　やまたちばな」に分類される。歌の詠まれ方も前述のボタンの歌とは大きく異なり、万葉の「やまたちばな」の歌の本歌取りに近く、第五の歌では「やまたちばな」をわざわざ野草としているから、大陸から伝わった園芸植物のボタンではあり得ない。また、古代のわが国で牡丹の代用としたベニヤマシャクヤクは深山に生えるまれな植物だから（拙著『生薬大事典』）、それを「やまたちばな」と称した可能性も限りなく低い。第六の歌は髪そぎの歌で、当時は子供が一定の年齢に達すると、「髪そぎの儀」を行った。髪を削ぐ役目の人が手を洗うための角盥《つのだらい》が用意され、そこにジャノヒゲ（古名ヤマスゲ）とヤブコウジを添えた。両種とも繁殖力が強く、常緑で寒い冬を凌ぐことから、子供が健やかに育つようにという願いから選抜されたといわれる。したがって、この「やまたちばな」もボタンあるいはベニヤマシャクヤクではないのは言わずもがなであろう。「髪そぎの儀」については拙著『万葉植物文化誌』の「やまたちばな」の条を参照。結局、平安期以降の「やまたちばな」の歌でボタンを詠んだと思われるものは見当たらず、『八雲御抄』にいう一説とは『本草和名』のことで、それに基づいて「やまたちばな」を牡丹の和名に挙げたにすぎず、この見解は平安・鎌倉の文人に支持されなかったことを示す。同書はもう一つ「なとり草」も挙げるが、わずか次の一首に詠まれるにすぎない。

七、なとり草　こころにまれか　色も香も　さかひをこえて　にほふなるかな

（『色葉和難集』巻五）

この歌の意は「なとり草は心ばせにも類を見ないのであろうか、花の色も香も敷居を越えて漂ってくるほどだ」であるが、「なとり草」をボタンとして矛盾はない。それにしても「なとり草」とは奇妙な名である。おそらく語源は「名取り草」で、深根輔仁がヤブコウジの古名「やまたちばな」を取ってボタンに充てたと平安の文人は感じ取ってつけたのかもしれない。もう一つの和名の廿日草《はつかぐさ》はわずかに室町時代の歌集『藏玉集』の「名ばかりは　咲きても色の　ふかみ草　花の比とは　いかで見てまし」にある後書きに「此花の咲く日数、廿ヨなり、仍、廿日草とも号す」と出てくるにすぎない。この名の由来は白居易の次の詩にある。

『全唐詩』巻四二七「牡丹芳」白居易

花開き花落つる二十日　一城の人皆狂へるが若《ごと》し
三代以《い》還《かん》文は質に勝り　人心華を重んじて實を重んぜず
華を重んずれば直ちに牡丹芳に至り　其れ來るは有《また》漸くにして今日に非ず

第二連の文と質とは外面の美しさと内面の実質を指し、『論語』の雍也第六の「子曰く、質、文に勝らば則ち野、

文、質に勝らば則ち史、文質彬彬として、然る後に君子たり。」に出典がある。白居易はボタンの花を文、実を質に譬えてこの詩を詠んだ。第三連の其來は質に言及するとして解釈しておく。通釈すれば、ボタンの花は咲いて花が落ちるまで二十日しかないが、この間城中の人は皆花の魔性に取り憑かれたようになる、三代（いつの時代を指すか不詳）からこのかた、外面の美しさの方が内面の実質より尊ばれ、人々の心は華美を重視し、実質を軽んじてきた、華美を重視すればすぐにでも牡丹芳《ぼたんのはな》を得ることができるが、実質を得るのは時間がかかり今すぐというわけにはいかないとなる。第一連は『太平記』の「諸大名讒《ザンスル》二道朝《ヲ》一事付道誉大原野花會《オホハラノハナノクワイノ》事」に「華開《ハナヒラキ》花落事《ツ》二十日、一城ノ人皆狂《キャウ》ゼルガ如シト、牡丹妖艶《ボタンエウエン》ノ色ヲ風セシモ、ゲニサコソハ有《リ》ツラメト思《ヒ》知《ラ》ル丶許《バカリ》也。」（巻第三十九）と引用される。生薬学を専攻したものの立場からすればこの詩は実に含蓄が深い。ボタンの価値は花の美しさだけではなく、根の皮は牡丹皮《ボタンピ》と称し、前述したように、古医学では駆瘀血の妙薬とされた。根の皮を採取するので、持続的に薬用にするには増殖が必須である。したがって果実を成熟させねばならず、長い時間を要する。すなわち、白居易のいう「華を重んず」とは花を観賞すること、「實を重んず」とは根の皮を採取し、再び採取できるように、増殖に必要な種子を確保することとすれば、白居易が言わんとするところが必ずしも哲学的ではなく実質的な意味をもっていることが理解できるだろう。

23

第24章

花よりも実が珍重された「くちなし」

アカネ科の常緑低木クチナシは東海地方以西南の本州・四国・九州の林縁に自生する暖地性植物である。花は純白で大きく、花付きもよく、また赤い特徴的な果実をつけてよく目立つので、今日では園芸用に広く栽培される。『本草和名』（深根輔仁）に「枝子　一名木丹一名越桃　本條　一名慈母　神仙服餌方に出づ　和名久知奈之《くちなし》」とあるように、クチナシに枝子《シシ》なる何とも無味乾燥な漢名を充てる。この名はわが国上代の資料にもあり、平城京から「伊予国枝子壱斗」と記録された木簡（平城京左京三条二坊八坪二条大路濠状遺構南）が出土している。それは『神農本草經』の中品に収載される由緒ある漢名である。同書に木丹《モクタン》、その後継書である『名醫別錄』に越桃《エットウ》という別名もあるが、これとて現代人の抱くクチナシのイメージとはほど遠いものだろう。今日、クチナシの用字に梔《シ》を用いるが、本草では『藥性論』に山梔子《サンシシ》、『開寶本草』に梔子《シシ》とある名前に由来する。さらに古く、『史記』に「安邑に千樹の棗（クロウメモドキ科ナツメ）。（中略）及《とも》に國を萬家の城と名づけ、帶郭千畝、畝鍾の田、若千畝の巵茜、千畦の薑韭（ショウガ科ショウガとヒガンバナ科ニラ）。此れ其の人皆千戸の侯に等し。然《しか》れば是れ富給の資なり。」（巻一二九「貨殖列傳第六十九」）とあるように、巵（＝卮）なる名が出てくる。この字の本来の意味は、『説文解字』に「卮は圜器なり。一名觛。節を以て飲食する所なり。象人、卪はの其下に在るなり。」、『玉篇』に「酒漿を飲む器なり。四升を受くべし。」とあるように「さかずき」である。因みに、『説文解字』は卮、『玉篇』は巵を本字とし、両書で本字・俗字の認識は正反対である。貨殖列傳の裴駰（南北朝時代劉宋）注に「徐廣曰ふ、巵は音支、鮮支なり。茜は音倩、一名紅藍なり。其の花は繒を染む赤黄なり。」とある。この注釈では染色剤とする茜《セン》を紅藍花《コウランカ》すなわちキク科ベニバナに誤るが、正しくはアカネ科アカネ（茜）の根である。裴駰注は巵の別名を鮮支《センシ》とするが、『司馬相如上林賦』に「～若蓀鮮支黃礫蔣苧～」（『文選』巻八）とあり、李善は「司馬彪曰ふ、鮮支は支子なりと」と注釈する。すなわち、鮮支は『神農本草經』の中品に収載される枝子（＝支子）の異名であり、『圖經本草』（蘇頌）でも「梔子（中略）又、鮮支と名づく」（『證類本草』巻第十三「木部中品　梔子」所引）とある。支子の名はわが国の式文でも用いられ、『日本書紀』の天武天皇十年の八月に「丙戌《ひのえいぬのひ》に、多禰嶋《たねのしま》に遣《つかは》しし使人等《みつかひたち》、多禰國《たねのくに》の圖を貢れり。其の國の、京を去ること、五千餘里。筑紫の南の海中《わたなか》に居《あ》り。髪を切りて草の裳きたり。粳稲《うるしね》（うるち米）常に豊なり。一たび殖ゑて兩《ふた》たび収む（二期作のこと）。土毛《くにつもの》は支子《くちなし》莞子《がま》及び種々の海物《うみつもの》等多なり。」（巻第二十九）とあるほか、『延喜式』巻第十三「圖書寮」に「凡年料染造　支子三斗、紙二百張を染むる料」、同巻第十四「縫殿寮」に「雜染用度　黄丹綾一疋、支子一斗二升、帛一疋、支子九升云々」、同巻第十五「内藏寮」に「五月五日昌蒲珮を造る所、支子一斗七升。御服料、支子四十七斛七斗九升。中宮御服料、支子十斛八斗二升」とあるほか、同巻第二十三「民部下」に「年料別貢雜物　美濃國支子二石」、同巻第三十三「大膳下」にも「七寺盂蘭盆供養料支子一升」とあり、わが国では支子（山梔子）を広く染色に用いた。『和名抄』（源順）では、草木部ではなく染色具に、「唐韻云ふ、梔子の木の實は黄色に染むべき者なり。今按ずるに、醫家の書等に支子の二字を用ふ。」とあるように、クチナシの最大の用途は染色であった。

クチナシの果実を染色に用いるのは中国でも同じであって、古く『本草經集注』（陶弘景）に「霜を經て乃《すなは》ち之を取り、今は皆染に入る。藥に用ふるは甚だ希なり。」（『證類本草』同所引）と記述するのは決して誇張ではない。ただし、『圖經本草』（蘇頌）が「亦た兩三種有り。藥に入るは山梔子、方書に謂ふ所の越桃なり。皮薄くして圓く小、房に七稜を刻み九稜に至る者佳しと爲す。其の大にして長きは乃ち染色と作す。又、之を伏尸梔子と謂ひ、藥用に入るに堪へず。」（『證類本草』同所引）と記述するように、医薬用と染色用に区別する二タイプのクチナシが存在する。蘇頌のいう山梔子とは、果実の長さが短くて全体的に丸味を帯び、また表面の色の赤味が強いもので、一方、染色用とするのは果実が大きくて長く、赤味がやや薄く、これを水梔子《スイシシ》と呼ぶ。わが国に産するのはほとんどが水梔子のタイプで、中国でいう染色用に適したものである。山梔子と水梔子は化学成分の違いはほとんどなく、果実の小さいものを薬用にしたのは、それが薬物として高品質だからではなく、染色剤として利用するのが主目的であり、それ故に色素量の絶対量の多いものを珍重したからにほかならない。無論、国産のクチナシの果実の一部を薬用としたことは、『延喜式』巻第三十七「典薬寮」の諸國進年料雜藥に「參河國支子大二斗、遠江國支子大二斗、伊豫國支子二斗五升五合」とあるように、当該各地から貢進の記録があったことで示唆される。後漢末から三国時代にかけて成立した医書『傷寒論』（張仲景）に梔子《シシ》蘗皮《バクヒ》湯《トウ》が収載され、「傷寒、身黄にして發熱するは梔子蘗皮湯之を主る」と記載するように、黄疸や皮膚炎を伴う慢性肝炎に対する古方派漢方の要薬として知られる。クチナシの実（山梔子）とキハダの樹皮（黄蘗）、甘草の三味を配合し、このうち前二薬が黄色染色剤であるのは黄疸の病症に皮膚が黄変するのに対して、黄色をもって対処するという発想に基づくともいわれる。

クチナシは、純白の大きな花だけではなく、芳香に富むので、現在ではその園芸価値は高く評価される。しかしながら、中国でもその園芸価値が認められたのは比較的近世になってからである。『藝文類聚』『文選』ほかの古典文学に花を賞揚するものがほとんど見当たらないが、染色などの実用価値の高さから、果実に言及する詩歌が目立つ。ここでは梔子を詠んだ二首の唐詩を紹介する。

『全唐詩』巻二二七「江頭四詠二　梔子」　杜甫

梔子《しし》、衆木に比し　人間《じんかん》誠に未だ多からず
身に於いて色は有用　道と氣と傷和《やは》らぐ
紅《あか》きは風霜の實を取り　青きは雨露の柯に看たり
情無く汝を移し得たり　貴《たふと》きは江波に映ずる在り

『全唐詩』巻三〇一「雨に山村を過ぐ」　王建

雨裏に雞鳴く一兩家
竹溪の村路、板橋斜《かたぶ》きぬ

婦姑相喚《よ》びて浴蠶に去り
閑かに看る中庭の梔子の花

杜甫の詩の第二連の道・氣は難解であるが、ここではクチナシの実を古くから薬用とすることに鑑みて、道を医学の道理および薬のはたらき、氣を身体の根源となる力と解釈する。第四連の汝はクチナシを指す。通釈すると、クチナシはそのほかの木々に比べると世間にあまり多くはない、人にとってクチナシの色は役に立つものだし、その道と気は病状を和らげてくれる、紅い色は風霜を経た実（冬を越した果実）を取って染色に用い、病気の治療には雨露を帯びた枝にみる青い実を用いる、とくに考えずにお前（クチナシ）を移植したが、川の波に映ずるお前の存在は貴いものだとなる。この詩の第一連に唐代のクチナシ事情が集約され、あまり栽培されなかったことを示す。第三連はクチナシという植物およびその薬用事情に精通していないと理解は難しい。クチナシは新暦では六月～七月に開花し、秋に結実するが、冬にならないと紅くならないので、杜甫は「風霜の實」と表現することで染色用を暗示した（前述の『本草經集注』にも記載されている）。一方、「青きは」とは、『名醫別錄』に「九月に實を採り暴乾す」とあるように、新暦でいえば十月ごろの青い果実を薬用に供した。今日では紅く熟した果実を珍重するが、かつて染色用の果実を薬用に流用した名残であり、本来の用法ではない。

一方、王建の詩については、浴蠶とは蚕種を水に漬けて弱種を淘汰する作業のこと。通釈すると、山村の一二軒の農家では雨が降る中で鶏が鳴いている、竹の生えた谷筋の道にかかる板橋は傾いて壊れそうだ、一方、農家では嫁と姑が互いに呼びかけて浴蚕に出かけてしまい、中庭にクチナシの花がひっそりと咲くのを見るだけとなったとなる。梔子の花を最後に詠み込むが、これとてクチナシの花を賞美するものではなく、浴蚕という養蚕で重要な作業に出かけて人影のなくなった農家の中庭で、植栽されたクチナシの花がひとり見守っていると平淡に詠んでいるにすぎない。

平安期の古典文学でもクチナシは随所に登場するが、いずれも染色に関連があるのは中国とかわらない。例えば、『源氏物語』の賢木《さかき》に「さま變《かは》れる御住《すま》ひに、御簾《みす》の端《はし》、御几《き》帳も青鈍《あをにび》にて、ひまひまより、ほの見えたる薄鈍《うすにび》、くちなし（梔子）の袖口など、中々、なまめかしう、奥《おく》ゆかしう、思ひやられ給《たま》ふ」、また同玉鬘《たまかづら》に「空蟬《うつせみ》の尼君《あまぎみ》に、青鈍《あをにび》の織物《おりもの》の、いと心《こゝろ》ばせあるを見つけ給ひて、御れう（料）にあるくちなし（梔子）の御衣《ぞ》、ゆるし色なるそへて。おなじ日《ひ》、みな着《き》給ふべく、御消息《せうそこ》きこえめぐらし給ふ。」とある、「くちなしの袖口」「くちなしの御衣」はクチナシの実で染めた衣類をいう。平安以降の和歌で「くちなし」を詠んだ歌はかなり多く、ここでは主なものを紹介する。

一、みみなしの　山のくちなし　えてしかな　思ひの色の　したぞめにせむ　（『古今和歌集』巻第十九）

二、くちなしある所にこひにつかはしたるに、いろのいとあしかりければ
声にたてて　いはねどしるし　くちなしの　色はわがため　うすきなりけり　（『後撰和歌集』巻第十七）

三、春
くちなしの　いろににほへる　をみなへし　いはで思ふは　おとるとぞきく
あき
山ぶきの　くちなしいろに　かよひつつ　いはねどしるし　春はまけぬと　（『宰相中将君達春秋歌合』）

四、くちなし
おもふとも　こふともいはじ　くちなしの　いろにころもを　そめてこそきめ
山ぶきの　花いろごろも　ぬしやたれ　とへどこたへず　くちなしにして
くちなしの　色にこころを　そめしより　いはでこころに　ものをこそ思へ　（『古今和歌六帖』第五）

五、秋社頭有黄衣翁

みづがきに　くちなしぞめの　衣きて　もみぢにまじる　人やはふりこ　（『能因法師集』下巻）

六、　円融院くらゐさり給ひて後、実方朝臣、馬命婦とものがたりし侍りける所に、山吹の花を屏風のうへよりなげこし給ひて侍りければ

八重ながら　色もかはらぬ　山吹の　など九重に　さかずなりにし　　実方朝臣

九重に　あらで八重さく　山吹の　言はぬ色をば　知る人もなし　　円融院御歌　（『新古今和歌集』巻第十六）

七、　家集中　　前中納言匡房卿

口なしの　色とぞ見ゆる　みちのくの　いはでのをかの　山吹のはな　（『夫木和歌抄』巻第六）

クチナシの実に含まれる色素はクロシン（クロチン）というアポカロテノイド系の水溶性色素で、染めると黄色になる。そのため「くちなし色」という語彙が発生し、黄色の代名詞ともなった。わが国の伝統色の一つに梔子色《くちなしいろ》（支子色ともいう）があるが、通例、ベニバナで重ね染めするので、わずかに赤味を帯びる。第一の歌の第四句の「思ひ」は緋《ひ》色も掛けて、「思ひの色の　したぞめにせむ」はベニバナ染め（緋色）の下染めとしてクチナシを用いることを詠んだ。ベニバナで重ね染めしたものは高位の人物だけに許される禁色であったため、クチナシだけで染色したものを黄支子《きくちなし》と区別した。第五の歌の「くちなし染め」は、厳密に言えば、梔子色ではなく黄支子と考えるべきである。第三の二つの歌および第七の歌は、いずれもオミナエシ・ヤマブキの花の色がクチナシ色と同系統であるから、「くちなし」を取り合わせて詠んだ。第四の歌は、「くちなし」を「口無し」に通じさせて「ものを言わない」ことを掛けた。さらに「山ぶきの花」を取り合わせ、ヤマブキ・クチナシ・「言はず（答へず）」は平安の歌人が好んで使う常套句ともなった。『狭衣物語』巻第一之上の巻頭にも「くちなし」が出てくる。

「花《はな》こそ春《はる》の」（源氏の宮）と、とり分《わ》きて山吹《ぶき》を取《と》り給へる御手《て》つきなども、世《よ》に知《し》らず愛《うつく》しきを、人目《め》も知《し》

らず、我《わが》御身に引《ひ》き添《そ》へまほしう思《おぼ》さる、様《さま》ぞ、いみじきや。「くちなしにしも、咲《さ》き初《そ》めにけん契《ちぎ》りぞ、口《くち》惜《を》しき。心の中《うち》、いかに苦《くる》しかるらん。」（狭衣）とのたまへば、中納言の君、「さるは言《こと》の葉《は》は繁《しげ》う侍るものを」といふ。

いかにせん　言《い》はぬ色なる　花《はな》なれば　心の中《うち》を　知《し》る人もなし（狭衣）

と、思ひ續《つゞ》けられ給へど、げにぞ知る人もなかりける。

狭衣の歌は、どうすればよいのだろうか、「くちなし」はものを言わない色の花なので、私の心中を理解してくれる人は誰もいないという意である。狭衣が密かに思いを寄せる源氏の宮を訪ね、ヤマブキの花を手に取ってもてあそぶ源氏の宮を見て、自らの心中をクチナシによそえて歌を詠ずる場面であり、細やかな心理描写は成熟した貴族文化の中でのみ到達しうる、まさに平安文化の極致といって過言ではない。狭衣の詠んだ歌の「言はぬ色」は「くちなし色」の別名ともなった。前述の第六の円融院の歌にも詠まれ、平安後期から鎌倉期の歌集に散見される。クチナシという名前の語源も「口無し」に由来し、実が熟しても、萼《がく》が宿存した先端部が裂開するように見えて、さっぱり開かないことを「口無し」に見立てた。「くちなし」という名は上代には見当たらないので、おそらく平安の文人の創出した名と思われる。リンドウ・キキョウほか多くの草花は、優雅な和名がありながら、音読みの漢名に駆逐され、今日に至る。一方、クチナシにもれっきとした漢名があるが、今日まで一貫して和名が生きながらえてきたのは、「くちなし」という見事なネーミングが文人に広く支持されたことと、漢名の梔子（枝子・支子）およびその音名「しし」があまりに無味乾燥な名だからであろう。花よりも染料としての実用性が珍重されたこともさることながら、それをみごとに雅の世界に融合した平安の文人の感性に感服するとともに、漢籍の影響がきわめて希薄なことも指摘しておかねばなるまい。

第25章

古典に登場する淡水の水草：イツモとウキクサ

第1節　「いつものはな」は清流に生える稀少植物であった

『萬葉集』にわずか一首にすぎないが、原文で伊都藻之花と表記される植物名が詠まれている。ただし、平安期以降にそれを詠んだ和歌はごくまれである。伊都藻が正訓であるとすれば、いわゆる水生植物となるが、それが妥当であるかまず考えてみよう。

一、川の上《へ》の　いつ藻《も》のはなの　いつもいつも　来《き》ませわが背子《せこ》　時じけめやも　（『萬葉集』巻四　〇四九一）

二、　五番　左　隆季

風ふけば　浪よせかくる　岩のうへの　いつものはなの　いつかあひみん

右　顕方

人しれず　おもひいれども　あづさ弓　ふすよなければ　夢をだにみず

（『右衛門督歌合』）

第一・二の歌のいずれも「いつものはな」を「いつも（か）」を導く序詞とする。第一の歌をそのまま解釈すれば、「いつも」は川の上に生えていることを示唆するので、典型的な水生植物の一種である。花をつけるから、いわゆる顕花植物であって藻《そう》類ではない。とすれば伊都藻は正訓ではない可能性もあるが、ここは現代的解釈を排して、古代人の目線で考える必要がある。『和名抄』に「毛詩云ふ、藻　音早和名毛、一に云ふ毛波　水菜なり。文選云ふ、海苔の彙　海苔は即ち海藻なり　と。崔禹錫食經云ふ、沉む者を藻と曰ひ、浮かぶ者を蘋　音頻、今案ずるに蘋は又大萍の名なり　と曰ふと。」とあり、これだと水生の高等植物の意に解することも十分可能である。とはいえ、「いつも」という名は、『正倉院文書』や木簡ほかの上代の資料に見当たらず、有用植物ではなかったことを示唆し、その基原を絞り込むにはあまりに情報不足であることは否めない。第二の歌は歌合で詠まれたが、「浪よせかくる　岩のうへのいつものはな」のイメージから、海岸の潮をかぶる岩に生える海草以外に解釈しようがない。ただし、この歌合の判詞に「左歌、万葉集におもひいでられ、わざわざしげにはべめり、右歌、ふることなればにや、なだらかにはべめり、あたらしきより、ひつ《ママ》（く）は、左こころありつねにみるきのせきもりがゆみよりもいつものはなはめづらしきかな」とあるように、第一の万葉歌をイメージして詠まれた歌であって「いつものはな」を珍しいというから、どんな植物であるかわからずに詠んだことを示唆する。鎌倉期の万葉学者仙覚は「いつものはな」について次のように述べている（『萬葉集仙覺抄』巻第四）。

いつもの花とは、河の内よりさき出たる花を云なりとかけり。但物をほむるにはなにゝも、いつのことばをそへて、いひをける習なれば、是も藻《も》の花をほむる心にて、いつもいつもきませ、わがせこ、ときわかめやもとよみつれば、賞する詞相叶《ことばあひかなひ》て聞ゆる也。河藻《も》の花は水のしたになびきてさきたるもあり、水の上に生出てさけるもあり云々

仙覚のいういわゆる河藻のイメージにもっとも合致するのは、清らかな水の中を好んで生育するキンポウゲ科の沈水植物バイカモのほかに思い当たる植物はないが、これまで取り上げられなかったのは不思議というほかはない。バイカモはわが国の固有種で、水温の低い清流に生え、とりわけ湧水池では水温がほぼ一定であるため一年中開花し、ウメに似た五弁の白い花は水上に密生するので、梅花藻と名づけられた。バイカモの生育適地は限られるから、古来、詩歌における出現頻度が少なかったことも説明できる。「いつも」の語源は、細かく裂けて糸状の裂片となった葉身の形から、絲藻《いとも》の義と考えられる。寒い冬でも暑い夏でもいつでも花をつけるから「いつも」に訛ったのであろう。これなら「いつものはな」が「いつも」の序詞とされる理由もあわせて理解できる。あるいは、仙覚の指摘するように、ものを褒めるため「も」に「いつ」を冠したとすれば、稜威藻《いつも》の意となるだろう。『日本書紀』の神代上第六段に「臂《ただむき》には稜威の高鞆を著《は》き云々」とあり、「稜威、此をば伊都《いつ》と云ふ」という古注がある。稜威

25

は尊厳ある威光という意味の漢語で、額田王の歌に「わが背子が　い立たせりけむ　いつ橿が本」（巻一　〇〇九）とあるように、常緑高木のカシにつけた例はあるが、草本植物につけるほどの意義があったかどうかが問題となろう。バイカモは清流中に、ときに水上に白い清楚なウメに似た花をつけるから、稜威を冠するに十分に値すると考えられ、この語源説も捨てがたい。

「いつものはな」をバイカモとした前説は聞かないが、別種の水生植物であれば存在する。『本草綱目啓蒙』（小野蘭山）に「水藻　カハモ　イツモノハナ古歌　カハナグサ同上」（巻之十五「草之二　水草類」）とあるように、江戸後期を代表する本草家小野蘭山は漢名を水藻《スイソウ》とした。ただし、蘭山は「水藻ハ水中ニ生ズル藻類ノ總名ナリ」と述べるように、「いつものはな」を特定の水生植物を指すものではないと考えた。蘭山はそのほかに「聚藻　フサモ江州　キンギョモ　ヱビノス紀州　ノボリ但州　クジャクモ勢州　スヾモ土州」「馬藻　ヤナギモ　サヽモ」を挙げるが、バイカモに相当するものはその中に見当たらない。水藻《スイソウ》・聚藻《シュウソウ》・馬藻《バソウ》のいずれも『本草綱目』（李時珍）にあり、それに対する和名各種を充てたが、原典では「藻に二種有り、水中に甚だ多し。水藻の葉長二三寸、兩兩對生す。即ち馬藻なり。聚藻の葉は細く絲及び魚鰓の狀の如く、節節連生す。即ち水蘊なり。俗に鰓草と名づく。又、牛尾蘊と名づく是なり。」（巻之十九「草部　草之八　水草類」）と記述する。李時珍は聚藻の葉が絲のようで、節が連生し、水蘊《スイウン》すなわち淡水性のモズクのようだというから、バイカモの特徴とも合う。バイカモはわが国の特産種で中国にはないので、聚藻である可能性はないが、大陸に産する近縁種のどれかであろう。しかし、小野蘭山が聚藻に充てたのはアリノトウグサ科の水生植物フサモであった。蘭山が一義的に水藻の基原を「いつものはな」に充てたわけではないが、水藻が本草でどう認識されているか知っておくのもむだではないだろう。この名は『本草綱目』をもって本草の初見とするが、聚藻・馬藻であれば古代の漢籍にも出てくる。『詩經』國風・周南の三章章七句第二スタンザに「于《ここ》に以て藻を采る　彼の行潦に」（本章第3節参照）とあり、これに対して毛詩傳は「藻は聚藻なり」と注釈し、これが聚藻の文献上の初見であって、これから聚藻の基原を絞り込むのは不可能である。宋の朱熹はそれに加えて「水底に生ず。莖は釵股の如く、葉は蓬蒿の如し。」（朱熹『詩經集注』巻第一）と注釈するが、李時珍の記述とは合わない。一方、『爾雅』の「莙は牛薻なり」に対して、郭璞は「薻に似て葉は大なり。江東呼びて馬薻と爲す。」と注釈し、ここに馬薻が出てくる。李時珍は「郭璞注に云ふ、細葉蓬茸絲の如く愛すべし云々」（『本草綱目』巻第十九「草之八　水藻類」）とも記述する。ただし、李時珍のいう郭璞註は、『爾雅』ではなく『三蒼』に対する注であり、『顏氏家訓』の書證篇に当該の記述が出てくる。しかし、その注釈は薀に対するものであって、李時珍が「案ずるに、説文云ふ、莙は牛薻なりと。讀若威。音隱塢瑰反。即ち、陸機謂ふ所の、聚藻の葉の蓬の如き者なり。又、郭璞注三蒼、亦た云ふ、薀は薻の類にして、細葉は蓬茸して生ずと。」と記述するのに対応するもので、間に陸璣などの注釈を混じえているとはいえ、李時珍の見解は概ね妥当といってよい。蘭山が馬薻をヤナギモとしたのはうなづけるが、一方で聚藻にフサモを充てたのは、当たらずとも遠からずであるが、バイカモの存在を知らなかったようである。李時珍も花に一切言及していないが、やはり見たことがなかったからか。

第2節　単なる浮《ふ》萍《へい》の訳名ではない「うきくさ」

「うきくさ」とは実にわかりやすいネーミングである。一般には浮草と表記するが、その名の通り、根はあるもの の地についていないので、水の流れに任せて水面を浮遊する。水深の浅い池沼や水田、流れのよどんだ小川などに生育するが、険しい地形の多いわが国では意外に適地が少ない。そのためであろうか、上代の典籍に浮草に相当するものはごくまれであり、本格的に登場するのは平安以降の詩文である。『和名抄』（源順）の草木部に「說文云ふ、萍　薄經反、字亦た蓱に作る、和名宇木久佐　根無くして水に浮く者なり」とあり、漢名の萍《ヘイ》に「うきくさ」の和訓を充てる。源順は『説文解字』を引用するが、原典では「苹は蓱なり。根無く、水に浮きて生ずる者なり。从艸平聲。」とあり、浮草に相当する用字は苹《ヘイ》となっている。苹は萍の基本字で同義であるが、『爾雅』では「苹は藾蕭なり」とあるように、キク科ヨモギ類の意味もある。したがって、浮草の漢名としてはもっぱら萍あるいは蓱を用いる。浮草の漢名としてもっともよく用いる浮萍《フヘイ》は郭璞の注釈に「水中の浮萍、江東之を薸と謂ふ」と出てくる。

わが国の典籍でウキクサが初めて登場するのは、奈良時代中期に成立した『懐風藻』にある次の五言漢詩「水に臨みて魚を觀る」（判事紀朝臣末茂）にあり、綠萍《リョクヘイ》の名で詠まれている。

宇を結ぶ南林の側　釣を垂る北池の潯
人來れば戯鳥沒し　船渡れば綠萍沈む
苔搖ぎて魚の在るを識り　緡盡きて潭の深きを覺る
空しく嗟く芳餌の下　獨り貪心有るを見む

この詩では船が渡ると綠萍が沈むとあり、浮草にしてはおよそ現実離れした表現となっている。対句をなす「人來れば戯鳥沒し」に和するため、この表現にしたとも考えられるが、むしろ歌人は綠萍の何たるかを知らずに詠んだ可能性もあるだろう。前述したように、わが国では浮草の生育適地は意外に限られているからだ。「苔搖ぎて〜」もいわゆるコケ類ではなく、浮草でなければ意味が通じないから、確かに詩の情景の中に浮草が存在したのはまちがいない。綠萍は六朝詩「宋謝莊八月侍華林曜靈殿八如炎詩」に「金波に素沫揚がり　銀浪に綠萍翻る」（『藝文類聚』巻七十六）とあり、また王維（七〇一年―七六一年）の次の詩のほか、十数首の唐詩にも詠まれている。

『全唐詩』一二八巻「皇甫嶽雲溪雜題五首　萍池」王維

春池深く且つ廣く
會《たまたま》輕舟回《めぐ》るを待つ

25

靡靡として緑萍合し
垂楊掃き複た開く

簡単に通釈すれば、春池は深くて広いが、ちょうど待っていた小型舟が池の中をめぐって帰ってきた、舟で散らばった青々とした浮草はゆっくりと合し、航行するときに手で束ねて避けたシダレヤナギの垂れ枝は、手を放すと再び開放されて伸びやかに垂れ下がっているとなる。『懐風藻』にある五言漢詩はいずれかの中国詩を手本に詠んだことはまちがいないが、水に浮かび流れに任せてどこでも漂浪する植物という認識は希薄である。いわゆる浮草がわが国で広く認識されるようになったのは平安期以降であって、郭璞註の浮萍を「うきくさ」と翻訳してからそのイメージがより身近に感じられるようになり、詩文にも取り上げられるようになったと考えられる。『枕草子』の「むかしおぼえて不用《ふよう》なるもの」に「おもしろき家《いへ》の木立《こだち》焼《や》け失《う》せたる。池《いけ》などはさながらあれど、浮《う》き草、水《み》草《くさ》など茂《しげ》りて。」とあり、そのほか、和歌でも多くの歌に詠まれるようになる。

一、わびぬれば　身をうきくさの　ねをたえて　さそふ水あらば　いなむとぞ思ふ　（『古今和歌集』序）

二、　なつのざふのうた
みづのおもに　おひてわたれる　うきくさは　なみのうへにや　たねをまくらむ　（『躬恒集』第三巻）
ともだちのひさしうまうでこざりけるもとによみてつかはしける
水のおもに　おふるさ月の　うき草の　うき事あれや　ねをたえてこぬ　（『古今和歌集』巻第十八）

三、　うきくさふねにてとるところ
ねをたえて　みづにとまれる　うき草は　いけのふかさを　たのむなりけり　（『伊勢集』）

四、　うきくさ　人丸
とききぬの　おもひみだれて　うきくさの　うきても我は　ありわたるかな

こもりえに　ひまなくうける　うきくさの　まなくぞ人は　恋しかりける　（『古今和歌六帖』第六）

第一の歌は小野小町の歌で、おそらく浮草を詠った歌の中でもっともよく知られているのではなかろうか。歌の意は、思い悩んで、身が浮くような気持ちです、同じ浮くという浮草のように根が絶えているような思いですので、水にまかせてどこへでもついていく浮草のように、私も誘っていただければ、どこへでも去って行こうと思いますとなる。第二の歌はいずれも凡河内躬恒の歌である。前の歌は浮草がいつ花を咲かせ、いつ種をつけるのかわからないのに、どんどん増えるのを不思議に思って詠んだのである。想像するに、なかなか子宝に恵まれない女性の気持ちが背景にあると考えられる。浮草の中には種子を付けないシダ類もあるし、高等植物基原であっても、無性繁殖するのが普通で、ごくまれに小さな花を付けるにすぎないから、昔の人はその生態を知る由もなかった。後の歌は、第三句までが浮草の音を利用して「憂きこと」を導く序詞である。歌の意は、水面に生えている五月の浮草ではないが、憂うことがあるのだろうか、浮草の根が絶えているように、私の友だちも久しく便りがありませんという内容である。第三の歌は、根が無くなって水の上に止まっているだけの浮草は、池の深さを唯一の生存の頼みとしているのだろうなと、実に単調な歌に見えるが、特定の人物に依存するようにはなりたくないなど、何らかの意を込めているのではないか。第四の前の歌の意は、脱いだ衣のように心を乱し、浮草のように、心が身に副わず浮かれていても、これまでの私であり続けることだとなるが、第一・二句は『萬葉集』の「解き衣《きぬ》の　思ひ乱れて恋ふれども　なぞ汝がゆゑと　問ふ人もなき」（巻十一　二六二〇）を本歌取りしたものである。後の歌は、籠り江に隙間なく浮いている浮草の間がないように、会わないと人は恋しく思ってしまうのですねという意で、浮草が水に浮きながら密集する様を巧みに詠み込んで、常に恋人に会いたい気持ちを歌に表した。

以上、わが国の古典文学では、浮草は根が地についていないことから、不安定で落ち着きのないものに譬えたことがわかる。浮草は『萬葉集』に出てこないから、上代の先人はほとんど注目することはなく、平安期になって中国詩文の浮萍を素材として導入したことは疑問の余地はない。ただし、それをもって浮草を詠む和歌を漢詩文の単なるコピーとステレオタイプ化するのは賛成しかねる。ここでわが国の文芸に大きな影響を与えた六朝詩と唐詩で浮草がどう詠まれているかみてみよう。

『藝文類聚』巻四十一「論樂」　魏陳王曹植蒲生行

浮萍、綠水に寄りて　風に随ひ東西に流る
結髪して嚴親を辭し　來りて君子の仇と爲る
恪勤して朝夕に在りしに　中年愆尤を獲たり
茱萸、自から内に芳しきも　桂と蘭とに若かず
佳人、成列すと雖も　故《もと》の歡ぶ所に若かず
行く雲も返る期あり　君の恩も儻《いや》しくも中還せん

この詩は曹植の閨怨詩の一首である。簡単に説明すると、結髪は一人前の成人になることで、女子では十五歳。嚴親は父親のこと、仇はかたきではなく、この場合は連れ合いの意。恪勤《かくきん》は忠実に勤めること、愆尤《けんゆう》はお咎めをうけること。成列の列は烈女の短略で節操をかたく守る女子のこと。儻は仮初めにも、いやしくもの意、中還は中途でもとに戻る意。通釈すると、浮草が緑水に身を委ね、また風にしたがって東に西にと流れて行きます、私は十五歳になって親元を離れ、あなたの連れ合いとなるために来ました、朝も夕べも忠実に勤めましたが、時におとがめをうけることもありました、茱萸（ミカン科ゴシュユの類）はもともと芳香を具えていますが、それでも桂樹（クスノキ科ケイヒ）や蘭草（キク科フジバカマ）には及びません、美人が長く節操をかたく守り続けたとしても、昔の若い頃の私をあなたが喜んでいたことに比べるべくもありません、流れゆく雲も戻ってくる時期がありますが、あなたの慈しみも仮初めにも途中で戻ってくることがあるのでしょうかとなる。次の詩もいわゆる閨怨詩に属し、同じ曹

植の詩である。

『藝文類聚』巻三十二「閨情」　魏陳王曹植詩

衣を攬《と》りて中閨を出で　逍遥して兩楹に歩む
閑房何んぞ寂寥たる　綠草、階庭を被ふ
空穴、自から風を生じ　百鳥翩りて南に征く
春思安んぞ忘るべけんや　憂戚、君と幷わせり
佳人は遠道に在り　妾身は單り且つ煢りたり
歡會再びは遇ひ難く　蘭芝重ねては榮えず
人は皆舊愛を棄つ　君豈に平生の若くならんや
松に寄りて女蘿と爲り　水に依りて浮萍の如し
身を齎して衿帯を奉じ　朝夕に堕傾せず
儻《も》し顧眄の恩を終《つひ》ゆれば　永く我に副ひて情に中らん

逍遥は気ままに歩く、ぶらつくこと、兩楹《りょうえい》は二本の柱、空穴は室内の隙間、春思は春心すなわち春に生じる独特の心持ち、憂戚《ゆうせき》はうれい悲しむこと。佳人は美人の意もあるが、ここで妻が夫を呼んでいう詞。妾身は自分自身のこと。平生はふだん、女蘿《ジョラ》は地衣類の一種サルオガセ。齎身は婚家に自らの身を預けてしきたりを守ること、衿帯《きんたい》は敵の攻撃を受けにくい要害の地、転じてこの詩では貞操を守ることをいう。堕傾は道理から外れたり、悪い教えに靡いたりすること。顧眄《こべん》は振り返って見ること。通釈すると、衣を取って閨房を出て、ぶらぶらと二本の柱の間を歩いている、閑散とした閨房は何と物寂しいことか、青々とした草が階段や庭にまで被いかぶさっている、部屋の隙間に自然と風が入ってきて、多くの鳥はひらりと羽を翻し南方へ飛んでいく、春になれば誰もが抱くこの浮き浮

きした心はどうして忘れられようか、憂いと悲しみはあなたと併せてある、あなたははるか遠路の地にいるし、私は一人でほかに誰もいない、楽しい出会いは再び巡り会うことは難しく、蘭草と芝草も再び映えることはないのだ、人は皆旧愛を棄て去るものだが、あなたもかつての普段通りでいられないだろう、松に身を寄せたサルオガセとなり、水に任せてどこへでも行く浮草のようだ、婚家に自らの身を預けてしきたりを守り貞操も守り、朝も夕べも道理から外れることもぶれたりすることもなかった、もし振り返って慈しむことがついえてしまったとしても、長くわたしに付き添って私の心にかなうことをのぞむとなる。

以上の二首を正しく解釈するには、男系制で一夫多妻の古代中国の婚姻形態を前提にしないと理解は難しい。一方、平安時代のわが国では、母系制で男が女のもとに通うというシステムであったから、曹植の詩に詠まれた内容は平安の文人では想像もつかないことであったにちがいない。だからこそ、単なる漢詩文の翻訳に依ることなく、浮草の存在感を大きく浮き立たせ、男女間の関係に譬えて詠むことが可能となったのである。漢詩文で浮萍は閨怨詩だけに限らず、叙情的に詠まれることもある。

『全唐詩』巻十九「相和歌辭：江南曲」温庭筠

萍を拾ひて萍に根無く
蓮を採りて蓮に子有り
浮萍と作《な》りて生く不《なか》れ
寧ろ藕花と作りて死なん

『全唐詩』巻四五五「池上二絶」白居易

山僧棋に對して坐し　局上の竹陰清し
竹に映じて人の見る無く　時に聞く子を下ろす聲を

小娃、小艇を撑《さをさ》して　偸《ひそ》かに白蓮を採りて回《かへ》る
蹤跡を藏《かく》すを解せず　浮萍、一道開く

温庭筠の詩は、同じ水草として浮草と蓮を比較し、役立たずで繁殖力だけがつよい浮草のようにはなりたくない、ハスの花となって死にたいとすら言い切っているのは、当時の中国においてハスという植物の文化的地位を反映したもので、それなりの意味がある。『太清諸草木方』（陶弘景）に「七月七日、蓮花七分を采り、八月八日、根八分を采り、九月九日、實九分を采る。陰乾し、搗き篩《ふる》ひて方寸匕を服すれば人をして不老ならしむ。」（『證類本草』巻第二十三「果部上品　藕實莖」所引）とあるのは、きれいな花は香りがあって茶葉などの賦香料とし（ベトナム北部では古くからハスの花の葯《やく》で香りをつけた茶を珍重した）、実（種仁）は蓮子《レンシ》（蓮肉《レンニク》）として薬用になり、根は蓮根として食用になるハスは捨てるところがないほど有用な植物であったからである。また、『本草經集注』（陶弘景）に「花及び根は並《とも》に神仙に入れ用ふ」（『證類本草』同）とあるように、ハスは神仙色の濃厚な植物であったことに留意する必要があろう。すなわち、この詩では浮草は主役の蓮を際立たせるため最低ランクの植物として取り合わせられたにすぎない。一方、白居易の詩の浮草にネガティブなイメージはなく、中立的に詠んでいるのが特徴といえる。第一スタンザでは山寺の僧侶が囲碁に興じる様子を詠っている。近くに池があって竹林の竹が半ば被うように水面に映じているのであろうが、僧侶以外に人影はなく、ただ碁石を打つ音（子を下ろす聲）が聞こえるだけだというのは、王維の著名な詩「輞川集：鹿柴」の「空山人を見ず　但、人語の響くを聞くのみ」と共通する感性といえる。一方、第二スタンザでは一変して、美形の小娘（小娃）が小舟を操って蓮の花や果実あるいは蓮根であろうか、こっそり盗み取るという情景を詠む。白蓮は心が清らかで穢れのないことを譬えるが、それとは対極の小娘の行為を逆説的に表すため、蓮ではなく白蓮としたのであろう。池には浮草が繁茂していて舟の航跡がはっきりと残っているが、小娘にはそれを消し去るだけの智恵はない。この詩で浮草と美形の女泥棒を取り合わせて、白居易は何を

訴えようとしたのであろうか。

植物学的に同じ浮草を題材としても和漢詩文でその位置づけに大きな違いがあることは以上ではっきりしたが、一般に水流が激しく浮草が流れ去りやすいわが国と流れの緩やかな大陸との風土の違いが背景にあることを認識しておく必要があろう。

第3節　本草にいうもう一種の浮草「デンジソウ」

ここで視点を本草に転じてみたい。浮草は取るに足らないつまらない植物のように見られているが、これでも『神農本草經』の中品に水萍《スイヘイ》の名で収載され、主治を「味は辛く寒。暴熱し、身痒きを主り、水氣を下し、酒に勝《た》へ、鬚髪を長じ、消渇を止む。久しく服すれば身を輕くす。一名水花。」と記載する。しかし、それが具体的にどんな植物であるか記載はない。『本草經集注』（陶弘景）に「此是水中の大萍のみ、今の浮萍子に非ず。藥録云ふ、五月に花有りて白色なれば、即ち今の溝渠に生ずる所の者に非ず。楚王、江を渡る所に得るは斯の實に非ざるなり。」とあり、陶弘景は水萍を大萍《ダイヘイ》としていわゆる浮草（浮萍《フヘイ》）ではないと断じている。『新修本草』（蘇敬）も「水萍なる者三種有り。大なるは蘋と名づく。水中に又荇菜有り、亦た相似て葉は圓し。水上なるは小浮萍なり。火瘡を主る。」と記載し、基本的に陶弘景に同調した。一方、『本草拾遺』（陳蔵器）は「水萍に三種有り。大なるは蘋と曰ふ。葉は圓く濶さ寸許り、葉の下に一點有り水沫の如し。一名芣菜。暴乾して栝樓と等分し、人乳を以て丸と爲す。消渇を主る。擣き絞り汁に取り飲めば蛇咬の毒腹に入るを主る。亦た、熱瘡に傅くべし。小萍子是れ溝渠の間なる者末して面皯に傅く。汁に擣き之を服す。水腫、小便を利するを主る。又、人、毒に中たるに萍子を取り、暴乾し末し酒にて方寸匕を服す。又、膏と爲して髪を長ず。本經に云ふ水萍は應に是れ小なる者なるべし。」と記述し、『神農本草經』にいう水萍は小なるものすなわち浮萍であって、そのほかに蘇敬のいうように、蘋《ヒン》なる大きい物（陶弘景のいう大萍の相当する）があるとする。（以上三書の記述は『證類本草』巻第九「草部中品之下　水萍」所引）。三種あるという残りの一種について蘇敬は荇菜《コウサイ》（ミツガシワ科アサザ）の名を充てる。以上に対して中国本草界の泰斗李時珍は「本草の用ふる所の水萍は乃ち小浮萍にして大蘋に非ざるなり。陶蘇俱《とも》に大蘋を以て之を註す、誤りなり。」（『本草綱目』巻第十九「草之八　水草類」）と述べて陶弘景・蘇敬を名指しで非難したが、明らかに李時珍の誤解である。李時珍は浮萍を「處處の池澤の止水の中に甚だ多く、季春に始めて生ず。（中略）葉の下に微鬚有れば卽ち其の根なり。」（『本草綱目』同）と記述し、まさにいわゆるウキクサをいう。一方、蘋については「蘋は乃ち四葉菜なり。葉は水面に浮き、根は水底に連ね、其の莖は蓴（ジュンサイ）芣（詳細不明）より細し。其の葉の大さ指の頂の如く、面は青く背は紫にして細紋有り、頗る馬蹄決明の葉（マメ科エビスグサの小葉）に似て四葉合成し、中は十字に析《さ》く。夏秋に小さな白花を開き、故に白蘋と稱す。其の葉攢簇して萍の如し。」（『本草綱目』同）と記述し、デンジソウ科デンジソウの特徴をよく表す。ただし、デンジソウはシダ植物であり、花をつけないが、白い胞子嚢果あるいはそれが弾けて裸出した中味の白い胞子嚢を花に見立てた。李時珍のみならず、陶弘景も白花をつけると記述し、そのほか『呉普本草』も「葉は圓く小にして一莖一葉、根は水底に入り、五月に花白し」とする（『本草綱目』同所引）。植物科学の成立以前ではシダ植物のゼンマイやヤブソテツを花が咲くとした例に第1章第2節「2-4」・3節で述べた。李時珍は陳蔵器の芣菜《フサイ》のほか四葉菜《シヨウサイ》・田字草《デンジソウ》の異名を挙げた。デンジソウの和名は田字草の音読みに基づく。その名の由来は、四枚の小葉からなる複葉の隙間が「田の字」の形をしているからである。

蘋なる名は『詩經』國風・周南・草蟲三章章七句第二スタンザに初見する。

于《ここ》に以て蘋を采る　南澗の濱に
于に以て藻を采る　彼の行潦に

毛詩傳は「蘋は大なる萍なり。濱は厓なり。藻は聚藻なり。行潦は流潦なり。」と注釈し、『爾雅』ほか諸本草もそれを受け入れて記載する。難解な詩であるが、毛詩傳の注釈に基づいてこの詩を解説しておくと、厓は岸、ここでは水際の意、流潦は雨が降った後のたまり水もしくはその水の流れである。通釈すると、ここに水草を採る、南の谷川の水際で、ここに藻を採る、あの水たまりの流れにとなる。次に蘋に対する和名について考証する。『和名抄』には蘋の項目は見当たらず、一方、『本草和名』（深根輔仁）には「水萍　一名水花一名水白一名水蘇一名水中大萍一名蘋　大なる者なり、已上二名蘇敬注に出づ　一名水華　雜要決に出づ　一名薸　小なる者なり、崔禹に出づ　一名七英一名水英　已上兼名苑に出づ　水中大馬萍一名馬菜一名馬葉　已上小品方に出づ　一名芣一名薸　音瓢、尒雅に出づ　和名宇岐久佐」とあって、『新修本草』に準拠するため、水萍（＝水苹）の異名とする。寛仁二（一〇一八）年ごろの成立とされる『和漢朗詠集』巻上に「潭心に月泛びて枝を交ふる桂《かつら》　岸口に風來たりて葉を混ずる蘋」とあり、蘋を詠む和製漢詩を収録する。蘋に「うきくさ」の和訓をつけるが、成立時につけたか定かではない。風に寄せられ、岸で落ち葉と混じっているという意であるから、ウキクサとしてまったく矛盾しない。しかし、ウキクサとするのであれば、萍でもよかったはずで、なぜわざわざ蘋を用いたのか新たな問題が浮かび上がる。中国の詩文に目を投じると、六朝詩・唐詩のいずれにも蘋を詠んだ詩が、萍ほどではないが、頻出する。唐の著名詩人も多く詠んでおり、ここでは李白の詩を紹介しておく。

『全唐詩』巻一六五「渌水曲」　李白

緑水、秋月明らかに
南湖に白蘋を採る
荷花、嬌《なまめ》かしく語らんと欲し
愁殺す、舟を蕩《うご》かす人

25

白蘋《ハクヒン》とは、李時珍が説明しているように、小さな白花（実際は胞子嚢果あるいは胞子嚢）をつけた蘋であるから、デンジソウそのものである。採集するというのは、『本草拾遺』に搾り汁を熱瘡につけるとあり、また『圖經本草』（蘇頌）に「糝《こながき》に蒸し以て茹と爲すべし。又、苦酒を用て淹《ひた》し以て酒に按《おさ》ふ。」（『證類本草』巻第九「草部中品之下水萍」所引）とあるように、食用・薬用に供したからである。前述の『詩經』國風に蘋を採るとあるのも、中国では古い時代から利用されたことを示す。李白は夜に秋月が映って煌煌と輝く南湖で、昼は人が白蘋を採集する情景を詠んだ。デンジソウは水中で胞子嚢果をつけないから、岸辺の水が干上がったところで、人が採集していることになる。水の満ちたところではハスの花が咲き、その妖艶さは何かを語ろうとしているようで、舟を操作して蓮根を採る人を大いに愁えさせていると詠んだ。蓮根を採ればハスの花を損なうから、採取人はそれに葛藤して愁えているのであり、まったく対照的なデンジソウとハスを取り合わせ、わずか四句にまとめた李白の感性は見事といわねばならない。

さて、中国本草では「蘋は大なる浮草」とし、『本草和名』の注記にもあるから、漢学に長けた平安の文人であれば、知らなかったとは考えにくい。また、『和漢朗詠集』にある当該の漢詩は蘋をデンジソウとしても通じる。今日でこそデンジソウは希少種であるが、かつては水田の雑草としてどこにでもある植物であった。では、当時、蘋をどう訓じていたのであろうか。『類聚雑要抄』巻第四に唐櫛笥という銀製の香料を入れる小さな調度の図を掲載している。その上部にいわゆる四つ葉のクローバーに似た家紋のような紋様が描かれている。『枕草子』一本に「綾《あや》の紋《もん》は葵《あふひ》。かたばみ。あられ地《ぢ》。」、また「草は」に「かたばみ、綾《あや》の紋《もん》にてあるも、ことよりはをかし」とあり、「かたばみ」の名が出てくる。以上はいわゆる片喰紋《かたばみ》に言及し、一般の注釈書はカタバミ科カタバミの葉とするが、家紋として用いられるものはほとんどが三枚葉であるから無理もない。しかし、中には四つ片喰といわれる四つ葉紋もあり、藤原北家魚名流の嫡流である四条家の家紋はその一例である。カタバミはごくまれながら四つ葉の複葉をつけるから、定説では四つ葉紋はそれを象ったとするが、むしろ四つ葉紋はデンジソウに由来すると考える方が無理がないのではないか。清少納言の言及した「かたばみ」もデンジソウであって、『類聚雑要抄』の唐櫛笥上の紋はまさにそれを表した証左といえる。古くはカタバミもデンジソウも同じ「かたばみ」の名で呼ばれ、その語源は倒心形の小葉の形態に由来する。すなわち、片葉（小葉）の先端に凹みがあり、それを「片喰み」と称したのである（第31章第3節「3-3」参照）。

第26章

古典に登場するヤシ科植物

第1節　誤って充てた「あぢまさ」の漢名：檳榔《ビンロウ》はわが国に自生しない

『古事記』の下つ巻に、仁徳天皇が、皇后石之日売《いはのひめ》（磐之媛）の嫉妬で追放された黒日売《くろひめ》を恋慕って、皇后を欺き、淡路島を見たいという名目で行幸し、その淡路島から島々を眺めて詠んだとされる歌がある。

おしてるや　難波の崎よ　出で立ちて　我《わ》が國見れば　淡嶋《あはしま》　淤能碁呂嶋《おのごろしま》　阿遅摩佐《あぢまさ》の　嶋も見ゆ　放《さけ》つ嶋見ゆ

『古事記』上つ巻の伊邪那岐・伊邪那美の国造り神話によると、最初にできた島が淤能碁呂嶋、その次にできたのが淡嶋となっているので、仁徳天皇が自らの支配する国土を眺望し、島々が形成された神代に思いを馳せた国見の歌とされる。国造り神話では、これに続いて淡道の穂の狭別嶋《さわけのしま》、伊豫の二名嶋《ふたなのしま》が形成されたことになっているが、国産みの神話であるから、以上の島は実在の島である必要はない。しかし、阿遅摩佐の嶋、放つ嶋（離れ小島の意）は、この歌の背景が淡路島から眺望であるから、実在の島を重ね合わせたものでなければならない。淡路島の南に沼島、東に友ヶ島があるので、それらを放つ嶋として詠んだと思われる。一方、阿遅摩佐の嶋についてはその奇妙な名前が手掛かりとなる。『本草和名』（深根輔仁）に「檳榔　仁諝賓郎二音　猪檳榔　大なる者　蒳子　小者仁諝音細　一名檳榔孫　俗に小なる者を呼びて孫と爲す　一名山檳榔　疏文に出づ　一名無柯子一名木實　已上二名兼名苑に出づ　和名阿知末佐」とあり、漢薬檳榔《ビンロウ》につけられた和訓と同じ名だからである。檳榔とは、『名醫別錄』の中品に収載され、「味は辛く温にして無毒。消穀を主り、水を逐ひ、淡癖を除き、三蟲、伏尸を煞し、寸白を療ず。南海に生ず。」という記載から、中国古医学では駆虫の妙薬とされた。ただし、『本草經集注』（陶弘景）の「此れ三四種有り。交州に出でて形は小さくして味は甘し。廣州以南なるは形大きく味は澁し。核亦た大、尤も大なるは楮檳榔と名づけ、薬に作すに皆之を用ふ。又、小なるは南人蒟子と名づけ、俗人呼びて檳榔孫と爲す。亦た食すべし。」（『新修本草』巻第十三「木部中品」所引）という記載から、南方地域に産するもので、しかも類縁種がいくつかあって中国でもその基原は必ずしも正しく認識されていなかった。このような状況の中で、『本草和名』が敢えて「あぢまさ」を檳榔に充てたのは不思議に思われるにちがいない。

混乱をさけるために結論を先に述べておくと、檳榔は東南アジアを原産とするヤシ科の高木ビンロウのことで、その果実を檳榔子《ビンロウジ》と称し、薬用とする。したがってわが国に自生しない熱帯植物であり、今日でも沖縄ほか南西諸島の一部でわずかに植栽されるにすぎない。正確にいうと、「あぢまさ」は、わが国に自生するヤシ科植物ビロウの古名であって、檳榔に誤って充てた名である。ビロウという植物学上の正名も、檳榔の音読み「びんらう」の訛りであり、本来ならアジマサとつけるべきであった。ビロウは掌状様の大型の複葉をもち、葉先が細かく裂けて垂れ下がるのに対して、ビンロウはココヤシに似た羽状複葉であるところが異なる。『和名抄』（源順）の「兼名苑注云ふ、檳榔 賓郎二音、此間音旻朗 葉は樹端に聚《あつ》まり、十余房有り、一房數百子なる者なり。本草云ふ、檳榔子一名蒟子 上音納」という記載の中に『兼名苑注』を引用した檳榔の記述があるが、ヤシ科に共通する公約数としての特徴を表すにすぎず、ビロウとビンロウを区別するには不十分で、両種が同じと認識されてもやむを得ないだろう。因みに、源順は檳榔に和訓をつけなかった。前述の『古事記』に出てくる阿遲摩佐の嶋とは、ビロウの自生する島のことで、淡路島周辺では四国本土以外はない。四国は淡路島よりずっと広いので、当時、嶋と認識されていたか疑問に思われるかもしれないが、精密測量された地図という先入観に基づくからであって、淡路島からの眺望では四国は嶋にしか見えないだろう。

実は、『古事記』中つ巻の垂仁天皇に「爾《ここ》に御《み》伴《とも》に遣はさえし王等《みこたち》、聞き歓《よろこ》び見喜びて、御子をば檳榔の長穂宮に坐せて、驛使を貢上《たてまつ》りき」とあるように、檳榔という漢名が阿《あ》遲《ぢ》摩《ま》佐《さ》に先立って出現する。通説では檳榔之長穂宮を、『本草和名』のつける和訓にしたがって、「あぢまさのながほのみや」と訓読してビロウの葉で屋根を葺いた宮殿と解釈する。伊勢神宮がそうであるように、古代の神社の神殿は萱葺きが普通であったからあり得ない話ではない。ただし、わが国でビロウが自生するのは、四国・九州以南の海岸地帯に限られ、大量の材料を遠路から調達しなければならない。上代の資料では、正倉院御物の奉盧舎那佛種々藥帳（天平勝寶八歳六月二十一日）に「檳榔子七百枚」（大日本古文書　巻四　一七三頁）という記録がある。いわゆる正倉院薬物と称するもので、そのリストにある薬物はことごとく中国からもたらされ、当時としては稀少なものばかりである。この檳榔子は、ビロウの実ではなく、中国から輸入された真品のビンロウの実であるが、当時、檳榔を「あぢまさ」（＝ビロウ）とする認識があったという証拠はない。すなわち、檳榔之長穂宮の名は中国から輸入された貴重な薬物である檳榔子の名を充てたと解釈するのが正しく、「びんらうのながほのみや」と読まねばならない。「檳榔の」を枕詞と解釈する見解があり、歌謡ではなく本文中にあるのが難点とはいえ、それも一理あるかもしれない。

「あぢまさ」は「集《あ》づ＋真《ま》麻《そ》」の義で、大型の掌状様複葉がアサの葉に似て、まっすぐに伸びる樹幹の頂端に集まって付くから、その語源の由来があるという。羽状複葉のビンロウではアサに見立てるのは困難であるから、この語源説は説得力がある。しかしながら、源順が『本草和名』を引用しながら、古名の和訓「あぢまさ」を採用しなかったことに象徴されるように、平安時代になるとこの名に駆逐され、誤って充てた漢名である檳榔の音読みである「びらう」に転じた。平安を代表する古典文学『源氏物語』『枕草子』に「びらうげ」という今日では耳慣れない名が出てくる。和歌では十世紀後半に成立した『能宣集』に一首、題詞に「びらうげのくるま」とあり、本歌では「あはび」を物名として詠み込んだ。

一、　九月ばかりに、人人あまたまうできて酒などたぶるに、さかななるあはびをみて、あはびといふ題なむよみにくかなる、むかしの上ずもしはあはびらうげのくるまなりけりとなん、そへてよみけるとまうせ

ば
秋の花　さまざまそむる　たつたひめ　いろのあはひを　いかでしりけむ
（『能宣集』）

二、廂《ひさし》の御くるまにて、廂《ひさし》なき絲毛《いとげ》三（つ）、檳榔毛《びらうげ》の、黄金《こがね》づくり六（つ）、たゞの檳榔毛《びらうげ》廿、網代《あじろ》二（つ）、女房三十人、童《わらは》、下仕《しもづかへ》八人づゝ、さぶらふに、又、むかへの出《いだ》し車《ぐるま》十二、本所《(ぞ)》の人々乗《の》せてなむありける。
（『源氏物語』宿木《やどりぎ》）

三、それより御輿《みこし》は入《い》らせ給ふ。北の門より女房の車どもも、（中略）檳榔毛《びらうげ》の車などは、門ちひさければ、さはりてえ入《い》らねば、例《れい》の筵道《えんだう》しきておるるに、いとにくくはらだたしけれども、いかがはせむ。殿上人、地下《(ぢげ)》なるも、陣にたちそひて見るも、いとねたし。
（『枕草子』「大進《だいじん》生昌《なりまさ》が家に」）

四、檳榔毛《びらうげ》はのどかにやりたる。いそぎたるはわろく見《み》ゆ。網代《あじろ》ははしらせたる。人の門の前などよりわたりたるを、ふと見やるほどもなく過ぎて、供《とも》の人ばかりはしるを、誰ならんと思ふこそをかしけれ。ゆるゆると久しくゆくはいとわろし。
（『枕草子』「檳榔毛《びらうげ》は」）

檳榔毛とは、ビロウの葉を裂いて屋形車の屋根や棟を葺いて被ったもので、その車はもっぱら貴人の常用とされ、三位以上の官職に限られた。一方、『源氏物語』の宿木《やどりぎ》、『枕草子』の「檳榔毛《びらうげ》は」に出てくる網代《あじろ》とは、タケ・アシ・ヒノキなどを薄く細く削った切片を斜めに編んだものを車箱に貼り付けた網代車のことで、檳榔毛車に比べると格式は低いとされた。清少納言は檳榔毛車は静かにゆったりと進めるのがよく、網代車は早くはしらせるものだというから、檳榔毛車は人に見せつけるのを目的としたもので、それだけその材料が貴重品であったことを暗示する。『延喜式』巻第五「齋宮」の年料雑物に檳榔葉二枚、同巻第三十九「内膳司」に檳榔葉十枚、同巻第四十「主水司」に「供御年料　檳榔葉四枚」とあり、これらは檳榔毛車を葺く材料である。興味深いことに、『續日本紀』巻第三十四の宝龜八（七七七）年五月癸酉の条に、渤海使史都蒙《くめん》の請めに応じて檳榔扇十枚を加附したとの記録がある（当該の記述は第4章第2節「2-1」を参照）。これはビロウの葉で作った蒲葵扇《ほきせん》のことで、後述するように、唐詩に多く詠まれる。今日でも九州・南西諸島の自生地ではビロウの葉で扇を作り土産物にするが、その歴史は平安時代までさかのぼる。『延喜式』巻第二十三「民部下」の交易雑物に「太宰府　檳榔馬簑六十領」とあり、九州が主産地であったことがわかる。今日でも鹿児島県・宮崎県・長崎県ほか各地にビロウの群生地が残るから、当時、九州全土から収穫されたビロウ葉は太宰府に集積された。『延喜式』のこの記事をもって、当時の太宰府がビロウを南島から収奪していた証拠と主張する研究家がいるが（『しまぬゆ1―1609年、奄美・琉球侵略―』）、ビロウの北限が福岡県沖ノ島であること、四国南岸にも分布することを無視しており、その記述は重大な誤謬に基づいているので穏当ではない。太宰府は、はるか南島にもとめなくとも、近道の西海道や日向地方の自然生の群生地から大量入手が可能であった。南島から太宰府までビロウ葉の移動があったというなら、確固たるエビデンスを提示すべきであって、単に憶測で収奪したと結論するのは無知蒙昧といわれても仕方ないのではないか。学術価値のない書籍を引用する必要はないが、誤謬を訂正するという観点から敢えてここに補足しておく。

『延喜式』巻第三十七「典薬寮」の諸國進年料雜藥に、太宰府から檳榔子の貢進の記録があるが、それはビロウの実を檳榔子として利用していたことを示す。また、『類聚雜要抄』に「故納言曆記云　長元八年七月廿四日乙亥未時許り関白第に詣で謁奉りて兼雑事を申し仰せ被れて云ふ、壹筥二合、其の一合に小筥四合有り、皆薫物を入れば則ち其の名辨へ難し。（中略）薬筥の入物四合有り、一合なる者訶梨勒、一合なる者檳榔子、一合紅雪、一合紫雪云々者同じく問へ被《ら》る。云々」（巻第二）とあり、この檳榔子は大陸から輸入したビンロウジの可能性もあるが、常識的に考えれば、和産のビロウの実であろう。

さて、ビロウは中国にも自生し、その漢名を蒲葵《ホキ》という。ただし、この名の初見は『本草拾遺』（陳藏器）にあり、栟櫚《ヘイロ》木皮《ボクヒ》の条中に「此の木の類、嶺南に虎散、桄榔、冬葉、蒲葵、椰子、檳榔、多羅等有り、皆相似す。」

（『證類本草』（唐慎微）巻第十四「木部下品　陳藏器餘」所引）とあるように、栟櫚の類品（すなわちヤシ科一般）の一つとされている。しかしながら、以降の正統ならびに傍流本草のいずれにおいても蒲葵が正品として収載されることはなかった。『藝文類聚』『文選』あるいはそれより古い漢籍にこの名は見当たらないが、二十首以上の唐詩に登場し、大半は蒲葵扇として詠まれる。白居易も四首ほど詠んでいるので、ここにそのうちの一首を紹介する。

『全唐詩』巻四三〇「小池二首之二」　白居易

晝は前齋の熱に倦み　晩に小池の清きを愛す
林に映じて餘景沒し　水に近うして微涼生ず
坐して蒲葵扇を把り　閑吟す三兩の聲

齋は山齋《しま》で休息のための外舎（第20章第2節参照）。通釈すると、昼間は山齋でも猛暑にうんざりしたが、暮れになると小池の清らかさが愛しくなった、林を照らしていた残影も消え、水辺近くではかすかながら涼しくなってきた、坐って蒲葵扇をとって扇ぎながら、静かに詩を吟じているとなる。特別な注釈も必要なくわかりやすい優雅な詩であり、わが国の文人が知らなかったとは思えないが、蒲葵扇の文学的インパクトはほとんどなかった。わずかに一二〇四年成立の『百詠和歌』（源光行）の題詞にその名をみるにとどまる。

五、　花軽不満面　扇、名を九花と云ふ、白綺、翟羽、雉尾、蒲葵、同心、合歓ともいへり、九花の扇とは
　　文扇也
　身にそふる　花のあふぎの　風もなほ　なつの心の　ちらばこそあらめ　（『百詠和歌』第八）

中国南部は亜熱帯気候であって、ビンロウの栽培が可能なので、古くベトナム経由で東南アジアから伝わっていた。とはいえ、ビンロウを見られるのはベトナムに近い広州周辺に限られ、漢籍における檳榔の記述は限定的である。『藝文類聚』には十五カ所に檳榔の名が出てくるが、そのほとんどは物産としての記述にとどまる。その傾向

は唐代になっても大差なく、『全唐詩』にわずか九首に詠まれるにすぎず、蒲葵よりも少ない。そのうち李白・白居易という著名な詩人がそれぞれ一首と二首詠んでいるのが注目される。ここでは『藝文類聚』に収録された詩と李白の詩を紹介する。

『藝文類聚』巻八十七「檳榔を詠みし詩」　周庾信

緑房に千子熟し
紫穂に百花開く
言ふこと莫れ萬里行くを
曾《かつ》て經相識り來る

『全唐詩』巻一六八「玉眞公主別館にて苦雨に衛尉張卿に贈る二首之二」　李白

廚灶、青煙無く　刀機、緑蘚を生ず
箸投じて鸕鷀を解き　酒に換えて北堂に酔ふ
丹徒布衣なる者　慷慨未だ量るべからず
何れの時か黄金の盤に　一斛の檳榔を薦まん
功成らば衣を拂《す》て去り　滄洲の傍らに搖曳《えうえい》せん

周庾信の詩は遠く異境の地で見たビンロウを詠んだと思われる。第一・二句に植物の形態的特徴を詠むのは通例の漢詩としては異例であるが、北地の植物とはまったく異なるヤシ科の異様な形態に衝撃を受けたからであろう。一方、李白の詩を理解するには、苦雨（長雨）で李白が玉真公主の別館に長く逗留を余儀されたという背景を知っておく必要がある。第一連の廚灶とは厨房の釜のことで、煙がなく、包丁に緑苔が生えるほど、公主別館は人気《ひとけ》のないことを表す。鸕鷀《しゅくそう》を解くとは、神鳥たる鸕鷀を装飾した皮衣を脱ぐという意、つまり第二連は人気のない中で食べるのは諦めて皮衣を酒に換えて北堂で飲み明かしたというから、よい待遇を受けていたわけではないことを示唆する。丹徒布衣《たんとふい》は南朝宋の劉穆之の故事に基づく。丹徒は地名でかつて劉穆之が住んでいたところ、布衣は平服の意が転じて無官を表す。すなわち、丹徒布衣なる者とは無職の境遇にあったことを意味する。慷慨はいきどおり嘆く、いたみ嘆くことの意で、第三連は官位にありつけない者にとっては推し量ることのできないほどいたみ嘆いている境地を表す。一斛は容量の単位であるから、この檳榔は果実を発酵させて作ったビンロウ酒である。マレー地方では普通にあるが、後世の中国では低級な酒とされた。第四連はいつか黄金の杯で飲みきれないほどのビンロウ酒を薦めてみたいものだという意味になるが、ビンロウ酒を低級酒とすると、前後関係からまともな解釈は難しいので、やはり当地では相応のステータスをもつ酒であったと思われる。第五連は功成り名を遂げれば衣（官服のこと）を脱ぎ捨てて滄洲（不明の地）の辺りでぶらつこうという意で、無官でありながら官位を得たのちのことを述べるのは楽観的すぎる気もするが、それだけ官位への願望が強いことの裏返しを示唆するか。

第2節　『枕草子』に初見するヤシ科植物「すろのき」

ビロウによく似た植物にシュロがある。同じヤシ科ながら別属のシュロ属に分類されるが、ビロウよりずっと耐寒性が強く、東北地方でも生育している株を見る。また、各地で野生する株を見るが、いずれも人里周辺に限られ、自然植生の中に生えるのは見かけない。植物学の専門書によれば、九州南部に自生するとあるが、自生地に関する具体的な情報を欠く。シュロはわが国に原生するものではなく、おそらく大陸から伝わったものであろうことはその文献学的考証によっていっそう明解となる。シュロに相当する名前でもっとも古いのは「すろ」であって、『枕草子』の「花の木ならぬは」に「姿《すがた》なけれど、椶櫚《すろ》の木、唐《から》めきて、わるき家《いへ》の物とは見えず」とあるのがその初見であって、そのほか次の和歌にも詠まれている。

一、　前栽のなかにすろの木おひて侍るとききて、ゆきあきらのみこのもとよりひと木こひにつかはしたれば、
　　くはへてつかはしける　　　　真延法師

風霜に　色も心も　かはらねば　あるじににたる　うゑ木なりけり　（『後撰和歌集』巻第十七）

二、　すろの木、棕櫚

あさまだき　こずゑばかりに　音たてて　すろの木すぐる　むら時雨かな　（『夫木和歌抄』巻第廿九）

すなわち、「すろの木」という名は平安時代後期になって初めて登場し、鎌倉期の歌集の二首に出てくるにすぎず、古くはきわめて珍しいものであった。『本草和名』の本草外薬に「栟櫚木　一名椶櫚　和名須呂乃岐」とあり、「すろのき」の漢名を栟櫚木一名椶櫚《シュロ》としている。同書が、通例、準拠するのは『新修本草』であるが、栟櫚木・椶櫚のいずれも見当たらない。中国本草で栟櫚木を初めて詳述したのは『本草拾遺』であって、「栟櫚木皮　味は苦く澁、平にして無毒。燒きて灰と作し、破血止血を主る。初生の子は黄白色にして房を作して魚子の如し。小毒有り。血を破る。但し人の喉を戟し、未だ輕服すべからず。皮を繩と作し、土に入ること千歳なるも爛れず。昔、人有り塚を開きて之を得れば、索已に根を生ず。此の木の類、嶺南に虎散、桄榔、冬葉、蒲葵、椰子、檳榔、多羅等有り、皆相似す。各所用有り。栟櫚一名椶櫚、即ち今の川中の椶櫚なり。」（『證類本草』巻第十四「木部下品　陳藏器餘」所引）と記述する。陳藏器が「初生の子は黄白色云々」というのは、葉の間から伸びた花枝に密生した微細な粒状の黄色い花のことで、数の子に似た魚の卵に見えるから、確かにシュロの特徴をよく表す。『嘉祐本草』（掌禹錫）では椶櫚子《シュロシ》（『證類本草』巻第十四「木部下品」所引）すなわち陳藏器のいう栟櫚木《ヘイロボク》の果実を正品として収載した。『圖經本草』（蘇頌）に「八九月に結實して房を作し魚の子の如く黑色なり。九月十月に其の皮木を採る。」（『證類本草』巻第十四「木部下品　椶櫚子」所引）とあるように、黒熟するシュロの実に言及しながら、蘇頌は薬用部位を樹皮と

する。しかし、李時珍は椶櫚と櫚木《ロボク》の条を挙げ、前者を『嘉祐本草』、後者を『本草拾遺』の出典とした。問題は櫚木を『本草拾遺』からの引用として、「安南及び南海に出でて、床を作るに用ふ。凡そ紫檀に似て色赤く性は好し。」と記載し、さらに自注として「木の性は堅く、紫紅色、花紋有る者は之を花櫚木と謂ひ云々」と述べるところである（以上、『本草綱目』巻之三十五「木之類　喬木類」）。その記述内容はおよそシュロとは合わず、そもそも『本草拾遺』の引用と称する記述は『證類本草』の陳藏器餘に見当たらない。『康熙字典』の櫚に「櫚木は安南に出でて性は堅く、紫紅色なり。花文有る者は之を花櫚と謂ふ」とあり、同書も『本草拾遺』の出典とするが、李時珍の引用とほとんど同じであり、いずれも『本草拾遺』の逸文を引用したようであるが、善本とは思えないから信用するに当たらない。

以上、「すろ」に相当する漢名に栟櫚・椶櫚（以上『本草拾遺』）・梭櫚（『本草和名』）・欆櫚（『本草綱目』）があるが、今日では棕櫚《シュロ》と表記する。栟・椶・欆・棕の字義について考えてみよう。『説文解字』に「栟は栟櫚なり。从木幷聲。」「椶は栟櫚なり。萆に作るべし。从木㚇聲。」とあるから、栟と椶は同義である。因みに、萆とは『説文解字』『玉篇』に「雨衣一曰衰衣」とあるから、雨具の蓑のことで、大陸ではシュロの葉は蓑の材料とされた。欆は椶の姿形書換字である。『集韻』に「棕は椶に同じ」（『康熙字典』所引）とあり、棕は椶の俗字である。したがって、栟・椶・欆・棕はすべて同義であり、栟櫚・椶櫚・欆櫚・棕櫚はいずれもシュロを表す漢名である。因みに、『本草和名』の梭櫚は椶を同音の梭に作ったものである。また、栟櫚は栟櫚と表すこともあるが、栟は栟の基本字である。一方、各字の音については、椶は「しゅ」「す」「そう」、棕は「しゅ」「そう」、栟は「へい」である。一方、櫚は「ろ」であるから、拗音の表記がない平安期では椶櫚を「すろ」と読み、それがシュロの和名となった。因みに、栟櫚は「へいろ」と読むはずであるが、『本草和名』は別名の梭櫚の読みを充てた。以上、シュロの和名は漢名の音読みに由来し、和名に相当する名はいずれの典籍にも見出し得ない。したがって、シュロはわが国に原産せず、大陸から渡来したと考えられる。
中国ではシュロを詠む詩文はビンロウ・ビロウと比べてごく少ない。その中で杜甫・白居易という大詩人が棕櫚を詠んでいるのでここに紹介する。

『全唐詩』巻二一九「枯棕」　杜甫

蜀門、棕櫚多く　高き者は十の八九
其の皮割剝《かつはく》甚しく　衆《おほ》しと雖も亦た朽ち易し
徒《いたづら》に雲の如き葉を布《し》く　青黄たり歳寒の後
交横するに斧斤を集め　凋喪、蒲柳に先んづ
傷む時軍乏に苦しみ　一物も官盡く取る
嗟《ああ》、爾《なんぢ》江漢の人　生成復た何か有る
枯棕の木に同じき有り　我をして沈嘆久しからしむ
死せる者即ち已に休し　生ける者何ぞ自《みづか》ら守らん
啾啾として黄雀啄《ついば》む　側に見る寒蓬の走るを
念ふかな爾が形影乾きて　摧残し藜莠に没するを

『全唐詩』巻四四三「西湖より晩に歸りて、孤山寺を回望して諸客に贈る」　白居易

柳湖、松島の蓮花寺　晩に歸橈を動かして道場を出づ
盧橘の子低《た》れて山雨重く　棕櫚の葉戰《そよ》ぎて水風涼し
煙波淡盪して空碧を搖らし　樓參差して夕陽に倚る
岸に到り君に請ふ首を回《めぐ》らして望むを　蓬萊宮は海の中央に在り

簡単に語句を説明しておくと、交横は枝葉がシュロの幹の上端に集中してつく様子を表し、軍乏は軍需が欠乏すること、寒蓬は冬枯れの蓬（植物種は不明、ヨモギではない）をいう。藜はヒユ科（アカザ科）アカザの類、莠は葉をよく茂らせる植物一般を指し、藜莠とはいわゆる「雑草」と考えればよい。この詩をそのまま素直に解釈すれば、次のようである。蜀地（四川省）にシュロが多く、十中八九は高木である。その皮は非常に剝がれやすく、木の数は多いけれども朽ちやすい。ただむだに雲のように葉を広げ、寒くなっても青々としている。その乱れて交叉する枝葉に斧が集中し、蒲柳《かわやなぎ》よりも先に葉がなくなってしまう。自分だけではなく皆の心が傷む時世だが、軍需の欠乏に苦しんでいる官は一物も残らず取り尽くしてしまう。ああ、諸君江漢の人たちよ、自分の生産した物に何があろうか、何もないだろう。枯れたシュロの木と同じ運命であって、自分を久しく沈鬱にさせていることなのだ。死んだ者はもうそれですべてが終わりだが、まだ生きている者はどう自分を守り生きていこうというのだ。黄雀は鳴きながら餌を啄んでいるが、その傍に枯れた蓬が風に吹かれて転がっている。ここで思うのだ、シュロの形体が乾いてしまい、砕かれずに残ったのが藜莠のような雑草に埋もれてしまうことを。第一～四連では、シュロが幹の上部につく枝葉を刈り取られると、そのまま枯れてしまうあわれな運命を詠む。第四連はわかりにくいが、単子葉植物であるシュロは芽を出せずに枯れてしまうことを知っていれば、昔は枝葉だけが有用とされ、幹の上端ごと伐られたことがわかる。第六連以降はそのはかない運命のシュロに重ね合わせ、自分を含めて人々の置かれている現実を痛み悲しむという、実に暗い内容の詩文である。一方、白居易の詩は杜甫の詩と比べるとずっと叙情的であり、説明を要しないだろう。第二連に盧橘《ロキツ》とともに棕櫚《シュロ》が対句として詠まれている。盧橘を『文選』註によって枇杷《ビワ》として解釈することがあるが誤りである。『本草綱目』は金橘《キンキツ》すなわちミカン科キンカンの異名とするが、白居易の詩のイメージにはあまりに軽すぎる。同じ柑橘の中でも夏に熟するナツミカンとすれば、たわわに実った果実が雨に打たれて重く垂れる情景が鮮明となるだろう。盧橘と棕櫚という対照的な植物の取り合わせは珍しいが、実際の情

26

景にあったのかあるいは白居易の独自の感性の発露なのかわからないながら、第二連の対句はわが国の『和漢朗詠集』巻上にも引用されている。ただし、題詞は花橘となっており、棕櫚（『和漢朗詠集』では栟櫚となっている）は無視された形となっている。まだシュロが大陸から伝わっていなかったか、あるいは渡来して間もない珍しい存在でほとんど知られていなかったことを示唆する。

第27章

古典に登場する地味なシダ植物

シダ植物は顕花植物より地味であるから、ワラビ・ゼンマイなどごく一部を除いて、ほとんど注目されることはない。第1章で紹介した「わらび」も本来ならここで議論すべきであるが、基原が入れ替わった上に長らく気づかれなかったという特殊な話題性があったため、本論の冒頭に置いた。古典文学における出現度では「わらび」よりむしろツクシやトクサの方が高いかも知れない。

第1節　基原は同じ「つくづくし」と「すぎな」

ツクシはもっとも身近な山菜の一つで、今日でも食用にするが、植物学上の正名はツクシではなく、スギナというトクサ科に属する一種である。一般世間でスギナという名の知名度は高いが、ほとんどの人にとっては荒れ地に生える雑草で、庭や畑に侵入するやっかいな有害植物というイメージの方が強いだろう。一方、ツクシは早春の土手にぽつん、ぽつんと出す胞子茎が愛らしいこともあって、ネガティブなイメージを持たれることはまずない。このように人が受けるイメージは対照的であるが、スギナ・ツクシのどちらも地下茎根を共有し、植物としてはまったく同じ種である。文献上の初見はツクシの方がずっと古く、平安文学の最高峰である『源氏物語』の早蕨《さわらび》に「今は、ひとゝころの御事をなん、安からず、念《ねん》じ聞《きこ》えさするなど、きこえて、蕨《つゞ》、つくづくし、をかし籠《こ》に入（れ）て、これは、わらはべの供養《くやう》じて侍る初穂《はつほ》なりとて、たてまつれり」とある「つくづくし」をもってその古名とする。山菜として今日でも利用される蕨とともに登場するのであるが、この蕨はワラビではなくゼンマイであることはすでに第1章で述べた。丸い胞子嚢を子（果実の意）と解し、それが地面から唐突に群れて突き出ている様子を、「突く」を重ねて「突く突く子」と表現したもので、現在名のツクシはその短略である。一方、スギナはいわゆるツクシとは別に地中から伸びる栄養茎であり、節が繋がっている形態から「つぎ菜」（一部地方の方言名にある、後述）が訛ったものであり、しばしば杉菜と表記されるが、宛字である。拙著『生薬大事典』ではスギに似ているからとしたが、ここに訂正する。「つくづくし」は鎌倉期以降の古典文学にも散見される。

一、　つくづくし
雲かかる　うらにこぎつく　つくしぶね　いづこかけふの　とまりなるらん　（『續詞花和歌集』巻第十九）

二、　土筆同
さほひめの　ふでかとぞみる　つくづくし　雪かきわくる　春のけしきは　（『夫木和歌抄』巻第廿八）

三、片山の　しづがこもりに　おひにけり　すぎなまじりの　土筆かな　（『秘藏抄』上）

第一の歌は「つくづくし」を物名として「漕ぎつく」「つくしぶね」の第二、三句にわたって詠み込んだ歌である。「つくしぶね」は筑紫地方へ往来する船を指し、『萬葉集』の「筑紫船　いまだも来《こ》ねば　あらかじめ　荒ぶる君を見るが悲しさ」（巻四　〇五五六）に詠まれている。上中古代にあっては太宰府と京師との物流と人の往来を支える重要な交通手段であった。第四句は写本によっては「いづれかけふの」とするが、ここでは『新編国歌大観』にしたがう。通釈すると、雲がかかりどんよりとした天候の下で浦に漕ぎ着いた筑紫船は、今日はどこの港に停泊するのだろうかとなる。第二の歌の題詞に土筆とあるのは「つくづくし」のことである。歌は佐保姫の筆かと見える「つくづくし」が雪をかき分けて生える春になったなあという意で、土筆の名は胞子嚢を筆先に見立てた。『夫木和歌抄』は一三一〇年ころの成立といわれ、古くは『萬葉集』も含めて平安前期〜鎌倉中期の歌集から多くの和歌を収録することで知られる。この歌は建治元年に没した藤原為家の歌であるから、一二七五年以前に詠まれたことになる。ただし、「つくづくし」を土筆に同じとしたのは『夫木和歌抄』が初めてであり、為家がそう認識していたとは限らない。『殿中申次記』（伊勢貞遠）の正月八日に「一　土筆一折　青海苔一折　山芋一折　若王子（補足：大僧正の名）例年進上之」とあり、ここにも土筆の名が見える。同書は十五世紀初頭の足利将軍家の殿中に伺候してきた諸士の献上品などを記録したもので、正月の松の内明けに献納しているが、この時期ではまだツクシが芽を出すには一カ月以上早い。したがって、生鮮品ではなく、乾燥した保存品を湯戻ししたものと思われる。昔はその年の初めて収穫したものを初物として珍重したが、湯戻しした直後のものはあまり生鮮品と変わらないから、君主へ初物として献上されたのであろう。『和歌藻しほ草』に「土筆（筆つ花　異名也）つくづくともよめり」（巻第八「草部」）とあり、「筆つ花」の異名があるという。第三の歌は「すぎな」と「土筆（つくづくし）」の両名が出てくることで注目に値する。これによってスギナも古くから認識されていたことがわかるが、この歌を収録した『秘藏抄』は草木鳥獣や月などの異名（別名）を詠みこんだ例歌を掲げるのを特徴とし、「こもりとは畠をいふなり、椙なとは蕡菜とて草の有るなり、土筆春の初生なり」と注釈している。この歌は『藏玉集』にも収録されているが、末句の「土筆《つくづくし》かな」が「つくづくし花」となっている点で異なる。どちらが元歌であるかについて、まず歌集の成立時期を考えてみよう。『藏玉集』に「此一巻者、自室町殿（鹿苑院殿）草木異名事依被尋申、〔二条殿摂政良基公〕被注進、清書之時、密密写留者也、若有風聞者、可為生涯、更不可出懐中、尤可秘云云」（『新編国歌大観』）という奥書がある。これによれば、二条良基（一三二〇年—一三八八年）が室町殿（足利義満）の求めに応じて注進したもので、これが正しければ『藏玉集』は十四世紀の成立である。一方、『秘藏抄』の成立時期は『續群書類從』巻四五六所収本の奥書に永享十（一四三八）年とあるから、遅くともそれ以前となるが、『藏玉集』の方が古いことは間違いなさそうである。ただし、両書よりずっと古い『夫木和歌抄』が土筆を「つくづくし」に同じと解釈しているから、元歌の表記が「土筆かな」と「つくづくし花」のどちらであったとしてもほとんど無意味である。むしろ、『藏玉集』に、「つくつくし花」とあるように、シダ植物のはずのツクシが花をつけるとしている方がずっと興味がもたれる。ツクシの胞子嚢の開ききった状態を花と認識したようであるが、ゼンマイ・ヤブソテツ（第1章第2・3節）、デンジソウ（第25章第3節）の例を含めて考えるに、昔の人はすべての植物が花をつけると信じていたのではないかと思える。やはり、現代人の目線で国文学に登場する植物を見るのは禁物である。また、「すぎなまじりの土筆」とあり、『秘藏抄』は「椙なとは～土筆春の初生なり」といっているので、ツクシとスギナが同じ植物と認識していたかのように見えるが、ゼンマイなどとは異なり、スギナはツクシよりかなり遅く出てくるので、その可能性はほとんどないだろう。いずれにせよ、土筆・筆つ花のいずれもわが国で発生した和製漢名である。

さて、ツクシあるいはスギナの漢名についてであるが、前述の『秘藏抄』の注釈に「椙なとは蕡菜とて草の有るなり」とあり、蕡の名が出てくる。十六世紀末の『易林本節用集』にも蕡《スギナ》とあるが、『秘藏抄』の注より収録したようである。しかし、この用字は漢籍では微妙に異なる意で用いられるので注意を要する。『爾雅』釋木に「蕡は藹なり」とあって、郭璞は「樹の實の繁茂菴藹するなり」と注釈している。菴藹は繁茂と同義で、木の実がたくさんつけることをいう。『玉篇』にも「草の名、實の多きなり」とある。『詩經』國風・周南の桃夭の第二スタンザに同じ意味の蕡の用例がある。

　桃の夭夭《えうえう》たる　有蕡《ふん》たり其の実
　之の子于《ここ》に帰《とつ》ぐ　其の家室に宜し

有蕡は桃の実がたくさんつく様子を表し、嫁いだ女性がたくさん子供を産み、それが婚家にとって福をもたらすことを象徴する。ツクシであれば開裂した胞子嚢を子（実）がたくさんついていると解釈することは可能だが、スギナではおよそ考えにくいから、蕡をスギナに充てるのは正しいとはいえない。スギナ（ツクシ）に対する漢名が中国にないわけではない。『證類本草』（唐慎微）に「問荊　味は苦く平にして無毒。結氣、瘤痛、上氣、氣の急するを主るに、煮て之を服す。伊洛の間の洲渚に生ず。木賊に似て節節相接ぎ、亦た接續草と名づく。」（巻第九「草部中品之下　陳藏器餘」）とあり、この記述はトクサ科スギナと矛盾しない。すなわち、問荊《モンケイ》は『本草拾遺』（陳藏器）に初見し、同書の成立は七三九年と古いが、正統本草ではないため、この名がわが国に普及することはなかった。

因みに、本草では問荊を正品として収載することはなく、『本草綱目』（李時珍）でも木賊の条の附録として記載されるにとどまった（巻第十五「草之四　隰草類」）。そのほかの異名に接續草《セツゾクソウ》（『本草拾遺』）があるが、スギナの茎が節ごとに抜けることをもってつけた名である。類名に節節草（菜）があるが、トクサ属別種のイヌドクサなどを表すこともあるので紛らわしい。わが国にもツギツギクサ（和歌山）・ツギツギ（宮城・山形・福島・新潟・香川）・ツギクサ（宮城・千葉・山口）・ツギナ（長野・福島）ほか類名の方言和名が数多くある。そのほかの漢名として筆頭《ヒットウ》菜《サイ》が明代の慶陽府（現甘粛省慶陽市）の地方志『慶陽府志』（一五一〇年）巻之三「物産」の蔌類に出てくる。ただし、注記はなく、それがどんな植物であるか推定すら不可能である。わが国の土筆（筆つ花）と相通ずる名前であることもあって、俗間でツクシの漢名によく用いられる。スギナに似てやや大型の同属異種にイヌドクサ・ミズドクサなどがあるが、わが国ではそれを『神農本草經』の中品に収載される麻黄《マオウ》に充てたことは拙著『生薬大事典』に詳述してあるので省略する。

第2節　研磨に利用された「とくさ」（附）「むくのは」

ツクシ・スギナと同属であり、属名を代表する名でありながら、トクサは今ひとつ影が薄い。自然界ではツクシ・スギナよりずっと稀少であることもあって、庭などにまれに植栽される。しかし、『枕草子』（能因本）の「草は菖蒲」に「とくさといふ物は、風に吹かれたらむ音こそ、いかならむと思ひやられてをかしけれ」とあり、平安の文人にとってトクサの評価は決して低くはなかった。また、花をつけない地味な植物ながら、平安・鎌倉期の詩歌にもよく詠まれている。

一、　昨日つかひしとくさの、おちてつゆのかかりたりけるを、あしたに人のとりあげたりければ

しなののの　とくさにおける　しらつゆは　みがけるたまと　見えにけるかな（『小大君集』）

二、しなのなる　とくさふくてふ　秋風は　つたへきくかに　そぞろさむしも（『久安百首』）

三、　とくさ、むくのは　俊頼

ほどもなく　とくさむくのは　なりにけり　虫のこゑごゑ　よわり行くまで（『後葉和歌集』巻第十）

四、　功徳品、其身甚清浄、如彼浄瑠璃

たもちつる　法をとくさに　みがかれて　身にはうつらぬ　風のなきかな（『田多民治集』忠通）

五、とくさかる　きそのあさぎぬ　そでぬれて　みがかぬつゆも　たまとちりけり（『新勅撰和歌集』巻第十九　寂蓮法師）

六、　そのはら山、信乃保延元年中納言家成卿家歌合、月を

とくさかる　そのはら山の　木の間より　みがきいでぬる　秋の夜の月（『夫木和歌抄』巻第二十）

トクサは決して特徴の乏しい植物ではないが、以上の詩歌は形態の特徴には一切触れず、いずれも「みがく」か「風で擦れて音が出る」ことに言及する。第一、四〜六の歌に「みがく」という語彙が詠まれているのは、トクサが研磨材として、古くから利用されてきたという事実があるからである。トクサの表皮細胞の細胞壁にケイ酸が蓄積し、研磨剤とするに十分な硬さがあり、現在でも伝統工芸品や古文化財の修復に使われている。第一の歌はトクサに降りた白露がトクサで磨いた珠のようだと詠み、第六の歌は澄んだ秋の夜空に輝いている月おそらくは満月をトクサで磨いたようだと想像して詠んでいる。第五と六の歌に「とくさかる」という句が出てくるが、研磨材として利用するトクサの収穫時期は秋であったから、後世では秋の季語として常套句ともなった。古い時代にあってはトクサは研磨材としてかけがえのない存在であったから、有用なトクサを刈り集めることは山村の農民にとって生計の支えでもあった。それは第五の歌にある「あさぎぬ」と「みがかぬつゆ」が散るという句で象徴されている。

「あさぎぬ」は麻衣すなわちアサで作った服をいい、研磨材のトクサを刈りながら露の珠が磨かれずに散ると詠むことで、袖を露で濡らしながら一心に刈り取っている貧しい農夫の姿をいっそう引き立てているのである。葛飾北斎の錦絵の代表作「詩哥寫真鏡・木賊苅《トクサ》」はトクサ刈りを題材としたものである。以上のいずれの歌にも信濃の野・木曽・園原という地名が出てくるが、第二の歌でも「信濃なる　とくさ」とあり、後述するように、古くから信州はトクサの産地として知られていた。第四の歌は、左注に「法華経をたもつ人、その身清浄にして、瑠璃のごとくなりて、よろづの事を身にうつしてしるなり、仏の法をとき給ふもうつりぬ、又地獄、餓鬼の苦もうつりぬ、ごとくしておぼつかなきことなし」とあるように、仏法の修行で身を磨くことを研磨材のトクサを取り合わせることで暗示し、そのほかの歌とはトクサの位置づけが微妙に異なる。この歌でもそうだが、第二の歌がトクサと風を取り合わせているのは、トクサの茎が秋風に吹かれ、擦れて出る音を意識したものである。トクサの茎は堅硬であるから、少々の風で擦れて音が出ることはないが、茎の表面に筋があるので、簓《ささら》のように音が出ると想像したのであろう。

第三の歌は源俊頼の歌であるが、第二句に「とくさ」と「むくのは」という二つの植物を詠む。「むくのは」とはニレ科ムクノキの葉のことで、伝統工芸でトクサよりさらに繊細な研磨に用いるので、ここで寄り道をして古典のムクノキについて考証する。『榮花物語』の「疑《うたが》ひ」に「御堂《みだう》の内《うち》を見《み》れば、佛の御座《ざ》造《つく》り耀《かゞや》かす。板敷《いたじき》を見《み》れば、木賊《とくさ》、椋葉《むくのは》、桃《もも》の實《さね》などして、四五十人が手《て》ごとに居並《ゐな》みて磨《みが》き拭《のご》ふ云々」とあるように、古くから用いられていたことを示している。『連謌比況集』（宗長）にも「夫、細工する人は、先斧打にしたる木をとりて、重てうの打をして、次にかんなをかけて、上をみがくにも、さめ、とくさもつかひて後、むくの葉にてみがき終侍る也」（十九むくの葉）と記載し、トクサや鮫肌《さめはだ》で磨いたのちにムクノキの葉で仕上げるとしている。『平家物語』にも「又《また》、花山院《くわさんのゐん》前《さきの》太政《だいじやう》大臣《だいじん》忠雅《たゞまさ》公、いまだ十歳《さい》と申し時《とき》、父《ちゝ》中納言《ちうなごん》忠宗卿《たゞむねのきやう》にをくれたてまて、みなし子《ご》にておはしけるを、故中御門藤中納言家成卿《こなかのみかどのとうぢうなごんいへなりのきゃう》、いまだ播磨守《はりまのかみ》たりし時、聟《むこ》にとりて聲花《はなやか》にもてなされければ、それも五節《せち》に、播磨《はりま》よねはとくさか、むくの葉《は》か、人のきらをみがくはとぞはやされける」（巻第一）とあり、播磨守が父に先立たれて孤児となった忠雅卿を、華やかに引き立てるために、トクサかムクノキの葉を用いて磨いたのであろうか云々と、人格を磨くことに喩えて記述している。したがって、トクサ・ムクノキの葉・鮫肌などの研磨材が当時の人々の生活に密接に結びついていたことがわかる。

現在ではムクノキに椋の字を充てるが、中国本草では『新修本草』の木部中品として初見する椋子木《リョウシボク》に相当する。蘇敬は「葉は柿に似て兩葉相當す。子は細かく圓きこと牛李（クロウメモドキ、鼠李の異名）の如し。生は青く熟すれば黒し。其の木堅重にして、汁に煮れば色は赤なり。」（巻第十三「木部中品」）と記述し、葉が対生（と解釈するが、一般に古典の記述はかなり大雑把である）とするところを除けば、ニレ科ムクノキによく合う。『和名抄』は「爾雅注云ふ、椋一名即ち梾　椋音良梾音來和名牟久」、『本草和名』も「椋子木　仁諝音力將反　一名梾　力材反尒雅に出づ　和名牟久乃岐」とあるように「むく（のき）」の和訓をつけた。李時珍は『本草拾遺』の松楊《ショウヨウ》と椋子木を同品異名とした（『本草綱目』巻之三十五「木之二　喬木類」）。『本草拾遺』が松楊木皮を「江南の林落間に生じ、大樹にして葉は梨の如し。江西人呼びて涼木と爲す。松楊縣此の樹を以て名と爲すなり。」（『證類本草』巻第十三「木部中品　陳藏器餘」所収）と記述し、ここにある涼木を『新修本草』の椋子木に同じと解したのである。『中國本草圖錄』が椋子木をミズキ科クマノミズキに充てたのは、葉が対生し、蘇敬の記述とよく合うからである。現在の中国ではミズキ科ミズキ属を梾木《ライボク》で表すが、『爾雅』に「椋は即ち來なり」に基づいて來を木偏に作った字で、『本草和名』『和名抄』にも引用されている。小野蘭山はムクノキの漢名に『物理小識』の糙葉樹《ソウヨウジュ》を充てる（『本草綱目啓蒙』巻之三十一「木之二　喬木類」）。『物理小識』巻之九「艸木類上」に「其の子種うべし。卽ち白駁木にして楡の類なり。葉は沙にして（ざらつくこと）器を磨く。木賊より細なり。」とあり、まさにムクノキそのものである。同書は異名を樸木《ボクボク》とするが、『康熙字典』に「凡そ器の未だ成らざる者、皆之を樸と謂ふ」とあり、その別名はムクノキの葉で磨きを掛けて器を完成させることと関係がある。さて、今日ではムクノキの漢名に椋を用いるのは誤りとされるが、一方でクマノミズキとするのも早計に過ぎる。というのは、クマノミズキはこれといった有用情報がなく、また同じミズキ科のミズキと酷似するので、古くから混同された可能性が高いからである。因みに、「みずき」の名の文献上の初見は一六七四年に成立した『櫻川』（松山玖也）に「火にくべて　消すはありとも　水木哉」（下河部哂昔）ほか四句に水木が詠まれ、しばしば瑞木の漢名を充てるが和製漢名である。ミズキの語源は、材に水分を多く含むので、水木に由来する。瑞木は宛字であるが、近年の中国ではこれも異名に含める。『物理小識』の糙葉樹は確かにムクノキでまちがいないが、その名は近世につけられた新しい名である。中国でも古くから葉を研磨材に用いてきたはずで、それまで名前がなかったとは考えにくく、本書ではムクノキを椋子木一名糙葉樹とし、陳蔵器のいう涼木は別品と考える。蘭山は松楊をムラサキ科チシャノキに充てるが、果実は黒熟せず、この見解に賛成しかねる。俗間で松楊にヒノキ科ネズ（ムロノキ）を充てるのも無論誤りである。

さて、再びトクサに話を戻す。これまでトクサの漢名についてまったく言及しなかったが、中国本草では『嘉祐本草』（掌禹錫）に初出する木賊《モクゾク》に相当する。掌禹錫は「秦隴、華、成の諸郡の近水の地に出づ。苗の長さ尺許《ばか》り、叢生し、毎根一幹、花葉無く、寸寸に節有り、色は青く、冬を凌ぎ凋まず。四月に採り、之を用ふ。」（『證類本草』巻第十一「草部下品之下　木賊」所引）と記載するが、これでもってトクサと考定するにはいささか心許ない。『圖經本草』（蘇頌）は「獨莖、苗は箭の如く笴《わずら》はし」（『證類本草』同所引）と記述し、蘇頌は矢に似て表面がざらざらするのを表現したと思われ、これを併せればトクサとして矛盾はない。宋代の本草書の引用のない『本草和名』に木賊の条はないが、『和名抄』の調度部下の刻鏤具に「弁色立成云ふ、木賊　度久佐」とあり、「とくさ」の和訓をつける。『弁色立成』という今日に伝存しない典籍を引用し、木賊の条を設けたのであるが、実はわが国上代の資料である『正倉院文書』にも木賊の名が出てくる。

○安都雄足解（天平寶字六年十二月十七日）

「進度木賊二斤」（大日本古文書　巻十六　六十九頁）

○奉造丈六観世音菩薩料雜物請用帳（天平寶字六年十二月十七日）

「木賊一把」（大日本古文書　巻四　四二〇頁）

観世音菩薩の塑像で最後の仕上げに木賊を使ったことを示唆するが、この名を上代の先人はどのような経緯で知ったのであろうか。実は中国本草にも木賊の名を記載した典籍がある。それは七三九年に成立した傍流本草の『本草拾遺』（陳蔵器）であって、問荊（トクサ科スギナ）の条中に「〜木賊に似て節節相接ぎ〜」と出ている。奈良時代の先人が問荊の条中の木賊という名を引用した可能性は皆無ではないが、『本草拾遺』の成立時期からして微妙である。この名が中国由来であることはまちがいないが、唐代以前のいかなる漢籍にも見当たらない。多くの植物名が登場する『詩經』『司馬相如列傳』『藝文類聚』『文選』『全唐詩』にも木賊の名はまったく見当たらない。別名で出ている可能性もあり得るが、そもそも木賊の別名はすべて近世になって登場し、古い時代までさかのぼるものがない。木賊の字義について、李時珍は「此の草に節有り、面は糙澀す。木骨を治むは之を用ひて磋き擦れば則ち光浄す。猶ほ木の賊と云ふがごときなり。」と述べ（『本草綱目』巻之十五「草之四　濕草類　木賊」の釋名）、研磨材として木をすり減らすことにその語源を求めている。古い時代の中国で賊の字義がどのように認識されていたのか、ここで考証してみよう。『詩經』小雅・甫田之什・大田の第二スタンザに賊が出てくる。

既に方し既に皁し　既に堅く既に好し
稂あらず莠あらず　其の螟螣を
及び其の蟊賊を去れば　我が田穉を害ふこと無し

田祖に神有り　秉《と》りて炎火に畀《あた》ふ

一般の通釈では稂《ロウ》と莠《シュウ》は畑を荒らす雑草、螟《メイ》・螣《トウ》・蟊《ボウ》・賊《ゾク》は害虫とされている。毛詩傳は「節を食ふを賊と曰ふ」と注釈しているので、賊は植物を食べる害虫ということになる。これから木賊の義がおぼろげながら見えてくる。すなわち、研磨材となるトクサは木をすり去るのに用いるから「木の賊」の義と考えられ、李時珍のいわんとしたことも同じだったと考えられる。木賊の字義は理解できたとしても、漢籍古典に木賊の名が見当たらないのは変わらない。わが国では上代の資料に木賊の名が出てくるが、和訓の「とくさ」は木簡も含めて見当たらない。『延喜式』巻第二十三「民部下」の年料別貢雑物に「信濃國　木賊二圍」とあるだけで、その他の産地がないことはわが国ではトクサがまれであったことを示唆する。一方、同巻第五「齋宮」の造備雑物に「木賊一斤」、同巻第十五「内藏寮」に「年中所造御梳（中略）木賊大三兩」、同巻第三十四「木工寮」に「年料　木賊大二斤　磨床案等料」、同巻第四十九「兵庫寮」に「木賊　錯弓料」とあり、梳《くし》・床あるいは弓を磨くのに広くトクサを用いたことがわかる。「とくさ」という名は平安以降に登場するが、上代でも仏像を磨くのに用いていたから、おそらく民間では古くから「とくさ」の和名で呼んでいたと思われる。『下學集（天文本）』に「砥草《トクサ》　異名ハ木賊」とあるように、後に和製漢字として砥草を充て、れっきとした漢名の木賊を異名扱いとしたのは、民間で長く呼ばれていた背景があったからであろう。

第28章 秋の七草と日本文化

第1節　『萬葉集』に原点のある秋の七草

「秋の七草」はもっともよく季節感を表す語の一つである。しかし、それは純粋な風流の趣向であって、名前の上で相対する「春の七草」が、もっぱら七草がゆの風習として、一般に親しまれているのと対照的である。岡本かの子は万葉の植物を著作によく引用するが、「秋の七草」について感想を述べた興味深い随筆があり、本節の主題とも重複するので、これを紹介して議論のたたき台としたい。

秋の野に　咲きたる花を　指折《および》り　かき数ふれば　七種《ななくさ》の花　（巻八　一五三七）

萩《はぎ》の花　尾花《をばな》葛花《くずはな》　なでしこの花　女郎花《をみなへし》　また藤袴《ふぢばかま》　朝顔《あさがほ》の花　（巻八　一五三八）

朝顔が秋草の中に数へられると言へば、私達にとつて一寸意外な気がする。早いのは七月の声を聞くと同時に花屋の店頭に清艶な姿を並べ、七月の末ともなれば素人作りのものでも花をつける朝顔を、私達は夏の花と許《ばか》り考へ勝ちである。尤《もつと》も朝顔は立秋を過ぎて九月の中頃まで咲き続けるのだから、秋草の中に数へられるのもよいであらうが、（中略）だが、秋の七草に含まれる朝顔は夏の朝咲くいはゆる朝顔―これを古字にすれば牽牛子又は蕣花と書く―ばかりではなく、木槿《むくげ》と桔梗をも総称してのものである。さういへば木槿も桔梗も牽牛子と同じやうに花の形が漏斗《じようご》の形をしてゐる。

（中略）

萩、桔梗、女郎花は私に山を想はせ、刈萱は河原を、そして撫子と藤袴は野原を想はせる。これ等はその生えてゐる場所にかうはつきりした区別が勿論あるわけではないが、私はかういふ連想を持つのである。それは幼い頃野山を歩いて得た印象からかも知れない。

（『希望草子』「秋の七草に添へて」）

岡本かの子のいうように、「秋の七草」はこの山上憶良の歌をもって出典とするのは、広く知られた事実である。この随筆から、かの子の植物観をうかがい知ることができるが、朝顔（ヒルガオ科アサガオ）が秋草に数えられていることに違和感を表し、季節感がまったくもって現代流であることにまず驚かされる。旧暦の秋の始まりは七月すなわち新暦の八月であり、立秋は新暦八月の初めである。以下、旧八月は仲秋、旧九月が晩秋である。「秋の七草」はすべて旧暦の初秋に開花し始め、わが国では一年でもっとも暑い時期であるから、かの子の言うように秋というよりむしろ盛夏の草花の印象がつよく感じられるのももっともであろう。この季節感のねじれは大陸と日本列島の風土の違いに基づくもので、伝統的な季節区分はすべて大陸を基準にしているから、ときにかかる違和感を感じるのである。わが国のほとんどの地域では、八月の平均気温が一年でもっとも高いが、大陸では一カ月早い七月が最高となる。北半球の温帯のほとんどの地域では七月がもっとも暑く、八月がもっとも暑いのは海洋性モンスーン気候に支配される日本列島周辺に特有といってよい。かかることはこれまでの国文学で考慮されただろうか。

いうまでもなく、憶良は大陸の季節区分をそのまま受け入れ、「秋の七草」を選定したのである。このうち、「あさがほ」については古くから誤って認識されていたことは既に述べた通りであり（第10章第2節）、かの子も万葉の朝顔をアサガオとして言及したかと思えば、ムクゲ・キキョウを含めた総称名というなど、歴史的に「あさがほ」の考定が二転三転したことの影響を受けている。最後に、かの子は「萩、桔梗、女郎花は私に山を想はせ、刈萱は河原を、そして撫子と藤袴は野原を想はせる」と述べている。かの子の正直な感想を表したといってよいかと思うが、植物の生態環境は時代によって大きく違うので、あくまでかの子の時代の認識でもってかかる記述に至ったのであろう。「秋の野の花を詠みし歌」と序にあるように、憶良は秋の野に生える草花から七草を選定しているので、かの子のいうように、バラバラな生態環境から植物をピックアップして羅列したのではない。「秋の野」といえばいうまでもなく草原の植生であるが、草原に対する誤った認識がかの子をしてかかる記述に至らしめたのである。

ほとんどの人は草原をどこにでもある普通の情景と思っているが、本書の随所で詳述しているように、それは大変な誤りで、日本列島の気候風土では安定的に存在し得ない特殊な生態系である。ハギ・キキョウ・オミナエシに対して山の植物というイメージをかの子は抱いているが、頻繁に遷都が行われた飛鳥時代において、乱開発の結果として成立した草原に生える植物という認識は考えにくいのかもしれない。かの子の勘違いの最たるものは「河原の刈萱」であろう。刈萱は、第2章第2節「2-3」で詳述したように、河原のような環境に生えるのはまずまちがいなくオギであってオバナ（ススキ）ではない。ススキもオギも萱葺き材とするから、かの子が刈萱と表記したのはまちがいではない。しかし、秋の七草たる刈萱はススキであるから、その根底にある認識は誤りである。ここでは岡本かの子の植物観を取り上げて議論のたたき台としたが、おそらくほとんどの文人はかの子と大差なく、古典の植物に関して誤った認識をもっていると推察する。

第2節　植物名の配列に意味のある憶良の七草の歌

さて、憶良の七草の歌に話を戻すが、二歌のうち後の歌は七種の植物名を羅列しただけである。すなわち、形式の上では、五―七―七―五―七―七という旋頭歌に合わせて、萩・尾花・葛・ナデシコ・オミナエシ・藤袴・朝顔をはめ込んだにすぎない。その配列の組み合わせは大変な数になるはずであるが、これまで憶良がなぜこの順番に植物名を詠み込んだのか議論されたことを聞かない。斎藤正二は、「秋の野の花」のうちにすぐれたものがこの七種であるといいながら、一方で、憶良には〝秋の七草〟の等級をつけるつもりはなかった、〝七という名数〟でもって軽い気持ちで観念的に草花を詠み込んだともいい（『植物と日本文化』）、わが国の伝統的な七草の植物観を論考するにしては、出発点からして首尾が一貫していないのは思想家らしからぬ失点といえる。結論からいうと、この順番で憶良が七草を詠んだことと数多くある野草の中から七種を選んだこととは切っても切り離せない密接な関連がある。国文学では試みられたことはないと思うが、憶良の選定した七種の草花を旋頭歌にはめ込んだ場合、いくつの組み合わせがあるか考えてみよう。七草の植物名を当てはめて、五音が二句、七音が四句の旋頭歌の形式にするのは、それほど難しくはないが、そのためには字数調整が必要である。三音句の尾花《をばな》は二音の萩《はぎ》・葛《くず》を付加して五音に作ることもできるが、歌に詠む場合の音感がよくなく、また花の字をつけることができないので除外し、四音の植物名（萩花《はぎはな》・葛花《くずはな》・撫子《なでしこ》・朝顔《あさがほ》）と組み合わせて七音句とする。二音の萩と葛は、それぞれ「萩の花」「葛の花」の五音句か、萩花・葛花の四音として三音の尾花を組み合わせて七音句とする以外に選択肢はない。憶良は接続詞の「また」を第五句に配置するが、五音の植物名（葛の花・萩の花・をみなへし・藤袴《ふぢばかま》）と組み合わせて七音句を作ることができる。通例、接続詞は最後の句に用いるが、第五句の冒頭に置くのは憶良の文学上のこだわりと考えられるので、尊重してここに固定する。以上から、旋頭歌に句として配置できる植物名セットは次の四つ（各セット内は順不同）に限られる。

一、萩の花・尾花葛花・なでしこ・をみなへし・藤袴・朝顔
二、萩の花・葛花尾花・なでしこ・をみなへし・藤袴・朝顔
三、葛の花・尾花萩花・なでしこ・をみなへし・藤袴・朝顔
四、葛の花・萩花尾花・なでしこ・をみなへし・藤袴・朝顔

あとは一から四までの各セット内で、六句の組み合わせがいくつあるかということになる。第五句は「また」を付加するから、実質的には五音の植物名しかここに配置できないから、結局、第一・四・五句の五音名と、第二・三・六句の七音名を、それぞれ独立して機械的に順番を入れ替えるだけである。高校レベルの数学の知識があれば、各セットにおける組み合わせの総数は（3!×3!＝36）と計算できる。ここで第一セットについてすべての組み合わ

28

せを憶良の七草の歌の形式で書き出してみよう。

萩の花　尾花葛花　なでしこの花　をみなへし　また藤袴　朝顔の花
萩の花　尾花葛花　朝顔の花　をみなへし　また藤袴　なでしこの花
萩の花　なでしこの花　尾花葛花　をみなへし　また藤袴　朝顔の花
萩の花　なでしこの花　朝顔の花　をみなへし　また藤袴　尾花葛花
萩の花　朝顔の花　尾花葛花　をみなへし　また藤袴　なでしこの花
萩の花　朝顔の花　なでしこの花　をみなへし　また藤袴　尾花葛花
萩の花　尾花葛花　なでしこの花　藤袴　またをみなへし　朝顔の花
萩の花　尾花葛花　朝顔の花　藤袴　またをみなへし　なでしこの花
萩の花　なでしこの花　尾花葛花　藤袴　またをみなへし　朝顔の花
萩の花　なでしこの花　朝顔の花　藤袴　またをみなへし　尾花葛花
萩の花　朝顔の花　尾花葛花　藤袴　またをみなへし　なでしこの花
萩の花　朝顔の花　なでしこの花　藤袴　またをみなへし　尾花葛花
をみなへし　尾花葛花　なでしこの花　萩の花　また藤袴　朝顔の花
をみなへし　尾花葛花　朝顔の花　萩の花　また藤袴　なでしこの花
をみなへし　なでしこの花　尾花葛花　萩の花　また藤袴　朝顔の花
をみなへし　なでしこの花　朝顔の花　萩の花　また藤袴　尾花葛花
をみなへし　朝顔の花　尾花葛花　萩の花　また藤袴　なでしこの花
をみなへし　朝顔の花　なでしこの花　萩の花　また藤袴　尾花葛花

をみなへし　尾花葛花　なでしこの花　藤袴　また萩の花　朝顔の花
をみなへし　尾花葛花　朝顔の花　藤袴　また萩の花　なでしこの花
をみなへし　なでしこの花　尾花葛花　藤袴　また萩の花　朝顔の花
をみなへし　なでしこの花　朝顔の花　藤袴　また萩の花　尾花葛花
をみなへし　朝顔の花　尾花葛花　藤袴　また萩の花　なでしこの花
をみなへし　朝顔の花　なでしこの花　藤袴　また萩の花　尾花葛花
藤袴　尾花葛花　なでしこの花　をみなへし　また萩の花　朝顔の花
藤袴　尾花葛花　朝顔の花　をみなへし　また萩の花　なでしこの花
藤袴　なでしこの花　尾花葛花　をみなへし　また萩の花　朝顔の花
藤袴　なでしこの花　朝顔の花　をみなへし　また萩の花　尾花葛花
藤袴　朝顔の花　尾花葛花　をみなへし　また萩の花　なでしこの花
藤袴　朝顔の花　なでしこの花　をみなへし　また萩の花　尾花葛花
藤袴　尾花葛花　なでしこの花　萩の花　またをみなへし　朝顔の花
藤袴　尾花葛花　朝顔の花　萩の花　またをみなへし　なでしこの花
藤袴　なでしこの花　尾花葛花　萩の花　またをみなへし　朝顔の花
藤袴　なでしこの花　朝顔の花　萩の花　またをみなへし　尾花葛花
藤袴　朝顔の花　尾花葛花　萩の花　またをみなへし　なでしこの花
藤袴　朝顔の花　なでしこの花　萩の花　またをみなへし　尾花葛花

一セットで三十六通りの組み合わせが成立するから、組み合わせの総数はその四倍の一四四通りとなる。すなわち、とんでもない数の組み合わせがありながら、憶良は萩の花・尾花葛花・なでしこ・をみなへし・藤袴・朝顔という順番を、何と一四四分の一の確率で選んだことになる。おそらくこれまでは単なる憶良の直感を反映した偶然の所産と考えられていたと思われるが、実は、偶然ではなく必然的にこの順番となったと考えることもできるのだ。これを解明するキワードは七草が「秋の野」という草原植生から選抜されたことにある。七種の植物のうち、ハギはある程度植生遷移が進行して木本の先駆植物が侵入する少し前の状態を好んで生え、しばしば大群生する。オバナもカヤ原を形成して大群生する。一方、朝顔は、今日のキキョウであることは第10章第2節で述べた通りであるが、草原でもあまり見ることができない植物である。一方、クズやナデシコ・オミナエシは群生はしないが、草原であれば必ず散見される植物種である。こう考えると、憶良の七草の歌は、冒頭に大群生する植物を、稀少植物を最後に置いた構成になっていることがわかる。ここで各植物を詠んだ万葉歌の総数とその配置順を重ね合わせるとさらにその傾向がいっそう明瞭となる（拙著『万葉植物文化誌』より）。

一四一	三四・二〇	二六	一五	一	五	
萩の花	尾花葛花	なでしこの花	をみなへし	また藤袴	朝顔の花	

これによって秋の七草の配置順が『萬葉集』における各植物の出現ランキングとほぼ相関することがわかる。今日では、全国各地に花の名所があって、多くの愛好家が訪れ、各人各様の花の楽しみ方があって、季節の風物詩ともなっているが、古代において花を見るためにわざわざ出向くのは、ハギを詠った一首に例があるだけである（第3節）。現代人ほど生活に余裕のなかった万葉歌人のほとんどは日常の生活空間の中で目撃した植物を歌に詠むことを余儀なくされたと考えて間違いない。したがって、『萬葉集』に詠まれた各植物の歌の総数は、当時の万葉人の生活空間に現れる植物の分布頻度を表す指標と考えてほぼ差し支えない。すなわち、憶良は当時の大和盆地に点在する草原から目につく植物を順にピックアップして中立的視点から選抜したのであって、しばしば群生するハギ・

ススキが上位にくるのは必然であったといえる。今日の草原、とりわけ大都市近郊の宅地造成地に成立した草原では、クズがもっとも目立つが、マメ科植物は表層土を除いた貧栄養の土壌でもよく生えるからであって、重機の存在しない古代にあってはそのような環境はなかったはずだから、草原にクズはそれほど多くはなかったと考えられる。植物生態学ではクズはマント群落の構成種としてよく知られているから、憶良の目撃したクズの多くは林と草原の境界線上にある樹木に絡まったものであったと想像される。ナデシコの歌はクズより若干多いが、大陸から伝わった園芸種や栽培品を詠んだと思われるものがかなりあるからその分を割り引いて考える必要がある。フジバカマは、古い時代に伝わった栽培品から逸出したともいわれ、やはりまれにしか見ることができない。藤袴は5音、朝顔は4音で入れ替えることはできないので、分布頻度の順番通りにはならない。当時ではすべての植物に名前がつけられていたわけではなく、日常生活と何らかの関わりのあるものに限られ、その数は現在よりずっと少ない。各植物は中国より導入した本草の体系に組み込み、今日の学名に相当する漢名が割り当てられた。憶良が選んだ七種の草花は限られた選択肢の中からほぼ目一杯に近かったのではないかと思われる。斎藤正二のいう「山上憶良の選定した七種花全部が中国原産だったと推考して差し支えない」というのは、そのすべては植物地理学的に中国に分布する種であるという意味では正しい。一方で、秋の野の花であると同時に、先進国へのあこがれを集約する〝文化の花〟とも主張している（『植物と日本文化』）ところは、憶良が七草の最上位に列したハギとオバナの中国における文化的地位がさっぱり見えてこないから、その論考は完全に破綻しているといってよいだろう。いうなれば、斎藤正二の主張は中国文化というフィルターをもって七草を秋の野から選抜したということになるが、自然界の分布状況を反映した中立的な選抜の可能性がある以上、そしてハギ・オバナという主要二種に中国における文化的足場がないことに対して、それを乗り越えるようなエビデンスを提示するか、有効な説明をすべきであるが、それにいっさい触れていない斎藤正二の秋草に関する論考は杜撰といわれても仕方ないだろう。ハギについては第3節以降で詳述するが、オバナ（ススキ）については語源説明にむだな紙面を割き、平安文学に言及したと思えば、老境に入って心変わりした清少納言が〝ススキの美の発見者第一号〟となった云々、中世に登蓮法師のような〝ススキ気違い〟（ママ）によって〝ススキの美〟が極限まで追求された云々と述べるだけで、ついに肝心の中国文化との接点については一言も言及することはなかった。とりわけ、ススキの美学に関して、『萬葉集』にススキの花に特化したオバナとして十九首も詠まれながら、まったく沈黙しているのはいかがなものか。それに加えて『古今和歌集』にススキの歌が少ない（九首）ことをもって〝王朝美学のフレーム〟からはみ出たと言い切っているのも問題がある。そのほかの歌集、たとえば『古今和歌六帖』に三十首以上のススキの歌があり、それに加えてオバナの歌を含めれば、相当数にのぼるので、ススキの文化的インパクトは平安時代でも少しも変わっていないと見るべきである。また、ススキが観賞用園芸植物にならなかったともいうが、ススキの美学の原典が群生のススキ原にあることを見逃してしまったらしい。第3章でも述べたように、ススキ原は有史以来の日本人（日本列島に住む人々の意であって国民を指すのではない）の日常の生活の営みから生み出されたもので、『萬葉集』や平安の詩文で「○○野のすすき（をばな）」として多く取り挙げられていることは、〝王朝美学のフレーム〟にしっかりと収まっていることを示唆する。漢籍を穿り返しても出てこないからであろうが、結局、ススキの文化的価値を意識的にトーンダウンした上で、わが国に固有であることを認めて締めくくる。ヨシやオギを取り挙げなかったのは、七草に含まれなかったからであろうが、美学の対象としてススキと基本的に同質であることに気づかなかったのだろうか。筆者は、憶良が中立的視点で七草を選んだと考えているので、万葉人や平安の文人がススキの美を殊更に認識していたなどと論考を弄ぶつもりは毛頭ないし、自分の主張が真理であると強弁を張るつもりもない。何時の時代であれ、仮にススキにわが国の先人が美意識を見出したとすればきわめてユニークということができるが、日常生活において生活用材としての存在感の大きさを考えればあり得ないことではない。憶良もオバナというススキの花に特化した名を用いているが、決して通常の意味でいう美意識からではなく、春先になれば野焼きで燃やされてしまう数奇な運命に、仏教でいう無常思想を背景とした抽象的な美意識を見出したからではないかと考える。それに通ずる感性は後世の習俗に色濃く残されている。仲秋の名月の宴にススキの花を飾るのはわが国独特であるが、色彩感に乏しくまたわくわくという情感を奮い立たせることなく地味な存在でしかないススキと満月の取り合わせはまさに抽象的な美であって、けばけばしい原色の美を好む中国文化にはないわが国独自の感性の発露といえるだろう。江戸時代後期のわが国は世界的に見ても未曾有の園芸文化が栄えた。しかし、その中で世界に観賞用園芸植物として認められたのはサクラ・ツバキ・アヤメなどに限られそれほど多くはない。一方、中尾佐助が古典園芸植物と命名したきわめてユニークな植物群がある。マツバランやチガヤ・ススキなどで、通常の美意識の範疇からはみ出た存在であって、中尾佐助は美術における抽象画のような存在と形容している（『花と木の文化史』）。今風にいえば、ガラパゴス化の最たるもので、世界の園芸界からほとんど注目されることはなかった。七草のほかの六種はいずれも色彩感の豊かな花をつける中で、憶良が地味なススキをオバナという名でもってわざわざ七草の中に押し込めたのは、美意識をキーワードとするならば、抽象美を見出した結果と考えるほかはないだろう。とすれば、憶良の鑑識は後世の園芸文化のガラパゴス化（一部であってすべてではない）を先取りしたものともいえよう。再び繰り返すことになるが、ハギ・ススキという明らかな例外がありながら、斎藤正二はそれを隠蔽して七種花の全部が中国原産云々と煙《けむ》に巻いてしまった。それ自体は思想家に特有の思考形態であって別に驚くべきことではないが、広く異分野に情報のキーワードを求めれば、思わぬ新発見があることをご存じなかったらしい。

第3節　質量ともサクラ・ウメを凌駕する万葉のハギの歌

ハギは一四一首の万葉歌に登場し、万葉の植物出現ランキングでは断然の首位である。今日ではハギはそれほど身近な植物として認識されていないが、万葉時代は高円野や春日野など平城京周辺の草原の植物として普通に見られたことを物語る。満開時には枝に万遍なく花をつけ、当時の人々を魅了したことも実際に詠まれた歌をみれば一目瞭然である。花をつけたハギはそれなりに見応えがあり、身近に群生さえしていれば、今日でも多くの人々を引き寄せるだけの魅力をもつ。ハギを詠んだ代表的な万葉歌として次を挙げておく。

一、　花を詠みき
秋風は　涼しくなりぬ　馬並《な》めて　いざ野に行かな　萩の花見に　（巻十　二一〇三）

二、　花に寄す
我《わ》がやどの　萩咲きにけり　散らぬ間《ま》に　はや来て見べし　平城《なら》の里人《さとびと》　（巻十　二二八七）

三、　花を詠みき
恋しくは　形見にせよと　我《わ》が背子《せこ》が　植ゑし秋萩《あきはぎ》　花咲きにけり　（巻十　二一一九）

四、　花を詠みき
我《わ》が待ちし　秋は来《き》たりぬ　然れども　萩の花そも　いまだ咲かずける　（巻十　二一二三）

五、　花を詠みき
秋風は　日に異《け》に吹きぬ　高円《たかまと》の　野辺《のへ》の秋萩　散らまく惜しも　（巻十　二一二一）

六、　故郷の豊浦寺《とゆらでら》の尼の私房に宴せし歌

七、　秋萩は　盛り過ぐるを　いたづらに　かざしに插《さ》さず　帰りなむとや　（巻八　一五五九）

八、　右大臣橘家の宴歌
雲の上《うへ》に　鳴きつる雁の　寒きなへ　萩の下葉《したば》は　もみちぬるかも　（巻八　一五七五）

黄葉を詠みき
さ夜ふけて　しぐれな降りそ　秋萩の　本葉《もとは》の黄葉《もみち》　散らまく惜しも　（巻十　二二一五）

九、　露を詠みき
秋萩に　置ける白露　朝《あさ》な朝《さ》な　玉としぞ見る　置ける白露《しらつゆ》　（巻十　二一六八）

十、　右大臣橘家の宴歌
さ雄《を》鹿《しか》の　来《き》立ち鳴く野の　秋萩は　露霜負《お》ひて　散りにしものを　（巻八　一五八〇）

ハギを詠んだ歌のうち、約六割に当たる八十四首は花あるいは開花に言及する。すなわちこの植物が単に身近に多く存在することをもってたまたま詠い込まれたわけではないことを示唆する。『萬葉集』で「花を詠みき」は随所にある。ハギがとくに集中するのは巻十の「秋の雑歌」の二〇九四から二一二七までの「花を詠みき」である。朝顔（二一〇四）と「をみなへし」（二一一五）を除いてすべてハギの歌（三十二首）であり、そのうち二〇九六が葛《くず》、二一〇七が「をみなへし」、二一一〇が尾花《をばな》を取り合わせているほかはすべてハギが単独で登場する。比較のため、同じ巻十の「春の雑歌」の「花を詠みし」二十首をみると、ウメとサクラが各八首、ヤナギ・ヤマブキ・ヒサギ・アセビが各一首、花一般が二首となっている。ウメとサクラは万葉を代表する花の双璧といわれ、そのほかの花もヒサギを除いて高く評価されているが、「秋の雑歌」でのハギの突出した存在感は、ウメ・サクラをしのいで、万葉を代表する花卉はハギではないかと思わせるほどである。『萬葉集』でただ一種の植物がこれほど集中的に詠われる例はほかになく、万葉人がハギを高く評価していた証左でもあるが、不思議にこれまでの国文学では見落とされてきた。因みに、巻十はハギの歌の約半分に当たる七十五首が集中的に現れることで知られる。その内訳は、「秋の雑歌」の「七夕《たなばた》」「水田《こなた》を詠みし歌」「風を詠みし歌」にそれぞれ一首、「月を詠みし歌」に二首、「鹿鳴《ろくめい》を詠みし歌」に九首、「露を詠みし歌」に五首、「黄葉《もみち》を詠みし歌」に六首、「花を詠みし歌」に三十二首、「秋の相聞」の「露に寄せし歌」が五首、「雨に寄せし歌」が一首、そして「花に寄せし歌」が十二首となっており、前述したように、花に言及する歌がきわめて多いのが特徴である。ハギを詠んだ各歌を鑑賞すれば、『萬葉集』におけるハギの文化的位置はさらに鮮明となる。

第一の歌は、秋になったからハギの花が咲いているだろう、では馬を連ねてみんなでハギの花を見に行こうではないかという意で、当時の人々がハギにそれだけの価値を見出していたことに驚かされる。馬に乗って出かけるのであるから、当然、ハギが群生するのは都の郊外である。飛鳥時代の頻繁な遷都で、宮殿の造営のために周辺地域の森はことごとく伐採され、火入れで更地にされた後、植生遷移を経てハギが群落をなすにまでに至っていたのであり、歌枕としての高円野や春日野などの草原はいずれもハギの名産地であったにちがいない。第二の歌も類歌であるが、「我がやど」に植えたハギが咲いたから、早く来てごらんなさいという意である。当然ながら、大群生したハギ原ではなく、第三の歌にも示唆されるように、野生品を採取して庭に植えたもので、万葉人がハギの花を個体レベルでも愛玩したことがこれではっきりする。平城の里人すなわち都に住む下級官僚に対して、自分の屋敷ではハギの花が咲いたぞと詠人が自慢している様子もうかがえ興味深い。植物を育てた経験のある人のみが知り得ることであるが、ハギの栽培は決して容易ではなく、かなり手入れしたとしても、経常的に栽培維持することは困難である。今日では栽培馴化した品種がいくつかあるが、想像を絶する長期の栽培を通して選抜されたものであって、園芸技術の未熟な万葉時代では恒常的に栽培されたハギはなかったと思われる。第四の歌はまだ咲かぬハギの花を待ちこがれて詠んだ歌で、ここにもハギに寄せる万葉人の熱い思いが伝わってくる。第五の歌はハギの花が散るのを惜しむ歌で、集中に類歌が十首以上もある。中国詩文の落花の影響といえばそれまでだが、ウメやサクラならいざ知らず、ハギのような草本と認識されていた植物で花の散るのを詠んだ例は中国に皆無であり、これこそわが国古代の歌人が独自に到達した境地と見なければならない。第六の歌はハギの花枝をかざしに用いたことを示唆する。ヨモギやショウブのように、ハギを避邪植物としてかざしに指した形跡はどこにもないから、おしゃれのためのものであって、まさに万葉時代で第一級の花卉と認識された証左であり、万葉人はハギに対する確固たる美意識をもっていたのである。第七の歌のように、秋が深まって葉が色づくのを詠った歌がいくつかあり、また驚くことに、第八の歌のように、ハギの黄葉が散るのを惜しむ歌さえある。そのほか、第九の歌のように、ハギと露とを取り合わせた歌が巻十だけでも「露を詠みし歌」（秋の雑歌）に五首、「露に寄せし歌」（秋の相聞）に五首、そして「花を詠みし歌」の中にも花・露の取り合わせがあるなど、集中に総計三十六首もあるのが目立つ。「秋萩の　枝《えだ》もとををに　置く露の　消《け》なば消《け》ぬとも　色に出《い》でめやも」（巻八　一五九五）なる露を取り合わせた歌は「枝もとををに置く」とあるから、まちがいなくハギの葉（小葉）の上に降りた露を指す。ハギの葉は表面に微小な毛が密生し、水をはじいて水玉を作るので、それを目敏く観察し歌に詠んだ万葉人の細やかな感性に感服する。漢籍にも植物と露を取り合わせた詩文は数多いが、これほど細やかな情景を想起させるものは見当たらない。わが国に自生するハギ属種のうち、いわゆる万葉のハギに適合するのはキハギ・チョウセンキハギ・ツクシハギ・ニシキハギ・マキエハギ・マルバハギ・ミヤギノハギ・ヤマハギの八種であり、いずれの形態・生態も類似し、これらを一般にハギと総称する。同じハギの名をもつ植物にメドハギがあるが、葉がごく小さくて露玉をみることはない。したがって古代ではメドハギをハギと認識することはなかったと考えられる。旧暦の二十四節気の一つに白露《はくろ》があり、処暑《しょしょ》と秋《しゅう》分《ぶん》の間に位置する。その時期は昼間は気温が高くなるが、朝晩は冷え込むので露が降りやすい時期としてその名がある。ただし、大陸の風土を基準にしているから、わが国では仲秋から晩秋にかけて露を多くみることに留意しなければばらない。『禮記』の月令に「孟秋之月（中略）涼風至り、白露降り、寒蟬鳴く。」とあり、大陸では孟秋すなわち初秋に露が降りるとあるが、わが国ではもっとも暑い時期であって朝晩の気温もそれほど下がらない。ハギと露を取り合わせた万葉歌は白露以外の時期に詠われたことはまちがいない。したがってこの歌は中国詩文の影響というより、実際にわが国の風土で起きる現象を正直に詠んだと見るべきである。第十の歌はシカを取り合わせた歌で、巻十だけでも「鹿鳴を詠みし歌」に九首あり、集中に総計二十二首に詠われ、露との取り合わせとともに定番の取り合わせとなった。以上のハギの歌から万葉時代にはハギブームといってもよいほどの社会現象があったのではないかとさえ思えてくる。サクラ・ウメ・ウツギなどとともに、ハギは季節感の鮮明な花卉である。巻十の二一一〇に「人皆は　萩を秋と言ふ　よし我は　尾花が末を　秋とは言はむ」（花を詠みし歌）という歌があり、秋になるとみんな揃ってハギだ、ハギだと騒ぐが、自分はススキの穂こそ秋が来た標しと考えたい、という趣旨の歌であるが、この背景には過熱気味とさえいってよいハギブームの存在が読み取れる。開花の時期がまったく異なるから、同じ尺度で推し量ることはできないが、ウメやサクラの歌でこれほど熱い情感が伝わってくる歌はない。やはり、ハギが一四一首の歌に詠まれただけの背景があったと考えるべきで、憶良が「秋の七草」の筆頭に置いた理由もよく理解できる。万葉を代表する花の筆頭は、サクラでもウメでもなく、ハギであった。

第4節　わが国におけるハギの植物文化的位置

4-1　ハギは死のシンボルではない

ハギは、中国本草のみならず詩文に痕跡すら見出せないこともあって、何でもかんでも万葉の植物群を中国文化のパラダイムに押し込めようとする斎藤正二にとっては目の上のたんこぶのような存在であったにちがいない。しかし、そこは百戦錬磨の思想家というべきなのだろうか、ハギに宗教的神秘性を賦与することで、強引な論法でもってあくまで自説を貫こうとした。この辺りはエビデンス至上主義が芯まで染みついた実験科学者には理解の及ばぬ異次元の世界であるが、斎藤正二の言わんとするところを要約すると、箆竹の材料とするメドハギという草は、中国では儒教の霊地や墓域に植えられる神草であって、〝律令知識人〟はこのメドハギとハギを同一視したといい（［4-2］）、その痕跡が以下に示す歌にあるというのである。

一、弓削皇子《ゆげのみこ》の紀皇女《きのひめみこ》を思ひし御歌《みうた》
我妹子《わぎもこ》に　恋ひつつあらずは　秋萩《あきはぎ》の　咲きて散りぬる　花にあらましを　（巻二　〇一二〇）

二、弓削皇子《ゆげのみこ》の御歌《みうた》
秋萩の　上に置きたる　白露の　消《け》かもしなまし　恋ひつつあらずは　（巻八　一六〇八）

三、霊亀元年歳次乙卯の秋九月、志貴親王《しきのみこ》の薨ぜし時に作りし歌
高円《たかまと》の　野辺《のへ》の秋萩《あきはぎ》　いたづらに　咲きか散るらむ　見る人なしに　（巻二　〇二三一）

四、天平三年辛未の秋七月、大納言大伴卿の薨ぜし時の歌
かくのみに　ありけるものを　萩の花　咲きてありやと　問ひし君はも　（巻三　〇四五五）

五、（天平）三年辛未、大納言大伴卿の寧楽《なら》の家《いへ》に在りて故郷を思ひし歌
指進乃　栗栖《くるす》の小野の　萩の花　散らむ時にし　行きて手向《たむ》けむ　（巻六　〇九七〇）

六、故郷の豊浦寺《とゆらでら》の尼の私房に宴せし歌
秋萩は　盛り過ぐるを　いたづらに　かざしに挿《さ》さず　帰りなむとや　（巻八　一五五九）

七、大伴田村大嬢の妹坂上大嬢に与へし歌

我《わ》がやどの　秋の萩咲く　夕影に　今も見てしか　妹《いも》が姿を　（巻八　一六二二）

弓削皇子は第一の歌のほかに三首を詠むが、いずれも異母姉の紀皇女に思いを寄せた典型的な恋歌である。第二の歌も弓削皇子の歌で、恋をするくらいなら秋萩の上に降りた白露のようにはかなく消えた方がましだという、叶わぬ恋の苦悩を打ち明けた歌であることは誰でも理解できるだろう。ところが斎藤正二はこの秋萩を死を覚悟している胸喪のシンボルと解釈する。第二と同じ歌が巻十「秋の相聞」の「露に寄せし歌」（十―二二五四）に無名歌として重出し、ただ第四句の原文表記が消可毛思奈万思から消鴨死猨に変わっているのが異なる。死の字が使われているが、「消える」に対する視覚的強意の音訓であって、文法的にまったく死とは無関係である。したがって、死を現実視したものではなく、叶わぬ恋に苦しむくらいなら死んだ方がましだという、陳腐な恋愛ストーリーにでも出てくるような情景表現と解釈するのは適当ではない。第三の歌の「見る人」は志貴皇子を指し、高円野の秋萩の花を見て故親王を偲んだ歌と一般には解されているが、これも皇子の死のシンボルであるという。『萬葉集』巻二はとりわけ挽歌の多いことで知られるが、志貴皇子（霊亀元年九月薨去）と同じ旧暦の秋（七月〜九月）に亡くなった歴史上の著名人の挽歌もいくつか収録されている。ところがこれに該当する天武天皇（朱鳥元年九月九日崩御）、河島皇子（持統天皇五年九月九日薨去）、高市皇子（持統天皇十年七月十日薨去）、弓削皇子（文武天皇三年七月二十一日薨去）のいずれの挽歌にもハギを詠んだ歌はなく、無論、そのほかの挽歌にもハギはまったく見当たらない。すなわち、志貴皇子の挽歌にハギを取り合わせたのは、生前の皇子がハギを好んでいたから詠人が詠み込んだにすぎない。したがって、ハギが死をシンボライズするという普遍性を見出すのは困難で、斎藤正二の考証の杜撰さが改めて明らかとなったといえるだろう。第四の歌の第一・二句は「こうでしかなかったものを」の意で、不可抗力の人の運命を嘆くのによく用いる表現である。歌の意は、こういう運命だったのだなあ、ハギの花は咲いているかと尋ねられたあなたはもういないのだなあと、生前の大伴旅人がハギの花を愛でていたことを詠人が思い出にふけりつつ詠んだとしてまったく不自然さはない。この歌に死をとことん惜しむ暗さがあまり感じられないのは、若くして死んだのでも不慮の死でもなく、当時としては長寿の六十七歳という天寿を全うしたからである。その旅人が死の直前に詠んだと考えられるハギの歌が第五の歌であり、ハギの花が散る頃にこそ〝行きて手向けむ〟というのは、自分の好きなハギの花を見とどけてからあの世へ旅立ちたいという意を込め、すでに死を覚悟していたことがうかがえる。旅人はほかにも二首（八―一五四一・八―一五四二）にハギを詠むが、いずれも風流歌であるから、第五の歌もその一環として病床での風雅と解するべきで、斎藤正二が主張するようなハギと死との間に普遍的な関係を見出そうというのは、まさにサギをカラスに言いくろめるに等しい。第六の歌は、豊浦寺の尼僧の私房で因幡守に赴任する大伴家持に対する餞別の宴において詠まれた歌である。三首のうち、一首（一五五七）は橘諸兄の腹心で家持とも親しい丹比国人が詠み、二首は沙弥尼の歌である。家持は因幡守に任命された後の天平二年七月五日、今城真人宅でも餞別の宴に招待され、「秋風の　末吹きなびく　萩の花　ともにかざさず　相か別れむ」（巻二十　四五一五）の歌を残している。斎藤正二は、ハギの花をかざしにするのは〝マジック〟といい、宗教的神秘性が背景にあるといいたいらしい。ハギの花枝はフジの花枝に似てなくもないから、フジの花をかざすのと相通ずるかもしれない。季節は孟秋でフジの花がない時期であり、たまたま旬の花であるハギを代用した可能性もあり得るだろう。しかし、フジのようにファッションとして定着することはなかったが、あれほど万葉人を熱狂させたハギの花であれば、宗教的神秘性ならずともかざしにしたくなるのは自然の成り行きというべきだろう。第七の歌については、第二句と第四句のどちらで切るかによって意味が異なってくる。いずれとも決めがたいが、斎藤正二はそれを無視して第五句の「妹が姿を」の原文表記「妹之光儀乎」を『遊仙窟』の影響と見て、中国詩文の教養を詠み込んでハギの文化的価値を再生産したものだという。思想家特有の観念思考の最たるもので理系の筆者には理解しがたいが、ハギが漢籍から大きく影響を受けた存在であることを印象づけるために、無関係の事項を持ち出して読者を誘導しようとしているように見受けられる。因みに、光儀は漢籍や漢訳仏典にも多く出てくる語彙であって、『遊仙窟』にのみ出てくるわけではない。

4-2　古代の「めど」はメドハギではない

斎藤正二は、「4-1」で紹介したハギの歌の存在をもって、ハギの寓喩する呪術的宗教的意味と中国詩文的因子を〝陰画に現像〟することが可能になったといい、いとも簡単にハギは飛鳥京・藤原京以前に確実に〝宗教文化的シンボル〟の意味をもっていたと言い切っている。ハギの文化的位置を論ずるのに、充実した内容があれば平易な語彙でも表現できるはずだが、このようなおよそ理解しがたい抽象的かつ観念的表現を用いるのは、やはり実態のない空論であるからであろう。この論述は、中国に蓍《シ》というわが国のメドハギに似た神草があって、〝律令知識人〟がメドハギとハギを同一視していたことを前提としているから、本当に古代人がそのような種認識をもっていたか判定するのは、理系人の筆者のまさに天職であるので徹底検証を試みる。

中国では蓍《シ》という植物の茎で筮竹《ぜいちく》の原料とするほか、その果実を蓍實《シジツ》と称し、『神農本草經』の上品に収載される由緒ある薬物である。その基原は、『圖經本草』（蘇頌）によれば、「其の生ずるは蒿の如くして叢を作す。高さ五六尺、一本一二十莖、多きに至るは三五十莖生ず。便ち條直して衆蒿より異とする所以なり。秋の後、花有り枝端に出だし、紅紫色にして形は菊の如し。八月九月其の實を採る。」（『證類本草』巻第六「草部上品之上　蓍實」所引）とあり、一部に誇張はあるものの「菊の如し」からキク科植物を基原とすることがわかる。蓍の茎を卜術に用いたことは蘇頌がかなり詳細に記述しているので参考のためここに紹介しておく。

其の莖は筮に爲り、以て鬼神に問ひて吉凶を知る。故に聖人賛の之を神物と謂ふ。史記龜索傳に曰ふ、龜は千歳にして乃ち蓮葉の上に遊び、蓍百莖一根を共にす。又、其の生ずる所、獸に虎狼無く、蟲に毒螫無しと。徐廣注に曰ふ、劉向云ふ、龜は千歳、而れども靈蓍は百年にして一本百莖を生ずと。又、褚先生云ふ、蓍生じて百莖に滿つる者は其の下に必ず神龜有り之を守る。其の上に常に青雲有れば之を覆ふと。傳に曰ふ、天下和平、王道得て蓍莖の長さ丈、其の叢生して百莖を滿たせども、方《まさ》に今の世に蓍を取る者は古の法度に中ること能はず、得ること能はずと。百莖を滿たし長さ丈なる者は八十莖已上、蓍の長さ八尺取れば即ち得難きなり。人民好く卦を用ふ者は取りて六十以上、長さ六尺を滿たす者は即ち用ふべし。今、蔡州に上る所の者は皆此の如きを言はず。然れば則ち此れその神物に類するや。故に常に有らざるなり。

その言わんとするところは難解そのもので、卜術に通じていなければ理解は難しい。また、全体として現実から大きく乖離した世界の話であって、科学的視点からその内容は信用するに値しないが、蓍という植物が実在し神草あるいは霊草と見なされていたことは、おぼろげながらわかるような気がする程度にすぎず、占いといっても天下国家の運命を対象とするものらしく、挽歌の取り合わせとするような矮小な存在ではなさそうである。いずれにしても、問題は蓍の基原がどんな植物であるかであって、まずわが国の著名な本草家の見解をみてみよう。小野蘭山は「宿根ヨリ數十莖叢生ス。高サ四五尺、葉ハ濶サ四五分許《ばかり》、長サ三四寸細ク深クキレ鋸齒多シテ繁密ニ互生ス。」（『本草綱目啓蒙』巻之十一「草之四　濕草類」）と述べ、蓍の基原をキク科ノコギリソウ一名ハゴロモとし、『中薬大辞典』もこの見解を受け入れている。一方、『國譯本草綱目』はヨモギ属の未知種としたが、同じキク科とはいえ、花がキクに似るという蘇頌の見解とは合わず、この考定は受け入れがたい。やはりノコギリソウとするのが妥当で、現在では定説とされている。蓍の基原の考定は完全とはいい難いが、少なくともメドハギではないから、律令知識人が蓍とハギを同一視することは論理的にあり得ない。しかし、そう単純に割り切れる話ではないことは、『本草和名』（深根輔仁）に「蓍實　仁諝音尸　蘇敬注云ふ、其の莖を以て筮に爲る者なり。陶誤りて楮實を以て之と爲すと。一名杼實一名穀實一名褚實一名耆冥一名耆實一名私實　已上三名釈藥性に出づ　和名女止久佐」、『和名抄』（源順）にも「蘇敬本草注云ふ、著 音戸和名女止 其の莖を以て筮に爲る者なり」、また『新撰字鏡』でも「著 式脂反信也蒿也女止」とあり、いずれの典籍も一致して「めど（くさ）」の和訓をつけている事実がある。すなわち、斎藤正二はそれをもって著をメドハギと考えたらしい。メドハギはマメ科であるから、蘇頌がキクに似るという著の基原植物である可能性は寸分もないが、古代わが国の邦人がそう思い込んでいた可能性はあり得る。ノコギリソウの方言名に「めど」の類名が見当たらず（『日本植物方言集成』）、「めどくさ」と呼ばれた痕跡がないことも看過できない。もっとも、メドハギにしても「めど」の類名はごく一部の地域に限られる（『同』）。

「めど」という名は平安以前の古代の資料にみることができる。『正倉院文書』の「造金堂所解 申請用銭幷雑物等事」（天平寶字六年）に「四十四文買目利箒二十四把直 二十把別二文 四把別一支」とある目利箒に「めと（ど）」と読める名がつけられている。ほかに「百七文買箒五十八把直」「六十三文竹箒三十四把直 二十九把別二文 五把別一文」という箒《ほうき》の項目がある（以上『大日本古文書』巻十六 三〇五頁）ので、目利箒は「めど（目利）」から作られた箒と推定できる。そのほか、天平宝字二（七五八）年正月子日《ねのひ》（三日）に東大寺から孝謙天皇へ献納されたものといわれる子日目利箒《ねのひのめときほうき》が正倉院南倉に御物として収蔵されている。注目すべきことに、大伴家持の歌「初春の 初子《ね》の今日の 玉箒 手に取るからに ゆらく玉の緒」（巻二十 四四九三）にある玉箒（原文は多麻婆波伎）と正倉院御物の間の密接な関係を示唆する記述が、この歌の題詞にあり、その全文は次のようである。

二年春正月三日、侍従、竪子《じゅし》、王臣等を召して内裏の東屋の垣の下に侍せしめ、即ち玉箒を賜ひて肆宴したまひき。時に内相藤原朝臣の、勅を奉りて宣《のりたま》はく、「諸王卿等、堪ふるに随ひ意《こころ》に任せ、歌を作り、幷《あは》せて詩を賦せ」とのりたまひき。仍《すなは》ち詔《みことのり》の旨《むね》に応《こた》へて各《おのおの》心緒《の》を陳べて歌を作り、詩を賦しき。未だ諸人の賦詩と作歌とを得ざるなり

すなわち、家持が詠んだ玉箒はこの宴に献げられたもので、その日付から子日目利箒《ねのひのめときほうき》に同じあるいはそれを模造し

た類品であることはまちがいない。一方、『正倉院文書』に記録された目利箒は天平宝字六年の記名であるから、同じものではないが、当時、目利箒なるものを何らかの習俗に用いていたことが示唆される。顕昭は玉箒について「つねの髄脳には玉は、きとは著といふ草也。ゐなかにはその草を小松にとりくはえて、正月はつね（初子）の日こかひ（養蚕）する屋をはけばほめて玉は、きとはいふ也と申たれは云々」（『袖中抄』）と述べ、玉箒は養蚕に関係があるという。奈良時代の宮中では、年が明けて正月の初子の日に、天皇は辛鋤《からすき》、皇后は箒を飾って宴を催す慣わしがあったといわれる。『日本書紀』の継体天皇元年三月に「朕聞く、士年《をとことし》に當りて耕《たつく》らざること有るときには、天下《あめのした》其の飢を受くること或り。女《めのこ》年に當りて績《う》まざること有るときには、天下其の寒《こい》を受くること或り。故、帝王《すめらみこと》、躬《みづか》ら耕りて農業《なりはひ》を勸め、后妃《きさき》、親《みづか》ら蠶《こがひ》して、桑序《くはのとき》を勉《すす》めたまふ。況《いはむ》や厥《か》の百寮《つかさつかさ》、萬族《おほみたから》に曁《いた》るまでに、農績を廢棄てて、殷富《にぎはひ》に至らむや。有司《つかさ》、天下に普告《のたま》ひて、朕が懷《おも》はむことを識《し》らしめよ。」（巻第十七）とあるように養蚕と農業を奨励した記事があり、その意を天下に示すための象徴が辛鋤・箒であったと考えられる。一方、漢籍では『春秋穀梁傳』の桓公十有三年に「秋八月壬申（中略）天子親《みづか》ら耕す、以て粢盛（神にそなえる穀物）に共す。王后親ら蠶す、以て祭服に共す。」という記述がある、すなわち、辛鋤《からすき》・玉箒の宴の原型は大陸にあって、漢籍の記述を基に古代のわが国で始まったと思われる。天平宝字二年は孝謙天皇の治世で、女帝であったため、辛鋤の宴はなく、箒の宴だけを行い、そのため特別に飾りつけた玉箒を献げたのかもしれない。玉箒は柄に色とりどりの玉がはめ込まれているのでその名があるといわれるが、現在残るものは金絲が巻き付けられているだけで玉はついていない。問題はその材料であって、キク科コウヤボウキの枝條を束めて箒に作ったものであることが明らかにされ、広く周知の事実となっている。したがって、奈良時代に「めど」と称していたものはコウヤボウキであって、およそ筮竹の材料になり得ないものである。ついでながら、『袖中抄』は玉箒（コウヤボウキ）を小松に取り付けて用いたとも述べているが、平安時代に流行した「子《ね》の日の小松引き」の原型と考えられるので補足する。現在でもこの習俗は京都上賀茂神社に伝わる燃燈祭《ねんとうさい》に残り、二月第二子《ね》の日に、御阿礼野《みあれの》と呼ばれる場所で採った「根引きの小松」とともに、コウヤボウキを神前に供える。上代の玉箒と平安時代に発生した「根引きの小松」が融合した習俗であるが、やがて玉箒は除かれて小松だけになり、小松引きの風習に転じた（第22章第8節「8-2」⑫）。

さて、斎藤正二はメドハギとハギが同一視されていたと考えるが、多くの人は同じ「はぎ」の名をもつ故についい納得してしまうのではなかろうか。以上の考証によれば、まず、万葉時代に「めど」と称されたのはコウヤボウキであって、マメ科メドハギではなかった。「めど」の語源は目処の意といわれ、奈良時代の宮中で正月初子《ね》の日に箒を飾って宴を催すのは、その年の養蚕の目標や見通しを立てるあるいは占うためであったと推定される。のちに「めど」は卜術専門の語彙に転じて筮竹を「めど」と呼ぶようになったと考えられる。これまでの通説はこれをあべこべに考えていたから、目利箒がコウヤボウキであるという決定的な証拠がありながら、古代の筮竹をメドと称したと決めつけてしまったのである。メドハギの方言名に「めどー」（熊本・玉名）、「めんどー」（長州・佐賀・壱岐）などの類名があるが、ごく限られた地域に分布するにすぎないから、平安の本草家が著につけた和訓「めど（くさ）」が今日のメドハギであるかはきわめて微妙で、それほど本草におけるメドハギの存在感は乏しい。中国でもメドハギは明代の『救荒本草』に鐵掃箒《テツソウソウ》とあるのが文献上の初見であり、「荒野に生じ地に就きて叢生す。一本二三十莖、苗高く三四尺、葉は苜蓿（マメ科ウマゴヤシ）葉に似て細長く、又細葉は胡枝子の葉に似て、亦た短小。小白花を開く。」（巻之五）という記述は今日いうメドハギの特徴とよく合う。一方、中国でいう蓍實は『圖經本草』の記述からほぼノコギリソウで矛盾しないが、前述したように、わが国ではノコギリソウが「めど」と呼ばれた証拠がない。小野蘭山はノコギリソウの茎を筮竹の真品とする一方で、メドハギの茎を代用すると述べている（『本草綱目啓蒙』巻之十一「草之四　濕草類」）が、古代にメドハギ製の筮竹があって、それが「めど」（＝コウヤボウキ）と呼ばれた可能性はこれまでの考証の結果では皆無である。『本草和名』などのいう「めどくさ」がメドハギとすれば、平安時代に何らかの経緯で「めど」の名を得たと考えるしかない。同じ名前が時代とともに別の植物に転じた例はまれではないからである。それに『本草和名』と『和名抄』が蓍から筮竹に作るという注記を『新修本草』の引用としているのを看過すべきではない。序章で述べたように、『新修本草』を典薬寮で本格的に運用するようになったのは八世紀末であるから、万葉時代では本草の注記を知る由もなかった。また、当時の標準教科書であった『本草經集注』にしても、蘇敬が「陶誤りて楮實（コウゾ）と爲す」とあり、やはり蓍が筮竹の原料であることは知り得なかった。中国では竹から筮竹を作るように変わっていったが、わが国でもかなり早くから、真品であれ代用品であれ、草本製の筮竹はほとんどなかったのではないかと推定される。また、方言で「めど」と呼ばれた植物はミカン科コクサギ、スイカズラ科カンボクもあり（『日本植物方言集成』）、メドハギに限らないことも留意する必要がある。以上、貧弱な状況証拠の中にあって、斎藤正二は古代の「めど」を一方的にメドハギと決めつけ、なおかつそれがハギと同一視されていたと主張する。万葉人があれほど熱狂的に愛でたハギをメドハギと同一視するからには、少なくとも万葉人の目線から両者は同等の存在でなければならない。メドハギの方言名に「ねごはぎ」（山形）・「のはぎ」（山形・和歌山）・「みずはぎ」（新潟・和歌山）・「みそはぎ」（埼玉）のような「はぎ」の名をもつものがわずかに存在するが、いずれもハギより下等という意味でつけられた名であり、貧弱な花をつけた実物をみれば、メドハギとハギが同一視される可能性のないことが実感できるだろう。そもそもメドハギをハギの類（同属植物）としたのは近代植物学の所産であって、万葉人の目線ではないことに気づかなければならない。

第5節　平安以降のハギの文学的位置：「もとあらのこはぎ」

大和盆地から京都盆地に遷都したのち、ハギの文学的位置がどう変わったのか考える。『續日本後紀』巻第三に

「承和元（八三四）年八月庚寅、上り清涼殿にて内宴す。号して芳宜華讌と曰《まを》す。賜ること近習以下近衛将監に至る。」、同巻第十四に「承和十一（八四四）年八月辛巳朔、天皇紫宸殿に御《のぞ》み、芳宜花宴を覧《み》る。老臣、皆復古の歎有り。日暮、五位已上に衣被を賜る。」という注目すべき記述がある。芳宜華《はうぎか》・芳宜花《はうぎか》とは、ハギの花の異名であって（後述、『和名抄』にあり）、その名を冠した宴が行われたことを示す。やや時代は下るが、『源氏物語』の横《よこ》笛《ぶえ》に「その笛《ふえ》は、こゝに見《み》るべきゆゑある物なり。かれは、陽成院《やうぜい》の御笛《ふえ》なり。それを故式部《こしきぶ》卿の宮の、いみじきものにし給《たま》ひけるを。かの衛門《ゑもん》の督《かみ》は、童《わらは》より、いと、殊《こと》なる音《ね》を吹《ふ》き出《い》でしに感《かん》じて、かの宮の、萩《はぎ》の宴《えむ》せられける日、贈物《おくりもの》にとらせ給《たま》へるなり。」とあるから、植栽されたハギの花見の宴が平安時代に行われたことは事実である。鎌倉初期の『明月記』（藤原定家）に「正治二（一二〇〇）年七月廿七日、（中略）未時許り京を出でて、嵯峨に入る。萩の花盛んなるの由、木守丸之を告ぐ。仍《しきり》に來臨せり。」「寛喜元（一二二九）年八月六日、（中略）嵯峨の邊の萩、皆盛んに開く云々、夜に入り宰相來李云々」という記載があり、これは植栽品ではなく、郊外の嵯峨野がハギの名所であった。すなわち、奈良時代から平安・鎌倉期になっても、ハギの地位はほとんど変わることなく、珍重されていたことがわかる。マンネリの感はあるものの、著名な歌人に詠まれ、詩歌や文学にハギの名は相変わらず多く登場する。『源氏物語』の帚木《はゝきゞ》にも「御心のまゝに、折《を》らば落《お》ちぬべき萩の露、拾《ひろ》はゞ消《き》えなんと見ゆる玉笹《ざゝ》の上《うへ》の霰《あられ》などの、艶《えん》に、あえかなるすきずきしさのみこそ、をかしくおぼ（思）さるらめ。今《いま》、さりとも、七《なゝ》年《とせ》あまりが程に、思《おぼ》し知り侍りなん。」とあるように、基本的にハギに対する平安の文人の感性は万葉時代から受け継がれたものである。しかし、平安時代のハギを詠った次の詩歌をみればわかるように、若干のニュアンスの違いが認められる。

一、　題しらず　　よみ人しらず

あき萩も　色づきぬれば　きりぎりす　わがねぬごとや　よるはかなしき

二、　これさだのみこの家の歌合によめる　　藤原としゆきの朝臣

あきはぎの　花さきにけり　高砂の　をのへのしかは　今やなくらむ

（以上、『古今和歌集』巻第四）

三、　秋はぎ　　つらゆき五首

花の色は　あまたみゆれど　ひとしれぬ　はぎのしたばぞ　ながめられける

つまこふる　しかのなみだや　秋はぎの　したばもみづる　つゆとなるらん

秋はぎを　みつつけふこそ　くらしつれ　したばはこひの　つまにぞ有りける

さをしかの　いかがいひけん　秋はぎの　にほふときしも　人の恋しき

おく物は　ひさしきものを　秋はぎの　したばの露の　ほどもなきかな

（『古今和歌六帖』第六）

『萬葉集』では圧倒的に多かったハギの花よりほかの部位に重心が移り、下葉の色づくのを詠った歌が目立つようになった。これには後述する「もとあらのこはぎ」と密接な関連がある。万葉時代ほどの熱気は感じられないが、落ち着いた情感を詠うようになった。露やシカとの取り合わせは変わらず、すっかり定番となって現代まで至る。一方で、万葉歌にない定型句も新たに出現するが、この辺りを斎藤正二はなぜかいっさいふれていない。『古今和歌集』で「みやぎののもとあらのこはぎ」として初めて登場し、以降の歌集では「もとあらのこはぎ」あるいは「みやぎののはぎ」も加わって、定型句として多くの歌に詠まれた。『源氏物語』にも登場しているが、これまでの注釈は正しいとはいえないので、ここに詳しく検討する。

四、宮木のの　もとあらのこはぎ　つゆをおもみ　風をまつごと　きみをこそまて

（『古今和歌集』巻第十四）

五、　むまごの中将、あふぎにかく

こひしくも　おもほゆるかな　みやぎのの　こはぎがもとの　たよりとおもへば

（『中務集』第七巻）

六、みやぎのの　やけふのはぎも　ふたばより　もとあらにさかん　はなをしぞ思ふ

（『好忠集』）

七、『源氏物語』東屋《あづまや》

兵部卿の宮《みや》の萩《はぎ》の、なほ、殊《こと》に、面白《おもしろ》くもあるかな。いかで、さる、種《たね》ありけむ。同《おな》じ枝さしなどの、いと、艶《えむ》なるこそ。一日、参《まゐ》りて、出《い》で給ふ程《ほど》なりしかば、え折《を》らずなりにき。事《こと》だに惜《を》しきと、宮のうち誦《ず》し給へりしを、若《わか》き人たちに、見《み》せたらましかばとて、我も、歌詠《うたよ》みゐたり。

（中略）

しめゆひし　小萩《こはぎ》がうへも　迷《まよ》はぬに　いかなる露《つゆ》に　うつる下葉《した》ぞ

（中略）

宮城《ぎ》野《の》の　小萩《こはぎ》がもとゝ　知らませば　露《つゆ》も心《こゝろ》を　分《わ》かずぞあらまし

『同』野分《のわき》

南《みなみ》のおとゞにも、前栽《せむざい》つくろはせ給ひける折《をり》にしも、かく、吹《ふ》き出《い》でゝ、もとあらの小萩《こはぎ》、はしたなく待《ま》ちえたる、風のけしきなり。折《を》れかへり、露もとまるまじく、吹《ふ》き散《ち》らすを、すこし端近《はしちか》くて、見給《たま》ふ。

「みやぎの」とは宮城野すなわち古代陸奥国分寺が所在した周辺（現在の仙台）の原野のことで、もともとは宮木野と称し、今日では歌枕として広く知られる。ミヤギノハギという東北地方を中心に自生するハギより選抜された全国的に栽培される品種がある。無論、平安時代に「宮城野のハギ」と称されたものとは異なるもので、宮城野の名を植物名に冠したにすぎない。「もとあらのこはぎ」はしばしば本粗（荒）の小萩と表記され、『角川古語大辞典』では小萩を単に「小さなハギ」とのみ説明しているが、これでは正しく歌の意を理解することはできない。『袖中抄』（顕昭）に「私云、まのならぬ野にも、木萩とて古枝花咲く萩あり。もとあらのこはぎとはそれなり。その木ばかりもしや（焼）きもしたれど、あたらしくえだは（生）へてさ（咲）けり。たゞのはぎはふるえ（古枝）にさくことなし。」と注釈されているが、こちらの方がはるかに正鵠を射た説明である。ハギ属には長く成長すると低木ないし小高木となる種と亞低木状のまま成長する種とがある。ヤマハギやキハギは前者に属し、当初は多年草状をなすが、一年枝から新たな枝條を出して葉や花をつけたのち落葉する。次年度は古枝からほとんど発芽せず、前年枝から芽を出して枝條を伸ばし、毎年、このサイクルを繰り返すのである。古枝は次第に太く木質化して木本植物に生長する。すなわち、「こはぎ」とは木萩あるいは古萩の意であって、単に大小を表した名ではない。かかる勘違いは、通例、植栽するハギは毎年刈り払われるので、根元から芽を出して枝條となり、たくさんの花葉をつける。したがって、茎が太く生長することはなく、株立ち状を維持する。草原に群生するハギの中には成長すると立派な木本となる種が必ず存在するので、火入れをせずに放置された場合、木立のハギに成長し、前年枝の若い枝にしか花葉がつかないから、昔の歌人はそれを本粗《もとあら》と称したのである。火入れした草原に生えるハギは、すぐろ化した根元から新芽を出すので、本粗とはならない。第六の曽根好忠の歌は、火入れした宮城野の焼け野からハギが（実生から）双葉の芽を出しても、時を経ると、もとあらとなった株に咲く花を見ることになるのだろうかという意である。万葉時代は飛鳥時代および奈良時代初期の大開発ブームから間もない時期に当たるから、まだ「もとあらのこはぎ」は存在しなかった。一方、平安時代になると新規開発が終息したため、草原の遷移が進行し、本粗《もとあら》化したハギが多く出現したのである。好忠の歌は火入れすることによってハギ野が活性化されても時が経つと衰退することを示唆したとも考えられる。南北朝時代の紀行文学書『都のつと』（今井宗久）にも「もとあらのこはぎ」について次のような興味深い記述があるので紹介しておく。

　宮城野の木のしたつゆもまことにかさもとりあへぬほどなり。花の色々錦をしけるとみゆ。中にももとあらの里といふ所に色などもほかにはことなるはぎのありしを一枝おりて、

　　宮城のの　萩の名にたつ　もとあらの　里はいつより　あれはしめけん

とおもひつゞけ侍し。この所はむかしは人すみけるを、今はさながらのら山になりて、草堂一宇より外はみえ

ず。この花をも、いにしへはちるをや、人のおしみけむとあはれにおもひやられ侍りき。そもそもとあらの萩とは、春やきのこしたる去年のふる枝にさきたるをいふ也ときゝをき侍り。それをこ萩とも申なり。これは枝ざしなどもなべての萩よりもこはごはしく、あばらなるにや。もとあらの櫻などもよみて侍ればとおもひ給ひしに、いまきゝ侍れば、もしこのさとの名によりてもやよみけむと、はじめておもひあはせられ侍り。

「もとあらの里」とは「もとあらのはぎ」が多く生えている地域を指し、以前は立派なハギの名所であった。花の色の異なるものがあったというのは、「もとあら」は花が少ないのでそのように感じたのであろう。ハギの花はすばらしくても手入れを怠ると本粗化して観賞価値が失われるため、ハギの名所が次々と失われ、南北朝時代にはほとんど残されていなかったことがうかがえる。万葉時代はハギにとってはバブル時代ともいうべき最盛期の時代であったが、ハギを馴化して栽培するのは容易ではなく、大半は本粗化し、わずかに残されたハギから往事を偲んで詠われ続けたというのが平安以降のハギの歌の実態ではなかったかと推測される。今日ではハギが花卉として話題になることはまれであるが、手入れの行き届いたハギ園が少ないからである。

第6節　漢籍古典に見当たらないハギ

『萬葉集』において、ハギは、万葉仮名で波義が一首、波疑が十七首あるが、残りは芽が十二首、芽子が一一六首となっていて、いずれも「はぎ」の訓をつけてきた。『新撰萬葉集』巻之上にも芽を「はぎ」と訓ずる例がある。

三秋蕊《ずゐ》有り芽花《はぎのはな》と號《がう》す
鸎子鳴く時此の草奢《おご》れり
雨後の紅の匂千度染む

風前の金色自然《じねん》に多し

芽あるいは芽子を「はぎ」と訓ずる論拠は、『和名抄』に「鹿鳴草　爾雅集注云ふ　萩一名蕭　萩音秋　一音焦　蕭音宵　和名波木。今案ずるに、牧名に萩の字を用ふ。萩倉とは是なり。辨色立成新撰萬葉集等は芽の字を用ふ。唐韻いふ、芽音胡誤反、草の名なりと。國史は芳宜草の三字を用ふ。楊氏漢語抄は又鹿鳴草の三字を用ふ。並に本の文は未だ詳らかならず。」とあるのに基づく。ほかの項目にくらべると、随分と注記が長く、「はぎ」に対して萩という一文字漢名とその別名の鹿鳴草《ロクメイソウ》・芳宜草《ほうぎそう》を挙げている。まず、萩について説明すると、〝爾雅集注〟を引用したとある。『爾雅』に「蕭は萩なり」とあり、これに対して郭璞は「即ち蒿なり」と注釈しているだけで、萩の字を選抜してハギに充てた経緯の詳細をうかがうのは無理である。『新撰字鏡』に「萩　七里反　蒿蕭也波支又伊良」とあり、『爾雅』および同郭璞註に基づいてハギを蒿蕭の類と考え、萩の字を充てたらしい。では、中国では萩をどのような意味で用いているのだろうか。萩の異名たる蕭は、『説文解字』に「蕭は艾蒿なり。从艸肅聲。」とあるから、艾蒿《ガイコウ》すなわちキク科ヨモギの類を指す固有名詞のようにみえるが、実際にそれらが萩と称されることはない。蒿の字をもつ植物は、茵陳蒿《インチンコウ》・馬先蒿《バセンコウ》・青蒿《セイコウ》・牡蒿《ボコウ》など、いずれもキク科の大型多年草で、群生してやぶ状をなす特徴がある。ハギはキク科ではないが、単一株でやぶ状となるので、わが国の先人はこれをもって蒿の類と解釈したらしい。『新撰字鏡』は萩の和名に「いら」も加えるが、イラクサ科イラクサの類のことであり、これも蒿と呼ばれる植物群と生態が似る。ただし、実際にイラクサの類を萩の名で呼ぶ例はない。「いら」とは、細かい刺（イラクサの茎葉には細かい刺が密生する）が肌に触れる感じを表す「いらいら」の略形である。因みに、中国で萩が特定の植物種・植物群を指す名として用いられることはない。

斎藤正二は漢籍に例がないにもかかわらず、『萬葉集』であれほど多くのハギの歌が詠まれたのは、背景に中国の強い影響があるからと信じて疑わなかった。そのうちに証拠が出てくるだろうと楽観していたのかもしれない。歴史家はしばしばそのような態度を取るが、いくら待ってもまたいくら探してもエビデンスは見つからないだろう。

実は、大陸にはハギの群生を生み出す風土そのものが存在せず、それ故に詩文で題材にされなかったのである。大陸の気候は日本列島より降水量が少なく、大半は夏期に集中し、冬期は徹底的に乾燥して気温は氷点下をはるかに下回る。それ故、一旦、森林を伐採すると植生遷移が緩慢でなかなか進行しない。冬の低温と乾燥で芽生えやひこばえがことごとく枯死してしまうからである。また、地域によっては薄い表層土が遷移の進行を妨げている。李朝時代末期の朝鮮半島の大半がはげ山であったのも同じ理由である。それに比べて日本列島の風土は湿潤で、冬期には雪が積もり、芽生えやひこばえは雪という絨毯で守られ、また表層土も厚い。その結果、植生の遷移はダイナミックであり、たとえ火砕流によって裸地にまで破壊されたとしても、一〇〇年長くても二〇〇年後には森林が復活する。それは富士山や浅間山など活火山の山麓の回復した植生を見ればわかる。ハギの群落は植生遷移の微妙なバランスによって発生し、いうなれば日本列島に固有といってもよい。以上のことは、植物科学一般の基礎知識がないと理解は難しいかもしれないが、同じ植物であっても風土の違いによってその文化的背景が大きく異なることに留意する必要がある。それによって詩文での詠まれ方も変わってくるはずで、わが国の詩文に詠まれたのと同じ植物が漢籍にも詠まれているからといって、その影響を受けたと単純に結論してはならない。必ず風土の違いに基づく相異があるはずで、それを見出すことこそが国文学に新たな地平を切り開く原動力となるのである。

ハギは、前項で述べたように、秋を象徴する植物として『萬葉集』ほかの歌集で詠われているので、「艹」に秋の字からなる萩を直感的に選抜したとして、事実上の国字とする見解もある。ハギの一種ヤマハギは大陸にも分布し、現在の中国ではその名を胡枝《コシ》子という。別名を萩とするのはわが国の影響であるが、『中薬大辞典』ほか中国の文献はあたかも中国で発生したかのように記載するから注意を要する。胡枝子を、斎藤正二は中国で古くから呼ばれた名として、その中国語音 Hu-chih-tzu の音声転訛で「はぎ」となった可能性を指摘する。胡枝子は『救荒本草』（周定王）に初見する新しい名で（巻之七）、万葉時代から七〇〇年も経て成立した文献である。斎藤正二の七草に関する植物文化論はすでに破綻しているが、引用した二次情報をほとんど検証していない決定的な証拠といえよう。そのほか、中国でハギの花を染料にしたり、茎を室内建材にするとも述べているが、いかなる論拠に基づくのだろうか。また、早期（いつか明記はしていない）に、中国からわが国へ渡来（のハギ）種もあったというのも、斎藤正二の植物に対する決定的な知識不足を示唆する証拠といってよい。これはほんの一例にすぎず、ハギ属植物に限らず、そのほかの植物すべてについていえる。文系の学徒なら中国名の胡枝子の名をみて気づかないのだろうか。胡は中国では蛮夷の異民族を意味し、ハギが漢民族の生活域ではほとんど見当たらないか、趣向に合わないことをもってつけられた名ではないか。それに、『萬葉集』におけるハギの歌が巻八と巻九に集中することをもって、平城京遷都の時代に高円山や春日野・佐保山のあたりにハギが生い茂っていたことを推定せしむるとも述べている。すなわち、ハギが植生遷移で成立した草原の植物であること、放置すれば群落は失われることはまったく脳裡に無かったようである。無論、ハギの存在自体が自然破壊の結果であることも想定されていない。理系の感覚では、今日の奈良周辺のハギの分布から、万葉人がなぜあれほど熱狂したのか、まず疑いの目を向けるが、それを考証の俎上に上げることすらなかった。このこと自体は植物生態学の基礎知識のない文系の諸兄一般に通ずることであるが、何事にもまず問題意識をもつことから始まって、国文学ほか人文科学では解決できない事項であれば、自ら猛勉強するなり異分野の共同研究者を探すなりの策をとるべきである。国文学のような人文系分野でも学際的アプローチが必要であることを強調しておきたい。『植物と日本文化』では、秋草の条に限らず、同様な杜撰で軽薄な考証がほぼ全編にわたっている。このように誤謬が万遍なく点在すると、異なる見解をもつ識者にとって記述がどうしても冗長となって反論しづらい。これこそ鷺を烏に言いくろめる思想家特有の常套のテクニックなのであろうか。

さて、話をもとに戻そう。『和名抄』は鹿鳴草を項目名とするが、これも漢籍にないわが国独自の和製漢名である。この名は文献上では『和名抄』を出典とするが、前出の『新撰萬葉集』にある「麝子鳴く時此の草奢《おご》れり」あるいは同巻之下にある次の漢詩に詠まれた内容から源順が創出した名と思われる。

班班たる風寒く蟲の涙澂《ち》る
灼灼たる草の葉落ちて色孏《ものう》し
處處の芽野《はぎの》に鹿の聲聆《き》く
林林の叢《くさむら》の裏《うち》蟲の聲繁し

無論、『萬葉集』に多く詠われたハギとシカの取り合わせを漢詩として詠んだのであるが、鹿鳴草は六文字（ろくめいそう）であるから、和歌の詩句に用いるには長すぎて普及することはなかった。風流な名は後世の文人に好まれ、和歌の題詞に利用された例がいくつかある。

一、　鹿鳴草
にしきにも　おりつべらなり　我が宿の　いとよりかくる　秋はぎの花
（『能因法師集』下巻）

二、　八月鹿鳴草
秋たけぬ　いかなる色と　ふく風に　やがてうつろふ　もとあらの萩
（『拾遺愚草』中）

三、　詠鹿鳴草、万十
白露を　とればけぬべし　いざやこら　つゆにいそぎて　萩あそびせん
（『夫木和歌抄』巻第十）

第一の歌はややわかりにくいが、錦の衣に織っておくべきだったようだ、私の家の秋萩は糸を縫って隠したような花をつけているからという意で、長い枝條に多くの花が並んでついているのをかくのごとく表現したのである。第二、三の歌は説明の必要はないだろう。

最後に、芳宜草は『和名抄』に「國史は芳宜草の三字を用ふ」とあるように、史書に使われ、『續日本後紀』巻第三と同巻第十四に出てくることは本章第5節で述べた。この名はハギの別名としてほとんど用いられることはない。名の由来は、「はぎ草」→「はうぎ草」と訛り、それを漢字の音で充てて作られたようである。名前に芳の字を冠したために、後世にとんでもない勘違いを生むことになった。『香要抄』に「茅香　此の香は當土の萩にして所謂《いはゆる》鹿鳴草なり。而して異州の通事呉里卿の説に云ふ、去る康平五（一〇六二）年の比《ころ》來朝せる唐人王滿の宿房に此の香氣有り。仍ち尋問の處、遂に秘して之を見せず云々」とあり、平安時代の香道書は茅香《ボウコウ》の基原をハギとした。茅香は『開寶本草』（馬志）の中品に茅香花《ボウコウカ》の名で収載されたが、馬志は『本草拾遺』（陳蔵器）の白茅香《ビャクボウコウ》ではないとしている（『證類本草』巻第九「草部中品之下　茅香花」所引）。『本草綱目』（李時珍）も茅香・白茅香を別品として区別している（巻第十四「草之三　芳草類」）。非常に紛らわしいのであるが、結論からいうと、茅香はインド原産といわれるイネ科レモングラスのことで、レモンに似た香があるのでその名があり、香料として現在でも利用される。ハギには香がないので、茅香に充てるのは誤りであるが、芳宜草の名があったため、平安の香道家はハギを茅香と思い込んでしまった。因みに、ハギが実際に香料として用いられた痕跡はなく、あくまで文献上の記載に留まる。ついでながら、類名の白茅香は、陳蔵器によれば安南《ベトナム》に産するといい、レモングラスの類品のようである。『詩經』國風・召南に「野に死せる鹿有り　白茅にて純束し」とある白茅は、一般にはイネ科チガヤ（根を茅根と称し、白い花をつけるから白茅根と称される）と注釈されているが、死臭を消すという意味では白茅香の可能性も大いにあり得る。しかし、紀元前の中国に安南産の白茅香が普及していたかは定かではない。いずれも茅の名をもつのはイネ科で葉が根出するからである。わが国の全土に自生するイネ科コウボウもほのかな香（クマリン臭）があって香草の一種とされるが、香茅という漢名をつけて音読みを正名としたため紛らわしくなってしまった。また、コウボウを白茅香に充てるのも誤りである。

第7節　まったく類縁のない植物なのに「はぎ」と語源が共通する「うはぎ」

「はぎ」の語源は「生《は》え茎《き》」といわれるが、実に正鵠を射た語源であって、『萬葉集』における「はぎ」の表記で約九割を占めるのが芽・芽子であることとよく符合する。すなわち、芽・芽子は借音・借訓の万葉仮名ではなく、一定の意味をもつ正訓であり、ハギの特徴的な生態に由来する。落葉して枯れ枝となったハギの前年枝は、翌春になると随所から一斉に芽を出し、枝條に成長していく。わが国では古く草原に火入れすることが定常的に行われ、それが草原植生を維持してきた。ハギの枯れ枝の大半は野焼きで燃え尽き、根元の一部が焼け残ってすぐろ化し（すぐろについては第3章第5節参照）、春になると根元から芽を何本も出して叢生する。このダイナミックなハギの生態から、ハギといえば芽ということで、この漢字を充てたのである。ハギの別名に古枝草《ふるえぐさ》があるが、この名はそれほど古くはなく、おそらく中国名の胡枝子《コシシ》（『救荒本草』）を誤って古枝子と表記し、古枝から花をつけない「もとあらのこはぎ」を意味する名と誤って認識されたと考えられる。

「はぎ」の名をもつ植物はほかにもある。ただし、ハギ属の植物ではなく、形態的・分類学的にまったく無関係の植物であるが、その名の由来が「はぎ」の語源と深い関係にある。その植物とは「うはぎ」のことで、歌聖といわれた万葉有数の歌人柿本人麻呂が詠み、また煮て山菜として利用することを示唆する歌もある。

一、妻もあらば　摘みて食《た》げまし　沙弥《さみ》の山　野の上《へ》のうはぎ　過ぎにけらずや　（巻二　〇二二一）

二、春日野に　煙《けぶり》立つ見ゆ　娘子《をとめ》らし　春野のうはぎ　摘みて煮らしも　（巻十　一八七九）

原文では、第一の歌の「うはぎ」は万葉仮名で宇波疑、第二の歌のそれは菟芽子となっており、「はぎ」に相当する部分の表記は波疑（万葉仮名）・芽子（正訓）であって、ハギとまったく同じであるのは偶然ではない。「うはぎ」

は拙著『万葉植物文化誌』で詳述してあるので、詳しい説明は割愛するが、キク科ヨメナの古名である。『和名抄』に「薺蒿菜　一名莪蒿　上音鵝　於波岐　崔禹曰ふ　状は艾草に似て香ばしく、羹に作り之を食す」、『本草和名』には「薺蒿菜　一名莪蒿一名禀蒿　已上七巻食經に出づ　一名藳蒿一名齊頭茸　已上崔禹に出づ　和名於波岐」とあり、和訓を「おはぎ」とする。「う」と「お」は容易に音通するから、「うはぎ」と「おはぎ」は同じである。今日の植物学上の正名はヨメナであるが、近畿圏では広く「おはぎ」の方言名で呼び、古くから山菜として利用された。その歴史は、第一、二の歌に詠まれているように、万葉時代までさかのぼる。『萬葉集』では漢名の薺蒿菜《セイコウサイ》は用いられていないから、わが国で古く食用に利用してきたヨメナに対し、平安時代になって『崔禹錫食經』にあるという漢名を充てた。『崔禹錫食經』は今日に伝存しないから、中国でいう薺蒿菜がどんな植物を基原とするかはわからない。本草では『新修本草』（蘇敬）に「謹みて案ずるに、齊頭蒿なり。所在にあり。葉は防風（セリ科ボウフウ）に似て、細く薄く光澤无し。」（『新修本草』巻第二十「有名無用」）とあるように、齊頭蒿という紛らわしい名が出てくる。ただし、この名は『名醫別錄』に初めて収載された牡蒿《ボコウ》の別名であり、『本草經集注』（陶弘景）でも「方藥に復た用ひず」（『新修本草』同所引）とごく簡潔に記述され、その基原は万葉時代のわが国の知識人の知るところではなかった。それは平安時代になっても変わらず、『本草和名』でも「牡蒿　一名薺頭蒿　蘇敬注に出づ　石下長郷一名徐長郷　恐らく誤りなり」（『新修本草』に準拠して「有名無用」にある）とあるように、和名をつけていない。本草で齊頭蒿（牡蒿）の基原の詳細が記載されたのは『本草綱目』（李時珍）になってからで、「三四月苗を生ず。其の葉、扁にして本《もと》は狭く末は奓《ひら》き、禿岐あり、嫩《わか》き時に茹でるべし。鹿の食ふ九草、此其の一つなり。秋に細かき黄花を開き、實を結びて大さ車前實（オオバコの実）の如く、内の子、微細にして見ること不可なり。故に、人、以て子無しと爲すなり。」（巻第十五「草之四　濕草類　牡蒿」）と記述し、その特徴はキク科オトコヨモギと一致する。齊は「斉《ひと》しい」という意味であり、オトコヨモギの葉先が、類緣他種（ヨモギ・カワラヨモギ・カワラニンジンなど）と比べ

28

て広がっていて、葉の先（頭）が斉しく揃っていることをもって齊頭蒿と名づけられたと考えられるから、古くから基原は変わらなかったと推定される。七三三年に成立した『出雲國風土記』では嶋根郡の条に「和多々嶋　周り三里二百卅歩あり。椎・海石榴・白桐・松・芋菜・薺頭蒿・蕗・都波・猪・鹿あり」とあって薺頭蒿という齊を「艹」に作った名が見え、同風土記の中に併せて九カ所にこの名が登場する。ただし、同風土記中に「美佐嶋　周二百六十歩高四丈　有椎橿茅葦都波薺蒿」とあり、ここだけは薺蒿とある。オトコヨモギは古くから今日まで薬用・食用の記録がなく、『崔禹錫食經』では薺蒿菜の別名に齊頭茸という紛らわしい名がある（前述の『本草和名』）から、『出雲國風土記』の薺頭蒿は漢籍より誤って取り入れたもので、やはりその基原はヨメナと考えるべきであろう。拙著『万葉植物文化誌』では牡蒿を『新修本草』の初見とするなど、一部の記述が不適切であったので、ここに訂正する。

ヨメナ一名オハギは多年生草本であって、ハギのように木本ではないが、春に枯れ茎の根元から若芽が出て叢生するところはハギによく似る。それ故に、「はぎ」の名をつけたと推定されるが、これまで看過されてきたように思う。植物の名前や形態的特徴の情報は容易に入手できるが、生態情報は実際に生育している現場で確認するしかないので、「はぎ」と「うはぎ」の名の由来の関係に気づかれなかったのであろう。「うはぎ」の「う」は万葉の「うけら」すなわちキク科オケラと同じ意である（第8章第2節「2-3」参照）。すなわち、「うはぎ」は「うけはぎ」の略短であり、食用になるから、「はぎ」と区別して「うけ」を冠したのである。一方、現在の通用名ヨメナは「うはぎ」とは語源的に無関係であり、『大和本草』の馬蘭の条に「或是ヨメガハギナルヘシト云ヘドモ不可然云々」（巻之八「草之四　菜蔬類」）とある「よめがはぎ」の下略である、皮肉なことに出典元の著者貝原益軒は納得していないようである。野菜として重要であったヨメナを摘むのは昔から下賤の仕事とされ、嫁がするものと考えられたからこの名がある。ヨメガ（ノ）オハギの方言名が東海地方、山口・福岡・鹿児島に隔離分布して残り、ヨメゴハギ・ヨメノハギ・ヨメハギなど類名は各地に散在する。因みに、ヨメナは東海地方以西に分布し、関東以北にその食習慣はない。

【追補】古代の薬猟《くすりがり》考—鹿猟《しかがり》と薬草猟《やくそうがり》の起源—

上代の典籍に〇〇野で薬猟が行われたとの記述が随所にあり、多様性の豊かな草原植生を利用した薬草採取という観点から注目に値する。したがって、本章とも大いに関連があり、筆者はその発生の経緯等について通説と異なる見解をもっているのでここに追補する。もっとも古い薬猟の記録は『日本書紀』巻第二十二「推古天皇」にあり、「十九年の夏五月《さつき》の五日《いつかのひ》に、菟田野《うだのの》に藥獵《くすりがり》す。鶏鳴時《あかつき》を取りて、藤原池《ふぢはらのいけ》の上《ほとり》に集《つど》ふ。會明《あけぼの》を以て乃ち往く。粟田細目臣《あはたのほそめのおみ》を前《さき》の部領《ことり》とす。額田部比羅夫連《ぬかたべのひらぶのむらじ》を後《しりへ》の部領とす。是の日に、諸臣《もろもろのおみ》の服《きもの》の色、皆冠《かうぶり》の色に隨ふ。各《おのおの》髻花《うず》着《さ》せり。則ち大徳《だいとく》、小徳《せうとく》は並に金《こがね》を用ゐる。大仁《だいにん》、小仁《せうにん》は豹《なかつかみ》の尾を用ゐる。大禮《だいらい》より以下《しも》は鳥の尾を用ゐる。」とある。これによれば、五月五日に群臣がそれぞれ所定の装束を着て菟田野《うだの》（宇陀野）で行ったというが、何を採集したのか具体的な記述はない。推古天皇二十年および同二十二年の同日にも薬猟の記載が見えるが、宇陀野以外で挙行されたようである。一方、『萬葉集』には『日本書紀』の薬猟に似たものとまったく異なるものの両極が出てくる。

一、いとこ　汝背《なせ》の君　居《を》り居《を》りて　物にい行くとは　韓国《からくに》の　虎といふ神を　生け捕りに　八《や》つ捕り持ち来《き》　その皮
を畳に刺し　八重畳《やへたたみ》　平群《へぐり》の山に　四月《うづき》と　五月《さつき》との間《ま》に　薬猟《くすりがり》仕ふる時に　あしひきの　この片山に　二つ立つ
櫟《いちひ》が本《もと》に　梓弓　八つ手挟《たばさ》み　ひめ鏑《かぶら》　八つ手挟み　鹿《しし》待つと　我《わ》が居る時に　さ雄鹿《をしか》の　来立ち嘆かく　たちま
ちに　我《われ》は死ぬべし　大君《おほきみ》に　我は仕へむ　我《あ》が角は　み笠のはやし　我《あ》が耳は　み墨壺《すみつほ》　我《あ》が目らは　ますみの
鏡　我《あ》が爪は　み弓の弓弭《ゆはず》　我《あ》が毛らは　み筆《ふみて》はやし　我《あ》が皮は　み箱の皮に　我《あ》が肉《しし》は　み膾《なます》はやし　我《あ》が肝《きも》も
み膾はやし　我《あ》がみげは　み塩《しほ》のはやし　老いはてぬ　我《あ》が身一つに　七重《ななへ》花咲く　八重花咲くと　申《まを》しはやさね

（巻十六　三八八五　乞食《ほかひ》者）

二、天皇の蒲生野《たまふの》に遊猟したまひし時に、額田王《ぬかたのおほきみ》の作りし歌

あかねさす　紫野行き　標野《しめの》行き　野守は見ずや　君が袖振る

（巻一　〇〇二〇　額田王）

皇太子の答へし御歌

紫の　にほへる妹《いも》を　憎くあらば　人妻ゆゑに　我恋ひめやも

紀に曰く、「天皇の七年丁卯の夏五月五日、蒲生野に縦猟したまふ。時に、大皇弟諸王内臣と群臣と、悉く従ひき」といふ。

（巻一　〇〇二一　天武天皇）

第一の長歌の左注に「鹿の為に痛みを述べて作りし」とあり、「我《わ》が居る時に」以降の我とは擬人化された鹿を指す。明確に薬猟とあるから、採集の対象が鹿であることすなわち鹿猟であったことはまちがいないが、実際に薬用とされる鹿の角（鹿茸《ロクジョウ》）の薬用にはまったく言及していない。それはさておくとしても、狩猟の時期が四月～五月、猟場も平群の山であり、草原で行われた宇陀野の薬猟とは明らかに異質である。一方、第二の歌では、薬猟の名はなく、遊猟《ゆうりょう》・縦猟《しょうりょう》とあるが、左注に『日本書紀』と同じく五月五日に蒲生野という草原で行われたとあるから、宇陀野の薬猟と本質的に同じと考えられる。額田王の歌にある紫野《むらさきの》とは、正倉院文書の「豊後國正税帳」（天平九年）に「壹度蒔營紫草園　守一人、從三人、幷四人二日」（大日本古文書　巻二　四十三頁）とあるように、染色剤として貴重な紫根《シコン》の原料たるムラサキ科ムラサキの栽培圃場であり、全国各地にあったらしい。『延喜式』巻第二十三「民部下」の交易雑物で太宰府からの紫草の貢進量が突出していたのは豊後の紫草園の規模が大きかったためとも考えられる。拙著『生薬大事典』ではこの事実を見落としていたのでここに追記しておく。そして標野《しめの》こそ薬用植物を採集するために一般人の立ち入りを禁じた薬猟の場であったと考える。では乞食者の歌にある平群の山の鹿猟はどう位置づけるべきだろうか。鹿茸とはシカの成長途上の幼角《ふくろづの》であり、古医学では虚労《きょろう》・小便利《しょうべんり》・溺血《できけつ》・婦人崩中《ふじんほうちゅう》などの妙薬として重用された。シカの角は毎年生え換わり、通例、幼角《ふくろづの》がもっとも成長する四月～五月（旧暦）ごろに採取し、秋になって固い骨質となった角は鹿角《ロッカク》と区別され、薬用価値は低いとされた。乞食者の歌は時期的に鹿茸の採集を詠んだと考えてまちがいなく、鹿茸と薬草の薬用価値を考慮すると、古代薬猟の原点はむしろ鹿猟であったと考えられる。ニホンジカは、通例、山地の林内に生息するが、「宇陀の野の　秋萩しのぎ　鳴く鹿も　妻に恋ふらく　我にはまさじ」（巻八　一六〇九　丹比真人）にあるように、ハギなどの食草が豊富な草原にもしばしば出没することもあり、和歌においてハギとシカの取り合わせが成立した背景はここにある。遷都が頻繁に行われた飛鳥～奈良時代は平地～低地の森林はことごとく伐採され、火付けにより更地とされた。わが国の自然環境では更地でも植生遷移により程なくススキなどを始めとする茅原《かやはら》が成立するが、前歌で秋萩が詠まれているように、宇陀野はハギのような小低木を交えたやや遷移の進行した草原植生であったことがわかる。このような植生の草原は当時の奈良盆地では普通に見られたと考えられ、山上憶良の歌にある秋野も宇陀野と同質の植生であったと推察される。憶良のいう「秋の七草」のうち（第28章第1・2節）、草原植生の主要植物種であるハギ・オバナ（ススキ）を除いて、くず（葛根）・なでしこ（瞿麦）・をみなへし（敗醬）・ふじばかま（蘭草）・あさがほ（桔梗）のいずれもが有用な薬用植物であることは、薬猟の場として草原が選ばれる必然の理由となったことを示す。すなわち、草本に限れば草原の方が森林より多様性が豊かであるため、薬猟の場は山地から低地・平地に移ったのである。どんな植物種が採取されたのか記録はないが、当時のわが国で標準の薬物書であった『本草經集注』では『名醫別錄』からの引用文に各品の採取時期が明記されているので、該当する者を列挙すると次のようになる。

昌蒲《ショウブ》（ショウブ科ショウブ）　五月十二月採根陰乾
菊華《キクカ》（キク科キク）　五月採莖
茺蔚子《ジュウイシ》（シソ科メハジキ）　五月採
車前子《シャゼンシ》（オオバコ科オオバコ）　五月五日採陰乾
蘼蕪《ビブ》（セリ科センキュウ）　四月五月採葉
旋華《センカ》（ヒルガオ科ヒルガオ）　五月採陰乾
蘭草《ランソウ》（キク科フジバカマ）　四月五月採
葛根《カッコン》（マメ科クズ）　五月採根曝乾
大小薊《ダイショウケイ》（キク科アザミ）　五月
半夏《ハンゲ》（サトイモ科カラスビシャク）　五月八月採根暴乾
鳶尾《エンビ》（アヤメ科ヒオウギ）　五月採

このうち、わが国に原生しない菊華・蘼蕪を除いていずれも草原で採取が可能である。なぜ特定の日（五月五日）に薬猟が行われたのか少々説明を要する。この日は後世では男子の健やかな成長を祈願する端午の節句として知られ、新暦ではもっとも気候が安定した時期に当たる。しかし、旧暦の五月は梅雨《つゆ》に当たるので、『荊楚歲時記』にあるように、中国では悪月と呼ばれ、そのため「五」はもっとも縁起の悪い数字とされた。とりわけ、五月五日はこの悪数が重なる日（両悪相逢）である。新暦では六月の中旬すなわち梅雨の真っ直中であり、高温多湿で伝染病や食中毒などが発生し始める時期であるため、もっとも忌み嫌われたと考えられる。荊楚地方と風土が似るわが国では、同書に「（五月五日）四民竝びに百草を踏む、又百草を闘はすの戯あり、云々」「是の日（同日）競渡し、雑薬を採る」「夏小正に（云ふ）此の月（日の誤り）、薬を蓄へ、以て毒氣を蠲除すと」とある記述を、一年でもっとも薬草を必要とする時期（梅雨）であったから、わが国では薬猟と解釈して五月五日に定めたのであろう。前述の丹比真人の歌にあるように、草原には鹿も出没するから、鹿猟も併せて行われたと思われるが、大伴家持の歌「かきつはた　衣《きぬ》に摺り付け　ますらをの　着襲《きそ》ひ猟する　月は来にけり」（巻十七　三九二一）の左注に四月五日に詠んだとあるので、乞食者の歌にあるような山中での鹿猟も継続して行われたらしい。すなわち、五月五日の薬猟は薬物の需要が増大する時期に合わせて行うシンボリックな行事の色彩が濃いが、大化の改新で官制機構が整備されるとともに、全国各地から都へ薬物が貢進され、第二の歌にある遊猟《ゆうりょう》・縦猟《しょうりょう》の語彙が示すように、都の周辺地域における薬猟は遊興を目的とするものに変質したと推定される。家持の歌にある「着襲《きそ》ひ」は「競ひ」の意も掛け、衣装や狩猟を競い合ったとも考えられよう。高句麗で三月三日に鹿猪の狩猟を行ったという『三国史記』の記載をもって鹿猟を高句麗の影響とみる見解もあるが（和田萃「薬猟と本草集注」『日本古代の儀礼と祭祀・信仰　中』塙書房、一九九五年）、三月三日は鹿茸を取るには早すぎ、また猪を薬用（野《ヤ》猪黄《チョオウ》：イノシシの胆石）にしたのは『新修本草』（六五九年成立）以降であるから、薬猟ではなく通常の獣猟と考えるべきである。わが国で古くから随時行われていた薬草採集を『荊楚歳時記』によって記念日に指定したのであり、大陸の起源とする見解は正鵠を射たとはいい難い。また、男子は鹿猟、女子が薬草猟に従事したというのも承服しがたい。薬草採取は想像以上に重労働であり、女子には荷が重すぎるからである。平安の女流歌人のハハコグサ摘みに対する如実なアパシーを見れば理解できるだろう（第22章第5節）。

第29章

『萬葉集』にない果実：カキとビワ

今日、わが国には多種類の果実が栽培されている。国産果実でわが国在来品種といえるものは意外と少なく、本章で取り上げるカキ・ビワのほか、ウメ・カンキツ・ナシぐらいしかない。モモは、第8章第3節で述べたように、かなり古い時代に大陸から伝わったが、今日見るモモは明治以降に国外から導入した優良品種に由来し、古典に登場するモモとは大きく異なる。ウメが伝わったのは奈良時代より少し前であるが、後世に食用に広く供されたことで、各地で大規模栽培が行われた結果、わが国で優良品種が選抜された。大半の果樹はわが国に原生するものではないが、それぞれの栽培形式がわが国特有の形態であることは意外と気づかれていない。カキノキ・ウメ・ナシはいずれも樹高十メートル以上に成長する落葉高木であるが、果樹園で栽培するものはせいぜい二メートルほどに抑えられている。それを可能にしているのは平棚仕立てという栽培方式であり、台風など風水害の多いわが国の風土条件を克服するために生まれたわが国独自の方式である。平棚仕立てとは、柱と針金で作った平棚に固定して枝を四方に伸ばすようにしたもので、カキ・リンゴ・ナシなどに応用されている。ところが古くからカキの主産地である奈良盆地では平棚を用いることなく低い樹高を保っている。どのようにして樹高を低く維持するのかというと、幼木の段階で主幹を切断して枝を四方に出るように仕向け、いわゆる盆栽仕立てと同じ原理を採用する。この方式は植物の生態を知り尽くしていなければ不可能で、それを実現するには勇気と根気を要する。わが国の先人は風水害によって損傷を受けた樹木が逞しく再生するのを見て学び、この画期的な方式を確立したのである。すなわち、樹木がどこまで剪定に堪えるか、わが国の風土に特有の自然の摂理から学んだのである。それを園芸に応用した結果が、日本庭園の見事なまでに管理された樹木の造形美であり、またそれを極限まで矮小化したのが盆栽にほかならない。したがって、剪定こそ盆栽を根底から支える基幹技術であり、単なる鉢植えとは区別しなければならない。ほとんどの日本人はそれが当たり前と思っているかもしれないが、中国や朝鮮半島の庭園・公園に植栽された樹木を比較すればよくわかるはずだ。台風の襲来のほとんどない彼の地では、植物が損傷を受けることはないから、わざわざ枝幹を切ることをせず、自然のなすがままにする。しばしば盆栽をわが国の起源ではないと主張する人がいるが、盆栽と鉢植え（中国の盆景はもともとはこれにすぎず、盆栽とは似て非なるものである）を混同しているからであり、剪定ほか盆栽の形態を維持するのに必要なノウハウは紛れもなくわが国のオリジナルであることを忘れてはならない。

前置きが長くなってしまったが、今日、わが国に野生品があるにもかかわらず、『萬葉集』に詠まれていない果樹としてビワとカキを挙げる。

第1節　縄文・弥生遺跡から遺物の出土がない「びは」

ビワはバラ科の常緑高木で、本州西部に野生するといわれるが、縄文・弥生時代の遺跡から種子の遺物が出土していないので、おそらく奈良時代以降に大陸から伝わり、後に野生化したと考えられる。ビワの漢名は枇杷であり、『本草和名』（深根輔仁）に「枇杷葉　仁諝上音房脂反下蒲巴反　和名比波」、また『和名抄』（源順）の菓類に「唐韻云ふ、枇杷　琵琶二音此間云味把　菓木、冬に花さきて夏に實るなり」とあるように、その音名「びは」（『和名抄』の「みは」は「び」→「み」の音通）が今日に継承され、植物学的正名となった。枇杷の名は古く上代の資料にも散見される。『正倉院文書』の奉寫一切經所告朔解（宝龜二年五月二十九日）に「一百文枇杷四斗直　斗別廿五文」（大日本古文書　巻六　一七六頁）、造金堂所解案（天平寶字六年）に「八十四文買枇杷子一斗二升直　升別七文」（大日本古文書　巻十六　二九八頁）とあり、果実を食用としていた。長屋王邸宅跡（平城京左京三条二坊一・二・七・八坪長屋王邸）から出土した木簡に木偏の部分が欠損した「比巴」とあるものが一点ある。『三代實録』に「陽成天皇元慶七年五月三日戊辰、天皇豐樂殿に御《のぞ》み、（中略）酒數坏に及び、別に御餘枇杷子一銀椀を賜ふ」（巻第四十三）とあり、ビワは高級果実と見なされていたことがうかがえる。『延喜式』巻第三十三「大膳下」に「五月五日節料　枇杷　参議已上二合　五位已上一合」、同巻第三十九「内膳司」に「供奉雑菜　枇杷十房　五六月」とあり、重要儀式では供え物とした。一方、本草では『名醫別録』の中品に枇杷葉《ビワヨウ》の名で収載され、主治を「卒に啘して止まず氣を下すを主る」とする薬用植物でもあった。しかし、『延喜式』巻第三十七「典薬寮」に枇杷葉の名は見当たらず、わが国の上中古代では薬用としては重要視されていなかったことを示唆する。ところが江戸時代になると、枇杷葉を主剤とする枇《ビ》把《ワ》葉湯《ヨウトウ》が食傷（食あたり）・霍乱（吐き下し）あるいは暑気払いの妙薬として大流行し、毎年、夏になると薬売りが全国を漫遊して販売していた。この詳細については拙著『生薬大事典』を参照。

漢籍における枇杷の名の初見は『史記』巻第一一七の「司馬相如列傳第五十七」であり、「是に於いて盧橘夏孰し、黄甘橙楱、枇杷橪柿、楟㮏厚朴、梬棗楊梅、櫻桃蒲陶、隱夫鬱棣、榙遝茘枝あり、後宮に羅《つら》ねて北園に列なれり云々」という記述の中に多くの果実名とともに列挙されている。枇杷が詩文に詠まれることが比較的まれなのは、花・果実のいずれにしても地味だからであろう。その中でも唐詩にいくつか興味深い詩があるのでここに紹介する。

『全唐詩』巻二二六「田舍」　杜甫

田舍、清江の曲に　柴門、古道の旁にあり
草深く市井に迷ひ　地僻にして衣裳に懶《ものう》し
欅柳の枝枝弱く　枇杷の樹樹香《かうば》し
鸕鷀、西日照り　翅を曬して漁梁滿つ

田舍は田畑の中にある農家、柴門はみすぼらしい家、古道は荒れ果てた小道、欅柳《キョリュウ》は、『本草衍義』（寇宗奭）に「欅木皮　今の人呼びて欅柳と爲す」（巻第十五）とあり、ニレ科ケヤキのことで、ケヤキとヤナギの意ではない

（詳細は第15章第2節「2-1」参照）。樹樹は木々と同じ意、欅柳の枝枝に和していう。鸕鷀《ロジ》はカワウのこと、曬翅《サイシ》は濡れた翼を日に晒して乾かすこと、「漁梁滿つ」は梁《やな》が一杯になることをいうが、ここではカワウが梁の周辺に集まって一杯だという意である。通釈すると、清江の曲がったところに農村があり、質素な農家が荒れ果てた小道の傍らにある、草が茫茫と生える集落で迷ってしまったが、片田舎であるから人は皆衣装にものぐさである、ケヤキは太い幹が別れて一本一本の枝は弱いが、ビワの木はどれも香ばしさがある、清江に群がるカワウに西日が照りつけて、魚のいる梁に集まって濡れた羽を曝しているとなる。著名詩人の杜甫が詠ったから取り上げたが、この詩の背景に深い意味はなさそうである。ビワが香ばしいというのは考えにくいが、花は真冬に咲く。第二連に草深いとあるから季節は夏で、ビワの果実をみて美味しそうだというところをひとひねりして「香ばしい」としたか。

『全唐詩』巻三〇一「蜀中の薛濤校書に寄す」　王建

萬里の橋邊に女校書あり
枇杷の花の裏《うち》に門居を閉づ
掃眉の才子今より少なく
春風を管領《くわんりやう》するに總て如かず

校書はもともと書を校正する意であるが、ここでは芸妓の意。薛濤《せつとう》（七六八年―八三一年）は、唐代の伎女・詩人で、その才能に対して校書郎の官位を奏上されたことがあったが、却下されたため、芸妓を校書と呼ぶようになったといわれる。「門居を閉づ」は住むという意、掃眉はいわゆる「まゆはき」のことで、顔に白粉を塗って化粧したのち、眉から白粉を除く道具をいうが、この場合は化粧をして美しいという意。「春風を管領する」とはわかりにくいが、白居易の詩「早春晩歸」に「金穀の風光舊に依りて在り　石家の春を管領する人無し」（『全唐詩』巻四四六）、「送東都留守令狐尚書赴任」に「歌酒は家家に花は處處にあり　空しく上陽の春を管領する莫れ。」（『全唐詩』巻四四九）というよく似た用例がある。菅原道真の「謝道士勸恒春酒」にある「盃に臨みて幾廻の春を管領す」（『菅家文草』巻第一）にも漢籍詩文の影響が見られる。春風は春の風ではなく、風は歌の意で、冬を経て春になって生き生きとしたすべての生命の息吹を詩文に認《したた》めることを「春風を管領する」という。通釈すると、万里の橋のたもとに女校書がいる、花をつけた枇杷に囲まれて住んでいた、美形の才子は今より少なく、春風を管領《かんりょう》するには女校書（薛濤）のようにというわけにはいかないのだとなる。薛濤を褒め称える詩である。ビワの花は真冬に咲き、花も地味であるから、薛濤本人ではなく、有り余る才能があっても報われない薛濤の境遇を象徴するものとして譬えたのかもしれない。

『全唐詩』巻二九二「衛明府に枇杷葉に寄せて詩を以て答ふ」　司空曙

傾筐《けいきゃう》、綠葉を呈し　重疊として色何ぞ鮮やかならん
詎《なん》ぞ是れ秋風の裏《うち》ならん　猶ほ曉の露の前の如し
仙方、當に重んずるを見るべし　消疾の本《もと》、應に便とすべし
全く甘蕉の贈《おくりもの》に勝りしが　空しく謝氏篇を投《おく》るのみ

重疊《ちょうじょう》は幾重にも重なるの意、仙方は効き目のある優れた薬方で奇方に同じ。甘蕉《カンショウ》は現在ではバナナに充てるが、『本草經集注』（陶弘景）は「本《もと》廣州に出でて今は都下の東間並《とも》に有り、根葉に異なること無し。惟、子は食ふに堪へざるのみ。根を擣き、熱腫に傅けば甚だ良し。」といい、一方、『新修本草』（蘇敬）は「嶺南なる者、子は大にして味甘く冷、人を益さず」と記述する（以上、『證類本草』巻第十一「草部下品之下　甘蕉根」所引）。前書の甘蕉は食用に適さないバショウ科バショウ、後書は食べられるバナナと考えられ、唐代になると食用バナナが伝わっていたから、この詩にある甘蕉をバナナと考えて差し支えない。謝氏篇とは、謝瞻（三八七年—四二一年）の「安成郡庭枇杷樹賦」（『藝文類聚』巻八十七所引）のことで、最初の一節は「伊南國の佳木　偉邦の庭而して延樹」とある。

通釈すると、（収穫して枇杷葉を入れた）箱を傾けると緑色の葉が幾重にも重なって出てくる、その色は何と鮮やかであろうか、本当に（草木の葉が色づく）秋風が吹く季節なのだろうか、あたかも暁に降りた露の前のように新鮮でみずみずしいことだ、仙方に（枇杷葉が）重んじられているのを見るがよい、病気を治す要薬として利用すべきなのだ、（同じ薬でも）甘蕉の贈り物よりも全く以て勝っているのだが、（同じ枇杷の名とはいえ）ただ謝瞻の枇杷樹賦を贈るしかないとなる。枇杷葉は『名醫別錄』の中品に収載され、決して古医学で繁用する薬物ではないが、同じく『名醫別錄』の下品に収載される甘蕉根を引き合いに出して、その薬用としての重要性を強調して詠まれているのは興味深い。

一方、わが国でもビワを詠む詩文はきわめて限られている。わずかに紀乳母《きのめのと》の物名の歌に「びは」が詠まれているに留まる。

　　ささ、まつ、びは、ばせをば

いささめに　時まつまにぞ　日はへぬる　心ばせをば　人に見えつつ

（『古今和歌集』巻第十）

一つの歌に四つの物名を詠んだ例はほかになく、おそらく最多と思われる。第一句に「ささ」、第二句に「まつ」、第三句に「びは」、第四句に「ばせをば」を詠み込む。この歌を通釈すると、仮初めと思ってその時を待っている間に日は経ってしまった、この心の思い入れをあの人に知られながらも、となる。「ばせをば」とは、『和名抄』（源順）に「唐韻云ふ、芭蕉　巴焦二音和名發勢乎波　其の葉席の如き者なり。兼名苑云ふ、一名甘蕉。」とあり、芭蕉の漢名を充てることからわかるように、今日のバショウ科バショウである。「ばせをば」は芭蕉葉の音訓読みに由来する和名で、平安朝にはバショウは伝わっていたようである。バショウの原産地は、わが国では中国、中国では琉球の原産とする説があって、不詳である。『本草和名』（深根輔仁）は「甘蕉根　五葉母一名籠草　五葉母なり　一名烏蘞草　五葉母なり　甘蕉一名巴蕉羊角蕉　羊の角に似たり　羊乳蕉　形は羊の乳に似たり　一名蕉葛一名巴菹　已上七名疏

文に出づ　一名紫房一名金牙　已上二名兼名苑（ママ）に出づ　和名波世乎波」とあるように、甘蕉根に同じ和名を充てる。前述したように、唐代になるとバナナの類を基原とするので、正しくはバナナであってバショウではないが、わが国では南西諸島を除いてバナナの栽培は不可能であるから、耐寒性のあるバショウ以外は考えられない。「ばせをば」という四文字の物名を、しかもほかの三名とともに詠み込むのは容易ではなく、末句に物名を入れなかったのは歌としてきちんと意味を通じさせるためと思われる。紀乳母の構想力は大したものといわねばならない。

第2節　弥生時代に大陸から渡来した「かき」

柿食えば　鐘が鳴るなり　法隆寺

筆者にとって、カキといえば、まず思い浮かぶのはこの芭蕉の一句である。法隆寺はわが国古代文化の象徴といって過言ではないが、その位置する奈良盆地はわが国有数のカキの名産地でもある。『正倉院文書』の二部般若銭用帳（天平寳字六年十二月二十一日）に「六十文買干柿子十二貫直」（大日本古文書　巻五　三三一頁）と干し柿の名が記され、また平城京遺跡からも「天平八年九月十六日干柹子卅八例・○伊加末呂」（平城京左京二条二坊五坪二条大路濠状遺構北）、「九月廿四日内給柹子二顆」（平城京左京二条二坊五坪二条大路濠状遺構北）とあるように、カキの漢名を記した木簡が出土している。すなわち、上代のわが国ではかなりの規模で栽培されていたことがうかがえる。芭蕉が詠んだ俳句の情景はそのまま上代にタイムスリップしても通用しそうである。カキは平安時代になっても重要であったことは『延喜式』の随所に柹子・干柹子・熟柹の名が出てくることでわかる。

『延喜式』巻第七「踐祚大嘗祭」

凡供神御雜物者（中略）干柹筥二合　別納五十連

（中略）熟柹筥三合　別納一斗　以下略

『延喜式』巻第三十三「大膳下」

正月最勝王經齋會供養料　干柹子一合

九月九日節文人料　熟柹子四顆

『延喜式』巻第三十九「内膳司」

新嘗祭供御料　干柹子二連

諸節供御料　正月三節　干柹子六連

供御月料　干柹子廿九連

供奉雑菜　干柹子廿九連　柹子二升　九十十一月

漬年料雑菜　柹子五升

巻第三十九の諸國貢進御贄に「園地卅九町五段二百歩（中略）雜菓樹四百六十株　續梨百株　桃百株　柑卌株　小柑卌株　柹百株　橘廿株　大棗卅株　郁卅株」ともあるから、当時、すでにかなりの規模で栽培されていた。『類聚雑要抄』巻第一にも「平大饗目録　五献　小柑子　甘葛　枝柿　平栗　但隨時之」とあり、古代のフルーツのひとつとして贅沢な食材であった。

カキノキ科カキノキはわが国各地の人里に近いところに野生する。これまではカキは飛鳥時代あるいは奈良時代に大陸から伝わったとされていたが、池上・四ツ池遺跡（堺市）からカキの種の遺物が出土し、弥生時代前期のわが国にも存在したことが明らかとなった（「池上・四ツ池遺跡　第六分冊　自然遺物編」一九八〇年）。とはいえ、カキノキがわが国に原生したというのは早計である。というのは、わが国のカキノキの遺伝的多様性は低く、揚子江流域に多様性中心があるからである。すなわち、弥生時代あるいはそれ以前から人の移動とともにわが国に伝わり、栽培されまた逸出して野生化したと考えられる。今日、各地に野生するヤマガキは平安時代にもあったことを示す和歌がある。

一、　やまがきの木　　　よみ人しらず

秋はきぬ　いまやまがきの　きりぎりす　よなよななかむ　風のさむさに　（『古今和歌集』巻第十）

第二句は「今や籬《まがき》の」の中に「やまがき」を物名として詠み込んだものであり、植物としてのヤマガキを直接詠んだわけではない。しかし、野生化したカキノキの存在がなければこのような発想は困難であり、平安時代に野生のカキが生育していたのは確実と考える。ただし、『和名抄』に「兼名苑云ふ、鹿心柿　和名夜末加岐　柿の小にして長きなり」とあり、鹿心柿《ロクシンシ》に「やまがき」の和訓をつける。鹿心柿は現在の筆柿（珍宝柿）に似たもので、カキの実は形態のみならず風味も多様で多くの異名が発生した。『本草和名』（深根輔仁）に「柿　仁諝音仕　鳥柿《（ママ）》鹿心柿　尤も食ふべからず　椑　楊玄操音卑、色青し、已上三名陶景注に出づ　火柿　毒を煞す　軟熟柿　酒毒を解く、蘇敬注に出づ　梜子　音而□反崔禹に出づ　柿一名錦葉一名蜜丸一名朱實　以上三名兼名苑に出づ　和名加岐」とあり、柿の異名として鹿心柿の名も見える。因みに現在の筆柿は愛知県幸田町周辺で発生した不完全甘柿の一品種で食べられる。中国本草では柿の一名に統一されるが、『名醫別録』で中品に収載されたのが初見である。『本草經集注』（陶弘景）以降の正統本草では、薬用・食用の如何を問わず、ことごとく果部に分類する。『本草經集注』（陶弘景）に「柿に數種有り。今云ふ烏柿、火に熏べる者は性熱にして断下す。又、狗齧瘡を療ず。火に煏する者亦た好し。日に乾ける者は性冷なり。鹿心柿尤も食ふべからず。多食すれば人をして腹痛利せしむ（『證類本草』は「腹痛せしむ」）。生柿は㳅（彌《いよいよ》）冷なり。又、椑有り、色青く唯生にて噉らふに堪ふ。其の冷は復た乃ち柿より甚だしく、石を散ずるに熱家之を噉らふ。嫌ふこと无し。薬用に入れず。」（『新修本草』巻第十七「菓部　柿」所引）、『新修本草』（蘇敬）に「別録に云ふ、火柿は毒を煞し、金瘡火瘡を療じ、肉を生じ、痛みを止めるを主ると。軟熟柿は酒熱毒を解き、口（『證類本草』：乾）

を止め、子椑匃間熱之（『證類本草』：胃間の熱を壓さふ）。」（『新修本草』同）と記述されているが、『本草和名』にある異名の大半は両書に由来する。『本草和名』の鹿心柿の注記は陶弘景注であり、それに続いて腹痛を起こすというから、便秘の原因となるタンニンを多く含み、食べると腹痛を起こす野生品であろうと思われ、「やまがき」の訓は正鵠を射たものである。しかし、陶弘景・蘇敬の説明は甚だ分明さを欠き、李時珍は両書の記述をまったく引用していない（『本草綱目』巻第三十「果之二　山果類　柹」）。㮕子については、『集韻』に「㮕　人之切並音而、或は檽に作り、栭栮と同じ」（『康熙字典』所引）とあり、まったく別の植物を指し、誤って異名としたようである。因みに、栭は櫨すなわちウルシ科ハゼノキ、栮はキクラゲの意がある。

『禮記』の内則に「牛脩、鹿脯（中略）栗、榛、柿、（以下略）」、また『司馬相如列傳』に「～枇杷橪柿～」（前節に既出）とあり、中国では紀元前に利用されていた。ただし、詩文に詠まれることはあまり多くない。

　條桑、初めて綠にして卽ち別と爲し
　柿葉、半ば紅にして猶ほ未だ歸らず
　村婦、時節を知るに如かず
　解して田夫と爲り秋に衣擣《う》つ
『全唐詩』巻四三七「寄内」白居易

條桑はクワの枝のこと、歸は「終わる」の意。衣擣つとは砧《きぬた》で衣を叩いて柔らかくしたりしわを伸ばすことをいう。通釈すると、クワの枝は初生でも緑の葉がつけば（蚕の餌となって）分別されるが、カキの葉は半ば紅葉しても実が熟して収穫できるわけではない、収穫時期を知っていることでは農婦に及ぶものはない、そう割り切ってここは一介の農夫となって誰でもできる秋の仕事として衣でも打とうとなる。クワとカキの例を挙げて、専門的な仕事はその道に通じた専門家にかなわないことを詠んだ。

『全唐詩』巻三六四「紅柿子を詠む」劉禹錫

暁に星影を連れて出で
晩に日光を帯びて懸る
本因《もとよ》り遺るを采掇す
翻って自ら天年を保つ

采掇《さいてつ》はとること、天年は天から授かった命の意で寿命をいう。通釈すると、カキの実は夜明けには星の光を引き連れるように登場し、夕暮れには日の光を帯びてぶらさがっている、もとより残って遅く熟した実を取るから、（早く熟した実より）かえって寿命を持ちこたえるのだとなる。第二連は、赤く熟したカキの実の運命を、自らの境遇に重ね合わせて詠んだものと思われる。

平安期の古典文学にカキ（ノキ）はわずかながら登場する。『宇津保物語』の俊蔭《としかげ》に「この猿六七匹《ひきつ》連れて、さまざまの物の葉《は》を葉椀《くぼて》にさして、椎《しひ》、栗《くり》、柿《かき》、梨《なし》、薯蕷《いも》、野老《ところ》などを入《い》れて、持《も》て來《く》るを見《み》給フに云々」（ママ、薯蕷は「やまのいも」と訓ずるのが正しい）、また『更級日記』に「二むらの山の中にとまりたる夜《（よ）》、大《おほ》きなる柿《かき》の木のしたに、庵《いほ》を作《つく》りたれば、夜一夜《ひとよ》、庵《いほ》の上《うへ》に柿《かき》の落《お》ちかゝりたるを、人びと拾《ひろ》ひなどす。」とある。歌集でもカキを詠む歌はごくわずかしかない。

二、　柿の木の枝のほそきにみのなりたりけるに、風のいたく吹きておちぬばかりにゆるぎけるをみてよめる

心して　この身もをらん　ゆふされば　よをうみがきに　あらしふくなり　（『散木奇歌集』第三）

題詞の内容を咀嚼した上で本歌をひとひねりしないと意味が通じにくい。第二句は「この身も居《を》らん」と「この実も折らん」、第四句は「世を倦み」と「熟柿《うみがき》」を掛けるとする。通釈すると、夕方になると、カキノキは世の中が嫌になるほどというわけではないが、それほど熟した実をたわわにつけているので、嵐もそれを折ろうとして強く

吹きつけるように、自分はこの身を折られないように十分な心構えをもってここに留まろうとなる。

『和名抄』の木類に「黒柹　楊氏漢語抄云ふ、柹心　久呂加木、俗に黒柹を用ふ。或説に是柹木の心黒き處の名なり。俗に近きが爲、別けて以て置くなり。」とあるように、黒柹（＝黒柿）という名が出てくる。菓類の柹（＝柿）とは区別されているが、植物学的にはまったく同じであり、注記にあるように、カキノキの心材を指す名で、黒い縞杢を有するのでその名がある。現在、黒実《くろみ》柿《がき》という果皮が黒光りする品種があって通称「黒柿」とも称するので紛らわしい。『延喜式』巻第四「伊勢太神宮」に「神寶廿一種　黑柹一村　長二尺方四寸」、同巻第三十八「掃部寮」にも「紫宸殿設黒柹木倚子」とあり、カキの心材は重硬かつ肌目は緻密なので、古くから工芸材料に利用された。その材の性質はカキノキ属に共通するもので、とくにインドやスリランカなどの南アジアからアフリカに産するものは重質で堅牢であり、黒檀《コクタン》と称され珍重された。南西諸島に自生するヤエヤマコクタンもその一種で、沖縄ではクロキと称し、古くから三味線の柄などに利用してきた。『平家物語』に「黒木のずゞ（數珠）のちいさう《ママ》うつくしい《ママ》をとりいだして云々」（巻第十二「六代」）とあるのは黒柿の心材で作った数珠をいう。ただし、『萬葉集』に「はだすすき　尾花逆葺き　黒木もち　造れる室は　万代までに」（巻八　一六三七）、また『源氏物語』の賢木《さかき》に「黒《くろ》木の鳥居どもは、さすがに、神々《かう》しう見《み》渡《わた》されて、わづらはしき氣色《けしき》なるに云々」などとある黒《くろ》木は、『萬葉集管見』（下河辺長流）に「家を作るに、皮の付たる木を其まゝ用るを黒木といひ、削りたるを白木と云也」（第四巻）と説明されているように黒柿ではない。

最後に「かき」の語源について考えてみよう。通説では実がつやつやとしているから「赫《かかや》き」の略短、また実の色が朱色であるから「朱《あか》き実」の上下略などといわれる。『本草和名』に朱實という異名もある。現代人の感覚では、カキの実は赤いというよりむしろ橙色～黄色に近いが、『和名抄』に「説文云ふ、柹　音市和名賀岐　赤實の菓なり」とあり、赤い実としている。これは『説文解字』を引用したものであるから、日本人の感覚を反映したものとはいい難いが、『俊頼髄脳』でも「十月ついたち頃に紅葉見にまかりけるに、栗毛なる馬に柴木をおほせて、あかくなれる柿の枝ながらしばきの上にさしたりけるとぞ云々」と記し、カキの実を「あかい」としている。上代以降に発生した名とすれば、これでよいだろうが、カキが弥生前期の日本列島に存在したという事実を考慮すると、語源解釈の不可能な古語に由来する可能性も捨てきれない。

第30章

ソバは外来の植物：その栽培は意外に新しい

ソバは、もっとも日本食らしい食材のように思われているが、実は外来植物であり、食用とするのはわが国に限らない。中国南部の原産といわれ、通説では日本列島には縄文時代晩期あるいは弥生時代に渡来したとされているが、炭化種子の出土のような確固たる証拠に乏しく推論の域を出ない。後述するように、文献学的考証の結果からは平安時代以前までさかのぼることはなく、上代に存在したか甚だあやしい。今日、ソバを蕎麦と漢字で表記するが、その名の示すように、かつてムギの一種すなわち穀類に分類されてきた。植物学的には双子葉植物のタデ科に属し、単子葉植物のイネ科ムギ類とは類縁関係はまったくない。本草では宋代に成立した『嘉祐本草』（掌禹錫）の穀類中品に収載されたのが初見であるから、中国でも登場したのはそれほど古くないように見える。しかし、六五〇年ごろに成立した唐代を代表する医書『千金要方』（孫思邈）に「蕎麦　味は酸く微寒、無毒。之を食へば消ゑ（消化）難く、大熱風を動かす。其の葉を生食すれば刺風を動かし、人身をして癢《かゆ》からしむ。」（巻之二十六「穀米第四」）とあり、また前漢の成立といわれる古医書『黄帝内經』を引用して記述しているから、中国ではかなり古くから薬用・食用とされていた。「其の葉を生食すれば云々」はソバに含まれるファゴピリンという光増感作用成分が起こす皮膚炎症に言及したものである。同様な光過敏反応はヒペリシンという光増感作用成分を含むオトギリソウ科オトギリソウ属植物でも報告されている。ファゴピリンとヒペリシンは基本骨格構造が共通し、紫外線エネルギーを貯め込む性質がある。体内に取り込まれたとき、皮膚の表面に近いところに蓄積し、日光にあたると紫外線エネルギーを吸収する。しかし、無限にエネルギーを貯め込むわけではないので、ある時期になると一気にエネルギーを放出し、そのときに皮膚組織を損傷して炎症を起こし、その結果として痒みを生じる。ソバに対してアレルギーを起こす体質の人もいて、蕁麻疹が起きると痒みを生じる。ソバの実にはファゴピリンは含まれないとされるが、食品衛生法でアレルゲン食品に指定され、わが国では比較的患者が多いといわれる。

『正倉院文書』・木簡ほか上代の資料にソバに相当するものは見当たらず、平安期以降にようやく登場する。『本草和名』に「喬麦　崔禹に出づ　和名曽波牟岐」、また『和名抄』に「孟詵食經云ふ、蕎麥　蕎音喬一音驕和名曽波牟岐一云久呂無木　性寒なる者なり」とあって、蕎麥《キョウバク》に「そばむぎ」の和訓をつけ、その短略形が現在名のソバとなった。本草で初めて蕎麥が収載された『嘉祐本草』は十世紀のわが国に伝わっていなかったから、両典籍はそれぞれ『崔禹錫食經』『孟詵食經』（いずれも散佚）を引用して記載した。『續日本後紀』に「仁明天皇承和六（八三九）年秋七月庚子（廿一日）、畿内國司をして蕎麥を勸種せしむ。其の生ずる所の土地は、沃瘠を論ぜず、播種すれば収穫あり、共に秋中に在りて、稲粱の外にして、人天（食べ物）と爲すに足るを以てす。」（巻第八）とあり、これがソバの栽培を示す最古の記録であるが、『延喜式』に記録はないから、平安期でもあまり栽培されることはなかったようである。大治三（一一二八）年前後に成立したといわれる『散木奇歌集』や、鎌倉時代の十三世紀前半ごろに成立した世俗説話集『古今著聞集』にソバを詠んだ歌が収録され、その内容によれば、ソバ栽培が本格的に普及したのは早くても十一世紀以降と考えられる。

一、　田上にてかはのほりにたちなみたる柳の木に、そまむぎといふものをかけたるが、月夜にこぐらくみえければよめる

川柳　さしもおぼえぬ　すがたかな　そばはさみつつ　月みたてれど　（『散木奇歌集』第三）

二、澄惠僧都蕎麥盗人の歌を詠む事　僧都（澄惠僧都）

この僧都の坊の隣なりける家の畠に、そまむぎをうへて侍《はべり》けるを、よる盗人みなひきてとりたりけるをきゝてよめる、

ぬす人は　長ばかまをや　きたるらん　そばを取《とり》てぞ　はしりさりぬる　（『古今著聞集』巻第十二）

三、道命阿闍梨、修行しありきけるに、山うどの物をくはせたりけるを、これはなにものぞと問《とひ》ければ、「かしこにひたはへて侍るそまむぎなんこれなり」といふをきゝて、よみ侍《はべり》ける

ひたはへて　鳥だにすへ《（ゑ）》ぬ　そまむぎに　し、つきぬべき　心ちこそすれ　（『古今著聞集』巻第十八）

第一〜三の歌の題詞に「そまむぎ」という名が出てくるので、まず「そま」の意味について説明する。『和名抄』の山谷類に「杣　甲賀の杣、田上の杣、杣の読みは曽萬、出づる所未だ詳らかならず。但し、功程式なる者は修理の箏師、山田の福吉等、弘仁十四年に撰じ上《たてまつ》る所なり。」とあり、木を植えて材木を採る所を指す古語である。『萬葉集』に「真木柱《まきばしら》　作る蘇麻《そま》人　いささめに　仮廬《かりほ》のためと　作りけめやも」（巻七　一三五五）とある「そまびと」は、寺社・宮殿を造る用材を生産し、それに従事する人を称した。『和名抄』にあるように、杣の字を充てるが、国字である。田上《たなかみ》は近江国栗太郡（現滋賀県大津市田上地区）にあった杣「田上山系」のことで、瀬田川・木津川の水運を利用して木材を運び出した。したがって、この歌は田上の周辺の川辺で詠まれたことになる。本歌では「そば」とあるのに、題詞で「そまむぎ」とあるのは杣で栽培収穫したソバを指すのであるが、「そば」と「そま」は音韻的にしばしば通じるから同じである。通説では、ソバの語源は実に稜《そば》があるからというが、以上の和歌の存在から「杣《そま》むぎ」の訛りと考える方が自然のように思われる。杣は農耕に適さない山間地であり、穀類の中ではソバのみが栽培可能で、それ故に好んで植えられた。第一の題詞に、田上の川の堀の柵にそって立ち並ぶカワヤナギの木に刈り取ったソバが懸けられ、小暗い月夜の中で詠んだ歌とあり、この歌を通釈すると、カワヤナギはかねて見たのと同じとは思えない姿に変わっていることだ、ソバを挿みながら、それを月が見立てているがとなる。わかりづらい歌であるが、かつて杣山では穀類を栽培することはなかったが、最近になって痩せた土地でも育つソバが栽培されるようになり、収穫したソバを干すという光景をかつて見たことがないことを言わんとしているのである。これによってソバを栽培し始めてそれほど時を経ていないことがわかる。第二の歌は、泥棒は長袴を着ていたのだろうか、ソバを盗んだあと、走り去って行ったよという意である。長袴は袴の裾が長く、足を包んでなお一尺ほど後に引いたものだが、通常、庶民の着る服ではないので、せっかくソバを植えて収穫したのに、都の役人が来て税として没収するのを泥棒に見立てて詠んだ歌で、無論、皮肉をこめた歌である。第三の歌は難解であるが、一面に生えて鳥すら止まらせない（食べないという意）ソバだが、（こんなものでも修行の身の私にとっては）肉がついてしまいそうな心地がすることだという意か。題詞の「やまうどの物」は、山間地の住人の食べるものという意味であるが、ソバはその一つで、米麦のような穀類が育たないところの食料であったことを示唆する。第四句は、「肉付《しし》きぬべき」と解釈したが、「猪尽きぬべき」とも考えられる。この解釈では、鳥も食べないようなソバだが、猪だったら食べ尽くしてしまいそうで、自分たちが食べるものが無くなってしまわないか心配だという意味になる。

以上、「そば（ま）むぎ」の歌はこれまで紹介したほかの植物を詠んだ歌とは大きく異なり、それぞれ特殊な背景があっておよそ風流とはほど遠い。中国でも六朝詩に蕎麥を詠んだ詩文はほとんど見当たらず、唐詩にごくわずかに詠まれているにすぎない。

『全唐詩』巻四三七「村夜」白居易

霜草は蒼蒼として蟲は切切たり
村南に村北に、行人絶ゆ
獨り前門を出でて野田を望めば
月明らかに蕎麥の花雪の如し

切切は擬声語。通釈すると、霜が降りても草はまだ青々とし、虫はしきりに鳴いている、村の北も南もどこも道行く人はいない、自分ひとりで前門を出て田野を眺めると、月明かりでソバの花はまるで雪のように見えるとなる。さすが白居易と思わせる秋の凜とした情景の描写は見事であるが、全般に貧しさと山村での生活の厳しさが見て取れるから、中国でもソバは貧しい山村を象徴する存在だったようである。

『全唐詩』巻五八一「盧處士の山居に題す」溫庭筠

西渓に樵客に問ひ　遙かに楚人の家を識る
古樹、老いて石に連なり　急泉、清く沙を露はす
千峰、雨に随ひて暗く　一徑、雲に入りて斜す
日暮れて飛鴉集《つど》ひ　山に満つ蕎麥の花

盧處士は盧象（七〇〇年―七六〇年？）のことで、盛唐の詩人。通釈すると、西渓で木樵に尋ねたところ、遙か昔の楚人の家のことを知った、昔は小さかったであろう木も老木となって石に連なり、勢いよく湧き出る泉の水は清らかで砂を舞上げている、山々は雨の中で暗くよく見えないが、その中で一本の道が斜めの方向に雲の中に伸びているのが見える、日が暮れて飛鴉《からす》が集まってきた、山はソバの花で一杯だとなる。白居易の詩と同じく、寂しい山村とソバは相性がよいらしい。前述したように、医書では消化が悪いだの、アレルギーを起こすだの、その評価はさんざんであるが、栽培できる作物が限られる山村にとって、ソバがかけがえのない存在であったことはわが国でも中国でも変わらなかったのである。

第31章 「かがみ（草）」と呼ばれる多様な植物

滁州白蘞（915頁）

『萬葉集』には出てこないが、平安以降の詩文に頻出する植物名に「かがみ草」がある。現在、わが国の自生植物の中で、植物学上の正名にこの名はないが、方言名であればイチヤクソウ・ウキクサ・カタバミ・カラマツソウ・チドメグサ・デンジソウ・ユキノシタなど、「かがみぐ（く）さ」と呼ばれる植物は数多い（『日本植物方言集成』）。おそらく、方言名の中ではもっとも多様な植物名に用いられる名の一つであろう。そのすべてが古典に登場するわけではないが、各々の民族植物学的背景等について考えてみる。

第1節　「かがみぐさ」と呼ばれる植物各種（一）

本節では「かがみ（くさ）」の名が近世以降に由来する植物を取り挙げる。この中でイチヤクソウ・チドメグサ・ユキノシタは葉が丸いという共通の特徴があり、それ故に「かがみ」と呼ばれたようである。

1-1　イチヤクソウ（イチヤクソウ科）

イチヤクソウを中国では鹿蹄草《ロクテイソウ》と称し、『本草綱目』（李時珍）で初めて収載された（巻第十六「草之五　隰草類」）。『本草綱目啓蒙』（小野蘭山）はその基原をイチヤクソウとしたが、磯野直秀によれば、この和名の初見は江戸中期の『諸國産物帳』という（「慶應義塾大学日吉紀要・自然科学」第四十五号　六十九頁―九十四頁　二〇〇九年）。

1-2　カラマツソウ（キンポウゲ科）

中国ではカラマツソウ属の一部を黄連《オウレン》と呼ぶほか、大半の種を唐松草《トウショウソウ》の名をつけるが、わが国の和製漢名を輸入したものである。『大和本草』（貝原益軒）諸品圖上巻に「野ガラ松」の名とともに附図を載せるが、注釈を欠く。

しかし、その図はカラマツソウの特徴をよく表し、この名の文献上の初見と考えてよい。『本草綱目啓蒙』（小野蘭山）では升麻《ショウマ》の条（巻之九「草之二　山草類下」）に「又野カラマツサウノ根ヲ焼黒クシテ偽ルモノアリ。故ニ日光ノ土人ハ野カラマツサウヲ升麻ト呼ブ。」とあるように、しばしば升麻（真の基原はキンポウゲ科サラシナショウマおよび近縁同属種）の偽品とされた。新潟の一部で「かがみくさ」と呼ぶが、本節で挙げるほかの植物種とは共通する特徴がないが、カラマツソウの葉が柔弱でカタバミ（第3節「3-3」）の代用になりそうだからであろうか。

因みに、カラマツソウの基となる名「からまつ」とは、いうまでもなくマツ科の唐松である。ただし、俗に「からまつ」と称するものは二種ある。一つはチョウセンゴヨウといい、その種子を海松子《カイショウシ》と称して食用にする。わが国の高冷地にも自生するが、江戸時代までは知られていなかった。もう一つはいわゆるカラマツであり、わが国に特産する。『大和本草』『本草綱目啓蒙』ともにカラマツの漢名を落葉松《ラクヨウショウ》とするが、『物理小識』巻之九「艸木類上松」に初見する名（異名を金銭松《キンセンショウ》と称する）で、正しくは中国産の同属近縁種である。落葉松の名は針葉樹としては珍しく落葉性であることによる。唐松は十五世紀の『山科家禮記』に初見する和製漢名で、唐土より渡来したと勘違いしてつけた俗名である（磯野直秀「慶應義塾大学日吉紀要・自然科学」第四十五号　六十九頁—九十四頁　二〇〇九年）。カラマツソウの名は、花弁がなく、萼《がく》はすぐ落ち、残った白い雄しべをカラマツの葉に見立てたことによる。

1-3　チドメグサ（ウコギ科）

小野蘭山は石胡《セッコ》荽《スイ》を充てる（『本草綱目啓蒙』巻之十六「草之九　石草類」）が、『國譯本草綱目』牧野註はキク科トキンソウとする。石胡荽は『本草綱目』（李時珍）に初見し（李時珍は『四聲本草』の出典という）、李時珍の「石縫及び陰濕の處に生ずる小草なり。高二三寸、冬月に苗を生じ、細莖小葉、形狀は宛《あたか》も嫩胡荽の如し。其の氣は辛熏にして食ふに堪へず。鵝亦た之を食はず。夏に細花を開き、黄色、細子を結ぶ。」（巻第二十「草之九　石草類」）という記述は精密さを欠き、これだとチドメグサ・トキンソウのいずれの可能性もあり、基原を判定しがたい。『中薬大辞典』は石胡荽の基原をトキンソウ、李時珍が石胡荽の異名とする天胡荽《テンコスイ》をチドメグサに充てる。

1-4 ユキノシタ（ユキノシタ科）

本草では『本草綱目』に虎耳草《コジソウ》の名で初見し（巻第二十「草之九 石草類」）、『大和本草』は「きじんそう」とともに「雪の下」という名を載せている（巻之七 草之三）。「きじんそう」は、全草に粗毛が密生するので、漢名の虎耳草を訛って鬼神草と解釈したか。「雪の下」の語源ははっきりしないが、『日葡辞書』にもあるという（磯野直秀「慶應義塾大学日吉紀要・自然科学」第四十五号 六十九頁―九十四頁 二〇〇九年）。

第2節 「かがみぐさ」と呼ばれる植物各種（二）

前節で挙げた諸種はいずれも江戸以降の近世に登場する。したがって、上中古代から室町時代までの詩文に登場する「かがみ草」である可能性はまったくない。一方、古くからの名前に「かがみ」という語を含む植物がある。以下に室町中期から江戸期の字書に当該の名をもつ植物名を列挙すると次のようである。

『下學集』（一四四四年） 【増補】芄蘭 カヾミ 白蘞 ヤマカヾミ

『温故知新書』（一四八四年） 芄蘭 カヾミグサ 蘞草艸 同

『文明本節用集』（一四七四年） 芄蘭 カヾミグサ 蘞 カヾミグサ

『書言字考節用集』（一七一七年） 螺厴草 カヾミグサ 鏡面草 同 白前草 カヾミグサ 白蘞 カヾミグサ
蘿藦 カヾ子グサ 芄蘭 同

以上を本草正名で大別すると、蘿摩《ラマ》・螺靨草《ラエンソウ》・白歛《ビャクレン》の三系統があり、そのうち二名は、後述するように、ガガイモ科の基原である。何故に「かがみ」の名で呼ばれるのかは本章第4節で述べる。螺靨草《ラエンソウ》（ウラボシ科マメヅタ）は湿った石や老木の樹幹に着生するから、一般には苔類と認識されることが多く、方言名では「まめごけ」「いはまめ」などのほか、「かゞみごけ」などと呼ばれた。一部の古典注釈書に鏡草の異名が記載され、いずれかの古典に詠まれている可能性があるとしてここに挙げた。一方、白芨《ビャッキュウ》（ラン科シラン）は方言名に「かがみ」の名をもつのは見当たらないが、平安の典籍に「かがみ」という和訓がつけられているのでここに挙げた。

2-1　蘿摩《ラマ》（ガガイモ科ガガイモ）

『本草和名』に「蘿摩子　一名丸蘭一名雀瓢一名苦丸　芎把條に出づ　一名地乳　大清《（ママ）》經に出づ　和名加々美」および『和名抄』に「芄蘭　本草云ふ、蘿摩子一名芄蘭　上音丸和名加加美」とあり、いずれも蘿摩子《ラマシ》に「かがみ」の和訓をつけ、室町～江戸期の字書が「かがみぐさ」に充てる芄蘭《ガンラン》（丸蘭）をその異名とする。蘿摩子は『新修本草』（蘇敬）の草部中品に一名芄蘭・雀瓢として初めて収載され、蘇敬は「按ずるに雀瓢は是れ女青の別名なり。葉は蓋し相似す。葉を以て女青に似たる故に兼せて雀瓢と名づく。」（『證類本草』巻第九「草部中品之下」所引）と注釈している。本文中では異名の雀瓢の名で注釈し、女青（アカネ科ヘクソカズラほか諸説あり）に似るというこの貧弱な記述では基原を絞り込むのは難しいが、『開寶本草』（馬志）は「今按ずるに、陳藏器本草、蘿摩の條中に云ふ、白汁は蜘蛛、蚕の咬むを主る。折りて汁を取り、瘡の上に點く。此の汁、爛らかし終へ、煮て食へば益を補ふ。陶注の枸杞の條に云ふ、腫に傅くと。東人呼びて白環と爲す。籬落の間に藤生し、之を折れば白汁有り、一名雀瓢。其の女青、終《つひ》に白環に非ず、二物相似して、分別すること能はず。唐本先附。」（『證類本草』同所引）と記述し、つる性植物で茎を切ると白汁が出るというガガイモ科（現在ではキョウチクトウ科に統合。以下同様。）に共通する特徴を表し

31

ているので、かろうじてガガイモに到達することができる。馬志が指摘しているように、『本草經集注』（陶弘景）は枸杞の条中で「蘿摩一名苦丸、葉は厚く大にして藤生を作《な》し、之を摘めば白乳の汁有り。人家に多く之を種う。生にて噉らひ、亦た蒸して煮て食すべし。」（『證類本草』巻第十二「木部上品」所引）と記載している。ガガイモというと、今日では有毒植物のイメージがあるが、その若芽をまれに山菜として利用することがある。実は七一二年に成立した『古事記』の大国主命の国造り神話に「大國主神、出雲の御大《みほ》の御前《みさき》に坐《ま》す時、波の穂《ほ》より天《あめ》の蘿摩船に乗りて、鵝の皮を内剝《うつはぎ》に剝《は》ぎて衣服《きもの》にして、歸《よ》り來《く》る神ありき」（上つ巻）とあるように、植物そのものを表すわけではないが、蘿摩の名が冠せられた船の名が出てくる。蘿摩子の初見は六五九年に成立した『新修本草』であるが、序章で述べたように、長らく唐の宮廷に秘蔵された同書が公開されたのは七二三年といい、『古事記』の編者が蘿摩の名をどう知り得たのか疑問があったが、『本草經集注』を精読していたとすればこの矛盾は解消する。一般の注釈書は『本草和名』等にしたがって蘿摩船を「かがみふね」と訓ずるが、上代に「かがみ」という和訓があったか確証はないので、「らまふね」の方が好ましい。中国では、むしろ異名の芄蘭《ガンラン》の方が古い典籍に出てくる。

『詩經』國風・衛風「芄蘭」第一スタンザ

芄蘭の支　童子、觿を佩ぶ
則ち觿を佩ぶと雖も　能く我を知らざらんや
容たり遂たり　垂帶悸たり

毛詩傳は「芄蘭は草なり」とするだけであるが、鄭玄箋註は「芄蘭は柔弱にして恒に地に蔓延し、縁に依る所有れば則ち起つ」と注釈し、ガガイモの特徴と矛盾しない。この詩を通釈すると、ガガイモのつる茎のように、子供は觿《くじり》を身につけているが、觿を身につけているとはいっても、よく我のことを知るまい、おっとりと、ゆったりと、帯をたらしてだらしないが、となる。

蘿摩（芄蘭）は薬草であり、わが国にも自生するガガイモを基原とするにもかかわらず、『延喜式』巻第三十七「典薬寮」にその名は見当たらない。その代わりに別の「かがみ」の和名をもつ一品が頻出する。

臘月御藥・中宮臘月御藥・雜給料　白歛

諸司年料雜藥（齋宮寮・内匠寮・木工寮）白蘞

遣諸蕃使（唐使・渤海使）白蘞

諸國進年料雜藥　白歛（伊勢国・三河国・近江国・丹波国・丹後国・但馬国・因幡国・播磨国・美作国・備前国・安芸国）

また、七三三年成立の『出雲國風土記』でも秋鹿郡・楯縫郡・神門郡・大原郡から白歛の所在の記録がある。『本草和名』に「白蘝　仁諝音廉儉反　一名菟核一名白草一名白根一名昆侖　楊玄操音論　一名甘草一名蚖蚵一名良兪　已上三名釈薬性に出づ　一名白臨　葛氏方に出づ　一名菟菀　兼名苑（ママ）に出づ　和名也末加々美」とあるように、白歛《ビャクレン》（白斂・白蘞・白蘝・白蘝とも表記する）に「やまかがみ」の和訓をつける。白歛は『神農本草經』の下品に収載され、『圖經本草』（蘇頌）にある「二月に苗を生じ多く林の中に在り蔓を作す。莖は赤く葉は小なる桑の如し。五月に花を開き、七月に實を結び鶏鴨の卵の如く、三五枚同窠す。皮は赤黒く、肉は白し。」（『證類本草』巻十「草部下品之上」所引）という記述は概ねブドウ科カガミグサの特徴とよく合う。『重修政和經史證類備用本草』に載せる滁州白蘝の附図はまさにカガミグサである。『大和本草』（貝原益軒）に白歛の条はなく、『本草綱目啓蒙』（小野蘭山）は「和産ナシ。漢種享保年中ニ渡リ今傳栽ル者多シ」（巻之十四「山草之七　蔓草類」）と記載しているので、真品の白歛は古代に伝わっていなかった。カガミグサはブドウ科であるから、『出雲國風土記』『延喜式』にある白歛（蘞）を、和産のブドウ科野生種の代用と考えるのが妥当である。この観点から同属和産種でごく普通に分布するノブドウがもっとも合致するが、不思議なほど薬用記録がなく、また方言名もエビヅルやヤマブドウなどを指す「えび」に関連したものばかりで、「かがみ」に結びつく名は見当たらない。やはり、『本草和名』『和名抄』のいずれも「かがみ」の一種として「やまかがみ」の和名をつけているのを重く受け止めなければならない。すなわち、白歛は古くはガガイモ科ガガイモの類と認識されていたと考えざるを得ない。後述するように、「ひめかがみ」「のかがみ」の類縁の古名をもつ植物がいずれもガガイモ科植物であることもそれを強く支持する。『日本書紀』の神代上に「初《はじ》め大己貴命《おほなむちのみこと》の、國平《む》けしときに、（中略）一箇《ひとり》の小男《をぐな》有りて、白蘞の皮を以《も》て舟《ふね》に爲《つく》り、鷦鷯《さざき》の羽《は》を以て衣《ころも》にして、潮水《しほ》の随《まにま》に浮き到《いた》る云々」（巻第一「第八段・一書第六」）とある部分は、前述の『古事記』の大国主命（＝大己貴命）の国造り神話に対応するが、蘿摩船が白蘞の皮で作った船に置き換わっていることも、わが国では蘿摩と白蘞が類品と考えられていたことを示唆する。それ故に江戸時代に漢種の白歛が伝わったとき、ガガイモの古名が転じてカガミグサと名づけられたのである。中国でもガガイモ科ガガイモ属のある種を土白歛《ドビャクレン》と称して白歛の代用とすることがあるが、古い時代のわが国ではまさに土白歛を用いていたのである。しかしながら、蘿摩と白蘞を同じ植物の基原と考えるのは賛成しかねる。いやしくも本草で別品とされているものを代用とするのは考えにくく、『本草和名』『和名抄』もわざわざ「やまかがみ」という別の名前をつけているからである。わが国の全土に比較的広く分布するガガイモ科植物の一種にイケマがあり、その方言名に「かがみ」の訛名と思われる「からすこがみ」（長野・木曽）・「こがめ」（日光）・「こかもち」（甲斐）・「こんだみ」（岩三）・「やまかごめ」（日光）がある（『日本植物方言集成』）。これこそ『出雲國風土記』『延喜式』にある白歛（蘞）の基原としてふさわしく、山間地に多く生育するので、人里に多いガガイモに対して「やまかがみ」と名づけたとすれば納得できる。

2-2 徐長卿《ジョチョウケイ》（ガガイモ科スズサイコ）

『本草和名』に「徐長卿 楊玄操音貞两反 一名鬼督郵 本條 一名龍銜根一名清陽 已上范注（ママ）方に出づ 一名石下長郷

釈薬性に出づ　和名比女加々美」とあり、「ひめかがみ」の和訓をつける。徐長卿は『神農本草經』の上品に収載され、『圖經本草』に「三月に青苗を生じ、葉は小桑に似て、兩兩相當して光潤有り。七八月に子を著《つ》け蘿摩に似て小、九月、苗は黄ばみ、十月に枯る。」（『證類本草』巻第七「草部上品之下」所引）とあり、ガガイモ科の特徴を表すが、今日ではスズサイコに充てる。蘿摩すなわちガガイモ（古名かがみ）に似たもので小さいから「ひめかがみ」と名づけられた。稲生若水は「ふなわら」の和訓をつけるが（『新校正本草綱目』巻第十三「草之二　山草類」）、この名は白薇《ハクビ》（ガガイモ科フナバラソウ）にもつけられ、紛らわしいのでしばしば「こふなわら」とも別称された（『本草綱目啓蒙』巻之九「草之二　山草類」）。一三〇二年ごろに成立した医書『頓醫抄』巻第三十一（梶原性全）に「フナワラ草」の名が見える。語源は裂けた果実の形から舟腹に由来し、ガガイモ科（キョウチクトウ科）に共通した特徴であるから、『日本書紀』にある「白蘞の皮で作った船」も、皮を果皮と解釈すれば納得できる。もともとは広くガガイモ科植物を指す名であったのが何らかの経緯でごく一部の植物名に限定されたと考えられる。

2-3　白前《ビャクゼン》（ガガイモ科イヨカズラ）

『本草和名』では「白前　一名石藍一名嗽薬　已上二名蘇敬注に出づ　和名乃加々牟」とあり、「のかがむ」の訓をつけるが、『和名抄』では「本草云ふ、白前一名石藍　和名能加加美」とあって「のかがみ」としているので、それが正しい訓と思われる。本草では『名醫別錄』の中品に収載され、『圖經本草』が「苗は細辛に似て大、色は白く折れ易し。亦た葉有り、柳に似たり。或は芫花の苗に似たる者は並に高さ尺許り、洲渚沙磧の上に生じ、根は白く細辛より長し。亦た牛膝、白薇の輩に似たり。今、用ふる蔓生の者は味は苦く眞に非ざるなり。」（『證類本草』巻第九「草部中品之下」所引）と記述するものは、つる性ではないガガイモ科イヨカズラに充てられる。ただし、イヨカズラなる名はもともとつる性のコカモメヅルを指していたが、植物学者が直立性の別種である「すゞめのおごけ」

（『本草綱目啓蒙』巻之九「草之二　山草類」）の名前に充ててしまったから、つるではないのに「かづら」の名を有することになってしまった。「すゞめのおごけ」なる奇妙な名は「雀の麻小笥」の意で、果実の形が麻糸を積む麻笥《おけ》に似ていることに由来する。

2-4　白芨《ビャッキュウ》（ラン科シラン）

『本草和名』に「白芨　楊玄操音及　一名甘根一名連及草　本條　一名臼根　雜要决に出づ　一名連桒　釈薬に出づ　和名加々美」とあり、白芨に蘿摩とまったく同じ和訓「かがみ」をつける。白芨は『出雲國風土記』に飯石郡から所在の記録がある。本品は『神農本草經』の下品に白及《ビャッキュウ》の名で収載され、『本草經集注』（陶弘景）に「葉は杜若に似て根の形は菱米に似て節間に毛有り、方に用ふ。亦た稀に糊に作るべし。」とあり、また『圖經本草』は「春に苗を生じ、長さ一尺許り、栟櫚及び藜蘆に似たり。莖の端に一臺葉を生じ、兩指の大さ、青色にして、夏に紫の花を開き、七月に實を結び、熟すれば黄黒色に至る。冬に至り葉は凋み、根は菱米に似て三角あり、白色、角の端に芽を生ず。」（以上、『證類本草』巻第十「草部下品之上　白及」所引）とかなり詳細に記述し、これからラン科シランとしてまちがいない。『本草和名』がなぜ白芨（白及）を「かがみ」と名づけたか不明で、おそらく深根輔仁の勘違いと思われる。『和名抄』は白芨の条を設けず、後世の本草家のほとんどは無視して『本草和名』を引用しなかった。『頓醫抄』に「白及　ハウクロトイフ草也」とあり、これがラン科シュンランの別名「ほくろ」に転じた。「はうくろ」は『名語記』に「人の身にある、はうくろ如何」（巻第九）とあるのと同じであり、音韻的に「ははくろ」と同等である。『和名抄』の瘡類に「漢書云ふ、黒子　和名波々久曽　今の中國、黶子と呼ぶ　黶音於琰反　呉楚の俗に之を誌と呼ぶ者は訛なり」とある「ははくそ」と同義であり、いわゆるホクロをいう。シランの菱形の根茎の突起をもってそう呼んだのであろう。シランの真の古名は「かがみ」ではなく「はは（う）くろ（ホクロ）」である。

2-5　螺靨草《ラエンソウ》（ウラボシ科マメヅタ）

螺靨草は『本草綱目』（李時珍）に「石上に蔓生し、葉の状は螺靨に似たり。微《わづ》かに赤色を帯びて光ること鏡の如し。背に少毛有あり、小草なり。」（巻二十「草之九　石草類」）と記述され、シダ植物のマメヅタの特徴とよく一致する。螺靨とは巻き貝の殻の口蓋をいい、葉が鏡のように光沢があるので、李時珍は異名として鏡面草《キョウメンソウ》を挙げている。わが国でマメヅタを「かがみぐさ」と呼ぶのと相通ずるが、『本草綱目』の影響によるものではない。『和歌藻しほ草』（月村斎宗碩）に「鏡草　かたばみに似たる草なり。まろきはの石にはふ草なり。」（巻第八「草部」）とあり、『本草綱目』の成立より数十年前にその名が発生しているからである。ただし、「かたばみ」に似るというのはカタバミあるいはデンジソウの小葉を指す（本章第3節「3-3」・第25章第3節参照）。本草における螺靨草の初見は『本草拾遺』であって、『證類本草』巻第十「草部下品之上　陳藏器餘」では螺黶草《ラエンソウ》としている。

第3節　古典に登場する「かがみぐさ」

第1節・2節で多くの植物が「かがみぐさ」と呼ばれていることを述べたが、そのすべてが古典文学に登場するわけではない。草木や月の異名を掲げた異名和歌集である『藏玉集』で「かがみぐさ」としているのはバラ科ヤマブキ・ウキクサ科ウキクサ・アブラナ科ダイコンの三つであるが、そのほかわが国の詩文で「かがみぐさ」と呼ばれる植物にカタバミ科カタバミがある。

3-1　面影草の異名がある山吹（バラ科ヤマブキ）

『藏玉集』は次に示すような故事を引用し、ヤマブキが「かがみぐさ」と呼ばれる由縁を説明している。

一、山吹《やまぶき》　面影草　鏡草

昔、大和国奈良原と云ふ所にある男、山城国ゐでの里にすむ女にかよひけり、互の志不浅、而るに互の親しかりて初めて彼の男女云ひけるは、志雖深切、今より会ふ事不可叶と云ひて、鏡をとり出でて互に面影をうつして、若し再会あらん時は此鏡をほり出だすべしと云ひて、籬の下にうづむ、後の年の春、此所より款冬生出でたり、男あはれに思ひて不断此所に独すみて歎きける、親此事を聞きて、鏡をほり出でてとぎて又うづむ、其年の秋、又此所より槿華生出でたり、其時、此男、さては他の心ありとて忘れけりと云云

（甲）故郷の　面《おも》かげ草の　夕ばえや　とめしかがみの　余波ならまし

（乙）面かげを　たがひにとめし　かがみ草　忘衣《わすれごろも》の　名残うらめし

この二つの和歌の背景となった故事を簡単に説明すると、互いに愛し合った男女がいたが、双方の親は反対し、交際を禁じてしまった。男女は鏡に互いの面影を映し、再会するときに掘り出すといって籬の下に埋めた。後年の春、籬の下からヤマブキ（題詞では款冬《カントウ》とあるが誤用、拙著『万葉植物文化誌』の「やまぶき」参照）が生えたので、男は女を憐れんでその場所に住み着いたが、親がそれに気づいて鏡を掘り出し、磨いて相手の女の面影を消して埋め戻した。その年の秋、ムクゲ（槿華、訓は「あさがほ」）が生えてきたので、男は女が心移りして自分を忘れてしまったのだ云々という悲恋の物語である。面かげ草とはヤマブキのことで、甲の歌を通釈すると、故郷を思い出させるヤマブキが夕日に映えて美しいのは面影を留めた鏡の余波であろうなあという意味になる。一方、乙の歌は、面影をお互いに鏡に移して置いたのに、その鏡の名をもつ「かがみ草」は忘衣の物語の名残で恨めしいことだという意

である。乙の歌の「かがみ草」はヤマブキともムクゲとも解釈が可能であるが、『藏玉集』は鏡草を春の季語としているので、ヤマブキの異名としていることがわかる。平安中期の『相如集』にも「あさがほ」と「かがみぐさ」を取り合わせた歌を収載している。

二、　兵部卿宮御前に、人人おほかるに、もていでてはじめよりのことをかたりきこえわづらふ、いとくちこはかりけりとて

にくげなる　あさがほよりは　かがみぐさ　こころをみるに　おもひかかりぬ

この歌は、見た目がよくない「あさがほ」よりは「かがみぐさ」だ、相手が自分をどう考えているか心の内を見ているのに、心の中で思いを寄せてしまったことだという意味だから、やはり「かがみぐさ」はヤマブキである。『藏玉集』は、ヤマブキの異名に「面かげ草」と「かがみぐさ」の両方を列挙している。槿華、「あさがほ」の詳細については第10章第2節を参照。

3-2　浮草（ウキクサ科ウキクサ）

ウキクサの葉体は丸く光沢があることもあって、「かがみぐさ」の異名をつけられた。次の歌も『藏玉集』に収録されている。

浮草《うきくさ》　鏡草

波なくは　何にさかまし　かがみ草　氷のあとの　水の花の名

氷面鏡　一字論にあり　日のかげに水のこほれるをいへり、氷の惣名なり、賀茂川にあり、是を詠ぜる歌、未及見

この歌で、浮草を「かがみ草」として通釈すると、波がなければ、何に逆巻《さかま》くというのだろうか、「かがみ草」は

凍った水が花をつけたという名前だろうかとなる。氷面鏡は「ひもかがみ」と読み、その名の通り氷の表面を鏡に譬えた名である。氷に閉じ込められたウキクサを水の花に見立てて詠んだ。ウキクサについて詳細は第25章第2節を参照。

3-3 鏡を磨くのに用いられた「かがみぐさ」（カタバミ科カタバミ）

「かがみぐさ」と呼ばれる植物の中でカタバミ科カタバミは異色の存在である。というのは、次に示すように、和歌では「鏡を磨く」という句とともに詠まれるからである。しかし、「かたばみ」という名は必ずしも現在いうカタバミ科カタバミではないことに留意する必要があり、歌の内容を精査しないと勘違いすることがしばしばある。

一、　鏡草
かたばみの　そばにおひたる　かがみ草　露さへ月に　影みがきつつ
（『夫木和歌抄』巻第廿八）

二、　鏡磨
おなじくは　入江にやがて　とりみがけ　鏡も水の　月をうつして
露深き　かたばみ草を　たもとにて　しぼりかくれば　おもかげも見ず
（『鶴岡放生会職人歌合』）

第一の歌は、「かたばみ」ではなく鏡草《かがみぐさ》を主題として詠んだ。歌の意は、「かたばみ」のそばに生えている鏡草が鏡を磨くように、降りた露が池に映じた月の影を磨いていることだであり、「かたばみ」と「かがみぐさ」の名が両出する。鏡草と呼ばれる植物は国文学でも比較的頻出し、本章でも取り挙げたように、この名で呼ばれる可能性のある植物は数多い。結論を先にいうと、「かたばみ」という名が別句に出てくるのでややこしいのであるが、この歌にある鏡草はカタバミ科カタバミを指し、漢名を酢漿《サクショウ》という。以上の歌を正しく理解するには、昔の鏡がどういうものであったかをあらかじめ知っておく必要がある。『正法眼藏』の「古鏡」に次のように記されている。

婺州金華山國泰院弘瑫禪師、チナミニ僧トフ、古鏡未レ磨時如何、師云、古鏡、僧曰、磨後如何、師云、古鏡、シルヘシイマイフ古鏡ハ、磨時アリ、未磨時アリ、磨後アレトモ、一面ニ古鏡ナリ、シカアレハ磨時ハ古鏡ノ全古鏡ヲ磨スルナリ、古鏡ニアラサル水銀等ヲ和シテ磨スルニアラス、磨自自磨ニアラサレトモ、磨古鏡ナリ

云々

ここに書かれていることは現代の感覚では理解しがたいが、昔は鏡を磨かないと使い物にならなかったことぐらいはわかるだろう。昔の鏡は今日のような硝子鏡ではなく、金属板を砥石で磨いた後、明礬と水銀を調合して塗りつけたもので、メインテナンスとして酸で磨く必要があり、シュウ酸を多く含み、筋が少なく柔弱なカタバミの全草を磨く具とした。シュウ酸を含む植物はほかにもタデ科スイバなどがあるが、鏡の表面は華奢であるから、カタバミでなければならなかった。それはカタバミの方言名に「かがみく（ぐ）さ」の名が広い地域に分布する事実とよく合う（『日本植物方言集成』）。再び第一の歌に戻る。非常にややこしいのであるが、「かがみ草」がカタバミであれば、「かたばみ」がカタバミでないことは一目瞭然である。結論をいうと、この「かたばみ」は葉の形がカタバミに似るデンジソウ科デンジソウであり、デンジソウが古く「かたばみ」と呼ばれたことは第25章第3節で詳述した。この歌の情景では、水草であるデンジソウとカタバミが近傍に生えていることになるが、実際にあり得るのかいぶかる人もいるかと思うが、どこにでも生える雑草カタバミならデンジソウの生える池の岸辺や水田の畔に生えてもおかしくはない。「3-2」で述べたように、ウキクサの方言名にも「かがみぐさ」があり、「かたばみ」をデンジソウとすれば、そばに生えている鏡草という情景に合い、名目上の解釈は成り立つが、ウキクサでは鏡を磨くことはできない。第二の歌は、鏡磨《かがみみがき》を主題に二首をセットにして詠んだ。前の歌は入江に映った月とともに鏡に月を映して両方とも磨こうという内容の歌である。後の歌はそれを受けて露が深く降りた「かたばみ草」を袖の下に入れて隠して絞ろうとしても月の形が見えないから磨くことはできないという意である。この歌にある「かたばみ

草」は鏡磨きに用いるカタバミ以外はあり得ない。「かたばみ」を詠む歌はごくわずかであるが、以上からカタバミ・デンジソウという植物学的にまったく異なる種を同じ和名で詠んでいたことになって実にややこしい。カタバミは『新修本草』（蘇敬）の下品として初見し、『本草和名』に「酢漿草　一名酢母草一名鳩酸草　已上二名蘇敬注に出づ　和名加多波美」とあって、現在名と同音の和名をつける。一方、デンジソウを表す蘋は水薸（＝水萍）の異名とされたため、和名も「うきくさ」のうちに含まれてしまった。カタバミの方言名は頗る多いが、古名のはずの「かたばみ」は見当たらず、鏡を磨くのに利用されたことに由来する「かがみぐ（く）さ」のほか、シュウ酸を含み酸っぱいことから「すいば」「しょっぱぐさ」、小葉が三枚あるから「みつば」など、実際の用途から派生した名が圧倒的に目立つ。『言塵集』に「かゝみ草、一はあさがほ共、かたばみ共。世俗にはかためといふくさなり。」とあるように、本草ではともかく、「かたばみ」という名は一般に普及した名ではなかった。一方、デンジソウの方言名はごく少ないが、新潟県の一部地域に「かたまん」という「かたばみ」の訛名（かたばみ→かたばむ→かたまむ）があるのが注目される。おそらく、デンジソウは、清少納言が指摘したように、その特徴的な四つ葉の複葉が紋様に登用され、その形態を表して「かたばみ」と名づけたが、わが国ではこれといった用途がないこともあって風化してしまったと考えられる。家紋の三つ葉片喰紋は、カタバミを象って作られたというより、忌み数の四を嫌った結果、デンジソウの四つ葉紋から派生したと考えるべきである（以上、第25章第3節を参照）。

3-4　昔は鏡もちの上に供えた大根（アブラナ科ダイコン）：歯固めの儀について

『藏玉集』はダイコンも「かがみぐさ」の異名があるとしている。方言名で「かがみ（ぐさ）」と呼ばれる植物はごく一部を除いて葉が丸くそれをもって古鏡に見立てたと考えられなくもない。ダイコンは根を輪切りにすると丸いから、ほかの植物との共通性が見出し得る。和歌に詠まれた「かがみぐさ」たるダイコンを見ると必ずしもそれだけではなさそうである。

一、大根《だいこん》　加賀御草

さき草の　中にもはやき　かがみ草　やがて御調《みつき》に　そなへつるかな

正月朔日、大内にて餅の上に置く大根なり

（『藏玉集』春）

「さき草」は幸草（福草）すなわち縁起のよい植物の総称で、この場合は特定の植物を指すのではないと考える。御調《みつき》は租税の一種「調」のこと。通釈すると、幸草の中でも速やかに生長して収穫できる「かがみ草」はやがて取り立てられ、正月のお供えにされることだという意である。左注に餅とあるのは、正月の鏡餅をいい、昔はその上にダイコンを置いたので「かがみぐさ」と呼ぶようになったと考えられる。正月に鏡餅とダイコンを供えるのはある重要な儀式のためでもあった。それは次の歌によく表されている。

二、　はがための鏡のをしきのしきものに書きつけ侍りける

われをのみ　世にももちひの　鏡草　さきさかへたる　影ぞうかべる

（『散木奇歌集』第一）

「はがため」は歯固めの儀のことで、正月三が日に行うわが国独特の儀式で、平安時代に始まった。一般には堅い食品を食べて歯の根を固めていつまでも若さを保ちたいという思いをこめたといわれるが、後述するように、必ずしも堅い物ばかりを食べたわけではない。昔は加齢とともに歯が失われたので、「はがため」は齢《よわい》を確固たるものにする目的で行われた。歯固めで食べる主な食品としてダイコン・餅などがあり、本来は神に供える鏡餅も歯固めに食べるようになった。したがって、題詞にある「はがための鏡」とは鏡餅をいう。「をしき」は折敷すなわち飯器を載せる食盤のこと、「世にももちひの」は餅に「用ひる」を掛ける。「咲き栄へたる影」とは、ダイコンの花が盛んに咲き誇ることに歯固めで自分の健康を願う気持ちを重ねたもの。現在では、ダイコンの花が咲くまで栽培することはないが、昔は開花後に収穫したことがうかがえる。因みに、「咲く」は「栄える」に通じるので、花が咲

く前に収穫するのは縁起が悪いと考えられたのかもしれない。通釈すると、自分だけは、世間で用いるという鏡餅に供えるダイコンのように、盛んに咲き誇る姿を思い浮かべたいものだとなる。

平安時代の歯固めの儀がどのようなものであったかは『類聚雑要抄』巻第一に「供御齒固従内膳司貢之　自弓場殿獻之　従元日至三日」に詳細に記されている。それによると、御盤七枚に蘿蔔《オホネ》・糟漬瓜・味醤漬瓜・白干鮎・煮鹽鮎・鹿宍《シシニク》（水鳥で代用可）・猪宍《キノニク》（雉で代用可）を盛り合わせ、それを食したようである。また、別項に「供御脇御齒固六本立　三ヶ日同前也　付御臺盤所供之」とあって、猪宍・鯛・鹿宍・鯹・茄子《ナスノミ》子・白散・瓜子・屠蘇・押鮎・煮鹽鮎・押漬瓜・糟漬瓜・醤漬茄子・蘿蔔・蕪から四品を撰び、蓋酒坏・御鏡餅《ミカガミモチヒ》を取り合わせて六品とし、六本立と称したらしい。ここに鏡餅が出てくるが、その上に柆葉一枚・蘿蔔一株・押鮎一隻・三成橘一枚を置いて供えた。今日ではミカン一個だけを供えるが、ほかの三品は簡略されたことになる。柆葉は、『説文解字』に「柆《ロウ》は折木なり」とあるから、何らかの木の枝葉を供えたにちがいないが、漢籍では柆は特定の植物を指す名前でないから、これだけではわからない。興味深いことに、『枕草子』の「花の木ならぬは」に歯固めに関する記述があり、それによって柆葉を特定することができる。

ゆづり葉のいみじうふさやかにつやめき、茎はいとあかくきらきらしく見えたるこそ、あやしけれどもをかし。なべての月には見《み》えぬ物の、師走《しはす》のつごもりのみ時めきて、亡《な》き人のくひものに敷《し》く物にやとあはれなるに、また、よはひを延《の》ぶる齒固《はがた》めの具《ぐ》にももてつかひためるは。

すなわち、ユズリハ科ユズリハの枝葉を歯固めの具とするというから、柆葉はユズリハということになる。現在でも、正月の飾り付けにユズリハの枝を用いるのは、平安時代の歯固めの儀の名残である。因みに、ユズリハを飾る意義として、新しい葉が出るとともに古い葉が落ちるので、家系が絶えないという願望を込めたと俗間ではいわれるが（第5章第3節「3-3」参照）、後人の「譲り葉」の語源俗解にかこつけたもので、歯固めとはまったく無関係である。『源氏物語』の初音《はつね》にも歯固めが出てくる。

さぶらふ人々も、わかやかにすぐれたるを、姫君の御方にと選《え》らせ給ひて、少《すこ》し大人《おとな》びたるかぎり、中々由々《よしよし》しく、装束《さうぞく》、有様《ありさま》よりはじめて、目《め》やすくもてつけて、こゝかしこに群《む》れゐつゝ、歯固《はがた》めの祝《いは》ひして、餅鏡《もちひかゞみ》をさへ取《と》りよせて、千歳《とせ》のかげにしるき、年《とし》のうちの祝《いは》ひごとゞもして、そぼれあへるに、おとゞの君、さしのぞき給へれば、云々

新春の御殿で紫の上の周辺の様子の一部を描写した。「さぶらふ人々」は女房のこと、姫君とは明石の姫君でこのとき八歳であった。すこし「大人びたる限り」とはどの程度の年齢か詳らかではないが、少々年増の女房ということになろうか、彼女らが歯固めの祝いの対象であろう。とすれば、必ずしも老年向きの儀式ではないことになる。したがって、歯の根を固めるのが目的ではなく、『類聚雑要抄』に列挙された食品から明らかなように、栄養価の高いものを食べて老若を問わず健康であることを願望したものと推定される。鏡餅を取り寄せ、「千歳のかげにしるき、年のうち」すなわち千年の繁栄が明白な年のうち（新年）に祝い事云々とあるから、これをもって子孫繁栄の願望の対象に神木ユズリハが選定されたのかもしれない。

第4節「かがみ」の語源解釈について

「かがみぐさ」はしばしば鏡草の字を充てる。鏡は影をうつして見るから影見の転訛という通説がある。しかし、「げ」→「が」の母音交替の例がないといわれる。わが国では古くから鏡をご神体とするので、輝く日の光を反射させて物像をうつし見ることを重視し、赫見《かかみ》の転が有力視されている。因みに、赫《かく》は赤いのほか、盛んな様子の意であり、「かがやく」も「赫焼《かかや》く」と考えられるし、確かに赫見は赤々と輝く太陽を模した鏡をイメージでき、ま

た古鏡が丸いのも必然的であったことも理解できる。語源説としてはやや凝りすぎの感もあるが概ね妥当といえる。ヤマブキは面影草の別名があるので、これを「かがみぐさ」というのはまさに鏡の機能に由来すると考えてまちがいない。マメヅタやチドメグサを「かがみぐさ」と称するのも、葉の形を鏡に見立てたとしてまちがいないだろう。以上を除いて、そのほかの「かがみ」の名で呼ばれる植物は鏡との関係を想像するのは困難である。

ガガイモ科植物の古名「かがみ」について、一部の古語辞典は、土器《かわらけ》の字義を瓦笥というから、この笥《け》が平瓮《ひらか》・甕《みか》の例から笥《か》に訛り、「笥《か》が実《み》」の義であるという。笥は器の意であるが、ガガイモ科植物の特徴的な果実が裂開した果皮を入れ物に見立てたらしい。同じ形態的特徴はガガイモ科植物のほかキョウチクトウ科植物（現在ではガガイモ科をキョウチクトウ科に統合する）の果実にも見られる。とりわけガガイモに似た果実をつけるサカキカズラやキジョランの方言名に「かがみ」なる名が見当たらないのは、このいずれも本草にないからであろう。すなわち、「かがみ」という植物名は平安の本草家の創出した名前と考えられ、とすればこの語源説も妥当といえる。因みに、ガガイモは「かがみいも」の訛りと考えられるが、根は太いひも状で典型的なイモの形をしていない。アイヌ人はこの根を煮て食べたといわれるが、一般には有毒植物とされている。

ダイコンを「かがみぐさ」というのは鏡餅に供えるからである。鏡餅は餅を鏡の形に作ったからその名が由来するとされる。それにしても鏡餅は厚味があって鏡に似るとはいい難い。鏡に似せて作ったのであれば、もっと平たく、例えばピザ生地のような形であってしかるべきである。鏡餅は神に供える故にその名があるとすれば、餅以外の円形のもので供えるものはすべて「かがみ」と呼ばれるはずである。ミカンやカキも丸いが、「かがみ」と呼ばれることは聞いたことがない。搗きたての餅を丸くするのはごく自然の成り行きであって、鏡餅は特定の物に似せてつくったわけではないと考えるべきである。鏡餅の語源は単に「屈《かが》み餅」でよい。「屈む」とは、やや流動性で粘性のある餅を、表面積が最小限になるように、形作ることをいい、自然の摂理にも叶う。

第32章

万葉植物考補遺：「はなかつみ」と「はは」

越州貝母（938頁）

第1節　アヤメ科ではなかった「はなかつみ」

『萬葉集』に詠まれる植物名のすべてが解明されているわけではない。解明の手掛かりのないものは歌の情景から想像に任せて適当な植物を充てることが古くから行われてきた。「花かつみ」はその一例であって、素朴なイメージの濃い『萬葉集』にしては優雅すぎるともいえる植物名から、アヤメ科ノハナショウブあるいはヒメシャガを充て、俗間で広く支持されてきた現実がある。学術研究にあってはそれはまさに僻事であって、ここではなるべく客観的に考証を進めるが、その手掛かりはごく限られているというきびしい現実がある。「花かつみ」を詠む歌は『萬葉集』では次のただ一首のみである。

一、　中臣女郎の大伴宿祢家持に贈りし歌

をみなへし　佐紀沢《さきさは》に生《お》ふる　花かつみ　かつても知らぬ　恋もするかも　（巻四　〇六七五）

「さきさは」の原文表記は咲沢であり、「オミナエシが咲き」と地名の佐紀沢（奈良市佐紀町という）とを掛ける。「花かつみ」の原文表記は花勝見で、第一～三句でもって「かつて」を導く。通釈すると、オミナエシが咲く佐紀沢に生える花かつみの名のように、かつてまったく知りもしなかった恋をしているのですという内容の相聞の歌である。オミナエシは乾燥した草原に生え、「をみなへし　佐紀沢に生ふる」というのは現実にあり得ないので、単に掛詞という技巧に取り合わせただけである。一方、「佐紀沢に生ふる　花かつみ」はその通りに解釈し、「花かつみ」を沢すなわち湿地に生える植物と考えてよい。『萬葉集』から得られる情報はこれが限界で、これ以上植物種を絞り込むことは難しい。平安以降になると、「花かつみ」を詠む歌は頻出するが、さらに踏み込んだ考証が可能であるか、まずその代表的な歌として二首を挙げ、その内容について検討しよう。

二、　題しらず

みちのくの　あさかのぬまの　花かつみ　かつ見る人に　こひやわたらむ　（『古今和歌集』巻第十三）

三、　こものはなのさきたるを見て

はなかつみ　おひたるみれば　みちのくの　あさかのぬまの　心地こそすれ　（『能因法師集』下巻）

第二の歌の題詞および詠み人は不明で、佐紀沢を「安積《あさか》の沼」に置き換えて中臣女郎の歌を本歌取りした可能性もある。しかしながら、この歌は後世の文人から熱狂的ともいえるほど支持され、その結果、「安積の沼」はもっとも人気のある歌枕の一つとなった。『狭衣物語』巻第一にも飛鳥井の女君の歌として「花《はな》がつみ　かつ見《み》るだにもあるものを　安積《あさか》の沼《ぬま》に　水や絶《た》えなむ」という類歌が収録されている。第三の能因（九八八年—一〇五一年）の歌は、題詞にイネ科マコモの花とあるから、「花かつみ」をマコモと考えていることがわかる。「花かつみ」の生えているのをみると、安積の沼にいる心地がすることだという意で、当時、「安積の沼」は歌人の憧れの歌枕であったことを示唆する。ただし、能因は唐突に「花かつみ」をマコモと考えたわけではない。その由来となったある故事を平安後期の歌学者藤原範兼（一一〇七年—一一六五年）は次のように記しているからだ（『和歌童蒙抄』巻七）。

かのくにの風俗にて、かつみとは、こもを云也。昔、あやめ（万葉名でショウブのこと）のなかりければ、五月五日には、かつみふきとて、こもをふくなり。橘爲仲任にこもをふきければ、はらたちて、みをこなひてふかせける在廰のものをめし出してみれば、としをひかしらしろきものにてあり、いかでとしのみよりて、かゝることはせさするぞといましめければ、中將のみたちの御時に、菖蒲やさぶらはざりけん、あさかのぬまのかつみをふくべきよし候ければ、其後かくれいになりて、つかまつるなり、と云ければ、爲仲はぢて入にけりとぞ語り傳たる。されば實方の中將の時よりふくなるべし。（括弧内は筆者補足）

詳細は拙著『万葉植物文化誌』に詳述してあるので省略するが、平安時代の五月五日の端午の節句では「軒《のき》の菖蒲《あやめ》」という、ショウブで屋根を葺く風習があった。端午の節句そのものは大陸由来であるが、この風習はわが国特有である。範兼の言わんとすることを要約すれば次のようになる。昔はショウブ（昌蒲・菖蒲）がなかったので、その代わりにマコモで葺いた。橘爲仲（一〇一四年—一〇八五年）が陸奥守であったころ、年老いた白髪頭の年長者だけでかつみ葺きをしていたので、腹を立ててなぜショウブではなく「かつみ」で葺くのかと問い質したところ、前任者の藤原実方が任務を終えて帰京する時、ショウブがなかったので、安積の沼のマコモで葺く由の達しがあり、それから恒例になったのだと答えた。爲仲は自ら怒ったことを恥じて引き下がったという。この話の真偽はともかく、ショウブ科ショウブの代用品としてイネ科マコモを端午の節句の風習に用いることはあり得る。というのは、堅さ、肌触りそして匂いなどの風味にかなりの違いがあるものの、いずれの葉も線形で見かけがよく似ているからである。俗間では花にこだわり、地味な花しかつけないマコモを、「花かつみ」の名にふさわしくないだけでなく、第二の歌の情景が殺風景になるとしてしばしば排除する傾向が顕著のように思われる。それはあまりに現代的視点に基づく見解であって、序章でも強調したが、あくまで昔の人の目線でもって考慮しなければならない。『綺語抄』によれば「はなかつみ」は「あしのはな」、また「こものはな」ともいい、マコモのほかにイネ科アシも候補に挙げる。これをもってしても花が綺麗であるかは当時の歌人の眼中になかったことがわかる。マコモ・アシは同じイネ科の多年草ススキに似た花穂をつけるが、そのススキに「はなすすき」という用例があるから（詳細は第3章第1・2節参照）、花が地味であろうがなかろうが、「花かつみ」というネーミングはまったく問題にならない。さらに次の二首について考えてみよう。

四、　はなかつみといへる事をある人のよみたりけるを、いかにいふことぞとたづねければ、ようもしらぬ事をしりがほにいふと聞えければ心のうちに思ひける

しぎのゐる　たま江におふる　はなかつみ　かつよみながら　しらぬなりけり

（『散木奇歌集』第九）

五、　堀川院御時百首御歌、杜若

はなかつみ　まじりにさける　杜若《かきつばた》　たれしめさして　きぬにきぬらん　　前斎宮河内

（『夫木和歌抄』巻第六）

第四の歌は源俊頼の歌であるが、歌学書『俊頼髄脳』は「花かつみ」について『和歌童蒙抄』とほぼ同様な内容で記しているが、「この比《ころ》はあさかのぬまに、あやめをひかするはひがごととも申すべし」とも述べている。補足すると、「ひかする」は「僻《ひが》する」すなわち真意を取り違えるという意であり、僻事《ひがごと》はその名詞形である。俊頼が安積の沼で「あやめ」（アヤメではなくショウブ）のことを取り違えているのはまさに僻事であるとわざわざ述べる背景には、「花かつみ」をマコモではないという見解が出てきて無視できない状況になり、それを牽制するために「あやめ」以外を用いるのは本意ではないと改めて強調しているようにも見える。第四の歌の題詞に、「花かつみ」という名をある人が詠み込んでいるので、どういう意味なのかと尋ねたところ、よく知らないのを知っているかのように詠っているだけだと聞いたので、自分も心中で思ったことをそのまま詠ったとあるのは皮肉を込めたもので、シギのいる玉江に生える「花かつみ」をこのように歌に詠んでいるのだが、実はそれが何であるか知らなかったことだ、と詠んだのである。以上をもってしても「花かつみ」の基原がそれほど不明朗な存在になっていたことがわかるだろう。一方、第五の歌は、「花かつみ」とカキツバタを取り合わせるが、理解しづらい歌である。第四句は「誰染《し》めさして」、第五句は「衣に着《き》ぬらん」として通釈すると、「花かつみ」と交じって咲いているカキツバタで誰が衣に染めさして着たのだろうかという意味で、カキツバタによる摺り染めに言及した歌である。昔でも第五句は理解しにくかったようで、室町中期の『題林愚抄』では第五句を「衣《ころも》にすらん」としている。この歌の本題からすれば、「花かつみ」がマコモという認識はあまり感じられないが、カキツバタと混生しているというから、いかにも美しい花をつける植物であるかのように錯覚する。すなわち、時代とともに「花かつみ」の存在が曖昧になり、歌人が適当に脚色した結果、ついに美しい花をつける植物に転じてしまったのであろう。その経緯を推測すれば次のようになる。「花かつみ」はもともとイネ科マコモであって、所によっては軒《のき》の菖蒲《あやめ》葺きでショウブ（菖蒲）の代用とされた。時代を経るにつれて正しい情報が伝達されなくなり、「花かつみ」（＝マコモ）がショウブの代用であったはずがアヤメ科ノハナショウブと勘違いされ、さらに同様な環境に生えて摺り初めに用いるカキツバタも充てられるようになったと推測される。この背景には、「あやめ」の基原がショウブからアヤメ科植物の名に転じたことがあり、それが「花かつみ」の基原に関する混乱に拍車をかけたと推定される。江戸時代には「花かつみ考」と称する書籍が多く刊行され、その多くは能因の「花かつみ＝マコモ」説を支持する。松尾芭蕉は安積の地を訪れ、「花かつみ」の所在を当地の人々に聞いて回ったが、『奥の細道』に「かつみ刈比もやゝ近うなれば、いづれの草を花かつみとは云ぞと、人々に尋侍れども、更知人なし」と記しているように、結局、突き止めることはできなかった。それは江戸期の文人に広く知るところであったはずだが、やはり「花かつみ」に美しさを求める心情は強かったようで、藤塚知明が花昌蒲（実際は野生品であるからノハナショウブとすべきであるが）説を主張すると（『花勝美考』）、それに迎合する形で一般に広く支持されるようになったらしい。現在、安積の地が所属する郡山市がアヤメ科ヒメシャガを「花かつみ」に充てて旧安積の沼の周辺地に植栽しているのもその流れの一環であろう。ヒメシャガは湿性植物ではないから、「花かつみ」の可能性はほとんどないが、綺麗な花をつけるアヤメ科植物が「花かつみ」として俗間で一人歩きしてしまったことを象徴するものだろう。

以上の考証から、「花かつみ」に対してイネ科マコモ説とアヤメ科諸種の二説に大別できる。二者択一の選択ということになるが、本書はマコモ説に軍配を上げる。その理由として、民族植物学的観点から「花かつみ」という名の由来にマコモとの深い関係が認められるのに対し、アヤメ属植物とはまったく接点が見当たらないからである。中国本草でマコモに相当するのは、『名醫別錄』の下品にある菰《コ》根《コン》であり、『本草和名』にも「菰根　一名蔣　兼名苑に出づ　和名古毛乃祢」とある。すなわち、マコモの古名は「こも」であり、この名はもっぱら西日本を中心とした地域に分布する。一方、東日本とりわけ奥州ではまったく異なる方言名で呼ばれている。それこそ「かつみ」という万葉名に由来する名であり、そのほか「かづき」「かつぎ」「かじき」「かずき」など別系統の名が東北地方から北関東に分布している（以上『日本植物方言集成』）。すなわち、東国では「かつみ」や「かづき」などの名が本来の古名であったと考えられ、その語源は、後述するように、マコモの民族植物学的背景を反映したものである。今日では想像もつかないが、マコモは『圖經本草』（蘇頌）に「秋に至りて實を結ぶ、乃ち彫胡米なり。古人、以て美饌と爲す。今、饑歳に猶ほ人採りて以て粮に當つ。」（『證類本草』巻第十一「草部下品之下　菰根」所引）とあり、宋代の中国ではマコモの実を救荒食としたとある。ここでは彫胡米《チョウコベイ》とあるが、唐詩には異名の菰米《コベイ》を詠む詩がいくつかあり、わが国にもよく知られる杜甫・王維も詠んでいるので紹介しよう。

『全唐詩』巻二三〇「秋興八首　其七」　杜甫

昆明の池水、漢時の功にして　武帝の旌旗、眼中に在り
織女の機絲、月夜に虛しく　石鯨の鱗甲、秋風に動く
波は菰米を漂はして沈雲黒く　露は蓮房に冷やかに墜粉紅なり
關塞の極天に唯だ鳥道　江湖の滿地に一漁翁

沈雲は重なり合う雲、墜粉はハスの花からこぼれた蘂の意。関塞はとりで、極天は大空のはて、鳥道は鳥が飛び過ぎる道。通釈すると、昆明の池は漢代に造られた、こうして眺めると今でも武帝の旗が眼に浮かぶようだ、今はただ織女が月夜に機織りをしている（のを想像する）のみで何と虚しいことか、それでも石造の鯨の甲羅が秋風にそよいでいるようで往事の威勢を偲ばせる、マコモの実が波にただよい、また重なり合った雲は雨が降りそうなほど黒く、ハスの果房は露に冷やされ、花の紅い蘂が落ちている、遙かなる城塞とその上に広がるはてなき大空には鳥の飛んでいく道のみ、そして広々とした江湖の満面にただ一人の老いた漁師を見るだけで何と寂しいことかとなる。

『全唐詩』巻一二六「友人の南に歸るを送る」王維

萬里の春應に盡きんとし　三江の雁亦た稀なり
連天の漢水廣く　孤客、郢城に歸る
鄖國の稲苗秀で　楚人の菰米肥ゆ
懸《はる》かに知る倚門の望を　遙かに識る老萊の衣を

連天は天にとどくこと、孤客は独りぼっちの旅人で友人を指す。郢城《えいじょう》は春秋時代の楚国の都であったところ、鄖《うん》國はその楚に滅ぼされた国のこと。倚門《いもん》の望《ぼう》とは、母が家の門に寄りかかって子の帰るのを待ちわびて遠くを眺めることで、春秋時代の衛の故事に基づく成句。老萊の衣は老萊斑衣《ろうらいはんい》に同じで、親孝行することのたとえ。楚の老萊子は七十歳になっても、子供用の服（斑衣）を着て子どものように戯れ、親を喜ばせて年老いたことを忘れさせようとした故事による。通釈すると、遠く離れた地でも春が終わろうとし、一足先に北の国へ帰ったのだろうか、三江に雁の姿もすっかり少なくなってしまった、天に届かんという広い漢水を経由して、郢城に帰ろうという一人ぼっちの旅人がいる、鄖国では稲の苗はよく育つが、楚人のマコモの米も滋味が肥えている、故郷を遠く離れていると、母親が子の帰るのを首を長くして待つ気持ちがわかるし、また老萊が子供の服を着て親を喜ばそうとした気持ちもよく理解できるのだとなる。第四連は故郷の郢城にたった一人で帰ろうとしている友人を待ち望む親の気持ちを代弁している。

以上の二詩によれば、古く中国ではマコモの実を食用としていたことがうかがえ、おそらく唐代でも食用にしていたのであろう。それは民族植物学的観点から決して驚くに当たらない。北米ではマコモ属植物の実をワイルドライスとして古くから食用としてきた事実があるからである。「こも」はマコモの実の漢名「菰米」の漢音読み「こべい」が「こめい」を経て訛ったと思われる。因みに、マコモは、わが国では真菰と表記されるが、「ま」は真の意ではなく、「まゆみ」「ますげ」などと同じ美称の発語である。一方、「かつみ」もマコモの実に由来し、わが国でもきわめて古い時代から食用にしていたと想像される。食用とするから「糧《かて》実」あるいは主食に混ぜて食したことから「糅《か》て実」の意で、それが訛って「かつみ」となるのはそれほど無理がない。一方、「かづき」ほかその訛名は「かつみ」とは無関係の別系統の名である。実はマコモは実のほかに食用として利用できる部分がある。それは菰角《こもづの》という新芽に黒穂菌が寄生して肥大化したものである。『和名抄』にも「七巻食經云ふ、菰首は味甘く冷和名古毛布豆呂、一に云ふ古毛豆乃」とあり、本草では菰首《コシュ》（菰手）という。タケノコのような風味があるので、真菰筍《マコモダケ》ともいう。「かづき」とは「潜《か》づ茎《き》」の義であって、菰首が、通例、水面下で生じることに由来する。以上、「かつみ」の民族植物学的背景を追求していくと、その語源にも深く相関することがわかる。一方、アヤメ科植物にはいささかの関連も見出し得ないので、万葉の「花かつみ」はマコモであってアヤメの類ではない。

第2節　「ははくり」は漢方薬バイモの和産同属植物である

『萬葉集』にわずか一首だけだが、「ハハという花」を詠んだ歌がある。

　時々《ときどき》の　花は咲けども　何すれそ　ははとふ花の　咲き出来《でこ》ずけむ　（巻二十　四三二三）

　　右の一首は、防人山名郡の丈部真麻呂

第四句にこの奇妙な花の名が出てくるが、原文では「波々」とあり、ほとんどの注釈書は歌文中で母と表記する。通釈すると、時節ごとに花は咲くけれど、どうしてこのハハという花は咲かなかったのだろうかというごく簡潔な内容であるが、「はは」にこの詠み人の母親への思いが込められていると解釈し、そう表記したのであろう。植物学上の正名でハハという名の植物はないが、母をイメージするのにふさわしい植物はある。『本草和名』に「貝母陶景注云ふ、形、貝の子聚むるに似たる故に以て之と名づくと　一名空草一名藥實一名苦華一名苦菜一名商草一名勒母一名莔仁諝音莫耕反、又䕜に作る　一名芇草一名茖莖　已上二名釈薬性に出づ　和名波々久利」とあるように、「ははくり」という古名をもち、漢名に母の字をもつ貝母《バイモ》がそれに当たる。貝母は『神農本草經』の中品に収載される由緒ある薬物であり、『本草經集注』は「形、貝の子聚《あつ》むるに似たる故に以て貝母と名づく」（『證類本草』巻第八「草部中品之上」所引）と、薬用部位である根の形態をもってその名の由来を説明している。「ははくり」は、『倭訓栞』は「母栗の義。根の形栗に似て、母の子を抱く如し。」とその語源を説明するが、基本的に陶弘景の語源解釈を日本流に焼き直したものといえる。貝母の基原については、『圖經本草』は「二月に苗を生じ、細く青色、葉は亦た青にして蕎麥の葉に似たり。苗に随ひて出で、七月に花を開き、碧綠色、形は鼓子花（ヒルガオ科ヒルガオ）の如し。」（『證類本草』同）と記載し、『重修政和經史證類備用本草』に載せる附図からユリ科クロユリ属であることはまちがいない。中国にこの仲間の植物は非常に多く、川貝《センバイ》・炉貝《ロバイ》・伊貝《イバイ》・浙貝《セツバイ》など産地ごとに基原植物種は異なり、現行薬局方が規定するアミガサユリは浙貝の一種であるが、花期は四月と早く、『圖經本草』の記述にある花期とは合わない。したがって、蘇頌は同属別種について記載したことになる。わが国にもいくつかの自生種があり、『延喜式』巻第三十七「典藥寮」の諸國進年料雜藥では安房国・美濃国より貝母の貢進を記録し、また『出雲國風土記』では秋鹿郡に白朮《ビャクジュツ》・独活《ドクカツ》・女青《ジョセイ》・苦参《クジン》とともに貝母の所在を記録している。アミガサユリは江戸時代に伝わった中国原産種であるから、両書のいう貝母はいうまでもなく和産の別種である。『延喜式』で美濃より貢進されたものはミノコバイモ、『出雲國風土記』のいう貝母はイズモコバイモあるいはナガバナコバイモと思われる。安房国すなわち千葉県にはクロユリ属植物は分布しないので、おそらく海産物を誤認したものと推定される。『萬葉集』の「ハハの花」は、詠み人が故郷の遠江国山名郡（現静岡県磐田市周辺）を思い起こして詠んだのであるから、当地に分布する唯一のクロユリ属種ミノコバイモにちがいない。

32

引用および参考文献

一、植物書・本草書など関連文献

『**飲膳正要**』
（元）忽思慧撰・馬濟人主編「気功・養生叢書飲膳正要」（上海：上海古籍出版社、一九九〇年）

『**江戸時代朝鮮薬材調査の研究**』
田代和生著「江戸時代朝鮮薬材調査の研究」（東京：慶應義塾大学出版会、一九九九年）

『**海棠譜**』
叢書集成初篇・王雲五主編「揚州芍藥譜及其他六種」（長沙：商務印書館、一九三九年）

『**開寶本草**』
正式名は『開寶新詳定本草』、『證類本草』より

『**海藥本草**』
『證類本草』の「海藥餘」「海藥云」より引用

『**花史左編**』
四庫全書存目叢書第八十二冊「花史左編」（濟南：齊魯書社、一九九五年―九七年）

『**花壇地錦抄**』
伊藤伊兵衛三之丞・伊藤伊兵衛政武著「花壇地錦抄・増補地錦抄（生活の古典双書）」（東京：八坂書房、一九八三年）

『**嘉祐本草**』
正式名は『嘉祐補注本草』、『證類本草』より

『**寒天の歴史地理学研究**』

野村豊著「寒天の歴史地理学研究」（大阪：大阪府経済部水産課、一九五一年）

『廣東新語』

（清）屈大均撰「廣東新語」（出版地不明：出版者不明、康熙三十九年序）

『橘録』

（宋）左圭輯「百川學海　第三十八冊　橘録三巻」（上海：博古齋、一九二一年）

『救荒本草』

浅見恵・安田健訳編「近世歴史資料集成第Ⅳ期　第Ⅹ巻　救荒一」（東京：科学書院、二〇〇六年）

『救荒野譜』

浅見恵・安田健訳編「近世歴史資料集成第Ⅳ期　第Ⅹ巻　救荒一」（東京：科学書院、二〇〇六年）

『郷薬集成方』

（朝鮮）兪孝通編「郷薬集成方八十五巻」（出版地不明：出版者不明、明・崇禎六年刊）

『錦窠植物圖説』

伊藤圭介編「錦窠植物圖説」（一八九三年―九九年頃書写）

『菌譜』

廣百川學海（癸集）「學圃雜疏　菌譜（陳仁玉撰・銭敬臣閲）」（出版地不明：出版者不明、明刊）

『原色版日本薬用植物事典』

伊沢凡人著「原色版日本薬用植物事典　第二版」（東京：誠文堂新光社、一九八一年）

『原色牧野植物大図鑑』

牧野富太郎著・本田正次編「原色牧野植物大図鑑」（東京：北隆館、一九八二年）

『廣群芳譜』

（清）汪灝・（清）張逸少・（清）汪漋・（清）黄龍眉撰・佩文齋索引本「廣群芳譜一―一〇」（臺北：新文豐出版、一九八〇年）

『香字抄』
「香字抄」（写本、無刊記、文永六年写）
岡井愼吾解説「香字抄（影印版）一巻」（京都：貴重圖書影印刊行會、一九三三年）
『香要抄』
天理図書館善本叢書和書之部編集委員会編「天理図書館善本叢書和書之部第三十一巻　香要抄・薬種抄（亮阿闍梨兼意著・森鹿三解題）」（東京：八木書店、一九七七年）
『國文学に現はれたる植物考』
松山亮蔵著・白井光太郎校閲「國文学に現はれたる植物考」（東京：寶文館、一九一一年）
『国訳本草綱目』
（明）李時珍著・鈴木真海訳・木村康一監修「新註校定國譯本草綱目」（東京：春陽堂書店、一九七九年）
『國譯本草綱目』
（明）李時珍著・白井光太郎校註・鈴木真海訳『頭註國譯本草綱目』（東京：春陽堂、一九三四年）
『最新生薬学』
刈米達夫著「最新生薬学」（東京：廣川書店、一九五四年）
『芝峰類説』
朝鮮古書刊行會編「朝鮮群書大系　續々　第二十一・二十二輯　芝峰類説上下」（京城旭町［朝鮮］：朝鮮古書刊行會、一九一五年）
『芍藥譜』
叢書集成初編・王雲五主編「揚州芍藥譜及其他六種」（長沙：商務印書館、一九三一年）
『樹木大図説』
上原敬二著「樹木大図説」（東京：有明書房、一九七六年）
『紹興校定經史證類備急本草』

（宋）王継先等編・中尾万三解説「白井光太郎藏　紹興校定經史證類備急本草」（東京：春陽堂、一九三三年）
『正倉院藥物』
朝比奈泰彦編「正倉院藥物」（大阪：植物文献刊行會、一九五五年）
『生薬大事典』
木下武司著「歴代日本薬局方収載生薬大事典」（東京：ガイアブックス、二〇一五年）
『常野採藥記』
浅見恵・安田健訳編「近世歴史資料集成第Ⅱ期　第Ⅶ巻　採薬志二」（東京：科学書院、一九九四年）
『證類本草』
（宋）唐慎微撰・中華再造善本叢書　金元編・子部「重修政和經史證類備用本草（中國國家圖書館藏蒙古・定宗四年張存惠晦明軒刻本）」（北京：北京圖書館出版社）
（宋）唐慎微撰・（宋）艾晟校定・呉家鑑訳述「經史證類大觀本草」（臺南：正言出版、一九七七年）
『植物の世界』
朝日新聞社編「週刊朝日百科　植物の世界（合冊版）」（東京：朝日新聞社、一九九四年―九七年）
『植物名實圖考』
呉其濬撰「植物名實圖攷（山西省古建築保護研究所藏版）」（北京：文物出版、一九九三年）
『食物本草』
（元）李杲撰・附（明）呉瑞撰・（明）錢允治校「食物本草七巻附日用本草三巻」（京都：山屋治右衛門刊、慶安四年）
『食物本草（二十二巻本）』
（元）李杲撰・李時珍訂「鐫備食物本草綱目」（出版地不明：翁小麓刊、崇禎十一年刊）
『食療本草』
『證類本草』の「孟詵云」あるいは「食療云」より引用
『新修本草』『新修本草殘卷』

『證類本草』の「唐本注云」より引用
「新修本草（木部之上品巻第一二）」（大阪：本草圖書刊行會、一九三六年―三七年）
「新修本草（木部之中品巻第一三）」（大阪：本草圖書刊行會、一九三六年―三七年）
「新修本草（木部之下品巻第一四）」（大阪：本草圖書刊行會、一九三六年―三七年）
「新修本草（菓部巻第一七）」（大阪：本草圖書刊行會、一九三六年―三七年）
「新修本草（菜部巻第一八）」（大阪：本草圖書刊行會、一九三六年―三七年）
「新修本草（米等部巻第一九）」（大阪：本草圖書刊行會、一九三六年―三七年）
「新修本草（有名無用巻第廿）」（大阪：本草圖書刊行會、一九三六年―三七年）
武田科学振興財団杏雨書屋編「零本新修本草巻第十五」（大阪：武田科学振興財団、二〇〇〇年）

『神農本草經』
森立之輯「神農本草経」（大阪：昭文堂、一九八四年）

『圖經本草』
『證類本草』の「圖經曰」より引用

『図説草木名彙辞典』
木村陽二郎編「図説草木名彙辞典」（東京：柏書房、一九九一年）

『駿州勢州採薬記』
浅見恵・安田健訳編「近世歴史資料集成第Ⅱ期　第Ⅶ巻　採薬志二」（東京：科学書院、一九九四年）

『齊民要術』
（北魏）賈思勰著「國學基本叢書簡編　齊民要術」（上海：商務印書館、一九三八年）

『世界の植物』
朝日新聞社編「朝日百科　世界の植物」（東京：朝日新聞社、一九八〇年）

『増訂和漢藥考』

小泉榮次郎著「增訂和漢藥考（復刻版　前・後編合本）」（生生舎出版部、一九七七年）

『草木圖説』

近世歴史資料研究会訳編「諸国産物帳集成第Ⅲ期　近世植物・動物・鉱物図譜集成第Ⅹ巻　草木図説後編（木部）」（東京：科学書院、二〇〇六年）

『泰西本草名疏』

C. P. Thunberg 原著・伊藤圭介編次・水谷豊文跋・大河内重敦序「泰西本草名疏」（尾張：花繞書屋、文政十二年）

『多識編』

林羅山著・B.H.日本語研究ぐるうぷ編「新刊多識編（附早大本和泉屋版本草和名）」（東京：文化書房博文社、一九七三年）

『中国高等植物图鉴』

中国科学院植物研究所主編「中国高等植物图鉴　第一冊〜第五冊」（北京：科学出版社、一九八五年）

『中国古代の植物学の研究』

水上静雄著「中国古代の植物学の研究」（東京：角川書店、一九七七年）

『中國本草圖錄』

蕭培根主編「中國本草圖錄全十巻」（香港：商務印書館・人民衛生出版社、一九八八年）

『中国本草図録』

真柳誠翻訳編集「中国本草図録全十一巻」（東京：中央公論社、一九九二年―九三年）

『中薬大辞典』

上海科学技術出版社・小学館編「中薬大辞典　第一―五巻」（東京：小学館、一九八五年）

『滇南本草』

兰茂著・滇南本草整理组「滇南本草」（昆明：云南人民出版社、一九七六年）

『南方草木狀』

「南方艸木狀　釋蟲小記　桂海虞衡志　南方艸物狀」（出版地不明：出版者不明、無刊記）
（晋）嵇含撰「南方草木狀」（上海：商務印書館刊、一九五五年）

『日用本草』
上野益三監修・吉井始子編「食物本草本大成　第四巻（食物本草巻之八―巻之十所収）」（京都：臨川書店、一九八〇年）

『日華子諸家本草』
『證類本草』の「日華子云」より引用

『日本の植生』
宮脇昭編「日本の植生」（東京：小学館、一九七七年）

『農業全書』
宮崎安貞編録・貝原楽軒冊補・土屋喬雄校訂「農業全書」（東京：岩波書店、一九四九年）

『埤雅』
（宋）陸佃著・王敏紅校點・張道勤責任編輯「埤雅」（杭州：浙江大學出版、二〇〇八年）

『閩書南産志』
（明）何喬遠撰・都賀庭鐘點「南産志二巻」（江都：須原屋茂兵衞、寛延四年刊）

『物品識名』
水谷豊文編「物品識名」（本町［尾州名古屋］：永樂堂、文政八年）

『物理小識』
（明）方以智著・（清）于藻重訂「物理小識」（出版地不明：出版者不明、康熙三年序）

『物類品隲』
平賀源内編・正宗敦夫編纂校訂「物類品隲（日本古典全集）」（東京：日本古典全集刊行會、一九二八年）

『法隆寺所蔵医薬調剤古抄』
柴田承二監修「法隆寺所蔵医薬調剤古抄：発見された十四世紀のくすり」（東京：廣川書店、一九九七年）

『本草色葉抄』
惟宗具俊著「内閣文庫蔵室町写本・本草色葉抄　附解題（解題：石原明・山田忠雄）」（東京：内閣文庫、一九六八年）
『本草衍義』
（宋）寇宗奭撰「本草衍義」（上海：上海商務印書館、一九五七年）
『本草綱目』
（明）李時珍著・「本草綱目（張紹棠本）」（北京：北京人民出版社、一九五七年）
（明）李時珍著・稲生若水校閲『新校正本草綱目』（京都：唐本屋八郎兵衛等刊［含英堂豫章堂藏板］　正徳四年）
（明）李時珍著・松下見林校閲「重訂本草綱目」（京都：風月荘左衛門刊、寛文九年）
（明）李時珍著「重刻本草綱目」（京都：野田彌次右衛門刊、寛文十四年後刷、承応二年）
『本草綱目紀聞』
水谷豊文先生著「本草綱目紀聞一～四」（大阪：杏雨書屋、二〇〇六―〇八年）
『本草綱目啓蒙』
小野蘭山著・杉本つとむ編著「本草綱目啓蒙　本文・研究・索引」（東京：早稲田大学出版会、一九七四年）
『本草綱目拾遺』
（清）趙学敏著「本草綱目拾遺」（北京：人民衛生出版社、一九五七年）
『本草綱目品目』
貝原益軒著・益軒会編「益軒全集　巻之六」（東京：益軒全集刊行部、一九一一年）
『本草拾遺』
『證類本草』の「陳藏器云」および「陳藏器餘」より引用
『本草従新』
（清）呉儀落著「精校足本本草従新」（上海：啓新書局、一九二二年）
『本草辨疑』

遠藤元理著「本艸辨疑」（京極通四条下町：瀧庄三郎版、天和元年）
『本草名物附録』
貝原益軒著・益軒会編「益軒全集　巻之六」（東京：益軒全集刊行部、一九一一年）
『本草類編』（『康頼本草』）
塙保己一編・続群書類従完成会校定「續群書類従第三〇輯下（雑部四）」（東京：続群書類従完成会、一九六〇年）
『本草和名』
深江輔仁撰・与謝野寛・正宗敦夫・与謝野晶子編纂・校訂「本草和名」（東京：日本古典全集刊行會、一九二六年）
『本朝食鑑』
正宗敦夫編纂校訂「本朝食鑑」（東京：日本古典全集刊行會、一九三三—三四年）
『牧野新日本植物圖鑑』
牧野富太郎著「改訂増補牧野新日本植物圖鑑」（東京：北隆館、一九八九年）
『牧野富太郎選集』
牧野富太郎著・佐藤達夫・佐竹義輔監修「牧野富太郎選集二（春の草木・万葉の草木）・三（講演再録・さまざまな樹木）」（東京：東京美術、一九七〇年）
『名醫別錄』
『證類本草』『新修本草』の逸文より引用
『大和本草』
貝原益軒撰・白井光太郎考証・岸田松若・田中茂穂・矢野宗幹考註「大和本草」（東京：有明書房、一九七五年）
『養花小錄』
（朝鮮）姜景愚撰「菁川養花小録」（出版地不明：出版者不明、出版年不明）
『用藥須知』
大塚敬節・矢数道明責任編集「近世漢方医学書集成第五五巻　松岡恕庵　用薬須知（後編、續編）」（東京：名著出版、

一九八〇年）

『履巉岩本草』

鄭金生整理「南宋珍稀本草三种」（北京：人民衛生出版社、二〇〇七年）

『和漢薬百科図鑑』

難波恒雄著「和漢薬百科図鑑Ⅰ・Ⅱ」（大阪：保育社、一九九三年―九四年）

『和蘭薬鏡』

宇田川榛斎訳述・宇田川榕菴校補「新訂増補和蘭薬鏡」（淺草茅町：青藜閣、文政十一年序）

二、医書および関連文献

『醫心方』

丹波宿弥康頼撰・日本古医学資料センター編「安政版・医心方」（東京：講談社・日本古医学資料センター、一九七三年）

『奇工方法』

浅見恵・安田健訳編「近世歴史資料集成第Ⅲ期 第Ⅰ巻 民間治療五」（東京：科学書院、一九九九年）

『金匱要略』

（後漢）張仲景著・晋王叔和撰次「金匱要略」（京都：文泉堂林權兵衛、文化三年新刻）

『外科正宗』

（明）陳實功撰著・台州荻校正「新刊外科正宗」（出版地不明：芳蘭謝藏版、寛政三年）

『外臺秘要』

（唐）王燾著「重訂唐王燾先生外臺秘要方（崇禎十三年序經餘居刊本）」（北京：人民衛生出版社、一九五五年）

『此君堂薬方』

浅見恵・安田健訳編「近世歴史資料集成第Ⅱ期第Ⅺ巻 民間治療四」（東京：科学書院、一九九五年）

『傷寒論』
（後漢）張仲景述・王叔和撰次・林億校正・稲葉元煕校・丹波元堅序「新校宋板傷寒論」（本町［江戸］：和泉屋善兵衛、天保十五年刊）

『千金要方』
千金要方刊行会編「備急千金要方（影宋本）」（東京：千金要方刊行会、一九七四年）

『叢桂亭醫事小言』
原南陽口授「叢桂亭醫事小言」（下町本町［水戸］：須原屋安次郎、文政二―三年）

『大同類聚方』
大神神社史料編集委員会編（出雲広貞・安倍真直撰）「校注大同類聚方」（東京：平凡社、一九七九年）

『東醫寶鑑』
（朝鮮）許俊編著「東醫寶鑑」（臺北：臺聯國風出版社、一九七二年）

『頓醫抄』
梶原性全著「頓醫抄」（写本、無刊記、無序）京都大学富士川文庫本

『普及類方』
浅見恵・安田健訳編「近世歴史資料集成第Ⅱ期　第Ⅷ巻　民間治療一」（東京：科学書院、一九九一年）

『福田方』
有林著「有林福田方（内閣文庫蔵本）」（東京：科学書院、一九八七年）

『勿誤藥室方函』
世界文庫刊行會編「淺田宗伯處方全集　前編」（東京：世界文庫刊行會、一九二八年）

『勿誤藥室方函口訣』
世界文庫刊行會編「淺田宗伯處方全集　後編」（東京：世界文庫刊行會、一九二八年）

『妙薬奇覧』

浅見恵・安田健訳編「近世歴史資料集成第Ⅳ期　第Ⅺ巻　民間治療十二」（東京：科学書院、二〇〇二年）

『妙薬博物筌』

浅見恵・安田健訳編「近世歴史資料集成第Ⅲ期　第Ⅷ巻　民間治療十一」（東京：科学書院、二〇〇〇年）

『和方一萬方』

浅見恵・安田健訳編「近世歴史資料集成第Ⅲ期　第Ⅴ巻　民間治療九　和方一萬方　改訂・増補版前篇」（東京：科学書院、一九九九年）

浅見恵・安田健訳編「近世歴史資料集成第Ⅲ期　第Ⅵ巻　民間治療十　和方一萬方　改訂・増補版後篇・総索引」（東京：科学書院、一九九九年）

三、和漢の辞書・字書の類

『伊京集』

中田祝夫著「古本節用集六種研究並びに総合索引」（東京：勉誠社、一九七九年）

『色葉字類抄』

橘忠兼著「伊呂波字類抄」（京都：光棣［写］、文政十年）

佐藤喜代治著「色葉字類抄略注　巻上中下」（東京：明治書院、一九九五年）

中田祝夫・峯岸明共編「色葉字類抄研究並びに総合索引（黒川本影印編・索引編）」（東京：風間書房、一九七七年）

『岩波古語辞典』

大野晋・佐竹昭広・前田金五郎編「岩波古語辞典」（東京：岩波書店、一九七四年）

『運歩色葉集』

中田祝夫著「中世古辞書四種研究並びに総合索引」（東京：風間書房　一九七一年）

『温故知新書』

中田祝夫著「中世古辞書四種研究並びに総合索引」（東京：風間書房　一九七一年）

『下學集』
山田忠雄監修・解説「下学集：元和三年板」（東京：新生社、一九六八年）
東麓破衲著・東京大学国語研究室編「下学集　三種（東京大学国語研究室資料叢書一四）」（東京：汲古書院、一九八八年）
東麓破衲編・山脇道円増補「下學集」（京都：長尾平兵衛、寛文九年）

『角川古語大辭典』
中村幸彦・岡見正雄・阪倉篤義編「角川古語大辞典一―五」（東京：角川書店、一九八二―九九年）

『玉篇』
（梁）顧野王撰・（唐）孫強増加・（宋）陳彭年等重修「大廣益會玉篇」（出版地不明：出版者不明、慶安四年）

『訓蒙字會』
（朝鮮）崔南善編「訓蒙字會」（京城：朝鮮光文會、一九一三年）

『言海』
大槻文彦著「言海」（東京：筑摩書房、二〇〇四年）

『言塵集』
今川了俊著・正宗敦夫編纂校訂「言塵集（日本古典全集刊行會本複製）」（東京：現代思潮社、一九七八年）

『廣韻』
（北宋）陳彭年等奉勅撰「廣韻」（呉郡：澤存堂、康熙四十三年序）

『康熙字典』
（清）凌紹雯等奉敕撰「康熙字典」（成都：成都古籍出版、一九八〇年）

『江家次第』
大江匡房著「江家次第」（洛下［京都］：蓬生巷林鶴、承應二年）

『好色訓蒙圖彙』

吉田半兵衛作・画「好色訓蒙図彙」（東京：大空社、一九九八年）

『撮壌集』

中田祝夫著「中世古辞書四種研究並びに総合索引」（東京：風間書房　一九七一年）

『爾雅註疏』

（晋）郭璞註・（北宋）邢昺註疏「爾雅註疏（萬暦二十一年刊本の和刻本）」（出版地不明：出版者不明、出版年不明）

『字鏡鈔』

菅原為長撰・中田祝夫・林義雄編「字鏡鈔　天文本影印篇（尊経閣文庫所蔵本複製）」（東京：勉誠社、一九八二年）

『字通』

白川静著「字通」（東京：平凡社、一九九七年）

『上代語辞典』

丸山林平著「上代語辞典」（東京：明治書院、一九六七年）

『書言字考節用集』

中田祝夫・小林祥次郎著「書言字考節用集研究並びに索引」（東京：風間書房、一九七三年）

『新撰字鏡』

京都大學文學部編「天治本新撰字鏡　附享和本・群書類従本（増訂版）」（京都：臨川書店、一九七三年）

『正字通』

（明）張自烈撰「正字通（国立故宮博物院所蔵張氏弘文書院康熙十年刊本影印）」（東京：東豊書店、一九九六年）

『説文解字』

（後漢）許慎撰・（清）段玉裁注「説文解字段注」（臺北：世界書局、一九三六年）

『説文解字繋傳』

（南唐）徐鍇傳釋「説文解字繋傳」（上海：商務印書館、一九二一年）

『節用集（易林本）』

与謝野寛・正宗敦夫・与謝野晶子編纂校訂「節用集（易林本）（日本古典全集刊行会本複製）」（東京：現代思潮社、一九七七年）

『節用集（黒本本）』
中田祝夫著「古本節用集六種研究並びに総合索引」（東京：勉誠社、一九七九年）

『節用集（慶長十六年本）』
「慶長十六年本節用集」（出版地不明：小山仁衛門、慶長年間）

『節用集（文明本）』
中田祝夫著「文明本節用集研究並びに索引 影印篇」（東京：勉誠出版、二〇〇六年）

『節用集（饅頭屋本）』
中田祝夫著「古本節用集六種研究並びに総合索引」（東京：勉誠社、一九七九年）

『節用集（明応五年本）』
中田祝夫著「古本節用集六種研究並びに総合索引」（東京：勉誠社、一九七九年）

『大漢和辭典』
諸橋轍次著・鎌田正・米山寅太郎修訂「大漢和辭典巻一―十二」（東京：大修館書店、一九八四―八六年）

『大言海』
大槻文彦著「新訂大言海（冨山房創立七十周年記念出版）」（東京：冨山房、一九六〇年）

『日葡辞書』
土井忠生・森田武・長南実編訳「日葡辞書」（東京：岩波書店、一九八〇年）

『日本国語大事典』
小学館国語辞典編集部編集「日本国語大事典」（東京：小学館、二〇〇六年）

『日本主要樹木名方言集』
倉田悟著「日本主要樹木名方言集」（東京：地球出版、一九六三年）

『日本植物方言集成』
八坂書房編「日本植物方言集成」（東京：八坂書房、二〇〇一年）
『平凡社大百科事典』
「平凡社大百科事典」（東京：平凡社、一九八四年—九一年）
『名語記』
経尊著・北野克写「名語記」（東京：勉誠社、一九八三年）
『譯語類解』
「原本國語國文學叢林」（서울：大提閣、一九八八年）
『類聚古集』
龍谷大学佛教文化研究所編「龍谷大学善本叢書二〇　類聚古集（翻刻篇　上・下）」（京都：思文閣出版、二〇〇〇年）
『類聚名義抄』
菅原是善著・正宗敦夫編「類聚名義抄一—五」（東京：日本古典全集刊行會、一九三八年）
築島裕解説「図書寮本類聚名義抄：宮内庁書陵部蔵　本文編・解説索引編」（東京：勉誠社、一九七六年）
『連文釋義』
長沢規矩也編「和刻本辞書字典集成　第一巻」（東京：汲古書院、一九八〇年）
『和漢三才圖會』
寺島良安著・和漢三才図会刊行委員会編「和漢三才図会　二冊」（東京：東京美術、一九七五年）
『和玉篇』
「倭玉篇」（出版地不明：出版者不明、慶長十五年）
『和訓栞』
谷川士清編・井上頼圀・小杉榲邨増補「増補語林　倭訓栞　上中下巻」（東京：名著刊行会、一九九〇年）
谷川士清編・井上頼圀・小杉榲邨増補「増補語林　倭訓栞　後編」（東京：名著刊行会、一九九〇年）

『和爾雅』
貝原益軒著・益軒会編「益軒全集　巻之七（復刻版）」（東京：国書刊行会、一九七三年）
『和名抄』『箋注倭名類聚抄』
京都大學文學部國語學國文學研究室編「諸本集成倭名類聚抄　本文篇」（京都：臨川書店、一九八七年）

四、国書古典ほか

『朝倉亭御成記』
塙保己一編・続群書類従完成会校定「羣書類従第二十二輯（武家部一）」（東京：続群書類従完成会、一九六〇年）
『いさよひの日記』
玉井幸助校訂「十六夜日記　附阿佛仮名諷誦・阿佛東くだり（岩波文庫）」（東京：岩波書店、一九五〇年）
『伊勢物語』
大津有一・築島裕校注「日本古典文學大系九　竹取物語・伊勢物語・大和物語」（東京：岩波書店、一九五七年）
『出雲國風土記』
秋元吉郎校注「日本古典文學大系二　風土記（常陸國風土記・出雲國風土記・播磨國風土記・肥前國風土記・逸文）」（東京：岩波書店、一九五八年）
『宇治拾遺物語』
渡邊綱也・西尾實校注「日本古典文學大系二十七　宇治拾遺物語」（東京：岩波書店、一九六〇年）
『鶉衣拾遺』
國民圖書株式会社編「近代日本文學大系　第二十三巻（狂文俳文集）」（東京：國民圖書、一九二六年）
『宇津保物語』
河野多麻校注「日本古典文學大系一〇―一二　宇津保物語一・二・三」（東京：岩波書店、一九五九―六一年）
『榮花物語』

三条西公正校訂「栄花物語（三条西家本）上中下」（東京：岩波書店、一九九七年）
『江戸買物獨案内』
中川芳山堂編「江戸買物独案内」（東京：近世風俗研究会、一九五八年）
『延喜式』
国立歴史民俗博物館館蔵史料編集会編「貴重典籍叢書：国立歴史民俗博物館蔵　歴史篇（延喜式）」（京都：臨川書店、二〇〇〇年）
『大草家料理書』
塙保己一編・続群書類従完成会校定「羣書類從第十九輯（管弦部・蹴鞠部・鷹部・遊戲部・飲食部）」（東京：続群書類従完成会、一九五九年）
『奥の細道』
藤村作編「奥の細道」（東京：至文堂、一九三〇年）
『懷風藻』
小島憲之校注「日本古典文學大系六十九　懷風藻・文華秀麗集・本朝文粋」（東京：岩波書店、一九六四年）
『臥雲日件錄』
東京大學史料編纂所編「大日本古記録第十三　臥雲日件録拔尤（瑞谿周鳳著）」（東京：岩波書店、一九六一年）
『河海抄』
玉川琢彌編・山本利達・石田穣二校訂「紫明抄　河海抄」（東京：角川書店、一九八八年）
『蜻蛉日記』
藤原道綱母著・上村悦子校注「校注古典叢書　蜻蛉日記」（東京：明治書院、一九八六年）
『華實年浪草』
三余斎麁文著「華實年浪草」（心斎橋筋博労町角［大坂］：河内屋茂兵衛、天明三年）
『鏑木清方随筆集』

山田肇編「鏑木清方随筆集：東京の四季」（東京：岩波書店、一九八七年）
『歌林四季物語』
塙保己一編・続群書類従完成会校定「續群書類從第三二輯上（雑部七）」（東京：続群書類従完成会、一九六〇年）
『菅家文草』
菅原道真撰「菅家文草」（出版地不明：出版者不明、寛文七年跋）
『冠辭考』
賀茂眞淵著「冠辭考　上下」（大阪：中村鍾美堂、一八九九年）
『看聞御記』
塙保己一編・続群書類従完成会校定「續群書類從補遺第二」（東京：続群書類従完成会、一九六〇年）
『綺語抄』
佐佐木信綱編「日本歌學大系　別巻第一」（東京：風間書房、一九五九年）
『希望草紙』
岡本かの子著「岡本かの子全集　第十三巻（復刻）」（東京：日本図書センター、二〇〇一年）
『公事根源』
関根正直著「修正公事根源新釋　上下」（東京：六合館、一九二六年）
『毛吹草（追加）』
松江重頼著「毛吹草」（出版地不明：出版者不明、正保二年）
『言元梯』
大石千引著・成島司直・田沢仲舒・天野政徳序「言元梯」（出版地不明：出版者不明、天保五年）
『源氏物語』
山岸徳平校注「日本古典文學大系十四―十八　源氏物語一―五」（東京：岩波書店、一九五八―六三年）
『建武年中行事』

所功編「京都御所東山御文庫建武年中行事」（東京：国書刊行会、一九九〇年）

『皇太神宮儀式帳』

塙保己一編・続群書類従完成会校定「羣書類從第一輯（神祇部一）」（東京：続群書類従完成会、一九六〇年）

『古今和歌集打聽』

久松潜一監修「賀茂眞淵全集第九巻」（東京：続群書類従完成会、一九七八年）

『國史草木昆蟲攷』

曾占春著・正宗敦夫編纂校訂「國史草木昆虫攷　上下（日本古典全集）」（東京：日本古典全集刊行會、一九三七年）

『語源辞典・植物編』

吉田金彦著「語源辞典・植物編」（東京：東京堂出版、二〇〇一年）

『古今著聞集』

永積安明・島田勇雄校注「日本古典文學大系八十四　古今著聞集」（東京：岩波書店、一九七九年）

『古今要覧稿』

屋代弘賢編・西山松之助・朝倉治彦監修「古今要覧稿一―七」（東京：原書房、一九八一―八二年）

『古事記』

倉野憲司校注「古事記（岩波文庫）」（東京：岩波書店、一九六七年）

『古代研究　民俗学篇』

折口信夫著「折口信夫全集第二巻　古代研究（民俗學篇一）」（東京：中央公論社、一九五五年）

『西行物語』（正保三年本）

桑原博史著「西行物語全訳注」（東京：講談社、一九八一年）

『作庭記』

久恒秀治著「作庭記祕抄」（東京：誠文堂新光社、一九七九年）

『櫻川』

松山玖也・内藤風虎編「櫻川」（東京：大東急記念文庫、一九六〇年）

『狭衣物語』

三谷榮一・關根慶子校注「日本古典文學大系七十九　狭衣物語」（東京：岩波書店、一九六五年）

『更級日記』

西下経一校注「日本古典文學大系二十　土左日記・かげろふ日記・和泉式部日記・更科日記」（東京：岩波書店、一九七一年）

『三代實錄』

黒板勝美・国史大系編修会編「國史大系第四巻　日本三代實錄（新訂增補）」（東京：吉川弘文館、一九七四年）

『山門堂舎記』

塙保己一編・続群書類従完成会校定「羣書類從第二十四輯（釋家部）」（東京：続群書類従完成会、一九六〇年）

『四季物語』

塙保己一編・続群書類従完成会校定「續群書類從第三十二輯上（雜部七）」（東京：続群書類従完成会、一九六〇年）

『七十一番歌合』

「職人盡歌合」（心斎橋通安土町［大坂］：加賀屋善藏、文政十一年）

『信濃の花』

田中貢一著・牧野富太郎閲「信濃の花：植物美觀」（東京：荻原朝陽館、一九〇三年）

『沙石集』

渡邊綱也校注「日本古典文學大系八十五　沙石集」（東京：岩波書店、一九六六年）

『拾芥抄』

橋本進吉解説「拾芥抄」（東京：古典保存會、一九三七年）

『袖中抄』

佐佐木信綱編「日本歌學大系　別巻第二」（東京：風間書房、一九五八年）

『松下集』
正広著「松下集」（写本、書写年不明）
『正倉院文書』
東京大學史料編纂所編纂「大日本古文書（覆刻版）」（東京：東京大學出版會、一九六八年〜）
『正法眼藏』
道元著「正法眼藏（永平寺藏版）」（東京：國母社、一八九六年）
『小右記』
藤原実資著・東京大學史料編纂所編纂「小右記（大日本古記録）」（東京：岩波書店、一九五六年—八六年）
『續日本紀』
黒板勝美・国史大系編修会編「新訂増補續日本紀」（東京：吉川弘文館、一九七二年）
『續日本後紀』
佐伯有義編『六國史』巻六所収（東京：朝日新聞社、一九三一年）
『植物と日本文化』
斉藤正二著「植物と日本文化（植物と文化双書）」（東京：八坂書房、一九七九年）
『植物の名前の話』
前川文夫著「植物の名前の話（植物と文化双書）」（八坂書房、一九八一年）
『植物名の由来』
中村浩著「植物名の由来」（東京：東京書籍、一九九八年）
『植物和名語源新考』
深津正著「植物和名語源新考」（東京：八坂書房、一九七六年）
『植物和名の語源探求』
深津正著「植物和名の語源探求」（東京：八坂書房、一九九九年）

『詞林采葉抄』
由阿著・ひめまつの会編著「詞林采葉抄」（京都：大学堂書店、一九七七年）
『神宮雑例集』
塙保己一編・続群書類従完成会校定「羣書類従第一輯（神祇部一）」（東京：続群書類従完成会、一九六〇年）
『新撰萬葉集』
新撰万葉集研究会編「新撰万葉集注釈　巻上（一・二）」（大阪：和泉書院、二〇〇五年—〇六年）
『塵添壒嚢鈔』
行誉ほか撰・浜田敦・佐竹昭広編「塵添壒嚢鈔・壒嚢鈔」（京都：臨川書店、一九六八年）
『新編国歌大観』
CD-ROM版 Ver. 2（東京：角川書店）
『住吉社歌合』（嘉應二年十月九日）
塙保己一編・続群書類従完成会校定「羣書類従　第十二輯（和歌部三）」（続群書類従完成会、一九六〇年）
『勢陽雜記』
山中為綱編輯「勢陽雜記」（出版地：出版者不明、明暦二年序）
『撰集抄』
西行記「撰集抄」（京都：澤田庄左衛門、慶安三年）
『仙傳抄』
塙保己一編・続群書類従完成会校定「羣書類従第十九輯（管弦部・蹴鞠部・鷹部・遊戯部・飲食部）」（東京：続群書類従完成会、一九五九年）
『續みなし栗集』
榎本其角編「續虛栗集」（堀川通錦小路上ル町［京都］：西村市郎右衛門、貞享四年）
『太平記』

後藤丹治・釜田喜三郎校注「日本古典文學大系三十四―三十六　太平記」（東京：岩波書店、一九六〇年）
『玉勝間』
本居宣長著・大野晋・大久保正編集校訂「本居宣長全集　第一巻」（東京：筑摩書房、一九六八年）
『忠孝潮來府志』
談洲楼焉馬作・葛飾北斎画「忠孝潮來府志」（江戸大傳馬町：丁子屋平兵衛、文化四年）
『中国の星座の歴史』
大崎正次著「中国の星座の歴史」（東京：雄山閣出版、一九八七年）
『朝鮮伝説集』
崔仁鶴著「朝鮮伝説集」（東京：日本放送出版協会、一九七七年）
『徒然草』
西尾實校注「日本古典文學大系三十　方丈記・徒然草」（東京：岩波書店、一九五七年）
『貞丈雜記』
伊勢貞丈著「貞丈雜記」（大坂：松村九兵衛、出版年不明、文溪堂天保十四年年序の後刷）
『殿中中次記』
塙保己一編・続群書類従完成会校定「羣書類從第二十二輯（武家部一）」（東京：続群書類従完成会、一九六〇年）
『東雅』
新井白石著「語源辞典東雅」（東京：名著普及会、一九八三年）
『東宮年中行事』
塙保己一編・続群書類従完成会校定「羣書類從第六輯（律令部・公事部）」（東京：続群書類従完成会、一九六〇年）
『土佐日記』
鈴木知太郎校注「日本古典文學大系二十　土左日記・かげろふ日記・和泉式部日記・更科日記」（東京：岩波書店、一九七一年）

『俊頼髓腦』
佐佐木信綱編「日本歌學大系　第一巻」（東京：風間書房、一九五七年）
『問はず語り』
玉井幸助校訂「問はず語り（岩波文庫）」（東京：岩波書店、一九七五年）
『止由氣宮儀式帳』
塙保己一編・続群書類従完成会校定「羣書類従第一輯（神祇部一）」（東京：続群書類従完成会、一九六〇年）
『日本紀竟宴和歌』
藤原国経著「日本紀竟宴和歌　上下」（写本、書写年不明）
『日本紀畧』
黒板勝美校訂・經濟雜誌社編『國史大系』第五巻所収（東京：經濟雜誌社、一九〇一年）
『日本後記』
「六國史：國史大系　日本後記・續日本後記・文德實錄」（東京：經濟雜誌社、一九一六年）
『日本語源』
賀茂百樹著「日本語源　上下」（東京：興風館、一九四三年）
『日本語原學』
林甕臣著・林武臣編「日本語原學」（東京：建設社、一九四〇年）
『日本書紀』
坂本太郎・家永三郎・井上光貞・大野晋校注「日本古典文學大系六十七―六十八　日本書紀　上下」（東京：岩波書店、一九六七年）
『日本人と木の文化』
小原二郎著「日本人と木の文化：インテリアの源流（朝日選書）」（東京：朝日新聞社、一九八四年）
『日本における性神の史的研究』

西岡秀雄著「日本における性神の史的研究：考古學・民俗學的考察」（東京：潮流社、一九五〇年）

『**年中行事秘抄**』
塙保己一編・続群書類従完成会校定「羣書類従第六輯（律令部・公事部）」（東京：続群書類従完成会、一九六〇年）

『**能因歌枕**』
佐佐木信綱編「日本歌學大系　第一巻」（東京：風間書房、一九五七年）

『**誹風末摘花**』
岡田甫編著「定本誹風末摘花」（東京：第一出版社、一九五二年）

『**芭蕉句集**』
大谷篤蔵・中村俊定校注「日本古典文學大系四十五　芭蕉句集」（東京：岩波書店、一九六二年）
今栄蔵校注「新潮日本古典集成　芭蕉句集」（東京：新潮社、一九八二年）

『**花勝美考**』
藤塚知明著「花勝美考」（出版地不明：出版者不明、寛政七年序）

『**花と木の文化史**』
中尾佐助著「花と木の文化史（岩波新書三五七）」（東京：岩波書店、一九八七年）

『**春の七くさ**』
曾永年著「春の七くさ考定」（東都：三河屋喜兵衛　長崎屋平吾、寛政七年目跋、同一二年刊）

『**常陸國風土記**』
西野宣明校註「常陸國風土記」（水戸：聴松軒、天保十年）

『**冬草**』
伊勢貞丈述「四季草（春草　夏草　秋草　冬草）」（出版地不明：石野篤敬、安永七年序、寛政五年写）

『**文華秀麗集**』
小島憲之校注「日本古典文學大系第六十九　懐風藻・文華秀麗集・本朝文粋」（東京：岩波書店、一九六四年）

『平家物語』

高木市之助・金田一春彦ほか校注「日本古典文學大系三十二・三十三　平家物語　上下」（東京：岩波書店、一九五九年―六〇年）

『方丈記』

西尾實校注「日本古典文學大系三十　方丈記・徒然草」（東京：岩波書店、一九五七年）

『茅窻漫錄』

茅原虛斎著「茅窻漫錄」（浪花：秋田屋太右衛門、江都：岡田屋嘉七、天保四年）

『庖丁聞書』

塙保己一編・続群書類従完成会校定「羣書類從第十九輯（管弦部・蹴鞠部・鷹部・遊戯部・飲食部）」（東京：続群書類従完成会、一九五九年）

『北山抄』

藤原公任撰「北山抄」（写本、書写年不明）

前田育徳会尊経閣文庫「尊経閣善本影印集成七　北山抄」（東京：八木書店、一九九五―九六年）

『枕草子』

池田亀鑑・岸上慎二校注「日本古典文學大系十九　枕草子　紫式部日記」（東京：岩波書店、一九六一年）

松尾聰・永井和子訳注「枕草子：能因本」（東京：笠間書院、二〇〇八年）

『松野殿女房御返事』

日明編・小川孝栄訂「日蓮聖人御遺文　（高祖遺文録巻之二十九）」（東京：祖書普及期成会、一九〇四年）

『萬葉古今動植正名』

山本章夫著「萬葉古今動植正名」（東京：恒和出版、一九七九年）

『萬葉集』

澤瀉久孝著「萬葉集注釋巻第一―第二十」（東京：中央公論社、一九五八―六八年）

佐竹昭広ほか編校注「新日本古典文学大系萬葉集（巻第一―巻第五）」（東京：岩波書店、一九九九年―二〇〇四年）
武田祐吉校注「萬葉集　上下（角川文庫二一・三）」（東京：角川書店、一九七一年）

『万葉秀歌』
斎藤茂吉著「万葉秀歌　上下（岩波新書）」（東京：岩波書店、二〇〇一年）

『萬葉集管見』
下河辺長流著・武田祐吉校訂・橋本進吉解説「萬葉集管見」（東京：古今書院、一九二五年）

『萬葉集古義』
鹿持雅澄著「萬葉集古義」（東京：名著刊行會、一九二八年）

『萬葉集仙覺抄』
國文註釋全書・室松岩雄編「萬葉集仙覺抄・詞林采要抄・萬葉緯・和歌童蒙抄」（東京：國學院大學出版部、一九一〇年）

『萬葉集全釋』
鴻巣盛廣著「萬葉集全釋」（東京：廣文堂、一九五四年―五八年）

『萬葉代匠記』（初稿・精撰）
佐々木信綱ほか共編「萬葉代匠記　初稿精撰」（東京：朝日新聞社、一九二六年）

『萬葉童蒙抄』（初稿　精撰）
稲荷神社編「荷田春満全集」（東京：六合書院、一九四四年）

『万葉集と神仙思想』
林田正男著「万葉集と神仙思想」（東京：笠間書院、一九九九年）

『萬葉集略解』
橘千蔭著・古谷知新校訂「萬葉集略解　上下」（東京：國民文庫刊行會、一九一二年―一三年）

『萬葉植物新考』

松田修著「増訂萬葉植物新考」（東京：社会思想社、一九七〇年）
『**万葉植物文化誌**』
木下武司著「万葉植物文化誌」（東京：八坂書房、二〇一〇年）
『**万葉の旅**』
犬養孝著「万葉の旅（上中下）」（東京：社会思想社、一九七一年）
『**万葉の花**』
松田修著・大西邦彦写真「万葉の花」（東京：芸艸堂、一九七七年）
『**都のつと**』
塙保己一編・続群書類従完成会校定「羣書類從第十八輯（日記部・紀行部）」（東京：続群書類従完成会、一九五九年）
『**武蔵野**』
国木田独歩作・塩田良平解説「武蔵野（岩波文庫）」（東京：岩波書店、一九九七年）
『**紫式部日記**』
池田亀鑑・秋山虔校注「日本古典文學大系十九　枕草子　紫式部日記」（東京：岩波書店、一九六一年）
『**明月記**』
藤原定家著「明月記　巻一〜三」（東京：国書刊行会、一九七三年）
『**師光年中行事**』
塙保己一編・続群書類従完成会校定「續群書類從第十輯（官職部・律令部・公事部一）」（東京：続群書類従完成会、一九六〇年）
『**文徳實録**』
佐伯有義編『六國史』巻七所収（東京：朝日新聞社、一九三一年）
『**八雲御抄**』

久曽神昇編「日本歌學大系　別巻第三」（東京：風間書房、一九六四年）
『大和物語』
阿部俊子・今井源衛校注「日本古典文學大系九　竹取物語・伊勢物語・大和物語」（東京：岩波書店、一九五七年）
『雍州府志』
立川美彦編「訓読雍州府志」（京都：臨川書店、一九九七年）
『養老令』
會田範治著「註解養老令」（東京：有信堂、一九六四年）
『令義解』
黒板勝美編「新訂増補国史大系第二部2　令義解」（東京：吉川弘文館、一九五五年）
『類聚雜要抄』
「類聚雜要抄」（写本、無刊記）
『連歌至寶抄』
里村紹巴撰「連歌至寶抄」（出版地不明：出版者不明、寛永四年）
『連詞比況集』
宗長撰「連詞比況集」（呉雪写、天明三年）
『和歌深祕抄』
室松岩雄編纂「歌學文庫八」（東京：一致堂書店、一九一〇年）
『和歌童蒙抄』
國文註釋全書・室松岩雄編「萬葉集仙覺抄・詞林采要抄・萬葉緯・和歌童蒙抄」（東京：國學院大學出版部、一九一〇年）
『和歌藻しほ草』
月村斎宗碩著・室松岩雄校訂「和歌藻鹽草」（東京：一致堂書店、一九一二年）

五、漢籍古典

『韻語陽秋』
（宋）葛立方撰「韻語陽秋（上海圖書館藏宋刻本影印）」（上海：上海古籍出版社、一九七九年）
『雲麓漫鈔』
（宋）趙彦衛著「雲麓漫鈔（叢書集成初編：王雲五主編」（上海：商務印書館、一九三六年）
『淮南子』
楠山春樹著「新釈漢文大系　淮南子」（東京：明治書院、一九九八年）
『延平府志』
（明）鄭慶雲纂「嘉靖延平府志（福建省）　天一閣藏明代方志選刊二十九」（上海：上海古籍出版社、一九八二年）
（清）傅爾泰修・（清）陶元藻等纂「福建省延平府志　中國方志叢書（華南地方）第九十九號」（臺北：成文出版、一九六七年）
『樂府詩集』
（宋）郭茂倩著「樂府詩集（中國古典文學基本叢書）」（北京：中華書局　一九七九年）
『韓氏外傳』
（漢）韓嬰著・（清）周廷寀校注「韓詩外傳：附補逸校注拾遺」（長沙：商務印書館、一九三九年）
『顔氏家訓』
（北斉）顔之推撰・蔡宗陽校注「新編顔氏家訓（新編諸子叢書）」（臺北：國立編譯館、二〇〇二年）
『漢書』
（後漢）斑固撰・（唐）顔師古注「漢書」（出版地不明：汲古閣、順治十三年）
『魏志倭人傳』
石原道博編訳「新訂　魏志倭人伝・後漢書倭伝・宋書倭国伝・隋書倭国伝　中国正史日本伝一（岩波文庫）」（東京：

岩波書店、一九八五年）
『玉燭寶典』
石川三佐男著「玉燭宝典（中国古典新書続編八）」（東京：明徳出版社、一九八八年）
『儀禮注疏』
（後漢）鄭氏註・（唐）賈公彦疏「儀禮註疏（十三經注疏）」（繡谷：四友堂、嘉慶十八年）
『荊楚歳時記』『校註荊楚歳時記』
守屋美都雄著・校註「荊楚歳時記：中國民俗の歴史的研究」（東京：帝國書院、一九五〇年）
『溪蠻叢笑』
（宋）朱輔撰・（明）胡文煥校「新刻溪蠻叢笑」（出版地不明：出版者不明、出版年不明）
『藝文類聚』
（唐）歐陽詢等撰・中華書局上海編輯所編輯「藝文類聚」（北京：中華書局、一九六五年）
『慶陽府志』
（明）傅學禮等纂修「慶陽府志」（出版地不明：出版者不明、嘉靖三十六年序刊・隆慶年間補刻）
『秇林伐山』
（清）李調元輯「函海　第九～十冊　秇林伐山二十巻」（出版地不明：出版者不明、出版年不明）
『江陰縣志』
（明）張袞等纂「江陰縣志」（出版地不明：出版者不明、萬曆四十七年刊）
『孔子家語』
宇野精一著・古橋紀宏編「新書漢文大系二十七　孔子家語」（東京：明治書院、二〇〇四年）
『古今注』
（晉）崔豹撰・（清）王謨輯「漢魏叢書（古今注三巻・博物志十巻）」（出版地不明：出版者不明、乾隆五七年序刊）
『冊府元龜』

（宋）王欽若等奉敕撰・（明）李嗣京參閲・（明）文翔鳳訂正・（明）黄國琦較釋「冊府元龜」（出版地不明：黄國琦、崇禎十五年序）
『三國志』
（晉）陳壽撰・（宋）裴松之注「三國志　六十五卷坿考證（二十四史坿考證）」（上海：同文書局、光緒十年）
『史記』
（漢）司馬遷撰・（南朝宋）裴駰集解「史記集解」（出版地不明：汲古閣、順治十三年）
『詩經』
（漢）毛亨傳・（後漢）鄭玄箋・（唐）孔頴達疏「毛詩註疏」（出版地不明：出版者不明、出版年不明）
（南宋）朱熹集傳・寸雲子昌易評註「詩經集註」（大坂：青木嵩山堂、出版年不明）
『周禮』
長澤規矩也編「和刻本經書集成　第六輯（永懐堂本・周禮　漢・鄭玄注）」（東京：汲古書院、一九七五年―七七年）
『春秋公羊傳』
（後漢）何休注・（唐）陸徳明音義・徐彦疏「春秋公羊傳注疏」（長春：吉林人民出版社、一九九七年）
『春秋穀梁傳』
薛安勤註譯『春秋穀梁傳今註今譯』（臺北：臺灣商務印書館、二〇一〇年）
『春秋左氏傳』
加藤正庵講「先哲遺著漢籍國字解全書　第十三―十五卷（春秋左氏傳上下）」（東京：早稲田大學出版部、一九一〇年―一一年）
『漳州府志』
（明）彭澤修等編纂「明代方志選（三：漳州府志　萬曆元年）」（臺北：臺灣學生書局、一九六五年）
『漳浦縣志』
李維鈺原本・沈定均續修・吴聯薫增纂「光緒漳州府志」（上海：上海書店出版社、二〇〇〇年）

（清）陳汝咸修・林登虎纂「福建省漳浦縣志　康熙三十九年刻　四十七年增刻　光緒十一年補刻　民國十七年影印」
（臺北：成文出版社、一九六八年）

『初學記』
（唐）徐堅等奉勅撰「初學記三十巻」（瀋藩：勉學書院、嘉靖二十三年叙）

『新唐書』
（宋）歐陽修・宋祁撰「新唐書」（北京：中華書局、一九七五年）

『山海經』
袁珂注「山海經校注」（臺北：里仁書局、一九八一年）

『箋註陶淵明集』
（晉）陶淵明著・（宋）李公煥箋註「箋註陶淵明集（四部叢刊集部）」（上海：商務印書館、出版年不明）

『全唐詩』
清聖祖御製・彭定求等奉勅撰「全唐詩　一〜十二（中國學術名著詩詞類）」（臺南・平平出版社、一九七四年）

『莊子』
金谷治訳注「莊子第一〜四冊」（東京：岩波書店、一九九四年）

『宋詩話輯佚』
郭紹虞輯「宋詩話輯佚」（北京：新華書店、一九八〇年）

『續齊諧記』
（元）陶宗儀輯・（明）陶珽重輯「説郛　巻第一一四—巻第一一六」（出版地不明：宛委山堂、順治四年）

『大唐西域記』
（唐）玄奘訳・（唐）弁機撰「支那撰述大唐西域記」（東六条下珠數屋町［京都］：丁子屋九郎右衛門、承應二年）

『太平御覽』
（宋）李炳奉等敕撰「太平御覽」（出版地不明：歙鮑崇城刊、嘉慶二十三年序）

『太平廣記』
景印文淵閣四庫全書第一〇四三〜一〇四六冊「太平廣記一―四」（臺北：臺灣商務印書館、一九八三年―八六年）
『大戴禮記』
（漢）戴徳撰・盧辯註「大戴禮記」（上海：商務印書館、出版年不明）
『丹鉛總録』
四庫筆記小説叢書・（明）楊慎撰「丹鉛餘録　譚苑醍醐」（上海：上海古籍出版社、一九九二年）
『陳詩』
逯欽立輯校「先秦漢魏晉南北朝詩　陳詩十巻」（北京：中華書局、一九八三年）
『通志略』
（南宋）鄭樵著・王雲五主編「通志略　一―五（國學基本叢書影印）」（臺北：臺灣商務印書館、一九七八年）
『通典』
（唐）杜佑撰・王文錦・王永興・劉俊文・徐庭雲・謝方校點「通典」（北京：中華書局、一九八八年）
『白孔六帖』
景印文淵閣四庫全書第八九一―八九二冊「白孔六帖一―二」（臺北：臺灣商務印書館、一九八三年―八六年）
『八閩通志』
（明）黄仲昭等修纂「八閩通志」（出版地不明：出版者不明、弘治四年）
『福州府志』
（清）徐景熹・魯曽煜等著「福建省福州府志（中國方志叢書　據清乾隆十九年刊本影印）」（臺北：成文出版社、一九六七年）
『分類補註李太白詩』
（唐）李太白撰・（南宋）楊斉賢集註・（元）蕭士贇補註「分類補註李太白詩」（出版地不明：勤有書堂、出版年不明）
『平泉山居草木記』

『抱朴子』
（唐）李徳裕著・（清）陳蓮塘輯・（清）周愚峰訂「唐人説薈巻七」（出版地不明：廣州緯文堂刊、一八六四年）
（晋）葛洪著・石島快隆訳註「抱朴子　（岩波文庫）」（東京：岩波書店、一九八七年）
『夢溪筆談』
（明）毛晉輯「津逮祕書　第十五集第二〇九冊」（上海：上海博古齋、一九二二年）
『孟子』
（北宋）蘇洵原本・（清）趙大浣増補・藤沢南岳校疏「增補蘇批孟子」（大阪：藤澤南岳、一八八〇年）
『毛詩正義』
（漢）毛亨傳・（後漢）鄭玄箋・（唐）孔頴達疏「毛詩註疏」（出版地不明：出版者不明、出版年不明）
『毛詩草木鳥獸蟲魚疏』
（呉）陸璣等撰「毛詩草木鳥獸蟲魚疏及其他三種」（上海：商務印書館、一九三六年）
『文選』
（梁）蕭統選編・（唐）李善・（唐）呂延済・（唐）劉良・（唐）張銑・（唐）呂向・（唐）李周翰註「六臣註文選」（杭州：浙江古籍出版社、一九九九年）
『遊仙窟』
（唐）張文戌作・一指（鈔並註）「遊仙窟鈔」（東京府：松山堂書舗、出版年不明）
『酉陽雑俎』『酉陽雑俎續集』
（唐）段成式撰・（明）毛晉訂「酉陽雑俎一～五」（帝畿：井上忠兵衛等刊、元祿十年）
『禮記』
（後漢）鄭玄註「禮記」（出版地不明：出版者不明、慶長・元和年間）
『洛陽伽藍記』
（東魏）楊衒之著・周祖謨校釋「洛陽伽藍記校釋」（北京：科學出版社、一九五八年）

『蘭亭集序』
近藤元粋編「新撰文章軌範評林六」（大阪：赤志忠雅堂、一八九二年）
『梁書』
（唐）姚思廉撰「梁書」（出版地不明：汲古閣、順治十三年）
『列子』
小林一郎著「經書大講　第十巻」（東京：平凡社、一九四〇年）
『呂氏春秋』
長澤規矩也編「和刻本諸子大成　第八輯」（東京：汲古書院、一九七五年）
『論語』
（後漢〜魏）何晏集解「正平本論語集解」（出版地不明：青歸書屋、文化十三年序）
『論衡』
（後漢）王充著「論衡（四部備要子部）」（臺北：臺灣中華書局、一九八一年）

六、木簡

奈良文化財研究所木簡データベース（http://www.nabunken.go.jp/Open/mokkan/mokkan.html）

謝辞

本書の執筆に当たり用いた、引用・参考文献の多くは次の各機関に所蔵される典籍ないしウェブ上に公開された資料を参照させていただいた。ここに深謝申し上げる。

国会図書館・東京大学総合図書館・東京大学東洋文化研究所図書館・早稲田大学図書館・京都大学附属図書館・駒澤大学図書館・帝京大学医学総合図書館・愛知県西尾市岩瀬文庫

索　引（植物名ほか）

凡例

一、ひらがな書きの植物和名（一部漢字を含むものがある）は原則として古典に出てくるままの形で収録したが、音名上で現在名と同じであっても、必ずしも同種とは限らない。

（例）クヌギと「くぬぎ」など。

二、万葉仮名で表記された古典の植物和名は一に準じる。

三、当て字の漢名とわかるもの、和製の漢名で和名（古名）と同音で読まれるもの、および異なる音名でも基原が同じ場合は漢名もひらがな名に統合して一項目とした。

（例）あせみ（汗見）、あしび（馬酔木・馬醉木）、あをな（蔓菁・菘菜・菘）など。

四、カタカナ書きの植物和名は原則として植物学上の正名を表すが、同音の漢名で基原が同じ場合は一項目に統合した。

（例）シャクヤク（芍薬・芍藥）。

五、ここに収録した植物和名・漢名の異名は、筆者による綿密な考証の結果、選定されたものであり、必ずしも文献の記載するまま収録したわけではない。

六、動物名も一～五に準じる。

七、本索引には植物名以外の項目も含まれる。その項目の頭には*を付した。

あ

あいつつじ　611
葵　720
アオサ　537　539
青つづら　582
アオツヅラフジ　574　581
アオナ　667　672
アオノリ　537
*アカニシ　302
あかめがしは　398
アカメガシワ　384　387　388　411
あか(赤)らがしは　384
*あき(アカニシの古名)　302
秋柏　374
アキグミ　648
秋の香　276　278　282
*秋の七草　848
アキノノゲシ　677
秋の萩　864
あきはぎ(秋はぎ・秋萩)　858　859　863　872　873　880
アサ(あさ)　81
アサガオ　246　248
朝柏　573
あさがほ(朝がほ・朝顔・槿花)　243～245　248　251　252　256　260　264　851
アサクサノリ　533
アザミ(薊)　475　718　719
*麻苧　80
あし　49
アシ　47　48　50　52　55　59　61　66　205
*蘆荻　66
*葦垣　55
*葦が散る　52
*葦刈り　55
葦付　535
アシツキノリ　534
*葦の根　50
*あしのほわた　54
あしび(馬酔木・馬醉木)　615　617　618
*葦火焚く　55　56
*葦辺　50
*小豆粥(あづきがゆ)　727
アズサ　436
アセビ　153　155　615　617
あせみ(汗見)　153　615
あぢまさ　822　823
梓　430
あづさのき　431
*あづさゆみ(梓弓)　430　434
あふち(楝)　146　147　149　457
あふひ草(山葵)　655
あまちゃ(甘茶)　507　508
アマチャ　508
アマチャヅル　227　508
あまづら(甘葛)　496　501

あまのり 533 535
アマノリ 533
アマモ 549
アミガサユリ 938
*あめのはじゆみ 462
あやめぐさ（菖蒲・昌蒲） 184 185
あらめ（滑海藻） 546〜548
アラメ 546
アリタソウ 288
ありのひふき 253
あをかづら 571 574
木防已（あをかづら） 571
あをさ 538 539
あを（青）つづら 581 582
あをな（蔓菁・菘菜・菘） 667
あをのり 536 538
安石榴 112 118

い

荑 652 680
イエギク 749 765 767
いぎす（小凝菜） 549 550
薁 499
郁核 629
薁李 498
郁李仁 324
イケマ 916
*葦絮 54
イズモコバイモ 938
伊勢の浜（濱）萩 67〜69
いたちはじかみ 627〜629 644 648
イタビカズラ 505
イチイガシ 380
いちさかき 136
いちし 181
伊智比 380
イチヤクソウ 910
いつも（藻）のはな 804
*飴糖 514
いぬがや 373
イヌガヤ 371
いぬきはだ 161
いぬきわた 161
いぬこぶし（犬辛夷） 653
イヌザンショウ 627 643
イヌツゲ 450
イヌナズナ 676
イヌホオズキ 655
イヌヨモギ 695
いぬわらび 28
いはつつじ 603
*言はぬ色 801 802
イブキ 310
イボタノキ 630
イヨカズラ 917
陰地厥 26

う

烏芋 776
うきくさ（浮き草・浮草） 807 809 810 817
ウキクサ（浮草） 807 808 921
*ウグイス 356 357
*うぐひす 356 357
うぐひすのさるかき 477
うけら 189 196 198
*うけら焚き 193
*うけらの神事 193
烏茈 776
*卯日杖 95 114
ウシハコベ 687
烏樟 313
*うぢまる（宇治丸） 426
鬱 499
*卯杖 95
鬱棣 498
*ウナギ（鰻鱺） 122〜124
*うなぎ鱠 426
*うなぎのすし 426
*うなぎ薬 427
烏梅 278
うはぎ 760 768 882
上溝櫻 321
うばら（棘原） 468 470 471
ウマノスズクサ 573
うまら 468
うみがき（熟柿） 900
ウミゾウメン 565
うみまつ 538 716
梅 277 354 356 358
ウメ 277 351 354 356 357
梅の花 353 356〜358
烏斂苺（烏蘞苺） 226 266 508
ウワミズザクラ 321 328
芸 284
芸香 283 285 287 292 296
雲實 478
温菘 670 709 724
温菘黄菜 710

え

蘡薁藤 496
映山紅 613
*營室 486
營實 468 482 491
*營星 489
嬰桃 107 212 322
衞矛 458
越椒 647
越桃 796
エドヒガン 338 341
えびかづら 499 500 574
えびかづらのみ 499
えびすぐすり 782 784

えびすめ　542
*葡萄染め　500
エビヅル　497 499 574
えやみぐさ　179
檗　449
鹽梂子　150
燕子花　238
エンジュ　155
鹽麩子　150
鹽膚木　150
菴藺　695
菴藘子（奄閭子）　695

お

黄花菊　752
黄花蒿　691 703 705
黄瓜菜（黄芽菜・黄瓜菜）　701〜703
王瓜草　479
黄環　591
黄檀　310
櫻桃　106 208 212 318 322 345
オウバク（黄柏・黄蘗）　158
桜皮　328
黄楝樹　151
オオツヅラフジ　573 581
*おおぬさ　58
*オオヌサ（大幣）　80 134
オガタマノキ　142
オギ　61 64 66
*オギ―ヨシ群集　66 70
おきなぐさ　754
オグルマ　243
オケラ　189 196 198
*おけら焚き　193
*おけらたく　192
おごのり　554
オトコヨモギ　883
オナモミ　714
おにのやがら　459
オニノヤガラ　459
おにわらび　27
おはぎ　883
オハツモモ　208
オバナ　72
おほうばら　477
おほえびかづら　499
おほたら　643
おほね（大根）　709
面かげ草　920 921

か

海雲　551
海蘊　551 552
海紅　121 123
*貝香　302
海紅柑　121 123
海菜　555
芥子　636
槐実　155
海蓴　540
崖椒　628
海松子　911
海柘（石）榴　93 97 100 102 103 108 111 115 118 119 123
海石榴油　97
海藻　525
海苔　538 539
海帯　548
海棠　121
海髪　550
艾葉　215
*海螺（蠃）　302
海蘿　552 560 562
海榴　93 103 104 106 107 111
ガガイモ　640
加宇礼牟加宇乃宇止　914
かがみ　913 918
かがみぐさ（かがみ草・鏡草）　910 912 919 921 922 925
カガミグサ　915
*鏡餅　925
かき（柿）　896 900
杜若　235 933
カキツバタ　233〜235 238 933
カクレミノ　378
樫（橿・檮）　379 380 443
かしは　368 387
カジメ　544 546
花椒　633
カシワ　368 369 373〜375
カズノコグサ　729
カスミザクラ　338 341
カゼキキソウ　64
かたのり　556
カタノリ　556
片葉のアシ　68
かたばみ　818 819 922
カタバミ　818
かたばみ草　922 923
カタメンキリンサイ　522
かちめ（未滑海藻）　546 547
鵞鳥菜　687
葛花　577
藿香　306
葛根　576
*葛粉　35
かつら　308
カツラ　308
*かづら　568 570
*葛蘽（藟）　497
カナムグラ（鉄葎）　223 225 228
かには　319 321 362
*可尓波　362
かにはざくら　318
がねぶ　575

かはねぐさ 639
カバノキ 321
かははじかみ 632
かはみどり 306
かはらおはぎ 763
かはらひさぎ 398
カブ 670 672
かぶら(蔓菁根) 670 672
カヘ(柏・榧) 368 369
*柏殿 366
かほが花 233
樺木皮 324 328
かほばな(花) 232～234 239 247
かほよ草(貌吉草) 235
かみ(む)えび(神海老) 574 575
*髪そぎの儀 791
かみのやがら 459
カヤ 368
*かゆ(粥)の木 727
榎葉 590
カラシナ 635
カラスザンショウ 642 643 739
からなづな 677 682
からはじかみ 641
カラハナソウ 223
カラマツ 911
カラマツソウ 910
カラミザクラ 107 324 345 645
カラムシ 82
かりはのみ 648
河柳 104
カワミドリ 307
*河原の枯ススキ 66
甘葛→あまづら
乾薑 637
甘瓠瓢 270
甘柘 513
貫衆 27 40
甘蔗 503 510 512
甘蕉 894
*甘松香 308
萱草 607
乾苔 543
漢中防已 573
*カンテン(寒天) 523 524
樺 324
*カンピョウ(干瓢) 270
莞(丸)蘭 913 914

き

樧 633
藙 647
きぎく 755 756
桔梗 194 248 252 264
キキョウ 233 234 244 248 252 264
きく(菊・鞠・蘜) 732 736 738 750 761 764
キク 732
菊花(華) 733 743
*菊花酒 732 734 742 751
*菊花節 735
*菊酒 733
*黄支子 801
*きくのつゆ(菊の露) 740 741
きくのはな(花) 745 746 756
*きくのわた(菊の綿) 739～741
キクラゲ 281
キササゲ(梓) 398 401 431
ギシギシ 180
魁實 647
きじんそう 912
鬼箭 458
キヅタ 506
キノコ 280 718
きはだ 161
キハダ 455
*キハダ染め 162
きはちす 261
黄花菊 752
キャラボク 310
伽羅木 310
休羽 481
芎藭 783
牛棘 469
キュウリグサ 686 687 706
牛勒 469
苣 719
*梟首の木 149
蕎麥 905 907 908
鏡面草 919
玉女 580
ギョクシンカ(玉心花) 286
玉蘂(蘂)花 286
擧(欅)樹 388 390 443
欅(欅)柳 212 892
ギョリュウ(檉柳) 105
キリ(梧桐) 432
キリンサイ 522
キレンゲツツジ 602
菌 718
槿花 257～259 265
キンカン 833
金橘 833
金銀花 578
金銀藤 578
芹根 665
筋根花 241
菫菜 419
菫汁 419
菌茸 280
金燈 607
金沸 242
金沸草 242

く

枸櫞 122

苦壺盧　272
苦瓠瓢　270
苦菜　677
草の香　283
くさのかう　283 293〜295
苦樹　151
苦参　166
くす（かづら）　576 577
くず（葛）　576 851
クズ　588 594
*薬玉　148 744
*クズデンプン　35
くすの木　315
クスノキ　311 314 390
*薬猟　885
狗薺　675
狗脊　28
クソニンジン　691 705
くそまゆみ　458
苦檀　151
くちなし（梔子）　795 800 802
クチナシ　463 796 799
*くちなしいろ（くちなし色・梔子色）　800〜802
*くちなしぞ（染）め　801
*くちなしのいろ（くちなしの色・口なしの色）　800 801
屈人　481
苦苧（苦丁茶）　141
*薫衣香　301
くぬぎ（歴木・歴木）　386 389 390
クヌギ　377 386
くは（桑）　449
瞿麥　762
苦木　151
*くぼて（葉椀）　375 378
くまつづら　585
クマツヅラ　582
クマノミズキ　843
クマヤナギ　585
くみ　648
グミ　648
苦薏　749
くらら　167
クララ　153 166
くれのはじかみ　637
くれのはじかみのうど　640
苦楝子　146 154 158
苦楝樹　151
苦楝皮　146 154
クロウメモドキ　630
黒芥子　637
久呂加木（黒梻）　901
クロガラシ　637
*黒（黑）木　901
クログワイ　776
裙帯菜　530
*薫陸香　307

け

*熒惑（けいこく）　482 483
*瓊（琭）枝　523
鶏兒腸　686
*鶏（鷄）舌香　305 307
雞足　647
鶏（雞）腸草　684〜687 706
*熒惑（けいわく）　484
劇草　236
蕨　29 32 37
月季花　470
月月紅　470
蕨根　35
蕨粉　35
ケナシサルトリイバラ　479
けにこし　250
毛桃　207
けやき　443
ケヤキ　212 390 434 441
牽牛子　245 248 251 261 264
巻耳　714
元寶草　705

こ

コウ（杠）　143
*膠飴　514
*剛卯杖　114
*甲香　302
*甲香嬴　302
絞股蘭　227 508
絞股藍　227 508
葟子　728
紅柿子　900
紅芍薬　590 774 781
交譲木　144
香蕈　281
コウシンバラ　470
黄檀　455
香椿　95
硬飯　479
厚朴　381
紅牡丹　787
紅薬　590 774
コウヤボウキ　869
黄楊　450
黄楊木　450
*香螺　302
紅藍花　796
高凉（良）薑　639
皐蘆　141
黄櫨　462
コエンドロ　710
胡黄（黄）連　168 169
コオニタビラコ　702 705 715
コカモメヅル　917
御形（行）　691 715
黑黄連　170

槲若 374
*黒瞳散 427
黒檀 901
こころぶと(心太) 518
菰根 934
瓠子 272
こし 710
胡枝子 878 882
虎耳草 912
菰首(手) 937
ゴシュユ(呉茱萸) 640 642 738
コショウ(胡椒) 634
胡荽(葫荽) 710
こぜり 663 664
胡頽子 648
梧桐 432
こなすび 656
コナラ(柞) 377 450
このてがしは(児手柏) 367 374 378
コノテガシワ 367
*木花佐久夜毘賣 332
*木花知流比賣 333
こはぎ 873
コハコベ 688
コブシ 650 680
こぶしの花 650
こぶしはじかみ 650 651
菰米 935 936
コヘンルーダ 291
こほね 709 724
*小松引き 722 724 869
*五味 599 769
五味(子) 570
こも 539 540
五木耳 280
菰角 937
こものはな 931
こるもば(凝藻菜・凝海菜・凝菜・大凝菜) 519 520
葫蘆(菰蘆・壺盧) 270〜272
瓠甊 270 271
葫蘆芭(胡蘆巴) 271 293
コンギク 687
金剛根 479
コンブ(昆布) 541 542

さ

犲羽 481
西海子 479
西海樹 479
サイカチ 473
さかき(賢木) 134 586
サカキ 134
さがりこけ 580
索昆布 543
鑿子木 450
酢漿 922
柞木 450
さくら(櫻・桜) 318 327 329 331 336 342 360 361
サクラ 319 321 329 335 336 340 346 351 362
*サクラ散る(桜ちる) 359 360
桜の花 338 342 346
さくら(桜)花 337 342 343 347 359〜361
*ささら(簓) 65
*ささら荻 64
サツキ 613
サトウキビ 510
木妨己(さなかづら) 571
サネカズラ 570
さね(な)かづら 570
サネブトナツメ 471
ザボン 122
サルオガセ 580 812
さるかき 477
さるとり 477
サルトリイバラ 475 477 478
さわらび 18 21 22 43
山嬰桃 323
山櫻 106 343 345 402
山葵 654
*殘菊 747 748
山棘 469
山帰来(歸來) 480
山苦楝 151
三堅 236
山茶 102 115 116
*山薺 619 620
山茶花 116 128
山梔子 796 797
山朱櫻 645
サンシュユ(山茱萸) 642 644
サンショウ 631
山精 190
山石榴 609 611 613
山桑 448
酸棗 471
山大黄 176
山猪糞 479
山地栗 479
山躑躅 609 611 613
山桃 212
山礬 285 292
酸模 173 176

し

梓 398
梔 463
茨 481 678 679
芝 721
蓍 866
柿 899
シイ 377
シイタケ 281

シオガマギク　697
シオジ　439
刺花　469
*鹿猟　886
紫花地丁　420
紫花菘　670
紫葛　499
紫萁　26
*四気　599　769
しきみ　139　140
シキミ　135　140
樒　141
しきみのき　729
止行　481
四季榴　103　111
地錦　505　506
紫金牛　787
地錦草　506
シケレベ　158
シコノヘイ　158
紫菜　533　535
枝子　796
梔子　798　799
葈耳　714
蓍實　866
豕首　236
*梓人　434
*四神相応　365　409
紫眞檀木　454
芝草　721
紫苔　533
シダレヤナギ　105
下蕨　16　25
シタン（紫檀）　310　455
刺猪苓　479
*七里香　286
蒺䔧（蒺棃・蒺藜）　481　678　679
紫躑躅　609
紫藤　589
シトロン　122
シナサワグルミ　443
シナミザクラ　107　324
シナヤマツツジ　614
*しば（少歴木）　388
刺蘗　159
梓白皮　401　431
しひ（椎）　377
しひたけ　282
しぶくさ　180
*しま（山齋）　618　827
シマカンギク　763
シメジ　282
シャクヤク（芍薬・芍藥）　590　768　769　772　774　775　778〜782　785
芍藥　769　770　773
*芍藥の醬　772
*芍藥の和　771　775　777　783
じゃけち　472
ジャケツイバラ　478
*麝香　304
沙参　253
*沙糖　510
ジャノヒゲ　792
柘木　449
楸　397　398　401　402　404　407〜410
菘　668
楸花　406
臭蒿　704
楸樹　405
聚藻　806
*汁糖　514
*十二種若菜　717
楸木皮　398
楸葉　397　590
朱櫻　318　327
*熟艾　217
朱茱　327　645
じゅつ（朮）　189
茱萸　640　641　734　737　738
シュロ（椶櫚・棕櫚）　829〜833
椶櫚子　830
蒓　540
*松韻　348
ショウガ　637
蘘荷　584
生姜　637
四葉菜　816
常山　509
ジョウザンアジサイ　509
松脂　348
勝春花　470
常春藤　503　505〜507
松蕈　281
升推　481
蘘草　584
常棣　498
*松濤　348
*松柏　364
小栢（蘗）　159
牆薇（墻薇・薔蘼）　469
ショウブ（昌蒲・菖蒲）　185　214　932
*松風　347
*ショウブ湯　187
讓木　144
牆麻　469
松楊　843
讓葉木　144
松蘿　580
*松籟　348
將離　770
*縦猟　886
蜀漆　509
食茱萸　628　643
蜀椒　194　626　630
蜀棗　647
櫧子　380

女青 639
徐長卿 916
署豫 598
女蘿 580 812
*新羅 120 123
しらぎく(しら菊・白菊) 753 754 756〜760
しらくぬぎ 390
*白真弓 452
シラモ 556
シラン 918
白芥子 637
シロガラシ 637
しろつつじ 606
しろよもぎ 700
シロヨモギ 687 700
辛夷 651 652
*沈香 307 308
*人日の節句 712 715 730
秦椒 626 633
神仙菜 533
秦皮 438 439
梣木 439
*神明白散 194
*新羅 120 123
新羅人参 120

す

水雲 551
スイカズラ 577
水蘄(蘄) 661
水梔子 797
水松 530
水菖蒲 186
垂水 40
水藻 806
スイバ 174 180 182
水芙蓉 163
水萍(蓱) 815 817
水麻 607
スガモ 549
すかんぽ 182
すぎな 838
蕢 839
豆蔻 640
*すぐろ 86
*すぐろのすすき 84〜86
スジアオノリ 537
すすき 72 83 88
ニヘニヘニ 72 83
スズサイコ 917
すずしろ(スズシロ) 708
スズナ 667
すゞめのおごけ 917
すはうぎく(蘇芳菊) 752 753
すひかづら(忍冬) 578
すみれ 417 418 421
スミレ 419 420
すむのり 533
すろのき(すろの木・椶櫚の木) 829 830

せ

薺 674〜680
青蒿 705
薺蒿菜 883
セイコノヨシ 69
齊頭蒿 883
薺頭蒿 884
薺苨 255
赤菜 561
石蒜 607
赤朮 190
石蓴(蒓) 538〜540
セキショウ 186
石上菖蒲 186
石菖蒲 186
赤箭 459
石檀 439 454
石髪 550
石芒 73
*石蜜 512 515
菥蓂 675 676
赤網 580
石榴 103 108 112
石花菜 521
石血 505
石胡荽 911
接續草 840
セトノジギク 759
せり(芹) 15 660 661 666 688
セリ 660 661
選 677
仙遺粮 479
旋花 241 242 245
川芎 783
センキュウ 783
線菜 555
千歳虆汁 496
鮮支 796
川椒 631
せんだん(梅檀・栴檀) 456 457
センダン 146 456 457
旋覆花 242
旋葍花 245
センブリ(センフリ・千振) 169 178
ぜん(む)まい 39
ゼンマイ 29 33 40 720

そ

そ 81
桑 449
草禹餘粮 479
皁莢 473
桑根白皮 280

蒼朮 191
*そうじゅつたく 192
草豆蔻 640
糙葉樹 843
鼠麹草 696
続筋根 242
側柏 367
即䔧 481
鼠姑 786
*蘇合香 306
鼠梓 629
鼠矢 645 647
そば（蕎麦） 905
ソバ 904
ソバナ 255
そばむぎ 905
粗榧 372 373
*杣 906
*そまびと 906
そまむぎ 905 906
ソヨゴ 138
鼠李（子） 629 634
蘋蕪 182

た

大菊 762
ダイコン（大根） 670 671 708 709 925
苔菜 552
大薺 675
大棗 471
*大椿 94
*大儺 205
大萍 815
大李仁 324
タイワンクス 313
たかな 668
タカナ 668
*薫物合わせ 300
*たけがり 279 280
タチバナ（橘） 276 277
たびらこ 701 705
*玉梓 430
*玉椿 96
玉箒 97 868
たむき 440
タムシバ 653
*陀羅尼助 158
タラヨウ（多羅葉） 140
檀 452 453
檀桓 455
丹菊 752
檀香 309 455
ダンチク 54

ち

チガイソ 526
稚海藻 526
チガヤ 220 652
地菌 280
竹蔗 511
チシャ 719
チドメグサ 911 912
*茅の輪 204
*チャツ（楪） 143
チャンチン 95 150 151 457
樗 149
瑒花 286
丁香 302 303
丁香樹 303
彫胡米 728 935
チョウジ（丁子） 302 303 305 306
丁子香 302
*丁字染め（丁子染） 305 306
長春花 470
釣樟 313 390
チョウセンゴシュユ 642
チョウセンゴミシ 570
チョウセンゴヨウ 911
チョウセンザクロ（朝鮮石榴） 103 111 119
チョウセンノギク 749
*重陽の節 738
*重陽の節句 642 732 734 735 739 743
*重陽の日 737
猪殃々 229
陟釐（氂） 536 537
苧根 82
樗木根葉 149
猪苓 387
チョレイマイタケ 387
椿 94
*椿杖 95 114
椿木葉 94 149

つ

*追儺 205
槻 438
ツキケヤキ 441
つきのき 438
*槻弓 434
土筆 837
ツクシ 836
つくづくし 16 836 837
*槻弓 438
ツゲ 450
つしも 554
つた 503
土大根 708
ツチオホネ 708
つちはじかみ 638
つつじ 602 603
つづら 563 581
つのまた（角俣） 557 558
ツノマタ 560
つばき（椿・海柘榴・海石榴） 92 93 97 100 102 123 126 130

ツバキ 92 94 95 100 123 125 126
海石榴油 97
ツバキ油 97 99
柘 448
*柘(の)枝 447
つみのき 447
*柘のさ枝 447
*柘弓 434
ツリガネニンジン 253
つるあまちゃ 508
ツルニンジン 254
ツルバミ(つるばみ) 386 390 391
ツルマサキ 460 507 586
ツルモ 565
ツルヨシ 52

て

テイカカズラ 505 586
檉柳 105
葶藶 675 676
*荻洲 [illegible]
荻蔗 511
躑躅 602
鐵掃箒 870
鐵菱角 479
テングサ 518 522
葶藶 675
天胡荽 912
デンジソウ(田字草) 815 816 819
天麻 459
甜葉 508

と

桃 212
桃核 203
トウガラシ 635
當歸 783
トウキササゲ(楸) 398 402 409 412
桃梗 201
桃梟 203
*登高 734
欓子 647
トウシキミ 141
唐松草 910
党参 254
鬪雪花 470
トウツバキ 115 116 118
唐棣 498
棠棣 498
桃蠹 203
桃奴 203
桃仁 203
冬柏 127
*桃板 200
*桃符 200
当薬(當藥) 168 169 171 172 176
*桃蕨 57 82
トウレンゲツツジ 602
トキンソウ 911
トクサ(とくさ) 840〜843
砥草 846
杜鵑花 609 611 612
杜蘅(衡) 236 237
*杜衡香 237
土鼓藤 506
冬薯蕷 598
ところづら(冬薯蕷葛・冬蔹 598
薢都良) 598
トコロテン(心太) 518
とさかのり(雞冠菜) 556
トサカノリ 556
菟(兎)絲子 579
杜若 235 236 933
*度嶂散 194
土常山 509
*屠蘇 193
荼草 677
*屠蘇酒 195
*屠蘇白散 194
トチノキ 386
とちはじかみ 638
杜仲 460
ととき 253
トネリコ 438 454
とねりこのき 440
土萆薢 479
土茯苓 479
*豊葦原瑞穂国 59
莵槀 580
どんぐり 369
冬柏 127

な

ナガバナコバイモ 938
ナガユウガオ 270
ナズナ 673 675
ナツグミ 648
ナツヅタ 497
なづな(薺) 673 680
なづなの花 677
*なづの木 682
ナツミカン 833
ナツメ 471
撫子 851
ナデシコ 762
なとり草 791 792
*なくさ 688 713
*七草がゆ(七種粥) 660 711 726 730
*七種菜の羹 712
なは(縄)のり 564 565
なみくぬぎ 390
ナラガシワ 375
なりひさご(熟瓢) 266 268
ナワシログミ 648
楠 311
南五味子 570 575

ナンタブ　314

に

にがき（ニガ木・苦木）　150 152 153
ニガキ　151
ニガナ　703
ニガヒサゴ　270
にぎめ　525
和海藻　525 526 529
肉棗　647
にしきぎ（錦木）　458
ニシキギ　458
ニシキソウ　506
日精　762
にはざくら　318 327
*乳糖　513
ニワウメ　498 499
ニワウルシ　150
忍冬　577

ぬ

ぬみぐすり　782 784
ぬるで　150
ヌルデ　150

ね

ネザメグサ　64
ネジアヤメ　236
根白草　664 665
ネズミモチ　629
ねずもち　629
ねぜり　664
ネナシカズラ　579 580
ねなしぐさ　579
*子（の）日の松　723
*子日目利箒　868

の

ノイバラ　469 470 474 475 679
ノエンドウ　41
のかがみ　917
ノカンゾウ　607
ノギク（野菊）　765 767
*軒の菖蒲　931
ノコギリソウ　867
*残り菊　745
*のこりのきく　746
ノジギク　760
ノハナショウブ　934

は

ハイイロヨモギ　695
バイカモ　805
ハイシマカンギク　749
ハイノキ　286
貝母　938
芳宜華（花）　872
*はがため（歯固め）　925 927
はぎ（萩）　88 252 851 858 877 880
ハギ　858 870 881
*芽野　880
*はぎのしたば（萩の下葉）　859 873
萩の花（芽花）　858 863 876
柏　369
麥甘　327
白蒿　687 699 700
柏實　367
白蒺蔾　481
白菖　186
白薇　917
白蘋　817 818
はくべら　684 688
麥門冬　599
*百和香　167
ハコベ　683 685 686
はじ　461
はじかみ　624 626 632 637 640
はじのき　465
*はじゆみ（梔弓）　461 463
バショウ（芭蕉）　894 895
ハゼノキ　466
ばせをば　895
馬先蒿　697
馬藻　806
はだすすき　74 75 77
*蜂蜜　515
パチョリ　306
ハッカ（薄苛・薄荷）　656 657
八角茴香　141
廿日草　791
抜楔（葜）　194 477 479
初尾花　77 78
*馬蹄香　237
はな（花）かつみ　930〜933
ハナザクロ　111
はなすすき（花すすき・花薄）　74 75
花橘　276
バナナ　894
*花のふぶき　361
ハナミョウガ　236 640
はなわらび　26
ハナワラビ　26
はにし　462
はは　937
ははか　318 319 327
ははくり　937
ははこ　320 692 694 695
ははこぐさ（母子草）　693 697
ハハコグサ　691 693 694 696 698
*ははこもちひ　692
ははそ　320
はひまゆみ　460
馬鞭草　583
はまささげ　478

ハマセンダン 739
ハマダイコン 708
浜久木 394
はまびし 481
ハマビシ 481 679
はまをぎ(濱荻) 67 68
はやひとぐさ 241 242
馬蘭 687
ハリグワ 449
馬藺 236
*春菜 418
ハルニレ 155
*春の七草 660 710
パルミラヤシ 140
樊槻 438
番椒 635
蘩蔞 684〜686

ひ

菲 671
薇 29 32 38
ひかげ 580
ヒカゲノカズラ(ひかげのかづら) 569 580
ひきよもぎ 695 697
ヒサカキ 136
ひさぎ(歴木・久木) 385 387 391〜397 399〜401 410 411 413〜415
*ひさぎ染め 398
ひさご 266
ひさごづら 227 266
ひさごはな 273
榧子 368
ひじき 553
ヒジキ 553
ひじきも 553
ひじきもの 553
榧實 368
ひすきも 553
筆頭菜 840
ヒトエグサ 537
ヒトクチナス 656
ヒノキ 370
びは 891 895
蘼蕪 782 783
ひめかがみ 917
ヒメザクロ 103
*ひもかがみ(氷面鏡) 921 922
*白膠香 307
白膠木 150
*白散 194
白朮 189〜191 194 196
ビャクシン 310
白前 917
ビャクダン(白檀) 309 310 455
*白檀香 309
白茅香 881
白蓮 814
白歛(歛・薟・蘝・蘞) 915
白芨(白及) 918
冰臺 216
ヒョウタン 270
*びらうげ(檳榔毛) 824 825
ヒルガオ(ひるがほ) 233 239〜241 245
ビロウ 823 825 826
ひろめ 542
ヒロメ 542
ビワ(枇杷) 891〜893
枇杷葉 892 894
蘋 816 817
貧乏蔓 226
ビンロウ(檳榔) 822 823 828
*檳榔扇 825

ふ

フウ 307
楓香 307
*楓香脂 307
楓香樹 445
楓柳 443
楓(風)柳皮 444 445
ふかぜり 664
ふかみぐさ 785 790
深海松 532 565
芙蕖 779
フクベ 270
フクロフノリ 560
鳧茈 776
芣菜 816
ふさはじかみ 630 631
フサモ 806
鳧茨 776
フジ 581 588 591 593 594
フジコブ 597
フジバカマ 653
蕪菁 669 708
フタバアオイ 655
ふたまかみ 237
ふぢ(藤) 588 591 596
ふぢかづら(藤葛) 591 592
藤瘤 597
*藤衣 592 593
藤波 593 595
藤ノコブ 597
ふぢ(藤)の花 595 596
佛手柑 122
筆つ花 838
葡萄 499
*葡萄蔓 501
フナバラソウ 917
ふのり 561 562
フノリ 560
浮萍 808 811〜815
扶芳藤 506
フユアオイ 720

*冬木 400
フユザンショウ 633
古枝草 882

へ

萍（苹） 807 808
*幣帛 58
薜荔 505
栟櫚木 830
栟櫚木皮 826
*へなたり 302
ベニバナヤマシャクヤク 785
ヘンルーダ 285 287 292 296

ほ

葑 670 671
ボウアオノリ 537
防已 571
防己 571
芳宜草（華・花） 877
茅香 881
茅香花 881
防巳 572
*蓬生 217
莾草 141
莽草 728
ぼうたん（牡丹） 789 790
牡丹草 789
旁通 481
麭土 274
ホオノキ 380
蒲葵 826 827
*蒲葵扇 826 827
北五味子 570
樸木 844
牡蒿 883
ほしみ草（星見草） 761
ほそき 626 627
ホソバアブラギク 749
ホソバオケラ 191
ホソメコンブ 542
ボタン（牡丹） 784 785 787 788 790 792
牡丹皮 786 793
蒲萄（桃） 499
ほとけのざ（佛座） 701
ホトケノザ 703
*ほどろ 21 22
ほほがしは（保寶我之波） 378 380
ホンカンゾウ 607
ホンダワラ 540 544
ホンフノリ 560

ま

麻黄 840
まかこ 43
マグワ 280 449
マコモ 728 931
真菰筍 937
マコンブ 542
眞賢木（眞坂樹） 136 586
マサキ（眞拆） 461 586
まさき（の）かづら 569 587
まさきづら（眞柝葛） 585 587
まさき（正木）のつな 586
俣海松 532
松 812
*松風 347〜349
マツカゼグサ 298
マツカゼソウ 293 294 296 297
*まつかへ 368
マツガヘルウダ 298
まつたけ（松茸） 279 282
マツタケ 278 280
まつのこけ 580
マツホド 455
マフノリ 560
マメダオシ 580
マメヅタ 919
まゆみ（檀弓・真弓） 434 451 452 458
マユミ 434 458 461
蔓椒 627 643
蔓菁 669 671 672
蔓菁根 670
マンネンタケ 721
*鰻鱺魚 425 427

み

ミカイドウ 121 123
*水飴 514
みずき（水木） 844
ミズタデ（水蓼） 720
ミズメ 436
*みち 516
*みちばち 516
みつながしは 378
*ミツバチ 515
*みてぐら（幣帛） 58 82
ミドリハコベ 688
みの（葟子） 728
ミノコバイモ 938
ミノゴメ 729
みは（枇杷） 891
耳無草 713 714
ミミナグサ 714
ミ、ナシ 714
*宮城野の小萩 874
*みやぎののはぎ 873
ミョウガ 584
茗苦梌 141
みる（海松） 530 532 722
ミル 530

む

無窮花 262

ムクゲ(槿花・木槿) 256 257 262 264 265
ムクノキ 842 843
むくのは(葉) 840～843
むぐら(葎) 220 223 225
*葎の門 222
*葎の屋戸 222
ムツオレグサ 729
*むなぎ 422～424
ムラサキセンブリ 169
むらさきのり 533

め

め(藻・海藻・軍布) 525～527
めか(女荷) 584
めかつら 308
メカブ(海藻根) 529 530
めぎ 160
メギ 159 645
めど 869
めど(くさ) 868
*目利箒 868
メドハギ 863 866 870

も

蒙 580
莔(莽・莾)草 141 728
毛桃 208
木菌 280
もぐさ 215 217
木耳 281
木茸 280 281
木賊 844
木丹 796
木芙蓉 163
木防已 571 574
木妨己 571 574
木蓮 505
モズク 551
もちつつじ 605
モチツツジ 605
木槿 256 257
もづく(海雲・海蘊・水雲) 551
*もとあら(本粗) 873 875
*もとあらのこはぎ(小萩) 873 874
*もとあらのはぎ(萩) 876 880
もも(桃) 199 209 212
モモ 199 200 204 207 212
*桃の節句 206
ももよ(百夜)草 764～766
諸成 648
問荊 839

や

*やいくさ 217
ヤエムグラ 224
ヤシャゼンマイ 41 45
ヤナギタデ 720
ヤブガラシ 226 508
ヤブコウジ 785
ヤブソテツ 28
やへ(八重)むぐら 222 223
やまあららぎ 652
山蘭 653
やまうばら 480
やまかがみ 915
やまがき 898
ヤマガキ 898
やまかしは 387
やまぐわ 449
ヤマグワ 434 449
ヤマザクラ 328 338 341
ヤマシャクヤク 784 785
ヤマスゲ 792
やまたちばな(山たちばな・山橘) 784 785 791
也末都以毛 599
ヤマツツジ 505
山の桜 341
山ぶき(山吹) 800 801 920
ヤマブキ 921
ヤマブドウ 499 574
やまもも(山桃) 209～211
ヤマモモ 209 211
やまわらび 27

ゆ

楰 629
ユウガオ 247 273
*遊猟 886
ユキノシタ 912
ゆすら 324
ユスラウメ 323 332 338
ユズリハ 143 926
ゆづるは 143
楡皮 155
夕顔 273

よ

羊栖菜 554
羊蹄 173
羊蹄菜 180
羊躑躅 602 603
楊梅 210 212
楊柳 105
*浴蘭節 187
ヨシタケ 54
橡(豫)樟 311 312
よめがはき 687
ヨメナ 686 760 768 883
よもぎ(艾) 214 215
ヨモギ 205 215 220 694
*蓬生 217
餘容 778

ら

萊菔　670 671 708 709
棶木　843
螺曆（黶）草　919
絡（落）石　504 505
*落梅　351 358
落葉松　911
辣子　647
蘿蕪　709
蘿蔔　670 671
蘿摩（子）　913
*蘭香　304

り

りうたん　179
梨食　778
葎草　221
榴花　107
龍眼　135
龍葵　654
竜珠　654
龍鬚菜　555
*柳絮　53
龍膽　175 178
龍脳薄荷　658
*流螺　302
龍鱗薜茘　506
リョウキョウ（良姜）　639
椋子木　843
綠萍　808 809
藜（蔾）蘆　480
龍膽（りんだう）　179
リンドウ　178

る

藟　588

れ

蠡實　236
霊寿花　109
*霊寿の杖　109
靈壽木　110
靈壽木根皮　111
冷飯團　479
櫪（櫟）　386
櫪子　377
レモングラス　881
楝（練）　147
蓮子（蓮肉）　814
練實　147

ろ

柆　926
蠟櫻　327
蔞蒿　687
狼跋子　588 591
柆葉　926
盧橘　833
*黸弓　466
鹿角菜　557
鹿韭　786
*鹿茸　886
鹿心柿　898
鹿葱　607
鹿蹄草　910
鹿尾菜　553
六味菜　553
鹿鳴草　877 879 880
鹿毛菜　554
蘆根　49
鷺鷥藤　578
蘆葩　709
蘆菔　56 669 671
櫚木　831

わ

*わかな（若菜）　712 713 715 716 723
わかひさぎ（若歴木・若久木）　385 395
わかめ（稚海藻・稺海藻・若海藻・和海藻）　525～528
和がらし　636
わさび　654
*和三盆　511
わらび（蕨）　14 15 17～20 24 27 33 38 43 720
*藁火　20
ワラビ　29 33 39 720
*蕨手紋　23
*ワラビデンプン　35
*わらびのほどろ　21

ゑ

ヱニス　157
ヱンス　157

を

を　82
をがたまのき　142
をかつら　308
をかととき　253
をぎ（荻）　61 64 79 88
をけら　196
をどをどし　459
をばな（尾花）　73 76 79 851
をみなえし　88

あとがき

本書は、和漢の古典に登場する植物を、序章で詳述した手法にしたがって、その基原（この語彙の意味は凡例を参照）を解明した新潮流の研究書である。通説とは大きく異なる見解に違和感を抱く諸兄も多いかと存ずるが、論拠の多くを自然科学的知見に求め、なるべく主観を排して客観的視点から論考を試みているので、旧説より説得力に勝ると確信している。植物種そのものは今も昔も変わるはずがないが、植物と人との互恵関係（これを研究する学問を民族植物学という）は時代によっては大きく異なることがあるので、今日の日常生活で享受する植物観をそのまま古代〜近世の日本人に求めるのは本末転倒であって、文系の世界ではかかる認識が甚だ希薄のように思う。したがって古典に登場する植物に関する注釈の多くは、現代人の植物観というフィルターを通した論者の主観的な個人的見解というべきで、普遍性に乏しいといわざるを得ない。そもそも人の生活空間において植物は実体のある存在として認識すべきであり、国文学のみならず文系領域にあってはむしろ観念的な存在として解釈される傾向が強いのではなかろうか。国文学を文学作品として鑑賞するなら観念論で押し通してもかまわないが、資料として学術研究の対象とするのであれば、人文科学の一分野としてその論考には科学的客観性が求められて然るべきである。とりわけ難解な語彙・文体をもって記述されがちな植物文化論は主観的かつ観念的論考の典型であり、論者の自己陶酔のための空理空論の極みとして本書の随所で厳しく批判させていただいた。実体としての植物を扱う植物科学で集積された知見は甚だ多く、日常生活で無意識のうちに役立っているが、そのごく一部を導入し古典植物名の基原およびその文化的背景の解明に摘用した結果が本書である。各論の冒頭たる第1章に「わらび」をわざわざ置いたのも異分野の知見導入の成果がもっとも顕著でその結論が衝撃的であったからにほかならない。旧説とまったく相容れない結論に至ったところはほかにも多く、理系の変人による〝珍説〟と見る諸兄も少なくないかもしれない。珍説扱いは一向に構わないが、具体的な反証を欠く限り単なるレッテル貼りにすぎない。異論があれば学術的論拠を挙げて真正面から反論されんことを望む次第である。

筆者は薬学部出身、大学院博士課程で薬学博士号を取得した後、薬系大学に奉職すること三十八年間、一貫して専門領域の研究・教育に携わってきた生粋の理系人である。本書では和漢の古典資料の原文をふんだんに引用するが、東京大学の教養課程において理系のカリキュラムの中で選択科目として国文学を一コマ受講しただけで、ほかに国文学・漢文学の専門教育をまったく受けたことはなく、そのため浅学非才なる故の不備もあるかと思う。また本書の文体・語調は文系の諸兄におかれては読みづらく感じられるかもしれない。理系の専門領域の、それも大半が英文の論文しか読み書きしたことがない故の不慣れとご容赦願いたい。

本書の刊行にはＪＳＰＳ科研費　JP16HP5274（平成二十八年度）の交付を受けている。定年退職後でありながら、本補助金の申請、助成交付手続き等の労をとっていただいた帝京大学本部会計課の諸氏に深謝申し上げる。本補助金申請ならびに本書の編集においては有限会社和泉書院廣橋研三編集長から多大なご助力をいただいた。また、筆者の海外旅行と初校が重なったことに際し、電子メールを介した電子校正という格別のご配慮をいただき、あわせてここに深謝申し上げる。

平成二十九年一月吉日

木下武司

■著者紹介

木下武司（きのした たけし）

一九四八年　愛知県幡豆郡幡豆町（現西尾市）生まれ。
一九七六年三月　東京大学薬学系大学院博士課程修了、薬学博士授与。
一九七六年四月　東京大学薬学部助手。途中、一九七八年一〇月から一九八一年九月まで米国コロンビア大学医学部研究員。
一九八八年一〇月　帝京大学薬学部助教授。
二〇〇六年四月　同教授、二〇一四年三月定年退職。

専門：生薬学・薬用植物学、漢方・中国古典医学、民族植物学、和漢古典の植物の研究。

著書：『万葉植物文化誌』（八坂書房、二〇一〇年）、『山歩きの植物図鑑』（メイツ出版、二〇一二年）、『生薬処方電子事典Ⅰ』・『生薬処方電子事典Ⅱ』（オフィス・トウェンティーワン）、『歴代日本薬局方収載生薬大事典』（ガイアブックス、二〇一五年）、『万葉集 植物さんぽ図鑑』（世界文化社、二〇一六年）。

論文（日本文学関係）：「万葉のアシ・オギとススキ（オバナ）—万葉人はどう区別したか—」（「美夫君志」八八・八九号、二〇一四年三・一二月）

所属学会：日本薬学会・日本生薬学会・米国化学会・萬葉学会・美夫君志会
日本植物園協会の名誉会員

和漢古典植物名精解

二〇一七年二月二五日初版第一刷発行
二〇二二年一月一〇日初版第三刷発行
（検印省略）

著者　木下武司
発行者　廣橋研三
印刷所　亜細亜印刷
製本所　渋谷文泉閣
発行所　有限会社 和泉書院

大阪市天王寺区上之宮町七-六
〒五四三-〇〇三七
電話　〇六-六七七一-一四六七
振替　〇〇九七〇-八-一五〇四三

装訂　上野かおる

ISBN978-4-7576-0819-1　C3095